이주민 인권백서

이주민 인권백서

인　쇄: 2013년 12월 26일
발　행: 2013년 12월 30일

편　저: 이석우·조영관
발행인: 부성옥

발행처: 도서출판 오름
등록번호: 제2-1548호(1993. 5. 11)
주　소: 서울특별시 서초구 서초동 1420-6
전　화: (02) 585-9122, 9123 / 팩　스: (02) 584-7952

E-mail: oruem9123@naver.com
URL: http://www.oruem.co.kr

ISBN　978-89-7778-412-3　　93300

* 잘못된 책은 교환해 드립니다.
* 값은 뒤표지에 있습니다.

이 도서의 국립중앙도서관 출판시도서목록(CIP)은 서지정보유통지원시스템
홈페이지(http://seoji.nl.go.kr)와 국가자료공동목록시스템(http://www.nl.go.
kr/kolisnet)에서 이용하실 수 있습니다. (CIP제어번호: CIP2013028822)

이주민 인권백서

이석우 · 조영관

본 저서는 2013년도 인하대학교 법학연구소의
지원을 받아 출판되었음을 밝힙니다.

발간사 *1*

    국제인권법 분야와 관련해서 그동안 출간해 온, "한미행정협정과 국제법 2: 미군기지 반환과 환경문제" (2007.4, 학영사); "한미행정협정과 국제법: 미군 한강독극물 무단방류사건 분석" (2005.10, 학영사); "환자의 권리와 무수혈 치료" (2005.9, 학영사); "양심적 병역거부: 2005년 현실진단과 대안모색" (2005.1, 사람생각)에 이어 이번에 출간하게 된 "이주민 인권백서"는 개인적으로는 매우 오랜 기획과 준비의 결과이다. 국제법 분야 가운데 개인적으로 주요 연구과제로 삼고 있는 영토분쟁과 국제인권법 분야에 있어 이주민 문제가 가지고 있는 상호 연관성을 인식하게 된 것은 생경하게도 간도문제에 대한 연구를 통해서이다. 국내에 거주하고 있는 소위 조선족에 대한 법적 지위문제는 이주민의 인권문제와는 기본적인 접근방향이나 인식의 측면에서는 동일하다고 할 수 없다. 그러나 국내에 체류하고 있는 조선족을 포함한 이주민들의 권익향상 및 인권보호에 보다 많은 노력을 경주하는 장기적인 국가정책운용이 향후 한국의 국가좌표 설정에 있어 매우 중요한 과제라고 생각한다. 통일한국, 한민족 공동체 형성의 지향에 있어 이주민 문제에 대한 유연한 이해가 반드시 요청, 실현되어야 할 과제이기 때문이다.

    동 책자를 출간하면서 이주민 문제와의 관계를 회상해 보면, 2002년 가을학기에 연세대학교 국제학대학원에서 강의를 담당했던 국제인권법 수업을 통해서 처음 국내의 외국인노동자 문제에 입문하게 되었고, 그 후 국제인권법 수업 및 인하대학교 국제법 주간행사 등을 포함한 각종 학술대회의 개최로 해당 현안문제에 대한 우리 사회의 인식의 제고에 노력해 왔다. 특히, 이주노동자 자발적 귀환 및 재통합 지원 프로그램 개발을 위한 컨소시엄을 통해 대학과 시민단체와의 연계에 노력했었던 기억이 새롭다. 동 책자는 이러한 활동의 일련의 선상에서 2007

년 가을학기 인하대학교 대학원 강의를 당시 외국인노동자대책협의회와 연계하여 진행하면서 구상했으나, 다른 여러 현안문제로 인해 수년간을 표류하다가 새로운 편집기획과 집필로 이번에야 뒤늦은 출간의 결실을 보게 되었다.

이러한 뒤늦은 출간의 결실은 인하대학교 법학전문대학원(로스쿨)에 재학 중인 조영관 군이 국제법 관련 수업을 통해 현안문제에 대해 논의할 기회를 가진 후, 탁월한 문제인식과 성실한 연구자적 자질을 가지고 참여함으로써 가능하게 되었다. 집필과정에서 보여준 조영관 군의 이러한 많은 장점은 이제 법조인으로서 거듭나면서 동 책자가 가지고자 했던 의미를 더욱 분명하게 할 것으로 믿는다.

출간에 동의하고 함께 고생하여 주신 도서출판 오름의 관계자 선생님들께 감사드리고 싶다. 해양영토 문제 등 다른 현안에의 천착으로 인해 이제는 현안파악도 힘든 이주민 문제의 다양한 전개과정을 보면서 현장에서 고생하시는 실무자 선생님들께 송구스러운 마음을 이 책자의 발간으로 대신하고자 한다.

2013년 9월 22일
인하대학교 법학전문대학원 교수
이석우

발간사 *2*

한국사회에서 이주민은 더 이상 낯선 존재가 아닙니다. 법무부가 발표한 출입국 통계자료에 따르면 2013년 3월 국내 체류 외국인은 147만 명으로 사상 최고치를 기록하였고, 이 중 단기비자와 관광비자를 제외한 장기체류 이주민도 110만 명을 넘어섰다고 합니다. 제주도 인구의 2배, 우리나라 전체 인구의 2.2%에 해당하는 숫자입니다. 하지만, 우리 사회의 현실을 보면 이주민의 인권문제와 관련하여 해결해야 할 숙제가 아직도 많습니다.

이주민 인권에 관한 많은 자료들과 훌륭한 논문들이 많은 상황에서 「이주민 인권백서」라는 다소 무거운 이름으로 출판하는 것이 망설여지기도 했습니다. 하지만, 지난 20년간 한국사회의 이주민 관련 주요 쟁점을 살펴보고, 관련된 자료를 한권의 책으로 정리하는 작업이 필요하다는 요청과 동시에 한국사회의 이주민 문제는 다양한 역사적 맥락 속에서 이해될 필요가 있다는 고민을 함께 나누고자 출판에 이르게 되었습니다.

「이주민 인권백서」는 다음과 같이 구성되었습니다.

총론에서는 일제 강점기를 거치면서 비자발적 이주민이 될 수밖에 없었던 재중동포(조선족)의 출입국 문제, 저임금 노동력을 확보하기 위하여 정부 정책을 통해 유입된 미등록 이주노동자들의 노동권 및 출입국 문제, 동아시아의 유교적 전통에 근거한 배타적 민족주의와 가부장적 사회제도와 결합된 결혼 이주여성의 체류자격 문제, 얼마 전 시행된 난민법의 의미와 한계점을 인권법적 관점에서 고찰해 보았습니다.

또한, 이주민 관련 실무에 도움이 될 수 있도록 1990년부터 2009년까지 약 20년 동안의 이주민 관련 주요 사건을 연표로 정리하였고, 이와 관련된 유엔(UN)자료, 사법부의 주요 판결, 국가인권위원회의 주요 결정 및 관련 법령을 선별하여 정리하였습니다. 특히 지난 2007년 작성된 「UN 이주민 인권 특별보고관 한국방문보고서(A/HRC/4/24/add.2)」 전문을 국문으로 번역하여 정리한 것은 나름의 큰 성과라고 생각됩니다.

끝으로 이 책이 출판되기까지 많은 분들의 도움을 받았습니다. 출산과 육아의 바쁜 일상에서도 틈틈이 시간을 내어 큰 도움을 주신 이경숙 선생님, 바쁘신 일정에도 인터뷰에 응해주신 법무부 김현 검사님, 이춘복 전 출입국관리소장님, 박경서 외국인이주노동자대책협의회 상임대표님께 지면을 빌어 감사의 마음을 전합니다. 또한 이주민들과 평화로운 공존을 꿈꾸며 매주 이주민들을 대상으로 무료법률상담을 하는 이주민지원센터 '친구'의 활동은 출판과정에서 큰 자극제가 되었습니다.

무엇보다 학문과 삶에서 커다란 가르침을 주신 이석우 교수님께 진심으로 감사드립니다.

2013년 9월 22일
조영관

차례

총론 한국사회의 이주민 문제에 대한 인권법적 고찰   23

연표

〈연표〉

일시	관련단체	주요 내용
1991.10.	법무부 (훈령 제225호)	• 해외투자기업 산업연수생제도 실시 • '외국인 산업기술 연수사증 발급 등에 관한 업무지침'에 근거하여 현지 고용 인력이 국내 유입
1992.9.	노동부	• 미등록 이주노동자들에 대해 근로기준법과 산재보상보험을 적용해왔던 정부가 미등록자들에 대하여 노동관계법 적용을 제외하기로 방침 변경
1992.11.	국회	• '난민의 지위에 관한 협약' 및 '난민의 지위에 관한 의정서' 국회 비준 • 1993.3.3. 조약 제1166호로 국내 시행
1992.6.	법무부	• 불법(미등록) 체류자 자진출국기간 설정 • 1994.5.까지(총 유예기간 2년) 6개월씩 총 4차례 비자 연장
1993.12.	국회	• 난민협약 비준에 따른 출입국관리법 개정 (난민조항 신설)
1993.12.	법무부 (훈령 제294호)	• '외국인 사업기술 연수사증 발급 등에 관한 업무처리지침' 개정 • 연수대상 업체를 "주무부처의 장이 추천하는 업체"에서 "주무부처의 장 또는 주무부처장이 지정하는 산업체 유관 공공단체의 장이 추천하는 업체"로 변경
1994.1.	법무부 (훈령 제294호)	• 업종별 산업기술 연수생 제도 시행 • 중소기업협회(이하 '중기협') 연수협력단 주관으로 아시아 11개국, 27개 송출 업체를 통해 외국인력 도입 확대
1994.1.		• 산업재해를 당한 네팔 국적 이주노동자 14명, 산재문제 근본해결 요구하는 농성 (경실련 강당)
1994.2.	노동부	• 미등록 이주노동자들에게 산재보험 적용 조치
1994.5.	법무부	• 산업기술 연수생 최초 국내 입국
1994.9.	노동부	• 이미 출국한 산업재해 피해자들에게도 3년까지 소급하여 산재보상금 지급 방침 발표
1995.1.		• 13명의 네팔 산업연수생 명동성당에서 농성
1995.2.	노동부 (예규 제258호)	• '외국인 산업기술연수생의 보호 및 관리에 관한 지침' 발표 • 1995.3.1.부터 산업기술연수생에게 최저임금제 적용과 폭행금지 등 근로기준법 일부조항(8개) 적용
1995.7.	노동부	• 최저임금제 적용대상 확대
1995.5.	UN 사회권위원회	• 이주노동자 관련 권고 (E/C.12/1995/3)
1995.7.		• 외국인노동자대책협의회(이하 '외노협') 결성
1995.9.	대법원	• 불법체류(미등록) 노동자도 산업재해 보상보험법상 요양급여 대상 인정 판결 (94누12067)
1995.10.	외노협	• 노동허가제를 중심으로 하는 "외국인노동자보호법"의 입법 청원
1995.12.	대법원	• 산업연수생의 근로자성 인정 판결 선고 (95누2050)

1996.3.	노동부	• 고용허가제 도입 추진 발표 • 노동부 예규 제258호에 의해 시행된 연수생제도 개선책과는 별도로 발표 • 합법취업 외국인노동자의 노동조합 가입과 단체행동 참가 등 노동3권 행사 보장, 외국인노동자 채용 사업주는 정부의 허가를 받아야 하고, 고용외국인은 정식 노동자로서 근로기준법 등 노동관계법의 일부를 적용한다는 내용이 골자
1996.6.	법무부	• 난민인정 관련 조항을 중심으로 출입국관리법 시행령 일부개정
1996.7.	외노협	• 공청회를 통해 노동허가제를 축으로 하는 "외국인노동자보호법" 초안을 법조문까지 성안하여 발표 • 국회에 적극적인 입법청원 운동, 이미경 의원 소개 (2000.5.29. 폐기)
1996.2.	국회	• 방용석 · 이재오 의원을 각 대표로 하는 '외국인노동자보호법'안 동시 제출 (2000.5.29. 폐기)
1996.9.	UN 인종차별철폐위원회	• 미등록 이주노동자 및 혼혈아동에 대한 우려 표명 및 개선 권고 (CERD/C/304/Add.12)
1996.11.	정부	• 해양수산부 어선 외국인산업연수생 제도 도입 • 건설교통부 건설분야 외국인산업연수생 제도 도입
1997.7.	외노협	• '외국인노동자보호법' 제정 촉구를 위한 명동성당 단식 및 삭발 농성
1997.8.	대법원	• 미등록 이주노동자도 근로기준법 규정에 따라 퇴직금 지급대상 인정
1997.12.	국회	• 국적법 일부 개정, 어머니가 대한민국 국민일 경우 출생한 자(子)가 대한민국 국적을 취득할 자격을 가짐
1997.12.	국회	• 출입국관리법에 연수취업제에 관한 규정 신설 • 출입국관리법 시행령에 체류자격 변경허가제도에 관한 규정 신설
1998.3.	법무부	• 출입국관리법 개정, 연수취업제로 전환 (1년 연수+2년 취업)
1998.10.	노동부	• 미등록 이주노동자에게도 근로기준법 확대 적용
1999.3.	UN 인종차별철폐위원회	• 미등록 이주노동자 상황 개선을 위한 조치 및 혼혈인, 난민, 국제결혼 자녀에 대한 차별을 해소하기 위한 조치를 마련할 것을 권고
1999.9.		• 미등록 이주노동자 의료지원 및 건강권 보장을 위한 '외국인노동자 의료공제회'결성 * 현, (사)한국이주민건강협회
1999.12.	노동부	• '해외투자기업 산업연수생에 대한 보호지침(근기68201-696)' 제정 • 해외합작투자 산업기술 연수생에게 최저임금 및 산재보험 적용 발표
1999.12.	외노협	• '이주노동자권리협약' 국내소개 및 협약비준 캠페인
2000.3.	노동부	• '외국인근로자 민원처리지침(근기68201-691)' 제정 ─ 한국인과 동등하게 근로기준법 전면 적용
2000.3.	교육부	• 미등록 이주노동자의 자녀가 관할구청에서 출입국사실증명서 혹은 외국인등록사실증명서를 발급받아 초등학교에 제출할 경우 인권적인 차원에서 입학을 허용할 수 있다는 내용으로 행정지침 개정
2000.4.	법무부	• 1998.4. 이후 입국한 연수생을 대상으로 1년간 연수취업제 실시
2000.7.	노동부	• 산업재해보상보험법 1인 이상 사업장으로 전면 확대

2000.7.	정당	• 민주당 외국인노동자 보호기획단 보고서를 통해 연수취업제도/산업연수 제도의 폐지 의견 "외국인노동자 인권침해, 송출비리, 불법체류 문제를 동시에 해결할 수 있는 방안으로 고용허가제를 실시하고 … (중략) … 산업연수제도/연수취업제도는 폐지하는 것이 바람직하다."
2000.8.	국회	• 여당(민주당)과 정부 협의로 고용허가제를 기초로 하는 법안 발의 − 중기협 반발로 보류
2000.8.	보건복지부	• 외국인근로자 건강관리 지침 발표
2000.12.	외노협	• '외국인노동자 고용 및 인권보장에 관한 법률' 입법 청원
2001.1.	법무부	• 난민협약 가입 이후 최초 이디오피아 출신 난민인정
2001.11.	헌법재판소	• 재외동포의 출입국과 법적 지위에 관한 법률 제2조 제2호 위헌 결정 (99헌마494)
2001.5.	UN 사회권위원회	• 이주노동자 관련 권고 (E/C.12/Add.59)
2001.12.	법무부	• '연수1년+취업2년' 제도에서 '연수2년+취업1년' 제도로 전환
2002.1.		• 경기도 포천 아모르가구에서 이주노동자 100여 명 체불임금 지급을 요구하며 최초 파업
2002.3.	법무부	• 불법 체류자 종합대책 발표 • 2003.3.25.~5.25.까지 불법체류 외국인 자진 신고 기간 설정 • 2003.3.31.까지 최장 1년 범위 내에서 출국 준비기간 공고
2002.7.	국무조정실	• 외국인력제도 개선대책 발표
2002.7.	외노협	• 산업연수제도 폐지 및 강제추방 반대 농성 시작 (명동성당)
2002.8.	국가인권위원회	• 2002.7. 외국인력제도 개선방안에 대한 권고 • 산업연수제도 폐지, 고용허가제 도입, 미등록 노동자 인권침해 방지 등을 권고
2002.8.	한국노총	• 박인상 의원 소개로 입법청원, 고용허가제+제한적 노동허가제를 주요 골자
2002.10.	민주노총	• 이호웅 의원 소개로 입법청원, 노동허가제를 주요 골자
2002.11.	국회	• 이재정 의원 대표 발의(33명 의원 참여)로 고용허가제 의안 발의
2002.11.	국무조정실	• 외국인력 보완대책 발표, 미등록자 3그룹으로 나누어 대책 발표
2002.11.	노동부	• 취업관리제 도입, 국내 유(有)연고 외국 국적 동포 대상으로 서비스업 취업 허용
2002.12.	대통령 인수위원회	• 외국인력제도 개선방안 연구
2003.2.	국가인권위원회	• 산업연수생 제도 폐지 재권고
2003.3.	법무부	• 불법체류(미등록) 이주노동자 출국기한 일괄 유예 • 2002년 자진등록 후 3월 말에 출국기한이 만료되는 불법체류(미등록) 외국인에 대해 2003.8.까지 출국기한 일괄 재유예
2003.5.	법무부	• 중국동포 친척방문 허용 30세 이상, 8촌 이내 혈족과 4촌 이내 인척으로 확대

2003.5.	교육부	• 학교 입학 시 해당 지역의 거주사실을 입증 하는 서류로 출입국 사실 증명서나 외국인등록 증명서를 대신할 수 있도록 지침 변경
2003.6.	외노협	• 산업연수제도(취업연수제도)의 완전 폐지와 노동허가제 입법을 촉구하는 단식 투쟁
2003.7.	국회	• 「외국인근로자의 고용 등에 관한 법률」 국회 통과, 산업연수생 제도와 병행 실시
2003.8.	노동부	• 「외국인노동자의 고용 등에 관한 법률」 공포
2003.8.	법무부	• 4년 미만 체류 미등록 이주노동자에 대한 합법화 조치 발표 (184,199명)
2008.8.	UN 인종차별철폐위원회	• 산업연수생, 미등록자, 이주여성의 인신매매에 대한 우려 표명 (CERD/C/63/CO/9)
2003.8.	UN 아동권리위원회	• 미등록 이주노동자 자녀의 동등한 교육권 보장 및 이주노동자권리협약 비준 권고 (CRC/C/15/Add.197)
2003.11.	외노협	• 불법 체류자 강제추방 정책에 반대 농성 돌입 (성공회대성당, 명동성당, 기독교회관)
2003.11.	법무부	• 법무부 불법체류자 집중 단속 실시 및 강제추방 실시
2003.11.		• 집중 단속 및 강제추방 공포에 이주노동자 8명 잇달아 자살
2004.1.	국정현안 정책조정회의	• 자진 출국자 입국 규제기간 단축 및 범칙금 면제, 고용허가제와 연수제도를 통해 재입국 보장 발표
2004.3	법무부	• 불법체류자 집중단속 재개
2004.3.	정부	• 재외동포의 출입국과 법적지위에 관한 법률 개정 : 정부수립 이전에 이주한 외국 국적자 포함
2004.5.	대법원	• 해외투자법인 연수생의 근로자성 인정 (2004도1745)
2004.6.	노동부	• 고용허가제 MOU 체결: 필리핀(4/3), 몽골(5/3), 스리랑카(6/1), 베트남(6/2), 태국(6/26) 인도네시아(7/13)
2004.7.	법무부	• 중국동포 친척방문 허용 연령을 30세 이상에서 25세 이상 8촌 이내 혈족과 4촌 이내 인척으로 확대 • 식당, 청소업, 간병인, 가사 서비스업 등 6개 분야 이외의 건설업종까지 취업 허용
2004.8.	노동부	• 고용허가제 실시, 취업관리제는 특례고용허가제로 함
2004.8.	노동부	• 필리핀 고용허가제도 노동자 94명 국내 입국
2004.8.	참여연대	• 고용허가제 개정안 제출
2004.8.		• 산업연수생 제도 위헌소송 제기
2004.10.	외노협	• 고용허가제 개선안 제출
2005.1.	보건복지부	• 소외계층 무료진료사업에 이주노동자 포함
2005.1.		• 경기도 안산 태국여성 노동자 8명 작업 중 노말 헥산 중독, 다발성 신경장애 발생

2005.4.	이주노조	• 서울경기인천이주노동자노동조합(이주노조) 설립
2005.6.	노동부	• 이주노조 설립신고서 반려
2005.6.	노동부	• 재취업기간을 1년에서 6개월로 단축, 3년 근무 후 출국하는 외국인노동자 중 사용자가 재고용을 요청하는 자는 제한기간 1개월로 추가 단축
2005.7.		• 고려인 동포가 남편의 임금체불과 강제추방에 대한 압박으로 자살 (충남 천안)
2005.8.	정부	• 사회문화관계장관회의, 자녀있는 결혼이민자 영주권 취득요건 2년으로 단축
2005.10.		• 경기도 남양주시 마석 가구공단 미등록 이주노동자를 연행하려는 출입국 관리소 공무원들과 공단관계자 및 주민, 시민단체 9시간 대치
2005.10.	법무부	• 수원 출입국 관리사무소 4층 조사실에서 중국인 여성노동자 투신 사망
2005.12.	노동부	• 고용허가제로 일원화, 특례고용허가제 취업업종확대(건설업), 고용절차 간소화
2006.2.	서울 행정법원	• 이주노조의 '노동조합 설립신고 반려처분취소' 청구 기각 판결, 상소
2006.2.	법무부	• 수원 출입국 관리사무소 6층 보호실에서 터키 노동자 투신 사망
2006.3.		• 이주아동 합법체류 보장 촉구 연대 결정 (시민사회 156개 단체)
2006.4.		• 인도네시아 이주노동자 단속반 피하다 건물 3층에서 실족사 (경기 부천)
2006.4.	대통령 자문위원회	• 여성결혼이민자 가족의 사회통합 지원정책 발표
2006.4.	여성가족부	• 가정폭력방지 및 피해자 보호 등에 관한 법률 개정, 이주여성 긴급전화 규정 마련
2006.5.		• 성/인종 차별적 국제결혼광고 현수막 금지 캠페인 (차별적 국제결혼 광고대응 을 위한 공동행동)
2006.5.		• 영주외국인 지방선거 참여 (6,589명)
2006.6.	국가인권위원회	• 난민의 인권보호를 위한 정책 개선 권고: 난민인정절차 및 난민에 대한 사회 적 처우개선 및 사회복지혜택 확대, 난민에 대한 상호주의 적용 면제를 권고
2006.7.	여성가족부	• 이주여성 긴급전화(1577-1366) 개소
2006.8.	법무부	• 초등학교 재학 불법체류 아동에 대한 한시적 특별체류 허용 발표
2006.8.	국가인권위원회	• 화교학교 학력 불인정 차별 권고 (04진차386)
2006.10.	UN 자유권위원회	• 이주노동자 권련 권고 (CCPR/C/KOR/CO/3/CRP.1)
2006.11	국회	• 혼혈인 가족 지원에 관한 법률안 (김충환 의원 등 의원 23인) 발의
2006.12.	UN 인권이사회	• 「UN 이주민 인권에 관한 특별보고관 대한민국 방문조사」
2006.12.		• 국민기초생활보장법 시행령 개정: 일부 결혼이민자들이 수급권자에 포함
2006.7.	UN 고문방지위원회	• 망명신청자가 고문 받을 곳으로 추방당하지 않도록 적절한 조치를 채택할 것과 추방에 있어서 동 협약 제3조를 고려할 것을 권고 (CAT/C/KOR/CO/2)
2007.1.	노동부	• 산업연수생 제도를 고용허가제로 통합, 해외투자기업연수생제도는 순수외국 인 연수제도로 운영
2007.1.	국가인권위원회	• 혼혈인 가족 지원에 관한 법률안 관련 의견 표명

2007.2.	법무부	• 여수 외국인 보호소 화재 참사, 외국인 10여 명 사망
2007.3.	노동부	• 방문취업제 실시, 유-무연고 외국적 동포에 3년간의 국내취업 허용
2007.3.	UN 인권이사회	• 유엔 이주민 인권에 관한 특별보고관 방문조사 보고서 발표 (A/HRC/4/24/Add.2)
2007.5.	법무부	• 「재한 외국인 처우 기본법」 제정
2007.6.		• 농어촌 총각 장가보내기 지원사업 반대 캠페인 (이주여성정책 네트워크)
2007.5.	노동부	• 외국인력제도 통합에 따라 산업연수생 재취업 허용
2007.6.		• 미 국무성 인신매매실태 조사보고서 발간: 한국 국제결혼의 인신 매매 성격 고발
2007.7.		• 베트남 국제결혼 이주여성이 남편의 폭력으로 사망
2007.8.	UN 여성차별철폐위원회	• 국제결혼 중개업체 규제법 마련 및 피해자 구제책 마련 권고 (CEDAW/C/KOR/6)
2007.8.	UN 인종차별철폐위원회	• 난민, 이주노동자, 결혼이주자 권리보장조치 권고 (CERD/C/KOR/CO/1)
2007.8.	헌법재판소	• 산업기술연수생 도입기준 완화결정 등 위헌 확인 (2004헌마670)
2007.8.	법무부	• 국내체류 외국인 100만 명 돌파 발표
2007.9.	헌법재판소	• 고용허가제 위헌소송 제기
2007.9.	국가인권위원회	• 인종 또는 국적을 이유로 레스토랑 이용을 거부한 차별 사건에 대하여 재발 방지를 권고 (07진차525) • 강제퇴거명령을 받고 일시보호해제기간 중인 자가 대한민국 국민과 혼인한 경우 등 예외적인 상황이 발생한 경우 국내 체류자격 변경이 가능하도록 관련 제도를 법무부장관에게 개선할 것을 권고 (06진인2702 결정)
2007.10.	법무부	• '차별금지법' 입법 예고
2007.10.	국민고충처리위원회	• 외국인근로자 구직활동 기간 및 사업장 변경 횟수 제한에 관한 제도 개선 권고
2007.11.	노동부	• 고용허가제 허용업종 확대 (농, 수, 축산업 포함)
2007.12.	국가인권위원회	• "출입국관리법 일부 개정 법률안"에 대하여 법무부장관에게 '보호'의 정의규정을 신설할 것 등 법률안을 수정·보완할 것을 촉구하는 의견 표명
2007.12.	국회	• 「결혼중개업의 관리에 관한 법률」 제정
2007.12.	외노협	• UN 세계이주민의 날 한국 대회 개최
2007.12.	국가인권위원회	• 외국인보호시설 및 외국인 교정시설에 방문조사를 실시한 후 시설 및 처우에 대하여 개선 권고
2008.1.	국가인권위원회	• 고용허가제로 국내에 입국한 외국인근로자의 사업장 변경 신청, 사업장 변경 이동 횟수 제한, 사업장 변경기간 문제에 대한 개선방안을 국무총리 및 노동부장관에게 권고 • 산업연수생을 포함한 외국인 산재근로자를 직업재활훈련 신청 대상자에서 배제하는 일이 없도록 관련 제도를 개선할 것을 근로복지공단이사장에게 권고

		(07진차116)
		• 인도주의적 사유에 따른 체류허가자의 체류자격을 법률로 명시하고 일상적 의료보호와 기본적 사회보장을 받을 수 있도록 정책을 수립할 것을 권고
		• 법적 근거 없는 이송처분은 「헌법」 제12조에 보장된 신체의 자유 등의 기본권을 침해하는 행위이므로 보호 외국인의 이송절차에 대해서 「출입국관리법」에 이송절차, 이송사유 등을 적시하여 엄격하게 통제하여야 하며 청원 등 행정처분에 대한 불복절차를 같은 법률을 법무부장관에게 마련할 것을 권고 (07진인121결정)
		• 외국인 보호소에서 생활하고 있는 피해자에게 초기검진의 기회를 제공하지 않는 등 「외국인보호규칙」에 구체적인 건강검진 항목을 규정하지 않은 것은 인권침해에 해당하므로 이에 대한 시정을 법무부장관에게 권고 (08진인244결정)
		• 피해자가 불심검문 대상자에 해당하였다고 볼만한 상당성이 인정되지 않는 상황에서 법집행공무원이 외국인을 임의동행할 때는 임의동행 거부권도 고지해주어야 한다는 권고 (07진인2439결정)
		• 과도한 강제퇴거 집행으로 인한 인권침해 권고 (07진인4510)
2008.3.	UN	• 보편적정례검토(UPR: Universal Periodic Review) 한국심사에서 이주민 관련 권고
2008.3.	국회	• 국적법 개정: 간의귀하 요건 신설 및 결혼이민자 간이귀화 대상자로 포함
2008.3.	여성가족부	• 「다문화 가족 지원법」 제정
2008.3.	국가인권위원회	• 경찰의 미등록외국인 강제연행 등에 의한 인권침해 권고 (06진인1188)
2008.4.		• 필리핀 출신 귀화여성 쥬디스 알레그로 창조한국당 비례대표 국회의원 후보로 선정
2008.4.	국가인권위원회	• 「결혼중개업의 관리에 관한 법률 시행령 및 시행규칙」 제정안에 대한 의견 표명: 국제결혼 중개 과정에서 상대방에게 신상정보를 제공하는 범위, 방법 등에 대해 보건복지가족부 장관에게 의견표명
2008.4.		• 사회통합프로그램 이수제 전면 재검토 요구 기자회견 (이주여성활동단체 전국네트워크)
2008.4.	국가인권위원회	• 국가인권위원회 조사 중인 진정사건에 대해서는 위원회 조사 종료 시까지 또는 위원회가 출국을 승인한 경우까지 강제출국을 유예할 수 있도록 조치할 것을 법무부장관에 권고 (08진인28)
2008.7.	국가인권위원회	• 장애인 등록증 신청에 있어 외국인에 대한 차별 권고 (07진차359 · 07진차546 · 07진차919) • 외국인보호소 직원에 의한 보호 외국인 폭행에 대하여 관련자의 징계와 재발방지 대책 수립을 해당 외국인보호소장에게 권고 (07진인5087)
2008.8.	국가인권위원회	• 아프리카인에 대한 상업시설 이용 차별 권고 (08진차121)
2008.9.	국가인권위원회	• 「안산시 거주외국인 인권조례 제정안」에 대한 의견표명 : 거주 외국인 지원 범위에 "미등록 이주자"를 포함시키는 등 거주 외국인 인권보호에 부합하는 지방자치단체 조례를 제정하도록 경기도 안산시장에게 의견 표명

		• 「외국인근로자의 고용 등에 관한 법률 일부 개정 법률안」에 대한 의견표명
2008.10.	국가인권위원회	• 미등록 외국인 단속 과정에서 출입국관리사무소 측이 사업장에 무단 진입하여 외국인을 단속, 연행한 행위는 위법한 법집행에 해당하므로 해당 출입국관리사무소에 관련자 주의조치 및 인권교육 실시를 권고 (08진인3152결정) • 부당한 단속에 의한 인권침해 (07진인4701)
2008.11.		• 미등록 이주노동자 집중단속으로 110여 명 단속 및 연행
2008.11.		• 고용허가제 개정안 국회제출 (일부조항 개정)
2008.12.	국가인권위원회	• 이주노동자 과잉단속 등에 의한 인권침해 개선권고 (08진인4364, 08진인4440)
2008.12.	법무부	• 제1차 외국인 정책 기본계획 (2008~2012) 발표
2008.12.	국회	• 「출입국관리법」 일부 개정 (난민 관련 조항 개정)
2009.1.	법무부	• 사회통합 이수제 실시
2009.1.	부산지방법원	• 필리핀 이주여성, 부부강간죄 최초 인정 (2008고합808)
2009.7.		• 인도출신 교수 보노짓 후세인 인종차별사건 발생: 국가인권위원회 진정, "성/인종차별대책위" 결성
2009.10.	노동부	• 고용허가제 개정법률 공포, 3+2 미만 제도로 개정, 사업장 변경 사유, 횟수, 구직기간 개선
2009.11.	법무부	• 미등록 이주노동자 채용사업주에 대한 행정제재조치 완화

총론

한국사회의 이주민 문제에 대한 인권법적 고찰

총론

한국사회의 이주민 문제에 대한 인권법적 고찰

I. 서론

세계화는 사회적, 정치적, 경제적 활동이 국경을 가로질러 확장되어 세계 어느 한 지역의 사건, 결정, 활동이 먼 지역의 개인과 공동체에 심대한 영향을 미치는 것[1])으로 정의된다. 특히 경제적 활동의 초국적 확장은 자본뿐 아니라 '값싼' 노동력을 가진 제3세계의 노동자, 특히 그곳의 여성들을 국경 밖으로 밀어내고 이주의 여성화를 이루며 인적 자본의 이동을 증가시키고 있다. 중동의 건설이 한창이었던 70년대를 지나 80년대 초까지만 해도 적극적인 노동력 수출 국가였던 한국은 노동자를 송출하는 송출국에서 고도 성장기인 80년대 후반을 지나면서 노동과 결혼이민자들을 받아들이며 이주민 유입국으로 바뀐다. 그 이후 꾸준히 외국인의 이주 및 국내체류 비율이 증가하여, 2000년대 중반에는 이미 UN이 지정한 '이민국'의 지위를 갖게 되었다. 법무부가 발표한 2013년 3월 출입국·외국인정책 분야 통계 분석 결과에 따르면 2013년 3월 기준 국내 체류 외국인 수는 147만 명(1,470,873명)으로 사상 최고치를 기록하였다. 이 중 단기비자와 관광비자를 제외한 장기체류 외국인의 수는 110만 명을 넘어서 우리나라 전체 인구의 2.2%에 이르고 있다.[2]) 그럼에도 불구하고 국제

---

1) 헬드, 데이비드 외, 조효제 옮김, 『전지구적 변환』(창작과 비평사, 2002), p.36.

2) 법무부, 출입국외국인정책 통계월보(2013년 3월), 출입국 외국인 정책본부.

통화기금(IMF)은 2004년 발표한 '세계경제전망'에서 한국이 전체 인구의 35% 정도를 이민자로 수용해야 현재 수준의 노동력 공급을 2050년에도 유지할 수 있을 것으로 전망했다. 이러한 맥락에서 본다면 여전히 '타자'들에 대한 배타적인 행정과 법제도, 그리고 문화를 고수하고 있는 한국사회는 다양한 방식의 변화가 필요하다. 하지만 한국에서의 '이주' 및 '이주민' 문제는 서구 국가들과 다른 고유한 맥락을 가지고 있다. 일제시대에 발생한 강제이주 등의 역사적 경험, 동아시아의 유교적 전통에 근거한 배타적 민족주의, 가부장제도에 기반한 젠더 편향적 인식 등이 한국사회의 출입국 정책 및 이주민 문제에 영향을 미치고 있는 것이다.

이하에서는, '재외동포', '이주노동자', '결혼 이주여성'의 출입국 지위에 관련된 인권문제를 검토하는데, 구체적으로 다루고자 하는 문제는 다음과 같다. 첫째, 〈재외동포의 출입국과 법적지위에 관한 법률(이하 '재외동포법')〉에 따른 재중동포(조선족)의 출입국 절차상의 평등권침해 문제를 살펴본다. 둘째, 〈외국인근로자의 고용 등에 관한 법률(이하 '고용허가제법')〉 및 〈출입국관리법〉에 따른 미등록 이주노동자의 출입국 관련 인권침해 문제를 검토한다. 셋째, 〈출입국관리법〉 및 〈국적법〉에 따른 결혼 이주여성의 체류권 보장 및 이중국적 인정에 관한 문제를 검토한다. 끝으로, 최근 제정·시행된 〈난민법〉의 의미 및 그 한계를 검토하고, 문제점을 진단한다.

II. 재중동포(조선족)의 출입국 지위에 관한 문제

1. 〈재외동포의 출입국과 법적지위에 관한 법률〉의 의의

한국의 외국인에 대한 출입국 관리 정책은 기본적으로 〈출입국관리법〉에 의하여 규율된다. 그러나 재외동포에 대해서는 〈재외동포의 출입국과 법적지위에 관한 법률(이하 '재외동포법')〉에 의하여 별도로 규율된다. 김대중 정부에 의해 1999년 12월 시행된 '재외동포법'은 법령에 규정된 재외동포의 요건을 충족하는 동포들에게 내국인과 거의 비슷한 법적지위를 행사할 수 있는 혜택을 주는 동포 우대법이다.

'재외동포'라는 개념은 일반적으로 사용되지 않는 이례적인 개념이다. 다른 나라에서는 혈통적인 의미가 담긴 '동포'라는 개념보다 '재외국민(在外國民)'이라는 개념을 사용하고 있다. '재외국민'이란 자발적 의사를 가지고 기존의 국가를 떠나 다른 국가로 이주하여 거주하는 자 중에서 '국적국의 국적을 유지하고 있는 자'를 의미한다. 현재는 국적국을 떠나 체류국으로 이주하였지만, 국적국의 국적을 동시에 가지고 있기 때문에 자국민에 준하는 출입국 절차에 특례를 주는 것이 당연하다.

하지만 우리나라의 '재외동포법' 규정은 '재외동포'의 개념을 일반적으로 통용되는 '재외국민'보다 더 넓게 규정하고 있다. '재외동포법' 제2조 제2항에서 '외국국적동포'를 정의하고 있는데, 과거에 한국국적을 취득한 적이 있거나, 과거에 한국 국적을 취득한 적이 없는 외국인의 경우에도 혈통적으로 한국 국적자와 연결되어 있다면 재외동포에 해당되어 재외동포법에 따른 광범위한 출입국 및 법적 혜택을 부여하고 있다.[3]

2. 〈재외동포법〉에 따른 '외국국적동포'의 범위

그렇다면, '동포'의 범위는 구체적으로 어디까지 해당되는 것일까? 당초 1998.9.29. 입법예고된 '재외동포법' 초안에서는 '외국국적동포'의 정의를 "한민족 혈통을 지닌 자로서 외국국적을 취득한 자 중 대통령령으로 정하는 자"로 규정하였다.[4] 하지만 외교부로부터 「혈통주의」 입법은 국제법 원칙에 반하고, 이러한 입법에 대한 국제관행이 「과거국적주의」를 채택하고 있으며, 중국의 소수민족에 대한 통합정책과 충돌하는 부분이 있어 외교마찰을 초래할 우려가 있다는 의견을 제출함에 따라, 최종 제정안에서는 '외국국적동포'의 정의를 "대한민국 정부수립 이후에 국외로 이주한 자"로 한정하여 입법[5]하였다.

하지만, '정부수립 이전 이주동포'나 '정부수립 이후 이전동포'는 본질적으로 '동포'라는 점에서는 동일함에도, '재외동포법'이 과거 대한민국 국적 보유 여부라는 자의적인 기준을 내세워 '정부수립 이후 이주동포'에게만 출입국 및 법적지위에 혜택을 부여하고, '정부수립 이전 이주동포'들에게 그 혜택을 배제한 것은 합리적 근거가 없는 차별이라는 주장이 제기되었다.[6] 나아가 이러한 해석은 대한민국헌법 전문에도 명시된 대한민국임시정부의 정통성을 부정하는 것이라는 비판도 함께 제기되었다.[7] 이에, 정부 수립 이전에 강제로 이주된 사할린 동포 및 조선족 동포를 중심으로 헌법소원이 제기되었고, 헌법재판소는 2001년 재외동포의 범위를 "정부수립 이후 해외로 이주한 자"로 한정

---

3) 재외동포의 출입국과 법적 지위에 관한 법률 제2조 제1항, 제2항.

4) 대한민국 관보 1998.9.29.자 15-16면.

5) [개정 전 규정] 재외동포의 출입국과 법적지위에 관한 법률(1999.9.2. 법률 제6014호)
   제2조(정의) 이 법에서 "재외동포"라 함은 다음 각 호의 1에 해당하는 자를 말한다.
   1. 생략
   2. 대한민국의 국적을 보유하였던 자 또는 그 직계비속으로서 외국국적을 취득한 자 중 대통령령이 정하는 자(이하 "외국 국적동포"라 한다)
   [개정 전 규정] 재외동포의 출입국과 법적지위에 관한 법률 시행령(1999.11.27. 대통령령 제16602호)
   제3조(외국국적동포의 정의) 법 제2조 제2호에서 "대한민국의 국적을 보유하였던 자 또는 그 직계비속으로서 외국국적을 취득한 자 중 대통령령이 정하는 자"라 함은 다음 각 호의 1에 해당하는 자를 말한다.
   1. 대한민국 정부수립 이후에 국외로 이주한 자 중 대한민국 국적을 상실한 자와 그 직계비속
   2. 대한민국 정부수립 이전에 국외로 이주한 자 중 외국국적 취득 이전에 대한민국의 국적을 명시적으로 확인받은 자와 그 직계비속.

6) 재외동포법의 위헌문제와 개정 방안, 이선주, 교포정책자료 통권 제105호(2002.8), pp.11-13.

7) 한겨레신문, "재외동포법 헌소 김해성목사 중국·러시아 동포 제외 비판," 1999.8.27일자.

한 것에 대하여 '정부수립 시점은 재외동포를 차별하는 합리적 기준이 될 수 없다'는 이유로 헌법불합치 판결[8]을 하고, 2003년 12월 31일까지 해당규정을 개정할 것을 요구했다.

이에 따라 법무부는 재외동포법 적용을 받는 대상자를 기존 '외국 국적을 취득한 자 중 정부수립 이후 국외로 이주, 한국국적을 상실한 자와 그 직계비속'에서 '한국 국적을 보유하였던 자로서 외국 국적을 취득한 자 또는 그 직계비속으로서 외국국적을 취득한 자 중 대통령령으로 정하는 자'로 규정하여 해외 이주 시점에 따른 외국 국적 동포들 간 차별 규정을 개정[9]하였다. 또한 이와 동시에 '외국국적동포'의 구체적인 범위를 정하는 동법 시행령을 '대한민국 국적을 보유하였던 자(대한민국 정부 수립 이전에 국외로 이주한 동포를 포함한다. 이하 이 조에서 같다)로서 외국국적을 취득한 자' 및 '부모의 일방 또는 조부모의 일방이 대한민국의 국적을 보유하였던 자로서 외국국적을 취득한 자'로 함께 개정하였다.[10]

한편, 헌법재판소의 위헌판결 이후 시작된 '재외동포법' 개정과정에서 한민족의 혈통을 가진 외국국적동포에게 출입국 및 법적지위에 특혜를 주는 개정이 한국이 가입한 〈모든 형태의 인종차별 철폐에 관한 국제협약[11]〉(이하 '인종차별 철폐협약'〉)과 충돌된다는 주장이 제기되었다.[12]

국회의 비준절차를 거쳐 국내법과 동일한 효력을 가진 '인종차별 철폐협약' 제5조는 '민족이나 종족의 기원에 구별 없이 만인의 권리를 법 앞에 평등하게 보장'하도록 되어 있고, 그 권리에는 출입국, 주거권, 재산소유권, 직업선택의 자유 등이 포함되어 있다. 이에, 한민족의 혈통을 가진 외국국적동포에게만 출입국 및 법적 혜택을 주는 것은 인종차별철폐협약 제1조 제1호에서 말하는 "인종에 근거를 둔 우선권"에 해당하며, 이 법안의 적용을 받는 재외동포가 누리는 다양한 혜택은 결국 위

---

8) 2001.11.29 헌법재판소 99헌마494 전원재판부 판결.

9) [현행 규정] 재외동포의 출입국과 법적지위에 관한 법률

　제2조(정의) 이 법에서 "재외동포"란 다음 각 호의 어느 하나에 해당하는 자를 말한다.

　1. 생략

　2. 대한민국 국적을 보유하였던 자(대한민국정부 수립 전에 국외로 이주한 동포를 포함한다) 또는 그 직계비속으로서 외국국적을 취득한 자 중 대통령령으로 정하는 자(이하 '외국국적동포'라 한다).

10) [현행 시행령] 재외동포의 출입국과 법적지위에 관한 법률 시행령(2012.1.6 대통령령 제23488호)

　제3조(외국국적동포의 정의) 법 제2조 제2호에서 "대한민국의 국적을 보유하였던 자(대한민국정부수립 이전에 국외로 이주한 동포를 포함한다) 또는 그 직계비속으로서 외국국적을 취득한 자 중 대통령령으로 정하는 자"란 다음 각 호의 어느 하나에 해당하는 자를 말한다.

　1. 대한민국 국적을 보유하였던 자(대한민국정부 수립 이전에 국외로 이주한 동포를 포함한다. 이하 이 조에서 같다)로서 외국국적을 취득한자.

　2. 부모의 일방 또는 조부모의 일방이 대한민국의 국적을 보유하였던 자로서 외국국적을 취득한 자.

11) http://likms.assembly.go.kr/bms_svc/img_attach2/09/doc_10/090853_10.PDF, 1978.11.14 의결 및 발효.

12) 재외동포의출입국과법적지위에관한법중개정법률안에 대한 국가인권위원회의 의견, 2001.12.21, p.13.

협약 제5조에서 차별을 금지하는 인권의 영역에 속한다고 볼 여지가 있다는 것이다.[13]

하지만, 한국의 경우 '재외동포'의 형성 과정이 다른 국가들과 다른 역사적 맥락을 가진다. 한국의 경우 재외동포들의 이주가 자발적 의사에 따른 경우보다, 비자발적인 이주가 많았다는 점에서 자발적으로 해외로 이주한 이주민을 갖게 된 다른 나라의 경우와 구별된다. 통계에 따르면 일제시대 강제이주 및 동원된 조선인의 숫자는 120~160여만 명에 달하며,[14] 학자에 따라서는 적어도 200만 명 이상이라고 추정한다.[15] 일제시대를 거치면서 일본 정부에 의한 조선인 강제 이주 정책 및 독립운동을 목적으로 한 이주가 많았고 이로 인한 비자발적 이주민이 많이 생겨난 것이다. 식민제국에 의한 반인륜적 강제 이주로 어쩔 수 없이 해외에 "거주하게 된" 한국인 후손들에 대한 "마땅한 처우"를 인종에 근거를 둔 우선권으로 간주한다는 것은 일제에 의한 식민과 그 결과에 따른 강제 이주를 "자연화"한다는 점에서 타당하지 않다.

이와 같은 맥락에서 헌법재판소 역시 재중동포의 역사적 특수성과 관련하여 "암울했던 역사적 상황으로 인하여 어쩔 수 없이 조국을 떠나야 했던 동포들을 돕지도 못할지언정, 오히려 법적으로 차별하는 정책을 취하는 외국의 예를 찾을 수 없다는 점에서, 이 사건에서의 차별은 민족적 입장은 차치하고라도 인도적 견지에서조차 정당성을 인정받기가 심히 어렵다고 할 것이다. 이 사건에서의 차별로써 달성하고자 하는 정부의 이익은 그로 인하여 야기되는 같은 동포 사이의 커다란 상처와 분열을 덮기에는 너무나도 미약하다고 하지 않을 수 없는 것이다"라고 판단한 바 있다.[16] 강제이주된 동포 및 그 후손들에게 고국으로 돌아올 수 있는 특별한 출입국상 지위를 설정한 점[17]은 주권국으로서의 지위를 박탈당한 식민시기를 비정상화하는 동시에, 식민시기 이전의 온전한 주권국 시민으로서의 권리를 회복시켜 주려는 합리적 이유에 근거한 것이다. 그럼에도 불구하고 법과 실행 사이의 괴리로 조선족과 고려인 등 재외동포들의 실질적인 처우는 아직도 개선되지 않고 있다.[18]

---

13) 재외동포의출입국과법적지위에관한법중개정법률안에 대한 국가인권위원회의 의견, 2001.12.21, p.17.

14) 박경식, 일본제국주의의 조선지배(청아출판사, 1986), 356-347쪽.

15) 강제연행의 수는 이 방면 연구가 진척되면서 더욱 늘어나고 있다. 일본 지역으로 강제 연행된 노무자 수가 약 73만 명(大藏省管理局, ≪日本人の海外活動に關する歷史的調査≫ 9冊(1947), 68쪽), '군속'은 자료에 따라 다소 편차가 있으나 약 15만 명(大藏省管理局, 위의 책, 71쪽; 〈第3節 志願兵制度と徵兵制による渡來)≪在日朝鮮人の槪況≫), '군인'은 24만 4천 명(日本 厚生省, ≪援護50年史≫, 23쪽)으로 추산되고 있다. 이 외 동남아 지역으로 강제연행된 한인 10만 명, 거기에 중국 지역에 대거 이주당한 한인의 수까지 포함하면, 2백만 명의 숫자가 결코 과장된 것이 아님을 알 수 있다(장석홍, "해외동포사, 항일독립운동사 어떻게 정리할 것인가," 2006.2.16. 진실·화해를 위한 과거사 정리 위원회 3차 세미나 발제문 참고).

16) 헌법재판소 2001.11.29. 선고 99헌마494 결정.

17) "재외동포법의 개념 문제," 이종훈 국회입법연구관, 재외동포법과 재일조선인의 법적 지위 심포지엄 발제문, 2003.4, 한일민족문제학회.

18) 이진영, 이혜경, 김현미, "방문취업제에 대한 실태조사 및 동포만족도 조사," 법무부출입국외국인 정책본부.

3. 재외동포의 출입국 및 법적 지위

'재외동포법'에 규정된 동포로 인정되고 일정한 자격을 갖추면 재외동포 체류비자(F-4)를 취득할 수 있다.[19] 재외동포 체류비자를 받을 경우 원칙적으로 체류자격 구분에 따른 활동의 제한을 받지 않으며,[20] 취업이나 그 밖의 경제활동은 사회질서 또는 경제안정을 해치지 아니하는 범위에서 자유롭게 허용된다.[21]

재외동포로 인정되면 거소를 관할하는 출입국관리소에 거소신고를 할 수 있고,[22] 국내거소 신고증을 발급받을 수 있다.[23] 재외동포체류자격에 따른 체류기간은 최장 3년[24]이나, 체류기간을 초과하여 계속 체류하는 경우, 특별한 사유가 없는 이상 무제한으로 체류연장 허가를 할 수 있다.[25] 또한 내국민과 거의 동등한 수준의 부동산거래[26]와 금융거래[27]를 할 수 있으며 90일 이상 체류할 때는 의료보험 혜택도 받을 수 있다.[28]

다만, 재외동포라 하더라도 원칙적으로 출입국관리법의 규정에 적용되므로, 단순노무행위[29]와 선량한 풍속이나 그 밖의 사회질서에 반하는 행위를 하는 경우, 그 밖의 공공의 이익이나 국내 취업질서 등을 유지하기 위하여 그 취업을 제한할 필요가 있다고 인정되는 경우에는 취업의 제한을 받는다.[30] 이러한 제한에도 불구하고, 재외동포법에 따라 해외 동포들이 다수 입국하여 국내 노동시장에 영향을 줄 수 있으므로 법무부는 불법 체류율이 50%가 넘는 불법체류 다발국가의 외국국적동포에

2008, 참조.

19) 출입국관리법 시행령 제12조, 별표1. 자격요건을 갖추지 못한 동포들에게는 방문취업(H-2) 비자가 발급된다. H-2 비자는 국내에서 38개 업종의 단순노무직에서 일할 수 있으나, 최대 4년 10개월 뒤 본국으로 돌아갔다가 새로운 비자로 재입국해야 한다. 이에 반하여 F-4 비자는 단순노무직에서 일할 수 없는 대신 3년에 한 번씩 기간 연장만 받으면 계속 체류할 수 있고, 왕래가 자유롭다.

20) 출입국관리법 시행령 제23조 제3항.

21) 재외동포의 출입국과 법적지위에 관한 법률 제10조 제5항.

22) 재외동포의 출입국과 법적지위에 관한 법률 제6조(국내거소신고).

23) 재외동포의 출입국과 법적지위에 관한 법률 제7조(국내거소신고증의 발급 등).

24) 재외동포의 출입국과 법적지위에 관한 법률 제10조 제1항(출입국과 체류).

25) 재외동포의 출입국과 법적지위에 관한 법률 제10조 제2항, 재외동포의 출입국과 법적지위에 관한 법률 시행령 제16조.

26) 재외동포의 출입국과 법적지위에 관한 법률 제11조(부동산 거래 등).

27) 재외동포의 출입국과 법적지위에 관한 법률 제12조(금융거래).

28) 재외동포의 출입국과 법적지위에 관한 법률 제16조(건강보험).

29) 출입국관리법 시행규칙 제27조의2(재외동포의 취업활동 제한) ①영 제23조제3항제1호의 "단순노무행위"라 함은 단순하고 일상적인 육체노동을 요하는 업무로서 한국표준직업분류(통계청고시)에 의한 단순노무직 근로자의 취업분야를 말한다. 법무부고시 제2010-297호, 2010.4.8.

30) 출입국관리법 시행령 제23조 제3항.

대해서는 추가적인 서류를 소명하여야만 재외동포 체류비자(F-4)비자를 발급하고 있다.[31]

즉, 불법 체류율이 50%를 넘는 불법체류 다발국가를 법무부 장관이 지정[32]하고, 해당국적의 동포에 대해서는 '연간 국내에 50만 달러 이상 투자한 기업이나 수출입실적이 10만 달러 이상인 기업에 종사하는 자' 등 몇 가지 엄격한 조건을 만족해야 F-4 비자를 부여키로 하고, 이를 소명하지 못하는 재외동포는 단순노무직 취업만 가능한 방문취업 비자(H-2)를 발급하고 있다.

4. 재중(조선족)동포의 출입국 절차상 평등권침해 문제

일제시대 독립운동을 위해 조선과 국경을 맞대고 있는 중국 간도 및 연변으로 이주하는 조선인들이 많았고, 이때 이주한 이주민들은 중국에서 이른바 '조선족'이라는 소수민족을 이루며 지금까지 거주하고 있다. 2008년 재외동포법 개정으로 인하여 상당수의 재중동포들이 '재외동포법'의 적용대상이 되었다. 따라서 원칙적으로 재중동포(조선족)라 하더라도 재외동포법상 요건을 충족하면 재외동포법상 보장된 출입국 지위를 보장받을 수 있다.

하지만 앞서 언급한 것처럼 중국이 법무부 장관에 의하여 불법체류 다발 국가로 지정[33]되면서, 재외동포법 제2조 제2항의 규정에 따라 재외동포에 해당하더라도, 출입국 사증(VISA)을 발급받는 과정에서 앞서 검토한 추가적인 서류를 제출하여야만 재외동포 체류비자(F-4)를 발급받을 수 있게 되었다. 따라서 실제 재중동포(조선족)의 경우 재외동포 체류비자를 발급받는 경우가 극히 제한적인 상황이다. 2008년 기준 통계로 볼 때, 재외동포 체류자격이 미국 국적자 37,191명, 캐나다 국적자 5,507명, 호주 국적자 2,881명에게 부여되었다. 그러나 중국 국적자는 2002년에 4명에게 부여된 이후 2003년에서 2007년까지 단 한 명에게도 재외동포 체류자격이 부여되지 않았다. 국가인권위원회는 불법체류 다발국가로 지정된 국가동포인 경우에 일부에게만 체류자격을 부여하는 것은 평등권 침해라고 결정하였다.[34]

국가인권위원회 결정 이후 출입국 절차에 동포사이에 차등을 두는 것이 위헌이라는 주장이 제기되었다.[35] 중국 동포들은 출입국관리법 시행규칙 제76조 제1항 별표 5 및 출입국관리법 시행규칙

---

31) 출입국관리법 시행규칙 제76조 제1항, 별표5
  재외동포(F-4): 연간납세증명서, 소득증명서류 등 체류기간 중 단순노무행위 등 영 제23조 제3항 각호에서 규정한 취업활동에 종사하지 아니할 것임을 소명하는 서류(법무부장관이 고시하는 불법체류가 많이 발생하는 국가의 외국국적 동포에 한함).

32) 2010년 기준 법무부 장관 고시 불법체류 다발국가(22개국) / 법무부 고시 제2007-150호
  중국, 필리핀, 인도네시아, 베트남, 몽골, 태국, 파키스탄, 스리랑카, 인도, 미얀마, 네팔, 이란, 러시아, 우즈베키스탄, 카자흐스탄, 키르기스스탄, 우크라이나, 나이지리아, 가나, 이집트, 페루.

33) 출입국관리법 시행규칙 제76조 제1항 별표 5 및 출입국관리법 시행규칙 별표 5 '사증발급신청 등 첨부서류'에 관한 고시(2003.12.12. 법무부 고시 제2003-619).

34) 국가인권위원회 결정문, 07진인4397, 2008년 7월 15일 결정.

35) 조선족 '차별철폐' 헌법소원, 연합뉴스, 2011.8.23, "http://news.naver.com/main/read.nhn?mode=LSD&mid

별표 5 '사증발급신청 등 첨부서류'에 관한 고시(2003.12.12. 법무부 고시 제2003-619)가 중국국적 동포들이 재외동포 체류자격(F-4)으로 입국하기 위해서 사증발급을 신청하는 경우 "연간납세증명서, 소득증명서류 등 체류기간 중 단순노무행위 등의 취업활동에 종사하지 아니할 것임을 소명하는 서류"를 제출하게 함으로써, 중국동포들의 평등권, 직업선택의 자유 등을 침해한다는 취지로 헌법재판소에 헌법소원을 제기하였고, 2011.9.20 본안심리가 시작되어, 아직 진행 중이다.36) 헌법재판소는 이와 유사한 사건에서 각하결정을 내린 바 있으나,37) 이는 헌법소원의 적법요건인 청구기간 도과로 인한 것으로 본안에 대하여 판단한 것은 아니므로, 이에 대한 헌법재판소의 결정이 주목된다.

헌법상 보장된 '직업선택의 자유'38)는 '국민'에게만 인정되는 기본권으로서 외국인에게는 국가의 입법재량에 따라 제한적으로 인정된다. 이와 같은 맥락에서 출입국관리법 시행령 제23조 제3항은 중국동포 이외의 다른 국적의 동포들도 국내에서 '단순노무업무'에 종사할 수는 없도록 제한하고 있고, 따라서 직업선택의 자유를 국민에게만 허용한 헌법 제15조가 중국동포들에게 차별적이라고 볼 수 없다는 것이 정부의 입장이다. 특히, '불법체류 다발국가'에 해당하는 국가들은 법무부 장관이 자의적으로 선정한 것이 아니라, 국내 노동시장에 영향을 줄 수 있는 요소들에 대한 정확한 통계에 근거한 것으로서, 대상국가 외국인들의 출입국 절차에서 추가 서류 제출을 요구하는 것은 합리적인 이유에 근거한 조치라는 입장이다.39)

반면, 시민단체 및 중국동포들은 불법체류 다발국가로 고시되지 않은 국가의 외국국적동포가 재외동포법상 '외국국적동포'의 해당요건을 증명할 경우 한국 법무부가 자동적으로 재외동포 체류자격을 부여하나 중국동포들에게는 추가적인 서류의 소명이 있어야만 사증을 발급하는 것이 분명하기 때문에 이는 중국동포들에게만 추가적인 절차를 거쳐야 하는 불이익을 부과하여, 헌법상 보장된 평등권을 침해하는 것이라고 주장한다. 또한, 의회를 통한 입법에 의하지 않고 법무부 장관의 고시에 따라 이러한 침익적인 조치를 부과하는 것은 위임입법의 범위를 일탈한 것으로 위법하다는 입장이다.40)

=sec&sid1=102&oid=001&aid=0005225697."
36) 2011헌마474 헌법재판소, 심리 중(2013.5.2. 현재).
37) 2011헌마477 헌법재판소 결정.
38) 헌법 제15조 모든 국민은 직업선택의 자유를 가진다.
39) 김현 검사(법무부 출입국·외국인정책본부), 인터뷰, 2012.5.7. 인하대학교 법학전문대학원.
40) 조선족 '차별철폐' 헌법소원, 연합뉴스, 2011.8.23.

5. 소결

1) 직업선택의 자유침해 여부

「재외동포법」 제3조는 동법의 인적 적용범위를 재외국민과 출입국관리법 제10조의 규정에 의한 체류자격 중 '재외동포 체류자격'을 가진 외국국적동포에 한정하고 있고, 동법 제5조 제4항에서 동자격의 취득요건을 대통령령으로 정한다고 하고 있으며, '재외동포법 시행령' 제4조 제4항은 이를 정함에 있어서 '출입국관리법시행령' 제12조 및 제23조의 규정을 준용한다고 하고 있다. 따라서 외국국적동포라 하더라도 '출입국관리법시행령'에 의거하여 재외동포 체류자격(F-4)비자를 취득해야만 동법의 실질적인 적용대상이 될 수 있다. '출입국관리법시행령' 제23조 제3항은 재외동포 체류자격에 해당하는 자는 단순노무행위를 하는 경우와 공공의 이익이나 국내 취업질서 등의 유지를 위하여 그 취업을 제한할 필요가 있다고 인정되는 경우 이외에는 체류자격 구분에 따른 활동의 제한을 받지 아니한다고 규정하고 있다.

'재외동포법'에 따른 '외국국적동포'에 해당하여 내국인과 동등한 수준의 법적지위를 부여받는 경우라고 하더라도, 국내 노동시장의 여건을 고려하여 특정 체류자격의 활동범위를 일부 제한하는 것은 출입국행정의 차원에서 국가의 입법재량에 해당되는 것으로 볼 수 있으며, 해당 규정 자체가 헌법에 반하여 위헌에 해당한다고 볼 수 없다.

하지만, 직업선택의 자유는 체류자의 생존을 위한 자유권적 성격을 가지고 있는 점, 전문 직종에 종사하는 재외동포에게만 재외동포법상 출입국 지위를 허용하였던 과거 〈재외동포 체류자격 부여지침〉에 대한 국가인권위원회의 차별시정권고[41]의 취지를 고려할 때, 외국국적동포의 직업선택의 자유를 제한하는 법적 절차가 '재외동포법'을 입법한 제도의 취지를 몰각시킬 우려가 있는 정도의 수준에 이른다면 이러한 제한까지 '입법재량'이라는 이름으로 인정되기는 어렵다.

더욱 근본적으로는 공공의 이익이나 국내취업질서 등의 유지에 문제를 초래하는 경우 재외동포의 체류자격에 제한을 둔다는 규정은 "공익"과 "국내취업질서" 등의 개념을 어떻게 해석하느냐에 따라 많은 차이를 보일 수 있는 자의적 규정이라 할 수 있다. 특히 중국동포들의 '값싼' 임금으로 한국제품의 국내외 가격 경쟁력을 높이거나, 육아와 가사 등의 재생산노동에 참여함으로써 한국 중산층 여성들의 공적영역으로의 진출을 용이하게 하는 등 그들의 사회적 기여를 고려한다면, 그들의 국내 취업 자체를 공익과 취업질서를 위협하는 것으로 해석할 수 없다.

---

41) 국가인권위원회 결정문, 사건번호: 07진인4397, 2008년 7월 15일 결정.

2) 평등권침해 여부

한국의 헌법은 평등권을 규정하고 있다.[42] '국민'이라고 규정되어 있으나, 상호주의 원칙에 의해 외국인에게도 당연히 인정되는 권리라고 본다. 다만, 이에 대하여 '참정권' 등에서 외국인의 평등권은 제한되고, 기타 공익을 위하여 제한해야 할 필요가 있으므로, 외국인은 평등권의 주체가 될 수 없다고 보는 반대설도 있다.

평등권이 침해되었는지 여부는 본질적으로 같은 것은 같게 취급하고, 다른 것은 다르게 취급하여야 함에도 자의적으로 이를 달리 판단하는 경우에 해당된다. 이에 대해 헌법재판소는 '차별대우를 정당화하는 객관적이고 합리적인 이유의 존재 여부'가 평등권 침해를 판가름하는 기준이라고 밝힌 바 있다.[43]

법무부 장관이 고시하는 불법체류다발국가라는 "객관적" 통계를 기반으로 하여 재중동포에게 사증발급 시 추가서류를 요구하는 것은 평등권침해조치가 아니라는 것이 한국 정부의 입장이다.[44] 하지만, 국적을 기준으로 한 차별입법의 경우 입법자의 재량권을 일정 부분 인정하면서도, 차별입법의 입법목적이 최소한의 합리적 근거뿐만 아니라 실질적인 관련성을 가져야 한다는 이른바 '중간심사'론에 따르면,[45] 불법체류 다발국가 동포들의 경우 다른 나라 동포들과 달리 법률상 금지되는 업종에 대하여 취업하지 않을 것을 스스로 증명해야 하는, 이른바 증명책임 자체가 전환되었고 이를 통해 실질적으로 제도의 혜택을 받지 못하고 있는 상황이므로, 이러한 출입국 절차가 재중동포들에 대한 부당한 차별로 이해된다. 더욱이 〈재외동포법〉에 따른 '외국국적동포'의 범위를 정함에 있어 재중동포의 역사적 특수성을 고려하여 식민시기 이전의 주권국 시민으로서의 권리를 회복시켜 주려는 한국 정부의 의지가 반영되었음을 고려한다면, 이들에 대한 조건부적 사증발급은 그 의지를 의심케 하는 모순적인 조치인 것이다. 또한 보다 근본적인 문제로는 재중동포들을 '불법체류다발국가' 중국 국적을 가진 한족 중국인과 구별하지 않음으로써 한국 법 스스로가 정한 '외국국적동포'로서의 그들의 "마땅한" 지위를 박탈하고 있다는 것이다.

3) 위임입법의 한계 일탈

위임명령은 법률이나 상위규범에서 구체적으로 범위를 정한 개별적인 위임이 있는 경우에만 가능

---

42) 대한민국 헌법 제11조 모든 국민은 법 앞에 평등하다. 누구든지 성별·종교 또는 사회적 신분에 의하여 정치적·경제적·사회적·문화적 생활의 모든 영역에 있어서 차별을 받지 아니한다.

43) 헌법재판소 2002헌마45 판결.

44) 김현 검사(법무부 출입국-외국인정책본부), 인터뷰, 2012.5.7. 인하대학교 법학전문대학원.

45) 김문현, 평등에 관한 헌법재판소 판례의 다단계 위헌심사기준에 대한 평가, 미국헌법연구 17권 2호, 2006.

하다.[46] 이는 국민의 기본권을 제한하는 기본원칙으로서의 법률유보원칙[47]과 함께 맞물려 기능하면서 행정기관의 자의적 입법으로 인한 기본권 제한의 한계를 설정하고 있다. 하지만 해당 출입국관리법 시행규칙 별표상의 규정은, 재외동포법의 본질적인 내용이라고 할 수 있는 적용범위와 체류자격의 취득요건 및 활동범위에 관한 규정을 과도하게 행정입법에 위임하고 있는 형식을 취하고 있다. 또한 사실상 불법체류 다발국가에 해당하는지 여부를 법무부 장관이 판단할 수 있게 하고, 이를 통해 체류자격의 취득요건 및 활동범위를 제한할 수 있다는 규정을 법률에 규정하지 않고 있는 점은 위임입법의 한계를 일탈한 것으로 볼 여지가 있다고 생각된다.

4) 결론

원칙적으로 외국인에 대해 직업선택의 자유를 제한하는 것이 가능하다고 하더라도, 불법체류 다발국가로 고시되지 않은 국가의 동포들과 달리 해당국가의 동포들에게만 이른바 법률상 '증명책임'을 전환하여, 사실상 제도의 대상에서 제외시키는 규정은 평등권을 침해하는 것일 뿐만 아니라 불법체류 다발국가의 국민들과 재외동포를 과잉 동일시함으로써 〈재외동포법〉에 따른 '외국국적동포'가 가진 역사적 특수성에 기반한 마땅한 지위를 박탈한 것으로 보인다. 이러한 조치들은 결국 상대적으로 '가난한' 재중교포와 그렇지 않은 재일·재미 동포들을 차별함으로써 동포 사이의 커다란 상처와 분열을 조장함은 물론 〈재외동포법〉이 한국의 역사적 특수성에 기반한 법이 아니라 해외 동포들의 거주국 경제적 지위에 기반한 것임을 보여주는 행위이다. 이것은 한국이 주권국으로서의 항상성을 유지해 왔음을 방증하려는 〈재외동포법〉의 본래 취지를 크게 위반하는 모순적 조치이며, 이러한 제도적 모순은 입법을 통해 교정되기 어렵다는 점에서 헌법재판소의 적극적인 역할이 필요하다.

III. 미등록 이주노동자[48]의 출입국 지위에 관한 문제

1. 미등록 이주노동자의 현황

1) 미등록 이주노동자 관련 통계

법무부의 "취업자격 체류외국인 현황"에 따르면 2013년 3월 현재 국내에 취업자격으로 체류 중인

---

46) 대법원 2002.8.23. 선고 2001두5651 판결.

47) 대한민국 헌법 제37조 제2항 '국민의 모든 자유와 권리는 국가안전보장, 질서유지, 공공복리를 위하여 필요한 경우에 한하여 법률로써 제한할 수 있으며, 제한하는 경우에도 자유와 권리의 본질적인 내용을 침해할 수 없다.'

48) 법무부에서는 출입국 자격이 없는 이주노동자들을 "불법체류 외국인"으로 호칭한다. 하지만, 이들은 단순히 출

이주노동자는 총 524,617명이고, 이 중 합법적인 체류자격을 갖춘 경우가 455,872명, 체류자격이 없어 불법체류로 분류되는 이주노동자는 총 68,745명이다.[49] 이 중 약 80% 이상인 54,951명이 바로 '고용허가제'를 통해 비전문 취업비자(E-9)로 입국한 노동자들이다. 사실상 한국에서 발생하는 '미등록 이주민'에 따른 출입국문제의 핵심이 바로 '고용허가제'와 무관하지 않음을 알 수 있는 부분이다.

2012년 한 해 동안 적발된 미등록 이주노동자는 총 96,799명으로 이 중 18,248명이 강제퇴거 조치에 취해졌고, 출국명령 혹은 출국권고를 받은 경우가 6,016명이다. 매년 약 23,000여 명의 이주노동자들이 강제로 출국되고 있는 상황이다.[50]

이처럼, 법적으로 체류자격을 상실한 이주노동자들은 그 때문에 노동과 일상에서 인권의 사각지대에 놓여있다. 국제인권기구들이 1990년대 이후 한국의 이주민 인권상황에 대해 표명한 총 80건의 우려나 권고 가운데 이주노동자의 인권상황에 대한 것이 25건으로 가장 많았다는 점 역시 이주노동자의 인권향상이 우리 한국사회가 해결해야 할 중요한 과제임을 말해준다.[51]

2) 이주노동자 문제에 대한 한국적 특수성

오랫동안 단일민족의 신화를 공유한 한국사회는 혈통에 대한 강한 동질의식을 가지며, 타민족에 대한 배타적인 모습을 가지고 있다. 특히, 일제시대 및 미군의 격변기를 거쳐 오면서 민족적 정체성은 더욱 강조되었다. 그 결과 이주민에 대한 기본적인 인식이 혈연적 순수성 및 사회의 동질성을 해할 타자로 인식되고, 구별 짓는 태도가 만연하게 되었다.[52] 그러나 동시에 한국인의 타자에 대한 배타성은 앞서 재중 동포의 경우에서 언급한 것처럼 해당 외국인이 속한 국가의 경제적 지위에 따라 달라지기도 하며, 또한 그들의 "피부색"과도 무관하지 않다. 한국인의 타자에 대한 태도는 한국인보다 경제적으로 열악하거나 '더 검은' 피부를 가진 사람들에게 더욱 배타적인 것으로 드러나는 등 이중적이다.

'이주노동자'라는 개념 자체가 영어를 가르치러 한국으로 오는 미국, 캐나다, 유럽 등의 백인을 의미하기보다는, 이른바 3D업종에 종사하는 동북, 동남, 중앙아시아인들을 의미함으로써 편향적으로 이해되고 있다. 상층회로(upper circuit)와 생존회로(survival circuit)[53]의 개념은 전자가 주로 금융

입국 절차상 체류자격이 없는 자에 불과하다는 점에서 '미등록 이주노동자'라는 용어를 쓰는 것이 더 적합하다고 생각된다. 국제연합(UN)이나 국제노동기구(ILO)의 인권규약 등 관련 국제인권문헌에서도 '비정규 이주(irregular migration)' 또는 '미등록 이주노동자(Undocumented migrant worker)'라는 표현을 주로 사용하고 있다(정정훈, 외국인 인권 기초연구, 2010-10, 이민정책연구원, 1면).

49) 법무부, 취업자격 체류 외국인 현황(2013.3), 출입국 외국인 정책본부.

50) 법무부, 출입국 위반자 처리현황(2013.3), 출입국 외국인 정책본부.

51) 이주인권가이드라인(국가인권위원회, 2012), 6면.

52) 설동훈, "한국사회의 외국인 이주노동자: 새로운 '소수자집단'에 대한 사회학적 설명," 사림, 34호, 2009.

53) Sassen, saskia, *Cities in a World Economy*(California: Pine Forge Press, 2006) 참조.

권을 비롯한 다국적 기업 종사자들의 글로벌 이동경로를 의미하고, 후자가 생산직 노동직의 글로벌 이동경로를 의미하지만, 한국사회에서 그 의미는 일정 정도 피부색과 관련을 가진다.

이러한 기본인식은 한국 정부의 출입국 관리정책에도 그대로 반영되었다. 법무부는 1962년도부터 매년 업무추진계획을 수립하여 추진하고 있는 바, 이를 통해 한국 정부의 출입국관리정책의 이념성을 엿볼 수 있다.[54] 이에 따르면, 출입국 관리행정은 그 업무자체가 외국인을 상대로 하는 국제적인 성격을 띠고 있으며, 우리나라의 인구밀도가 세계 4위를 점할 만큼 높아 정부는 인구 억제책과 이민정책을 강력히 추진하고 있으므로, '외국인의 입국에 대하여는 원칙적으로 엄격한 규제'를 가하여야 하고, '범법외국인이나 부도덕한 외국인이 국민생활에 미치는 영향을 고려' 하여 출입국 정책을 세워야 하지만, 협소한 국토와 빈약한 자원으로 많은 인구가 생활하기 위해서는 선진 외국의 기술을 유치하고, 이러한 인재들의 입국은 환영해야 할 것이다. 따라서 출입국관리에 있어서 외국인에 대한 '입국 억제책' 과 '환영 유치책'이라는 상반된 요구를 조정하는 입장에서 수행하여야 할 것으로 밝히고 있다.[55]

이러한 출입국 정책은 이주민을 정책 대상별로 위계적으로 구분하고, 선별적인 포섭과 배제의 대상으로 분류하여 출입국 지위를 부여하는 지금의 제도의 뿌리가 되었다. 즉, 전문기술인력은 국익과 경제의 관점에서 적극적으로 '수용 · 포섭'하며, '단순노무인력'과 '불법체류자'는 적극적인 통제 · 관리의 대상으로 '배제'해 왔던 것이다.[56] 그러나 '합리적'으로 보이는 결정 안에는, 상층회로를 거쳐 입국하는 전문 인력들의 피부색깔과 생존회로를 경유하는 단순노무인력들의 피부 빛은 엄연히 다른 데서 볼 수 있듯, 인종주의가 숨어 있다. 관리 · 통제의 대상이 되는 이주노동자 및 미등록 이주노동자들에 대한 정부 당국의 배제 정책에는 한국사회의 뿌리 깊은 배타적 순혈주의와 인종주의가 결합하여 있는 것이다.

이하에서는, 이러한 문제의식을 바탕으로 한국사회에 가장 많은 미등록 이주민 발생의 통로가 되고 있는 〈외국인근로자의 고용 등에 관한 법률〉에 따른 고용허가제의 문제점을 검토하고, 미등록 이주노동자의 인권문제에 대한 개선방향을 제시한다.

2. 〈외국인근로자의 고용 등에 관한 법률〉에 따른 고용허가제 문제점 검토

1) 취업 제한

고용허가제 도입은 1995년부터 8년간 지속적으로 논의되기 시작하면서 2003년 산업기술연수생제도와 병행한다는 조건으로 관련 법안이 통과되었다. 고용허가제는 산업기술연수생제도가 갖는 문

---

54) 김원숙, 우리나라 외국인정책의 역사적 전개에 관한 소고(외교안보연구원, 2010), 7면.

55) 법무부, 출입국관리40년사 자료집, 법무부, 419-420면.

56) 정정훈, "이명박 정부의 이주민 정책과 인권운동," 2008년 한국 사회포럼 발표문.

제들, 예컨대 연수기간 이후 불법 잔류, 그것을 빌미로 하는 사업주들의 임금체불과 폭력 등의 인권침해 문제를 해결할 목적으로 도입되었으나, 점차 외국인 노동력을 전문기술인력과 단순노무인력으로 대별하면서 후자에 대한 수용을 용이하게 하기 위한 제도로 변화되어 갔다. 이 제도는 외국 인력을 고용하고자 하는 사업주에게는 고용을 허가하고, 외국인에게는 허가된 사업주에 일정 기간 고용될 것을 조건으로 취업비자를 발급해 주는 제도이다. 그러나 이 제도로 국내에 들어온 외국인들이 다수 미등록체류자로 남는다는 것은 이 제도가 갖는 본질적 한계이다.

〈외국인근로자의 고용 등에 관한 법률〉 제18조를 보면 "외국인근로자는 입국한 날부터 3년의 범위에서 취업활동을 할 수 있다."고 규정되어 있다. 동법 제18조의3에 따르면 "국내에서 취업한 후 출국한 외국인근로자(제12조제1항에 따른 외국인근로자는 제외한다)는 출국한 날부터 6개월이 지나지 아니하면 이 법에 따라 다시 취업할 수 없다."고 하고 있다. 일반적으로 이 규제는 외국인근로자의 장기간 취업, 체류에 따른 부작용을 피하고 우리나라에서 취업하려는 다수의 외국인에게 취업의 기회를 고루 부여하려는 취지에서 취업활동 허용기간을 원칙적으로 3년으로 제한하되, 재취업하려면 일단 출국한 다음 6개월이 경과하도록 절차상의 제한을 가한 것으로 해석된다.[57]

이러한 3년의 체류기간이 당사자들 입장에서 볼 때 지나치게 짧다는 비판은 오래전부터 제기되어 왔다.[58] 이에 따라 〈외국인근로자의 고용 등에 관한 법률〉은 몇 차례 계정을 통해 예외적인 경우 3년을 초과하여 체류할 수 있도록 하였으나, 이러한 예외조항 역시 인정요건이 매우 제한적이라는 점에서 본질적인 문제는 해결되지 않고 있다고 평가된다.

또한, 동법 제25조 제4항은 외국인근로자의 직장변경을 원칙적으로 3년간 3회로 제한하는데, 이는 이주노동자의 지위를 불안정하게 만드는 결정적 역할을 한다. 구체적이고 개별적인 상황에서 직장을 변경할 수밖에 없는 사유는 다양함에도 일괄적으로 직장변경 횟수를 제한하는 것은 이주노동자의 직업선택의 자유를 지나치게 침해하는 입법이다. 특히, 마지막 3회에 해당하는 최종 근무지에서의 퇴출은 이주노동자에게 곧 체류자격 만료에 따른 강제출국을 의미하기 때문에 낮은 임금으로 힘든 노동을 강요하게 만들 위험성도 높다. 지난 2011년 12월, 이주노동자에게 사업장 변경의 귀책사유가 없는 때에는 사업장 변경횟수에 포함되지 않도록 개정[59]되었으나, 이주노동자가 사업장에서 산업재해에 따라 계속근무가 어려운 경우에는 여전히 사업장 변경횟수에 포함되고 있다.

이는 한국 정부가 비준한 국제인권조약위원회의 권고에서도 동일하게 지적되었다. 인종차별철폐위원회는 대한민국 제13차, 14차 정기이행상황 심의 후 채택한 권고문에서 이주노동자들이 갱신이 불가능한 3년 단위 계약을 맺고, 직업이동에 있어서 심각한 제한을 받는 상황과 장시간 근무, 낮은 임금, 위험한 작업환경, 3년의 짧은 고용계약과 같은 차별대우와 학대가 사업장에 만연한 데에 대한 우려를 표명하였다.[60] ILO도 2009년 6월 제98차 총회의 기준적용위원회(Standards Committee)에서

---

57) 임종률, 노동법, 제7판(박영사, 2008), 640-641면.

58) 전형배, 고용허가제 시행 5년, 이주노동자의 기본권은 보장되고 있는가?(국가인권위원회, 2009).

59) 외국인근로자의 고용 등에 관한 법률 일부개정법률안, 강성천 의원 대표발의, 2011.12.28. 의안번호 13525.

사업장 이동에 적절한 유연성을 부여해 이주노동자의 사업주에 대한 과도한 의존을 줄이는 조치가 이주노동자들의 취약성을 줄이는 데 도움이 될 것이므로, 사업장 이동 자유에 대한 과도한 제한을 유연화할 것을 촉구한 바 있다.[61]

뿐만 아니라 이 제도의 명칭이 '고용허가제'인 것에서 알 수 있듯이 이 법은 고용주 중심의 법이며 따라서 이주노동자들에 대한 차별이 전제되어 있다고 할 수 있다. 이러한 맥락에서 고용허가제가 아닌 노동자 중심의 '노동허가제'의 도입을 주장하는 전문가도 적지 않은데,[62] 이들은 현행과 같은 고용허가제 하에서는 노동자들의 작업장에 대한 만족 여부에 상관없이 계약기간 엄수가 요구되며, 따라서 이직에 대한 자유가 보장되지 않음을 지적한다. 고용주의 임금체불 등 계약 불이행에 대한 법적 구속력이 없는 상태에서 외국인노동자는 산업기술연수생제도 아래서와 같은 다양한 불이익을 감수해야 하는데, 바로 이러한 조건이 미등록체류자를 양산하는 결과를 낳는다는 것이다.

2) 노동법적 보호의 사각지대 해소

〈외국인근로자의 고용 등에 관한 법률〉 제22조는 "사용자는 외국인근로자라는 이유로 부당하게 차별하여 처우하여서는 아니 된다."고 규정하고 있다. 또한, 대법원 및 헌법재판소는 이주노동자도 원칙적으로 〈근로기준법〉을 비롯한 노동관계법의 적용대상이 된다고 판시[63]하였다. 그러나 실제 노동현장에서 이주노동자들이 노동법상 권리를 충분히 보장받지 못하거나, 내국인 노동자에 비하여 차별적인 대우를 받는 경우가 많다.

국가인권위원회의 실태조사 결과[64]에 따르면 이주노동자의 반 이상이 입국 전에 체결한 근로계약과 입국 후 근로조건이 상이하다고 응답했고, 구체적으로는 근로시간, 월급, 기숙사와 식사제공, 작업내용 등이 상이한 것으로 드러났다. 이주노동자들이 입국 전에 출입국제도, 근로계약, 권리구제방안 등을 포함한 내용을 모국어로 제공받을 수 있어야 하며, 정부는 인력송출국 정부에 관련 정보를 제공할 필요가 있다.[65] 그러나 단순히 정확한 정보를 외국인노동자에게 전달해야 하는 문제뿐만 아니라 매우 주요한 지적으로는 자국보다 경제적으로 우위를 점하는 국가로 이주했을 때 대부분의 노동형태는 자국에서의 교육, 경력, 기술 등의 수준과 질에 상관없이 이주국의 탈숙련 단순 노동직으로 하향 조정된다는 것이다.[66] 송출국과 한국의 경제적 지위 차이가 극명하게 반영되는 고용허가

60) CERD/C/KOR/CO/, 이주인권가이드라인 구축을 위한 실태조사, 2011.10, 한양대학교 글로벌 다문화 연구원, 국가인권위원회, 92면에서 재인용.

61) ILO, 2009. COMMITTEE ON THE APPLICATION OF STANDARDS AT THE CONFERENCE, 92th Session GENEVA, / 정정훈, 외국인 인권 기초연구(이민정책연구원, 2010), 11면 재인용.

62) 고혜원, 이철순(2004), 외국인 고용허가제 도입 과정, 한국정책학회보 13(5), 17-43 참조.

63) 대법원 2005.11.10. 선고 2005다50034 판결, 헌법재판소 2011.9.29 선고 2007헌마1083 등.

64) 이주인권가이드라인 구축을 위한 실태조사, 2011.10, 한양대학교 글로벌 다문화 연구원, 국가인권위원회, 134면.

65) 이주인권가이드라인(국가인권위원회, 2012), 8면.

제 역시도 외국인노동자들을 대부분 탈숙련 단순 노동직으로 배치함으로써 결국 계약된 작업장으로 부터의 일탈을 유도하는 결과를 낳는다. 이들 중 적지 않은 노동자들은 미등록이라는 신분 때문에 노동권 등 다양한 인권유린적 상황에 놓인다 하더라도 법의 보호를 받지 못하게 된다.

UN 자유권위원회 역시 대한민국 제2차 정기이행상황심의 후 채택된 최종권고에서 이주노동자들이 사업장 내에서 겪는 지속적인 차별대우와 학대, 이에 대한 적절한 보호와 구제책의 미비에 대한 우려를 표명하였다.[67] 사회권위원회는 대한민국 제3차 정기이행상황심의에 따른 최종권고에서 최저임금법을 위반하는 사용자에 대한 근로감독을 확대할 것을 권고하였다.[68]

3. 미등록 이주노동자의 인권문제

1) 미등록 이주노동자의 법적보호 필요성

「모든 이주노동자와 그 가족의 권리보호에 관한 국제협약(1990)」[69]은 미등록 이주노동자와 그 가족의 권리를 폭넓게 보호하고 있으나, 한국은 아직 이 조약을 비준하고 있지 않고 있다.[70] 결과적으로 미등록 이주민은 한국사회의 법적, 제도적인 보호에서 제외되어, 인권보호의 사각지대에 놓여 있는 상황이다. 앞서 본 통계에서처럼 미등록 이주민이 대량으로 발생하는 영역은 '고용허가제'를 통해 들어오는 '비전문 취업비자(E-9)' 부분이고, 국내에 체류 중인 이주민들의 대부분은 노동을 목표로 하는 이주노동자라는 점에서 미등록 이주노동자들에 대한 법적보호의 강화는 결국 '미등록 이주민' 전체에 대한 법적보호 문제의 핵심이라 생각된다.

논의에 앞서, 미등록 이주노동자 문제가 우리나라의 이주민 정책과 노동시장의 필요성에 의해 구조적으로 발생하고 있는 문제라는 사실을 명확히 할 필요가 있다. 고용허가제를 통해 한국에서의 노동을 희망하는 외국인들은 대부분 자국 내 '브로커'들을 통하여 엄청난 비용의 입국 수속을 하게 되는 경우가 많은데, 이 때문에 이들은 적지 않은 빚을 안고 한국으로 들어온다. 이들의 빚은 이들로 하여금 계약된 작업장을 일탈하도록 하는 직접적인 원인이 되고 있다. 재중 동포와 구 소련 동포들을 대상으로 한 '방문취업제'[71]는 브로커의 개입 없이 합법적인 경로로 한국으로의 입국을 가능하게

---

66) 김현미(2009), 방문취업 재중 동포의 일 경험과 생활세계, 한국문화인류학, 42(5), 35-75 참조.

67) CCPR/C/KOR/CO/3. 이주인권가이드라인 구축을 위한 실태조사, 2011.10, 한양대학교 글로벌 다문화 연구원, 국가인권위원회, 92면에서 재인용.

68) E/C.12/KOR/CO/3. 이주인권가이드라인 구축을 위한 실태조사, 2011.10, 한양대학교 글로벌 다문화 연구원, 국가인권위원회, 92면에서 재인용.

69) 모든 이주노동자와 그 가족의 권리 보호에 관한 국제협약(International Convention on the Protection of the Rights of All Migrant Workers and Members of Their Families), 1990년12월18일 유엔총회에서 만장일치로 채택되고, 2003년 7월 발효되었다.2011년 9월 현재 45개국이 비준하고, 31개국이 서명하였다.

70) http://treaties.un.org/Pages/ViewDetails.aspx?src=TREATY&mtdsg_no=IV-13&chapter=4&lang=en.

하는 제도인데, 세계화가 일국 내의 사회적, 정치적, 경제적 사건, 결정, 활동이 먼 지역에까지 심대한 영향을 미치는 것이라고 할 때 이 제도가, 특히 한국과의 왕래가 잦은 재중 동포들의 경제와 이주의 자유를 포함하는 생활세계에 변화를 초래했음은 의심할 여지가 없다. 물론 늘어난 동포들의 수는 그들의 노동자로서의 권리를 열악하게 하였는데, 이는 한국 정부가 늘어난 외국인노동자들에게 사회적 비용을 지불하지 않는다는 의미이다.[72]

'고용허가제'를 통한 이주노동자의 유입은 한국 정부와 개별국가 간의 송출협정에 따라 국가 정책적으로 이루어지고 있다. 국무총리실 소속하의 '외국인력정책위원회'에서는 '외국인근로자 관련 기본계획',[73] '외국인근로자 도입 업종 및 규모',[74] '외국인근로자를 송출할 수 있는 국가의 지정 및 해지',[75] '외국인근로자를 고용할 수 있는 사업,[76] 사업장, 고용규모' '외국인근로자의 권익보호에 관한 사항'[77] 등 제도 전반의 내용을 심의 · 의결한다. 그럼에도 불구하고 국가가 계획한 제도를 통해 유입된 이주노동자들이 국내 미등록 이주민의 80% 이상을 차지하고 있다는 사실은 제도 설계 자체에 큰 문제가 있음을 보여준다. 또한, 이러한 미등록 이주민들을 무조건 '불법체류자'로 분류하여, 강제출국을 비롯한 단속의 대상으로 전락시키는 것은 열악한 이주노동자들의 삶을 더욱더 불안하게 만들고 있을 뿐이다.

이에 따라, 체류자격과 법적보호를 구분하여 미등록 이주노동자들에 대한 법적 보호를 강화해야 한다는 주장이 설득력을 얻고 있다.[78] 이미 이주노동자들은 낮은 임금으로 생산비를 낮추고, 3D 업종에 종사함으로써 한국사회의 산업구조에서 반드시 필요한 역할을 담당하고 있다. 이러한 현실을 인정하지 않고, 미등록 이주노동자들을 '불법'으로 낙인찍어 법적 보호를 배제하는 것은 올바르지 않다.

다른 국가들의 사례를 보면, 스페인에서는 '미등록'이나 '불법체류자' 대신에 '비정규' 이주민이라는 용어를 사용하면서 그들의 '정규화'를 유도하는 정책을 시행하고 있다. 비정규 이주민이라도 주거지역 관청에 '등록'을 하면, 무상교육과 무상의료 혜택을 받게 되므로, 다른 국가들에 비해 상대적으로 교육권과 건강권을 누릴 수 있는 기회가 높다. 스페인의 사례를 보면, 정규화는 비정규 이주노동자를 열악한 노동환경에서 구출하고 불법고용으로 발생하는 탈세를 줄임으로써 전체적으로는 국가 중앙 및 지방 정부의 세수입을 증가시켜 보다 양질의 복지 시스템이 평등하게 구현되도록 하는 긍정적 효과를 가져 올 수 있다.[79] 이에 대하여 서구 국가들의 출입국 관리 시스템의 경우, 취업과정에서

---

71) 김현미(2009), 방문취업 재중 동포의 일 경험과 생활세계, 한국문화인류학, 42(5). 35-75 참조.

72) 김현미(2009), 방문취업 재중 동포의 일 경험과 생활세계, 한국문화인류학, 42(5). 35-75 참조.

73) 외국인근로자의 고용 등에 관한 법률, 제4조 제2항 제1호.

74) 외국인근로자의 고용 등에 관한 법률, 제4조 제2항 제2호.

75) 외국인근로자의 고용 등에 관한 법률, 제4조 제2항 제3호.

76) 외국인근로자의 고용 등에 관한 법률 시행령 제3조 제1호.

77) 외국인근로자의 고용 등에 관한 법률 시행령 제3조 제4호.

78) 박경서 외국인이주노동자대책협의회 상임대표, 인터뷰, 2012.4.21. 인하대학교 법학전문대학원.

내국인에 대한 우대조치 및 엄격한 제한을 통해 내부 시장을 보호하고 있어 비정규 이주민에 대한 교육권, 건강권 등의 보장은 전혀 별개의 제도라는 입장[80]도 있다. 그러나 현재 우리나라의 고용허가제에서도 내국인 노동자를 고용하지 못하는 경우에만 이주노동자를 고용[81]할 수 있도록 되어 있으므로 국내 노동시장 보호와 미등록 이주민에 대한 법적보호는 서로 충돌하는 성질이 아니다.

2) 미등록 이주민 단속과정에서 인권침해

현재 정기적으로 실시되는 법무부와 경찰의 미등록 이주민 합동 단속은 대부분 신분증을 제시하지 않고(37.4%) 동의나 허락 없이 무단으로 진입한(71.5%) 사복차림의 단속반원에 의해(47.9%), 근무지나(43.0%) 거주지(17.9%)에서 대규모로 이루어졌다고 조사되었다.[82] 단속반원들의 79.5%가 수갑을 사용했으며, 경찰 장구와 전자 충격기 및 그물총을 사용하는 경우도 있었다.[83] 관공서를 찾았다가 단속된 경우도 4.9%에 달했다. 관공서에서 단속을 당한 경우, 경찰이나 관공서에 피해신고를 하러 갔다가 단속된 경우도 15.3%, 증언을 하거나 목격자로 진술하다가 미등록 사실이 밝혀져 단속된 경우가 14.5%에 달했다.[84] 특히, 2003년 이후 집중단속과정에서 무려 100여 명의 이주노동자들이 사망한 것으로 밝혀지고 있어, 미등록 이주민 단속과정에서 인권친화적 제도적 장치 마련이 시급한 상황이다.[85]

현행 '출입국관리법'에 따라 미등록 이주민은 "단속-보호(구금)-강제퇴거"로 이어지는 절차를 거치게 되는데, 이 과정에서 발생하는 또 하나의 큰 문제는 바로 인신구금절차(출입국관리법상 '보호조치')에 있어서 법원의 통제가 전혀 이루어지지 않고 있다는 점이다. 출입국관리법상 '보호'란 출입국관리공무원이 강제퇴거의 대상이 된다고 의심할 만한 상당한 이유가 있는 사람을 출국시키기 위하여 외국인 보호실, 외국인 보호소 또는 그 밖에 법무부 장관이 지정하는 장소에 인치하고 수용하는 집행활동을 말한다.[86] 이러한 보호처분은 헌법 제12조의 '신체의 자유'를 제한하는 사실상 구금의 성격을 지니는 행정처분[87]에 해당함에도, 현행 법률은 단속 및 보호절차의 사전·사후 과정에서 인신구속에 관한 법원의 심사를 완전하게 배제하고 있다. 출입국관리법상 보호처분은 형사처벌 절

---

79) 이주인권가이드라인(국가인권위원회, 2012), p.63.

80) 이춘복 전 출입국관리소장, 인터뷰, 2012.4.21. 인하대학교 법학전문대학원.

81) 외국인근로자 고용 등에 관한 법률 제6조. 내국인 구인노력.

82) 이주인권가이드라인 구축을 위한 실태조사, 2011.10. 한양대학교 글로벌 다문화 연구원, 국가인권위원회, p.256.

83) 이주인권가이드라인 구축을 위한 실태조사, 2011.10. 한양대학교 글로벌 다문화 연구원, 국가인권위원회, p.256.

84) 이병렬, 장서연, 문은현, "외국인 보호소 방문조사 결과보고서-외국인 단속과정 중심," 국가인권위원회.

85) 이주인권가이드라인(국가인권위원회, 2012), p.64.

86) 출입국관리법 제2조 제11호.

87) 미등록 외국인 강제단속관정의 인권침해 관한 국가인권위원회의 결정, 2005.5.23. 대법원 2001.10.26. 선고 99다68829 판결 등.

차가 아닌 행정청의 행정행위에 불과하기 때문에 영장이 필요하지 않다는 주장도 있다.[88] 단속 이후 '보호' 처분에 대한 법원의 사후심사가 이루어지지 않고 있는 점에 대하여, 헌법 제12조 6항[89]에 위반되어 위헌이라는 주장이 제기된 바 있다.[90]

최근 행정절차에 의한 인신구금을 통제하기 위하여 '인신보호법(제정 2007.12.21. 법률 제8724호)'이 제정되었고, 행정절차에 따른 인신구금에도 원칙적으로 사법적 구제절차가 적용됨을 명시하였다.[91] 하지만 현행 '인신보호법'에는 '출입국관리법에 따라 보호된 자'를 적용에서 제외하고 있다.[92] 그러나 헌법은 '누구든지' 구속적부심사를 법원에 청구할 수 있다고 규정하고 있고, 이는 당사자의 '신체의 자유'에 밀접하게 관련되어 있으므로 '국민에게만 보장된 헌법상 기본권'이 아니라 '모든 인간에게 기본적으로 보장되는 권리'라고 해석된다.[93] 따라서 강제퇴거의 대상이 되는 이주노동자도 헌법 제12조 제6항의 적용대상이라고 할 것이고, 현행 '출입국관리법' 및 '인신보호법'의 규정은 위헌의 소지가 높다.

3) 외국인 보호소 시설에서의 인권침해

외국인 보호소 시설은 원칙적으로 교정·교화를 목적으로 외국인을 구금하는 수용시설이 아니다.[94] 단지 행정절차상의 강제퇴거 집행을 위한 신병확보와 절차를 위한 대기공간이다. 따라서 보호소에서의 인신의 자유제한은 '퇴거절차의 집행'을 위한 최소한도에 머물러야 한다. 하지만 현행 보호소의 운영모습을 보면, 보호시설에서의 생활이 보호방실(감방) 내로 제한되고 있고, 보호소 내에서의 자유로운 이동이 불가능하여 일반적인 구금시설과 유사하게 운영되고 있다.[95] 이러한 운영은

---

88) 이춘복 전 출입국관리소장, 인터뷰, 2012.4.21. 인하대학교 법학전문대학원.

89) 헌법 제12조 제6항 누구든지 체포 또는 구속을 당한 때에는 적부의 심사를 법원에 청구할 권리를 가진다.

90) 하명호, 2009, "외국인 보호 및 강제퇴거절차와 구제절차에 대한 공법적 고찰," 고려법학, 제52호(2009년 4월), 167-212면, 고려대학교 법학연구원.

91) 인신보호법 제3조(구제청구) "피수용자에 대한 수용이 위법하게 개시되거나 적법하게 수용된 후 그 사유가 소멸되었음에도 불구하고 계속 수용되어 있는 때에는 피수용자, 그 법정대리인, 후견인, 배우자, 직계혈족, 형제자매, 동거인, 고용주 또는 수용시설 종사자(이하, '구제청구자'라 한다)는 이 법으로 정하는 바에 따라 법원에 구제를 청구할 수 있다. 다만, 다른 법률에 구제절차가 있는 경우에는 상당한 기간 내에 그 법률에 따른 구제를 받을 수 없음이 명백하여야 한다.

92) 인신보호법 제2조(정의) ①이 법에서 "피수용자"란 자유로운 의사에 반하여 국가, 지방자치단체, 공법인 또는 개인, 민간단체 등이 운영하는 의료시설, 복지시설, 수용시설, 보호시설(이하 "수용시설"이라 한다)에 수용·보호 또는 감금되어 있는 자를 말한다. 다만, 형사절차에 따라 체포·구속된 자, 수형자 및 〈출입국관리법〉에 따라 보호된 자는 제외한다.

93) 헌법재판소 2003.1.30 선고 2001헌바96 결정.

94) 외국인 보호규칙 제3조(수용시설로의 이용금지) 누구든지 보호시설을 〈행형법〉상의 수용자를 수용하는 시설로 이용하여서는 아니 된다.

95) 2008년 국가인권위원회, 외국인보호시설 실태조사.

보호소가 조속한 퇴거를 강제하는 징벌적 성격으로 남용될 수 있다는 것을 의미하기도 한다. 이러한 운영방식은 보호외국인은 범죄자가 아니므로, 범죄자로 취급되어서는 안 되고, 불법체류 등을 이유로 한 보호는 어떠한 경우에도 징벌적 성격을 가져서는 안 된다는 UN의 권고에 정면으로 위배된다.[96)]

보호시설의 기본적 운영에서도 인권침해 사례가 발견되고 있다. 2007년 여수 외국인 보호소 화재사건 이후 진행된 외국인 보호소 내 운영 실태조사 결과에 따르면, 적정인원 초과수용, 보호기간과 수용형태 및 수용환경의 문제, 보호 절차 중 신체검사 및 소지품 보관에 관한 문제, 변호인 접견 및 면회의 제한, 서신 왕래와 전화통화의 제한, 시설 및 위생, 급식, 보건의 열악함, 계구 및 무기의 사용, 안전대책 미미, 출입국관리공무원 및 공익요원에 의한 인권침해 등 심각한 인권침해가 이루어지고 있다는 사실이 밝혀졌다.[97)]

이러한 미등록 이주민 보호조치의 장기화와 보호시설의 운영에 관한 사안 등이 유엔이 정한 「피구금자 처우에 관한 최저기준규칙(1955)」[98)]의 기준을 충족하지 못하고 있다는 지적은 꾸준하게 지적되고 있다.[99)] 보호소의 설치 목적과 성격에 걸맞게 보호시설 내부의 보호구역을 설정하여 최소한으로 통제하되, 그 안에서의 자유의 제한을 최소화하는 방향으로 관련 규정들이 정비되어야 한다고 생각된다.

4. 소결

미등록 이주노동자들에 대한 법적 보호가 확대되어야 한다는 정부의 인식 전환이 시급하게 필요하다. 특히, 정부가 기획·운영하는 제도에 따라 구조적으로 발생하고 있는 미등록 이주민들의 문제를 단순히 '불법'으로 규정하여 배제의 대상으로만 바라보는 것은 문제의 해결에 전혀 도움이 되지 않는다.

구체적인 방법으로, 현행 '고용허가제(employment permit system)'를 기본으로 하는 노동이주정책을 '노동허가제(Work permit system)'로 전환하자는 방법이 제시된 바 있다. 노동허가제에 대한 입법안은 2002년 외국인력정책 도입논의 과정에서 민주노총, 민변, 민주노동당이 공동으로 청원한 '외국인근로자 고용 및 기본권 보장에 관한 법률(안)'이 대표적이다.[100)] 또한 세계화적 맥락에서 볼

---

96) UN Doc. E/CN.4/2003. 85. Ⅲ. B. para. 51, 정정훈, "외국인 인권 기초연구"(민정책연구원, 2010), 21면에서 재인용.

97) 서울지방변호사회, 2004, 『외국인보호시설 실태조사 보고서: 화성외국인보호소편』; 설동훈, 황필규, 고현웅, 양혜우, 미등록 외국인 단속 및 외국인보호시설실태조사(서울, 국가인권위원회, 2006).

98) UN 피구금자 처우를 위한 최저기준 규칙(UN standard Minimum Rules for Treatment of Prisoner, 1957. 7.31. 유엔 경제사회이사회 승인).

99) 이주인권가이드라인(국가인권위원회, 2012), p.67.

100) 정정훈, '외국인 인권 기초연구'(이민정책연구원, 2010), 13면.

때, 한국의 고용허가제가 송출되는 이주노동자들보다 송출국의 브로커들에게 더 많은 기회와 자원을 주고 있음을 알아야 한다. 이것은 결국 이주하는 노동자들에게는 과도한 빚이 되어 한국 안에서 미등록 체류자로 잔류하게 하는 또 하나의 요인이 된다.

미등록 이주민의 '단속' 및 '보호' 업무는 실제 인신의 자유에 대한 중대한 제한을 내용으로 하고 있어 그 본질은 형사사법절차상의 인치·구금과 유사한 바, 그 근거와 절차를 형사사법절차에 준하여 규정하고 그 업무에 대한 사법심사를 강화하여야 한다. 이를 제외하고 있는 현행 '출입국관리법'과 '인신보호법' 규정은 헌법상 규정된 기본권을 침해하는 위헌성이 높은 규정으로 생각된다.

또한, 출입국관리법에 따른 단속과정에서 적법절차를 준수하여 인권침해가 발행하지 않도록 하여야 한다. 단속 과정에서 발생하는 인권침해를 예방하기 위하여 출입국 관리공무원에 대한 정기적인 인권교육을 강화하여야 한다. 외국인 보호소 내에서의 인권침해 요소들을 최소화 하고, 본래의 목적에 따라 인권 친화적으로 운영될 수 있도록 관계기관의 개선노력이 시급히 필요하다고 생각된다.

IV. 결혼 이주여성의 출입국 지위에 관한 문제

1. 결혼 이주여성의 현황

1) 일반적 통계

2012년 3월 말 현재, 결혼이민자는 145,604명으로 전년의 같은 기간 대비 1.8%가 증가하였고, 국적별로는 중국 63,720명(43.8%), 베트남 38,101명(26.2%), 일본 11,276명(7.7%), 필리핀 8,724명(6.0%) 순으로 나타났다.[101] 이처럼 결혼 이주여성의 증가가 새로운 사회현상으로 자리 잡아 감에 따라 가정폭력과 인신 매매적 결혼중개구조, 결혼 이주여성의 불안정한 출입국 지위 등 결혼 이주여성의 인권문제가 새로운 사회문제로 대두되기 시작했다.

2) 결혼 이주여성에 대한 한국적 특수성

결혼을 통한 이주여성 한국 유입은 국내의 저출산율, 고령화, 그리고 농어촌 지역 공동화 현상 등 줄어드는 인구 문제와 관련이 있다.[102] 이러한 문제들을 해결하기 위해 경제적 지위가 낮은 나라 여성들의 결혼이주와 관련한 정책이 정부에 의해 추진되어 왔다는 점이, 개인이 선택한 결혼 방식으

---

101) 법무부, 출입국 외국인 통계월보 2012.3. 출입국 외국인 정책본부 정보팀.

102) 문경희(2006), 국제결혼 이주여성을 계기로 살펴보는 다문화주의와 한국의 다문화 현상, 21세기정치학회보 16(3), 67-93.

로서 결혼 이주여성이 유입되었던 미국, 유럽 등과 다른 점이다. 즉 한국의 결혼 이주여성은 농어촌 등 경제적 주변부 남성들이 결혼을 못하게 되는 상황과 그로 인한 공동화 현상, 계속 되는 세계 최저 수준의 출산율과 그로 인한 노동인구의 재생산 위기 등 일련의 '인구정책' 실패를 극복하기 위해 마련된 정책의 결과로 볼 수 있다. 이러한 이유 때문에 한국은 일본과 함께 결혼 배우자의 자격으로 입국하는 이주여성의 수가 다른 아시아 국가에 비해 높은 비율을 차지한다.103) 이러한 맥락에서 한국 정부에게 있어서 이 여성들은 다분히 도구화된 존재이다. 그녀들에게는 정책의 입안 부터 꾸준히 '출산'을 통한 농촌 인구와 농촌 경제의 정상화라는 '임무'가 기대되었을 뿐 그녀들의 인권은 중요하게 생각되지 않았다. 한국 정부의 다문화 정책이 그녀들의 인권보다는 자녀와 가족지 원에만 초점 맞추어져 있음104)은 그 때문이다.

개인 당사자 간의 사랑 혹은 계약으로 이루어지는 결혼의 본래적 틀에서 벗어나 한 국가의 인구정 책의 일환으로 정부에 의해 장려되고 추진된 '도구적' 결혼이주는 '정의'에 기반한 입국절차를 삭제하 기도 한다. 세무서 신고만으로 영업 시작이 가능한 수많은 영세 '결혼중개업자'들은 성사시키는 결혼 '건수'에 따라 한국 남성 혹은 지자체로부터 1천만 원 내외의 수수료를 받게 되므로, 그들의 유일한 목표는 결혼 성사이다. 이 목표를 위해 결혼을 성사 시키는 과정은 결혼 당사자들에 대한 허위 과 장·과소 정보, 여성의 몸과 섹슈얼리티에 대한 노골적 상품화, 강압적 분위기 등 인신매매적 성격 을 띠는 경우가 대부분이다.105) 이에 더하여 동아시아 유교문화의 가부장적 전통에 따른 젠더 불평 등성과 한국이 아시아 주변국들에 대해서 갖는 경제적 우위는 농촌 사회가 아시아의 '가난한' 나라에 서 온 그녀들에게, 이미 한국사회에서는 오랜 기간에 걸쳐 비판받고 해체되어 온 '순종적인' 여성상 과 며느리 역할을 강요하게 하였으며, 이러한 맥락에서 그녀들에 대한 한국 남편들의 폭력106)과 시부모들의 가혹행위가 빈발했지만 지자체 등 한국 정부는 개입하지 않고 있다. 많은 연구들이 이주 여성들에 대한 인권을 강조하고 한국 정부가 이 여성들에게 강요하는 동화주의에 대해 문제제기 해 왔지만107) 한국사회 전체가 이 여성들을 '이주' 여성이 아니라 '결혼이주' 여성이라고 호명하고 있는 데서 알 수 있듯이, 그녀들은 한국사회에서 가부장적 결혼제도가 허용하는 전통적인 아내, 며 느리, 어머니 역할만을 수행하도록 기대된다. 특히 그녀들이 혼인 후 2년 내에 출산을 할 경우에만

---

103) 이선주·김영혜·최정숙(2005), 세계화와 아시아 여성의 이주에 관한 연구, 한국여성개발원 참조.

104) 문경희(2006), 국제결혼 이주여성을 계기로 살펴보는 다문화주의와 한국의 다문화 현상, 21세기정치학회보 16(3), 67-93.

105) 소라미(2007), 국제결혼 이주여성의 안정적 신분 보장을 위한 법·제도 검토(지정토론요지), 저스티스, 96, 43-53.

106) 인권변호사 소라미(2007)는 보건복지부의 통계를 인용하면서 결혼 이주여성 10명 중 1명은 남편에게 구타를 당하거나 성행위를 강요당한다고 보고한 바 있다. 국제결혼 이주여성의 안정적 신분 보장을 위한 법·제도 검토(지정토론요지), 저스티스, 96, 43-53.

107) 문경희(2006), 국제결혼 이주여성을 계기로 살펴보는 다문화주의와 한국의 다문화 현상, 21세기정치학회보 16(3), 67-93; 이혜경(2005), 혼인이주와 혼인이주 가정의 문제와 대응, 한국인구학 28(1), 73-106; 한건수 (2006), 농촌지역 결혼이민자 여성의 가족 생활과 갈등 및 적응, 한국 문화인류학 39(1), 195-243 등 참조.

시민권을 얻을 수 있도록 한 규정은 한국의 국적법이 지극히 가부장적인 것임이 드러난다.

1948년 '국적법' 제정 당시 '부계혈통주의'를 명문으로 규정하였다는 점은 가부장적 국적법의 기틀이 된다. 1997년 '국적법'이 부모양계혈통주의로 개정되었으나, 법 개정으로 성차별적인 국적실무가 적극적으로 개선된 것은 아니다.[108] '농촌 총각과 결혼한 새댁'으로 이미지화되어 있는 여성 이민자에 대한 시선에는 여전히 '부계혈통주의'의 뿌리가 깊게 남아 있다. 대표적으로 '국적법'상 간이귀화에 요구되는 2년의 거주기간의 요건과 관련하여 정부는 2006년 귀책사유 입증을 공인된 여성관련 단체의 확인서로 할 수 있게 하는 지침[109]을 마련하였지만, 여전히 거주기간 요건으로 인해 결혼 이주여성의 한국인 남편에 대한 종속문제가 제기되고 있다. 또한 현재의 「다문화가족지원법」은 법적용 대상을 '합법적인 체류 자격을 갖는 대한민국 국민과 혼인하여 가족을 이루고 있는 외국인또는 귀화자'로 협소하게 규정하는 등 '결혼 이주자'에게만 정주자의 자격을 허용하는 한국 정부의 배타적인 이민자 정책은 결국 다수의 외국인 이주민을 배제하고 있다.[110]

이러한 문제는 한국에 대한 국제인권기구의 권고에서도 찾아볼 수 있다. 유엔사회권규약위원회(CESCR)는 2009년 제3차 정부보고서 심의에 따른 최종견해에서, 한국 국민과 결혼한 외국인 배우자들이 아직도 그 거주 자격과 관련하여 한국인 배우자에 의존하고 있다는 점을 여전히 우려하고, 한국 국민과 결혼한 외국인 여성들이 그들의 남편에게 의존하지 않고 거주 자격을 얻거나 귀화할 수 있는 권한을 부여하여 이들이 직면한 차별을 극복할 수 있도록 한국 정부가 추가적인 노력을 기울일 것을 권고하고 있다.[111] 거주 자격과 같은 인간의 기본적 권리마저도 남편에게 의존해야 하는 상황이라면 결혼 이주여성들이 남편과 동등한 입장에서 결혼 과정에 필요한 협상이나 타협, 갈등 등의 과정을 거치지 못하게 될 것이다. 따라서 이는 한국의 남성중심적 결혼관을 반영한 규정으로서 결혼 이주여성들이 결혼 안에서 경험하는 폭력이나 부당한 대우에 대해서 '참고 지낼 수밖에 없는' 이유가 된다.[112]

---

108) 정정훈, '외국인 인권 기초연구'(이민정책연구원, 2010), 28면.

109) 〈국적업무처리지침〉 제11조(한국인 배우자와 혼인관계가 단절된 외국인의 귀화신청 접수 등) 법 제6조제2항 제3호에 따라 자신의 귀책사유 없이 정상적인 혼인생활을 할 수 없었다는 이유로 귀하를 신청하는 자는 판결 문, 불기소결정문, 진단서, 파산 등 결정문, 가출신고서, 출국사실증명원, 또는 한국인 배우자의 4촌 이내 친족 또는 혼인관계 단절 당시의 주거지 통(반)장이 작성한 확인서, 공인된 여성관련 단체가 작성한 별지 제4호 서식의 확인서, 기타 이에 준하는 서류 등에 의해 자신의 귀책사유 없음을 증명하여야 한다.

110) 다문화 가족 지원법 제1조, 제2조.

111) CESCR. Concluding observations of the committee on Economic, Social and Cultural Rights: REPUBLIC OF KOREA, E/C.12/KOR/CO/3.20 September 2009.

112) 소라미(2007), 국제결혼 이주여성의 안정적 신분 보장을 위한 법·제도 검토(지정토론요지), 저스티스, 96, 43-53.

3) 논의의 방향

한국의 인구정책 일환으로 '출산'이 기대되었던 결혼 이주여성들의 인권침해문제는 처음부터 예견된 것이었다. 그녀들의 결혼 과정은 결혼 전 '결혼 중개 과정'과 결혼 후 '체류자격취득 과정'으로 구분해 볼 수 있다. 먼저, 결혼중개 과정에서의 문제점으로 상업적 국제결혼 중개과정이 인신매매적인 성격을 갖는다는 점으로, 이에 대해서는 몇 차례의 실태조사를 통해 문제점이 확인되었다.[113] 이러한 국제 결혼제도는 2000년 유엔총회에서 채택된 〈UN 국제조직방지협약을 보충하는 인신매매 특히, 여성 및 아동인신매매 예방 및 억제를 위한 의정서〉[114]상의 인신매매에 해당한다는 점이 지적된 바 있다.[115] 이러한 문제를 해결하기 위하여 한국 정부는 2007년 '결혼중개업의 관리에 관한 법률(2007.12.14 법률 제8688호)'을 제정하여 2008년 5월부터 시행하고 있으나, 결혼 당사자들의 인권보호의 원칙보다는 당사자들 간의 계약 자유를 보장하는 시장의 원리를 따르고 있어 그 실효성이 의문이라는 비판이 제기되었다.[116]

최근 국회에서 개정(2011.12.14일 개정)된 제4차 개정 법률안의 내용을 보면, 결혼중개과정에서 단체맞선, 집단기숙을 금지하고, 결혼 이주여성에게 고지하여야 하는 정보제공범위를 넓히며, 중개업체의 자본금 요건을 신설하여 영세업체의 난입을 규제하였고, 관련 벌칙을 강화하는 등 기존의 문제점이 일정 부분 개선[117]되었다. 그러나 이러한 국제적인 결혼 중개 과정에는 국내의 일반적인 결혼 중개과정과 달리 남편이나 그의 가족이 자신들의 경제력을 훨씬 뛰어넘는 엄청난 비용의 수수료를 중개업자에게 지불하여 신부를 '구매'하는 형태를 띠는 등 두 당사자들 사이에 현저한 권력 불균형이 존재한다. 중개업자들은 이 불균형을 악용하여 여성들을 '미인 대회식 선발' 과정에 참여하게 한다든지, 만난 지 며칠 혹은 몇 시간 만에 남성과의 섹스를 강요하는 등의 관행을 유지한다. 이러한 점에서 볼 때 쌍방의 동등한 권리를 전제로 하는 계약자유에 기초한 시장 원리는 국제결혼의 근본적인 문제를 해결할 수 없다.[118] 한국 정부나 지자체의 감독이 필요할 뿐만 아니라 중개업자들에게 적용할 수 있는 엄격한 규정을 알리고 그것을 기준으로 지속적으로 평가하고 관리하는 시스템이 필요하다. 또한 결혼의 성립뿐만 아니라 결혼 이후의 과정에 대해 이 여성들의 한국사회에 대한

---

113) 고현웅 · 김현미 · 소라미 · 김정선 · 김재원(2005), "국제결혼 중개 시스템: 베트남, 필리핀 현지 실태조사," 빈부격차차별시정위원회 외 다수.

114) Protocol to Prevent, Suppress and Punish Trafficking in Persons, Especially Women and Children, Supplementing the United National Convention against Transnational Organized Crime.

115) 권미주(2010), "인신매매적 국제결혼이 가지는 문제와 그 해결을 위한 법률적 과제," 성착취와 인신매매관련 법제화를 위한 정책토론회 발제문.

116) 김정선 · 김재원(2010), "결혼중개업의 관리에 관한 법률, 의미없지만 유효한 법-캄보디아 국제결혼 중개실태를 중심으로," 경제와 사회, 2010년 여름호(통권 제86호), 비판사회학회, pp.305-344.

117) 제4차 일부개정, 2012.2.1. 법률 제11283호, 결혼중개업의 관리에 관한 법률.

118) 정정훈, '외국인 인권 기초연구'(이민정책연구원, 2010), 27면.

적응뿐만 아니라, 배우자 남성이나 그 남성의 가족들도 이 여성들과 가족 안에서 동등하게 만날 수 있도록 돕는 교육적 기획이 있어야 한다. 그녀들만 한국사회에 적응해야 하는 것이 아니라, 그녀를 둘러싼 그녀의 새로운 한국 가족, 그리고 더 나아가 한국사회는 그녀들의 존재로 인하여 어떠한 변화를 경험하게 될 지 준비해야 하는 것이다.[119] 그러기 위해 결혼 이주여성들의 입국에 관여하는 중개업자들에 대한 정부의 관리는 물론, 그녀들과 한국 가족들에게 쌍방의 문화와 관습을 존중하도록 돕는 교육 기회 제공 또한 정부와 지자체가 해야 할 일이다. 결혼 이주여성들에 대한 정책이 한국의 인구정책의 일환으로 만들어졌다면 새로이 편입된 인구와 그 가족들에 대한 교육 기회 제공은 정부가 마땅히 해야 할 일이기 때문이다.

이하에서는, 결혼 이주여성의 결혼 이후 국적 및 체류자격 취득과정에서 발생하는 출입국 지위에 관한 인권침해 요소들에 대하여 검토하고, 개선점을 검토한다.

2. 결혼 이주여성의 출입국 지위에 관한 개선방안

1) 이혼한 이후 거주(F-6)[120]비자 자격으로서의 계속 체류 관련

국제결혼을 한 이주여성이 국내에 체류할 경우 영주권 또는 한국 국적을 취득하기 전까지는 거주(F-6)비자로 체류하게 되며, 위 체류자격을 갖춘 자는 어떤 종류의 경제활동을 하는 것도 가능하다.[121] 그런데 한국 국적 또는 영주권을 취득하기 이전에 혼인관계가 파탄에 이르러 이혼을 하게 된 경우 현재 출입국 관리소에서는 이혼한 이주여성의 체류자격 연장신청에 대해 매우 한정된 범위 내에서만 기존의 거주비자(F-6)를 연장해주고, 나머지 경우에는 경제활동이 불가능한 방문동거(F-1)비자[122]로 체류자격을 변경하여 사실상 자진출국을 강요하는 문제가 있다.

한국인 배우자의 귀책사유로 인하여 이혼하게 된 경우 판결문에 명시적으로 한국인 배우자의 귀책사유에 대한 언급이 있거나, 한국인 배우자로부터 상당한 액수의 위자료를 지급받는다는 내용으로 조정이 된 경우에는 기존의 체류자격을 연장하나,[123] 그와 같은 입증을 제대로 하지 못하는 경우 방문동거비자로 체류자격을 변경하므로, 그 순간부터 이주여성의 적법한 경제활동은 차단되며, 그

---

119) 나윤경·강미연·장인자·허수연(2008), 결혼 이주여성의 행위자성과 평생교육의 지향점 모색, 평생교육학연구 14(4), 185-213 참조.

120) 2011.12.23.자 출입국관리법 시행규칙 별표1 개정으로 인하여 결혼이주자는 기존 F-2 비자가 아닌 F-6 결혼이민비자로 체류자격이 변경되었다.

121) 출입국관리법 시행령 별표1, 28-4.결혼이민(F-6).

122) 방문동거(F-1)비자는 "친척방문, 가족동거, 피부양, 가사정리, 그 밖의 이와 유사한 목적으로 체류하고자 하는 사람" 또는 "부득이한 사유로 직업활동에 종사하지 아니하고, 대한민국에 장기간 체류하여야 할 사정이 있다고 인정되는 사람"에게 인정되는 사증으로서, 위 체류자격으로는 원칙적으로 경제활동이 불가능하다.

123) 〈국적업무처리지침〉 제11조.

경우 이주여성은 본국으로 돌아가거나 불법체류자로 전락하게 된다.

결혼 이주여성과 결혼한 한국인 남편이나 가족이 갖고 있는 피해의식 중의 하나는 외국인 여성들이 한국으로 입국하기 위해 위장결혼했다고 생각하는 것이다. 이것은 그녀들의 결혼에 대한 진정성을 의심하는 원인이 된다.[124] 그런데 사실 이것은 개인 수준에서의 의심만은 아닌 듯하다. 결혼 이주여성들이 이혼하였을 경우 귀책사유가 남편에게 있음을 증명하지 못한다면 이 여성들의 체류자격을 박탈하는 한국 법 역시도 그녀들의 결혼 이주에 대한 진정성을 의심하고 있기는 마찬가지이기 때문이다. 이러한 '사회적' 의심은 그녀들로 하여금 결혼 후 2년 내 '출산'할 경우에만 국적을 부여하는 법 규정을 낳는다. 결혼 당사자들의 진정성을 일반적으로 인정하고, 그렇지 않은 예외적인 사람들에 대해 작동해야 할 법이 오히려 당사자들의 진정성을 우선 의심하고, 비로소 출산을 했을 경우에만 그 의심을 거두는 편협함 갖고 있다는 것은 구성원들을 '보호'하는 법이 아니라 '색출'하는 법으로서, 곧 '정의'로서의 법의 위치를 상실하는 것이다. 위장결혼을 한 이주여성에 대해 대한민국에서의 체류자격을 부여하지 않는 문제와 진정한 의사로 혼인생활을 하던 중 혼인관계가 파탄에 이르러 혼인관계가 해소된 경우 이주여성에게 체류자격을 부여하지 않는 문제는 당연히 구분하여야 한다.

2007년 인종차별철폐위원회(CERD) 역시 한국인 남편의 전적인 귀책사유로 인하여 결혼이 파탄에 이르게 된 경우가 아니라 하더라도, 국제결혼 여성이 이혼 혹은 별거하게 된 경우에 법적인 거주자격이 보장될 수 있도록 하는 조치를 채택할 것을 권고한 바 있다.[125] 한국의 결혼 이주여성들이 중개업자들을 통해 '인신매매' 혹은 '수입'되는 것과 같은 과정에 놓인다고 할 때, 언급한 바와 같이 그녀들과 한국 남편과의 관계는 처음부터 불평등할 수밖에 없다. 또한 국적법상 간이귀하에 요구되는 2년의 거주기간 동안, 남편에게 일방적으로 의존되는 국제결혼 이주여성의 불안정한 신분으로 인하여 국제결혼 가정에서 불평등한 권력관계가 지속 되고, 이는 부부간 협상과 타협을 불가능하게 하여 가족 내 발생하는 갈등을 자율적으로 해소할 수 없게 한다[126]는 점에서 관련 규정의 개정이 필요하다.

2) 이주여성에 대한 복수국적 허용

국적법 개정[127]에 의하여 원칙적으로 복수국적이 허용되지 않지만, 예외적으로 결혼이민자가 간이귀하허가를 받은 경우에 한하여 복수국적이 허용되게 되었다.[128] 하지만, 개정된 국적법 제10조

---

124) 소라미(2007), 국제결혼 이주여성의 안정적 신분 보장을 위한 법·제도 검토(지정토론요지), 저스티스, 96, 43-53.

125) CERD, Concluding observation of the committee on the Elimination of Racial Discrimination, UN doc, CERD/C/KOR/CO/1. 17. August 2007.

126) 소라미, "젠더와 인권의 관점에서 바라본 다문화가족지원법제의 검토,"『젠더 법학』제2권 제1호(한국젠더법학회).

127) 국적법, 2011.1.1. 시행, 법률 제10275호.

제2항에서 예외로 인정하고 있는 경우는 국적법 제6조 제2항 제1호, 제2호로 한정되어 결혼이민자 중 '혼인상태가 유지되고 있는 자'만을 대상으로 하여 복수국적을 허용하고 있을 뿐이고, 혼인상태가 해소된 경우는[129] 복수국적을 인정하지 않고 있다.

결혼이민자에게 복수국적을 허용하기로 한 것은 결혼 이주여성의 경우 국적국 국적이 없다면 이후 국적국 방문이 어렵고, 실제 자국의 국적포기를 강요할 수 없기 때문이다. 따라서 이주여성의 귀책사유 없는 혼인관계의 해소의 경우에 대한민국 국적을 취득하기 위해서는 이주여성의 출신국 국적을 포기할 수밖에 없도록 규정한 지금의 국적법은 결혼 이주여성 내부에 합리적 근거를 찾아볼 수 없는 차별에 해당된다.

3. 소결

결혼이주를 통한 결합이 평등하고 평화롭게 정착되기 위해서는 무엇보다도 결혼 이주여성의 안정적인 법적지위의 보장이 선행되어야 할 것이다. 결혼 이주여성의 체류권과 혼인권을 인정하여 한국사회의 동등한 구성원으로 받아들이는 것이 다문화 사회를 준비하는 가장 기본적인 출발점이 될 것이라고 생각한다.

V. 난민법 제정에 따른 의미와 한계

1. 현황

'난민'은 인종, 종교, 국적, 특정사회집단에의 소속, 정치적 의견 등으로 인한 박해가 우려되어 국적국 밖에 있으면서, 국적국의 보호를 받을 수 없거나, 받기를 원하지 않는 자 또는 상주국 밖에 있는 무국적자로서 상주국으로 귀환할 수 없거나 귀환을 원하지 않는 자이다.[130] 한국은 1992년 12월 「난민지위에 관한 협약」(이하 '난민협약')과 「난민지위에 관한 의정서」에 가입하였다. 협약 가입 이후 1993년 12월 「출입국관리법」에 '난민인정조항'을 신설[131]하였고, 1994년부터 난민지위인 정신청을 받기 시작하였다.

그러나 난민협약 가입 이후, 한국이 UNHCR의 집행이사국이 된 2000년까지 단 1명의 난민도 인정하지 않다가, 2001년 이디오피아 출신 1명에 대한 난민 지위 인정을 시작으로 2012년 1월까지

---

128) 국적법 제10조(국적취득자의 외국국적포기의무) 제2항 제1호.

129) 국적법 제6조 제2항 제3호.

130) 난민지위협약 제1조, 정인섭, 신 국제법강의, 개정판(2011), 671면.

131) 출입국관리법 제8장의2 난민등의 인정, 2010.5.10. 개정.

난민을 신청한 외국인은 총 4,011명으로 그중 268명에게 난민 지위를 인정하였고 인도적 체류허가 146명, 불인정 1,923명, 철회 659명 등, 나머지 1,015명은 심사대기 중에 있다.[132) 이는 난민인정기준이 지나치게 엄격하다는 국내외의 비판을 가져왔다.

이러한 문제점을 해결하고자, 지난 2011년 12월 30일 국회에서 황우여 의원 대표 발의로 '난민법'[133)이 통과되었다. 난민법의 제정 취지를 살펴보면, "대한민국은 1992년 12월 난민의 지위에 관한 협약 및 동 협약 의정서에 가입한 이래 「출입국관리법」에서 난민에 관한 인정절차를 규율하고 있었으나, 약 15년간 그 신청자가 2,000여 명에 불과하고 난민인정을 받은 자도 100명이 채 안 되는 등 다른 선진국에 비해 난민을 충분히 받아들이고 있지 아니하여 국제사회에서 그 책임을 다하고 있지 못하였"다. 또한 "아직 1차 결정조차 내려지지 않은 난민신청자가 1,000여 명에 이르고 있고 그 절차의 신속성, 투명성, 공정성에 대하여 국내외적으로 지속적인 문제제기가 있었고, 뿐만 아니라 난민신청자가 최소한의 생계를 유지할 수 있는 수단이 봉쇄되어 있고, 난민인정을 받은 자의 경우에도 난민의 지위에 관한 협약이 보장하는 권리조차도 누리지 못하는 등 난민의 처우에 있어서도 많은 문제점이 제기되어 왔는 바, 이에 「난민 등의 지위 및 처우에 관한 법률」을 제정하여 난민의 지위에 관한 협약 등 국제법과 국내법의 조화를 꾀하고, 난민인정절차 및 난민 등의 처우를 구체적으로 규정함으로써 인권선진국으로 나아가는 초석을 다지려는 것"[134)으로 명시하고 있다.

2. 난민법 제정의 의미와 한계

1) 단일 난민법 제정의 의미

난민에 대한 입법제도에 대해 '난민보호'의 관점으로 만들어진 '난민법'이 아니라 '출입국관리'의 차원에서 만들어진 '출입국관리법'에서 난민 관련 내용을 규정하는 입법방식에 대해서는 난민의 인권보장을 위한 법률 구조로서 적절하지 않고, 난민인정절차와 난민에 대한 처우는 분리될 수 없으나, '출입국관리법'에서는 난민인정절차만 규정하고 이에 대한 처우를 규정할 수 없다는 문제점이 지적되었다.[135) 2006년 8월 유엔난민고등판무관(UNHCR)도 난민심사과정에서 절차적 권리보장, 구금의 대안과 기간 제한, 난민지위 인정절차뿐 아니라 난민과 비호신청자의 권리와 의무를 정하는 독립된 난민보호법을 제정할 것을 한국 정부에 제안한 바 있다.[136) 이러한 논의를 반영하여 이번에 제정된 난민법은 난민을 보호하기 위한 단일한 입법으로서, 난민보호에 관한 최저기준을 설정하고,

---

132) 장복희, 난민지위에 관한 협약의 쟁점과 관행, 난민과 탈북자 문제의 국제법적 고찰(대한국제법학회, 2012).

133) 난민 등의 지위와 처우에 관한 법률안, 황우여 의원 대표발의, 의안번호: 4927.

134) 난민 등의 지위와 처우에 관한 법률안, 황우여 의원 대표발의, 의안번호: 4927, 의안원문 중 입법취지.

135) 정정훈, 외국인 인권 기초연구(2010).

136) Recommendation regarding proposed legislative Revisions in KOREA, UNHCR Seoul, Republic of Korea, August 2006.

난민제도와 난민의 인권보장과 관련한 국제적 기준에 부합하는 방향으로 제정되었다는 점에서 그 의미가 크다고 생각된다.

2) 「난민법」 세부 검토

「난민법」은 크게, 총칙, 난민인정절차, 난민위원회, 난민에 대한 처우 등을 규정하고 있는데, 의미 있는 점을 검토하면 다음과 같다.

우선 「난민법」은 '난민'을 "인종, 종교, 국적, 특정 사회집단의 구성원인 신분 또는 정치적 견해를 이유로 박해를 받을 수 있다고 인정할 충분한 근거가 있는 공포로 인하여 국적국의 보호를 받을 수 없거나 보호받기를 원하지 아니하는 외국인, 또는 상주국으로 돌아갈 수 없거나 돌아가기를 원하지 아니하는 무국적자인 외국인"[137]으로 정의하고 있다. 이는 기존에 「출입국관리법」에 규정된 규정[138]보다 명확하고, 국제법상 난민을 인정하고자 하는 취지에도 부합하는 것이다. 「난민법」에서는 난민협약의 핵심 원칙인 '강제송환금지원칙'을 명문으로 규정하였다.[139] 특히, 난민인정자는 물론 인도적 체류자 및 난민신청자 역시 강제송환금지의 대상에 포함시켰다는 점에서 의미가 있다.

또한, 난민인정절차에 있어서 적법절차가 강화되었다. 우선 「난민법」에서는 원칙적으로 난민신청자가 변호사의 조력을 받을 권리가 있음을 규정하였다.[140] 난민조서 등을 작성하는 데 통역을 지원하도록 하였으며,[141] 면담과정에서 신뢰관계 있는 자의 동석을 허용할 수 있게 하였다.[142] 난민신청자는 본인이 제출한 자료의 열람이나 복사를 요청할 수 있다.[143] 난민신청자가 난민인정을 받지 못하고 행정소송을 통하여 불복하는 경우에 이러한 자료는 매우 중요한 재판자료가 될 수 있을 것이다. 난민신청자에 대한 인적사항 등을 비공개로 보호하여 사생활과 안전을 보호할 수 있도록 하였다.[144]

난민인정자, 인도적 체류자 및 난민신청자의 처우를 규정한 것도 큰 의미가 있다. 난민인정자에 대해서는 대한민국 국민과 같은 수준의 사회보장을 받을 수 있으며,[145] 난민인정자나 그 자녀가 미성년자인 경우 국민과 동일하게 교육을 받을 수 있다.[146] 난민인정자는 외국에서 이수하거나 취

---

137) 난민법 제2조 제1항.
138) 출입국관리법 제76조의2 제1항.
139) 난민법 제3조.
140) 난민법 제12조.
141) 난민법 제14조.
142) 난민법 제13조.
143) 난민법 제16조 제1항.
144) 난민법 제17조.
145) 난민법 제32조.
146) 난민법 제33조.

득한 학력 또는 자격을 인정받을 수 있다. 인도적 체류자 및 난민신청자의 처우도 새롭게 규정되었다. 법무부장관은 인도적 체류자에 대하여 취업활동을 허가할 수 있고,[147] 난민신청자에게 생계비를 지원할 수 있으며, 난민신청 6개월 이후에는 취업을 허가할 수 있다.[148] 난민인정자와 동일하게 난민신청자에게도 의료지원을 할 수 있으며, 신청자 및 미성년인 가족은 국민과 같은 수준의 초·중등 교육을 받을 수 있다.[149]

이러한 「난민법」의 제정으로 법무부가 가장 걱정하는 것은 난민제도의 남용에 따른 출입국 관리의 실질적인 어려움이다. 불법체류자 등이 자국으로 귀환을 거부하며 난민신청을 하는 경우 이를 어디까지 인정할 수 있는지가 현실적인 문제가 될 것이다. 이에 대해 「난민법」은 '난민신청자가 서류를 거짓으로 제출하거나 거짓진술을 하는 등 사실을 은폐하여 난민신청을 하는 경우', '난민인정을 받지 못한 사람 또는 난민인정이 취소된 사람이 중대한 사정의 변경 없이 다시 난민인정을 신청한 경우', '대한민국에서 1년 이상 체류하고 있는 외국인이 체류기간 만료일에 임박하여 난민인정 신청을 하거나 강제퇴거 대상 외국인이 그 집행을 지연시킬 목적으로 난민인정 신청을 한 경우'에는 심사절차의 일부를 생략할 수 있다는 규정(이른바, 간이절차)을 두고 있다.[150] 하지만, 이러한 간이절차 규정이 난민법 제정의 입법취지에 정면으로 반한다는 비판이 제기된다.

3. 간이절차의 문제점

「난민법」의 제정의 긍정적 의미에도 불구하고, 간이절차 규정에 따라 그 본래의 취지가 훼손될 가능성이 많다. 특히, 간이절차규정에 따라 생략할 수 있는 심사절차가 무엇인지 규정하고 있지 않음으로 해서, 만약 "면담"이나 "사실조사"와 같이 난민판단에 핵심적인 절차를 생략할 경우 난민신청이 난민제도를 남용한 것인지의 여부를 어떻게 판단할 수 있을지 의문이다.

현행 「난민법」 규정에 따르면, 서류를 거짓으로 제출하거나 거짓 진술을 하는 등 사실을 숨겨 난민신청을 한 경우에도 간이절차의 대상이 될 수 있도록 규정하고 있다. 그러나 통상의 경우, 난민들은 박해를 피하여 본국을 떠난 사람들로 초기의 조사에서 사실을 명확하게 진술하지 못할 수 있고, 이 때문에 전후의 진술이 서로 모순되거나 진술의 객관적 사실이 동일하지 않은 것으로 보일 수 있다. 또한 자신을 도와준 사람들을 보호하기 위하여 부득이하게 진술을 번복하는 경우도 있다. 이러한 사정만으로 난민신청자가 사실을 은폐하는 것으로 판단하여 심사 절차를 생략하는 것은 문제가 있다.[151]

---

147) 난민법 제39조.

148) 난민법 제40조.

149) 난민법 제42조.

150) 난민법 제8조 제5항.

151) 오승진, 난민법 제정의 의의와 문제점, 2012, 대한국제법학회, '난민과 탈북자 문제' 발제문.

유엔난민기구(UNHCR)의 난민지위 인정기준 및 절차 편람 제199항도 "신청인이 사실과 다른 진술을 하였다고 해서 그것이 난민지위를 부인하는 이유가 되지 않고, 그러한 진술을 사안의 모든 사정에 비추어 보아 평가하는 것이 심사관의 책임이다."라고 하고 있는데, 이러한 평가를 하기 위해서는 최소한 '면접'과 '사실조사'는 필수적이다. 이는 사실과 다른 진술을 중대한 사정변경 없이 재신청을 하는 경우에도 마찬가지로 적용되어야 한다. 중대한 사정변경이 있는지 알기 위해서는 난민신청자에 대해 최소한 면담을 하고 국적국의 상황이 어떻게 바뀌었는지에 관한 사실조회가 필요하기 때문이다.[152]

특히, 난민신청자 입장에서 난민신청은 보통 최후의 보루로 선택하는 경우가 많음에도 그 실질적인 내용을 고려하지 않은 채 일괄적으로 '1년 이상 체류한 경우'에 난민신청을 하게 되면 일괄적으로 간이절차의 대상이 된다고 규정한 것은 난민법 입법취지와 정면으로 충돌한다. 또한, 강제퇴거 대상자의 범위가 포괄적이고 모호하게 규정되어 있음에도 이에 해당되면 난민제도의 남용으로 이해하여, 간이절차의 대상으로 규정하는 것 역시 심각하다고 할 것이다.[153]

4. 경제적 목적으로 입국한 이주민에 대한 난민인정

난민이 체류국에서 언제 난민신청을 하는가는 난민의 인정여부를 판단하는 데 결정적인 요소라고 볼 수 없다. 난민이 체류국에 도착하자마자 난민의 지위를 신청하는 경우는 오히려 드물다. 하지만 현행 난민법에서는 '1년 이상 체류하고 있는 외국인'이 난민인정신청을 하는 경우 난민법상 심사절차를 생략하는 간이절차의 대상으로 하고 있다. 이러한 간이절차가 가장 문제될 수 있는 경우가 바로 '경제적 목적으로 입국한 이주민'에 대한 난민인정여부이다.

산업연수 등 처음 대한민국에 입국한 목적이 '경제적 목적이었다 하더라도, 입국 뒤 '정치적 활동' 등을 하여 이를 이유로 난민인정신청을 하는 경우 인정되는 기준이 매우 엄격하였다. 대표적으로 버마에서 온 이주노동자들의 경우, 처음에 국내로 입국할 당시의 체류자격은 '경제적 목적'에 따른 산업연수생 자격이었으나, 이후 국내에서 이주노동자 노동조합 활동뿐만 아니라 버마 군사정부에 대한 반정부활동 및 버마인들의 인권보호 활동을 하였고, 이후 체류기간이 만료되어 자국으로 귀국해야 하는 시점에 난민신청을 한 경우 난민으로 인정되는 비율이 매우 낮았다.

새롭게 제정 시행되는 난민법 규정에 따르더라도, 국내에서 1년 이상 체류한 이주노동자들은 난민법상 간이절차의 대상으로 심사절차의 일부가 생략되게 된다. 이에 따라 난민법 제정 이후에도 난민인정이 쉽지 않을 것으로 보인다. 하지만 최근, 대법원은 판결을 통해 "버마 군사정부의 박해를 피해 대한민국에 입국한 것이 아니라 산업연수 등 경제적 목적으로 입국하는 등 버마 정부로부터 정치적 이유로 박해를 받을 우려가 있었다고 보기 어렵다"면서도, "입국 뒤 수위가 높은 반정부 활동

---

152) 김종철, 난민법상 간이절차와 출입국항에서의 난민신청에 대해서, 국가인권위원회 난민법 제정 간담회, 2012.
153) 오승진, 난민법 제정의 의의와 문제점, 대한국제법학회, '난민과 탈북자 문제' 발제문(2012).

및 버마인들의 인권을 위한 활동을 적극적으로 해왔기 때문에 버마 당국으로부터 박해를 받을 가능성이 있다"며 1심과 달리 이들의 난민 지위를 인정한 고등법원의 판결을 인정하였다.[154]

5. 소결

난민인정절차는 국가가 난민에게 시혜적으로 권리를 베푸는 것이 아니라, 국제법 규정에 따라 보장된 난민 자신의 권리를 실현시켜주는 행위이다. 지금까지 한국에서 난민인정은 「출입국관리법」상 일부 규정으로 규율되면서, 사실상 무의미한 절차로 남아 있었다. 이번에 새롭게 제정된 단일 「난민법」은 그동안 학계, 시민단체, 국제인권기구 등에서 지적해온 문제를 개선하기 위한 단일법제로서 난민제도와 난민의 인권보장과 관련하여 국제적 기준에 부합하는 방향을 제시하였다는 점에서 그 의미가 크다고 생각된다.

하지만, 난민제도의 남용을 우려하는 법무부가 출입국 행정절차에서 난민법 제정취지에 부합하는 모습을 보여줄지는 의문이다. 특히, 입법과정에서 이른바 '간이절차'를 통해 난민인정심사 과정에서 중요한 절차들을 생략하고, 난민인정에 대한 심사를 형식적으로 하는 경우 어렵게 마련한 「난민법」의 입법 취지를 퇴색시킬 수도 있다. 이런 상황에서 대법원의 판결은 의미가 있다고 평가된다.

VI. 결론

1. 이주 문제의 한국의 특수성

이주와 이주민 문제는 전 세계적으로 발생하는 사회 현상이다. 세계경제의 양극화가 심화되고 그에 따라 풍요로운 국가에 대한 빈국의 경제적 의존성이 높아지고, 교통과 물류가 발달됨에 따라 이러한 현상은 다만 자본의 차이뿐만 아니라 자본을 따라 이동하는 이주민들의 신분, 인권의 차이까지 유발한다. 필리핀 출신 사회학자 파레나스(Rhasal Salazar Parrenas)의 저서 *Servants of Globalization* (『세계화의 하인들』)[155]의 제목에서 드러나듯, 세계화의 결과 제3세계 이주노동자들은 이주하는 나라에서 하인과 같은 존재가 되어 새로운 신분사회를 창출한다. 이러한 관계는 이주민들이 수행하는 노동에 대한 정당한 지불과 그들이 노동자로서 가져야 할 인권의 문제를 삭제할 가능성을 높인다. 이러한 국제적 맥락에 더해 한국사회의 이주문제는 피식민지 역사적 배경에서 비롯된 동포들의 노동자로서의 입국 문제, 인구정책의 일환으로 도입된 결혼 이주여성 정책, 이들에 대한 동아시아의 고유한 유교적 가부장제 전통이 야기하는 성차별, 민족적 혈연 공동체와 경제 중심적 사고에서 비롯

---

154) http://www.hani.co.kr/arti/society/society_general/466398.html

155) Rhasal Salazar Parrenas, *Servants of Globalization*(Stanford University Press, 2001) 참조.

된 빈국 출신의 이주민들에 대한 배타와 폄하적 태도 등의 문제를 가진다. 이러한 문제들이 '선별적 포섭'과 '일반적 배제'의 전통적 출입국정책과 결합하면서 이주민의 인권침해의 심각성은 높아지고, 따라서 기존의 보수적인 입법 및 행정부를 통한 해결이 더욱 어려운 상황이다.

2. 사법부의 사법적극주의[156]

이주 문제에 대한 한국 정부의 후진성은 국제인권 규범과의 불일치 속에서도 오랜 시간 동안 가려져 왔던 것이 사실이다. 앞서 검토한 것처럼 수많은 국제인권기구들이 한국 정부에 이주 및 출입국 제도의 개선 및 권고를 지속적으로 요청하였음에도 불구하고 아직까지 한국 정부가 이를 입법, 행정적으로 제도화한 경우는 최근 「난민법」 제정을 제외하고는 매우 드물다.

이질적인 문화와 사람들, 특히 빈국 출신의 사람들에 대해 갖는 한국사회의 배타적이고 폄하적인 태도에 대해 한국 시민사회의 자발적 성찰이 아니라, 국제사회의 권고가 법제정과 개정을 이루어 냈다는 사실은 현 정부가 반복적으로 언급하는 '국격'과는 동떨어진 것이다. 한국 행정수반이 의미해 왔던 국격은 현 정부 이전에도 정도의 차이만 있었을 뿐 여전히 경제 중심적 사고에 머물러 있었다. 21세기 들어 급격히 팽창된 경제력을 기반으로 하는 한국의 국제적 역할과 위상 등을 제고하려는 노력 속에 20세기 끝무렵까지 국제적 폄하와 차별을 겪었던 '주변국 한국'으로서의 경험이 반영되어 있지 않다는 것은 한국이 제3세계 시민들에게 폄하와 차별을 재생산할 가능성이 농후함을 시사한다.

80년대 초반까지 한국의 노동자들은 중동과 북미 등 이른바 경제부국으로 진출해 현재 한국에 들어와 있는 제3세계 노동자들처럼 일해야 했다. 한국 여성들 역시 한국 전쟁 이후 '우편-주문 신부(mail-order brides)'의 형태로 미국과 유럽으로, 지금 한국의 결혼 이주여성들처럼 이주했던 경험이 있다. 그러므로 한국사회의 '타자'로 존재하는 외국인노동자들과 결혼 이주여성들은 결국 '어제의 한국인'인 셈이다. 한국인들의 이들에 대한 폄하와 배타적 시선은 그러므로 과거 한국인 자신의 모습에 대한 모욕이며 제국주의자들의 피식민지인들에 대한 오만한 시선을 재생산하는 것이다. 이러한 맥락을 한국인 스스로가 성찰하지 않는다면 파레나스(Parrenas)의 세계화의 하인들(*Servants of Globalization*)은 여전히 한국 내에서 생산되는 현상이다. 한국인을 비롯해 제3세계 시민들에 대한 제국주의적 시선을 거두지 않는 사람들에 의해 세계화는 결국 다른 나라의 국경이 아닌 자국 내에서 펼쳐지는 제국주의의 부활인 셈이다. 이러한 상황에 대한 시민적 성찰이 일지 않는 한국사회에서 사법부의 적극적인 역할은 매우 중요하다. 이주민에 대한 헌법재판소의 판결은 만족할 만한 수준은 아니지만, 앞서 검토한 몇 가지 사안에서처럼 중요한 판단기준들을 제시해주었다. 헌법재판소의 판

---

156) 사법적극주의에 대해서는 학자마다 다른 정의를 사용하고 있으나, 이 글에서는 "법원이 적극적으로 정의의 실현의 자세로 법을 해석 적용함으로써, 사법부가 단순한 법률 조문의 해석 적용에 그치는 것이 아니라, 나아가 창조적인 법률해석을 통하여 정책 형성에 영향을 주는 진보적인 사법부의 태도"로 이해하였다.

결이 단계적으로 발전해오는 과정에 비추어 볼 때, 앞으로 헌법재판소에서도 이주민의 기본권 및 노동권에 대한 전향적인 결정을 내려줄 것으로 기대된다. 이주민에 대한 사법부의 이러한 결정들은 결국 시민들의 이주민에 대한 인식과 감수성에도 변화를 줄 것이다.

헌법재판소 및 대법원은 한 나라의 최고재판소로서 그 소명을 가지고 있다. 특히, 대한민국 헌법은 헌법재판소 재판관의 정치활동 금지와 신분보장 규정을 두고 있어, 심판의 독립성과 정치적 중립을 보장하고 있다.[157] 근대 헌법의 본질과 헌법재판소의 설립목적에 비춰볼 때, 헌법재판소의 중요한 역할은 투표권자들의 선거로 구성되는 입법부나, 선거로 선출된 대통령에 의해 운영되는 행정부를 통해 제대로 반영되지 못하는 '소수자의 인권'을 적극적으로 보호하는 데 있다.[158]

인종문제에 관한 미국 연방대법원의 전향적이고 적극적인 판결이 결과적으로 미국 국민들의 인종 편견에 대한 인식에 변화를 주어 왔고, 입법정책으로 나아갈 수 있는 가교 역할을 하였던 점을 상기할 때, 이주 문제에 관한 한국 헌법재판소의 전향적인 시각은 매우 중요하다. 사법부의 전향적인 시각이 가능하기 위해서 한 세대 전까지도 지속되었던 한국인의 외국노동자로서의 경험과 '우편-주문 신부(mail-order brides)'로서의 경험을 다시 생각하고, 그 경험이 다문화 사회가 구성되는 이 시점에서 한국사회에 어떠한 의미로 해석되어야 하는지 공론장을 펼치려는 노력은 그 무엇보다 필요하다. 이러한 노력이 이루어진다면 한국의 사법부는 그 어떤 사회의 사법부보다 외국인에 대해 훨씬 더 전향적이고 인권적인 법체계를 갖출 수 있다. 한 사회의 사법부가 그 사회의 역사와 문화를 이해하려는 노력은 그래서 중요하다. 〈끝〉

---

157) 헌법 제111조 제2항, 제3항.

158) 임지봉, 『사법적극주의와 사법권 독립』(철학과 현실사, 2004), 20-25면.

| 제1부 | 이주민 관련 유엔(UN) 자료 |

1. 모든 이주노동자와 그 가족의 권리 보호에 관한
   국제협약 (1990) [국/영문]

2. 난민의 지위에 관한 협약 (1951) [국/영문]

3. 난민의 지위에 관한 의정서 (1967) [국/영문]

4. 이주민 인권 특별보고관 한국방문 보도자료
   (2006) [영문]

5. 이주민 인권 특별보고관 한국방문 보고서
   (2007) [영문/한글번역]

6. 이주민 인권 특별보고관 한국방문에 관한
   외국인이주노동자대책협의회 유엔인권이사회
   구두성명 (2007) [영문]

1. 모든 이주노동자와 그 가족의 권리 보호에 관한 국제협약 (1990)

이 협약의 당사국은

인권에 관한 국제연합의 기본적인 문서, 특히 세계인권선언, 경제적, 사회적 및 문화적 권리에 관한 국제규약, 시민적 및 정치적 권리에 관한 국제규약, 모든 형태의 인종차별 철폐에 관한 국제협약, 여성에 대한 모든 형태의 차별 철폐에 관한 협약, 아동의 권리에 관한 협약 등에 담긴 원칙들을 고려하고,

국제노동기구 체재 내에서 만들어진 관련 문서, 특히 취업목적의 이주에 관한 협약(제97호), 학대 상황의 이주와 이주노동자의 기회 및 처우의 균등증진에 관한 협약(제143호), 취업목적 이주에 관한 권고(제86호), 이주노동자에 관한 권고(제151호), 강제적 또는 의무적 노동에 관한 협약(제29호), 강제노동의 폐지에 관한 협약(제105호) 등에 규정된 원칙과 기준을 고려하고,

국제연합 교육과학문화기구의 교육상의 차별금지 협약에 내포된 원칙의 중요성을 재확인하고,

고문 및 그 밖의 잔혹한, 비인도적인 또는 굴욕적인 대우나 처벌의 방지에 관한 협약, 범죄의 예방 및 범죄자의 처우에 관한 제4회 국제연합회의의 선언, 법집행관을 위한 행위준칙, 노예제도에 관한 각종 협약을 상기하고,

국제노동기구의 목적 중의 하나가 그 헌장에 규정된 바와 같이 자국 이외의 나라에서 고용된 노동자의 이익보호인 점을 상기하고, 이주노동자와 그 가족에 관한 문제에 있어서는 이 기구가 전문지식과 경험을 갖고 있음을 유념하고,

국제연합의 각종기관, 특히 인권위원회, 사회개발위원회 및 국제연합 식량농업기구, 국제연합 교육과학문화기구, 세계보건기구 및 기타의 국제기구가 이주노동자와 그 가족에 관하여 달성한 업적의 중요성을 인정하고,

지역적 내지 양자간 단위를 기초로 하여 이주노동자와 그 가족의 권리보호에 대하여 일부 국가들에 의하여 달성된 성과는 물론, 이 분야에서의 양자 및 다자협정의 중요성과 유용성을 인정하고,

수백만 명의 사람들이 관련되어 국제사회에서 많은 나라에 영향을 미치고 있는 이주현상의 중요

성과 정도를 실감하고,

　이주노동자의 유입이 관계국과 그 국민에 미치는 충격을 인식하며, 이주노동자와 그 가족의 처우에 관한 기본원칙을 수용함으로써 각국의 태도 조화에 기여할 수 있는 규범의 수립을 희구하고,

　무엇보다도 출신국에 없다는 점과 취업국에 체재함에 따라 직면하는 어려움으로 인하여 이주노동자와 그 가족은 종종 취약한 상황에 처하게 됨을 고려하고,

　이주노동자와 그 가족의 권리가 충분히 인식되어 있지 않으며, 따라서 적절한 국제적 보호가 필요함을 확신하고,

　특히 가족 이산으로 인하여 이주는 이주노동자 본인은 물론 그 가족에게도 종종 심각한 문제를 야기함을 고려하고,

　이주와 관련된 문제들은 비정규 이주의 경우에 한층 심각하다는 점에 유의하여, 그들의 기본적 인권의 보호를 보장함과 동시에 이주노동자의 은밀한 이동과 불법거래를 방지하고 제거하기 위하여는 적절한 조치가 취하여져야 함을 확신하고,

　미신고 또는 비정규적 상황하의 이주노동자는 종종 다른 노동자보다도 불리한 근로조건하에 고용되어 있으며, 일부 고용주는 불공정한 경쟁으로 이익을 얻기 위하여 이에 현혹되어 그 같은 노동력을 찾는 점을 고려하고,

　모든 이주노동자의 기본적인 인권이 보다 광범위하게 승인된다면 비정규적 상황의 이주노동자의 고용에 의지하기가 단념될 것이며, 나아가 정규적 상황의 이주노동자와 그 가족에 일정한 권리를 추가로 인정한다면, 모든 이주노동자와 고용주가 당사국의 법률과 절차를 존중하고 준수하는 것이 촉진될 것임을 고려하고,

　그러므로 범세계적으로 적용될 포괄적인 협약에서 기본규범을 재확인하고 확립하여 이주노동자와 그 가족의 권리에 대한 국제적 보호를 달성할 필요성을 확신하여,

　다음과 같이 합의하였다.

제 1 부 적용 범위와 정의

제1조 1. 이 협약은 별도로 언급되지 않는 한 성, 인종, 피부색, 언어, 종교 또는 신념, 정치적 또는 기타의 의견, 민족적, 종족적 또는 사회적 출신, 국적, 연령, 경제적 지위, 재산, 혼인상의 지위, 출생 또는 다른 신분 등 어떠한 종류의 구별도 없이 모든 이주노동자와 그 가족에 대하여 적용된다.

2. 이 협약은 이주의 준비, 출국, 통과, 취업국에 체류하여 유급활동을 하는 전 기간은 물론 출신국 또는 상거소국으로의 귀환을 포함하는 이주노동자와 그 가족의 전 이주과정에 적용 된다.

제2조 이 협약의 적용상:

1. "이주노동자"란 그 사람이 국적국이 아닌 나라에서 유급활동에 종사할 예정이거나, 이에 종사하고 있거나, 또는 종사하여 온 사람을 말한다.

2. (a) "월경노동자"란 그 상거소를 인접국에 두고 통상 매일 또는 적어도 매주 한 번은 귀가하 는 이주노동자를 말한다.

(b) "계절노동자"란 그의 작업이 성질상 계절조건에 의존하며, 일 년 중 일정 기간 동안만 수행되는 이주노동자를 말한다.

(c) "선원"이란 어부를 포함하여 국적국이 아닌 국가에 등록된 선박에 고용된 이주노동자를 말한다.

(d) "해상시설노동자"란 국적국이 아닌 나라의 관할에 속하는 해상시설에 고용된 이주노동 자를 말한다.

(e) "순회노동자"란 어느 한 나라에 상거소를 갖고 직업의 성격상 단기간 다른 나라들을 돌아다닐 필요가 있는 이주노동자를 말한다.

(f) "특정사업노동자"란 고용주에 의하여 정해진 기간 동안 그 나라에서 수행되는 특정사업 에만 근무하도록 취업국에 입국이 허가된 이주노동자를 말한다.

(g) "특별취업노동자"란 다음과 같은 이주노동자를 말한다.

(ⅰ) 한정된 일정 기간 동안 특정한 업무 또는 임무를 수행하도록 고용주에 의하여 취업국에 파견된 자.

(ⅱ) 전문적, 상업적, 기술적 또는 기타 고도의 특수기능을 필요로 하는 작업에 한정된 일정 기간 동안 종사하는 자.

(ⅲ) 취업국의 고용주의 요청에 의하여 한정된 일정 기간 동안 임시적 또는 단기적 성격의 업무를 수행하는 자; 체류 허가기간이 만료되거나 또는 그 이전이라도 더 이상 특수한 업무 또는 임무를 수행하지 않는다거나 그 작업에 종사하지 않으면 취업국을 출국하여야 할 자.

(h) "자영노동자"란 고용계약에 의하지 않고 유급활동에 종사하며, 통상 혼자 또는 자신의 가족과 함께 일하여 생계를 얻는 이주노동자 및 취업국의 법률이나 양자 또는 다자협 정에 의하여 자영취업을 인정받은 여타의 이주노동자.

제3조 이 협약은 다음 사람에게는 적용되지 아니한다.

> (a) 국제기구나 기관에 의하여 파견되었거나 고용된 자 또는 공무 수행을 위하여 국가에 의하여 자국 영토 외로 파견되었거나 고용된 자로서 그의 입국과 지위가 일반 국제법 또는 특정한 국제협정이나 협약에 의하여 규율되는 자.
>
> (b) 개발계획 및 기타 협력계획에 참가하도록 국가 또는 그 대리인에 의하여 그 영역 외에서 고용되거나 파견된 자로서 그의 입국과 지위가 취업국과의 협정에 의하여 규율되며, 그 협정에 따라 이주노동자로 간주되지 않는 자.
>
> (c) 출신국 이외의 국가에 투자가로 거주하는 자.
>
> (d) 난민 및 무국적자. 단 관련 당사국의 해당 국내법 또는 발효 중인 국제협약에 의하여 적용이 정해져 있는 경우는 제외한다.
>
> (e) 학생 및 연수생.
>
> (f) 취업국에 주거를 정하여 유급활동에 종사할 것을 허가받지 못한 선원 및 해상시설 노동자.

제4조 이 협약의 적용상 "가족"은 이주노동자와 혼인한 자 또는 해당 법률에 따르면 혼인과 같은 효력을 갖는 관계에 있는 자는 물론 피부양 자녀 및 해당 법률 또는 관계국간의 양자 또는 다자협정에 의하여 가족으로 인정되는 여타의 피부양자를 말한다.

제5조 이 협약의 적용상 이주노동자와 그 가족은;

> (a) 취업국의 법률 및 그 국가가 당사국인 국제협정에 따라 그 국가로의 입국, 체류, 유급활동에의 종사가 허용되면, 신고되거나 정규적 상황에 있는 것으로 간주된다.
>
> (b) 이 조 (a)의 조건을 만족시키지 못할 때는, 미신고 또는 비정규적 상황에 있는 것으로 간주된다.

제6조 이 협약의 적용상;

> (a) "출신국"이란 해당자의 국적국을 의미한다.
>
> (b) "취업국"이란 이주노동자가 유급활동에 종사할 예정이거나, 종사하고 있거나, 종사하여 온 국가 중 해당하는 경우를 의미한다.
>
> (c) "통과국"이란 해당자가 취업국으로 이동하거나, 또는 취업국에서 출신국이나 상거소국으로 이동할 때 통과하는 국가를 의미한다.

제 2 부 권리의 비차별

제7조 당사국은 자국의 영토 내에 있거나 관할권하에 있는 모든 이주노동자와 그 가족에 대하여 성, 인종, 피부색, 언어, 종교 또는 신념, 정치적 또는 기타의 의견, 민족적, 종족적 또는 사회적 출신, 국적, 연령, 경제적 지위, 재산, 혼인상의 지위, 출생 또는 기타의 신분 등에 의한 어떠한 구별도 없이 인권에 관한 국제문서에 따라 이 협약에서 인정되는 권리를 존중하고 보장할 것을 약속한다.

제 3 부 모든 이주노동자와 그 가족의 인권

제8조 1. 이주노동자와 그 가족은 출신국을 포함한 어느 국가로부터도 자유롭게 출국할 수 있다. 이 권리는 법률에 의하여 규정되고 국가안보, 공공질서, 공중보건이나 도덕 또는 다른 사람의 권리 및 자유를 보호하는 데 필요하고, 또한 이 협약 제3부에서 인정되는 기타의 다른 권리와 양립되는 경우를 제외하고는 어떠한 제한도 받지 아니한다.

2. 이주노동자와 그 가족은 언제라도 출신국으로 입국하여 체류할 권리를 가진다.

제9조 이주노동자와 그 가족의 생명권은 법률에 의하여 보호된다.

제10조 어떠한 이주노동자와 그 가족도 고문 또는 잔혹한, 비인도적인 또는 굴욕적인 처우나 형벌을 받지 아니한다.

제11조 1. 어떠한 이주노동자와 그 가족도 노예상태나 예속상태에 놓여지지 아니한다.

2. 어떠한 이주노동자와 그 가족도 강제적 또는 의무적 노동을 하도록 요구받지 아니한다.

3. 이 조 제2항은 범죄에 대한 형벌로서 중노동을 수반한 구금형을 부과할 수 있는 국가에서 권한 있는 법원에 의하여 그러한 형의 선고에 따라 중노동을 시키는 것을 금지하는 것으로 해석되지 아니한다.

4. 이 조의 적용상 "강제노동"이란 용어는 다음 사항을 포함하지 아니한다.

(a) 이 조 제3항에 지적되지 아니한 작업 또는 역무로서 법원의 합법적 명령에 의하여 억류되어 있는 자 또는 그러한 억류로부터 조건부로 석방되어 있는 자에게 통상적으로 요구되는 것.

(b) 공동사회의 존립이나 복지를 위협하는 긴급사태 또는 재난시에 요구되는 역무.

(c) 시민으로서의 통상적인 의무를 구성하는 작업 또는 역무로서 그 나라의 시민에게도 부과되는 것.

제12조 1. 이주노동자와 그 가족은 사상, 양심 및 종교의 자유에 대한 권리를 가진다. 이 권리에는 스스로 선택하는 종교 또는 신념을 가지거나 받아들일 자유와 단독으로 또는 다른 사람과 공동으로, 공적 또는 사적으로 예배, 의식, 행사 및 선교에 의하여 그 종교 또는 신념을 표명하는 자유를 포함한다.

2. 이주노동자와 그 가족은 스스로 선택한 종교 또는 신념을 가지거나 받아들일 자유를 침해하게 될 강제를 받지 아니한다.

3. 종교 또는 신념을 표명할 자유는 법률로 규정되고 공공의 안전, 공공질서, 공중보건이나 도덕 또는 다른 사람의 기본적인 권리 및 자유를 보호하기 위하여 필요한 경우에만 제한받을 수 있다.

4. 이 협약의 당사국은 적어도 일방이 이주노동자인 부모 또는 경우에 따라 법정후견인이 그들의 신념에 따라 자녀의 종교적, 도덕적 교육을 확보할 자유를 존중할 것을 약속한다.

제13조 1. 이주노동자와 그 가족은 간섭받지 아니하고 의견을 가질 권리를 가진다.

2. 이주노동자와 그 가족은 표현의 자유에 대한 권리를 가진다. 이 권리에는 구두, 서면, 인쇄, 예술의 형태 또는 스스로 선택하는 기타의 방법을 통하여 국경에 관계없이 모든 종류의

정보와 사상을 추구하고 접수하며 전달하는 자유를 포함한다.

3. 이 조 제2항에 규정된 권리의 행사에는 특별한 의무와 책임이 따른다. 따라서 이러한 권리의 행사는 일정한 제한을 받을 수 있다. 다만 그 제한은 법률에 의하여 규정되고 또한 다음의 사항을 위하여 필요한 경우에만 한정된다.

(a) 다른 사람의 권리 또는 신용의 존중.

(b) 관계국의 국가안보, 공공질서, 공중보건 또는 도덕의 보호.

(c) 전쟁선전의 금지

(d) 차별, 적의, 폭력을 선동하는 민족적, 인종적 또는 종교적 증오의 고취 금지.

제14조 이주노동자와 그 가족은 사생활, 가정, 주거, 서신 또는 기타 통신에 대하여 자의적이거나 불법적인 간섭을 받거나 또는 그의 명예와 신용에 대한 불법적인 비난을 받지 아니한다. 이주노동자와 그 가족은 그러한 간섭 또는 비난에 대하여 법률의 보호를 받을 권리를 가진다.

제15조 이주노동자와 그 가족은 단독으로 또는 다른 사람과 공동으로 소유하는 재산을 자의적으로 박탈당하지 아니한다. 취업국의 국내법에 의하여 이주노동자와 그 가족의 재산 전부 또는 일부가 수용당할 경우, 이들은 공정하고 적절한 보상을 받을 권리를 가진다.

제16조 1. 이주노동자와 그 가족은 신체의 자유와 안전에 대한 권리를 가진다.

2. 이주노동자와 그 가족은 공무원, 개인, 사인집단 또는 기관 등 그 누구에 의한 폭력, 상해, 협박 및 위협에 대하여도 국가의 효과적인 보호를 받을 권리를 가진다.

3. 법집행 공무원에 의한 이주노동자와 그 가족의 신원 확인은 법률에 의하여 규정된 절차에 따라 실시되어야 한다.

4. 이주노동자와 그 가족은 단독으로든 집단적으로든 자의적으로 체포되거나 억류되지 아니한다. 그들은 법률에 규정된 이유 및 절차에 따르지 아니하고는 그들의 자유를 박탈당하지 아니한다.

5. 체포당하는 이주노동자와 그 가족은 체포시에 가능한 한 그들이 이해할 수 있는 언어로 체포이유를 통고받으며, 그들에 대한 피의사실을 그들이 이해할 수 있는 언어로 신속히 통고받는다.

6. 형사상의 죄의 혐의로 체포되거나 억류된 이주노동자와 그 가족은 법관 또는 법률에 의하여 사법권을 행사할 권한을 부여받은 기타 관헌에게 신속히 회부되어야 하며, 또한 합리적인 기간 내에 재판을 받거나 또는 석방될 권리를 가진다. 재판에 회부된 사람을 억류하는 것이 일반적인 원칙이 되어서는 아니되며, 석방은 재판, 기타 사법적 절차의 모든 단계에서의 출두 및 필요한 경우 판결의 집행을 위하여 출두할 것이라는 보증을 조건으로 할 수 있다.

7. 이주노동자나 그 가족이 체포되거나, 재판에 회부되어 교도소 또는 구치시설에 수용되거나, 기타 어떤 형태로든 억류되어 있을 때,

(a) 본인의 요구가 있으면 체포 또는 억류 사실과 그 이유가 출신국 또는 이익대표국의 영사 또는 외교당국에 지체없이 통고되어야 한다.

(b) 해당자는 위의 당국자와 통신할 권리를 가진다. 위의 당국자에 대한 해당자의 통신은

지체없이 전달되어야 하며, 또한 그도 위의 당국자로부터의 통신을 지체없이 받을 권리를 가진다.

    (c) 해당자는 이상의 권리와 관련국가간에 적용 가능한 해당 조약에서 비롯되는 위의 당국자와 연락하고, 면회하고, 법률적 변호를 위하여 그들과 함께 조치를 취할 권리 등을 지체없이 고지받아야 한다.

8. 체포 또는 억류에 의하여 자유를 박탈당한 이주노동자와 그 가족은 법원이 그 억류의 합법성을 지체없이 결정하고 억류가 합법적이 아닌 경우에는 석방을 명령할 수 있도록 하기 위하여 법원에 절차를 취할 권리를 가진다. 그들이 절차에 참가할 때, 사용되는 언어를 이해하지 못하거나 말할 수 없는 경우에는 통역인의 조력을 받으며, 필요하다면 비용은 무상으로 한다.

9. 위법하게 체포되거나 억류된 이주노동자와 그 가족은 집행 가능한 보상을 받을 권리를 가진다.

제17조 1. 자유를 박탈당한 이주노동자와 그 가족은 인도적으로 그리고 인간 고유의 존엄성과 그들의 문화적 독자성을 존중받으며 처우되어야 한다.

2. 기소된 이주노동자와 그 가족은 예외적인 사정이 있는 경우를 제외하고는 기결수와 분리되어야 하며, 유죄의 판결을 받고 있지 아니한 자로서의 지위에 상응하는 별도의 취급을 받는다. 미성년 피고인은 성인과 분리되어야 하며, 또한 가능한 한 신속히 재판에 회부된다.

3. 이주에 관한 규정을 위반하여 통과국 또는 취업국에서 억류된 이주노동자와 그 가족은 가능한 한 기결수 또는 재판계류 중인 피억류자와는 분리되어 취급되어야 한다.

4. 법원이 과한 형벌로서 구금이 집행 중일 때 이주노동자와 그 가족의 대우의 기본적인 목적은 그들의 교정 및 사회복귀에 두어야 한다. 소년범은 성인과는 분리되어야 하며, 그 연령과 법적 지위에 상응하는 대우가 부여된다.

5. 억류 또는 구금기간 중 이주노동자와 그 가족은 가족의 면회에 관하여 그 나라의 국민과 동등한 권리를 향유한다.

6. 이주노동자가 자유를 박탈당할 때마다 해당국의 권한 있는 당국은 그의 가족, 특히 배우자 및 미성년의 자녀에게 초래될 수 있는 문제에 유의하여야 한다.

7. 취업국 또는 통과국의 현행 법률에 따라 억류 또는 구금된 이주노동자와 그 가족은 같은 상황의 당해국의 국민과 동등한 권리를 향유한다.

8. 이주노동자 또는 그 가족이 이주에 관한 법률 위반을 확인하기 위하여 억류된 경우 그는 그에 따른 비용을 부담하지 아니한다.

제18조 1. 이주노동자와 그 가족은 법원에서 그 나라의 국민과 평등한 권리를 가진다. 그 사람은 형사상의 죄 또는 소송상의 권리, 의무의 결정시에 법률에 의하여 설립된 권한 있고 독립적인 공평한 법원에 의하여 공정한 공개심리를 받을 권리를 가진다.

2. 형사상의 범죄로 기소된 이주노동자와 그 가족은 법률에 따라 유죄가 입증될 때까지 무죄로 추정받을 권리를 가진다.

3. 이주노동자와 그 가족은 그에 대한 형사상의 죄를 결정함에 있어서 적어도 다음과 같은

보장을 받을 권리를 가진다.

(a) 그에 대한 기소의 성질과 이유에 대하여 그가 이해하는 언어로 신속하고 상세하게 통고 받을 것.

(b) 방어 준비를 위하여 충분한 시간과 편의를 가질 것과 본인이 선임한 변호인과 연락을 취할 수 있을 것.

(c) 부당하게 지체됨이 없이 재판을 받을 것.

(d) 본인의 출석하에 재판을 받으며, 직접 또는 본인이 선임한 자의 법적 조력을 통하여 변호할 것. 만약 법적 조력을 받지 못하는 경우 변호인의 조력을 받을 권리에 대하여 통지받을 것. 사법상의 이익을 위하여 필요한 경우 법적 조력이 그에게 주어지도록 할 것이며, 충분한 지불수단을 가지고 있지 못한 경우 무료로 제공될 것.

(e) 자기에게 불리한 증인을 심문하거나 또는 심문받도록 할 것과 자기에게 불리한 증인과 동일한 조건으로 자기를 위한 증인을 출석시키도록 하고, 또한 심문받도록 할 것.

(f) 법정에서 사용되는 언어를 이해하지 못하거나 또는 말할 수 없는 경우에는 무료로 통역 의 조력을 받을 것.

(g) 자기에게 불리한 진술 또는 유죄의 자백을 강요당하지 아니할 것.

4. 미성년자의 경우에는 그 절차가 그들의 연령과 그들의 갱생을 촉진하고자 하는 요망을 고려한 것이어야 한다.

5. 유죄판결을 받은 이주노동자와 그 가족은 법률에 따라 그 판결 및 형벌에 대하여 상급법원에서 재심을 받을 권리를 가진다.

6. 이주노동자와 그 가족이 확정판결에 의하여 유죄판결을 받았으나, 그 후 새로운 사실 또는 새로 발견된 사실에 의하여 오심이 있었음이 결정적으로 입증됨으로써 그에 대한 유죄판결이 파기되었거나 또는 사면을 받았을 경우에는 유죄판결의 결과 형벌을 받은 자는 법률에 따라 보상을 받는다. 단 그 알지 못한 사실이 적시에 밝혀지지 않은 것이 전체적 또는 부분적으로 그에게 책임이 있었다는 것이 증명된 경우에는 그러하지 아니하다.

7. 어떠한 이주노동자나 그 가족도 각국의 법률 및 형사절차에 따라 이미 확정적으로 유죄 또는 무죄선고를 받은 행위에 관하여는 재차 재판 또는 처벌을 받지 아니한다.

제19조 1. 이주노동자와 그 가족은 행위시에 국내법 또는 국제법에 의하여 범죄를 구성하지 아니하는 작위 또는 부작위를 이유로 유죄로 되지 아니하며, 범죄가 행하여진 때에 적용될 수 있는 형벌보다도 중한 형벌을 받지 아니한다. 범죄인은 범죄가 행하여진 후에 보다 가벼운 형을 부과하도록 하는 규정이 법률에 정하여진 경우에는 그 혜택을 받는다.

2. 이주노동자 또는 그 가족이 범한 범죄에 형벌을 부과할 때에는 이주노동자의 지위, 특히 체류와 취업의 권리에 대한 인도적인 배려가 주어져야 한다.

제20조 1. 어떠한 이주노동자나 그 가족도 계약상의 의무의 불이행만을 이유로 구금되지 아니한다.

2. 어떠한 이주노동자나 그 가족도 근로계약에 따른 의무를 이행하지 못하였다는 것만을 이유로 체류허가 또는 취업자격을 박탈당하지 아니하며, 퇴거강제 당하지 아니한다. 단, 당해 의무 이행이 체류허가나 취업자격의 요건인 경우에는 그러하지 아니하다.

제21조 법률에 의하여 정식으로 권한을 부여받은 공무원 이외의 자가 신분증명서, 입국, 체류, 거주 또는 정착을 허가하는 서류 또는 취업허가증을 압수, 파기 또는 파기하려 함은 위법이다. 그 같은 서류의 합법적 압수시에는 상세한 수령증의 교부가 있어야 한다. 어떠한 경우에도 이주 노동자나 그 가족의 여권 또는 그에 상응하는 서류를 파기하는 것은 허용되지 아니한다.

제22조 1. 이주노동자와 그 가족에 대한 집단적 추방 조치는 금지된다. 각 추방사건은 개별적으로 심리되고 결정되어야 한다.

2. 이주노동자와 그 가족은 권한 있는 당국에 의하여 법률에 따른 결정에 의하여만 당사국의 영역으로부터 추방될 수 있다.

3. 추방의 결정은 그가 이해하는 언어로 통고되어야 한다. 본인의 요구가 없으면 의무적이 아닌 경우라도 만약 요구를 하면 결정은 문서로 통보되어야 하며, 국가안보에 의한 예외적인 경우를 제외하고는 결정의 이유가 진술되어야 한다. 이러한 권리는 결정 이전 또는 늦어도 결정시에는 당사자에게 고지되어야 한다.

4. 사법당국에 의한 최종 판결이 발표되는 경우를 제외하고 당사자는 자기가 추방되지 말아야 할 이유를 제출할 권리가 있으며, 권한 있는 기관에 의하여 그 사건이 심사받을 수 있어야 한다. 단, 국가안보상의 긴요한 사유가 있는 경우에는 그러하지 아니하다. 심사 기간 중 당사자는 추방결정의 집행정지를 요청할 권리를 가진다.

5. 이미 집행된 추방결정이 나중에 무효로 되었을 때, 당사자는 법률에 따른 보상을 청구할 권리를 가지며, 이전의 결정은 그가 당해 국가로 재입국하는 것에 방해사유가 될 수 없다.

6. 추방의 경우 당사자에게는 출국 전 또는 후에 임금청구권, 그에게 귀속될 다른 권리 또는 현행 채무를 해결하기 위한 합리적인 기회가 주어져야 한다.

7. 추방 결정의 집행을 해하지 않는 범위에서 그 결정의 대상인 이주노동자 또는 그 가족은 출신국 이외의 국가로의 입국을 모색할 수 있다.

8. 이주노동자 또는 그 가족이 추방되는 경우 추방 비용을 당사자에게 부담시켜서는 아니된다. 당사자는 자신의 여행경비의 지불을 요구받을 수 있다.

9. 취업국으로부터의 추방 그 자체로는 임금수령권과 그에게 귀속될 다른 권리를 포함하여 이주노동자 또는 그 가족이 그 국가의 법률에 따라 획득한 어떠한 권리도 손상시키지 아니한다.

제23조 이주노동자와 그 가족은 이 협약상의 권리를 침해받았을 때, 출신국 또는 그 나라의 이익대표 국의 영사 또는 외교당국의 보호와 지원을 요청할 권리를 가진다. 특히 추방의 경우 당사자는 이 권리에 대하여 지체없이 고지받으며, 추방국 당국은 이 권리의 행사를 용이하게 하여야 한다.

제24조 모든 이주노동자와 그 가족은 어디에서나 법 앞에 인간으로 인정받을 권리를 가진다.

제25조 1. 이주노동자는 보수 및 다음 사항에 있어서 취업국 국민보다도 불리한 취급을 받지 아니한다.

(a) 다른 근무조건, 즉 초과근무, 노동시간, 주간휴가, 유급휴가, 안전, 보건, 고용관계의 종료, 기타 그 나라의 법률과 관행상 근무조건에 포함되는 사항.

(b) 다른 고용조건, 즉 고용의 최저연령, 가사노동의 제한, 기타 그 나라의 법률과 관행상 고용조건으로 간주되는 사항.

2. 사적 고용계약이 이 조 제1항에 지적된 평등대우의 원칙을 위배함은 위법하다.

3. 당사국은 이주노동자의 체류 또는 취업이 비정규적이라는 이유로 인하여 이 원칙으로부터 파생되는 어떠한 권리도 박탈당하지 않을 것을 보장하기 위하여 모든 적절한 조치를 취하여야 한다. 특히 그러한 비정규성을 이유로 고용주는 법률상 또는 계약상의 의무를 면제받을 수 없으며, 그들의 의무가 어떠한 방법으로든 제한되지 아니한다.

제26조 1. 당사국은 이주노동자와 그 가족의 다음과 같은 권리를 인정한다.

(a) 관련 조직의 규정만을 조건으로 하여 노동조합 및 자신들의 경제적, 사회적, 문화적 및 기타의 이익을 보호하기 위하여 법률에 따라 설립된 기타의 조직의 집회와 활동에 참가할 권리.

(b) 관련 조직의 규정만을 조건으로 하여 노동조합 및 위에 지적된 조직에 자유로이 가입할 권리.

(c) 노동조합 및 위에 지적된 조직의 원조 및 지원을 추구할 권리.

2. 이러한 권리의 행사에 대하여는 법률에 규정되고 국가안보, 공공질서, 타인의 권리 및 자유를 보호하기 위하여 민주사회에서 필요한 제한 이외에는 어떠한 제한도 부과될 수 없다.

제27조 1. 사회보장에 있어서 이주노동자와 그 가족이 취업국의 해당 법률과 양자 및 다자조약에 규정된 요건을 충족하면, 취업국에서 국민과 동등한 대우를 받아야 한다. 출신국과 취업국의 당국은 이의 적용방식을 결정하기 위하여 언제든지 필요한 조치를 마련할 수 있다.

2. 해당 법률이 이주노동자와 그 가족에 대한 급부를 인정하지 않는 경우, 해당국은 유사한 상황의 국민에게 부여되는 대우를 기초로 하여 그 급부와 관련된 해당자의 출연금액을 본인에게 상환하는 가능성을 검토하여야 한다.

제28조 이주노동자와 그 가족은 해당국 국민과의 평등한 대우를 기초로 하여 생명의 유지와 회복 불가능한 건강상의 피해를 방지하기 위하여 긴급하게 요구되는 진료를 받을 권리를 가진다. 응급진료는 그의 체류나 취업이 비정규적임을 이유로 거절되어서는 아니된다.

제29조 이주노동자의 자녀는 성명, 출생등록 및 국적에 대한 권리를 가진다.

제30조 이주노동자의 자녀는 해당국의 국민과의 평등한 대우를 기초로 하여 교육을 받을 기본권을 가진다. 어느 부모의 체류 또는 취업이 비정규적이라거나 취업국에서의 자녀의 체류가 비정규적임을 이유로 공립의 취학 전 교육기관이나 학교의 입학이 거부되거나 제한되어서는 아니된다.

제31조 1. 당사국은 이주노동자와 그 가족의 문화적 독자성에 대한 존중을 보장하여야 하며, 그의 출신국과의 문화적 유대의 유지를 방해하여서는 아니된다.

2. 당사국은 이에 관한 노력을 지원하고 조장시키는 적절한 조치를 취할 수 있다.

제32조 이주노동자와 그 가족은 취업국에서의 체류가 종료되었을 때 그들의 소득과 저축을 이전시키고, 관련국의 해당 법률에 따라 가재 및 소지품을 이전시킬 권리를 가진다.

제33조 1. 이주노동자와 그 가족은 출신국, 취업국, 통과국으로부터 각각 해당하는 경우에 따라 다음

사항에 관하여 통지받을 권리를 가진다.

(a) 이 협약에 의하여 발생하는 권리.

(b) 입국 조건, 해당국의 법률과 관행에 따른 그의 권리와 의무 및 해당국의 행정절차 또는
기타 절차를 준수할 수 있도록 하는 기타의 사항.

2. 당사국은 위의 정보의 보급 또는 고용주, 노동조합 및 기타 적절한 단체나 기관에 의한
정보제공을 보장하는 데 적절하다고 생각하는 모든 조치를 취하여야 한다. 적절한 경우에
는 다른 관계국과 협력하여야 한다.

3. 이주노동자와 그 가족이 요구하면 그러한 적절한 정보는 무료로 제공되어야 하며, 가능한
한 그가 이해할 수 있는 언어로 제공되어야 한다.

제34조 이 협약 제3부의 어떠한 규정도 이주노동자와 그 가족이 통과국과 취업국의 법률과 규정을
준수할 의무나 그 국가 주민의 문화적 독자성을 존중할 의무를 면제시켜 주는 효과를 가지지
아니한다.

제35조 이 협약 제3부의 어떠한 규정도 미신고 또는 비정규적 상황의 이주노동자 또는 그 가족의
상황을 정규화한다거나 또는 그들의 상황을 정규화할 권리를 의미하는 것으로 해석되지 아니
하며, 이 협약의 제6부에 규정된 건전하고 공평한 국제적 이주조건을 보장하기 위한 조치를
해하지도 아니한다.

제 4 부 신고된 또는 정규적 상황의 이주노동자와 그 가족들의 기타의 권리

제36조 취업국에 신고된 또는 정규적 상황의 이주노동자와 그 가족은 이 협약 제3부에 규정된 권리에
추가하여 제4부에 규정된 권리도 향유한다.

제37조 이주노동자와 그 가족은 출국 전 또는 늦어도 취업국에 입국할 때에 그들의 입국과 특히 체류
와 그가 종사할 유급활동에 관한 모든 조건은 물론 취업국에서 충족시켜야 할 요건과 이들
조건의 변경을 위하여 접촉할 당국에 관한 정보에 대하여 출신국 또는 취업국으로부터 충분하
게 고지받을 권리를 가진다.

제38조 1. 취업국은 사정에 따라 이주노동자와 그 가족에게 체류나 취업허가에 대한 영향이 없이 일
시출국이 허용될 수 있도록 모든 노력을 다하여야 한다. 이때 취업국은 특히 출신국에서의
이주노동자와 그 가족의 특별한 필요와 의무를 고려하여야 한다.

2. 이주노동자와 그 가족은 이러한 일시출국이 허용되는 조건에 대하여 충분하게 고지받을
권리를 가진다.

제39조 1. 이주노동자와 그 가족은 취업국의 영역 내에서 이전의 자유와 거주지 선택의 자유에 대한
권리를 가진다.

2. 이 조 제1항의 권리는 법률에 의하여 규정되고, 국가안보, 공공질서, 공중보건 또는 도덕
또는 타인의 권리 및 자유를 보호하기 위하여 필요하고, 또한 이 협약에서 인정되는 기타
권리와 양립되는 것을 제외하고는 어떠한 제한도 받지 아니한다.

제40조 1. 이주노동자와 그 가족은 그들의 경제적, 사회적, 문화적 및 기타의 이익을 증진시키고 보호

하기 위하여 취업국에서 단체와 노동조합을 결성할 권리를 가진다.

2. 이 권리의 행사에 대하여는 법률에 의하여 규정되고, 국가안보, 공공질서 또는 타인의 권리 및 자유를 보호하기 위하여 민주사회에서 필요한 것 이외의 어떠한 제한도 과하여져서는 아니된다.

제41조 1. 이주노동자와 그 가족은 출신국의 법률에 따라 자국의 공무에 참여할 권리를 가지며, 그 나라의 선거시 선거권과 피선거권을 가진다.

2. 관계국은 적절한 경우 법률에 따라 이러한 권리의 행사를 지원하여야 한다.

제42조 1. 당사국은 출신국과 취업국 양쪽에 이주노동자와 그 가족의 특별한 필요, 희망 및 의무가 이를 통하여 고려될 수 있는 절차 또는 기관의 수립을 검토하여야 하며, 적절한 경우 이주 노동자와 그 가족이 이 기관에 자유롭게 선출된 대표자를 둘 수 있는 가능성을 상정하여야 한다.

2. 취업국은 지역사회의 생활과 운영에 관한 결정을 할 때 국내법에 따라 이주노동자와 그 가족과의 협의와 참여를 조장하여야 한다.

3. 취업국이 주권의 행사로서 이주노동자에게 정치적 권리를 부여하면, 그는 취업국에서 정치적 권리를 향유할 수 있다.

제43조 1. 이주노동자는 다음 사항의 이용에 관하여 취업국의 국민과 평등한 대우를 향유한다.

(a) 당해 기관과 사업상의 입학요건 및 기타 규정을 따른다는 조건하에 교육기관 및 교육사업의 이용.

(b) 직업안내 및 취업소개의 이용.

(c) 직업훈련 및 재훈련시설과 기관의 이용.

(d) 주택의 이용. 이에는 사회주택계획과 임차료의 착취로부터의 보호를 포함한다.

(e) 당해 사업의 참가자격을 충족하는 경우 사회 및 보건사업의 이용.

(f) 협동조합 및 자주관리사업에의 참여, 단 이것이 그들의 이주상의 지위 변경을 의미하지 아니하며, 당해 단체의 규정과 규칙을 따라야 한다.

(g) 문화생활의 이용과 참여.

2. 취업국에 의하여 허용된 체류조건이 각각의 요건을 충족시킨다면, 당사국은 이주노동자가 이 조 제1항에 규정된 권리를 향유할 수 있도록 실질적으로 평등한 대우를 보장할 수 있는 조건을 신장시켜야 한다.

3. 취업국은 이주노동자의 고용주가 그들을 위하여 주택이나 사회, 문화적 시설을 설치하는 것을 방해하여서는 아니된다. 이 협약 제70조의 규정의 적용을 전제로 하여 취업국은 그러한 시설의 설치는 그 설비에 관하여 해당국에서 일반적으로 적용되는 조건을 따르게 할 수 있다.

제44조 1. 당사국은 가정이 사회의 자연적이며 기초적인 단위이고, 사회와 국가의 보호를 받을 권리를 가짐을 인정하며, 이주노동자 가족들의 결합의 보호를 보장하기 위하여 적절한 조치를 취하여야 한다.

2. 당사국은 이주노동자가 그의 배우자나 해당 법률에 따르면 혼인과 동등한 취급을 받는 관

계에 있는 자 및 미혼의 피부양 미성년 자녀와 재결합하는 것을 촉진하기 위하여 자신의 권한 내에서 적절한 조치를 취하여야 한다.

3. 취업국은 이주노동자의 다른 가족에 대하여도 인도적 견지에서 이 조 제2항에 규정된 것과 동등한 대우를 부여함을 호의적으로 고려하여야 한다.

제45조 1. 이주노동자의 가족은 취업국에서 다음 사항의 이용에 관하여 취업국의 국민과 평등한 대우를 향유한다.

    (a) 당해 기관과 사업상의 입학요건 및 기타 규정을 따른다는 조건하에 교육기관 및 교육사업의 이용.

    (b) 참가 자격을 충족하는 경우, 직업훈련 및 재훈련시설과 기관의 이용.

    (c) 각각의 사업의 참가자격을 충족하는 경우 사회 및 보건사업의 이용.

    (d) 문화생활의 이용과 참여.

2. 취업국은 적절한 경우에는 출신국과 협력하여 이주노동자의 자녀에게 특히 현지언어를 가르치는 것과 관련하여 그들이 현지의 학교제도에 용이하게 적응하도록 하는 정책을 추구하여야 한다.

3. 취업국은 이주노동자의 자녀에 대한 모국어 및 출신국의 문화 교육을 촉진하도록 노력하여야 하며, 출신국은 적절한 경우 언제든지 이에 협력하여야 한다.

4. 취업국은 필요하다면 출신국의 협력을 받아 이주노동자의 자녀의 모국어 교육을 위한 특별과정을 설치할 수 있다.

제46조 이주노동자와 그 가족은 관계국의 적용 법률은 물론 관련 국제협정 및 관세동맹에의 참여로 인한 의무를 따를 것을 전제로 하여, 취업국이 인정한 유급활동을 수행하는 데 필요한 장비와 개인 소지품 및 가재에 대하여 다음의 경우 출입국 관세와 세금이 면제된다.

    (a) 출신국 또는 상거소국으로부터의 출국시.

    (b) 취업국으로의 최초 입국시.

    (c) 취업국으로부터의 최종 출국시.

    (d) 출신국 또는 상거소국으로의 최종 귀국시.

제47조 1. 이주노동자는 그의 수입과 저축, 특히 가족 부양에 필요한 금액을 취업국으로부터 출신국 또는 기타 국가로 송금할 권리를 가진다. 그러한 송금은 관계국의 적용 법률에 따른 절차와 관련 국제협정에 따라 시행된다.

2. 관계국은 송금을 용이하게 하도록 적절한 조치를 취하여야 한다.

제48조 1. 이주노동자와 그 가족은 관련 이중과세협정을 해하지 않는 범위에서 취업국에서의 수입에 관하여 다음과 같이 처우된다.

    (a) 유사한 상황의 그 나라의 국민에게 부과되는 것 이상으로 고액이거나 부담이 되는 조세, 관세 또는 어떠한 명칭의 부과금도 부과되지 아니한다.

    (b) 부양가족 공제를 포함하여 유사한 상황의 그 나라의 국민에게 적용되는 어떠한 명칭의 조세감면이나 조세공제도 받을 권리를 가진다.

2. 당사국은 이주노동자와 그 가족의 수입 및 저축에 대한 이중과세를 방지하기 위한 적절한

조치를 채택하기 위하여 노력한다.

제49조 1. 국내법에 따라 체류와 취업에 별개의 허가를 요하는 취업국은 이주노동자의 유급활동 종사 허가기간과 최소한 동일한 기간의 체류허가를 발급하여야 한다.

2. 취업국에서 자유롭게 유급활동을 선택하는 것이 허용되는 이주노동자는 취업허가 또는 유사한 허가의 기간 만료 이전에 유급활동이 종료되었다는 사실만으로는 비정규적 상황에 있는 것으로 간주되거나 체류허가를 상실하지 아니한다.

3. 이 조 제2항에 규정된 이주노동자에게 다른 유급활동을 구하는 데 충분한 시간을 주기 위하여, 적어도 그가 실업수당을 받을 수 있는 기간 동안은 체류허가가 철회되어서는 아니된다.

제50조 1. 이주노동자가 사망하거나 혼인의 해소시 취업국은 가족의 재결합에 근거하여 그 국가에 체류하고 있는 이주노동자 가족에 대한 체류허가 부여에 대하여 호의적인 고려를 하여야 한다. 취업국은 그들이 그 국가에 이미 체류한 기간을 고려하여야 한다.

2. 그러한 허가를 받지 못한 가족에게는 출국 전에 취업국에서의 용무를 처리하는 데 필요한 합리적인 기간이 허용되어야 한다.

3. 이 조 제1항과 제2항의 규정은 취업국의 입법 또는 그 국가에 적용되는 양자 및 다자조약에 의하여 그러한 가족에게 부여되는 체류 및 취업의 권리를 해하는 것으로 해석되지 아니한다.

제51조 취업국에서 자유롭게 유급활동을 선택하는 것이 허용되지 않는 이주노동자는 그의 체류허가가 입국이 허용된 특정의 유급활동에 종속되어 있음이 명시된 경우 이외에는, 취업 허가기간의 만료 전에 유급활동이 종료되었다는 사실만으로는 비정규적 상황에 있는 것으로 간주된다거나, 체류자격을 상실하지 아니한다. 그러한 이주노동자는 취업허가서에 규정된 조건과 제한을 전제로 하여, 남은 취업허가기간 동안 대체취업, 공공근로계획에의 참여 및 재훈련 등을 요청할 권리가 있다.

제52조 1. 이주노동자는 취업국에서 다음의 제한과 조건하에서 자유롭게 유급활동을 선택할 권리를 가진다.

2. 취업국은 어떠한 이주노동자에 대하여도;

(a) 국가이익을 위하여 필요하고 국내법으로 규정된 경우 제한적 범주의 취업, 직능, 역무, 활동으로의 진출을 제한할 수 있다.

(b) 그 국가 외에서 취득한 직업상의 자격증의 인정에 관한 법률에 따라 유급활동의 자유선택을 제한할 수 있다. 그러나 관련 당사국은 그러한 자격증을 인정하기 위한 노력을 하여야 한다.

3. 취업허가가 기한부인 이주노동자에 대하여 취업국은 또한;

(a) 2년 이하로 국내법에 규정된 기간 동안 이주노동자가 유급활동을 수행할 목적으로 합법적으로 국내에 체재한 경우, 자유롭게 유급활동을 선택할 권리를 인정할 수 있다.

(b) 자국민 또는 국내법이나 양자 또는 다자협정에 따라 이 목적상 자국민으로 취급되는 자에게 우선권을 주는 정책을 수행하기 위하여 유급활동에 대한 이주노동자의 진출을 제한할 수 있다. 5년 이하로 국내법에 규정된 기간 동안 유급활동을 목적으로 합법적으로 국내에 체재한 이주노동자에게는 이러한 제한이 적용되지 아니한다.

4. 취업국은 취업을 위하여 입국이 허용된 이주노동자의 자영업 종사가 허가되는 조건을 설정하여야 한다. 그 노동자가 취업국에서 합법적으로 체류한 기간이 고려되어야 한다.

제53조 1. 무기한 또는 자동연장이 가능한 체류허가 또는 입국허가를 얻은 이주노동자의 가족은 이 협약 제52조에 따라 이주노동자에게 적용되는 것과 같은 조건으로 자유롭게 유급활동을 선택하는 것이 허용되어야 한다.

2. 관련 양자 또는 다자협정의 적용을 전제로 하여 당사국은 유급활동의 자유로운 선택권이 허용되지 않는 이주노동자의 가족에 대하여 유급활동 종사 허가의 취득에 있어서 취업국 입국을 신청하는 다른 노동자보다는 유급활동 종사 허가취득에 있어 우선권의 부여를 긍정적으로 고려하여야 한다.

제54조 1. 체류허가 또는 취업허가의 조건과 이 협약 제25조와 제27조에 규정된 권리를 해하지 아니하고, 이주노동자는 다음 사항에 있어서 취업국의 국민과 평등한 처우를 향유한다.

   (a) 해고로부터의 보호.

   (b) 실업수당.

   (c) 실업대책으로서의 공공근로계획에의 참가.

   (d) 이 협약 제52조의 적용을 전제로 하여 실업 또는 다른 유급활동 종료시 대체취업의 기회.

2. 이주노동자가 자신의 근로계약 조건이 고용주에 의하여 위반되었다고 주장하는 경우, 그는 이 협약 제18조 제1항에 규정된 바에 따라 그 사건을 취업국의 권한 있는 당국에 제기할 권리가 있다.

제55조 유급활동에 종사를 허가받은 이주노동자는 그 허가에 부가된 조건하에서는 그 유급활동의 수행에 있어서 취업국의 국민과 평등한 처우를 받을 권리를 가진다.

제56조 1. 협약 제4부에서 지적된 이주노동자와 그 가족은 협약 제3부에 규정된 보호조항의 적용을 전제로 하여 그 국가의 국내법에 규정된 이유에 해당하는 경우 이외에는 취업국으로부터 추방당하지 아니한다.

2. 이주노동자 또는 그 가족의 체류허가 및 취업허가로부터 발생하는 권리를 박탈하기 위한 목적에서 추방이 이용되어서는 아니된다.

3. 이주노동자 또는 그 가족의 추방 여부를 검토할 때에는 인도적 고려사항과 그가 취업국에서 이미 체재한 기간이 고려되어야 한다.

제 5 부 특별한 유형의 이주노동자와 그 가족에 관한 규정

제57조 협약 제5부에 규정된 신고되거나 정규적 상황에 있는 특별한 유형의 이주노동자와 그 가족은 제3부에 규정된 권리와 아래에서 수정된 경우를 제외한 제4부에 규정된 권리를 향유한다.

제58조 1. 이 협약 제2조 제2항 (a)에 정의된 월경노동자는 그가 취업국에 상거소를 가지고 있지 아니하다는 점을 고려하여 취업국에서의 체재와 노동으로 인하여 그에게 적용될 수 있는 협약의 제4부에 규정된 권리를 가진다.

2. 취업국은 일정 기간 이후에는 월경노동자에게 자유롭게 유급활동을 선택할 권리를 부여하는 것을 긍정적으로 고려한다. 이 권리의 부여는 그의 월경노동자로서의 지위에 영향을 미치지 아니한다.

제59조 1. 이 협약 제2조 제2항 (b)에 정의된 계절노동자는 그가 취업국에서 연중 일부만 거주한다는 점을 고려하여 협약 제4부에 규정된 권리 중 그의 취업국 영역에서의 체재와 노동으로 인하여 그에게 적용될 수 있는 것으로서 계절노동자라는 그 국가에서의 그의 지위와 양립할 수 있는 권리를 가진다.

2. 이 조 제1항의 적용을 전제로 하여 취업국은 상당 기간 자국 영역 내에서 취업하였던 계절노동자가 관련 양자 및 다자협정에 따를 것을 조건으로 하여 다른 유급활동에 종사할 가능성과 그 국가로 입국신청을 하는 다른 노동자에 비하여 우선권을 줄 가능성을 검토한다.

제60조 이 협약 제2조 제2항 (e)에 정의된 순회노동자는 협약의 제4부에 규정된 권리 중 취업국에서의 체재와 노동으로 인하여 그에게 부여될 수 있는 것으로서 그 국가에서 순회노동자로서의 그의 지위와 양립할 수 있는 권리를 가진다.

제61조 1. 이 협약 제2조 제2항 (f)에 정의된 특정사업노동자와 그 가족은 제43조 제1항 (b) 및 (c), 제43조 제1항 (d) 중 사회주택계획에 관한 부분, 제45조 제1항 (b) 및 제52조 내지 제55조의 권리를 제외한 협약의 제4부에 규정된 권리를 가진다.

2. 특정사업노동자가 그의 근로계약 조건이 고용주에 의하여 위반되었다고 주장하는 경우, 그는 이 협약 제18조 제1항에 규정된 바에 따라 그 사건을 당해 고용주에 대하여 관할권을 갖는 국가의 권한 있는 당국에 제기할 권리를 가진다.

3. 당사국은 시행 중인 양자 또는 다자협정의 적용을 전제로 하여 특정사업노동자가 그 사업에 근무하고 있는 동안 출신국 또는 상거소국의 사회보장제도에 의한 보호를 적절하게 계속 받을 수 있도록 노력하여야 한다. 관련 당사국은 이 점에서 권리의 부정이나 지급의 중복을 회피할 수 있도록 적절한 조치를 취하여야 한다.

4. 이 협약 제47조의 규정 및 관련 양자 또는 다자협정을 해하지 아니하며, 관련 당사국은 특정사업노동자의 임금을 출신국 또는 상거소국에서 지불할 것을 허용하여야 한다.

제62조 1. 이 협약 제2조 제2항 (g)에 정의된 특별취업노동자는 협약 제43조 제1항 (b) 및 (c), 제43조 제1항 (d) 중 사회주택계획에 관한 부분, 제52조, 제54조 제1항 (d)를 제외하고 협약 제4부에 규정된 권리를 가진다.

2. 특별취업노동자의 가족은 제53조의 규정을 제외하고 협약 제4부에 규정된 이주노동자의 가족에 관한 권리를 가진다.

제63조 1. 이 협약 제2조 제2항 (h)에 정의된 자영노동자는 근로계약을 체결하는 노동자에게만 배타적으로 적용되는 권리를 제외하고 협약 제4부에 규정된 권리를 가진다.

2. 이 협약 제52조와 제57조의 규정을 해하지 아니하고, 자영노동자의 경제활동 종료는 그의 체류허가가 입국이 허용된 특정의 유급활동에 종속되어 있음이 명시된 경우 이외에는 그 자체로 그와 그 가족에 대한 취업국에서의 체재 또는 유급활동의 종사에 대한 허가철회를 의미하지 아니한다.

제 6 부 노동자와 그 가족의 국제이주에 관한 건전하고 공평하며 인도적이며 합법적인 조건의 증진

제64조 1. 당사국은 이 협약 제79조의 규정을 해하지 아니하고 노동자와 그 가족의 국제이주에 관한 건전하고 공평하며 인도적인 조건을 촉진하기 위하여 적절하게 협의하고 협력하여야 한다.

　　　 2. 그 점에 관하여는 노동력의 수요와 공급만이 아니라 이주노동자와 그 관련 가족의 사회적, 경제적, 문화적 및 기타의 필요는 물론 관련 공동체에 대한 이주의 영향에 대하여도 적절한 고려가 있어야 한다.

제65조 1. 당사국은 노동자와 그 가족의 국제이주에 관한 문제에 대처하기 위하여 적절한 기구를 유지한다. 그 기능에는 특히 다음이 포함되어야 한다.

　　　　(a) 그 같은 이주에 관한 정책의 수립과 집행.

　　　　(b) 그 같은 이주와 관련된 다른 당사국의 권한 있는 당국과의 정보교환, 협의 및 협력.

　　　　(c) 특히 고용주, 노동자 및 그들의 조직에 대하여 이주 및 취업에 관한 정책, 법률, 규정과 이주에 관한 타국과의 협정, 기타 관련된 사항에 대한 적절한 정보의 제공.

　　　　(d) 이주노동자와 그 가족에게 출발, 이동, 도착, 체류, 유급활동, 일시출국과 재입국을 할 때 필요로 하는 허가, 절차, 준비 및 취업국에서의 근로조건과 생활조건, 관세, 통화, 세금, 기타 관계 법령에 관한 정보의 제공과 적절한 지원.

　　　 2. 당사국은 이주노동자와 그 가족의 사회적, 문화적 및 기타의 필요를 충족하는 데 소요되는 적절한 영사업무 및 다른 용역의 제공을 적절히 촉진하여야 한다.

제66조 1. 이 조 제2항에 따를 것을 조건으로, 외국에서 취업할 노동자를 모집하기 위한 업무를 담당할 권리는 아래의 경우에 한정되어 인정된다.

　　　　(a) 그러한 업무가 진행되는 국가의 공공기관이나 기구.

　　　　(b) 관계국간의 협정에 근거한 취업국의 공공기관이나 기구.

　　　　(c) 양자 또는 다자협정에 의하여 설립된 기구.

　　　 2. 관련 당사국의 법률과 관행에 따라 설립되어 당사국의 공공당국에 의한 허가, 승인, 감독에 따를 것을 조건으로 대리상, 예정 고용주 또는 그들의 대리인에게도 그러한 업무수행이 허용될 수 있다.

제67조 1. 관련 당사국은 이주노동자와 그 가족이 귀국하기로 결정하였거나, 체류 또는 취업허가가 만료되었거나, 또는 취업국에서 비정규적 상황에 있을 때, 그들의 출신국으로의 질서 있는 귀환에 관한 조치를 채택함에 있어서 적절히 협력하여야 한다.

　　　 2. 관련 당사국은 정규적 상황의 이주노동자와 그 가족과 관련하여 출신국에서의 그들의 재정착을 위한 적절한 경제환경을 조장하고 그들의 항구적인 사회적, 문화적 재통합을 용이하게 하기 위하여 당사국간에 합의된 조건에 따라 적절히 협력하여야 한다.

제68조 1. 통과국을 포함하여 당사국들은 비정규적 상황에 있는 이주노동자의 불법 내지 비밀 이동과 취업을 방지하고 근절하기 위하여 협력하여야 한다. 이 목적을 위하여 각국이 그 관할권 내에서 취할 조치에는 다음 사항이 포함된다.

(a) 이민을 오고 가는 것에 관한 잘못된 정보의 유포행위에 대한 적절한 조치.

(b) 이주노동자와 그 가족의 불법 내지 비밀 이동을 적발하고 근절하는 조치와 이와 같은 이동을 조직하거나, 수행하거나, 이를 지원하는 개인, 집단 또는 단체를 효과적으로 제재하기 위한 조치.

(c) 비정규적 상황에 있는 이주노동자와 그 가족에게 폭력, 협박, 위협을 가하는 개인, 집단 또는 단체를 효과적으로 제재하기 위한 조치.

2. 취업국은 적절한 경우 고용주에 대한 제재를 포함하여 자국 영역 내에서 비정규적 상황의 이주노동자의 취업을 근절하는 데 적합하고 효과적인 모든 조치를 취하여야 한다. 이주노동자가 취업에 따라 고용주에 대하여 갖는 권리는 이러한 조치에 의하여 침해되지 아니한다.

제69조 1. 당사국은 자국 영역 내에 비정규적 상황의 이주노동자와 그 가족이 있는 경우 그러한 상황이 지속되지 않도록 적절한 조치를 취하여야 한다.

2. 관계당사국이 관련 국내법 및 양자 또는 다자협정에 따라 그들의 지위를 정규화시킬 가능성을 검토할 때에는, 그들의 입국 관련 사정, 취업국에서의 체류기간, 특히 그의 가족상황에 관한 것 등 기타 관련사항에 적절한 주의가 기울여져야 한다.

제70조 당사국은 정규적 상황의 이주노동자와 그 가족의 근로조건과 생활조건이 적절성, 안전성, 위생적 기준과 인간의 존엄성의 원칙에 상응할 것을 보장하기 위하여 자국민에게 적용되는 정도의 조치를 취하여야 한다.

제71조 1. 당사국은 필요할 경우에는 언제든지 사망한 이주노동자 또는 그 가족의 사체가 출신국으로 용이하게 송환되도록 한다.

2. 이주노동자 또는 그 가족의 사망에 대한 보상문제에 관하여 당사국은 문제의 조속한 해결을 위하여 적절한 경우 관계자에게 지원을 제공하여야 한다. 이 문제의 해결은 이 협약규정과 합치되는 관련 국내법과 양자 또는 다자협정에 기하여 이루어져야 한다.

제 7 부 협약의 적용

제72조 1. (a) 이 협약의 적용을 심사하기 위하여 모든 이주노동자와 그 가족의 권리보호위원회(이하 "위원회"라고 칭한다)를 설치한다.

(b) 위원회는 이 협약의 발효시에는 10명, 그리고 41개 당사국에 대하여 발효한 이후에는 14명의 고매한 인격을 가지며, 공정하고, 협약이 대상으로 하는 분야에서 능력을 인정받은 전문가로 구성한다.

2. (a) 위원회의 위원은 당사국에 의하여 지명된 명단으로부터 당사국에 의한 비밀투표에 의하여 선출되는데, 출신국과 취업국을 포함하는 공평한 지리적 배분과 주요한 법체계의 대표에 관하여 적절한 고려가 베풀어져야 한다. 각 당사국은 자국민으로는 1명을 지명할 수 있다.

(b) 위원은 개인자격으로 선출되어, 직무를 수행한다.

3. 최초의 선거는 이 협약의 발효일로부터 6개월 이내에 실시하여야 하며, 이후 선거는 매 2년마다 실시한다. 국제연합 사무총장은 적어도 각 선거일 4개월 전에 모든 당사국에 대하여 2개월 내에 그 지명을 제출하도록 요청하는 서한을 보낸다. 사무총장은 지명한 당사국을 적시하여 알파벳 순으로 피지명자의 명부를 작성하고, 이를 늦어도 각 선거일 1개월 전에 피지명자의 경력을 첨부하여 당사국에게 송부한다.

4. 위원회 위원의 선거는 국제연합 본부에서 사무총장이 소집한 당사국회의에서 실시된다. 당사국의 3분의 2를 의사정족수로 하는 회의에서, 출석하여 투표한 당사국의 최대다수표 및 절대과반수를 획득한 후보가 선출된다.

5. (a) 위원회의 위원은 4년 임기를 근무한다. 단 최초의 선거에서 선출된 위원 중 5인의 임기는 2년으로 종료된다. 이들 5인 위원의 명단은 최초 선거 직후 당사국회의 의장에 의하여 추첨으로 선정된다.

    (b) 위원회의 4인의 추가위원의 선거는 협약이 41개국에 대하여 발효한 후 이 조 제2항, 제3항 및 제4항의 규정에 따라서 실시한다. 이때 선출된 추가위원 중 2인의 임기는 2년으로 종료하고, 이들 위원의 명단은 당사국회의 의장에 의하여 추첨으로 선정된다.

    (c) 위원회 위원은 재지명되면 재선될 수 있다.

6. 위원회의 위원이 사망 또는 사임하거나 다른 이유로 위원회의 직무를 더 이상 수행할 수 없다고 선언하는 경우, 그 전문가를 추천한 당사국은 잔여 임기 동안 자국민 중에서 다른 전문가를 임명한다. 이 신규임명은 위원회에 의하여 승인을 받아야 한다.

7. 국제연합 사무총장은 위원회의 효과적인 기능수행을 위하여 필요한 직원과 편의를 제공하여야 한다.

8. 위원회의 위원은 국제연합의 재원에 의하여 총회가 결정하는 액수와 조건의 보수를 받는다.

9. 위원회의 위원은 국제연합의 특권과 면제에 관한 협약의 관계 조항에 규정된 바에 따라 국제연합을 위한 직무를 행하는 전문가로서의 편의, 특권 및 면제를 향유할 권리를 가진다.

제73조 1. 당사국은 이 협약 규정의 이행을 위하여 취한 입법, 사법, 행정 및 기타 조치에 관한 보고서를 위원회의 검토를 받기 위하여 국제연합 사무총장에게 다음과 같이 제출할 것을 약속한다.

    (a) 당사국에 대하여 이 협약이 발효한 후 1년 이내.

    (b) 그 이후에는 5년마다 및 위원회가 요청할 때.

2. 이 조에 의하여 작성되는 보고서에는 이 협약의 이행에 영향을 미치는 요소와 장애가 있을 경우 이를 기재하여야 하며, 당사국이 관련된 이주의 흐름상의 특징에 관한 정보를 포함하여야 한다.

3. 위원회는 보고서의 내용에 관하여 적용될 추가지침을 작성하여야 한다.

4. 당사국은 자국 내에서 그 보고서를 일반에게 널리 보급하여야 한다.

제74조 1. 위원회는 각 당사국이 제출하는 보고서를 심사하고, 적절하다고 판단하는 논평을 해당 당사국에게 송부한다. 당사국은 이 조에 따라 위원회가 제시한 논평에 대한 견해를 위원회로 제출할 수 있다. 위원회는 이 보고서를 검토할 때 당사국으로부터의 보충정보를 요청할

수 있다.

2. 국제연합 사무총장은 위원회의 각 정기회의가 개최되기 이전 적절한 시기에 당사국이 제출한 보고서의 사본과 보고서의 검토에 관련된 정보를 국제노동사무소 사무총장에게 송부하여, 이 협약에 의하여 취급되고 있는 국제노동기구의 권한 영역에 속하는 사항에 대하여 사무소가 전문지식을 제공함으로써 위원회를 원조할 수 있도록 한다. 위원회는 그 심사에 있어 사무소가 제공하는 논평과 자료를 고려하여야 한다.

3. 국제연합 사무총장은 위원회와의 협의 후, 다른 전문기구나 정부간 국제기구에게 그들의 권한 범위에 해당하는 보고서 일부의 사본을 송부할 수 있다.

4. 위원회는 국제연합의 전문기구, 기관은 물론 정부간 국제기구 및 기타 관련기관에 대하여 위원회에서의 검토를 위하여 그 기관의 활동 분야에 속하는 것으로서 이 협약이 취급하고 있는 사항에 관하여 정보를 제출하도록 요청할 수 있다.

5. 위원회는 국제노동사무소에 대하여 위원회 회의에 자문역으로 참가할 대표를 임명하도록 요청하여야 한다.

6. 위원회는 국제연합의 다른 전문기구, 기관은 물론 정부간 국제기구의 권한 범위 내의 문제가 검토되는 경우에는 언제든지 대표자가 회의에 출석하여 청문에 응하도록 초청할 수 있다.

7. 위원회는 특히 보고서의 심사와 당사국에 의하여 제출된 견해에 근거한 그 자신의 고려사항과 권고를 포함하는 이 협약의 이행에 관한 연례보고서를 국제연합 총회에 제출한다.

8. 국제연합 사무총장은 위원회의 연례보고서를 이 협약의 당사국, 경제사회이사회 및 국제연합 인권위원회, 국제노동사무소 사무총장 및 기타 관련 기관으로 송부한다.

제75조 1. 위원회는 자체의 절차 규칙을 채택한다.

2. 위원회는 2년 임기의 임원을 선출한다.

3. 위원회는 통상 매년 회합한다.

4. 위원회의 회의는 통상 국제연합 본부에서 개최된다.

제76조 1. 협약의 당사국은 이 조에 따라 타당사국이 협약상의 의무를 이행하지 않고 있다고 주장하는 당사국의 통보를 접수하여 검토할 위원회의 권한을 인정한다고 언제든지 선언할 수 있다. 이 조에 의한 통보는 자국에 대한 위원회의 권한의 인정을 선언한 당사국에 의하여 제출된 경우에만 접수, 검토될 수 있다. 그러한 선언을 행하지 아니한 당사국에 관한 통보는 위원회에 의하여 접수되지 아니한다. 이 조에 따라 접수된 통보는 다음의 절차에 따라 처리된다.

(a) 이 협약의 당사국은 타 당사국이 이 협약상의 의무를 이행하지 않고 있다고 생각하는 경우, 서면통보에 의하여 이 문제에 관한 그 당사국의 주의를 환기시킬 수 있다. 당사국은 위원회에도 이를 통지한다. 통보를 접수한 후 3개월 이내에 접수국은 당해 문제를 해명하는 설명 또는 기타 진술을 서면으로 통보국에 전달하며, 이에는 가능하고 적절한 범위 내에서, 당해 문제와 관련하여 이미 취하여졌든가, 현재 진행 중이든가 또는 이용 가능한 국내절차와 구제수단에 관한 언급이 포함되어야 한다.

(b) 접수국이 최초의 통보를 접수한 후 6개월 이내에 당해 문제가 양당사국에게 만족스럽게 조정되지 아니할 경우, 어느 일방 당사국은 위원회와 타당사국에 대한 통고로써 당해 문제를 위원회로 회부할 권리를 가진다.

(c) 위원회는 일반적으로 승인된 국제법의 원칙에 따라 그 문제에 관하여 가능한 모든 국내적 구제절차가 원용되고 완료되었음을 확인한 다음에만 회부된 문제를 처리하여야 한다. 다만, 위원회의 견해에 의하면 구제절차의 적용이 비합리적으로 지연되고 있을 경우에는 그러하지 아니한다.

(d) 이 항 (c)의 규정을 따를 것을 전제로 하여 위원회는 이 협약에 규정된 의무에 대한 존중의 기초 위에서 문제를 우호적으로 해결하기 위하여 관계당사국에게 주선을 제공한다.

(e) 위원회가 이 조에 의한 통보를 심사할 경우에는 비공개회의를 한다.

(f) 위원회는 이 항 (b)에 따라 회부된 어떠한 문제에 관하여도 (b)에 지적된 관계 당사국들에게 모든 관련정보를 제출할 것을 요청할 수 있다.

(g) 이 항 (b)에 지적된 관계당사국은 위원회에 의하여 당해 문제가 검토되고 있는 동안 출석하여 구두 또는 서면으로 의견을 제출할 권리를 가진다.

(h) 위원회는 이 항 (b)에 의한 통보의 접수일로부터 12개월 이내에 다음과 같은 보고서를 제출한다.

 (i) 이 항 (d)의 규정에 따른 해결에 도달한 경우, 위원회는 보고서를 사실과 도달된 해결에 관한 간략한 설명에만 국한시킨다.

 (ii) (d)의 규정에 따른 해결에 도달하지 못한 경우, 위원회는 보고서에 관계 당사국간의 쟁점에 관한 관련사실을 진술한다. 관계당사국이 제출한 서면진술과 구두진술의 기록은 이 보고서에 첨부시킨다. 위원회는 관계 당사국간의 쟁점과 관련된다고 생각하는 견해를 관계 당사국에게만 통보할 수 있다.

모든 경우 보고서는 관계 당사국에게 통보된다.

2. 이 조의 규정은 이 협약의 10개 당사국이 이 조 제1항에 따른 선언을 하였을 때 발효된다. 당사국에 의한 선언문은 국제연합 사무총장에게 기탁되며, 그는 선언문의 사본을 타당사국에게 송부한다. 이 선언은 사무총장에 대한 통고로써 언제든지 철회될 수 있다. 이 철회는 이 조에 의하여 이미 송부된 통보의 대상인 어떠한 문제의 검토도 방해하지 아니한다. 선언 철회의 통고가 사무총장에 의하여 접수된 이후에는 관계 당사국이 새로운 선언을 하지 아니하는 한 이 조에 따른 어떠한 당사국에 의한 추후의 통보도 접수되지 아니한다.

제77조 1. 협약의 당사국은 이 조에 따라 그 관할권에 속하는 자로서 이 협약에 의하여 규정된 개인적 권리가 그 당사국에 의하여 침해되었다고 주장하는 개인 또는 그의 대리인의 통보를 접수하고 검토할 위원회의 권한을 인정한다고 언제든지 선언할 수 있다. 그러한 선언을 행하지 아니한 당사국에 대한 통보는 위원회에 의하여 접수되지 아니한다.

2. 위원회는 이 조에 따른 통보가 익명이거나 통보제출권의 남용 또는 규약 규정과 양립할 수 없는 것으로 판단하는 경우, 그러한 통보는 심리적격이 없는 것으로 간주하여야 한다.

3. 위원회는 다음 사항이 확인되지 아니하면 개인으로부터의 어떠한 통보도 검토하지 아니한다.

   (a) 동일한 문제가 다른 국제적 조사 또는 해결 절차에 따라 심사된 바 있었거나, 심사되고 있지 않을 것.

   (b) 개인이 이용 가능한 모든 국내적 구제조치를 완료하였을 것. 단 위원회의 견해에 의하면 구제조치의 적용이 불합리하게 지연되거나, 개인에게 실효적인 구제를 부여할 것으로 보이지 않는 경우에는 그러하지 아니한다.

4. 이 조 제2항의 규정을 따를 것을 전제로 하여 위원회는 이 조에 의하여 제출된 모든 통보에 대하여 이 조 제1항의 선언을 하였고 이 협약의 어느 규정을 위반하고 있다고 주장되는 당사국의 주의를 환기시킨다. 이 접수국은 사건과 취하여진 구제조치가 있는 경우 이를 명확히 하는 서면의 설명서 또는 진술서를 6개월 이내에 위원회에 제출한다.

5. 위원회는 개인 또는 그 대리인과 관계 당사국으로부터 제출된 모든 정보를 참고로 하여 이 조에 의하여 접수된 통보를 검토한다.

6. 위원회가 이 조에 의한 통보를 심사할 때에는 비공개회의를 한다.

7. 위원회는 관계 당사국과 개인에게 자신의 견해를 송부한다.

8. 이 조의 규정은 이 협약의 10개 당사국이 제1항상의 선언을 하였을 때에 발효된다. 이 선언은 당사국에 의하여 국제연합 사무총장에게 기탁되고, 그는 그 사본을 다른 당사국에 송부한다. 이 선언은 사무총장에 대한 통고로써 언제든지 철회될 수 있다. 이 철회는 이 조의 규정에 의하여 이미 송부된 통보의 대상인 어떠한 문제의 검토도 방해하지 아니한다. 사무총장에 의하여 선언철회의 통고가 접수된 후에는 당사국이 새로운 선언을 하지 아니하는 한, 이 조에 따른 개인이나 그의 대리인에 의한 추후의 통보는 접수되지 아니한다.

제78조 이 협약 제76조의 규정은 이 협약의 대상 분야에 있어서의 국제연합 및 그 전문기구의 설립문서나 이들 기관에 의하여 채택된 협약에 규정되어 있는 분쟁 또는 청원을 해결하기 위한 다른 절차를 방해하지 아니하는 가운데 적용되며, 당사국들이 그들간에 시행 중인 국제협정에 따라 분쟁해결을 위한 다른 절차에 호소하는 것도 방해하지 아니한다.

제 8 부 일반 조항

제79조 이 협약의 어떠한 규정도 당사국이 이주노동자와 그 가족의 입국을 규율하는 기준을 설정하는 권리에 영향을 미치지 아니한다. 이주노동자와 그 가족의 법적 지위와 처우에 관한 기타 문제에 대하여 당사국은 이 협약에 규정된 제한에 복종하여야 한다.

제80조 이 협약의 어떠한 규정도 이 협약에서 취급되는 문제에 관하여 국제연합의 각 기관과 전문기구의 책임을 각각 명시하고 있는 국제연합 헌장 및 전문기구 헌장의 규정을 침해하는 것으로 해석되지 아니한다.

제81조 1. 이 협약의 어떠한 규정도 다음에 의하여 이주노동자와 그 가족에게 부여된 좀더 호의적인 권리와 자유에 영향을 주어서는 아니된다.

(a) 당사국의 법률 또는 관행.

(b) 관계 당사국에 대하여 시행 중인 모든 양자 또는 다자조약.

2. 이 협약의 어떠한 규정도 어느 국가, 집단 또는 개인이 협약에 규정된 권리와 자유를 해하는 행위에 관여하거나, 이를 수행할 수 있는 권리를 부여하는 것으로 해석되지 아니한다.

제82조 이 협약에 규정된 이주노동자와 그 가족의 권리는 포기될 수 없다. 그 권리 중 일부를 포기시키거나 단념시킬 목적으로 이주노동자와 그 가족에게 여하한 형태의 압력을 가하는 것도 허용되지 아니한다. 계약을 통하여 이 협약상 인정된 권리로부터 일탈할 수 없다. 당사국은 이 원칙에 대한 존중이 보장되도록 적절한 조치를 취하여야 한다.

제83조 이 협약의 각 당사국은 다음의 조치를 취할 것을 약속한다.

(a) 이 협약에서 인정되는 권리 또는 자유를 침해당한 자에 대하여, 그러한 침해가 공무집행자에 의하여 진행된 것이라고 할지라도 효과적인 구제조치를 받을 수 있도록 보장한다.

(b) 그러한 구제조치를 청구하는 개인에 대하여, 권한 있는 사법, 행정 또는 입법 당국이나 당해 국가의 법제도에 따라 설치된 여타의 권한 있는 당국에 의하여 그의 청구가 심사되고 결정될 것임을 보장하고, 또한 사법적 구제조치의 가능성을 확대시킨다.

(c) 그러한 구제조치가 허용되는 경우, 권한 있는 당국이 이를 집행할 것을 보장할 것.

제84조 각 당사국은 이 협약 규정의 이행에 필요한 입법 및 기타 조치를 채택할 것을 약속한다.

제 9 부 최종 조항

제85조 국제연합 사무총장이 이 협약의 수탁자로 지명된다.

제86조 1. 이 협약은 모든 국가들의 서명을 위하여 개방된다. 이 협약은 비준을 받아야 한다.

2. 이 협약은 어떠한 국가의 가입에도 개방된다.

3. 비준서 또는 가입서는 국제연합 사무총장에게 기탁된다.

제87조 1. 이 협약은 20번째의 비준서 또는 가입서의 기탁일로부터 3개월 이후 다음 달의 첫째 날부터 발효한다.

2. 협약 발효 후 협약을 비준하거나 가입한 국가에 대하여는 그 비준서 또는 가입서가 기탁된 날로부터 3개월 이후 다음 달의 첫째 날부터 발효한다.

제88조 이 협약을 비준 또는 가입하는 국가는 협약의 일정 부분의 적용을 배제시키거나, 제3조의 경우 이외에는 특정 범주의 이주노동자를 적용에서 배제시킬 수 없다.

제89조 1. 모든 당사국은 자국에 대하여 협약이 발효한 날로부터 5년 이후에는 국제연합 사무총장에게 보내는 서면통지에 의하여 이 협약을 폐기시킬 수 있다.

2. 폐기는 국제연합 사무총장이 통지를 수령한 날로부터 12개월 이후 다음 달의 첫째 날부터 발효한다.

3. 그러한 폐기는 이의 효력 발생일 이전에 발생한 어떠한 작위 또는 부작위에 관하여도 당사국을 이 협약상의 의무로부터 면제시켜 주는 효과를 가지지 아니하며, 또한 폐기의 효력

발생일 이전에 이미 위원회에 의하여 검토되고 있는 문제에 대하여도 그 검토의 계속을 어떠한 형태로도 방해하지 아니한다.

4. 위원회는 당사국의 폐기의 효력 발생일 이후에는 그 국가에 관한 어떠한 새로운 문제의 검토도 시작할 수 없다.

제90조 1. 이 협약 발효로부터 5년 이후에는 국제연합 사무총장에 대한 서면통지에 의하여 어느 당사국에 의하여도 언제든지 이 협약의 개정이 요청될 수 있다. 사무총장은 바로 각 당사국에게 이 제안을 검토하고 표결할 당사국회의의 개최에 찬성하는지에 관한 의견을 자신에게 통보하여 달라는 요청과 함께, 개정안을 당사국에게 통보한다. 통보일로부터 4개월 내에 당사국 중 3분의 1 이상이 회의 개최에 찬성하는 경우, 사무총장은 국제연합의 후원하에 회의를 소집한다. 이 회의에 출석하고 표결한 당사국의 과반수에 의하여 채택된 개정안은 승인을 받기 위하여 총회에 제출된다.

2. 개정은 국제연합 총회의 승인을 얻고, 각국의 헌법 절차에 따라 당사국의 3분의 2가 수락할 때 발효한다.

3. 개정은 발효시 이를 수락한 당사국을 구속하고, 여타 당사국은 이 규약의 규정과 이미 수락한 그 이전의 개정에 계속 구속된다.

제91조 1. 국제연합 사무총장은 서명, 비준, 가입시 각국이 행하는 유보를 접수하고, 이를 모든 국가로 송부한다.

2. 이 협약의 대상 및 목적과 양립하지 않는 유보는 허용되지 아니한다.

3. 유보는 국제연합 사무총장에게 보낸 통고에 의하여 언제든지 철회될 수 있으며, 그는 이를 모든 국가로 통고한다. 이 통고는 접수된 날에 발효한다.

제92조 1. 이 협약의 해석 또는 적용에 관한 두 개 이상의 당사국간의 분쟁으로 협상에 의하여 해결되지 않는 것은 그중 어느 당사국의 요청이 있으면 중재에 회부된다. 중재 요청일로부터 6개월 이내에 중재의 구성에 대하여 당사국이 합의하지 못한 경우, 그중 어느 당사국도 국제사법재판소 규정에 따른 요청을 통하여 분쟁을 국제사법재판소로 회부할 수 있다.

2. 각 당사국은 이 협약의 서명, 비준 또는 가입할시 이 조 제1항에 구속되지 않겠다는 선언을 할 수 있다. 그러한 선언을 한 당사국에 대하여는 다른 당사국도 같은 항에 구속되지 아니한다.

3. 제2항에 따른 선언을 한 당사국은 국제연합 사무총장 앞으로 보낸 통지로써 언제든지 그 선언을 철회할 수 있다.

제93조 1. 이 협약은 아라비아어, 중국어, 영어, 불어, 러시아어 및 스페인어본이 동등한 정본이며, 국제연합 사무총장에게 기탁된다.

2. 국제연합 사무총장은 모든 국가들에게 이 협약의 인증등본을 송부한다.

이상의 증거로 아래에 서명한 전권대사들은 각 정부에 의하여 정당하게 권한을 부여받아 이 협약에 서명하였다.

International Convention on the Protection of the Rights of All Migrant Workers and Members of Their Families (1990)

PREAMBLE

The States Parties to the present Convention,

Taking into account the principles embodied in the basic instruments of the United Nations concerning human rights, in particular the Universal Declaration of Human Rights, the International Covenant on Economic, Social and Cultural Rights, the International Covenant on Civil and Political Rights, the International Convention on the Elimination of All Forms of Racial Discrimination, the Convention on the Elimination of All Forms of Discrimination against Women and the Convention on the Rights of the Child,

Taking into account also the principles and standards set forth in the relevant instruments elaborated within the framework of the International Labour Organization, especially the Convention concerning Migration for Employment (No. 97), the Convention concerning Migrations in Abusive Conditions and the Promotion of Equality of Opportunity and Treatment of Migrant Workers (No. 143), the Recommendation concerning Migration for Employment (No. 86), the Recommendation concerning Migrant Workers (No. 151), the Convention concerning Forced or Compulsory Labour (No. 29) and the Convention concerning Abolition of Forced Labour (No. 105),

Reaffirming the importance of the principles contained in the Convention against Discrimination in Education of the United Nations Educational, Scientific and Cultural Organization,

Recalling the Convention against Torture and Other Cruel, Inhuman or Degrading Treatment or Punishment, the Declaration of the Fourth United Nations Congress on the Prevention of Crime and the Treatment of Offenders, the Code of Conduct for Law Enforcement Officials, and the Slavery Conventions,

Recalling that one of the objectives of the International Labour Organization, as stated in its Constitution, is the protection of the interests of workers when employed in countries other than their own, and bearing in mind the expertise and experience of that organization in matters related to migrant workers and members of their families,

Recognizing the importance of the work done in connection with migrant workers and members of their families in various organs of the United Nations, in particular in the Commission on Human Rights and the Commission for Social Development, and in the Food and Agriculture Organization of the United Nations, the United Nations Educational, Scientific and Cultural Organization and the World Health Organization, as well as in other international organizations,

Recognizing also the progress made by certain States on a regional or bilateral basis towards the protection of the rights of migrant workers and members of their families, as well as the importance and usefulness of bilateral and multilateral agreements in this field,

Realizing the importance and extent of the migration phenomenon, which involves millions of people and affects a large number of States in the international community,

Aware of the impact of the flows of migrant workers on States and people concerned, and desiring to establish norms which may contribute to the harmonization of the attitudes of States through the acceptance of basic principles concerning the treatment of migrant workers and members of their families,

Considering the situation of vulnerability in which migrant workers and members of their families frequently-find themselves owing, among other things, to their absence from their State of origin and to the difficulties they may encounter arising from their presence in the State of employment,

Convinced that the rights of migrant workers and members of their families have not been sufficiently recognized everywhere and therefore require appropriate international protection,

Taking into account the fact that migration is often the cause of serious problems for the members of the families of migrant workers as well as for the workers themselves, in particular because of the scattering of the family,

Bearing in mind that the human problems involved in migration are even more serious in the case of irregular migration and convinced therefore that appropriate action should be encouraged in order to prevent and eliminate clandestine movements and trafficking in migrant workers, while at the same time assuring the protection of their fundamental human rights,

Considering that workers who are non-documented or in an irregular situation are frequently employed under less favourable conditions of work than other workers and that certain employers find this an inducement to seek such labour in order to reap the benefits of unfair competition,

Considering also that recourse to the employment of migrant workers who are in an irregular situation will be discouraged if the fundamental human rights of all migrant workers are more widely recognized and, moreover, that granting certain additional rights to migrant workers and members of their families in a regular situation will encourage all migrants and employers to respect and comply with the laws and procedures established by the States concerned,

Convinced, therefore, of the need to bring about the international protection of the rights of all migrant workers and members of their families, reaffirming and establishing basic norms in a comprehensive convention which could be applied universally,

Have agreed as follows:

PART I SCOPE AND DEFINITIONS

Article 1
1. The present Convention is applicable, except as otherwise provided hereafter, to all migrant workers and members of their families without distinction of any kind such as sex, race, colour, language, religion or conviction, political or other opinion, national, ethnic or social origin, nationality, age, economic position, property, marital status, birth or other status.
2. The present Convention shall apply during the entire migration process of migrant workers and members of their families, which comprises preparation for migration, departure, transit and the entire period of stay and remunerated activity in the State of employment as well as return to the State of origin or the State of habitual residence.

Article 2
For the purposes of the present Convention:
1. The term "migrant worker" refers to a person who is to be engaged, is engaged or has been engaged in a remunerated activity in a State of which he or she is not a national.

2. (a) The term "frontier worker" refers to a migrant worker who retains his or her habitual residence in a neighbouring State to which he or she normally returns every day or at least once a week;

(b) The term "seasonal worker" refers to a migrant worker whose work by its character is dependent on seasonal conditions and is performed only during part of the year;

(c) The term "seafarer", which includes a fisherman, refers to a migrant worker employed on board a vessel registered in a State of which he or she is not a national;

(d) The term "worker on an offshore installation" refers to a migrant worker employed on an offshore installation that is under the jurisdiction of a State of which he or she is not a national;

(e) The term "itinerant worker" refers to a migrant worker who, having his or her habitual residence in one State, has to travel to another State or States for short periods, owing to the nature of his or her occupation;

(f) The term "project-tied worker" refers to a migrant worker admitted to a State of employment for a defined period to work solely on a specific project being carried out in that State by his or her employer;

(g) The term "specified-employment worker" refers to a migrant worker:

(i) Who has been sent by his or her employer for a restricted and defined period of time to a State of employment to undertake a specific assignment or duty; or

(ii) Who engages for a restricted and defined period of time in work that requires professional, commercial, technical or other highly specialized skill; or

(iii) Who, upon the request of his or her employer in the State of employment, engages for a restricted and defined period of time in work whose nature is transitory or brief; and who is required to depart from the State of employment either at the expiration of his or her authorized period of stay, or earlier if he or she no longer undertakes that specific assignment or duty or engages in that work;

(h) The term "self-employed worker" refers to a migrant worker who is engaged in a remunerated activity otherwise than under a contract of employment and who earns his or her living through this activity normally working alone or together with members of his or her family, and to any other migrant worker recognized as self-employed by applicable legislation of the State of employment or bilateral or multilateral agreements.

Article 3

The present Convention shall not apply to:

(a) Persons sent or employed by international organizations and agencies or persons sent or employed by a State outside its territory to perform official functions, whose admission and status are regulated by general international law or by specific international agreements or conventions;

(b) Persons sent or employed by a State or on its behalf outside its territory who participate in development programmes and other co-operation programmes, whose admission and status are regulated by agreement with the State of employment and who, in accordance with that agreement, are not considered migrant workers;

(c) Persons taking up residence in a State different from their State of origin as investors;

(d) Refugees and stateless persons, unless such application is provided for in the relevant national legislation of, or international instruments in force for, the State Party concerned;

(e) Students and trainees;

(f) Seafarers and workers on an offshore installation who have not been admitted to take up residence and engage in a remunerated activity in the State of employment.

Article 4

For the purposes of the present Convention the term "members of the family" refers to persons married to migrant workers or having with them a relationship that, according to applicable law, produces effects equivalent to marriage, as well as their dependent children and other dependent persons who are recognized as members of the family by applicable legislation or applicable bilateral or multilateral agreements between the States concerned.

Article 5

For the purposes of the present Convention, migrant workers and members of their families:

(a) Are considered as documented or in a regular situation if they are authorized to enter, to stay and to engage in a remunerated activity in the State of employment pursuant to the law of that State and to international agreements to which that State is a party;

(b) Are considered as non-documented or in an irregular situation if they do not comply with the conditions provided for in subparagraph (a) of the present article.

Article 6

For the purposes of the present Convention:

(a) The term "State of origin" means the State of which the person concerned is a national;

(b) The term "State of employment" means a State where the migrant worker is to be engaged, is engaged or has been engaged in a remunerated activity, as the case may be;

(c) The term "State of transit," means any State through which the person concerned passes on any journey to the State of employment or from the State of employment to the State of origin or the State of habitual residence.

PART II   NON-DISCRIMINATION WITH RESPECT TO RIGHTS

Article 7

States Parties undertake, in accordance with the international instruments concerning human rights, to respect and to ensure to all migrant workers and members of their families within their territory or subject to their jurisdiction the rights provided for in the present Convention without distinction of any kind such as to sex, race, colour, language, religion or conviction, political or other opinion, national, ethnic or social origin, nationality, age, economic position, property, marital status, birth or other status.

PART III   HUMAN RIGHTS OF ALL MIGRANT WORKERS AND MEMBERS OF THEIR FAMILIES

Article 8

1. Migrant workers and members of their families shall be free to leave any State, including their State of origin. This right shall not be subject to any restrictions except those that are provided by law, are necessary to protect national security, public order (ordre public), public health or morals or the rights and freedoms of others and are consistent with the other rights recognized in the present part of the Convention.

2. Migrant workers and members of their families shall have the right at any time to enter and remain in their State of origin.

Article 9

The right to life of migrant workers and members of their families shall be protected by law.

Article 10

No migrant worker or member of his or her family shall be subjected to torture or to cruel, inhuman or degrading treatment or punishment.

Article 11

1. No migrant worker or member of his or her family shall be held in slavery or servitude.
2. No migrant worker or member of his or her family shall be required to perform forced or compulsory labour.
3. Paragraph 2 of the present article shall not be held to preclude, in States where imprisonment with hard labour may be imposed as a punishment for a crime, the performance of hard labour in pursuance of a sentence to such punishment by a competent court.
4. For the purpose of the present article the term "forced or compulsory labour" shall not include:
    (a) Any work or service not referred to in paragraph 3 of the present article normally required of a person who is under detention in consequence of a lawful order of a court or of a person during conditional release from such detention;
    (b) Any service exacted in cases of emergency or calamity threatening the life or well-being of the community;
    (c) Any work or service that forms part of normal civil obligations so far as it is imposed also on citizens of the State concerned.

Article 12

1. Migrant workers and members of their families shall have the right to freedom of thought, conscience and religion. This right shall include freedom to have or to adopt a religion or belief of their choice and freedom either individually or in community with others and in public or private to manifest their religion or belief in worship, observance, practice and teaching.
2. Migrant workers and members of their families shall not be subject to coercion that would impair their freedom to have or to adopt a religion or belief of their choice.
3. Freedom to manifest one's religion or belief may be subject only to such limitations as are prescribed by law and are necessary to protect public safety, order, health or morals or the fundamental rights and freedoms of others.
4. States Parties to the present Convention undertake to have respect for the liberty of parents, at least one of whom is a migrant worker, and, when applicable, legal guardians to ensure the religious and moral education of their children in conformity with their own convictions.

Article 13

1. Migrant workers and members of their families shall have the right to hold opinions without interference.
2. Migrant workers and members of their families shall have the right to freedom of expression; this right shall include freedom to seek, receive and impart information and ideas of all kinds, regardless of frontiers, either orally, in writing or in print, in the form of art or through any other media of their choice.
3. The exercise of the right provided for in paragraph 2 of the present article carries with it special duties and responsibilities. It may therefore be subject to certain restrictions, but these shall only be such as are provided by law and are necessary:
    (a) For respect of the rights or reputation of others;

(b) For the protection of the national security of the States concerned or of public order (ordre public) or of public health or morals;

(c) For the purpose of preventing any propaganda for war;

(d) For the purpose of preventing any advocacy of national, racial or religious hatred that constitutes incitement to discrimination, hostility or violence.

Article 14

No migrant worker or member of his or her family shall be subjected to arbitrary or unlawful interference with his or her privacy, family, home, correspondence or other communications, or to unlawful attacks on his or her honour and reputation. Each migrant worker and member of his or her family shall have the right to the protection of the law against such interference or attacks.

Article 15

No migrant worker or member of his or her family shall be arbitrarily deprived of property, whether owned individually or in association with others. Where, under the legislation in force in the State of employment, the assets of a migrant worker or a member of his or her family are expropriated in whole or in part, the person concerned shall have the right to fair and adequate compensation.

Article 16

1. Migrant workers and members of their families shall have the right to liberty and security of person.

2. Migrant workers and members of their families shall be entitled to effective protection by the State against violence, physical injury, threats and intimidation, whether by public officials or by private individuals, groups or institutions.

3. Any verification by law enforcement officials of the identity of migrant workers or members of their families shall be carried out in accordance with procedure established by law.

4. Migrant workers and members of their families shall not be subjected individually or collectively to arbitrary arrest or detention; they shall not be deprived of their liberty except on such grounds and in accordance with such procedures as are established by law.

5. Migrant workers and members of their families who are arrested shall be informed at the time of arrest as far as possible in a language they understand of the reasons for their arrest and they shall be promptly informed in a language they understand of any charges against them.

6. Migrant workers and members of their families who are arrested or detained on a criminal charge shall be brought promptly before a judge or other officer authorized by law to exercise judicial power and shall be entitled to trial within a reasonable time or to release. It shall not be the general rule that while awaiting trial they shall be detained in custody, but release may be subject to guarantees to appear for trial, at any other stage of the judicial proceedings and, should the occasion arise, for the execution of the judgement.

7. When a migrant worker or a member of his or her family is arrested or committed to prison or custody pending trial or is detained in any other manner:

(a) The consular or diplomatic authorities of his or her State of origin or of a State representing the interests of that State shall, if he or she so requests, be informed without delay of his or her arrest or detention and of the reasons therefor;

(b) The person concerned shall have the right to communicate with the said authorities. Any communication by the person concerned to the said authorities shall be forwarded without delay, and he or she shall also have the right to receive communications sent by the said authorities without delay;

(c) The person concerned shall be informed without delay of this right and of rights deriving from relevant treaties, if any, applicable between the States concerned, to correspond and to meet with representatives of the said authorities and to make arrangements with them for his or her legal representation.

8. Migrant workers and members of their families who are deprived of their liberty by arrest or detention shall be entitled to take proceedings before a court, in order that that court may decide without delay on the lawfulness of their detention and order their release if the detention is not lawful. When they attend such proceedings, they shall have the assistance, if necessary without cost to them, of an interpreter, if they cannot understand or speak the language used.

9. Migrant workers and members of their families who have been victims of unlawful arrest or detention shall have an enforceable right to compensation.

Article 17

1. Migrant workers and members of their families who are deprived of their liberty shall be treated with humanity and with respect for the inherent dignity of the human person and for their cultural identity.

2. Accused migrant workers and members of their families shall, save in exceptional circumstances, be separated from convicted persons and shall be subject to separate treatment appropriate to their status as unconvicted persons. Accused juvenile persons shall be separated from adults and brought as speedily as possible for adjudication.

3. Any migrant worker or member of his or her family who is detained in a State of transit or in a State of employment for violation of provisions relating to migration shall be held, in so far as practicable, separately from convicted persons or persons detained pending trial.

4. During any period of imprisonment in pursuance of a sentence imposed by a court of law, the essential aim of the treatment of a migrant worker or a member of his or her family shall be his or her reformation and social rehabilitation. Juvenile offenders shall be separated from adults and be accorded treatment appropriate to their age and legal status.

5. During detention or imprisonment, migrant workers and members of their families shall enjoy the same rights as nationals to visits by members of their families.

6. Whenever a migrant worker is deprived of his or her liberty, the competent authorities of the State concerned shall pay attention to the problems that may be posed for members of his or her family, in particular for spouses and minor children.

7. Migrant workers and members of their families who are subjected to any form of detention or imprisonment in accordance with the law in force in the State of employment or in the State of transit shall enjoy the same rights as nationals of those States who are in the same situation.

8. If a migrant worker or a member of his or her family is detained for the purpose of verifying any infraction of provisions related to migration, he or she shall not bear any costs arising therefrom.

Article 18

1. Migrant workers and members of their families shall have the right to equality with nationals of the State concerned before the courts and tribunals. In the determination of any criminal charge against them or of their rights and obligations in a suit of law, they shall be entitled to a fair and public hearing by a competent, independent and impartial tribunal established by law.

2. Migrant workers and members of their families who are charged with a criminal offence

shall have the right to be presumed innocent until proven guilty according to law.

3. In the determination of any criminal charge against them, migrant workers and members of their families shall be entitled to the following minimum guarantees:
   (a) To be informed promptly and in detail in a language they understand of the nature and cause of the charge against them;
   (b) To have adequate time and facilities for the preparation of their defence and to communicate with counsel of their own choosing;
   (c) To be tried without undue delay;
   (d) To be tried in their presence and to defend themselves in person or through legal assistance of their own choosing; to be informed, if they do not have legal assistance, of this right; and to have legal assistance assigned to them, in any case where the interests of justice so require and without payment by them in any such case if they do not have sufficient means to pay;
   (e) To examine or have examined the witnesses against them and to obtain the attendance and examination of witnesses on their behalf under the same conditions as witnesses against them;
   (f) To have the free assistance of an interpreter if they cannot understand or speak the language used in court;
   (g) Not to be compelled to testify against themselves or to confess guilt.

4. In the case of juvenile persons, the procedure shall be such as will take account of their age and the desirability of promoting their rehabilitation.

5. Migrant workers and members of their families convicted of a crime shall have the right to their conviction and sentence being reviewed by a higher tribunal according to law.

6. When a migrant worker or a member of his or her family has, by a final decision, been convicted of a criminal offence and when subsequently his or her conviction has been reversed or he or she has been pardoned on the ground that a new or newly discovered fact shows conclusively that there has been a miscarriage of justice, the person who has suffered punishment as a result of such conviction shall be compensated according to law, unless it is proved that the non-disclosure of the unknown fact in time is wholly or partly attributable to that person.

7. No migrant worker or member of his or her family shall be liable to be tried or punished again for an offence for which he or she has already been finally convicted or acquitted in accordance with the law and penal procedure of the State concerned.

Article 19

1. No migrant worker or member of his or her family shall be held guilty of any criminal offence on account of any act or omission that did not constitute a criminal offence under national or international law at the time when the criminal offence was committed, nor shall a heavier penalty be imposed than the one that was applicable at the time when it was committed. If, subsequent to the commission of the offence, provision is made by law for the imposition of a lighter penalty, he or she shall benefit thereby.

2. Humanitarian considerations related to the status of a migrant worker, in particular with respect to his or her right of residence or work, should be taken into account in imposing a sentence for a criminal offence committed by a migrant worker or a member of his or her family.

Article 20

1. No migrant worker or member of his or her family shall be imprisoned merely on the ground of failure to fulfil a contractual obligation.

2. No migrant worker or member of his or her family shall be deprived of his or her authorization of residence or work permit or expelled merely on the ground of failure to fulfil an obligation arising out of a work contract unless fulfillment of that obligation constitutes a condition for such authorization or permit.

Article 21

It shall be unlawful for anyone, other than a public official duly authorized by law, to confiscate, destroy or attempt to destroy identity documents, documents authorizing entry to or stay, residence or establishment in the national territory or work permits. No authorized confiscation of such documents shall take place without delivery of a detailed receipt. In no case shall it be permitted to destroy the passport or equivalent document of a migrant worker or a member of his or her family.

Article 22

1. Migrant workers and members of their families shall not be subject to measures of collective expulsion. Each case of expulsion shall be examined and decided individually.

2. Migrant workers and members of their families may be expelled from the territory of a State Party only in pursuance of a decision taken by the competent authority in accordance with law.

3. The decision shall be communicated to them in a language they understand. Upon their request where not otherwise mandatory, the decision shall be communicated to them in writing and, save in exceptional circumstances on account of national security, the reasons for the decision likewise stated. The persons concerned shall be informed of these rights before or at the latest at the time the decision is rendered.

4. Except where a final decision is pronounced by a judicial authority, the person concerned shall have the right to submit the reason he or she should not be expelled and to have his or her case reviewed by the competent authority, unless compelling reasons of national security require otherwise. Pending such review, the person concerned shall have the right to seek a stay of the decision of expulsion.

5. If a decision of expulsion that has already been executed is subsequently annulled, the person concerned shall have the right to seek compensation according to law and the earlier decision shall not be used to prevent him or her from re-entering the State concerned.

6. In case of expulsion, the person concerned shall have a reasonable opportunity before or after departure to settle any claims for wages and other entitlements due to him or her and any pending liabilities.

7. Without prejudice to the execution of a decision of expulsion, a migrant worker or a member of his or her family who is subject to such a decision may seek entry into a State other than his or her State of origin.

8. In case of expulsion of a migrant worker or a member of his or her family the costs of expulsion shall not be borne by him or her. The person concerned may be required to pay his or her own travel costs.

9. Expulsion from the State of employment shall not in itself prejudice any rights of a migrant worker or a member of his or her family acquired in accordance with the law of that State, including the right to receive wages and other entitlements due to him or her.

Article 23

Migrant workers and members of their families shall have the right to have recourse to the protection and assistance of the consular or diplomatic authorities of their State of origin or of a State representing the interests of that State whenever the rights recognized in the present Convention are impaired. In particular, in case of expulsion, the person concerned shall be informed of this right without delay and the authorities of the expelling State shall facilitate the exercise of such right.

Article 24

Every migrant worker and every member of his or her family shall have the right to recognition everywhere as a person before the law.

Article 25

1. Migrant workers shall enjoy treatment not less favourable than that which applies to nationals of the State of employment in respect of remuneration and:

    (a) Other conditions of work, that is to say, overtime, hours of work, weekly rest, holidays with pay, safety, health, termination of the employment relationship and any other conditions of work which, according to national law and practice, are covered by these terms;

    (b) Other terms of employment, that is to say, minimum age of employment, restriction on home work and any other matters which, according to national law and practice, are considered a term of employment.

2. It shall not be lawful to derogate in private contracts of employment from the principle of equality of treatment referred to in paragraph 1 of the present article.

3. States Parties shall take all appropriate measures to ensure that migrant workers are not deprived of any rights derived from this principle by reason of any irregularity in their stay or employment. In particular, employers shall not be relieved of any legal or contractual obligations, nor shall their obligations be limited in any manner by reason of such irregularity.

Article 26

1. States Parties recognize the right of migrant workers and members of their families:

    (a) To take part in meetings and activities of trade unions and of any other associations established in accordance with law, with a view to protecting their economic, social, cultural and other interests, subject only to the rules of the organization concerned;

    (b) To join freely any trade union and any such association as aforesaid, subject only to the rules of the organization concerned;

    (c) To seek the aid and assistance of any trade union and of any such association as aforesaid.

2. No restrictions may be placed on the exercise of these rights other than those that are prescribed by law and which are necessary in a democratic society in the interests of national security, public order (ordre public) or the protection of the rights and freedoms of others.

Article 27

1. With respect to social security, migrant workers and members of their families shall enjoy in the State of employment the same treatment granted to nationals in so far as they fulfil the requirements provided for by the applicable legislation of that State and the applicable bilateral and multilateral treaties. The competent authorities of the State of origin and the State of employment can at any time establish the necessary arrangements to determine the modalities of application of this norm.

2. Where the applicable legislation does not allow migrant workers and members of their families a benefit, the States concerned shall examine the possibility of reimbursing interested persons the amount of contributions made by them with respect to that benefit on the basis of the treatment granted to nationals who are in similar circumstances.

Article 28

Migrant workers and members of their families shall have the right to receive any medical care that is urgently required for the preservation of their life or the avoidance of irreparable harm to their health on the basis of equality of treatment with nationals of the State concerned. Such emergency medical care shall not be refused them by reason of any irregularity with regard to stay or employment.

Article 29

Each child of a migrant worker shall have the right to a name, to registration of birth and to a nationality.

Article 30

Each child of a migrant worker shall have the basic right of access to education on the basis of equality of treatment with nationals of the State concerned. Access to public pre-school educational institutions or schools shall not be refused or limited by reason of the irregular situation with respect to stay or employment of either parent or by reason of the irregularity of the child's stay in the State of employment.

Article 31

1. States Parties shall ensure respect for the cultural identity of migrant workers and members of their families and shall not prevent them from maintaining their cultural links with their State of origin.

2. States Parties may take appropriate measures to assist and encourage efforts in this respect.

Article 32

Upon the termination of their stay in the State of employment, migrant workers and members of their families shall have the right to transfer their earnings and savings and, in accordance with the applicable legislation of the States concerned, their personal effects and belongings.

Article 33

1. Migrant workers and members of their families shall have the right to be informed by the State of origin, the State of employment or the State of transit as the case may be concerning:
   (a) Their rights arising out of the present Convention;
   (b) The conditions of their admission, their rights and obligations under the law and practice of the State concerned and such other matters as will enable them to comply with administrative or other formalities in that State.

2. States Parties shall take all measures they deem appropriate to disseminate the said information or to ensure that it is provided by employers, trade unions or other appropriate bodies or institutions. As appropriate, they shall co-operate with other States concerned.

3. Such adequate information shall be provided upon request to migrant workers and members of their families, free of charge, and, as far as possible, in a language they are able to understand.

Article 34

Nothing in the present part of the Convention shall have the effect of relieving migrant workers and the members of their families from either the obligation to comply with the laws and regulations of any State of transit and the State of employment or the obligation to respect the cultural identity of the inhabitants of such States.

Article 35

Nothing in the present part of the Convention shall be interpreted as implying the regularization of the situation of migrant workers or members of their families who are non-documented or in an irregular situation or any right to such regularization of their situation, nor shall it prejudice the measures intended to ensure sound and equitable-conditions for international migration as provided in part VI of the present Convention.

PART IV OTHER RIGHTS OF MIGRANT WORKERS AND MEMBERS OF THEIR FAMILIES WHO ARE DOCUMENTED OR IN A REGULAR SITUATION

Article 36

Migrant workers and members of their families who are documented or in a regular situation in the State of employment shall enjoy the rights set forth in the present part of the Convention in addition to those set forth in part III.

Article 37

Before their departure, or at the latest at the time of their admission to the State of employment, migrant workers and members of their families shall have the right to be fully informed by the State of origin or the State of employment, as appropriate, of all conditions applicable to their admission and particularly those concerning their stay and the remunerated activities in which they may engage as well as of the requirements they must satisfy in the State of employment and the authority to which they must address themselves for any modification of those conditions.

Article 38

1. States of employment shall make every effort to authorize migrant workers and members of the* families to be temporarily absent without effect upon their authorization to stay or to work, as the case may be. In doing so, States of employment shall take into account the special needs and obligations of migrant workers and members of their families, in particular in their States of origin.

2. Migrant workers and members of their families shall have the right to be fully informed of the terms on which such temporary absences are authorized.

Article 39

1. Migrant workers and members of their families shall have the right to liberty of movement in the territory of the State of employment and freedom to choose their residence there.

2. The rights mentioned in paragraph 1 of the present article shall not be subject to any restrictions except those that are provided by law, are necessary to protect national security, public order (ordre public), public health or morals, or the rights and freedoms of others and are consistent with the other rights recognized in the present Convention.

Article 40

1. Migrant workers and members of their families shall have the right to form associations and trade unions in the State of employment for the promotion and protection of their economic, social, cultural and other interests.

2. No restrictions may be placed on the exercise of this right other than those that are prescribed by law and are necessary in a democratic society in the interests of national security, public order (ordre public) or the protection of the rights and freedoms of others.

Article 41

1. Migrant workers and members of their families shall have the right to participate in public affairs of their State of origin and to vote and to be elected at elections of that State, in accordance with its legislation.

2. The States concerned shall, as appropriate and in accordance with their legislation, facilitate the exercise of these rights.

Article 42

1. States Parties shall consider the establishment of procedures or institutions through which account may be taken, both in States of origin and in States of employment, of special

needs, aspirations and obligations of migrant workers and members of their families and shall envisage, as appropriate, the possibility for migrant workers and members of their families to have their freely chosen representatives in those institutions.

2. States of employment shall facilitate, in accordance with their national legislation, the consultation or participation of migrant workers and members of their families in decisions concerning the life and administration of local communities.

3. Migrant workers may enjoy political rights in the State of employment if that State, in the exercise of its sovereignty, grants them such rights.

Article 43

1. Migrant workers shall enjoy equality of treatment with nationals of the State of employment in relation to:
   (a) Access to educational institutions and services subject to the admission requirements and other regulations of the institutions and services concerned;
   (b) Access to vocational guidance and placement services;
   (c) Access to vocational training and retraining facilities and institutions;
   (d) Access to housing, including social housing schemes, and protection against exploitation in respect of rents;
   (e) Access to social and health services, provided that the requirements for participation in the respective schemes are met;
   (f) Access to co-operatives and self-managed enterprises, which shall not imply a change of their migration status and shall be subject to the rules and regulations of the bodies concerned;
   (g) Access to and participation in cultural life.

2. States Parties shall promote conditions to ensure effective equality of treatment to enable migrant workers to enjoy the rights mentioned in paragraph 1 of the present article whenever the terms of their stay, as authorized by the State of employment, meet the appropriate requirements.

3. States of employment shall not prevent an employer of migrant workers from establishing housing or social or cultural facilities for them. Subject to article 70 of the present Convention, a State of employment may make the establishment of such facilities subject to the requirements generally applied in that State concerning their installation.

Article 44

1. States Parties, recognizing that the family is the natural and fundamental group unit of society and is entitled to protection by society and the State, shall take appropriate measures to ensure the protection of the unity of the families of migrant workers.

2. States Parties shall take measures that they deem appropriate and that fall within their competence to facilitate the reunification of migrant workers with their spouses or persons who have with the migrant worker a relationship that, according to applicable law, produces effects equivalent to marriage, as well as with their minor dependent unmarried children.

3. States of employment, on humanitarian grounds, shall favourably consider granting equal treatment, as set forth in paragraph 2 of the present article, to other family members of migrant workers.

Article 45

1. Members of the families of migrant workers shall, in the State of employment, enjoy equality of treatment with nationals of that State in relation to:
   (a) Access to educational institutions and services, subject to the admission requirements and other regulations of the institutions and services concerned;

    (b) Access to vocational guidance and training institutions and services, provided that requirements for participation are met;

    (c) Access to social and health services, provided that requirements for participation in the respective schemes are met;

    (d) Access to and participation in cultural life.

2. States of employment shall pursue a policy, where appropriate in collaboration with the States of origin, aimed at facilitating the integration of children of migrant workers in the local school system, particularly in respect of teaching them the local language.

3. States of employment shall endeavour to facilitate for the children of migrant workers the teaching of their mother tongue and culture and, in this regard, States of origin shall collaborate whenever appropriate.

4. States of employment may provide special schemes of education in the mother tongue of children of migrant workers, if necessary in collaboration with the States of origin.

Article 46

Migrant workers and members of their families shall, subject to the applicable legislation of the States concerned, as well as relevant international agreements and the obligations of the States concerned arising out of their participation in customs unions, enjoy exemption from import and export duties and taxes in respect of their personal and household effects as well as the equipment necessary to engage in the remunerated activity for which they were admitted to the State of employment:

    (a) Upon departure from the State of origin or State of habitual residence;

    (b) Upon initial admission to the State of employment;

    (c) Upon final departure from the State of employment;

    (d) Upon final return to the State of origin or State of habitual residence.

Article 47

1. Migrant workers shall have the right to transfer their earnings and savings, in particular those funds necessary for the support of their families, from the State of employment to their State of origin or any other State. Such transfers shall be made in conformity with procedures established by applicable legislation of the State concerned and in conformity with applicable international agreements.

2. States concerned shall take appropriate measures to facilitate such transfers.

Article 48

1. Without prejudice to applicable double taxation agreements, migrant workers and members of their families shall, in the matter of earnings in the State of employment:

    (a) Not be liable to taxes, duties or charges of any description higher or more onerous than those imposed on nationals in similar circumstances;

    (b) Be entitled to deductions or exemptions from taxes of any description and to any tax allowances applicable to nationals in similar circumstances, including tax allowances for dependent members of their families.

2. States Parties shall endeavour to adopt appropriate measures to avoid double taxation of the earnings and savings of migrant workers and members of their families.

Article 49

1. Where separate authorizations to reside and to engage in employment are required by national legislation, the States of employment shall issue to migrant workers authorization of residence for at least the same period of time as their authorization to engage in remunerated activity.

2. Migrant workers who in the State of employment are allowed freely to choose their remunerated activity shall neither be regarded as in an irregular situation nor shall they lose their authorization

of residence by the mere fact of the termination of their remunerated activity prior to the expiration of their work permits or similar authorizations.

3. In order to allow migrant workers referred to in paragraph 2 of the present article sufficient time to find alternative remunerated activities, the authorization of residence shall not be withdrawn at least for a period corresponding to that during which they may be entitled to unemployment benefits.

Article 50

1. In the case of death of a migrant worker or dissolution of marriage, the State of employment shall favourably consider granting family members of that migrant worker residing in that State on the basis of family reunion an authorization to stay; the State of employment shall take into account the length of time they have already resided in that State.

2. Members of the family to whom such authorization is not granted shall be allowed before departure a reasonable period of time in order to enable them to settle their affairs in the State of employment.

3. The provisions of paragraphs 1 and 2 of the present article may not be interpreted as adversely affecting any right to stay and work otherwise granted to such family members by the legislation of the State of employment or by bilateral and multilateral treaties applicable to that State.

Article 51

Migrant workers who in the State of employment are not permitted freely to choose their remunerated activity shall neither be regarded as in an irregular situation nor shall they lose their authorization of residence by the mere fact of the termination of their remunerated activity prior to the expiration of their work permit, except where the authorization of residence is expressly dependent upon the specific remunerated activity for which they were admitted. Such migrant workers shall have the right to seek alternative employment, participation in public work schemes and retraining during the remaining period of their authorization to work, subject to such conditions and limitations as are specified in the authorization to work.

Article 52

1. Migrant workers in the State of employment shall have the right freely to choose their remunerated activity, subject to the following restrictions or conditions.

2. For any migrant worker a State of employment may:

    (a) Restrict access to limited categories of employment, functions, services or activities where this is necessary in the interests of this State and provided for by national legislation;

    (b) Restrict free choice of remunerated activity in accordance with its legislation concerning recognition of occupational qualifications acquired outside its territory. However, States Parties concerned shall endeavour to provide for recognition of such qualifications.

3. For migrant workers whose permission to work is limited in time, a State of employment may also:

    (a) Make the right freely to choose their remunerated activities subject to the condition that the migrant worker has resided lawfully in its territory for the purpose of remunerated activity for a period of time prescribed in its national legislation that should not exceed two years;

    (b) Limit access by a migrant worker to remunerated activities in pursuance of a policy of granting priority to its nationals or to persons who are assimilated to them for these purposes by virtue of legislation or bilateral or multilateral agreements. Any such limitation shall cease to apply to a migrant worker who has resided lawfully in its territory for the purpose of remunerated activity for a period of time prescribed in its national legislation that should not exceed five years.

4. States of employment shall prescribe the conditions under which a migrant worker who has been admitted to take up employment may be authorized to engage in work on his or her own account. Account shall be taken of the period during which the worker has already been lawfully in the State of employment.

Article 53

1. Members of a migrant worker's family who have themselves an authorization of residence or admission that is without limit of time or is automatically renewable shall be permitted freely to choose their remunerated activity under the same conditions as are applicable to the said migrant worker in accordance with article 52 of the present Convention.

2. With respect to members of a migrant worker's family who are not permitted freely to choose their remunerated activity, States Parties shall consider favourably granting them priority in obtaining permission to engage in a remunerated activity over other workers who seek admission to the State of employment, subject to applicable bilateral and multilateral agreements.

Article 54

1. Without prejudice to the terms of their authorization of residence or their permission to work and the rights provided for in articles 25 and 27 of the present Convention, migrant workers shall enjoy equality of treatment with nationals of the State of employment in respect of:
   (a) Protection against dismissal;
   (b) Unemployment benefits;
   (c) Access to public work schemes intended to combat unemployment;
   (d) Access to alternative employment in the event of loss of work or termination of other remunerated activity, subject to article 52 of the present Convention.

2. If a migrant worker claims that the terms of his or her work contract have been violated by his or her employer, he or she shall have the right to address his or her case to the competent authorities of the State of employment, on terms provided for in article 18, paragraph 1, of the present Convention.

Article 55

Migrant workers who have been granted permission to engage in a remunerated activity, subject to the conditions attached to such permission, shall be entitled to equality of treatment with nationals of the State of employment in the exercise of that remunerated activity.

Article 56

1. Migrant workers and members of their families referred to in the present part of the Convention may not be expelled from a State of employment, except for reasons defined in the national legislation of that State, and subject to the safeguards established in part III.

2. Expulsion shall not be resorted to for the purpose of depriving a migrant worker or a member of his or her family of the rights arising out of the authorization of residence and the work permit.

3. In considering whether to expel a migrant worker or a member of his or her family, account should be taken of humanitarian considerations and of the length of time that the person concerned has already resided in the State of employment.

PART V PROVISIONS APPLICABLE TO PARTICULAR CATEGORIES OF MIGRANT WORKERS AND OF THEIR FAMILIES

Article 57

The particular categories of migrant workers and members of their families specified in the present part of the Convention who are documented or in a regular situation shall enjoy the rights set forth in part m and, except as modified below, the rights set forth in part IV.

Article 58

1. Frontier workers, as defined in article 2, paragraph 2 (a), of the present Convention, shall be entitled to the rights provided for in part IV that can be applied to them by reason of their presence and work in the territory of the State of employment, taking into account that they do not have their habitual residence in that State.

2. States of employment shall consider favourably granting frontier workers the right freely to choose their remunerated activity after a specified period of time. The granting of that right shall not affect their status as frontier workers.

Article 59

1. Seasonal workers, as defined in article 2, paragraph 2 (b), of the present Convention, shall be entitled to the rights provided for in part IV that can be applied to them by reason of their presence and work in the territory of the State of employment and that are compatible with their status in that State as seasonal workers, taking into account the fact that they are present in that State for only part of the year.

2. The State of employment shall, subject to paragraph 1 of the present article, consider granting seasonal workers who have been employed in its territory for a significant period of time the possibility of taking up other remunerated activities and giving them priority over other workers who seek admission to that State, subject to applicable bilateral and multilateral agreements.

Article 60

Itinerant workers, as defined in article 2, paragraph 2 (e), of the present Convention, shall be entitled to the rights provided for in part IV that can be granted to them by reason of their presence and work in the territory of the State of employment and that are compatible with their status as itinerant workers in that State.

Article 61

1. Project-tied workers, as defined in article 2, paragraph 2 (f) of the present Convention, and members of their families shall be entitled to the rights provided for in part IV except the provisions of article 43, paragraphs 1 (b) and (c), article 43, paragraph 1 (d), as it pertains to social housing schemes, article 45, paragraph 1 (b), and articles 52 to 55.

2. If a project-tied worker claims that the terms of his or her work contract have been violated by his or her employer, he or she shall have the right to address his or her case to the competent authorities of the State which has jurisdiction over that employer, on terms provided for in article 18, paragraph 1, of the present Convention.

3. Subject to bilateral or multilateral agreements in force for them, the States Parties concerned shall endeavour to enable project-tied workers to remain adequately protected by the social security systems of their States of origin or habitual residence during their engagement in the project. States Parties concerned shall take appropriate measures with the aim of avoiding any denial of rights or duplication of payments in this respect.

4. Without prejudice to the provisions of article 47 of the present Convention and to relevant bilateral or multilateral agreements, States Parties concerned shall permit payment of the

earnings of project-tied workers in their State of origin or habitual residence.

Article 62

1. Specified-employment workers as defined in article 2, paragraph 2 (g), of the present Convention, shall be entitled to the rights provided for in part IV, except the provisions of article 43, paragraphs 1 (b) and (c), article 43, paragraph 1 (d), as it pertains to social housing schemes, article 52, and article 54, paragraph 1 (d).

2. Members of the families of specified-employment workers shall be entitled to the rights relating to family members of migrant workers provided for in part IV of the present Convention, except the provisions of article 53.

Article 63

1. Self-employed workers, as defined in article 2, paragraph 2 (h), of the pre sent Con vent ion, shall be entitled to the rights provided for in part IV with the exception of those rights which are exclusively applicable to workers having a contract of employment.

2. Without prejudice to articles 52 and 79 of the present Convention, the termination of the economic activity of the self-employed workers shall not in itself imply the withdrawal of the authorization for them or for the members of their families to stay or to engage in a remunerated activity in the State of employment except where the authorization of residence is expressly dependent upon the specific remunerated activity for which they were admitted.

PART VI   PROMOTION OF SOUND, EQUITABLE, HUMANE AND LAWFUL CONDITIONS IN CONNECTION WITH INTERNATIONAL MIGRATION OF WORKERS AND MEMBERS OF THEIR FAMILIES

Article 64

1. Without prejudice to article 79 of the present Convention, the States Parties concerned shall as appropriate consult and co-operate with a view to promoting sound, equitable and humane conditions in connection with international migration of workers and members of their families.

2. In this respect, due regard shall be paid not only to labour needs and resources, but also to the social, economic, cultural and other needs of migrant workers and members of their families involved, as well as to the consequences of such migration for the communities concerned.

Article 65

1. States Parties shall maintain appropriate services to deal with questions concerning international migration of workers and members of their families. Their functions shall include, inter alia:

(a) The formulation and implementation of policies regarding such migration;

(b) An exchange of information. consultation and co-operation with the competent authorities of other States Parties involved in such migration;

(c) The provision of appropriate information, particularly to employers, workers and their organizations on policies, laws and regulations relating to migration and employment, on agreements concluded with other States concerning migration and on other relevant matters;

(d) The provision of information and appropriate assistance to migrant workers and members of their families regarding requisite authorizations and formalities and arrangements for departure, travel, arrival, stay, remunerated activities, exit and return, as well as on conditions of work and life in the State of employment and on customs, currency, tax and other relevant laws and regulations.

2. States Parties shall facilitate as appropriate the provision of adequate consular and other services that are necessary to meet the social, cultural and other needs of migrant workers and members of their families.

Article 66

1. Subject to paragraph 2 of the present article, the right to undertake operations with a view to the recruitment of workers for employment in another State shall be restricted to:

   (a) Public services or bodies of the State in which such operations take place;

   (b) Public services or bodies of the State of employment on the basis of agreement between the States concerned;

   (c) A body established by virtue of a bilateral or multilateral agreement.

2. Subject to any authorization, approval and supervision by the public authorities of the States Parties concerned as may be established pursuant to the legislation and practice of those States, agencies, prospective employers or persons acting on their behalf may also be permitted to undertake the said operations.

Article 67

1. States Parties concerned shall co-operate as appropriate in the adoption of measures regarding the orderly return of migrant workers and members of their families to the State of origin when they decide to return or their authorization of residence or employment expires or when they are in the State of employment in an irregular situation.

2. Concerning migrant workers and members of their families in a regular situation, States Parties concerned shall co-operate as appropriate, on terms agreed upon by those States, with a view to promoting adequate economic conditions for their resettlement and to facilitating their durable social and cultural reintegration in the State of origin.

Article 68

1. States Parties, including States of transit, shall collaborate with a view to preventing and eliminating illegal or clandestine movements and employment of migrant workers in an irregular situation. The measures to be taken to this end within the jurisdiction of each State concerned shall include:

   (a) Appropriate measures against the dissemination of misleading information relating to emigration and immigration;

   (b) Measures to detect and eradicate illegal or clandestine movements of migrant workers and members of their families and to impose effective sanctions on persons, groups or entities which organize, operate or assist in organizing or operating such movements;

   (c) Measures to impose effective sanctions on persons, groups or entities which use violence, threats or intimidation against migrant workers or members of their families in an irregular situation.

2. States of employment shall take all adequate and effective measures to eliminate employment in their territory of migrant workers in an irregular situation, including, whenever appropriate, sanctions on employers of such workers. The rights of migrant workers vis-a-vis their employer arising from employment shall not be impaired by these measures.

Article 69

1. States Parties shall, when there are migrant workers and members of their families within their territory in an irregular situation, take appropriate measures to ensure that such a situation does not persist.

2. Whenever States Parties concerned consider the possibility of regularizing the situation of such persons in accordance with applicable national legislation and bilateral or multilateral agreements, appropriate account shall be taken of the circumstances of their entry, the duration of their stay in the States of employment and other relevant considerations, in particular those relating to their family situation.

Article 70

States Parties shall take measures not less favourable than those applied to nationals to ensure that working and living conditions of migrant workers and members of their families in a regular situation are in keeping with the standards of fitness, safety, health and principles of human dignity.

Article 71

1. States Parties shall facilitate, whenever necessary, the repatriation to the State of origin of the bodies of deceased migrant workers or members of their families.

2. As regards compensation matters relating to the death of a migrant worker or a member of his or her family, States Parties shall, as appropriate~ provide assistance to the persons concerned with a view to the prompt settlement of such matters. Settlement of these matters shall be carried out on the basis of applicable national law in accordance with the provisions of the present Convention and any relevant bilateral or multilateral agreements.

PART VII APPLICATION OF THE CONVENTION

Article 72

1. (a) For the purpose of reviewing the application of the present Convention, there shall be established a Committee on the Protection of the Rights of All Migrant Workers and Members of Their Families (hereinafter referred to as "the Committee");

   (b) The Committee shall consist, at the time of entry into force of the present Convention, of ten and, after the entry into force of the Convention for the forty-first State Party, of fourteen experts of high moral standing, impartiality and recognized competence in the field covered by the Convention.

2. (a) Members of the Committee shall be elected by secret ballot by the States Parties from a list of persons nominated by the States Parties, due consideration being given to equitable geographical distribution, including both States of origin and States of employment, and to the representation of the principal legal system. Each State Party may nominate one person from among its own nationals;

   (b) Members shall be elected and shall serve in their personal capacity.

3. The initial election shall be held no later than six months after the date of the entry into force of the present Convention and subsequent elections every second year. At least four months before the date of each election, the Secretary-General of the United Nations shall address a letter to all States Parties inviting them to submit their nominations within two months. The Secretary-General shall prepare a list in alphabetical order of all persons thus nominated, indicating the States Parties that have nominated them, and shall submit it to the States Parties not later than one month before the date of the corresponding election, together with the curricula vitae of the persons thus nominated.

4. Elections of members of the Committee shall be held at a meeting of States Parties convened by the Secretary-General at United Nations Headquarters. At that meeting, for which two thirds of the States Parties shall constitute a quorum, the persons elected to the Committee

shall be those nominees who obtain the largest number of votes and an absolute majority of the votes of the States Parties present and voting.

5. (a) The members of the Committee shall serve for a term of four years. However, the terms of five of the members elected in the first election shall expire at the end of two years; immediately after the first election, the names of these five members shall be chosen by lot by the Chairman of the meeting of States Parties;

(b) The election of the four additional members of the Committee shall be held in accordance with the provisions of paragraphs 2, 3 and 4 of the present article, following the entry into force of the Convention for the forty-first State Party. The term of two of the additional members elected on this occasion shall expire at the end of two years; the names of these members shall be chosen by lot by the Chairman of the meeting of States Parties;

(c) The members of the Committee shall be eligible for re-election if renominated.

6. If a member of the Committee dies or resigns or declares that for any other cause he or she can no longer perform the duties of the Committee, the State Party that nominated the expert shall appoint another expert from among its own nationals for the remaining part of the term. The new appointment is subject to the approval of the Committee.

7. The Secretary-General of the United Nations shall provide the necessary staff and facilities for the effective performance of the functions of the Committee.

8. The members of the Committee shall receive emoluments from United Nations resources on such terms and conditions as the General Assembly may decide.

9. The members of the Committee shall be entitled to the facilities, privileges and immunities of experts on mission for the United Nations as laid down in the relevant sections of the Convention on the Privileges and Immunities of the United Nations.

Article 73

1. States Parties undertake to submit to the Secretary-General of the United Nations for consideration by the Committee a report on the legislative, judicial, administrative and other measures they have taken to give effect to the provisions of the present Convention:
(a) Within one year after the entry into force of the Convention for the State Party concerned;
(b) Thereafter every five years and whenever the Committee so requests.

2. Reports prepared under the present article shall also indicate factors and difficulties, if any, affecting the implementation of the Convention and shall include information on the characteristics of migration flows in which the State Party concerned is involved.

3. The Committee shall decide any further guidelines applicable to the content of the reports.

4. States Parties shall make their reports widely available to the public in their own countries.

Article 74

1. The Committee shall examine the reports submitted by each State Party and shall transmit such comments as it may consider appropriate to the State Party concerned. This State Party may submit to the Committee observations on any comment made by the Committee in accordance with the present article. The Committee may request supplementary information from States Parties when considering these reports.

2. The Secretary-General of the United Nations shall, in due time before the opening of each regular session of the Committee, transmit to the Director-General of the International Labour Office copies of the reports submitted by States Parties concerned and information relevant to the consideration of these reports, in order to enable the Office to assist the Committee with the expertise the Office may provide regarding those matters dealt with by the present Convention that fall within the sphere of competence of the International Labour Organization.

The Committee shall consider in its deliberations such comments and materials as the Office may provide.

3. The Secretary-General of the United Nations may also, after consultation with the Committee, transmit to other specialized agencies as well as to intergovernmental organizations, copies of such parts of these reports as may fall within their competence.

4. The Committee may invite the specialized agencies and organs of the United Nations, as well as intergovernmental organizations and other concerned bodies to submit, for consideration by the Committee, written information on such matters dealt with in the present Convention as fall within the scope of their activities.

5. The International Labour Office shall be invited by the Committee to appoint representatives to participate, in a consultative capacity, in the meetings of the Committee.

6. The Committee may invite representatives of other specialized agencies and organs of the United Nations, as well as of intergovernmental organizations, to be present and to be heard in its meetings whenever matters falling within their field of competence are considered.

7. The Committee shall present an annual report to the General Assembly of the United Nations on the implementation of the present Convention, containing its own considerations and recommendations, based, in particular, on the examination of the reports and any observations presented by States Parties.

8. The Secretary-General of the United Nations shall transmit the annual reports of the Committee to the States Parties to the present Convention, the Economic and Social Council, the Commission on Human Rights of the United Nations, the Director-General of the International Labour Office and other relevant organizations.

Article 75

1. The Committee shall adopt its own rules of procedure.

2. The Committee shall elect its officers for a term of two years.

3. The Committee shall normally meet annually.

4. The meetings of the Committee shall normally be held at United Nations Headquarters.

Article 76

1. A State Party to the present Convention may at any time declare under this article that it recognizes the competence of the Committee to receive and consider communications to the effect that a State Party claims that another State Party is not fulfilling its obligations under the present Convention. Communications under this article may be received and considered only if submitted by a State Party that has made a declaration recognizing in regard to itself the competence of the Committee. No communication shall be received by the Committee if it concerns a State Party which has not made such a declaration. Communications received under this article shall be dealt with in accordance with the following procedure:

(a) If a State Party to the present Convention considers that another State Party is not fulfilling its obligations under the present Convention, it may, by written communication, bring the matter to the attention of that State Party. The State Party may also inform the Committee of the matter. Within three months after the receipt of the communication the receiving State shall afford the State that sent the communication an explanation, or any other statement in writing clarifying the matter which should include, to the extent possible and pertinent, reference to domestic procedures and remedies taken, pending or available in the matter;

(b) If the matter is not adjusted to the satisfaction of both States Parties concerned within six months after the receipt by the receiving State of the initial communication, either

State shall have the right to refer the matter to the Committee, by notice given to the Committee and to the other State;

(c) The Committee shall deal with a matter referred to it only after it has ascertained that all available domestic remedies have been invoked and exhausted in the matter, in conformity with the generally recognized principles of international law. This shall not be the rule where, in the view of the Committee, the application of the remedies is unreasonably prolonged;

(d) Subject to the provisions of subparagraph (c) of the present paragraph, the Committee shall make available its good offices to the States Parties concerned with a view to a friendly solution of the matter on the basis of the respect for the obligations set forth in the present Convention;

(e) The Committee shall hold closed meetings when examining communications under the present article;

(f) In any matter referred to it in accordance with subparagraph (b) of the present paragraph, the Committee may call upon the States Parties concerned, referred to in subparagraph (b), to supply any relevant information;

(g) The States Parties concerned, referred to in subparagraph (b) of the present paragraph, shall have the right to be represented when the matter is being considered by the Committee and to make submissions orally and/or in writing;

(h) The Committee shall, within twelve months after the date of receipt of notice under subparagraph (b) of the present paragraph, submit a report, as follows:

(i) If a solution within the terms of subparagraph (d) of the present paragraph is reached, the Committee shall confine its report to a brief statement of the facts and of the solution reached; (ii) If a solution within the terms of subparagraph (d) is not reached, the Committee shall, in its report, set forth the relevant facts concerning the issue between the States Parties concerned. The written submissions and record of the oral submissions made by the States Parties concerned shall be attached to the report. The Committee may also communicate only to the States Parties concerned any views that it may consider relevant to the issue between them.

In every matter, the report shall be communicated to the States Parties concerned.

2. The provisions of the present article shall come into force when ten States Parties to the present Convention have made a declaration under paragraph 1 of the present article. Such declarations shall be deposited by the States Parties with the Secretary-General of the United Nations, who shall transmit copies thereof to the other States Parties. A declaration may be withdrawn at any time by notification to the Secretary-General. Such a withdrawal shall not prejudice the consideration of any matter that is the subject of a communication already transmitted under the present article; no further communication by any State Party shall be received under the present article after the notification of withdrawal of the declaration has been received by the Secretary-General, unless the State Party concerned has made a new declaration.

Article 77

1. A State Party to the present Convention may at any time declare under the present article that it recognizes the competence of the Committee to receive and consider communications from or on behalf of individuals subject to its jurisdiction who claim that their individual rights as established by the present Convention have been violated by that State Party. No communication shall be received by the Committee if it concerns a State Party that has not made such a declaration.

2. The Committee shall consider inadmissible any communication under the present article which is anonymous or which it considers to be an abuse of the right of submission of such communications or to be incompatible with the provisions of the present Convention.

3. The Committee shall not consider any communication from an individual under the present article unless it has ascertained that:

   (a) The same matter has not been, and is not being, examined under another procedure of international investigation or settlement;

   (b) The individual has exhausted all available domestic remedies; this shall not be the rule where, in the view of the Committee, the application of the remedies is unreasonably prolonged or is unlikely to bring effective relief to that individual.

4. Subject to the provisions of paragraph 2 of the present article, the Committee shall bring any communications submitted to it under this article to the attention of the State Party to the present Convention that has made a declaration under paragraph 1 and is alleged to be violating any provisions of the Convention. Within six months, the receiving State shall submit to the Committee written explanations or statements clarifying the matter and the remedy, if any, that may have been taken by that State.

5. The Committee shall consider communications received under the present article in the light of all information made available to it by or on behalf of the individual and by the State Party concerned.

6. The Committee shall hold closed meetings when examining communications under the present article.

7. The Committee shall forward its views to the State Party concerned and to the individual.

8. The provisions of the present article shall come into force when ten States Parties to the present Convention have made declarations under paragraph 1 of the present article. Such declarations shall be deposited by the States Parties with the Secretary-General of the United Nations, who shall transmit copies thereof to the other States Parties. A declaration may be withdrawn at any time by notification to the Secretary-General. Such a withdrawal shall not prejudice the consideration of any matter that is the subject of a communication already transmitted under the present article; no further communication by or on behalf of an individual shall be received under the present article after the notification of withdrawal of the declaration has been received by the Secretary-General, unless the State Party has made a new declaration.

Article 78

The provisions of article 76 of the present Convention shall be applied without prejudice to any procedures for settling disputes or complaints in the field covered by the present Convention laid down in the constituent instruments of, or in conventions adopted by, the United Nations and the specialized agencies and shall not prevent the States Parties from having recourse to any procedures for settling a dispute in accordance with international agreements in force between them.

PART VIII   GENERAL PROVISIONS

Article 79

Nothing in the present Convention shall affect the right of each State Party to establish the criteria governing admission of migrant workers and members of their families. Concerning other matters related to their legal situation and treatment as migrant workers and members of their families, States Parties shall be subject to the limitations set forth in the present Convention.

Article 80

Nothing in the present Convention shall be interpreted as impairing the provisions of the Charter of the United Nations and of the constitutions of the specialized agencies which define the respective responsibilities of the various organs of the United Nations and of the specialized agencies in regard to the matters dealt with in the present Convention.

Article 81

1. Nothing in the present Convention shall affect more favourable rights or freedoms granted to migrant workers and members of their families by virtue of:
   (a) The law or practice of a State Party; or
   (b) Any bilateral or multilateral treaty in force for the State Party concerned.
2. Nothing in the present Convention may be interpreted as implying for any State, group or person any right to engage in any activity or perform any act that would impair any of the rights and freedoms as set forth in the present Convention.

Article 82

The rights of migrant workers and members of their families provided for in the present Convention may not be renounced. It shall not be permissible to exert any form of pressure upon migrant workers and members of their families with a view to their relinquishing or foregoing any of the said rights. It shall not be possible to derogate by contract from rights recognized in the present Convention. States Parties shall take appropriate measures to ensure that these principles are respected.

Article 83

Each State Party to the present Convention undertakes:
   (a) To ensure that any person whose rights or freedoms as herein recognized are violated shall have an effective remedy, notwithstanding that the violation has been committed by persons acting in an official capacity;
   (b) To ensure that any persons seeking such a remedy shall have his or her claim reviewed and decided by competent judicial, administrative or legislative authorities, or by any other competent authority provided for by the legal system of the State, and to develop the possibilities of judicial remedy;
   (c) To ensure that the competent authorities shall enforce such remedies when granted.

Article 84

Each State Party undertakes to adopt the legislative and other measures that are necessary to implement the provisions of the present Convention.

PART IX FINAL PROVISIONS

Article 85

The Secretary-General of the United Nations is designated as the depositary of the present Convention.

Article 86

1. The present Convention shall be open for signature by all States. It is subject to ratification.
2. The present Convention shall be open to accession by any State.
3. Instruments of ratification or accession shall be deposited with the Secretary-General of the United Nations.

Article 87

1. The present Convention shall enter into force on the first day of the month following

a period of three months after the date of the deposit of the twentieth instrument of ratification or accession.

2. For each State ratifying or acceding to the present Convention after its entry into force, the Convention shall enter into force on the first day of the month following a period of three months after the date of the deposit of its own instrument of ratification or accession.

Article 88

A State ratifying or acceding to the present Convention may not exclude the application of any Part of it, or, without prejudice to article 3, exclude any particular category of migrant workers from its application.

Article 89

1. Any State Party may denounce the present Convention, not earlier than five years after the Convention has entered into force for the State concerned, by means of a notification writing addressed to the Secretary-General of the United Nations.

2. Such denunciation shall become effective on the first day of the month following the expiration of a period of twelve months after the date of the receipt of the notification by the Secretary-General of the United Nations.

3. Such a denunciation shall not have the effect of releasing the State Party from its obligations under the present Convention in regard to any act or omission which occurs prior to the date at which the denunciation becomes effective, nor shall denunciation prejudice in any way the continued consideration of any matter which is already under consideration by the Committee prior to the date at which the denunciation becomes effective.

4. Following the date at which the denunciation of a State Party becomes effective, the Committee shall not commence consideration of any new matter regarding that State.

Article 90

1. After five years from the entry into force of the Convention a request for the revision of the Convention may be made at any time by any State Party by means of a notification in writing addressed to the Secretary-General of the United Nations. The Secretary-General shall thereupon communicate any proposed amendments to the States Parties with a request that they notify him whether the favour a conference of States Parties for the purpose of considering and voting upon the proposals. In the event that within four months from the date of such communication at least one third of the States Parties favours such a conference, the Secretary-General shall convene the conference under the auspices of the United Nations. Any amendment adopted by a majority of the States Parties present and voting shall be submitted to the General Assembly for approval.

2. Amendments shall come into force when they have been approved by the General Assembly of the United Nations and accepted by a two-thirds majority of the States Parties in accordance with their respective constitutional processes.

3. When amendments come into force, they shall be binding on those States Parties that have accepted them, other States Parties still being bound by the provisions of the present Convention and any earlier amendment that they have accepted.

Article 91

1. The Secretary-General of the United Nations shall receive and circulate to all States the text of reservations made by States at the time of signature, ratification or accession.

2. A reservation incompatible with the object and purpose of the present Convention shall not be permitted.

3. Reservations may be withdrawn at any time by notification to this effect addressed to the Secretary-General of the United Nations, who shall then inform all States thereof. Such

notification shall take effect on the date on which it is received.

Article 92

1. Any dispute between two or more States Parties concerning the interpretation or application of the present Convention that is not settled by negotiation shall, at the request of one of them, be submitted to arbitration. If within six months from the date of the request for arbitration the Parties are unable to agree on the organization of the arbitration, any one of those Parties may refer the dispute to the International Court of Justice by request in conformity with the Statute of the Court.

2. Each State Party may at the time of signature or ratification of the present Convention or accession thereto declare that it does not consider itself bound by paragraph 1 of the present article. The other States Parties shall not be bound by that paragraph with respect to any State Party that has made such a declaration.

3. Any State Party that has made a declaration in accordance with paragraph 2 of the present article may at any time withdraw that declaration by notification to the Secretary-General of the United Nations.

Article 93

1. The present Convention, of which the Arabic, Chinese, English, French, Russian and Spanish texts are equally authentic, shall be deposited with the Secretary-General of the United Nations.

2. The Secretary-General of the United Nations shall transmit certified copies of the present Convention to all States.

IN WITNESS WHEREOF the undersigned plenipotentiaries, being duly authorized thereto by their respective Governments, have signed the present Convention.

2. 난민의 지위에 관한 협약 (1951)

체약국은, 국제연합 헌장과 1948년 12월 10일 국제연합 총회에 의하여 승인된 세계인권선언이, 인간은 차별 없이 기본적인 권리와 자유를 향유한다는 원칙을 확인하였음을 고려하고,

국제연합이 수차에 걸쳐 난민에 대한 깊은 관심을 표명하였고, 또한 난민에게 이러한 기본적인 권리와 자유의 가능한 한 광범위한 행사를 보장하려고 노력하였음을 고려하며,

난민의 지위에 관한 종전의 국제협정들을 개정하고 통합하고, 또한 그러한 문서의 적용 범위와 그러한 문서에서 정하여진 보호를 새로운 협정에서 확대하는 것이 바람직함을 고려하며,

난민에 대한 비호의 부여가 특정 국가에 부당하게 과중한 부담이 될 가능성이 있고, 또한 국제적 범위와 성격을 가진다고 국제연합이 인정하는 문제에 관한 만족할 만한 해결은 국제협력이 없이는 성취될 수 없다는 것을 고려하며,

모든 국가가 난민문제의 사회적, 인도적 성격을 인식하고, 이 문제가 국가간의 긴장의 원인이 되는 것을 방지하기 위하여 가능한 모든 조치를 취할 것을 희망하며,

국제연합 난민고등판무관이 난민의 보호에 관하여 정하는 국제협약의 적용을 감독하는 임무를 가지고 있다는 것을 유의하고, 또한 각국과 국제연합 난민고등판무관과의 협력에 의하여 난민문제를 다루기 위하여 취하여진 조치의 효과적인 조정이 가능하게 될 것임을 인정하며,

다음과 같이 합의하였다.

제 1 장   일반 규정

제1조("난민"이라는 용어의 정의)

　　A. 이 협약의 적용상, "난민"이라는 용어는 다음과 같은 자에게 적용된다.

　　　　(1) 1926년 5월 12일 및 1928년 6월 30일의 약정 또는 1933년 10월 28일 및 2월 10일의 협약, 1939년 9월 14일의 의정서 또는 국제난민기구 헌장에 의하여 난민으로 인정되고 있는 자. 국제난민기구가 그 활동기간 중에 행한 부적격 결정은 당해 자가 (2)의 조건을 충족시키는 경우 당해자가 난민의 지위를 부여하는 것을 방해하지 아니한다.

　　　　(2) 1951년 1월 1일 이전에 발생한 사건의 결과로서, 또한 인종, 종교, 국적 또는 특정 사회 집단의 구성원 신분 또는 정치적 의견을 이유로 박해를 받을 우려가 있다는 충분한 이유가 있는 공포로 인하여 국적국 밖에 있는 자로서 그 국적국의 보호를 받을 수 없거나 또는 그러한 공포로 인하여 그 국적국의 보호를 받는 것을 원하지 아니하는 자 및 이들 사건의 Convention 결과로서 상주국가 밖에 있는 무국적자로서 종전의 상주국가로 돌아갈 수 없거나 또는 그러한 공포로 인하여 종전의 상주국가로 돌아가는 것을 원하지 아니하는 자. 둘 이상의 국적을 가진 자의 경우에, "국적국"이라 함은 그가

국적을 가지고 있는 국가 각각을 말하며, 충분한 이유가 있는 공포에 기초한 정당한 이유 없이 어느 하나의 국적국의 보호를 받지 않았다면 당해자에게 국적국의 보호가 없는 것으로 인정되지 아니한다.

B. (1) 이 협약의 적용상 제1조 A의 "1951년 1월 1일 이전에 발생한 사건"이라는 용어는 다음 중 어느 하나를 의미하는 것으로 이해된다.

   (a) "1951년 1월 1일 이전에 유럽에서 발생한 사건" 또는

   (b) "1951년 1월 1일 이전에 유럽 또는 기타 지역에서 발생한 사건"

   각 체약국은 서명, 비준 또는 가입시에 이 협약상의 의무를 이행함에 있어서 상기 중 어느 규정을 적용할 것인가를 선택하는 선언을 행한다.

   (2) (a) 규정을 적용할 것을 선택한 체약국은 언제든지 (b)규정을 적용할 것을 선택한다는 것을 국제연합 사무총장에게 통고함으로써 그 의무를 확대할 수 있다.

C. 이 협약은 A의 요건에 해당하는 자에게 다음의 어느 것에 해당하는 경우 적용이 종지된다.

   (1) 임의로 국적국의 보호를 다시 받고 있는 경우, 또는

   (2) 국적을 상실한 후 임의로 국적을 회복한 경우, 또는

   (3) 새로운 국적을 취득하고, 또한 새로운 국적국의 보호를 받고 있는 경우, 또는

   (4) 박해를 받을 우려가 있다고 하는 공포 때문에 정주하고 있는 국가를 떠나거나 또는 그 국가 밖에 체류하고 있었으나 그 국가에서 임의로 다시 정주하게 된 경우, 또는

   (5) 난민으로 인정되어 온 근거사유가 소멸되었기 때문에 국적국의 보호를 받는 것을 거부할 수 없게 된 경우. 다만, 이 조항은 이 조 A(1)에 해당하는 난민으로서 국적국의 보호를 받는 것을 거부한 이유로서 과거의 박해에 기인하는 어쩔 수 없는 사정을 원용할 수 있는 자에게는 적용하지 아니한다.

   (6) 국적이 없는 자로서, 난민으로 인정되어 온 근거사유가 소멸되었기 때문에 종전의 상주 국가에 되돌아올 수 있을 경우. 다만 이 조항은 이 조 A(1)에 해당하는 난민으로서 종전의 상주국가에 돌아오기를 거부한 이유로서 과거의 박해에 기인하는 어쩔 수 없는 사정을 원용할 수 있는 자에게는 적용하지 아니한다.

D. 이 협약은 국제연합 난민고등판무관 외에 국제연합의 기관이나 또는 기구로부터 보호 또는 원조를 현재 받고 있는 자에게는 적용하지 아니한다. 그러한 보호 또는 원조를 현재 받고 있는 자의 지위에 관한 문제가 국제연합 총회에 의하여 채택된 관련 결의에 따라 최종적으로 해결됨이 없이 그러한 보호 또는 원조의 부여가 종지되는 경우 그 자는 그 사실에 의하여 이 협약에 의하여 부여되는 이익을 받을 자격이 있다.

E. 이 협약은 거주국의 권한 있는 기관에 의하여 그 국가의 국적을 보유하는 데에 따른 권리 및 의무를 가진 것으로 인정되는 자에게는 적용하지 아니한다.

F. 이 협약의 규정은 다음의 어느 것에 해당한다고 간주될 상당한 이유가 있는 자에게는 적용하지 아니한다.

   (a) 평화에 대한 범죄, 전쟁범죄 또는 인도에 대한 범죄에 관하여 규정하는 국제문서에 정하여진 그러한 범죄를 범한 자.

(b) 난민으로서 피난국에 입국하는 것이 허가되기 전에 그 국가 밖에서 중대한 비정치
적 범죄를 범한 자.

(c) 국제연합의 목적과 원칙에 반하는 행위를 행한 자.

제2조(일반적 의무) 모든 난민은 자신이 체재하는 국가에 대하여 특히 그 국가의 법령을 준수할 의무
및 공공질서를 유지하기 위한 조치에 따를 의무를 진다.

제3조(무차별) 체약국은 난민에게 인종, 종교 또는 출신국에 의한 차별 없이 이 협약의 규정을 적용
한다.

제4조(종교) 체약국은 그 영역내의 난민에게 종교를 실천하는 자유 및 자녀의 종교적 교육에 관한 자유
에 대하여 적어도 자국민에게 부여하는 대우와 동등한 호의적 대우를 부여한다.

제5조(이 협약과는 관계없이 부여되는 권리) 이 협약의 어떠한 규정도 체약국이 이 협약과는 관계없이
난민에게 부여하는 권리와 이익을 저해하는 것으로 해석되지 아니한다.

제6조("동일한 사정하에서"라는 용어) 이 협약의 적용상, "동일한 사정하에서"라는 용어는, 그 성격상
난민이 충족시킬 수 없는 요건을 제외하고, 특정 개인이 그가 난민이 아니라고 할 경우에 특정
권리를 향유하기 위하여 충족시켜야 하는 요건(체재 또는 거주의 기간과 조건에 관한 요건을
포함한다)이 충족되어야 한다는 것을 의미한다.

제7조(상호주의로부터의 면제)

1. 체약국은 난민에게 이 협약이 더 유리한 규정을 두고 있는 경우를 제외하고, 일반적으로
외국인에게 부여하는 대우와 동등한 대우를 부여한다.

2. 모든 난민은 어떠한 체약국의 영역 내에서 3년 간 거주한 후 그 체약국의 영역 내에서
입법상의 상호주의로부터의 면제를 받는다.

3. 각 체약국은 자국에 관하여 이 협약이 발효하는 날에 상호주의의 적용 없이 난민에게 이미
인정되고 있는 권리와 이익이 존재하는 경우 그 권리와 이익을 계속 부여한다.

4. 체약국은 제2항 및 제3항에 따라 인정되고 있는 권리와 이익 이외의 권리와 이익을 상호주
의의 적용 없이 난민에게 부여할 가능성과 제2항에 규정하는 거주의 조건을 충족시키지
못하고 있는 난민과 제3항에 규정하는 권리와 이익이 인정되고 있지 아니한 난민에게도
상호주의로부터의 면제를 적용할 가능성을 호의적으로 고려한다.

5. 제2항 및 제3항의 규정은 이 협약의 제13조, 제18조, 제19조, 제21조 및 제22조에 규정하는
권리와 이익 및 이 협약에서 규정하고 있지 아니하는 권리와 이익에 관하여서도 적용한다.

제8조(예외적 조치의 면제) 체약국은 특정한 외국 국민의 신체, 재산 또는 이익에 대하여 취하여지는
예외적 조치에 관하여, 형식상 당해 외국의 국민인 난민에 대하여 단순히 그의 국적만을 이유
로 그 조치를 적용하여서는 아니된다. 법제상 이 조에 명시된 일반원칙을 적용할 수 없는 체약
국은 적당한 경우 그러한 난민을 위하여 그 예외적 조치를 한다.

제9조(잠정조치) 이 협약의 어떠한 규정도 체약국이 전시 또는 기타 중대하고 예외적인 상황에 처하여,
특정 개인에 관하여 국가안보를 위하여 불가결하다고 인정되는 조치를 잠정적으로 취하는 것
을 방해하는 것은 아니다. 다만, 그 조치는 특정 개인이 사실상 난민인가의 여부, 또한 그
특정 개인에 관하여 불가결하다고 인정되는 조치를 계속 적용하는 것이 국가안보를 위하여

필요한 것인가의 여부를 체약국이 결정할 때까지에 한한다.

제10조(거주의 계속)

1. 제2차 세계대전 중에 강제로 퇴거되어 어느 체약국의 영역으로 이동되어서 그 영역 내에 거주하고 있는 난민은 그러한 강제체류기간은 합법적으로 그 영역 내에서 거주한 것으로 본다.

2. 난민이 제2차 세계대전 중에 어느 체약국의 영역으로부터 강제로 퇴거되었다가 이 협약의 발효일 이전에 거주를 위하여 그 영역 내로 귀환한 경우 그러한 강제퇴거 전후의 거주기간은 계속적인 거주가 요건이 되는 어떠한 경우에 있어서도 계속된 하나의 기간으로 본다.

제11조(난민선원) 체약국은 자국을 기국으로 하는 선박에 승선하고 있는 선원으로서 정규적으로 근무 중인 난민에 관하여서는 자국의 영역에서 정주하는 것에 관하여 호의적으로 고려하고, 특히 타국에서의 정주를 용이하게 하기 위한 여행증명서를 발급하거나 또는 자국의 영역에 일시적으로 입국하는 것을 허락하는 것에 관하여 호의적으로 고려한다.

제 2 장 법적 지위

제12조(개인적 지위)

1. 난민의 개인적 지위는 주소지 국가의 법률에 의하거나 또는 주소가 없는 경우에는 거소지 국가의 법률에 의하여 규율된다.

2. 난민이 이미 취득한 권리로서 개인적 지위에 따르는 것, 특히 혼인에 따르는 권리는 난민이 체약국의 법률에 정하여진 절차에 따르는 것이 필요한 경우 이들에 따를 것을 조건으로 하여 그 체약국에 의하여 존중된다. 다만, 문제의 권리는 난민이 난민이 되지 않았을 경우일지라도 그 체약국의 법률에 의하여 인정된 것이어야 한다.

제13조(동산 및 부동산) 체약국은 난민에게 동산 및 부동산의 소유권과 이에 관한 기타 권리의 취득 및 동산과 부동산에 관한 임대차 및 기타의 계약에 관하여 가능한 한 유리한 대우를 부여하고, 어떠한 경우에 있어서도, 동일한 사정하에서 일반적으로 외국인에게 부여되는 대우보다 불리하지 아니한 대우를 부여한다.

제14조(저작권 및 공업소유권) 난민은 발명, 의장, 상표, 상호 등의 공업소유권의 보호 및 문학적 예술적 및 학술적 저작물에 대한 권리의 보호에 관하여, 상거소를 가지는 국가에서 그 국가의 국민에게 부여되는 보호와 동일한 보호를 부여받는다. 기타 체약국의 영역에 있어서도 그 난민이 상거소를 가지는 국가의 국민에게 그 체약국의 영역에서 부여되는 보호와 동일한 보호를 부여받는다.

제15조(결사의 권리) 체약국은 합법적으로 그 영역 내에 체재하는 난민에게 비정치적이고 비영리적인 단체와 노동조합에 관한 사항에 관하여 동일한 사정하에서 외국 국민에게 부여하는 대우 중 가장 유리한 대우를 부여한다.

제16조(재판을 받을 권리)

1. 난민은 모든 체약국의 영역에서 자유로이 재판을 받을 권리를 가진다.

2. 난민은 상거소를 가지는 체약국에서 법률구조와 소송비용의 담보 면제를 포함하여 재판을 받을 권리에 관한 사항에 있어서 그 체약국의 국민에게 부여되는 대우와 동일한 대우를

부여받는다.

3. 난민은 상거소를 가지는 체약국 이외의 체약국에서 제2항에 규정하는 사항에 관하여 그 상거소를 가지는 체약국의 국민에게 부여되는 대우와 동일한 대우를 부여받는다.

제 3 장 유급직업

제17조(임금이 지급되는 직업)

1. 체약국은 합법적으로 그 영역 내에 체재하는 난민에게, 임금이 지급되는 직업에 종사할 권리에 관하여, 동일한 사정하에서 외국 국민에게 부여되는 대우 중 가장 유리한 대우를 부여한다.

2. 어떠한 경우에 있어서도, 체약국이 국내 노동시장의 보호를 위하여 외국인 또는 외국인의 고용에 관하여 취하는 제한적 조치는 그 체약국에 대하여 이 협약이 발효하는 날에 이미 그 조치로부터 면제된 난민이나, 또는 다음의 조건 중 어느 하나를 충족시키는 난민에게는 적용되지 아니한다.

   (a) 그 체약국에서 3년 이상 거주하고 있는 자.

   (b) 그 난민이 거주하고 있는 체약국의 국적을 가진 배우자가 있는 자. 난민이 그 배우자를 유기한 경우에는 이 조항에 의한 이익을 원용하지 못한다.

   (c) 그 난민이 거주하고 있는 체약국의 국적을 가진 1명 또는 그 이상의 자녀를 가진 자.

3. 체약국은 임금이 지급되는 직업에 관하여 모든 난민, 특히 노동자 모집계획 또는 이주민계획에 따라 그 영역 내에 입국한 난민의 권리를 자국민의 권리와 동일하게 할 것을 호의적으로 고려한다.

제18조(자영업) 체약국은 합법적으로 그 영역 내에 있는 난민에게 독립하여 농업, 공업, 수공업 및 상업에 종사하는 권리 및 상업상, 산업상 회사를 설립할 권리에 관하여 가능한 한 유리한 대우를 부여하고, 어떠한 경우에 있어서도 동일한 사정하에서 일반적으로 외국인에게 부여하는 대우보다 불리하지 아니한 대우를 부여한다.

제19조(자유업)

1. 각 체약국은 합법적으로 그 영역 내에 체재하는 난민으로서 그 체약국의 권한 있는 기관이 승인한 자격증서를 가지고 자유업에 종사할 것을 희망하는 자에게 가능한 한 유리한 대우를 부여하고, 어떠한 경우에 있어서도 동일한 사정하에서 일반적으로 외국인에게 부여하는 대우보다 불리하지 아니한 대우를 부여한다.

2. 체약국은 본토 지역이외에 자국이 국제관계에서 책임을 가지는 영역 내에서 상기한 난민이 정주하는 것을 확보하기 위하여 자국의 헌법과 법률에 따라 최선의 노력을 한다.

제 4 장 복지

제20조(배급) 공급이 부족한 물자의 분배를 규제하는 것으로서 주민 전체에 적용되는 배급제도가 존재

하는 경우, 난민은 그 배급제도의 적용에 있어서 내국민에게 부여되는 대우와 동일한 대우를 부여받는다.

제21조(주거) 체약국은 주거에 관한 사항이 법령의 규제를 받거나 또는 공공기관의 관리하에 있는 경우 합법적으로 그 영역 내에 체재하는 난민에게 주거에 관하여 가능한 한 유리한 대우를 부여하고, 어떠한 경우에 있어서도 동일한 사정하에서 일반적으로 외국인에게 부여하는 대우보다 불리하지 아니한 대우를 부여한다.

제22조(공공교육)

1. 체약국은 난민에게 초등교육에 대하여 자국민에게 부여하는 대우와 동일한 대우를 부여한다.

2. 체약국은 난민에게 초등교육 이외의 교육, 특히 수학의 기회, 학업에 관한 증명서, 자격증서 및 학위로서 외국에서 수여된 것의 승인, 수업료 기타 납부금의 감면 및 장학금의 급여에 관하여 가능한 한 유리한 대우를 부여하고, 어떠한 경우에 있어서도 동일한 사정하에서 일반적으로 외국인에게 부여하는 대우보다 불리하지 아니한 대우를 부여한다.

제23조(공공구제) 체약국은 합법적으로 그 영역 내에 체재하는 난민에게, 공공구제와 공적 원조에 관하여 자국민에게 부여하는 대우와 동일한 대우를 부여한다.

제24조(노동법제와 사회보장)

1. 체약국은 합법적으로 그 영역 내에 체재하는 난민에게, 다음 사항에 관하여 자국민에게 부여하는 대우와 동일한 대우를 부여한다.

   (a) 보수의 일부를 구성하는 가족수당을 포함한 보수, 노동시간, 시간외 노동, 유급휴가, 가내노동에 관한 제한, 최저고용연령, 견습과 훈련, 여성과 연소자의 노동 및 단체교섭의 이익향유에 관한 사항으로서 법령의 규율을 받거나 또는 행정기관의 관리하에 있는 것.

   (b) 사회보장(산업재해, 직업병, 출산, 질병, 폐질, 노령, 사망, 실업, 가족부양 기타 국내법령에 따라 사회보장제도의 대상이 되는 급부사유에 관한 법규). 다만, 다음의 조치를 취하는 것을 방해하지 아니한다.

       (ⅰ) 취득한 권리와 취득과정 중에 있는 권리의 유지를 위하여 적절한 조치를 취하는 것.

       (ⅱ) 거주하고 있는 체약국의 국내법령이 공공자금에서 전액 지급되는 급부의 전부 또는 일부에 관하여, 또한 통상의 연금의 수급을 위하여 필요한 기여조건을 충족시키지 못하는 자에게 지급되는 수당에 관하여 특별한 조치를 정하는 것.

2. 산업재해 또는 직업병에서 기인하는 난민의 사망에 대한 보상을 받을 권리는 그의 권리를 취득하는 자가 체약국의 영역 밖에 거주하고 있다는 사실로 인하여 영향을 받지 아니한다.

3. 체약국은 취득되거나 또는 취득의 과정 중에 있는 사회보장에 관한 권리의 유지에 관하여 다른 체약국간에 이미 체결한 협정 또는 장차 체결할 문제의 협정의 서명국의 국민에게 적용될 조건을 난민이 충족시키고 있는 한 그 협정에 의한 이익과 동일한 이익을 그 난민에게 부여한다.

4. 체약국은 상기한 체약국과 비체약국간에 현재 유효하거나 장래 유효하게 될 유사한 협정에 의한 이익과 동일한 이익을 가능한 한 난민에게 부여하는 것을 호의적으로 고려한다.

제 5 장　행정적 조치

제25조(행정적 원조)

1. 난민이 그의 권리를 행사함에 있어서 통상적으로 외국기관의 원조를 필요로 하는 경우 그 기관의 원조를 구할 수 없을 때에는 그 난민이 거주하고 있는 체약국은 자국의 기관 또는 국제기관에 의하여 그러한 원조가 난민에게 부여되도록 조치한다.

2. 제1항에서 말하는 자국의 기관 또는 국제기관은 난민에게 외국인이 통상적으로 본국의 기관으로부터 또는 이를 통하여 발급받은 문서 또는 증명서를 발급하거나 또는 그 감독하에 이들 문서 또는 증명서를 발급받도록 한다.

3. 상기와 같이 발급된 문서 또는 증명서는 외국인이 본국의 기관으로부터 또는 이를 통하여 발급받은 공문서에 대신하는 것으로 하고, 반증이 없는 한 신빙성을 가진다.

4. 궁핍한 자에 대한 예외적인 대우를 하는 경우 이에 따를 것을 조건으로 하여, 이 조에 규정하는 사무에 대하여 수수료를 징수할 수 있다. 그러나 그러한 수수료는 타당하고 또한 동종의 사무에 대하여 자국민에게 징수하는 수수료에 상응하는 것이어야 한다.

5. 이 조의 규정은 제27조 및 제28조의 적용을 방해하지 아니한다.

제26조(이동의 자유) 각 체약국은 합법적으로 그 영역 내에 있는 난민에게 그 난민이 동일한 사정하에서 일반적으로 외국인에게 적용되는 규제에 따를 것을 조건으로 하여 거주지를 선택할 권리 및 그 체약국의 영역 내에서 자유로이 이동할 권리를 부여한다.

제27조(신분증명서) 체약국은 그 영역 내에 있는 난민으로서 유효한 여행증명서를 소지하고 있지 아니한 자에게 신분증명서를 발급한다.

제28조(여행증명서)

1. 체약국은 합법적으로 그 영역 내에 체재하는 난민에게 국가안보 또는 공공질서를 위하여 어쩔 수 없는 이유가 있는 경우를 제외하고는, 그 영역 외로의 여행을 위한 여행증명서를 발급하고, 이 여행증명서에 관하여서는 이 협정 부속서의 규정을 적용한다. 체약국은 그 영역 내에 있는 다른 난민에게도 이러한 여행증명서를 발급할 수 있으며, 또한 체약국은 특히 그 영역 내에 있는 난민으로서 합법적으로 거주하고 있는 국가로부터 여행증명서를 받을 수 없는 자에게 이러한 여행증명서의 발급에 관하여 호의적으로 고려한다.

2. 종전의 국제협정의 체약국이 국제협정이 정한 바에 따라 난민에게 발급한 여행증명서는 이 협약의 체약국에 의하여 유효한 것으로 인정되고 또한 이 조에 따라 발급된 것으로 취급된다.

제29조(재정상의 부과금)

1. 체약국은 난민에게 유사한 상태에 있는 자국민에게 과하고 있거나 또는 과해질 조세 기타 공과금(명칭 여하를 불문한다) 이외의 공과금을 과하지 아니한다. 또한 조세 기타 공과금에

대하여 유사한 상태에 있는 자국민에게 과하는 금액보다도 고액의 것을 과하지 아니한다.

2. 전항의 규정은 행정기관이 외국인에게 발급하는 신분증명서를 포함한 문서의 발급에 대한 수수료에 관한 법령을 난민에게 적용하는 것을 방해하지 아니한다.

제30조(자산의 이전)

1. 체약국은 자국의 법령에 따라 난민이 그 영역 내로 반입한 자산을 정주하기 위하여 입국허가를 받은 다른 국가로 이전하는 것을 허가한다.

2. 체약국은 난민이 입국 허가된 타국에서 정주하기 위하여 필요한 자산에 대하여 그 소재지를 불문하고 그 난민으로부터 그 자산의 이전허가 신청이 있는 경우 그 신청을 호의적으로 고려한다.

제31조(피난국에 불법으로 있는 난민)

1. 체약국은 그 생명 또는 자유가 제1조의 의미에 있어서 위협되고 있는 영역으로부터 직접 온 난민으로서 허가없이 그 영역에 입국하거나 또는 그 영역 내에 있는 자에 대하여 불법으로 입국하거나 또는 불법으로 있는 것을 이유로 형벌을 과하여서는 아니된다. 다만, 그 난민이 지체없이 당국에 출두하고 또한 불법으로 입국하거나 또는 불법으로 있는 것에 대한 상당한 이유를 제시할 것을 조건으로 한다.

2. 체약국은 상기한 난민의 이동에 대하여 필요한 제한 이외의 제한을 과하지 아니하며 또한 그러한 제한은 그 난민의 체약국에 있어서의 체재가 합법적인 것이 될 때까지 또는 그 난민이 타국에의 입국허가를 획득할 때까지만 적용된다. 체약국은 그러한 난민에게 타국에의 입국허가를 획득하기 위하여 타당하다고 인정되는 기간과 이를 위하여 필요한 모든 편의를 부여한다.

제32조(추방)

1. 체약국은 국가안보 또는 공공질서를 이유로 하는 경우를 제외하고 합법적으로 그 영역에 있는 난민을 추방하여서는 아니된다.

2. 이러한 난민의 추방은 법률에 정하여진 절차에 따라 이루어진 결정에 의하여서만 행하여진다. 국가안보를 위하여 불가피한 이유가 있는 경우를 제외하고 그 난민은 추방될 이유가 없다는 것을 밝히는 증거를 제출하고, 또한 권한 있는 기관 또는 그 기관이 특별히 지명하는 자에게 이의를 신청하고 이 목적을 위한 대리인을 세우는 것이 인정된다.

3. 체약국은 상기 난민에게 타국가에의 합법적인 입국허가를 구하기 위하여 타당하다고 인정되는 기간을 부여한다. 체약국은 그 기간 동안 동국이 필요하다고 인정하는 국내 조치를 취할 권리를 유보한다.

제33조(추방 또는 송환의 금지)

1. 체약국은 난민을 어떠한 방법으로도 인종, 종교, 국적, 특정 사회집단의 구성원 신분 또는 정치적 의견을 이유로 그 생명이나 자유가 위협받을 우려가 있는 영역의 국경으로 추방하거나 송환하여서는 아니된다.

2. 체약국에 있는 난민으로서 그 국가의 안보에 위험하다고 인정되기에 충분한 상당한 이유가 있는 자 또는 특히 중대한 범죄에 관하여 유죄의 판결이 확정되고 그 국가공동체에 대하여

위험한 존재가 된 자는 이 규정의 이익을 요구하지 못한다.

제34조(귀화) 체약국은 난민의 동화 및 귀화를 가능한 한 장려한다. 체약국은 특히 귀화 절차를 신속히 행하기 위하여 또한 이러한 절차에 따른 수수료 및 비용을 가능한 한 경감시키기 위하여 모든 노력을 다한다.

제 6 장 실시 및 경과 규정

제35조(국내 당국과 국제연합과의 협력)

1. 체약국은 국제연합 난민고등판무관 사무국 또는 그를 승계하는 국제연합의 다른 기관의 임무의 수행에 있어서 이들 기관과 협력할 것을 약속하고, 특히 이들 기관이 이 협약의 규정을 적용하는 것을 감독하는 책무의 수행에 있어서 이들 기관에게 편의를 제공한다.

2. 체약국은 국제연합 난민고등판무관 사무국 또는 그를 승계하는 국제연합의 다른 기관이 국제연합의 관할기관에 보고하는 것을 용이하게 하기 위하여 요청에 따라 다음 사항에 관한 정보와 통계를 적당한 양식으로 제공할 것을 약속한다.

   (a) 난민의 상태

   (b) 이 협약의 실시상황

   (c) 난민에 관한 현행법령 및 장차 시행될 법령

제36조(국내법령에 관한 정보) 체약국은 국제연합 사무총장에게 이 협약의 적용을 확보하기 위하여 제정하는 법령을 송부한다.

제37조(종전의 협약과의 관계) 이 협약의 제28조 제2항을 침해함이 없이, 이 협약은 체약국 사이에서 1922년 7월 5일, 1924년 5월 31일, 1926년 5월 12일, 1928년 6월 30일 및 1935년 7월 30일의 협약, 1933년 10월 28일 및 1938년 2월 10일의 협약, 1939년 9월 14일의 의정서 및 1946년 10월 15일의 협약을 대신한다.

제 7 장 최종 조항

제38조(분쟁의 해결) 이 협약의 해석 또는 적용에 관한 협약 당사국간의 분쟁으로서 다른 방법에 의하여 해결될 수 없는 것은 분쟁당사국 중 어느 일당사국의 요청에 의하여 국제사법재판소에 부탁된다.

제39조(서명, 비준 및 가입)

1. 이 협약은 1951년 7월 28일에 제네바에서 서명을 위하여 개방되고, 그 후 국제연합 사무총장에게 기탁된다. 이 협약은 1951년 7월 28일부터 동년 8월 31일까지 국제연합 구주사무국에서, 동년 9월 17일부터 1952년 12월 31일까지 국제연합 본부에서 서명을 위하여 다시 개방된다.

2. 이 협약은 국제연합의 모든 회원국과 난민 및 무국적자의 지위에 관한 전권회의에 참석하도록 초청된 국가 또는 총회에 의하여 서명하도록 초청받은 국가의 서명을 위하여 개방된

　　다. 이 협약은 비준되어야 하고, 비준서는 국제연합 사무총장에게 기탁된다.

　3. 이 협약은 본조 제2항에 언급된 국가들의 가입을 위해 1951년 7월 28일부터 개방된다. 가입은 국제연합 사무총장에게 가입서를 기탁함으로써 효력을 발생한다.

제40조(적용지역 조항)

　1. 어떠한 국가도 서명, 비준 또는 가입시에 자국이 국제관계에 책임을 지는 영역의 전부 또는 일부에 관하여 이 협약을 적용한다는 것을 선언할 수 있다. 이러한 선언은 이 협약이 그 국가에 대하여 발효할 때 효력을 발생한다.

　2. 그 후에는 국제연합 사무총장에게 언제든지 통고함으로써 그러한 적용을 행하고 또한 그 적용은 국제연합 사무총장이 통고를 수령한 날로부터 90일 후 또는 그 국가에 대하여 이 협약이 발효하는 날의 양자 중 늦은 날로부터 효력을 발생한다.

　3. 관계국가는 서명, 비준 또는 가입시에 이 협약이 적용되지 아니하는 영역에 관하여 이 협약을 적용시키기 위하여 헌법상의 이유로 필요한 경우 그러한 영역의 정부의 동의를 조건으로 하여 필요한 조치를 취할 가능성을 검토한다.

제41조(연방 조항) 체약국이 연방제 또는 비단일제 국가인 경우에는 다음 규정을 적용한다.

　(a) 이 협약의 규정으로서 그 실시가 연방의 입법기관의 입법권의 범위 내에 속하는 것에 관하여서는, 연방정부의 의무는 연방제 국가가 아닌 체약국의 의무와 동일한 것으로 한다.

　(b) 이 협약의 규정으로서 그 실시가 연방구성국, 주 또는 현의 입법권의 범위 내에 속하고 또한 연방의 헌법제도상 구성국, 주 또는 현이 입법조치를 취할 의무가 없는 것에 관하여서는 연방정부는 구성국, 주 또는 현의 적당한 기관에 대하여 가능한 한 빨리 호의적인 권고와 함께 그 규정을 통보한다.

　(c) 이 협약의 체약국인 연방제 국가는 국제연합 사무총장을 통하여 이 협약의 다른 체약국으로부터 요청이 있는 경우, 이 협약의 규정의 실시에 관한 연방과 그 구성단위의 법령 및 관행에 관한 설명을 제시하고, 또한 입법 기타의 조치에 의하여 이 협약의 규정이 실시되고 있는 정도를 보여준다.

제42조(유보)

　1. 어떠한 국가도 서명, 비준 또는 가입시에 이 협약의 제1조, 제3조, 제16조(1), 제33조, 제36조 내지 제46조 규정 외에는 협약규정의 적용에 관하여 유보할 수 있다.

　2. 이 조 제1항에 따라 유보를 행한 국가는 국제연합 사무총장에 대한 통고로써 당해 유보를 언제든지 철회할 수 있다.

제43조(발효)

　1. 이 협약은 여섯 번째의 비준서 또는 가입서가 기탁된 날로부터 90일 후에 발효한다.

　2. 이 협약은 여섯 번째의 비준서 또는 가입서가 기탁된 후 비준 또는 가입하는 국가에 대하여는 그 비준서 또는 가입서가 기탁된 날로부터 90일 후에 발효한다.

제44조(폐기)

　1. 어떠한 체약국도 국제연합 사무총장에 대한 통고로써 이 협약을 언제든지 폐기할 수 있다.

2. 폐기는 국제연합 사무총장이 통고를 접수한 날로부터 1년 후에 당해 체약국에 대하여 효력을 발생한다.

3. 제40조에 따라 선언 또는 통고를 행한 국가는 그 후 언제든지 국제연합 사무총장에 대한 통고로써 상기한 영역에 이 협약의 적용을 종지한다는 선언을 할 수 있다. 그 선언은 국제연합 사무총장이 통고를 접수한 날로부터 1년 후에 효력을 발생한다.

제45조(개정)

1. 어떠한 체약국도 국제연합 사무총장에 대한 통고로써 언제든지 이 협약의 개정을 요청할 수 있다.

2. 국제연합 총회는 상기 요청에 관하여 조치가 필요한 경우 이를 권고한다.

제46조(국제연합 사무총장에 의한 통보)

국제연합 사무총장은 국제연합의 모든 회원국과 제39조에 규정한 비회원국에 대하여 다음 사항을 통보한다.

(a) 제1조 B에 의한 선언 및 통고

(b) 제39조에 의한 서명, 비준 및 가입

(c) 제40조에 의한 선언 및 통고

(d) 제42조에 의한 유보 및 철회

(e) 제43조에 의한 이 협약의 발효일

(f) 제44조에 의한 폐기 및 통고

(g) 제45조에 의한 개정의 요청

이상의 증거로서 하기 서명자는 각자의 정부로부터 정당하게 위임을 받아 이 협약에 서명하였다.

1951년 7월 28일 제네바에서 모두 정본인 영어, 불란서어로 본서 1통을 작성하였다. 본서는 국제연합 문서보존소에 기탁되고, 그 인증등본은 국제연합의 모든 회원국과 제39조에 규정된 비회원국에 송부된다.

부 속 서

제1항 1. 이 협약 제28조에 규정하는 여행증명서의 양식은 부록에 첨부된 견본과 유사한 것으로 한다.

2. 증명서는 적어도 2개 언어로 작성되고, 그중 하나의 언어는 영어 또는 불어로 한다.

제2항 여행증명서를 발급하는 국가의 규칙에 달리 정하는 경우를 제외하고, 자녀는 양친의 어느 일방 또는 예외적인 경우 다른 성인 난민의 여행증명서를 병기할 수 있다.

제3항 증명서의 발급에 대하여 징수하는 수수료는 자국민의 여권에 대한 수수료의 최저액을 초과하여서는 아니된다.

제4항 특별한 경우 또는 예외적인 경우를 제외하고 증명서는 가능한 한 다수의 국가에 대하여 유효한 것으로 발급한다.

제5항 증명서는 발급기관의 재량에 따라 1년 또는 2년의 유효기간을 가진다.

제6항 1. 증명서의 유효기간의 갱신 또는 연장은 그 증명서의 명의인이 합법적으로 타국의 영역 내에 거주를 정하지 아니하고, 또한 증명서의 발급기관이 있는 국가의 영역 내에 합법적으로 거주하고 있는 한 그 발급 기관의 권한에 속한다.

2. 외교기관 또는 영사기관으로서 특히 그 권한을 부여받고 있는 기관은 자국 정부가 발급한 여행증명서의 유효기간을 6개월을 초과하지 아니하는 범위 이내에서 연장할 수 있는 권한을 가진다.

3. 체약국은 이미 그 영역 내에 합법적으로 거주하고 있지 아니하는 난민으로서 합법적으로 거주하고 있는 국가로부터 여행증명서를 취득할 수 없는 자에 대하여 여행증명서의 유효기간의 갱신, 연장 또는 새로운 증명서의 발급에 대하여 호의적으로 고려한다.

제7항 체약국은 이 협약 제28조의 규정에 따라 발급된 증명서의 효력을 인정한다.

제8항 난민이 가려고 희망하는 국가의 권한 있는 기관은 그의 입국을 인정할 용의가 있고 또한 사중이 필요한 경우에 그 난민이 소지한 증명서에 사중을 부여한다.

제9항 1. 체약국은 최종 목적지 영역의 사중을 취득한 난민에게 통과사중을 발급할 것을 약속한다.

2. 상기한 사중의 발급은 외국인에 대한 사중의 발급을 거부할 수 있는 정당한 사유에 의하여 거부할 수 있다.

제10항 출국사중, 입국사중 또는 통과사중에 대한 수수료는 외국의 여권에 사중을 부여하는 경우의 수수료의 최저액을 초과하여서는 아니된다.

제11항 난민이 다른 체약국의 영역 내에 합법적으로 거주를 정한 경우에 새로운 증명서를 발급하는 책임은 제28조의 규정에 따라 그 영역의 권한 있는 기관에 있고, 그 난민은 그 기관에 발급을 신청할 수 있다.

제12항 새로운 증명서를 발급하는 기관은 종전의 증명서를 회수하고, 그 증명서를 발급국에 반송하도록 기재되어 있는 경우에는 그 발급국에 이를 반송한다. 그와 같은 기재가 없는 경우 그 발급 기관은 회수한 증명서를 무효로 한다.

제13항 1. 각 체약국은 이 협약 제28조에 따라 발급한 여행증명서의 명의인에 대하여 그 증명서의 유효기간 동안 언제라도 그 영역에 돌아오는 것을 허가할 것을 약속한다.

2. 체약국은 전항의 규정을 따를 것을 조건으로 하여, 증명서의 명의인에게 출입국에 관하여 정하여진 절차에 따를 것을 요구할 수 있다.

3. 체약국은 예외적인 경우 또는 난민의 체재가 일정기간에 한하여 허가된 경우 그 난민이 체약국의 영역에 돌아올 수 있는 기간을 증명서를 발급할 때에 3개월을 미달하지 아니하는 기간으로 제한할 수 있는 권리를 유보한다.

제14항 제13항의 규정만을 예외로 하고, 이 부속서의 규정은 체약국의 영역에의 입국, 통과, 체재, 정주 및 출국에 관한 조건을 규율하는 법령에 어떠한 영향도 미치지 아니한다.

제15항 증명서의 발급 또는 이의 기재사항은 그 명의인의 자유 특히 국적을 결정하거나 이에 영향을 미치지 아니한다.

제16항 증명서의 발급은 그 명의인에게 발급국의 외교기관 또는 영사기관에 의한 보호를 받을 권리를 결코 부여하는 것이 아니며, 또한 이들 기관에 대하여 보호의 권리를 부여하는 것도 아니다.

Convention Relating to the Status of Refugees (1951)

The High Contracting Parties,

Considering that the Charter of the United Nations and the Universal Declaration of Human Rights approved on 10 December 1948 by the General Assembly have affirmed the principle that human beings shall enjoy fundamental rights and freedoms without discrimination,

Considering that the United Nations has, on various occasions, manifested its profound concern for refugees and endeavoured to assure refugees the widest possible exercise of these fundamental rights and freedoms,

Considering that it is desirable to revise and consolidate previous international agreements relating to the status of refugees and to extend the scope of and the protection accorded by such instruments by means of a new agreement,

Considering that the grant of asylum may place unduly heavy burdens on certain countries, and that a satisfactory solution of a problem of which the United Nations has recognized the international-scope and nature cannot therefore be achieved without international co-operation,

Expressing the wish that all States, recognizing the social and humanitarian nature of the problem of refugees, will do everything within their power to prevent this problem from becoming a cause of tension between States,

Noting that the United Nations High Commissioner for Refugees is charged with the task of supervising international conventions providing for the protection of refugees, and recognizing that the effective co-ordination of measures taken to deal with this problem will depend upon the co-operation of States with the High Commissioner,

Have agreed as follows:

CHAPTER I   GENERAL PROVISIONS

Article 1. Definition of the term "refugee"

A. For the purposes of the present Convention, the term "refugee" shall apply to any person who:

(1) Has been considered a refugee under the Arrangements of 12 May 1926 and 30 June 1928 or under the Conventions of 28 October 1933 and 10 February 1938, the Protocol of 14 September 1939 or the Constitution of the International Refugee Organization; Decisions of non-eligibility taken by the International Refugee Organization during the period of its activities shall not prevent the status of refugee being accorded to persons who fulfil the conditions of paragraph 2 of this section;

(2) As a result of events occurring before 1 January 1951 and owing to well-founded fear of being persecuted for reasons of race, religion, nationality, membership of a particular social group or political opinion, is outside the country of his nationality and is unable, or owing to such fear, is unwilling to avail himself of the protection

of that country; or who, not having a nationality and being outside the country of his former habitual residence as a result of such events, is unable or, owing to such fear, is unwilling to return to it.

In the case of a person who has more than one nationality, the term "the country of his nationality" shall mean each of the countries of which he is a national, and a person shall not be deemed to be lacking the protection of the country of his nationality if, without any valid reason based on well-founded fear, he has not availed himself of the protection of one of the countries of which he is a national.

B. (1) For the purposes of this Convention, the words "events occurring before 1 January 1951" in article 1, section A, shall be understood to mean either (a) "events occurring in Europe before 1 January 1951"; or (b) "events occurring in Europe or elsewhere before 1 January 1951"; and each Contracting State shall make a declaration at the time of signature, ratification or accession, specifying which of these meanings it applies for the purpose of its obligations under this Convention.

(2) Any Contracting State which has adopted alternative (a) may at any time extend its obligations by adopting alternative (b) by means of a notification addressed to the Secretary-General of the United Nations.

C. This Convention shall cease to apply to any person falling under the terms of section A if:

(1) He has voluntarily re-availed himself of the protection of the country of his nationality; or

(2) Having lost his nationality, he has voluntarily reacquired it; or

(3) He has acquired a new nationality, and enjoys the protection of the country of his new nationality; or

(4) He has voluntarily re-established himself in the country which he left or outside which he remained owing to fear of persecution; or

(5) He can no longer, because the circumstances in connection with which he has been recognized as a refugee have ceased to exist, continue to refuse to avail himself of the protection of the country of his nationality;

Provided that this paragraph shall not apply to a refugee falling under section A (1) of this article who is able to invoke compelling reasons arising out of previous persecution for refusing to avail himself of the protection of the country of nationality;

(6) Being a person who has no nationality he is, because the circumstances in connection with which he has been recognized as a refugee have ceased to exist, able to return to the country of his former habitual residence;

Provided that this paragraph shall not apply to a refugee falling under section A (1) of this article who is able to invoke compelling reasons arising out of previous persecution for refusing to return to the country of his former habitual residence.

D. This Convention shall not apply to persons who are at present receiving from organs or agencies of the United Nations other than the United Nations High Commissioner for Refugees protection or assistance. When such protection or assistance has ceased for any reason, without the position of such persons being definitively settled in accordance with the relevant resolutions adopted by the General Assembly of the United Nations, these persons shall ipso facto be entitled to the benefits of this Convention.

E. This Convention shall not apply to a person who is recognized by the competent authorities of the country in which he has taken residence as having the rights and obligations which are attached to the possession of the nationality of that country.

F. The provisions of this Convention shall not apply to any person with respect to whom there are serious reasons for considering that.

    (a) He has committed a crime against peace, a war crime, or a crime against humanity, as defined in the international instruments drawn up to make provision in respect of such crimes;

    (b) He has committed a serious non-political crime outside the country of refuge prior to his admission to that country as a refugee;

    (c) He has been guilty of acts contrary to the purposes and principles of the United Nations.

Article 2. General obligations

Every refugee has duties to the country in which he finds himself, which require in particular that he conform to its laws and regulations as well as to measures taken for the maintenance of public order.

Article 3. Non-discrimination

The Contracting States shall apply the provisions of this Convention to refugees without discrimination as to race, religion or country of origin.

Article 4. Religion

The Contracting States shall accord to refugees within their territories treatment at least as favourable as that accorded to their nationals with respect to freedom to practise their religion and freedom as regards the religious education of their children.

Article 5. Rights granted apart from this Convention

Nothing in this Convention shall be deemed to impair any rights and benefits granted by a Contracting State to refugees apart from this Convention.

Article 6. The term "in the same circumstances"

For the purposes of this Convention, the term "in the same circumstances,, implies that any requirements (including requirements as to length and conditions of sojourn or residence) which the particular individual would have to fulfil for the enjoyment of the right in question, if he were not a refugee, must be fulfilled by him, with the exception of requirements which by their nature a refugee is incapable of fulfilling.

Article 7. Exemption from reciprocity

1. Except where this Convention contains more favourable provisions, a Contracting State shall accord to refugees the same treatment as is accorded to aliens generally.

2. After a period of three years' residence, all refugees shall enjoy exemption from legislative reciprocity in the territory of the Contracting States.

3. Each Contracting State shall continue to accord to refugees the rights and benefits to which they were already entitled, in the absence of reciprocity, at the date of entry into force of this Convention for that State.

4. The Contracting States shall consider favourably the possibility of according to refugees, in the absence of reciprocity, rights and benefits beyond those to which they are entitled according to paragraphs 2 and 3, and to extending exemption from reciprocity to refugees who do not fulfil the conditions provided for in paragraphs 2 and 3.

5. The provisions of paragraphs 2 and 3 apply both to the rights and benefits referred to in articles 13, 18, 19, 21 and 22 of this Convention and to rights and benefits for which this Convention does not provide.

Article 8. Exemption from exceptional measures

With regard to exceptional measures which may be taken against the person, property or interests of nationals of a foreign State, the Contracting States shall not apply such measures to a refugee who is formally a national of the said State solely on account of such nationality.

Contracting States which, under their legislation, are prevented from applying the general principle expressed in this article, shall, in appropriate cases, grant exemptions in favour of such refugees.

Article 9. Provisional measures

Nothing in this Convention shall prevent a Contracting State, in time of war or other grave and exceptional circumstances, from taking provisionally measures which it considers to be essential to the national security in the case of a particular person, pending a determination by the Contracting State that that person is in fact a refugee and that the continuance of such measures is necessary in his case in the interests of national security.

Article 10. Continuity of residence

1. Where a refugee has been forcibly displaced during the Second World War and removed to the territory of a Contracting State, and is resident there, the period of such enforced sojourn shall be considered to have been lawful residence within that territory.

2. Where a refugee has been forcibly displaced during the Second World War from the territory of a Contracting State and has, prior to the date of entry into force of this Convention, returned there for the purpose of taking up residence, the period of residence before and after such enforced displacement shall be regarded as one uninterrupted period for any purposes for which uninterrupted residence is required.

Article 11. Refugee seamen

In the case of refugees regularly serving as crew members on board a ship flying the flag of a Contracting State, that State shall give sympathetic consideration to their establishment on its territory and the issue of travel documents to them or their temporary admission to its territory particularly with a view to facilitating their establishment in another country.

CHAPTER II   JURIDICAL STATUS

Article 12. Personal status

1. The personal status of a refugee shall be governed by the law of the country of his domicile or, if he has no domicile, by the law of the country of his residence.

2. Rights previously acquired by a refugee and dependent on personal status, more particularly rights attaching to marriage, shall be respected by a Contracting State, subject to compliance, if this be necessary, with the formalities required by the law of that State, provided that the right in question is one which would have been recognized by the law of that State had he not become a refugee.

Article 13. Movable and immovable property

The Contracting States shall accord to a refugee treatment as favourable as possible and, in any event, not less favourable than that accorded to aliens generally in the same circumstances, as regards the acquisition of movable and immovable property and other rights pertaining thereto, and to leases and other contracts relating to movable and immovable property.

Article 14. Artistic rights and industrial property

In respect of the protection of industrial property, such as inventions, designs or models, trade marks, trade names, and of rights in literary, artistic and scientific works, a refugee shall be accorded in the country in which he has his habitual residence the same protection as is accorded to nationals of that country. In the territory of any other Contracting States, he shall be accorded the same protection as is accorded in that territory to nationals of the country in which he has his habitual residence.

Article 15. Right of association

As regards non-political and non-profit-making associations and trade unions the Contracting States shall accord to refugees lawfully staying in their territory the most favourable treatment accorded to nationals of a foreign country, in the same circumstances.

Article 16. Access to courts

1. A refugee shall have free access to the courts of law on the territory of all Contracting States.
2. A refugee shall enjoy in the Contracting State in which he has his habitual residence the same treatment as a national in matters pertaining to access to the courts, including legal assistance and exemption from cautio judicatum solvi.
3. A refugee shall be accorded in the matters referred to in paragraph 2 in countries other than that in which he has his habitual residence the treatment granted to a national of the country of his habitual residence.

CHAPTER III GAINFUL EMPLOYMENT

Article 17. Wage-earning employment

1. The Contracting States shall accord to refugees lawfully staying in their territory the most favourable treatment accorded to nationals of a foreign country in the same circumstances, as regards the right to engage in wage-earning employment.
2. In any case, restrictive measures imposed on aliens or the employment of aliens for the protection of the national labour market shall not be applied to a refugee who was already exempt from them at the date of entry into force of this Convention for the Contracting State concerned, or who fulfills one of the following conditions:
   (a) He has completed three years' residence in the country;
   (b) He has a spouse possessing the nationality of the country of residence. A refugee may not invoke the benefit of this provision if he has abandoned his spouse;
   (c) He has one or more children possessing the nationality of the country of residence.
3. The Contracting States shall give sympathetic consideration to assimilating the rights of all refugees with regard to wage-earning employment to those of nationals, and in particular of those refugees who have entered their territory pursuant to programmes of labour recruitment or under immigration schemes.

Article 18. Self-employment

The Contracting States shall accord to a refugee lawfully in their territory treatment as favourable as possible and, in any event, not less favourable than that accorded to aliens generally in the same circumstances, as regards the right to engage on his own account in agriculture, industry, handicrafts and commerce and to establish commercial and industrial companies.

Article 19. Liberal professions

1. Each Contracting State shall accord to refugees lawfully staying in their territory who hold diplomas recognized by the competent authorities of that State, and who are desirous of practising a liberal profession, treatment as favourable as possible and, in any event, not less favourable than that accorded to aliens generally in the same circumstances.
2. The Contracting States shall use their best endeavours consistently with their laws and constitutions to secure the settlement of such refugees in the territories, other than the metropolitan territory, for whose international relations they are responsible.

CHAPTER IV   WELFARE

Article 20. Rationing

Where a rationing system exists, which applies to the population at large and regulates the general distribution of products in short supply, refugees shall be accorded the same treatment as nationals.

Article 21. Housing

As regards housing, the Contracting States, in so far as the matter is regulated by laws or regulations or is subject to the control of public authorities, shall accord to refugees lawfully staying in their territory treatment as favourable as possible and, in any event, not less favourable than that accorded to aliens generally in the same circumstances.

Article 22. Public education

1. The Contracting States shall accord to refugees the same treatment as is accorded to nationals with respect to elementary education.

2. The Contracting States shall accord to refugees treatment as favourable as possible, and, in any event, not less favourable than that accorded to aliens generally in the same circumstances, with respect to education other than elementary education and, in particular, as regards access to studies, the recognition of foreign school certificates, diplomas and degrees, the remission of fees and charges and the award of scholarships.

Article 23. Public relief

The Contracting States shall accord to refugees lawfully staying in their territory the same treatment with respect to public relief and assistance as is accorded to their nationals.

Article 24. Labour legislation and social security

1. The Contracting States shall accord to refugees lawfully staying in their territory the same treatment as is accorded to nationals in respect of the following matters;

   (a) In so far as such matters are governed by laws or regulations or are subject to the control of administrative authorities: remuneration, including family allowances where these form part of remuneration, hours of work, overtime arrangements, holidays with pay, restrictions on home work, minimum age of employment, apprenticeship and training, women's work and the work of young persons, and the enjoyment of the benefits of collective bargaining;

   (b) Social security (legal provisions in respect of employment injury, occupational diseases, maternity, sickness, disability, old age, death, unemployment, family responsibilities and any other contingency which, according to national laws or regulations, is covered by a social security scheme), subject to the following limitations:

   (i) There may be appropriate arrangements for the maintenance of acquired rights and rights in course of acquisition;

      (ii) National laws or regulations of the country of residence may prescribe special arrangements concerning benefits or portions of benefits which are payable wholly out of public funds, and concerning allowances paid to persons who do not fulfil the contribution conditions prescribed for the award of a normal pension.

2. The right to compensation for the death of a refugee resulting from employment injury or from occupational disease shall not be affected by the fact that the residence of the beneficiary is outside the territory of the Contracting State.

3. The Contracting States shall extend to refugees the benefits of agreements concluded between them, or which may be concluded between them in the future, concerning the maintenance of acquired rights and rights in the process of acquisition in regard to social security, subject

only to the conditions which apply to nationals of the States signatory to the agreements in question.

4. The Contracting States will give sympathetic consideration to extending to refugees so far as possible the benefits of similar agreements which may at any time be in force between such Contracting States and non-contracting States.

CHAPTER V ADMINISTRATIVE MEASURES

Article 25. administrative assistance

1. When the exercise of a right by a refugee would normally require the assistance of authorities of a foreign country to whom he cannot have recourse, the Contracting States in whose territory he is residing shall arrange that such assistance be afforded to him by their own authorities or by an international authority.

2. The authority or authorities mentioned in paragraph 1 shall deliver or cause to be delivered under their supervision to refugees such documents or certifications as would normally be delivered to aliens by or through their national authorities.

3. Documents or certifications so delivered shall stand in the stead of the official instruments delivered to aliens by or through their national authorities, and shall be given credence in the absence of proof to the contrary.

4. Subject to such exceptional treatment as may be granted to indigent persons, fees may be charged for the services mentioned herein, but such fees shall be moderate and commensurate with those charged to nationals for similar services.

5. The provisions of this article shall be without prejudice to articles 27 and 28.

Article 26. Freedom of movement

Each Contracting State shall accord to refugees lawfully in its territory the right to choose their place of residence and to move freely within its territory subject to any regulations applicable to aliens generally in the same circumstances.

Article 27. Identity papers

The Contracting States shall issue identity papers to any refugee in their territory who does not possess a valid travel document.

Article 28. Travel documents

1. The Contracting States shall issue to refugees lawfully staying in their territory travel documents for the purpose of travel outside their territory, unless compelling reasons of national security or public order otherwise require, and the provisions of the Schedule to this Convention shall apply with respect to such documents. The Contracting States may issue such a travel document to any other refugee in their territory; they shall in particular give sympathetic consideration to the issue of such a travel document to refugees in their territory who are unable to obtain a travel document from the country of their lawful residence.

2. Travel documents issued to refugees under previous international agreements by Parties thereto shall be recognized and treated by the Contracting States in the same way as if they had been issued pursuant to this article.

Article 29. Fiscal charges

1. The Contracting States shall not impose upon refugees duties, charges or taxes, of any description whatsoever, other or higher than those which are or may be levied on their nationals in similar situations.

2. Nothing in the above paragraph shall prevent the application to refugees of the laws and

regulations concerning charges in respect of the issue to aliens of administrative documents including identity papers.

Article 30. Transfer of assets

1. A Contracting State shall, in conformity with its laws and regulations, permit refugees to transfer assets which they have brought into its territory, to another country where they have been admitted for the purposes of resettlement.

2. A Contracting State shall give sympathetic consideration to the application of refugees for permission to transfer assets wherever they may be and which are necessary for their resettlement in another country to which they have been admitted.

Article 31. Refugees unlawfully in the country of refuge

1. The Contracting States shall not impose penalties, on account of their illegal entry or presence, on refugees who, coming directly from a territory where their life or freedom was threatened in the sense of article 1, enter or are present in their territory without authorization, provided they present themselves without delay to the authorities and show good cause for their illegal entry or presence.

2. The Contracting States shall not apply to the movements of such refugees restrictions other than those which are necessary and such restrictions shall only be applied until their status in the country is regularized or they obtain admission into another country. The Contracting States shall allow such refugees a reasonable period and all the necessary facilities to obtain admission into another country.

Article 32. Expulsion

1. The Contracting States shall not expel a refugee lawfully in their territory save on grounds of national security or public order.

2. The expulsion of such a refugee shall be only in pursuance of a decision reached in accordance with due process of law. Except where compelling reasons of national security otherwise require, the refugee shall be allowed to submit evidence to clear himself, and to appeal to and be represented for the purpose before competent authority or a person or persons specially designated by the competent authority.

3. The Contracting States shall allow such a refugee a reasonable period within which to seek legal admission into another country. The Contracting States reserve the right to apply during that period such internal measures as they may deem necessary.

Article 33. Prohibition of expulsion or return ("refoulement")

1. No Contracting State shall expel or return ("refouler") a refugee in any manner whatsoever to the frontiers of territories where his life or freedom would be threatened on account of his race, religion, nationality, membership of a particular social group or political opinion.

2. The benefit of the present provision may not, however, be claimed by a refugee whom there are reasonable grounds for regarding as a danger to the security of the country in which he is, or who, having been convicted by a final judgement of a particularly serious crime, constitutes a danger to the community of that country.

Article 34. Naturalization

The Contracting States shall as far as possible facilitate the assimilation and naturalization of refugees. They shall in particular make every effort to expedite naturalization proceedings and to reduce as far as possible the charges and costs of such proceedings.

CHAPTER VI EXECUTORY AND TRANSITORY PROVISIONS

Article 35. Co-operation of the national authorities with the United Nations

1. The Contracting States undertake to co-operate with the Office of the United Nations High Commissioner for Refugees, or any other agency of the United Nations which may succeed it, in the exercise of its functions, and shall in particular facilitate its duty of supervising the application of the provisions of this Convention.

2. In order to enable the Office of the High Commissioner or any other agency of the United Nations which may succeed it, to make reports to the competent organs of the United Nations, the Contracting States undertake to provide them in the appropriate form with information and statistical data requested concerning:

   (a) The condition of refugees,

   (b) The implementation of this Convention, and

   (c) Laws, regulations and decrees which are, or may hereafter be, in force relating to refugees.

Article 36. Information on national legislation

The Contracting States shall communicate to the Secretary-General of the United Nations the laws and regulations which they may adopt to ensure the application of this Convention.

Article 37. Relation to previous conventions

Without prejudice to article 28, paragraph 2, of this Convention, this Convention replaces, as between Parties to it, the Arrangements of 5 July 1922, 31 May 1924, 12 May 1926, 30 June 1928 and 30 July 1935, the Conventions of 28 October 1933 and 10 February 1938, the Protocol of 14 September 1939 and the Agreement of 15 October 1946.

CHAPTER VII FINAL CLAUSES

Article 38. Settlement of disputes

Any dispute between Parties to this Convention relating to its interpretation or application, which cannot be settled by other means, shall be referred to the International Court of Justice at the request of any one of the parties to the dispute.

Article 39. Signature, ratification and accession

1. This Convention shall be opened for signature at Geneva on 28 July 1951 and shall thereafter be deposited with the Secretary-General of the United Nations. It shall be open for signature at the European Office of the United Nations from 28 July to 31 August 1951 and shall be re-opened for signature at the Headquarters of the United Nations from 17 September 1951 to 31 December 1952.

2. This Convention shall be open for signature on behalf of all States Members of the United Nations, and also on behalf of any other State invited to attend the Conference of Plenipotentiaries on the Status of Refugees and Stateless Persons or to which an invitation to sign will have been addressed by the General Assembly. It shall be ratified and the instruments of ratification shall be deposited with the Secretary-General of the United Nations.

3. This Convention shall be open from 28 July 1951 for accession by the States referred to in paragraph 2 of this article. Accession shall be effected by the deposit of an instrument of accession with the Secretary-General of the United Nations.

Article 40. Territorial application clause

1. Any State may, at the time of signature, ratification or accession, declare that this Convention shall extend to all or any of the territories for the international relations of which it is

responsible. Such a declaration shall take effect when the Convention enters into force for the State concerned.

2. At any time thereafter any such extension shall be made by notification addressed to the Secretary-General of the United Nations and shall take effect as from the ninetieth day after the day of receipt by the Secretary-General of the United Nations of this notification, or as from the date of entry into force of the Convention for the State concerned, whichever is the later.

3. With respect to those territories to which this Convention is not extended at the time of signature, ratification or accession, each State concerned shall consider the possibility of taking the necessary steps in order to extend the application of this Convention to such territories, subject, where necessary for constitutional reasons, to the consent of the Governments of such territories.

Article 41. Federal clause

In the case of a Federal or non-unitary State, the following provisions shall apply:

(a) With respect to those articles of this Convention that come within the legislative jurisdiction of the federal legislative authority, the obligations of the Federal Government shall to this extent be the same as those of parties which are not Federal States;

(b) With respect to those articles of this Convention that come within the legislative jurisdiction of constituent States, provinces or cantons which are not, under the constitutional system of the Federation, bound to take legislative action, the Federal Government shall bring such articles with a favourable recommendation to the notice of the appropriate authorities of States, provinces or cantons at the earliest possible moment;

(c) A Federal State Party to this Convention shall, at the request of any other Contracting State transmitted through the Secretary-General of the United Nations, supply a statement of the law and practice of the Federation and its constituent units in regard to any particular provision of the Convention showing the extent to which effect has been given to that provision by legislative or other action.

Article 42. Reservations

1. At the time of signature, ratification or accession, any State may make reservations to articles of the Convention other than to articles 1, 3, 4, 16 (1), 33, 36-46 inclusive.

2. Any State making a reservation in accordance with paragraph 1 of this article may at any time withdraw the reservation by a communication to that effect addressed to the Secretary-General of the United Nations.

Article 43. Entry into force

1. This Convention shall come into force on the ninetieth day following the day of deposit of the sixth instrument of ratification or accession.

2. For each State ratifying or acceding to the Convention after the deposit of the sixth instrument of ratification or accession, the Convention shall enter into force on the ninetieth day following the date of deposit by such State of its instrument of ratification or accession.

Article 44. Denunciation

1. Any Contracting State may denounce this Convention at any time by a notification addressed to the Secretary-General of the United Nations.

2. Such denunciation shall take effect for the Contracting State concerned one year from the date upon which it is received by the Secretary-General of the United Nations.

3. Any State which has made a declaration or notification under article 40 may, at any time thereafter, by a notification to the Secretary-General of the United Nations, declare that the Convention shall cease to extend to such territory one year after the date of receipt

of the notification by the Secretary-General.

Article 45. Revision

1. Any Contracting State may request revision of this Convention at any time by a notification addressed to the Secretary-General of the United Nations.

2. The General Assembly of the United Nations shall recommend the steps, if any, to be taken in respect of such request.

Article 46. Notifications by the Secretary-General of the United Nations

The Secretary-General of the United Nations shall inform all Members of the United Nations and non-member States referred to in article 39:

(a) Of declarations and notifications in accordance with section B of article 1;

(b) Of signatures, ratifications and accessions in accordance with article 39;

(c) Of declarations and notifications in accordance with article 40;

(d) Of reservations and withdrawals in accordance with article 42;

(e) Of the date on which this Convention will come into force in accordance with article 43;

(f) Of denunciations and notifications in accordance with article 44;

(g) Of requests for revision in accordance with article 45.

In faith whereof the undersigned, duly authorized, have signed this Convention on behalf of their respective Governments.

Done at Geneva, this twenty-eighth day of July, one thousand nine hundred and fifty-one, in a single copy, of which the English and French texts are equally authentic and which shall remain deposited in the archives of the United Nations, and certified true copies of which shall be delivered to all Members of the United Nations and to the non-member States referred to in article 39.

Schedule

Paragraph 1

1. The travel document referred to in article 28 of this Convention shall be similar to the specimen annexed hereto.

2. The document shall be made out in at least two languages, one of which shall be English or French.

Paragraph 2

Subject to the regulations obtaining in the country of issue, children may be included in the travel document of a parent or, in exceptional circumstances, of another adult refugee.

Paragraph 3

The fees charged for issue of the document shall not exceed the lowest scale of charges for national passports.

Paragraph 4

Save in special or exceptional cases, the document shall be made valid for the largest possible number of countries.

Paragraph 5

The document shall have a validity of either one or two years, at the discretion of the issuing authority.

Paragraph 6

1. The renewal or extension of the validity of the document is a matter for the authority which issued it, so long as the holder has not established lawful residence in another territory and resides lawfully in the territory of the said authority. The issue of a new document is, under the same conditions, a matter for the authority which issued the former document.

2. Diplomatic or consular authorities specially authorized for the purpose, shall be empowered to extend, for a period not exceeding six months, the validity of travel documents issued by their Governments.

3. The Contracting States shall give sympathetic consideration to renewing or extending the validity of travel documents or issuing new documents to refugees no longer lawfully resident in their territory who are unable to obtain a travel document from the country of their lawful residence.

Paragraph 7

The Contracting States shall recognize the validity of the documents issued in accordance with the provisions of article 28 of this Convention.

Paragraph 8

The competent authorities of the country to which the refugee desires to proceed shall, if they are prepared to admit him and if a visa is required, affix a visa on the document of which he is the holder.

Paragraph 9

1. The Contracting States undertake to issue transit visas to refugees who have obtained visas for a territory of final destination.

2. The issue of such visas may be refused on grounds which would justify refusal of a visa to any alien.

Paragraph 10

The fees for the issue of exit, entry or transit visas shall not exceed the lowest scale of charges for visas on foreign passports.

Paragraph 11

When a refugee has lawfully taken up residence in the territory of another Contracting State, the responsibility for the issue of a new document, under the terms and conditions of Article 28 shall be that of the competent authority of that territory, to which the refugee shall be entitled to apply.

Paragraph 12

The authority issuing a new document shall withdraw the old document and shall return it to the country of issue, if it is stated in the document that it should be so returned; otherwise it shall withdraw and cancel the document.

Paragraph 13

1. Each Contracting State undertakes that the holder of a travel document issued by it in accordance with article 28 of this Convention shall be readmitted to its territory at any time during the period of its validity.

2. Subject to the provisions of the preceding sub-paragraph, a Contracting State may require the holder of the document to comply with such formalities as may be prescribed in regard to exit from or return to its territory.

3. The Contracting States reserve the rights, in exceptional cases, or in cases where the refugee's stay is authorized for a specific period, when issuing the document, to limit the period during which the refugee may return to a period of not less than three months.

Paragraph 14

Subject only to the terms of paragraph 13, the provisions of this Schedule in no way affect the laws and regulations governing the conditions of admission to, transit through, residence and establishment in, and departure from, the territories of the Contracting States.

Paragraph 15

Neither the issue of the document nor the entries made thereon determine or affect the status of the holder, particularly as regards nationality.

Paragraph 16

The issue of the document does not in any way entitle the holder to the protection of the diplomatic or consular authorities of the country of issue, and does not ipso facto confer on these authorities a right of protection.

3. 난민의 지위에 관한 의정서 (1967)

이 의정서의 당사국은,

1951년 7월 28일 제네바에서 채택된 난민의 지위에 관한 협약(이하 협약이라 함)이 1951년 1월 1일 이전에 발생한 사건의 결과로서 난민이 되었던 자에게만 적용된다는 점을 고려하고, 협약이 채택된 이후에 새로운 사태에 의하여 난민이 발생하였고 따라서 이러한 난민은 협약의 적용범위에 속하지 아니할 수 있다는 점을 고려하고,

1951년 1월 1일의 기준시점에 관계없이 협약의 정의에 해당되는 모든 난민이 동등한 지위를 향유 하여야 한다는 것이 바람직하다는 점을 고려하여, 다음과 같이 합의하였다.

제1조 일반규정

1. 이 의정서의 당사국은 다음에 정의된 난민에 대하여 협약 제2조에서 제34조까지의 규정을 적용할 것을 약속한다.

2. 이 의정서의 목적상, '난민'의 용어는, 이 조 제3항의 적용에 관한 것을 제외하고, 협약 제1 조 제A항 제2호에 규정된 '1951년 1월 1일 이전에 발생한 사건의 결과로서 또한 ……' 및 '그러한 사건의 결과로서 …… "라는 문언이 삭제되었다면 협약 제1조의 정의에 해당하는 모든 자를 의미한다.

3. 이 의정서는 이 의정서의 당사국에 의하여 어떠한 지역적 제한없이 적용된다. 다만, 협약의 체약국이 된 국가가 협약 제1조 제B항 제1호 (a)에 따른다고 한 선언은 협약의 제1조 제B 항 제2호에 의하여 확대되지 아니하는 한 이 의정서에 의하여서도 적용된다.

제2조 국가기관과 국제연합과의 협력

1. 이 의정서의 당사국은 국제연합 난민고등판무관 사무소 또는 이를 승계하는 국제연합의 다른 기관의 임무 수행에 있어서 이들 기관과 협력할 것을 약속하고, 또한 특히 이들 기관 이 이 의정서의 규정의 적용을 감독하는 임무를 원활히 수행할 수 있도록 편의를 제공한다.

2. 이 의정서의 당사국은 고등판무관 사무소 또는 이를 승계하는 국제연합의 다른 기관이 국 제연합의 관할기관에 보고할 수 있게 하기 위하여, 요청에 따른 다음 사항에 관한 정보 및 통계자료를 적당한 양식으로 제공할 것을 약속한다.

   (a) 난민의 상태

   (b) 이 의정서의 이행 상황

   (c) 난민에 관한 현행 법령 또는 장차 시행할 법령

제3조 국내법에 관한 정보

이 의정서의 당사국은 국제연합 사무총장에게 이 의정서의 적용을 확보하기 위하여 제정하는 국내법령을 통보한다.

제4조 분쟁 해결

이 의정서의 해석 또는 적용에 관한 이 의정서의 당사국간의 어떠한 분쟁도 다른 방법에 의하여 해결될 수 없는 것은 분쟁당사국 중 어느 일방당사국의 요청에 따라 국제사법재판소에 회부한다.

제5조 가 입

이 의정서는 협약의 모든 체약국 및 국제연합의 다른 회원국 또는 전문기관의 회원국 또는 국제연합 총회에 의하여 이 의정서에 가입하도록 초청받은 국가의 가입을 위하여 개방된다. 가입은 국제연합 사무총장에게 가입서를 기탁함으로써 이루어진다.

제6조 연방조항

당사국이 연방제국가이거나 또는 단일제국가가 아닌 경우에는, 다음 규정을 적용한다.

(a) 이 의정서 제1조 제1항에 따라 적용될 협약의 규정으로서 연방의 입법기관의 입법권의 범위 내에 속하는 이 협약의 규정에 관하여는, 연방정부의 의무는 연방제국가가 아닌 당사국의 의무와 동일하다.

(b) 이 의정서 제1조 제1항에 따라 적용될 협약의 규정으로서 그 실시가 연방구성국, 주 또는 현의 입법권에 속하고, 연방의 헌법제도상 연방 구성국, 주 또는 현이 입법조치를 취할 의무가 없는 것에 관하여는, 연방정부는 연방구성국, 주 또는 현의 적절한 기관에 대하여 가능한 한 신속히 호의적인 권고로서 이 규정을 통보한다.

(c) 이 의정서의 당사국인 연방제국가는 국제연합 사무총장을 통하여 전달된 다른 당사국으로부터 요청이 있는 경우, 이 의정서 제1조 제1항에 따라 적용되는 협약의 특정규정에 관한 연방 및 그 구성단위의 법과 관행에 관하여 설명하고, 또한 입법조치 또는 다른 조치에 의하여 그 규정이 어느 정도 효과적으로 이행되고 있는지를 증명한다.

제7조 유보 및 선언

1. 어떠한 국가도 가입시에 이 의정서 제4조에 관하여 또한 이 의정서 제1조에 따른 협약 제1조, 제3조, 제4조, 제16조 제1항 및 제33조를 제외한 규정에 대하여 유보를 할 수 있다. 다만, 협약 당사국이 이 조에 의하여 행한 유보는 이 협약의 적용을 받는 난민에 대하여는 적용되지 아니한다.

2. 협약 제42조에 따라 협약 당사국이 한 유보는 철회되지 아니하는 한 이 의정서에 의한 당사국의 의무에 대하여도 적용된다.

3. 이 조 제1항에 따라 유보를 한 어떠한 국가도 국제연합 사무총장에게 통고함으로써 유보를

언제든지 철회할 수 있다.

4. 협약 체약국으로서 이 의정서에 가입한 국가는 협약 제40조 제1항 및 제2항에 의하여 행한 선언은, 관련당사국이 이 의정서의 가입시에 국제연합 사무총장에게 달리 통고를 하지 아니하는 한, 이 의정서에 대하여서도 적용되는 것으로 본다. 협약 제40조 제2항 및 제3항, 또한 제44조 제3항의 규정도 이 의정서에 준용한다.

제8조 발 효

1. 이 의정서는 여섯 번째 가입서가 기탁되는 날에 발효한다.
2. 이 의정서는 여섯 번째 가입서가 기탁된 후 의정서에 가입하는 국가에 대하여는, 그 가입서가 기탁된 날에 발효한다.

제9조 폐 기

1. 어떠한 당사국도 국제연합 사무총장에게 통고함으로써 이 의정서를 언제든지 폐기할 수 있다.
2. 폐기는 국제연합 사무총장이 통고를 받은 날로부터 1년 후에 관련 당사국에 대하여 효력을 발생한다.

제10조 국제연합 사무총장에 의한 통보

국제연합 사무총장은 제5조에 규정된 국가에 대하여 이 의정서의 발효일, 가입, 유보, 유보의 철회, 폐기 및 이 의정서에 관계된 선언과 통고를 통보한다.

제11조 국제연합 사무국의 문서보존국에의 기탁

이 의정서는 중국어, 영어, 불어, 러시아어 및 스페인어로 된 원본 1통으로 작성되고, 원본은 국제연합 총회의장 및 국제연합 사무총장에 의하여 서명되었고 국제연합 사무국의 문서보존국에 기탁된다. 국제연합 사무총장은 이 인증등본을 모든 국제연합 회원국 및 이들 회원국 외에 상기 제5조에 규정된 국가에 송부한다.

Protocol Relating to the Status of Refugees (1967)

THE STATES PARTIES TO THE PRESENT PROTOCOL,

CONSIDERING that the Convention relating to the Status of Refugees done at Geneva on 28 July 1951 (hereinafter referred to as the Convention) covers only those persons who have become refugees as a result of events occurring before 1 January 1951,

CONSIDERING that new refugee situations have arisen since the Convention was adopted and that the refugees concerned may therefore not fall within the scope of the Convention,

CONSIDERING that it is desirable that equal status should be enjoyed by all refugees covered by the definition in the Convention irrespective of the dateline 1 January 1951,

HAVE AGREED as follows:

Article I GENERAL PROVISION

1. The States Parties to the present Protocol undertake to apply articles2 to 34 inclusive of the Convention to refugees as hereinafter defined.
2. For the purpose of the present Protocol, the term "refugee" shall, except as regards the application of paragraph 3 of this article, mean any person within the definition of article 1 of the Convention as if the words "As a result of events occurring before 1 January 1951 and..." "and the words"... "a result of such events", in article 1 A (2) were omitted.
3. The present Protocol shall be applied by the States Parties hereto without any geographic limitation, save that existing declarations made by States already Parties to the Convention in accordance with article1 B (1) (a) of the Convention, shall, unless extended under article 1 B (2) thereof, apply also under the present Protocol.

Article II CO-OPERATION OF THE NATIONAL AUTHORITIES WITH THE UNITED NATIONS

1. The States Parties to the present Protocol undertake to co-operate with the Office of the United Nations High Commissioner for Refugees, or any other agency of the United Nations which may succeed it, in the exercise of its functions, and shall in particular facilitate its duty of supervising the application of the provisions of the present Protocol.
2. In order to enable the Office of the High Commissioner, or any other agency of the United Nations which may succeed it, to make reports to the competent organs of the United Nations, the States Parties to the present Protocol undertake to provide them with the information and statistical data requested, in the appropriate form, concerning:
   (a) The condition of refugees;
   (b) The implementation of the present Protocol;
   (c) Laws, regulations and decrees which are, or may hereafter be, inforce relating to refugees.

Article III INFORMATION ON NATIONAL LEGISLATION

The States Parties to the present Protocol shall communicate to the Secretary-General of the United Nations the laws and regulations which they may adopt to ensure the application of the present Protocol.

Article IV SETTLEMENT OF DISPUTES

Any dispute between States Parties to the present Protocol which relates to its interpretation or application and which cannot be settled by other means shall be referred to the International Court of Justice at the request of any one of the parties to the dispute.

Article V ACCESSION

The present Protocol shall be open for accession on behalf of all States Parties to the Convention and of any other State Member of the United Nations or member of any of the specialized agencies or to which an invitation to accede may have been addressed by the General Assembly of the United Nations. Accession shall be effected by the deposit of an instrument of accession with the Secretary-General of the United Nations.

Article VI FEDERAL CLAUSE

In the case of a Federal or non-unitary State, the following provisions shall apply:

(a) With respect to those articles of the Convention to be applied in accordance with article I, paragraph 1, of the present Protocol that come within the legislative jurisdiction of the federal legislative authority, the obligations of the Federal Government shall to this extent be the same as those of States Parties which are not

Federal States;

(b) With respect to those articles of the Convention to be applied in accordance with article I, paragraph 1, of the present Protocol that come within the legislative jurisdiction of constituent States, provinces or cantons which are not, under the constitutional system of the federation, bound to take legislative action, the Federal Government shall bring such articles with a favourable recommendation to the notice of the appropriate authorities of States, provinces or cantons at the earliest possible moment;

(c) A Federal State Party to the present Protocol shall, at the request of any other State Party hereto transmitted through the Secretary-General of the United Nations, supply a statement of the law and practice of the Federation and its constituent units in regard to any particular provision of the Convention to be applied in accordance with article I, paragraph 1, of the present Protocol, showing the extent to which effect has been given to that provision by legislative or other action.

Article VII RESERVATIONS AND DECLARATIONS

1. At the time of accession, any State may make reservations in respect of article IV of the present Protocol and in respect of the application in accordance with article I of the present Protocol of any provisions of the Convention other than those contained in articles 1, 3, 4, 16 (1) and 33 thereof, provided that in the case of a State Party to the Convention reservations made under this article shall not extend to refugees in respect of whom the Convention applies.

2. Reservations made by States Parties to the Convention in accordance with article 42 thereof shall, unless withdrawn, be applicable in relation to their obligations under the present Protocol.

3. Any State making a reservation in accordance with paragraph 1 of this article may at any time withdraw such reservation by a communication to that effect addressed to the Secretary-General of the United Nations.

4. Declarations made under article 40, paragraphs 1 and 2, of the Convention by a State Party thereto which accedes to the present Protocol shall be deemed to apply in respect

of the present Protocol, unless upon accession a notification to the contrary is addressed by the State Party concerned to the Secretary-General of the United Nations. The provisions of article 40, paragraphs 2 and 3, and of article 44, paragraph 3, of the Convention shall be deemed to apply mutatis mutandis to the present Protocol.

Article VIII ENTRY INTO FORCE

1. The present Protocol shall come into force on the day of deposit of the sixth instrument of accession.
2. For each State acceding to the Protocol after the deposit of the sixth instrument of accession, the Protocol shall come into force on the date of deposit by such State of its instrument of accession.

Article IX DENUNCIATION

1. Any State Party hereto may denounce this Protocol at any time by a notification addressed to the Secretary-General of the United Nations.
2. Such denunciation shall take effect for the State Party concerned one year from the date on which it is received by the Secretary-General of the United Nations.

Article X NOTIFICATIONS BY THE SECRETARY-GENERAL OF THE UNITED NATIONS

The Secretary-General of the United Nations shall inform the States referred to in article V above of the date of entry into force, accessions, reservations and withdrawals of reservations to and denunciations of the present Protocol, and of declarations and notifications relating hereto.

Article XI DEPOSIT IN THE ARCHIVES OF THE SECRETARIAT OF THE UNITED NATIONS

A copy of the present Protocol, of which the Chinese, English, French, Russian and Spanish texts are equally authentic, signed by the President of the General Assembly and by the Secretary-General of the United Nations, shall be deposited in the archives of the Secretariat of the United Nations. The Secretary-General will transmit certified copies thereof to all States Members of the United Nations and to the other States referred to in article V above.

4. 이주민 인권 특별보고관 한국방문 보도자료 (2006)

 UNITED NATIONS

Press Release

SPECIAL RAPPORTEUR ON HUMAN RIGHTS OF MIGRANTS
ENDS MISSION TO REPUBLIC OF KOREA

11 December 2006

The Special Rapporteur on the human rights of migrants, Professor Jorge Bustamante, issued the following statement today in Seoul:

"The Special Rapporteur on the human rights of migrants, Professor Jorge Bustamante ended a five-day visit to the Republic of Korea on 11 December 2006. Professor Bustamante thanks the Government of the Republic of Korea for having invited him to visit the country and for extending to him its full co-operation to assess the situation of migrants in the country.

During the visit, the Special Rapporteur met with senior officials from the Ministries of Foreign Affairs and Trade, Justice, Labour, Government Administration and Home Affairs, Labor, Gender Equality and Family, as well as with the president of the National Human Rights Commission. Professor Bustamante also held meetings with Parliamentarians, officials of United Nations agencies, representatives of non-governmental organizations, representatives of employers and trade unions. He also spent time in a migrant shelter.

Professor Bustamante welcomes the Republic of Korea's efforts to adapt its policies in light of increasing immigration to the country. The visit has allowed him to focus on the need for comprehensive migration legislation in the Republic of Korea, to ensure that the human rights of documented and undocumented migrants are protected.

The Employment Permit System (EPS)

The Special Rapporteur held discussions on the new Employment Permit System(EPS) with various counterparts within the Government and as well with representatives of civil society.

The Special Rapporteur acknowledges that the South Korean Government has recognized the vulnerability of migrant workers and tried to increase their protection by drafting and implementing the Act Concerning the Employment Permit for Migrant Workers (EPS Act).The South Korean Government has, by enacting the EPS Act, begun an attempt to protect the basic rights of migrant workers in South Korea.

At the same time certain aspects of the new Employment Act that will enter into force in 2007 were of concern. Most notably, the fact that the new EPS only grants migrant workers a legal status for a non-renewable period of three years means that migrant workers would remain vulnerable within the Korean community.

The Special Rapporteur notes some discriminatory measures endorsed by the new EPS particularly in relation to workers' rights to change employment and their right to join trade unions.

The Special Rapporteur is concerned that the 2007 EPS policies and practices would not prevent further abuse against migrant workers. This would be a violation of other international human rights treaties that the South Korean government has signed and ratified, namely the International Covenant on Civil and Political Rights, the International Covenant on Economic, Social and Cultural Rights, the International Convention on the Elimination of All Forms of Racial Discrimination and the Convention on the Elimination of All Forms of Discrimination against Women. In the same spirit the Special Rapporteur emphasizes the importance of the ratification of the 1990 the International Convention on the Protection of the Rights of All Migrant Workers and Members of Their Families.

The Situation of Spouses in Mixed Marriages

The Special Rapporteur also notes with concern that the legal rights of foreign wives were solely depended on the consent of their Korean husbands, namely their residency permits, the custody of their children and their right to divorce, even in cases of domestic violence.

The Special Rapporteur commends the steps taken by the Government to redress the powerlessness of these foreign wives by establishing integration and insertion programs especially in rural areas. However these programs were still at a nascent stage having begun only in 2005. They needed to be expanded at a larger and faster scale as the main problems faced by mixed couples were language and the wives' lack of access to language training.

Many foreign wives unable to understand the South Korean language remain stranded in rural areas. In many cases, these women faced severe racial discrimination, emotional and physical abuse, depression and maltreatment. Significant language and cultural barriers make their social integration very difficult and kept them unaware of their rights.

So far no legislation or policies had been sufficiently established in Korea to provide protection for these women. In their meetings with the Special Rapporteur foreign wives who had run away from abusive husbands shared their worries about their future due to their precarious or nonexistent residency status.

The Special Rapporteur highlights that the rapid increase in mixed marriages means that Korean society as a whole, including Government agencies, civil society and the local population, needs to collectively show more comprehension, support and friendship to these foreign wives.

Irregular Migrants and Undocumented Children

The Special Rapporteur notes that half of the migrant population in the Republic of Korea remain in an irregular situation; some migrants have been in the country for more than 10 years without any steps being taken to regularize them. As a result they have not been able to reunite with their families. Even when their families were staying with them in the Republic of Korea, they were deprived access to basic facilities.

The Special Rapporteur will offer the Government of the Republic of Korea recommendations on all these issues in the report he will submit to the Human Rights Council.

The Special Rapporteur encourages Government authorities and civil society to continue to work hand in hand to promote the rights of migrants in line with international standards".

Prof. Jorge Bustamante was appointed Special Rapporteur in August 2005. The mandate on the human rights of migrants was established in 1999 to "examine ways and means to overcome the obstacles existing to the full and effective protection of the human rights of migrants, including obstacles and difficulties for the return of migrants who are undocumented or in an irregular situation".

***** *For use of the information media; not an official record*

5. 이주민 인권 특별보고관 한국방문 보고서 (2007)

**UNITED
NATIONS**

 General Assembly

Distr.
GENERAL

A/HRC/4/24/Add.2
14 March 2007

Original: ENGLISH

HUMAN RIGHTS COUNCIL
Fourth session
Item 2 of the provisional agenda

**IMPLEMENTATION OF GENERAL ASSEMBLY RESOLUTION 60/251
OF 15 MARCH 2006 ENTITLED "HUMAN RIGHTS COUNCIL"**

Report of the Special Rapporteur on the human rights of migrants

MISSION TO THE REPUBLIC OF KOREA* **

(5-12 December 2006)

---

* The summary of this document is being circulated in all official languages. The report, which is annexed to the summary, is being circulated in the language of submission only.

** The present document was submitted late so as to include the most up-to-date information possible. As such, it has not been edited, except for paragraph numbering and table of contents. This document, including annexes, is reproduced as received.

GE.07-11887 (E)   160307

A/HRC/4/24/Add.2
page 2

Summary

This report is submitted in accordance with resolution 2001/52 of the Commission on Human Rights following the official visit paid by the Special Rapporteur on the human rights of migrants to the Republic of Korea between 5 and 11 December 2006. The Special Rapporteur takes this opportunity to thank the Government of the Republic of Korea for inviting him to visit the country and for the valuable assistance and cooperation afforded to him prior to and during his mission.

The Special Rapporteur notes that civil society in the Republic of Korea is highly organized to address the phenomenon of migration, including associations of migrant workers. The Special Rapporteur notes that steps taken by various migrant associations as well as women organizations in their negotiations with the authorities have led to important commitments on the part of the Government, in the context of the dialogue on improving the situation of migrants, especially for female foreign spouses.

The report contains a study of the various aspects regarding the situation of migrants living in the Republic of Korea. The Special Rapporteur bases his finding on an analysis of labour laws and on information gathered through interviews and meetings he held with a wide array of sources, including Government officials, non-governmental organizations, lawyers, migrants, as well as from his visit to shelters for female migrants.

Accordingly, he recommends a number of measures to be adopted by the Government in order to comply with its commitment to international human rights labour standards including:

  – ratification of the 1990 International Convention on the Protection of the Rights of All Migrant Workers and Members of Their Families;

  – review of the labour laws especially the Act Concerning the Employment Permit for Migrant Workers (EPS Act);

  – and measures to protect women in particular those involved in international marriages.

In this report, the Special Rapporteur highlights the vulnerable situation of unskilled migrant workers who remain in an irregular situation in the Republic of Korea despite efforts to regularize their situation, given the lack of opportunities for a large proportion of them to stay beyond a limited three years time limit established by the current labour laws.

A/HRC/4/24/Add.2
page 3

Annex

REPORT OF THE SPECIAL RAPPORTEUR ON THE HUMAN RIGHTS OF MIGRANTS

MISSION TO THE REPUBLIC OF KOREA (5-12 DECEMBER 2006)

CONTENTS

A/HRC/4/24/Add.2
page 4

I. INTRODUCTION

1.   The Special Rapporteur on the human rights of migrants visited the Republic of Korea (RoK) from 5 to 11 December 2006 at the invitation of the Government of the Republic of Korea. The Special Rapporteur takes this opportunity to thank the Government of the Republic of Korea for inviting him to visit the country and for the valuable assistance and cooperation afforded to him prior to and during the visit. The Special Rapporteur wishes to express his sincere appreciation for the assistance provided by the United Nations Development Programme (UNDP) in Seoul and by the many non-governmental organizations and individuals whom he had an opportunity to meet during his stay in the Republic of Korea.

2.   The main purposes of the visit were to assess the prevailing situation of migrants living in the Republic of Korea and to promote the ratification of the 1990 International Convention on the Protection of the Rights of All Migrant Workers and Members of Their Families (ICRMW).

3.   In this report, the Special Rapporteur has paid special attention to the circumstances and impact of new labour systems implemented in order to regulate unskilled migrant workers living in the Republic of Korea namely the Industrial Trainee System (ITS) and the Employment Permit System (EPS) and the situation of female migrants.

Programme of the visit

4.   During his visit, the Special Rapporteur held meetings with government officials and the relevant representatives of civil society, trade unions and employers. The Special Rapporteur also had the opportunity to spend a day in a women shelter administered by the Ministry of Gender Equality and Family outside Seoul. The following report is based on the meetings the Special Rapporteur held with the authorities, the representatives of the civil society and the migrants themselves.

II.   THE GENERAL SITUATION OF MIGRANT WORKERS IN THE REPUBLIC OF KOREA

International standards

5.   The Republic of Korea has ratified the main international human rights treaties. In particular, the country acceded to the ICCPR and the ICESCR in April 1990; the CERD in December 1978; the Convention against Torture and Other Cruel, Inhuman or Degrading Treatment or Punishment (Convention against Torture) in January 1995 the Convention on the Elimination of All Forms of Discrimination against Women (CEDAW) in December 1984; and the Convention on the Rights of the Child (CRC) in November 1991. However the Republic of Korea has not ratified the International Convention on the Protection of the Rights of All Migrant Workers and Members of Their Families (ICRMW).

A/HRC/4/24/Add.2
page 5

Koreans living abroad

6.   The Republic of Korea is both a labour sending and a receiving country. In mid-sixties, South Koreans began migrating to the United States to study or to find a higher quality of life. In the 1970s and 1980s, millions of construction workers went to the Middle East as employees of South Korean contractors.[1] Most of these workers returned home after a few years with substantial savings. Although prosperity has brought higher living standards to the Republic of Korea, a number of middle-class South Koreans still continue to immigrate to Asian and Anglophone countries such as Canada and the United States in search for a better quality of life for themselves and their children. In 2003, some 8,300 Koreans went abroad to permanently settle in a foreign country.[2] According to government surveys of emigrants, the most popular destination countries are the United States (28.4 per cent), followed by China (16.8 per cent), Japan (12.6 per cent), Canada (10.0 per cent), and Australia (5.1 per cent). Family reunification provisions are the main reason for the flow to the United States, where, according to the United States Census Bureau, in 2000 there were 860,000 Koreans living in the United States. The number of South Koreans who went abroad in 2003 for education reasons - largely to the United States and China - numbered around 500,000.

A. Migrant workers in the Republic of Korea

7.   Migrant workers in the Republic of Korea began to arrive in late 1980s when workers from neighbouring Asian countries were attracted to the country as the rapid economic growth earned attention from the international media.

8.   In the early 1990s, with labour shortages exacerbated in small and medium businesses and the presence of thousands of irregular migrant workers the Republic of Korea officially opened its doors to migrant workers. As of August 2006, at least 420,000 migrant workers - or approximately 1.5 per cent of the workforce - were believed to be working in the Republic of Korea, based on government and NGO figures.[3] These workers come from China, Viet Nam, Bangladesh, Nepal, the Philippines and Indonesia among other countries.

9.   Korea's employment system for foreign workers can be divided largely into three categories, namely, the employment system for unskilled foreign workers, the employment system for highly-skilled foreign workers and the other status of sojourn with employment rights. In relation to unskilled foreign workers, the Republic of Korea is introducing the minimum number of migrant workers needed according to strict procedures to protect the employment opportunity of Korean workers and minimize distortion of the labour market. The employment programmes for unskilled foreign workers can be classified into two legal systems, the Employment Permit System (EPS) and the Industrial Trainee System (ITS).

---

[1] www.migrationinformation.org/Profiles.

[2] www.ieem.org.mo/nesca/.

[3] www.csr-asia.com/upload.

A/HRC/4/24/Add.2
page 6

Industrial Trainee System (ITS)

10.   In 1992 in order to respond to labour shortages and to reduce the number of undocumented migrants, the RoK introduced ITS. The ITS programme was initially aimed to provide training to foreign workers recruited by Korean companies to acquire improved skills and enhance their performance. However, most of the jobs performed in the framework of the ITS were considered to be "dirty", "difficult", and "dangerous"; so called 3D.

11.   The status of the migrant workers following ITS programme was very much dependent on his/her employer, leaving them in a vulnerable situation. Despite their status as trainees, they were mobilized as unskilled labour for work - which was mostly avoided by Korean nationals - and they were paid stipends which were a fraction of the actual wage. They had neither the right to change their workplace nor did the labour laws protect them as regards minimum wage, security guarantees and working hours.

12.   Industrial trainees endured human rights violations such as the confiscation and retention by employers of their passports, visa papers and identity cards, delays and non-payment of stipendiary wages, instances of verbal and occasional physical violence.

13.   In addition the recruitment and the management of trainees were seriously distorted. Controlled by the Korean Federation of Small and Medium Business (KFSB), trainees had to bear a huge financial burden to apply for traineeships and paying long-term debts on a monthly basis while working in Korea. KFSB monopolized the ITS programme in the Republic of Korea by non-transparent linkages with recruitment agencies in labour exporting countries. While KFSB reportedly earned a portion of the recruitment fees, they were also culpable in allowing such an exploitative system to operate. This in turn further worsened the vulnerability of migrant trainees under ITS. This process institutionalized a system which had not resolved the high levels of indebtedness faced by the industrial trainees leading to de facto conditions of debt bondage and which had also significantly worsened their vulnerability.

14.   Running away from difficult working conditions, many trainees left their designated workplaces and sought employment outside the ITS. As their legal status was strictly bound to their traineeship, trainees became irregular migrants as soon as they left their companies with no legal rights and therefore in many instances, subjected to further exploitation.

15.   However, the number of undocumented migrant workers continued to surpass the number of documented industrial trainees. Statistics in 1997 collected by the Ministry of Labour demonstrated that the Republic of Korea had hosted slightly over 16,000 industrial trainees while the number of irregular workers reached around 130,000. In 2001, the Government revised the System to allow an industrial trainee, two years of employment after a one-year traineeship and a guarantee of a minimum wage. However the changes did not help in reducing the number of undocumented migrant workers. Although the trainee quota had been expanded up to 130,000 in 2002, nearly 80 per cent of the 290,000 migrants were irregular migrant workers. Problems such as excessive recruitment fees and low wages remained subjects of concern. This led the Government in drafting a new labour law for migrants, the EPS Act in 2003.

The Employment Permit System (EPS)

16.   After eight years of debate, the National Assembly passed the Employment Permit for Migrant Workers Bill in August 2003, establishing the Employment Permit System (EPS). Initially the EPS was meant to replace the ITS, however, confronted by objections from the employers unions, the authorities decided to operate both the ITS and the EPS. The EPS was introduced in July 2004 in the following sectors, manufacturing, construction, agriculture, fishing and service industries.

17.   The EPS began to be implemented through bilateral Memoranda of Understanding (MOUs), signed between the Republic of Korea and sending countries setting out the rights and duties of Governments and the status and benefits for the workers. The procedure involves Labour Ministries of the two countries and excludes intervention of the private sector. By December 2006, nine countries had signed MOU with the Republic of Korea under the EPS including Cambodia, Indonesia, Mongolia, Pakistan, Philippines, Sri Lanka, Thailand, Uzbekistan and Viet Nam.

18.   Overall the EPS offers better status to migrant workers than the ITS: the recruitment process is more transparent and statistics show that around 75 per cent of the EPS workers spent US$ 1,100 or less to come to the Republic of Korea.

19.   It has also offered an opportunity for a number of irregular migrants to obtain a legal status. In 2003, the number of irregular migrant workers registered by the Ministry of Labour exceeded 227,000 and 80 per cent of them were afforded legal status under the Employment Permit System.

20.   EPS workers receive benefits including industrial accident compensation insurance, employment insurance and national health insurance and the national pension based on reciprocity between the parties of the MOU. They are entitled the same legal status as native workers as stipulated in labour related laws and thus guaranteed a minimum wage, the rights to form trade unions, collective actions and collective bargaining. Nevertheless, the EPS fails to provide a judicial mechanism for holding accountable those who violate this provision.

21.   The fact that the EPS requires migrant workers to annually renew employment contracts with their employers for a period not exceeding three years places them in a vulnerable situation. The annual extension of contracts depends upon their employers, therefore very few dare to lodge complaints if their working conditions are inadequate, fearing the non-extension of their contracts. Moreover, it also impedes their freedom of movement of work because they are bound to remain within their first employment company throughout the three-year period. Those workers who would like to extend their stay over the three-year period have to leave the country for at least a year before returning.

22.   The sum required to join the programme is disproportionately high as most of these workers come from poor or lower middle class families from countries where this sum is about one to two years' per capita income. It forces migrant workers to borrow money at very high rates of interest or by mortgaging their land or houses. This high indebtedness is an important and the fundamental reason many migrant workers stay on in the Republic of Korea beyond the three years' limits as it takes most of the three years just paying up their debts.

A/HRC/4/24/Add.2
page 8

23.   The EPS programme does not apply to migrant workers employed for domestic services and family reunification is not allowed. The family reunification for over 10,000 workers has been a pending issue over years.

24.   According to the Ministry of Labour, all migrant workers are eligible to benefit from the industrial accident compensation scheme. However the Special Rapporteur was told that migrant workers are largely unaware of their rights and, according to information received, the employers do not report work-related accidents as they have not taken the necessary measures to provide insurance to their migrant workers. The reluctance from employers to comply with their obligation to adopt safety environment at work, to insure their migrant employees and report work-related accidents is linked to their fear of investigations by insurance companies and adoption of safety measures which would affect their profitability.

25.   In August 2007, the three-year cycle of implementation of the EPS will come to an end and the Government has committed itself to revise it in order to, inter alia, address the plight of undocumented migrants. Many irregular migrant workers in RoK are hoping for legalization under the new revision of the EPS Act in 2007, however, the Ministry of Justice (MoJ) and the Immigration Department are reportedly not favouring the regularization of undocumented migrant workers.

B. Situation of undocumented migrant workers

26.   With the adoption of the EPS in August 2003, the Government set the regularization process of undocumented migrant workers as follows:

Undocumented migrants who had been in the Republic of Korea as of March 2003:

- For less than 3 years: eligible to sojourn status;

- Between 3 years and 4 years: eligible for visa issuance certificate but must first leave the country until 15 November (2003). After that they should return to the RoK within three months to be employed legally;

- For more than 4 years: no possibility to legalize their status and must leave the RoK by 15 November (2003) or will be deported.

27.   Under the Immigration Control Act (ICA), immigration officers were given the authority to search, detain irregular workers and issue deportation orders. The issue of detention orders by immigration officers appears to bypass the constitutional provision requiring detention orders to be issued by a judge. In June 2005, the National Human Rights Commission recommended that the Ministry of Justice, under whom the immigration authorities work, revise the current Immigration Law, arguing that ministry officials had been violating the basic rights of undocumented migrants, including their right to liberty and security of person, during operations by police and immigration officials.

A/HRC/4/24/Add.2
page 9

28.   The authorities increased the control and expulsion of irregular migrants and engaged in a series of operations to arrest, detain often in very poor conditions and deport all irregular migrant workers who remain in the Republic of Korea. In addition, it was reported that in many cases, irregular migrant workers who have suffered long-term or permanent injuries as a result of industrial accidents have reportedly been forced to leave the Republic of Korea immediately after medical treatment without compensation.

29.   By October 2005, more than 30,000 irregular migrant workers had reportedly been deported. Regular documented migrant workers have also been detained and interrogated by immigration officials in an effort to get them to reveal the whereabouts of irregular undocumented migrant workers.

30.   As of December 2006 there were at least 189,000 undocumented migrants workers, more than half of the migrant worker population in the Republic of Korea.[4] A number of them, the irregular migrant workers, had overstayed their visas, some migrants interviewed by the Special Rapporteur had been living in the Republic of Korca for more than 10 years without any document under a constant threat of deportation. However, as there was still a high demand for labour, particularly in small and medium enterprises, and because they were long term migrant workers with a good knowledge of the Korean language and better work skills their presence was tolerated.

31.   The deportation of irregular migrants' children is also an issue of particular concern. On 21 August 2006 the Ministry of Justice released a new policy regarding undocumented migrants' children. Undocumented migrants' children who are enrolled in elementary school are required to report their irregular status within the reporting period from 1 September 2006 to 30 November 2006 and will be given special stay permission. Those who reported their irregular status are allowed to stay until the end of February 2008. However, those who are supposed to graduate in February 2007 may stay until 30 days following the graduation date of the elementary school. This special permission will not be given to those who do not report and will therefore be deported. Under the current Nationality Act which is based on *jus sanguini*, the children of foreigners residing as workers in the Republic of Korea are prohibited from obtaining Korean nationality even if the children were born in the Republic of Korea.

III. WOMEN MIGRANTS IN THE REPUBLIC OF KOREA

Female migrant workers

32.   Female migrant workers now constitute approximately one third of migrant workers in the Republic of Korea. They are frequently under threat of sexual harassment and abuses in the workplace and their average income is lower than that of male co-workers. Undocumented female migrant workers do not report violence perpetrated against them out of fear of arrest and deportation.

---

[4] Around 360,000 migrant workers - or 1.5 per cent of the workforce - were believed to be working in South Korea as of June 2006, based on government and NGO figures.

A/HRC/4/24/Add.2
page 10

The entertainer E-6 visa

33.   For example the E-6, or "entertainer visa", is available to "foreigners who, for the good of profit-making, wish to be engaged in activities such as music, art, literature, entertainment, performance, plays, sports, advertising, fashion modelling, and other occupations that correspond to those above". Female migrant workers coming to the Republic of Korea under an "entertainer visa" are increasingly being lured into sexual activities. This visa category, established in 1994 has met an increasing demand for foreign female entertainers and requests doubled since 1997.

34.   Prostitution is illegal in the Republic of Korea, though numerous brothels operate in major cities and around United States military bases. Sex workers, especially female migrant workers, often suffer from grave abuses, including arbitrary detention and verbal or physical abuse by their employers. For migrant sex workers, language and cultural barriers exacerbate their vulnerable legal status. Most of them are irregular migrant workers who have overstayed their "entertainer" visas which makes it even more difficult for them to report abuse or seek redress from government authorities.

35.   One of the Vietnamese female migrant workers interviewed by the Special Rapporteur reported long hours of domestic work and non-payment of her wages by her employer for the last 16 months. She was forced to perform several tasks for 12 hours on a daily basis from 5 a.m. to 5 p.m. She would then perform as an entertainer in an elephant show; besides, she was forced to engage in prostitution with her employer's clients. She finally ran away and was staying in a shelter when she met the Special Rapporteur.

36.   In September 2004 the Republic of Korea enacted a law that included a provision stipulating a prison term of up to 10 years for people who forced their employees to sell sex, and as a means to repaying the debts the employees incurred in the course of such employment. The new law also paved the way for trafficking victims to pursue cases against brothel owners. However, the law does not protect those that either want to stay in the sex industry or cannot prove that they were coerced. Critics argue that police crackdowns pursuant to the law have driven many sex workers further underground, putting them in an even more vulnerable situation.

Marriages

37.   Over the past few years, the number of international marriages has sharply increased. In particular, as legal immigration routes are limited due to the implementation of new employment schemes, international marriages are becoming more popular than ever because it guarantees a long term and stable resident status. The number of marriages between Korean men and their foreign female spouses stands at around 30,000 in 2006, more than three times higher than marriages between Korean women and foreign male spouses. In 2006, mixed marriages represented 13.6 per cent of the total number of marriages in the Republic of Korea but in the rural areas they represent 36.9 per cent of the marriages.

38.   Statistics by nationality reveal that 66.2 per cent of foreign female spouses are from China and 18.7 per cent are from Viet Nam. Japanese nationals constitute 4 per cent; Filipino nationals 3.2 per cent; and the rest of the women are from other countries including Thailand, Mongolia, and Russia.

39.   In accordance with Article 333 of the Amended Guidelines on the Resident Status of Foreign National Spouse married with Korean Nationals (1 October 1999), foreign spouses married to Korean nationals - whether male or female - shall obtain approval regarding the resident status.

40.   As of May 2006, according to the Korean Nationality Act, foreign wives are eligible to apply for Korean nationality after two years instead of five years of married life with a Korean spouse. However, the male spouse's support is required for the application, which is another inequality in favour of Korean male spouses.

41.   One of the most fundamental problems for the authorities is the integration of foreign spouses into the Korean society and very few surveys are carried out through provincial authorities and governors to understand the phenomena and provide assistance.

42.   The federal government believes that this is an area under the jurisdiction of provincial authorities. But provinces are not allocated sufficient budgets from the federal government for language classes and cultural integration. Provincial authorities' guidelines are not legally binding. Each province has its own system of running agencies, regulations and education programmes. The provincial authorities can also contact the Government of a foreign spouse directly.

43.   A number of the international marriages are prearranged and constitute mail ordered brides. In 2005 it was estimated that there were more than 1,000 wedding agencies operating in the Republic of Korea.[5] These matchmaking agencies are registered as business companies without specific qualifications. The procedures of international marriage agencies are diverse - photo, interview, post-mail order, video file, travel packages through marriage agencies and group marriages through religious groups. The agencies reportedly charge excessive fees from both sides. International marriage agencies offer various marriage packages for South Korean men, which cost approximately US$ 10,000. During the application process to RoK, foreign wives often suffer from lack of information about the country, its traditions and social life. They often do not speak the language and no adequate interpretation facilities are provided to them upon arrival to RoK.

44.   Matchmaking agencies are reported to confiscate the passports and the immigration visas of foreign spouses and prevent female foreign spouses from contacting those who have the same nationality. If they divorce, in some cases they are sent back to their countries through the agencies.

45.   Foreign female spouses interviewed by the Special Rapporteur expressed their distress due to varying reasons. In many cases their husbands did not have a stable job and they had to work to pay their husband's expenses. Since they are not allowed to work legally, they automatically belong to a marginal labour market. Without any formal language training, foreign wives are sometimes put to work soon after entering RoK along with other migrant

---

[5] www.semoonchang.com.

A/HRC/4/24/Add.2
page 12

workers as part of the cheap labour force. Another disturbing factor in these marriages lies with the fact that the legal resident status of a female migrant spouse depends entirely on her Korean husband and this subjects them to all sorts of domestic abuse.

46.   In the case of divorce or separation, difficulties still exist. Foreign female spouses have to personally prove the faults and liabilities of their male spouses. Women's organizations have been concerned about the many cases of fraud and deliberate misinformation by marriage agencies and marriage brokers that occur during the international marriage process.

47.   Although the problems regarding the need to regulate international marriage agencies and private brokers have been raised for years, no concrete proposals have been discussed until April 2006 when the Government publicly announced a comprehensive plan called the social integration programme for migrant women through international marriages and their family members.

48.   The programme would mainly focus on the following issues:

    (a)   Unlawful international marriages through brokers;

    (b)   Legal status of foreign spouses;

    (c)   Support for children's education;

    (d)   Support for adjustment and integration.

49.   Also since 2003, the Korean Government has established two shelters nationwide for foreign women to provide them with assistance for return to their country of origin and free legal advice from the Korean Legal Aid Corporation.

IV. RATIFICATION OF THE INTERNATIONAL CONVENTION ON THE PROTECTION OF THE RIGHTS OF ALL MIGRANT WORKERS AND MEMBERS OF THEIR FAMILIES

50.   According to its draft National Action Plan for the promotion and protection of human rights (NAP), the Government of the Republic of Korea has a plan to ratify the Convention. Nevertheless, it has not yet done so. The Government informed the Special Rapporteur that it is still discussing internally the provisions of the Convention prior to its ratification.

51.   In the meantime, faced with a surge of xenophobia and racism against migrant workers, the Government is also looking for alternative plans to promote the social integration of migrant workers in Korea and enhance their legal and protection framework.

52.   Although numerous organizations are lobbying for the necessity of ratifying the 1990 International Convention on the Protection of the Rights of All Migrant Workers and Members of Their Families, it seems that the efforts deployed so far did not succeed in involving government officials in the debate and did not manage to persuade government policymakers for the need to ratify the Convention. One of the most contentious issues is family reunification.

A/HRC/4/24/Add.2
page 13

V. CONCLUSIONS

53.   Historically, the Republic of Korea saw itself as a mono-ethnic society, with a small Chinese minority that has blended into the wider society very smoothly over the years. With the economic growth, and globalization, the Republic of Korea has become as of the eighties an attractive country for migrants. The Koreans authorities, started to initiate programmes to organize the migration flow without necessarily giving the required attention to the protection of the human rights of migrants.

54.   It is only recently that the Government of the Republic of Korea has recognized the vulnerability of unskilled migrant workers and has engaged in addressing their situation by drafting and enacting the ITS and the Act Concerning the Employment Permit for Migrant Workers (EPS Act). However, both ITS and EPS have serious pitfalls as they maintain the residence status of migrant workers as tied to their position with their initial employers, thus exposing them to greater vulnerability.

55.   Migrant women are also particularly vulnerable to multiple violations based on their gender and their status. They may become victims of violence at home, within their families, in their hosting communities and as foreign migrant workers at the workplace.

56.   The situation of undocumented children of migrants is another matter of concern. Children's rights to education are not addressed appropriately in accordance with relevant human rights standards, including the Convention on the Rights of the Child.

VI. RECOMMENDATIONS

57.   **The Special Rapporteur calls on the Republic of Korea to ratify as a matter of priority the International Convention on the Protection of the Rights of All Migrant Workers and Members of Their Families as it is the foremost international instrument for the promotion and the protection of the rights of all migrant workers and their families.**

58.   **The Special Rapporteur encourages incentives for voluntary return rather than expulsion in accordance with procedural guarantees against forced return provided for in the International Convention on Civil and Political Rights (ICCPR), Article 13.**

59.   **The Special Rapporteur encourages the Korean Government to revise the implementation of the new EPS Act in accordance with international human rights treaties that the Government of the Republic of Korea has signed or ratified. In this regard special attention should be given to the need to provide unskilled migrant workers with the possibility of lodging complaints to the competent authorities from his employer in case of violations of his human rights.**

60.   **The RoK should consider providing migrant workers with the possibility of family reunification.**

61.   **The Special Rapporteur recommends that every employer who is responsible for violating the human rights of migrant workers is brought promptly to justice, including through criminal prosecutions.**

A/HRC/4/24/Add.2
page 14

With regard to female migrants

62.   **The Korean Government should mitigate the requirements to apply for naturalization for the victims of domestic violence. Migrant women who have a child with Korean men should be entitled to residency rights regardless of their marriage status.**

63.   **The Government should create systematic arrangements to provide foreign spouses with Korean-language training and cultural integration programmes upon their arrival in the Republic of Korea. The Government should provide health-related information to foreign wives in a language they understand.**

64.   **In the case of domestic violence, the Government should provide a legal system to protect the foreign spouse. Foreign victims must have access to adequate interpretation facilities in police stations and the courts. The Korean Government must expand translation services through the Women's Emergency Hotline.**

65.   **The Government must regulate marriage agencies and brokers. Victims of international marriage agencies and private marriage brokers must be registered classified after a screening process to be victims of human trafficking.**

With regard to migrant children

66.   **As foreseen in the CRC, the best interests of the child should govern all regulations or decisions taken to govern their status. In particular, all efforts should be made to allow them to enjoy all their human rights notably with regard to access to education and health services.**

2006년 3월 15일 총회 결의안 60/251 "인권 이사회"
이주민 인권 특별보고관 보고서
대한민국 국가방문 (2006년 12월 5~12일)

요약

이 보고서는 2006년 12월 5~11일에 이루어진 이주민 인권 특별보고관의 대한민국 공식 방문 후 인권위원회 2001/52 결의안에 따라 제출된다. 특별보고관은 대한민국 정부가 국가 방문이 이루어지도록 초청하고, 방문 전후로 귀중한 지원과 협력을 제공한 데 대해 대한민국 정부에 감사한다.

특별보고관은 이주노동자단체를 비롯한 대한민국의 시민사회가 이주현상을 제기하는 데 대단히 잘 조직되어 있음에 주목한다. 특별보고관은 여러 여성단체와 이주민단체가 취한 조치가 당국과의 협상에 있어 일부 정부 기관에 중요한 역할을 한 데에 주목한다. 특히 여성 외국인 배우자를 비롯한 이주민 상황 개선을 위한 대화의 맥락에 있어서 그러하다.

이 보고서는 대한민국 거주 이주민 상황에 대해 다양한 관점의 연구를 포함한다. 특별보고관은 노동법 분석, 방대한 범주의 자료, 정부관료, 비정부기구, 변호사, 이주민, 그가 방문한 쉼터의 이주 여성과의 인터뷰와 회의를 통해 얻은 정보에 기초하고 있다.

따라서 특별보고관은 국제 인권 노동 규약에 부합하기 위해 정부가 취해야 할 여러 조치를 권고한다.

- 모든 이주노동자와 그 가족의 권리 보호에 관한 국제협약(1990)의 비준
- 노동법 검토, 특히 외국인근로자의 고용 등에 관한 법률(고용허가제법)
- 여성 보호 조치, 특히 국제결혼과 관련된 여성

이 보고서에서 특별보고관은 비숙련 이주노동자가 처한 취약한 상황을 강조한다. 이들을 정규화하기 위한 노력이 있었음에도 불구하고 그들 중 많은 수가 현행 노동법상의 3년 제한을 초과하여 체류하고 있어 기회를 가질 수 없었다.

【부록】

이주민 인권 특별보고관 보고서
대한민국 국가 방문

(2006년 12월 5~12일)

Ⅰ. 도입

1. 이주민 인권 특별보고관은 한국 정부의 초청으로 2006년 12월 5일부터 11일까지 대한민국을 방문했다. 특별보고관은 대한민국 정부가 국가 방문이 이루어지도록 초청하고 방문 전후로 제공한 귀중한 지원과 협력에 대해 대한민국 정부에 감사한다. 특별보고관은 유엔개발계획(UNDP)서울사무소와 방문기간 동안 접견한 비정부기구 및 개인이 제공한 지원에 대해 진심으로 감사를 표한다.

2. 이번 방문의 주요 목적은 대한민국 이주민의 특징적 상황을 평가하고, "모든 이주노동자와 그 가족의 권리 보호에 관한 국제협약(1990)"의 비준을 장려하는 것이다.

3. 이 보고서에서 특별보고관은 비숙련 이주노동자를 규제하기 위해 시행된 새로운 노동제도, 즉 산업연수생제도(ITS)와 고용허가제(EPS) 및 여성 이주민의 상황에 특별히 주목한다.

방문 프로그램

4. 특별보고관은 방문기간 동안 정부 관료, 시민사회 관련 대표, 노동조합, 고용주와 만남을 가졌다. 특별보고관은 또한 여성가족부가 수도권에 운영하는 여성 쉼터를 하루 동안 방문하였다. 이어지는 보고는 당국, 시민사회 대표, 이주민 당사자와의 만남에 기초하고 있다.

II. 대한민국 이주노동자의 일반적 상황

국제 기준

5. 대한민국은 주요 국제 인권조약을 비준했다. 구체적으로 1990년 4월 시민적 정치적 권리에 관한 국제규약과 경제적 사회적 및 문화적 권리에 관한 국제규약을, 1978년 12월 모든 형태의 인종차별 철폐에 관한 국제협약을, 1995년 1월 고문 및 그 밖의 잔혹한, 비인도적인 또는 굴욕적인 대우나 처벌의 방지에 관한 협약을, 1984년 12월 여성에 대한 모든 형태의 차별 철폐에 관한 협약을, 1991년 11월 아동의 권리에 관한 협약을 비준했다. 그러나 대한민국은 모든 이주노동자와 그 가족의 권리 보호에 관한 국제협약은 비준하지 않았다.

해외 거주 한국인

6. 대한민국은 노동송출국이자 유입국이다. 60년대 중반, 한국인들은 학업이나 더 나은 삶을 찾아 미국으로 이주하기 시작했다. 1970년대와 80년대에는 수백만 명의 건설노동자들이 한국 인 계약자에게 고용되어 중동으로 떠났다. 이들 노동자들의 대부분은 몇 년 후 상당한 저축액을 가지고 본국으로 귀환했다. 비록 이러한 번영이 대한민국에서의 더 나은 삶을 가져오지는 못했으나, 다수의 중산층은 여전히 아시아와 캐나다, 미국과 같은 영미권 국가로 본인이나 자녀들을 위해, 더 나은 삶을 찾아 이민을 떠나고 있다. 2003년 한국인 8,300이 외국에 영주하였다. 해외이주 관련 정부 조사 자료에 따르면, 가장 인기 있는 목적국은 미국(28.4%), 뒤이어 중국(16.8%), 일본(12.6%), 캐나다(10.0%), 호주(5.1%) 순이다. 가족재결합조항은 미국으로 떠나는 중요한 이유이며, 미 인구조사기관에 따르면 2000년 주미 한국인은 860,000명이었다. 2003년 교육 목적 해외 거주 한국인 수는 약 500,000명에 달하며, 이들은 대개 미국과 중국에 거주한다.

A. 대한민국의 이주노동자

7. 한국에 이주노동자들이 오기 시작한 것은 국제 언론이 한국의 급속한 경제 성장을 주목하면서 주변 아시아 국가출신 노동자들이 한국에 매력을 느끼게 된 1980년대 후반이다

8. 1990년대 초, 중소기업의 인력난이 악화되고 비정규 이주노동자가 수천 명에 달하게 되면서 한국 정부는 이주노동자를 공식적으로 받아들이기 시작하였다. 2006년 8월 현재, 정부와 비정부단체의 통계를 보면 전체 노동력의 약 1.5%에 달하는 최소 420,000명의 이주노동자가 한국에서 일하고 있는 것으로 추정된다. 이들의 국적은 중국, 베트남, 방글라데시, 네팔, 필리핀, 인도네시아를 비롯하여 다양하다.

9. 한국의 외국인노동자 고용제도는 ①비숙련 외국인노동자 고용제도, ②숙련 외국인노동자 고용제도, ③취업자격이 있는 기타 체류자격으로 크게 3가지로 나눌 수 있다. 한국은 비숙련 이주노동자에 대해 한국인 노동자의 고용기회를 보장하고 노동시장 왜곡을 최소화하기 위하여 엄격한 절차에

의해 필요한 최소한의 이주노동자만을 받아들이고 있다. 비숙련 이주노동자 고용제도는 고용허가제와 산업연수생제도, 2개의 법제로 분류될 수 있다.

산업연수생제도

10. 1992년 노동력 부족문제 해결과 미등록 이주노동자 감소를 위해 한국은 산업연수생제도를 도입하였다. 산업연수생제도가 처음에 목표한 바는 한국 회사가 고용한 외국인노동자에게 향상된 기술 취득과 작업 능력 증진을 위한 연수 제공이었다. 그러나 산업연수생제도하에서 수행하는 대부분의 일자리는 소위 3D라 불리는 "더럽고(Dirty)", "어렵고(Difficult)", "위험한(Dangerous)" 업무였다.

11. 산업연수생제도하에서 이주노동자의 지위는 고용주에 의해 거의 전적으로 좌우되어, 이들 연수생들은 취약한 상황에 놓이게 되었다. 연수생이라는 신분에도 불구하고, 이들은 대부분 한국 국민들이 기피하는 직종에 비숙련 노동력으로 동원되었으며 이들이 받는 급여는 실제 급여의 일부에 지나지 않았다. 이들은 사업장을 변경할 권리도 없을 뿐 아니라 최저임금, 사회보장 및 근로시간에 관한 노동법의 보호도 받지 못했다.

12. 산업연수생들은 고용주의 여권, 비자, 신분증 압수 혹은 보관, 임금 체불과 미지급, 언어폭력 때때로 신체적 폭력 등의 인권침해를 감내하였다.

13. 게다가 산업연수생 채용과 관리는 심각하게 왜곡되어있다. 중소기업중앙회가 통제업무를 담당하였고, 연수생들은 연수 신청을 위해 큰 경제적 부담을 지고, 한국에서 일하는 동안 장기 채무를 매달 상환해야 했다. 중소기업중앙회는 노동송출국의 채용중개회사와의 불투명한 연결고리를 통하여 산업연수생제도를 독점하였다. 알려진 바에 의하면 중소기업중앙회는 구직비용 중 일부를 취득해왔으며, 이러한 착취시스템의 작동을 허용한 책임이 있었다. 이로 인해 산업연수생제도 하에서 이주연수들의 취약성은 더욱 악화되었다. 이러한 과정은 산업연수생들이 높은 수준의 채무를 해결하지 못한 채, 사실상 노예노동으로 이끌어 그들의 취약성을 대단히 악화시키는 방식을 제도화하였다.

14. 많은 연수생이 힘든 작업 환경을 벗어나기 위해 지정된 사업장을 떠나 산업연수생제도 밖에서 일자리를 구했다. 이들의 법적 지위는 연수생신분으로 엄격하게 묶여있었기 때문에, 연수생들은 법적 권리가 없는 상태에서 그들의 회사를 떠나는 순간 미등록 이주노동자가 되었고, 이로 인해 더 심각한 착취에 노출되었다

15. 그러나 미등록 이주노동자 수는 등록 산업연수생의 수를 지속적으로 상회했다. 노동부가 1997년 조사한 통계에 따르면 한국에 있는 산업연수생수는 약 16,000명인 반면 미등록 노동자수는 130,000명에 달하였다. 2001년 정부는 제도를 개선하여, 최초 1년 산업연수생 신분을 거친 후 다음 2년 동안 취업활동과 최저임금을 보장하였다. 그러나 이러한 개선조치도 미등록 이주노동자 수를 줄이는 데 아무런 도움이 되지 않았다. 2002년에는 연수생 배정수를 130,000명으로 늘렸지만, 290,000명의 이주노동자 중 약 80%는 미등록 이주노동자였다. 과도한 구직 비용과 저임금은 여전히 주된 문제로 남아있었다. 이러한 상황은 정부가 2003년 이주민을 위한 새로운 노동법이 고용허가제법안을 입안하도록 견인했다.

고용허가제도

16. 8년간의 논쟁을 거쳐 국회는 2003년 8월 이주노동자를 위한 고용허가법안을 통과시켜 고용허가제도를 만들었다. 처음에는 고용하가제가 산업연수생제도를 대체하기 위해 도입되었으나, 고용주 단체의 반대에 부딪혀 정부 당국은 고용허가제와 산업연수생제도를 병행실시하기로 결정하였다. 고용허가제는 2004년 7월 제조업, 건설업, 농업, 어업, 서비스산업에 도입되었다.

17. 고용허가제는 한국과 송출국간의 양해각서에 의해 시행되었으며, 이 양해각서에는 정부의 권리와 의무, 노동자의 지위와 혜택을 내용으로 담고 있다. 이 절차에 따라 양국 노동부는 관여하고 민간 영역의 개입은 배제된다. 2006년 12월까지 고용허가제하에 캄보디아, 인도네시아, 몽골, 파키스탄, 필리핀, 스리랑카, 태국, 우즈베키스탄, 베트남 등 9개 국가가 한국 정부와 양해각서를 체결하였다.

18. 전반적으로 고용허가제는 산업연수생제도에 비해 이주노동자들에게 더 나은 지위를 부여한다. 통계에 따르면 고용허가제하의 노동자의 75% 정도가 한국에 오기 위하여 미화 1,100불 이하를 지출하는 등 채용과정의 투명성이 높아졌다.

19. 또한 고용허가제는 다수의 비정규 이주노동자에게 합법적 지위를 얻을 수 있는 기회를 제공하였다. 2003년 노동부에 등록한 비정규 이주노동자는 227,000명을 상회했고, 이들 중 80%는 고용허가제에 의해 합법적 지위를 얻게 되었다.

20. 고용허가제 노동자들은 양해각서 체결국간 상호주의에 기초하여 산업재해보상보험, 고용보험, 국민건강보험과 국민연금 등의 보험혜택을 받는다. 노동자들은 노동관련법에 규정된 바와 같이 한국인 노동자와 동등한 법적 지위를 가지며, 최저임금, 노조설립권, 단체행동권, 단체교섭권을 보장받는다. 하지만 고용허가제는 이러한 조항 위반자에게 책임을 묻는 사법적 구조를 제공하는 데는 실패하였다.

21. 고용허가제는 이주노동자가 고용주와 3년을 초과하지 않는 범위에서 매년 고용 계약을 갱신하게 하여, 이주노동자를 취약한 상황에 놓이게 한다. 매년 계약연장여부가 고용주에게 달려있어 계약 연장을 못할 우려 때문에 아주 극소수의 노동자만이 부당한 근로조건에 대한 문제제기를 하게 된다. 더욱이 3년 동안 이주노동자는 최초 고용 회사에서 고용상태를 유지해야 하는데, 이는 이들의 직장 이동의 자유를 침해한다. 3년 이상 체류 연장을 희망하는 하는 노동자는 재입국 전에 최소한 1년간 한국을 떠나야 한다.

22. 고용허가제 참여 비용은 부당하게 많은데, 대부분의 이주노동자가 본국에서 빈곤층이나 중하층 가정 출신이고, 그 비용은 자국에서의 1년이나 2년치 평균임금에 해당한다. 이는 이주노동자가 높은 이율로 돈을 빌리거나, 노동자의 땅이나 집을 저당잡히게 한다. 이같이 높은 부채는 이주노동자가 3년 이상 한국에 체류하는 중요하고도 근본적인 이유인데, 단지 채무상환에 거의 3년이 걸리기 때문이다.

23. 고용허가제도는 가사 서비스 영역에 고용된 이주노동자에게 적용되지 않으며 가족재결합은 허용되지 않는다. 가족재결합은 10,000명 이상의 이주노동자들에게 지난 몇 년 동안 미결로 남아있는 이슈이다.

24. 노동부에 따르면 모든 이주노동자는 산업재해보상정책에 따라 보험혜택을 누릴 자격을 갖는다. 하지만 이주노동자 대부분이 자신의 권리를 잘 알지 못하며, 고용주는 이주노동자에게 보험 제공을 위한 필요 조치를 이행하지 않았기 때문에 업무관련 사고를 신고하지 않는다. 고용주가 안전한 작업 환경 도입 의무의 이행, 이주노동자 보험가입, 업무관련사고 신고를 꺼리는 것은 보험회사의 조사와 안전조치 채택이 수익에 영향을 미칠 것이라는 두려움과 관련 있다.

25. 2007년 8월이면 고용허가제 시행 3년 주기가 마무리된다. 정부는 그중에서도 미등록자 상황 해결을 위한 제도 수정에 노력을 기하고 있다. 한국 내 많은 수의 비정규 이주노동자는 2007년 개정 고용허가제법을 통해 합법화되기를 희망하지만 법무부와 출입국은 미등록 이주노동자 정규화에 대해 부정적인 것으로 알려져 있다.

B. 미등록 이주노동자의 상황

26. 정부는 2003년 8월 고용허가제 채택과 함께 미등록 이주노동자에 대한 정규화 절차를 다음과 같이 진행하였다.

   2003년 3월 시점으로 대한민국 거주 미등록 이주민이
   • 3년 이하 체류한 경우: 체류 자격 부여
   • 3~4년 체류한 경우: 비자 발급 증명서 발급 자격은 가지나 반드시 2003년 11월 15일까지 출국이 선결되어야 한다. 이후 3개월 이내에 한국으로 귀국해야하며, 합법적으로 채용가능하다.
   • 4년 이상: 체류 자격을 합법화 할 수 있는 가능성이 없으며 2003년 11월 15일까지 출국하지 않을시 강제출국 대상이 된다.

27. 출입국관리법상 출입국관리공무원은 미등록 이주노동자를 단속, 보호하고 강제퇴거명령서를 발부할 권한을 갖는다. 출입국관리공무원의 보호명령서 발급은 판사가 구속영장을 발부할 것을 요구하는 헌법 규정을 무시하는 처사이다. 2005년 6월 국가인권위원회는 경찰과 출입국관리공무원들이 공무집행과정에서 신체의 자유와 안전에 대한 권리를 포함한 미등록 이주노동자의 기본권을 침해하였다고 판단하고 출입국관리당국의 소관부처인 법무부에 현행 출입국관리법 개정을 권고하였다.

28. 당국은 비정규 이주민 통제와 추방을 강화하였고, 한국 내 모든 비정규 이주노동자에 대한 체포, 구금 특히 매우 열악한 환경에 구금하는 일이 발생하며, 추방과 관련된 일련의 활동을 수행하였다. 게다가 산업재해로 인해 장기치료를 요하거나 영구적인 장애를 입은 많은 비정규 이주노동자가 아무런 보상 없이 치료 직후 출국을 강요받아 온 것으로 알려졌다.

29. 2005년 10월까지, 30,000명 이상의 비정규 이주노동자가 추방된 것으로 알려졌다. 출입국관리공무원은 비정규 미등록 이주노동자 소재 파악을 위해 정규 등록 이주노동자까지도 구금하여 조사하였다고 한다.

30. 2006년 12월 현재 한국에는 최소한 189,000명의 미등록 이주노동자가 있으며, 이는 한국 이주노동자 인구 절반 이상에 해당한다. 상당수의 비정규 이주노동자는 비자 기한이 도과한 채 체류하였으며, 일부 이주민은 계속적으로 추방에 대한 두려움에 떨며 아무런 서류 없이 10년 이상을 한국

에서 살아왔다. 그러나 중소기업의 높은 노동력 수요와 한국어에 능통하고 더 나은 업무 기술을 가진 장기체류 이주노동자 체류는 용인되었다.

31. 비정규 이주민 자녀 강제퇴거 역시 특히 우려되는 문제이다. 2006년 8월 21일, 법무부는 미등록 이주민 자녀와 관련된 새로운 정책을 발표했다. 초등학교에 등록된 미등록 이주민 자녀는 2006년 9월 1일부터 11월 30일까지 비정규 체류상태를 신고해야 하며, 이후 특별체류허가가 부여가 그 내용이다. 자신의 비정규 체류상태를 신고한 자는 2008년 2월까지만 체류가 허락된다. 그러나 2007년 2월 졸업예정인 자는 초등학교 졸업일로부터 30일까지 체류할 수 있다. 체류상태를 신고하지 않는 자는 이 특별 허가를 받을 수 없으며, 강제출국 대상이 된다. 혈통주의에 기반한 현행 국적법상 대한민국에서 일하는 외국인의 자녀는 대한민국에서 출생하였다 하더라도 한국 국적 취득이 금지된다.

III. 대한민국의 이주여성

여성 이주노동자

32. 현재 여성 이주노동자 수는 대한민국 이주노동자의 대략 3분의 1을 차지한다. 그들은 일터에서 종종 성희롱, 성폭력의 위협에 놓여 있으며, 그들의 평균 임금은 남성노동자들보다 낮다. 미등록 여성 이주노동자는 체포와 강제추방의 두려움 때문에 폭력을 당해도 신고하지 않는다.

E-6 예술흥행

33. 일례로 E-6, 혹은 "예술흥행비자"는 "수익을 목적으로 하는 음악, 미술, 문학, 연예, 연주, 연극, 운동경기, 광고, 패션모델 등의 활동과 이와 유사한 활동을 하는 외국인"에게 발급 가능하다. "예술흥행비자"로 대한민국에 입국하는 이주여성노동자는 점점 성행위로 유인되고 있다. 1994년 만들어진 이 사증은 증가하는 외국인 여성 연예인 수요를 충족시키고 있으며, 이들에 대한 수요는 1997년 이래 두 배에 달한다.

34. 대한민국에서 성매매는 불법임에도, 주요 도시와 미군기지 주변에는 수많은 성매매 업소가 있다. 성노동자, 특히 여성 이주노동자는 고용주의 자의적 구금, 언어적 신체적 학대 등 종종 심각한 학대를 겪는다. 이주 성노동자에게 언어와 문화적 장벽은 그들의 취약한 법적 지위를 심화시킨다. 그들 대부분은 "예술흥행" 사증을 갖고 체류기간을 도과한 비정규 이주노동자로, 비정규 체류상태는 그들이 겪는 학대를 신고하거나 정부 당국으로부터 구제받는 것을 더 어렵게 하고 있다.

35. 특별보고관이 인터뷰한 한 베트남 여성 이주노동자는 16개월 동안 임금을 받지 못했으며, 장시간 가사 노동을 하고 있다고 말했다. 그녀는 매일 새벽 5시부터 오후 5시까지 12시간 동안 여러 종류의 업무를 수행해야 했다. 이후에는 코끼리 쇼에서 엔터테이너로서 공연을 해야 했으며, 고용주의 고객과 성매매를 할 수밖에 없었다. 그녀는 결국 도망쳤고, 특별보고관은 그녀가 머무르는 한 쉼

터에서 그녀를 만날 수 있었다.

36. 2004년 9월 대한민국은 자신이 고용한 자에게 성매매를 강요하고, 그러한 고용과정에서 발생한 고용인의 빚을 탕감하는 수단으로서 성매매를 강요, 알선한 자에게 10년 이하의 징역에 처하게 하는 법을 제정했다. 이 법은 인신매매피해자가 성매매알선자에 대해 소를 제기할 수 있는 길을 열어두었다. 그러나 이 법은 성산업 종사를 원하거나 그들이 강제로 성매매를 하게 된 것을 증명할 수 없는 이들을 보호하지 않는다. 비판자들은 이 법에 따른 경찰의 단속이 많은 성노동자들을 더 지하로 몰아가고, 오히려 더 열악한 상황에 처하게 한다고 주장한다.

결혼

37. 과거 몇 년 동안 국제결혼 수는 급격히 증가했다. 특히 새 고용정책 시행으로 합법적인 이민경로가 제한됨에 따라 장기간 안정적인 체류권을 보장하는 국제결혼이 더 각광을 받게 되었다. 한국인 남성과 외국인 여성 간 결혼 수는 2006년에 약 3만 건에 달했고, 이는 한국인 여성과 외국인 남성 간의 결혼 수의 3배 이상이다. 2006년 국제결혼은 대한민국의 전체 결혼 건수의 13.6%, 농촌지역에서의 국제결혼 수는 36.9%에 달했다.

38. 국적별로는 중국 66.2%, 베트남 18.7%, 일본 4%, 필리핀 3.2% 기타 태국, 몽골, 러시아 여성 순으로 나타났다.

39. 개정된 '국민의 외국인 배우자에 관한 체류관리지침(1999.10.1.)' 제333조에 따라 한국인과 결혼한 외국인 배우자는 남성이든 여성이든 체류허가를 취득할 수 있다.

40. 2006년 5월부터 한국 국적법에 따라 외국인 아내는 한국인 배우자와 2년간 결혼생활을 유지하면 한국 국적을 신청할 자격을 갖으며, 신청가능기간이 종전의 5년에서 2년으로 단축되었다. 그러나 신청과정에서 남성 배우자의 지원이 요구되는데, 이는 한국인 남성배우자에게 유리한 또 하나의 불평등이다.

41. 관계당국에 있어서 가장 근본적인 문제 중 하나는 외국인 배우자의 한국사회로의 통합이며, 지방자치단체나 지방자치단체장이 이러한 현상을 이해하고 지원을 제공할 수 있도록 도울 수 있는 연구가 거의 없다.

42. 중앙정부는 이것을 지방자치단체 관할 영역으로 보고 있다. 하지만 지방자치단체는 중앙정부로부터 언어강습과 문화적 통합을 위한 충분한 예산을 배정받지 못하며, 지방자치단체의 지침은 법적 구속력이 없다. 각 지방자치단체는 그 고유의 기관, 규제 및 교육프로그램 운영시스템을 가지고 있으며, 지방자치단체도 외국인 배우자의 정부와 직접 접촉할 수 있다.

43. 다수의 국제결혼은 미리 결정되며 "우편 주문 신부"에 해당한다. 2005년에만 한국에 영업 중인 결혼중개업체수가 1,000개 이상으로 추산되는데 이들 업체는 특별한 자격요건 없이 사업체로 등록된다. 국제결혼중개업소가 진행하는 절차는 사진, 면담, 우편 신청, 비디오 파일, 결혼중개업체를 통한 패키지여행, 종교단체를 통한 집단결혼 등 다양하다. 업체들은 양측에 과도한 비용을 부담시키는 것으로 알려지고 있는데 국제결혼중개업체는 한국 남성에게 미화 약 10,000불이 드는 다양한 결혼 패키지를 제공한다. 외국인 아내들은 한국행 신청과정에서 한국과 한국의 전통 및

사회생활에 대한 정보 부족으로 종종 피해를 본다. 이들은 종종 한국말을 하지 못하며 한국에 도착할 때 적절한 통역을 제공받지 못한다.

44. 알려진 바에 따르면 결혼중개업체들은 외국인 배우자들로부터 입국비자와 여권을 압수하고 모국 출신 여성들과 접촉하지 못하게 한다. 이들 여성이 이혼할 경우, 중개업체가 이혼한 여성을 모국 으로 돌려보내는 경우도 있다고 한다.

45. 외국인 여성 배우자들은 특별보고관과의 인터뷰에서 그들을 고통스럽게 하는 여러 사유를 토로했 다. 많은 경우 남편이 안정된 직업을 갖고 있지 않았고, 남편의 경비를 충당하기 위하여 일해야만 했다. 이들은 합법적으로 일할 수 없기 때문에 자동적으로 주변부 노동시장에 속하게 된다. 정식 언어훈련 없이 외국인 아내들은 다른 이주노동자와 함께 한국에 입국하자마자 값싼 노동력으로 일하게 되기도 한다. 이러한 결혼의 또 다른 불안 요소는 여성 이주 배우자의 법적 거주 지위가 전적으로 한국인 남편에게 달려있다는 것이고, 이 때문에 이들 여성은 온갖 종류의 가정폭력에 노출된다.

46. 이혼이나 별거의 경우에도 어려움은 여전히 존재한다. 외국인 여성 배우자는 개인적으로 그들의 남성 배우자의 잘못과 책임을 증명하여야 한다. 여성 단체들은 국제결혼과정에서 결혼중개업체와 결혼중개업자가 저지른 사기, 잘못된 정보의 고의적 제공에 대해 우려를 표명해왔다.

47. 국제결혼중개업체들과 개인중개업자들에 대한 규제의 필요성이 수년간 제기되어 왔음에도 구체적 인 방안은 2006년 4월 전까지 나타나지 않았다. 2006년 4월 정부는 국제결혼을 통해 이주한 이주 여성과 그 가족구성원을 위한 사회통합프로그램이라 불리는 종합계획을 공식적으로 발표했다.

48. 사회통합프로그램은 주로 다음과 같은 이슈에 초점을 맞추고 있다.

   (a) 중개인을 통한 불법적 국제결혼

   (b) 외국인 배우자의 법적 지위

   (c) 아동의 교육 지원

   (d) 적응과 통합 지원

49. 또한 2003년 이후, 한국 정부는 2개의 쉼터를 설립했다. 하나는 외국인 여성의 본국 귀환을 지원 하는 곳이고, 또 다른 하나는 대한법률구조공단으로부터 무료 법률 자문을 제공하는 곳이다.

IV. 모든 이주노동자와 그 가족의 권리보호에 관한 국제협약 비준

50. 국가인권기본계획(NAP)에 따르면, 대한민국 정부는 협약을 비준할 계획을 갖고 있음에도 아직까 지 진행되지 않고 있다. 한국 정부는 특별보고관에게 비준에 앞서 협약의 조항을 여전히 내부적으 로 논의하고 있다고 밝혔다.

51. 한편 이주노동자에 대한 인종주의, 외국인 혐오증에 직면한 한국 정부는 한국 내 이주노동자의 사회 통합을 증진하고 이들을 위한 법적 보호 체계를 강화하기 위한 대안적인 방안을 모색 중이다.

52. 많은 기관들이 모든 이주노동자와 그 가족의 권리 보호에 관한 국제 협약 비준의 필요성에 대해 로비활동을 벌였으나, 지금까지 전개된 노력은 정부관료를 논의 속에 참여시키지 못했고, 협약

비준의 필요성에 대해 정책입안자를 설득하지 못했다. 가장 논쟁적인 이슈 중 하나는 가족 재결합이다.

V. 결론

53. 역사적으로 대한민국은 스스로를 단일민족사회로 판단해왔다. 적은 수의 화교 소수자는 긴 시간 동안 아주 순조롭게 사회 전반으로 융합되었다. 경제성장, 지구화 속에서 대한민국은 80년대에 이주민에게 매력적인 국가가 되었다. 한국 정부는 이주민 인권 보호를 위해 필요한 관심은 기울이지 않은 채 이주 흐름을 조정하기 위한 프로그램을 마련하기 시작했다.

54. 대한민국 정부가 비숙련 이주노동자의 취약성을 인식하기 시작한 것은 아주 최근이다. 산업연수생 제도와 고용허가제법을 제정함으로써 그들의 상황을 제기하고 개입하기 시작한 것도 아주 최근의 일이다. 그러나 산업연수생제도와 고용허가제도 모두 이주노동자의 체류권을 유지하는 데 심각한 결점을 가지고 있다. 그들의 지위를 최초의 고용주에게 종속되게 함으로써 이주노동자를 취약하게 만들었다.

55. 이주여성은 그들의 성, 체류지위에 따른 다중의 침해에 특히 취약하다. 이들은 가정, 가족 안에서, 목적국 사회에서, 사업장에서는 이주노동자로서 폭력의 피해자가 될 수 있다.

56. 미등록 이주아동의 상황은 우려 지점 중 하나이다. 아동의 교육받을 권리는 아동권리협약을 포함한 관련 인권기준에 부합하게 적절하게 다루어지고 있지 않다.

VI. 권고

57. 특별보고관은 대한민국이 모든 이주노동자와 그 가족의 권리 보호와 증진을 위해 최상의 국제법적 기제인 모든 이주노동자와 그 가족의 권리 보호에 관한 국제협약을 최우선적으로 비준할 것을 요청한다.

58. 특별보고관은 시민적 정치적 권리에 관한 국제협약 제13조상의 강제 귀환에 대한 절차적 보장에 부합하도록 추방보다는 자발적인 귀환에 인센티브를 부여할 것을 장려한다.

59. 특별보고관은 한국 정부가 비준하고 서명한 국제 인권 조약에 따라 고용허가제법 시행의 수정을 장려한다. 이와 관련하여 비숙련 이주노동자가 고용주로부터 인권침해를 당했을 때 해당 당국에 이를 신고할 수 있는 가능성을 제공할 필요성에 특별한 주의를 기울여야 한다.

60. 한국은 이주노동자에게 가족 결합의 가능성을 제공할 것에 대해 고려해야 한다.

61. 특별보고관은 이주노동자의 인권을 침해한 고용주는 누구나 형사기소 등을 통해 즉시 재판하여 책임을 물을 수 있도록 할 것을 권고한다.

이주여성과 관련하여,

62. 한국 정부는 가정 폭력 피해자의 귀화 신청 요건을 완화해야 한다. 한국인 남성의 자녀를 둔 이주여성은 혼인 상태와 상관없이 체류권을 가질 자격이 있어야 한다.

63. 정부는 외국인 배우자가 한국에 도착했을 때 한국어 습득과 문화적 통합 프로그램을 외국인 배우자에게 제공할 수 있는 체계적인 조치를 마련해야 한다. 정부는 외국인 아내에게 보건 관련 정보를 이들이 이해할 수 있는 언어로 제공해야 한다.

64. 가정폭력의 경우, 정부는 외국인 배우자 보호를 위한 법적 장치를 마련해야 한다. 외국인 피해자는 경찰서와 법정에서 적절한 통역 서비스 접근이 가능해야만 한다. 한국 정부는 여성 긴급 전화를 통한 통역 서비스를 확대해야 한다.

외국인 배우자 보호

65. 정부는 반드시 결혼중개업체와 개인중개업자를 규율해야 한다. 국제결혼중개업체와 개인중개업자로 인한 피해자에 대해서는 인신매매 피해자인지를 확인하는 절차를 거친 후 구분하여 등록되어야 한다.

이주아동과 관련하여,

66. 아동권리협약에서 예정된 바와 같이, 아동의 최상의 이익은 그들의 지위를 관리하는 규율과 결정을 지배하여야 한다. 특히, 아동들이, 주로 교육과 의료 서비스에 대한 접근권과 관련된, 그들의 모든 인권을 누릴 수 있도록 모든 노력을 기울여야 한다. 〈끝〉

6. 이주민 인권 특별보고관 한국방문에 관한 외국인이주노동자대책협의회 유엔인권이사회 구두성명 (2007)

 MINBYUN-Lawyers for a Democratic Society

5F, Sinjeong B/D, 1555-3, Seocho-dong, Seocho-gu, Seoul, Republic of Korea, P.O. 137-070
Tel (82 2) 522 7284 Fax (82 2) 522 7285 http://minbyun.jinbo.net m321@chollian.net

NGO in Special Consultative Status with the Economic and Social Council of the United Nations

Oral Statement delivered by Ms. Kyungsook Lee
on behalf of MINBYUN-Lawyers for a Democratic Society, in cooperation with Joint Committee
with Migrants in Korea (JCMK), Korea Center for United Nations Human Rights Policy (KOCUN),
and Migrant Forum in Asia (MFA), as part of the Interactive Dialogue with the Special Rapporteur
on the Human Rights of Migrants

Geneva, March 20 (Tue), 2007

Mr. President,

We fully welcome the Special Rapporteur's mission report on the situation of migrants
in the Republic of Korea. We are of the view that the report addresses and describes most
of issues relating to the situation of migrants in the country in a fairly balanced manner. We
strongly urge the Korean government to take special measures to implement those recommendations
by the Special Rapporteur. We, NGOs, will keep continuing our efforts to cooperate with
the Special Rapporteur by submitting our communications on the human rights situation of
migrants in the Republic of Korea.

We associate ourselves with the statement by the Special Rapporteur in which he raised
his concerns on the fire incident in Yeo-su detention center of February 9th, 2007, which
resulted in the death of ten undocumented migrants. We would like to ask the Special Rapporteur
to give a special attention on those measures to have been taken or to be adopted by the
Korean government with a view to addressing the vulnerability faced by the undocumented
migrants in the Republic of Korea. We have just heard from the Korean government that
it would provide comprehensive measures to prevent the reoccurrence of that kind of tragic

incident. In this regard, we emphasize those measures should include the improvement of the detention centre facilities, human rights education for immigration officials and ultimately, the regularization of the status of undocumented migrants.

Additionally, we would like to draw your attention to the protection of the labor rights for both documented and undocumented migrants. As the Korean government responded this morning, the ITS has been abolished in the legal terms. However, we would like to raise a question on the remained forms of the existing ITS. The Korean government still allows the companies operating in foreign countries to bring their local employees into South Korea as trainees who are not protected under the labor laws of the Republic of Korea.

Recognizing the importance of the Special Rapporteur's recommendation that the Korean government should ratify the ICRMW, we would like to ask the Korean government, as a member of the UN Human Rights Council, to take serious steps for the ratification and implementation of the ICRMW within a specific, concrete and acceptable timetable. In this regard, we wish to hear the response from the Korean government on this issue of the ratification during the 4th Session of the Human Rights Council.

Thank you, Mr. President.

제2부　이주민 관련 주제별 주요 판결

1. 근로계약 및 임금
- 대법원 2005.11.10. 선고 2005다50034 판결
- 부산지방법원 2006.5.12. 선고 2005나7747 판결
- 서울서부지방법원 2006.8.24. 선고 2005나4141 판결
- 대법원 2006.12.7. 선고 2006다53627 판결

2. 산업재해 및 체당금
- 대법원 1995.9.15. 선고 94누12067 판결
- 서울고등법원 1994.9.1. 선고 94구2673 판결
- 대법원 1995.12.22. 선고 95누2050 판결
- 대구고등법원 1994.12.29. 선고 94구2740 판결

3. 노동조합 설립
- 서울고등법원 2007.2.1. 선고 2006누6774 판결
- 서울행정법원 2006.2.7. 선고 2005구합18266 판결
- 헌법재판소 2011.9.29. 자 2007헌마1083 결정

4. 난민인정
- 대법원 2008.9.25. 선고 2007두6526 판결
- 서울고등법원 2007.2.15. 선고 2006누6798 판결
- 서울행정법원 2006.2.3. 선고 2005구합20993 판결
- 서울행정법원 2007.1.9. 선고 2006구합28345 판결
- 서울행정법원 2008.2.20. 선고 2007구합22115 판결
- 대법원 2008.7.24. 선고 2007두19539 판결

5. 형사범죄
- 대전고등법원 2008.1.23. 선고 2007노425 판결
- 부산지방법원 2009.1.16. 선고 2008고합808 판결
- 대법원 2009.3.12. 선고 2008도7156 판결
- 의정부지방법원 2008.7.11. 선고 2008노634 판결
- 의정부지방법원 2008.4.23. 선고 2008고단291 판결

6. 고용허가제 및 체류자격
- 헌법재판소 2001.11.29. 자 99헌마494 결정
- 헌법재판소 2007.8.30. 자 2004헌마670 결정
- 서울가정법원 2009.4.10. 자 2009브16 결정

1. 근로계약 및 임금

대법원 2005.11.10. 선고 2005다50034 판결【임금】

【판시사항】

[1] 근로기준법상의 근로자에 해당하는지 여부의 판단 기준

[2] 산업기술연수생인 외국인이 대상 업체의 사업장에서 실질적으로 업체의 지시·감독을 받으면서 근로를 제공하고 수당 명목의 금품을 수령한 경우, 근로기준법 제14조에 정한 근로자로 볼 수 있는지 여부(적극)

【판결요지】

[1] 근로기준법상의 근로자에 해당하는지 여부를 판단함에는 그 계약의 형식이 민법상의 고용계약인지 또는 도급계약인지에 관계없이 그 실질 면에서 근로자가 사업 또는 사업장에 임금을 목적으로 종속적인 관계에서 사용자에게 근로를 제공하였는지 여부에 따라 판단하여야 하고, 그러한 종속적인 관계가 있는지 여부를 판단함에는 업무의 내용이 사용자에 의하여 정하여지고 취업규칙 또는 복무(인사)규정 등의 적용을 받으며 업무수행과정에서도 사용자로부터 구체적 개별적인 지휘·감독을 받는지 여부, 사용자에 의하여 근무시간과 근무장소가 지정되고 이에 구속을 받는지 여부, 근로자 스스로가 제3자를 고용하여 업무를 대행케 하는 등 업무의 대체성 유무, 비품·원자재·작업도구 등의 소유관계, 보수의 성격이 근로 자체에 대한 대상적 성격이 있는지 여부와 기본급이나 고정급이 정하여져 있는지 여부 및 근로소득세의 원천징수 여부 등 보수에 관한 사항, 근로제공관계의 계속성과 사용자에의 전속성의 유무와 정도, 사회보장제도에 관한 법령 등 다른 법령에 의하여 근로자의 지위를 인정받는지 여부, 양 당사자의 사회·경제적 조건 등을 종합적으로 고려하여 판단하여야 한다.

[2] 산업기술연수사증을 발급받은 외국인이 정부가 실시하는 외국인 산업기술연수제도의 국내 대상 업체에 산업기술연수생으로 배정되어 대상 업체와 사이에 연수계약을 체결하였다 하더라도 그 계약의 내용이 단순히 산업기술의 연수만으로 그치는 것이 아니고 대상 업체가 지시하는 바에 따라 소정시간 근로를 제공하고, 그 대가로 일정액의 금품을 지급받으며 더욱이 소정시간 외의 근무에 대하여는 근로기준법에 따른 시간외 근로수당을 지급받기로 하는 것이고, 이에 따라 당해 외국인이 대상 업체의 사업장에서 실질적으로 대상 업체의 지시·감독을 받으면서 근로를 제공하고 수당 명목의 금품을 수령하여 왔다면 당해 외국인도 근로기준법 제14조에 정한 근로자에 해당한다.

【참조조문】

[1] 근로기준법 제14조 / [2] 근로기준법 제14조

【참조판례】

> [1] 대법원 1994.12.9. 선고 94다22859 판결(공1995상, 448), 대법원 2001.4.13. 선고 2000도4901 판결(공2001상, 1179), 대법원 2001.6.26. 선고 99다5484 판결(공2001하, 1681), 대법원 2001.8. 21. 선고 2001도2778 판결(공2001하, 2125), 대법원 2002.7.12. 선고 2001도5995 판결(공2002하, 1992), 대법원 2004.3.26. 선고 2003두13939 판결(공2004상, 731), 대법원 2005.5.27. 선고 2005 두524 판결(공2005하, 1060) / [2] 대법원 1995.12.22. 선고 95누2050 판결(공1996상, 571), 대법원 1997.10.10. 선고 97누10352 판결

【전 문】

【원고, 피상고인】 궁호기 외 15인(소송대리인 법무법인 정원종합법률사무소 담당변호사 김정한 외 1인)

【피고, 상고인】 한국합섬 주식회사

【원심판결】 대구고법 2005.7.28. 선고 2004나5304 판결

【주 문】

상고를 기각한다. 상고비용은 피고가 부담한다.

【이 유】

상고이유를 본다.

근로기준법상의 근로자에 해당하는지 여부를 판단함에는 그 계약의 형식이 민법상의 고용계약인지 또는 도급계약인지에 관계없이 그 실질 면에서 근로자가 사업 또는 사업장에 임금을 목적으로 종속적인 관계에서 사용자에게 근로를 제공하였는지 여부에 따라 판단하여야 하고, 그러한 종속적인 관계가 있는지 여부를 판단함에는 업무의 내용이 사용자에 의하여 정하여지고 취업규칙 또는 복무(인사)규정 등의 적용을 받으며 업무수행과정에서도 사용자로부터 구체적 개별적인 지휘·감독을 받는지 여부, 사용자에 의하여 근무시간과 근무장소가 지정되고 이에 구속을 받는지 여부, 근로자 스스로가 제3자를 고용하여 업무를 대행케 하는 등 업무의 대체성 유무, 비품·원자재·작업도구 등의 소유관계, 보수의 성격이 근로 자체에 대한 대상적 성격이 있는지 여부와 기본급이나 고정급이 정하여져 있는지 여부 및 근로소득세의 원천징수 여부 등 보수에 관한 사항, 근로제공관계의 계속성과 사용자에의 전속성의 유무와 정도, 사회보장제도에 관한 법령 등 다른 법령에 의하여 근로자의 지위를 인정받는지 여부, 양 당사자의 사회·경제적 조건 등을 종합적으로 고려하여 판단하여야 하는바(대법원 2001.4.13. 선고 2000도4901 판결 참조), 산업기술연수사증을 발급받은 외국인이 정부가 실시하는 외국인 산업기술 연수제도의 국내 대상 업체에 산업기술연수생으로 배정되어 대상 업체와 사이에 연수계약을 체결하였다 하더라도 그 계약의 내용이 단순히 산업기술의 연수만으로 그치는 것이 아니고 대상 업체가 지시하는 바에 따라 소정시간 근로를 제공하고, 그 대가로 일정액의 금품을 지급받으며 더욱이 소정시간 외의 근무에 대하여는 근로기준법에 따른 시간외 근로수당을 지급받기로 하는 것이고, 이에 따라 당해 외국인이 대상 업체의 사업장에서 실질적으로 대상 업체의 지시·감독을 받으면서 근로를 제공하고

수당 명목의 금품을 수령하여 왔다면 당해 외국인도 근로기준법 제14조 소정의 근로자에 해당한다 할 것이다(대법원 1995.12.22. 선고 95누2050 판결, 1997.10.10. 선고 97누10352 판결 등 참조). 원심이 판시와 같은 사실을 인정한 다음, 그에 의하면 중화인민공화국 국적이며 피고 회사가 전액 투자하여 설립한 현지법인인 청도이화섬유 유한공사와 사이에 연수계약을 체결하고 산업연수생이라는 명목으로 입국하였으나 피고 회사의 공장에서 임금을 목적으로 근로를 제공한 원고들이 피고 회사의 근로자라고 판단한 것은 위에서 본 법리와 기록에 비추어 정당하고, 거기에 상고이유의 주장과 같은 채증법칙 위배로 인한 사실오인이나 근로기준법 및 최저임금법상의 근로자의 인정 또는 출입국관리법상의 산업연수생의 지위에 관한 법리오해 등의 위법이 없다.

그러므로 상고를 기각하고, 상고비용은 패소자가 부담하도록 하여 관여 법관의 일치된 의견으로 주문과 같이 판결한다.

대법관 박재윤(재판장) 이규홍(주심) 양승태

부산지방법원 2006.5.12. 선고 2005나7747 판결 【임금】

【판시사항】

[1] 외국인산업기술연수생이 실질적으로는 대상 업체의 지시·감독을 받으면서 근로를 제공하고 그 근로의 대가로 연수수당 등의 명목으로 실질적인 임금을 받는 근로기준법 제14조의 근로자라고 한 사례

[2] 실질적으로 근로자와 같은 근로를 하는 외국인산업기술연수생에게 퇴직금을 지급하지 않는 것이 합리적 이유가 없는 차별대우에 해당한다고 한 사례

[3] 산업연수계약상의 연수업체가 '파견근로자보호 등에 관한 법률'상의 파견대상업체에 해당하지 않는다고 한 사례

【판결요지】

[1] 외국인산업기술연수생이 실질적으로는 대상 업체의 지시·감독을 받으면서 근로를 제공하고 그 근로의 대가로 연수수당 등의 명목으로 실질적인 임금을 받는 근로기준법 제14조의 근로자라고 한 사례.

[2] 실질적으로 근로자와 같은 근로를 하는 외국인산업기술연수생에게 퇴직금을 지급하지 않는 것이 합리적 이유가 없는 차별대우에 해당한다고 한 사례.

[3] 산업연수계약상의 연수업체가 '파견근로자보호 등에 관한 법률'상의 파견대상업체에 해당하지 않는다고 한 사례.

【참조조문】

[1] 근로기준법 제14조 / [2] 근로기준법 제5조, 제14조, 제34조, 근로자퇴직급여 보장법 제8조 제1항, 헌법 제11조, 외국인근로자의 고용 등에 관한 법률 제22조 / [3] 파견근로자보호 등에 관한 법률 제2조, 제5조 제1항

【전 문】

【원고, 항소인】 원고 (소송대리인 법무법인 부산 담당변호사 권혁근)

【피고, 피항소인】 피고 주식회사 (소송대리인 변호사 최재혁 외 1인)

【제1심판결】 부산지법 2005.5.12. 선고 2003가소557340 판결

【변론종결】 2006.4.7.

【주 문】

1. 제1심판결 중 아래에서 지급을 명하는 돈에 해당하는 원고 패소 부분을 취소한다.

피고는 원고에게 140만 원 및 이에 대하여 2002.6.28.부터 2006.5.12.까지는 연 5%의, 그 다음날부터 다 갚는 날까지는 연 20%의 비율에 의한 돈을 지급하라.

2. 원고의 나머지 항소를 기각한다.

3. 소송총비용은 피고가 부담한다.

【청구취지 및 항소취지】

제1심판결을 취소한다. 피고는 원고에게 140만 원 및 이에 대하여 2002.6.28.부터 이 사건 소장부본 송달일까지 연 5%, 그 다음날부터 다 갚는 날까지 연 20%의 비율에 의한 돈을 지급하라.

【이 유】

1. 인정 사실

다음 사실은 당사자 사이에 각 다툼이 없거나 갑 제2호증의 2, 갑 제3호증의 각 기재에 변론 전체의 취지를 종합하면 인정할 수 있다.

가. 원고는 인도네시아 인이고, 피고 회사는 자동차부품 제조업체로서 정부가 실시하는 외국인 산업기술연수제도의 국내 대상 업체이다.

나. 원고는 2000.6.28. 피고 회사에 외국인산업기술연수생(이하 '산업연수생'이라 한다)으로 배정되어, 피고 회사의 지시·감독을 받아 2년간 사출기계 운전작업을 하면서 근무하다가 산업연수기간이 끝난 후에도 계속하여 2002.6.27.까지 근무하였다. 원고는 피고 회사의 지시를 받아 그 감독하에 작업을 하였고 피고 회사로부터 매달 근로에 대한 대가로서 수당을 지급받았다.

다. 피고 회사는 우리나라 근로자가 이른바 3D업종을 기피하고, 야간작업을 기피하며, 임금도 상대적으로 높으면서도 근로자를 구하기 어려운 상황에서 실질적으로 피고 회사의 인력보충수단으로서 원고를 받아들여 위 업무에 종사시켰다.

라. 원고는 피고 회사에 근무하는 동안 특별한 기술이 필요 없이 반복되는 작업을 하였고, 작업에 종사하기 시작하면서 특별한 연수를 받지도 않았고, 한국인 근로자들과 동일한 근로를 제공하고 연수비 명목의 임금과 시간외 수당 등을 지급받았으며, 산업연수생기간과 그 이후의 기간 피고 회사에서 근무한 법적인 형태에는 변화가 있었지만 제공한 노무의 내용에 있어서는 별다른 차이가 없었고 임금은 우리나라 근로자에 비하여 상당히 낮은 금액을 받았다.

마. 원고는 피고 회사에서 총 2년을 근무하였고, 퇴직일 이전 3개월간의 평균임금은 70만 원이다.

2. 당사자들의 주장 및 판단

가. 당사자의 주장

원고는, 그가 비록 산업연수생 신분이기는 하였으나 피고 회사에 근로를 제공하고 그 대가로 임금을 지급받는 실질적인 근로자이므로, 산업연수생 기간을 포함한 전 근로기간에 대한 퇴직금청구권이 있다고 주장한다.

이에 대하여 피고는, 원고는 출입국관리법상의 산업연수생으로서 선진기술의 습득을 목적으로 한 연수생이지 근로자가 아니고, 퇴직금제도는 정책적 고려에 의해 채택되는 국민복지차원의 사회권이며, 원고는 연수기간 동안 피고 회사로부터 숙식을 무료로 제공받았고, 연수를 마치고 출국할 때는 출국교통비까지 지급받고 있는 등 이미 퇴직금에 상응한 혜택을 받고 있는 점 등에 비추어 보면, 산업연수생 신분인 외국인에 대하여까지 근로기준법의 퇴직금 조항이 적용된다고 할 수 없고, 또한 연수업체는 그동안 산업연수생에 대하여 퇴직금 지급을 강제하지 않는 '외국인 산업기술연수생의 보호 및 관리에 관한 지침' 등의 정부기준을 신뢰하여 그에 따라 성실하게 연수생에 대한 그 처우를 다하였으며, 산업연수생과 연수업체의 관계는 파견근로자보호 등에 관한 법률상의 파견근로자와 사용사업주의 관계와 유사한 형식이어서 고용종속관계를 전제로 하는 퇴직금지급의무가 없으므로, 결국 산업연수생기간 2년을 제외하면, 계속근로연수 1년에 미달하므로 원고의 이 사건 퇴직금지급청구는 부당하다고 주장한다.

나. 판 단

(1) 근로기준법상 근로자 해당 여부

우리 대법원은 산업연수생에 관하여 산업기술연수사증을 발급받은 외국인이 정부가 실시하는 외국인 산업기술연수제도의 국내 대상 업체에 산업기술연수생으로 배정되어 대상 업체와 사이에 연수계약을 체결하였다 하더라도 그 계약의 내용이 단순히 산업기술의 연수만에 그치는 것이 아니라, 해당 업체의 지시에 따라 소정 시간 근로를 제공하고 그 대가로 일정액의 금품을 지급받으며, 더욱이 소정 시간 외의 근무에 대하여는 시간외 근로수당을 지급받기로 하고 해당 기업의 지시·감독을 받으면서 근로를 제공하고 그 대가로 임금을 받아 왔다면, 이러한 계약은 그 명칭이나 형식에도 불구하고 실질적으로 고용계약이라 할 것이고 그 외국인 연수자는 근로기준법 제14조 소정의 근로자에 해당한다(대법원 1995.9.15. 선고 94누12067 판결, 1995.12.22. 선고 95누2050 판결, 1997.3.28. 선고 96도694 판결, 2005.11.10. 선고 2005다50034 판결 등 참조)라고 판시한 바 있다.

앞선 인정 사실에 나타난바, 원고는 피고 회사와 사이에 연수계약을 체결하고 산업연수생의 신분으로 입국하여 실습연수기간을 거치기는 하였으나, 피고 회사는 앞서 본 바와 같은 이유로 근로자를 고용하기 어려운 상황에서 원고를 채용하였고, 원고는 피고 회사의 지시에 따라 소정 시간 근로를 제공하고 그 대가로 일정액의 금품을 지급받았으므로, 원고는 피고 회사와의 관계에 있어 형식적으로 산업연수생이지만 실질적으로는 피고 회사에서 여타 국내 근로자들과 마찬가지로 피고 회사의 지시·감독하에 근로를 제공하였을 뿐만 아니라 그 근로의 대가로 연수수당 등의 명목으로 실질적인 임금을 지급받는 근로기준법 제14조 소정의 근로자라고 할 것이다.

(2) 퇴직금제도의 적용 여부

(가) 근로관계에 관한 우리 근로기준법은 근로조건의 최저 기준을 정함으로써 근로자의 기본적 생활을 보장, 향상시키려는 데 그 목적이 있고(제1, 2조), 이러한 근로조건은 '국적'이나 '사회적 신분'을 이유로 차별적 처우를 받지 아니하도록 규정하고 있다(제5조). 근본적으로 헌법 제6조 제2항은 외국인은 국제법과 조약이 정하는 바에 의하여 그 지위가 보장된다고 규정하고 있고, 헌법 제11조 제1항 후단은 누구든지 … 사회적 신분에 의하여 … 차별을 받지 아니한다고 규정하고 있으며, 국내법적인 효력은 없으나 인권에 관한 세계선언 제23조 제2항은 사람은 누구를 막론하고 아무런

차별 없이 동등한 일에 대하여 동등한 대우를 받을 권리를 가진다고 규정하고 있다. 그리고 외국인근로자의 고용 등에 관한 법률 제22조는 사용자는 외국인근로자라는 이유로 부당한 차별적 처우를 하여서는 아니된다고 규정하고 있다. 또한, 근로기준법 제34조는 퇴직하는 근로자에 대하여는 퇴직금을 지급하여야 한다고 규정하고 있고, 퇴직금은 근로자의 근로제공에 대한 미지급 임금이 축적된 것이 그 재원으로서 본질적으로는 후불적 임금의 성질을 갖는 것이다.

헌법상 평등규정이나 근로기준법상의 차별적 처우의 금지에 관한 조항 및 헌법 등의 이념 등과 관련하여 앞서 본 바와 같이 실질적으로 근로자와 같은 근로를 하는 산업연수생에게는 퇴직금을 지급하지 않는 것은 합리적 이유가 없는 차별대우임은 명백하다.

이러한 해석은 산업연수생이 연수업체로부터 숙식을 제공받고, 출국시 그 교통비를 지급받는 등의 이유만으로 산업연수생에 대한 퇴직금 적용을 전면적으로 배제시킬 합리적 이유가 된다고 보기 어렵다.

따라서 사용자인 피고 회사는 원고에게 산업연수생으로서의 근로기간에 대하여도 퇴직금을 지급해야 할 의무가 있다고 할 것이다.

(나) 한편, 피고는 '외국인산업기술연수생의 보호 및 관리에 관한 지침'(노동부 예규 제369호)이 퇴직금 지급을 강제하고 있지 않으므로 퇴직금을 지급하지 않아도 된다고 주장한다. 위 지침에는 산업연수생이 실질적으로 근로자로서 취업활동에 종사하고 있음을 전제로 하여, 폭행 및 강제근로 금지, 연수수당의 정기 · 직접 · 전액 · 통화불 지급 및 금품청산, 연수기간, 휴게 · 휴일, 시간외 · 야간 및 휴일연수, 최저임금수준의 보장, 산업안전보건의 확보, 산업재해보상보험 및 의료보험 혜택에 관한 보호 등 산업연수생의 보호 및 관리를 위해 필요한 사항을 정하고 있으면서도(제4조, 제8조), 퇴직금 등에 대하여는 아무런 규정을 두고 있지 않다.

사람을 지배하고 관리하는 사람은 삶이 복잡하고, 지배를 당하는 사람은 삶이 서글프다고 할 것이다. 기업의 사용자라는 지위는 새로운 제품을 생산하기 위하여 기술을 개발하여 생산 · 판매 · 수출 등을 하여야 하고, 근로자를 고용하여 근로를 시켜야 하며, 자금을 계속 조달하여야 하고, 관계 관청과의 교섭에도 임하여야 하는 종합적인 관리를 하여야 하는 복잡한 위치에 있는바, 위 노동부 예규와 같은 정부의 지침을 믿고 퇴직금을 지급하지 않아도 된다는 유리한 근로조건을 신뢰하여 외국인산업기술연수생을 채용하였는데 국가의 다른 기관인 법원에서 지침의 효력을 인정하지 않는다면 국가를 신뢰하지 못하겠다는 문제도 대두된다고 할 것이지만, 위 노동부 예규는 행정청 내부의 사무처리준칙을 정한 것에 불과하여 대외적으로 법원이나 국민을 기속하는 효력은 없을 뿐만 아니라, 위 노동부 예규가 산업연수생 신분의 외국인근로자에 대하여 근로기준법상의 퇴직금 적용을 배제하는 취지라면, 이는 앞에서 본 바와 같이 국적에 의한 차별적 처우를 금지하고 있는 헌법 제11조 제1항, 근로기준법 제5조의 규정에 위반되는 조항으로 그 효력을 인정할 수 없고, 나아가 수출에 국가수입의 상당 부분을 의존하고 있는 우리 기업들이 해외에 많이 진출하고, 근로자들도 외국에서 근로하는 경우도 예상되는바, 국내에 거주하고 있는 외국근로자들로부터 신뢰를 받는 기업이 된다는 것은 기업의 국제적 활동에도 결코 불리하지 않고, 우리 근로자들이 해외에서 근로에 종사하는 경우에도 부당한 차별대우를 받지 않을 수 있는 근거로도 될 수 있으므로, 위 예규를 근거로 산업연수생에 대하여는 퇴직금 지급의무가 없다는 피고 회사의 주장은 이유 없다.

(3) 파견근로자 해당 여부

또한 피고는, 산업연수계약이 파견근로자보호 등에 관한 법률상의 파견근로와 유사하므로 사용 사업주에 유사한 연수업체인 피고 회사가 퇴직금을 지급할 의무는 없다고 주장하나, 산업연수의 경우 송출업체가 산업연수생을 모집하기는 하지만 이는 산업연수생의 모집 및 송출의 편의를 위한 것이고, 송출업체와 연수업체 간에 파견계약이 이루어지는 것도 아니며, 송출업체가 연수업체로부터 약정된 보수를 받고 산업연수생에 대한 보수를 송출업체가 지급하는 것도 아니고, 연수업체가 산업연수생에 대하여 임금지급의무를 부담하는 것이 명백하며, 근로자 파견사업에 제조업의 직접생산공정업무는 제외되는 점(위 법 제5조 제1항) 등에 비추어 보면, 연수업체는 파견근로자보호 등에 관한 법률상의 파견대상업체에 해당되지 아니하므로, 피고 회사의 이 부분 주장도 이유 없다.

3. 결 론

따라서 피고는 원고에게 퇴직금 140만 원(근무기간 2년, 평균임금 70만 원 × 2) 및 이에 대하여 원고가 퇴직한 다음날인 2002.6.28.부터 피고가 그 이행의무의 존부 및 범위에 대하여 항쟁함이 상당하다고 인정되는 당심판결 선고일인 2006.5.12.까지는 민법이 정한 연 5%의, 그 다음날부터 다 갚는 날까지는 소송촉진 등에 관한 특례법이 정한 연 20%의 각 비율에 의한 돈을 지급할 의무가 있다.

그렇다면 원고의 이 사건 청구는 위 인정 범위 내에서 이유 있어 인용하고 나머지 청구는 이유 없어 기각할 것인바, 이와 결론을 달리한 제1심판결은 부당하므로 원고의 항소를 일부 받아들여 위에서 지급을 명한 돈에 해당하는 원고 패소 부분을 취소하고, 피고에게 위 돈의 지급을 명하며 원고의 나머지 항소는 기각하기로 하되, 가집행선고는 이를 하지 아니할 상당한 이유가 있으므로 하지 않기로 하여 주문과 같이 판결한다.

판사 홍광식(재판장) 곽윤경 조정래

서울서부지방법원 2006.8.24. 선고 2005나4141 판결 【임금】

【판시사항】

[1] 해외투자기업 산업연수생의 자격으로 입국하여 국내 회사에서 근무하는 외국인들이 근로기준법과 최저임금법의 적용을 받는 근로자라고 한 사례

[2] 외국인 산업연수생들의 최저임금법에 따른 임금채권에 대하여 소멸시효의 완성을 주장하는 사용자의 항변이 신의칙상 허용되지 아니한다고 한 사례

【판결요지】

[1] 해외투자기업 산업연수생의 자격으로 입국하여 국내 회사에서 근무하는 외국인들이 국내 회사의 자회사인 외국 회사와 연수계약을 체결하였으나 실질적으로 국내 회사로부터 임금 전부를 지급받은 점, 위 외국인들이 산업연수생 신분으로 입국하였지만 국내 회사의 지시·감독하에 한국인 근로자와 동일한 근로조건에서 인력보충수단으로 사실상의 노무를 제공하는 등 국내 회사에 대하여 종속적인 관계에서 근로를 제공한 점 등에 비추어 보면, 위 외국인들은 근로기준법과 최저임금법의 적용을 받는 근로자라고 한 사례.

[2] 외국인 산업연수생들에게 최저임금을 지급하도록 한 노동부 지침이 제정되어 적용된 이후에도 사용자가 이를 산업연수생들에게 주지시키지 않고, 오히려 최저임금의 지급을 구하는 산업연수생들에게 그 지급을 거부한 점 등에 비추어 볼 때, 외국인 산업연수생들의 최저임금법에 따른 임금채권에 대하여 소멸시효의 완성을 주장하는 사용자의 항변이 신의칙상 허용되지 아니한다고 한 사례.

【참조조문】

[1] 최저임금법 제2조, 제3조 제1항, 근로기준법 제5조, 제14조 / [2] 민법 제2조, 근로기준법 제48조, 최저임금법 제6조 제1항, 제3항

【전 문】

【원고, 피항소인】 곽애평 외 1인 (소송대리인 법무법인 동인 담당변호사 안중민 외 1인)

【피고, 항소인】 주식회사 대농 (소송대리인 법무법인 한별 담당변호사 김종광 외 3인)

【제1심판결】 서울서부지법 2005.6.15. 선고 2004가소270388 판결

【변론종결】 2006.6.29.

【주 문】

1. 제1심판결 중 피고에 대하여 원고들에게 각 7,433,830원 및 각 이에 대하여 2002.4.21.부터 2006.8.24.까지는 연 5%의, 그 다음날부터 완제일까지는 연 20%의 각 비율에 의한 금원을 초과하여 지급을 명한 피고 패소 부분을 취소하고, 그 취소 부분에 해당하는 원고들의 각 청구를 각 기각한다.

2. 피고의 나머지 항소를 기각한다.

3. 소송총비용은 피고가 부담한다.

【청구취지 및 항소취지】

1. 청구취지

피고는 원고들에게 각 7,433,830원 및 각 이에 대하여 2002.4.21.부터 2005.2.17.까지는 연 6%의, 그 다음날부터 완제일까지는 연 20%의 각 비율에 의한 각 금원을 지급하라.

2. 항소취지

제1심판결을 취소한다. 원고들의 청구를 모두 기각한다.

【이 유】

1. 기초 사실

아래의 각 사실은 당사자 사이에 다툼이 없거나 갑 제1, 3, 5, 6, 7, 10, 11호증, 을 제1, 6, 9, 13, 18, 20호증(각 가지번호 포함)의 각 기재, 당심 증인 최인환, 안윤호, 윤영회, 김영애, 임승호의 각 증언 및 당심 법원의 인천공항 출입국관리사무소장에 대한 사실조회 결과에 변론 전체의 취지를 종합하면 이를 인정할 수 있다.

가. 원고들과 피고 사이의 연수계약 체결

(1) 중화인민공화국(이하 '중국'이라 한다) 국적을 가지고 있는 원고들은 2000.3.13. 피고의 중국 내 자회사인 청도대농방직 유한회사와 사이에 연수계약을 체결하고 해외투자기업 산업연수생(이하 '산업연수생'이라 한다)으로서 피고 회사에 파견되어 근무하기로 하였는데, 그 구체적인 연수계약 (이하 '이 사건 연수계약'이라 한다) 내용은 아래와 같다.

(가) 피고는 원고들에게, 입사일로부터 1년 동안은 하루 7,200원, 그 후 1년 동안은 하루 8,200원을 지급하되, 원고들의 근무시간은 하루 8시간으로 하고(주야 1일 2교대), 잔업시간의 월급은 평일의 150%로 하며, 매달 25일 월급으로 지급한다.

(나) 원고들의 출국 및 귀국 교통비는 피고가 부담하고, 다만 원고들의 개인 사정을 이유로 귀국할 때의 비용은 원고들이 부담한다.

(다) 피고는 원고들에게 숙식 및 생활필수품을 제공한다.

(2) 원고들은 이 사건 연수계약에 따라 2000.5.6.경부터 2002.4.20.경까지 피고의 반월공장에서 근무하면서 사실상 국내 근로자들과 동일한 내용의 노무를 제공하고 임금을 지급받은 후(원고들은 2002.4.20. 근무를 종료하면서 이 사건 연수계약에 따른 2002.4.분 월급을 정산하여 모두 지급받았다.), 2002.4.22.경 중국으로 귀국하였다.

나. 이 사건 연수계약에 따른 원고들의 근무 상황

원고들의 이 사건 연수계약에 따른 근무 상황은 아래와 같다.

(1) 원고들은 피고의 반월공장에서 주야 2교대로 근무하였다.

(2) 원고들은 입국과 동시에 피고 소속 관리인에게 여권 및 외국인등록증을 맡기고 피고가 관리하는 기숙사에서 생활하였는데, 위 기숙사는 밤 10시 이후에는 통행이 제한되었고, 기숙사 내에 있는 운동시설 및 텔레비전 이용은 시간 및 출입 등이 제한되어 있다.

(3) 피고는 원고들의 동의를 얻어 원고들 명의로 월급 통장을 개설하여 직접 관리하면서 월급 지급일에는 원고들 명의의 각 통장에 월급을 송금하였는데, 월급 중 20,000원은 원고들에게 직접 현금으로 지급하였고, 원고들의 요구가 있는 경우 추가로 50,000원을 현금으로 지급하였으며, 나머지 월급은 연수기간이 끝나 중국으로 돌아가기 직전 각 통장에서 인출하여 한꺼번에 지급하였다.

(4) 원고들은 3개월에 1회에 한하여 피고의 부담으로 중국의 가족들과 전화통화를 하였고, 그 외 원고들 부담으로 하는 전화통화가 제한된 바는 없다.

다. 산업연수생들에 대한 최저임금제 적용 여부에 관한 논의

(1) 한편, 원고들이 피고와 사이에 이 사건 연수계약을 체결하기 전인 1999.경부터 원고들과 같이 해외에서 연수생의 자격으로 입국하여 국내 회사에 근무하는 산업연수생들이 근로기준법상 최저임금법의 적용을 받는 근로자에 해당하는지가 사회문제로 대두되었는데, 이에 대한 기준으로 노동부는 1999.12.1. 아래와 같은 내용의 '해외투자기업 산업연수생에 대한 보호지침'을 제정하였다(이하 '노동부 지침'이라 한다).

(가) 해외투자기업체 산업연수생 중 부득이 국내 모기업의 인력보충수단으로 활용되는 경우에는 출입국관리법 위반 여부에 관계없이 노동관계법령상 보호한다.

(나) 외국에 직접 투자한 산업체 연수생 중에서 국내 모기업의 인력보충수단으로 활용됨으로서 연수생의 지위를 벗어나 사실상의 노무를 제공하고 해외현지법인이 아닌 국내 모기업에서 임금을 직접 지급받는 경우에는 근로기준법, 최저임금법 등에 준거하여 최저임금 수준을 보장한다.

(2) 한편, 최저임금법에 따라 노동부장관이 고시한 최저임금액은 1999.9.1.부터 2000.8.31.까지는 시간당 1,600원, 2000.9.1.부터 2001.8.31.까지는 시간당 1,865원, 2001.9.1.부터 2002.8.31.까지는 시간당 2,100원이다.

라. 최저임금 적용과 관련한 분쟁 및 이에 따른 소송

(1) 그런데 위와 같은 노동부 지침에도 불구하고 피고는 원고를 비롯한 산업연수생들에 대하여 최저임금을 지급하지 아니하였고(산업연수생들에게 최저임금 대상임을 고지한 바도 없다.), 나아가 2001.12.경부터는 노동부 지침상 국내 모기업에서 임금을 직접 지급받는 경우에 최저임금을 보장하여야 한다는 점을 고려하여, 산업연수생들과 사이에 임금 중 일정 금액을 해외현지법인에서 지급받는다는 내용으로 연수계약을 체결하여(그 이전까지는 원고들의 경우와 같이 피고가 직접 임금 전액을 지급하는 내용으로 연수계약을 체결하여 왔다.) 산업연수생들에게는 최저임금을 지급할 수 없다는 입장을 표명하여 왔다.

(2) (가) 피고 회사에서 노무를 제공하던 오성예 외 46명의 산업연수생들은 2002.9.경부터 피고에 대하여 최저임금을 지급할 것을 요구하였고, 같은 달 16.경에는 안산지방노동사무소에 피고가 위 오성예 등에게 최저임금을 지급하지 아니하여 근로기준법을 위반하였다는 이유로 피고를 고발하

고 파업을 강행하였다.

(나) 이에 따라 위 안산지방노동사무소는 2002.10.31. 수원지방검찰청 안산지청에, 2001.12.경 이후 임금의 일부를 해외현지법인에서 지급받기로 하는 내용의 연수계약을 체결한 산업연수생들(18명)의 경우에는 최저임금의 적용 대상이 아니나, 2001.12.경 이전에 피고가 임금 전부를 지급하는 내용으로 연수계약을 체결한 산업연수생들(29명)에게도 최저임금을 지급하지 아니한 것은 근로기준법 위반이라는 내용으로 피고에 대한 근로기준법 위반사건을 송치하였다.

(다) 한편, 피고는 위와 같이 분쟁이 시작되자 비로소 2002.9.26.경 위 오성예 등과 사이에 최저임금 적용 여부에 관한 대담을 개최하여, 노동부 지침에 따라 2001.12.경 이전에 피고가 임금 전부를 지급하는 내용으로 연수계약을 체결한 산업연수생들 29명에게는 최저 임금을 적용하여 그 차액을 지급할 의사가 있으나, 그 후 연수계약을 체결한 산업연수생들 18명의 경우에는 법으로 해결할 수밖에 없다는 취지의 견해를 표명하였으나, 원고들과 같이 위 분쟁의 주체가 되지 아니한 다른 산업연수생들에게는 위와 같은 최저임금 적용 기준을 제시하거나 최저임금의 지급을 약속한 바는 없었다.

(3) 맹홍왕 외 17명(앞서 본 2001.12.경 이후 연수계약을 체결한 산업연수생들 18명)은 2002.12.21. 수원지방법원 안산지원 2002가단10950호로 피고에 대하여 최저임금의 지급을 구하는 소송을 제기하여 맹홍왕 외 17명 역시 최저임금의 적용을 받는 근로자라는 이유로 승소하였고, 이에 피고가 서울고등법원 2004나10482호로 항소하였으나 2004.8.31. 항소기각되었으며, 다시 피고가 대법원 2004다53685호로 상고하였으나 2004.11.29. 심리불속행기각되어, 위 판결은 확정되었다.

마. 원고들의 체불 임금

한편, 원고들이 최저임금법에 의하여 지급받아야 최저임금에서 이 사건 연수계약에 따라 피고로부터 지급받은 임금을 공제한 차액은 각 7,433,830원이다(피고는 제1심의 제1차 변론기일에 원고들이 주장하는 금액 자체에 대하여는 다툼이 없다고 진술하여 피고가 최저임금을 기준으로 원고들에게 각 7,433,830원을 지급하지 아니한 사실을 자백하였는바, 그 후 피고가 2005.12.20.자 준비서면을 통하여 위 금액 자체를 다투는 듯한 취지의 주장을 하여 위 자백을 취소하고 있으나, 위 자백이 진실에 어긋나는 자백으로 그것이 피고의 착오로 말미암은 것이라는 점을 인정할 증거가 없으므로, 위 자백 취소는 효력이 없다).

2. 청구원인에 대한 판단

가. 원고의 주장

원고들은, 원고들이 최저임금법상 최저임금의 적용을 받는 근로자임에도 불구하고 피고 회사에 근무하는 동안 최저임금에 미치지 못하는 이 사건 연수계약에 따른 임금만을 지급받았다고 주장하며, 피고에 대하여 체불 임금 각 7,433,830원 및 이에 대한 지연손해금의 지급을 구한다.

나. 판 단

(1) 먼저, 원고들이 최저임금법의 적용을 받는 피고의 근로자인지 여부에 대하여 살피건대, 최저임금

법 제3조 제1항은 "이 법은 근로자를 사용하는 모든 사업 또는 사업장에 적용한다."고 규정하고 있고, 같은 법 제2조, 근로기준법 제14조에는 "근로자라 함은 직업의 종류를 불문하고 사업 또는 사업장에 임금을 목적으로 근로를 제공하는 자를 말한다."고 규정함과 동시에 근로기준법 제5조는 "사용자는 근로자에 대하여 남녀의 차별적 대우를 하지 못하며 국적, 신앙 또는 사회적 신분을 이유로 근로조건에 대한 차별적 처우를 하지 못한다."라고 규정하고 있는바, 앞서 본 바와 같이 원고들은 피고의 중국 내 자회사인 청도대농방직 유한회사와 사이에 이 사건 연수계약을 체결하였으나 실질적으로 피고로부터 근로의 대가인 임금 전부를 지급받은 점, 원고들이 산업연수생 신분으로 입국하였지만 피고로부터 직접 임금을 지급받으면서 피고의 지시·감독하에 한국인 근로자와 동일한 근로조건에서 인력보충수단으로 사실상의 노무를 제공하는 등 임금을 목적으로 피고에 대하여 종속적인 관계에서 근로를 제공한 점 등에 비추어 보면, 원고들은 근로기준법과 최저임금법의 적용을 받는 피고의 근로자라 할 것이다.

(2) 나아가 최저임금법 제6조 제1항은 "사용자는 최저임금의 적용을 받는 근로자에 대하여 최저임금액 이상의 임금을 지급하여야 한다.", 같은 조 제3항은 "최저임금의 적용을 받는 근로자와 사용자 사이에 최저임금액에 미달하는 임금을 정한 근로계약은 그 부분에 한하여 이를 무효로 하며, 무효로 된 부분은 이 법에 의하여 정한 최저임금액과 동일한 임금을 지급하기로 정한 것으로 본다."라고 각 규정하고 있는 바, 위 규정에 의하면, 피고의 근로자인 원고들은 최저임금액과 실제로 지급받은 임금의 차액에 해당하는 금원을 사용자인 피고로부터 지급받을 수 있다 할 것이다.

(3) 따라서 특별한 사정이 없는 한, 피고는 원고들에게 각 최저임금법상 규정된 최저임금에서 실제로 지급받은 임금의 차액에 해당하는 금원인 7,433,830원 및 이에 대한 지연손해금을 지급할 의무가 있다.

3. 항변 및 재항변에 대한 판단

가. 당사자들의 주장

(1) 피고는, 원고들의 피고에 대한 임금채권 중 원고들이 이 사건 소를 제기한 2004.12.29.로부터 3년 전인 2001.12.28. 이전에 발생한 임금채권은 모두 시효로 소멸하였다고 항변한다.

(2) 이에 대하여 원고들은, ① 피고가 이 사건 연수계약에 의하여 원고들을 비롯한 산업연수생들을 관리·감독함에 있어 여권과 외국인등록증을 강제로 제출하여 외출, 외박을 자유롭게 할 수 없게 하였을 뿐만 아니라, 월급 통장을 관리하면서 그 비밀번호도 가르쳐 주지 아니하여 정당한 재산권의 행사마저 제한하였고, 나아가 강제로 귀국조치를 취한다고 협박하며 행동의 자유조차 억압함으로써, 원고들의 임금에 대한 권리행사나 시효중단을 불가능 또는 현저히 곤란케 하였고, ② 원고들이 피고 회사에 근무할 당시 원고들과 같은 산업연수생의 경우 최저임금법상 최저임금의 적용을 받는 근로자인지 여부가 논의되어 오던 상황에서 피고는 산업연수생들에 대하여 최저임금의 적용 대상이 아니라는 입장을 표명하여 왔고, 정부 또한 최저임금 보장을 위한 아무런 조치도 취하지 아니하여 외국인 원고들에게 실질적으로 권리행사를 할 수 없는 법률적인 장애사유 또는 사실상의 장애사유가 존재한 것이므로, 피고의 소멸시효 항변은 신의칙에 반하여 허용될 수 없다고 재항변한다.

나. 판 단

(1) 소멸시효기간 도과 여부

원고들의 피고에 대한 각 임금채권의 변제기는 2000. 5. 6. 경부터 2002. 4. 20. 경까지 매달 25일인 사실은 앞서 본 바와 같고, 원고들의 이 사건 소는 위 기간 중인 2001. 12. 28. 로부터 3년이 경과된 후인 2004. 12. 29. 제기되었음은 기록상 명백하다.

(2) 피고들의 소멸시효 항변이 신의칙에 반하는지 여부

(가) 채무자의 소멸시효에 기한 항변권의 행사도 우리 민법의 대원칙인 신의성실의 원칙과 권리남용금지의 원칙의 지배를 받는 것이어서, 채무자가 시효완성 전에 채권자의 권리행사나 시효중단을 불가능 또는 현저히 곤란하게 하였거나, 그러한 조치가 불필요하다고 믿게 하는 행동을 하였거나, 객관적으로 채권자가 권리를 행사할 수 없는 장애사유가 있었거나, 또는 일단 시효완성 후에 채무자가 시효를 원용하지 아니할 것 같은 태도를 보여 권리자로 하여금 그와 같이 신뢰하게 하였거나, 채권자보호의 필요성이 크고, 같은 조건의 다른 채권자가 채무의 변제를 수령하는 등의 사정이 있어 채무이행의 거절을 인정함이 현저히 부당하거나 불공평하게 되는 등의 특별한 사정이 있는 경우에는 채무자가 소멸시효의 완성을 주장하는 것이 신의성실의 원칙에 반하여 권리남용으로서 허용될 수 없다(대법원 2002. 10. 25. 선고 2002다32332 판결 등 참조).

(나) 이 사건으로 돌아와 먼저, 원고들이 피고에 대하여 임금채권을 행사함에 있어 법률상 장애사유가 있었는지에 관하여 보건대, 소멸시효는 객관적으로 권리가 발생하고 그 권리를 행사할 수 있는 때부터 진행되며, 권리를 행사할 수 없는 때라 함은 그 권리행사에 법률상의 장애사유, 예를 들면 기간의 미도래나 조건 불성취 등이 있는 경우를 말하는 것이므로, 사실상 그 권리의 존재나 권리행사 가능성을 알지 못하였거나 알지 못함에 있어서의 과실 유무 등은 원칙적으로 시효 진행에 영향을 미치지 아니하는바, 앞서 본 인정 사실에 의하면, 원고들이 기간의 미도래나 조건 불성취 등으로 피고에 대하여 근로기준법과 최저임금법상의 최저임금제에 따른 임금채권을 행사할 수 없었음을 인정할 아무런 증거가 없으므로, 원고들이 피고에 대하여 임금채권을 행사함에 있어 어떠한 법률상 장애사유가 있었다고 보기는 어렵다.

(다) 그러나 앞서 본 인정 사실에 의하여 알 수 있는 다음과 같은 사정, 즉 ① 원고들은 피고 회사에 근무할 목적으로 입국하여 위 1.의 나.항과 같은 피고 회사의 관리·감독하에 이 사건 연수계약에 따라 노무를 제공하였기 때문에 달리 원고들의 근무 상황 개선이나 최저임금 적용 여부에 대하여 정보를 제공받을 기회가 부족하였던 점, ② 피고는 근로자를 고용하여 노무를 제공받고 있는 기업으로서 근로기준법 및 최저임금법에 의하면 매년 노동부장관에 의하여 고시되는 최저임금액 및 적용제외 근로자의 범위 등에 대하여 근로자들이 볼 수 있는 장소에 게시하거나 그 외의 적당한 방법으로 근로자에게 주지시켜야 하는 주지의무 및 최저임금액 이상의 임금 지급 의무가 있음에도 불구하고, 노동부 지침이 제정되어 적용된 1999. 12. 1. 이후에도 원고들과 같은 산업연수생들에 대하여 최저임금액 등을 주지시킨 바 없고, 오히려 2002. 9. 경 최저임금의 지급을 구하는 산업연수생들에 대하여 그 지급을 거부한 점, ③ 이러한 상황에서 원고들로서는 적어도 피고가 원고들과 같은 조건의 산업연수생들(위 1.의 라.의 (2)항에 기재된 바와 같이 2001. 12. 이전에 피고가 임금 전부를 지급하는 내용으로 연수계약을 체결한 산업연수생들)에게 노동부 지

침에 따라 최저임금을 지급하겠다는 의사를 표명한 2002.9.26.경 이전에는 피고를 신뢰하여 최저임금에 해당하는 임금채권의 권리행사를 하거나 시효를 중단시킬 조치가 불필요하다고 믿었던 점 등과, 나아가 ④ 일정 기간 계속된 사회질서를 유지하고, 시간의 경과로 인하여 곤란하게 되는 증거보전으로부터 구제하며, 자기의 권리를 행사하지 아니하는 자를 법적 보호에서 제외하기 위한 소멸시효 제도의 취지상, 이 사건과 같이 3년의 단기소멸시효가 적용되는 임금채권의 경우 일정 기간 계속된 사회질서를 논하기는 어려우며 증거보전 역시 큰 문제가 없다고 생각되는 점 (앞서 본 바와 같이 피고 역시 원고들에게 지급하지 아니한 임금 액수 자체에 관하여는 다툼이 없다.), ⑤ 원고들이 그 권리를 행사하지 아니한 것은 피고의 최저임금법 적용 대상에 대한 입장 표명과 그에 따른 원칙 적용을 신뢰한 때문이고 그와 같은 신뢰는 피고로부터 기인한 것이지 원고들의 과실이 있다고 볼 수 없었는데, 이 사건 소에서 피고가 최저임금법에 따른 임금채권이 존재하였고 원고들이 위 임금채권을 행사할 수 있음에도 불구하고 행사하지 아니하였으므로 소멸시효가 진행한다고 주장하는 것은 금반언의 원칙에 어긋나고, 피고의 위와 같은 최저임금 적용 대상에 관한 해석을 신뢰한 원고들을 권리 위에 잠자는 자라고 하여 소멸시효 완성을 이유로 임금채권을 행사할 수 없다고 하는 것은 위 소멸시효 취지에도 부합하지 아니한 점, ⑥ 이 사건 채권은 임금채권으로서 보호의 필요성이 큰 반면, 원고들에게 최저임금이 적용되지 아니함을 주장하여 그 이행을 거절하여 온 피고에게 소멸시효 항변을 허용함은 현저히 불공평하다는 점 등에 비추어 보면, 최소한 피고가 원고들과 같은 산업연수생들에게 최저임금을 지급하겠다는 견해를 표명한 2002.9.26. 이전에도 원고들의 피고에 대한 임금채권의 소멸시효가 진행하여 이 사건 소 제기 당시 그 소멸시효가 완성하였음을 주장하는 것은 신의성실의 원칙에 반하여 권리남용으로서 허용될 수 없다.

(3) 소결론

따라서 피고의 소멸시효 항변이 신의칙에 반하여 허용될 수 없다는 원고들의 재항변은 이유 있고, 피고의 위 소멸시효 항변은 이유 없다.

4. 결 론

그렇다면 피고는 원고들에게 각 7,433,830원 및 각 이에 대하여 2002.4.21.부터 피고가 그 이행의무의 존부와 범위에 관하여 항쟁함이 상당하다고 인정되는 이 판결 선고일인 2006.8.24.까지는 민법에 정한 연 5%의, 그 다음날부터 완제일까지는 소송촉진 등에 관한 특례법에 정한 연 20%의 각 비율에 의한 각 지연손해금을 지급할 의무가 있으므로, 원고의 이 사건 청구는 위 인정 범위 내에서 이유 있어 이를 인용하고 나머지 청구는 이유 없어 이를 기각할 것인바, 제1심판결은 이와 일부 결론을 달리하여 부당하므로 위 금원을 초과하여 지급을 명한 피고 패소 부분을 취소하고, 그 취소 부분에 해당하는 원고들의 각 청구를 각 기각하며, 피고의 나머지 항소를 기각하고, 소송비용의 부담에 관하여는 민사소송법 제98조, 제101조 단서를 적용하기로 하여, 주문과 같이 판결한다.

판사 강재철(재판장) 조희찬 박주영

대법원 2006.12.7. 선고 2006다53627 판결 【임금】

【판시사항】

[1] 근로계약의 당사자가 분쟁이 발생하기 전에 대한민국 법원의 국제재판관할권을 배제하기로 한 합의의 효력(무효)

[2] 외국인근로자에게 근로기준법의 퇴직금 지급에 관한 규정이나 최저임금법의 최저임금 보장에 관한 규정이 적용되는지 여부(적극)

[3] 국내 회사의 중국 현지법인과 출국연수약정 명목의 계약을 체결하고 해외투자법인 산업연수생의 신분으로 입국한 중국인 근로자들이 근로기준법 및 최저임금법상의 근로자에 해당한다고 본 사례

【판결요지】

[1] 근로계약의 당사자가 분쟁이 발생하기 전에 대한민국 법원의 국제재판관할권을 배제하기로 하는 내용의 합의를 하였다고 하더라도, 그러한 합의는 국제사법 제28조 제5항에 위반하여 효력이 없다.

[2] 외국인근로자에 대하여도 국내의 근로자들과 마찬가지로 근로기준법상의 퇴직금 지급에 관한 규정이나 최저임금법상의 최저임금의 보장에 관한 규정이 그대로 적용된다.

[3] 중국인 근로자들이 국내 회사의 중국 현지법인과 출국연수약정 명목의 계약을 체결하고 해외투자법인 산업연수생의 신분으로 입국하여 국내 회사에서 근로를 제공한 사안에서, 국내 회사가 중국 현지법인에 전액 출자하였고, 출국연수계약의 내용이 단순히 기술 연수에 그치지 않고 국내 회사가 지시하는 바에 따라 1일 최소한 8시간 동안 근로를 제공하고 그 대가로 임금을 받기로 되어 있으며, 이에 따라 중국인 근로자들이 기술 연수는 거의 받지 못한 채 약 1년 6개월 동안 국내 회사의 공장에서 국내 근로자들과 마찬가지로 회사의 지시·감독하에 근로를 제공하였고, 상시로 연장근로와 야간근로까지 하고 그에 대한 수당을 받아온 점 등에 비추어 볼 때 중국인 근로자들이 근로기준법 및 최저임금법상의 근로자에 해당한다고 본 사례.

【참조조문】

[1] 국제사법 제2조 제1항, 제28조 제5항 / [2] 근로기준법 제14조, 제34조, 근로자퇴직급여 보장법 제8조 제1항, 최저임금법 제2조, 제6조 / [3] 근로기준법 제14조, 제34조, 최저임금법 제2조, 제6조

【참조판례】

[3] 대법원 1995.12.22. 선고 95누2050 판결(공1996상, 571), 대법원 2005.11.10. 선고 2005다50034 판결(공2005하, 1969)

【전 문】

【원고, 피상고인】 진휘 외 16인 (소송대리인 변호사 임영수 외 1인)

【피고, 상고인】 대동전자 주식회사 (소송대리인 변호사 홍봉주)

【원심판결】 부산고법 2006.7.12. 선고 2005나12018 판결

【주 문】

상고를 기각한다. 상고비용은 피고가 부담한다.

【이 유】

1. 국제사법 제2조 제1항에 의하면, 대한민국 법원은 당사자 또는 분쟁이 된 사안이 대한민국과 실질적 관련이 있는 경우에 국제재판관할권을 갖는 것이고, 같은 법 제28조 제5항에 의하면, 국제재판관할에 관한 합의는 분쟁이 이미 발생한 경우(제1호) 또는 근로자에게 이 조에 의한 관할법원에 추가하여 다른 법원에 제소하는 것을 허용하는 경우(제2호)에 한하여 허용되는 것이므로, 근로계약의 당사자가 분쟁이 발생하기 전에 대한민국 법원의 국제재판관할권을 배제하기로 하는 내용의 합의를 하였다고 하더라도, 그러한 합의는 국제사법 제28조 제5항에 위반하는 것이어서 아무런 효력이 없다.

   원심이 같은 취지에서, 이 사건 소가 재판관할에 관한 당사자의 합의에 위반하여 제기되어 부적법하다는 피고의 본안전 항변을 배척한 조치는 옳고, 거기에 재판관할에 관한 법리오해 등의 위법이 있다고 할 수 없다.

2. 원심은, 그 채용 증거들을 종합하여, 원고들이 스스로의 의사에 기하여 원고들 소송대리인에게 이 사건 소 및 항소 제기에 관한 소송대리권을 위임한 사실을 인정하였는바, 기록에 비추어 살펴보면, 위와 같은 원심의 사실인정은 옳은 것으로 수긍이 가고, 거기에 상고이유의 주장과 같은 심리미진으로 인한 사실오인 등의 위법이 있다고 할 수 없다.

3. 근로기준법상의 근로자에 해당하는지 여부를 판단함에는 그 계약의 형식이 민법상의 고용계약인지 또는 도급계약인지에 관계없이 그 실질 면에서 근로자가 사업 또는 사업장에 임금을 목적으로 종속적인 관계에서 사용자에게 근로를 제공하였는지 여부에 따라 판단하여야 하고, 그러한 종속적인 관계가 있는지 여부를 판단함에는 업무의 내용이 사용자에 의하여 정하여지고 취업규칙 또는 복무(인사)규정 등의 적용을 받으며 업무수행과정에서도 사용자로부터 구체적, 개별적인 지휘·감독을 받는지 여부, 사용자에 의하여 근무시간과 근무장소가 지정되고 이에 구속을 받는지 여부, 근로자 스스로가 제3자를 고용하여 업무를 대행케 하는 등 업무의 대체성 유무, 비품·원자재·작업도구 등의 소유관계, 보수의 성격이 근로 자체에 대한 대상적 성격이 있는지 여부와 기본급이나 고정급이 정하여져 있는지 여부 및 근로소득세의 원천징수 여부 등 보수에 관한 사항, 근로제공관계의 계속성과 사용자에의 전속성의 유무와 정도, 사회보장제도에 관한 법령 등 다른 법령에 의하여 근로자의 지위를 인정받는지 여부, 양 당사자의 사회·경제적 조건 등을 종합적으로 고려하여 판단하여야 하는바(대법원 2001.4.13. 선고 2000도4901 판결 등 참조), 산업기술연수사증을 발급받은 외국인이 정부가 실시하는 외국인 산업기술연수제도의 국내 대상 업체에 산업기술연수생으로 배정되어 대상 업체와 사이에 연수계약을 체결하였다 하더라도, 그 계약의 내용이 단순히 산업기술의 연수만으로 그치는 것이 아니고 대상 업체가 지시하는 바에 따라 소정시간 근로를 제공하고, 그 대가로 일정액의 금품을 지급받으며 더욱이 소정시간 외의 근무에 대하여는 근로기준법에 따른

시간외 근로수당을 지급받기로 하는 것이고, 이에 따라 당해 외국인이 대상 업체의 사업장에서 실질적으로 대상 업체의 지시·감독을 받으면서 근로를 제공하고 수당 명목의 금품을 수령하여 왔다면, 당해 외국인도 근로기준법 제14조 소정의 근로자에 해당한다 할 것이고(대법원 1997.10. 10. 선고 97누10352 판결, 2005.11.10. 선고 2005다50034 판결 등 참조), 최저임금법 제2조에 의하여 근로기준법 제14조에 규정된 근로자는 곧 최저임금법상의 근로자에 해당하므로, 위와 같은 외국인근로자에 대하여도 국내의 근로자들과 마찬가지로 근로기준법상의 퇴직금 지급에 관한 규정이나 최저임금법상의 최저임금의 보장에 관한 규정이 그대로 적용되어야 할 것이다.

원심은, 그 채용 증거들을 종합하여 판시와 같은 사실을 인정한 다음, 비록 원고들이 피고 회사의 중국 내 현지법인인 대동모형소교 유한공사(이하 '소외 회사'라 한다)와 사이에 출국연수약정 명목의 계약을 체결하고 해외투자법인 산업연수생의 신분으로 입국하였다 하더라도, 소외 회사는 피고 회사가 전액 출자한 법인인 점, 원고들과 소외 회사 사이에 체결된 출국연수계약 자체에 의하더라도 그 계약의 내용이 단순히 기술 연수에 그치는 것이 아니라 피고 회사가 지시하는 바에 따라 1일 최소한 8시간 동안 근로를 제공하고 그 대가로 임금을 지급받는 것으로 되어 있는 점, 이에 따라 원고들이 기술 연수는 거의 받지도 못한 채 약 1년 6개월 동안 피고 회사의 창원공장에서 여타 국내 근로자들과 마찬가지로 피고 회사의 지시·감독하에 근로를 제공하였을 뿐만 아니라 상시로 연장근로와 야간근로까지 하고 그에 대한 수당을 지급받아 온 점에 비추어 보면, 원고들은 근로기준법 제14조 및 최저임금법 소정의 근로자에 해당한다고 봄이 상당하므로, 피고는 원고들에 대하여 근무일수에 따른 최저임금에서 실제 지급받은 임금을 공제한 차액과 계속근로연수 1년에 대하여 평균임금 30일분의 퇴직금을 지급할 의무가 있다고 판단하였는바, 앞서 본 법리와 기록에 비추어 살펴보면, 위와 같은 원심의 사실인정과 판단은 옳은 것으로 수긍이 가고, 거기에 상고이유의 주장과 같은 채증법칙 위배로 인한 사실오인 또는 근로기준법상의 근로자의 인정에 관한 법리오해 등의 위법이 있다고 할 수 없다.

4. 원고들과 피고 사이의 근로계약의 내용과 직무 내용 등에 비추어 보면, 원고들을 구 최저임금법 (2005.5.31. 법률 제7563호로 개정되어 2005.9.1. 시행되기 전의 것) 제7조 제2호 소정의 '수습사용중인 자'로 볼 수 없으므로, 이 점에 관한 상고이유의 주장도 받아들일 수 없다.

5. 그러므로 상고를 기각하고, 상고비용은 패소자가 부담하도록 하여 관여 법관의 일치된 의견으로 주문과 같이 판결한다.

대법관 김지형(재판장) 고현철(주심) 양승태 전수안

2. 산업재해 및 체당금

대법원 1995.9.15. 선고 94누12067 판결
【요양불승인처분취소】

【판시사항】

가. 구 출입국관리법 제15조 제1항, 제2항 소정의 외국인 고용제한 규정의 입법취지와 그 규정의 성격

나. 구 출입국관리법상 외국인 고용제한 규정에 위반하여 체결한 근로계약의 효력과 그에 따른 근로관계의 성격

다. 구 출입국관리법상 외국인 고용제한 규정에 위반하여 취업한 후 근로제공을 하다가 부상을 입은 외국인이 구 산업재해보상보험법상의 요양급여를 받을 수 있는 대상인지 여부

【판결요지】

가. 구 출입국관리법(1992.12.8. 법률 제4522호로 전문 개정되기 전의 것) 제15조 제1항에서 외국인이 대한민국에서 체류하여 행할 수 있는 활동이나 대한민국에 체류할 수 있는 신분 또는 지위에 관한 체류자격과 그 체류기간에 관하여 규율하면서 아울러 같은 조 제2항에서 외국인 고용제한을 규정하고 있는바, 그 입법취지가 단순히 외국인의 불법체류만을 단속할 목적으로 한 것이라고는 할 수 없고, 위 규정들은 취업자격 없는 외국인의 유입으로 인한 국내 고용시장의 불안정을 해소하고 노동인력의 효율적 관리, 국내 근로자의 근로조건의 유지 등의 목적을 효율적으로 달성하기 위하여 외국인의 취업자격에 관하여 규율하면서 취업자격 없는 외국인의 고용을 금지시키기 위한 입법목적도 아울러 갖고 있고, 이는 취업자격 없는 외국인의 고용이라는 사실적 행위 자체를 금지하고자 하는 것뿐이지 나아가 취업자격 없는 외국인이 사실상 제공한 근로에 따른 권리나 이미 형성된 근로관계에 있어서의 근로자로서의 신분에 따른 노동 관계법상의 제반 권리 등의 법률효과까지 금지하려는 규정으로는 보기 어렵다.

나. 취업자격 없는 외국인이 구 출입국관리법상의 고용제한 규정을 위반하여 근로계약을 체결하였다 하더라도 그것만으로 그 근로계약이 당연히 무효라고는 할 수 없고, 취업자격은 외국인이 대한민국 내에서 법률적으로 취업활동을 가능케 하는 것이므로 이미 형성된 근로관계가 아닌 한 취업자격 없는 외국인과의 근로관계는 정지되고, 당사자는 언제든지 그와 같은 취업자격이 없음을 이유로 근로계약을 해지할 수 있다.

다. 외국인이 취업자격이 아닌 산업연수 체류자격으로 입국하여 구 산업재해보상보험법(1994.12.22. 법률 제4826호로 전문 개정되기 전의 것)의 적용대상이 되는 사업장인 회사와 고용계약을 체결하고 근로를 제공하다가 작업 도중 부상을 입었을 경우, 비록 그 외국인이 구 출입국관리법상의 취업자격을 갖고 있지 않았다 하더라도 그 고용계약이 당연히 무효라고 할 수 없고, 위 부상 당시

그 외국인은 사용 종속관계에서 근로를 제공하고 임금을 받아 온 자로서 근로기준법 소정의 근로자였다 할 것이므로 구 산업재해보상보험법상의 요양급여를 받을 수 있는 대상에 해당한다.

【참조조문】

가.나.다. 구 출입국관리법 제15조 제1항, 제15조 제2항 / 나. 근로기준법 제17조, 제14조 / 다. 구 산업재해보상보험법 제3조 제2항, 제9조의3

【전 문】

【원고, 피상고인】 포티야 피트

【피고, 상고인】 근로복지공단

【원심판결】 서울고등법원 1994.9.1. 선고 94구2673 판결

【주 문】

상고를 기각한다.

상고비용은 피고의 부담으로 한다.

【이 유】

상고이유를 판단한다.

1. 원심판결 이유에 의하면 원심은, 원고가 태국국적을 가진 외국인으로서 산업연수 체류자격으로 입국하여 고용될 수 있는 체류자격을 가지지 아니한 채 소외 주식회사 홍진(이하 소외 회사라 한다)과 고용계약을 체결한 후 소외 회사의 공장에서 노무직으로 종사하며 근무하던 중 1992.12.10. 15:00경 위 공장 작업장에서 작업을 하다가 작업대가 넘어져 덮치는 바람에 방광파열 등의 부상을 입은 사실, 소외 회사는 산업재해보상보험법의 적용대상이 되는 사업장인 사실을 인정한 다음 "외국인은 허가된 체류자격과 체류기간의 범위 안에서 대한민국에 체류할 수 있다"고 규정한 구 출입국관리법(1992.12.8. 법률 제4522호로 전면 개정되기 전의 것) 제15조 제1항이나 "누구든지 대통령령이 정하는 바에 따라 고용될 수 있는 체류자격을 가지지 아니한 외국인을 고용하여서는 아니된다"고 규정하고 있는 같은 조 제2항은 모두 국가가 외국인의 불법체류를 단속할 목적으로 이를 금지 또는 제한하는 단속법규라고 판단하고, 위 각 규정을 위반하여 고용계약을 체결하였다 하더라도 그 근로계약은 유효하므로 그 외국인은 근로기준법상의 근로자에 해당한다고 한 후 그 외국인이 산업재해보상보험법의 적용대상이 되는 사업 또는 사업장에 근로를 제공하다가 업무상 부상 또는 질병에 걸린 경우에는 산업재해보상보험법의 요양급여를 지급받을 수 있다고 판시하였다.

2. 위 구 출입국관리법 제15조 제1항에서 외국인이 대한민국에서 체류하여 행할 수 있는 활동이나 대한민국에 체류할 수 있는 신분 또는 지위에 관한 체류자격과 그 체류기간에 관하여 규율하면서 아울러 같은 조 제2항에서 누구든지 대통령령이 정하는 바에 따라 고용될 수 있는 체류자격 즉 취업활동을 할 수 있는 체류자격(이하 취업자격이라 한다)을 가지지 아니한 외국인을 고용하여서는 아니된다고 외국인 고용제한을 규정하고 있는 바, 그 입법취지가 단순히 외국인의 불법체류만을 단속할 목적으로 한 것이라고는 할 수 없고, 위 규정들은 취업자격 없는 외국인의 유입으로 인한

국내 고용시장의 불안정을 해소하고 노동인력의 효율적 관리, 국내 근로자의 근로조건의 유지 등의 목적을 효율적으로 달성하기 위하여 외국인의 취업자격에 관하여 규율하면서 취업자격 없는 외국인의 고용을 금지시키기 위한 입법목적도 아울러 갖고 있다 할 것이다.

다만 외국인고용제한규정이 이와 같은 입법목적을 지닌 것이라고 하더라도 이는 취업자격 없는 외국인의 고용이라는 사실적 행위 자체를 금지하고자 하는 것뿐이지 나아가 취업자격 없는 외국인이 사실상 제공한 근로에 따른 권리나 이미 형성된 근로관계에 있어서의 근로자로서의 신분에 따른 노동관계법상의 제반 권리 등의 법률효과까지 금지하려는 규정으로는 보기 어렵다 할 것이다.

따라서 취업자격 없는 외국인이 위 출입국관리법상의 고용제한 규정을 위반하여 근로계약을 체결하였다 하더라도 그것만으로 그 근로계약이 당연히 무효라고는 할 수 없다 할 것이다.

그러나 취업자격은 외국인이 대한민국 내에서 법률적으로 취업활동을 가능케 하는 것이므로 이미 형성된 근로관계가 아닌 한 취업자격 없는 외국인과의 근로관계는 정지된다고 하여야 할 것이고, 당사자는 언제든지 그와 같은 취업자격이 없음을 이유로 근로계약을 해지할 수 있다 할 것이다.

3. 돌이켜 이 사건을 보건대, 원심이 적법하게 인정한 바와 같이 원고는 취업자격이 아닌 산업연수 체류자격으로 입국하여 산업재해보상보험법의 적용대상이 되는 사업장인 소외 회사와 고용계약을 체결하고 근로를 제공하다가 작업도중 그 판시와 같은 부상을 입었다는 것이고, 기록에 의하면 원고는 소외 회사에 입사한 후 위와 같이 부상을 입을 무렵까지 소외 회사의 지휘 감독을 받으면서 근로를 제공하고 그 대가로 매월 갑종근로소득세를 공제한 급여를 지급받아 온 사실이 인정되는 바, 비록 원고가 출입국관리법상의 취업자격을 갖고 있지 않았다 하더라도 위 고용계약이 당연히 무효라고 할 수 없는 이상 위 부상당시 원고는 사용종속관계에서 근로를 제공하고 임금을 받아온 자로서 근로기준법 소정의 근로자였다 할 것이므로 산업재해보상보험법상의 요양급여를 받을 수 있는 대상에 해당한다 할 것이다.

결국 원고가 위 부상 당시 근로기준법상의 근로자에 해당하여 산업재해보상보험법상의 요양급여를 받을 수 있다는 취지의 원심판단은 결론적으로 정당하고, 이를 다투는 상고논지는 이유 없다.

4. 그러므로 상고를 기각하고, 상고비용은 패소자의 부담으로 하기로 관여 법관의 의견이 일치되어 주문과 같이 판결한다.

대법관 안용득(재판장) 천경송 지창권 신성택(주심)

서울고등법원 1994.9.1. 선고 94구2673 판결
【요양불승인처분취소】

【원 고】 포△야피트(소송대리인 변호사 이호일)

【피 고】 안◇지방노동사무소장(소송수행자 김천호 외 3)

【변론종결】

　1994.8.11.

【주 문】

　1. 피고가 1993.2.10. 원고에 대하여 한 요양불승인처분을 취소한다.

　2. 소송비용은 피고의 부담으로 한다.

【청구취지】

　주문과 같다.

【이 유】

1. 처분의 경위

　원고가 태국국적을 가진 외국인으로서, 경기 시흥시 시화공단 2 다 114 소재 주식회사 홍▽ (이하 (주) 홍▽이라고 한다) 공장에서 노무직으로 종사하던 중 1992.12.10. 15:00경 위 공장 작업장에서 작업하다가 작업대가 넘어져 덮치는 바람에 방광파열, 음낭파열, 대퇴골 골절, 치골골절, 골반강내골절 등의 부상을 입었다고 주장하면서 같은 해 12.14. 피고에 대하여 요양신청을 하였으나, 피고는 고용체류자격이 없는 외국인인 원고가 불법취업 중 발생한 재해로서 이는 산업재해보상보험법에 의한 보상대상이 되지 아니한다는 이유로 1993.2.10. 원고에 대하여 요양불승인처분(이하 이사건 불승인처분이라 한다)을 한 사실에 관하여 당사자 사이에 다툼이 없다.

2. 처분의 적법여부

가. 당사자의 주장

　원고는, 원고는 (주) 홍▽과 정식으로 근로계약을 체결하고 제반 취업규칙을 적용하기로 서약한 후 입사하여 사용종속관계에 있는 근로를 제공하고 그 대가로 월정급여를 갑종근로소득세원천징수 후 수령하여 왔으므로 원고는 근로기준법의 적용을 받는 근로자로서 산업재해보상보험법의 적용을 받아야 함에도 이와 달리 보고 한 이 사건 불승인처분은 위법하다고 주장하고, 이에 대하여 피고는, 원고는 고용체류 자격없이 불법 취업한 외국인으로서 그 사업주와 체결한 고용계약은 구 출입국관리법(1992.12.8. 법률 제4522호로 전문개정되기 전의 것, 이하 같다) 제15조 제2항에 위반되는 불법고용계약이므로 원고에게는 근로기준법이 적용되지 아니하며 따라서 산업재해보상보험법도 적용될 수 없으므로 이 사건 불승인처분은 적법하다고 다툰다.

나. 판단

(1) 살피건대, 산업재해보상보험법 제9조 제2항, 제1항 제1호, 제45조, 근로기준법 제78조의 각 규정을 종합하여 보면, 산업재해보상보험법상 요양급여는 근로자가 산업재해보상보험법의 적용대상이 되는 사업 또는 사업장에 근로를 제공하다가 업무상 부상 또는 질병에 걸린 경우에 보험급여를 받을 자(이하 수급권자라고 한다)의 청구에 의하여 지급하도록 규정하고 있는데, 산업재해보상보험법 제3조 제2항에 의하면 같은 법에서 근로자라 함은 근로기준법에 규정된 근로자를 말한다고 규정하고 있고, 근로기준법 제14조에 의하면 같은 법에서 근로자라 함은 직업의 종류를 불문하고 사업 또는 사업장에 임금을 목적으로 근로를 제공하는 자를 말한다고 규정하고 있으므로 근로기준법상의 근로자에 해당하는 자가 산업재해보상보험법의 적용대항이 되는 사업 또는 사업장에 근로를 제공하다가 업무상 부상 또는 질병에 걸린 경우에는 요양급여를 지급 받을 수 있다 할 것이며, 산업재해보상보험법상 외국인근로자에게 그 적용을 배제하는 특별한 규정이 없는 이상, 외국인의 지위를 보장한 헌법 제6조, 국적에 따른 근로조건의 차별대우를 금지한 근로기준법 제5조의 각 규정에 입법취지와 산업재해보상보험제도가 산업재해에 관하여 국가가 보험자로서 재해보상보험책임을 져야 할 각 사업주들을 보험가입자로 하고 재해보상청구권자인 피재자를 수급권자로 하여 산업재해발생시 사업주 등이 낸 보험료로 피재근로자에게 신속 공정하게 재해보상을 실시하는 보험제도의 일종으로서 (산업재해보상보험법 제1조, 제4조) 이로써 근로자 보호에 충실을 기함과 동시에 사업주 등이 부담할 배상의 위험을 분산 경감시키려는 그 제도의 목적에 비추어 피재자가 외국인이라 할지라도 그가 근로기준법상의 요양급여를 지급받을 수 있다 할 것이다.

그런데 구 출입국관리법 제15조는 그 제1항에서 외국인은 허가된 체류자격과 체류기간의 범위 안에서 대한민국에 체류할 수 있다고, 그 제2항에서 누구든지 대통령령이 정하는 바에 따라 고용될 수 있는 체류자격을 가지지 아니한 외국인을 고용하여서는 아니된다고 각 규정하고 있고, 같은 법 제45조 제6호, 제82조 제5호에 의하면 같은 법 제15조 제1항의 규정에 위반한 외국인은 강제퇴거됨과 동시에 형사처벌을 받도록, 같은 법 제84조 제1호에 의하면 같은 법 제15조 제2항의 규정에 위반한 내국인 사업주는 형사처벌을 받도록 각 규정하고 있으나, 같은 법은 대한민국에 입국하거나 대한민국에서 출국하는 모든 사람의 출입국관리와 대한민국에 체류하는 외국인의 등록 등에 관한 사항을 규정함을 목적으로 하는 법으로서 (같은 법 제1조), 위 같은 법 제15조 제1항, 제2항의 각 규정은 모두 국가의 외국인의 불법체류를 단속할 목적으로 이를 금지 또는 제한하는 단속법규에 불과하므로 위 각 규정에 위반하여 한 행위에 대하여는 위에서 본 소정의 제재와 벌칙이 적용될 뿐 행위 자체의 법률상 효력에는 아무런 영향이 없다 할 것이다.

따라서 고용체류자격을 가지지 아니한 외국인과 국내사업장의 사업주가 구 출입국관리법 제15조 제1항, 제2항의 각 규정에 위반하여 고용계약을 체결하였다 하더라도 그 외국인이 같은 법 제45조 제6호, 제82조 제5호에 의하여 강제퇴거됨과 동시에 형사처벌을 받고 그 사업주가 같은 법 제84조 제1호에 의하여 형사처벌을 받는 것은 별론으로 하고 그 근로계약은 유효하므로 그 외국인은 근로기준법상의 근로자에 해당한다고 할 것이며, 따라서 그가 산업재해보상보험법의 적용대상이 되는 사업 또는 사업장에 근로를 제공하다가 업무상 부상 또는 질병에 걸린 경우에는 산업재해보상보험법상의 요양급여를 지급받을 수 있다 할 것이다.

(2) 그런데 갑제4호증의 1(외국인산업기술연수대상업체추천), 2(연수사증발급인정서), 갑제5호증의 1, 2(신분증), 갑제6호증의 1(근로소득원천징수영수증), 2(근로소득원천징수부)의 각 기재와 증인 이ㅁ영의 증언에 변론의 전취지를 종합하면, 원고는 태국 국적을 가진 외국인으로서, 1992.12.6. 산업연수 (D-3) 체류자격으로 입국하여 고용체류자격을 가지지 아니하고 (주) 홍▽과 고용계약을 체결한 후 위 (주) 홍▽ 공장에서 노무직으로 종사하던 중 같은 해 12.10. 15:00경 위 공장 작업장에서 작업하다가 작업대가 넘어져 덮치는 바람에 위에서 본 방광파열 등의 부상을 입은 사실, (주) 홍▽은 산업재해보상보험법의 적용대상이 되는 사업장인 사실이 각 인정된다.

(3) 그렇다면 외국인으로서 고용체류자격을 가지지 아니한 원고와 국내사업장의 사업주인 (주) 홍▽이 고용계약을 체결함으로서 구 출입국관리법 제15조 제1항, 제2항의 각 규정에 위반하였다 하더라도 그 고용계약은 유효하므로 원고는 근로기준법상의 근로자에 해당한다고 할 것이고, 따라서 원고가 산업재해보상보험법의 적용대상이 되는 사업장인 (주) 홍▽에 근로를 제공하다가 업무상 부상을 입은 이상 산업재해보상보험법상의 요양급여를 지급 받을 수 있다 할 것임에도, 피고가 이와 달리 보고 한 이 사건 불승인처분은 위법하다 할 것이다.

3. 결 론

그렇다면, 이 사건 불승인처분은 위법하므로 그 취소를 구하는 원고의 청구는 이유 있어 이를 인용하고 소송비용은 패소자인 피고의 부담으로 하여 주문과 같이 판결한다.

1994.9.1.
판사 강봉수(재판장) 김만오 임숙경

대법원 1995.12.22. 선고 95누2050 판결
【체당보험급여부지급처분취소】

【판시사항】

산업기술연수생이 사업장에서 대상 업체의 지시 감독을 받으면서 근로를 제공하고 수당 명목의 금품을 수령한 경우 근로기준법 제14조 소정의 근로자로 볼 수 있는지 여부

【판결요지】

산업기술연수사증을 발급받은 외국인이 정부가 실시하는 외국인 산업기술연수제도의 국내 대상 업체에 산업기술연수생으로 배정되어 대상 업체와 사이에 상공부장관의 지침에 따른 계약서의 양식에 따라 연수계약을 체결하였다 하더라도 그 계약의 내용이 단순히 산업기술의 연수만에 그치는 것이 아니고 대상 업체가 지시하는 바에 따라 소정시간 근로를 제공하고, 그 대가로 일정액의 금품을 지급받으며 더욱이 소정시간 외의 근무에 대하여는 근로기준법에 따른 시간외 근로수당을 지급받기로 하는 것이고, 이에 따라 당해 외국인이 대상 업체의 사업장에서 실질적으로 대상 업체의 지시·감독을 받으면서 근로를 제공하고 수당 명목의 금품을 수령하여 왔다면 당해 외국인도 근로기준법 제14조 소정의 근로자에 해당한다.

【참조조문】 근로기준법 제14조

【참조판례】

대법원 1991.7.26. 선고 90다20251 판결(공1991, 2242), 대법원 1991.12.13. 선고 91다24250 판결(공1992, 507), 대법원 1992.6.26. 선고 92도674 판결(공1992, 2324), 대법원 1995.9.15. 선고 94누12067 판결(공1995하, 3416)

【전 문】
【원고, 피상고인】 함용삼
【피고, 상고인】 근로복지공단
【원심판결】 대구고법 1994.12.29. 선고 94구2740 판결

【주 문】

상고를 기각한다. 상고비용은 피고의 부담으로 한다.

【이 유】

상고이유를 본다.

1. 민법상의 고용계약이든 도급계약이든 계약의 형식이 어떠하든지 간에 실질에 있어 근로자가 임금

을 목적으로 종속적인 관계에서 사용자에게 근로를 제공하였다면 그는 근로기준법 제14조 소정의 근로자에 해당한다 할 것이므로(당원 1991.7.26. 선고 90다20251 판결, 1991.12.13. 선고 91다 24250 판결, 1992.6.26. 선고 92도674 판결 등 참조), 산업기술연수사증을 발급받은 외국인이 정부가 실시하는 외국인 산업기술연수제도의 국내 대상 업체에 산업기술연수생으로 배정되어 대상 업체와 사이에 상공부장관의 지침에 따른 계약서의 양식에 따라 연수계약을 체결하였다 하더라도 그 계약의 내용이 단순히 산업기술의 연수만에 그치는 것이 아니고 대상 업체가 지시하는 바에 따라 소정시간 근로를 제공하고, 그 대가로 일정액의 금품을 지급받으며 더욱이 소정시간 외의 근무에 대하여는 근로기준법에 따른 시간외 근로수당을 지급받기로 하는 것이고, 이에 따라 당해 외국인이 대상 업체의 사업장에서 실질적으로 대상 업체의 지시·감독을 받으면서 근로를 제공하고 수당 명목의 금품을 수령하여 왔다면 당해 외국인도 근로기준법 제14조 소정의 근로자에 해당한다 할 것이다.

2. 원심은 그 채택 증거 등에 의하여 원고 경영의 염색가공업체로서 산업재해보상보험 가입업체인 우림염공사에 산업기술연수생으로 배정된 한국계 중국인인 소외 김명식이 원고와 사이에 그 판시와 같은 내용의 계약을 체결하고, 위 우림염공사에서 그 판시와 같은 근로를 제공하여 온 사실을 인정하였는바, 기록과 대조하여 살펴보면 원심의 이와 같은 사실인정은 정당하고, 원심이 인정한 원고와 위 김명식의 계약내용이나 위 김명식이 제공한 근로의 실질관계에 의하면 위 김명식은 임금을 목적으로 종속적인 관계에서 원고에게 근로를 제공한 것이 명백하여 근로기준법 제14조 소정의 근로자에 해당한다 할 것이고, 따라서 위 김명식이 위 우림염공사에서 그 판시와 같이 작업을 하던 중 화상을 입었다면 위 김명식은 이와 같은 업무상의 재해에 따른 산업재해보상보험법상의 보험금을 지급받을 권리가 있다 할 것이므로 같은 취지의 원심의 판단 또한 정당하다 할 것이다.

논지는 모두 이유 없다.

3. 그러므로 상고를 기각하고 상고비용은 패소자의 부담으로 하기로 하여 관여 법관의 일치된 의견으로 주문과 같이 판결한다.

대법관 이용훈(재판장) 박만호 박준서(주심) 김형선

대구고등법원 1994.12.29. 선고 94구2740 판결
【체당보험급여부지급처분취소】

【원 고】　함△삼 (소송대리인 변호사 배기원)

【피 고】　대◇지방노동청장 외 3인

【변론종결】

　　1994.12.1.

【주 문】

　　피고가 1994.5.26. 원고에 대하여 한 체당보험금 부지급처분을 취소한다.

　　소송비용은 피고의 부담으로 한다.

【청구취지】

　　주문과 같다.

【이 유】

1. 처분의 경위

　　원고는 산업재해보상보험 가입업체인 우림염공사라는 상호의 염색가공업체를 경영하고 있는데, 소외 김▽식(한국계 중국인)이 1993.11.21. 원고 공장에서 염색가공작업을 하던 중 염색기계 뚜껑을 잘못 열어 화상을 입게 되자 원고의 부담으로 그를 치료한 사실, 그리하여 원고가 피고에 대하여 산업재해 보상보험법(이하 "산재보험법"이라 한다.)시행령 제35조 에 따라 위 김▽식의 재해로 인한 요양급여금 6,621,320원을 체당하였다는 이유로 보험급여신청을 하였으나, 피고는 1994.5.26. 위 김▽식이 산업 기술연수생으로 기술연수를 목적으로 근무하였으므로 근로자가 아니라는 이유로 이를 부지급하는 "이 사건 처분"을 한 사실은 당사자 사이에 다툼이 없다.

2. 이 사건 처분의 적법 여부

가. 당사자의 주장

　　피고는, 외국인이 대한민국에서 취업하고자 할 때에는 취업활동을 할 수 있는 체류자격을 받아야 하고, 그러한 자격을 가지지 아니한 사람을 고용하여서는 아니 되는데(출입국관리법 제18조), 위 김▽식은 기술연수목적의 체류자격을 가지고 있는 사람으로서 취업하거나 고용할 수 없는 외국인 이고, 또한 그러한 목적으로 원고가 운영하는 위 공장에 일하고 있었으므로 원고와 위 김▽식 사이 에는 고용관계가 없어 산재보험법상의 보험급여를 받을 수 없다고 주장한다.

　　이에 대하여 원고는, 위 김▽식이 형식상 기술연수를 목적으로 입국하였다 하더라도 국내의 인력 난 해소를 위해 국가의 주선으로 근로를 목적으로 외국인근로자들을 입국시키고 있고, 원고는 위 김▽식과의 사이에 근로계약을 체결하고 그에게 임금을 지급하였으므로 위 김▽식은 원고의 근로

자에 해당되어 산재보험법에 따른 보험수급권자이고 원고는 그 체당금을 지급받을 권리가 있다고
주장한다.

나. 관련법규의 검토

산재보험법은 산업재해보상보험사업을 행하여 근로자의 업무상 재해를 신속하게 보상함으로써 근
로자 보호에 기여함을 그 목적으로 하고(제1조). 여기서 업무상 재해라 함은 업무상의 사유에 의한
근로자의 부상, 질병, 신체장해 또는 사망을 말하며(제3조 제1항), 이 법에서 근로자라 함은 근로기
준법의 규정에 의한다(제32조 제2항). 한편 근로기준법 제14조 에는 근로자라 함은 직업의 종류를
불문하고 사업 또는 사업장에 임금을 목적으로 근로를 제공하는 사람을 말한다고 규정하고 있다.
따라서 계약의 형식이 어떠하든 간에 실질에 있어 근로자가 임금을 목적으로 종속적인 관계에서
사용자에게 근로를 제공하였다면 그는 근로기준법 제14조 소정의 근로자에 해당한다고 할 것이고,
(대법원 1991.12.13. 선고, 91다24250 판결), 이는 그 근로자가 외국인이라든가 불법취업한 사람
이라 하더라도 달리 볼 바 아니다(같은 법 제52조 참조).

다. 판단

이제 이 사건에 돌아와 살펴건대, 갑 제2호증의 1에서 제8호증의 13까지, 을 제2호증에서 제5호증
까지의 각 기재, 증인 김□석의 증언에 변론의 전 취지를 종합하면, 산업체의 노동력 부족현상을
타개하기 위하여 정부가 실시하는 이른바 외국인 산업기술연수제도의 대상업체로 추천받은 원고
경영의 위 우림염공사에 위 김▽식 외 4명의 한국계 중국인이 기술연수생으로 배정된 사실, 원고는
1992.11.2. 위 김▽식과의 사이에 상공부장관의 지침에 따른 고용계약서의 양식에 따라 고용계약
을 체결하였는데, 그 내용은 주 44시간 근무를 기준으로 하여 기본급을 월 240달러로 하고 시간외
근무수당은 근로기준법에 따르도록 되어 있으며, 근무상 재해는 사용인인 원고의 부담으로 치료해
주는 조건으로 한 사실, 위 김▽식은 같은 해 24.부터 위 우림염공에서 기본급에 버금가는 추가근
무수당을 받으면서 일하여 오던 중 1993.11.21. 01:00경 염색기 뚜껑을 열다가 화상을 입고 그때
부터 1994.2.6.까지 대구 시내에 있는 가♡기독병원, 동◎병원, 삼환외과에서 치료를 받았는데,
이로 인하여 원고가 부담한 치료비가 6,621,320원에 이르는 사실을 각 인정할 수 있다.

사실이 위와 같다면, 위 김▽식의 입국자격이 어떠하든 간에 그의 원고에 대한 관계는 형식적으로
든 실질적으로든 임금을 목적으로 하여 종속적인 관계에서 사용자인 원고에게 근로를 제공하는
근로자의 지위에 있었다 할 것이므로, 그가 업무상 재해를 입은 경우에는 산재보험법상의 보험금을
지급받을 권리가 있고, 이로 인하여 원고가 미리 치료비를 부담하였다면 같은 법 시행령 제35조
에 규정에 따라 산재보험법의 보험급여를 체당지급한 경우에 해당한다고 아니 할 수 없다.

따라서 원고가 위 김▽식의 부상을 원인으로 치료비로 지급한 6,621,320원에 대한 체당보험금지급
을 신청함에 대하여 피고가 주장하는 이 사건 부지급 처분의 사유는 이유 없으므로 달리 부지급
사유가 없는 한 이는 체당보험금을 지급받을 수 있는 원고의 권리와 이익을 침해하는 처분으로서
위법하다고 할 것이다.

3. 결 론

그렇다면 위 부지급 처분이 위법하다 하여 그 취소를 구하는 이 사건 청구는 이유 있어 이를 인용하고, 소송비용은 패소자인 피고의 부담으로 하여 주문과 같이 판결한다.

1994. 12. 29
판사 정호영(재판장) 김창종 이순동

3. 노동조합 설립

서울고등법원 2007.2.1. 선고 2006누6774 판결
【노동조합설립신고서반려처분취소】

【판시사항】

현행 헌법, 노동조합 및 노동관계조정법(이하 '노노법'이라 한다), 근로기준법의 관계법령에 비추어 불법체류 외국인이라는 이유로 노동조합 결성, 가입이 제한되는지 여부

【재판요지】

　[1] 사안의 개요

　　외국인 불법체류자들을 주된 구성원으로 한 원고 노조가 노동조합 설립신고서를 제출하였으나 피고는 원고 노조가 조합원이 소속된 사업 또는 사업장별 명칭과 조합원수 및 대표자의 성명, 소속 조합원들의 취업자격 유무확인을 위한 조합원 명부를 보완하지 아니하였고, 노조가입자격이 없는 불법체류 외국인을 주된 구성원으로 하여 노노법에서 정한 노동조합으로 볼 수 없다는 이유로 원고 노조의 설립신고서를 반려하였다.

　[2] 쟁점

　① 원고 노조의 설립신고서에 조합원이 소속된 사업 또는 사업장별 명칭 등을 첨부하여야 하는지 여부

　② 피고가 원고 노조 조합원들의 체류자격 유무를 확인할 목적으로 조합원 명부를 제출하도록 요구한 것이 적법한지 여부

　[3] 피고의 주장

　① 노노법 시행규칙 제2조 제4호에 노동조합설립신고서에 '사업 또는 사업장별 명칭, 조합원수, 대표자의 성명'을 첨부하도록 요구하고 있는바, 이는 노노법 부칙 제5조 제1항의 복수노조 설립금지조항에 위배되는지 여부를 판단할 수 있도록 한 규정이므로, 위 서류를 보완하지 않았을 때에는 노노법 부칙 제5조 제2항과 노노법 제12조 제3항 제2호에 의하여 설립신고서를 반려할 수 있다.

　② 노동조합을 설립할 수 있는 근로자는 적법한 체류자격 및 취업자격이 있어야 하고 이를 심사하기 위한 조합원 명부의 제출요구는 적법하므로, 이를 보완하지 아니하였음을 이유로 한 이 사건 반려처분은 적법하다.

　[4] 법원의 판단

　① 노노법 시행규칙 제2조 제4호에 '2 이상의 사업 또는 사업장의 근로자로 구성된 단위노동조합에 한하여' 노동조합설립신고서에 사업 또는 사업장별 명칭, 조합원수, 대표자의 성명을 첨부하도록 요구하고 있는바, 노노법 부칙 제5조 제1항에서 금지하는 복수노조는 동일한 사업장 내에서 그 직무의 성질상 같은 직종의 근로자들을 조직대상으로 하는 경우에만 해당하므로, 위 시행규칙 제2

조 제4호는 복수노조 설립금지조항에 위배되는지 여부를 판단할 수 있도록 하기 위한 규정이라고 볼 수 없다. 따라서, 법령에서 위임되지 아니한 위 조항 소정의 서류를 보완하지 않았음을 이유로 원고 노조의 노동조합설립신고서를 반려할 수 없다.

② 노노법 제2조 제1, 4호, 같은 법 제5, 9조, 헌법 제6조, 같은 법 제33조 제1항, 같은 법 제37조 제2항, 근로기준법 제5조에다가 헌법에 의한 근로자의 단결권·단체교섭권 및 단체행동권을 보장하여 근로조건의 유지·개선과 근로자의 경제적·사회적 지위의 향상을 도모한다는 노노법의 목적을 더하여 보면, 불법체류 외국인이라 하더라도 우리나라에서 현실적으로 근로를 제공하면서 임금·급료 기타 이에 준하는 수입에 의하여 생활하는 이상 노동조합을 설립할 수 있는 근로자에 해당하고, 출입국관리법에서 외국인의 취업자격에 관하여 규율하면서 취업자격 없는 외국인의 고용을 금지하고 있다 하더라도 이는 취업자격 없는 외국인의 고용이라는 사실적 행위 자체를 금지하고자 하는 것에 불과하고 취업자격 없는 외국인이 사실상 근로를 제공하고 있는 경우에 취업자격이 없다는 이유로 고용계약이 당연 무효라고 할 수도 없으며, 취업자격 없는 외국인근로자가 사용자와 대등한 관계를 이루어 근로조건을 향상시키기 위한 근로자단체를 결성하는 것까지 금지하려는 규정으로 보기는 어렵다 할 것이므로, 원고 노조 조합원들의 체류자격 유무를 확인할 목적으로 아무런 법령상 근거 없이 원고 노조에 대하여 조합원 명부의 제출을 요구하고 그 보완요구에 대한 거절을 이 사건 처분사유 중 하나로 삼은 것은 위법하다.

[5] 판결의 의미

이 판결은 현행 헌법, 노동조합 및 노동관계조정법(이하 '노노법'이라 한다), 근로기준법의 관계법령에 비추어, 불법체류 외국인이라는 이유로 노동조합 결성, 가입이 제한되지 않는다고 판시한 점에 그 의의가 있다.

【참조법령】

노동조합및노동관계조정법 제2조, 제5조, 제10조, 제12조, 노동조합및노동관계조정법부칙(1997.3.13. 법률 제5310호로 개정된 것) 제5조, 노동조합및노동관계조정법시행규칙 제2조

【전 문】

서 울 고 등 법 원

제 1 1 특 별 부

【판 결】

【사 건】 2006누6774 노동조합설립신고서반려처분취소

【원 고】 항소인 서울경기인천이주노동자노동조합

　　　　　서울 중구 장충동2가

　　　　　대표자 위원장

　　　　　소송대리인 변호사 권○○

【피 고】 피항소인 서울지방노동청장
　　　　　소송수행자 김○○

【제1심 판결】 서울행정법원 2006.2.7. 선고 2005구합18266 판결

【변론종결】 2006.12.14.
【판결선고】 2007.2.1.

【주 문】
　1. 제1심 판결을 취소한다.
　2. 피고가 2005.6.3. 원고에 대하여 한 노동조합설립신고서 반려처분을 취소한다.
　3. 소송총비용은 피고의 부담으로 한다.

　　청구취지 및 항소취지
　　주문과 같다.

【이 유】
1. 처분의 경위
　이 부분에서 당원이 설시할 이유는 제1심 판결 이유 중 '1. 처분의 경위'의 기재와 같으므로, 행정소송법 제8조 제2항, 민사소송법 제420조에 의하여 이를 그대로 인용한다.

2. 처분의 적법 여부
　가. 원고의 주장
　　이 부분에서 당원이 설시할 이유는 제1심 판결 이유 중 '2. 이 사건 처분의 적법여부 가. 원고 노조의 주장'의 기재와 같으므로, 행정소송법 제8조 제2항, 민사소송법 제420조에 의하여 이를 그대로 인용한다.

　나. 관계법령
　　별지 '관계법령' 기재와 같다.

　다. 판 단
　(1) 조합원이 소속된 사업 또는 사업장별 명칭 등의 미제출 부분
　　노노법 시행규칙 제2조 제4호는 노동조합설립신고서에 첨부하여야 할 서류로서 노노법 제10조 제1항 각호에는 규정되어 있지 않은 '사업 또는 사업장별 명칭, 조합원수, 대표자의 성명(2이상의 사업 또는 사업장의 근로자로 구성된 단위노동조합에 한한다)'을 요구하고 있는바, 피고는 위 조항이 하나의 사업 또는 사업장에 노동조합이 조직되어 있는 경우 2006.12.31.까지 한시적으로 그

노동조합과 조직대상을 같이하는 새로운 노동조합을 설립할 수 없도록 규정한 노노법 부칙(1997.
3.13. 법률 제5310호로 개정된 것) 제5조 제1항의 시행을 위하여 행정청으로 하여금 위와 같은
복수노조 설립금지조항에 위배되는지 여부를 판단할 수 있도록 노조의 노동조합 설립신고서에
위 시행규칙 제2조 제4호 소정의 서류를 첨부하도록 규정되어 있는 것이고, 위 서류를 보완하지
않은 경우에는 노노법 부칙 제5조 제2항과 노노법 제12조 제3항 제2호에 의하여 설립신고서를
반려할 수 있다 할 것이므로, 원고 노조가 위 서류를 보완하지 않았음을 피고가 이 사건 처분사유
중 하나로 삼은 것은 적법하다고 주장한다. 그러므로 먼저, 노노법 시행규칙 제2조 제4호가 행정
청으로 하여금 복수노조 설립금지조항에 위배되는지 여부를 판단할 수 있도록 하기 위한 규정인
지에 관하여 살펴본다. 우선 노노법 부칙 제5조에서 2006.12.31.까지는 하나의 사업 또는 사업장
에 노동조합이 조직되어 있는 경우에는 노노법 제5조의 규정에 불구하고 2006.12.31.까지는 그
노동조합과 조직대상을 같이 하는 새로운 노동조합을 설립할 수 없도록 규정되어 있는바, 위와
같이 복수노조를 금지하는 입법취지는 근로자의 입장에서는 어용노동조합의 성격을 가진 제2노조
의 출현을 금지하고 특히 악의적인 목적으로 기존노동조합의 정상적인 운영을 방해하는 것을 저
지하여 노동조합의 조직과 관련되는 분규를 사전에 예방하고자 하는 데에 있으며, 사용자의 입장
에서는 사업 또는 사업장 단위의 기업별 단위노동조합이 주축이 된 우리나라 산업현장에서 복수
노조의 설립을 즉시 허용할 경우 야기될 수 있는 단체교섭상의 혼란, 노·노간의 갈등 등의 문제
를 예상하여 교섭창구의 단일화를 위한 방법과 절차 등 필요한 사항이 강구될 때까지 한시적으로
이를 금지하고자 하는 데에 있다 할 것인데, 여기에서 조직대상을 같이 한다는 의미는 위와 같은
입법취지에 비추어 동일한 사업장 내에서 그 직무의 성질상 같은 직종으로 이해할 수 있는 근로자
들을 조직대상으로 한다는 뜻으로 해석되며, 사업장을 달리하거나 또한 동일한 사업장이라 하더라
도 당해 노동조합의 규약상 그 구성범위를 달리하거나 직무의 성질상 같은 직종에 종사하지 않는
근로자들까지를 포함하는 것은 아니라 할 것이므로, 하나의 사업장에 기업별 단위노조가 조직되어
있는 경우 당해 사업의 일부 근로자가 다른 산업별·지역별 노조에 가입하는 것은 조직대상을
같이 하는 복수노조의 설립을 금지하는 노노법 부칙 제5조 제1항에 위배되지 않는다고 보아야
한다. 그런데, 시행규칙 제2조 제4호는 '2이상의 사업 또는 사업장의 근로자로 구성된 단위노동조
합에 한하여' 사업 또는 사업장별 명칭, 조합원수, 대표자의 성명을 요구하고 있는바, 앞서 본 바에
의하면, 복수노조는 동일한 사업장 내에서 그 직무의 성질상 같은 직종의 근로자들을 조직대상으
로 하는 경우에만 해당할 뿐 사업장을 달리하는 단위노동조합에 있어서는 기존에 그 중 하나의
사업장에 기업별 단위노조가 조직되어 있다 하더라도 이는 복수노조에 해당하지 않는다 할 것이
어서, 위 노노법 시행규칙 제2조 제4호가 복수노조 설립금지조항에 위배되는지 여부를 판단할
수 있도록 하기 위한 규정이라면, '2이상의 사업 또는 사업장의 근로자로 구성된 단위노동조합에
한한다'는 기재는 필요하지 않았을 것으로 보이고, 오히려 이는 복수노조와는 관련 없는 조항인
것으로 보인다. 나아가 노노법 시행규칙 제2조 제4호가 복수노조 설립금지조항에 위배되는지 여
부를 판단하기 위한 조항이 아니라면, 위조항 소정의 서류를 보완하지 않았음을 이유로 원고 노조
의 노동조합설립신고서를 반려하는 내용의 이 사건 처분은 헌법상의 기본권인 근로자의 단결권을
제한하는 것이 되어 헌법 제37조 제2항의 규정에 따라 법률의 근거가 있어야 할 것인데, 노노법

시행규칙 제1조(목적)에서 위 규칙은 노노법 및 동법시행령에서 위임된 사항과 그 시행에 관하여 필요한 사항을 규정함을 목적으로 한다고 규정되어 있을 뿐, 노노법이나 그 시행령에 노동조합설립신고서에 노노법 시행규칙 제2조 제4호 소정의 서류를 첨부하여야 한다거나 이를 보완하지 않을 때에는 노동조합설립신고서를 반려한다는 점에 대한 아무런 위임이나 근거 조항이 없는 이상 원고 노조가 법령에서 위임되지 아니한 조항인 위 시행규칙 제2조 제4호 소정의 서류를 보완하지 않았음을 피고가 이 사건 처분사유 중 하나로 삼은 것은 법률의 근거 없이 헌법상의 기본권 및 노노법 제5조에 규정된 근로자의 단결권을 제한하는 것으로서 위법하다 할 것이다.

(2) 조합원명부 미제출 및 체류자격 부분

(가) 위에서 본 관계법령의 기재에 의하면, 노동조합의 설립 신고에 관하여 규정한 노노법 제10, 12조, 노노법 시행령 제9조, 노노법 시행규칙 제2조에는 조합원 명부의 제출에 관한 아무런 규정이 없음에도, 피고는 소속 조합원들에게 적법한 체류자격이 있어야 한다는 이유로 조합원들의 취업자격 유무의 확인을 위한 조합원 명부의 첨부를 요구한 다음 원고 노조가 이를 보완하지 아니하였으며, 노조가입자격이 없는 불법체류 외국인을 주된 구성원으로 하여 노노법에서 정한 노동조합으로 볼 수 없다는 이유로 원고 노조의 설립신고서를 반려하는 이 사건 처분을 하였다.

(나) 그러므로 먼저, 노동조합을 설립하기 위하여는 적법한 체류자격이 있어야 하는지에 관하여 본다.

① 노노법 제2조 제4호에서는 노동조합을 '근로자가 주체가 되어 자주적으로 단결하여 근로조건의 유지·개선 기타 근로자의 경제적·사회적 지위의 향상을 도모함을 목적으로 조직하는 단체 또는 그 연합단체'를 말한다고 정의하면서 같은 호 라.목에서는 근로자가 아닌 자의 가입을 허용하는 경우에는 노동조합으로 보지 아니한다고 규정하고 있고, 노노법 제12조 제3항 제1호에서는 노노법 제2조 제4호 각목에서 나열하는 사유에 해당하는 경우를 노동조합의 설립신고서 반려사유 중의 하나로 규정하고 있으므로, 노동조합의 조합원은 근로자임을 요한다 할 것이다.

② 위와 같은 관계규정의 내용과 취지는 노동조합의 자주성을 확보하기 위한 것으로서 근로자가 아닌 자의 가입을 허용하는 경우는 노동조합이 될 수 없으며, 이 경우에 주체가 되는 근로자라는 의미는 헌법 제33조 제1항의 근로자와 동일한 개념으로서 노노법 제2조 제1항에 규정된 '직업의 종류를 불문하고 임금·급료 기타 이에 준하는 수입에 의하여 생활하는 자'를 말한다.

③ 한편, 헌법 제33조 제1항에 규정된 근로자의 단결권·단체교섭권·단체행동권의 근로3권은 경제적 약자인 근로자가 단결된 힘에 의하여 근로자단체를 결성함으로써 노사관계에 있어서 실질적 평등을 이루어 사용자에 대항하여 근로조건의 형성에 영향을 미칠 수 있는 기회를 부여하기 위한 것으로서, 헌법 제37조 제2항 소정의 국가안전보장·질서유지 또는 공공복리를 위하여 필요한 경우에 법률로써 제한되지 않는 한, 근로조건과 경제조건의 유지와 개선을 위하여 누구에게나 보장되어야 할 것이다.

④ 따라서, 위와 같은 근로 3권의 입법취지에다가 외국인의 지위를 보장한 헌법 제6조, 국적에 따른 근로조건의 차별대우를 금지한 근로기준법 제5조, 조합원에 대하여 인종 등에 의한 차별대우를 금지한 노노법 제9조의 입법취지 및 헌법에 의한 근로자의 단결권·단체교섭권 및 단체행동권을 보장하여 근로조건의 유지·개선과 근로자의 경제적·사회적 지위의 향상을 도모한다는 노노법의 목적을 더하여 보면, 불법체류 외국인이라 하더라도 우리나라에서 현실적으로 근로를 제공하면서

임금·급료 기타 이에 준하는 수입에 의하여 생활하는 이상 노동조합을 설립할 수 있는 근로자에 해당한다고 보아야 할 것이다.

⑤ 또한, 출입국관리법 제18조 제1항에서는 외국인이 대한민국에서 취업하고자 할 때에는 일정한 체류자격을 받아야 한다고 규정하고 같은 제3항, 제4항에서는 누구든지 위와 같은 체류자격을 가지지 아니한 외국인을 고용하거나 고용을 알선 또는 권유하여서는 아니된다고 규정하고 있으며 이를 위반한 사용자는 같은 법 제94조 제5의 2호 및 제6호에 의하여 처벌받도록 규정함으로써, 외국인의 취업자격에 관하여 규율하면서 취업자격 없는 외국인의 고용을 금지시키기 위한 입법목적을 아울러 가지고 있다 하더라도, 이는 취업자격 없는 외국인의 고용이라는 사실적 행위 자체를 금지하고자 하는 것에 불과할 뿐이지 취업자격 없는 외국인이 사실상 근로를 제공하고 있는 경우에 취업자격이 없다는 이유로 고용계약이 당연 무효라고 할 수도 없으며 취업자격 없는 외국인근로자가 사용자와 대등한 관계를 이루어 근로조건을 향상시키기 위한 근로자단체를 결성하는 것까지 금지하려는 규정으로 보기는 어렵다 할 것이다.(다만, 사용자는 불법체류취업이 근로기준법 제30조 제1항 소정의 해고할 수 있는 정당한 이유에 해당함을 근거로 해고할 수는 있을 것이다)

(다) 따라서, 불법체류 외국인도 노동조합 결성, 가입이 허용되는 근로자에 해당된다 할 것이므로, 피고로서는 원고 노조의 조합원이 적법한 체류자격이 있는 자인지 여부에 관하여 심사할 권한이 없음에도 불구하고, 이를 심사하기 위하여 아무런 법령상 근거 없이 원고 조합에 대하여 조합원 명부의 제출을 요구하고, 그 보완요구에 대한 거절을 이 사건 처분사유 중 하나로 삼은 것은 위법하다 할 것이다.

3. 결론

따라서, 이 사건 처분이 위법함을 전제로 그 취소를 구하는 원고의 이 사건 청구는 이유 있으므로 이를 인용하여야 할 것인바, 이와 결론을 달리한 제1심 판결은 더 이상 유지될 수 없으므로 이를 취소하고 이 사건 처분을 취소하기로 하여 주문과 같이 판결한다.

재판장 판사 김수형
판사 함상훈
판사 이헌숙

서울행정법원 2006.2.7. 선고 2005구합18266 판결
【노동조합설립신고서반려처분취소】

【판시사항】

[1] 노동조합의 설립신고시 조합원들이 소속된 사업장별 명칭이나 대표자의 성명 등을 제출하도록 한 노동조합 및 노동관계조정법 시행규칙 제2조 제4호가 법령의 위임 없이 규정된 무효의 규정인지 여부(소극)

[2] 노동조합의 설립이 복수노조 금지조항에 위배되는지 여부를 확인하기 위한 행정관청의 보완요구를 이행하지 아니한 경우, 행정관청이 노동조합 설립신고서를 반려할 수 있는지 여부(적극)

[3] 대한민국에 체류자격이 없는 외국인근로자들이 노동조합가입이 허용되는 근로자에 해당하는지 여부(소극)

【판결요지】

[1] 노동조합 및 노동관계조정법령의 직접 위임을 받은 것은 아니지만 그 시행에 관하여 필요한 사항을 규정하고 있는 노동조합 및 노동관계조정법 시행규칙 제2조 제4호에서 노동조합 및 노동관계조정법 부칙(1997.3.13.) 제5조에서 금지하는 복수 노동조합의 설립 여부를 행정청으로 하여금 판단할 수 있도록 '사업 또는 사업장별 명칭, 조합원수, 대표자의 성명'을 제출하도록 정한 것이 무효라고 볼 수는 없다.

[2] 노동조합 및 노동관계조정법 부칙(1997.3.13.) 제5조 제2항에서 복수노조 설립에 해당하는 노동조합 설립신고서는 이를 반려하여야 한다고 규정하고 있으므로, 행정관청으로서는 노동조합의 설립이 복수노조 금지조항에 위배되는지 여부를 확인하기 위하여 보완을 요구할 수 있고, 그럼에도 노동조합이 이를 이행하지 아니한 경우 이를 설립신고서 반려사유로 삼을 수 있다.

[3] 대한민국에 체류자격이 없는 이른바 불법체류 외국인은 출입국관리법상 취업이 엄격히 금지되어 있고, 때문에 이들은 장차 적법한 근로관계가 계속될 것임을 전제로 근로조건의 유지·개선과 지위향상을 도모할 법률상 지위에 있는 것으로는 보이지 아니하므로 불법체류 근로자들이 노동조합 및 노동관계조정법 제2조 제4호 (라)목의 노동조합가입이 허용되는 근로자에 해당한다고 보기 어렵다.

【참조조문】

[1] 노동조합 및 노동관계조정법 부칙(1997.3.13.) 제5조 제1항, 제2항, 노동조합 및 노동관계조정법 시행규칙 제2조 제4호 / [2] 노동조합 및 노동관계조정법 부칙(1997.3.13.) 제5조 제2항, 노동조합 및 노동관계조정법 시행령 제9조 / [3] 노동조합 및 노동관계조정법 제2조 제4호 (라)목, 출입국관리법 제18조, 제94조 제5의2호

【참조판례】

　[2] 대법원 1990.10.23. 선고 89누3243 판결(공1990, 2431), 대법원 1993.2.12. 선고 91누12028 판결
　　(공1993상, 996)

【전 문】

【원 고】　서울경기인천이주노동자노동조합 (소송대리인 변호사 권영국)

【피 고】　서울지방노동청장

【변론종결】　2005.12.27.

【주 문】

　1. 원고의 청구를 기각한다.

　2. 소송비용은 원고가 부담한다.

【청구취지】　피고가 2005.6.3. 원고에 대하여 한 노동조합설립신고서 반려처분을 취소한다.

【이 유】

1. 처분의 경위

　다음의 사실은 당사자 사이에 다툼이 없거나, 갑 제1호증의 1 내지 5, 갑 제2호증(을 제2호증과 같다),
갑 제3호증, 갑 제4호증의 1 내지 4, 갑 제5호증의 1, 2, 갑 제6호증의 1, 2(을 제1호증의 1, 2와
같다), 을 제1호증의 3의 각 기재에 변론의 전취지를 종합하면 이를 인정할 수 있다.

　가. 서울, 경기, 인천지역에 거주하는 외국인노동자 91명은 2005.4.24. 원고 노동조합(이하 '원고 노
　　조'라 한다) 창립총회를 개최하여 규약을 제정하고 위원장 및 회계감사 등 임원을 선출한 다음,
　　같은 해 5.3. 노동부장관에게 규약 1부와 위원장 1명의 성명 및 주소, 회계감사 2명의 각 성명(회
　　계감사 2명의 주소는 위원장의 주소와 같다는 취지로 표기하였다.) 등을 첨부한 원고 노조의 설립
　　신고서를 제출하였다.

　나. 피고(노동조합 및 노동관계조정법(이하 '노노법'이라 한다) 제87조, 노노법 시행령 제33조 제1항
　　제1호에 따라 노동부장관으로부터 일정한 노동조합 설립신고서 수리권한을 위임받았다.)는 2005.
　　5.9. 원고 노조에게 다음과 같이 보완을 요구하였다.

　(1) 원고 노조 규약에 임원은 6명으로 정하고 있으나, 원고 노조가 설립신고서 제출시 임원 3명에
　　대한 성명 및 주소 내역만을 첨부하였으므로 나머지 임원 3명에 대한 각 성명과 주소 제출, 나아가
　　위 설립신고서 제출시 기재한 회계감사 2명의 주소 제출

　(2) ① 조합원이 소속된 사업 또는 사업장별 명칭과 조합원수 및 대표자의 성명 제출, ② 소속 조합원
　　들의 취업자격 유무 확인을 위한 조합원명부(임원 포함) 제출(성명, 생년월일, 국적, 외국인등록번
　　호 또는 여권번호 기재)

　(3) 임원선거, 규약제정 절차의 적법성 여부를 확인할 수 있도록 총회회의록 등 관계서류 제출

다. 원고 노조는 2005.5.31. 위와 같은 피고의 보완요구 중 위 (1)항에 대하여는 미선출된 원고 노조 부위원장을 제외한 나머지 5명의 임원에 대한 성명과 주소를 제출하고, 위 (3)항에 대하여는 원고 노조의 창립총회 회의록을 제출하였으나, 위 (2)항에 대하여는 그 보완요구사항이 노노법에서 필요적으로 요구하는 설립신고요건에 해당하지 않는다는 이유로 이를 보완하지 아니하였다.

라. 이에 피고는 2005.6.3. 원고 노조가 위 (2)항의 보완사항에 대하여 보완하지 아니하였을 뿐만 아니라, 노조가입자격이 없는 불법체류 외국인(출입국관리법상 대한민국에 체류할 자격이 없는 외국인을 말한다. 이하 같다)을 주된 구성원으로 하여 노노법에서 정한 노동조합으로 볼 수 없다는 이유로 원고 노조의 설립신고서를 반려하는 이 사건 처분을 하였다.

2. 이 사건 처분의 적법 여부

가. 원고 노조의 주장

(1) 조합원이 소속된 사업 또는 사업장별 명칭 등의 미제출 부분

피고는 노노법 시행규칙 제2조 제4호에 근거하여 위 자료의 제출을 요구하고 있으나, 이는 노노법령의 위임 없이 규정된 것으로 효력이 없으므로, 원고 노조가 위와 같은 효력이 없는 규정에 근거한 피고의 보완요구에 응하지 아니하였다 하여 이를 반려처분의 사유로 삼을 수 없다.

(2) 조합원명부 미제출 부분

노노법령이나 노노법 시행규칙 어디에도 조합원명부를 노동조합설립신고시 제출하여야 할 요건으로 규정하고 있지 아니하므로, 이에 대한 피고의 보완요구를 원고 노조가 이행하지 아니하였다 하여 이를 반려처분의 사유로 삼을 수 없다.

(3) 체류자격 부분

원고 노조는 외국인근로자라 하더라도 헌법상 근로3권의 주체가 되고, 노노법령 어디에도 외국인근로자의 체류자격 유무를 노동조합설립신고 요건으로 규정하고 있지 아니하므로, 이와 같이 법령의 근거 없는 보완요구에 응하지 아니하였다 하여 이를 반려처분의 사유로 삼을 수 없다.

나. 관계 법령

별지 '관계 법령' 기재와 같다.

다. 판 단

(1) 조합원이 소속된 사업 또는 사업장별 명칭 등의 미제출 부분

먼저, 노노법 시행규칙 제2조 제4호가 법령의 위임 없이 규정된 무효의 규정인지 여부에 관하여 본다. 노노법 부칙(1997.3.13. 법률 제5310호로 개정된 것) 제5조 제1항은 하나의 사업 또는 사업장에 노동조합이 조직되어 있는 경우 2006.12.31.까지 한시적으로 그 노동조합과 조직대상을 같이하는 새로운 노동조합을 설립할 수 없도록 규정하여 이른바 복수노조의 설립을 금지하고 있고, 노동조합설립신고서 수리권한이 있는 행정청으로 하여금 노동조합 설립신고서 수리 여부를 결정할 때 위와 같은 복수노조 설립금지조항에 위배되는지 여부를 판단할 수 있도록 노노법 시행규칙 제2조 제4호에서 '2 이상의 사업 또는 사업장의 근로자로 구성된 단위노동조합'이 노동조합설립신고서를 제출할 때 '사업 또는 사업장별 명칭, 조합원수, 대표자의 성명'을 제출하도록 하고 있으며, 위 부칙 제5조 제2항에서는 해당 행정청이 위와 같이 제출된 자료를 검토한 결과 복수노조 설립금지조항에 위배되는 경우 그 설립신고서를 반려하여야 한다고 규정하고 있다. 그리고 노노법 시행규칙은 그 제1조에서 노노법령에서 위임된 사항뿐만 아니라 그 시행에 관하여 필요한 사항을 규정함을 목적으로 한다고 규정하고 있다.

위와 같은 관계 규정의 내용과 취지에 비추어 볼 때, 노노법령의 직접 위임을 받은 것은 아니지만 그 시행에 관하여 필요한 사항을 규정하고 있는 노노법 시행규칙 제2조 제4호에서 위 부칙에서 금지하는 복수노조의 설립 여부를 행정청으로 하여금 판단할 수 있도록 '사업 또는 사업장별 명칭, 조합원수, 대표자의 성명'을 제출하도록 정한 것이 무효라고 볼 수는 없다.

나아가 이 사건에서 보건대, 위 노노법 부칙 제5조 제2항에서 복수노조 설립에 해당하는 노조설립신고서는 이를 반려하여야 한다고 규정하고 있으므로, 피고로서는 원고 노조의 설립이 위 복수노조 금지조항에 위배되는지 여부를 확인하기 위하여 보완을 요구할 수 있고, 그럼에도 원고 노조가 이를 이행하지 아니한 경우 이를 설립신고서 반려사유로 삼을 수 있다고 할 것인바(대법원 1993. 2.12. 선고 91누12028 판결 등 참조), 앞서 본 사실관계에 의하면, 원고 노조는 서울, 경기, 인천 지역에 거주하는 외국인근로자들을 그 조직대상으로 하고 있는 지역별 노동조합으로서 위 근로자들이 근로를 제공하는 사업장에 이미 노동조합이 조직되어 있는 경우, 원고 노조의 설립은 노노법 부칙의 복수노조 설립금지조항에 위배될 가능성이 있는 점, 때문에 피고는 그 가능성을 확인하기 위하여 원고 노조로 하여금 위 노노법 시행규칙 규정에서 설립신고시 첨부할 서류로 정하고 있는 '조합원이 소속된 사업 또는 사업장별 명칭'을 제출하도록 보완을 요구하였으나 원고 노조가 이에 응하지 아니한 점, 이에 피고는 노노법 제12조 제3항 제2호에 따라 원고 노조의 설립신고서를 반려하는 이 사건 처분을 한 점(피고는 이 사건에 이르러 위 부칙 제5조 제2항도 이 사건 처분근거가 된다는 취지의 주장을 하고 있고, 이 사건의 경우 그 기본적 사실관계가 동일하므로 위와 같은 처분근거조항의 추가는 허용범위 내에 있다고 할 것이다.) 등을 알 수 있는바, 이러한 사정을 위 관계 규정에 비추어 보면 피고가 원고 노조의 조합원이 소속된 사업 또는 사업장별 명칭에 관한 보완요구 거절을 이 사건 처분사유 중 하나로 삼은 것은 적법하다 할 것이다.

(2) 조합원명부 미제출 부분

(가) 노노법 제2조 제4호에서 노동조합을 '근로자가 주체가 되어 자주적으로 단결하여 근로조건의 유지·개선 기타 근로자의 경제적·사회적 지위의 향상을 도모함을 목적으로 조직하는 단체 또는 그 연합단체'를 말한다고 정의하면서 같은 호 각 목에서 노동조합으로 보지 않는 경우를 나열하는 한편, 노노법 제13조 등에서는 노동조합의 위와 같은 대외적 자주성 등을 확보하려는 노동행정상 목적을 달성하기 위하여 이른바 노동조합 설립에 관한 신고주의를 채택하고 있고, 노노법 제12조 제3항 제1호에서는 노노법 제2조 제4호 각 목에서 나열하는 사유에 해당하는 경우를 노동조합의 설립신고서 반려사유 중의 하나로 규정하고 있다.

위와 같은 관계 규정의 내용과 취지에 비추어 볼 때, 노동조합은 설립신고를 마치는 등의 형식적 요건 외에 근로자가 주체가 되어 자주적으로 조직한 단체라는 등의 실질적 요건을 함께 갖추어야 할 것이므로(대법원 1996.6.28. 선고 93도855 판결 등 참조), 행정청은 노동조합으로부터 설립신고서와 규약을 제출받은 때에 노동조합의 구성원인 근로자와 사용자 사이에 고용에 따른 종속관계가 인정되는지 여부 등 노동조합의 자주성 등을 실질적으로 심사하여 노동조합의 설립신고서 수리 여부를 결정하여야 할 것이다.

(나) 위와 같은 법리 및 다음 항에서 보는 바와 같이 불법체류 외국인에게는 노동조합가입이 허용될 수 없는 사정을 전제로 이 사건에서 보건대, 갑 제1호증의 1, 2, 을 제3호증의 각 기재에 변론의 전취지를 종합하면, 원고 노조가 당초 제출한 설립신고서에 원고 노조 대표자 및 회계감사로 외국인 성명이 기재되어 있고, 역시 위 설립신고서 제출 당시 함께 제출된 원고 노조의 규약에 이주노동자 단속 추방 반대 및 이주노동자 합법화 쟁취 등이 설립목적으로 기재되어 있는 사실 및 피고가 위 설립신고서에 원고 노조의 대표자로 기재된 아노와르(MD Anwar Hossain)에 대하여 서울출입국관리사무소장에게 불법체류자 여부를 조회한 결과 아노와르가 1996.5.24. 대한민국에 입국하였다가 체류기간이 경과한 1996.8.25.부터 불법체류하고 있음을 확인한 사실을 인정할 수 있는바, 사정이 이러하다면 원고 노조는 사실상 불법체류 외국인들을 주된 구성원으로 하고 있다고 의심할 여지가 있으므로 피고로서는 원고 노조의 조합원이 적법한 체류자격이 있는 자로서 노노법 제2조 제4호 (라)목에서 정한 노동조합에 가입이 허용되는 근로자인지 여부를 따져 원고 노조가 노동조합으로서 실질적 요건을 갖추고 있는지 여부를 심사한 다음 원고 노조의 설립신고서 수리 여부를 판단할 필요가 있다고 할 것이다.

(다) 따라서 피고가 위와 같은 취지에서 원고 노조에게 조합원명부 제출을 요구하였다가 거절당하자 이를 이 사건 처분사유 중 하나로 삼은 것에 원고 노조 주장과 같은 위법이 있다고 할 수 없다.

(3) 체류자격 부분

출입국관리법 제18조 제1항에서는 외국인이 대한민국에서 취업하고자 할 때에는 일정한 체류자격을 받아야 한다고 규정하고, 같은 조 제3항, 제4항에서는 누구든지 위와 같은 체류자격을 가지지 아니한 외국인을 고용하거나 고용을 알선 또는 권유하여서는 아니 된다고 규정하고 있으며, 이를 위반한 사용자는 같은 법 제94조 제5의2호 및 제6호에 의하여 처벌받게 되는 반면, 노노법에서는 근로자의 단결권을 보장하여 근로조건의 유지·개선과 근로자의 사회적 지위의 향상을 도모하고, 노무관계를 공정하게 조정하여 노동쟁의를 예방해결하고자 하는 취지에서, 노동조합에게 사용자를 상대로 단체교섭 및 단체협약 체결권한 등을 부여하고, 사용자로 하여금 노동조합의 단체교섭에 불응하거나 노동조합 및 노동조합 조합원에게 노동조합활동과 관련하여 불이익을 주는 행위를 부당노동행위로 규율하면서 일정한 경우 형벌의 제재를 가하도록 규정하고 있는바, 위와 같은 관계 법률의 규정 내용 및 취지에 비추어 볼 때, 대한민국에 체류자격이 없는 이른바 불법체류 외국인은 출입국관리법상 취업이 엄격히 금지되어 있고, 때문에 이들은 장차 적법한 근로관계가 계속될 것임을 전제로 근로조건의 유지·개선과 지위향상을 도모할 법률상 지위에 있는 것으로는 보이지 아니하므로 불법체류 근로자들이 노노법 제2조 제4호 (라)목의 노동조합가입이 허용되는 근로자에 해당한다고 보기 어렵다(이러한 판단이 불법체류 외국인이 기왕에 사실상 근로를 제공한 부분에 관하여 사용자를 상대로 임금을 청구하거나 그 근로제공과정에서 입은 업무상 재해에 관하여 산업재해보상보험법상 요양급여를 받는 범위에서 근로자로 인정되는 것과 서로 배치되는 것은 아니다).

따라서 피고가 위와 같은 취지에서 불법체류 외국인을 주된 구성원으로 하는 원고 노조를 노노법 제2조 제4호 (라)목의 실질적 요건을 갖추지 아니한 단체로 보아 노노법 제12조 제3항 제1호에 따라 노조설립신고서를 반려하는 이 사건 처분을 한 것에 원고 노조의 주장과 같은 위법이 있다고 할 수 없다.

3. 결 론

그렇다면 이 사건 처분의 취소를 구하는 원고 노조의 청구는 이유 없으므로 이를 기각하기로 하여 주문과 같이 판결한다.

판사 이태종(재판장) 기우종 오태환

헌법재판소 2011.9.29. 자 2007헌마1083 결정
【외국인근로자의 고용 등에 관한 법률 제25조 제4항 등 위헌확인 등】

【판시사항】

[1] 외국인에게 직장 선택의 자유에 대한 기본권주체성을 한정적으로 긍정한 사례

[2] 외국인의 직장 선택의 자유에 대한 심사기준

[3] 외국인근로자의 사업장 이동을 3회로 제한한 구 '외국인근로자의 고용 등에 관한 법률'(2003.8.16. 법률 제6967호로 제정되고, 2009.10.9. 법률 제9798호로 개정되기 전의 것) 제25조 제4항(이하 '이 사건 법률조항'이라 한다)이 직장 선택의 자유를 침해하는지 여부(소극)

[4] 이 사건 법률조항의 포괄위임입법금지원칙 위반 여부(소극)

[5] 외국인근로자의 사업장 변경을 1회에 한하여 추가적으로 허용하는 구 '외국인근로자의 고용 등에 관한 법률 시행령'(2004.3.17. 대통령령 제18314호로 제정되고, 2010.4.7. 대통령령 제22114호로 개정되기 전의 것) 제30조 제2항(이하 '이 사건 시행령조항'이라 한다)이 법률유보원칙에 위반되는지 여부(소극)

[6] 이 사건 시행령조항이 직장 선택의 자유를 침해하는지 여부(소극)

【재판요지】

[1] 직업의 자유 중 이 사건에서 문제되는 직장선택의 자유는 인간의 존엄과 가치 및 행복추구권과도 밀접한 관련을 가지는 만큼 단순히 국민의 권리가 아닌 인간의 권리로 보아야 할 것이므로 외국인도 제한적으로라도 직장 선택의 자유를 향유할 수 있다고 보아야 한다. 청구인들이 이미 적법하게 고용허가를 받아 적법하게 우리나라에 입국하여 우리나라에서 일정한 생활관계를 형성, 유지하는 등, 우리 사회에서 정당한 노동인력으로서의 지위를 부여받은 상황임을 전제로 하는 이상, 이 사건 청구인들에게 직장 선택의 자유에 대한 기본권 주체성을 인정할 수 있다 할 것이다.

[2] 입법자가 외국인력 도입에 관한 제도를 마련함에 있어서는 내국인의 고용시장과 국가의 경제상황, 국가안전보장 및 질서유지 등을 고려하여 정책적인 판단에 따라 그 내용을 구성할 보다 광범위한 입법재량이 인정된다. 따라서 그 입법의 내용이 불합리하고 불공정하지 않는 한 입법자의 정책판단은 존중되어야 하며 광범위한 입법재량이 인정되고, 외국인근로자의 직장 선택의 자유는 입법자가 이러한 정책적 판단에 따라 법률로써 그 제도의 내용을 구체적으로 규정할 때 비로소 구체화된다.

[3] 이 사건 법률조항은 외국인근로자의 무분별한 사업장 이동을 제한함으로써 내국인근로자의 고용기회를 보호하고 외국인근로자에 대한 효율적인 고용관리로 중소기업의 인력수급을 원활히 하여 국민경제의 균형 있는 발전이 이루어지도록 하기 위하여 도입된 것이다. 나아가 이 사건 법률조항은 일정한 사유가 있는 경우에 외국인근로자에게 3년의 체류기간 동안 3회까지 사업장을 변경할 수 있도록 하고 대통령령이 정하는 부득이한 사유가 있는 경우에는 추가로 사업장변경이 가능하도록 하여 외국인근로자의 사업장 변경을 일정한 범위 내에서 가능하도록 하고 있으므로 이 사건 법률조

항이 입법자의 재량의 범위를 넘어 명백히 불합리하다고 할 수는 없다. 따라서 이 사건 법률조항은 청구인들의 직장 선택의 자유를 침해하지 아니한다.

[4] 어떠한 사유가 있을 때 사업장 변경가능 횟수를 늘려줄 것인지 여부 등은 내국인근로자의 고용기회 와 중소기업의 인력수급 상황 등 국내 노동시장의 여러 가지 요소를 고려하여 정책적으로 결정되어 야 할 사항이므로, 규율하고자 하는 내용이 다양하거나 수시로 변화하는 성질의 것으로서 위임의 구체성·명확성의 요건이 완화되어야 할 경우에 해당한다고 할 것이다. 이와 더불어 외국인고용법 의 입법목적과 전체적인 취지를 종합적으로 고려하여 보았을 때, 이 사건 법률조항 단서의 위임에 의하여 대통령에 규정될 내용은 사업장 변경을 추가적으로 허용할 부득이한 사유의 구체적인 내용 및 추가 변경가능 횟수의 범위임을 알 수 있으므로 이 사건 법률조항 단서는 포괄위임입법금지원칙 에 위반되지 아니한다.

[5] 이 사건 법률조항 단서는 "다만, 대통령령으로 정하는 부득이한 사유가 있는 경우에는 그러하지 아니하다."라고 규정하고 있으나, 사업장의 추가 변경을 무제한으로 허용하지 않는 이상 그 횟수 역시 시행령에 함께 규정하도록 위임하는 것이 당연한 요청인 점, 이 사건 법률조항 단서를 '대통령 령으로 정하는 바에 따라 부득이한 사유가 있는 경우에는 그러하지 아니하다'라고 합헌적으로 해석 할 수 있는 점에서 이 사건 법률조항은 추가 변경가능 횟수 역시 시행령에 위임한 것으로 봄이 타당하므로, 이 사건 시행령조항은 모법인 이 사건 법률조항의 위임범위 내에서 규정된 것으로서 법률유보원칙에 위배되지 아니한다.

[6] 이 사건 시행령조항은 외국인근로자의 3년의 체류기간동안 3회의 사업장 변경 기회를 주는 이 사건 법률조항에 더하여 사업장 변경을 추가로 허용해주기 위하여 마련된 것인 점, 이 사건 시행령 조항은 사업장을 추가 변경할 수 있는 사유를 외국인근로자의 자의가 아닌 경우로 사업장 변경이 가능한 경우를 거의 망라하여 규정한 점, 외국인근로자의 언어적, 문화적 적응기간의 필요성, 국가 안전보장, 질서유지를 위한 외국인근로자에 대한 체계적 관리의 필요성 등에 비추어 보면 이 사건 시행령조항이 합리적인 이유 없이 현저히 자의적이라고 볼 수 없고, 청구인들의 직장 선택의 자유 를 침해하지 아니한다.

재판관 목영준, 재판관 이정미의 별개의견 및 반대의견

[1] 직장 선택의 자유는 '인간의 자유'라기 보다는 '국민의 자유'라고 보아야 할 것이므로 외국인인 청구 인들에게는 기본권주체성이 인정되지 아니한다. 그러나 일반적 행동자유권 중 외국인의 생존 및 인간의 존엄과 가치와 밀접한 관련이 있는 근로계약의 자유에 관하여는 외국인에게도 기본권주체 성을 인정할 수 있는바, 이 사건 법률조항과 시행령조항에 의하여, 청구인들은 종전 근로계약을 해지하고 새로운 근로계약을 체결할 수 있는 자유를 제한받고 있으므로, 외국인인 청구인들에게도 근로계약의 자유에 대한 기본권주체성을 인정할 수 있다.

[2] 이 사건 법률조항은 내국인근로자의 고용기회를 보호하고 중소기업의 인력수급을 원활히 하기 위 한 것으로서 입법목적의 정당성과 수단의 적절성이 인정되고, 외국인근로자에게 3년의 체류기간 동안 3회까지 사업장을 변경하고 대통령령이 정하는 부득이한 사유가 있는 경우에는 추가로 사업 장변경이 가능하도록 하고 있으므로, 최소침해성 및 법익균형성도 갖추었다고 할 것이므로 청구인

들의 근로계약의 자유를 침해한다고 할 수 없다.

[3] 이 사건 법률조항은 사업장 변경횟수의 제한을 받지 않는 '부득이한 사유'의 구체적인 내용을 대통령령으로 정하도록 위임하였는데, 이 사건 시행령조항은 이 사건 법률조항에서 위임한 '부득이한 사유' 외에 이러한 '부득이한 사유'가 인정되는 경우에도 사업장의 추가 변경은 '1회에 한하여' 허용하는 것으로 제한하고 있으므로 위임입법의 한계를 일탈하여 법률유보원칙에 위배된다.

이 사건 시행령조항은 사업장이 경영난에 처하는 등, 외국인근로자에게 그 책임을 물을 수 없는 사유까지도 사업장 변경횟수에 산입하고 있으며, 어떠한 경우든 불문하고 무조건 1회의 사업장 변경만을 추가로 허용하고 있어 최소침해성의 원칙을 충족한다고 볼 수 없다. 나아가 위 시행령조항으로 인하여 침해되는 사익과 추구하는 공익 사이에 법익의 균형성이 갖추어졌다고 할 수도 없다. 그러므로 이 사건 시행령조항은 법률유보원칙 및 과잉금지원칙을 위반하여 청구인들의 근로계약의 자유를 침해한다.

재판관 송두환의 이 사건 시행령조항에 대한 반대의견(위헌의견)

외국인이라 하더라도, 대한민국이 정한 절차에 따라 고용허가를 받고 적법하게 입국하여 상당한 기간 동안 대한민국 내에서 거주하며 일정한 생활관계를 형성, 유지하며 살아오고 있는 중이라면, 적어도 그가 대한민국에 적법하게 체류하는 기간 동안에는 인간의 존엄과 가치를 인정받으며 그 생계를 유지하고 생활관계를 계속할 수 있는 수단을 선택할 자유를 보장해 줄 필요가 있으므로, 청구인들에게 직장 선택의자유가 인정되며, 이 사건 시행령조항은 법률유보원칙과 과잉금지원칙에 반하여 청구들의 직장 선택의 자유를 침해한다.

재판관 김종대의 반대의견(각하의견)

기본권의 주체를 '모든 국민'으로 명시한 우리 헌법의 문언, 기본권 주체에서 외국인을 제외하면서 외국인에 대해서는 국제법과 국제조약으로 법적지위를 보장하기로 결단한 우리 헌법의 제정사적 배경, 국가와 헌법 그리고 기본권과의 근본적인 관계, 헌법상 기본권의 주체는 헌법상 기본적 의무의 주체와 동일해야 한다는 점, 외국인의 지위에 관한 헌법상 상호주의 원칙, 청구인이 주장하는 기본권의 내용이 인간으로서의 권리인지 국민으로서의 권리인지 검토하여 기본권 주체성 인정 여부를 결정하는 것은 구별기준이 불명확하고 판단 순서가 역행되어 헌법재판 실무처리 관점에서도 부당한 점, 외국인에 대해서는 국제법이나 조약 등에 의하여 충분히 그 지위를 보장할 수 있는 점에 비추어 보면 모든 기본권에 대하여 외국인의 기본권 주체성을 부정함이 타당하다.

다만, 외국인이라도 우리나라에 입국하여 상당 기간 거주해 오면서 대한민국 국민과 같은 생활을 계속해온 자라면 사실상 국민으로 취급해 예외적으로 기본권주체성을 인정할 여지는 있다고 본다. 그렇다면 외국인인 이 사건 청구인들에 대하여는 기본권 주체성을 인정할 수 없으므로, 헌법소원심판청구의 당사자능력을 인정할 수 없고, 따라서 이 사건 심판청구는 부적법하다.

【심판대상조문】

구 외국인근로자의 고용 등에 관한 법률(2003.8.16.법률 제6967호로 제정되고, 2009.10.9 법률 제
9798호로 개정되기 전의 것) 제25조 제4항

구 외국인근로자의 고용 등에 관한 법률 시행령(2004.3.17. 대통령령 제18314호로 제정되고, 2010.
4.7. 대통령령 제22114호로 개정되기 전의 것) 제30조 제2항

【참조법령】

헌법 제10조, 제15조, 제75조

헌법재판소법 제68조 제1항

구 외국인근로자의 고용 등에 관한 법률 제1조, 제2조, 제3조, 제18조, 제19조, 제20조, 제25조

구 외국인근로자의 고용 등에 관한 법률 시행령 제30조

전 문

【당 사 자】

청구인 1. 수하○○(Suha○○, 2007헌마1083)

　　　 2. F.M. 자이날(F.M. Zainal, 2009헌마230)

　　　 3. T.L. 마카탕가이(T.L. Macatangay, 2009헌마230)

　　　 4. B.Q. 두안(B.Q. Duan, 2009헌마230)

　　　　 청구인들의 대리인 변호사 정정훈 외 2인

　　　　 복대리인 변호사 강지현 외 4인

　　　 5. N.V. 단(N.V. Dan, 2009헌마352)

　　　　 대리인 변호사 이정현

【주 문】

이 사건 심판청구를 기각한다.

【이 유】

1. 사건의 개요와 심판의 대상

가. 사건의 개요

(1) 2007헌마1083 사건

(가) 청구인은 인도네시아 국적의 외국인근로자로서 '외국인근로자의 고용 등에 관한 법률'에 의한 고
용허가를 받아 2005.7.22. 우리나라에 입국하여 근로를 개시하였다.

(나) '외국인근로자의 고용 등에 관한 법률' 제25조 제4항은 외국인근로자는 자신이 근로하는 사업
또는 사업장(이하 '사업장'이라 한다)을 3회 초과하여 변경하는 것을 금지하고 있는데 청구인은

위 법률 제25조가 정한 절차에 따라 사업장을 3회 변경하였다.

(다) 청구인이 3회째 사업장 변경을 하여 2007.5.25.부터 근무한 사업장의 사업주는 경영악화를 이유로 2007.6.25.부터는 청구인을 고용할 수 없다는 의사를 통보하였다. 청구인은 사업주와 함께 안산고용지원센터를 찾아가 사업장 변경문제를 협의하였으나 위 법률 제25조 제4항 및 동법 시행령 제30조 제2항 규정에 의하여 더 이상 사업장 변경신청 또는 변경은 불가능하다는 통보를 받았다.

(라) 이에 청구인은 외국인근로자의 사업장 변경은 원칙적으로 3회를 초과할 수 없도록 하고, 예외적으로 사업장 변경이 모두 외국인근로자에게 귀책 없는 사유만으로 이루어진 경우 1회에 한하여 추가로 변경을 허용하고 있는 '외국인근로자의 고용 등에 관한 법률' 제25조 제4항 및 동법 시행령 제30조 제2항이 청구인의 직업선택의 자유, 근로의 권리 등을 침해하여 위헌이라고 주장하면서 2007.9.21. 이 사건 헌법소원심판을 청구하였다.

(2) 2009헌마230 사건

(가) 청구인들은 인도네시아, 필리핀, 베트남 국적의 외국인근로자들로서 '외국인근로자의 고용 등에 관한법률'에 의한 고용허가를 받아 각 2006.11.7., 2006.2.28., 2007.7.5. 우리나라에 입국하여 근로를 개시하였다.

(나) '외국인근로자의 고용 등에 관한 법률' 제25조 제4항은 외국인근로자는 자신이 근로하는 사업 또는 사업장을 3회 초과하여 변경하는 것을 금지하고 있는데 청구인들은 위 법률 제25조가 정한 절차에 따라 각각 사업장을 3회 변경하였다.

(다) 청구인들은 모두 3회째 사업장 변경 후 해고, 계약해지 등의 사유로 퇴사처리 되었고 위 법률 제25조 제4항 및 동법 시행령 제30조 제2항에 의하여 더 이상의 사업장 변경이 불가능하게 되었다.

(라) 이에 청구인들은 외국인근로자의 사업 또는 사업장 변경은 원칙적으로 3회를 초과할 수 없도록 하고, 예외적으로 사업 또는 사업장 변경이 모두 외국인근로자에게 귀책 없는 사유만으로 이루어진 경우 1회에 한하여 추가로 변경을 허용하고 있는 '외국인근로자의 고용 등에 관한 법률' 제25조 제4항 및 동법 시행령 제30조 제2항이 청구인들의 직업선택의 자유, 근로의 권리 등을 침해하여 위헌이라고 주장하면서 2009.4.27. 이 사건 헌법소원심판을 청구하였다.

(3) 2009헌마352 사건

(가) 청구인은 베트남 국적의 외국인근로자로서 '외국인근로자의 고용 등에 관한 법률'에 의한 고용허가를 받아 2008.5.25. 우리나라에 입국하여 근로를 개시하였다.

(나) '외국인근로자의 고용 등에 관한 법률' 제25조 제4항은 외국인근로자는 자신이 근로하는 사업장을 3회 초과하여 변경하는 것을 금지하고 있는데 청구인은 위 법률 제25조가 정한 절차에 따라 사업장을 3회 변경하였다.

(다) 청구인은 3회째 사업장 변경 후 계약해지(경영상 해고)로 퇴사처리 되었는데 위 법률 제25조 제4항 및 동법 시행령 제30조 제2항에 의하여 더 이상의 사업장 변경이 불가능하게 되었다.

(라) 이에 청구인은 외국인근로자의 사업장 변경을 원칙적으로 3회를 초과할 수 없도록 하고, 예외적으로 사업 또는 사업장 변경이 모두 외국인근로자에게 귀책 없는 사유만으로 이루어진 경우 1회에 한하여 추가로 변경을 허용하고 있는 '외국인근로자의 고용 등에 관한 법률' 제25조 제4항

및 동법 시행령 제30조 제2항이 청구인의 직업선택의 자유, 근로의 권리 등을 침해하여 위헌이라
고 주장하면서 2009.6.30. 이 사건 헌법소원심판을 청구하였다.

나. 심판의 대상

이 사건 심판의 대상은 구 '외국인근로자의 고용 등에 관한 법률'(2005.5.31. 법률 7567호로 제정
되고, 2009.10.9. 법률 제9798호로 개정되기 전의 것, 이하 '외국인고용법'이라 한다) 제25조 제4항
(이하 '이 사건 법률조항'이라 한다) 및 구 '외국인근로자의 고용 등에 관한 법률 시행령'(2004.
3.17. 대통령령 제18314호로 제정되고, 2010.4.7. 대통령령 제22114호로 개정되기 전의 것) 제30
조 제2항(이하 '이 사건 시행령조항'이라 한다)이 청구인들의 기본권을 침해하는지 여부이며, 그
내용 및 관련조항의 내용은 다음과 같다.

[심판대상조항]

구 외국인근로자의 고용 등에 관한 법률(2003.8.16. 법률 6967호로 제정되고, 2009.10.9. 법률
제9798호로 개정되기 전의 것) 제25조(사업 또는 사업장 변경의 허용) ④ 제1항의 규정에 의한
외국인근로자의 다른 사업 또는 사업장으로의 변경은 제18조 제1항의 규정에 의한 기간 중 원칙적
으로 3회를 초과할 수 없다. 다만, 대통령령으로 정하는 부득이한 사유가 있는 경우에는 그러하지
아니하다.

구 외국인근로자의 고용 등에 관한 법률 시행령(2004.3.17. 대통령령 제18314호로 제정되고,
2010.4.7. 대통령령 제22114호로 개정되기 전의 것) 제30조(사업 또는 사업장의 변경) ② 법 제25
조 제4항 단서의 규정에 따라 직업안정기관의 장은 외국인근로자가 법 제25조 제1항 제2호 내지
제4호의 1에 해당하는 사유만으로 사업 또는 사업장을 3회 변경한 경우에는 1회에 한하여 사업
또는 사업장의 변경을 추가로 허용할 수 있다.

[관련조항]

구 외국인근로자의 고용 등에 관한 법률(2005.5.31. 법률 7567호로 제정되고, 2009.10.9. 법률
제9798호로 개정되기 전의 것) 제1조(목적) 이 법은 외국인근로자를 체계적으로 도입·관리함으로
써 원활한 인력수급 및 국민경제의 균형 있는 발전을 도모함을 목적으로 한다.

제2조(외국인근로자의 정의) 이 법에서 "외국인근로자"라 함은 대한민국의 국적을 가지지 아니한
자로서 국내에 소재하고 있는 사업 또는 사업장에서 임금을 목적으로 근로를 제공하고 있거나 제
공하고자 하는 자를 말한다. 다만, 출입국관리법 제18조 제1항의 규정에 의하여 취업활동을 할
수 있는 체류자격을 받은 외국인 중 취업분야 또는 체류기간 등을 고려하여 대통령령이 정하는
자를 제외한다.

제3조(적용범위 등) ① 이 법은 외국인근로자 및 외국인근로자를 고용하고 있거나 고용하고자 하
는 사업 또는 사업장에 적용한다. 다만, 선원법의 적용을 받는 선박에 승무하는 선원 중 대한민국
국적을 가지지 아니한 선원 및 그 선원을 고용하고 있거나 고용하고자 하는 선박의 소유자에 대하
여는 적용하지 아니한다.

② 외국인근로자의 입국·체류 및 출국 등에 있어 이 법에서 규정하지 아니한 사항에 대하여는
출입국관리법이 정하는 바에 의한다.

제18조(취업의 제한) ① 외국인근로자는 입국한 날부터 3년의 범위 내에서 취업활동을 할 수 있다. ② 이 법에 따라 국내에서 취업한 후 출국한 외국인으로서 출국한 날부터 6월이 경과되지 아니한 자는 이 법에 따라 다시 취업할 수 없다.

제19조(외국인근로자 고용허가의 취소) ① 노동부장관은 다음 각 호의 1에 해당하는 사용자에 대하여 대통령령이 정하는 바에 따라 제8조의 규정에 의한 외국인근로자 고용허가의 취소를 명할 수 있다.

1. 사용자가 입국 전에 계약한 임금 그 밖의 근로조건을 위반하는 경우

2. 사용자의 임금체불 그 밖의 노동관계법의 위반 등으로 근로계약의 유지가 어렵다고 인정되는 경우

3. 거짓 그 밖의 부정한 방법으로 고용허가를 받은 경우

② 제1항의 규정에 따라 외국인근로자 고용허가가 취소된 사용자는 고용허가 취소의 명령을 받은 날부터15일 이내에 그 외국인근로자와의 근로계약을 종료하여야 한다.

제20조(외국인근로자 고용의 제한) ① 노동부장관은 다음 각 호의 1에 해당하는 사용자에 대하여 그 사실이 발생한 날부터 3년간 외국인근로자의 고용을 제한할 수 있다.

1. 제8조 제4항의 규정에 의한 고용허가서를 발급받지 아니하고 외국인근로자를 고용한 자

2. 제19조 제1항의 규정에 따라 외국인근로자의 고용허가가 취소된 자

3. 이 법 또는 출입국관리법을 위반하여 처벌을 받은 자

4. 그 밖의 대통령령이 정하는 사유에 해당하는 자

제25조(사업 또는 사업장 변경의 허용) ① 외국인근로자는 다음 각 호의 1에 해당하는 경우가 발생하여 그 사업 또는 사업장에서 정상적인 근로관계를 지속하기 곤란한 때에는 노동부령이 정하는 바에 따라 직업안정기관에 다른 사업 또는 사업장으로의 변경을 신청할 수 있다.

1. 사용자가 정당한 사유로 근로계약기간 중 근로계약을 해지하고자 하거나 근로계약이 만료된 후 갱신을 거절하고자 하는 경우

2. 휴업·폐업 그 밖에 외국인근로자의 책임이 아닌 사유로 그 사업장에서 근로를 계속할 수 없게 되었다고 인정되는 경우

3. 제19조 제1항 또는 제20조 제1항의 규정에 따라 외국인 고용허가의 취소 또는 고용제한 조치가 행하여진 경우

4. 그 밖에 대통령령이 정하는 사유가 발생한 경우

② 제1항의 규정에 의한 외국인근로자의 사업 또는 사업장 변경 신청후의 재취업 절차 및 방법에 관하여는 제6조·제8조 및 제9조의 규정을 준용한다.

③ 제1항의 규정에 의한 다른 사업 또는 사업장으로의 변경을 신청한 날부터 2월 이내에 출입국관리법 제21조의 규정에 의한 근무처 변경허가를 받지 못하거나 사용자와 근로계약 종료 후 1월 이내에 다른 사업 또는 사업장으로의 변경을 신청하지 아니한 외국인근로자는 출국하여야 한다. 구 외국인근로자의 고용 등에 관한 법률 시행령(2004.3.17. 대통령령 제18314호로 제정되고, 2010.4.7. 대통령령 제22114호로 개정되기 전의 것) 제30조(사업 또는 사업장의 변경) ① 법 제25조 제1항 제4호에서 "그 밖에 대통령령이 정하는 사유"라 함은 상해 등으로 외국인근로자가 해당

사업 또는 사업장에서 계속 근무하기는 부적합하나 다른 사업 또는 사업장에서의 근무는 가능하다고 인정되는 경우를 말한다.

③ 직업안정기관의 장은 법 제25조 제3항에 해당하는 출국대상자의 명단을 관할 출입국관리사무소장 또는 출장소장에게 통보하여야 한다.

외국인근로자의 고용 등에 관한 법률(2010.6.4. 법률 제10339호로 개정된 것) 제25조(사업 또는 사업장변경의 허용) ① 제8조 제4항에 따라 고용허가를 받은 사용자에게 고용된 외국인근로자와 같은 조에 따라 고용허가를 받은 후 제18조의2에 따라 취업활동 기간을 연장받은 외국인근로자는 다음 각 호의 어느 하나에 해당하는 경우가 발생하여 그 사업 또는 사업장에서 정상적인 근로관계를 지속하기 곤란할 때에는 고용노동부령으로 정하는 바에 따라 직업안정기관의 장에게 다른 사업 또는 사업장으로의 변경을 신청할 수 있다.

1. 사용자가 정당한 사유로 근로계약기간 중 근로계약을 해지하려고 하거나 근로계약이 만료된 후 갱신을 거절하려는 경우

2. 휴업, 폐업, 그 밖에 외국인근로자의 책임이 아닌 사유로 그 사업장에서 근로를 계속할 수 없게 되었다고 인정되는 경우

3. 제19조 제1항에 따라 고용허가가 취소되거나 제20조 제1항에 따라 고용이 제한된 경우

4. 사업장의 근로조건이 근로계약조건과 상이한 경우, 근로조건 위반 등 사용자의 부당한 처우 등으로 인하여 사회통념상 근로계약을 유지하기 어려운 경우

5. 그 밖에 대통령령으로 정하는 사유가 발생한 경우

② 사용자가 제1항에 따라 사업 또는 사업장 변경신청을 한 후 재취업하려는 외국인근로자를 고용할 경우 그 절차 및 방법에 관하여는 제6조ㆍ제8조 및 제9조를 준용한다.

③ 제1항에 따른 다른 사업 또는 사업장으로의 변경을 신청한 날부터 3개월 이내에 출입국관리법 제21조에 따른 근무처 변경허가를 받지 못하거나 사용자와 근로계약이 종료된 날부터 1개월 이내에 다른 사업 또는 사업장으로의 변경을 신청하지 아니한 외국인근로자는 출국하여야 한다. 다만, 업무상 재해, 질병, 임신, 출산 등의 사유로 근무처 변경허가를 받을 수 없거나 근무처 변경신청을 할 수 없는 경우에는 그 사유가 없어진 날부터 각각 그 기간을 계산한다.

④ 제1항에 따른 외국인근로자의 사업 또는 사업장변경은 제18조 제1항에 따른 기간 중에는 원칙적으로3회를 초과할 수 없으며, 제18조의2 제1항에 따라 연장된 기간 중에는 2회를 초과할 수 없다(제25조 제1항 제2호의 사유로 사업 또는 사업장을 변경한 경우는 포함하지 아니한다). 다만, 대통령령으로 정하는 부득이한 사유가 있는 경우에는 그러하지 아니하다.

외국인근로자의 고용 등에 관한 법률 시행령(2010.4.7. 대통령령 제22114호로 개정된 것) 제30조 사업 또는 사업장의 변경) ① 법 제25조 제1항 제5호에서 "대통령령으로 정하는 사유"란 상해 등으로 외국인근로자가 해당 사업 또는 사업장에서 계속 근무하기는 부적합하나 다른 사업 또는 사업장에서 근무하는 것은 가능하다고 인정되는 경우를 말한다.

② 법 제25조 제4항 단서에 따라 직업안정기관의 장은 외국인근로자가 법 제9조에 따라 근로계약을 체결하고 입국하여 최초 사업 또는 사업장에 배치되기 전까지 사용자의 귀책사유로 사업 또는 사업장을 1회 변경한 경우가 법 제25조 제4항 본문에 따른 3회에 포함되어 있을 때에는 법 제25조

제4항 본문에도 불구하고 1회를 추가하여 사업 또는 사업장의 변경을 허용할 수 있다.

③ 직업안정기관의 장은 법 제25조 제3항에 해당하는 출국대상자의 명단을 관할 출입국관리사무소장 또는 출장소장에게 통보하여야 한다.

2. 청구인들의 주장요지

가. 외국인고용법 제25조 제1항은 사업장 변경을 원칙적으로 금지하고 일정한 사유가 있는 경우에 한하여 예외적으로만 허가할 수 있도록 하고 있는데 이 사건법률조항은 최대변경가능 횟수를 설정하여 이를 3회로 제한함으로써 외국인근로자의 계약해지의 자유를 사실상 부정하거나 제한하고 있는바, 이는 외국인근로자를 강제근로에 놓일 위험에 처하게 한다는 점에서 청구인의 헌법상 근로의 권리, 직업의 자유, 행복추구권 등을 중대하게 제약하는 것이다.

나. 이 사건 법률조항은 3회째 변경된 사업장에서는 더 이상 사업장 변경을 허용하지 않아 외국인근로자는 3회째 변경이 이루어진 사업장에서의 인권침해, 차별행위에 대하여 문제제기를 할 수 없는 상황에 놓이게 된다. 이는 인간의 존엄성을 존중하는 근로조건을 규정한 헌법 제32조 제3항 근로의 권리 및 헌법 제15조 직업의 자유의 본질적 내용을 침해하는 것이다.

다. 외국인고용법 제25조 제4항 단서는 단지 본문의 예외를 대통령령에 위임할 것을 규정하면서 구체적으로 범위를 정하지 아니하고 추가 변경 가능 횟수 및 추가 변경사유를 전혀 예측할 수 없도록 대통령령에 위임하고 있어 명확성의 원칙 및 헌법 제75조의 포괄위임입법금지원칙에 반한다.

라. 이 사건 시행령조항은 사업장 변경이 예외적으로 허용되는 경우를 정하고 있는바, 그 요건을 지나치게 엄격하게 정함으로써 청구인들의 근로의 권리 등을 침해하여 과잉금지원칙 및 본질적 내용 침해금지원칙에 반한다.

3. 적법요건에 관한 판단

가. 외국인의 기본권 주체성

1) 우리 재판소는, 헌법재판소법 제68조 제1항 소정의 헌법소원은 기본권의 주체이어야만 청구할 수 있다고 한 다음, '국민' 또는 국민과 유사한 지위에 있는 '외국인'은 기본권의 주체가 될 수 있다고 판시하였다(헌재 1994.12.29. 93헌마120, 판례집 6-2, 477, 480). 즉, 인간의 존엄과 가치 및 행복추구권 등과 같이 단순히 '국민의 권리'가 아닌 '인간의 권리'로 볼 수 있는 기본권에 대해서는 외국인도기본권 주체가 될 수 있다고 하여 인간의 권리에 대하여는 원칙적으로 외국인의 기본권주체성을 인정하였다(헌재 2001.11.29. 99헌마494, 판례집 13-2, 714, 724 참조).

2) 이와 같이 외국인에게는 모든 기본권이 무한정 인정될 수 있는 것이 아니라 '인간의 권리'의 범위 내에서만 인정되는 것이므로, 먼저 이 사건 법률조항이 제한하고 있는 것이 어떤 기본권과 관련되는 것인지를 확정하고, 그 기본권이 권리성질상 외국인인 청구인에게 기본권 주체성을 인정할 수 있는 것인지 살펴야 할 것이다.

나. 청구인들의 기본권 주체성 존부

1) 관련 기본권의 확정

청구인들은 이 사건 법률조항으로 인하여 근로의 권리와 직업의 자유 등을 침해받았다고 주장하고 있다.

근로의 권리란 "일할 자리에 관한 권리"와 "일할 환경에 관한 권리"를 말하며, 후자는 건강한 작업 환경, 일에 대한 정당한 보수, 합리적인 근로조건의 보장 등을 요구할 수 있는 권리 등을 의미하는 바(헌재 2007.8.30. 2004헌마670, 판례집 19-2, 297, 305 참조), 직장변경의 횟수를 제한하고 있는 이 사건 법률조항은 위와 같은 근로의 권리를 제한하는 것은 아니라 할 것이다.

한편, 직업선택의 자유는 누구나 자유롭게 자신이 종사할 직업을 선택하고, 그 직업에 종사하며, 이를 변경할 수 있는 자유를 말하며, 이에는 개인의 직업적 활동을 하는 장소 즉 직장을 선택할 자유도 포함된다(헌재 1989.11.20. 89헌가102, 판례집 1, 329, 336;헌재 2002.11.28. 2001헌바50, 판례집 14-2, 668-667 참조).

이때 직장선택의 자유란 개인이 그 선택한 직업분야에서 구체적인 취업의 기회를 가지거나, 이미 형성된 근로관계를 계속 유지하거나 포기하는 데 있어 국가의 방해를 받지 않는 자유로운 선택·결정을 보호하는 것을 내용으로 한다(헌재 2002.11.28. 2001헌바50, 판례집 14-2, 668, 678).

이 사건 법률조항은 외국인근로자의 사업장 최대변경가능 횟수를 설정하고 있는바, 이로 인하여 외국인근로자는 일단 형성된 근로관계를 포기(직장이탈)하는데 있어 제한을 받게 되므로 이는 직업선택의 자유 중 직장 선택의 자유를 제한하고 있다.

2) 직장 선택의 자유에 있어서 외국인의 기본권 주체성 인정 여부

직업의 자유는 자신이 원하는 직업 내지 직종을 자유롭게 선택하는 직업선택의 자유와 자신이 선택한 직업을 자기가 결정한 방식으로 자유롭게 수행할 수 있는 직업수행의 자유를 모두 포함하는 것으로 보아야 한다. 이러한 직업의 선택 혹은 수행의 자유는 각자의생활의 기본적 수요를 충족시키는 방편이 되고 또한 개성신장의 바탕이 된다는 점에서 헌법 제10조의 행복추구권과 밀접한 관련을 갖는다(헌재 1997.10.30. 96헌마109, 판례집 9-2, 537, 543; 헌재 1998.7.16. 96헌마246, 판례집 10-2, 283, 307-308).

또한 개개인이 선택한 직업의 수행에 의하여 국가의사회질서와 경제질서가 형성된다는 점에서, 직업의 자유는 사회적 시장경제질서라고 하는 객관적 법질서의 구성요소이기도 하다(헌재 2001. 6.28. 2001헌마132,판례집 13-1, 1441, 1458).

직업의 자유 중 이 사건에서 문제되는 직장 선택의 자유는 인간의 존엄과 가치 및 행복추구권과도 밀접한 관련을 가지는 만큼 단순히 국민의 권리가 아닌 인간의 권리로 보아야 할 것이므로 권리의 성질상 참정권, 사회권적 기본권, 입국의 자유 등과 같이 외국인의 기본권주체성을 전면적으로 부정할 수는 없고, 외국인도 제한적으로라도 직장 선택의 자유를 향유할 수 있다고 보아야 한다(헌재 2000.8.31. 97헌가12 판례집 12-2,168, 183 참조).

한편 기본권 주체성의 인정문제와 기본권 제한의 정도는 별개의 문제이므로, 외국인에게 직장 선택의 자유에 대한 기본권주체성을 인정한다는 것이 곧바로 이들에게 우리 국민과 동일한 수준의 직장 선택의 자유가 보장된다는 것을 의미하는 것은 아니라고 할 것이다.

3) 청구인들의 직장 선택의 자유에 대한 기본권 주체성

이 사건 청구인들은 국내 기업에 취업함을 목적으로 외국인고용법상 고용허가를 받고 적법하게 우리나라에 입국하여, 우리나라에서 일정한 생활관계를 형성, 유지하며 살아오고 있는 자들이다. 이 사건에서 청구인들이 구체적으로 주장하는 것은 외국인고용법상 고용허가를 받아 취업한 직장을 자유로이 변경할 수 있는 직장 선택의 자유가 침해되었다는 것인바, 청구인들이 이미 적법하게 고용허가를 받아 적법하게 우리나라에 입국하여 우리나라에서 일정한 생활관계를 형성, 유지하는 등, 우리 사회에서 정당한 노동인력으로서의 지위를 부여받은 상황임을 전제로 하는 이상, 청구인들이 선택한 직업분야에서 이미 형성된 근로관계를 계속 유지하거나 포기하는 데 있어 국가의 방해를 받지 않고 자유로운 선택·결정을 할 자유는 외국인인 청구인들도 누릴 수 있는 인간의 권리로서의 성질을 지닌다고 볼 것이다.

그렇다면, 위와 같은 직장 선택의 자유라는 권리의 성질에 비추어 보면 이 사건 청구인들에게 직장 선택의 자유에 대한 기본권 주체성을 인정할 수 있다 할 것이다.

한편 아래 별개의견은 외국인에게 직장 선택의 자유에 대한 기본권 주체성을 인정함에 있어 고용허가를 받아 적법하게 입국하여 우리나라에서 일정한 생활관계를 형성, 유지한 사실을 요구하는 것을 두고, 결국 외국인의 직장 선택의 자유를 헌법상의 권리가 아닌 외국인고용법이라는 법률상의 권리로 보는 것이라는 비판을 하고 있다. 그러나 직업의 자유 중 직장 선택의 자유는 앞서 본 바와 같이 인간의 권리로서의 성질을 가진 헌법상 기본권으로 보아야 할 것이며, 고용허가를 받아 적법하게 입국하여 우리나라에서 일정한 생활관계를 형성, 유지하였을 것을 요구하는 것은 외국인이 우리 헌법상 기본권인 직장 선택의 자유를 누리기 위한 전제일 뿐이지 이러한 법적 제한을 둔다고 하여 그 직장 선택의 자유의 성격이 헌법상 권리에서 법률상의 권리로 바뀐다고 보기는 어렵다 할 것이다.

4. 본안 판단

가. 외국인근로자 고용허가제 개관

1) 고용허가제 도입경위

우리나라에 외국인이 입국해서 근로를 제공하게 된 것은 1991.10.경 '외국인 산업기술연수 사증발급에 관한 업무지침(법무부 훈령 제255호)'이 시행되면서 부터이다. 외국인근로자는 이후 산업연수생이라는 이름으로 국내에 입국하여 단순노무 분야의 근로를 제공해 왔지만, 연수생 신분이라는 제약 때문에 근로기준법의 적용을 제대로 받지 못해 낮은 임금과 부당근로를 강요당하면서 점차 사업장을 이탈하여 불법체류자가 되는 사례가 증가했다. 이에 따라 국내 노동시장의 교란, 중소기업의 인력난, 외국인근로자에 대한 인권침해, 국가이미지 실추 등의 사회·경제적 문제가 야기되자 2003.8.16. 사업주가 단순노무 분야 외국인근로자를 합법적으로 고용할 수 있고, 정부가 외국인근로자를 직접 관리하도록 하는 '외국인근로자 고용허가제'(이하 '고용허가제'라 한다)를 도입하는 내용의 '외국인근로자의 고용 등에 관한 법률'이 제정되어 2004.8.17. 시행되었다.

2) 주요내용

외국인고용법의 주요내용은 다음과 같다(헌재 2009.9.24. 2006헌마1264, 판례집 21-2상, 659,

673-675 참조).

첫째, 외국인고용법의 적용 분야를 비전문취업과 방문취업으로서 저숙련 외국인력에 초점을 맞추었다(외국인고용법 제2조, 제12조 제1항).

둘째, 외국인고용법은 '내국인 구인노력'을 외국인근로자 고용허가를 받으려는 사용자의 필수자격 요건으로 규정하고 있으며(외국인고용법 제6조), 외국인근로자가 취업할 수 있는 업종과 규모도 국내 노동시장의 인력수급 현황 등을 고려하여 제한할 수 있도록 하고 있다(외국인고용법 제8조 제2항). 즉, 국내 부족인력은 고령자, 여성 등 국내 유휴인력의 활용촉진을 우선으로 하여야 하며 보충적으로 외국인력을 활용하도록 하고 있다.

셋째, 단순노무를 제공하는 외국인력이 한국사회에 장기 체류함으로써 발생하는 국내 노동시장의 교란 문제뿐 아니라 결혼, 출산, 자녀교육 등의 사회적 비용증대에 따른 혼란을 방지하기 위하여 외국인근로자의 취업기간을 3년으로 제한하면서 출국 후 6개월이 지나야 재입국 및 재취업이 가능하도록 하는 등 취업기간을 단기순환 하도록 하였다(외국인고용법 제18조).

넷째, 외국인고용법은 차별금지에 관한 규정을 명시적으로 규정하고 있고(외국인고용법 제22조) 외국인근로자가 반드시 근로계약을 체결하도록 하고 있어(외국인고용법 제9조 제1항), 기존 산업연수생제도와 달리 이 법에 따라 취업하는 외국인근로자에게 근로자성을 인정하고 있다.

나. 이 사건 법률조항에 대한 판단

1) 쟁점의 정리

청구인들은 이 사건 법률조항이 사업장의 최대 변경 가능횟수를 설정하여 청구인들로 하여금 강제근로에 놓일 위험에 처하게 함으로써 청구인들의 근로의 권리, 직업의 자유, 행복추구권을 침해하고, 이 사건 법률조항 단서에서 추가 변경 가능 횟수 및 추가변경사유를 전혀 예측할 수 없도록 대통령령에 위임하여 포괄위임입법금지원칙에 위반한다고 주장한다.

그런데 앞서 본 바와 같이 사업장의 최대 변경가능 횟수를 설정한 것은 청구인들의 근로의 권리를 제한하는 것이 아니라 직업의 자유 중 직장 선택의 자유를 제한하는 것이며, 보호영역으로서 '직업'이 문제되는 경우 행복추구권과 직업의 자유는 서로 일반특별관계에 있어 기본권의 내용상 특별성을 갖는 직업의 자유의 침해 여부가 우선하여 행복추구권 관련 위헌 여부의 심사는 배제되어야 하므로(헌재 2007.5.31. 2007헌바3, 공보 128, 589, 595; 헌재 2009.7.30. 2007헌마1037, 판례집 21-2상, 375, 379 참조), 근로의 권리 및 행복추구권침해 여부에 대하여는 판단하지 아니한다. 따라서 이하에서는 이 사건 법률조항이 과잉금지원칙이나 포괄위임입법금지원칙에 위반하여 청구인들의 직장 선택의 자유를 침해하는지에 국한하여 판단한다.

2) 직장 선택의 자유침해 여부

가) 심사기준

입법자가 외국인력 도입에 관한 제도를 마련함에 있어서는 내국인의 고용시장과 국가의 경제상황, 국가안전보장 및 질서유지 등을 고려하여 정책적인 판단에 따라 그 내용을 구성할 보다 광범위한 입법재량이 인정된다. 따라서 그 입법의 내용이 불합리하고 불공정하지 않는 한 입법자의 정책판단은 존중되어야 하며 광범위한 입법재량이 인정되고, 외국인근로자의 직장선택의 자유는 입법자가 이러한 정책적 판단에 따라 법률로써 그 제도의 내용을 구체적으로 규정할 때 비로소 구체화된 다. 따라서 입법자가 고용허가제라는 제도를 마련함에 있어 사업장 변경가능 횟수를 제한하고 있는 이 사건에 있어서는 그 입법의 내용이 합리적인근거 없이 현저히 자의적인 경우에만 헌법에 위반된다고 할 수 있다.

나) 직장 선택의 자유침해 여부

이 사건 법률조항에 의한 외국인근로자의 사업장 변경제한은 외국인근로자의 무분별한 사업장 이동을 제한함으로써 내국인근로자의 고용기회를 보호하고 외국인근로자에 대한 효율적인 고용관 리로 중소기업의 인력수급을 원활히 하여 국민경제의 균형 있는 발전이 이루어지도록 하기 위하 여 도입된 것이다. 특히 이 사건 고용허가제에 따라 국내 사업장에 취업하는 외국인근로자들은 주로 단순노무 직종에 종사하므로 이러한 고용시장의 범위 내에서는 주로 우리 국민 중 단순노무 직종에 종사하는 경제적 취약계층과 경쟁하게 되는 것이 현실이므로 외국인근로자의 사업장 변경 에 대한제한을 완화하는 것은 내국인근로자의 고용기회 뿐만 아니라 근로조건 개선에도 악영향을 미치게 될 것이다.

나아가 이 사건 법률에서는 외국인근로자의 사업장 변경을 전면적으로 금지하는 것이 아니라 이 사건 법률 제25조 제1항과 이 사건 법률조항에 의하여 일정한 사유가 있는 경우에는 외국인근로 자에게 3년의 체류기간 동안 3회까지 사업장을 변경할 수 있도록 하고 대통령령이 정하는 부득이 한 사유가 있는 경우에는 추가로 사업장변경이 가능하도록 하여 외국인근로자의 사업장 변경을 일정한 범위 내에서 가능하도록 하고 있다. 이는 내국인근로자의 고용기회 보호와 중소기업의 인력부족 해소라는 고용허가제의 도입목적을 달성하는 한편, 청구인들이 우려하고 있는 바와 같은 사업장 변경의 전면적 제한으로 인하여 발생할 수 있는 외국인근로자의 강제노동을 방지하기 위 한 것으로 외국인근로자에 대한 보호 의무를 상당한 범위에서 이행하고 있다고 할 것이므로 이 사건 법률조항이 입법자의재량의 범위를 넘어 명백히 불합리하다고 할 수는 없다. 따라서 이 사건 법률조항은 청구인들의 직장 선택의 자유를 침해하지 아니한다.

3) 포괄위임입법금지원칙 위반 여부

가) 헌법 제75조는 "대통령은 법률에서 구체적으로 범위를 정하여 위임받은 사항에 관하여 대통령령을 발할 수 있다."라고 규정하여 위임입법의 헌법상 근거를 마련하는 한편 대통령령으로 입법할 수 있는 사항을 '법률에서 구체적으로 범위를 정하여 위임받은 사항'으로 한정함으로써 일반적이고 포괄적인 위임입법은 허용되지 않는다는 것을 명백히 하고 있다. 위임의 구체성·명확성의 요구 정도는 그 규율대상의 종류와 성격에 따라 달라질 것이지만 특히 처벌법규나 조세법규와 같이 국민의 기본권을 직접적으로 제한하거나 침해할 소지가 있는 법규에서는 구체성·명확성의 요구 가 강화되어 그 위임의 요건과 범위가 일반적인 급부행정의경우보다 더 엄격하게 제한적으로 규정 되어야 하는 반면에, 규율대상이 지극히 다양하거나 수시로 변화하는 성질의 것일 때에는 위임의 구체성·명확성의 요건이 완화되어야 할 것이다(헌재 2002.6.27. 2000헌바88, 판례집 14-1, 579, 585).

나) 법률의 위임은 반드시 구체적·개별적으로 한정된 사항에 대하여 행하여져야 할 것이다. 다만 구체적인 범위는 각종 법령이 규제하고자 하는 대상의 종류와 성격에 따라 달라진다 할 것이므로

일률적 기준을 정할 수는 없지만, 적어도 법률의 규정에 의하여 이미 대통령령으로 규정될 내용 및 범위의 기본사항이 구체적으로 규정되어 있어 누구라도 당해 법률로부터 대통령령에 규정될 내용의 대강을 예측할 수 있으면 족하고, 여기서 그 예측가능성의 유무는 당해 특정조항 하나만을 가지고 판단할 것이 아니고 관련 법조항 전체를 유기적 · 체계적으로 종합 판단하여야 하며, 각 대상 법률의 성질에 따라 구체적 · 개별적으로 검토되어야 할 것이다(헌재 2000.12.14. 98헌바 104, 판례집12-2, 387, 394).

다) 이 사건 법률조항 본문은 외국인근로자의 사업장 변경은 원칙적으로 3회를 초과할 수 없도록 규정 하면서 단서에서 '다만, 대통령령이 정하는 부득이한 사유가 있는 경우에는 그러하지 아니하다'라 고 규정하여, 3회를 초과하여 사업장을 변경할 수 있는 예외적인 경우에 대하여 대통령령에서 규정하도록 위임하고 있다.

즉, 이 사건 법률조항 단서는 특별한 사정이 있는 경우에는 사업장변경횟수를 원칙보다 늘려줌으 로써 외국인근로자의 기본권을 본문보다 더 배려하기 위해서 만들어진 조항이라고 할 것이다. 이러한 경우 어떠한 사유가 있을 때 본문의 예외를 인정하여 사업장 변경가능 횟수를 늘려줄 것인 지 여부 등은 일률적으로 법률에 규정하기는 어렵다. 이는 내국인근로자의 고용기회와 중소기업 의 인력수급 상황 등 국내 노동시장의 여러 가지 요소를 고려하여 정책적으로 결정되어야 할 사항 이기 때문이다. 따라서 이는 규율하고자 하는 내용이 다양하거나 수시로 변화하는 성질의 것으로 서 이를 법률에 일률적으로 규정하기는 어렵고 위임의 구체성 · 명확성의 요건이 완화되어야 할 경우에 해당한다고 할 것이다.

이와 더불어 외국인고용법의 입법목적과 전체적인 취지를 종합적으로 고려하여 보았을 때, 뒤에서 보는 바와 같이 이 사건 법률조항 단서의 위임에 의하여 대통령에 규정될 내용은 사업장 변경을 추가적으로 허용할 부득이한 사유의 구체적인 내용 및 추가 변경가능횟수의 범위임을 알 수 있다. 한편 '부득이'의 사전적 의미는 '마지못하여 하는 수 없이'를 말하는바, 그렇다면 이 사건 법률조항 단서의 '부득이한 사유'는 외국인근로자로서는 어쩔 수 없이 사업장을 변경할 수밖에 없는 경우, 즉 외국인근로자의 귀책사유 없이, 자의에 의한 변경이 아닌 경우를 의미하며, 대통령령은 이와 같은 범위 내에서 규정될 것임을 충분히 알 수 있다.

이에 따라 이 사건 시행령조항에서도 외국인근로자가 외국인고용법 제25조 제1항 제2호 내지 제4 호 중 하나에 해당하는 사유만으로 사업장을 3회 변경한 경우에만 1회에 한하여 사업장 변경을 추가로 허용할 수 있다고 규정하고 있다.

따라서 이 사건 법률조항 단서는 포괄위임입법금지 원칙에 위반되지 아니한다.

4) 소결

이 사건 법률조항은 포괄위임입법금지원칙에 위반되지 아니하고, 청구인들의 기본권을 침해하지 아니한다.

다. 이 사건 시행령조항의 기본권침해 여부

1) 법률유보원칙 위반 여부

우리 헌법은 제75조에서 대통령령은 '법률에서 구체적으로 범위를 정하여 위임받은 사항'에 관하여만 발할 수 있다고 한정함으로써 위임입법의 범위와 한계를 제시하고 있다. 따라서 위임명령의 내용은 수권법률이 수권한 규율대상과 목적의 범위 안에서 정해야 하는데 이를 위배한 위임명령은 위임입법의 한계를 벗어난 것이고, 결국 법률의 근거가 없는 것으로서 법률유보원칙에 위반된다 (헌재 2010.4.29. 2007헌마910, 판례집22-1하, 97, 106-107 참조).

이 사건 시행령조항의 모법인 이 사건 법률조항 단서는 "다만, 대통령령으로 정하는 부득이한 사유가 있는 경우에는 그러하지 아니하다."라고 규정되어 있는 반면, 이 사건 시행령 조항은 '부득이한 사유'의 구체적인 내용 외에 '1회에 한하여' 사업장 변경을 추가로 허용한다는 내용을 담고 있어, 사업장의 추가 변경가능 횟수를 규정한 '1회에 한하여'라는 부분은 법률의 위임범위를 벗어난 것이 아닌지 문제될 수 있다.

그러나 사업장의 추가 변경을 무제한으로 허용하지 않는 이상 그 횟수 역시 시행령에 함께 규정하도록 위임하는 것이 당연한 요청인 점, 이 사건 법률조항 단서는 '대통령령으로 정하는 부득이한 사유가 있는 경우에는 그러하지 아니하다'라고 규정되어 있으나 이를 '대통령령으로 정하는 바에 따라 부득이한 사유가 있는 경우에는 그러하지 아니하다'라고 합헌적으로 해석할 수 있는 점에서 이 사건 법률조항은 추가 변경가능횟수 역시 시행령에 위임한 것으로 봄이 타당하다.

따라서 이 사건 시행령조항은 모법인 이 사건 법률조항의 위임범위 내에서 부득이한 사유의 구체적인 내용 및 사업장 추가 변경가능 횟수를 규정한 것으로서 법률유보원칙에 위배되지 아니한다.

2) 직장 선택의 자유침해 여부

앞서본 바와 같이 외국인력 도입에 관한 제도의 형성과 관련하여 입법자에게 광범위한 입법재량이 인정되고, 고용허가제의 내용을 이루는 이 사건 시행령 조항 역시 그 내용이 합리적인 근거 없이 현저히 자의적인 경우에만 헌법에 위반된다 할 것이다.

청구인들은 이 사건 시행령조항이 외국인근로자의 사업장 추가변경이 예외적으로 허용되는 경우를 정하면서 그 요건을 지나치게 엄격하게 정하고 추가로 변경 가능한 횟수를 1회에 한정함으로써 청구인들의 직업의 자유 등을 침해하였다고 주장한다.

살피건대, 이 사건 시행령조항의 모법조항인 이 사건 법률조항이 앞서본 바와 같이 외국인근로자의 직장선택의 자유를 침해한 것이 아닌 점, 이 사건 시행령조항은 외국인근로자의 3년의 체류기간동안 3회의 사업장 변경 기회를 주는 이 사건 법률조항에 더하여 사업장 변경을 추가로 허용해주기 위하여 마련된 것인 점, 이 사건 시행령조항에서 사업장을 추가 변경할 수 있는 사유로 규정한 '외국인고용법 제25조 제1항 제2호 내지 제4호 중 하나에 해당하는 사유'는 외국인근로자의 자의가 아닌 이유로 사업장 변경이 가능한 경우를 거의 망라한 것으로 볼 수 있는 점, 외국인근로자의 언어적, 문화적적응기간의 필요성, 국가안전보장, 질서유지를 위한 외국인근로자에 대한 체계적 관리의 필요성 등에 비추어 보아도 이 사건 시행령조항이 사업장의 추가적 변경을 1회에 한하여 허용한 것이 합리적인 이유 없이 현저히 자의적이라고 볼 수는 없다. 따라서 이 사건 시행령조항은 청구인들의 직장 선택의 자유를 침해하지 아니한다.

3) 소결

이 사건 시행령조항은 법률유보원칙에 위배되지 아니하고, 청구인들의 기본권을 침해하지 아니한다.

5. 결 론

그렇다면 이 사건 심판청구는 이유 없으므로 이를 기각하기로 하여 주문과 같이 결정한다. 이 결정은 재판관 목영준, 재판관 이정미의 아래 6.과 같은 별개의견 및 일부 반대의견, 재판관 송두환의 아래 7.과 같은 이 사건 시행령조항에 대한 반대의견, 재판관 김종대의 아래 8.과 같은 반대의견(각하의견) 이 있는 외에는 나머지 관여 재판관의 일치된 의견에 의한 것이다.

6. 재판관 목영준, 재판관 이정미의 별개의견 및 반대의견

가. 적법요건에 관한 별개의견

재판관 이강국, 재판관 민형기, 재판관 이동흡, 재판관 송두환, 재판관 박한철의 의견(이하 '재판관 5인의의견'이라고 한다)은 청구인들에게 직장선택의 자유에 관한 기본권주체성이 인정되므로 이 사건 헌법소원심판청구는 적법하다는 것이다. 그러나 우리는, 청구인들에게 직장선택의 자유에 관한 기본권주체성이 인정될 수는 없고, 오히려 근로계약의 자유에 관한 기본권주체성이 인정되어 청구인들의 이 사건 헌법소원심판청구가 적법하다고 판단하므로, 다음과 같이 별개의견을 밝힌다.

1) 근로계약의 자유와 기본권주체성

헌법 제10조의 행복추구권은 그의 구체적인 표현으로서 일반적인 행동자유권과 개성의 자유로운 발현권을 포함하고, 계약의 자유도 헌법상의 행복추구권에 포함된 일반적인 행동자유권으로부터 파생하므로, 계약의 자유 또한 행복추구권에 의하여 보호된다(헌재1998.10.29. 97헌마345, 판례집 10-2, 621, 633).

그런데 행복추구권은 '인간의 권리'로서 외국인도 기본권의 주체가 될 수 있으므로(헌재 2001. 11.29. 99헌마494, 판례집 13-2, 714, 723-724 참조), 일반적 행동자유권 중 외국인의 생존 및 인간의 존엄과 가치와 밀접한 관련이 있는 근로계약의 자유에 관하여는 외국인에게도 기본권주체성을 인정할 수 있다.

이 사건 법률조항과 시행령조항에 의하여, 청구인들은 고용허가기간 중 사업자의 변경은 원칙적으로 3회를 초과할 수 없고 예외적으로 위 시행령조항이 정한부득이한 사유가 있는 경우에도 1회에 한하여만 추가로 변경할 수 있는데, 이는 종전 근로계약을 해지하고 새로운 근로계약을 체결할 수 있는 자유를 제한한다고 할 것이다.

결국 이 사건 법률조항과 시행령조항에 의하여 침해되는 근로계약의 자유에 관하여, 청구인들과 같은 외국인에게도 기본권주체성을 인정할 수 있다고 할 것이다.

2) 직장 선택의 자유에 관한 기본권주체성의 인정여부

가) 위 재판관 5인의 의견은, 외국인들이 이미 적법하게 고용허가를 받아 우리 사회에서 정당한 노동 인력으로서의 지위를 부여받은 이상, 청구인들이 선택한 직업분야에서 이미 형성된 근로관계를 계속 유지하거나 포기하는 데에 있어 국가의 방해를 받지 않고 자유로운 선택·결정을 할 자유가 있고, 이러한 직장 선택의 자유는 우리 헌법상 직업의 자유에 의해 보호되는 범위에 속하므로, 청구인들에게 직장 선택의 자유에 관한 기본권주체성이 있다는 취지이다.

나) 그러나 우선 이른바 권리성질설에 의할 때 외국인에게 직업의 자유 중 일부인 직장 선택의 자유에 관한 기본권주체성을 인정하는 것이 타당한지 의문이다. 직장 선택의 자유가 자유권적 성질을 갖

는 것은 부인할 수 없으나, 외국인 고용을 인정할 것인지, 인정한다면 어느 범위에서 허용할 것인지의 문제는 그 사회공동체의 경제적 상황에 따라 국가의 정책적 판단이 크게 개입되는 부분이다. 즉, 외국인의 고용 내지 경제활동의 허용 문제는 내국인의 고용시장에도 영향을 미치고, 국가 경제 정책 및 이민자정책 등과도 맞물려있다. 따라서 외국인근로자를 어느 정도로 수급하여 노동공급의 양을 조절할 것인지, 모든 경제영역에서 그들을 종사하게 할 것인지 아니면 제한된 개별경제영역에서의 노동공급만을 허용할 것인지, 더 나아가 그들에게 직장 선택의 자유를 어디까지 인정할 것인지 등과 같은 문제는 결국 그 사회공동체의 여러 경제적 상황과 문화적 특수성 등을 종합하여 정책적으로 결정되어야 할 부분이다. 따라서 헌법상 직장 선택의 자유는 그 성격상 '인간의 자유'라기 보다는 '국민의 자유'라고 보아야 할 것이며, 외국인인 청구인들에게는 직장 선택의 자유에 관한 기본권주체성이 인정되지 아니한다고 봄이 타당하다(위 재판관 5인의 의견이 '외국인도 제한적으로라도 직장선택의 자유를 향유할 수 있다.'고 주장하면서 들고 있는 '헌재 2000.8.31. 97헌가 12 결정'은 '외국인은 원칙적으로 직업선택의 자유 등 9종의 기본권을 누릴 수 없거나 제한적으로밖에 향유하지 못한다.'라고 설시함으로써 국적에 따른 차별을 예시한 것이지, 제한된 범위 내에서 직장선택의 자유에 관한기본권주체성을 인정한 것이 아니다).

다) 더구나 위 재판관 5인의 의견과 같이, 적법하게 고용허가를 받은 외국인들에게는 제한된 범위 내에서 직장 선택의 자유에 관한 기본권주체성을 인정하자는 것은 헌법상 기본권주체성에 관한 논리적 모순을 내포하고 있다. 즉, 기본권주체성이란 우리 헌법상의 기본권을 향유할 수 있는 지위를 말하고 이는 법률에 의하여 새로이 창설되는 것이 아닌데, 우리 법률에 의하여 고용허가를 받았다는 헌법외적 사유로써 헌법상 기본권의 주체성을 인정하자는 것은 논리적으로 선후가 뒤바뀐 것이다. 위 의견과 같이 외국인고용법에 의하여 적법하게 우리나라에 입국한 자들에게만 직장을 선택할 자유를 주는 것은 결국 외국인의 이러한 자유를 인간의 권리가 아닌 법률상의 권리로 보는 것이므로, 이를 이유로 청구인들과 같은 외국인들에게 직장 선택의 자유에 관한 헌법상의 기본권주체성을 인정하는 것은 타당하지 않다.

라) 위 재판관 5인의 의견에 의하면, 직업선택의 자유 중 직장선택의 자유는 인간의 존엄과 가치 및 행복추구권과도 밀접한 관련을 가지는 만큼 단순히 국민의 권리가 아닌 인간의 권리로 보아야 한다고 주장한다. 그러나 위 의견이 설시한 바와 같이 직업의 자유라는 것이 그 본질상 인간의 생활적 기본적 수요를 충족시키는 방편이어서 모두 인간의 존엄과 가치 및 행복추구권과 밀접한 관련이 있고, 따라서 직업의 자유 중 직장선택의 자유만을 분리하여 외국인에게도 기본권주체성을 인정하자는 것은 기본권주체성에 관한 법률관계를 매우 모호하게 할 우려가 있다.

3) 소결어

결국 청구인들에게는 헌법 제10조에서 파생되는 근로계약의 자유에 관한 기본권주체성이 있으므로, 그 침해를 주장하는 이 사건 헌법소원심판청구는 적법하다고 할 것이다.

나. 이 사건 법률조항에 대한 별개의견

1) 과잉금지원칙 위반 여부

헌법 제10조의 행복추구권에서 파생된 근로계약의 자유는 내국인은 물론 외국인에게도 인정되는 기본권이므로, 이를 제한할 때에는 헌법상 비례의 원칙에 따라야만 한다.

이 사건 법률조항이 규정하고 있는 외국인근로자의 사업장 변경 제한은 외국인근로자의 사업장 이동을 간접적으로 제한하여 내국인근로자의 고용기회를 보호하고 외국인근로자에 대한 효율적인 고용관리로 중소기업의 인력수급을 원활히 하기 위한 것으로서 입법목적의 정당성과 수단의 적절성이 인정된다.

또한 위 법률조항은 외국인근로자의 사업장 변경 자체를 금지하는 것이 아니라 외국인근로자에게 3년의 체류기간 동안 3회까지 사업장을 변경하고 대통령령이 정하는 부득이한 사유가 있는 경우에는 추가로 사업장변경이 가능하도록 하고 있으므로, 위 입법목적에 비추어 최소침해성 및 법익균형성도 갖추었다고 할 것이다.

따라서 이 사건 법률조항이 과잉금지원칙에 반하여 청구인들의 근로계약의 자유를 침해한다고 할 수 없다.

2) 포괄위임입법금지원칙 위반 여부

이 사건 법률조항이 헌법상 포괄위임입법금지원칙에 위반하지 않는다는 점은 위 재판관 5인의 의견 중 해당부분과 같으므로, 이를 따로 설시하지 않는다.

다. 이 사건 시행령조항에 대한 위헌의견

우리는 이 사건 시행령조항이 법률유보원칙과 과잉금지원칙에 반하여 청구인들의 기본권을 침해한다고 판단하므로, 다음과 같이 반대의견을 밝힌다.

1) 법률유보원칙 위반

가) 위임입법과 법률유보

우리 헌법은 제75조에서 "대통령은 법률에서 구체적으로 범위를 정하여 위임받은 사항과 법률을 집행하기위하여 필요한 사항에 관하여 대통령령을 발할 수 있다."고 규정하여 대통령이 발할 수 있는 위임입법의 근거를 마련하면서, 대통령령은 '법률에서 구체적으로 범위를 정하여 위임받은 사항'에 관하여만 발할 수 있다고 한정함으로써 위임입법의 범위와 한계를 제시하고 있다. 그러므로 위임명령의 내용은 수권법률이 수 권한 규율대상과 목적의 범위 안에서 정해야 하는데 이를 위배한 위임명령은 위법이라고 평가되며, 여기에서 모법의 수권조건에 의한 위임명령의 한계가 도출된다. 즉, 모법상 아무런 규정이 없는 입법사항을 하위명령이 규율하는 것은 위임입법의 한계를 위배하는 것이고(헌재 1997.4.24. 95헌마273, 판례집 9-1, 487, 494-495 참조),이러한 하위법령은 법률의 근거가 없는 것으로 법률유보원칙에 위반된다(헌재 2010.4.29. 2007헌마910, 판례집 22-1하, 97, 106-107).

나) 이 사건 시행령조항에 대한 판단

이 사건 법률조항은 외국인근로자의 사업장 변경횟수를 원칙적으로 3회로 제한하면서 단서에서 '다만, 대통령령이 정하는 부득이한 사유가 있는 경우에는 그러하지 아니하다'라고 규정함으로써, 변경횟수의 제한을 받지 않는 '부득이한 사유'의 구체적인 내용을 대통령령으로 정하도록 위임하였다.

그런데 이 사건 시행령조항은 외국인근로자가 외국인고용법 제25조 제1항 제2호 내지 제4호의

하나에 해당하는 사유만으로 사업 또는 사업장을 3회 변경한 경우에는 '1회에 한하여' 사업 또는 사업장의 변경을 추가로 허용할 수 있다고 규정함으로써, 이 사건 법률조항에서 위임한 '부득이한 사유' 외에 이러한 '부득이한 사유'가 인정되는 경우에도 사업장의 추가 변경은 '1회에 한하여' 허용하는 것으로 제한하고 있다.

그렇다면 이 사건 시행령조항은 모법인 이 사건 법률조항에서 위임받지 아니한 사항을 하위법규에서 규정함으로써 위임입법의 한계를 일탈하여 법률상 근거없이 청구인들의 근로계약의 자유를 제한하고 있으므로 법률유보원칙에 위배된다.

2) 과잉금지원칙 위반

이 사건 시행령조항에 의한 외국인근로자의 사업장변경제한은 외국인근로자의 무분별한 사업장 이동을 제한함으로써 내국인근로자의 고용기회를 보호하고 외국인근로자에 대한 효율적인 고용관리로 중소기업의 인력수급을 원활히 하여 국민경제의 균형 있는 발전이 이루어지도록 하기 위하여 도입된 것으로 그 입법목적의 정당성이 인정된다.

또한 이 사건 시행령조항이 규정하고 있는 외국인근로자에 대한 사업장 변경 제한은 내국인근로자의 고용기회 보장과 중소기업 인력부족 해소라는 위 제도의 입법목적을 달성함에 있어서 적절한 수단이라 할 것이다.

그러나 이 사건 시행령조항은 외국인근로자가 스스로 원해서 사업장을 변경하는 경우는 물론 사업장이 경영난에 처하는 등, 외국인근로자에게 그 책임을 물을 수 없는 사유까지도 사업장 변경횟수에 산입하고 있으며, 어떠한 경우든 불문하고 무조건 1회의 사업장변경만을 추가로 허용하고 있어 최소침해성의 원칙을 충족한다고 볼 수 없다. 즉, 사업주의 경영악화, 고의적인 폐업 등 외국인근로자에게 책임 없는 사유로 인하여 부득이 사업장을 변경하는 경우에는 이러한 사유를 변경횟수에 산입하지 않거나, 추가적인 사업장 변경 횟수를 탄력적으로 규정하여 청구인들의 계약의 자유를 보다 덜 침해할 수 있음에도 불구하고 어떠한 사유에 의하든 사업장의 변경은 1회에 한하여 추가로 허용함으로써 최소침해성의 원칙에 반한다고 할 것이다.

나아가 적법하게 고용허가를 받은 외국인근로자들이 허가기간 동안 안심하고 근로에 종사함으로써 인간의 생존에 필요한 물질적 기초를 충족하고 모국에 있는 가족들의 생계를 책임져야할 사익은 적지 않음에 비하여, 내국인 일자리 보호와 국내 노동시장의 안정이라는 공익은 사업장변경을 최대 4회로 제한하는 이 사건 시행령조항에 의하여 충분히 달성된다고 보기도 어려우므로, 위 시행령조항으로 인하여 침해되는 사익과추구하는 공익 사이에 법익의 균형성이 갖추어졌다고 할 수도 없다.

3) 소결어

그러므로 이 사건 시행령조항은 법률유보원칙 및 과잉금지원칙을 위반하여 청구인들의 계약의 자유를 침해한다고 할 것이다.

7. 재판관 송두환의 이 사건 시행령조항에 대한 반대의견(위헌의견)

가. 나는 이 사건 시행령조항이 법률유보원칙과 과잉금지원칙에 반하여 청구인들의 기본권을 침해한다는 점에 있어서는 위 6. 다.의 위헌의견과 결론을 같이한다.

그러나 이 사건 청구인들이 침해를 받는 기본권이 어떠한 것인지에 관련하여, '외국인에게 직장 선택의 자유에 관한 기본권주체성을 인정할 수는 없다.'는 주장에 대하여는 의견을 달리하므로, 이를 밝혀두고자 한다.

나. 외국인이 헌법상 기본권의 주체가 될 수 있는지에 관하여 이른바 권리성질설에 의하더라도, 모든 외국인에게 일반적으로 직업 선택의 자유, 또는 직장 선택의 자유를 인정할 수는 없다는 점에는 동의할 수 있다. 그러나 외국인인 이상 어떤 경우에도 직업 선택의 자유, 또는 직장 선택의 자유를 인정할 수 없다고 보는 것에는 동의할 수 없다.

대한민국 국적을 취득하지 않은 외국인이라 하더라도, 대한민국이 정한 절차에 따라 고용허가를 받고 적법하게 입국하여 상당한 기간 동안 대한민국 내에서 거주하며 일정한 생활관계를 형성, 유지하며 살아오고 있는 중이라면, 그 사람은 단순히 외국인에 불과한 것이 아니라, 대한민국에 거주하는 하나의 인격 주체, 생활의 주체로 파악될 수 있고, 따라서 적어도 그가 대한민국에 적법하게 체류하는 기간 동안에는 인간의 존엄과 가치를 인정받으며 그 생계를 유지하고 생활관계를 계속할 수 있는 수단을 선택할 자유를 보장해 줄 필요가 있다.

이 사건 청구인들은 2005년부터 2008년 사이에 대한민국이 정한 절차에 따라 각각 고용허가를 받고 적법하게 입국한 이래, 이 사건 심판청구를 제기할 당시까지 각 1년 이상 또는 3년 이상의 기간 동안 근로를 통하여 생계를 유지하면서 각각 일정한 생활관계를 형성, 유지하여 왔는바, 이러한 경우에는 만약 청구인들이 본래 예정된 각 체류기간의 만료 등 사유로 출국하게 된다면 그 때는 별론으로 하고), 적어도 청구인들이 대한민국에 각 체류하는 기간 동안에는 강제근로와 강제출국 사이의 선택을 강요당하지 않고 대한민국 내에서 그의 생계 및 생활관계를 유지할 수 있도록 하는 기초적 전제로서, 직장 선택의 자유가 인정, 보장되어야 할 것이다.

한편, 이 사건에서 문제되는 기본권이 '직장 선택의 자유'인지, 또는 '종전 근로계약을 해지하고 새로운 근로계약을 체결할 수 있는 자유'인지 중에서 반드시 양자택일을 해야 할 문제도 아니라고 생각한다.

다. 이와 관련하여, 외국인은 근본적으로 어떠한 헌법상 기본권의 주체도 될 수 없다는 의견이 있는바, 일면의 타당성이 있고 적용에 있어서 간명하다는 장점도 있기는 하나, 헌법상의 기본권이 다른 연원 또는 근거의 유무와 관계없이 오로지 헌법에 의하여 새롭게 창설된 것이라고 볼 수 있는지, 근본적 의문이 있을 뿐만 아니라, 지나치게 문언만을 중시한 결과가 아닌지도 의심스러워, 이에 대하여도 동의하기 어렵다.

라. 결국, 이 사건 시행령조항은 법률유보원칙 및 과잉금지원칙을 위반하여 청구인들의 직장 선택의 자유를 침해한다고 할 것이다.

8. 재판관 김종대의 반대의견(각하의견)

나는 외국인인 청구인들에 대해 기본권 주체성을 인정하는 다수의견에 반대하여 다음과 같이 견해를 밝힌다.

다만 다수의견 중에서도 직장 선택의 자유에 관하여는 외국인의 기본권 주체성을 부정하면서 다른 다수의견을 비판하는 의견이 있는바 나는 모든 기본권에 대해 기본권 주체성을 부정하므로 위 일부의

견의 법정의견에 대한 비판 사유는 그 부분에 한해서는 함께 원용하고, 나아가 아래와 같이 별도의 반대의견의 이유를 개진한다.

가. 외국인의 기본권 주체성에 대한 통설적 견해에 대한 비판

1) 학계의 통설적 견해와 우리재판소의 선례, 그리고 이 사건의 다수의견은 기본권을 '인간의 권리'와 '국민의 권리'로 나누어 '인간의 권리'는 국민뿐만 아니라 외국인도 기본권의 주체가 될 수 있다고 하나, 이는 다음과 같은 이유로 부당하다고 본다.

첫째, 우리 헌법 문언상 외국인은 기본권의 주체가 될 수 없다.

기본권 주체의 인정문제는 '헌법이 보장'하는 기본권을 누릴 자격이 누구에게 있는가를 따지는 실정 헌법의 해석상 문제이므로, 이를 해결하기 위해서는 우리 헌법의 기본권에 관한 조항이 명문으로 과연 '누구'를 기본권의 주체로 규정하고 있는지를 가장 먼저 살펴야하고 다음으로는 우리 헌법제정 사가 보여주는 헌법제정권자(국민)의 진의를 파악해 봐야 할 것이다.

먼저 우리 헌법이 규정한 문언의 내용을 살펴보면, 우리 헌법규정은 기본권의 주체를 정함에 있어 그 어디에도 외국인이나 무국적자에 대해서까지 기본권을 인정하거나 '인간'과 '국민'을 개념분리하여 기본권별로주체를 누구로 할 것인지 구분하고 있지는 아니다. 통설적 견해와 선례가 '인간의 권리'라고 주장하는 인간으로서의 존엄과 가치(제10조) 및 평등권(제11조 제1항) 등에 대해서나 '국민의 권리'라고 하는 선거권(제24조)이나 공무담임권(제25조) 등에 대해서나 헌법은 구별 없이 모두 「모든 국민」으로 그 주체를 명시적으로 한정하고 있다.

다음으로 우리 헌법의 제정사적 배경에서 살펴보면, 건국헌법제정 당시 기본권 규정에서 기본권의 주체로 '인민'이라는 용어를 사용할 것인가 '국민'이라는 용어를 사용할 것인가를 두고 논쟁이 있었 는데 논쟁 끝에 헌법제정권자는 결국 '국민'이라는 용어로 결단했다.

이때 국민의 개념에서 제외되는 외국인에 대해서도 그 지위를 보장할 필요가 있다는 생각을 했지만 그렇다고 그 보장의 방법으로써 외국인에 대해 기본권 주체성을 인정하는 방법을 취하지는 않고 비준공포된 국제조약과 일반적으로 승인된 국제법규의 효력이 헌법하위에 있음을 전제로(건국 헌 법 제7조 전문, 현행 헌법 제6조 제1항에 해당) 건국 헌법 제7조 후문(현행 헌법 제6조 제2항에 해당)을 통해 "외국인의 법적 지위는 국제법과 국제조약의 범위 내에서 보장된다."는 조항을 신설 하는 방법으로써 정리했을 뿐이다.

위와 같이 헌법을 문리적으로 충실하게 해석함과 동시에, 우리 헌법제정사에서 외국인의 지위보장 에 관한 건국 헌법 제7조의 도입경위 등을 종합하면, 우리 헌법 제정권자는 의도적으로 외국인을 헌법상 기본권의 주체에서는 일단 배제토록 하고, 반면 그들에 대한 보호는 외국인 보호를 위한 헌법 하위의 규범인 국제법과 조약 등을 통해 보호하면 충분하다는 취지로 헌법의 설계를 했다고 봐야 한다.

둘째, 국가와 헌법 그리고 기본권과의 근본적인 관계에 관해서 보더라도 우리나라 국적을 가진 국민만이대한민국 헌법상의 기본권 주체가 될 수 있다고 보아야 한다.

근본적으로 국가가 없으면 헌법도 없고 헌법이 없으면 국가에 대하여 주장할 기본권도 관념할 수 없다. 따라서 '인권 내지 인간의 권리'라는 것도 헌법에 '수용'됨으로써 비로소 헌법상의 기본권으로 보장된다.

우리 헌법은 특수한 존립기반을 가지고 있는 한국이란 사회공동체를 전제로 하므로, '인간의 권리 내지 인권'도 우리 헌법에 편입되는 과정에서 우리 사회공동체의 특수한 역사적 경험, 시대적 상황 등에 맞게끔 수용될 수밖에 없다. '인권 내지 인간의 권리'가 헌법이전에 이미 존재하여 생래적·천 부적인 것으로도 명칭 된다고 하더라도, 대한민국의 헌법에 수용되었기 때문에 비로소 우리 국가권 력의 기본권에의 기속을 규범적으로 강제할 수 있는 정당성이 부여되고, 우리 정부를 구속하는 주관적 공권으로서의 규범적 효력을 발생하는 것이다. 따라서 우리 헌법에 의해 수용된 바에 따라, 대한민국이라는 정치적 공동체의 구성원인 우리국민만이 기본권의 주체가 될 수 있다고 보아야 하는 것이다.

셋째, 국민의 헌법상 기본적 권리는 헌법상 기본적 의무와 표리를 이루므로 양자는 그 주체가 같아 야 한다는 것이 국민주권주의 헌법의 기본적 요청이므로, 기본권의 주체는 기본의무의 주체와 동일 해야 한다.

우리 헌법도 이에 부응하여 기본적 권리의 주체도 「모든 국민」, 기본적 의무의 주체도 「모든 국민」 으로 하여 양 주체를 동일하게 규정하고 있는 것이다(제38조 및 제39조 제1항). 그런데도 불구하고 기본적 의무에서는 '국민으로서의 의무'를 넘는 '인간으로서의 의무'를 관념해 양자를 구분하지 않으 면서 기본적 권리쪽에서만 국민으로서의 권리를 넘는 인간으로서의 권리라는 초헌법적 권리를 인 정하자는 것은 기본적 권리, 기본적 의무를 대등한 두 축으로 해 구성된 우리 헌법의 기반을 흔드는 위험한 해석론이 되기 쉽다.

넷째, 외국인의 지위는 상호주의를 기본으로 해서 보장해야 한다는 것이 우리 헌법의 기본원칙이다. 헌법 제6조 제2항은, "외국인은 국제법과 조약이 정하는 바에 의하여 그 지위가 보장된다."라고 규정하고 있다. 위 규정은 국제법 존중의 원칙에 입각하여 외국인의 지위에 관한 국제법상의 일반 원칙을 우리 법질서가 수용하기 위한 헌법상의 근거조항이며, 오늘날 외국인의 보호에 관하여 국제 법적으로 확립된 관례는 상호주의원칙이기 때문에 우리 헌법도 상호주의 원칙을 존중하겠다는 뜻 을 분명히 밝힌 것이기도 하다.

그렇다면 적어도 기본권의 주체성을 주장하는 외국인이 속한 국가의 헌법도 우리나라 국민에 대해 서 기본권 주체성을 인정할 경우에만 우리도 그 국가 국민에 대해 기본권 주체성을 인정해야 할 것인데, 다수의견은 이 사건 청구인이 어느 나라 국민인지 그 나라의 헌법은 우리 국민을 어떻게 처우하는지 묻지 않고 널리 외국인에게도 기본권의 성질에 따라 기본권 주체성을 인정하겠다는 것인바, 이는 국제관계에서의 상호주의원칙을 취한 우리 헌법에 어긋난다 할 것이다. 우리의 헌법 은 대한민국헌법이지 국제헌법이 아니다. 그런데도 우리 헌법의 역사적 배경을 무시하고 과잉 세계 화로 나가는 것은 우리 헌법을 지키는 올바른 길이 아니라고 본다.

지금까지 통설적 견해가 외국인의 기본권 주체성을 부정하는 견해에 대한 공통된 비판이유의 요지 는 "오늘날 세계가 일일생활권화 되어가고 기본권 보장이 점차 국제화되어 가는 상황에서 시대역행 적"이라는데 있다. 그러나 미래에 세계가 일원화될 경우를 예상해 해석으로써 지금의 우리 헌법을 명문규정에 어긋나게 해석할 수는 없다. 그때가 되면 우리 헌법제정 권력자가 새로운 정치적 결단 을 하여 외국인에 대해서도 기본권별로 주체성을 인정해줄 수 있을 것이다. 그러나 지금은 여전히 상호주의에 입각해 국가별로 서로 상이하게외국인의 지위를 정하고 있는데, 우리가 앞서서 미래를 예단하여 일방적으로 진취적인 견해를 취한다면 가까운 장래에 실제로 우리가 감당할 수 없는 상황을 맞이할 수도 있음을 염려하지 아니할 수 없다.

다섯째, 헌법재판 실무처리의 관점에서 보아도 다수의견은 부당하다. 위 다수의견의 논지에 의하면 청구인의 주장 내용을 검토하여 인간으로서의 권리를 주장하고 있으면 기본권 주체성을 인정해 본안으로 들어가 판단하고, 국민으로서의 권리를 주장하면 본안에 가기 전에 각하해야 한다는 것으로 된다. 그런데 헌법상 기본권들을 인간으로서의 권리와 국민으로서의 권리로 분류하는 것 자체가 객관성이 없고 명확하지 않은데다가 심지어 하나의 기본권을 내용에 따라 어떤 부분은인간의 권리고 어떤 부분은 국민의 권리라고 나누기까지 한다면 그 구별기준이 더욱 불명확해진다. 특히 다수의견 중 재판관 5인의 의견은 청구인들의 이 사건심판청구는 직업선택의 자유 중 직장 선택의 자유에 관한 것으로서 헌법 제10조의 행복추구권과 밀접한 관련을 맺고 있어 외국인에게도 기본권 주체성을 인정해야 한다고 하나, 헌법상 인정되는 기본권 중 행복추구권과 관련을 맺지 못할 기본권이 과연 무엇인지 알 수 없다. 또 기본권의 주체가 될 수 있는 일반적 · 추상적 자격이 기본권 주체성의 문제라고 할 것인데, 청구인이 주장하는 권리의 구체적인 내용에 들어가 그 성질을 검토해 본 후에야 기본권의 주체성 인정 여부가 결정된다는 것은 판단의 순서가 역행되어 부당하다.

위 재판관 5인의 의견은 이 사건 청구인들이 외국인고용법에 의하여 적법하게 고용허가를 받고 입국한자들이라는 이유로 직장 선택의 자유에 대한 기본권주체성을 인정할 수 있다고만 설시하고 있는바, 이는 앞서 본 기본권주체성의 일반적 · 추상적 성격에 맞지 않는다.

여섯째, 외국인에게 기본권 주체성을 인정할 수 없다고 하는 것은 외국인이 우리 헌법에 기한 기본권을 직접적 권원으로 해서 헌법소원심판을 청구할 수 없다는 의미일 뿐 외국인을 헌법상 보호의 대상에서 제외하겠다는 뜻은 아니다. 외국인은 얼마든지 법률적인효력 등을 가지는 국제법이나 조약 등에 의하여 충분히 그 지위가 보장될 수 있다. 우리 헌법이 수용하는 '경제적 · 사회적 및 문화적 권리에 관한 국제규약'(조약 제1006호)과 '시민적 및 정치적 권리에 관한 국제규약'(조약 제1007호)에 의하여 외국인도 국민과 거의차별 없이 우리 헌법이 정한 각종 기본권과 같은 내용의 권리를 보유하게 되었다. 그렇다고 해서 외국인도 국민과 같은 헌법상 기본권의 주체가 된 것은 아니며단지 헌법 하위의 규범인 법률과 조약에 의해 내국인과 동등한 법률상 · 조약상 권리를 얻는데 불과하다 할 것이다. 따라서 법률상의 권리주체로서의 외국인은 권리의 침해가 있는 경우에 그 회복을 위하여 일반법원에 권리구제를 청구할 수 있고, 그 소송 계속 중 당해사건에 적용되는 외국인의 지위를 규정하는 법률이 우리 헌법상 외국인 보호를 위한 헌법질서에 위배된다고 주장하며, 그 법률에 대한 위헌법률심판제청신청을 통하여 헌법재판소법 제41조에 따른 위헌법률심판제청이나 헌법재판소법 제68조 제2항에 따른 헌법소원심판청구라는 구제수단을 이용하여 헌법재판소에 그 법률의 위헌여부에 대한 심사를 받을 수 있는 길이 열려 있는 것이다. 이 사건에서도 해고무효확인 등을 제기하면서위 법조항에 대한 위헌법률제청신청을 하면 된다.

2) 위에서 살펴본 바와 같이 외국인은 원칙적으로 우리 헌법상의 기본권의 주체가 될 수 없다. 그러나 국적법상 우리 국민이 아닌 외국인이라도 우리나라에 입국하여 상당기간 거주해 오면서 대한민국 국민과 같은 생활을 계속해 온 자라면 예컨대 귀화할 수 있는 실체적 요건을 갖추고 있는 경우)

사실상 국민으로 취급해 예외적으로 기본권 주체성을 인정할 여지는 있다고 본다. 그러나 이는 예외적인 경우이므로 외국인이 국내에 얼마나 거주해야 하고 어떤 생활을 해왔어야 하는가 하는 등의 요건은 헌법재판소의 판례에 의해 신중히 형성되어야 할 것이다.

나. 헌법재판소법 제68조 제1항에 따른 헌법소원심판과 기본권 주체성

헌법재판소법 제68조 제1항에 따른 헌법소원심판은 공권력의 행사 또는 불행사로 인하여 국민의 헌법상기본권이 침해당한 때 국민으로 하여금 직접 헌법재판소에 청구하여 그 구제를 받도록 해주는 주관적 소송의 성격을 가진 제도이고, 헌법재판소법 제68조 제1항의 심판을 구하는 자는 심판의 대상인 공권력의 행사 또는 불행사로 인하여 자기의 헌법상 기본권이 현재 그리고 직접적으로 침해받고 있어야 한다(헌재 1995.3.23. 93헌마12, 판례집 7-1, 416, 421 등 참조). 이 말은 곧 헌법상 인정되는 기본권의 주체라야만 헌법소원심판을 청구할 수 있고 헌법상 기본권의 주체가 아닌 자는 헌법소원심판을 청구할 수 없다는 것을 의미한다(헌재 1994.12.29. 93헌마120, 판례집 6-2, 477,480 등 참조). 따라서 외국인의 기본권 주체성 인정여부의 문제는 바로 외국인이 헌법재판소법 제68조 제1항의 헌법소원심판을 직접 청구할 수 있는가 하는 문제이다. 나는 헌법소원심판이 헌법상의 기본권 구제를 직접적 목적으로 하는 제도인 만큼(일반적으로 법률상의 권리 구제를 목적으로 하는 법원에의 제소와는 그 취지를 달리한다) 외국인은 기본권의 주체가 될 수 없으므로 헌법재판소법 제68조 제1항 소정의 헌법소원심판을 청구할 자격은 없다고 보는 것이다.

다. 결 론

그렇다면 외국인에 대해서는 우리나라 헌법이 기본권을 규정하고 있는 조항의 형식, 헌법제정사, 기본권의 본질과 기능 및 인권이 헌법에 수용되는 과정, 우리나라 헌법의 외국인에 대한 보호방법 등을 종합하여 살펴보았을 때, 기본권 주체성을 인정할 수 없으므로, 헌법상 보장된 기본권의 침해에 대한 구제 수단인 헌법재판소법 제68조 제1항에 따른 헌법소원심판청구의 당사자능력을 인정할 수 없다. 따라서 이 사건 심판청구는 부적법하다.

재판관 이강국(재판장) 김종대 민형기 이동흡 목영준 송두환 박한철 이정미

4. 난민인정

대법원 2008.9.25. 선고 2007두6526 판결
【난민인정불허결정처분취소】

【원심판례】

　서울고등법원 2007.2.15. 선고 2006누6798 판결

【사 건】 2007두6526 난민인정불허결정처분취소

【원심판결】 서울고등법원 2007.2.15. 선고 2006누6798 판결

【판결선고】 2008.9.25.

【주 문】

　상고를 모두 기각한다.

　상고비용은 피고가 부담한다.

【이 유】

　상고이유를 판단한다.

　출입국관리법(이하 '법'이라 한다) 제2조 제2의2호, 제76조의2 제1항, 난민의 지위에 관한 협약(이하 '난민 협약'이라 한다) 제1조, 난민의 지위에 관한 의정서 제1조의 규정을 종합하여 보면, 법무부장관은 인종, 종교, 국적, 특정 사회집단의 구성원 신분 또는 정치적 의견을 이유로 박해를 받을 충분한 근거 있는 공포로 인해 국적국의 보호를 받을 수 없거나 국적국의 보호를 원하지 않는 대한민국 안에 있는 외국인에 대하여 그 신청이 있는 경우 난민협약이 정하는 난민으로 인정하여야 한다.

　이때 그 외국인이 받을 '박해'라 함은 '생명, 신체 또는 자유에 대한 위협을 비롯하여 인간의 본질적 존엄성에 대한 중대한 침해나 차별을 야기하는 행위'라고 할 수 있고, 그러한 박해를 받을 '충분한 근거 있는 공포'가 있음은 난민인정의 신청을 하는 외국인이 증명하여야 할 것이나, 난민의 특수한 사정을 고려하여 그 외국인에게 객관적인 증거에 의하여 주장사실 전체를 증명하도록 요구할 수는 없고, 그 진술에 일관성과 설득력이 있고, 입국 경로, 입국 후 난민신청까지의 기간, 난민신청 경위, 국적국의 상황, 주관적으로 느끼는 공포의 정도, 신청인이 거주하던 지역의 정치·사회·문화적 환경, 그 지역의 통상인이 같은 상황에서 느끼는 공포의 정도 등에 비추어 전체적인 진술의 신빙성에 의하여 그 주장사실을 인정하는 것이 합리적인 경우에는 그 증명이 있다고 할 것이다.

　원심은, 그 채용 증거들을 종합하여 원고들은 버마민족민주동맹자유지역 한국지부의 회원으로서 대한

민국에서의 적극적으로 반정부활동을 계속해 온 것에 의해 미얀마 정부로부터 그 활동이 파악되어 있을 가능성이 높고, 원고들은 이미 인정된 난민과 결합하거나 거주국에서 정치적 의견을 표명하는 자신의 행동 결과로서 대한민국 현지에서 체재 중 난민이 되었다고 할 것이라서, 결국 원고들은 난민협약에서 말하는 '박해를 받을 충분한 근거가 있는 공포'를 갖고 있다고 판단하였는바, 위 법리와 기록에 비추어 보면 원심의 이러한 조치는 정당한 것으로 수긍이 간다.

상고이유의 주장은 사실심의 전권사항에 속하는 원심 사실인정의 당부를 다투거나 이를 전제로 원심의 법률해석의 당부를 다투는 것에 불과하여 적법한 상고이유가 되지 못하고, 달리 원심판단에 상고이유에서 주장하는 바와 같은 채증법칙과 경험칙 위반, 법리오해 등의 위법이 없다.

그러므로 상고를 모두 기각하기로 하여 관여 대법관의 일치된 의견으로 주문과 같이 판결한다.

재판장 대법관 김지형
대법관 고현철
대법관 전수안
주 심 대법관 차한성

서울고등법원 2007.2.15. 선고 2006누6798 판결
【난민인정불허결정처분취소】

【원심판례】

서울행정법원 2006.2.3. 선고 2005구합20993 판결

【판 결】

사 건 2006누6798 난민인정불허결정처분취소

변 론 종 결 2007.1.19.

판 결 선 고 2007.2.15.

【주 문】

1. 피고의 원고들에 대한 항소를 모두 기각한다.
2. 항소비용은 피고가 부담한다.

【청구취지 및 항소취지】

1. 청구취지

피고가 2005.3.11. 원고들에 대하여 한 난민인정불허처분을 취소한다.

2. 항소취지

제1심 판결 중 원고들에 대한 부분을 취소한다. 원고들의 청구를 모두 기각한다.

【이 유】

1. 제1심 판결의 인용

이 법원이 이 사건에 관하여 설시할 이유는 아래 2.항 기재와 같이 추가하거나 바꿔 쓰는 부분 이외에 는 제1심 판결 이유 기재 중 원고들에 대한 부분과 같으므로 행정소송법 제8조 제2항, 민사소송법 제420조에 의하여 이를 그대로 인용한다.

2. 추가 또는 바꿔 쓰는 부분

가. 제1심 판결 제3면 제6행의 "갑 제1호증"을 "갑 제1호증의 1 내지 6, 8, 9"로 바꿔 쓴다.

나. 제8면 제1행 다음에 "(바) 미얀마 외에서 반정부 시위에 참가한 사실로 인하여 귀국 후에 체포되거 나 구금된 사례가 공식적으로 보고된 적은 없으나, 미얀마의 상황으로 보아 국외에서 NLD-LA의 지부 회원으로서 미얀마 민주화를 위한 활동을 한 사람이 귀국하였을 때 그와 같은 활동을 하였다

는 이유로 체포되거나 구금될 가능성이 크다."를 추가한다.

다. 제8면 제2행의 "인정근거" 부분에 "갑 제46 내지 50, 52, 53호증, 갑 제54호증의 1, 2, 을 제13호증
의 각 기재"를 추가한다.

라. 제11면 제5행의 "상반되어서"를 "상반되어서는"으로 바꿔 쓴다.

마. 제12면 제16행 다음에 "(이 사건 처분 당시 이미 원고들은 대한민국에 체재 중에 난민이 되었다고
할 것이고, 원고들이 난민신청을 한 후에 반정부활동을 더 적극적으로 하여왔으나 그와 같은 사정
이 있다고 하여 피고가 주장하는 바와 같이 원고들이 난민제도를 남용하고 있다거나 귀국 후 반정
부적 태도를 유지하지 않음으로써 박해를 받지 않게 될 것이라고 볼 수 없다.)"를 추가한다.

3. 결 론

그렇다면, 제1심 판결 중 원고들에 대한 부분은 정당하므로 피고의 원고들에 대한 항소를 모두 기각하
기로 하여 주문과 같이 판결한다.

재판장 판사 최병덕
판사 여미숙
판사 김정욱

서울행정법원 2006.2.3. 선고 2005구합20993 판결
【난민인정불허결정처분취소】

【판시사항】

[1] 출입국관리법 제76조의2 제1항에서 정한 법무부장관의 난민인정행위의 법적 성질

[2] '난민의 지위에 관한 협약(Convention relating to the Status of Refugees)' 제1조 A (2)에서 정한 '박해'의 의미와 그 증명책임

[3] '난민의 지위에 관한 협약(Convention relating to the Status of Refugees)' 제1조 A (2)에서 정한 '국적국 밖에 있는 자'의 범위

[4] 미얀마 국적의 노동자가 출입국관리법 제2조 제2의2호에서 정한 난민에 해당한다고 한 사례

【판결요지】

[1] 출입국관리법 제76조의2 제1항은 외국인으로부터 난민의 인정에 관한 신청이 있는 때에 그 외국인이 난민임을 인정할 수 있다고만 규정하고 그에 따라 인정되는 난민에게 어떠한 국내법적 지위가 부여되는지에 관하여 아무런 규정도 두고 있지 않으나, 이는 위 난민인정행위에 의하여 해당 외국인에게 일정한 범위 내에서 적법한 국내체재자격을 부여하는 비호(비호, Asylum)의 취지가 당연히 포함되어 있는 것으로 해석함이 상당하다 할 것이고, 따라서 위 규정에 의한 법무부장관의 난민인정행위를 단순히 신청자가 '난민의 지위에 관한 협약(Convention relating to the Status of Refugees)' 등에서 정한 난민의 요건을 갖추었는지 확인하는 의미에 그치는 것으로 볼 수는 없으며, 오히려 난민의 요건을 갖춘 외국인에게 일정한 권리를 부여하는 설권행위(설권행위)로서 이에 대하여 법무부장관에게 일정한 재량이 부여된 것으로 보아야 한다.

[2] '난민의 지위에 관한 협약(Convention relating to the Status of Refugees)'은 인종, 종교, 민족, 특정 사회집단의 구성원 신분 또는 정치적 의견을 이유로 박해를 받을 우려가 있다는 충분한 근거 있는 공포를 요건으로 하는데, 이때의 박해가 무엇을 말하는지에 관하여는 확립된 견해는 없지만 일응 생명 또는 신체의 자유와 같은 중대한 인권에 대한 침해행위가 이에 해당한다고 말할 수 있고, 그 밖에도 일반적으로 문명사회에서 허용될 수 없을 것으로 생각되는 부당한 차별, 고통, 불이익의 강요 등이 이에 해당한다고 할 수 있을 것이고, 이러한 박해의 입증책임은 난민임을 주장하는 당사자 측에 있다.

[3] '난민의 지위에 관한 협약(Convention relating to the Status of Refugees)'상 난민이 되기 위하여 국적국 밖에 있어야 하는 요건은, 반드시 신청인이 국적국을 불법적으로 떠났어야 하고, 또는 충분한 근거가 있는 공포 때문에 그 국가를 떠났어야 함을 의미하는 것은 아니며, 이미 인정된 난민과 결합하거나 또는 거주국에서 정치적 의견을 표명하는 것과 같은 자신의 행동의 결과로서 거주국에 체재 중에 난민이 될 수도 있다.

[4] 미얀마 국적의 노동자가 미얀마국 내에서의 정치적 활동만을 이유로 박해받을 객관적인 우려가 있다고 보기는 어려우나, 이미 인정된 난민과 결합하거나 거주국에서 정치적 의견을 표명하는 자

신의 행동 결과로서 대한민국 현지에서 체재 중 난민이 되었다고 할 수 있다는 이유로 출입국관리법 제2조 제2의2호에서 정한 난민에 해당한다고 한 사례.

【참조조문】

[1] 출입국관리법 제76조의2 제1항 / [2] 출입국관리법 제2조 제2의2호, 난민의 지위에 관한 협약(Convention relating to the Status of Refugees) 제1조 A (2), 행정소송법 제26조[증명책임] / [3] 출입국관리법 제2조 제2의2호, 난민의 지위에 관한 협약(Convention relating to the Status of Refugees) 제1조 A (2) / [4] 출입국관리법 제2조 제2의2호, 제76조의2 제1항

【전 문】

【원 고】 마웅 마웅 소 외 8인 (소송대리인 변호사 황필규)

【피 고】 법무부장관

【변론종결】 2005.12.16.

【주 문】

1. 피고가 2005. 3. 11. 원고 1 내지 6, 8, 9에 대하여 한 난민인정불허처분을 취소한다.
2. 원고 7의 청구를 기각한다.
3. 소송비용 중 원고 1 내지 6, 8, 9와 피고 사이에 생긴 부분은 피고가 부담하고, 원고 7과 피고 사이에 생긴 부분은 원고 7이 부담한다.

【청구취지】 피고가 2005.3.11. 원고들에 대하여 한 난민인정불허처분을 취소한다.

【이 유】

1. 처분의 경위

가. 원고들은 미얀마국민으로서 미얀마국 여권을 소지하고 출국하여 별지 목록 기재 각 '입국일자'에 대한민국에 입국하여 노동자로 생활하다가 2000.5.16. 피고에게 난민인정신청을 하였다.

나. 이에 피고는 원고들이 '난민의 지위에 관한 협약(1951.7.28.)' (이하 '난민협약'이라 한다) 제1조에서 난민의 요건으로 규정한 '박해를 받을 충분한 근거가 있는 공포'를 가진 것으로 인정할 수 없다는 이유로, 2005.3.11. 원고들의 난민인정을 불허하는 결정(이하 '이 사건 각 처분'이라 한다)을 하였다.

[인정 근거] 다툼 없는 사실, 갑 제1호증의 기재

2. 이 사건 각 처분의 적법 여부

가. 원고들의 주장

원고들은 버마민족민주동맹자유지역(National League for Democracy Liberated Area, 이하 'NLD-LA'라 한다) 한국지부의 결성과정에 관여했거나 결성 이후인 1999년에 가입한 회원들로서,

미얀마 대사관 앞에서 반정부시위를 하거나 미얀마 군부독재를 비판하고 민주화의 정당성을 홍보하는 캠페인 등 미얀마 민주화를 위한 활동을 하였다. 따라서 원고들은 이와 같은 활동으로 인하여 원고들의 신원이 미얀마 대사관에 노출되어 미얀마 정부로부터 박해를 받게 될 우려가 있게 되었고, 만일 원고들의 난민인정신청이 받아들여지지 아니하여 강제송환될 경우 미얀마 정부로부터 가혹한 처벌이나 생명의 위협 등 정치적 박해를 받을 구체적인 개연성이 존재한다. 또한, 원고 5 내지 9는 미얀마 민주화를 위한 실천 및 활동방법에 대한 이견이 존재하여 NLD-LA 한국지부를 탈퇴하였으나 그 이후에도 NLD-LA 한국지부가 주최하는 각종 시위에 참여하고, 미얀마 어린이 교육을 지원하는 활동, 잡지발행, 각종 강연 및 기고 등의 활동을 하고 있다. 따라서 피고가 원고들에 대하여 난민의 지위를 인정하지 아니한 이 사건 각 처분을 한 것은 위법하다.

나. 관계 법령

별지 관계 법령 기재와 같다.

다. 인정 사실

(1) 미얀마국의 일반 상황

(가) 미얀마는 전체 인구의 약 70%를 차지하는 버마족과 약 135개의 소수민족으로 구성되어 있는데, 1948.1. 영국으로부터 독립한 이래 다수민족인 버마족을 중심으로 소수민족을 연방정부에 통합하려는 중앙정부와 이에 맞서 자치권 및 독립을 요구하는 소수민족 간의 정치적·군사적 대립이 계속되어 왔다.

(나) 네 윈(Ne Win) 장군은 1962년 민간정부의 소수민족 통합의 실패를 빌미로 군사쿠데타를 일으켜 정권을 장악하였고, 이에 1988.3.부터 네 윈 중심의 군부 권위주의체제에 반대하는 미얀마 민중의 전국적인 대규모시위가 발생하여 1988.8.8.에 절정을 이루었다(이하 '8888항쟁'이라 한다). 그러나 미얀마 군부 내의 신진세력은 1988.9. 반정부시위를 무력으로 진압하고 재집권하였고, 국가법질서회복위원회(SLORC)를 설치한 뒤 총선을 실시하여 그 결과에 따라 정권을 이양하겠다고 공약하였다.

(다) 8888항쟁으로 인하여 구체제의 통치이데올로기로서 기능해 왔던 '버마식 사회주의'가 공식적으로 폐기되고 정치적 다원주의로 향하는 다당제 총선이라는 성과를 이루었고, 아웅산 수지(Aung San Suu Kyi) 등 민주화 활동가들을 구성원으로 한 미얀마민족민주동맹(National League for Democracy, 이하 'NLD'라 한다)은 1988.9.27.경 결성되어 1990.5. 총선에서 80% 이상의 의석을 차지하였다. 그런데 미얀마 군사정부는 사회 혼란에 따른 국론 분열을 이유로 총선결과를 부정하고 민정이양을 거부하면서, 민주화운동을 탄압하기 위해 조직적으로 인권을 침해하고 당선된 NLD 지도자들의 자격을 박탈하며 그들을 체포·감금하였다.

(라) 그 후 미얀마 군사정부는 민주화문제와 연계될 가능성이 있는 집회, 결사, 표현의 자유 등을 제한하여 오다가 2000.10. 이래 아웅산 수지와 비밀 정치대화를 재개하고 NLD 지도자 등을 일부 석방하며 NLD의 당내 집회를 허용하는 등 일시적으로 정치상황을 일부 개선하였다가, 다시 NLD의 당사무소를 폐쇄하고 당원의 자유로운 활동을 억압하였다. 또한, 아웅산 수지를 포함한 주요

NLD 당원들이 2003.5.30. 전국을 돌며 순회유세를 벌이던 중 디페인(Depeyin) 지역에서 일단의 친정부세력으로부터 습격을 받아 70여 명이 살해되고 200여 명이 부상당하는 사건이 발생하였으나, 미얀마 군사정부는 지금까지 정확한 희생자 수가 얼마인지, 책임자가 누구인지를 밝히지 않는 등 진상 조사를 행하지 아니하고 있다.

(마) 미얀마 군사정부는 1997.11. SLORC를 해산하고 국가평화발전위원회(State Peace and Development Council, 이하 'SPDC'라 한다) 체제로 개편하였고, 국민의회 의장 겸 SPDC의 제1서기인 탄 슈웨(Than Shwe)는 2004.12.5. 신(신)헌법 제정을 위한 국민의회를 소집해 미얀마식 '규율 잡힌 민주주의(disciplined democracy)'를 건설하겠다고 공언하고 있다. 그러나 미얀마 군사정부는 아웅산 수지를 1989년부터 1995년까지 6년간 가택에 연금하였다가, 인권과 민주화를 부르짖는 국제적 압력과 국민경제의 회생이라는 대내외 압력에 1995년 아웅산 수지의 연금 조치를 해제하였다. 그 후 아웅산 수지의 평화적인 민주화 투쟁에 고무된 미얀마 사회가 반정부 움직임을 보이자 2000.9.부터 2002.6.까지 가택연금을 하였고, 2003.5. 다시 가택연금을 하였으며, 2005.11.27. 가택연금의 1년 연장결정을 발표하여 현재에 이르고 있다.

(바) 한편, 국제앰네스티는 2005년에 발표한 보고서에서 2004.12. 당시 미얀마 내에 1,300명 이상의 정치범이 수감되어 있고, 표현과 집회, 결사의 자유에 대한 권리를 평화적으로 행사했다는 이유로 감금된 정치범에 대한 깊은 우려를 표시하였다. 또한, 아세안(동남아국가연합)은 2005.12.12.경 회원국인 미얀마에 대해 민주주의 개혁 촉진과 구금자 석방을 강력히 촉구하였다.

(2) 원고들 개인의 박해가능성

(가) 1990년 총선에서 선출된 국회의원과 NLD 활동가 중 일부는 1991.2.14. 해외로 도피 및 망명하여 태국에 NLD-LA 본부를 설치하였고, 일본, 호주, 미국, 대한민국 등에 지부를 두어 활동하고 있다. NLD-LA 한국지부는 미얀마의 군사정부를 타도하고 진정한 민주주의 정치체제를 탄생시키는 것을 목적으로 하여 1998.1.2. 설립(창립회원 약 20명)되었고, 1999.5.4. NLD-LA 본부의 승인을 받았다. 미얀마인들의 다른 단체인 미얀마공동체는 1996년 대한민국 내 미얀마인의 친목을 도모하고 권익을 옹호하기 위하여 결성된 단체로 현재 300여 명의 회원이 가입되어 있다.

(나) NLD-LA 한국지부는 월 1회 정기 월례회의를 개최하고, 매주 일요일에 활동방침을 정하는 회의를 개최하며, 월 60,000원의 회비 및 수감 중인 정치범가족 돕기 회비로 월 10,000원을 갹출하고, 독립기념일, 8888항쟁일 등 중요한 날에 미얀마 대사관 앞 등에서 '군사정권타도', '국내에 표현의 자유를 획득' '정치범 전원 석방' 등의 구호를 외치며 시위를 하거나, 전단지 배포 등의 활동을 하며, 언론매체나 시민단체, 대학생 등을 초청하여 미얀마 민주화와 인권탄압중지를 위한 지원을 요청하는 등의 활동을 하였다. 한편, 미얀마 대사관원이 이와 같은 시위 상황을 비디오로 촬영하기도 하였다.

(다) 원고들은 별지 목록 기재 각 '입국일자'에 산업연수 또는 관광목적으로 대한민국에 입국하였고, 노동자로 생활하면서 별지 목록 각 '가입일자'에 NLD-LA 한국지부의 회원으로 가입하였다. 미얀마공동체 회원으로도 활동하던 원고 5, 6은 2003.1.31. NLD-LA 한국지부와 미얀마 민주화를 위한 활동방법에 대한 견해를 달리한다는 이유로 NLD-LA 한국지부에서 탈퇴하여 미얀마공동체에서 미얀마 노동자의 산재처리, 체불임금해결 등의 활동을 하고 있다. 원고 8은 2004.3.28. 몸

이 안 좋고 일자리도 없어 활동에 참여하기 어렵다는 이유로 탈퇴하였고, 원고 9는 2003.9.31. 이주노동자 시위 참가 등의 활동을 이유로 탈퇴하였으며, 원고 7은 1999.12.경 술을 마시고 싸운 사건으로 2000.5.14. 제명되었다가 2002.6.9. 재가입하였고, 다시 2003.8.31. 제명되었다.

(라) 원고들은 NLD-LA 한국지부의 회원으로 가입한 이래 2000.5.16. 이 사건 난민인정신청을 할 당시까지 3 내지 5회 정도 위 (나)항 기재와 같은 반정부시위에 참가하였다. 그리고 원고 1 내지 6, 8, 9는 이 사건 난민인정신청 이후에도 이 사건 각 처분 당시까지 시위 등에 연 8 내지 10회 참가하고 NLD-LA 한국지부의 월례회의에 계속 참석하여 왔고, 원고 7은 이 사건 난민인정신청 직후에 시위에 몇 회 참석하였을 뿐 NLD-LA 한국지부의 월례회의 등에는 참석하지 아니하였다.

(마) 원고들을 포함한 21명의 NLD-LA 한국지부 회원들은 2000.5.16. 피고에게 난민인정신청을 하였고, 그 중 3명은 2003.1.29.에, 4명은 2005.3.31.에 난민지위가 인정되었으며, 5명은 난민인정신청을 철회(3명은 일본으로 밀항, 1명은 알코올중독자로서 미얀마로 출국)하였고, 원고들은 2005. 3.11. 피고로부터 난민인정을 불허하는 이 사건 각 처분을 받았다.

위 난민인정신청 철회자 중 2001.10.7. 일본으로 밀항한 마웅 마웅(Maung Maung)은 일본국에 난민인정신청을 하였다가 2002.2.20. 일본국으로부터 난민불인정처분을 받았고, 위 처분의 취소 소송을 제기하여 오사카고등재판소로부터 2005.6.15. 위 처분을 취소하는 판결을 선고받았다.

[인정 근거] 갑 제3호증의 1, 2, 갑 제5 내지 12, 14, 15호증, 갑 제16, 17, 18, 26호증의 각 1, 2, 갑 제31 내지 44호증의 각 기재, 변론 전체의 취지

[부족 증거] 갑 제13호증, 을 제1호증의 각 기재

라. 판 단

(1) 난민협약의 난민 요건과 출입국관리법상 난민인정행위의 성격

(가) 난민협약과 '난민의 지위에 관한 의정서(1967.1.31.)'는 그 적용대상이 되는 난민을 '① 인종, 종교, 민족, 특정 사회집단의 구성원 신분 또는 정치적 의견을 이유로 박해를 받을 충분한 근거가 있는 공포로 인하여, ② 자신의 국적국 밖에 있는 자로서, ③ 국적국의 보호를 받을 수 없거나 또는 그러한 공포로 인하여 국적국의 보호를 받는 것을 원하지 아니하는 자'라고 규정하고 있는 바, 이러한 난민의 요건은 우리나라 출입국관리법 제2조 제2의2호에서 그대로 규정되어 있다. 한편, 난민협약상 난민의 요건은 선언적인 규정이지 창설적인 규정은 아니므로 위 요건을 충족하면 당연히 난민협약에서 정한 난민에 해당한다 할 것이나(국제연합 난민고등판무관사무소 국제보호국이 발행한 난민지위인정에 관한 실무 지침서인 '난민지위 인정기준 및 절차 편람'(이하 '편람'이라 한다) 제28항 참조), 난민협약은 체약국으로 하여금 협약에서 정한 난민에 대하여 항상 이를 받아들여 비호(비호, Asylum)를 부여하도록 의무지우고 있지는 아니하며(난민협약 제12조 제1호 참조), 난민에게 비호를 부여할 것인지, 부여한다면 그 법률상 지위를 어떻게 정할 것인지 여부는 일반적으로 각 체약국의 주권적 결정사항으로 이해되고 있다.

(나) 한편, 출입국관리법 제76조의2 제1항은 외국인으로부터 난민의 인정에 관한 신청이 있는 때에 그 외국인이 난민임을 인정할 수 있다고만 규정하고 그에 따라 인정되는 난민에게 어떠한 국내법적 지위가 부여되는지에 관하여 아무런 규정도 두고 있지 않으나, 이는 위 난민인정행위에 의하

여 해당 외국인에게 일정한 범위 내에서 적법한 국내체재자격을 부여하는 비호의 취지가 당연히 포함되어 있는 것으로 해석함이 상당하다 할 것이고, 따라서 위 규정에 의한 피고의 난민인정행위를 단순히 신청자가 난민협약 등에서 정한 난민의 요건을 갖추었는지 확인하는 의미에 그치는 것으로 볼 수는 없으며(이 부분에서는 피고의 재량이 인정될 여지가 없다.), 오히려 난민의 요건을 갖춘 외국인에게 일정한 권리를 부여하는 설권행위(설권행위)로서 이에 관하여 피고에게 일정한 재량이 부여된 것으로 보아야 할 것이다.

(다) 따라서 피고는 외국인에 의한 난민인정신청이 있을 경우 먼저 난민협약 등에서 정한 난민으로서 요건을 갖추었는지 여부를 확정한 후, 그 요건을 갖춘 것으로 인정되는 경우에는 이를 기초로 그를 출입국관리법 제76조의2 제1항의 난민으로 인정하여 적법한 국내체재자격 부여 등 일정한 비호를 부여할 것인지, 아니면 난민으로 인정됨에도 불구하고 제3국으로 강제 퇴거시키거나 보호상태를 계속할 것인지 여부에 관한 적정한 재량을 행사하여야 하고(난민을 그 생명 또는 자유가 위협받을 우려가 있는 국적국 등의 국경으로 추방하거나 송환하는 것은 난민협약 제33조 제1호에 의하여 금지되어 있다.), 만일 위 재량권의 행사에 앞서 난민협약 등에서 정한 난민의 요건을 갖추었는지 여부에 관한 사실인정을 그르쳐 필요한 재량권 행사를 전혀 하지 않은 경우라면 그 처분은 위 사유만으로 위법하여 취소를 면하지 못한다 할 것이다.

(2) 협약상 난민 요건의 충족 여부

(가) 박해를 받을 충분한 근거가 있는 공포

① 난민협약은 인종, 종교, 민족, 특정 사회집단의 구성원 신분 또는 정치적 의견을 이유로 박해를 받을 우려가 있다는 충분한 근거 있는 공포를 요건으로 하는데, 이때의 박해가 무엇을 말하는지에 관하여는 확립된 견해는 없지만 일응 생명 또는 신체의 자유와 같은 중대한 인권에 대한 침해행위가 이에 해당한다고 말할 수 있고(편람 제51항 참조), 그 밖에도 일반적으로 문명사회에서 허용될 수 없을 것으로 생각되는 부당한 차별, 고통, 불이익의 강요 등이 이에 해당한다고 할 수 있을 것이고, 이러한 박해의 입증책임은 난민임을 주장하는 당사자 측에 있다고 할 것이다.

② 또한, 난민으로 인정되기 위해서는 신청인이 위와 같은 박해에 대한 공포를 느끼는 것만으로는 부족하고 그 공포에 대한 충분한 근거를 요구한다. 이는 신청인의 주관적인 심리상태가 객관적 상황에 의하여 뒷받침되어야 함을 의미하는데(편람 제38항 참조), 합리적인 통상인이 신청인에게 주어진 것과 같은 총체적 경험과 상황 속에 놓일 경우 박해에 대한 공포를 느낄 것으로 판단된다면 그 공포는 충분한 근거를 갖춘 것으로 봄이 상당하다.

그리고 여기서 말하는 신청인에게 주어진 총체적 경험과 상황을 판단함에는 신청인의 국적국 내에 존재하는 일반적인 인권상황을 고려하여야 함은 물론이지만, 나아가 그와 같은 신청인의 국적국에 관한 일반적인 상황이 어떠한 구체적 사정 속에서 신청인에 대한 박해 가능성으로 연결될 수 있는지에 관하여도 검토되어야 할 것이며, 이 점에 관한 사실관계는 일차적으로 신청인 자신에 의하여 제공되어야 한다(편람 제195항 참조).

③ 신청을 제출한 자가 입증책임을 지는 것이 일반적인 법원칙이다. 그러나 난민은 그 성격상 박해의 내용이나 가능성, 원인에 관한 충분한 객관적 증거자료를 갖추지 못하는 것이 오히려 일반적이라 할 것이므로, 그 입증의 정도에 있어서 난민에게 객관적 증거자료에 의하여 주장사실 전체를 입증

하도록 요구할 수는 없고 단지 그 진술의 전체적인 신빙성만 수긍할 수 있으면 된다 할 것이지만, 이를 위해서는 적어도 원고들의 주장사실 자체로서 일관성과 설득력을 갖추어야 하고 일반적으로 알려져 있는 사실과 상반되어서 안 된다(편람 제204항 참조).

④ 한편, 난민이 되기 위하여 국적국 밖에 있어야 하는 요건은, 반드시 신청인이 국적국을 불법적으로 떠났어야 하고, 또는 충분한 근거가 있는 공포 때문에 그 국가를 떠났어야 함을 의미하는 것은 아니며(편람 제94항 참조), 이미 인정된 난민과 결합하거나 또는 거주국에서 정치적 의견을 표명하는 것과 같은 자신의 행동의 결과로서 거주국에 체재 중에 난민이 될 수도 있다(편람 제96항 참조).

(나) 미얀마 정부로부터의 박해 가능성

① 먼저 원고들의 미얀마국 내에서의 정치적인 활동에 기한 난민해당성 여부에 대하여 보면, 원고들이 스스로 인정하는 바와 같이 미얀마에서 8888항쟁 당시 학생 등의 신분으로 참가하였을 뿐 지도적 역할을 맡은 것이 아니고 원고들 주장만으로는 반정부활동조직에 속하였다고 보기 어려우므로, 원고들이 미얀마국 내에서의 정치적 활동만을 이유로 박해받을 객관적인 우려가 있다고 보기는 어렵다.

② 다음으로 원고 1 내지 6, 8, 9의 대한민국 내에서의 정치적인 활동에 기한 난민해당성 여부에 대하여 본다.

비록 위 원고들이 미얀마 군사정부의 박해를 피해 대한민국에 입국한 것이 아니라 산업연수 등의 목적으로 대한민국에 입국하였고, 위 원고들이 2000.5.16. 이 사건 난민인정신청을 할 당시에는 NLD-LA 한국지부에서 지도적인 지위에 있지 아니하였을 뿐만 아니라 반정부시위에 참가한 회수도 3 내지 5회에 불과하였던 사정이 인정된다.

그러나 피고가 위 원고들의 이 사건 난민인정신청일로부터 이 사건 각 처분일까지 약 5년간 난민인정 여부에 대한 결정을 보류하는 동안 위 원고들이 NLD-LA 한국지부의 회원으로서 미얀마 군사정부의 민주세력에 대한 정치적 탄압을 국제사회에 알림으로써 미얀마인들의 인권을 위한 적극적인 활동을 계속하여 온 점, 위 원고들이 미얀마 대사관 앞에서 군사정권타도 등의 슬로건을 외치며 반정부시위를 할 당시 미얀마 대사관원이 위 원고들의 활동을 비디오로 촬영하기도 한 점, 위 원고들과 정치적 활동을 함께 하였던 NLD-LA 한국지부의 회원 약 21명 중 8명(일본국에서 인정된 1명 포함)이 모두 난민지위를 인정받은 점, 미얀마 군사정부가 2002년 당시에는 일시적으로 아웅산 수지를 가택연금에서 해제하고 유화적인 조치를 취하기도 하였으나 2003년 이래로 NLD의 정치활동을 탄압하고 그 지도자뿐만 아니라 일반 당원의 경우에도 정치범으로 감금을 하여 오고 있는 점 등에 비추어 보면, 위 원고들은 NLD-LA 한국지부의 회원으로서 대한민국에서의 적극적으로 반정부활동을 계속해 온 것에 의해 미얀마 정부로부터 위와 같은 활동이 파악되어 있을 가능성이 높다. 따라서 위 원고들은 이미 인정된 난민과 결합하거나 거주국에서 정치적 의견을 표명하는 자신의 행동 결과로서 대한민국 현지에서 체재 중 난민이 되었다고 할 것이다(편람 제96항 참조). 결국, 원고 1 내지 6, 8, 9는 난민협약에서 말하는 '박해를 받을 충분한 근거가 있는 공포'를 갖고 있다고 볼 수 있어 출입국관리법 제2조 제2의2호에서 정한 난민에 해당하므로, 이 사건 각 처분 중 위 원고들에 대한 처분은 위법하다.

③ 마지막으로 원고 7의 대한민국 내에서의 활동으로 인한 난민해당성 여부에 관하여 보건대, 위에서

인정한 바와 원고 7이 1999.7.15. NLD-LA 한국지부의 회원으로 가입하였으나 1999.12.경의 폭행 사건으로 인하여 2000.5.4. NLD-LA 한국지부로부터 1차 제명되었고, 2002.6.9. 재가입하였으나 2003.8.31. 2차 제명을 받은 점, 원고 7이 NLD-LA 한국지부의 회원으로 활동한 기간이 짧을 뿐만 아니라 그 기간 중에도 다른 회원과 달리 적극적인 활동을 하지 아니한 점, 원고 7이 대한민국에 입국한 동기와 현재 반정부활동을 하지 아니하고 자신의 장래를 위한 설계에 치중하고 있는 점 등에 비추어 보면, 원고 7의 위와 같은 대한민국 내에서의 소극적인 활동만으로 미얀마 정부가 난민인정신청 사실에 특별히 주목하여 차별적인 가혹한 처벌을 가하리라고 보기는 어렵다.

따라서 원고 7은 난민협약에서 말하는 '박해를 받을 충분한 근거가 있는 공포'를 갖고 있다고 볼 수 없어 출입국관리법 제2조 제2의2호에서 정한 난민에 해당하지 아니하므로, 이 사건 각 처분 중 원고 7에 대한 처분은 적법하다.

3. 결 론

그렇다면 원고 1 내지 6, 8, 9의 청구는 모두 이유 있어 이를 인용하고, 원고 7의 청구는 이유 없어 이를 기각하기로 하여 주문과 같이 판결한다.

판사 안철상(재판장) 김태호 이종채

서울행정법원 2007.1.9. 선고 2006구합28345 판결
【난민인정불허처분취소】

【판시사항】

[1] 난민의 지위에 관한 협약(1951.7.28.)상 난민의 요건에 관한 규정의 법적 성질 및 그 체약국이 항상 난민을 비호할 의무를 부담하는지 여부(소극)

[2] 출입국관리법 제76조의2 제1항에 의한 법무부장관의 난민인정행위에 해당 난민에 대한 비호의 취지가 당연히 포함되어 있는지 여부(적극) 및 위 난민인정행위의 법적 성질

[3] 난민의 지위에 관한 협약(1951.7.28.)상 난민의 요건 중 '박해'의 의미 및 비정부조직에 의한 종교적 불관용이 이에 해당하는지 여부(적극)

[4] 난민으로 인정받으려는 사람이 박해에 관하여 부담하는 증명의 정도

[5] 이슬람교에서 기독교로 개종한 이집트인이 난민의 지위에 관한 협약(1951.7.28.)에서 말하는 '박해를 받을 충분한 근거가 있는 공포'를 갖고 있다고 볼 수 있어 출입국관리법 제2조 제2의2호에서 정한 난민에 해당한다고 한 사례.

【판결요지】

[1] 난민의 지위에 관한 협약(1951.7.28.)상 난민의 요건에 관한 규정은 선언적인 규정이지 창설적인 규정은 아니므로 위 요건을 충족하면 당연히 위 협약에서 정한 난민에 해당하나, 위 협약상 체약국은 협약에서 정한 난민에 대하여 항상 이를 받아들여 비호(비호, Asylum)를 부여할 의무를 지고 있지는 아니하며(난민의 지위에 관한 협약 제12조 제1호 참조), 난민에게 비호를 부여할 것인지, 부여한다면 그 법률상 지위를 어떻게 정할 것인지는 일반적으로 각 체약국의 주권적 결정사항으로 이해되고 있다.

[2] 출입국관리법 제76조의2 제1항은 "법무부장관은 외국인으로부터 난민의 인정에 관한 신청이 있는 때에 그 외국인이 난민임을 인정할 수 있다"고만 규정하고 있을 뿐 그에 따라 난민임이 인정된 외국인에게 어떠한 국내법적 지위가 부여되는지에 관하여는 아무런 규정이 없으나, 위 규정에 의한 법무부장관의 난민인정행위는 해당 외국인에게 일정한 범위 내에서 적법한 국내체재자격을 부여하는 비호의 취지가 당연히 포함되어 있다고 해석함이 상당하고, 따라서 위 난민인정행위는 단순히 신청자가 난민의 지위에 관한 협약(1951.7.28.) 등에서 정한 난민의 요건을 갖추었는지 확인하는 행위가 아니라(이 부분에서는 법무부장관의 재량이 인정될 여지가 없다), 오히려 난민의 요건을 갖춘 외국인에게 일정한 권리를 부여하는 설권행위(설권행위)로서 이러한 설권행위를 할 것인지 여부에 관하여 법무부장관에게 일정한 재량이 부여된 것으로 보아야 한다.

[3] 난민의 지위에 관한 협약(1951.7.28.)상 난민의 개념은 '인종, 종교, 민족, 특정 사회집단의 구성원 신분 또는 정치적 의견을 이유로 박해를 받을 우려가 있다는 충분한 근거 있는 공포'를 요건으로 하는데, 여기에서의 '박해'가 무엇을 의미하는지에 관하여 확립된 견해는 없지만 생명 또는 신체의 자유와 같은 중대한 인권에 대한 침해행위가 일단 이에 해당한다고 할 수 있고, 그 밖에도 일반적

으로 문명사회에서 허용될 수 없는 부당한 차별, 고통, 불이익의 강요 등이 이에 해당한다고 할 수 있을 것이며, 박해의 주체는 국가기관에 한정되지 아니하고, 정부의 보호가 이루어지지 않는 상황에서는 비정부조직도 그 주체가 될 수 있다. 예컨대, 국민의 일부가 이웃의 종교적 신념을 존중하지 않는 세속적 국가에서의 종교적 불관용이 있을 수 있고, 이러한 종교적 불관용은 박해에 해당한다. 지역주민이 이웃에게 심히 차별적이거나 공격적인 행위를 하여도, 국가기관이 이를 고의로 묵인하고 효과적인 보호의 제공을 거부하거나 또는 효과적인 보호를 제공할 수 없다면 이러한 행위는 박해로 간주된다.

[4] 난민은 그 성격상 박해의 내용이나 가능성, 원인에 관한 충분한 객관적 증거자료를 갖추지 못하는 것이 일반적이므로, 그 입증의 정도에 있어서 난민에게 객관적 증거자료에 의하여 주장사실 전체를 입증하도록 요구할 수는 없고 단지 그 진술의 전체적인 신빙성만 수긍할 수 있으면 되지만, 이를 위해서는 적어도 주장사실 자체로서 일관성과 설득력을 갖추어야 하고 일반적으로 알려져 있는 사실과 상반되어서는 안 된다.

[5] 이슬람교에서 기독교로 개종한 이집트인이 난민의 지위에 관한 협약(1951.7.28.)에서 말하는 '박해를 받을 충분한 근거가 있는 공포'를 갖고 있다고 볼 수 있어 출입국관리법 제2조 제2의2호에서 정한 난민에 해당한다고 한 사례.

【참조조문】

[1] 난민의 지위에 관한 협약(1951.7.28.) 제1조, 제12조, 출입국관리법 제2조 제2의2호, 제76조의2 제1항/ [2] 출입국관리법 제2조 제2의2호, 제76조의2 제1항, 행정소송법 제26조 / [3] 난민의 지위에 관한 협약(1951.7.28.) 제1조, 제12조 / [4] 난민의 지위에 관한 협약(1951.7.28.) 제1조, 제12조, 출입국관리법 제2조 제2의2호, 제76조의2 제1항, 행정소송법 제26조 / [5] 난민의 지위에 관한 협약(1951.7.28.) 제1조, 제12조, 출입국관리법 제2조 제2의2호, 제76조의2 제1항

【전 문】

【원 고】   원고 (소송대리인 변호사 정재훈)

【피 고】   법무부장관

【변론종결】   2006.12.5.

【주 문】

1. 피고가 2006.2.9. 원고에 대하여 한 난민인정불허처분을 취소한다.
2. 소송비용은 피고가 부담한다.

【청구취지】   주문과 같다.

【이 유】

1. 처분의 경위

가. 원고는 이집트 국민으로서 이집트국 여권을 소지하고 2005.9.27. 대한민국에 입국하였다가 2005. 10.20. 피고에게 난민인정신청을 하였다.

나. 이에 피고는 원고가 '난민의 지위에 관한 협약(1951.7.28.)'(이하 '난민협약'이라 한다) 제1조에서 난민의 요건으로 규정한 '박해를 받게 될 것이라는 충분한 근거 있는 공포'를 가진 것으로 인정할 수 없다는 이유로, 2006.2.9. 원고에 대한 난민인정을 불허하는 처분(이하 '이 사건 처분'이라 한다)을 하였다.

[인정 근거] 다툼 없는 사실, 갑 1호증, 을 3호증의 각 기재, 변론 전체의 취지

2. 처분의 적법 여부

가. 당사자의 주장

(1) 원 고

원고는 본래 이슬람교도였다가 기독교도로 개종하였는데, 이로 인하여 이슬람교 단체로부터 납치를 당하여 협박 및 고문을 당하기도 하였으며, 이슬람교에서 기독교로의 개종을 사실상 금하고 있는 이집트 정부로부터도 박해를 받을 우려가 있어 이집트를 탈출하여 대한민국에 입국하였다. 따라서 원고의 난민인정신청이 받아들여지지 아니하여 원고가 이집트로 돌아간다면 박해를 받을 것이 분명함에도 불구하고, 이와 달리 보고 한 피고의 이 사건 처분은 위법하다.

(2) 피 고

원고는 기독교도로의 개종 및 이로 인한 박해의 시기, 경위 등에 관하여 일관성 없는 진술을 하고 있고 천주교와 개신교의 차이점도 모르고 있는 점 등에 비추어 볼 때, 원고의 주장은 신빙성이 없다.

이슬람 형제단은 이집트 정부로부터 활동이 금지된 단체인바, 원고로서는 이슬람 형제단원으로부터 박해를 받았다면 이집트 정부로부터 보호를 받으면 족하다고 할 것이어서, 국제적 보호가 필요한 대상은 아니다. 따라서 이 사건 처분은 적법하다.

나. 관계 법령

별지 기재와 같다.

다. 인정 사실

(1) 이집트의 종교 상황 등

이집트는 다수의 이슬람교도와 소수의 기독교도(콥트정교(Coptic Orthodox Church) 등)가 존재하는 국가인데, 이집트 국민의 신분증에는 종교를 기재하는 난이 있고, 기독교도가 이슬람교도로 개종하는 것에는 제한이 없으나, 이슬람교도가 기독교도로 개종하는 경우 처벌을 하기도 한다. 예컨대, 이집트인 엘아카드(El-Akkad)는 본래 이슬람교도였는데, 기독교도로 개종한 이후 2005. 4.6. 비밀경찰에 의하여 '이슬람모욕죄'를 범하였다는 이유로 체포되어 감옥에 구금되었고, 이집트

법원이 석방결정을 하였음에도 비밀경찰은 엘아카드를 석방하지 아니하고 있다.

(2) 원고의 개종 경위 등

(가) 원고는 이집트 알렉산드리아에서 이슬람교도로 태어나, 1987. 아랍에미리트연합 아부다비에서 고등학교를 졸업한 다음, 아부다비 공항 소방서, 여행사, 청바지 제조회사 등에서 근무하는 한편 미군 통역일을 하였고, 2005.4.경부터 이집트 미누피아 버켓(Minufia-Berket)에서 문방구를 운영 하였다.

(나) 원고는 1992.경 필리핀인으로서 기독교도인 처 소외인과 결혼하여, 2남 1녀를 두고 있다.

(다) 원고는 평소 기독교에 관심이 있었는데, 인터넷 채팅으로 알게 된 미국인 친구 존 로본슨(John Robonson)과 기독교에 대하여 많은 이야기를 주고 받게 된 것이 계기가 되어, 2005.4.경 기독교 로 개종하였고, 콥트정교인 아바시야 교회(Abbasiya Church)에 다녔다.

(3) 원고에 대한 박해가능성 등

(가) 무슬림 형제단(Muslim Brotherhood)은 이집트 내에 있는 이슬람교 단체로서 이집트 정부에 의 하여 불법으로 규정되기는 하였으나 이집트 및 다른 아랍권 국가에서 영향력을 가지고 있고, 2005. 실시된 이집트 국회의원 선거에서는 무슬림 형제단원들이 전체 의식이 5분의 1을 차지하 기도 하였다.

(나) 무슬림 형제단원들은 원고가 기독교로 개종하였다는 사실을 알고는 2005.5.경 원고에게 다시 이슬람교로 개종을 하라면서 협박을 하였다. 무슬림 형제단원들이 원고가 운영하던 문방구에 자 주 찾아와서 협박을 하자, 원고는 2005.6.경 문방구를 폐점하였다. 이후에도 원고가 개종을 하지 아니하자, 무슬림 형제단원들은 2005.9.경 원고를 납치하여 고문을 하면서 이슬람교로 개종할 것을 요구하였다. 원고는 무슬림 형제단원들이 기도를 하고 있는 틈에 창문을 통하여 도망친 후, 카이로에 있는 여동생의 집으로 갔다가 그곳에서 한국의 지게차 판매회사와 연락을 하여 사 업목적으로 한국을 방문한다는 이유로 비자를 발급받아 2005.9.27. 한국에 입국하였고, 2005. 10.20. 피고에게 난민인정신청을 하였다.

(다) 무슬림 형제단원들은 원고가 한국에 입국한 이후에도, 이집트에 있는 원고의 처를 여러 차례 찾아가 원고의 소재를 물으며 협박을 하였다.

(4) 피고의 원고에 대한 조사 과정

원고는 이 사건 난민인정신청 이후 피고로부터 2005.10.20., 2006.1.6., 2006.1.10. 등 3회에 걸 쳐 조사를 받았는데, 처음 교회에 나가기 시작한 시기, 박해를 당한 시기 등에 관하여 진술이 일관되지 아니하였고, 천주교와 개신교의 차이점에 대하여 알지 못한다고 진술하였다.

[인정 근거] 다툼 없는 사실, 갑 2호증, 갑 3호증, 갑 4호증의 1 내지 3, 을 1호증, 을 2호증의 각 기재 및 영상, 변론 전체의 취지

라. 판 단

(1) 난민협약의 난민 요건과 출입국관리법상 난민인정행위의 성격

(가) 난민협약과 「난민의 지위에 관한 의정서(1967.1.31.)」는 그 적용대상이 되는 난민을 '① 인종, 종교, 민족, 특정 사회집단의 구성원 신분 또는 정치적 의견을 이유로 박해를 받을 충분한 근거가

있는 공포로 인하여, ② 자신의 국적국 밖에 있는 자로서, ③ 국적국의 보호를 받을 수 없거나 또는 그러한 공포로 인하여 국적국의 보호를 받는 것을 원하지 아니하는 자'라고 규정하고 있는 바, 이러한 난민의 요건은 우리나라 출입국관리법 제2조 제2의2호에서 그대로 규정되어 있다. 한편, 난민협약상 난민의 요건은 선언적인 규정이지 창설적인 규정은 아니므로 위 요건을 충족하면 당연히 난민협약에서 정한 난민에 해당한다 할 것이나(국제연합 난민고등판무관사무소 국제보호국이 발행한 난민지위인정에 관한 실무 지침서인 '난민지위 인정기준 및 절차 편람'(이하 '편람'이라 한다) 제28항 참조), 난민협약은 체약국으로 하여금 협약에서 정한 난민에 대하여 항상 이를 받아들여 비호(비호, Asylum)를 부여하도록 의무지우고 있지는 아니하며(난민협약 제12조 제1호 참조), 난민에게 비호를 부여할 것인지, 부여한다면 그 법률상 지위를 어떻게 정할 것인지 여부는 일반적으로 각 체약국의 주권적 결정사항으로 이해되고 있다.

(나) 한편, 출입국관리법 제76조의2 제1항은 외국인으로부터 난민의 인정에 관한 신청이 있는 때에 그 외국인이 난민임을 인정할 수 있다고만 규정하고 그에 따라 인정되는 난민에게 어떠한 국내법적 지위가 부여되는지에 관하여 아무런 규정도 두고 있지 않으나, 이는 위 난민인정행위에 의하여 해당 외국인에게 일정한 범위 내에서 적법한 국내체재자격을 부여하는 비호의 취지가 당연히 포함되어 있는 것으로 해석함이 상당하다 할 것이고, 따라서 위 규정에 의한 피고의 난민인정행위를 단순히 신청자가 난민협약 등에서 정한 난민의 요건을 갖추었는지 확인하는 의미에 그치는 것으로 볼 수는 없으며(이 부분에서는 피고의 재량이 인정될 여지가 없다), 오히려 난민의 요건을 갖춘 외국인에게 일정한 권리를 부여하는 설권행위(설권행위)로서 이에 관하여 피고에게 일정한 재량이 부여된 것으로 보아야 할 것이다.

(다) 따라서 피고는 외국인에 의한 난민인정신청이 있을 경우 먼저 난민협약 등에서 정한 난민으로서 요건을 갖추었는지 여부를 확정한 후, 그 요건을 갖춘 것으로 인정되는 경우에는 이를 기초로 그를 출입국관리법 제76조의2 제1항의 난민으로 인정하여 적법한 국내체재자격 부여 등 일정한 비호를 부여할 것인지, 아니면 난민으로 인정됨에도 불구하고 제3국으로 강제 퇴거시키거나 보호 상태를 계속할 것인지 여부에 관한 적정한 재량을 행사하여야 하고(난민을 그 생명 또는 자유가 위협받을 우려가 있는 국적국 등의 국경으로 추방하거나 송환하는 것은 난민협약 제33조 제1호에 의하여 금지되어 있다), 만일 위 재량권의 행사에 앞서 난민협약 등에서 정한 난민의 요건을 갖추었는지 여부에 관한 사실인정을 그르쳐 필요한 재량권 행사를 전혀 하지 않은 경우라면 그 처분은 위 사유만으로 위법하여 취소를 면하지 못한다 할 것이다.

(2) 난민협약상 난민 요건의 충족 여부

(가) 박해를 받을 충분한 근거가 있는 공포

1) 난민협약상의 난민은 인종, 종교, 민족, 특정 사회집단의 구성원 신분 또는 정치적 의견을 이유로 박해를 받을 우려가 있다는 충분한 근거 있는 공포를 요건으로 하는데, 여기에서의 박해가 무엇을 의미하는지에 관하여는 확립된 견해는 없지만 일응 생명 또는 신체의 자유와 같은 중대한 인권에 대한 침해행위가 이에 해당한다고 할 수 있고(편람 제51항 참조), 그 밖에도 일반적으로 문명사회에서 허용될 수 없을 것으로 생각되는 부당한 차별, 고통, 불이익의 강요 등이 이에 해당한다고 할 수 있을 것이며, 박해의 주체는 국가기관에 한정되지 아니하고, 정부의 보호가 이루어지지 않는

상황에서 비정부조직이 될 수도 있다. 예컨대, 국민의 일부가 이웃의 종교적 신념을 존중하지 않는 세속적 국가에서의 종교적 불관용이 있을 수 있고, 이러한 종교적 불관용은 박해에 해당된다. 지역 주민이 심히 차별적이거나 다른 공격적인 행위를 하여도, 이들 행위가 국가기관에 의하여 고의로 묵인되고, 국가기관이 효과적인 보호의 제공을 거부하고, 또는 효과적인 보호를 제공할 수 없는 한, 이들 행위는 박해로 간주된다(편람 제65항 참조).

2) 또한, 난민으로 인정되기 위해서는 신청인이 위와 같은 박해에 대한 공포를 느끼는 것만으로는 부족하고 그 공포에 대한 충분한 근거를 요구한다. 이는 신청인의 주관적인 심리상태가 객관적 상황에 의하여 뒷받침되어야 함을 의미하는데(편람 제38항 참조), 합리적인 통상인이 신청인에게 주어진 것과 같은 총체적 경험과 상황 속에 놓일 경우 박해에 대한 공포를 느낄 것으로 판단된다면 그 공포는 충분한 근거를 갖춘 것으로 봄이 상당하다.

그리고 여기서 말하는 신청인에게 주어진 총체적 경험과 상황을 판단함에는 신청인의 국적국 내에 존재하는 일반적인 인권상황을 고려하여야 함은 물론이지만, 나아가 그와 같은 신청인의 국적국에 관한 일반적인 상황이 어떠한 구체적 사정 속에서 신청인에 대한 박해 가능성으로 연결될 수 있는 지에 관하여도 검토되어야 할 것이며, 이 점에 관한 사실관계는 일차적으로 신청인 자신에 의하여 제공되어야 한다(편람 제195항 참조).

3) 신청을 제출한 자가 입증책임을 지는 것이 일반적인 법원칙이다. 그러나 난민은 그 성격상 박해의 내용이나 가능성, 원인에 관한 충분한 객관적 증거자료를 갖추지 못하는 것이 오히려 일반적이라 할 것이므로, 그 입증의 정도에 있어서 난민에게 객관적 증거자료에 의하여 주장사실 전체를 입증 하도록 요구할 수는 없고 단지 그 진술의 전체적인 신빙성만 수긍할 수 있으면 된다 할 것이지만, 이를 위해서는 적어도 주장사실 자체로서 일관성과 설득력을 갖추어야 하고 일반적으로 알려져 있는 사실과 상반되어서는 안 된다(편람 제204항 참조).

(나) 이집트 정부 등으로부터의 박해 가능성

앞서 살펴본 바와 같이 원고는 이슬람교에서 기독교로 개종을 하였는바, 이집트 정부는 이슬람교 도의 기독교 개종을 금하고 있고 이러한 사람에 대하여 비밀경찰 등을 통하여 구금을 하는 등 박해를 가하고 있어, 원고가 이집트로 강제송환될 경우 이집트 정부로부터 박해를 받을 가능성이 높다고 할 것이다.

설령 원고가 이집트 정부로부터 박해를 받지 아니한다고 하더라도, 원고가 이집트에 있을 때 무슬 림 형제단원으로부터 협박 등을 당하였고 이와 관련해 이집트 정부로부터 보호를 받지 못하여 이집트를 탈출하게 된 점 등에 비추어 보면, 원고가 이집트로 강제송환될 경우 위와 같은 단체로 부터 박해를 받을 가능성이 높고 이에 대한 이집트 정부로부터의 보호도 기대할 수 없다고 할 것이다.

또한, 원고가 피고로부터 조사를 받을 당시 진술한 내용에 일부 일관성이 없는 부분이 있었다고 하더라도, 이는 박해를 피해 급히 이집트를 탈출한 원고가 불안한 심리상태에서 아무런 소명자료 도 없이 조사를 받았을 것으로 보이는 점을 감안하면, 이것만으로 원고의 진술이 신빙성이 없다고 인정할 수 없다.

원고가 천주교와 개신교의 차이를 알지 못하였다고 하더라도, 앞서 본 바와 같이 원고는 콥트정교의 신도로서 개종한지 얼마 되지 아니하였으므로, 기독교에 대한 지식이 부족할 수밖에 없었을 것으로 보여 이를 이유로 원고의 진술이 신빙성이 없다고 인정할 수도 없다.

따라서 원고는 난민협약에서 말하는 '박해를 받을 충분한 근거가 있는 공포'를 갖고 있다고 볼 수 있어 출입국관리법 제2조 제2의2호에서 정한 난민에 해당한다고 봄이 상당하다.

(3) 소 결

그럼에도 불구하고, 원고가 난민에 해당하지 아니한다고 보고 한 피고의 이 사건 처분은 위법하다.

3. 결 론

그렇다면 원고의 청구는 이유 있어 이를 받아들이기로 하여 주문과 같이 판결한다.

판사 김의환(재판장) 박창렬 박성인

서울행정법원 2008.2.20. 선고 2007구합22115 판결
【난민인정불허처분취소】

【판시사항】

[1] 출입국관리법 제76조의2 제1항에 정한 법무부장관의 난민인정행위의 법적 성질

[2] 외국인에 의한 난민인정신청이 있을 경우 법무부장관이 취해야 할 조치

[3] 난민의 지위에 관한 협약(1951.7.28.)상 난민의 요건 중 박해의 의미

[4] 난민으로 인정하기 위하여 '박해에 대한 공포'의 근거를 판단하는 방법

[5] 난민의 요건에 관한 증명책임의 소재 및 증명의 정도

[6] 콩고 국가정보원(ANR)의 정보요원으로 활동하던 콩고인이 난민인정을 신청한 사안에서, 신청인은 콩고 정부로부터 정치적 의견을 이유로 '박해를 받을 충분한 근거 있는 공포'를 갖고 있다고 볼 수 있으므로, 신청인의 난민인정신청을 불허한 처분은 위법하다고 한 사례

【판결요지】

[1] 출입국관리법 제76조의2 제1항은 외국인으로부터 난민의 인정에 관한 신청이 있는 때에 그 외국인이 난민임을 인정할 수 있다고만 규정하고 그에 따라 인정되는 난민에게 어떠한 국내법적 지위가 부여되는지에 관하여 아무런 규정도 두고 있지 않으나, 이는 위 난민인정행위에 의하여 해당 외국인에게 일정한 범위 내에서 적법한 국내체재자격을 부여하는 비호의 취지가 당연히 포함되어 있는 것으로 해석함이 상당하고, 따라서 위 규정에 의한 법무부장관의 난민인정행위를 단순히 신청자가 난민의 지위에 관한 협약 등에서 정한 난민의 요건을 갖추었는지 확인하는 의미에 그치는 것으로 볼 수는 없으며, 오히려 난민의 요건을 갖춘 외국인에게 일정한 권리를 부여하는 설권행위(설권행위)로서 이에 관하여 법무부장관에게 일정한 재량이 부여된 것으로 보아야 한다.

[2] 법무부장관은 외국인에 의한 난민인정신청이 있을 경우 먼저 난민의 지위에 관한 협약 등에서 정한 난민으로서 요건을 갖추었는지 여부를 확정한 후, 그 요건을 갖춘 것으로 인정되는 경우에는 이를 기초로 그를 출입국관리법 제76조의2 제1항의 난민으로 인정하여 적법한 국내체재자격 부여 등 일정한 비호를 부여할 것인지, 아니면 난민으로 인정됨에도 제3국으로 강제 퇴거시키거나 보호상태를 계속할 것인지 여부에 관한 적정한 재량을 행사하여야 하고, 만일 그 재량권의 행사에 앞서 난민의 지위에 관한 협약 등에서 정한 난민의 요건을 갖추었는지 여부에 관한 사실인정을 그르쳐 필요한 재량권 행사를 전혀 하지 않았다면 그 처분은 위 사유만으로 위법하여 취소되어야 한다.

[3] 난민의 지위에 관한 협약(1951.7.28.)상의 난민은 인종, 종교, 민족, 특정 사회집단의 구성원 신분 또는 정치적 의견을 이유로 박해를 받을 우려가 있다는 충분한 근거 있는 공포를 요건으로 하는데, 여기에서의 '박해'가 무엇을 의미하는지에 관하여는 확립된 견해는 없지만, 일단 생명 또는 신체의 자유와 같은 중대한 인권에 대한 침해행위가 이에 해당한다고 할 수 있고, 그 밖에 일반적으로 문명사회에서 허용될 수 없을 것으로 생각되는 부당한 차별, 고통, 불이익의 강요 등이 이에 해당한다고 할 수 있다.

[4] 난민으로 인정되기 위해서는 신청인이 박해에 대한 공포를 느끼는 것만으로는 부족하고 그 공포에 대한 충분한 근거가 요구되는데, 합리적인 통상인이 신청인에게 주어진 것과 같은 총체적 경험과 상황 속에 놓일 경우 박해에 대한 공포를 느낄 것으로 판단된다면 그 공포는 충분한 근거를 갖춘 것으로 보아야 하고, 여기서 말하는 신청인에게 주어진 총체적 경험과 상황을 판단할 때에는 신청인의 국적국 내에 존재하는 일반적인 인권상황을 고려하여야 함은 물론이지만, 나아가 그와 같은 신청인의 국적국에 관한 일반적인 상황이 어떠한 구체적 사정 속에서 신청인에 대한 박해 가능성으로 연결될 수 있는지에 관하여도 검토하여야 하며, 이 점에 관한 사실관계는 일차적으로 신청인 자신에 의하여 제공되어야 한다.

[5] 난민의 요건은 신청을 제출한 사람이 증명책임을 지는 것이 일반적인 법원칙이다. 그러나 난민은 그 성격상 박해의 내용이나 가능성, 원인에 관한 충분한 객관적 증거자료를 갖추지 못하는 것이 오히려 일반적이므로, 그 증명의 정도에서 난민에게 객관적 증거자료에 의하여 주장사실 전체를 입증하도록 요구할 수는 없고 단지 그 진술의 전체적인 신빙성만 수긍할 수 있으면 되지만, 이를 위해서는 적어도 주장사실 자체로서 일관성과 설득력을 갖추어야 하고 일반적으로 알려져 있는 사실과 상반되어서는 안 된다. 따라서 신청인의 주장이 신뢰성 있는 것으로 생각되면, 그 주장에 반하는 상당한 이유가 없는 한, 증거가 불충분한 경우라도 신청인에게 유리한 해석에 의한 이익(benefit of the doubt)을 부여하여야 한다.

[6] 콩고 국가정보원(ANR)의 정보요원으로 활동하던 콩고인이 난민인정을 신청한 사안에서, 신청인은 콩고 정부로부터 정치적 의견을 이유로 '박해를 받을 충분한 근거 있는 공포'를 갖고 있다고 볼 수 있으므로, 신청인의 난민인정신청을 불허한 처분은 위법하다고 한 사례.

【참조조문】

[1] 출입국관리법 제76조의2 제1항 / [2] 출입국관리법 제76조의2 제1항 / [3] 출입국관리법 제2조, 난민의 지위에 관한 협약(1951.7.28) 제1조 / [4] 출입국관리법 제2조, 난민의 지위에 관한 협약(1951.7.28) 제1조 / [5] 출입국관리법 제2조, 난민의 지위에 관한 협약(1951.7.28) 제1조 / [6] 출입국관리법 제2조, 제76조의2 제1항, 난민의 지위에 관한 협약(1951.7.28) 제1조, 행정소송법 제19조

【전 문】

【원 고】 원고 (소송대리인 법무법인 소명 외 1인)

【피 고】 법무부장관

【변론종결】 2007.12.12.

【주 문】

1. 피고가 2005.6.7. 원고에 대하여 한 난민인정불허처분을 취소한다.
2. 소송비용은 피고가 부담한다.

【청구취지】 주문과 같다.

【이 유】

1. 처분의 경위

다음의 각 사실은 당사자 사이에 다툼이 없거나, 갑1호증, 을2, 3호증의 각 기재에 변론 전체의 취지를 종합하여 이를 인정할 수 있다.

가. 원고는 콩고민주공화국(이하 '콩고'라고 한다)의 국민으로서, 2002.9.16. 한국에 입국하여 2002. 11.20. 피고에게 출입국관리법 제76조의2에 근거한 난민인정신청을 하였다.

나. 이에 피고는 원고가 난민의 지위에 관한 협약(1951.7.28., 이하 '난민협약'이라고 한다) 및 난민의 지위에 관한 의정서(1967.1.31. 이하 '난민의정서'라고 한다)에서 난민의 요건으로 규정한 '박해를 받게 될 것이라는 충분한 근거가 있는 공포'를 가진 것으로 인정할 수 없다는 이유로, 2005.6.7. 원고에 대한 난민인정을 불허하는 처분(이하 '이 사건 처분'이라고 한다)을 하였다.

2. 이 사건 처분의 적법 여부

가. 원고의 주장

원고는 ANR 직원으로서 콩고 분할계획과 정부관료의 부패 및 지역차별정책 등의 문제를 제기하고 야당인 UDPS에게 위와 같은 내용의 정보를 제공했다는 이유로 콩고 정부의 정보기관인 ANR에 의해 두 차례나 체포되어 고문을 당하였는바, 이는 정치적 의견으로 인한 박해라고 할 수 있고, 위와 같은 박해사실과 콩고의 열악한 인권상황 등을 고려할 때, 원고가 다시 자신의 국적국인 콩고에 돌아갈 경우 콩고 정부로부터 받게 될 박해에 대한 공포는 충분한 근거가 있다.

따라서 원고는 콩고 정부로부터 박해를 받을 충분한 근거가 있는 공포로 인하여 국적국의 보호를 받는 것을 원하지 아니하는 자에 해당하고, 이와 달리 본 이 사건 처분은 위법하다.

나. 관계 법령

별지 관계 법령 기재와 같다.

다. 인정 사실

다음의 각 사실은 당사자 사이에 다툼이 없거나, 갑3 내지 6호증, 갑9호증의 1, 2, 3, 갑11호증의 1 내지 14, 갑12호증의 1, 2, 갑13호증, 갑14호증의 1, 2, 갑15 내지 18호증, 갑19호증의 1, 2, 을1호증의 3 내지 10, 을2, 3, 4호증의 각 기재와 증인 이호택의 증언에 변론 전체의 취지를 종합하여 이를 인정할 수 있다.

(1) 원고의 출생과 성장배경

(가) 원고는 1967.10.15. 콩고의 반둔두의 빈둥기 지역의 키토니 마을에서 아버지인 소외 1과 어머니인 소외 2 사이에서 태어나 ○○라는 이름이 지어졌다.

(나) 원고는 1983.경부터 키크윗에 소재한 푼구고등학교를 졸업하면서 초등학교 교사자격증인 교육학자격증을 취득한 다음, 1991.경부터 킨샤샤자유대학교에서 경제학을, 1995.경부터 고등철학문학

학교에서 정보학을 각 전공하였다.

(다) 원고가 대학생 신분이던 1991.경부터 콩고의 최대야당인 UDPS(민주주의와 사회발전을 위한 연합, Union pour la Democratie et le Progres Social)의 당원으로 활동하였고, 킨샤샤자유대학교 졸업 전에 ANR(국가정보원, Agence National des Renseignements)의 인턴으로 근무하게 된 것을 계기로 2001.10.5. 정식직원으로 채용되어 ANR의 정보원으로서 정보를 수집하고 정보의 진위를 가려 고위 관료들에게 보고하는 업무를 담당하였다.

(2) 원고의 ANR 내 활동

(가) ANR의 총책임자는 콩고의 대통령인 죠셉 카빌라, 국내정보부분 국장은 엠부비 코니 카쿠지, 대외안전국의 국장은 카자디 엔고이였고, 원고가 속한 정보분석팀(대외안전국 산하)의 팀장은 마얄라였으며, 원고의 동료들로는 카투나, 랑게 등이 있었다.

(나) 원고가 ANR의 정보요원으로 활동하던 2002.경, 대통령 출신지인 카탕가 지역 출신자들을 우대하는 ANR 내 지역차별정책, 카탕가 지역의 언어인 스와힐리어를 ANR의 공식언어로 사용함에 따른 보고서 왜곡 문제 등을 비판적으로 다룬 보고서를 작성하여 대통령 집무실 및 ANR 각 국장들에게 제출하였다.

(다) 원고는 위 보고서로 인해 2002.4.23. ANR 요원들에게 체포되어 ANR 내의 비밀감옥에 2002.5.15.까지 구금되었고, 위 기간 동안 '원고의 배후를 밝히라'는 추궁을 받으며 구타와 고문에 시달렸다.

(라) 원고의 석방 무렵 콩고 북부에서 활동 중이던 반군 지도자 장 삐에르 벰바의 군대가 브라자빌에 와서 킨샤샤를 공격하여 쿠데타를 일으킬 것이라는 첩보가 입수되자, ANR은 원고를 비롯한 정보분석팀 요원 4명에게 반군들이 어떤 경로로 브라자빌에 왔는지 확인하라는 임무를 부여하였고, 이에 위 사람들은 사업가로 위장하여 2002.5.27.부터 2002.6.3.까지 브라자빌에서, 킨샤샤대학의 학생으로 위장하여 2002.6.9.부터 같은 달 23.까지 장 삐에르 벰바가 이끄는 반군의 거점인 베니 지역에서 각 정탐활동을 수행하였다.

(마) 원고의 일행은 베니에서 장 삐에르 벰바의 총서기인 올리비에 까미따뚜를 만났는데, 그가 원고의 출신지역인 반둔두 출신이며 그의 아버지가 유명한 정치인 까미따뚜 마삼바라는 것을 알고는 그와 허심탄회하게 대화를 나누게 되었다.

(바) 원고는 그로부터 콩고 분할계획(우간다, 르완다, 브룬디가 반군을 통해 콩고를 4개의 지역으로 분할하려는 계획으로서, 콩고의 전 대통령인 로랑 카빌라가 르완다 및 우간다의 지원을 받아 권력을 장악할 때 콩고 동부의 작은 마을인 L'hemere에서 콩고 영토의 일부를 두 나라에게 양도하겠다는 조약을 맺은 것이 그 시초가 되었다)을 전해 듣게 되었고, 정부 주요관료들은 표면적으로 반군과 싸우는 것처럼 하면서 전쟁을 하고 있지만 실제로는 위 계획에 동조하고 있다는 사실 또한 알게 되었다.

(사) 원고 일행의 팀장인 마얄라는 정탐과정에서 알게 된 내용이 보고될 경우 미치게 될 파장이 두려워 사실과 다른 보고서를 자신과 원고의 공동명의로 작성하여 제출하였으나, 원고는 공식보고서와는 별도로 약 20페이지 분량의 다음과 같은 내용의 보고서를 작성하여 2002.6.29. 대통령 집무실 및 ANR 각 국장들에게 제출하였고(콩고분할계획에 관한 문서와 각종 녹음테이프를 첨부하였

다), UDPS에게도 비밀리에 송부하였다.

① 외국과 반군과 콩고 정부가 서로 모의하여 콩고를 분할하려는 콩고 분할계획을 진행하고 있다.

② 콩고의 현 대통령인 죠셉 카빌라는 전 대통령인 로랑 카빌라의 친자가 아닌 양자로서 르완다 출신 이며 콩고 내 반군지도자들 역시 르완다 등의 주변국 출신이다.

③ 콩고 정부군과 반군의 지도자들이 금과 다이아몬드 등 지하자원을 당국의 허가 없이 외국과 불법 거래하였고, 정부 관료와 반군들이 콩고 내 지하자원 채굴권을 가지고 외국 투자자들과 중복계약을 체결한 후 이로 인해 생긴 이득금을 가지고 무기를 구매하였다.

④ 부패한 정부의 고위층 인사들과 반군 지도자의 명단

(아) 원고는 위 보고서로 인해 2002.7.1. ANR 요원들에게 체포되어 ANR 내의 비밀감옥에 구금되었고, ANR 요원들은 원고의 집을 수색하여 UDPS와 관련된 기록, 특히 UDPS와 주고받은 편지 등을 압수하였다.

(자) 원고의 동료인 베야와 엔잣지는 원고가 위 보고서를 작성하여 여러 사람들에게 제출하였을 뿐만 아니라, UDPS 당원으로서 UDPS에게도 위 보고서를 제공하였다는 사실이 발각되었기 때문에 원고의 목숨이 위태롭다고 판단하여 2002.7.2. 3:00경 간수를 매수하여 원고를 탈출시켰다.

(3) 원고의 탈출 및 입국경위

(가) 원고는 그 후 킨샤샤에 있는 친구의 집에 머물다가 2002.7.2. 10:00경 UN콩고평화유지군 사무실에서 예전부터 알고 지내던 사무실 직원인 미국인 크리스를 만나 콩고로부터 탈출시켜 줄 것을 부탁하였고, 렘바에 있는 친구인 아돌프 집에서 있다가 다시 빌로코라고 불리는 호텔에서 일주일간 머문 후에 UDPS 총서기인 마샴바에게 부탁하여 UDPS의 비밀장소인 미콩가 농장에서 숨어 지냈다.

(나) 그 후 엔잣지와 베야 그리고 아돌프의 도움으로 외교부에서 이름과 발행 날짜가 위조된 콩고 여권을 만들었고(다만, 콩고 정부의 추적을 피하기 위해 실제 이름인 Thona Yiombi를 사용하지 않고 Lukaku Patrick이라는 이름의 여권을 만들었고, 여권발급 일자 역시 비밀감옥에서의 탈출 일자 이전으로 소급하여 위조하였다), 크리스와 함께 원고의 남동생이 원고 대신 주콩고 중국대사관에 가서 관광비자를 받은 후 2002.7.18. 킨샤샤 느질리 공항을 출발하여 2002.7.22. 중국에 입국하였다.

(다) 원고는 중국에 도착한 후 콩고 여자 유학생 타티 미얀다의 도움을 받으며 체류하면서 콩고와 중국간의 우호적인 관계 때문에 신변이 안전하지 않다고 생각하여 태국으로의 출국을 모색하던 중, 미얀다의 친구가 알고 있는 한국 체류 콩고인으로부터 국제페스티벌 참가 명목으로 초청장을 받아 이를 이용하여 한국 비자를 받아 2002.9.15. 중국 천진항을 출발하여 배를 타고 2002.9.16. 인천항을 통해 입국하였다.

(라) 원고는 현재 가평 소재 한 공장에서 일하면서, 매월 2, 3회 정도 인터넷 라디오를 통하여 콩고에 있는 반정부인사 등과 대담하는 정치평론 프로그램에 게스트로 초청되어 활동하고 있다.

라. 판 단

(1) 난민의 요건 및 입증책임

(가) 난민협약의 난민 요건과 출입국관리법상 난민인정행위의 성격

① 난민협약과 난민의정서는 그 적용대상이 되는 난민을 '인종, 종교, 민족, 특정 사회집단의 구성원 신분 또는 정치적 의견을 이유로 박해를 받을 충분한 근거가 있는 공포로 인하여, 자신의 국적국 밖에 있는 자로서, 국적국의 보호를 받을 수 없거나 또는 그러한 공포로 인하여 국적국의 보호를 받는 것을 원하지 아니하는 자'라고 규정하고 있는바, 이러한 난민의 요건은 우리나라 출입국관리법 제2조 제2의2호에서 그대로 규정되어 있다.

한편, 난민협약상 난민의 요건은 선언적인 규정이지 창설적인 규정은 아니므로 위 요건을 충족하면 당연히 난민협약에서 정한 난민에 해당한다 할 것이나(국제연합 난민고등판무관사무소 국제보호국이 발행한 난민지위인정에 관한 실무 지침서인 '난민지위 인정기준 및 절차 편람'(이하 '편람'이라고 한다) 제28항 참조), 난민협약은 체약국으로 하여금 협약에서 정한 난민에 대하여 항상 이를 받아들여 비호(비호, Asylum)를 부여하도록 의무지우고 있지는 아니하며(난민협약 제12조 제1호 참조), 난민에게 비호를 부여할 것인지, 부여한다면 그 법률상 지위를 어떻게 정할 것인지 여부는 일반적으로 각 체약국의 주권적 결정사항으로 이해되고 있다.

② 출입국관리법 제76조의2 제1항은 외국인으로부터 난민의 인정에 관한 신청이 있는 때에 그 외국인이 난민임을 인정할 수 있다고만 규정하고 그에 따라 인정되는 난민에게 어떠한 국내법적 지위가 부여되는지에 관하여 아무런 규정도 두고 있지 않으나, 이는 위 난민인정행위에 의하여 해당 외국인에게 일정한 범위 내에서 적법한 국내체재자격을 부여하는 비호의 취지가 당연히 포함되어 있는 것으로 해석함이 상당하다 할 것이고, 따라서 위 규정에 의한 피고의 난민인정행위를 단순히 신청자가 난민협약 등에서 정한 난민의 요건을 갖추었는지 확인하는 의미에 그치는 것으로 볼 수는 없으며, 오히려 난민의 요건을 갖춘 외국인에게 일정한 권리를 부여하는 설권행위(설권행위)로서 이에 관하여 피고에게 일정한 재량이 부여된 것으로 보아야 할 것이다.

따라서 피고는 외국인에 의한 난민인정신청이 있을 경우 먼저 난민협약 등에서 정한 난민으로서 요건을 갖추었는지 여부를 확정한 후, 그 요건을 갖춘 것으로 인정되는 경우에는 이를 기초로 그를 출입국관리법 제76조의2 제1항의 난민으로 인정하여 적법한 국내체재자격 부여 등 일정한 비호를 부여할 것인지, 아니면 난민으로 인정됨에도 불구하고 제3국으로 강제 퇴거시키거나 보호상태를 계속할 것인지 여부에 관한 적정한 재량을 행사하여야 하고(다만, 난민을 그 생명 또는 자유가 위협받을 우려가 있는 국적국 등의 국경으로 추방하거나 송환하는 것은 난민협약 제33조 제1호에 의하여 금지되어 있다), 만일 위 재량권의 행사에 앞서 난민협약 등에서 정한 난민의 요건을 갖추었는지 여부에 관한 사실인정을 그르쳐 필요한 재량권 행사를 전혀 하지 않은 경우라면 그 처분은 위 사유만으로 위법하여 취소를 면하지 못한다 할 것이다.

(나) 난민협약상 난민 요건의 충족 여부(박해를 받을 충분한 근거가 있는 공포)

난민협약상의 난민은 인종, 종교, 민족, 특정 사회집단의 구성원 신분 또는 정치적 의견을 이유로 박해를 받을 우려가 있다는 충분한 근거 있는 공포를 요건으로 하는데, 여기에서의 박해가 무엇을 의미하는지에 관하여는 확립된 견해는 없지만 일응 생명 또는 신체의 자유와 같은 중대한

인권에 대한 침해행위가 이에 해당한다고 할 수 있고, 그 밖에도 일반적으로 문명사회에서 허용될 수 없을 것으로 생각되는 부당한 차별, 고통, 불이익의 강요 등이 이에 해당한다고 할 수 있을 것이다.

또한 난민으로 인정되기 위해서는 신청인이 위와 같은 박해에 대한 공포를 느끼는 것만으로는 부족하고 그 공포에 대한 충분한 근거가 요구되는데, 합리적인 통상인이 신청인에게 주어진 것과 같은 총체적 경험과 상황 속에 놓일 경우 박해에 대한 공포를 느낄 것으로 판단된다면 그 공포는 충분한 근거를 갖춘 것으로 봄이 상당하다.

그리고 여기서 말하는 신청인에게 주어진 총체적 경험과 상황을 판단함에는 신청인의 국적국 내에 존재하는 일반적인 인권상황을 고려하여야 함은 물론이지만, 나아가 그와 같은 신청인의 국적국에 관한 일반적인 상황이 어떠한 구체적 사정 속에서 신청인에 대한 박해 가능성으로 연결될 수 있는지에 관하여도 검토되어야 할 것이며, 이 점에 관한 사실관계는 일차적으로 신청인 자신에 의하여 제공되어야 한다(편람 제195항 참조).

(다) 입증책임

신청을 제출한 자가 입증책임을 지는 것이 일반적인 법원칙이다. 그러나 난민은 그 성격상 박해의 내용이나 가능성, 원인에 관한 충분한 객관적 증거자료를 갖추지 못하는 것이 오히려 일반적이라 할 것이므로, 그 입증의 정도에 있어서 난민에게 객관적 증거자료에 의하여 주장사실 전체를 입증하도록 요구할 수는 없고 단지 그 진술의 전체적인 신빙성만 수긍할 수 있으면 된다 할 것이지만, 이를 위해서는 적어도 주장사실 자체로서 일관성과 설득력을 갖추어야 하고 일반적으로 알려져 있는 사실과 상반되어서는 안 된다(편람 제204항 참조).

따라서 신청인의 주장이 신뢰성 있는 것으로 생각되면, 그 주장에 반하는 상당한 이유가 없는 한, 증거가 불충분한 경우라도 신청인에게 유리한 해석에 의한 이익(benefit of the doubt)을 부여하여야 한다(편람 제196항 참조).

(2) 원고에 대한 박해가능성의 인정 여부

(가) 피고는, 원고가 수차례의 면담조사과정에서 위 인정 사실과 같이 자국 정부로부터 박해받고 이를 피하기 위해 대한민국에 입국하였다는 취지로 한 진술이 입국경위 및 경로, ANR 정보요원 및 UDPS 당원으로서의 활동내역, 여권 및 비자의 취득 경위, 두 차례에 걸친 체포 및 구금과정 등에 있어 일관성이 없고 모순되어 있을 뿐만 아니라, 특히 원고의 2차 체포원인이 된 보고서의 내용이 카빌라 대통령, ANR 국장을 비롯한 정부 고위층 등에게 정치적·도덕적 타격을 입힐 수 있는 내용으로 이루어져 있어 이러한 보고서를 당사자들에게 제출하였다는 것은 상식에 반하여 그 신빙성이 떨어지므로 원고의 진술을 믿기 어렵다고 주장한다.

살피건대, ① 원고가 총 9회에 걸친 면담조사과정에서 진술한 내용이 여권의 발급경위, 대한민국 입국경로, ANR 정보요원 및 UDPS 당원으로서의 활동일자, ANR의 서열순위, 1, 2차 체포일시 및 경위 등의 세부적인 사항에 있어 서로 일치하지 아니하는 부분이 있기는 하나, 원고의 전체적인 진술취지는 'ANR 정보요원으로 활동 중 지득한 정보사실에 관해 보고서를 작성하여 대통령을 비롯한 정보기관 상부와 야당에 제출하였다가 ANR에 의해 두 차례에 걸쳐 체포를 당했다'는 내용으로서 일관되어 있으므로 위와 같은 세부사항의 불일치만을 문제 삼아 원고 진술 전체가 신빙성이 없다고 판단할 수 없을 뿐만 아니라, 오히려 통역상의 난점, 기억의 한계 등을 감안하면 진술의 세부사항이 조금씩 다른 것은 자연스러운 현상으로도 볼 수 있는 점, ② 특히 원고는 면담조사 초기(1, 2회)에는 자신의 탈출을 도와준 사람들을 비호하기 위해 그들에 관한 정보를 숨기는 과정에서 일부러 거짓으로 진술한 것으로 보이고, 그 후의 원고의 진술은 비교적 일관되고 조리가 있는 점, ③ 위 인정 사실을 유력하게 뒷받침하는 증거로서 원고가 주장하고 있는 사건의 요지를 보도한 2002.8.10.자 르아브니르 콩고 현지의 신문기사(갑6호증)에 대하여, 피고는 콩고의 기자들이 부패하였을 뿐만 아니라 위 기사가 신문사의 성향에 반하는 내용이라는 점 등에 비추어 위 증거를 믿기 어렵다고 주장하나, 원고가 콩고를 떠나기 전 외국에서의 난민신청을 염두에 두고 기자를 매수한 후 콩고의 대표적 신문 중의 하나인 위 신문사로 하여금 허위의 기사를 싣게 하였다는 것이 오히려 믿기 어려울 뿐더러, 유력한 신문사와 같은 공적인 기관이 작성하여 비교적 객관적인 증명력이 있다고 인정되는 증거에 대해서까지 그 증명력을 탄핵하면 증거수집에서 절대적으로 불리한 위치에 있는 난민이 난민요건을 입증할 수 있는 기회를 사실상 박탈하는 결과가 되는 점, ④ 따라서 피고가 위와 같은 증거에 대해서 증명력을 탄핵하기 위해서는 그 기사의 내용이 일반적으로 알려져 있는 사실과 상치된다거나 그 자체의 내용상 최소한의 합리성을 결하고 있는 사실 또는 단순한 의혹제기나 추측을 넘어 위 신문기사가 위조되었거나 조작되었음을 인정할 수 있는 구체적인 사실을 입증하여야 하고, 이를 입증하지 못하는 한, 위 증거를 쉽사리 배척할 수 없는 점, ⑤ 이처럼 세부사항에서의 다소의 불일치를 제외하면 원고의 진술내용은 박해의 원인이 된 사건의 배경과 발단, 전개경위 등에 있어서 충분히 구체적이고 상세하며 논리적이고 설득력이 있을 뿐만 아니라, 콩고의 일반적인 사회·정치상황에도 어긋나지 아니하는 점, ⑥ 이러한 진술의 주요내용이 위 신문기사뿐만 아니라, 원고가 제출한 여러 객관적인 증거에 의해 뒷받침되는 점, ⑦ 원고가 대통령을 비롯한 정보기관 상층부에게 제출한 보고서는 '정부고위 관료 일부가 반군과 내통하여 무기를 밀매하고 콩고 분할을 획책하고 있다'는 취지의 내용으로서, 비록 위와 같은 비리에 대통령이 연루되어 있을 가능성이 있다고 하더라도 ANR의 정보요원인 원고로서는 ANR의 최고 책임자이자 국정의 최고 주재자인 대통령에게 (혹시 있을지도 모르는 정치적 박해의 위험을 감수하고) 이러한 중대한 사실을 보고하는 것이 정보요원으로서의 본연의 임무였던 것으로 보이는 점 등에 비추어 보면 원고의 진술은 그 전체적인 내용에 있어 신빙성이 있다고 판단되므로, 위 진술에 기초한 사실관계(위 인정 사실과 같다)에 따라 난민요건을 판단하여야 한다.

(나) 나아가 살피건대, 위 인정 사실에 나타난 다음과 같은 사정, 즉 ① 원고가 이미 콩고 정부의 정보기관인 ANR에 의해 두 차례나 체포, 구금됨으로써 박해를 받았던 점, ② 특히 두 번째 체포, 구금의 원인이 된 보고서의 내용이 정치적으로 더욱 민감하고 예민한 사안일뿐더러, 원고가 위 보고서를 야당인 UDPS에게 송부하였다는 사실 또한 발각됨으로써, 향후 콩고 정부의 원고에 대한 박해가능성이 더욱 높아진 점, ③ 또한 원고는 대한민국에서도 인터넷 방송 등을 통해 반정부활동을 계속하고 있는 것으로 보이고, 이러한 활동은 콩고 정부에서도 쉽게 인지할 수 있는 점, ④ 현재 콩고의 인권상황이 상당히 열악한 것으로 보이는 점 등에 비추어 보면, 원고가 콩고 정부나 그 정보기관인 ANR로부터 정치적 활동을 이유로 한 박해를 받을 가능성이 높다고 할

것이다.

따라서 원고는 콩고 정부로부터 정치적 의견을 이유로 박해를 받을 충분한 근거 있는 공포로 인하여 국적국의 보호를 받는 것을 원하지 아니하는 자에 해당한다고 볼 수 있으므로, 이와 달리 보고 한 이 사건 처분은 위법하다.

3. 결 론

그렇다면 이 사건 처분의 취소를 구하는 원고의 이 사건 청구는 이유 있으므로 이를 인용하기로 하여 주문과 같이 판결한다.

판사 김용찬(재판장) 김태건 송민경

대법원 2008.7.24. 선고 2007두19539 판결
【난민인정불허결정처분취소】

【판시사항】

[1] 법무부장관이 난민의 지위에 관한 협약에 정한 난민으로 인정하기 위한 요건

[2] 국적국을 떠난 후 거주국에서 정치적 의견을 표명하여 '박해를 받을 충분한 근거 있는 공포'가 발생한 경우나 난민으로 보호받기 위하여 박해의 원인을 제공한 경우에도 난민으로 인정될 수 있는지 여부(적극)

[3] 난민인정의 요건인 '박해'의 의미, 그러한 박해를 받을 '충분한 근거 있는 공포'가 있다는 사실에 대한 증명책임자(=난민신청자) 및 그 증명의 정도

【참조조문】

[1] 출입국관리법 제2조 제2의2호, 제76조의2 제1항, 난민의 지위에 관한 협약 제1조, 난민의 지위에 관한 의정서 제1조 / [2] 출입국관리법 제2조 제2의2호, 제76조의2 제1항, 난민의 지위에 관한 협약 제1조, 난민의 지위에 관한 의정서 제1조 / [3] 출입국관리법 제2조 제2의2호, 제76조의2 제1항, 난민의 지위에 관한 협약 제1조, 난민의 지위에 관한 의정서 제1조

【참조판례】

[3] 대법원 2008.7.24. 선고 2007두3930 판결(공2008하, 1242)

【전 문】

【원고, 상고인】 원고 (소송대리인 변호사 정정훈외 5인)

【피고, 피상고인】 법무부장관

【원심판결】 서울고법 2007.9.4. 선고 2007누1912 판결

【주 문】

상고를 기각한다. 상고비용은 원고가 부담한다.

【이 유】

상고이유를 판단한다.

1. 상고이유 제1, 2점에 대하여

출입국관리법(이하 '법'이라 한다) 제2조 제2의2호, 제76조의2 제1항, 난민의 지위에 관한 협약(이하 '난민 협약'이라 한다) 제1조, 난민의 지위에 관한 의정서 제1조의 규정을 종합하여 보면, 법무부장관은 인종, 종교, 국적, 특정 사회집단의 구성원 신분 또는 정치적 의견을 이유로 박해를 받을 충분한

근거 있는 공포로 인해 국적국의 보호를 받을 수 없거나 국적국의 보호를 원하지 않는 대한민국 안에 있는 외국인에 대하여 그 신청이 있는 경우 난민협약이 정하는 난민으로 인정하여야 한다.

난민은 국적국을 떠난 후 거주국에서 정치적 의견을 표명하는 것과 같은 행동의 결과로서 '박해를 받을 충분한 근거 있는 공포'가 발생한 경우에도 인정될 수 있는 것이고, 난민으로 보호받기 위해 박해의 원인을 제공하였다고 하여 달리 볼 것은 아니다.

난민인정의 요건이 되는 '박해'라 함은 '생명, 신체 또는 자유에 대한 위협을 비롯하여 인간의 본질적 존엄성에 대한 중대한 침해나 차별을 야기하는 행위'라고 할 수 있을 것이고, 그러한 박해를 받을 '충분한 근거 있는 공포'가 있음은 난민인정의 신청을 하는 외국인이 증명하여야 할 것이나, 난민의 특수한 사정을 고려하여, 그 진술에 일관성과 설득력이 있고 입국 경로, 입국 후 난민신청까지의 기간, 난민신청 경위, 국적국의 상황, 주관적으로 느끼는 공포의 정도, 신청인이 거주하던 지역의 정치·사회·문화적 환경, 그 지역의 통상인이 같은 상황에서 느끼는 공포의 정도 등에 비추어 전체적인 진술의 신빙성에 의하여 그 주장사실을 인정하는 것이 합리적인 경우에는 그 증명이 있다고 할 것이다.

원심은, 그 채용 증거들을 종합하여 원고가 '박해를 받을 충분한 근거 있는 공포'를 인정할 수 있을 정도로 미얀마 또는 국내에서 정치활동을 하였다고 볼 수는 없고, 원고의 난민신청은 국내에서 경제적 활동을 계속하기 위한 것이라고 판단하였는바, 위 법리에 비추어 보면 원심의 이러한 조치는 정당한 것으로 수긍이 가고, 거기에 상고 이유와 같은 채증법칙 위배나 난민 개념에 관한 법리 오해 등의 위법이 없다.

2. 상고이유 제3점에 대하여

국내에 있는 외국인에 대한 인도적 체류의 허가와 난민인정은 각각 별도의 요건과 절차에 따라 이루어지는 것이어서, 피고가 원고에 대해 인도적 체류를 허가하였다고 하여 그것만으로 원고가 '박해를 받을 충분한 근거 있는 공포'를 갖는 등 난민 요건을 갖춘 것으로 인정할 수는 없으므로, 피고가 원고에게 인도적 체류를 허가한 이상 박해 가능성 등 난민인정의 요건이 충족되었다는 취지의 이 부분 상고 이유 주장도 받아들일 수 없다.

3. 결 론

그러므로 상고를 기각하고, 상고비용은 패소자의 부담으로 하여, 관여 대법관의 일치된 의견으로 주문과 같이 판결한다.

대법관 양승태(재판장) 박시환 박일환(주심) 김능환

5. 형사범죄

대전고등법원 2008.1.23. 선고 2007노425 판결 【살인】

【사 건】 2007노425 살인

【피 고 인】 000 (610000-000000), 무직

주거 부정

등록기준지 경남 창녕군 도천면 도천리 524

【항 소 인】 피고인 및 검사

【검 사】 서홍기

【변 호 인】 변호사 최권주 (국선)

제1심 판결 대전지방법원 천안지원 2007.10.9. 선고 2007고합118 판결

【판 결 선 고】 2008.1.23.

【주 문】

피고인 및 검사의 항소를 모두 기각한다.

【이 유】

1. 항소이유의 요지

피고인(양형과중), 검사(양형과경)

2. 판 단

가. 양형의 조건

○ 전과

음주 중의 폭력행위 등으로 인하여 6회의 벌금형 처벌전력이 있다.

○ 성장배경 및 생활환경(판결 전 조사결과 및 당심 감정인 박상규의 감정결과)

피고인은 경남 창녕군에서 3남 중 막내로 태어나 아버지의 가출 후 홀어머니 슬하에서 가난하게 생활하면서 초등학교와 중학교를 고향에서 졸업하였으나, 경제적 빈곤과 부모의 무관심으로 고등학교에 진학하지 못하였다. 중학교를 졸업하고 1년가량 집안 농사일을 돕다가 마산시 등에서 몇 년간 공원생활을 하였다. 군복무를 마치고 상경하여 자동차학원 강사, 노동 등을 하면서 방송통신고등학교를 마쳤다. 피고인은 41살 이후에서야 본격적으로 결혼하고자 하였고, 피고인은 그 이유에 관하여, '나이 먹은 남자가 혼자 있으니 부끄럽고 남들이 병신같이 볼 것이라고 생각하여 결혼하기로 마음먹었다'고 진술하고 있다. 우리나라 여성들과 몇 번 선을 보았으나 성사되지 못하였다.

피고인은 '여자들이 너무 현실적인 것을 따진다'고 토로하였다. 천안에서 노동일을 하면서 우연히 생활정보지를 보고 국제결혼정보업체를 알게 되었으며, 전재산에 가까운 1,000만 원을 지급하고 국제결혼정보업체를 통하여 2006.12.23. 베트남에서 피해자와 결혼식을 올린 후 2007.5.16.부터 천안에서 피해자와 결혼생활을 시작하였다.

○ 범행전후의 심리상태(당심 감정인 박상규의 피고인에 대한 정신감정결과)

피고인은 알코올 문제가 있어 보인다. 알코올 섭취 후에 공격성 조절이 잘 되지 않아 타인에 대하여 폭력적 행위를 하는 등 대인관계의 문제가 있었던 것으로 보인다. 피고인은 피해망상적 사고경향과 외상후 스트레스 장애, 우울증상이 있을 것으로 추정된다. 베트남 여인인 피해자와 결혼 후 피고인은 결혼생활이 기대한 대로 되지 않자 후회가 많았던 것으로 보인다. 피고인은 피해자인 전처를 좋아하기도 했다. 그러나 피고인은 자신이 기대한 대로 결혼생활이 여의치 않자 결혼에 대한 불안감이 있었던 것으로 생각된다. 피고인의 가정은 피해자와의 언어적 소통의 어려움, 경제적 어려움, 피고인의 피해의식 등의 문제로 원만하지 못하였던 점도 있었을 것으로 보인다. 특히 최근에 피고인이 전세금이나 부동산 문제로 걱정이 많아 피해자를 잘 보살피지 못하였던 것으로 보인다. 피해자가 이혼하자는 것에 대하여 피고인은 피해의식을 많이 가졌을 것으로 추정된다. 범행 당일 피고인은 무더위 속의 과중한 업무로 피로감이 심했던 것으로 보인다. 피고인은 동료들과 술을 마신 후, 집에서 피해자가 이혼하려고 집을 떠나려는 것을 보고 만류하였으나 피해자가 짜증을 내자 순간적으로 분노감을 억제하지 못하여 살인행동을 한 것으로 보인다. 피고인이 전처에 대하여 가지고 있는 피해망상적 사고경향과 음주상태는 피해자의 행동을 왜곡해서 해석하도록 하였고 공격성을 억제하지 못하는 데 영향을 주었을 가능성이 있어 보인다. 피고인의 피해의식과 알코올 섭취는 공격성의 조절에 영향을 주었을 것으로 추정된다. 면담장면에서 피고인은 자신이 '사람으로서 왜 그런 일을 했나 내가 미친놈이다. 술에 취해서 정신이 희미해서 그런 것 같다. 술만 먹지 않았다면 그런 상황까지 가지 않았을 것이다'고 후회하는 모습도 보이고 있다. 현재 피고인은 자신의 문제를 뉘우치고 후회하고 있는 모습도 보이고 있으며 한편으로는 피고인과 결혼한 것에 대한 후회감도 표현하고 있다. 피고인은 알코올 문제와 아울러 정신과적 증상이 의심되고 있다. 피해망상적 사고, 우울증, 외상적 스트레스 장애가 의심되고 있다. 알코올 문제와 정신과적 증상들에 대한 치료적 개입이 필요할 것으로 추정된다.

○ 피고인의 이 사건 범행 동기에 관한 진술 및 피해자측 사정(피해자가 이 사건 전날 피고인에게 남긴 편지)

피고인은 2007.6.26. 21:30경 동료들과 회식자리에서 술을 마시고 귀가한 후, 피해자가 가방에 여권과 옷을 꾸린 채 외출복 차림으로 있는 것을 보고 피해자에게 베트남어로 '결혼'을 의미하는 말인 '캐톤'이라고 묻자, 피해자가 '아니오'라는 말을 하며 집을 나가려고 하여 피해자가 피고인과의 결혼생활을 끝내고 집을 나가려는 것으로 판단하고, 피해자로부터 처음부터 사기결혼을 당하였다고 생각하고 버림받았다는 생각이 들어 순간적으로 격분하여 피해자를 살해하였다고 주장하고 있다.

한편, 피해자는 이 사건으로 살해되기 전날인 2007.6.25. 다음과 같은 내용의 베트남어로 된 편지를 남겼다. 피고인과의 그간의 결혼생활의 어려움을 토로하고 피고인이 좋은 사람과 만나 결혼을 하기를 빌면서 자신은 베트남으로 돌아가겠다는 내용이다. 이 편지를 통하여 피해자의 피고인에 대한 정서적 반응과 그들 결혼생활을 잘 이해할 수 있을 것이다.

당신과 저는 매우 슬픕니다. 제가 한국에 온 지 얼마되지 않아 아직은 한국사람들의 삶에 대해서 알 수 없고 이해할 수 없는 것은 당연합니다. 한국에서도 부인이 기뻐 보이지 않으면 남편이 그 이유를 물어보고 책임을 져야 되는 것이 아닌가요, 그런데 남편은 왜 오히려 아내에게 화를 내는 지, 당신은 아세요?

남편이 어려운 일 의논해 주고 서로 마음을 알아주는 것이 아내를 제일 아껴주는 것이라고 생각해요. (중략) 저는 당신의 일이 힘들고 지친다는 것을 이해하기에 저도 한 여자로서, 아내로서 나중에 더 좋은 가정과 삶을 위해 최선을 다하고 있어요. 당신은 아세요?

저는 당신과 많은 이야기를 나누고 싶은데, 당신은 왜 제가 한국말을 공부하러 못 가게 하는지 이해할 수가 없어요. 저도 다른 사람들과 같이 대화하고 싶어요. 당신을 잘 시중들기 위하여 당신이 무엇을 먹는지, 무엇을 마시는지 알고 싶어요. 저는 당신이 일을 나가서 무슨 일이 있었는지, 어떤 것을 먹었는지, 건강은 어떤지 또는 잠은 잘 잤는지 물어보고 싶어요. 제가 당신을 기뻐할 수 있게 만들 수 있도록, 당신이 저에게 많은 것들을 가르려 주기를 바랐지만, 당신은 오히려 제가 당신을 고민하게 만들었다고 하네요. 저는 한국에 와서 당신과 저의 따뜻하고 행복한 삶, 행복한 대화, 삶 속에 어려운 일들을 만났을 때에 서로 믿고 의지하는 것을 희망해 왔지만, 당신은 사소한 일에도 만족하지 못하고 화를 견딜 수 없어하고, 그럴 때마다 이혼을 말하고, 당신처럼 행동하면 어느 누가 서로 편하게 속마음을 말할 수 있겠어요. 당신은 가정을 만든다는 것이 얼마나 큰일이고 한 여성의 삶에 얼마나 큰일인지 모르고 있어요. 좋으면 결혼하고 안 좋으면 이혼을 말하고 그러는 것이 아니에요. 당신이 그렇게 하는 것은 한 사람의 진실된 남편으로서 부족하다고 생각해요. 물론 제가 당신보다 나이가 많이 어리지만, 결혼에 대한 감정과 생각에 대해서는 이해하고 있어요. 한 사람이 가정을 이루었을 때 누구든지 완벽하지 않다는 것에 대해서는 반드시 이해해야 되요. 물론 부부가 서로 이해하지 못하고 서로의 상처가 너무 많아 결국 이혼하는 사람들도 있어요. 한 사람의 감정을 존중하고 이해하는 사람에게는 마음을 닫아버리게 하는 상황들과 원망하게 하는 상황들이 무관심하게 지나가게 되요. 모든 사람에게 각자의 자존심이 있고 자신을 '정답'에 서게 하는 것은 알아요. 하지만 부부가 행복할 수 없고 위험하게 만드는 일을 계속 행하는 것에 대해서는 아무도 이해할 수 없을 거에요. (중략) 당신은 저와 결혼했지만, 저는 당신이 좋으면 고르고 싫으면 고르지 않을 많은 여자들 중에 함께 서 있었던 사람이었으니까요.

당신은 아세요? 제가 당신과 결혼하기 전에는 호치민 시에서 일을 했어요. 당신이 우리 집에 왔을 때 우리 집은 많은 어려움을 겪고 있었어요. 저는 가정을 위해서 일을 나가야 했고, 그 일은 매우 힘들었어요. 하지만 봉급은 얼마 못 받았지요. 저는 노동이 필요한 일도 했었어요. 그 일은 매우 힘들었어요. 그것이 가축을 기르는 일이든, 농작을 하는 일이든… 가족들은 노동일로 벼를 심고 베는 일을 했어요. 베트남에서 그렇게 많은 일을 했어도 입을 것과 먹을 것만 겨우 충당할 수 있었지요. 그래서 제가 한국에 왔을 때에 더이상 바라는 것이 없었고, 단지 당신이 저를 이해해 주는 것만을 바랐을 뿐이에요. 저도 일을 해봤기 때문에 일을 어떻게 하고 또 그것이 힘들다는 것을 알아요. 하지만 제가 베트남에 돌아가게 되도 당신을 원망하지 않을 거예요. 저는 당신이 저 말고 당신을 잘 이해해주고 사랑해 주는 여자를 만날 기회가 오기를 바래요. 당신이 잘 살고 당신이 꿈꾸는 아름다운 일들이 이루어지길 바래요.

저는 베트남에 돌아가 저를 잘 길러주신 부모님을 위하여 다시 처음처럼 일을 시작하려고 합니다. 저의 희망은 이제 이것뿐이에요. 당신과 전 서로 다른 나라 사람이어서 제가 한국에 왔을 때 대화를 할 사람이 당신뿐이었는데 … 누가 이렇게 될 것이라 생각할 수 있었겠어요. 정말로 하느님이 저에게 장난을 치는 것 같아요. 정말 더 이상 무엇을 적을 것이 있고 말할 것이 있겠어요. 당신은 이 글씨 또한 무엇인지도 모르고 이해하지도 못할 것인데요.

나. 평 가

이 사건 범행은 피고인이 그 경위에 어찌 되었든 간에 피고인과 결혼하여 피고인만을 의지하여 말도 통하지 않는 대한민국에 온 19세의 피해자를 무참하게 살해한 것으로 그 결과가 지극히 무거워 엄중한 책임을 묻지 않을 수 없다.

피해자가 남긴 편지 내용을 보자. 피해자는 19살의 어린 나이에 피고인과 서로 이해하고 위해주는 애틋한 부부관계를 이루고, 한국어를 빨리 배워 한국생활에 적응하면서 따뜻한 가정을 이루겠다는 소박한 꿈을 품고 한국에 와 피고인과 동거를 시작하였다. 그러나 피고인의 피해자에 대한 배려의 부족, 어려운 경제적 형편 및 언어문제로 인한 의사소통의 어려움으로 인하여 원만한 결혼생활을 영위하지 못하였다. 피고인의 무관심과 통제로 인하여 피고인과 따뜻한 가정을 이루기는커녕 최소한의 인간다운 삶도 누리지 못하겠다고 생각하였던 것이다. 그러던 끝에 피고인과의 결혼생활을 청산하고 베트남으로 돌아가려고 하였을 것이다. 피고인은 피해자의 이와 같은 반응을 보고 피해자가 처음부터 피고인과 결혼할 생각 없이 사기결혼을 하였다고 오해한 것이 피고인이 이 사건 범행에 이른 주된 원인이 되었다. 거기에 피고인의 피해망상적 사고경향과 음주 중 폭력습벽이 더 해져 피고인이 피해자를 살해하기까지에 이르렀다. 이 사건 범행은 결국 계획적이거나 미리 의도된 범행으로 보이지는 않으나, 피고인의 타인에 대한 배려의 부족, 피해망상적 사고경향 및 음주 중 폭력습벽에 기인한 것으로서 피고인의 이러한 그릇된 성행을 교정하기 위하여서도 상당한 기간 동안 피고인을 사회로부터 격리하는 형의 선고는 불가피하다고 판단된다.

한편 시각을 바꾸어 이 사건과 같은 비극이 발생한 근본 원인을 돌아보고 싶다. 특히 농촌지역을 중심으로 하여 한국 남성과 제3세계 여성 사이의 국제결혼이 급격히 늘어가고 있는 이 시점에서, 이 사건은 우리로 하여금 이런 국제결혼의 명암을 재조명해 보도록 하고 있다. 배우자감을 국내에서 찾을 처지가 되지 못했던 피고인이 결혼정보회사를 통하여 베트남 현지에 임하여 졸속으로 피해자를 만나게 된 전 과정을 보면서 스스로 깊은 자괴감을 느끼지 않을 수 없다. 피고인은 그저 피해자가 한국인과 비슷하게 생겼다는 이유로 단 몇 분 만에 피해자를 배우자감으로 선택하게 된다. 그 과정에서 피해자가 누구인지, 누구 집 자식인지, 무엇을 원하는지 아무도 알려 준 바 없었고, 그래서 이를 전혀 알 수 없었을 뿐더러, 또한 스스로 알고자 하지도 아니하였다. 목표는 단 한 가지 여자와 결혼을 한다는 것일 뿐, 그 이후의 뒷감당에 관하여 진지한 고민이 없다. 그러나 그러한 지탄을 피고인에 대해서만 집중할 수 없을 것 같다. 그것은 우리 사회의 총체적인 미숙함의한 발로일 뿐이다. 노총각들의 결혼대책으로 우리보다 경제적 여건이 높지 않을 수도 있는 타국 여성들을 마치 물건 수입하듯이 취급하고 있는 인성의 메마름. 언어문제로 의사소통도 원활하지 못하는 남녀를 그저 한 집에 같이 살게 하는 것으로 결혼의 모든 과제가 완성되었다고 생각하는 무모함. 이러한 우리의 어리석음은 이 사건과 같은 비정한 파국의 씨앗을 필연적으로 품고 있는 것이다. 이 자리에서 우리는 21세기 경제대국, 문명국의 허울 속에 갇혀 있는 우리 내면의 야만성을 가슴 아프게 고백해야 한다. 혼인은 사랑의 결실로 소중히 보호되어야 한다. 그러나 그 가치를 온전히 지켜낼 능력이 우리에게 있는 것일까. 코리안 드림을 꿈꾸며 이 땅의 아내가 되고자 한국을 찾아온 피해자 후안마이. 그녀의 예쁜 소망을 지켜줄 수 있는 역량이 우리에게는 없었던 것일까. 19세 후안마이의 편지는 오히려 더 어른스럽고 그래서 우리를 더욱 부끄럽게 한다. 이 사건이 피고인에 대한 징벌만으로 끝나서는 아니되리라는 소망을 해 보는 것도 이러한 자기반성적 이유 때문이다.

이 법원은 경제적인 어려움으로 고국을 떠나 말도 통하지 않는 타국사람과 결혼하여 이역만리 땅에 온 후 단란한 가정을 이루겠다는 소박한 꿈도 이루지 못한 채 살해되어 19세의 짧은 인생을 마친 피해자의 영혼을 조금이라도 위무하고 싶었다. 그 전제로 피고인이나 결혼을 알선한 결혼정보업체를 통하여 피해자의 가족들에게 피해자의 죽음을 알리려고 하였다. 결혼정보업체는 피해자의 성장배경, 생활환경 및 피해자의 가족들의 소재에 대한 이 법원의 사실조회에 대하여 아무런 답변을 하지 않았고, 관계당국이나 피고인을 통하여서도 피해자의 가족들의 소재를 확인할 길이 없었다. 피해자의 가족들에게 피해자의 죽음을 알릴 길을 찾지 못한 채 이 사건 판결에 이른 것을 유감으로 생각하고 있다. 그로 인하여 피고인으로서도 피해자의 가족들로부터 용서를 받는 기회를 갖지도 못하였다.

이와 같은 사정에 피고인의 연령, 성행, 전과관계, 범행의 동기, 경위, 결과 및 범행 이후의 정황 등 양형의 조건이 되는 여러 가지 사정들을 종합하여 보면, 피고인에 대하여 징역 12년을 선고한 제1심의 형량이 너무 무겁거나 가벼워 부당하다고 보이지 않는다.

3. 결 론

그러므로 형사소송법 제364조 제4항에 의하여 피고인과 검사의 항소를 모두 기각하기로 하여, 주문과 같이 판결한다.

재판장 판사 김상준
판사 신동헌
판사 손삼락

부산지방법원 2009.1.16. 선고 2008고합808 판결
【성폭력범죄의처벌및피해자보호등에관한법률위반(특수강간)】

【판시사항】

필리핀 국적의 처가 생리중임을 이유로 성관계를 거부하자, 남편이 가스분사기와 과도로 협박하여 처의 반항을 억압한 후 1회 간음한 사안에서, 법률상 처를 강간죄의 객체로 인정한 사례

【판결요지】

필리핀 국적의 처가 생리중임을 이유로 성관계를 거부하자, 남편이 가스분사기와 과도로 협박하여 처의 반항을 억압한 후 1회 간음한 사안에서, 강간죄의 보호법익을 성적 성실을 의미하는 여성의 '정조'가 아닌 인격권에 해당하는 '성적 자기결정권'으로 보아 법률상 처를 강간죄의 객체로 인정한 사례.

【참조조문】

성폭력범죄의 처벌 및 피해자보호 등에 관한 법률 제6조 제1항, 형법 제297조

【전 문】

【피 고 인】 피고인

【검 사】 유진승

【변 호 인】 변호사 감덕령

【주 문】

피고인을 징역 2년 6월에 처한다.

다만, 이 판결 확정일로부터 3년간 위 형의 집행을 유예한다.

【이 유】

【범죄사실】

피고인은 2008.7.26. 11:00경 부산 남구 우암2동 194-113에 있는 피고인의 집에서, 처인 피해자(필리핀 국적의 외국인)가 생리기간 중이어서 성관계를 거부하자 위험한 물건인 가스분사기와 과도(칼날길이 12cm)를 피해자의 머리와 가슴에 겨누고 죽여 버리겠다고 협박하면서 피해자의 유두와 음부를 자르는 시늉을 하여 피해자의 반항을 억압한 후 피해자의 옷을 모두 벗게 하고 1회 간음하여 피해자를 강간하였다.

【증거의 요지】

1. 피고인의 법정진술
1. 피해자에 대한 검찰 및 경찰 각 진술조서

1. 피고인에 대한 경찰 및 검찰 각 피의자신문조서 중 각 피해자의 진술기재 부분
1. 피해자 작성의 고소장
1. 액체형 레이저 가스분사기 사진, 피의자가 찢어서 버린 피해자의 의류사진
1. 수사첩보보고서, 수사보고(과도 및 상황재연 등 사진촬영)

【법령의 적용】

1. 범죄사실에 대한 해당법조 및 형의 선택
성폭력범죄의 처벌 및 피해자보호 등에 관한 법률 제6조 제1항, 형법 제297조(유기징역형 선택)
1. 작량감경
형법 제53조, 제55조 제1항 제3호
1. 집행유예
형법 제62조 제1항
법률상 처를 강간죄의 객체로 인정한 이유
1. 피고인이 판시 범죄사실과 같이 그 처를 강간한 점에 대하여 검사는 형법상 강간죄의 성립을 전제로 특별법상의 특수강간죄로 기소하였다.
2. 이에 대하여 피고인은 범행을 모두 자백하고 변호인 또한 법리 등에 관하여 특별한 의견을 제시하지 아니하였다.
3. 그러나 부부 사이의 강제적 성관계를 형법상 강간죄로 인정할 것인지의 여부에 관하여는 의견이 나뉘므로, 당원은 이 사건 사안에 대한 법률적용에 임하여, 논점에 관한 그간의 자료를 검토 및 숙고한 다음 별지와 같이 부부 강간에 관한 견해를 제시하고자 한다.

【양형의 이유】

1. 피고인은 결혼정보회사를 통하여 2006.8.30. 필리핀 국적의 피해자와 혼인한 다음 그로부터 4개월 간 동거하였다. 그러나 피고인이 생활비를 주지 아니하는데다가 주취상태에서 폭행 등 학대를 계속하므로 피해자는 더 견디지 못하고 가출을 한 후 김해에 있는 플라스틱공장에서 노동에 종사하면서 생활하여 왔다. 그러다가 출입국관리사무소 직원에게 불법체류자로 붙들려 2008.7.15. 다시 피고인에게 인계되었다. 그때부터 5일 정도는 합의에 의하여 성관계를 하는 등으로 두 사람 사이에 이렇다 할 문제가 없었으나 7.21.부터 피해자의 생리가 시작되면서 이를 이유로 피해자가 성관계를 거부하자 피고인은 자신의 성적 욕구를 참지 못하고, 거기다가 컴퓨터에 몰입하는 등 게으름을 피운다는 사정을 들어 그녀를 제압하려는 복합적인 의도에서, 판시와 같은 폭력적인 수단을 동원하여 강간을 한 것이 이 사건 범행이다.
2. 고국과 가족을 떠나 오로지 피고인만 믿고 당도한 먼 타국에서, 언어도 통하지 않고, 친지도 없어, 말할 수 없이 힘들고 외로운 처지에 놓인 피해자를 처로 맞았으면 피고인으로서는 마땅히 사랑과 정성으로 따뜻이 보살펴야 함에도, 필리핀에서 결혼식을 거행하고 혼인신고를 한 후 국내에 피해자를 데려다 놓고는 제대로 부양은커녕 피해자로 하여금 갖은 고초를 겪게 함으로써 급기야 그나마 정을 붙일 수 있는 피고인 곁을 떠나 가출할 수밖에 없게 함은 물론 열악한 상태에서 근로자로

일하도록 계속 내버려두는가 하면, 모처럼 당국의 협력으로 피해자를 다시 만났으면 위로와 휴식으로 정상적인 혼인생활을 유지할 수 있도록 노력하여야 함에도, 자신의 부당한 욕구 충족만을 위하여 처의 정당한 성적 자기결정권의 행사를 무시하고 가스총과 과도로 위협하면서 유두를 자르겠다든가, 죽이겠다든가 하는 차마 사람으로서 생각할 수도 없는 행동을 서슴지 않고 자행한 피고인의 그와 같은 행동은 이를 도무지 이해할 수도 용인할 수도 없는 것이다. 이는 처인 피해자에 대하여도 부끄러운 일일 뿐만 아니라 외국인인 처에 대하여는 그가 한국인이라는 점에서 부끄럽고 참담하기 이를 데 없는 소위라고 아니 할 수 없다. 피고인은 죄질 불량한 이 같은 범행에 대하여 엄한 벌을 받아 마땅하다.

3. 다만, 피고인이 이 사건 범행을 모두 시인하고 비록 뒤늦은 후회이긴 하나, 다시 태어나면 '동물'이 되겠다는 등의 통렬한 자기반성으로 자신의 잘못을 깊이 뉘우치고 있는 점, 피해자가 한동안 가출하였다가 돌아온 데다가 피해자 역시 남편인 피고인과 그간의 사정에 대한 대화와 적절한 의사소통을 위한 노력을 게을리한 것으로 보이고, 피고인에게 과거 아무런 범죄전력이 없는 점, 이후 피해자가 피고인에 대한 고소를 취소하여 피고인에 대한 선처를 바라고 있는 점 등의 정상을 특별히 참작하기로 한다.

4. 그 밖에 피고인의 연령, 성행, 가정환경, 직업, 범행의 동기, 그 수단 및 결과, 범행 후의 정황 등 공판에 현출된 모든 양형조건을 종합하여 법률이 정한 그 형기의 범위 내에서 피고인의 이 사건 범행에 대한 형을 주문과 같이 정하여 선고한다.

판사 고종주(재판장) 김태규 허익수

대법원 2009.3.12. 선고 2008도7156 판결
【폭력행위등처벌에관한법률위반(집단·흉기등상해)·특수공무집행방해】

【판시사항】

[1] 출입국관리공무원이 불법체류자 단속을 위하여 제3자의 주거나 사업장 등을 검사하고자 하는 경우에 주거권자나 관리자의 사전 동의가 필요한지 여부(적극)

[2] 출입국관리공무원이 관리자의 사전 동의 없이 사업장에 진입하여 불법체류자 단속업무를 개시한 사안에서, 공무집행행위의 적법성이 부인되어 공무집행방해죄가 성립하지 않는다고 한 사례

【판결요지】

[1] 영장주의 원칙의 예외로서 출입국관리공무원 등에게 외국인 등을 방문하여 외국인동향조사 권한을 부여하고 있는 출입국관리법 규정의 입법 취지 및 그 규정 내용 등에 비추어 볼 때, 출입국관리공무원 등이 출입국관리법 제81조 제1항에 근거하여 제3자의 주거 또는 일반인의 자유로운 출입이 허용되지 아니한 사업장 등에 들어가 외국인을 상대로 조사하기 위해서는 그 주거권자 또는 관리자의 사전 동의가 있어야 한다.

[2] 출입국관리공무원이 관리자의 사전 동의 없이 사업장에 진입하여 불법체류자 단속업무를 개시한 사안에서, 공무집행행위의 적법성이 부인되어 공무집행방해죄가 성립하지 않는다고 한 사례.

【참조조문】

[1] 출입국관리법 제81조 제1항 / [2] 형법 제136조 제1항

【전 문】

【피 고 인】 피고인(방글라데시인)

【상 고 인】 피고인 및 검사

【변 호 인】 변호사 정정훈 외 2인

【원심판결】 의정부지법 2008.7.11. 선고 2008노634 판결

【주 문】

상고를 모두 기각한다.

【이 유】

상고이유를 판단한다.

1. 피고인의 상고이유에 대하여

정당방위가 성립하려면 침해행위에 의하여 침해되는 법익의 종류, 정도, 침해의 방법, 침해행위의 완급과 방위행위에 의하여 침해될 법익의 종류, 정도 등 일체의 구체적 사정들을 참작하여 방위행위가 사회적으로 상당한 것이어야 할 뿐만 아니라 자기 또는 타인의 법익침해를 방위하기 위한 행위로서 상당한 이유가 있어야 한다(대법원 1999.1.26. 선고 98도3506 판결 등 참조).

원심판결 이유에 의하면, 원심은 제1심판결의 채용 증거들을 종합하여 피고인이 위험한 물건인 칼로 피해자의 오른쪽 허벅지를 고의적으로 찔러 상해를 가한 사실을 인정한 다음, 피고인의 위와 같은 행위는 현재의 부당한 침해를 방어하기 위한 상당한 이유가 있는 행위로 볼 수 없다고 판단하였는바, 기록과 앞서 본 법리에 비추어 살펴보면 원심의 사실인정과 판단은 정당하고, 거기에 상고이유에서 주장하는 바와 같은 채증법칙 위반, 정당방위에 관한 법리오해, 심리미진 등의 위법이 없다.

2. 검사의 상고이유에 대하여

가. 출입국관리법에서는, 출입국관리공무원 및 대통령령이 정하는 관계기관 소속 공무원(이하 '출입국관리공무원 등'이라고 한다)은 외국인이 이 법 또는 이 법에 의한 명령에 따라 적법하게 체류하고 있는지 여부를 조사하기 위하여 외국인, 그 외국인을 고용한 자, 그 외국인의 소속 단체 또는 그 외국인이 근무하는 업소의 대표자와 그 외국인을 숙박시킨 자를 방문하여 질문을 하거나 기타 필요한 자료의 제출을 요구할 수 있고(출입국관리법 제81조 제1항), 위 규정에 의하여 질문을 받거나 자료의 제출을 요구받은 자는 정당한 이유 없이 이를 거부하여서는 아니 되며(같은 법 제81조 제2항), 위와 같은 출입국관리공무원의 장부 또는 자료 제출 요구를 기피한 자는 100만 원 이하의 과태료에 처한다(같은 법 제100조 제2항 제3호)고 규정하고 있다.

영장주의 원칙의 예외로서 출입국관리공무원 등에게 외국인 등을 방문하여 외국인동향조사 권한을 부여하고 있는 위 법 규정의 입법 취지 및 그 규정 내용 등에 비추어 볼 때, 출입국관리공무원 등이 출입국관리법 제81조 제1항에 근거하여 제3자의 주거 또는 일반인의 자유로운 출입이 허용되지 아니한 사업장 등에 들어가 외국인을 상대로 조사하기 위해서는 그 주거권자 또는 관리자의 사전 동의가 있어야 한다고 할 것이다.

원심은 그 채택 증거에 의하여 법무부 의정부출입국관리소 소속 피해자 공소외 1 등이 이 사건 당시 공장장인 공소외 2의 동의나 승낙 없이 공장에 들어가 그 공장 내에서 일하고 있던 피고인 등을 상대로 불법체류자 단속업무를 개시한 사실이 인정되므로 이 사건 불법체류자 단속업무는 적법한 공무집행행위로 볼 수 없고, 따라서 피고인이 피해자 공소외 1을 칼로 찌른 행위는 특수공무집행방해죄를 구성하지 않는다고 판단한 제1심판결을 그대로 유지하였는바, 위 법리와 기록에 비추어 살펴보면 원심의 사실인정과 판단은 정당한 것으로 수긍할 수 있고, 거기에 상고이유로 주장하는 바와 같은 출입국관리법상 조사의 절차에 관한 법리오해, 채증법칙 위반으로 인한 사실오인 등의 위법이 없다.

3. 결 론

그러므로 상고를 모두 기각하기로 하여 관여 대법관의 일치된 의견으로 주문과 같이 판결한다.

대법관 김영란(재판장) 이홍훈 김능환(주심) 차한성

의정부지방법원 2008.7.11. 선고 2008노634 판결
【폭력행위등처벌에관한법률위반(집단·흉기등상해)·특수공무집행방해】

원심판례

의정부지방법원 2008.04.23 2008고단291 판결

【전 문】

【피 고 인】 피고인(방글라데시인)

【항 소 인】 쌍방

【검 사】 주성화

【변 호 인】 변호사 정정훈

【원심판결】 의정부지방법원 2008.04.23 2008고단291 판결

【주 문】

피고인 및 검사의 항소를 모두 기각한다.

【이 유】

1. 항소이유의 요지

가. 검사

(1) 사실오인 내지 법리오해의 점(특수공무집행방해의 점에 관한 무죄부분)

불법체류 외국인 단속업무는 형사사법절차와는 전혀 다른 행정상 즉시강제의 문제로서 절차상 최소한의 절차를 준수하면 충분하다고 할 것이고, 당시 공무원들은 관리자인 공소외 2의 명시적인 동의를 받았고, 최소한 묵시적인 동의하에 이 사건 불법체류자인 피고인을 단속한 것임에도 원심은 동의에 지나치게 엄격한 요건을 요구하면서 공소외 2만의 증언을 취신하여 이 부분 공소사실에 대하여 무죄를 선고한 원심판결에는 사실을 오인하거나 법리를 오해한 잘못이 있다.

(2) 양형부당의 점

피고인의 이 사건 범행내용 등 제반정상을 고려하면, 피고인에 대한 원심의 선고형(징역 1년 6월에 집행유예 3년)은 너무 가벼워서 부당하다.

나. 피고인

피고인은 피해자를 칼로 찌른 사실이 없고, 피해자의 발차기를 방어하는 과정에서 일어 난 과실에 의한 상해에 불과하며, 이는 피해자의 불법적인 체포로부터 벗어나기 위한 방어행위로서 정당방위에 해당함에도 이 부분 공소사실을 유죄로 인정한 원심판결에는 사실을 오인하거나 법리를 오해한 잘못이 있다.

2. 판 단

가. 검사 및 피고인의 사실오인 주장에 대하여

(1) 검사의 주장에 대한 판단(특수공무집행방해의 점에 관한 무죄부분)

살피건대, 출입국관리법의 관련 규정에 비추어 보면 불법체류자단속업무의 특수성을 고려한다고 하더라도, 출입국관리공무원이 공공의 장소가 아닌 제3자의 주거나 사업장 등에 출입하여 불법체류자를 단속하기 위해서는 주거권자 내지 관리자의 동의를 필요로 한다고 할 것이다.

한편, 원심이 적법하게 조사하여 채택한 증거들에 의하면, 이 사건 단속현장에 임한 출입국관리공무원들이 공장장인 공소외 2의 동의나 승낙을 받지 아니한 채 단속업무를 개시한 사실이 인정된다(설사 당시 단속팀장인 공소외 3이 공장장인 공소외 2에게 증표를 제시하면서 출입국관리국에서 단속을 나왔다는 사실을 고지하였다고 하더라도, 위 증거들에 의하면, 공소외 3이 위와 같은 고지를 하러가는 사이 이미 다른 단속공무원들은 2개조로 나뉘어 단속을 개시한 사실이 인정되는 바, 이는 단속공무원들의 공소외 2에 대한 일방적인 통보행위에 불과하다고 보이고, 이를 두고 공소외 2의 명시적 내지 묵시적 동의를 받은 것으로 평가할 수는 없다고 할 것이다).

따라서, 이 사건 불법체류자단속업무는 공소외 2의 동의나 승낙 없이 위법하게 개시된 것이 되어 공무집행행위 전체의 적법성이 인정되지 아니하므로 원심이 같은 취지에서 이 부분 공소사실을 무죄로 판단한 것은 정당하고, 이와 다른 전제에 선 검사의 이 부분 항소이유 주장은 받아들일 수 없다고 할 것이다.

(2) 피고인의 주장에 대한 판단

원심이 적법하게 조사하여 채택한 증거들에 의하면, 피고인이 위험한 물건인 칼로 피해자의 오른쪽 허벅지를 고의적으로 찔러 상해를 가한 사실을 충분히 인정할 수 있고, 피고인의 위와 같은 행위를 두고 현재의 부당한 침해를 방위하기 위한 상당한 이유가 있는 행위라고 평가하기는 어려워, 이 부분 공소사실을 유죄로 판단한 원심의 조치는 정당한 것으로 수긍할 수 있으므로, 피고인의 항소이유 주장은 받아들이지 아니한다.

나. 검사의 양형부당 주장에 대하여

기록과 변론에 나타난 이 사건 범행의 동기 및 수단과 결과, 피고인의 연령, 성행, 전과, 지능과 환경, 가족관계, 범행 후의 정황 등 이 사건 양형의 조건이 되는 여러 가지 사정 특히, 피고인의 이 사건 범행이 피해자를 포함한 출입국관리공무원들의 무리한 단속업무 수행과정에서 발생한 점, 피해자의 상해정도가 중하지 아니한 점 등에 비추어 보면, 피고인에 대한 원심의 선고형은 적정하고 너무 가벼워서 부당하다고는 인정되지 아니한다.

3. 결 론

그렇다면, 피고인 및 검사의 항소는 모두 이유 없으므로 형사소송법 제364조 제4항에 의하여 이를 모두 기각하기로 하여 주문과 같이 판결한다.

판사 이종언(재판장) 조병대 김혜선

의정부지방법원 2008.4.23. 선고 2008고단291 판결
【폭력행위등처벌에관한법률위반(집단·흉기등상해)·특수공무집행방해】

【판시사항】

[1] 출입국관리공무원이 불법체류자 단속을 위하여 제3자의 주거나 사업장 등을 검사하고자 하는 경우에 주거권자나 관리자의 사전 동의가 반드시 필요한지 여부(적극)

[2] 출입국관리공무원이 주거권자나 관리자의 사전 동의 없이 사업장에 진입하여 불법체류자에 대한 단속업무를 개시한 사안에서, 동의를 받을 수 없었던 급박한 사정도 존재하지 않았으므로 공무집행 행위 전체의 적법성이 부인되어 공무집행방해죄가 성립하지 않는다고 한 사례

【재판요지】

[1] 출입국관리법 제81조 제1항은 "출입국관리공무원 및 대통령령이 정하는 관계기관 소속공무원은 외국인이 이 법 또는 이 법에 의한 명령에 따라 적법하게 체류하고 있는지 여부를 조사하기 위하여 외국인, 그 외국인을 고용한 자, 그 외국인의 소속단체 또는 그 외국인이 근무하는 업소의 대표자와 그 외국인을 숙박시킨 자를 방문하여 질문을 하거나 기타 필요한 자료의 제출을 요구할 수 있다"라고 규정하고 있고, 같은 법 제100조 제2항 제3호는 정당한 이유 없이 장부 또는 자료제출 요구를 거부 또는 기피한 경우 '행정질서벌'인 100만 원 이하의 과태료에 처하도록 하고 있는바, 식품위생법 제17조 제1항, 제77조 제2호, 마약류 관리에 관한 법률 제41조 제1항, 제64조 제8호 등과 비교하여 본 법률 규정의 형식, 사용된 문언의 객관적 의미, 위반행위에 대한 제재의 방식 등을 종합하여 볼 때, 출입국관리법의 위 규정들이 출입국관리공무원으로 하여금 주거권자나 관리자의 의사에 반하여 주거나 사업장, 영업소 등에 들어가 외국인 동향을 조사할 권한을 부여하고 있다고 볼 수 없고, 달리 출입국관리법에 이를 인정할 근거 규정이 없다. 더욱이 출입국관리법에 의한 행정조사에 영장주의가 적용되지 않는 점, 출입국관리법 제50조가 불법체류 용의자의 주거를 검사하는 경우 용의자의 동의를 얻도록 규정하고 있는 점까지 고려하면, 출입국관리공무원이 불법체류자 단속을 위하여 제3자의 주거나 사업장 등을 검사하고자 하고자 하는 경우는 주거권자나 관리자의 사전 동의가 반드시 필요하다고 해석된다. 동의는 묵시적으로 표현될 수도 있을 것이나, 이 경우는 명시적 동의에 준할 만한 명백한 상황이라야 할 것이고, 출입국관리공무원이 주거권자나 관리자에게 주거나 사업장 등에 들어감과 동시에 조사의 개시를 고지하는 것만으로 동의의 요건이 충족된다고 보기 어렵다.

[2] 출입국관리공무원이 주거권자나 관리자의 사전 동의 없이 사업장에 진입하여 불법체류자에 대한 단속업무를 개시한 사안에서, 동의를 받을 수 없었던 급박한 사정도 존재하지 않았으므로 공무집행 행위 전체의 적법성이 부인되어 공무집행방해죄가 성립하지 않는다고 한 사례.

【참조법령】

　[1] 출입국관리법 제50조,제81조 제1항

　[2] 형법 제136조 제1항

【전 문】

【피 고 인】　피고인(방글라데시인)

【검 사】　최승현

【변 호 인】　변호사 정정훈

【주 문】

　피고인을 징역 1년 6월에 처한다.

　이 판결 선고 전 구금일수 82일을 위 형에 산입한다.

　다만, 이 판결 확정일로부터 3년간 위 형의 집행을 유예한다.

【이 유】

【범죄사실】

　피고인은 방글라데시아인으로서 공장 근로자로 근무하는 불법체류자이다.

　피고인은 2008.1.31. 14:40경 포천시 내촌면 진목리 (지번 생략)소재 피고인이 근무하는 '상호생략' 공장에서, 불법체류자 단속 공무원인 법무부 의정부 출입국관리소 소속 피해자 공소외 1로부터 단속을 당하자 작업대 위에 있던 위험한 물건인 작업용 칼(칼날길이 약 18cm)을 들고 위 피해자로 하여금 다가오지 못하도록 협박하였다.

　이에 피해자가 피고인을 제압하기 위하여 달려들자 피고인은 이에 반항하면서 피해자의 오른발 허벅지 부분을 위 칼로 찔렀다.

　위와 같은 방법으로 피고인은 위험한 물건을 휴대하여 피해자에게 약 2주간의 치료를 요하는 우측 대퇴부 개방창 등의 상해를 가하였다.

【증거의 요지】

　1. 피고인의 일부 법정 진술

　1. 증인 공소외 1, 2, 3, 4의 각 법정 진술

　1. 증인 공소외 5의 일부 법정 진술

　1. 압수조서

　1. 각 사진

　1. 진단서

【법령의 적용】

1. 범죄사실에 대한 해당법조

폭력행위 등 처벌에 관한 법률 제3조 제1항, 제2조 제1항 제3호, 형법 제257조

1. 작량감경

형법 제53조, 제55조 제1항 제3호 (피고인의 범행이 순간적이고 우발적으로 이루어진 점, 피해자의 상해 정도 비교적 경미한 점, 아래에서 보는 바와 같이 공무집행과정이 적법하지 아니하였던 점 등 참작)

1. 미결구금일수의 산입

형법 제57조

1. 집행유예

형법 제62조 제1항 (위 작량감경 사유 참작)

【변호인의 주장에 대한 판단】

변호인은 피고인에게 상해의 고의가 없었다거나, 피고인의 행위가 신체에 대한 부당한 침해에서 벗어나기 위한 것으로 정당방위에 해당한다고 주장하나, 위 주장은 이 법원이 증거를 조사하여 인정한 판시 범죄사실과 직접 배치되는 것이어서 받아들일 수 없다.

【무죄 부분】

이 사건 공소사실 중 특수공무집행방해의 점의 요지는, 피고인이 위험한 물건을 휴대하여 판시 범죄사실과 같은 행위를 함으로써 법무부 의정부 출입국관리소 소속 공무원인 피해자 공소외 1의 불법체류자 단속에 관한 정당한 직무집행을 방해하였다는 데 있다.

살피건대, 출입국관리법 제81조 제1항은 "출입국관리공무원 및 대통령령이 정하는 관계기관 소속공무원은 외국인이 이 법 또는 이 법에 의한 명령에 따라 적법하게 체류하고 있는지 여부를 조사하기 위하여 외국인, 그 외국인을 고용한 자, 그 외국인의 소속단체 또는 그 외국인이 근무하는 업소의 대표자와 그 외국인을 숙박시킨 자를 방문하여 질문을 하거나 기타 필요한 자료의 제출을 요구할 수 있다"라고 규정하고 있고, 같은 법 제100조 제2항 제3호는 정당한 이유 없이 장부 또는 자료제출 요구를 거부 또는 기피한 경우 '행정질서벌'인 100만 원 이하의 과태료에 처하도록 하고 있는바, 식품위생법 제17조 제1항, 제77조 제2호, 마약류 관리에 관한 법률 제41조 제1항, 제64조 제8호 등과 비교하여 본 법률 규정의 형식, 사용된 문언의 객관적 의미, 위반 행위에 대한 제재의 방식 등을 종합하여 볼 때, 출입국관리법의 위 규정들이 출입국관리공무원으로 하여금 주거권자나 관리자의 의사에 반하여 주거나 사업장, 영업소 등에 들어가 외국인 동향을 조사할 권한을 부여하고 있다고 볼 수 없고, 달리 출입국관리법에 이를 인정할 근거 규정이 없다. 더욱이 출입국관리법에 의한 행정조사에 영장주의가 적용되지 않는 점, 출입국관리법 제50조가 불법체류 용의자의 주거를 검사하는 경우 용의자의 동의를 얻도록 규정하고 있는 점까지 고려하면, 출입국관리공무원이 불법체류자 단속을 위하여 제3자의 주거나 사업장 등을 검사하고자 하는 경우는 주거권자나 관리자의 사전동의가 반드시 필요하다고 해석된

다. 동의는 묵시적으로 표현될 수도 있을 것이나, 이 경우는 명시적 동의에 준할 만한 명백한 상황이라야 할 것이고, 출입국관리공무원이 주거권자나 관리자에게 주거나 사업장 등에 들어감과 동시에 조사의 개시를 고지하는 것만으로 동의의 요건이 충족된다고 보기 어렵다.

이 사건 단속현장에 있던 출입국관리공무원들인 증인 공소외 1, 2, 3, 4의 각 법정 진술에 의하면, 위 공무원들이 공장장인 공소외 5의 사전 동의 없이 사업장에 진입하여 피고인에 대한 단속업무를 개시한 사실이 인정되고, 동의를 받을 수 없었던 급박한 사정도 엿보이지 아니한다. 불법체류자 단속 업무가 위법하게 개시된 이상 공무집행행위 전체의 적법성을 인정할 수 없다.

그렇다면 이 사건 공무집행행위가 적법함을 전제로 한 위 공소사실은 범죄의 증명이 없는 경우에 해당하므로 형사소송법 제325조 후단에 의하여 무죄를 선고할 것이나, 이와 상상적 경합 관계에 있는 폭력행위 등 처벌에 관한 법률 위반죄를 유죄로 인정한 이상 주문에서 따로 무죄를 선고하지 아니한다.

판사 장철익

6. 고용허가제 및 체류자격

헌법재판소 2001.11.29. 자 99헌마494 결정
【재외동포의출입국과법적지위에관한법률 제2조 제2호 위헌확인】

【판시사항】

1. 법률규정과 밀접불가분한 시행령규정까지 심판대상의 확장이 인정된 사례
2. 공포 전 법률에 대한 헌법소원의 적법 여부(적극)
3. 수혜적 법률도 기본권 침해성이 인정될 수 있는지 여부(적극)
4. 외국인의 기본권 주체성이 인정되는지 여부(적극)
5. 재외동포법의 적용대상에서 정부수립이전이주동포, 즉 대부분의 중국동포와 구 소련동포 등을 제외한 것이 평등원칙에 위반되는 것인지 여부(적극)
6. 헌법불합치를 선언하고 잠정적용을 명한 사례
7. 정의규정에 대한 위헌성의 확인이 관련규정에 대한 위헌성의 확인을 수반하는 사례

【결정요지】

1. 청구인들은 재외동포법 제2조 제2호만을 심판대상으로 적시하였으나, 재외동포법시행령 제3조는 재외동포법 제2조 제2호의 규정을 구체화하는 것으로서 양자가 일체를 이루어 동일한 법률관계를 규율대상으로 하고 있고, 시행령규정은 모법규정을 떠나 존재할 수 없으므로 이 사건의 심판대상을 동 시행령규정에까지 확장함이 상당하고, 정부수립이전이주동포를 적용대상에서 결정적으로 제외하는 재외동포법시행령 제3조 제2호가 포함되어야 함은 물론이고, 청구인들은 재외동포법이 외국국적동포들에게 혜택을 부여하는 입법을 하였음에도 자신들에게 혜택을 부여하지 아니한 부진정입법부작위를 평등원칙에 근거하여 다투는 것임에 비추어, 재외동포법시행령 제3조 제1호도 포함하여야 한다.
2. 법률안이 거부권 행사에 의하여 최종적으로 폐기되었다면 모르되, 그렇지 아니하고 공포되었다면 법률안은 그 동일성을 유지하여 법률로 확정되는 것이라고 보아야 하므로 이에 대한 헌법소원은 적법하다.
3. '수혜적 법률'의 경우에는 수혜범위에서 제외된 자가 그 법률에 의하여 평등권이 침해되었다고 주장하는 당사자에 해당되고, 당해 법률에 대한 위헌 또는 헌법불합치 결정에 따라 수혜집단과의 관계에서 평등권침해 상태가 회복될 가능성이 있다면 기본권 침해성이 인정된다.
4. '외국인'은 '국민'과 유사한 지위에 있으므로 원칙적으로 기본권 주체성이 인정된다.
5. 재외동포법은 외국국적동포등에게 광범한 혜택을 부여하고 있는바, 이 사건 심판대상규정은 대한민국 정부수립 이전에 국외로 이주한 동포와 그 이후 국외로 이주한 동포를 구분하여 후자에게는

위와 같은 혜택을 부여하고 있고, 전자는 그 적용대상에서 제외하고 있다.

그런데, 정부수립이후이주동포와 정부수립이전이주동포는 이미 대한민국을 떠나 그들이 거주하고 있는 외국의 국적을 취득한 우리의 동포라는 점에서 같고, 국외로 이주한 시기가 대한민국 정부수립 이전인가 이후인가는 결정적인 기준이 될 수 없는데도, 정부수립이후이주동포(주로 재미동포, 그 중에서도 시민권을 취득한 재미동포 1세)의 요망사항은 재외동포법에 의하여 거의 완전히 해결된 반면, 정부수립이전이주동포(주로 중국동포 및 구 소련동포)는 재외동포법의 적용대상에서 제외됨으로써 그들이 절실히 필요로 하는 출입국기회와 대한민국 내에서의 취업기회를 차단당하였고, 사회경제적 또는 안보적 이유로 거론하는 우려도, 당초 재외동포법의 적용범위에 정부수립이전이주동포도 포함시키려 하였다가 제외시킨 입법과정에 비추어 보면 엄밀한 검증을 거친 것이라고 볼 수 없으며, 또한 재외동포법상 외국국적동포에 대한 정의규정에는 일응 중립적인 과거국적주의를 표방하고, 시행령으로 일제시대 독립운동을 위하여 또는 일제의 강제징용이나 수탈을 피하기 위해 조국을 떠날 수밖에 없었던 중국동포나 구 소련동포가 대부분인 대한민국 정부수립 이전에 이주한 자들에게 외국국적 취득 이전에 대한민국의 국적을 명시적으로 확인받은 사실을 입증하도록 요구함으로써 이들을 재외동포법의 수혜대상에서 제외한 것은 정당성을 인정받기 어렵다.

요컨대, 이 사건 심판대상규정이 청구인들과 같은 정부수립이전이주동포를 재외동포법의 적용대상에서 제외한 것은 합리적 이유없이 정부수립이전이주동포를 차별하는 자의적인 입법이어서 헌법 제11조의 평등원칙에 위배된다.

6. 법률이 평등원칙에 위반된다고 판단되는 경우에도 그 위헌적 상태를 제거하여 평등원칙에 합치되는 상태를 실현하는 선택의 문제는 입법자에게 맡겨진 일이고, 이 사건 심판대상규정에 대하여 단순위헌결정을 선고하면 외국국적동포의 경우는 재외동포법이 부여하는 지위가 그 순간부터 상실되어 법치국가적으로 용인하기 어려운 법적 공백과 그로 인한 혼란을 야기할 수 있으므로 헌법불합치를 선고하고, 입법자가 합헌적인 방향으로 법률을 개선할 때까지 2003.12.31.을 한도로 잠정적으로 적용하게 한다.

7. 이 사건 심판대상규정은 '정의규정'이므로 이에 대한 위헌성의 확인은 재외동포법 중 외국국적동포에 관련되는 조문에 대한 위헌성의 확인을 수반하게 되고, 이와 같은 사정은 하위법규인 시행령과 시행규칙의 경우에도 같으므로, 입법자가 2003.12.31.까지 입법개선의무를 이행하지 않는다면 2004.1.1.부터는 재외동포법의 관련규정뿐만 아니라 하위법규인 시행령과 시행규칙도 그 관련 부분은 효력을 상실한다.

재판관 권성의 별개의견

이 사건 심판대상규정은 정부수립 이전에 국외로 이주한 동포의 정부수립 이후의 생활근거지에 재외공관이 설치되어 있는지 여부, 즉, 지역적 요소를 기준으로 삼아 재외동포법의 적용범위를 나누고 있는바, 그러한 기준에 의한 차별은 이른바 엄격한 심사기준에 의하여 평등의 원칙에 대한 위배 여부가 가려져야 한다.

헌법 제11조 제1항 후문은 성별·종교 또는 사회적 신분에 의한 차별을 특히 금지하고 있으므로 이러한 기준에 의한 차별이 헌법적으로 용인될 수 있는 것인가의 여부는 특히 엄격하게 심사되어야 할 것은 물론이나, 지역적 요소에 의한 차별과 인종적 요소에 의한 차별 역시 그에 못지않게 악성이 큰 것으로서 금지되어야 할 것이기 때문이다.

이러한 엄격한 심사기준에 의한다면, 이 사건 심판대상규정에 의한 국적미확인동포에 대한 차별은 비례의 원칙에 어긋난 차별에 해당하고 따라서 평등의 원칙에 위배된다.

재판관 윤영철, 재판관 한대현, 재판관 하경철의 반대의견

평등원칙의 위반이 문제되는 헌법재판에서는 원칙적으로 어떤 입법이 "가장 합리적이고 타당한 수단인가 여부"를 심사하는 것이 아니라, "자의적인 것인가 여부"를 심사하여야 하는바, 자의금지심사에 의하는 경우, 재외동포법과 같은 혜택부여적 법률에 관하여는 입법수단이 입법목적과의 관계에서 과소규율이라 하더라도 "한 번에 한 걸음씩" 현실을 개선하여 나가는 것으로서 합헌적인 것으로 허용된다.

재외동포들 간에 그들이 거주하는 나라들에 따라 정치적, 외교적, 경제적, 사회적 환경이 서로 다르고, 국회가 재외동포법의 제정과 동시에 "재외동포에 대한 제도개선사항" 3개항을 권고한 바 있으며, 이에 따라 법무부가 중국동포에 대한 국적부여기회를 확대하고, 다각적인 제한 완화책을 강구하였고, 가능한 한 이중국적의 발생을 회피하려는 국제법적인 원칙에 따라 외교적 마찰이 있다면 이를 고려하는 것이 반드시 부당하다고는 할 수 없으므로, 이 사건 심판대상규정에 의한 구분은 자의적이라고 볼 수 없다.

【심판대상조문】

재외동포의출입국과법적지위에관한법률(1999.9.2. 법률 제6015호로 제정된 것) 제2조(정의) 이 법에서 "재외동포"라 함은 다음 각호의 1에 해당하는 자를 말한다.

1. 생략
2. 대한민국의 국적을 보유하였던 자 또는 그 직계비속으로서 외국국적을 취득한 자 중 대통령령이 정하는 자(이하 "외국국적동포"라 한다)

재외동포의출입국과법적지위에관한법률시행령(1999.11.27. 대통령령 제16602호로 제정된 것) 제3조(외국국적동포의 정의) 법 제2조 제2호에서 "대한민국의 국적을 보유하였던 자 또는 그 직계비속으로서 외국국적을 취득한 자 중 대통령령이 정하는 자"라 함은 다음 각호의 1에 해당하는 자를 말한다.

1. 대한민국 정부수립 이후에 국외로 이주한 자 중 대한민국의 국적을 상실한 자와 그 직계비속
2. 대한민국 정부수립 이전에 국외로 이주한 자 중 외국국적 취득 이전에 대한민국의 국적을 명시적으로 확인받은 자와 그 직계비속

【참조판례】

2. 헌재 2000.8.31. 97헌가12, 판례집 12-2, 167
4. 헌재 1994.12.29. 93헌마120, 판례집 6-2, 477
7. 대법원 1996.4.9. 선고 95누11405 판결, 공1996상, 1442

【당 사 자】

청 구 인   조○섭 외 2인
청구인들 대리인 변호사   이석연

【주 문】

1. 재외동포의출입국과법적지위에관한법률(1999.9.2. 법률 제6015호로 제정된 것) 제2조 제2호, 재
   외동포의출입국과법적지위에관한법률시행령(1999.11.27. 대통령령 제16602호로 제정된 것) 제3
   조는 헌법에 합치하지 아니한다.
2. 이들 조항은 2003.12.31.을 시한으로 입법자가 개정할 때까지 계속 적용된다.

【이 유】

1. 사건의 개요와 심판의 대상

가. 사건의 개요

정부는 재외동포들의 출입국과 대한민국 내에서의 법적 지위를 보장하기 위하여 재외동포의출입국
과법적지위에관한법률을 제정하였다. 위 법률은 1999.8.12. 제206회 임시국회 본회의를 통과하여
1999.8.19. 정부에 이송되고 1999.9.2. 법률 제6015호로 공포되어 1999.12.3. 시행되었다.

청구인들은 현재 중화인민공화국(이하 '중국'이라 한다)에 거주하고 있는 중국국적의 재외동포들인
바, 위 법률 제2조 제2호가 청구인들과 같이 1948년 대한민국 정부수립 이전에 해외로 이주한
자 및 그 직계비속을 재외동포의 범주에서 제외함에 따라, 자신들이 위 법률에서 규정하는 혜택을
받지 못하게 되어 인간으로서의 존엄과 가치 및 행복추구권(헌법 제10조), 평등권(헌법 제11조)
등을 침해당하였다고 주장하면서, 1999.8.23. 위 법률 제2조 제2호에 대한 위헌확인을 구하는 이
사건 헌법소원심판을 청구하였다.

나. 심판의 대상

(1) 청구인들이 주장하는 심판대상

청구인들이 적시하고 있는 심판의 대상은 재외동포의출입국과법적지위에관한법률(1999.9.2. 법
률 제6015호로 제정된 것, 이하 '재외동포법'이라고 한다) 제2조 제2호인바, 재외동포법 제2조 및
이와 관련된 동법시행령(1999.11.27. 대통령령 제16602호로 제정된 것) 제3조의 내용은 다음과
같다.

재외동포법 제2조(정의) 이 법에서 "재외동포"라 함은 다음 각호의 1에 해당하는 자를 말한다.

1. 대한민국의 국민으로서 외국의 영주권을 취득한 자 또는 영주할 목적으로 외국에 거주하고 있는
   자(이하 "재외국민"이라 한다)
2. 대한민국의 국적을 보유하였던 자 또는 그 직계비속으로서 외국국적을 취득한 자 중 대통령령이
   정하는 자(이하 "외국국적동포"라 한다)

재외동포법시행령 제3조(외국국적동포의 정의) 법 제2조 제2호에서 "대한민국의 국적을 보유하였던
자 또는 그 직계비속으로서 외국국적을 취득한 자 중 대통령령이 정하는 자"라 함은 다음 각호의 1에

해당하는 자를 말한다.

1. 대한민국 정부수립 이후에 국외로 이주한 자 중 대한민국의 국적을 상실한 자와 그 직계비속

2. 대한민국 정부수립 이전에 국외로 이주한 자 중 외국국적 취득 이전에 대한민국의 국적을 명시적으로 확인받은 자와 그 직계비속

(2) 심판대상의 확장

재외동포법의 적용을 받는 자는 "재외국민", 즉 대한민국의 국민으로서 외국의 영주권을 취득한 자 또는 영주할 목적으로 외국에 거주하고 있는 자(재외동포법 제2조 제1호) 그리고 "외국국적동포", 즉 대한민국의 국적을 보유하였던 자 또는 그 직계비속으로서 외국국적을 취득한 자 중 대통령령이 정하는 자(재외동포법 제2조 제2호)이다. 그런데 외국국적동포에 대하여는 재외동포법시행령 제3조에서 대한민국 정부수립 이후에 국외로 이주한 자 중 대한민국의 국적을 상실한 자와 그 직계비속(같은 조 제1호) 그리고 대한민국 정부수립 이전에 국외로 이주한 자 중 외국국적 취득 이전에 대한민국의 국적을 명시적으로 확인받은 자와 그 직계비속(같은 조 제2호)으로 구체화하여 구분하고 있다. 그러므로 재외동포법의 적용에서 배제되는 재외동포집단은 외국국적동포 중에서 "대한민국 정부수립 이전에 국외로 이주한 자 중 외국국적 취득 이전에 대한민국의 국적을 명시적으로 확인받지 않은 자와 그 직계비속"(이하 '정부수립이전이주동포'라 한다)이다.

위와 같이 재외동포법시행령 제3조는 재외동포법 제2조 제2호의 규정을 구체화하는 것으로서 양자가 일체를 이루어 동일한 법률관계를 규율대상으로 하고 있고, 시행령규정은 모법규정을 떠나 존재할 수 없으므로 이 사건의 심판대상을 동 시행령규정에까지 확장함이 상당하다. 확장할 심판대상의 범위에 대하여 구체적으로 보면, 정부수립이전이주동포를 적용대상에서 결정적으로 제외하는 재외동포법시행령 제3조 제2호가 포함되어야 함은 물론이고, 이 사건에서 청구인들은 재외동포법이 외국국적동포들에게 혜택을 부여하는 입법을 하였음에도 자신들에게 혜택을 부여하지 아니한 부진정입법부작위를 평등원칙에 근거하여 다투는 것임에 비추어, 재외동포법시행령 제3조 제1호도 포함하여야 한다. 따라서, 재외동포법 제2조 제2호 및 재외동포법시행령 제3조(이하 '이 사건 심판대상규정'이라고 한다)를 이 사건 심판대상으로 삼기로 한다.

2. 청구인들의 주장과 법무부장관의 의견

가. 청구인들의 주장요지

(1) 국적법이 혈통주의(속인주의)를 채택하고 있고(국적법 제2조 제1항 제1호, 제2호), 헌법 제2조 제2항에서 재외국민을 보호할 의무를 국가에 부여하고 있으며, 재외동포는 넓은 의미의 재외국민의 범주에 속한다 할 것인데, 국가가 재외국민을 보호하는 입법을 하면서 청구인들과 같은 정부수립이전이주동포를 제외한 것은 청구인들의 헌법상 기본권인 헌법 제10조의 인간의 존엄과 가치 및 행복추구권을 침해하는 것이다.

(2) 정부수립이전이주동포나 대한민국 정부수립 이후에 국외로 이주한 자 중 대한민국의 국적을 상실한 자와 그 직계비속(이하 '정부수립이후이주동포'라 한다)이나 본질적으로 우리 동포라는 점에서는 동일함에도, 재외동포법이 과거 대한민국국적 보유 여부라는 자의적인 기준을 내세워 정부수립이후이주동포에게만 혜택을 부여하고 정부수립이전이주동포에 대하여는 혜택을 배제한 것은 합리

적 근거없는 차별로서 헌법 제11조 제1항의 평등권의 본질적 내용을 침해하는 것이다.

(3) 나아가 이 사건 심판대상규정이 외국국적동포의 해당기준을 실질적으로 대한민국 정부수립 이후에 이주한 자만으로 한정한 것은 대한민국임시정부의 정통성을 부정하는 것으로서, 이는 대한민국이 3·1운동으로 건립된 대한민국임시정부의 법통을 계승한다고 선언한 헌법전문에 어긋나는 것이다.

나. 법무부장관의 의견요지

(1) 적법요건에 관한 주장

(가) 입법부작위에 대한 헌법소원은 기본권 보장을 위하여 법령에 명시적인 입법위임을 하였음에도 입법자가 이를 이행하지 않는 경우 등에 한하여 예외적으로 인정될 수 있는 것인데, 이 사건은 이러한 예외에 속하지 아니하는 입법부작위를 대상으로 한 것으로서 부적법하다. 또한 법률이 헌법소원의 대상이 되려면 최소한 공포되어 있는 경우이어야 하는데, 청구인들은 재외동포법이 공포되기도 전인 1999.8.23. 이 사건 헌법소원을 제기한 것이므로 부적법하다.

(나) 헌법재판소법 제68조 제1항 소정의 헌법소원은 기본권을 침해받은 자만이 제기할 수 있는 것인데, 재외동포법은 특정한 권리를 부여하는 것이 아니고, 동법의 시행으로 그 적용을 받는 일부 재외동포들은 반사적, 은혜적 이익을 입게 되는 것에 불과하므로, 그와 같은 이익을 얻지 못하였다 하여 청구인들이 제기한 이 심판청구는 부적법하다.

(다) 청구인들은 중국의 국적을 보유한 '외국인'으로서, 외국국적을 가진 자연인은 자연권적 성질을 갖는 기본권들과 관련해서만 헌법소원을 제기할 수 있다고 보아야 하는데 재외동포법이 자연권적인 인권에 관한 법이 아니고 평등권은 원칙적으로 외국인에게 보장되는 것이 아니므로, 재외동포법과 관련해서 외국인은 기본권의 주체가 될 수 없어 외국인인 청구인들이 제기한 이 심판청구는 부적법하다.

(라) 청구인들은 과거에 해외로 이주한 우리 민족이라거나 이들의 직계비속이라는 입증자료가 전혀 없으므로(청구서에 첨부된 유일한 소명자료는 이들이 중국국적자임을 나타내는 여권사본뿐이다), 이 사건 심판대상규정에 대하여 스스로 법적인 관련성 즉 자기관련성을 결여하고 있어 이 심판청구는 부적법하다.

(2) 본안에 관한 주장

(가) 재외동포법에서 외국국적동포를 정의하면서 '과거국적주의'를 채택한 것은, 만일 '혈통주의'에 따라 외국국적동포를 정의하여 입법을 한다면 이는 국제법원칙 및 국제관행에 반하고, 외교마찰을 초래할 수 있으며, 그 개념이 불명확하여 대상이 무한정 확대될 우려가 있고, 나아가 인종·민족 등에 근거한 차별을 금지하고 있는 국제법원칙에 위반되는 결과를 낳을 수도 있기 때문이며, 이러한 이유로 현재 국제관행도 과거국적주의를 채택하고 있는바, 재외동포법이 과거국적주의를 취하면서 외국국적동포의 확인방법을 위와 같이 명확히 규정한 결과 정부수립이전이주동포의 대부분이라 할 수 있는 중국동포나 구소련동포가 사실상 그 적용대상에서 제외된 것이지 이들을 불합리하게 차별하기 위한 것이 아니다.

(나) 한편, 국내 연고권을 기초로 국내 경제활동에서의 제한 완화를 주요내용으로 하는 재외동포법

규정은 이제까지 국내에 별다른 연고가 없는 정부수립이전이주동포에 대해서는 그 적용 필요성
이 미약하고, 정부수립이전이주동포에 대한 재외동포법의 적용으로 출입국 등에 대한 규제가 완
화될 경우 노동능력 있는 중국동포의 대거 유입으로 인해 엄청난 사회적 문제를 야기할 수 있으
며, 아직 해소되지 않고 있는 남북 대치상황에서 손쉬운 잠입통로로 악용될 위험이 높아 심각한
안보문제를 유발할 수도 있고, 또한 정부수립이전이주동포를 재외동포법의 적용범위에 포함시킬
경우 소수민족에 대한 간섭을 우려하는 중국과의 외교적 마찰을 피하기 어렵다. 따라서, 재외동
포법은 입법자가 국내의 사회경제적 안정과 불의의 위해방지를 위해 출입국 등에 대한 규제를
완화하는 재외동포의 범위를 합목적적으로 결정한 것이다.

(다) 이 사건 심판대상규정에 대하여 위헌결정이 내려진다면 재외동포법의 관련조문의 효력이 상실되
어 기존에 혜택을 받고 있던 미국, 독일, 아르헨티나, 뉴질랜드 등 전 세계 60여개국 13,000여명
의 외국국적동포마저 당장 출국을 해야 하거나 부동산, 금융거래가 제한되는 등 선의의 피해가
속출할 것이다.

3. 적법요건에 대한 판단

법무부장관은 헌법소원 대상성, 기본권 침해성, 외국인의 기본권주체성 및 자기관련성과 관련하여 이
사건 헌법소원의 적법성을 다투고 있다. 그러므로, 이와 같은 적법요건에 관하여 차례로 살펴본다.

가. 헌법소원 대상성

(1) 입법부작위의 헌법소원 대상성

무릇 입법부작위에는 진정입법부작위와 부진정입법부작위가 있는바, '부진정입법부작위'의 경우
결함이 있는 당해 입법규정 그 자체를 대상으로 하여 그것이 평등원칙에 위배된다는 등의 이유를
내세워 헌법소원을 하게 되고 그러한 한 적법한 것이다(헌재 1996.10.4. 94헌마108, 판례집 8-2,
480, 489 ; 헌재 2000.4.27. 99헌마76, 판례집 12-1, 556, 565). 이 사건 심판대상규정은 재외동
포, 특히 외국국적동포에 대하여 아무런 규정을 두지 아니한 것이 아니라 그 중 일부에 대한 혜택
을 주도록 규정하면서도 정부수립이전이주동포를 제외시켜 불완전·불충분하게 규율하고 있는
부진정입법부작위에 해당하고, 따라서 이 헌법소원은 이 사건 심판대상규정이 평등원칙에 위배되
는가 여부에 관한 것이므로 적법하다고 할 것이다.

(2) 공포 전 법률에 대한 헌법소원

법률안은 대통령이 거부권을 행사하지 않는 한 정부에 이송된 후 15일 이내에 공포하여야 하고
만일 공포하지 않는다면 법률로서 확정되는 바(헌법 제53조 제5항), 법률안이 거부권 행사에 의하
여 최종적으로 폐기되었다면 모르되, 그렇지 아니하고 공포되었다면 법률안은 그 동일성을 유지하
여 법률로 확정되는 것이라고 보아야 한다. 나아가, 우리 재판소가 위헌제청 당시 존재하지 아니
하였던 신법의 경과규정까지 심판대상을 확장하였던 선례(헌재 2000.8.31. 97헌가12, 판례집
12-2, 167, 172)에 비추어 보면, 심판청구 후에 유효하게 공포·시행되었고 그 법률로 인하여 평
등권 등 기본권을 침해받게 되었다고 주장하는 이상 청구 당시의 공포 여부를 문제삼아 헌법소원
의 대상성을 부인할 수는 없다.

나. 기본권 침해성

국민의 기본권을 제한하고 부담을 부과하는 소위 '침해적 법률'의 경우에는 규범의 수범자가 당사자로서 자신의 기본권침해를 주장하게 되지만, 이 사건과 같이 '수혜적 법률'의 경우에는 반대로 수혜범위에서 제외된 자가 그 법률에 의하여 평등권이 침해되었다고 주장하는 당사자에 해당되고, 당해 법률에 대한 위헌 또는 헌법불합치 결정에 따라 수혜집단과의 관계에서 평등권침해 상태가 회복될 가능성이 있다면 기본권 침해성이 인정된다. 청구인들은 이 사건 심판대상규정으로 말미암아 재외동포법의 수혜대상에서 제외되었다는 평등권침해를 주장하는 것이므로 기본권 침해성을 인정할 수 있다.

다. 외국인의 기본권주체성

우리 재판소는, 헌법재판소법 제68조 제1항 소정의 헌법소원은 기본권을 침해받은 자만이 청구할 수 있고, 여기서 기본권을 침해받은 자만이 헌법소원을 청구할 수 있다는 것은 곧 기본권의 주체라야만 헌법소원을 청구할 수 있고 기본권의 주체가 아닌 자는 헌법소원을 청구할 수 없다고 한 다음, '국민' 또는 국민과 유사한 지위에 있는 '외국인'은 기본권의 주체가 될 수 있다 판시하여(헌재 1994.12.29. 93헌마120, 판례집 6-2, 477, 480) 원칙적으로 외국인의 기본권 주체성을 인정하였다. 청구인들이 침해되었다고 주장하는 인간의 존엄과 가치, 행복추구권은 대체로 '인간의 권리'로서 외국인도 주체가 될 수 있다고 보아야 하고, 평등권도 인간의 권리로서 참정권 등에 대한 성질상의 제한 및 상호주의에 따른 제한이 있을 수 있을 뿐이다. 이 사건에서 청구인들이 주장하는 바는 대한민국 국민과의 관계가 아닌, 외국국적의 동포들 사이에 재외동포법의 수혜대상에서 차별하는 것이 평등권침해라는 것으로서 성질상 위와 같은 제한을 받는 것이 아니고 상호주의가 문제되는 것도 아니므로, 청구인들에게 기본권주체성을 인정함에 아무런 문제가 없다.

라. 자기관련성

기본권침해의 자기관련성이란 심판대상규정에 의하여 청구인들의 기본권이 '침해될 가능성'이 있는가에 관한 것이고(헌재 2000.6.29. 99헌마289, 공보 47, 604, 609), 헌법소원은 주관적 기본권보장과 객관적 헌법보장 기능을 함께 가지고 있으므로 권리귀속에 대한 소명만으로써 자기관련성을 구비한 여부를 판단할 수 있다(헌재 1994.12.29. 89헌마2, 판례집 6-2, 395, 407). 청구인 조○섭은 1944년 일제로부터 강제징용 소집통지를 받고 이를 피하기 위하여 전남 순천에서 만주로 이주한 본인이고, 나머지 청구인 문○순과 전○라는 일제의 수탈을 피하기 위하여 그들의 부모대에 만주로 이주한 한인 2세여서 재외동포법의 적용을 받지 못하고 있다고 주장하고 있으므로, 일응 권리귀속에 대한 소명을 한 것으로 인정할 수 있어 자기관련성을 부인할 수 없다고 하겠다.

4. 본안에 대한 판단

가. 재외동포법의 입법목적과 주요내용

(1) 재외동포법의 입법목적 중 외국국적동포에 해당하는 부분은 다음과 같다(대한민국 관보 1999. 9.2.자 8-9면). 즉, 지구촌시대 세계경제체제에 부응하여 재외동포에게 모국의 국경문턱을 낮춤으

로써 재외동포의 생활권을 광역화·국제화함과 동시에 우리 국민의 의식형태와 활동영역의 국
제화·세계화를 촉진하고, 재외동포의 모국에의 출입국 및 체류에 대한 제한과 부동산취득·금
융·외국환거래 등에 있어서의 각종 제약을 완화함으로써 모국투자를 촉진하고 경제회생 동참
분위기를 확산시키며, 재외동포들이 요구하는 이중국적을 허용할 경우 나타날 수 있는 병역·납
세·외교관계에서의 문제점과 국민적 일체감 저해 등의 부작용을 제거하면서 이중국적 허용요구
에 담긴 애로사항을 선별수용함으로써 모국에 대한 불만을 해소하기 위한 것이다.

(2) 재외동포법의 주요내용을 보면, 재외동포를 재외국민과 외국국적동포로 구분하여(제2조), 재외국
민과 재외동포체류자격을 가진 외국국적동포의 출입국과 국내에서의 법적 지위에 관하여 적용하
되(제3조), 외국국적동포는 재외동포체류자격으로 2년 동안 체류할 수 있고 그 기간의 연장도 가
능하며 재입국허가가 없이 자유롭게 출입국할 수 있고(제10조 제1항 내지 제3항), 재외동포체류자
격의 활동범위 안에서 자유롭게 취업 기타 경제활동을 할 수 있으며(제10조 제5항), 군사시설보호
구역을 제외한 국내 토지의 취득·보유·이용 및 처분이 가능하고(제11조 제1항), 이 법 시행
후 1년 이내에 비실명부동산을 실명으로 전환하거나 매각처분 등을 한 경우 이행강제금과 과태료
를 면제하고(제11조 제2항), 외국환거래법 제18조의 규정에 의한 자본거래 제한조치를 제외하고
는 국내 금융기관을 이용함에 있어서 거주자인 국민과 동등한 권리를 갖고(제12조), 90일 이상
국내에 체류하는 때에는 의료보험 관계법령이 정하는 바에 의하여 의료보험을 적용받을 수 있도
록(제14조) 하는 등 광범한 혜택을 부여하고 있다.

(3) 한편, 당초 1998.9.29. 입법예고된 재외동포법(안)에서는 '외국국적동포'의 정의를 "한민족 혈통을
지닌 자로서 외국국적을 취득한 자 중 대통령령으로 정하는 자"로 규정하고 있었으나(대한민국
관보 1998.9.29.자 15-16면), 우리나라 주변 일부국가의 자국내 소수민족(조선족)을 자극할 우려
가 있다는 의견을 받아들여 국회통과 과정에서 이 사건 심판대상규정과 같이 수정되었다.

나. 침해되는 기본권

청구인들은, 이 사건 심판대상규정이 헌법 제11조의 평등권 외에 헌법 제10조의 인간의 존엄과
가치 및 행복추구권 내지 대한민국이 3·1운동으로 건립된 대한민국임시정부의 법통을 계승한다
고 선언한 헌법전문에 어긋난다고 주장한다.

그러나, 청구인들 주장의 핵심은 이 사건 심판대상규정으로 말미암아 재외동포법이 부여하는 혜택
을 받지 못하게 되었다는 것이고, 이 사건 심판대상규정으로 인하여 비로소 청구인들이 종래에
누리던 인간의 존엄과 가치 및 행복추구권이 침해되었다는 것은 아니라고 할 것이므로, 이 사건은
결국 재외동포법의 혜택을 받게 되는 다른 외국국적동포들과의 관계에서 청구인들의 평등권을 침
해하는지 여부의 문제로 귀착된다.

다. 이 사건 심판대상규정의 위헌성

(1) 평등원칙의 의의

우리 헌법 제11조 제1항은 "모든 국민은 법 앞에 평등하다. 누구든지 성별·종교 또는 사회적
신분에 의하여 정치적·경제적·사회적·문화적 생활의 모든 영역에 있어서 차별을 받지 아니한

다." 라고 규정하여 평등원칙을 선언하고 있는 바, 평등의 원칙은 국민의 기본권 보장에 관한 우리 헌법의 최고원리로서 국가가 입법을 하거나 법을 해석 및 집행함에 있어 따라야 할 기준인 동시에, 국가에 대하여 합리적 이유없이 불평등한 대우를 하지 말 것과, 평등한 대우를 요구할 수 있는 모든 국민의 권리로서, 국민의 기본권 중의 기본권인 것이다(헌재 1989.1.25. 88헌가7, 판례집 1, 1, 2). 헌법 제11조 제1항의 평등의 원칙은 일체의 차별적 대우를 부정하는 절대적 평등을 의미하는 것이 아니라 입법과 법의 적용에 있어서 합리적 근거 없는 차별을 하여서는 아니된다는 상대적 평등을 뜻하고 따라서 합리적 근거 있는 차별 내지 불평등은 평등의 원칙에 반하는 것이 아니다. 그리고 합리적 근거 있는 차별인가의 여부는 그 차별이 인간의 존엄성 존중이라는 헌법원리에 반하지 아니하면서 정당한 입법목적을 달성하기 위하여 필요하고도 적정한 것인가를 기준으로 판단되어야 한다(헌재 1994.2.24. 92헌바43, 판례집 6-1, 72, 75 ; 헌재 1998.9.30. 98헌가7등, 판례집 10-2, 461, 476).

(2) 차별의 기준과 효과

(가) 이 사건 심판대상규정이 나누고 있는 입법구분을 보면, 외국국적동포(재외동포법 제2조 제2호) 란 "대한민국 정부수립 이후에 국외로 이주한 자 중 대한민국의 국적을 상실한 자와 그 직계비속 (재외동포법시행령 제3조 제1호), 그리고 대한민국 정부수립 이전에 국외로 이주한 자 중 외국국적 취득 이전에 대한민국의 국적을 명시적으로 확인받은 자와 그 직계비속(재외동포법시행령 제3조 제2호)"만을 의미하므로, 대한민국 정부수립 이전에 국외로 이주한 자 중에 외국국적 취득 이전에 대한민국의 국적을 명시적으로 확인받지 않은 자, 즉 대부분의 중국거주동포와 구소련거주동포 등 정부수립이전이주동포는 재외동포법의 위와 같은 혜택을 누리지 못하게 된다. 왜냐하면, 재외동포법시행령 제3조 제2호에서 말하는 "대한민국의 국적을 명시적으로 확인받은 자"라 함은 거주국 소재 대한민국 재외공관 또는 대한민국정부의 위임을 받은 기관·단체에 재외국민 등록법(제정 1949.11.24. 법률 제70호, 전문개정 1999.12.28. 법률 제6057호)에 의한 등록을 한 자를 말하는바(재외동포법시행규칙 제2조 제1항), 예컨대 청구인들과 같은 중국동포의 경우 우리나라가 중국과 외교관계를 수립한 것은 1992.8.24.이고 중국주재 한국대사관이 개설된 것은 같은 달 28.(대한무역진흥공사(KOTRA) 북경대표부는 1991.1.30. 개설되었다)이므로, 물리적으로 이 요건을 충족시킬 수 없게 되어 있다. 이와 같은 사정은 구소련지역에 거주하고 있는 동포들의 경우에도 마찬가지이다(국회법제사법위원회의 재외동포법(안)에 대한 「심사보고서」(1999.8), 8면 참조).

(나) 이 사건 심판대상규정은 재외국민과 함께 재외동포법의 적용을 받는 외국국적동포에 관한 '정의 규정'으로서 외국국적동포에 해당하는 자는 앞에서 본 바와 같은 광범한 혜택을 누릴 수 있게 된다. 즉, 원래 외국국적동포는 '외국인'이므로 원칙적으로 대한민국의 공무원이 될 수 없고(국가공무원법 제35조, 지방공무원법 제33조, 외무공무원법 제9조), 거주·이전의 자유(헌법 제14조, 출입국관리법 제7조, 제17조), 직업선택의 자유(헌법 제15조, 수산업법 제5조, 도선법 제6조), 재산권(헌법 제23조, 외국인토지법 제3조, 특허법 제25조, 항공법 제6조), 선거권 및 피선거권(헌법 제24조, 제25조, 공직선거및선거부정방지법 제15조, 제16조), 국가배상청구권(헌법 제29조 제2항, 국가배상법 제7조), 범죄피해자구조청구권(헌법 제30조, 범죄피해자구조법 제10조), 국민

투표권(헌법 제72조, 제130조 제2항, 국민투표법 제7조) 및 사회적 기본권 등을 누릴 수 없거나 제한적으로 밖에 향유하지 못하던 것(헌재 2000.8.31. 97헌가12, 판례집 12-2, 167, 183 참조)을 재외동포법의 시행으로 일정한 범위에서 그 제한을 완화한 것으로서, 이 사건 심판대상규정이 나누고 있는 입법구분에 의하여 재외동포법이 부여하는 혜택에서 배제된 청구인들과 같은 정부수립이전이주동포는 이러한 기본권 내지 법적 권리의 행사에 있어 차별을 받게 된 것이다.

(3) 평등권의 침해 여부

(가) 평등의 원칙은 입법자에게 본질적으로 같은 것을 자의적으로 다르게, 본질적으로 다른 것을 자의적으로 같게 취급하는 것을 금하고 있다. 그러므로 비교의 대상을 이루는 두 개의 사실관계 사이에 서로 상이한 취급을 정당화할 수 있을 정도의 차이가 없음에도 불구하고 두 사실관계를 서로 다르게 취급한다면, 입법자는 이로써 평등권을 침해하게 된다. 그런데 서로 비교될 수 있는 사실관계가 모든 관점에서 완전히 동일한 것이 아니라 단지 일정 요소에 있어서만 동일한 경우에, 비교되는 두 사실관계를 법적으로 동일한 것으로 볼 것인지 아니면 다른 것으로 볼 것인지를 판단하기 위하여는 어떠한 요소가 결정적인 기준이 되는가가 문제된다. 두 개의 사실관계가 본질적으로 동일한가의 판단은 일반적으로 당해 법률조항의 의미와 목적에 달려 있다(헌재 1996. 12.26. 96헌가18, 판례집 8-2, 680, 701).

앞에서 본 바와 같이 이 사건 심판대상규정은 실질적으로 대부분 미주지역이나 유럽 등에 거주하는 정부수립이후이주동포와 대부분 중국과 구소련지역에 거주하는 정부수립이전이주동포를 구분하여 전자에게는 재외동포법의 광범위한 혜택을 부여하고 있고, 후자는 이러한 수혜대상에서 제외하고 있다. 그런데, 정부수립이후이주동포와 정부수립이전이주동포는 이미 대한민국을 떠나 그들이 거주하고 있는 외국의 국적을 취득한 우리의 동포라는 점에서 같고, 다만 대한민국 정부수립 이후에 국외로 이주한 자인가 또는 대한민국 정부수립 이전에 국외로 이주한 자인가 하는 점에서만 다른 것이다. 이와 같은 차이는 정부수립이후이주동포와 정부수립이전이주동포가 법적으로 같게 취급되어야 할 동일성을 훼손할 만한 본질적인 성격이 아니다. 즉, 정부수립이후이주동포인지 아니면 정부수립이전이주동포인지는 결정적인 기준이 될 수 없는 것이다.

(나) 차별을 두는 입법은 그 차별에 의하여 달성하려고 하는 목적과 그 목적을 달성하기 위한 차별을 두기 마련인데, 국민의 기본권에 관한 차별에 있어서 합리적 근거에 의한 차별이라고 하기 위하여서는 우선 그 차별의 목적이 헌법에 합치하는 정당한 목적이어야 하고 다음으로 차별의 기준이 목적의 실현을 위하여 실질적인 관계가 있어야 하며 차별의 정도 또한 적정한 것이어야 한다(헌재 1996.8.29. 93헌바57, 판례집 8-2, 46, 56).

재외동포법은 그 적용대상에 포함된 정부수립이후이주동포에 대하여는 위에서 본 바와 같은 광범위한 혜택을 주어 사실상 이중국적을 허용한 것과 같은 지위를 부여하고 있으면서도, 같은 동포 중 이 사건 심판대상규정에 의하여 그 적용범위에서 제외된 정부수립이전이주동포는 기본적으로 다른 일반 외국인과 동일한 취급을 받게 되는 결과가 되었다. 그리하여 정부수립이후이주동포(주로 재미동포, 그 중에서도 시민권을 취득한 재미동포 1세)의 요망사항은 재외동포법에 의하여 거의 완전히 해결된 반면, 정부수립이전이주동포(주로 중국동포 및 구소련동포)는 재외동포법의 적용대상에서 제외됨으로써 그들이 절실히 필요로 하는 출입국기회와 대한민국 내에서의 취업기회를 차단당하였고, 법무부가 이를 완화한다는 취지에서 마련한 보완대책도 정부수립이전 이주동포에게 실질적인 도움이 되지 못하고 있다. 재외동포법이 정부수립이후이주동포의 요구에 의하여 제정되었다는 연혁적 이유가 그 자체만으로 이와 같은 커다란 차별을 정당화할 정도의 비중을 가진다고 할 수 없을 뿐만 아니라, 정부수립이전이주동포에게도 정부수립이후이주동포에 못지 않거나 더욱 절실한 필요가 있음을 고려하지 않으면 안된다. 사회경제적 또는 안보적 이유 로 거론하는 우려도, 당초 재외동포법의 적용범위에 정부수립이전이주동포도 포함시키려 하였다 가 제외시킨 입법과정에 비추어 보면 정부수립이전이주동포를 재외동포법의 적용범위에 포함하 는 것이 어느 정도의 영향을 가져올 것인지에 대한 엄밀한 검증을 거친 것이라고 볼 수 없다. 정부는 재외동포법에서 외국국적동포를 정의하면서 국제관행에 따라 '과거국적주의'를 채택함으 로써 정부수립이전이주동포가 그 적용대상에서 제외되었다고 전제한 다음 그렇지 아니하고 '혈통 주의'에 따라 외국국적동포를 정의하여 입법을 한다면, 국제법원칙 및 국제관행에 반하고, 외교마 찰을 초래할 수 있으며, 그 개념이 불명확하여 대상이 무한정 확대될 우려가 있다는 점을 강조한 다. 그러나, 외국국적을 취득한 자국동포에게 출입국 등에서 특례를 인정하는 나라로 과거국적주 의를 채택하였다는 아일랜드, 그리스, 폴란드 등(국회법제사법위원회의 위 「심사보고서」, 8면)의 나라에서의 과거국적의 의미와 이 사건 심판대상규정이 정하고 있는 대한민국 정부수립(1948년) 까지 국적의 과거로의 소급은 그 제한의 정도가 현저하게 다르다는 점이 지적될 수 있다. 또한 외교마찰의 우려라는 사정이 있다 하더라도 외국국적동포에 대한 이 사건 심판대상규정이 충분 한 정책 검토 끝에 나온 필요하고도 적정한 입법이라고 보기는 어렵다. 정부로서는 외국국적동포 의 현실적인 애로를 수용하기 위하여 단일특별법을 제정하기보다 제반 상황을 고려한 개별적인 제한 완화로 실질적으로 대처할 수는 없는지 우선 살펴보았어야 할 것이다. 나아가, 혈통주의 입법에 문제가 있다면 당초부터 외국국적동포의 법적 지위보다는 외국인 처우의 전반적 개선이 라는 시각에서 출발하되, 재외동포에 대하여는 정착한 현지에서 민족적 정체성을 자각하고 문화 적 유대감을 강화시키는 활동을 지원하는 데 초점을 맞추는 것이 바람직할 수도 있다.

(다) 재외동포법의 적용범위에서 정부수립이전이주동포가 제외된 것은 당초부터 과거국적주의를 채 택하였기 때문이 아님은 앞에서{4.가.(3)} 본 바와 같고, 사실은 그와 같은 사정 때문에 재외동포 법상 외국국적동포에 대한 정의규정에는 일응 중립적인 과거국적주의를 표방하고 시행령으로, 일제시대 독립운동을 위하여 또는 일제의 강제징용이나 수탈을 피하기 위해 조국을 떠날 수밖에 없었던 중국동포나 구소련동포가 대부분인 대한민국 정부수립 이전에 이주한 자들에게 외국국적 취득 이전에 대한민국의 국적을 명시적으로 확인받은 사실을 입증하도록 요구함으로써 이들을 재외동포법의 수혜대상에서 제외한 것으로 볼 수밖에 없다. 암울했던 역사적 상황으로 인하여 어쩔 수 없이 조국을 떠나야 했던 동포들을 돕지는 못할지언정, 오히려 법적으로 차별하는 정책 을 취하는 외국의 예를 찾을 수 없다는 점에서, 이 사건에서의 차별은 민족적 입장은 차치하고라 도 인도적 견지에서조차 정당성을 인정받기가 심히 어렵다고 할 것이다. 이 사건 차별로써 달성 하고자 하는 정부의 이익은 그로 인하여 야기되는 같은 동포 사이의 커다란 상처와 분열을 덮기 에는 너무나도 미약하다고 하지 않을 수 없는 것이다.

한편, 재외동포법보다 먼저 제정된 재외동포재단법(1997.3.27. 법률 제5313호) 제2조에서는 재외동포의 정의를 "대한민국 국민으로서 외국에 장기체류하거나 영주권을 취득한 자"(제1호) 및 "국적을 불문하고 한민족의 혈통을 지닌 자로서 외국에서 거주·생활하는 자"(제2호)로 규정하고 있다. 여기에서 전자는 재외동포법의 "재외국민"의 정의에, 후자는 "외국국적동포"의 정의에 각 대응하는 개념이라고 할 수 있는바, 비록 이 법과 재외동포법은 그 입법목적이 다르다고 하더라도 한 나라의 법률에서 같은 용어(재외동포)의 개념을 다르게 정의하여 그 규율대상을 달리한다는 것은 입법체계상으로도 문제가 있다고 아니할 수 없다.

(4) 소결론

요컨대, 이 사건 심판대상규정이 청구인들과 같은 정부수립이전이주동포를 재외동포법의 적용대상에서 제외하는 차별취급은 그 차별의 기준이 목적의 실현을 위하여 실질적인 관계가 있다고 할 수 없고, 차별의 정도 또한 적정한 것이라고는 도저히 볼 수 없으므로, 이 사건 심판대상규정은 합리적 이유 없이 정부수립이전이주동포를 차별하는 자의적인 입법이어서 헌법 제11조의 평등원칙에 위배되고, 이로 인하여 청구인들의 평등권을 침해하는 것이다.

라. 헌법불합치결정과 잠정적용명령

(1) 법률이 헌법에 위반되는 경우 헌법의 규범성을 보장하기 위하여 원칙적으로 그 법률에 대하여 위헌결정을 하여야 하는 것이지만, 위헌결정을 통하여 법률조항을 법질서에서 제거하는 것이 법적 공백이나 혼란을 초래할 우려가 있는 경우에는 위헌조항의 잠정적 적용을 명하는 헌법불합치결정을 할 수 있다. 즉 위헌적인 법률조항을 잠정적으로 적용하는 위헌적인 상태가 위헌결정으로 말미암아 발생하는 법이 없어 규율없는 합헌적인 상태보다 오히려 헌법적으로 더욱 바람직하다고 판단되는 경우에는, 헌법재판소는 법적 안정성의 관점에서 법치국가적으로 용인하기 어려운 법적 공백과 그로 인한 혼란을 방지하기 위하여 입법자가 합헌적인 방향으로 법률을 개선할 때까지 일정 기간 동안 위헌적인 법규정을 존속케 하고 또한 잠정적으로 적용하게 할 필요가 있다(헌재 1999.10.21. 97헌바26, 판례집 11-2, 383, 417).

또한 이 사건과 같이 법률이 평등원칙에 위반된다고 판단되는 경우에도 그것이 어떠한 방법으로 치유되어야 하는가에 관하여는 헌법에 규정되어 있지 않고, 그 위헌적 상태를 제거하여 평등원칙에 합치되는 상태를 실현할 수 있는 여러 가지 선택가능성이 있을 수 있으며, 그러한 선택의 문제는 입법자에게 맡겨진 일이다. 그러한 경우에 헌법재판소가 평등원칙에 위반되었음을 이유로 단순위헌결정을 한다면 위헌적 상태가 제거되기는 하지만 입법자의 의사와 관계없이 헌법적으로 규정되지 않은 법적 상태를 일방적으로 형성하는 결과가 되고, 결국 입법자의 형성의 자유를 침해하게 된다. 이러한 이유 때문에 헌법재판소로서는 입법자의 형성권을 존중하여 법률의 위헌선언을 피하고 단지 법률의 위헌성만을 확인하는 결정으로서 헌법불합치결정을 하게 되는 것이다.

(2) 이 사건의 경우 앞에서 본 바와 같이 재외동포법은 이미 1999.12.3.부터 시행되었고, 법무부 자료에 의하면 2001.8.30. 현재 동법 제6조 소정의 국내거소신고를 한 자가 23,664명에 이르렀다. 이 중 재외국민은 10,532명이고 외국국적동포는 13,132명이다. 따라서 이들은 재외동포법에서 보장하는 여러 가지 혜택을 누리고 있는바, 헌법재판소가 이 사건 심판대상규정에 대하여 단순위헌결정을 선고하면 이들 중 외국국적동포의 경우는 재외동포법이 부여하는 지위가 그 순간부터

상실되어 당장 출국을 해야 하고 이들이 그동안 국내에서 행한 취업 기타 경제활동, 부동산의 취득, 국내 금융기관의 이용, 의료보험혜택 등이 일시에 정지되게 된다. 이와 같은 상태는 법적 안정성의 관점에서 법치국가적으로 용인하기 어려운 법적 공백과 그로 인한 혼란을 야기할 수 있으므로, 입법자가 합헌적인 방향으로 법률을 개선할 때까지 일정 기간 동안 위헌적인 법규정을 존속케 하고 또한 잠정적으로 적용하게 할 필요가 있는 것이다. 그러나 앞에서 본 바와 같은 이 사건 심판대상규정의 위헌성을 고려할 때 입법자는 되도록 빠른 시일 내에, 늦어도 2003.12.31.까지 개선입법을 마련함으로써 이 사건 심판대상규정의 위헌적 상태를 제거하여야 할 것이다.

(3) 그런데 이 사건 심판대상규정은 '정의규정'이므로 이에 대한 위헌성의 확인은 관련조문에 대한 위헌성의 확인을 수반하게 된다. 즉, 재외동포법 중 외국국적동포에만 해당하는 규정인 제5조, 제10조, 제11조, 제16조(그중 제16조는 2000.12.29. 법률 제6307호로 개정된 것)는 물론이고, 재외국민과 외국국적동포를 포함하는 개념인 '재외동포'를 규율대상으로 하는 제6조 내지 제8조, 제12조, 제14조, 제17조는 그 중 '외국국적동포' 부분의 위헌성도 아울러 확인되는 것이다. 이와 같은 사정은 하위법규인 시행령과 시행규칙의 경우에도 같다. 법률이 일정한 사항에 관하여 구체적인 내용의 입법을 대통령령 등 하위법규에 위임하고 있는 경우에 그 위임규정인 법률조항에 대하여 헌법재판소의 위헌결정이 선고되면, 당해 법률조항이 효력을 상실하게 됨은 물론, 그 법률조항의 위임에 의하여 제정된 대통령령 등 하위법규 역시 그 존립의 근거를 상실함에 따라 당연히 그 효력을 상실하기 때문이다(대법원 1996.4.9. 선고 95누11405 판결, 공1996상, 1442). 따라서 입법자가 2003.12.31.까지 입법개선의무를 이행하지 않는다면 2004.1.1.부터는 재외동포법의 관련규정뿐만 아니라 하위법규인 시행령과 시행규칙도 그 관련 부분은 효력을 상실하므로 법원 기타 국가기관 및 지방자치단체는 효력을 상실한 부분을 적용할 수 없다.

5. 결 론

그러므로, 이 사건 심판대상규정은 헌법에 합치하지 아니하나 입법자의 개선입법이 이루어질 때까지 잠정적으로 적용하도록 함이 상당하여 주문과 같이 결정한다. 이 결정은 아래 6.과 같은 재판관 권성의 별개의견과 7.과 같은 재판관 윤영철, 재판관 한대현, 재판관 하경철의 반대의견이 있는 외에는 나머지 재판관들의 의견일치에 따른 것이다.

6. 다수의견에 대한 재판관 권성의 별개의견

이 사건에서는 심판대상규정의 위헌성을 엄격한 평등권 심사에 의하여 밝히는 것이 필요하고 또 가능하다고 생각한다.

가. 다수의견이 이미 설시하고 있는 바와 같이, 재외동포법의 적용을 받는 자는 "재외국민", 즉 대한민국의 국민으로서 외국의 영주권을 취득한 자 또는 영주할 목적으로 외국에 거주하고 있는 자(재외동포법 제2조 제1호) 그리고 "외국국적동포", 즉 대한민국의 국적을 보유하였던 자 또는 그 직계비속으로서 외국국적을 취득한 자 중 대통령령이 정하는 자(재외동포법 제2조 제2호)이다. 그런데 외국국적동포에 대하여는 재외동포법시행령 제3조에서 대한민국 정부수립 이후에 국외로 이주한 자 중 대한민국의 국적을 상실한 자와 그 직계비속(같은 조 제1호), 그리고 대한민국 정부수립

이전에 국외로 이주한 자 중 외국국적 취득 이전에 대한민국의 국적을 명시적으로 확인받은 자와 그 직계비속(같은 조 제2호)으로 구체화하여 구분하고 있다. 그러므로 재외동포법의 적용에서 배제되는 재외동포집단은 외국국적동포 중에서 "대한민국 정부수립 이전에 국외로 이주한 자 중 외국국적 취득 이전에 대한민국의 국적을 명시적으로 확인받지 않은 자와 그 직계비속"(이하 '국적미확인동포'라 한다)이다.

결국 대한민국 정부수립 이전[159]에 국외로 이주하여 외국국적을 취득한[160] 동포가운데에는 대한민국의 국적을 명시적으로 확인받은 뒤 외국국적을 취득한 동포도 있을 것이고 이와 달리 대한민국의 국적을 확인받지 못한 상태에서 외국국적을 취득한 동포도 있을 것인데 후자, 즉 국적미확인동포는 재외동포법의 적용과 혜택을 받지 못하게 된 것이다.

나. 그런데 대한민국의 국적을 명시적으로 확인받는다는 것은 국적법[161]과 재외국민등록법[162]과 대한민국재외공관설치법[163]의 정한 바에 따라 대한민국의 재외공관(또는 대한민국정부의 위임을 받은 기관·단체)에 등록하는 것[164]을 의미하므로 1948.8.14. 이전에 국외로 이주하였으나 1948. 8.14. 이전에 외국국적을 취득한 동포는, 당시에는 대한민국의 재외공관이라는 것이 있을 수 없었으므로, 대한민국의 국적을 명시적으로 확인받는 것이 원시적으로 불가능하였고 1948.8.14. 이전에 국외로 이주하고도 1948.8.15. 이후에 비로소 외국국적을 취득한 동포가운데에도 그 취득당시 대한민국의 재외공관이 설치되지 않은 외국에서 거주 또는 생활하다가 외국국적을 취득한 동포 역시 대한민국의 국적을 명시적으로 확인받는 것이 원시적으로 불가능하였다고 할 것이다.

다. 이러한 사정은 정부수립 이전에 국외로 이주한 동포를 두 가지 기준으로 분류하여 차별적인 대우를 하고 있는 것이다.

그 첫째 기준은 외국국적의 취득시기가 정부수립 이전인가 아니면 그 이후인가 하는 것인데 이전의 경우에는 재외동포법의 적용이 전면적으로 배제되고(왜냐하면 국적의 명시적 확인이 원시적으로 불가능한 시기이었기 때문이다) 이후인 때에는 뒤에 보는 바와 같이 재외공관의 유무에 따라 그 적용이 가능한 경우도 있고 불가능한 경우도 있게 된다.

그 둘째 기준은 외국국적의 취득 당시에 그 외국에 대한민국의 재외공관이 설치되어 있는가 여부인데 설치되어 있지 아니하였다면 재외동포법의 적용이 전면적으로 배제되고(국적의 명시적 확인이 불가능한 지역이기 때문이다) 설치되어 있었다면 그 적용이 가능할 수도 있게 된다.

라. 위에서 본 첫째 기준 즉 시적(時的) 기준에 의하면 외국국적의 취득시기가 정부수립 이전인 동포는 재외동포법의 적용이 전면적으로 배제되는 차별을 받는데, 현실적으로 시적 기준의 설정이 불가피하고 기준시점의 선택이 입법재량의 문제임을 고려할 때 시적 기준의 합헌성은 논외로 하

---

159) 참고로 군인연금법시행령 제31조는 "정부수립의 年 이전"이라 함은 1948년 8월 14일 이전을 말한다고 규정한다.

160) 외국국적의 취득시기는 정부수립의 이전이 될 수도 있고 이후가 될 수도 있다.

161) 1948.12.20. 공포·시행되었다.

162) 1949.11.24. 공포·시행되었다.

163) 1950.3.9. 공포·시행되었다.

164) 재외동포의출입국과법적지위에관한법률시행규칙(1999.12.2. 제정 법무부령 제490호) 제2조 제1항.

는 것이 온당하므로 둘째 기준의 합헌성 유무에 대하여 본다.

이 기준은 정부수립 이전에 국외로 이주한 동포의 정부수립 이후의 생활근거지(직계비속의 경우에는 출생지를 포함한다. 이하 같다)에 재외공관이 설치되어 있는지 여부를 기준으로 하는 것이므로 이것은 지역적 요소를 기준으로 삼고 있는 것이다.

물론 재외공관의 설치문제는 고도의 정책적 선택의 문제이지만 그렇다고 하여 그 설치 여부의 기준을 가지고 재외동포에 대하여 우리 국민과 유사한 대우를 제공할 것인지 여부에 대한 기준으로까지 삼을 수는 없는 것이다. 다시 말하면 재외공관의 설치 기준과 재외동포에 대한 법적 대우의 기준은 당연히 별개인 것이다.

이러한 관점에서 볼 때에는 재외공관이 설치되어 있는 곳인지 아닌지 하는 지역적 요소를 기준으로 하여, 재외공관이 설치되어 있지 아니한 곳을 생활근거지로 하는 동포를 국적미확인동포로 분류하여 이들을 법률상 차별하는 것은 이른바 엄격한 심사기준에 의하여 평등의 원칙에 대한 위배 여부가 가려져야 한다고 생각한다. 그 이유는 다음과 같다.

헌법 제11조 제1항 후문은 성별·종교 또는 사회적 신분에 의한 차별을 특히 금지하고 있으므로 이러한 세 가지 기준에 의한 차별이 헌법적으로 용인될 수 있는 것인가의 여부는 특히 엄격하게 심사되어야만 할 것이다(헌재 1999.12.23. 98헌바33, 판례집 11-2, 732 ; 98헌마363, 판례집 11-2, 770 참조).

그런데 헌법 제11조 제1항 후문이 열거하고 있는 세 가지 기준에 의한 차별은 헌법제정 당시의 대표적인 사회적 폐습에 속하는 차별로서, 반드시 극복되어야만 할 비인도적이고 반민주적이며 반문명적인 질곡이었으므로 헌법에서 특히 그 불평등의 제거를 요청할 필요가 있었던 것이다. 그러나 헌법제정 당시에는 그 불평등이 이미 관념상으로는 완전히 극복되었고 실제상으로도 상당부분 극복되었다고 판단되어, 헌법 조문을 통하여 특히 그 불평등의 제거까지를 요청할 필요가 없었지만, 그 폐습의 악성(惡性)정도가 성별·종교 또는 사회적 신분에 의한 차별 못지않은 다른 차별이, 비록 흔한 것은 아니지만, 있을 수 있는 것이고 만일 그러한 폐습이 지금에 와서 새삼 등장한다면, 비록 그것이 헌법 제11조 제1항 후문에 열거된 사항은 아닐지라도, 엄격한 평등권심사에 의하여 반드시 저지되어야 할 것이다.

비록 헌법 제11조 제1항 후문에 열거된 것은 아니지만 당연히 그에 못지않게, 엄격심사를 통하여 제거되어야 할 불평등에 해당하는 것으로는 사람의 출생지 내지 생활근거지와 같은 지역적 요소에 의한 차별과 인종적 요소에 의한 차별을 들 수 있다.

지역적 요소에 의한 차별은 인종적 차별 이상으로 비인도적이며, 사회통합에 역행하는 것이며, 국민통합을 저해하는 것이며, 개인의 자유롭고 창의적인 능력발휘를 봉쇄하는 것이므로[165] 보다 엄격히 금지되어야 한다.

이 사건에서 심판대상규정은 이미 앞에서 본 바와 같이 재외공관이 설치된 외국을 생활근거지로 하는 재외동포와 그렇지 아니한 재외동포를 차별적으로 대우하는 것이고 그 기준은 결국 재외공관이 설치된 지역인가 아닌가 하는 지역적 요소를 기준으로 하는 것이어서 이는 마땅히 엄격한

---

165) 헌법 전문은 "각인의 기회를 균등히 하고, 능력을 최고도로 발휘하게" 할 것을 요구하고 있다.

평등권심사를 받아야 하는 것이다.

마. 엄격한 심사가 아닌 보다 완화된 심사에 의하더라도 문제의 법률이 합리성을 결하여 위헌이라고 이미 판단되었고 그 논증의 경과는 다수의견이 앞에서 이미 상세히 밝힌 바이므로 그보다 더 엄격한 심사에 의한 위헌판정의 논증경과는 굳이 설명할 필요가 없을 것이지만 결론만을 요약하여 말한다면, 국적미확인동포를 차별하는 목적은 경제적 이익과 행정규제의 편의를 위주로 한 것이어서 그 정당성이 의심스럽고 국적미확인동포를 똑같이 대우할 경우에 예상되는 어려움을 회피하면서 그들의 차별취급을 최소화할 수 있는 대체적인 조치가 그렇게 곤란한 것은 결코 아닐 뿐만 아니라, 재외공관이라는 것은 없다가도 새로 생길 수 있고 있다가도 없어질 수 있는 것이어서 동일한 지역의 경우에도 외국국적의 취득시기에 따라서 그 있고 없음이 달라지는 가변적인 사항이기 때문에 이를 기준으로 한다는 것 자체가 적절한 것이 되지 못하므로 수단의 적정성과 차별의 최소성도 확보되지 아니한 것이며, 나아가 차별취급에 의하여 달성되는 공익이 차별취급에 의하여 입게 되는 국적미확인동포의 불이익보다 현저히 크다고 보기도 어려워 법익의 균형 또한 고려되어 있지 아니하므로, 이 사건 심판대상규정에 의한 국적미확인동포에 대한 차별은 비례의 원칙에 어긋난 차별에 해당하고 따라서 평등의 원칙에 위배된다.

7. 재판관 윤영철, 재판관 한대현, 재판관 하경철의 반대의견

우리는 다수의견과는 달리 이 사건 심판대상규정이 헌법에 위반된다고 생각하지 아니하므로 그 이유를 밝혀둔다.

가. 헌법재판소와 입법자는 모두 헌법에 기속되나, 그 기속의 성질은 서로 다르다. 헌법은, 입법자와 같이 적극적으로 형성적 활동을 하는 국가기관에게는 행위의 지침이자 한계인 행위규범을 의미하나 헌법재판소에게는 다른 국가기관의 행위의 합헌성을 심사하는 기준으로서의 재판규범 즉 통제규범을 의미한다. 그러므로 헌법상의 평등원칙도 행위규범으로서는 입법자에게 "객관적으로 같은 것은 같게 다른 것은 다르게" 규범의 대상을 실질적으로 평등하게 규율할 것을 요구하게 되나, 통제규범으로서는 단지 자의적인 입법의 금지기준만을 의미하게 되므로 헌법재판소는 입법자의 결정에서 차별을 정당화할 수 있는 합리적인 이유를 찾아볼 수 없는 경우에만 평등원칙의 위반을 선언하게 된다. 즉, 헌법에 따른 입법자의 평등실현의무는 헌법재판소에 대하여는 단지 자의금지원칙으로 그 의미가 한정축소되어, 평등원칙의 위반이 문제되는 헌법재판에서는 원칙적으로 어떤 입법이 "가장 합리적이고 타당한 수단인가 여부"를 심사하는 것이 아니라, "입법자의 정치적 형성이 헌법적 한계 내에 머물고 있는가 여부", 즉 "자의적인 것인가 여부"를 심사하여야 하며, 그럼으로써 입법자의 형성의 자유와 민주국가의 권력분립적 기능질서가 보장될 수 있는 것이다(헌재 1997.1.16. 90헌마110등, 판례집 9-1, 91, 115 ; 헌재 1998.9.30. 98헌가7등, 판례집 10-2, 504).

나. 자의금지심사에 의하는 경우, 재외동포법과 같은 혜택부여적 법률에 관하여는 입법수단이 입법목적과의 관계에서 과소규율이라 하더라도 합헌적인 것으로서 허용된다. 즉, 규율내용이 입법목적에 의하여 상정되는 모든 경우를 한꺼번에 만족시키는 것이 아니라 그보다 좁은 범위만을 포함하는 것도 "한 번에 한 걸음씩" 현실을 개선하여 나가는 것으로서 가능하다. 이러한 경우 입법자는 그

입법의 목적, 수혜자의 상황, 국가예산 내지 보상능력 등 제반상황을 고려하여 그에 합당하다고 스스로 판단하는 내용의 입법을 할 권한이 있으며, 우리재판소도 여러 차례에 걸쳐 "헌법상 평등의 원칙은 국가가 언제 어디서 어떤 계층을 대상으로 하여 기본권에 관한 상황이나 제도의 개선을 시작할 것인지를 선택하는 것을 방해하지는 않는다. 말하자면 국가는 합리적인 기준에 따라 능력이 허용하는 범위 내에서 법적 가치의 상향적 구현을 위한 제도의 단계적 개선을 추진할 수 있는 길을 선택할 수 있어야 한다. 그것이 허용되지 않는다면 모든 사항과 계층을 대상으로 하여 동시에 제도의 개선을 추진하는 예외적 경우를 제외하고는 어떠한 제도의 개선도 평등의 원칙 때문에 그 시행이 불가능하다는 결과에 이르게 되어 불합리할 뿐 아니라 평등의 원칙이 실현하고자 하는 가치와도 어긋나기 때문이다."(헌재 1990.6.25. 89헌마107, 판례집 2, 178, 197 ; 헌재 1991.2.11. 90헌가27, 판례집 3, 11, 25 ; 헌재 1993.12.23. 89헌마189, 판례집 5-2, 622, 640 ; 헌재 1998. 12.24. 98헌가1, 판례집 10-2, 819, 834)라고 판시한 바 있다.

다. 재외국민과 외국국적동포간에는 물론이고 외국국적동포들 서로간에도 그들이 거주하는 나라들에 따라 정치적, 외교적, 경제적, 사회적 환경이 서로 다른 현실을 도외시 하여서는 아니될 뿐 아니라, 국회가 재외동포법의 제정과 동시에 법무부 및 외교통상부에 대하여 중국동포등의 한국 국적 취득 용이화, 한국 내 불법체류 동포들의 안정적 생활과 귀국 보장을 위한 제도개혁 및 지원, 국내체류 조선족을 우리가 돌보아야 할 동포로 간주하는 정책 채택 등 "재외동포에 대한 제도개선사항" 3개 항을 권고한 바 있고, 이에 따라 법무부가 재외동포법의 시행과 때를 맞추어 1999.12.2. 법무부예 규 제525호로 "중국동포국적업무처리지침"을 개정·시행하여 중국동포에 대한 국적부여기회를 확대하고, "재외동포법시행령관련 보완대책(중국동포의 입국 및 체류관리)"을 제정·시행하여 다각적인 제한 완화책을 강구하였으므로 차등대우가 상당 부분 완화된 점도 고려하여야 한다. 또한, 가능한 한 이중국적의 발생을 회피하려는 국제법적인 원칙은 오늘날에도 엄존하고 있는 바, 재외동포법이 부여하는 혜택은 사실상 이중국적을 허용한 것과 같다고 할 것이므로 그로 인하여 외국과의 간에 외교적 마찰이 있다면 이를 고려하는 것이 반드시 부당하다고는 할 수 없다.

그렇다면, 이 사건 심판대상규정에 의한 입법적 구분은 나름대로의 합리성을 지니고 있다고 할 것이므로 그것이 현저히 불합리하여 자의적이라고는 도저히 볼 수 없다.

라. 비록 민족적·인도적 견지에서 중국동포등에 대한 추가적인 지원이 필요하다고 하더라도 이는 국회의 판단에 따라 차후의 개선입법에 의하여 해결할 수 있는 것이고, 이는 입법정책의 문제이므로, "전부 아니면 전무"라는 사고방식에 의한 위헌판단은 권력분립의 원칙에 뿌리를 두고 있는 자의금지심사에 부합되지 아니한다.

재판관 윤영철(재판장) 한대현(주심) 하경철 김영일 권 성
김효종 김경일 송인준 주선회

헌법재판소 2007.8.30. 자 2004헌마670 결정
【산업기술연수생 도입기준 완화결정 등 위헌확인】

【판시사항】

1. 근로의 권리에 관한 외국인의 기본권 주체성(한정 적극)
2. '외국인산업기술연수생의 보호 및 관리에 관한 지침'(1998.2.23. 노동부 예규 제369호로 개정된 것) 제4조, 제8조 제1항 및 제17조(이하 '이 사건 노동부 예규'라 한다)가 헌법소원의 대상이 되는 공권력의 행사에 해당하는지 여부(적극)
3. 이 사건 노동부 예규가 청구인의 평등권을 침해하는지 여부(적극)

【결정요지】

1. 근로의 권리가 "일할 자리에 관한 권리"만이 아니라 "일할 환경에 관한 권리"도 함께 내포하고 있는 바, 후자는 인간의 존엄성에 대한 침해를 방어하기 위한 자유권적 기본권의 성격도 갖고 있어 건강한 작업환경, 일에 대한 정당한 보수, 합리적인 근로조건의 보장 등을 요구할 수 있는 권리 등을 포함한다고 할 것이므로 외국인근로자라고 하여 이 부분에까지 기본권 주체성을 부인할 수는 없다. 즉 근로의 권리의 구체적인 내용에 따라, 국가에 대하여 고용증진을 위한 사회적·경제적 정책을 요구할 수 있는 권리는 사회권적 기본권으로서 국민에 대하여만 인정해야 하지만, 자본주의 경제질서하에서 근로자가 기본적 생활수단을 확보하고 인간의 존엄성을 보장받기 위하여 최소한의 근로조건을 요구할 수 있는 권리는 자유권적 기본권의 성격도 아울러 가지므로 이러한 경우 외국인근로자에게도 그 기본권 주체성을 인정함이 타당하다.

2. 행정규칙이라도 재량권행사의 준칙으로서 그 정한 바에 따라 되풀이 시행되어 행정관행을 이루게 되면, 행정기관은 평등의 원칙이나 신뢰보호의 원칙에 따라 상대방에 대한 관계에서 그 규칙에 따라야 할 자기구속을 당하게 되는바, 이 경우에는 대외적 구속력을 가진 공권력의 행사가 된다. 지방노동관서의 장은, 사업주가 이 사건 노동부 예규 제8조 제1항의 사항을 준수하도록 행정지도를 하고, 만일 이러한 행정지도에 위반하는 경우에는 연수추천단체에 필요한 조치를 요구하며, 사업주가 계속 이를 위반한 때에는 특별감독을 실시하여 제8조 제1항의 위반사항에 대하여 관계 법령에 따라 조치하여야 하는 반면, 사업주가 근로기준법상 보호대상이지만 제8조 제1항에 규정되지 않은 사항을 위반한다 하더라도 행정지도, 연수추천단체에 대한 요구 및 관계 법령에 따른 조치 중 어느 것도 하지 않게 되는바, 지방노동관서의 장은 평등 및 신뢰의 원칙상 모든 사업주에 대하여 이러한 행정관행을 반복할 수밖에 없으므로, 결국 위 예규는 대외적 구속력을 가진 공권력의 행사가 된다. 나아가 위 예규 제4조와 제8조 제1항이 근로기준법 소정 일부 사항만을 보호대상으로 삼고 있으므로 청구인이 주장하는 평등권 등 기본권을 침해할 가능성도 있다. 그렇다면 이 사건 노동부 예규는 대외적인 구속력을 갖는 공권력행사로서 기본권침해의 가능성도 있으므로 헌법소원의 대상이 된다 할 것이다.

3. 산업연수생이 연수라는 명목하에 사업주의 지시·감독을 받으면서 사실상 노무를 제공하고 수당

명목의 금품을 수령하는 등 실질적인 근로관계에 있는 경우에도, 근로기준법이 보장한 근로기준 중 주요사항을 외국인 산업연수생에 대하여만 적용되지 않도록 하는 것은 합리적인 근거를 찾기 어렵다. 특히 이 사건 중소기업청 고시에 의하여 사용자의 법 준수능력이나 국가의 근로감독능력 등 사업자의 근로기준법 준수와 관련된 제반 여건이 갖추어진 업체만이 연수업체로 선정될 수 있으므로, 이러한 사업장에서 실질적 근로자인 산업연수생에 대하여 일반 근로자와 달리 근로기준법의 일부 조항의 적용을 배제하는 것은 자의적인 차별이라 아니할 수 없다.

근로기준법 제5조와 '국제연합의 경제적·사회적 및 문화적 권리에 관한 국제규약' 제4조에 따라 '동등한 가치의 노동에 대하여 동등한 근로조건을 향유할 권리'를 제한하기 위하여는 법률에 의하여만 하는바, 이를 행정규칙에서 규정하고 있으므로 위 법률유보의 원칙에도 위배된다.

그렇다면, 이 사건 노동부 예규는 청구인의 평등권을 침해한다고 할 것이다.

재판관 이강국, 재판관 이동흡의 반대의견

이 사건 노동부 예규의 직접적인 수범자는 어디까지나 행정기관인 지방노동관서의 장이므로, 지방노동관서의 장이 행정관행에 기하여 그 상대방인 사업주에 대한 관계에서 위 예규에 따라야 할 자기구속을 당하게 된다고 하더라도 곧 그것이 위 예규 자체가 대외적 구속력이 있는 규범으로서 산업연수생의 권리관계를 직접 변동시키거나 그 법적 지위에 영향을 주게 되는 것을 의미하는 것은 아니다.

산업연수생에 대하여는 근로기준법의 일부 조항의 적용을 배제하는 것처럼 규정된 이 사건 노동부 예규 제8조 제1항은 재량권의 행사에 관한 것이 아니라 근로기준법 등 법률의 해석 내지 그 적용범위에 관한 것이므로 이에 대해서는 자기구속의 법리에 의한 대외적 구속력이 인정될 여지가 없다. 그러므로 위 예규가 법령의 근거도 없이 임의로 산업연수생에 대하여 근로기준법의 적용범위를 제한한들 이는 아무런 법적 효력이 없는 것이다.

따라서 이 사건 노동부 예규는 공권력의 행사로 인하여 국민의 기본권침해 가능성이 있는 경우라고 볼 수 없어 그 심판청구는 각하되어야 한다.

【참조조문】

헌법 제11조 제1항, 제32조 제3항

출입국관리법(2003.12.31. 법률 제7034호로 개정된 것) 제17조(외국인의 체류 및 활동범위) ① 외국인은 그 체류자격과 체류기간의 범위 내에서 대한민국에 체류할 수 있다.

② 대한민국에 체류하는 외국인은 정치활동을 하여서는 아니된다.

③ 법무부장관은 대한민국에 체류하는 외국인이 정치활동을 한 때에는 그 외국인에 대하여 서면으로 그 활동의 중지 기타 필요한 명령을 할 수 있다.

출입국관리법(2003.12.31. 법률 제7034호로 개정된 것) 제18조(외국인고용의 제한) ① 외국인이 대한민국에서 취업하고자 할 때에는 대통령령이 정하는 바에 따라 취업활동을 할 수 있는 체류자격을 받아야 한다.

② 제1항의 규정에 의한 체류자격을 가진 외국인은 지정된 근무처 외에서 근무하여서는 아니된다.

③ 누구든지 제1항의 규정에 의한 체류자격을 가지지 아니한 자를 고용하여서는 아니된다.

④ 누구든지 제1항의 규정에 의한 체류자격을 가지지 아니한 자의 고용을 알선 또는 권유하여서는 아니된다.

⑤ 누구든지 제1항의 규정에 의한 체류자격을 가지지 아니한 자의 고용을 알선할 목적으로 그를 자기 지배하에 두는 행위를 하여서는 아니된다.

출입국관리법(2003.12.31. 법률 제7034호로 개정된 것) 제19조의2(산업연수생의 보호 등) ① 정부는 제10조의 규정에 의하여 산업연수활동을 할 수 있는 체류자격을 가지고 지정된 산업체에서 연수하고 있는 외국인(이하 "산업연수생"이라 한다)의 보호를 위하여 필요한 조치를 하여야 한다.

② 제1항의 규정에 의한 산업체의 지정에 관하여 필요한 사항은 대통령령으로 정한다.

출입국관리법(2003.12.31. 법률 제7034호로 개정된 것) 제19조의3(산업연수생의 관리 등) ① 법무부장관은 산업연수생의 연수장소 이탈, 연수목적외의 활동 기타 허가된 조건의 위반 여부 등을 조사하여 그 외국인의 출국 등 산업연수생의 관리에 필요한 조치를 하여야 한다.

② 제1항의 규정에 의한 산업연수생의 관리 및 산업연수생의 입국과 관련된 모집에 관하여 필요한 사항은 대통령령으로 정한다.

③ 법무부장관은 산업연수생으로서 대통령령이 정하는 요건을 갖춘 자(이하 이 항에서 "연수취업자"라 한다)에 대하여 취업활동을 할 수 있도록 그 체류자격변경허가를 할 수 있다. 이 경우 연수취업자의 관리에 관하여는 제1항 및 제2항의 규정을 준용한다.

출입국관리법(2003.12.31. 법률 제7034호로 개정된 것) 제21조(근무처의 변경·추가) ① 대한민국에 체류하는 외국인이 그 체류자격의 범위 내에서 그의 근무처를 변경하거나 추가하고자 할 때에는 미리 법무부장관의 허가를 받아야 한다.

② 누구든지 제1항의 규정에 의한 근무처의 변경·추가허가를 받지 아니한 외국인을 고용하거나 고용을 알선하여서는 아니된다. 다만, 다른 법률에 의하여 고용을 알선하는 때에는 그러하지 아니하다.

출입국관리법 시행령(1998.4.1. 대통령령 제15764호로 개정되고, 2005.7.5. 대통령령 제18934호로 개정되기 전의 것) 제23조(외국인의 취업과 체류자격) ① 법 제18조 제1항에서 "취업활동을 할 수 있는 체류자격"이라 함은 별표 1 중 체류자격 9. 단기취업(C-4), 19. 교수(E-1) 내지 25. 특정활동(E-7), 25의2. 연수취업(E-8), 25의3. 비전문취업(E-9) 및 25의4. 내항선원(E-10)의 체류자격을 말한다.

② 다음 각 호의 1에 해당하는 자는 제1항의 규정에 불구하고 체류자격의 구분에 따른 취업활동의 제한을 받지 아니한다.

1. 별표 1 중 체류자격 27. 거주(F-2)의 가목 및 나목에 해당하는 자 중 본인 또는 가족의 생계유지를 위한 취업활동이 필요하다고 인정되는 자로서 제25조의 규정에 의한 체류자격외활동허가를 받은 자

2. 별표 1 중 체류자격 27. 거주(F-2)의 다목 및 마목에 해당하는 자로서 그의 종전 체류자격에 해당하는 활동을 하고자 하는 자

③ 별표 1 중 체류자격 28의2. 재외동포(F-4)의 자격에 해당하는 자는 제1항의 규정에 불구하고 다음 각 호의 1에 해당하는 경우를 제외하고는 체류자격의 구분에 따른 활동의 제한을 받지 아니한다.

다만, 허용되는 취업활동이라도 국내법령에 의하여 일정한 자격을 요하는 때에는 그 자격을 갖추어야 한다.

1. 단순노무행위를 하는 경우
2. 사행행위 등 선량한 풍속 기타 사회질서에 반하는 행위를 하는 경우
3. 기타 공공의 이익이나 국내 취업질서 등의 유지를 위하여 그 취업을 제한할 필요가있다고 인정되는 경우

④ 별표 1 중 체류자격 28의3. 영주(F-5)의 자격에 해당하는 자는 제1항의 규정에 불구하고 체류자격의 구분에 따른 활동의 제한을 받지 아니한다.

⑤ 제1항의 규정은 별표 1 중 체류자격 30. 관광취업(H-1)의 자격에 해당하는 자가 취업활동을 하는 경우에 이를 준용한다.

⑥ 제3항 각 호의 구체적인 범위는 법무부령으로 정한다.

출입국관리법 시행령(1998.4.1. 대통령령 제15764호로 개정되고, 2005.7.5. 대통령령 제18934호로 개정되기 전의 것) 제24조의2(산업연수업체 등) ① 법 제19조의2의 규정에 의하여 외국인이 산업연수활동을 할 수 있는 산업체를 다음 각 호와 같이 한다.

1. 외국환관리법 제3조 제1항 제16호의 규정에 의하여 외국에 직접 투자한 산업체
2. 외국에 기술을 수출하는 산업체로서 법무부장관이 산업연수가 필요하다고 인정하는 산업체
3. 대외무역법 제22조 제1항의 규정에 의하여 외국에 산업설비를 수출하는 산업체
4. 제1호 내지 제3호 외의 산업체로서 소관 중앙행정기관의 장이 지정·고시하는 산업체관련기관·단체(이하 "연수추천단체"라 한다)의 장이 추천하는 산업체

② 제24조의3 제1항 제1호의 규정에 의하여 산업연수생의 도입규모가 결정된 경우 연수추천단체의 장은 법무부장관이 정하는 기준에 따라 해당 산업체별로 배정할 산업연수생의 규모를 정하여 이를 소관 중앙행정기관의 장에게 통보하여야 한다.

③ 연수추천단체의 장은 제1항 제1호 내지 제3호 외의 산업체로서 외국인근로자의 고용 등에 관한 법률에 의한 고용허가를 받아 외국인근로자를 고용하고 있는 산업체의 사업장에 대하여는 제1항 제4호의 규정에 의한 추천을 할 수 없다.

④ 연수추천단체의 장은 제1항 제4호의 규정에 의한 추천을 받은 산업체가 외국인근로자의 고용 등에 관한 법률에 따라 외국인근로자의 고용허가를 신청한 때에는 그 추천을 철회하고 사업장에 배정된 산업연수생(제24조의3 제1항 제2호의 규정에 의한 연수취업자를 포함한다. 이하 이 항에서 같다)을 외국인근로자가 없는 당해 산업체의 다른 사업장이나 다른 산업체의 사업장에 다시 배정하여야 한다. 다만, 출국예정일까지의 체류잔여기간이 3월 이내인 산업연수생의 경우에는 그러하지 아니하다.

출입국관리법 시행령(1998.4.1. 대통령령 제15764호로 개정되고, 2005.7.5. 대통령령

제18934호로 개정되기 전의 것) 제24조의3(외국인산업인력정책의 심의) ① 법무부장관은 외국인 산업인력에 관한 다음 각 호의 사항에 대하여는 외국인근로자의 고용 등에 관한 법률 제4조의 규정에 의한 외국인력정책위원회(이하 이 조 및 제24조의4에서 "위원회"라 한다)의 심의를 거쳐야 한다.

1. 제24조의2 제1항 제4호의 규정에 의한 산업체에서 연수하고자 하는 산업연수생의 도입규모 결정과 모집 관리에 관한 중요사항
2. 산업연수생으로서 제24조의5 제1항의 규정에 의한 연수취업요건을 갖추어 취업이 허용된 자(이하 "연수취업자"라 한다)의 관리 및 연수취업요건 등에 관한 중요사항

② 제1항 각 호의 심의사항을 사전검토하고 위원회가 위임한 사항을 처리하기 위하여 법무부장관소속 하에 외국인산업연수위원회를 둔다.

③ 제2항의 규정에 의한 외국인산업연수위원회의 구성 및 운영에 관하여 필요한 사항은 위원회의 심의를 거쳐 법무부장관이 정한다.

출입국관리법 시행령(1998.4.1. 대통령령 제15764호로 개정되고, 2005.7.5. 대통령령 제18934호로 개정되기 전의 것) 제24조의5(연수취업요건 등) ① 법 제19조의3 제3항의 규정에 의한 체류자격변경허가를 받고자 하는 자는 다음 각 호의 요건을 갖추어야 한다.

1. 삭제
2. 제24조의2 제1항 제4호의 규정에 의한 산업체에서 산업연수생으로 1년간 연수하였을 것
3. 소관 중앙행정기관의 장이 법무부장관 및 노동부장관과 협의하여 정하는 연수취업의 요건을 갖추었을 것

② 제1항의 규정에 의하여 연수취업자격으로의 체류자격변경허가를 받은 자는 산업연수생으로 근무한 산업체에서 근무하여야 한다. 다만, 그 산업체의 장이 해당 산업연수생을 연수취업자로 계속 고용하기를 원하지 아니하거나 그 산업체의 휴·폐업 그밖에 노동부장관이 소관 중앙행정기관의 장과 협의하여 정하는 사유로 인하여 그 산업체에서 계속 근무하는 것이 부적절하다고 인정되는 때에는 그러하지 아니하다.

【참조판례】
1. 헌재 1991.7.22. 89헌가106, 판례집 3, 387, 421
   헌재 1994.12.29. 93헌마120, 판례집 6-2, 477, 480
   헌재 2001.11.29. 99헌마494, 판례집 13-2, 714, 723-724
   헌재 2002.11.28. 2001헌바50, 판례집 14-2, 668, 678
2. 헌재 1990.9.3. 90헌마13, 판례집 2, 298, 303
3. 헌재 1994.2.24. 92헌바43, 판례집 6-1, 72, 76
   헌재 1999.9.16. 98헌마310, 판례집 11-2, 373, 380
   헌재 2001.11.29. 99헌마494, 판례집 13-2, 714, 727

【당 사 자】
청 구 인 ○○ 알리
대리인 변호사 임영수 외 9인

【주 문】

1. 외국인산업기술연수생의 보호 및 관리에 관한 지침(1998. 2. 23. 노동부 예규 제369호로 개정된 것) 제4조, 제8조 제1항 및 제17조는 헌법에 위반된다.
2. 청구인의 나머지 심판청구를 모두 각하한다.

【이 유】

1. 사건의 개요 및 심판의 대상

가. 사건의 개요

청구인은 2004. 3. 16. 외국인산업기술연수생(이하 '산업연수생'이라 한다)의 신분으로 입국하여 3일간의 연수를 받은 후, 같은 해 3. 19.부터 춘천시 ○○면에 있는 주식회사 ○○제지에서 근무하다가 2004. 7.경 위 연수업체에서의 근무를 중단하였다.

청구인은, 현행 산업연수생제도가 외국인력에 대하여 본래의 목적인 연수를 위하여 운용되어야 함에도 불구하고 실질적으로 단순노무를 위한 취업에 활용되고 있는바, 위 제도의 근거가 되는 '외국인산업인력정책심의위원회의 대책', '외국인산업연수제도운영에 관한 지침' 및 '외국인산업기술연수생의 보호 및 관리에 관한 지침' 등이 청구인과 같은 산업연수생의 기본권을 침해하고 있다고 주장하면서 2004. 8. 24. 이 사건 헌법소원심판을 청구하였다.

나. 심판의 대상

이 사건 심판대상은 다음과 같으며, 이 사건 심판대상 및 관련 법률조항의 내용은 [별지 1] 기재와 같다.

(1) 외국인산업기술연수조정협의회(현재의 외국인산업인력정책심의위원회)의 '산업기술연수생 도입기준 완화결정'(1993. 11. 24.), 외국인산업인력정책심의위원회(이하 '심의위원회'라 한다)의 '외국인산업연수생제도 개선대책'(2001. 12.), '외국인력제도 개선방안'(2002. 7. 18.), '외국인산업연수생제도 개선대책'(Ⅱ)(2002. 8. 29.), '외국인력제도 보완대책'(2002. 11.)(이를 모두 '이 사건 심의위원회 대책'이라 한다)

(2) '외국인산업연수제도운영에 관한 지침'(2002. 12. 10. 중소기업청 고시 제2002-23호로 개정된 것. 이하 '이 사건 중소기업청 고시'라 한다. 이 사건 심판청구 이후 위 고시는 2004. 9. 13. 제2004-9호로 개정되고, 다시 2007. 7. 26. 제2007-25호로 개정되었으나 기본적인 내용은 크게 차이가 없다)

(3) '외국인산업기술연수생의 보호 및 관리에 관한 지침'(1995. 2. 14. 노동부 예규 제258호로 제정되고 1998. 2. 23. 노동부 예규 제369호로 개정된 것) 제4조, 제8조 제1항 및 제17조(이하 '이 사건 노동부 예규'라 한다. 청구인은 위 노동부 예규 전체를 헌법소원심판의 대상으로 삼고 있으나, 산업연수생의 지위와 그에 대한 보호에 관련된 조항은 위 조항들이므로 심판대상을 위와 같이 한정함이 상당하다)

2. 청구인의 주장 및 관계기관의 의견요지

[별지 2] 기재와 같다.

3. 적법요건에 관한 판단

가. 기본권 주체성

(1) 외국인의 기본권 주체성

우리 재판소는, 헌법재판소법 제68조 제1항 소정의 헌법소원은 기본권의 주체이어야만 청구할 수 있다고 한 다음, '국민' 또는 국민과 유사한 지위에 있는 '외국인'은 기본권의 주체가 될 수 있다고 판시하여(헌재 1994.12.29. 93헌마120, 판례집 6-2, 477, 480) 일정한 경우 외국인의 기본권 주체성을 인정하였다. 즉 외국인에게 모든 기본권이 무한정 인정될 수 있는 것이 아니라 원칙적으로 '국민의 권리'가 아닌 '인간의 권리'의 범위 내에서만 인정될 것인바, 인간의 존엄과 가치 및 행복추구권은 '인간의 권리'로서 외국인도 그 주체가 될 수 있고, 평등권도 인간의 권리로서 참정권 등에 대한 성질상 제한 및 상호주의에 의한 제한이 있을 수 있을 뿐이다(헌재 2001.11.29. 99헌마494, 판례집 13-2, 714, 723-724 참조).

(2) 청구인의 기본권 주체성 존부

(가) 헌법 제32조 제3항은 "근로조건의 기준은 인간의 존엄성을 보장하도록 법률로 정한다."라고 규정하여 국민의 "근로의 권리"를 보호할 것을 천명하였고, 이에 근거하여 근로기준법이 제정되었다. 한편 청구인은 이 사건에서 근로자로서의 평등권과 직장선택자유 등을 침해받았다고 주장하므로, 우선 청구인과 같은 외국인근로자가 위와 같은 "근로의 권리"의 주체가 될 수 있는지를 살핀다.

(나) 근로의 권리란 인간이 자신의 의사와 능력에 따라 근로관계를 형성하고, 타인의 방해를 받음이 없이 근로관계를 계속 유지하며, 근로의 기회를 얻지 못한 경우에는 국가에 대하여 근로의 기회를 제공하여 줄 것을 요구할 수 있는 권리를 말하며, 이러한 근로의 권리는 생활의 기본적인 수요를 충족시킬 수 있는 생활수단을 확보해 주고 나아가 인격의 자유로운 발현과 인간의 존엄성을 보장해 주는 것으로서 사회권적 기본권의 성격이 강하므로(헌재 1991.7.22. 89헌가106, 판례집 3, 387, 421 ; 헌재 2002.11.28. 2001헌바50, 판례집 14-2, 668, 678 참조) 이에 대한 외국인의 기본권주체성을 전면적으로 인정하기는 어렵다.

그러나 근로의 권리가 "일할 자리에 관한 권리"만이 아니라 "일할 환경에 관한 권리"도 함께 내포하고 있는바, 후자(後者)는 인간의 존엄성에 대한 침해를 방어하기 위한 자유권적 기본권의 성격도 갖고 있어 건강한 작업환경, 일에 대한 정당한 보수, 합리적인 근로조건의 보장 등을 요구할 수 있는 권리 등을 포함한다고 할 것이므로 외국인근로자라고 하여 이 부분에까지 기본권 주체성을 부인할 수는 없다. 즉 근로의 권리의 구체적인 내용에 따라, 국가에 대하여 고용증진을 위한 사회적·경제적 정책을 요구할 수 있는 권리(헌재 2002.11.28. 2001헌바50, 판례집 14-2, 668, 678)는 사회권적 기본권으로서 국민에 대하여만 인정해야 하지만, 자본주의 경제질서하에서 근로자가 기본적 생활수단을 확보하고 인간의 존엄성을 보장받기 위하여 최소한의 근로조건을 요구할 수 있는 권리는 자유권적 기본권의 성격도 아울러 가지므로 이러한 경우 외국인근로자에게도 그 기본권 주체성을 인정함이 타당하다.

나. 공권력의 행사 여부와 기본권침해의 가능성

(1) 이 사건 심의위원회 대책의 경우

(가) 심의위원회는 출입국관리법 시행령(1998.4.1. 대통령령 제15764호로 개정되고, 2005.7.5. 대통령령 제18934호로 개정되기 전의 것) 제24조의3에 의하여 외국인 산업연수 및 연수취업제도 등에 관한 중요사항을 심의·조정하기 위하여 국무총리 소속하에 설치된 것으로서, 국무조정실장이 위 위원회의 위원장이 되고, 재정경제부·외교통상부·법무부·행정자치부·과학기술부·농림부·산업자원부·정보통신부·보건복지부·노동부·건설교통부·해양수산부 및 기획예산처의 차관과 중소기업청장이 위원이 된다.

(나) 이 사건 심의위원회 대책은, 위 시행령 제24조의3에 의하여 외국인 산업연수생의 도입규모 결정과 모집 관리에 관한 중요사항 등을 심의·조정하는 권한을 가진 심의위원회가 관여·작성한 외국인 산업연수생의 정원조정과 산업연수생제도 관리·운영체계 개선에 관한 정책계획안으로서 행정기관 내부의 행동지침에 지나지 않는다고 할 것이고, 달리 기본권에 직접적으로 영향을 끼치거나 앞으로 법령의 뒷받침에 의하여 그대로 실시될 것이 틀림없을 것으로 예상되는 경우에 해당하지 않는다. 따라서 이 사건 심의위원회 대책은 대외적 효력이 없는 비구속적 행정계획안으로 공권력의 행사로 볼 수 없다.

(2) 이 사건 중소기업청 고시의 경우

(가) 이 사건 중소기업청 고시에 의하여 산업연수생 활용 대상업체와 대상업종이 확정되고, 송출국가 선정, 외국인 산업기술연수협력단, 송출기관, 연수생, 연수업체, 사후관리 등 외국인 산업연수제도의 운영을 위하여 필요한 사항이 정해지고 있다.

(나) 이 사건 중소기업청 고시는 행정규칙에 해당한다고 할 것인데, 행정규칙은 일반적으로 행정조직 내부에서만 효력을 가지는 것이고 대외적인 구속력을 갖는 것이 아니어서 원칙적으로 헌법소원의 대상이 아니나, 다만 법령의 규정에 의하여 행정관청에 법령의 구체적 내용을 보충할 권한을 부여한 경우에는 그것이 상위법령의 위임한계를 벗어나지 아니하는 한, 상위법령과 결합하여 대외적인 구속력을 갖는 법규명령으로서 기능하여 헌법소원의 대상이 될 수 있다(헌재 1992.6.26. 91헌마25, 판례집 4, 444, 449). 그런데 이 사건 중소기업청 고시는 출입국관리법 제19조의2, 같은 법 시행령 제24조의2, 제24조의4 내지 6의 규정에 의하여 외국인산업연수제도의 효율적인 운영에 필요한 사항을 정하기 위하여 제정되었으므로 위 고시는 상위법령과 결합하여 대외적인 구속력을 갖는 법규명령으로서 헌법소원의 대상이 되는 공권력의 행사에 해당한다고 볼 수 있다.

(다) 그런데 헌법재판소법 제68조 제1항에 의한 헌법소원심판을 청구하기 위해서는 이러한 공권력의 행사로 인하여 '기본권침해의 가능성'이 있어야 한다. 따라서 공권력의 행사로 인하여 헌법소원을 청구하고자 하는 자가 법적 지위에 아무런 영향을 받지 않거나 단순히 사실적 또는 경제적인 이해관계로만 관련되어 있는 경우 그 공권력의 행사를 대상으로 헌법소원을 청구하는 것은 허용되지 아니한다(헌재 1999.6.24. 97헌마315, 판례집 11-1, 802, 817 ; 헌재 2001.6.28. 2001헌마 132, 판례집 13-1, 1441, 1455 ; 헌재 2004.12.16. 2002헌마579, 판례집 16-2하, 568, 574). 살펴건대, 이 사건 중소기업청 고시는 외국인 산업연수제도의 운영을 위하여 필요한 사항을 정하고 있을 뿐 산업연수생에 대하여 근로기준법이 적용되는 것을 직접적으로 배제하여 평등권을 침해

하거나 청구인의 직장변경을 금지함으로써 직장선택의 자유를 제한하고 있지 아니하고 달리 청구인이 주장하는 기본권을 침해하는 내용을 담고 있지 아니하므로, 결국 위 고시에 의한 기본권 침해 가능성은 없다고 할 것이다.

(3) 이 사건 노동부 예규의 경우

이 사건 노동부 예규는, 연수생의 적용범위, 연수생의 지위, 연수계약, 연수생의 보호, 안전보건관리, 산업재해보상의 지원, 연수생 교육, 노동관서장의 지도감독과 그에 따른 제재 등을 정하고 있는 행정규칙이므로 원칙적으로 헌법소원의 대상이 되는 '공권력의 행사'에 해당하지 않는다. 다만 행정규칙이 재량권행사의 준칙으로서 그 정한 바에 따라 되풀이 시행되어 행정관행을 이루게 되어 평등의 원칙이나 신뢰보호의 원칙에 따라 행정기관이 그 상대방에 대한 관계에서 그 규칙에 따라야 할 자기구속을 당하게 되는 경우에는 대외적인 구속력을 갖게 되어 헌법소원의 대상이 된다(헌재 1990.9.3. 90헌마13, 판례집 2, 298, 303).

살피건대, 위 노동부 예규에 의하면, 산업연수생은 연수과정에서 사실상 노무를 제공함으로써 임금 등 근로의 대상을 지급받고 있는 경우에는 위 노동부 예규가 정하는 한도 내에서 근로자로서의 권리의무를 갖고(제4조), 위 예규가 열거하고 있는 사항에 관하여만 보호를 받으며(제8조 제1항), 지방노동관서의 장은 사업주가 위 예규를 준수하도록 행정지도하여야 하고(제17조 제1항), 사업주가 위 행정지도를 이행하지 아니하는 경우에는 해당 사업장에 대한 연수생 배정중지 등 조치를 연수추천단체에 요구할 수 있으며(제17조 제2항), 특별감독을 실시하여 위 제8조 제1항의 사항에 위반한 경우에는 관계법령에 따라 조치를 하여야 한다(제17조 제3항). 이에 따라 위 예규를 준수하여야 할 지방노동관서의 장은, 사업주가 제8조 제1항의 사항을 준수하도록 행정지도를 하고, 만일 이러한 행정지도에 위반하는 경우에는 연수추천단체에 필요한 조치를 요구하며, 사업주가 계속 이를 위반한 때에는 특별감독을 실시하여 제8조 제1항의 위반사항에 대하여 관계법령에 따라 조치하여야 하는 반면, 사업주가 제8조 제1항에 규정되지 않은 사항을 위반한다 하더라도 행정지도, 연수추천단체에 대한 요구 및 관계법령에 따른 조치 중 어느 것도 하지 않게 되는바, 지방노동관서의 장은 평등 및 신뢰의 원칙상 모든 사업주에 대하여 이러한 행정관행을 반복할 수밖에 없으므로, 결국 위 예규는 대외적 구속력을 가진 공권력의 행사가 된다.

한편 사업주의 입장에서도 위 예규 제8조 제1항에 규정되지 않은 사항을 위반하더라도 산업연수생 배정에 있어서 불이익을 입지도 않고 보호조치 미이행으로 인하여 노동관서에 의하여 고발되지 않을 뿐 아니라, 현실적으로 범의(犯意)가 인정되기 어려워 형사처벌될 가능성도 없으므로, 사업주는 이 사건 노동부 예규가 정하는 한도 내에서만 산업연수생을 보호하게 되고, 결국 위 예규는 실질적으로 대외적 구속력있는 공권력의 행사가 된다.

나아가 위 예규 제4조가 "산업연수생은 …… 위 예규가 정하는 한도 내에서 근로자로서의 권리의무를 갖는다."라고 명시하고 있고, 제8조 제1항은 "산업연수생은 …… 다음 각 호의 사항에 관한 보호를 받는다."라고 규정하여 근로기준법 소정 일부 사항만을 보호대상으로 삼고 있으므로 청구인이 주장하는 평등권 등 기본권을 침해할 가능성도 있다. 그렇다면 이 사건 노동부 예규는 대외적인 구속력을 갖는 공권력행사로서 기본권침해의 가능성도 있으므로 헌법소원의 대상이 된다

할 것이다[최근 대법원은 산업연수생에게도 퇴직금청구권이 있다고 판단하였고(대법원 2006. 12.7. 선고 2006다53627 판결 ; 대법원 2006.12.21. 선고 2006다36509 판결 참조), 하급심(부산 고등법원 2006.7.12. 선고 2005나12018 판결 ; 부산지방법원 2006.5.12. 선고 2005나7747 판결) 에서는 그 전제로서 이 사건 노동부 예규가 행정청 내부의 사무처리준칙에 해당하여 일반 국민에 대한 구속력이 없다고 보았다. 그러나 이러한 판단은 위 예규에 따라 퇴직금을 지급하지 않겠다는 사업주의 항변을 배척하기 위한 과정에서 이루어진 것이므로(위 부산지방법원 2005나7747 판결 에는 위 예규가 헌법상의 평등원칙 등에 반하여 효력을 인정할 수 없다는 판시도 포함되어 있다) 위 대법원판결에 의하여 위 예규에 대한 공권력행사성이나 기본권침해성이 부인되어야 하는 것은 아니다].

(4) 소 결

결국 이 사건 심의위원회 대책과 중소기업청 고시에 대한 심판청구는 부적법하고, 이 사건 노동부 예규에 대한 심판청구만이 적법하다고 할 것이다.

다. 청구기간

청구인은 2004.3.16. 산업연수생으로 입국한 후 같은 해 3.19.부터 국내 회사에서 근무하기 시작 하여 이 때 기본권침해 사유가 발생하였다고 할 것이므로 그로부터 1년 이내인 2004.8.24. 제기된 이 사건 헌법소원은 청구기간을 준수하였고, 또한 청구인은 2004.6.경 자신이 일하던 사업체로부 터 본국송환통보를 받은 후 외국인노동자상담소를 방문하여 상담을 한 2004.6.경에야 이 사건 노 동부 예규에 의한 구체적인 기본권침해 사실을 알았다고 할 것이고 이 사건 헌법소원심판은 그때 로부터 90일 이내에 청구되었으므로 청구기간을 모두 준수하였다.

4. 본안에 관한 판단

가. 외국인근로자 도입제도의 변천

(1) 산업기술연수생제도

산업기술연수생제도는 출입국관리법령에 있었던 '산업기술연수'의 체류자격을 이용함으로써 시작 되었고 산업기술연수를 위하여 입국하고자 하는 외국인은 재외공관의 장으로부터 체류자격의 사 증(査證)을 받을 경우에는 국내체류가 가능했다(구 출입국관리법 시행령 제9조 제1항 제13호). 이 산업기술연수 자격은 해외 현지법인이 있는 사업체가 국내 사업체로 기술연수를 보내기 위해 마련한 별도의 체류자격이었다. 1991.11.부터 1992.8.까지 외국인 산업기술연수생은 해외투자 · 기술제공 · 설비수출과 관련하여 해외 현지법인을 통하여 유입되었고, 이 제도는 해외 현지진출 한국기업이 현지에서 고용한 인력의 기능을 향상시킨다는 것을 명분으로 삼았으나, 실제로는 해외 인력을 도입하여 국내산업체에 취업시키는 것으로 활용되었다.

그런데 위 산업기술연수제도는 인력난을 경험하고 있던 중소기업이 이용하지는 못하였는바, 이에 정부는 1992년 하반기부터 소위 3D업종으로서 국내근로자들이 기피하는 업종에도 연수생을 들여 오기 시작하였고, 법무부훈령상의 '외국인에 대한 연수가 불가피하다고 판단하여 주무부처의 장이 추천하는 산업체'의 연수자격으로 들여오게 되었다. 한편 정부는 1993.4. 산업기술연수생제도를 중단하기로 결정하고, 다만 이미 입국한 연수생에 대해서는 체류기간을 종전의 최장 1년에서 2년으로 연장해 주기로 하였다.

(2) 산업기술연수생제도의 확대 및 연수취업제의 실시

정부는 1993.11.24. 외국인 산업기술연수조정협의회를 열고 연수생 도입을 재개하였고, 위 협의회는 2년간 2만 명을 도입하기로 결정하였다. 그리고 1993.12.28. '외국인산업기술연수 사증발급에 관한 업무지침'(법무부훈령 제294호)을 개정하여 종전의 연수업체 대상에 더하여 '주무부처의 장이 지정하는 산업체 유관 공공단체의 장이 추천하는 사업체'를 추가함으로써 중소기업협동조합 중앙회의 추천에 의해서도 연수생의 도입이 가능하도록 확대하였다. 1996년에 이르러 산업연수생제도의 주관업무가 중소기업청으로 이양되었는데, 중소기업청은 1996.9.19. 이 사건 중소기업청 고시를 제정·고시하여 산업연수생 활용업체 대상을 생산직 상시근로자 5인 이상 300인 이하인 중소제조업체로 한정하고 대상업종을 음식료품 등 22개 업종으로 확정하는 것을 비롯하여, 송출국가 선정, 외국인 산업기술연수협력단, 송출기관, 연수생, 연수취업, 사후관리 등에 관한 사항을 정하였다.

한편 정부는 1997.9. 개정된 출입국관리법에 따라 '연수취업제도' 즉 2년간의 연수 후 일정 자격을 갖춘 산업연수생이 '근로자'로 체류자격을 변경할 수 있는 '체류자격 변경허가제도'를 도입하였고, 위 연수취업제도는 2000.4.1.부터 본격적으로 실시되었는데, 처음에는 '연수 2년+취업 1년'으로 하였다가 2002년부터는 '연수 1년+취업 2년'으로 조정하여 실시하고 있다.

(3) 고용허가제

정부는 2003.8.16. 제정된 '외국인근로자의 고용 등에 관한 법률'에 따라 고용허가제를 도입하였고, 이는 기존의 산업연수생제도와 병행하여 실시하게 되었다. 고용허가제는 국내 인력을 구하지 못한 기업이 적정규모의 외국인근로자를 합법적으로 고용할 수 있도록 허용하는 제도로서 외국인력의 도입·관리를 국가가 직접 담당하여 외국인 구직자 선발조건·방법·기관 및 상호간 권리의 무사항 등을 국가 간 양해각서(MOU)에 규정하는 등 외국인근로자 도입과정에서 민간기관의 개입을 배제하였다. 외국인근로자의 취업기간은 3년이며, 1년마다 갱신하도록 되어 있고, 표준계약서를 사용하여 근로계약을 체결하며, 외국인근로자의 사업장 변경은 원칙적으로 금지되나, 다만 사업체의 휴·폐업, 사업자의 정당한 근로계약 해지 등 불가피한 사유가 있는 경우에는 다른 사업장으로의 변경이 허용된다. 외국인근로자는 내국인과 동등하게 노동관계법을 적용받아 산재보험·최저임금·노동3권 등 기본적인 권익이 보장된다.

(4) 외국인력제도 통합방안

산업연수생제도는 중소업체 인력난 해소에 일정 부분 기여하였으나, 외국인력의 편법적 활용(근로자성의 제한적 인정), 연수생 이탈, 송출비리 등의 부작용을 야기하였다. 또한 산업연수생제도의 역기능 해소를 위해 도입된 고용허가제는 산업연수생제도와의 병행실시 및 복잡한 고용절차 등으로 사용자의 선호도가 저조하였다. 이에 현행 외국인력제도를 외국인근로자의 권익보호와 수요자인 사용자의 요구에 부합하도록 개선할 필요성이 대두되었고, 정부는 2005.7.27. 외국인력정책위원회에서 노동부와 법무부 등 16개 관련부처 합의를 통해 2007.1.1.부터 산업연수생제도를 폐지하고 고용허가제로 일원화하기로 하였다.

나. 현행 산업연수생제도

(1) 법적 근거

출입국관리법(2003.12.31. 법률 제7034호로 개정된 것)은 외국인의 국내취업과 관련하여 체류자격이 없는 외국인의 고용을 원칙적으로 금지하고 있고(제18조 제1항, 제2항), 취업활동이 가능한 체류자격은 단기취업(C-4), 교수 등의 전문기술인력(E-1 내지 E-7), 연수취업(E-8), 비전문취업(E-9) 및 내항선원(E-10)에 한한다(출입국관리법시행령 제23조 제1항).

한편 산업연수생은 "산업연수활동을 할 수 있는 체류자격을 가지고 지정된 산업체에서 연수하고 있는 외국인"으로 정의되는데(출입국관리법 제19조의2 제1항), 이들에 대해서는 산업연수(D-3)의 체류자격이 부여되어 원칙적으로 취업활동에 종사할 수 없고(출입국관리법시행령 제12조 [별표 1] 제12호), 다만 산업연수생이 일정한 사업체에서 1년간 연수를 마친 경우에는 취업활동을 할 수 있는 연수취업자(E-8)로 그 체류자격변경을 할 수 있다(출입국관리법 제19조의3, 같은 법 시행령 제24조의5). 출입국관리법 제19조의2는 정부에 대하여 산업연수생의 보호를 위하여 필요한 조치를 취하도록 하고 있고, 제19조의3은 법무부장관으로 하여금 산업연수생의 연수장소 이탈, 연수목적 외의 활동 기타 허가된 조건의 위반 여부 등을 조사하여 그 외국인의 출국 등 산업연수생의 관리에 필요한 조치를 하도록 하고 있다.

(2) 산업연수생의 지위

이 사건 중소기업청 고시 제26조에서는 산업연수생의 연수시간 및 연수수당 등 연수조건은 중소기업협동조합중앙회(이하 '중기중앙회'라 한다)와 연수업체 간의 계약에 의하되, 연수업체는 산업연수생에게 최저임금 이상의 연수수당과 산업재해보상보험 및 건강보험의 혜택을 보장하도록 규정하고 있다. 중기중앙회와 연수취업업체 간의 연수·취업추천계약서에 의하면, 노동부의 '외국인 연수취업자의 보호 및 관리에 관한 규정' 제5조에서 정한 표준계약서에 의해 연수취업계약을 체결하도록 되어 있으며(제2조의1), 연수생의 체류기간은 1년으로 하고, 연수취업자의 체류기간은 연수만료 후 2년으로 하며(제4조), 연수조건과 관련하여 연수취업업체는 연수생에 대하여 정부가 매년 결정·고시하는 최저임금 수준 이상의 기본 연수수당을 지급해야 하고, 기본 연수시간은 1주 44시간을 기준으로 하되, 시간외 초과연수에 대해서는 50/100을 가산한 초과수당을 지급하고 1주일에 1일을 유급휴일로 하며, 연수생에게 숙박시설을 제공하고 연수생을 피보험자로 하는 산업재해보상보험 및 건강보험에 의무적으로 가입하도록 되어 있다(제5조).

한편 이 사건 노동부 예규 제8조 제1항은, "산업연수생은 근로기준법, 최저임금법, 산업안전보건법, 산업재해보상보험법 및 의료보험법의 기본적 입법정신에 준거하여 다음 각 호의 보호를 받는다."라고 규정하면서 그 보호대상으로, ① 폭행 및 강제근로금지(근로기준법 제6항 및 제7항), ② 연수수당의 정기·직접·전액·통화불 지급 및 금품청산(근로기준법 제36조, 제42조), ③ 연수기간, 휴게·휴일, 시간외·야간 및 휴일연수(근로기준법 제49조, 제53조, 제54조, 제55조), ④ 최저임금수준의 보장(최저임금법), ⑤ 산업안전보건의 확보(산업안전보건법), ⑥ 산업재해보상보험 및 의료보험 혜택(산업재해보상보험법) 등을 열거하고 있다. 반면 근로기준법상 퇴직금(제34조), 임금채권 우선변제(제37조), 연차유급휴가(제59조), 임산부의 보호(제72조) 등에 관하여는 보호대상으로 규정하고 있지 않다.

물론 산업연수생의 체류자격이 변경되어 연수취업자가 되는 경우나 고용허가제에 의하여 취업한 외국인근로자는 근로기준법의 전면적인 적용을 받게 된다.

다. 이 사건 노동부 예규조항의 위헌 여부

(1) 평등권침해 여부

(가) 쟁점의 정리

이 사건 노동부 예규는 앞에서 본 바와 같이 산업연수생에 대하여 근로기준법상 일부 사항에 관하여만 보호대상으로 규정하고 나머지 사항들을 보호대상에서 배제하고 있는바, 이것이 실질적 근로자인 산업연수생을 다른 근로자와 차별함으로써 헌법상의 평등원칙을 위반하였는지 여부가 이 사건의 쟁점이고, 그 전제로서 외국인 산업연수생을 근로기준법상의 근로자로 인정할 수 있는지가 문제된다.

(나) 외국인 산업연수생의 근로자성

근로기준법상 "근로자"라 함은 직업의 종류를 불문하고 사업 또는 사업장에 임금을 목적으로 근로를 제공하는 자이므로(제14조), 명목이 산업연수생이라 할지라도 근로의 실질관계에 의해 사용·종속관계가 인정되는지를 따져서 근로자성을 인정하여야 할 것이다.

먼저 이 사건 노동부 예규 제4조는 "연수생은 출입국관리법령에 의한 연수생 신분의 체류자격을 가지되 연수과정에서 현장연수의 특성상 사실상의 노무를 제공함으로써 임금·수당 등 여하한 명칭으로든지 근로의 대상을 지급받고 있는 경우에는 이 지침이 정하는 한도 내에서 근로자로서의 권리의무를 갖는다."라고 규정하여 산업연수생의 근로자로서의 권리를 부분적으로 인정하고 있다.

그리고 대법원도 "외국인 산업연수생이 산업기술의 연수만에 그치는 것이 아니고 대상 업체가 지시하는 바에 따라 소정시간 근로를 제공하고 그 대가로 일정액의 금품을 지급받기로 하였으며, 이에 따라 당해 외국인이 대상 업체의 사업장에서 실질적으로 대상 업체의 지시·감독을 받으면서 근로를 제공하고 수당 명목의 금품을 수령하여 왔다면 당해 외국인도 근로기준법 제14조 소정의 근로자에 해당한다."고 하여 산업연수생의 근로자성을 인정하여 오고 있다(대법원 1995. 12.22. 선고 95누2050 판결 ; 대법원 1997.10.10. 선고 97누10352 판결 ; 대법원 2005.11.10. 선고 2005다50034 판결 참조).

결국 이와 같은 사정을 종합해 보면, 외국인 산업연수생이 사용종속관계에서 사실상 노무를 제공하고 그에 대한 대가로 금품을 수수하고 있다면 실질적 근로자성을 갖고 있다고 할 것이다.

(다) 평등원칙

헌법 제11조는 "모든 국민은 법앞에 평등하다. 누구든지 성별·종교 또는 사회적 신분에 의하여 정치적·경제적·사회적·문화적 생활의 모든 영역에 있어서 차별을 받지 아니한다."고 규정하고 있어 헌법상으로는 '국적'에 의한 차별이 명시적으로 규정되어 있지는 않다. 그런데 근로관계에 있어서 헌법상 평등원칙을 구체화한 근로기준법 제5조는 "사용자는 근로자에 대하여 …… 국적·신앙 또는 사회적 신분을 이유로 근로조건에 대한 차별적 처우를 하지 못한다."고 규정하여 '국적'에 의한 차별을 명시적으로 금지하고 있고, 이를 위반하는 경우에는 500만 원 이하의 벌금에 처하도록 규정되어 있다(근로기준법 제115조).

그리고 우리나라가 비준하여 1990.7.10.부터 적용(조약 제1006호)된 '국제연합(UN)의 경제적·사회적 및 문화적 권리에 관한 국제규약'(이른바 '사회권규약' 또는 'A규약)은, "이 규약의 각 당사국은 이 규약에서 선언된 권리들이 인종, 피부색, 성, 언어, 종교, 정치적 또는 기타의 의견, 민족적 또는 사회적 출신, 재산, 출생 또는 기타의 신분 등에 의한 어떠한 종류의 차별도 없이 행사되도록 보장할 것을 약속한다."고 규정하고 있고(제2조 제2항), 이러한 사회권규약에 의하여 보장되는 권리에는 '동등한 가치의 노동에 대한 동등한 보수를 포함한 근로조건을 향유할 권리'(제7조) 등이 포함되어 있으므로, 이러한 규약의 내용은 우리 헌법의 해석에서 고려되어야 할 것이다. 다만 사회권규약은, 체약국이 입법조치 기타 모든 적절한 방법에 의하여 권리의 완전한 실현을 점진적으로 달성하기 위하여 자국의 가용자원이 허용하는 최대한도까지 조치를 취할 것을 약속하도록 하면서(제2조 제1항), "이 규약의 당사자국은 국가가 이 규약에 따라 부여하는 권리를 향유함에 있어서, 그러한 권리의 본질과 양립할 수 있는 한도 내에서, 또한 오직 민주사회에서의 공공복리증진의 목적으로 반드시 법률에 의하여 정하여지는 제한에 의해서만, 그러한 권리를 제한할 수 있음을 인정한다."고 규정하여(제4조) 일반적 법률유보조항을 두고 있는바, 이는 우리 헌법 제37조 제2항에 의한 제한과 궤를 같이 한다고 할 것이다.

(라) 심사기준

헌법 제11조 제1항이 규정하고 있는 평등의 원칙은 일체의 차별적 대우를 부정하는 절대적 평등을 의미하는 것이 아니라 법의 적용이나 입법에 있어서 불합리한 조건에 의한 차별을 하여서는 안된다는 것을 뜻하고, 따라서 합리적 근거 없이 차별하는 경우에 한하여 평등의 원칙에 위반된다(헌재 1994.2.24. 92헌바43, 판례집 6-1, 72, 76 ; 헌재 1998.9.30. 98헌가7등, 판례집 10-2, 505 ; 헌재 2001.11.29. 99헌마494, 판례집 13-2, 714, 727 참조).

한편 앞에서 본 바와 같이 이 사건 노동부 예규는 근로의 권리를 어느 범위까지 보호할 것인가에 관한 것인바, 이는 헌법에서 특별히 평등을 요구하는 부분이 아니고 특히 근로의 권리는 사회권적 기본권으로서의 성격이 강하여 그 보호범위를 제한하는 것이 기본권에 대한 중대한 침해가 된다고 보기도 어려우므로 평등권심사에 있어서의 완화된 심사기준인 자의(恣意)금지원칙에 따라 판단하여야 할 것이다.

(마) 차별의 발생

일반 근로자는 내·외국인에 관계없이 근로기준법상 모든 보호를 받는데 반하여, 산업연수생은 이 사건 노동부 예규 제4조(연수생의 지위), 제8조(연수생의 보호) 제1항, 제17조(지도감독과 제재)에 의하여, 실질적 근로관계에 있는지 여부에 불문하고, 근로기준법상 ① 폭행 및 강제근로금지(제6조 및 제7조), ② 연수수당의 정기·직접·전액·통화불 지급 및 금품청산(제36조, 제42조), ③ 연수기간, 휴게·휴일, 시간외·야간 및 휴일연수(제49조, 제53조, 제54조, 제55조)에 관한 보호만을 받을 뿐, 그 밖에 퇴직급여(제34조), 임금채권 우선변제(제37조), 연차유급휴가(제59조), 임산부의 보호(제72조) 등 주요사항에 관하여는 보호를 받지 못함으로써, 일반 국내·외 근로자(외국인 취업연수생 및 피고용허가자 포함)와 산업연수생 사이에 차별이 발생한다.

(바) 판 단

인간의 존엄에 상응하는 근로조건의 기준이 무엇인지를 구체적으로 정하는 것은 일차적으로 입법자의 형성의 자유에 속하고, 이는 근로자보호의 필요성, 사용자의 법 준수능력, 국가의 근로감독능력 등을 모두 고려하여 입법정책적으로 결정할 문제이지만(헌재 1999.9.16. 98헌마310, 판례집 11-2, 373, 380), 그 차별에는 합리적 근거가 있어야 하고, 자의적(恣意的)이어서는 안된다.

살피건대, 위와 같은 차별의 근거로서, ① 근로의 권리와 같은 사회권적 기본권의 영역에서는 차별이 폭넓게 인정될 수 있다는 점, ② 외국인 산업연수생은 그 체류목적이 '연수'로서 일반 외국인근로자와도 구별된다는 점, ③ 산업연수생은 국내 근로자에 비하여 언어문제 등으로 생산성이 낮다는 점, ④ 국내 고용시장의 안정을 위하여 외국인근로자에 대한 차별이 불가피하다는 점, ⑤ 외국인 산업연수생에 대한 임금 수준이 생산성에 비하여 높으므로 근로기준법상 일부 조항을 적용하지 않더라도 전체적으로 평등권을 침해하지 않는다는 점, ⑥ 외국인 산업연수생의 취업 전 연수기간인 1년은 한국어와 기술을 습득하기 위하여 필요한 적용기간이라는 점 등이 주장되고 있다.

그러나 위와 같은 목적을 달성하기 위하여, 정부가 사업주로 하여금 산업연수생을 순수하게 '연수' 목적으로만 사용하도록 철저하게 지도감독하거나, 사실상 노무를 제공하게 허용하려면 산업연수생의 임금을 생산성에 맞게 책정하거나, 국내 고용시장의 안정을 위하여 외국인근로자의 체류기간을 한정하는 것은 별론으로 하고, 산업연수생이 연수라는 명목하에 사업주의 지시·감독을 받으면서 사실상 노무를 제공하고 수당 명목의 금품을 수령하는 등 실질적인 근로관계에 있는 경우에도, 근로기준법이 보장한 근로기준 중 주요사항을 외국인 산업연수생에 대하여만 적용되지 않도록 하는 것은 합리적인 근거를 찾기 어렵다. 특히 연수업체는 이 사건 중소기업청 고시가 정한 요건(중소기업기본법 제2조 해당, 산업연수생에 대한 숙박시설 제공 능력 등)을 갖추어야 하고(제28조), 연수업체의 규모에 상응한 인원만을 배정받을 수 있어(제32조 제2항, 별표 2), 사용자의 법 준수능력이나 국가의 근로감독능력 등 사업자의 근로기준법 준수와 관련된 제반 여건이 갖추어졌다 할 것이므로, 이러한 사업장에서 실질적 근로자인 산업연수생에 대하여 일반 근로자와 달리 근로기준법의 일부 조항의 적용을 배제하는 것은 자의적인 차별이라 아니할 수 없다.

그 밖에 이 사건 노동부 예규에 의하여 적용이 제한되는 근로기준법상 권리들이 실질적 근로자인 외국인 산업연수생에게 적용되지 않아야 한다고 볼 만한 합리적 이유가 없다.

한편 앞에서 본 바와 같이 근로기준법 제5조와 사회권규약 제4조에 따라 '동등한 가치의 노동에 대한 동등한 보수를 포함한 근로조건을 향유할 권리'를 제한하기 위하여는 법률에 의하여만 하는 바, 이를 법률이 아닌 행정규칙에서 규정하고 있으므로 위 법률유보의 원칙에도 위배된다.

(사) 소 결

그렇다면 이 사건 노동부 예규는 청구인의 평등권을 침해한다고 할 것이다.

(2) 직업선택의 자유의 침해 여부

청구인은 이 사건 노동부 예규가 청구인의 직업선택의 자유(구체적으로는 직장선택의 자유)를 침해한다고 주장하나, 위 노동부 예규의 어느 규정도 산업연수생의 직장선택의 자유를 제한하고 있지 않으므로 위 주장은 이유 없다(오히려 출입국관리법 제19조의2 제1항이 정부에 대하여 산업연수생의 보호를 위하여 필요한 조치를 취할 것을 규정하면서 보호의 대상이 되는 산업연수생을 "산업연수활동을 할 수 있는 체류자격을 가지고 지정된 산업체에서 연수하고 있는 외국인"이라고 정의함으로써 외국인 산업연수생이 연수장소를 임의로 변경하는 것을 제한하고 있고, 제19조의3 제1항이 법무부장관으로 하여금 산업연수생의 연수장소 이탈 등이 있는 경우 이를 조사하여 당해 외국인의 출국 등 필요한 조치를 하도록 규정하고 있어서 산업연수생의 직장선택자유를 제한하고 있으나, 위 조항들은 이 사건 심판대상이 아니므로 판단하지 않는다).

(3) 헌법 제6조 제2항, 제119조 위배 여부

청구인은 이 사건 노동부 예규가 헌법 제6조 제2항(외국인의 지위보장)에 반한다고 주장하나, 위 예규는 외국인 산업연수생에 대하여 근로기준법의 일부 조항을 적용하지 않는다는 것으로서 외국인이라는 이유만으로 차별하는 것이 아니므로(외국인 일반 근로자, 연수취업자, 피고용허가자 모두 위 예규의 적용을 받지 않는다) 헌법 제6조 제2항에 반한다고 할 수 없다.

또한 청구인은 직장선택의 자유가 없어 임금에 관한 협상을 할 수 없고, 결국 최저임금만을 받을 수밖에 없으므로 헌법 제119조의 시장경제질서에 위배되는 것이라고 주장하나, 위 예규가 청구인의 직장선택자유를 제한하고 있지 않음은 앞에서 본 바와 같으므로 더 나아가 판단할 필요 없이 이유 없다.

5. 결 론

그렇다면 이 사건 심의위원회 대책 및 이 사건 중소기업청 고시에 대한 심판청구는 부적법하여 각하하고, 이 사건 노동부 예규는 평등원칙에 반하여 헌법에 위배되므로 주문과 같이 결정한다. 이 결정은 이 사건 심판대상 중 '이 사건 노동부 예규'에 관하여 재판관 이강국, 재판관 이동흡의 아래 6.과 같은 반대의견이 있는 이외에는 관여 재판관 전원의 일치된 의견에 의한 것이다.

6. 재판관 이강국, 재판관 이동흡의 반대의견

우리들은 '이 사건 심의위원회 대책'과 '이 사건 중소기업청 고시'에 대한 이 사건 심판청구가 부적법할 뿐만 아니라, '이 사건 노동부 예규'에 대한 이 사건 심판청구 역시 부적법하므로 이에 대해서도 각하결정을 하여야 한다고 생각한다.

이 사건 노동부 예규에 대한 다수의견의 요지는, 이 사건 예규가 되풀이 시행되어 행정관행을 이루게 되면 지방노동관서의 장은 평등 및 신뢰보호의 원칙상 모든 사업주에 대하여 이러한 행정관행을 반복할 수밖에 없으므로 결국 위 예규는 대외적인 구속력을 가지는 공권력의 행사가 되고 기본권침해의 가능성도 있으므로 헌법소원의 심판대상이 된다고 하고 있다. 이러한 다수의견에는 다음과 같은 문제점이 있다.

가. 행정규칙과 대외적 구속력

(1) 헌법재판소법 제68조 제1항은 공권력의 행사 또는 불행사로 인하여 기본권을 침해 받은 자가 헌법소원을 청구할 수 있다고 규정하고 있으므로 헌법재판소법 제68조 제1항에 의한 헌법소원심판을

청구하기 위해서는 공권력의 행사 또는 불행사로 인하여 기본권이 침해될 가능성이 있어야 할 것이다. 그런데 본래의 의미에서의 행정규칙은 일반적으로 행정조직 내부에서만 효력을 가지는 사무처리준칙에 불과하고, 대외적 구속력을 갖는 것이 아니어서 원칙적으로 '공권력의 행사로 인한 기본권의 침해가능성'이 인정될 수 없는 것이다.

다만 법령이 행정관청에 법령의 구체적 내용을 보충할 권한을 부여한 경우(헌재 1990.9.3. 90헌마 13, 판례집 2, 298, 303) 또는 법령의 직접적인 위임에 따라 수임행정기관이 법령의 위임한계를 벗어나지 아니하는 범위 내에서 그 법령을 시행하는데 필요한 구체적 사항을 정하는 경우(헌재 1992.6.26. 91헌 마25, 판례집 4, 444, 449-450 ; 헌재 2002.7.18. 2001헌마605, 판례집 14-2, 84, 93-94 참조) 등에 있어서는 행정규칙은 상위 법령과 결합하여 법규로서의 성질과 효력을 가지는 것이므로 직접적으로 대외적 구속력을 갖는다. 그런데 행정규칙이 재량권행사의 준칙으로서 그 정한 바에 따라 되풀이 시행되어 행정관행으로 성립된다면, 평등의 원칙이나 신뢰보호의 원칙에 따라 행정기관은 그 상대방에 대한 관계에서 그 규칙에 따라야 할 자기구속을 당하게 되므로, 이러한 경우에는 그 규칙은 대외적 구속력이 있어 공권력행사성이 인정된다고 본 우리 재판소의 선례가 있다(헌재 2005.5.26. 2004헌마49, 판례집 17-1, 754, 761). 그러나 이때의 대외적 구속력을 가진다는 의미는 행정규칙 그 자체의 성질이 법규명령 등으로 전환되어 직접 대외적 구속력을 갖게 된다는 의미가 아니라 행정규칙이 국민에 대하여는 평등의 원칙이나 신뢰보호의 원칙 등을 매개로 하여 간접적, 그리고 사실적으로 규범력을 가지게 된다는 의미로 받아들여야 할 것이다. 다시 말하면, 본래 행정규칙이라고 하는 것은 행정조직내부의 사무처리준칙에 불과하고 따라서 국민이나 법원을 기속하는 효력이 없지만, 이러한 행정규칙을 적용ㆍ시행하여야 하는 공무원은 법령준수의무 때문에(국가공무원법 제56조 참조) 업무처리를 함에 있어서는 행정규칙에 따를 수밖에 없으므로, 결국 행정규칙은 반복적용될 수밖에 없는 것이고, 행정규칙이 반복적용되는 경우에는 행정기관은 자기구속을 받는다고 할 수 있을 것이다. 그러나 행정규칙이 반복적용되어 자기구속을 받는다고 하더라도 거기에 법규명령에 있어서와 같은 의미의 대외적 구속력까지 인정하여서는 안 될 것이다. 이러한 경우에 다수의견과 같이 자기구속의 법리에 의한 대외적 구속력을 인정하게 된다면, 결국 반복적용되는 모든 행정규칙은 법적 구속력을 가지게 된다는 결론에 이를 수밖에 없게 될 것인바, 이러한 결론은 법규명령과 행정규칙의 구별에 관한 종래의 통설 및 행정규칙의 효력에 관한 종래의 법원 판례와도 충돌하게 되어 커다란 혼란을 야기하게 될 것이다. 이러한 점에서 행정규칙에 대한 자기구속의 법리가 연방행정법원의 판례에 의하여 받아들여지고 있는 독일에서조차 연방헌법재판소는 위 법리에 기한 행정규칙의 대외적 구속력을 이유로 헌법소원의 대상성을 인정한 적이 전혀 없다는 점은 시사하는 바가 크다고 할 것이다.

(2) 이 사건 노동부 예규에 관하여 보건대, 이 사건 예규의 직접적인 수범자는 어디까지나 행정기관인 지방노동관서의 장이므로, 지방노동관서의 장이 행정관행에 기하여 그 상대방인 사업주에 대한 관계에서 위 예규에 따라야 할 자기구속을 당하게 된다고 하더라도 곧 그것이 위 예규 자체가 대외적 구속력이 있는 규범으로서 산업연수생의 권리관계를 직접 변동시키거나 그 법적 지위에 영향을 주게 되는 것을 의미하는 것은 아니다.

따라서 다수의견이 이 사건 예규에 대하여 자기구속의 법리만에 의하여 별다른 이론적 근거도 없이 대외적 구속력을 인정하고, 이에 따라 '공권력의 행사로 인한 기본권의 침해가능성' 즉, 헌법소원의 대상성을 인정하는 논리는 적절하지 않은 것으로 보인다.

나. 규범해석규칙과 자기구속의 법리

본래 행정청에게는 법해석에 있어 고유한 판단권한이 인정될 수 없는 것이므로 법규의 해석이나 적용방향을 확정하기 위하여 발하는 이른바 규범해석적 행정규칙의 경우에는 재량권행사의 준칙인 행정규칙의 경우와는 달리 자기구속의 법리가 적용될 여지가 없는 것이다. 그런데 산업연수생에 대하여는 근로기준법의 일부 조항의 적용을 배제하는 것처럼 규정된 이 사건 노동부 예규 제8조 제1항은 재량권의 행사에 관한 것이 아니라 근로기준법 등 법률의 해석 내지 그 적용범위에 관한 것이어서(다수의견도 '이 사건 노동부 예규는 근로의 권리를 어느 범위까지 보호할 것인가에 관한 것'이라고 하면서, '위 예규는 외국인 산업연수생에 대하여 근로기준법의 일부 조항을 적용하지 않는다는 것'이라고 하고 있다), 이에 대해서는 자기구속의 법리에 의한 대외적 구속력이 인정될 여지가 없다.

그러므로 위 예규가 법령의 근거도 없이 임의로 산업연수생에 대하여 근로기준법의 적용범위를 제한한들 이는 아무런 법적 효력이 없는 것이다. 특히, 대법원도 1997.10.10. 선고 97누10352 판결에서 "외국인연수생의 보호 및 관리에 관한 지침(노동부예규) 제3조, 제8조는 행정청 내부의 사무처리준칙을 정한 것에 불과하여 대외적으로 법원이나 국민을 기속하는 효력은 없는 것"이라고 판시한 바 있고, 산업연수생도 임금을 목적으로 근로를 제공하는 경우에는 근로기준법상의 근로자에 해당하며(대법원 1995.12.22. 선고 95누2050 판결 ; 대법원 1997.10.10. 선고 97누10352 판결 ; 대법원 2005.11.10. 선고 2005다50034 판결 등), 산업연수생에 대하여도 국내의 근로자들과 마찬가지로 근로기준법상의 퇴직금 지급에 관한 규정이나 최저임금법상의 최저임금의 보장에 관한 규정이 그대로 적용된다고 판시하고 있는바(대법원 2006.12.7. 선고 2006다53627 판결 ; 대법원 2006.12.21. 선고 2006다36509 판결 등), 이에 따르면 외국인 산업연수생이 임금을 목적으로 근로를 제공하는 경우에는 근로기준법이 대한민국 국민에게 적용되는 것과 동일하게 그대로 적용된다고 할 것이다. 그렇다면 산업연수생의 보호에 관하여 규정한 위 예규 제8조 제1항 각 호에 규정된 사항은 그 사항에 대해서만 산업연수생이 '한정적'으로 보호를 받는다는 취지가 아니라 오히려 보호받는 범위를 예시적으로 규정하고 있다고 보아야 할 것이다.

그럼에도 불구하고 다수의견이, 국민에 대한 관계에서 고유한 법해석권한이 없는 행정청이 법규의 해석이나 그 적용범위에 관하여 임의로 정한 이 사건 예규의 내용대로 산업연수생에게는 근로기준법의 일부 규정만이 적용된다고 전제하고 있는 점도 납득하기 어렵다.

다. 법치주의와의 관계

다수의견과 같은 논리로 행정규칙 자체에 대하여 대외적 구속력을 인정한다면 법치주의의 기초가 크게 흔들릴 위험에 봉착하게 된다는 점을 강조하지 않을 수 없다. 다수의견의 논리대로 모든 행정규칙이 반복 적용되면 자기구속성이 생기고, 그로써 대외적 구속력까지 가지게 된다고 한다면, 행정청은 행정규칙의 형식으로 국민의 자유와 권리를 쉽게 제한할 수 있는 결과가 될 것이다. 특히 이 사건 노동부 예규는 법률의 위임이 없음에도 불구하고 근로기준법 등 법률의 적용범위를 한정하고 있는데, 이러한 내용의 행정규칙이 버젓이 대외적 구속력이 있는 규범으로 인정되어 산업연수생 등에 대하여 법적 효력을 가지게 되고 또 법원이 이를 재판규범으로 삼아야 한다고 한다면, 그로써 법치주의의 기초가 크게 흔들릴 위험성이 있다는 점도 지적하지 않을 수 없다.

라. 결 론

결국, 이 사건 노동부 예규는 이를 공권력의 행사로 인하여 국민의 기본권침해 가능성이 있는 경우라고 볼 수 없다고 할 것이고, 따라서 위 예규에 대한 이 사건 심판청구는 부적법하므로 각하결정을 하여야 할 것이다.

재판관 이강국(재판장) 이공현 조대현 김희옥 김종대 민형기
이동흡 목영준(주심) 송두환

[별지 1] 이 사건 심판대상 및 관련 법률조항

1. 이 사건 심판대상

가. 이 사건 심의위원회 대책

(1) 외국인산업기술연수조정협의회의 산업기술생 도입기준 완화결정(1993.11.)

- □ 중소제조업체의 외국인 연수생 2만 명 허용
- □ 중소기업협동조합중앙회를 연수추천단체로 지정(1994.1.4. 중소기업청이 지정)
- □ 출국유예 외국인 6개월 이내 유예기간 연장

(2) 외국인산업인력정책심의위원회의 외국인산업연수생제도 개선대책(2001.12.)

- □ 외국인산업연수생 정원 확대 : 2002.1.부터 산업연수생 인원을 현행 83,800명에서 85,500명으로 1,700명 증원
- □ 외국인산업연수생 관리·운영체계 개선
  - 연수취업기간을 현행 연수 2년+취업 1년 ⇒ 연수 1년+취업 2년으로 조정
  - 연수업체 추천제도 폐지, 관계기관 간의 책임과 권한의 명확화, 관리기관 및 송출기관에 대한 관리감독 강화, 외국인산업연수생 인권보호 제도적 장치 강화
- □ 외국인산업연수생 이탈 및 불법체류 방지대책
- □ 외국인력 활용에 대한 중장기 정책방향 검토

(3) 외국인산업인력정책심의위원회의 외국인력제도 개선방안(2002.7.18.)

- □ 산업연수제도 보완
  - 도입규모와 관련 불법체류 예방을 위해 앞으로는 산업연수생, 연수취업자, 연수이탈자를 합한 총정원으로 관리
- □ 산업연수생 정원의 합리적 조정
  - 중소제조업 연수생 : 총정원 13만 명 이내에서 운영
  - 연근해어업연수생 : 현정원(3,000명) 범위 내 운영
  - 농·축산업연수생 : 총정원 5천명 범위 내에서 신규도입
  - 건설업연수생 : 총정원 7,500명으로 증원
- □ 산업연수생제도 관리·운영체계 개선
  - 송출기관의 연수생 선발권한 제한, 위탁관리제를 폐지하고 모집-입국-연수-출국에 이르는 전 과정에 대한 송출국가·기관의 책임 강화, 연수취업자 관리체계 강화, 모범연수생·연수업체 및 연수국가에 대한 우대조치, 연수업체 자격요건 완화 등
- □ 해외 투자기업 연수생 관리강화
- □ 서비스분야 외국인력 도입방안(취업관리제)
- □ 외국인근로자의 권익보호

(4) 외국인산업인력정책심의위원회의 외국인산업연수생제도 개선대책(II) (2002.8.29.)

- □ 총정원관리제 도입
  - 총정원관리제는 산업연수생과 연수취업자, 이탈자를 포함하여 국내체류 중인 산업연수생 전체를 대상으로 관리하는 제도

□ 도입업종 확대 및 업종별 총정원 조정

□ 산업연수생 관리개선 및 권익보호 강화

- 관리 효율화 추진 : 연수취업자의 고용계약에 관한 사항은 노동부고시로 규정하고 산업연수생·연수취업자의 총정원 관리에 필요한 사항은 소관 중앙행정기관의 고시로 규정. 연수취업자의 근무처변경은 법무부장관이 허가.

- 송출기관 책임강화 추진 : 국내 사후관리회사 위탁제도 폐지하고 송출기관이 국내에 사무소 설치 및 통역원 등을 파견하여 책임관리

- 불법체류자 사용업체에 대한 제재 강화

- 모범연수생 및 연수업체에 대한 우대조치

(5) 외국인산업인력정책심의위원회의 외국인력 제도 보완대책(2002.11.)

□ 불법체류자 출국 및 단속 보완대책

- 출국기간 재유예

- 일시출국에 따른 인력부족에 대한 대책

□ 신원보증제도 개선

- 신원보증금 징수 폐지

- 해외투자기업연수생 제도 개선 : 연수허용 대상 구체화, 산업연수 허용인원비율 축소 등

나. 이 사건 중소기업청 고시

청구인은 이 사건 중소기업청 고시 전체에 대하여 심판청구를 하고 있으나,

청구인의 주장과 관련 있는 조항은 다음과 같다.

제2조(용어의 정의) 이 지침에서 사용하는 용어의 정의는 다음과 같다.

1. "산업연수"라 함은 출입국관리법시행령 제24조의2 제1항 제4호의 규정에 의거 연수추천단체의 장이 추천하는 중소제조업체에서 실시하는 외국인산업연수를 말한다.

2. "산업연수생"이라 함은 제1호의 규정에 의한 산업연수를 받는 외국인을 말한다.

3.~7. 생략

제3조(연수추천단체 및 모집기관의 지정) 출입국관리법시행령 제24조의2 제1항 제4호 및 제24조의4 제1항의 규정에 의한 연수추천단체 및 모집기관은 중소기업협동조합중앙회(이하 "중앙회"라 한다)로 한다.

제7조(송출국가별 인원배정) ① 중소기업청장은 외국산업인력정책심의회의 심의를 거쳐 송출국가별로 산업연수인원을 배정하여야 하며, 필요한 경우에는 배정한 인원을 조정할 수 있다.

②~④ 생략

제26조(산업연수조건 등) ① 산업연수생의 연수시간 및 연수수당 등 연수조건은 중앙회와 연수업체 간의 계약에 의하되, 연수업체는 산업연수생에게 최저임금 이상의 연수수당과 산업재해보상보험 및 건강보험의 혜택을 보장하여야 한다.

② 중앙회회장은 연수생등이 업무 이외의 재해를 입은 경우에 보상이 이루어지도록 상해보험 가입 등 필요한 조치를 하여야 한다.

③ 중앙회회장은 재해를 입은 연수생등에게 위로금을 지급할 수 있다. 이 경우, 지급대상·금액

등에 관한 사항은 중앙회회장이 따로 정한다.

제28조(연수업체의 자격요건) ① 연수업체는 다음 각 호의 요건을 갖추어야 한다.

1. 중소기업기본법 제2조의 규정에 해당하는 중소제조업체

2. 연수생등이 생활할 수 있는 숙박시설을 제공할 능력이 있는 제조업체

3. 공장등록을 필한 제조업체('소기업 및 소상공인 지원을 위한 특별조치법' 제4조 제1항의 규정에 해당되는 소기업은 사업자등록으로 가능)

제32조(산업연수생 배정 등) ① 중앙회회장은 연수업체의 요구사항과 산업연수생의 능력 및 송출국가의 산업 등을 고려하여 산업연수생을 배정하여야 한다.

② 연수업체의 연수생등의 수는 출입국관리법시행령 제24조의2 제2항의 규정에 의하여 법무부장관이 정한 중소제조업체 규모별 허용인원(별표2)을 초과하여서는 아니된다.

제33조(연수업체 교육) ①~② 생략

③ 연수업체는 신규배정 산업연수생에게 산업안전·기기장비 운용방법 및 지역생활정보 등에 관한 교육을 8시간 이상 실시하여야 하며, 산업연수·연수취업 기간중에는 산업안전 등에 관한 교육을 정기적으로 실시하여야 한다.

제35조(연수관리비 등) ① 중앙회회장은 제31조 및 제34조의 규정에 의하여 연수업체와 산업연수생의 도입 및 관리에 관한 계약을 체결한 때에는 연수관리비를 연수업체로부터 받을 수 있다.

②~⑤ 생략

제38조(계약의 체결) ① 중앙회·송출기관·연수업체 및 연수생등은 이 지침에 의한 사업수행과 관련하여 필요한 계약을 당사자 간에 체결하여야 하며, 중앙회회장은 표준계약서를 정하여 계약당사자가 활용할 수 있도록 하여야 한다. 다만, 산업연수생이 연수취업자로 전환하는 경우의 연수취업에 관한 계약에 관하여는 '외국인 연수취업자의 보호 및 관리에 관한 규정'에 의한다.

② 제1항의 규정에 따라 체결된 당사자 간의 계약내용은 체결당시의 이 지침의 내용에 위배되어서는 아니된다.

다. 이 사건 노동부 예규

청구인은 이 사건 노동부 예규 전체에 대하여 심판청구를 하고 있으나, 청구인이 주장하는 기본권 침해와 관련 있는 조항은 다음과 같다.

제4조(연수생의 지위) 연수생은 출입국관리법령에 의한 연수생 신분의 체류자격을 가지되 연수과정에서 현장연수의 특성상 사실상의 노무를 제공함으로써 임금·수당 등 여하한 명칭으로든지 근로의 대상을 지급받고 있는 경우에는 이 지침이 정하는 한도 내에서 근로자로서의 권리의무를 갖는다.

제8조(연수생의 보호) ① 연수생은 근로기준법, 최저임금법, 산업안전보건법, 산업재해보상보험법 및 의료보험법의 기본적 입법정신에 준거하여 다음 각 호의 사항에 관한 보호를 받는다.

1. 폭행 및 강제근로금지

2. 연수수당의 정기·직접·전액·통화불 지급 및 금품청산

3. 연수기간, 휴게·휴일, 시간외·야간 및 휴일연수

4. 최저임금수준의 보장

5. 산업안전보건의 확보

6. 산업재해보상보험 및 의료보험 혜택

② 생략

제17조(지도감독과 제재) ① 지방노동관서의 장은 사업주가 이 지침을 준수하도록 행정지도하여야 한다.

② 지방노동관서의 장은 사업주가 제1항의 규정에 의한 행정지도를 이행하지 아니하는 경우에는 해당 사업장에 대해 연수생 배정중지 등 필요한 조치를 연수추천단체의 장에 요청할 수 있으며, 연수추천단체의 장은 정당한 이유 없이 이를 거부할 수 없다.

③ 지방노동관서의 장은 제1항의 규정에 의한 행정지도에도 불구하고 사업주가 계속 이를 위반한 때에는 특별감독을 실시할 수 있으며, 특별감독 결과 근로기준법 제6조 · 제7조 · 제36조 · 제42조 · 제49조 · 제53조 내지 제55조, 제104조 내지 제116조, 최저임금법, 산업안전보건법 및 산업재해보상보험법 위반사항에 대하여는 관계법령에 따라 조치하여야 한다.

2. 관련 법률조항

가. 출입국관리법(2003.12.31. 법률 제7034호로 개정된 것)

제17조(외국인의 체류 및 활동범위) ① 외국인은 그 체류자격과 체류기간의 범위 내에서 대한민국에 체류할 수 있다.

제18조(외국인고용의 제한) ① 외국인이 대한민국에서 취업하고자 할 때에는 대통령령이 정하는 바에 따라 취업활동을 할 수 있는 체류자격을 받아야 한다.

② 제1항의 규정에 의한 체류자격을 가진 외국인은 지정된 근무처 외에서 근무하여서는 아니된다.

③ 누구든지 제1항의 규정에 의한 체류자격을 가지지 아니한 자를 고용하여서는 아니된다.

④ 내지 ⑤ 생략

제19조의2(산업연수생의 보호등) ① 정부는 제10조의 규정에 의하여 산업연수활동을 할 수 있는 체류자격을 가지고 지정된 산업체에서 연수하고 있는 외국인(이하 "산업연수생"이라 한다)의 보호를 위하여 필요한 조치를 하여야 한다.

② 제1항의 규정에 의한 산업체의 지정에 관하여 필요한 사항은 대통령령으로 정한다.

제19조의3(산업연수생의 관리등) ① 법무부장관은 산업연수생의 연수장소 이탈, 연수목적 외의 활동 기타 허가된 조건의 위반 여부 등을 조사하여 그 외국인의 출국등 산업연수생의 관리에 필요한 조치를 하여야 한다.

② 제1항의 규정에 의한 산업연수생의 관리 및 산업연수생의 입국과 관련된 모집에 관하여 필요한 사항은 대통령령으로 정한다.

③ 법무부장관은 산업연수생으로서 대통령령이 정하는 요건을 갖춘 자(이하 이 항에서 "연수취업자"라 한다)에 대하여 취업활동을 할 수 있도록 그 체류자격변경허가를 할 수 있다. 이 경우 연수취업자의 관리에 관하여는 제1항 및 제2항의 규정을 준용한다.

제21조(근무처의 변경 · 추가) ① 대한민국에 체류하는 외국인이 그 체류자격의 범위 내에서 그의 근무처를 변경하거나 추가하고자 할 때에는 미리 법무부장관의 허가를 받아야 한다.

② 누구든지 제1항의 규정에 의한 근무처의 변경·추가허가를 받지 아니한 외국인을 고용하거나 고용을 알선하여서는 아니된다. 다만, 다른 법률에 의하여 고용을 알선하는 때에는 그러하지 아니하다.

제22조(활동범위의 제한) 법무부장관은 공공의 안녕질서 또는 대한민국의 중요한 이익을 위하여 필요하다고 인정될 때에는 대한민국에 체류하는 외국인에 대하여 거소 또는 활동의 범위를 제한하거나 기타 필요한 준수사항을 정할 수 있다.

나. 출입국관리법 시행령(1998.4.1. 대통령령 제15764호로 개정되고, 2005.7.5. 대통령령 제18934호로 개정되기 전의 것, 위 기간 중 수차 일부 개정이 있었으나 기본적인 내용은 크게 차이가 없다)

제23조(외국인의 취업과 체류자격) ① 법 제18조 제1항에서 "취업활동을 할 수 있는 체류자격"이라 함은 별표 1 중 체류자격 9. 단기취업(C-4)·19. 교수(E-1) 내지 25. 특정활동(E-7)및 25의2. 연수취업(E-8)의 체류자격을 말한다.

제24조의2(산업연수업체등) ① 법 제19조의2의 규정에 의하여 외국인이 산업연수활동을 할 수 있는 산업체를 다음 각 호와 같이 한다.

1. 외국환관리법 제3조 제1항 제15호의 규정에 의하여 외국에 직접 투자한 산업체
2. 기술개발촉진법 제10조의2의 규정에 의하여 외국에 기술을 수출하는 산업체
3. 대외무역법 제22조 제1항의 규정에 의하여 외국에 산업설비를 수출하는 산업체
4. 제1호 내지 제3호 외의 산업체로서 소관 중앙행정기관의 장이 지정·고시하는 산업체관련기관·단체(이하 "연수추천단체"라 한다)의 장이 추천하는 산업체

② 제24조의3 제2항 제1호의 규정에 의하여 산업연수생의 도입규모가 결정된 경우 연수추천단체의 장은 법무부장관이 정하는 기준에 따라 해당 산업체별로 배정할 산업연수생의 규모를 정하여 이를 소관중앙행정기관의 장에게 통보하여야 한다.

제24조의3(외국인산업인력정책심의위원회) ① 외국인 산업연수 및 연수취업 제도에 관한 중요사항을 심의·조정하기 위하여 국무총리소속하에 외국인산업인력정책심의위원회(이하 이 조 및 제24조의4에서 "위원회"라 한다)를 둔다.

② 위원회는 다음 각 호의 사항을 심의·조정한다.

1. 제24조의2 제1항 제4호의 규정에 의한 산업체에서 연수하고자 하는 산업연수생의 도입규모 결정과 모집 관리에 관한 중요사항
2. 산업연수생으로서 제24조의5 제1항의 규정에 의한 연수취업요건을 갖추어 취업이 허용된 자(이하 "연수취업자"라 한다)의 관리 및 연수취업요건등에 관한 중요사항
3. 기타 위원회의 위원장(이하 이 조에서 "위원장"이라 한다) 또는 위원이 외국인 산업연수 또는 연수취업에 관하여 필요하다고 인정하여 위원회에 회부하는 사항

③ 위원회의 위원장은 국무조정실장이 되고, 위원은 재정경제부·외교통상부·법무부·과학기술부·산업자원부·보건복지부·노동부·건설교통부·해양수산부의 차관과 중소기업청장이 된다.

④ 위원회의 사무를 처리하기 위하여 위원회에 간사 1인을 두되, 간사는 위원장이 소속된 기관의 국장급 공무원 중에서 위원장이 지명한다.

⑤ 위원회의 심의사항을 사전 검토하고 위원회가 위임한 사항을 처리하기 위하여 위원회에 실무협

의회를 둘 수 있다.

⑥ 기타 위원회의 운영과 실무협의회의 구성·운영에 관하여 필요한 사항은 위원회의 심의를 거쳐 위원장이 정한다.

제24조의5(연수취업요건등) ① 법 제19조의3 제3항의 규정에 의한 체류자격변경허가를 받고자 하는 자는 다음 각 호의 요건을 갖추어야 한다.

1. 국가기술자격법에 의한 기술자격검정 또는 이에 준하는 기술자격시험에 합격하였을 것

2. 제24조의2 제1항 제4호의 규정에 의한 산업체에서 산업연수생으로 2년간 연수하였을 것

3. 기타 소관 중앙행정기관의 장이 정하는 연수취업의 요건을 갖추었을 것

② 제1항의 규정에 의하여 연수취업자격으로의 체류자격변경허가를 받은 자는 산업연수생으로 근무한 산업체에서 근무하여야 한다. 다만, 그 산업체의 장의 동의를 받거나 기타 정당한 사유가 있다고 인정되는 때에는 그러하지 아니하다.

[별지 2] 청구인의 주장 및 관계기관의 의견요지

가. 청구인의 주장요지

(1) 출입국관리법상 연수를 위한 체류자격으로 입국한 산업연수생에게 법률상 아무런 근거없이 실질적으로 취업을 하게 하는 현행 산업연수생제도는 국제법과 조약에 의하지 아니하고 외국인의 국내 법률상 지위를 정한 것으로서 헌법 제6조 제2항에 위반된다.

(2) 현행 산업연수생제도에 의하면 외국인 산업연수생은 실질적으로 연수자로서가 아닌 근로자로서 취업활동을 하고 있음에도 불구하고 연수기간 동안 직장을 임의로 선택할 수 없게 함으로써 헌법 제15조에 반하여 직장선택의 자유를 침해한다.

(3) 산업연수생 신분으로 입국하여 사실상 근로자로서 취업활동을 하고 있는 외국인근로자는 직장선택의 자유가 없어 임금에 관한 협상을 할 수 없으므로 결국 최저임금만을 받을 수밖에 없는바, 이러한 산업연수생제도는 헌법 제119조의 사회적 시장경제질서에 위배된다.

(4) 한편 이 사건 노동부 예규는 산업연수생에 대하여 근로기준법상 중요한 조항(예컨대, 퇴직금제도, 임금채권의 우선변제 등)이 적용되지 않도록 하였는바, 이는 산업연수생을 내국인 근로자나 산업연수생 아닌 외국인근로자와 차별함으로써 평등권을 침해하고 있다.

나. 중소기업청장의 의견

(1) 적법요건에 관하여

(가) 청구인은 외국인으로서 기본권 주체성을 인정할 수 없으므로 이 사건 헌법소원심판청구는 부적법하다. 즉 청구인은 외국인 산업연수생이므로, 산업연수생을 현행법상 근로자로 인정하는 입법적 결단이 없는 한, 대한민국 법체계에서 근로자라고 인정할 수 없는바, 결국 청구인은 근로조건에 있어서 대한민국의 근로자와 평등한 대우를 받을 권리 또는 직업선택의 자유를 주장할 수 없다.

(나) 산업연수생에 대하여 기본권침해가 발생하기 위하여는 일련의 계약행위(산업연수생이 송출기관과 계약을 맺고 국내에 입국허가를 받아서 연수업체에서 연수를 받는 내용의 계약) 및 중소기업협동조합중앙회 등 관련 단체의 계약집행행위가 있어야 하므로 이 사건 중소기업청 고시 등만으로 청구인의 기본권이 직접 침해되는 것이 아니다.

(다) 이 사건 심의위원회 대책은 비구속적 행정계획에 불과하여 헌법소원의 대상인 공권력 행사에 해당되지 아니한다. 또한 이 사건 중소기업청 고시는 출입국관리법령의 위임에 따라 산업연수생 제도의 전반적 운영에 관련된 사항을 구체화한 중소기업청 내부의 업무처리지침에 불과할 뿐 법규적인 효력을 가졌다고 할 수 없고, 이 사건 노동부 예규도 노동부가 산업연수생의 보호 및 관리를 위하여 법령의 위임 없이 제정한 것으로서 대외적인 구속력이 없으므로 모두 헌법소원심 판의 대상이 될 수 없다.

(라) 이 사건 노동부 예규는 연수업체가 준수하여야 할 최저한의 보호 수준을 규정한 것이지 연수업체 로 하여금 이 사건 노동부 예규에서 정한 범위 내에서만 산업연수생을 처우하도록 강제하는 것이 아니므로, 이에 의해 청구인의 기본권이 침해되지 않는다.

(마) 청구인은 산업연수생 신분으로 연수업체에서 연수를 받던 도중 무단이탈한 불법체류자이다. 청구 인은 공법상 대한민국에 체류할 자격이 없는 불법체류자로서 강제출국을 회피하기 위한 목적으로 이 사건 헌법소원심판을 청구하고 있는바, 이는 헌법재판소법 제40조에 의하여 준용되는 민소소 송법에 따라 신의성실의 원칙에 반하는 부적법한 소로서 각하되어야 한다.

(바) 청구인은 대한민국에 입국할 당시 이미 이 사건 중소기업청 고시와 노동부 예규에서 정한 산업연 수생의 지위를 알고 있었다고 할 것인바, 이 사건 헌법소원은 청구인이 입국한 2004.3.16.로부터 90일이 지난 2004.8.에 제기되었으므로 청구기간을 도과하였다.

(2) 본안에 관하여

(가) 정부가 사인(私人)간 계약인 산업연수생관계에 일정한 범위(가이드라인)를 설정함으로써 산업연 수생과 5인 이상 사업장의 근로자 사이에 근로기준법 적용상 차이를 두었다고 하여도, 이는 산 업연수제도의 특성(사회적 기본권 영역에서는 합리적 차별이 폭넓게 인정될 수 있다는 점, 외국 인 산업연수생은 국내 근로자와는 다른 특수한 신분이라는 점 등)에 기인한 합리적 차별에 불과 하다.

(나) 전문기능직 외국인도 출입국관리법상 정해진 기간과 장소에서만 직업수행을 할 수 있을 뿐 내국 인과 같은 직업선택 및 수행의 자유를 가지지 못한다는 점에서 산업연수생에 대하여 연수장소를 제한한 것이 직업선택의 자유를 본질적으로 훼손하였다고 볼 수 없다.

(다) 산업연수생이 국내 근로자보다 생산성이 낮음에도 불구하고 오히려 시간당 인건비는 생산성에 비하여 높게 지급되고 있다는 점에서 산업연수생제도가 청구인의 평등권을 침해하거나 시장경제 원칙에 반하지 않는다.

다. 법무부장관의 의견

(1) 현행 산업연수생제도는 연수 1년, 취업 2년의 연수취업제로 운영되고 있어 산업연수제와 고용허가 제도의 절충형태라 할 수 있는데, 연수 1년간은 퇴직금, 연월차수당 등을 제외하고 국내 근로자와 동등한 대우를 받고 있고 취업 2년간은 국내 근로자와 동등하게 대우를 받고 있다. 산업연수생 신분의 외국인근로자에 대하여 연수기간 동안 국내 근로자와 근로조건을 달리 적용하더라도 취업 전 연수기간은 한국어와 기술을 습득하기 위해 필요하므로 이를 두고 불합리한 차별이라고 할 수 없다.

(2) 외국인력의 도입과 관련하여 어떠한 제도를 채택할 것인지는 입법부의 입법재량에 속한다. 외국인

산업연수생의 정주화(定住化)를 방지하기 위해서 체류기간을 제한하고 직업선택의 자유를 제한하는 것은 적절한 방법이며, 연수업체의 부도, 폐업, 경영악화, 양도·양수 등의 사유로 산업연수생이 당초 연수업체에서 연수를 계속할 수 없는 때에는 연수업체의 변경을 허용하고 있으므로 침해의 최소성 원칙을 충족한다. 그리고 산업연수생의 직업선택의 자유를 전면적으로 인정하는 경우 국내 고용시장의 질서 교란과 정부의 효과적인 외국인력관리가 곤란하게 되므로 산업연수생의 직장이동의 자유를 제한함으로써 얻는 공익은 그로 인해 침해되는 산업연수생의 사익보다 크다는 점에서 법익균형성 요건도 충족한다.

서울가정법원 2009.4.10. 자 2009브16 결정 【친권자변경등】

【판시사항】

양육친의 주장과 같이 설령 대리모 약정이 있었다고 하더라도, 비양육친의 자녀에 대한 면접교섭권은 천부적인 권리여서 면접교섭권을 인정한 사례

【결정요지】

양육친의 주장과 같이 설령 비양육친이 '아이를 낳아 주고 이혼해 주면 돈을 주겠다'는 대리모약정에 따라 자(자)를 임신하고 출산하였다 하더라도, 비양육친의 자녀에 대한 면접교섭권은 천부적인 권리인 바, 이를 전면적으로 배제하는 당사자간의 합의는 민법 제103조의 선량한 풍속 기타 사회질서에 위반한 사항을 내용으로 하는 법률행위로서 효력이 없다고 하여, 면접교섭권을 인정하여야 한다고 한 사례.

【참조조문】

민법 제837조의2

【전 문】

【청구인, 피항고인】 청구인 (소송대리인 변호사 소라미)

【상대방, 항고인】 상대방

【사건본인】 사건본인 1외 1인

【참 가 인】 참가인

【원 심 판】 서울가법 2009.1.15.자 2007느단8832 심판

【주 문】

1. 상대방의 항고를 기각한다.
2. 항고비용은 상대방이 부담한다.

【청구취지 및 항고취지】

1. 청구취지

사건본인들에 대한 친권자 및 양육자를 청구인으로 변경하고, 상대방은 청구인에게 사건본인들을 인도하며, 사건본인들에 대한 양육비로 사건본인들의 인도시부터 사건본인들이 성년이 될 때까지 매월 각 50만 원씩을 지급하라.

2. 항고취지

원심판 중 면접교섭결정 부분을 취소한다.

【이 유】

1. 이 법원의 심판범위

제1심법원은 청구인의 청구를 모두 기각하고, 직권으로 '청구인은 매월 첫째 주 토요일 오후 2시부터 같은 날 오후 6시까지 상대방의 주소지에서 사건본인들을 면접교섭할 수 있다'는 내용의 면접교섭결정을 하였는바, 청구인은 항고하지 않고 상대방이 제1심법원의 면접교섭결정에 대해서만 항고하였음은 기록상 분명하므로, 이 법원의 심판대상은 제1심법원의 면접교섭결정 부분에 한정된다 할 것이다. 따라서 이 부분에 대하여만 판단하기로 한다.

2. 인정 사실

기록에 의하면, 다음과 같은 사실을 인정할 수 있다.

가. 상대방과 참가인은 1982.11.4. 혼인을 하였으나, 둘 사이에 자녀가 생기지 않자 2003.7.11. 협의이혼 신고를 하였고, 그 후 상대방은 2003.8.경 베트남국제결혼 알선인 소외인의 주선으로 청구인을 만나 2003.10.13. 청구인과 사이에 혼인신고를 마쳤으며, 청구인은 2003.10.25. 한국에 입국하여 상대방과 동거하게 되었다.

나. 청구인과 상대방은 그 사이에 사건본인들을 출산하였고, 사건본인 2를 출산한 직후인 2005.7.20. 협의이혼 신고를 하였으며(사건본인들의 친권자 및 양육자는 상대방으로 지정), 상대방은 2005. 8.17. 다시 참가인과 혼인신고를 하였다.

다. 한편, 상대방은 사건본인 1을 출산하기 한 달 전에 참가인을 찾아가 아이를 키워달라고 부탁하였고, 참가인은 마지못해 이를 수락하였다. 이에 청구인이 사건본인 1을 출산하자 상대방은 위 사건본인을 참가인에게 데려다 주었다.

라. 그 후 청구인은 2004.9.3. 베트남의 부모를 방문하였고, 이 때 상대방은 청구인에게 미화 7천 달러를 지급하였으며, 상대방도 2004.9.23. 출국하여 베트남에서 청구인과 함께 머무르다가 2004.9.27. 입국하였다.

마. 베트남에서 돌아온 후 청구인은 곧바로 사건본인 2를 임신하였는데, 출산이 다가오자 상대방은 청구인에게 이혼하여 줄 것을 요구하였고, 이후 청구인이 사건본인 2를 출산하자 곧바로 참가인이 데려가 사건본인 1과 함께 키웠다.

바. 한편 청구인은 사건본인 2를 출산한 직후 상대방과 사이가 소원해지자 협의이혼에 동의하였고, 그 무렵 상대방으로부터 2만 달러를 지급받았으며, 2005.7.21. 베트남으로 출국하였다.

사. 그러나 청구인은 2005.8.23. 다시 한국으로 돌아와 상대방을 만나게 되었고, 이에 상대방은 청구인에게 몇 차례 사건본인 1을 보여 주었으며, 이후 청구인은 다시 2005.9.27. 출국하여 베트남으로 갔다가 2005.10. 다시 입국하였으나, 상대방이 2005.11.경 전화번호를 바꾸는 바람에 청구인이 상대방과 연락이 되지 않아 계속 사건본인들을 만나지 못하였다.

아. 상대방과 참가인은 용산에서 옷가게를 하고 있어 월 1,000만 원 정도의 수입이 있고, 사건본인들은 현재 상대방과 참가인이 함께 양육하고 있는데, 참가인을 친엄마로 알고 있으며, 상대방과 참가인이 협력하여 함께 사건본인들을 세심하게 잘 돌보고 있다.

자. 상대방은 현재 공장에 다니면서 월 120만 원 정도의 수입이 있다.

3. 상대방의 주장 및 이에 대한 판단

가. 주 장

상대방은 ① 사건본인들이 참가인을 생모로 알고 있는 상황에서 청구인의 면접교섭을 허용하면 사건본인들의 정서적 혼란을 초래하여 사건본인들에게 심각한 악영향을 미치고, ② 청구인은 사실상 사건본인들의 면접에는 관심이 없고, 면접교섭을 빌미로 상대방으로부터 수시로 금품을 받으려는 목적으로 면접교섭을 원하는 것이고, ③ 청구인의 남자친구 등 베트남 불법체류자들이 수시로 상대방을 협박하여 상대방 및 가족들의 생명을 위협하고 있고, ④ 상대방은 청구인과 혼인한 직후인 2003. 10.경 청구인에게 '아이를 낳아 주고 이혼해 주면 청구인에게 돈을 주겠다'고 제안하였고, 청구인이 위 제안을 받아들여 사건본인들을 임신하고 출산하였고, 상대방은 약속한대로 돈을 다 주었는바, 청구인은 사건본인들을 만나서는 안 된다는 취지로 주장한다.

나. 판 단

먼저, ①주장에 대하여 보건대, 사건본인들이 현재 참가인을 친모로 알고 있고, 참가인과 애착관계가 잘 형성되어 있으며, 상대방과 참가인이 함께 사건본인들을 세심하게 돌보고 있는 사실은 앞서 본 바와 같다.

그러나 사건본인들도 성장하면 가족관계등록부[가족관계등록부에 청구인이 모(母)로 등재되어 있다] 및 주변인들로 인하여 친모가 청구인임을 인지하게 될 것이고, 언제까지 이를 비밀로 부치기는 어려울 것으로 보이는바, 점진적으로 청구인이 사건본인들과 면접교섭을 통하여 자연스러운 관계를 형성하는 것이 향후에 사건본인들의 정체성 혼란 등 심리적 충격을 경감시키는 데에 오히려 도움이 될 것으로 보이는 점, 사건본인들도 자신의 친모가 누구인지 알 권리가 있고, 정기적으로 친모와 면접교섭을 유지할 권리를 가지는 점 등에 비추어 볼 때, 원심판에서 정한 바와 같이 월 1회 정도의 면접교섭은 사건본인들의 원만한 성장과 인격형성에 장기적으로 보탬이 될 것으로 보인다.

따라서 ①주장은 이유 없다.

다음으로, ②, ③주장에 대하여 보건대, 이 사건 가사조사관의 조사보고서의 기재에 의하면, 청구인의 친구인 베트남 남자가 2008. 10.경 상대방에게 '그렇게 살지 말라'는 취지로 전화한 사실은 인정되나, 위 인정 사실만으로는 청구인이 사건본인들을 면접교섭할 생각이 없으면서 금품을 요구하려는 생각으로 면접교섭요구를 한다거나, 청구인의 친구들인 불법체류자들이 상대방을 협박하여 상대방과 상대방의 가족들의 생명을 위협한다는 사실을 인정하기에 부족하고, 달리 이를 인정할 만한 증거가 없다.

따라서 이 부분 주장도 이유 없다.

(원심판은 청구인이 상대방의 주소지에서만 사건본인들을 면접교섭하도록 정하였기 때문에, 청구인이 사건본인들을 다른 장소에서 만난 후 사건본인들의 인도를 거부할 우려도 없다.)

마지막으로, ④주장에 대하여 보건대, 앞서 본 사실만으로는 상대방이 혼인 초기부터 청구인에게

'아이를 낳아 주고 이혼해 주면 청구인에게 돈을 주겠다'는 이른바 '대리모 약정'을 제안하였고, 청구인이 위 제안을 받아들여 사건본인들을 임신하고 출산하였다는 사실을 인정하기에 부족하다. 설사 위와 같은 대리모 약정이 있었다 하더라도, 위 약정 안에 청구인의 면접교섭권을 전면적으로 배제하는 내용이 포함되어 있다고 보기 어렵고, 그러한 내용이 포함되어 있다고 하더라도, 우리나라의 경우 현재 대리모와 관련된 법률규정이 정비되어 있지 않으므로, 현행 민법에 의거하여 검토해 보아야 하는데, 비양육친의 자녀에 대한 면접교섭권은 천부적인 권리인바, 이를 전면적으로 배제하는 당사자간의 합의는 민법 제103조의 선량한 풍속 기타 사회질서에 위반한 사항을 내용으로 하는 법률행위로서 효력이 없다.

또한, 상대방의 주장과 같이, 청구인이 상대방의 제안에 따라 사건본인들을 출산하여 상대방에게 인도하고 그 대가로 돈을 받았다고 하더라도, 민법은 여자가 아이를 출산하면 바로 모자관계를 인정하고 있고, 청구인은 상대방과의 법률혼 상태에서 사건본인들을 출산하였으므로 법적으로 어머니의 신분을 가지고 있다. 게다가 청구인은 자신의 난자를 제공하여 유전자를 사건본인들에게 대물림하고 출산의 고통을 감수한 유전학적, 생물학적 어머니이기도 하므로, 당연히 어머니로서 사건본인들을 면접교섭할 수 있는 권리가 있다고 할 것이다.
따라서 상대방의 위 주장은 어느 모로 보나 이유 없다.

또한, 앞서 본 인정 사실만으로는 달리 청구인의 면접교섭권을 전면적으로 배제하거나 위에서 인정한 면접교섭보다 더욱 제한하여야 할 뚜렷한 사정이 발견되지 않고, 청구인과 상대방의 감정상태, 재산관계, 직업, 가족관계, 생활정도, 사건본인들의 연령, 현재의 양육상황 등 이 사건 심문에 나타난 제반 사정을 고려하면 원심판과 같이 면접교섭을 정하는 것이 사건본인들의 심리적 안정과 복지는 물론 청구인과 상대방 모두를 위하여 합당하다고 할 것이다.

4. 결 론

그렇다면 상대방의 항고는 이유 없으므로 이를 기각하기로 하여 주문과 같이 결정한다.

판사 안영길(재판장) 김혜란 최인화

제3부

이주민 관련 국가인권위원회 주요 결정

1. 국가인권위원회 정책 권고 결정
    ① 이주민 정책 일반
    ② 난민 및 무국적자
    ③ 이주노동자
    ④ 이주여성 및 이주노동
    ⑤ 방문조사에 따른 정책권고

2. 국가인권위원회 침해사건 권고 결정
    ① 단속과정에서의 인권침해 사례
    ② 보호조치 및 보호소 내 구금 중 인권침해 사례
    ③ 기타 이주민 인권침해 사례

3. 국가인권위원회 차별사건 권고 결정
- 화교학교 학력 불인정 차별
- 인종을 이유로 한 레스토랑 출입거부
- 출신국가를 이유로 한 용역의 공급이용 차별
- 장애인 등록증신청에 있어 외국인에 대한 차별
- 아프리카인에 대한 상업시설이용 차별
- 외국인을 이유로 한 인터넷전화이용 차별
- 외국인에 대한 모기지 신용보험가입 제한
- 국내체류기간을 이유로 한 결혼 이주여성에 대한 보험가입 제한
- 인종을 이유로 한 목욕장시설이용 차별

1. 국가인권위원회 정책 권고 결정

1 **이주민 정책 일반**
- 「출입국관리법 일부개정법률안」에 대한 의견표명
- 외국인근로자의 사업장 변경 허용기준 등 개선 권고
- 「외국인근로자의 고용 등에 관한 법률 일부 개정 법률안」에 대한 의견표명
- 「출입국관리법 일부개정법률안(정부발의)」에 대한 의견표명

2 **난민 및 무국적자**
- 난민의 인권보호를 위한 정책개선에 대한 권고
- 인도주의적 사유에 따른 체류허가자의 인권보호를 위한 권고
- 위장결혼으로 인한 무국적자 인권증진 방안 권고

3 **이주노동자**
- 노동조합설립신고서 반려처분 취소소송에 관한 의견제출
- 외국인근로자에 대한 산업안전보건교육 개선방안 권고
- 원양어선 내 외국인 선원에 대한 성희롱 및 임금 차별 등 사건에 관한 의견 표명

4 **이주여성 및 이주노동**
- 혼혈인 가족 지원에 관한 법률안 관련 의견표명
- 「결혼중개업의 관리에 관한 법률 시행령 및 시행규칙」 제정안에 대한 의견표명
- 「결혼중개업의 관리에 관한 법률 시행령」 개정안에 대한 의견표명
- 이주아동의 교육권 보장을 위한 개선방안 권고
- 미등록 이주아동의 의료접근권 개선방안 권고

5 **방문조사에 따른 정책권고**
- 외국인 보호 및 교정시설 방문조사에 따른 권고
- 미등록이주자 단속 및 외국인보호시설 방문조사에 따른 권고
- 2009년 미등록이주자 단속관련 방문조사에 따른 권고

① 이주민 정책 일반

● 「출입국관리법 일부개정법률안」에 대한 의견표명 [2007.12.6.]

「출입국관리법 일부개정법률안」에 대하여 법무부장관에게 '보호'의 정의규정을 신설할 것 등 법률안을 수정·보완할 것을 촉구하는 의견을 표명한 사례

【주 문】 국가인권위원회는 법무부가 2007.11.8. 입법예고한 「출입국관리법 일부개정법률안」에 대하여 법무부장관에게 아래와 같이 의견을 표명한다.

1. 법률안 제2조 제10호의2에 '보호'의 법률적 정의규정 신설과 더불어 불법체류 외국인의 인신구속 및 보호 행정작용에 형사사법절차에 준하는 권리보장체계를 마련하여 출입국관리분야의 실질적 법치주의 실현을 위해 노력하는 것이 바람직하다.

2. 법률안 제46조 제1항에 강제퇴거사유를 구체적으로 열거하고, '경제질서 또는 사회질서를 해하거나 선량한 풍속을 해하는 행동을 할 염려가 있는 자' 등 불확정개념을 사용한 조항을 삭제 또는 수정·보완하는 것이 바람직하다.

3. 법률안 제46조의2에 불법체류 외국인에 대한 단속권한의 규정 신설과 더불어 단속대상 외국인에 대한 질문·조사 및 사업장 출입·조사 등의 과정에 기본적 권리고지·영장제시 등 형사사법절차에 준하는 권리보호조치를 마련하는 것이 바람직하다.

4. 법률안 제64조에 강제송환금지원칙을 규정함에 있어서 난민협약에 의해 보호되는 자들에 대하여 법무부장관의 재량적 판단에 따른 예외를 인정하는 동조 제3항의 단서규정을 수정·보완하는 것이 바람직하다.

5. 법률안 제76조의3 제1항의 난민인정 신청에 대한 각하 규정 중 제3호의 '강제집행을 면탈할 목적' 부분은 각하제도의 본래 취지와 부합하지 않는바, 이를 삭제하는 것이 바람직하다.

6. 국내 체류 중 난민인정신청 사유가 발생하는 경우의 구제를 위해 법률안 제76조의2 제2항의

신청기간의 예외를 인정하는 것이 바람직하며, 난민인정 신청에 대한 기각 또는 각하에 대한 실질적 이의신청권의 보장을 위해 이의신청 기간 연장과 함께 기각 또는 각하 사유 및 이의신청 절차에 대한 고지 관련 규정을 수정·보완하는 것이 바람직하다.

7. 법률안 제76조의6에서 '법무부장관의 자문에 응하기 위하여'라는 문구를 삭제하고, 난민인정심의위원회의 심의 결과를 법무부장관이 존중하도록 규정하는 것이 바람직하다.

8. 불법체류 외국인의 권리구제의 실효성을 제고하기 위해 이른바 '선(先) 구제 후(後) 통보' 제도를 법률안 제84조에 명시적으로 규정하는 것이 바람직하다.

9. 출입국관리 및 난민인정에 관한 종전 우리 위원회의 권고 및 의견표명의 내용들을 다시 한번 확인하며, 이러한 우리 위원회의 결정 내용이 적극 반영될 수 있도록 법률안을 수정·보완할 것을 촉구한다.

【이 유】

1. 의견표명의 배경

법무부는 「출입국관리법 일부개정법률안」(이하 '법률안'이라 한다)을 마련하고, 2007.11.8. 입법 예고하였다.

법률안의 주요내용은 "보호의 법률적 정의 신설(제2조제10호의2), 출국금지의 통지 및 이의신청 절차 신설(제4조, 제4조의2), 출입국사범 단속의 근거 규정 마련(제46조의2), 피보호자의 권리구제에 관한 사항(제57조제2항), 난민의 처우 개선(제76조의5)" 등 현행 출입국 및 난민행정의 운영에 나타난 문제점을 개선하기 위한 것이므로, 긍정적인 평가를 할 수 있다.

그러나 이러한 개선 노력에도 불구하고 "강제퇴거의 대상자 규정(제46조), 불법체류 외국인 단속과 관련 규정의 미비(제46조의2), 통보의무제도(제84조), 난민인정 및 처우 관련 규정(제76조 이하)" 등 법률안의 일부 내용은 그동안의 출입국관리법령에 대한 우리 위원회의 권고내용을 충분히 반영하고 있지 못할 뿐만 아니라, 헌법상 법률유보 및 영장주의 원칙 등에 위배될 우려가 있다고 판단되어, 국가인권위원회법 제19조 제1호에 의거 법률안을 검토하였다.

2. 판단기준

법률안에 대한 판단은 「헌법」 제12조, 제16조, 37조 제2항과 「시민적·정치적 권리에 관한 국제규약」 제10조 제1항, 「난민의 지위에 관한 협약(Convention Relating to the Status of Refugees, 1951. 이하 "난민협약"이라 한다)」, 「고문 및 그 밖의 잔혹한·비인도적인 또는 굴욕적인 대우나 처벌의 방지에 관한 협약(이하 "고문방지협약"이라 한다)」 등을 기준으로 하였다.

3. 판 단

1) '보호'의 법률적 정의 규정(법률안 제2조 제10호의2)

우리 위원회는 2005.5.23. 전원위원회의 결정을 통해 '「출입국관리법」상 행해지는 '보호'행위는 실질적으로 형사사법절차상의 구인·구금 또는 수용과 유사함에도 불구하고, '보호'행위에 대한 정의 규정이 없어 그 내용과 적용범위가 모호하여 대상 외국인의 신체의 자유 등 기본권침해의 우려가 있으므로, 그 개념을 분명히 정의할 것'을 법무부에 권고한 바 있다.

이에 법무부는 '보호'행위의 집행과 관련된 법률적 불명확성으로 인한 공권력의 자의적 행사 및 인권침해에 대한 그동안의 논란을 불식시키고자 법률안 제2조 제10호의2를 신설하여 「출입국관리법」상의 '보호' 개념을 새로이 정립하고 있다.

그러나 외국인에 대한 '보호'의 개념을 법률안이 어떻게 규정할 것인가의 문제는, '보호'의 명목으로 행해지는 불법체류 외국인에 대한 단속 및 신병 확보 과정 중에 형사사법절차에서와 같은 인신보호조치를 어느 정도로 보장할 것인지가 결정될 수 있는 중요한 사항이다. 즉, '보호'의 개념은 법률안 제2조 제10호의2에 국한된 의미를 갖는 것이 아니라, 불법체류 외국인의 단속에서 강제퇴거 조치 이전까지의 인신구속적 행정작용 전 과정에서의 절차 및 권리 보장 전반에 영향을 미치는 사항인 것이다.

법무부는 이번 법률안에서 '보호'의 개념을 불법체류 외국인에 대한 '인치 및 수용과 관련된 집행활동'으로 정의하여, '보호'행위가 불법체류 외국인의 인신의 제한과 관련된 집행행위임을 명백히 하고 있다. 이러한 법률안의 태도는 보호 대상이 되는 불법체류 외국인에 대해서도 인신의 제한과 관련된 우리 헌법상의 적법절차 및 기본적 권리 보장을 인정하기 위한 선결 조치라고 판단된다.

그러나 법률안의 전체적 맥락에서 살펴보면, 신설된 법률안 제2조 제10호의2는 그동안 실무상 행해지던 외국인 신병확보와 관련된 행정작용(인치, 수용의 집행행위)을 포괄하는 수준에서 '보호' 개념을 법률적 개념으로 규정하고 있을 뿐이고, 실제 불법체류 외국인에 대한 구체적 '보호'절차에 있어서는 실질적 기본권보장을 위한 절차를 마련하는 것에는 상당히 미흡하다고 판단된다.

'보호'의 개념을 법률에 명백히 규정할 것을 권고한 우리 위원회의 2005.5.23. 권고 결정의 실질적 의미는 「출입국관리법」상의 외국인 '보호' 업무가 출입국관리분야의 행정작용이라 인정될 수 있을지라도, 실제 인신의 자유에 대한 중대한 제한을 내용으로 하고 있어 그 본질은 형사사법절차상의 인치·구금과 유사하므로, 인신관련 행정작용의 근거와 절차를 형사사법절차에 준하여 마련함이 바람직하다는 의미이다.

또한, 법률안 제2조 제10호의2의 신설취지는 단순히 '보호'의 개념을 외국인에 대한 인치 및 수용과 관련한 집행행위로만 규정하기 위한 것이 아니고, '보호'의 본질이 인신구속과 관련한 행정작용임을 명백히 하고, 그에 상응하는 권리보호 절차를 마련하기 위한 것이라고 봄이 타당하다.

따라서 법무부는 법률안에 형식적으로 '보호'의 법률적 정의규정을 신설하는 것에 그칠 것이 아니라, 외국인과 관련된 인신행정작용(인치 및 수용 등)에 형사사법절차에 준하는 권리보장체계를 마련하여 실질적 법치주의가 실현될 수 있도록 노력하는 것이 바람직하다.

2) 강제퇴거의 대상자(법률안 제46조)

현행 「출입국관리법」 제46조(강제퇴거의 대상자)는 강제퇴거 사유에 입국금지조항(제11조 제1항)을 그대로 준용하고 있어, 입국금지 사유의 포괄성 및 불명확성으로 인한 문제(재량권의 남용 등)가 강제퇴거에도 그대로 적용될 수 있다는 비판이 지속되어 왔다.

이에 법무부는 2006.2. 강제퇴거사유 중 불확정개념 및 법무부령 포괄위임 규정의 삭제 계획을 포함한 '출입국관리행정 변화전략계획'을 발표하고, 2006.7.12. 실시된 '출입국관리법 개정안 공청회(이하 '공청회'라 한다)'에서 현행법 제11조의 입국금지조항을 그대로 준용하는 대신 강제퇴거 사유를 구체적으로 열거하고, '경제질서 또는 사회질서를 해하거나 선량한 풍속을 해하는 행동을 할 염려가 있는 자' 등 불확정개념을 사용한 일부조항을 삭제하는 수정안을 제시한 바 있다.

이러한 노력은 「출입국관리법」 제46조와 관련된 그동안의 비판과 문제점을 불식함은 물론, 「출입국관리법」이 국제인권기준에 부응하도록 개선하고자 하는 법무부의 의지를 담고 있었다고 할 것이다.

그러나 2007.11.8. 입법예고된 법률안은 그동안의 진일보된 논의를 전혀 반영하지 않은 채, 현행법 규정을 그대로 답습하고 있다. 이러한 법률안의 태도는 불확정개념을 구체화하여 관련 행정청의 자의적 권한 남용을 방지하고 공정한 법집행을 확보하기 위한 그 동안의 노력을 법무부 스스로가 부정하는 것으로 해석될 수 있다. 또한, 동조의 불확정개념은 우리 헌법의 법률 명확성의 원칙에도 위배될 우려가 있다.

따라서 법무부는 법률안 제46조 제1항 제3호의 강제퇴거 사유에 법 제11조를 준용함으로써 발생되는 법률의 불명확성으로 인한 자의적 법집행 및 인권침해 등을 방지하기 위해 강제퇴거 사유를 구체적으로 열거하고 불확정개념 규정을 삭제 또는 수정·보완하는 것이 바람직하다.

3) 출입국관리공무원의 질문 및 출입·조사권(법률안 제46조의2)

출입국관리공무원의 불법체류 외국인 등 출입국사범 단속 행위는 단순한 행정처분이 아니라 인신의 구속과 직결되는 특별한 행정행위임에도 불구하고, 이와 관련한 법적 근거뿐만 아니라 단속 대상인 외국인의 권리보호 절차에 관한 규정이 부재함으로 인해, 이들에 대한 인권침해 논란이 지속되어 왔다.

우리 위원회는 종래 '외국인 단속과정에서도 최소한의 인권이 보장되도록 내국인에게 적용되는 불심검문 관련 규정을 준수할 것(2003.2.10. 결정)'과 '불법체류 외국인 등에 대한 강제단속 및 연행의 권한과 요건, 절차를 명확하고 엄격하게 규정하며, 단속과 연행 과정에서 대상 외국인의 절차적 권리를 실질적으로 보장하고, 출입국관리공무원의 권한 행사, 특히 단속, 연행, 보호, 긴급보호 등 신체의 자유를 심각하게 제약하는 조치에 대하여는 형사사법절차에 준하는 수준의 실질적 감독 체계를 마련할 것을 권고(2005.5.23. 결정)'한 바 있다.

이에 법무부는 2006.2. '불법체류 외국인에 대한 단속규정을 적법절차에 맞게 수정하여 인권침해 논란을 불식하고, 인권국가로의 이미지 제고'를 위한 '출입국관리행정 변화전략계획'을 발표를 하고,

2006.6. 법률유보 및 적법절차의 준수를 위해 '출입국관리공무원의 질문 및 출입·조사권' 및 '법무부장관 명의의 임검명령서 제도의 도입'을 내용으로 하는 출입국관리법 개정초안을 제시한 바 있다.

그러나 이번 법률안에는 이러한 법무부의 당초 계획과 달리 불법체류 외국인에 대한 단속의 법적 근거(질문, 출입, 조사권) 등에 관해서만 새로이 규정되어 있을 뿐, 단속과정에서의 불법체류 외국인의 인권보호를 위한 통제장치와 관련된 규정 마련은 미흡하다고 판단된다.

이처럼 불법체류 외국인에 대한 출입국관리공무원의 단속 근거 규정을 신설하는 경우, 법률안은 형식적으로는 헌법상의 법률유보원칙을 충족할 수 있을 것이다. 그러나 법률안에 불법체류 외국인에 대한 최소한의 적법절차 준수 조항마저 규정하지 않음으로 인해, 법무부는 우리 헌법과 국제인권기준이 보호하고자 하는 단속대상 외국인의 최소한의 인권보호 절차마저 도외시했다는 비판을 면하기 어려울 것이다.

일부에서는 불법체류 외국인에 대한 단속업무가 형사사법절차와는 법적 성격이 다른 행정작용이므로, 단속과정에서 영장주의를 채택할 것인가의 문제는 입법정책상의 문제라고 주장하기도 한다. 특히, 외국인 고용사업장의 출입·조사와 관련해서는 고용주의 동의를 얻어 출입하는 것이므로 「헌법」 제16조 상의 '수색'이 아니라, 불법체류 외국인의 발견을 위해 사업장에 대한 시각적 조사만을 진행하는 것이어서, 「헌법」 제16조 상의 영장주의 원칙에도 위배될 염려가 없다고 한다.

그러나 앞서 살펴본 바와 같이 불법체류 외국인 등 출입국사범의 단속을 위한 질문·조사 등의 법적 성격이 행정작용이라 인정될 수 있을지라도, 이는 외국인의 인신구속과 직결될 수 있는 것이므로, 형사사법절차상의 인신보호조치에 준하는 절차 및 권리가 반드시 구비되어야 할 것이다.

또한 우리 「헌법」 제16조에서 말하는 주거의 '수색'이라 함은 물건이나 사람의 발견을 위해 사람의 신체나 물건 기타 장소에 대해 행해지는 검색을 말하는 것으로, 출입국관리공무원이 사업장 등에 출입하여 실시하는 조사가 비록 문의 개폐나 장소에 대한 적극적 검색이 없는 단순한 시각적 조사라 할지라도, 이러한 행위는 반드시 영장을 필요로 하는 수색에 해당된다고 할 것이다.

따라서 법무부는 불법체류 외국인에 대한 단속업무의 집행과 관련하여 단속권한의 명시적 근거를 마련하는 것과 함께, 법률안에 단속대상 외국인에 대한 질문·조사 및 사업장 출입·조사 등에 있어 증표제시·변호인선임권 고지·영장주의 원칙 준수 등 형사사법절차에 준하는 통제장치를 적극적으로 마련하는 것이 바람직하다.

4) 강제송환금지원칙의 예외(법률안 제64조)

법무부는 우리나라가 가입한 고문방지협약 제3조 제1항의 '강제송환금지원칙'의 이행을 위해 법률안 제64조 제4항을 신설하여 고문당할 위험이 있는 자의 강제송환을 금지하고 있는데, 이는 국제인권기준에 부응하는 적절한 입법조치로 판단된다.

그러나 법률안 제64조 제3항의 경우, 난민협약 제33조 제1항에 따른 강제송환금지원칙을 규정하면서, 예외적으로 법무부장관의 판단에 따라 강제송환을 허용할 수 있는 단서조항을 현행법과 같이 그대로 규정하고 있다. 즉, 법무부장관이 '대한민국의 이익이나 안전을 해친다고 인정되는 자'에 대해서는, 추방이나 송환이 금지되는 국가로도 강제송환이 가능한 것으로 규정하고 있다.

하지만 이러한 단서조항은 난민협약 제33조 제2항의 예외규정보다 법무부장관에게 포괄적이고 광범위한 재량권을 부여하고 있어 우리 헌법상의 법률 명확성의 원칙에 위배될 우려가 있다. 특히, '사법부의 확정판결이 있을 경우에 한하여 그 예외를 인정해야 한다'는 종래 우리 위원회의 '난민의 인권보호를 위한 정책개선권고' 결정(2006.6.12. 결정)을 고려해 본다면 강제송환금지원칙이 적용되지 않는 예외사유를 보다 구체화하여 명시적으로 규정하는 것이 적절할 것이다.

또한 법률안과 같이 규정하는 경우, 제64조 제3항과 제4항의 공통적인 보호대상에 속하는 자에게 어떠한 조항을 적용할 것인지의 여부에 따라 강제송환 금지의 예외 인정 여부도 결정될 수 있는데, 난민협약과 고문방지협약에 따른 보호 대상자의 구별이 어려운 경우, 당사자는 불안한 지위에 놓일 우려도 있다. 그러므로 제3항과 제4항의 적용대상을 준별하고, 양 조항이 공통적으로 적용될 수 있는 경우 제4항을 우선 적용할 수 있다는 등의 조치 규정을 두는 것이 적절할 것으로 판단된다.

따라서 강제송환금지원칙을 규정함에 있어서 난민협약에 의해 보호되는 자들에 대하여 예외를 인정하고 있는 법률안 제64조 제3항의 단서규정을 수정·보완하고, 제3항과 제4항의 공통 대상이 되는 경우의 조치규정을 두는 것이 적절하다.

5) 난민인정신청에 대한 각하 규정(법률안 제76조의3)

법률안 제76조의3(난민인정 신청의 각하)은 난민의 인정을 신청한 자가 동조 각호의 사유에 해당하는 경우에는 그 신청을 각하할 수 있게 하고 있다.

통상 권리구제절차에서는, 그 구제절차가 적법한 취급을 받기 위해 구비하지 않으면 안 되는 기본적인 사항을 요구하고 있는바, 각하제도는 그와 같은 적법요건을 갖추지 못한 경우에 구제신청 등의 청구내용이 이유가 있는가의 여부를 불문하고 그 신청을 배척하는 제도이다.

법률안 제76조의3도 난민인정신청을 위한 일정한 사항을 갖출 것을 전제로 이를 갖추지 못한 경우 그 신청 자체가 적법하지 못한 것으로 처리함으로써, 무분별한 난민인정신청의 남용으로 인한 행정력의 낭비를 막아 난민인정 절차의 행정효율성을 도모하고자 하는 취지로 신설되었다.

그러나 법률안 제76조의3 제1항 제3호는 위와 같은 각하제도의 취지와는 부합하지 않는 실체적 판단을 전제하고 있어 난민인정을 신청하고자 하는 자들의 권리를 과도하게 제한하고 있다고 판단된다. 즉, 각하판단의 전제가 되는 요건은 모두 형식적 판단만으로 결정될 수 있는 성질의 것이어야 하는바, 제3호 전단의 '강제퇴거를 면탈할 목적'이라는 요건은 난민인정신청자의 주관적 의도에 관한 것으로서, 그 판단은 형식적인 적법요건에 관한 것이 아니라 난민인정신청절차의 본안에서 심의되어야 하는 그 신청의 당부에 대한 판단과 관련된 사항이라고 판단된다. 이는 일반적인 각하제도의 취지 및 운용의 실제와는 거리가 있으며, 그 판단기준 역시 매우 불분명하여 그 판단 주체에 의한 자의적 권한 남용의 우려가 있다.

따라서 법률안 제76조의3 제1항의 난민인정 신청에 대한 각하 규정 중 제3호의 '강제퇴거를 면탈할 목적' 등 주관적 요건은 각하제도의 취지와는 부합하지 않는 본안판단 사항의 것일 뿐만 아니라 이를 판단하는 그 기준이 모호하여 주체의 자의적인 재량 남용이 우려되는 규정이므로 삭제하거나 수정하는 것이 바람직하다.

6) 난민인정 신청기간 및 이의신청 기간(법률안 제76조의2 및 제76조의5)

가. 난민인정 신청기간

법률안 제76조의2 제1항은 기존에 문제점으로 지적되었던 '입국 후 1년 이내'라는 난민인정 신청기간을 그대로 존치하고 있다.

그러나 법률안과 같이 '입국 후 1년 이내'에만 난민인정 신청을 인정하는 경우, 국내 체류 1년 이후에 난민인정 신청 사유가 발생하거나, 신변의 위협의 사유로 1년 이내 난민인정 신청을 하지 못한 경우에 난민인정 신청조차 할 수 없는 상황이 초래될 우려가 있다.

그러나 동조와 같은 제척기간 규정에도 불구하고 실무상 동 조항을 훈시규정으로 해석하여 실제에 있어서는 신청기간이 도과된 경우에도 모든 난민신청을 받고 있는 상황을 감안한다면, 동 규정을 삭제하거나 예외규정(난민인정 신청 사유가 발생한 날로부터 1년 등)을 두어, 법률안을 실제 실무에 부합하도록 수정 · 보완하는 것이 바람직할 것이다.

나. 이의신청의 실질적 보장

법률안은 제76조의5에서 난민인정 신청이 불허되거나 취소된 경우의 이의신청기간을 종전 7일에서 14일로 연장하고, 신설된 각하규정에 따른 난민인정 신청 각하 결정에 대해서는 7일 이내에 이의신청을 할 수 있도록 규정하고 있다. 이처럼 난민인정 불허 및 취소, 각하 결정 등에 대한 이의신청기간을 연장하거나 새로이 규정하고 있는 것은 보다 두터운 권리구제를 보장이라는 측면에서 긍정적인 효과를 가져 올 수 있다.

그러나 현행 실무상 난민인정 불허 및 취소 결정 등의 기초가 되는 자료가 난민인정 신청자에게 공개하지 않고 있고, 단지 '난민협약 제1조에 해당되지 않는다'와 같은 정도의 난민인정 불허 및 취소 결정 사유만이 통지되고 있는 상황에서, 이의신청 기간을 7일에서 14일로 연장하여 주는 것이 이의신청자의 권리구제에 얼마나 실효적인가에 대하여는 의문이다.

따라서, 이의신청자에 대한 실효적인 권리구제의 보장을 위해서는 이의신청기간의 연장과 더불어 난민인정 불허 또는 취소 결정, 각하 결정 등의 사유에 대한 충분한 설명 및 통지, 이의신청 절차에 대한 고지 및 당해 결정의 기초자료에 대한 공개를 함께 인정하여 주는 것이 바람직할 것이다.

7) 난민인정심의위원회의 지위 및 권한의 문제(법률안 제76조의6)

법무부는 난민인정을 받지 못한 자와 취소된 자의 이의신청에 대한 심사를 위해 법률안 제76조의6에 '난민인정심의위원회'를 신설하는 규정을 두고 있다.

이는 현재 별도의 독립된 난민인정심사기구가 부재하는 상황에서 「출입국관리법시행규칙」상의 '난민인정협의회'의 기능을 강화하여 법률에 규정함으로써 공정하고 효율적인 이의신청의 심사를 제고할 수 있는 긍정적 조치라 평가를 할 수 있다.

다만, 법률안 제76조의6 제1항 전단에서 '법무부장관의 자문에 응하여…… 난민인정심의위원회를 둔다'라고 규정하고 있어, 난민인정심의위원회가 이의신청 절차와 관련된 필수적 기관이 아닌 법무부장관의 임의적 자문기구로만 해석될 우려가 있다. 즉, 법률안 제76조의5 제4항은 이의신청이 접수된 때 반드시 난민인정심의위원회의 심의를 거치도록 규정하여, 동 위원회가 이의신청 절차의 필수적 심의기구임을 명시하고 있음에도 불구하고, 법률안 제76조의6 제1항 전단에서 '법무부장관의 자문에 응하여'라고 규정되어 있어 마치 임의적 자문기구에 불과한 것으로 비춰질 우려가 있다.

그리고 1차 심사기관인 법무부장관의 결정에 대한 보다 공정하고 효율적인 이의신청의 심의를 위해 설치된 난민인정심의위원회의 심의 내용이, 이의신청에 대한 법무부장관의 결정에 어떠한 영향을 미치는지 대한 아무런 규정도 없어, 난민인정심의위원회 심의와 결정의 실효성에 대해 의문이 제기될 수 있다.

따라서 법률안 제76조의6 제1항에서 '법무부 장관의 자문에 응하기 위하여'라는 문구를 삭제하고, 동조에 난민인정심의위원회의 심의 내용을 법무부장관이 존중하여 이의신청에 대한 결정을 할 수 있도록 하여 공정한 이의신청 절차를 보장하는 것이 바람직하다.

8) 공무원의 통보의무제도(법률안 제84조)

현행 「출입국관리법」은 공무원이 그 직무를 수행함에 있어 출입국사범을 발견하는 경우 지체없이 출입국관리사무소에 통보하도록 하고 있어, 불법체류 외국인의 권리구제에 현실적 장애요인으로 작용하고 있다는 비판이 제기되어 왔다.

이에 우리 위원회는 2003.2.10. '외국인노동자 권리구제 담당공무원의 통보의무를 완화하여 불법체류 외국인에게도 최소한의 권리구제 절차를 합법적으로 제공할 것'을 권고한 바 있다.

법무부도 이러한 문제점을 인식하고 2006.2. '출입국관리행정 변화전략계획'을 통해 외국인 보호의 인도적 차원에서 이른바 '선(先) 구제 후(後) 통보제도'의 도입 추진을 발표하고, 2006.7.12. 동일한 내용이 반영된 공청회안을 제시한 바 있다.

그러나 법무부가 입법예고한 법률안에는 이러한 '선 구제 후 통보제도'의 도입이 배제된 채, 현행법의 태도를 유지하고 있다.

현재 불법체류 외국인의 경우 임금체불, 사기사건 등과 관련하여 노동부나 경찰 공무원에게 구제신청 등을 할 경우 위 노동부나 경찰 담당자들이 공무원인 관계로 법 제84조 제1항의 통보의무규정으로 인한 강제출국을 각오해야 하는 상황이다. 이로 인해 불법체류 외국인의 경우 임금체불이나 사기피해 등 부당한 권리침해를 당하고도 적절한 권리구제를 신청하거나 받을 수 없는 비인권적 상황이 계속되고 있다.

이와 같은 이유로 노동부는 현재 불법체류 외국인일지라도 임금체불 등 노동관계법 위반 사항과 관련한 구제절차가 완료된 뒤에야 불법체류 사실을 통보하도록 하는 내부지침을 마련하여 관련 민원을 처리하고 있으며, 교육인적자원부도 학교장이 관련 당국에 통보하지 않고 불법체류 외국인의 자녀를 입학시킬 수 있도록 하는 지침을 마련하여 시행 중에 있다. 그러나 이러한 지침은 「출입국관리법」 제84조 제1항과 충돌되며, 관련 공무원의 재량사항으로 규정되어 있어, 불법체류 외국인의 피해구제 업무를 담당하는 공무원들이 적극적으로 활용하지 못하는 한계가 있을 수 있다.

따라서 관련 부처의 지침 수준으로 시행 중인 '선 구제 후 통보제도'를 법률안에 명시하여 불법체류 외국인도 권리구제 신청을 적극적으로 활용할 수 있는 인도적 배려를 함이 바람직할 것이다.

9) 국가인권위원회의 권고 및 의견표명 결정의 재확인

끝으로 출입국관리 및 난민인정에 관한 종전 우리 위원회의 권고 및 의견표명의 내용(국내거주 외국인노동자 인권향상을 위한 정책권고(2003.2.10. 결정), 외국인 입국심사제도 개선 권고(2004. 5.27. 결정), 출입국관리법 일부개정법률안에 대한 의견(2004.10.8. 결정), 불법체류 외국인 강제단속과정의 인권침해 개선권고(2005.5.23.결정), 난민의 인권보호를 위한 정책개선 권고(2006. 6.12. 결정))들을 다시 한번 확인하며, 이러한 우리 위원회의 결정 내용이 적극 반영될 수 있도록 법률안을 수정·보완할 것을 촉구한다.

4. 결 론

위와 같은 이유로 우리 위원회는 「국가인권위원회법」 제19조 제1호의 규정에 의하여 주문과 같이 의견을 표명하기로 결정한다.

2007.12.6.
국가인권위원회 전원위원회

● 외국인근로자의 사업장 변경 허용기준 등 개선 권고 [2008.1.10.]

고용허가제로 국내에 입국한 외국인근로자의 사업장 변경 신청, 사업장 변경 이동 횟수 제한, 사업장 변경기간 문제에 대한 개선방안을 국무총리 및 노동부장관에게 권고한 사례

【주 문】 국가인권위원회는 「외국인근로자의 고용 등에 관한 법률」(2007.1.3. 법률 제8218호로 일부 개정된 것; 이하 "동법") 제25조 및 동법 시행령(2007.9.6. 대통령령 제20248호로 일부 개정된 것) 제30조가 외국인근로자의 직업 선택의 자유 및 근로의 권리를 제한하고 있으므로 이에 대하여 국무총리 및 노동부장관에게 다음과 같이 권고한다.

1. 외국인근로자의 사업장 변경의 사유를 제한, 열거하고 있는 동법 제25조 제1항 각호의 규정이 외국인근로자가 사업장을 옮겨야 할 정당한 사유가 있는 경우 사업장 변경을 신청할 수 있도록 해석, 운용되어야 하며, 이를 위하여 동법 제25조 제1항 제2호의 "그 밖에 외국인근로자의 책임이 아닌 사유"와 동법 제25조 제1항 제4호의 "그 밖에 대통령령이 정하는 사유가 발생한 경우" 및 이에 대한 동법 시행령 제30조 제1항의 규정에 대한 구체적인 해석지침을 수립하여 직업안정기관 실무자가 관련 업무를 투명하고 일관성 있게 처리하도록 개선할 것

2. 동법 제25조 제4항 및 동법 시행령 제30조 제2항에 의한 외국인근로자 사업장 이동 횟수의 제한은 폐지하되, 이러한 제한을 단기간 내에 폐지하기 어렵다면 최소한 외국인근로자의 책임이 아닌 사유로 인한 경우에는 횟수 제한이 없도록 할 것

3. 외국인근로자가 다른 사업장으로의 변경을 신청한 날로부터 2개월 이내에 사업장 변경허가를 받지 못한 때에는 출국하도록 한 동법 제25조 제3항을 외국인근로자가 안정적으로 재취업할 수 있는 기간으로 재조정하고, 외국인근로자가 질병·임신 등의 사유로 근로를 지속할 수 없거나, 사업주 등이 신고·등록을 하지 않거나 게을리 하여 사업장 변경 기간이 지나간 경우에는 이러한 사유가 존속하는 기간만큼을 사업장 변경 기간으로 연장해주도록 동법 제25조 제3항을 개정할 것

【이 유】

1. 권고 배경

국가인권위원회는 2004년 8월 이후 시행된 동법이 사업장 변경 횟수 제한, 사업장 변경 금지

및 다른 사업장으로의 변경 신청한 날부터 2개월 이내에 근무처 변경허가를 받지 못할 경우 출국해야 하는 등의 내용을 담고 있어 외국인근로자의 근로의 권리 및 직업선택의 자유를 침해할 수 있으므로 제도의 개선이 필요하다는 취지의 진정을 수차례 접수하였다. 이러한 진정에 따라 국가인권위원회는 동법 제25조 및 동법 시행령 제30조가 외국인근로자의 인권을 침해할 수 있다고 판단하고 「국가인권위원회법」 제25조 제1항의 규정에 따라 주문과 같이 권고하게 되었다.

2. 판단기준

국가인권위원회는 아래와 같은 국내기준과 국제기준을 중심으로 판단하였다.

1) 국내 기준

가. 「헌법」 제15조(직업선택의 자유), 제32조(근로의 권리·의무)

나. 「근로기준법」 제5조(근로조건의 준수), 제6조(균등한 처우)

2) 국제 기준

가. 「세계인권선언」 제23조 제1항

나. 「경제적·사회적·문화적 권리에 관한 국제규약」 제6조 제1항

다. 「ILO 제111호 고용 및 직업에서의 차별에 관한 협약」 제1조, 제2조

3. 판 단

국가인권위원회가 동법 제25조 및 동법 시행령 제30조가 외국인근로자의 직업 선택의 자유 및 근로의 권리를 침해할 수 있다고 판단하고 주문과 같이 권고하게 된 근거 및 이유는 다음과 같다.

1) 외국인근로자의 사업장 변경사유 제한에 대하여

외국인근로자가 사업장 변경 신청을 하고자 하는 경우 동법 제25조 제1항 각호의 규정에서 정하는 경우에만 할 수 있도록 되어 있다. 이러한 규정 가운데 동법 제25조 제1항 제1호는 "사용자가 정당한 사유로 근로계약기간 중 근로계약을 해지하고자 하거나 근로계약이 만료된 후 갱신을 거절하고자 하는 경우"라고 규정하여 사용자 측의 일정한 조치(근로계약 해지 또는 갱신거절)가 있는 때에는 외국인근로자가 사업장 변경 신청을 할 수 있도록 허용하고 있다.

이에 반하여 사용자가 동법 제25조 제1항 제1호 소정의 일정한 조치를 취하지 아니한 상태에서 사용자에게 귀책사유가 있거나 외국인근로자 자신에게 책임이 있는 사유가 아닌 사유로 근로를 계속하기가 어려운 때에 외국인근로자가 사업장 변경 신청을 할 수 있는지의 여부에 대하여는 명확하게 규정하고 있지는 않다. 이러한 예로 외국인근로자가 사용자 및 관리자로부터 모욕, 폭행 및 구타, 차별 등의 부당한 대우를 받거나 사용자가 근로기준법 및 근로계약의 의무를 준수하지 아니하거나 외국인근로자에 대한 보호의무를 제대로 이행하지 아니한 때 등을 들 수 있다.

위와 같이 외국인근로자가 근로를 계속하기 어려운 사정이 있을 때에는 오히려 지방노동관서가 동법 제19조에 따라 신속하게 해당 사용자에 대하여 외국인근로자의 고용허가를 취소하여 외국인근로자로 하여금 동법 제25조 제1항 제3호에 따라 사업장 변경 신청을 할 수 있도록 조치할 필요가 있는 것으로 판단된다. 그럼에도 불구하고, 지방노동관서가 위와 같은 직무를 절차상 및 시간상의 사유로 인하여 신속하게 행할 수 없는 상태에서 외국인근로자에게 사업장 변경을 허용하지 아니하고 계속하여 종전의 사업장에서 근로하도록 하는 것은 노동관서의 직무수행상의 부담을 사회적인 약자인 외국인근로자에게 전가시키고 외국인근로자를 사용자에게 강하게 예속시킴으로써 외국인근로자의 인권을 심각하게 침해하는 원인이 될 수 있다. 그러므로 외국인근로자에게 위와 같은 사정이 있는 경우에는 외국인근로자가 근로계약기간 도중에 사업장 변경 신청을 할 수 있도록 허용하여야 하는 것이 다음과 같은 이유에서 타당하다고 판단된다.

첫째, 위와 같은 판단이 우리나라가 1998.12.4. 비준하고 1999.12.4. 발효된 「ILO 제111호 고용 및 직업에 있어서의 차별대우에 관한 협약」제1조 및 제2조에 부합된다.

동 협약 제2조는 "회원국은 고용 및 직업에 관한 차별대우를 철폐하기 위하여 국내 사정 및 관행에 적합한 방법으로 고용 또는 직업에 관한 기회 및 대우의 균등을 촉진할 것을 목적으로 하는 국가의 방침을 명확히 하여야 하며 이에 따를 것을 약속한다."고 규정하고 있다. 또한 동 협약 제1조에서는 차별대우에 관해서 "인종 · 피부색 · 출신국 등에 의거하여 행하여지는 모든 차별 · 배제 또는 우대로서, 고용 또는 직업에 있어서의 기회 또는 대우의 균등을 파괴하거나 저해하는 효과가 있는 것"으로 규정하고 있다. 이러한 협약상의 규정에 비추어 볼 때, 위와 같이 외국인근로자의 사업장 변경신청을 제한하는 것은 외국인근로자를 내국인에 비하여 현저히 차별하여 대우하고 있는 것으로 볼 소지가 있다.

둘째, 위와 같은 판단은 외국인 고용허가제를 운영하고 있는 정책목적에 어긋나지 않으며 그러한 정책을 수행하는 데에 있어서도 방해가 되지 않는다.

이와 관련하여 노동부 및 중소기업중앙회는 외국인근로자에게 임의적으로 사업장 변경을 신청할 수 있도록 한 때에는 외국인근로자가 임금수준이 높은 업체나 내국인을 대체하는 분야 등으로 손쉽게 이동하게 되어 내국인의 고용기회침해 및 갈등이 발생할 가능성이 있으며 이러한 사태는 수요자 중심의 고용허가제 취지에도 맞지 않는다고 답변하고 있다. 아울러 대만 등 고용허가제를 실시하고 있는 대부분의 국가에서도 단순 기능 인력의 경우에는 사업장 변경을 원칙적으로 금지하거나 이동자유를 엄격히 제한하고 있으므로 현행과 같은 제한은 불가피한 조치라고 답변하고 있다.

그러나 노동부의 위와 같은 정책목적은 외국인근로자가 사업장 변경신청을 할 수 있는 사유를 일정하게 제한하고 이에 관하여 직업안정기관이 그러한 사유가 존재하는지의 여부를 심사하도록 함으로써 충분히 달성될 수 있다. 즉 외국인근로자에게 근로계약 기간 중에 임의로 근로계약을 파기하고 이에 따라 사업장 변경 신청을 하도록 허용하는 것이 아니라 사용자의 귀책사유가 있거나 외국인근로자 자신에게 책임 없는 사유로 인하여 종전의 사업장에서 계속 근로하기 어려운 사정이 있는 때(이러한 경우에는 사용자의 외국인 고용허가가 취소될 수 있는 사정에 해당될 경우가 많을 것이다)에 근로계약 기간 도중이라도 외국인근로자가 사업장 변경 허가를 신청할 수 있도록 하면, 위와 같은 정책목적은 충분히 달성되리라고 보여진다. 게다가 직업안정기관이 외국인근로자의 위와 같은 사업장 변경신청에 대하여 동법 제25조 제1항에 따라 해당 사유가 존재하는 지의 여부를 심사하게 되므로 외국인근로자가 사업장 변경 신청제도를 악용, 남용하는 것을 충분히 방지할 수 있다.

셋째, 외국인근로자에게 근로계약 기간 도중에 위와 같은 사정이 있는 경우 비록 근로계약 기간이 종료된 이후에 근로계약이 갱신되지 아니한 때에는 외국인근로자가 사업장 변경 신청을 할 수 있다고 하더라도 외국인근로자의 근로계약 기간 동안의 인권침해는 적절하게 구제되지 않는다고 판단된다.

이에 대하여 노동부는 사용자와 외국인근로자 상호간에 근로조건이 상이하여 근로계약이 갱신되지 않을 경우 외국인근로자는 근로계약기간이 만료될 때 사업장 변경을 신청할 수 있으며, 직업안정기관에서 정상적인 근로 가능여부를 판단하여 처리하고 있으므로 외국인근로자의 사업장 변경 신청을 부당하게 제한하고 있는 것은 아니라고 보고 있다. 그러나 노동부의 이와 같은 업무처리는 외국인근로자가 근로를 계속할 수 없는 상태에서 근로계약기간이 종료되어 갱신이 거절될 때까지 고통을 참고 기다리면서 계속하여 근로할 것을 요구하고 있는 것이므로 외국인근로자의 부당한 대우에 관한 적절한 구제수단이 되지 못한다고 판단된다.

이상에서 본 바와 같이 사용자에게 귀책사유가 있거나 외국인근로자 자신에게 책임이 있는 사유가 아닌 사유로 근로를 계속하기가 어려운 때에는 근로계약 기간 도중이라도 외국인근로자가 사업장 변경 신청을 할 수 있도록 허용하는 것이 타당하다. 이에 대하여 노동부도 사업장내에서의 외국인근로자에 대한 인권침해 등과 관련된 업무를 처리하기 위해서 동법 제25조 제1항 제2호의 "휴업·폐업 그 밖에 외국인근로자의 책임이 아닌 사유로 그 사업장에서 근로를 계속할 수 없게 되었다고 인정되는 경우"와 동법 제25조 제1항 제4호의 "그 밖에 대통령령이 정하는 사유가 발생한 경우" 및 동법 시행령 제30조 제1항의 규정 내용에 해당되는지를 판단하여 사안별로 적법하게 처리하고 있다고 답변하고 있다.

그렇다면 노동부로서는 직업안정기관이 동법 제25조 제1항 및 동법 시행령 제30조 제1항을 구체적인 사안별로 해석하여 적용하는 데에 있어서 투명하게 일관된 결정을 내릴 수 있도록 이들 조항에 대한 구체적인 해석지침을 마련하여야 할 것이다. 아울러 이러한 해석지침에는 이상에서 본 바와 같이 사용자에게 귀책사유가 있거나 외국인근로자 자신에게 책임이 있는 사유가 아닌 사유로 근로를 계속하기가 어려운 때에 근로계약 기간 도중이라도 외국인근로자가 사업장 변경 신청을 할 수 있도록 허용하는 내용이 포함되어야 할 것이다.

국가인권위원회는 노동부가 위와 같이 동법 제25조 제1항 제2호 및 제4호와 같은 추상적인 규정에 대한 해석과 적용을 직업안정기관에만 맡겨 두지 아니하고 적극적으로 구체적인 해석지침을 마련하여 시달한다면 외국인근로자에 대하여 사회일각에서 제기되는 사업장내에서의 다양한 인권침해 등을 상당부분 구제하고 투명하고 일관된 행정을 실현할 수 있다고 본다.

2) 외국인근로자의 사업장 변경 횟수 제한에 대하여

동법 제25조 제4항 및 동법 시행령 제30조 제2항은 외국인근로자는 국내 체류기간 중 사업장 변경을 3회를 초과하여 신청할 수 없고, 3회 모두 외국인근로자의 귀책사유 없이 사업장 변경을 한 경우에 한하여 1회를 추가하여 사업장 변경 허가를 받을 수 있다고 규정하고 있다. 그리하여 외국인근로자가 사업장 변경 신청을 할 때 기존의 3회 모두 외국인근로자의 귀책사유가 없는 경우에만 1회를 추가하여 총 4회까지 변경이 허용되고 있으므로 3회 변경신청 가운데 1회만이라도 본인 귀책사유가 있는 경우에는 사업장 이동이 추가로 허용되지 않는다.

이와 같이 사업장 변경의 횟수가 제한된 경우에는 외국인근로자가 이 횟수를 초과하지 않기 위하여 인내한 결과 외국인근로자를 사용자에게 예속화시키게 될 것이고 특히 외국인근로자가 3회의 사업장 변경 신청권을 모두 사용하여 사업장 이동이 더 이상 어려운 경우에는 이러한 예속의 결과는 더욱 심대하게 될 것으로 판단된다. 그러므로 이와 같이 외국인근로자의 사업장 변경 횟수를 제한함으로써 야기될 수 있는 노동문제를 해결하고 외국인근로자의 직업선택의 자유와 동등한 대우를 보장하기 위하여 동법 제25조 제4항 및 동법 시행령 제30조 제2항에 따라 외국인근로자에게 부과되고 있는 사업장 변경 횟수 제한을 폐지하는 것이 다음과 같은 이유에서 바람직하다고 본다.

첫째, 외국인근로자에 대한 사업장 변경 횟수의 제한을 폐지하는 것이 국제노동기준에 부합한다.

「세계인권선언」 제23조 제1항은 "모든 사람은 근로의 권리, 자유로운 직업선택권, 공정하고 유리한 근로조건에 관한 권리 및 실업으로부터 보호받을 권리를 가진다." 라고 규정하고 있다. 아울러, 우리나라가 1990.7.10. 가입, 비준한 「경제적·사회적·문화적 권리에 관한 국제규약」제6조 제1항도 "당사국은 모든 사람이 자유로이 선택하거나 수락하는 노동에 의하여 생계를 영위할 권리를 포함하는 노동의 권리를 인정해야 한다."라고 규정하고 있다. 이러한 규정들은 외국인근로자라고 하더라도 정당한 직업선택의 자유 및 근로의 권리를 보장받도록 명문화하고 있는 것이다. 따라서 당사국인 우리나라가 내·외국인을 막론하고 직업선택의 자유를 부여하기 위하여 자유로운 직장의 이동을 허용해야 할 의무를 부담하고 있다. 따라서 외국인근로자라고 하더라도 고용허가제를 유지하기 위하여 사업장 변경을 신청할 수 있는 사유를 제한하는 것을 넘어서 변경 횟수를 제한하는 것은 과도한 제한으로 판단될 소지가 있다.

둘째, 사업장 변경 횟수를 제한하지 않더라도 외국인 고용허가 제도의 정책적인 목적을 충분히 달성할 수 있다.

노동부는 이와 관련하여 외국인력 도입의 기본원칙은 '국내 노동시장 보완성의 원칙(내국인 고용 우선의 원칙)'에 있으므로 사업장 변경 횟수 제한은 국내 근로자 일자리 보호 등을 위해 불가피하다고 설명하고 있다. 그러나 위에서 본 바와 같이 외국인근로자는 우리나라에 체류하는 기간동안 임의로 아무런 제한 없이 사업장 변경 신청을 할 수 있는 것이 아니라 동법 제25조 제1항 소정의 정당한 사유가 있어야 사업장 변경 신청을 할 수 있을 뿐이다. 그리고 이러한 사업장 변경 신청은 오로지 직업안정기관을 통하여만 이루어질 수 있고 이러한 직업안정기관은 외국인근로자에게 정당한 사유가 있는지의 여부를 심사한다. 나아가 외국인근로자가 동법에 따라 국내에 들어오기 전에 이미 종사할 수 있는 업종이 제한되어 있고 새로이 사업장이 변경된다고 하여도 외국인 고용허가를 받은 사업장에서 근로를 하게 되어 있다. 더구나 외국인근로자가 사업장 변경 신청을 한 경우 재취업을 하는 과정에서 내국인 고용우선의 원칙을 담보하기 위한 동법 제6조(내국인 구인노력) 및 제8조(외국인근로자 고용허가)의 규정이 그대로 적용되어 내국인이 고용되지 아니한 경우에만 재취업하게 되어 있다. 그러므로 동법 제25조 제1항의 규정만으로도 외국인근로자가 사업장을 임의로 변경하기에는 어려우며 이와 같은 현재의 제한만으로도 노동부가 추진하고 있는 외국인근로자의 무분별한 취업 방지, 내국인 일자리 보호 및 중소기업 인력 해소 등의 소기의 목적을 달성할 수 있을 것으로 보인다.

셋째, 외국인 고용허가제 아래에서 우리나라에 취업하고 있는 외국인근로자에 대하여 엄격하고 과도한 규제를 제거하여 적절한 규제를 하는 것이 동법을 준수하고 근로의 능력이 있는 외국인근로자들의 준법행위를 지속시켜서 불법체류의 길로 빠져드는 것을 방지하는 데에 도움이 될 수 있다. 이러한 방향은 최근 법무부 등에서 추진하고 있는 외국인에 대한 정책기조가 '통제·관리 중심'에서 '사회통합 중심'으로, '소극적 이민 허용'에서 '질서 있는 개방'으로 변화를 추진하고 있는 것과도 맥락을 같이한다.

이상에서 본 바와 같이 외국인근로자의 사업장 변경 횟수에 대한 제한을 없애는 것이 외국인근로자의 직업선택의 자유와 동등한 대우를 보장하고 관련 국제기준에 부합하며 오히려 동법에 따른 외국인 고용허가제의 골간을 유지하는 데에도 도움이 된다. 다만 갑작스럽게 사업장 이동 횟수 제한을 폐지함으로써 발생할 수 있는 국내 노동시장의 혼란 방지를 포함한 노동 정책적 준비가 필요하다면, 우선 외국인근로자의 귀책사유가 없는 경우에는 횟수의 제한이 없이 외국인근로자가 동법 제25조 제1항에 따라 사업장 변경을 신청할 수 있도록 개선하는 것이 필요하다고 본다.

3) 사업장 변경이 2개월 내에 이루어지지 않을 경우 출국해야 하는 것에 대하여

동법 제25조 제3항은 외국인근로자가 사업장 변경을 신청한 후 2개월 이내에 사업장 변경허가를 받지 못하는 경우에는 출국하도록 규정하고 있다. 그러나 국내 근로자도 2개월 내에 취업하는 것이 쉽지 않은 상황에서 외국인근로자가 2개월 이내에 직업안정기관에 의한 취업 알선, 재취업계약의 체결 등을 모두 경유해야 하는 것은 상당한 애로가 있을 것이다. 더구나 이러한 애로는 외국인근로자가 스스로 새로운 사업장을 찾거나 직업안정기관 외에 제3자에 의하여 취업알선을 받을 수 없는 관계로 더욱 가중된다고 판단된다. 따라서 사업장 변경을 하고자 하는 외국인근로자는 2개월 내에 변경할 사업장을 구하지 못하면 출국 대상이 되어 출국하여야 하므로 근무조건이 열악한 사업장이라고 하더라도 우선 이동하고 보자는 생각으로 사업장 이동을 하게 되고 그 결과 이러한 행태는 잦은 사업장 이동 및 불법체류의 원인이 되기도 한다.

이에 대하여 노동부는 외국인근로자의 취업이 노동시장의 수급여건에 따라 결정됨을 감안하여 사업장 변경 신청 후 일정기간(2월)동안 취업을 하지 못한 외국인근로자는 노동시장에서의 수요가 없는 것으로 이미 노동 경쟁력을 상실한 것으로 보고 있다. 그리고 노동부는 취업하지 않은 상태에서 법이 허용한 기간을 도과하여 체류를 계속 허용할 경우 동 기간 동안 생활비 등 체류비용 부담 문제 등의 어려움이 가중되고 이로 인한 각종 외국인관련 범죄 등의 사회적 문제도 발생할 가능성도 있다고 예측하고 있다. 그러나 위에서 본 바와 같이 외국인 고용허가제 아래에서 우리나라에 취업하고 있는 외국인근로자에 대하여 엄격하고 과도한 규제를 제거하여 적절한 규제를 하는 것이 동법을 준수하고 근로의 능력이 있는 외국인근로자들의 준법행위를 지속시켜서 불법체류의 길로 빠져드는 것을 방지하는 데에 오히려 도움이 될 수 있다. 즉 엄격한 규제를 통하여 불법 체류자를 양산하기 보다는 외국인 고용허가제도 아래에서 취업을 하고 있는 외국인근로자에게 사업장 이동을 위한 충분한 시간을 보장해 줌으로써 사업장 이동이 가능하도록 배려하는 것이 합리적 대안이라고 볼 수 있다.

또한 노동부에서는 지침의 형식으로 외국인근로자가 즉시 재취업이 어려운 정도의 심각한 부상, 질병, 출산, 임신 등의 사유가 있는 경우에는 요양 등의 해당기간 만큼 구직활동기간을 연장해 주도록 직업안정기관에 지시하였고, 이미 이 지침에 준하여 업무를 적이 처리하고 있다고 답변하고 있다. 그러나 이러한 지침은 외부적인 구속력 없는 내부적인 지침에 지나지 않으므로 업무의 투명성과 일관성을 제고하기 위하여 이러한 지침의 명백한 근거를 법령에 규정하는 것이 타당하다고 판단된다.

결론적으로 외국인근로자가 다른 사업장으로의 변경을 신청한 날로부터 2개월 이내에 사업장 변경허가를 받지 못한 때에는 출국하도록 한 동법 제25조 제3항을 외국인근로자가 안정적으로 재취업할 수 있는 기간으로 재조정하는 것이 타당하다고 판단된다. 그리고 외국인근로자가 질병·임신 등의 사유로 근로를 지속할 수 없거나 사업주 등이 신고·등록을 하지 않거나 게을리 하여 사업장 변경 기간이 지나간 경우에는 이러한 사유가 존속하는 기간만큼을 사업장 변경 기간으로 연장해주도록 동법 제25조 제3항을 개정하는 것이 바람직하다고 본다.

4. 결 론

따라서 국가인권위원회는 「국가인권위원회법」 제25조 제1항의 규정에 의하여 주문과 같이 권고하기로 결정한다.

2008. 1. 10.

국가인권위원회 상임위원회

●「외국인근로자의 고용 등에 관한 법률 일부 개정 법률안」에 대한 의견표명 [2008.9.25.]

외국인근로자의 사업장 변경 금지 등 중요 인권사항이 포함된「외국인근로자의 고용 등에 관한 법률 일부 개정 법률안」에 대한 의견표명을 노동부 장관에게 권고한 사례

【주 문】 국가인권위원회(이하 '위원회'라 함)는 노동부가 2008.7.10. 의견 요청한「외국인근로자의 고용 등에 관한 법률 일부 개정 법률안」(이하 '개정안'이라함)에 대하여 노동부 장관에게 아래와 같이 의견을 표명한다.

가. 사업주 단체에게 현지 인력에 대한 기초기능테스트를 실시하도록 허용하는 규정과 관련하여 국가간 양해각서(MOU) 체결을 통해 송출비리를 차단하고자 노력해 온 그간의 정부 정책에 역행할 가능성이 있으므로 관련 규정을 삭제하는 것이 바람직하다.

나. 근로계약기간 1년 제한 완화와 관련하여 근로계약기간을 1년을 초과하지 못하도록 제한하고 있는 규정의 취지는 장기간 강제근로의 위험을 방지하기 위한 것이므로 강제근로의 위험을 방지할 보완책을 강구하는 것이 바람직하다.

다. 체류기간 만료자의 재고용 요건 완화와 관련하여 재고용을 빌미로 근로조건의 저하 및 부당한 대우의 감내를 요구할 수 있기 때문에 개정안에 출국 전에 사용자의 요청이 있거나 다른 사용자와의 근로계약체결이 이루어진 경우를 추가하는 것이 바람직하다.

라. 외국인근로자의 사업장 변경 허가 기간 완화와 관련하여 근로자의 귀책사유 없이 2개월을 경과하는 경우 사유해소 후 충분한 기간 동안 출국을 유예할 수 있도록 규정하는 것이 바람직하다.

【이 유】

1. 의견표명의 배경

노동부는 기업수요에 부합하는 외국 인력을 안정적으로 수급하고 고용할 수 있도록 각종 인력활용상의 규제적 요소를 완화하는 한편, 외국인근로자의 권익보호를 위하여 사업장 변경 요건 개선한다는 차원에서 개정안을 2008.7.9. 입법예고 한 바 있다. 위원회는 이번 개정안이 외국인근로자등의

사업장 변경 등 인권과 관련한 중요한 내용이 포함되어 있어 「국가인권위원회법」 제19조 제1호 및 제20조 제1항에 따라 검토하였다.

2. 판단기준
1) 국내기준
가. 「헌법」 제15조(직업선택의 자유), 제32조(근로의 권리·의무)
나. 「근로기준법」 제16조

2) 국제기준
가. 「UN 이주노동자권리협약」 제66조
나. 「세계인권선언」 제23조 제1항
다. 「경제적·사회적·문화적 권리에 관한 국제규약」 제6조 제1항

3. 판 단
1) 외국인구직자 자격요건 평가(개정안 제7조제2항)

UN 이주노동자권리협약 제66조는 "이주노동자의 모집은 정부 및 공공기관, 국제기구가 맡도록 규정(정부의 허가, 승인, 감독하에서 대리기관이 수행허용)"하고 있다. 우리 위원회는 2007.1.11. 전원위원회 결정을 통해 국무총리 소속 외국인력정책위원회의 "건설업종 취업자에 대하여 현지 면접선발을 허용 하겠다"는 결정을 철회할 것을 권고한 바 있다. 이는 그간 정부가 산업연수생제도 하에서 연수추천단체들의 송출비리 개연성 등을 차단하기 위해 현지 면접·선발권을 한국산업인력 공단으로 일원화 하는 등 정부가 그 동안 추진하여 온 송출비리 차단 정책에 역행할 우려가 있어 적절하지 못하다고 판단하였기 때문이다. 이에 노동부는 고용허가제하에서는 전산상의 구직자 명부 내에서 서류만 보고 근로자를 선발하게 됨으로 인해 입국 후 근무 적합성이 떨어져 중도 포기자, 부적격자 등이 발생하게 되며, 이 경우 결국 사용자의 부담으로 남게 됨으로 인해 사업주 단체의 현지 평가를 일부 허용한다고 하지만, 개정안처럼 사업주 단체가 직접 현지 인력에 대한 기초기능테 스트를 실시하도록 허용할 경우 산업연수생제도에서 발생한 사업주 단체들의 송출비리가 재발할 가능성이 있으므로 관련 규정을 삭제하는 것이 바람직하다.

2) 근로계약기간 1년 제한 완화(개정안 제9조제3항)

근로기준법 제16조에서는 "근로계약은 기간을 정하지 아니한 것과 일정한 사업의 완료에 필요한 기간을 정한 것 외에는 그 기간은 1년을 초과하지 못한다"라고 규정하여 기간을 정하는 근로계약(이 하 '유기근로계약')은 1년을 초과하지 못하도록 함으로써 장기간 강제근로의 위험을 방지하고 있었 으나, 위 규정은 「기간제 및 단시간 근로자의 보호 등에 관한 법률」의 시행으로 2007.7.1.부로 효력 을 상실하였다.

위와 같이 근로기준법 제16조가 효력을 상실하기 전까지는 근로계약기간을 1년을 초과하는 장기로 정하게 되면, 1년이 경과한 후부터 근로자는 언제든지 손해배상 등의 부담을 지지 않고 자유롭게 근로계약을 해지할 수 있었기 때문에 자신의 의사에 반해 강제근로를 강요당하지 아니할 수 있었다.

그러나 근로기준법 제16조와 같은 제한규정이 없는 상황에서는 고용계약의 해지에 관한 민법의 규정이 적용되는 것으로 보아야 하는데, 민법의 규정을 적용할 경우 사용기간의 정함이 있는 일반 유기근로계약에서 계약기간을 3년으로 정하면 그 3년의 기간 동안은 사용자에게 채무불이행 등의 귀책사유가 없는 이상 근로자가 자유롭게 근로계약을 해지할 수 없게 되고, 만일 근로계약을 해지하려면 상대방에 대하여 손해를 배상하여야 하므로 사실상 장기간의 근로계약에 구속되는 결과를 초래하게 된다.

따라서 근로계약기간 만료 후 사용자만이 아니라 외국인근로자도 근로계약에 대한 갱신을 거절할 수 있도록 근로자의 법정해지권을 명문화할 필요가 있고 근로자가 계약 만료 후 갱신을 거절하고자 하는 경우 또한 장기간 강제근로의 위험을 방지하기 위해 사업장 변경신청 사유에 포함시키는 것이 바람직하다.

3) 채류기간 만료자의 재고용 요건 완화(개정안 제18조의2)

「세계인권선언」 제23조 제1항은 "모든 사람은 근로의 권리, 자유로운 직업선택권, 공정하고 유리한 근로조건에 관한 권리 및 실업으로부터 보호받을 권리를 가진다." 라고 규정하고 있다. 아울러, 우리나라가 1990.7.10. 가입, 비준한 「경제적・사회적・문화적 권리에 관한 국제규약」 제6조 제1항도 "당사국은 모든 사람이 자유로이 선택하거나 수락하는 노동에 의하여 생계를 영위할 권리를 포함하는 노동의 권리를 인정해야 한다."라고 규정하고 있다. 이러한 규정들은 외국인근로자라고 하더라도 정당한 근로의 권리를 보장받도록 명문화하고 있는 것이다.

현행 고용허가제도 하에서는 단기순환 고용정책의 경직성으로 인해 사업주가 체류기간 만료자를 재고용하고자 하거나 외국인근로자가 재고용을 원할 경우 불필요한 절차와 시간, 그리고 비용이 요구된다. 이와 같은 인력활용상의 제약과 재고용을 위한 비용부담을 줄이기 위하여 체류기간 만료자에 대한 재고용 요건을 완화할 수 있는 방안을 마련하는 것이 바람직하다. 하지만, 개정안에서는 취업기간이 만료하는 시점에서 그를 고용하고 있는 사용자의 요청이 있는 경우에 한하여 외국인근로자를 추가 고용할 수 있도록 하고 있다. 즉, 외국인근로자가 업무능력이 뛰어나고 성실히 근무했더라도 사용자가 동의하지 않으면 추가 고용될 수 없으며, 사용자는 재고용을 빌미로 근로조건의 개선을 거부할 우려가 있다고 판단된다.

따라서 출국요건을 위와 같이 협소하게 제한할 경우 사용자는 재고용의 독점적 지위를 이용하여 재고용을 빌미로 근로조건의 저하 및 부당한 대우의 감내를 요구할 우려가 있다. 따라서 개정안에 "출국 전에 사용자의 요청이 있거나 다른 사용자와의 근로계약체결이 이루어진 경우"를 추가하는 것이 바람직할 것이다.

4) 외국인근로자의 사업장 변경 허가 기간 완화(개정안 제25조제3항)

우리 위원회는 2008.1.10. 전원위원회 결정을 통해 외국인근로자가 다른 사업장으로의 변경을 신청한 날로부터 2개월 이내에 사업장 변경허가를 받지 못한 때에는 출국하도록 한 「외국인근로자의 고용 등에 관한 법률」 제25조 제3항을 외국인근로자가 안정적으로 재취업할 수 있는 기간으로 재조정하고, 외국인근로자가 질병·임신 등의 사유로 근로를 지속할 수 없거나, 사업주 등이 신고·등록을 하지 않거나 게을리 하여 사업장 변경 기간이 지나간 경우에는 이러한 사유가 존속하는 기간만큼을 사업장 변경 기간으로 연장해주도록 「외국인근로자의 고용 등에 관한 법률」 제25조 제3항을 개정을 노동부장관에게 권고한 바 있다.

근로자의 귀책사유 없이 2개월을 경과하는 경우는 개정안에서 열거하고 있는 사유 이외에도 변경한 사업장의 사업주 등이 신고·등록 의무를 게을리 하여 사업장 변경허가기간이 도과한 경우, 직업안정기관 또는 출입국관리사무소의 행정착오 또는 처리지연의 경우, 외국인근로자가 사용자와의 근로계약 종료 후 1월 이내에 적법한 사업장변경신청 사유에 의하여 변경신청을 하였으나, 당시의 외국인근로자 구인 상황 등으로 직업안정기관이 사업장 배정을 하지 못하여 2개월의 기간이 도과된 경우 등 여러 가지가 있을 수 있다.

또한 노동부는 외국인근로자의 취업이 노동시장의 수급여건에 따라 결정됨을 감안하여 사업장 변경 신청 후 일정기간동안 취업을 하지 못한 외국인근로자는 노동시장에서의 수요가 없어 이미 노동경쟁력을 상실한 것으로 보고 추방하고 있으나 노동시장 여건은 경제 상황에 따라 불안정하게 변화할 수 있고 2007년 통계청 발표에 의하면 국내 실업자의 경우에도 평균 구직기간이 2.8개월로 2개월 내에 취업하는 것이 현실적으로 쉽지 않은 상황에서 외국인근로자가 2개월 이내에 직업안정기관에 의한 취업알선, 재취업계약의 체결 등을 성사시키는 것이 쉽지 아니할 경우도 있을 수 있다.

따라서, 동 개정안을 외국인근로자가 안정적으로 재취업할 수 있는 기간으로 재조정하는 것이 타당하고, 다만, 외국인근로자에게 귀책사유 없는 이유로 위 기간을 도과한 때에는 사유해소 후 충분한 기간동안 출국을 유예할 수 있도록 규정하는 것이 바람직하다.

4. 결 론

위와 같은 이유로 우리 위원회는 「국가인권위원회법」 제19조 제1호의 규정에 의하여 주문과 같이 의견을 표명하기로 결정한다.

2008.9.25.
국가인권위원회 상임위원회

• 「출입국관리법 일부개정법률안(정부발의)」에 대한 의견표명
[2009.11.19.]

「출입국관리법 일부개정 법률안」에 영장주의, 엄격한 검문요건 등 형사사법절차에 준하는 인신보호 규정을 마련을 의견표명한 사례

【주 문】 국회 법제사법위원장에게 「출입국관리법 일부개정 법률안(정부 발의)」에 대하여 다음과 같은 의견을 표명한다.

1. 「출입국관리법 일부개정 법률안」에 영장주의, 엄격한 검문요건 등 형사사법절차에 준하는 인신보호 규정을 마련하는 것이 바람직하다.

2. 「출입국관리법 일부개정 법률안」 제3조 제2항 및 제6조 제3항, 제12조의2 및 제38조 제1항 제1호, 제76조의 3 제1항 제1호 및 2호는 삭제하는 것이 바람직하다.

【이 유】

1. 의견표명의 배경

국회 법제사법위원회는 정부가 발의한 「출입국관리법 일부개정 법률안」(이하 "개정안"이라 한다)에 대하여 2009.11.16. 우리 위원회에 의견제시를 요청하였다. 이에 우리 위원회는 「국가인권위원회법」 제19조 제1호에 따라 위 개정안을 검토하였고 주문과 같은 의견을 표명하기로 결정하였다.

2. 판단기준

「헌법」 제10조, 제12조 제1항 및 제3항, 제17조, 제37조 제2항, 「시민적 및 정치적 권리에 관한 국제규약」 제9조 제1항, 제10조 제1항, 제17조 제1항 및 제2항

3. 판 단

가. 형사사법절차에 준하는 인신보호규정 신설 필요

우리 위원회는 2005.5.23. 법무부장관에게 「출입국관리법」상 행해지는 '보호'행위는 실질적으로 형사사법절차상의 구인·구금 또는 수용과 유사함에도 불구하고, '보호'행위에 대한 정의 규정이 없어 그 내용과 적용범위가 모호하여 대상 외국인의 신체의 자유 등 기본권침해의 우려가 있으므로, 그 개념을 분명히 정의할 것'을 권고한 바 있다.

개정안 제2조 제11호에서 우리 위원회의 권고를 받아들여 '보호'에 관한 정의규정을 신설한 것은 바람직하다. 그러나 '보호'의 개념을 분명히 하라는 종래 권고의 실질적 의미는 출입국관리법상의 외국인 '보호' 업무가 행정작용이라고 할지라도 인신의 자유에 대한 중대한 제한을 내용으로 하고 있어, 그 본질은 형사사법절차상의 인치·구금과 유사하므로 인신관련 행정작용의 근거와 절차를 형사사법절차에 준하여 마련하라는 것이었다. 따라서 단순히 '보호'의 법률적 정의규정을 신설하는 것만으로는 충분하지 않으며, 외국인의 인신을 구속하는 행정작용을 함에 있어서는 사전에 법원으로부터 영장을 발부받아야 함을 원칙으로 하고, 긴급체포 시에도 체포 후 법원에 구속영장을 청구하도록 하고 있는 현행 형사사법절차에 준하는 권리보장체계를 마련하여 출입국관리 분야에도 실질적 법치주의가 실현될 수 있도록 노력하는 것이 바람직하다.

개정안은 강제퇴거 대상자의 보호기간이 3개월을 넘을 경우에는 3개월마다 미리 법무부 장관의 승인을 받도록 하는 조항(제63조 제2항)을 신설하였다. 이는 출입국관리공무원의 자의적 구금을 통제하기 위한 것으로 이해된다. 그러나 실질적으로 이 목적을 달성하기 위해서는 법무부장관의 승인을 받도록 하기보다는 위에서 지적한 바와 같이 영장주의를 도입하여 법원의 허가를 받아 보호기간을 연장하도록 하는 것이 바람직하다.

개정안은 「출입국관리법」을 위반하였다고 의심할만한 상당한 이유가 있는 외국인을 정지시켜 질문할 수 있다는 조항(제81조 제3항)을 신설하였다. 그러나 출입국사범의 단속을 위한 질문·조사 등의 법적 성격을 행정작용으로 인정하더라도 이러한 질문과 조사는 실질적으로 인신구속과 직결될 수 있으므로 형사사법절차상의 인신보호조치에 준하는 절차가 구비되어야 한다. 위와 같은 출입국관리공무원의 정지·질문권은 「경찰관직무집행법」상의 불심검문과 유사하므로 불심검문 절차를 규정한 동법 제3조를 참고할 수 있을 것이다. 이 조항에 의하면 경찰관이 당해인을 정지시켜 질문할 경우에는 자신의 신분을 밝혀야 하고 그 목적과 이유를 설명하여야 하며, 동행의 경우에는 동행 장소를 밝혀야 하고, 당해인은 동행요구를 거절할 수 있으며, 당해인의 가족 또는 친지 등에게 위의 사실을 고지하거나 본인이 연락을 할 수 있는 기회를 부여하여야하며, 변호인의 조력을 받을 권리를 고지해야 하고 당해인을 일정시간 이상 경찰관서에 체류하게 할 수 없으며, 당해인은 신체를 구속당하지 않고 답변을 강요당하지 않을 권리가 있다.

이상의 점을 종합해볼 때 개정안에도 「경찰관직무집행법」 제3조에 준하는 인신보호절차를 신설하는 것이 바람직하다 할 것이다.

나. 개정안에서 삭제해야 할 조항들

(1) 정보화기기에 의한 출입국 심사 신설조항(개정안 제3조 제2항 및 제6조 제3항)

개정안은 정보화 기기에 의해 출입국 심사를 갈음할 수 있다는 조항(제3조 제2항 및 제6조 제3항)을 신설하였다. 개정안에는 정보화기기에 의한 출입국 심사를 받기위해 제공하여야 할 개인의 정보가 무엇인지 명시하고 있지 않지만 2009.4. 법무부의 입법예고안에는 요구되는 정보가 '지문 등의 정보' 즉 바이오정보임이 나타나 있었던바, 개정안의 하위법령에 이 내용이 포함될 것으로 보여 진다. 2005년 정보통신부와 한국정보보호진흥원이 마련한 '바이오정보 보호 가이드라인' 제2조에 의하면 '바이오정보'란 지문·얼굴·홍채·정맥·음성·서명 등 개인을 식별할 수 있는 신체적 또는 행동적 특징에 관한 정보를 말한다.

지문 등 바이오 정보는 그 특성상 개인적 고유성, 불변성 및 영속성을 가지고 있고 일반 개인정보와 달리 신체 자체로부터만 획득될 수 있는 강한 일신전속성을 가지는 유일식별자이기 때문에 개인정보 중에서도 민감한 정보로 분류되어 인권침해 방지를 위해 수집·이용·관리 및 감독에 특별한 주의가 요구된다. 또한 정보화기기의 기능 및 성능은 나날이 발전하기 때문에 지문 등 바이오정보의 축적과 집적이 쉽게 이뤄질 수 있을 것이고 이러한 자료가 악용될 경우 그 정보주체에 대한 전면적인 추적과 감시가 가능하게 되어 「헌법」 제17조에 규정된 사생활의 비밀과 자유가 크게 침해될 수 있고 유출될 경우 도용 등으로 인해 막대한 재산상의 손해가 발생할 수도 있을 것이다.

1980년 OECD의 '프라이버시 보호와 개인 데이터의 국제적 유통에 관한 가이드라인', 1990년 유엔의 '전자화된 개인정보파일의 규율에 관한 지침', 및 2005년 정보통신부와 한국정보보호진흥원이 마련한 '바이오정보 보호 가이드라인'의 공통적인 내용은 개인정보는 이것이 누설 내지 악용될 경우 바로 개인의 인권침해로 이어지는바 개인정보의 수집·이용·관리 및 감독에 엄격한 제한을 할 필요가 있다는 것이다.

현재 출입국 심사는 「출입국관리법」 제3조 제1항과 제6조 제1항에 따라 얼굴사진과 주민등록번호가 담겨있는 여권을 통해 이루어지고 있다. 통상적으로 이 심사는 공항의 출입국단계에서 이루어지며 출입국관리공무원이 출입국자의 인상과 여권상의 얼굴사진을 비교·확인한 후 전산 상으로 출입국사실을 입력하는 절차를 밟게 되며 소요시간이 통상 길어야 수분이 걸리는 절차이다. 따라서 현재의 출입국절차 상 출입국관리공무원이 출입국자와 여권소지자의 동일성을 판단하는 데 큰 어려움을 겪거나 복잡하고 시간이 많이 걸려 국민들에게 심각한 불편을 준다고 볼 수는 없다. 이런 현실을 고려할 때, 개정안 제3조 제2항 및 제6조 제3항에서 지문 등의 바이오 정보를 활용한 출입국심사 제도를 도입하는 것은 이를 통해 얻어지는 이익보다 부작용의 우려가 훨씬 크다고 할 것이므로 위 조항들은 삭제하는 것이 바람직하다.

(2) 외국인의 입국 및 등록 시 지문 등 정보제공의무 신설조항(개정안 제12조의 2 및 제38조 제1항 제1호)

개정안은 17세 이상의 외국인에 대하여 입국심사 시 및 외국인등록 시 바이오정보를 제공하도록 하는 조항(제12조의 2, 제38조 제1항 제1호)을 신설하였다. 「헌법」 제17조는 사생활의 비밀과 자유를 보장하고 있는데 이 조항은 외국인에게도 적용된다. 또한 외국인도 「헌법」 제10조와 제17조로부터 도출되는 개인정보 자기결정권을 향유할 수 있다. 개인정보 자기결정권은 자신에 관한 정보가 언제 누구에게 어느 범위까지 알려지고 또 이용되도록 할 것인지를 그 정보 주체가 스스로 결정할 수 있는 권리, 즉 정보주체가 개인의 정보의 공개와 이용에 관하여 스스로 결정할 권리이다.

자유권 규약 제17조는 사생활의 자유에 대한 자의적이거나 불법적인 간섭을 금지하고 있으며,

이에 대한 자유권규약 위원회의 해석인 일반논평 16의 제7문단에 따르면 공공기관은 사회이익에 있어 필수적인 경우에만 개인의 사생활과 관련된 정보를 요구할 수 있다. 따라서 개정안에서 17세 이상의 외국인에게 입국심사 시와 외국인등록 시 지문정보 등을 제공하도록 의무지우는 것이 사회 이익 보호를 위해 필수적인 것인가를 검토하여야 할 것이다.

　종래에 없었던 제도를 신설하여 보다 더 인권을 제한하는 입법이 허용되기 위해서는 종래의 제도 로는 그 목적을 도저히 달성할 수 없을 경우이거나 그로부터 얻어지는 이익이 침해되는 이익보다 커야 한다. 현재의 입국심사는 여권소지자의 동일성을 판단할 수 있는 정보가 담긴 유효한 여권과 사증에 의해 이루어지고 있으며 현행 제도가 여권의 위·변조 범죄행위 방지 등에 심히 불충분하다 고 보이지는 않는다. 특히, 외국인 등록 시 바이오정보를 제공하도록 하는 조항에 관하여는, 1992년 12월에는 「출입국관리법」 개정을 통해 종래의 '14세 이상 외국인'을 대상으로 시행하던 것을 '17세 이상의 외국인'으로 변경하였고, 1999년 2월에는 다시 '20세 이상의 외국인'으로 대상 외국인의 나이 를 상향 조정하였으며, 2003년 12월에는 인권침해의 소지가 있다는 이유로 폐지하였던 것이다. 또 한 그간 국가의 출입국관리 상황이 인권침해 가능성이 있다는 이유로 폐지되었던 제도를 부활시켜 야 할 정도로 변화했다고 보기 어렵고 입국심사 시와 등록 시 바이오정보를 제공받아야만 여권 위· 변조 범죄나 다른 각종 범죄를 예방할 수 있다거나 수사에 현격한 도움이 된다고 보기도 어렵다. 오히려 현행 제도 하에서 엄격한 입국심사와 수사기법의 개발을 통해 입법목적을 달성할 수 있을 것이다. 따라서 개정안 제12조의 2 및 제38조 제1항 제1호는 삭제하는 것이 바람직하다.

(3) 난민인정 취소조항(개정안 제76조의 3)

　개정안 제76조의 3 제1항은 난민인정을 취소할 수 있는 사유로 난민협약 제1조 C (1)부터 (6)까 지 규정에 해당하는 경우, 난민인정을 받은 후에 난민협약 제1조 D, E 또는 F(a), (b), (c)에 해당하 는 사실이 밝혀진 경우, 허위 사실에 기해 난민인정을 받은 것으로 밝혀진 경우 등을 규정하고 있다. 개정안 제76조의 3 제1항의 난민인정 취소사유 중 새롭게 추가된 '허위사실에 기한 난민인정(제3호)' 의 경우, 기망에 의해 난민인정을 받은 경우이므로 법원칙 상 취소사유로 함이 타당할 수 있는바, 논외로 한다.

　개정안 제76조의 3 제1항 제1호에 취소사유로 규정된 '난민협약 제1조 C (1)부터 (6)까지의 규정 에 해당하는 경우'에 관하여 살펴보면, '자발적으로 국적국의 보호를 다시 받고 있는 경우', '국적을 상실한 후 자발적으로 국적을 회복한 경우', '새로운 국적을 취득하고 또한 새로운 국적국의 보호를 받고 있는 경우', '박해를 받을 우려가 있는 공포 때문에 거주하고 있는 국가를 떠나거나 또는 그 국가 밖에서 체류하고 있다가 자발적으로 그 국가에 재정착한 경우', '난민으로 인정되게 된 관련사 유가 소멸되었기 때문에, 더 이상 국적국의 보호를 받는 것을 거부할 수 없게 된 경우' 등이다. 난민 협약은 위 조항들에 해당될 경우 더 이상 난민으로 보호할 필요성이 없게 되어 난민적용을 중지하도 록 하고 있다. 그러나 개정안은 이를 난민협약에 근거가 없고, 소급효가 있는 취소사유로 규정함으 로써 난민협약의 취지와 내용에 저촉될 수 있다.

또한 개정안 제76조의 3 제1항 제2호에 취소사유로 규정된 '난민인정을 받은 후에 난민협약 제1
조 D, E 또는 F (a), (b), (c)에 해당하는 사실이 밝혀진 경우'에 관하여 살펴보면, '국제연합 난민최고
대표 외에 국제연합의 다른 기구 또는 기관으로부터 보호 또는 원조를 현재 받고 있는 자(제1조
D)', '당해인이 거주하고 있는 국가의 관할기관에 의하여 그 국가의 국적보유에 수반되는 권리와
의무를 가지는 것으로 인정 된 자(제1조 E)', '평화에 반하는 범죄, 전쟁범죄, 또는 인도에 반하는
범죄에 관하여 규정하고 있는 국제문서에서 정하여진 범죄를 저지른 자(제1조 F(a))', '난민으로 피난
국에 입국하는 것이 허가되기 이전에 그 국가 밖에서 중대한 비정치적 범죄를 저지른 자(제1조 F
(b))', '국제연합의 목적과 원칙에 반하는 행위를 한 자(제1조 F(c))' 등이다.

난민협약은 위 조항들에 해당될 경우 난민적용을 배제하도록 하고 있다. 그러나 개정안은 이를
난민협약에 근거가 없는 취소사유로 규정함으로써 난민협약의 취지와 내용에 저촉될 수 있다. 따라
서 개정안 제76조의 3 제1항 제1호 및 제2호는 삭제하는 것이 바람직하지만 굳이 규정을 한다면
난민협약의 취지와 내용에 부합하도록 적용중지나 적용배제 조항으로 규정하는 것이 바람직하다.

다. 소 결

이상의 내용을 종합해 볼 때 「출입국관리법」에 의해 시행되는 '보호' 업무 또는 '정지·질문권
행사' 등의 업무가 행정작용이라 할지라도 실질적으로는 인신의 자유에 대한 중대한 제한을 내용으
로 하고 있기에 그 본질은 형사사법절차상의 인치·구금과 유사하므로 영장주의, 엄격한 검문요건
등 형사사법절차에 준하는 인신보호 규정을 마련하는 것이 바람직하다. 또한 인권침해 우려가 큰
「출입국관리법 일부개정 법률안」 제3조 제2항 및 제6조 제3항, 제12조의 2 및 제38조 제1항 제1호,
제76조의 3 제1항 제1호 및 2호는 삭제하는 것이 바람직하다.

4. 결 론

위와 같은 이유로 「국가인권위원회법」 제19조 제1호에 따라 주문과 같이 결정한다.

2009.11.19.
국가인권위원회 상임위원회

2 난민 및 무국적자

• 난민의 인권보호를 위한 정책개선에 대한 권고 [2006.6.12.]

난민인정절차 및 난민에 대한 사회적 처우 개선 및 사회복지 혜택 확대, 난민에 대한 상호주의 적용 면제를 권고한 사례

【주 문】 국가인권위원회는 법무부장관, 보건복지부장관과 외교통상부장관에 대하여 아래와 같이 권고한다.

아   래

1. 법무부 장관에 대하여

〈난민인정절차에 관하여〉

(1) 강제송환금지원칙을 법률상 명문화하고 그에 대한 예외는 대한민국의 이익과 안전에 반하거나 사회에 심각한 위협을 가하는 범죄 등에 대하여 법원의 유죄확정판결을 받았을 때로 한정하는 것이 바람직하다.

(2) 유엔난민고등판무관실과의 협력 의무에 관한 법률적 근거를 마련하여, 동 판무관실이 필요하다고 판단할 때 난민인정절차에서 의견을 개진할 수 있도록 해야 한다.

(3) 난민협약에 따른 난민은 아니지만 강제송환금지원칙에 따라 보호해야 할 난민신청인, 난민인정절차 중에 있더라도 난민으로 판단될 가능성이 농후한 난민신청인, 기타 인도적 차원에서 보호해야 할 난민신청인 등에게 난민인정절차가 끝나기 전이라도 임시적 지위를 부여하여 적법체류와 취업이 가능하도록 해야 한다.

(4) 난민의 배우자 및 미성년자녀에게도 가족결합의 원칙에 따라 난민지위를 부여해야 한다.

(5) 난민신청인들이 난민인정절차에 쉽게 접근할 수 있도록 절차에 대한 접근성을 제고하고, 적정 수의 난민담당 공무원을 확충하여 업무의 전문성을 높이며, 면접과정에서 적절한 의사소통이 가능하도록 통역의 수준을 높여야 한다.

(6) 난민인정기관에 대해 법률적 근거를 두되, 1차 심사기관과 2차 심사기관이 서로 독립적으로 운영될 수 있도록 하며 이의신청 과정에서의 신청인에 대한 의견진술권의 보장, 난민인정신청

기각사유의 구체적 명시 및 관련 정보에 대한 난민신청인의 열람청구권 보장 등을 통해 난민인정절차를 개선해야 한다.

(7) 난민신청, 이의신청 및 행정 소송을 포함한 난민인정절차에 있어서 난민신청인이 적절한 법률적 지원을 받을 수 있도록 해야 한다.

〈사회적 처우에 관하여〉

(8) 관계기관과 협의하여 난민의 국내정착을 위한 언어 및 직업 교육 그리고 국내의 법률 및 문화에 대한 교육을 강화하고 난민자녀의 초중등교육에 관한 법적 근거를 만들어야 한다.

(9) 중장기적으로 난민인정과 그 사회적 처우에 대한 근거법을 별도로 제정하는 것이 바람직하다.

2. 보건복지부장관에 대하여

(1) 국민기초생활보장법에 따라 난민인정자가 수급권자로 인정될 수 있도록 조치해야 한다.

(2) 난민인정자는 국민연금의 당연적용대상 및 반환일시금 지급대상이 되도록 해야 한다.

(3) 의료급여법에 따라 의료급여대상자에 난민인정자 등이 포함될 수 있도록 해야 한다.

(4) 긴급복지지원법에 따른 복지지원대상에 난민인정자 등이 포함될 수 있도록 적절한 조치를 취해야 한다.

3. 외교통상부장관에 대하여

난민인정자에게 상호주의의 적용을 면제할 수 있도록 하고, 난민의 지위에 관한 협약 제7조에 대한 유보를 철회하는 것이 타당하다.

【이 유】

1. 권고 배경

국가인권위원회(이하 "위원회"라 한다)는 대한민국 정부가 1992년 "난민의 지위에 관한 협약" 및 "난민의 지위에 관한 의정서"에 가입함으로써 난민보호에 관한 국제법상의 책임을 부담하고 있고 최근들어 난민협약의 국내적 이행에 관한 사회적 논의가 활발히 진행되는 것을 관찰하면서 난민의 인권보호를 위한 정책개선권고를 할 필요성을 인식하였다. 이에, 위원회는 국가인권위원회법 제19조 제1호 및 제7호, 제25조 1항에 따라 우리나라의 난민정책 전반과 그 개선대책을 검토하기에 이르렀다.

2. 논의과정

위원회는 2005년 6월 전문가간담회 및 동년 7월 14일 청문회를 개최하여 난민의 인권보호를 위한 정책개선안에 대한 의견을 수렴하였고, 2006년 3월 국제인권법 전문가 5인으로 구성된 국제인권전문위원회의 검토 및 5월 상임위원회와 6월 전원위원회의의 논의에 따라 본 정책개선안에 대한 권고를 결정하였다.

3. 권고 대상

난민인정절차 및 난민에 대한 사회적 처우에 관련된 국내법령 및 정책

4. 판단기준

(1) 헌법 전문, 헌법 제6조, 헌법 제12조

(2) 난민의 지위에 관한 협약(Convention Relating to the Status of Refugees, 1951. 이하 "난민협약"이라 함) 및 난민의 지위에 관한 의정서(Protocol Relating to the Status of Refugees, 1967. 이하 "의정서"라 함)

(3) 고문 및 그 밖의 잔혹한·비인도적인 또는 굴욕적인 대우나 처벌의 방지에 관한 협약(이하 "고문방지협약"이라 함)

(4) 시민적 및 정치적 권리에 관한 국제규약(이하 "자유권규약"이라 함)

(5) 아동의 권리에 관한 협약(이하 "아동권리협약"이라 함)

5. 참고기준

(1) 세계인권선언 제14조제1항

(2) 국제연합난민고등판무관 사무소 규정(Statute of the Office of the United Nations High Commissioner for Refugees. G.A. Res. 428(V), 14 December 1950)

(3) 난민지위 인정기준 및 절차편람(Handbook on Procedures and Criteria for Determining Refugee Status. UNHCR, 1992)

(4) 유엔난민고등판무관실 집행위원회 결정 6, 8, 24, 39, 64, 104 등

(5) 시민적 및 정치적 권리에 관한 국제규약" 일반논평 15

6. 판 단

1) 난민협약 및 난민의 인권보장을 위한 규범 준수여부

가. 강제송환금지원칙에 관한 판단

(1) 난민협약 제33조제1항 및 고문방지협약 제3조는 강제송환금지원칙을 규정하고 있는데, 이는 개인의 생명이나 자유가 위협받을 수 있는 국가나 영역으로 어떠한 방법으로도 송환할 수 없다는 원칙으로서 국제적 난민보호의 핵심적 규범이다. 따라서 난민협약 및 고문방지협약의 당사국인 우리나라 정부는 강제송환금지원칙을 준수할 의무가 있다.

(2) 한편으로, 난민협약 제33조제2항은 강제송환금지원칙에 따른 이익을 요구하지 못하는 경우를 규정하고 있는데, 난민이 "국가의 안보에 위험하다고 인정되기에 충분한 상당한 이유가 있는

자 또는 특히 중대한 범죄에 관하여 유죄의 판결이 확정되고 그 국가공동체에 대하여 위험한 존재가 된 경우"에는 강제송환금지원칙이 적용되지 않을 수 있다.

(3) 현행 출입국관리법 제64조는 난민협약상의 강제송환금지원칙을 선언하면서도 강제송환금지원칙의 적용대상을 난민으로 규정하고, 그 단서에 "법무부장관이 대한민국의 이익과 안전에 반한다고 생각할 때"에는 예외를 인정하고 있다. 그런데, 강제송환금지의 예외를 규정한 '대한민국의 이익과 안전'이라는 기준이 법무부장관, 즉 행정기관의 판단에만 따르는 것은 난민이 추방될 경우 경우에 따라 난민이나 난민신청자에게 돌이킬 수 없는 이익의 침해, 즉, 생명권의 회복할 수 없는 침해를 가져온다는 것을 고려할 때 적절하지 않은 것으로 판단된다.

(4) 이와 같은 결과에 따라, 강제송환금지원칙을 난민협약 및 고문방지협약에 부합하도록 법률상 명문화하고, 원칙에 대한 예외는 대한민국의 이익과 안전에 반하거나 사회에 심각한 위협을 가하는 범죄 등에 대하여 법원의 유죄확정판결을 받았을 때에 한하여 규정함이 타당하다.

나. 위임난민에 관한 판단

(1) 유엔난민고등판무관실(이하 "UNHCR"이라 함)규정에 따라 난민협약의 난민이나 유엔총회가 요청한 국제적 난민보호가 필요한 사람을 UNHCR이 난민으로 인정한 경우 위임난민이라 하는데, 말타(Malta) 등 일부 국가에서는 위임난민으로 지정된 경우, 다시 당사국 내의 난민인정절차를 통하여 자국이 인정하는 협약난민으로서 보호를 받도록 하는 절차를 두고 있다.

(2) 원칙적으로 난민지위는 난민협약 당사국이 국내법상의 난민인정절차에 따라 부여해야 하는 것이나, 협약 당사국의 난민인정절차가 통상적으로 기능하지 못한다고 판단하거나 비호가 꼭 필요한 사람에게 그러한 비호가 주어지지 않았을 경우에 UNHCR이 제한적으로 난민인정을 하는 것이 위임난민제도이다.

현재 우리나라에는 난민협약 가입(1992년) 후에 UNHCR에서 난민으로 보호를 요청한 '위임난민'이 2명이 있는 바, 이들 2인은 사실상 난민임에도 불구하고 법무부 내부지침으로 기타자격(G-1)비자를 발부받게 되어, 1년 단위로 체류자격을 연장해야 하는 등 체류자격이 불안정하고 여행증명서 발급대상에서 제외되어 실질적으로 가족친지 방문을 하지 못하며 노동권, 의료권 및 기초생활 보장 등에서 보호를 받지 못하고 있어 기본적 생활유지에 어려움을 겪고 있다.

(3) 위임난민은 한국의 난민인정절차에 대한 개선이 이루어지고, 난민에 대한 국제적 보호에 동참하게 될 때 계속 발생할 것으로 판단되지는 않는다. 따라서 이미 한국 정부에 체류하고 있는 위임난민(2인)에 대해서는 재심사 절차를 만들어 한국 정부가 인정하는 협약난민으로 확인하는 조치가 필요하다고 본다.

다. 인도적 처우(Complementary Protection: 보충적 보호)에 관한 판단

(1) 난민협약은 구체적으로 인도적 처우를 부여할 대상 및 보호받을 수 있는 권리의 범위, 개별권

리에 대하여 규정하고 있지 않지만, 인도적 처우의 필요성은 난민협약 제33조의 강제송환금지
원칙에서 찾을 수 있다. 즉, 난민신청인이 난민협약에 규정된 난민의 범주에 포함되지는 않지
만, 송환될 경우 생명이나 신체의 보존권을 보장받기 어려울 경우 송환해서는 안된다는 것이
다. 이 강제송환금지원칙은 실제 난민협약 당사국이 인정한 난민인정자와 일견(prima facie)
난민으로 판단되는 자 뿐만 아니라 체류자격의 합법성을 불문하고 고문 등을 당할 우려가
있는 사람들을 보호하여야 한다는 원칙이다.

(2) 한편, 현대의 난민문제는 점차, 그 발생사유가 기존의 난민협약에 규정되지 않은 국내 분쟁이
나 종족간 분쟁 등으로 다양해지는 가운데, 자국의 보호를 받을 수 없는 사람들에 대하여
국제사회가 보호한다는 국제적 난민보호 체제의 목적에 따라 인도적 처우를 제공할 필요성은
더욱 커지고 있다. 이런 이유로 EU국가의 대부분은 난민이 아니더라도 인도적 사유로 인한
체류허가를 부여하고 있으며, 덴마크, 네덜란드, 스페인의 경우는 인도적 사유가 있는 자, 피
난민 및 강제송환금지원칙의 보호를 받는 사람 등으로, 인도적 처우를 세분화하여 부여하고
있다.

(3) 현행 출입국관리법은 난민인정자에 대하여 거주(F-2)자격을 부여하고 있도록 하고 있으며,
그 외 난민협약에 의해 난민으로 인정되지 않는 난민신청인 중 고국으로 가기 어려운 사람들
에게 어떠한 법적 지위를 부여하여 그에 상응하는 처우를 해야 할 것인가에 대한 규정을 두고
있지 않다. 하지만 법무부는 내부지침에 따라 인도적 사유를 들어 일부 난민신청인에 대하여
체류허가를 하고 있는데, 이들은 출입국관리법 시행령상의 기타 체류자격(G-1)을 부여받고
있다(법무부는 현재 일반적으로 난민신청인 중 적법하게 체류중인 자의 경우는 입국일로부터
90일 범위 내에서 체류기간을 연장허가하고, 90일 이상 장기체류가 불가피할 경우 매3개월마
다 기타 체류자격으로 변경허가하는 한편, 불법체류자일 경우에는 난민인정여부결정시까지
출국조치를 유보하고 있음). 한편, 난민인정소요기간이 통상 1년 내지 3년 정도(4-5년 걸리는
경우도 상당수 있음) 걸리는 것을 고려할 때 종국적으 난민으로 인정받아야 할 신청인에게
장기간 아무런 사회적 처우를 하지 않는 것도 문제로 지적되고 있다.

(4) 다른 한편으로는 난민에 준하는 보호를 받을 필요성이 있는 사람, 난민신청인 및 체류자격부
여가 필요하다고 판단되는 외국인에게 구별없이 기타 체류자격(G-1)이 부여함으로써, 상이한
처우를 해야 할 사람들에게 그들의 사실상 지위에 따른 구분을 법률적으로 규정하지 못하는
문제점이 있다.

(5) 따라서 현재 법무부 내부 지침으로 부여하고 있는 인도적 사유에 따른 체류허가를 법률로
규정할 필요가 있다. 즉, 난민협약에 따른 난민은 아니지만, 강제송환금지원칙에 따라 체류를
허가하거나 난민에 준하는 보호를 필요로 하는 사람, 심사 중에 있더라도 일견(prima facie)
난민으로 판단되는 난민신청인 등에게는 취업을 허용하고 기본적 사회보장을 받을 수 있는
별도의 체류자격을 신설, 부여하는 것이 타당하다. 특히, 난민신청인 중에서 일부에 대해서는
난민인정절차가 끝나기 전이라도 적절한 사회적 처우 등이 가능한 인도적 처우를 일시적으로

부여할 신속한 절차가 필요하다고 본다.

라. 가족결합의 원칙에 관한 판단

(1) 난민의 가족결합원칙에 대해서는 난민협약이나 난민의정서에 구체적인 명문 규정이 있는 것
은 아니다. 그러나, 세계인권선언은 일찍이 가족에 대한 보호를 선언하고 있고 국제인권규약
(자유권·사회권규약)에는 가족생활에 대한 보호가 기본적 인권으로 규정되어 있어 규약 당
사국은 관할 내에 있는 자국민 및 외국인에게 차별 없이 이러한 기본적 인권을 보장해야한다.
또한 아동권리협약은 아동이 일차적으로 가정에서 부모의 보호를 받도록 보호할 당사국의
의무를 규정하고 있다. 이러한 국제인권법적 근거는 각국에 난민을 보호하는 과정에서 가족
결합의 원칙을 중심으로 하는 가족 보호의 의무를 부과하고 있다고 해석된다. 이와 관련하여
난민의 가족결합을 보장하는 문제의 중요성에 대하여 UNHCR은 "난민지위 인정기준 및 절차
편람" 제6장 및 난민고등판무관실 집행위원회의 결정을 통해서 수차례 반복하여 지적한 바
있다.

(2) 현재 법무부는 난민의 가족결합원칙은 출입국관리법 및 동법 시행령, 시행규칙에 규정되어
있지 않음에도, 관행적으로 난민으로 인정된 자의 미성년 자녀의 경우 부모와 함께 난민자격
을 부여하고 있다. 이는 근거법령이 없음에도, 법무부의 자의적 판단에 따라 인도적 차원에서
부여하고 있는 것이므로, 그 법률상 근거를 명확히 할 필요성이 있다.

(3) 따라서 난민의 가족결합의 원칙을 법률상 권리로서 명문화하여 규정할 필요가 있다. 이런
경우 난민가족의 범위는 적어도 배우자 및 미성년 직계비속이 포함되어야 할 것이다.

마. UNHCR과의 협력의무에 관한 판단

(1) 난민협약 제35조 및 난민의정서 제2조는 난민협약의 이행에 있어 체약국과 UNHCR의 협력에
대하여 규정하고 있는데, 특히 "난민지위 인정기준 및 절차 편람"의 제193, 제194항은
UNHCR이 난민인정절차에 적절한 역할을 담당할 수 있도록 각 체약국이 노력할 것을 규정하
고 있다. 이러한 UNHCR의 협력 의무를 구체화하고 있는 선진국의 입법사례를 살펴보면 난민
인정절차에서 UNHCR의 역할에 대하여 다음과 같이 규정하고 있다.

- 독일: 난민인정절차에서의 UNHCR의 참관권이 인정되고 개별사건에 대한 결정문의 사본을
받아보며, UNHCR이 요청할 때에는 연방사무소의 난민지위신청에 대한 결정문뿐만
아니라 결정사유까지 제공하도록 되어있음. 또한 난민인정절차의 모든 단계에서 문제
점을 제기하고, 비호신청인의 제3국에서의 사전 지위를 확인해주는 등의 역할, 교육
등에 대한 협력 및 조언의 역할을 함(난민절차법 제25조 등).

- 오스트리아: 난민법에 따라 공항에서 난민신청절차가 진행되는 경우 "UNHCR의 동의 없이는
명백히 근거가 없다는 이유로 신청을 불허하거나 혹은 안전한 제3국에 의한 보호가
가능하다는 이유로 불허해서는 안 된다"는 규정을 두고 있음(난민법 제39조제3항).

- 벨기에: 난민지위를 결정함에 있어 UNHCR이 의견을 제공할 수 있으며, 구속력은 없으나 해당기관이 UNHCR의 의견을 따르지 않을 경우 결정문에 이에 대한 사유를 명백히 언급해야 한다고 규정함(외국인법 제57조). 1987년-1993년까지 UNHCR은 난민결정에 대한 이의심사기구의 위원으로 참가함.
- 뉴질랜드: UNHCR은 난민심사기구의 1차 결정을 관찰/조언하며 이의신청기구에는 위원으로 참가하며 심사기구에 정보, 조언, 교육프로그램 등을 제공함(이민법S129N(3)(b)).
- 영국: UNHCR은 난민업무를 담당하는 영국 내무부의 전 결정과정에 대한 보완점을 분석하고 그에 따른 개선안을 제안하는 권한을 갖고 있으며, 내부무에 UNHCR 직원이 상주하고 조언하고 있음. 또 UNHCR은 모든 이의신청사안 및 행정재판과정과 상급법원에 제기된 소성절차에 대하여 공식 당사자로서 참여할 수 있는 법적 권리가 있음(성문법 규정은 없고 관습법이 형성됨).

(2) 우리나라의 출입국관리법상에는 난민인정절차에 있어서 UNHCR의 협력의무를 명시적으로 규정해둔 바가 없으나, 난민협약에 따른 난민에 대한 통계 및 관련 법령의 개정 시 UNHCR에 통보하고 있으며, UNHCR 서울사무소는 출입국관리사무소의 난민담당 공무원들에 대한 교육을 제공한다. 부분적으로는 난민인정여부 심의과정에서 UNHCR은 의견을 전달하여 인정절차에서 일정한 역할을 하고 있으나, 법률에 근거한 것은 아니다.

(3) 따라서 난민협약의 UNHCR과의 협력의무규정에 따라, 법률에 개별 난민인정여부 심사에 있어 UNHCR의 의견개진권 등을 규정하는 협력에 대한 규정을 둘 필요가 있다. 이러한 근거에 의해 난민인정절차에서 UNHCR이 의견을 개진할 수 있도록 하고, 난민에 관한 정책을 수립하고 시행함에 있어 협력하며, 공무원들의 전문성을 증진하고 난민에 대한 사회적 인식을 확대하는 데 UNHCR과 협력하는 정책을 추진하는 것이 필요하다고 본다.

2) 난민인정절차에 관한 판단

가. 난민인정절차에 대한 접근성에 관한 판단

(1) 난민협약 상에는 난민인정절차 전반에 대한 구체적인 규정은 없고, 그것을 각 체약국의 재량에 맡기고 있다. 그러나, "난민지위 인정기준 및 절차 편람"에서는 난민인정절차의 최소한의 기준을 제시하며, 특히 그러한 절차가 물리적, 실질적으로 국제적 난민보호를 필요로 하는 사람들이 접근 용이한 것이 되어야 함을 지적하고 있다. 공정하고 효율적인 난민인정절차에 대한 접근성이 확보되어야 하는 것의 중요성은 UNHCR집행이사회의 결정 71(1993), 74(1994), 82(1997), 85(1998), 87(1999), 100(2004) 등에서 누차 확인되고 있다.

(2) 이러한 난민인정절차에 대한 접근성을 보장하기 위해서는 첫째, 난민인정제도 및 절차에 대한 정보접근권이 보장되어야 하고, 둘째로는 난민신청인의 체류자격에 따라 난민신청이 거부되거나 그 제도를 이용함에 있어서 실질적 어려움이 없어야 한다. 그러나 2004년 민변 등이 시행한 실태조사의 결과에 따르면 난민신청 희망자들은 입국 당시 공항에서 난민지위신청

방법에 대한 정보를 구할 수 없었고, 입국 이후에도 그에 대한 정보를 얻는데 어려움을 겪고 있는 것으로 알려져 있다. 법무부는 난민인정절차에 대한 안내자료를 작성한 바가 있다고 하나, 그 안내자료를 본 난민신청자는 거의 없고, 동료, 친구, 유엔난민고등판무관실 서울사무소나 시민단체를 통하여 난민신청절차에 대한 안내를 받고 있는 실정이다. 한편, 2000년 출입국관리법 상의 난민신청기간 도과를 이유로 난민신청접수를 거부 한 사례에 대한 판결(서울행정법원 2000구3893) 이후 신청기간 도과를 이유로 난민신청이 거부되는 사례는 없다. 다만, 최근에는 체류기간이 도과한 자에게 벌금을 납부하여야만 난민신청접수증을 교부하는 사례가 있어 UNHCR등으로부터 비판이 제기되고 있다.

(3) 따라서 난민인정절차에 대하여 난민신청인이 쉽게 접근할 수 있도록 하기 위해 법무부는 난민인정절차를 체계적으로 적절히 알릴 수 있는 방안을 강구하여야 한다. 특히, 체류기간 도과자 등의 난민신청 문제는 난민신청 시에 이를 거부하기 보다는 난민인정절차가 종료된 후에 난민신청절차를 체류연장을 위하여 고의적이고 명백하게 악용한 경우에 한하여 벌금부과 등의 처분을 하는 것이 타당하다고 본다.

나. 난민인정절차를 담당하는 부서 및 직원의 전문성에 관한 판단

(1) 난민협약상의 근거는 미비하나, UNHCR의 "난민지위 인정기준 및 절차 편람"에서는 난민인정절차에서 있어 난민신청자가 자신이 난민임을 주장하는 근거에 대한 사실조사 및 면접 등의 과정에 있어 그 절차를 담당하는 부서 및 직원의 국제적 난민보호에 대한 전문성을 강조하고 있다.

특히 "난민지위 인정기준 및 절차 편람" 제205항은 난민신청을 검토하는 직원이 난민신청인이 제시하는 사실에 대한 조사, 그를 입증하기 위한 자료 및 증거조사, 난민신청인의 진술의 신빙성 여부 및 난민협약상의 난민범주에 속하는지 여부 등에 대한 판단을 함에 있어서 결정적인 역할을 담당하는 것을 지적하면서 그 전문성을 강조한다.

(2) 현재 난민담당 직원의 숫자와 전문성 부족으로 사실조사가 어렵고, 신청절차 자체가 지연되는 문제점이 지적되고 있는 바, 실제 2003년 이후, 난민담당 부서는 체류심사과, 2005년 1월 이후 출국관리과, 그리고 2006년 2월 3일 이후에는 신설된 국적난민과로 변화하였으나, 난민의 면접, 조사 등을 담당하는 직원의 수는 큰 변화가 없다. 현재 가장 많은 난민신청이 접수되는 서울출입국관리사무소에만 난민문제를 전담하는 공무원 2인이 있고, 기타 전국의 출입국관리사무소에는 난민전담인력이 부재한 실정이다. 최근 급증하고 있는 난민신청건수를 살펴보더라도, 이런 소수의 담당인력만으로는 조사의 부실화, 장기화가 우려되지 않을 수 없으며, 이것은 체류기간 연장을 위하여 난민신청을 하는 사례를 증가시킬 수도 있다.

(3) 나아가 근본적으로는 출입국을 담당하는 부서에서 난민문제를 담당하는 것의 한계가 지적되고 있다. 즉, 최근에 급격한 인식변화로 난민인정업무가 불법체류자를 적발하여 처벌하거나 추방조치를 취하는 부서(체류심사과)에서, 출국관리과, 그리고 국적난민과로 그 소관부서가

옮겨졌다고는 하나, 여전히 출입국관리국 하에 편재되어 있어, 난민에 대한 업무가 출입국관리의 차원을 벗어나기 어려운 점이 지적되고 있다.

(4) 결국 난민보호에 대한 전문성, 급증하는 난민신청 수 그리고 그에 소요되는 시간을 감안하면 전문성 있는 적정수의 전담직원이 확보되어야만 공정한 절차가 확보될 수 있으므로 이에 대한 대책이 마련되어야 한다. 최근 법무부가 난민인정을 담당하는 부서로 국적난민과를 신설한 것은 진일보한 변화로 보이나, 국제적 난민보호의 문제는 인권적 문제로 다루어져야 한다는 점에서 장기적으로는 난민업무가 법무부의 출입국관리업무와는 별도로 처리되는 것이 바람직하다고 본다.

다. 난민인정기구의 법적 지위 및 구성, 이의신청제도에 관한 판단

(1) "난민지위 인정기준 및 절차편람"은 '공정하고 효율적인' 난민인정절차에 있어 적법절차 원리에 따라 난민인정여부에 대한 이의신청을 허용해야 한다고 설명하고 있다. 이에 따르면 통상적인 행정절차규범과 효과적인 구제(effective remedy)의 원칙에 따라 이의신청기구는 1차 결정기구로부터 독립되고, 난민신청을 거부당한 사람이 자신의 주장을 준비할 수 있을만한 충분한 시간이 주어져야 한다고 한다. 아울러, 자유권규약 제13조는 규약 당사국내에 합법적으로 체류하고 있는 외국인을 추방할 때 그 결정에 대한 이의제기를 할 수 있는 권리를 규정하고 있는데, 난민인정여부에 따라서 난민신청인이 추방여부가 결정됨을 고려하면, 동 조항의 목적과 취지에 따라 난민인정절차에 있어서도 효과적이고 실질적인 이의신청제도가 권리구제 절차로 만들어져야 한다.

(2) 현재 난민인정협의회는 사실상 난민인정 여부를 결정하는 최종적 기구인데, 법률상 지위는 법무부령인 출입국관리법시행규칙상의 근거를 갖는데 불과하고, 그 구성 및 이의신청제도에도 문제점을 갖고 있다. 나아가 그 구성에 있어서는 출입국관리법시행규칙 제67조의2에 따라, 위원장은 법무부 차관이, 위원은 법무부 법무실장, 출입국관리국장, 외교통상부의 국제기구정책과 관계기관의 공무원 및 관계 전문가 중에서 법무부 장관이 임명 또는 위촉하는 자로 되어 있으나 실제 구성에 있어서는 국가정보원 및 경찰청 소속 공무원이 난민인정협의회에 참가하고 있는바, 이들은 난민문제를 국가안보 혹은 치안유지의 시각으로 보게 되는 한계를 갖지 않을 수 없다는 문제점이 있다.

(3) 2005년 8월까지 난민인정절차에 있어 난민인정협의회 및 난민인정실무협의회는 각기 독립적인 기구가 아닐 뿐만 아니라, 난민인정을 할 경우에는 난민인정협의회가 1차 결정을 하는 기구가 되고, 난민인정을 불허할 경우에는 난민인정실무협의회가 1차 심의기구, 난민인정협의회가 이의신청을 다루는 기구로 운영되어 왔다. 법무부는 2005년 8월부터 내부지침을 바꾸어 난민인정실무협의회는 없애고 난민인정협의회만을 둔 채, 난민인정의 1차기관은 법무부 출입국관리국장, 2차 기관(이의신청기관)은 난민인정협의회가 되는 난민인정절차를 만든 바, 이러한 난민인정절차 변경은 현행법상 난민인정주체가 법무부 장관으로 되어 있어 장관의

최종결정을 하기 이전의 절차를 만든 것으로 현행법의 테두리 내에서의 변경이라고 생각된다. 그러나 이러한 절차변경에 대하여 충분한 공지가 이루어지지 않았으며, 여전히 이의신청기구가 1차 심사기구(출입국관리국장)로부터 분리된 공정하고 효과적인 난민인정절차로서 난민협약의 취지에 부합하는 절차라고 보기는 어렵다고 할 것이다.

(4) 이러한 난민인정기구의 법적 성격, 지위, 기능과 실질적인 이의신청권을 확보하기 위하여 난민인정협의회가 법무부장관의 자문기관이라 하더라도 실질적으로 난민의 지위를 결정하는 기구라면, 그 설치에 대하여 법률에 명확하게 규정하여야 하며, 그 구성도 난민의 문제를 인권의 문제로 다룰 수 있는 전문가가 중심이 되어야 한다. 또한, 그 기능에 대해서도 법률상의 지위에 부합하는 역할이 부여되어야 하고, 난민인정협의회의 결정이 법무부장관에 대하여 가지는 효력에 대하여 법률상 적절한 권한이 부여되어야 한다.

한편 이의신청제도와 관련해서는 독립성을 보장하기 위하여 준사법적 성격의 기구 설치가 요구되지만, 급격한 인적, 물적 자원의 투입이 불가피하기 때문에 현실적으로는 국제적 난민보호체제에 대한 전문성을 갖춘 자를 장관이 임명하여 난민인정위원회(가칭)를 만들고, 그 속에 1차, 2차 심사위원회 함께 두는 것이 타당한 것으로 보이며, 또한, 이의신청 절차에서는 이의신청인의 의견진술권을 보장하고 개별면담을 이의신청인의 권리로 규정하여 절차의 적정성을 도모하는 것이 필요하다고 생각된다.

라. 법률적 지원에 관한 판단

(1) UNHCR 집행이사회의 결정 및 국제적 난민보호에 대한 국제회의(Global Consultation, 2000년)는 난민인정절차에 있어서 적법절차의 보장이 '공정하고 효율적인 난민인정절차(fair and effective refugee recognition procedures)'의 핵심임을 강조하고 있다. 이러한 관점에서 변호인의 조력을 받을 권리는 난민인정절차에 있어 난민신청인에게 부여된 핵심적 권리로 이해되고 있다. 특히 위의 UNHCR의 국제회의에서는 "난민신청자들이 모든 절차의 각 단계에서 적절한 안내를 받고 변호인의 지원을 받을 수 있도록 보장해야"하며 "무료법률지원이 있을 경우, 난민신청인이 그것을 제대로 이용할 수 있도록 할 것"을 권고하였다.

(2) 현재 출입국관리법 및 동법 시행령, 시행규칙 및 난민인정업무처리지침에서 변호인의 조력을 받을 권리는 명문으로 보장되지 않고 있으며 단지 몇몇 시민단체 및 법률가 단체에서 난민을 지원하는 사례가 있을 뿐이다. 또한, 난민인정심사에 있어 1차 심사의 경우, 난민신청인이 주장하는 사실에 대한 판단이 주가 되고, 2차 심사에서는 법률적 판단이 중요해진다는 것이 정부의 이해로 보이나 국제적으로 보아도 난민신청인에 대한 연구결과는 1차 심사에서부터 변호인의 지원을 받는 경우, 난민인정을 받을 확률이 증가한다는 것을 보여주고 있다.

(3) 난민신청인에 대한 법률지원의 경우 법률구조법에 의하여 설립된 대한법률구조공단에서 법률지원을 받을 수 있는지를 판단하면, 현재 법률구조공단의 지원대상자에 민사, 가사 및 형사사건, 행정소송(국가를 당사자로 하는 소송에 관한 법률 사건 제외)에 있어 '월수입 200만 원

이하의 국내거주 외국인'을 포함하고 있어 난민신청불인정에 대한 행정소송은 규정상 지원이 가능하다. 다만, 인정절차 전반에 대해 법률적 지원을 받을 수 있는 것으로 보이지는 않는다. 그러나, 법률구조공단의 근거법인 법률구조법의 설립취지나 독립법인으로서 이사회의 공단 운영 결정권, 법무부장관의 공익법무관의 배치에 대한 권한(제33조의2) 및 공단의 지도·감독(제35조)등의 권한, 행정소송에 대한 지원 가능성 등에 비추어 현재의 법률에 의해서도 법무부가 조금만 노력하면 난민신청자에 대한 좀 더 폭넓은 법적 지원이 가능한 것으로 보인다.

(4) 따라서, 현재 법률구조법상으로는 난민이 법률지원을 받을 수 있으나, 실질적으로 난민이 법률구조공단의 지원에 접근하기 어려우므로 난민에 대한 지원을 법률구조공단구조대상자에 대한 규칙'에 명시하는 것이 필요하다. 나아가 UNHCR과 법률구조공단간의 기관 간 협의를 통하여 난민법률지원을 실제화 하는 것이 필요하고 이를 위해 법무부가 법률구조법의 권한을 활용하여 지도 감독하는 것이 요구된다.

마. 면접과정에서의 적절한 통역 등에 관한 판단

(1) 난민협약 상의 난민정의에 따라, 난민신청인은 주관적 요소인 '박해에 대한 공포'를 입증할 책임이 있다. 그러나, 난민은 객관적인 자료 등을 제출하여 자신의 주장을 입증하기 어려운 경우가 많으므로, 진술의 신뢰성 및 일관성이 난민지위 인정에 있어 결정적 요소로 작용하고 있다(이에 대하여는 UNHCR의 '난민지위 인정 및 절차 편람'에서 특별히 지적하고 있음). 이런 이유로 난민에 대한 조사과정은 난민이 사용할 수 있는 언어와 문화를 이해하고 성에 대한 감수성 등을 갖춘 조사가 이루어져야 하므로 그 과정에서 통역의 역할은 매우 크다고 할 것이다.

(2) 그럼에도 불구하고, 우리의 난민인정절차는 난민담당공무원의 수차례에 걸친 신청인 조사가 있을 뿐 정작 난민인정기관(난민인정협의회)의 직접조사는 거의 없고 담당공무원의 보고서에 의존하는 인정절차를 운용하고 있다. 뿐만 아니라 담당공무원마저 국제난민법 등의 전문적 소양을 습득한 사람은 거의 없을 정도이다.

(3) 한편 통역에 있어서, 법무부의 난민인정업무처리지침은 난민신청인이 자기비용으로 신청인과 이해관계가 없는 사람 가운데 통역인을 선임할 수 있고 필요하면 사무소장이 통역인을 지명할 수 있다고 되다. 민변 등의 실태조사 보고서에 따르면, 의사소통을 위해 58.6%의 난민신청인이 친구나 지인을 직접 데려와 통역을 하였고, 법무부에서 통역을 한 경우에는 통역에 대한 만족도가 매우 낮은 것으로 나타났다.

특히, 난민여성은 거소국(출신국) 내에서 탈출하여 비호국(난민신청국)까지 오는 과정에서 성폭력 등에 노출될 위험이 많고, 이로 인한 심리적, 육체적 피해를 갖고 있을 가능성이 높아 더더욱 신뢰관계의 형성 및 배려가 중요한데도 불구하고, 예산부족으로 전문적 훈련을 받지 못한 통역인이 통역을 하는 현실은 난민신청인의 인권 보호에 큰 문제점으로 지적되고 있다.

(4) 이러한 문제점을 개선하기 위하여 난민면접관은 난민면접에 관한 전문적인 훈련을 받은 공무

원으로 한정하고, 여성난민신청자에게는 여성이 면접을 할 수 있도록 해야 하며, 의사소통에 지장이 없을 정도의 적절한 통역이 보장되어야 한다. 이를 위해 필요한 인력의 확보와 적절한 훈련이 필수적이다.

바. 난민인정신청기각사유의 통보 및 정보열람에 관한 판단

(1) 난민인정절차에서 신청이 기각되는 경우는 적절한 이의신청과 사법적 구제절차가 보장되어야 한다. 자유권규약 일반논평 15는 외국인의 추방에 대한 결정에 있어 권한 있는 당국에 의한 이의 심사를 받을 수 있어야 한다는 것과 이러한 권리는 자유권규약 제14조의 공정한 재판을 받을 권리의 요건을 갖추어야 함을 지적하고 있다. 난민인정거부는 강제퇴거로 이어지는 결정이므로 난민인정거부라는 행정처분의 실질적인 효과는 신청인에 있어 각종 기본권의 침해가 능성으로 나타나고, 이러한 이유로 신청인에게 이의할 수 있는 권리를 적절하게 행사할 수 있도록 하는 것은 매우 중요하다고 할 것이다.

(2) 출입국관리법 제76조의2 제3항은 "난민의 인정을 하지 아니한 때에는 서면으로 그 사유를 통지하여야 한다"고 규정하고 있고, 동법 시행령 제88조의2 제7항은 "법 제76조의2제3항의 규정에 의하여 난민의 인정을 하지 아니한 때의 통지는 그 사유와 이의 신청을 할 수 있다는 뜻을 기재한 난민인정불허통지서로 하여야 한다"고 규정하고 있다. 그런데 난민결정에 대한 이유고지는 이의신청을 하거나 행정소송을 제기함에 있어 당사자인 난민신청인이 자신의 권리를 주장하고 입증함에 있어 필수적임에도 불구하고, 현재 난민인정을 거부하는 통지에는 구체적 이유를 설명함이 없이 '난민협약 제1조에 해당하지 않아' 난민인정을 하지 않는다는 형식적인 내용만 기재되고 있다. 이것은 난민협약에 따른 '난민으로서 국제적 보호를 받을 권리'를 주장하는 난민신청인이 거부사유를 잘 알지 못하게 함으로써, 강제퇴거의 결과를 수반하는 거부결정에 대하여 신청인이 이의신청 및 행정소송 등의 후속 권리구제절차를 진행하는 데에 큰 장애물이 되고 있으며, 나아가 이러한 상황은 공정한 재판을 받을 권리를 침해당할 가능성이 있는 것으로 볼 수도 있다.

또한, 난민인정여부 심사의 근거가 되는 면담자료, 정황자료, 출입국관리국 공무원의 의견이 담긴 보고서 등의 서면자료에 대한 열람권이 인정되고 있지 않아 적절한 권리구제가 실질적으로 이루어지기 어려운 측면이 있다.

(3) 따라서, 난민인정을 거부할 경우 그 근거와 이유에 대하여, 특히 사실판단에 있어서 이유를 통지서에 구체적으로 명시해야 하며, 나아가 난민신청자에게 심사자료열람권을 보장하는 것이 필요하다.

3) 난민인정자 등에 대한 사회적 처우에 관한 판단

가. 노동권에 관한 판단

(1) 난민협약 제17조, 제18조, 제19조 및 제24조는 노동을 할 권리와 노동권의 보장에 대하여

규정하고 있다. 이러한 권리의 국내이행을 보건대, 노동자의 기본적 노동조건보장을 목적으로 한 근로기준법은 특히 제5조에 균등처우 규정을 두고 노동조건에 대한 차별적 대우를 하지 못한다고 하여 5인 이상 사업장에서 근무하는 난민의 경우 근로기준법에 따른 보호를 국민과 동일하게 받는다고 볼 수 있다.

(2) 한편 노동에 종사할 권리의 경우 난민으로 인정받고 출입국관리법시행령상의 F-2(거주)자격을 받으면 동법시행령 제23조제2항에 따라 취업활동의 제한을 받지는 않는다. 난민의 경우는 외국인고용허가제의 적용대상이 아니며, 「노동조합 및 노동관계 조정법」 제9조 차별금지 조항에 따라 노동조합원은 인종, 종교, 성별, 정당 또는 신분에 의하여 차별대우를 받지 않도록 규정되어 있어, 적어도 제도적으로는 노동조합가입권은 보장된다고 할 것이다.

나. 교육권에 관한 판단

(1) 난민협약 제22조는 초등교육을 받을 권리에 있어 내국인과 동등한 처우를 받아야 한다고 규정하고 있으며, 유엔 아동권리협약 제2조제1항도 각 국은 그 관할 내에서 아동의 권리증진을 위한 조치를 취함에 있어 어떠한 사유에 의한 차별도 하지 않아야 한다는 것을 정하고 있다.

(2) 현재, 교육기본법 및 초중등교육법은 '국민'을 교육대상으로 하고 있으나, 2001년 3월 개정된 초중등교육법 시행령은 제19조제1항 및 제75조는 외국인이 보호하는 자녀의 취학 또는 전학에 대하여도 규정하고 있다. 이에 따라 외국인인 아동에게는 교육기본법 및 초중등교육법에 따라 의무교육의 기회는 보장되며, 미등록외국인에 대해서도 초등학교의 장이 인권적인 배려 차원에서 입학을 허가할 수 있다는 교육부의 행정지침에 따라 미등록외국인아동도 제도 교육의 혜택을 받을 수 있다.

(3) 고등교육에 관련해서는 난민협약 제22조 제2항에 수학기회, 각종 증명서, 수업료 면제 및 장학금 수여 등에 있어 가능한 유리한 대우를 부여하고, 어떠한 경우에 있어서도 동일한 사정 하에서 일반적으로 외국인에게 부여하는 것보다 불리하지 아니한 대우를 부여할 것을 규정하고 있다. 이에 따라, 난민의 고등교육에 관한 권리에 대해서는 일반적인 외국인에게 부여되는 권리의 수준에 비추어 판단할 필요성이 있다.

현재, 고등학교 교육을 정하는 초중등교육법은 난민을 포함한 외국인에 대하여 동법 시행령 제92조에 따라 외국인에게 입학의 기회를 제공하고 있으며, 대학교육을 정하는 고등교육법은 외국인의 경우 동법 시행령 제29조 제2항 제2호에 따라 별도정원으로 취급하여 별도의 시험 절차를 통해 선발하고 있다. 또한 학력인정에 있어서 고등교육법 제70조 제2항은 외국수학교육의 학력인정에 관하여 규정하고 있어 난민협약 제22조 제2항의 규정에 부합하는 것으로 보인다.

(4) 위와 같이 난민아동의 초중등교육에 관해서 난민인정자는 물론, 난민신청자의 자녀라 하더라도 학교 취학이 가능한 것으로 보이나, 그것이 난민아동의 권리로 부여되었다고 보기는 어려우므로 향후 난민아동의 초중등교육에 관하여 법률상 근거를 두는 것이 필요하다고 판단된다.

다. 사회보장권에 관한 판단

〈기초생활보장〉

(1) 난민협약의 제4장 복지에 관한 부분 중, 특히 제23조 및 제24조는 공공부조 및 사회보장에 대하여 규정하고 있다. 기초생활보장의 권리와 같은 사회권은 국내법적인 시각에서는 외국인과 내국인을 구별하여 상호주의를 요구하기도 하지만, 난민협약은 난민에 대한 사회권 보장에 있어 기본적으로 내외국인 동일의 원칙을 취하고 있다.

(2) 우리나라는 국가가 인간다운 생활을 할 권리를 보장해야 한다는 헌법정신에 따라 사회보장에 관한 법률을 두고 있는 바, 국민의 기초생활을 보장하기 위한 국민기초생활보장법의 경우 수급권자로 인정되면 생계급여, 의료급여, 주거급여, 교육급여, 해산급여, 장제급여 및 재활급여 등을 받을 수 있게 된다. 한편, 국민기초생활보장법의 경우 수급권자 인정에 관한 국적조항은 없으며 "생활이 어려운 자로서 일정기간 동안... 급여의 전부 또는 일부가 필요하다고 보건복지부장관이 정하는 자"로 정하고 있어 보건복지부의 의지에 따라 난민인정자와 신청인에 대해서 현행법 하에서도 법적용이 가능하다고 볼 수 있다.

(3) 이러한 사회보장에 관한 법령은 기본법인 사회보장법을 제외하고 실제 최저생계를 유지하기 위한 수급권에 대하여 구체적으로 규정한 국민기초생활보장법과 사회복지시설 등의 보호에 대한 사회복지사업법 모두 수급주체에 대해 국민에게만 해당된다는 조항이 없을 뿐만 아니라 해당부처인 보건복지부도 난민에 대한 지원이 가능한 것으로 해석하고 있다. 다만, 난민지원에 대한 체계적인 프로그램이 없어 관련 법령을 최대한 적용시키지 못하고 있으므로 관련기관(법무부 및 보건복지부)이 협의하여 난민의 사회보장에 관한 프로그램을 만들 필요가 있다고 본다.

〈사회보험〉

(1) 난민협약 제24조는 노동법과 사회보장에 있어서 난민에게 자국민과 동일한 대우를 할 것을 규정하고 있으며, 제23조에서는 의료보호 등의 공적 구호에 있어서 내국인과 동일한 대우를 할 것을 규정하고 있다. 현재, 우리나라에는 사회보험으로서 국민연금, 산업재해보상보험, 고용보험, 국민건강보험 등의 사회보험을 두고 있으며 보건권에 관하여는 사회보장제도의 하나로서 의료급여법에 따른 의료급여를 제공하고 있다.

(2) 국민연금의 경우 국민연금법 제102조의 국내거주 외국인 당연적용제외 대상자에 관한 규정 및 동법 시행령에 따라 국민연금에 대하여 상호주의를 적용하고 있어, 난민은 국적에 따라 국민연금 적용대상여부가 결정된다. 이와 같은 이유로, 대한민국정부가 난민의 국적국과 별도의 사회보장협정을 체결하지 않았을 경우 국민연금 당연적용대상에서 배제되거나 반환일시금 지급대상에서 제외되는 결과를 가져온다.

(3) 고용보험의 경우 고용보험법 제7조와 제8조 및 동법 시행령 제3조제2항제4호에 따라 판단하면, 난민인정자에게 부여되는 거주비자 소지자의 경우는 고용보험의 당연적용대상이 되고 있

어 난민인정자에게는 고용보험에 관한 법률상의 문제는 없는 것으로 보인다.

(4) 산재보험의 경우 산업재해보상보험법 제5조는 외국인의 체류자격의 합법성 여부에 관계없이 근로자를 사용하는 모든 사업에 적용하도록 되어있고, 동법 시행령 제31조제6항에 따르면 외국인수급권자가 국내를 떠나는 경우 장애급여를 일시금 형태로 지급하도록 규정하고 있다. 따라서 산재보험의 경우는 난민인정자이든 신청자이든 내국인과 비교하여 법률상 차별은 없다고 생각된다.

(5) 국민건강의료보험의 경우 국민건강보험법은 그 적용대상을 국내에 거주하는 국민으로 제한하고 있으나, 보건복지부 고시에 따라 외국인도 건강보험 가입이 가능하다. 이에 따라 난민인정자의 경우 건강보험 가입이 되어 내국인과 동등한 처우를 받고 있다. 그러나 현재 생활이 곤란한 난민인정자의 경우 의료급여의 필요성에도 불구하고 그 대상이 되지는 못하고 있다. 그러나 근거법인 의료급여법을 살펴보면, 문언상 특별히 내외국민을 구별하지 않고 있고 의료급여법 제3조제9호는 의료급여의 대상자를 대통령령으로 정하도록 하고 있고, 동법 시행령 제2조는 '대통령이 정하는 자'를 '보건복지부령이 정하는 자'를 두고 있어 부처간 협의에 따라 현행법 하에서 난민에게 의료급여를 제공하는 것이 가능하다고 판단된다.

(6) 이와 같이 볼 때 사회보험과 관련된 난민의 보호는 후술하는 난민협약 제7조의 상호주의 적용 면제조항에 대한 유보를 철회하고 난민을 내국민과 동일한 처우를 하도록 하는 것이 필요하며, 그 이전이라도 국민연금에 있어서 상호주의를 적용하지 않는 입법정책이 필요하며, 나아가 의료급여에 있어서는 현행법 하에서도 난민에 대해 그 적용이 가능하므로 그에 상응한 조치를 취해야 할 것이라고 판단된다.

〈공공구제〉

(1) 난민협약 제23조는 공공구제에 있어서 관할 영역 내에 합법적으로 거주하고 있는 난민에게 국민과 같은 처우를 부여할 것을 규정하고 있다.

(2) 현재 우리나라의 공공구제에 관한 법률인 긴급복지지원법은 갑자기 생계유지가 곤란해졌을 때 1개월간 생계비, 의료 및 주거서비스 등을 신속하게 지원받을 수 있도록 하고 있어, 국민기초생활보장법과는 별개로 긴급하고 신속한 생계지원을 목적으로 하는 공공구제제도의 성격을 갖고 있다. 이 법률의 제정 취지와 목적에 비추어 적어도 난민에 대해서 배제하는 것이 적절하지 않음에도 불구하고, 현재 보건복지부의 입장은 난민에게까지 적용할 수 있는지에 대하여 모호한 태도를 갖고 있다. 그러나 긴급복지지원법 제1조(목적), 제2조(정의), 제3조(기본원칙) 등에 따라 긴급지원이 필요한 사유를 보건복지부장관이 정하도록 하고 있어 보건복지부의 의지만 있다면 난민인정자 및 인도적 처우가 필요한 난민신청자등에게 적용하는 것이 특별히 어려운 문제가 아니라고 판단되므로 그에 상응하는 조치를 취하는 것이 타당하다고 본다.

라. 난민정착 프로그램에 관한 판단

(1) 국제적 난민보호체제에 있어 영구적인 해결책은 자발적 귀환, 비호국에서의 정착 및 제3국에 재정착 등의 방법이 있는 바, 이 중에서 우리나라와 같이 난민의 대량유입이 거의 없고 개별 신청에 대하여 난민인정을 하는 선진산업국가의 경우는 비호국에 정착하는 사례가 많다. 난민 협약도 난민신청인 및 난민인정자에게 실질적으로 체약국에 정착하고 점진적으로 자립적인 생활을 하도록 하는 것을 전제로 요구하고 있으며, 특히 UNHCR 집행이사회 결정 104는 자국 에서의 경험 때문에 자발적 귀환이 어려운 난민이나 비호국에 오랜 기간 동안 체류하여 가정 이나 사회적, 문화적, 경제적 유대를 형성하는 난민에 대해서는 교육과 직업훈련 등을 통한 고용확대 및 정착을 위한 비호국의 법률과 문화에 대한 기본교육 등의 적절한 정착 프로그램 이 필요하다는 것을 강조하고 있다.

(2) 그런데 현재 우리나라에서는 난민으로 인정된 자에게는 거주자격을 부여하고, 난민여행증명서 를 발급하며 국민건강보험가입이 되는 것 외에는 사회적응을 위한 지원책이 전무한 실정이며, 장기간 심사대기 상태인 난민신청자에게는 전혀 지원책이 없는 것이 현실이다. 특히 한국의 언어 및 문화적 특수성은 난민인정자가 한국사회에 정착하는데 큰 장애물로 작용하고 있다.

(3) 따라서, 난민인정자 등이 한국어에 대한 교육 및 직업교육, 한국정착에 기본적인 법률제도 및 문화에 대해 안내 등을 받을 수 있도록 하는 정책의 수립 및 집행이 필요하다고 판단된다.

4) 난민협약에 대한 유보철회의 문제

(1) 난민협약은 제7조에서 난민이 합법적으로 3년 이상 체약국에 거주한 경우, 상호주의의 적용을 배제하도록 하고 있는데, 우리나라는 이 조항에 대하여 유보를 하였다. 이런 이유로 현재 난민 의 국적국과 대한민국 정부가 협정을 맺지 않은 경우 난민인정자는 국민연금 가입이 불가능하 다(저작권보호 등에 있어서도 상호주의의 적용을 받고 있음).

(2) 그러나 난민에 대한 국제적 책임의 본질은 의무의 분담(burden sharing)이라는 점, 우리나라 는 대량난민 유입이 없고 소수의 개별난민만이 존재한다는 점, 사회보장과 관련된 법령을 난 민에게 적용한다고 해도 그 부담이 크지 않다는 점을 고려하면 난민협약 제7조에 대하여 유보 를 철회하고 난민에게 상호주의의 적용을 배제하는 것이 마땅하다고 판단된다.

5) 「난민인정 및 처우에 관한 법률(가칭)」의 제정의 필요성에 관한 판단

(1) 위와 같은 검토결과에 따를 때 출입국관리법 개정을 통하여 난민인정절차의 개선이 가능하고, 난민인정자 등에 대한 사회적 처우는 관련 부처의 법개정이나 지침으로 가능하다고 생각되나, 궁극적으로는 출입국관리법으로부터 독립된 난민인정절차 및 사회적 처우에 대한 사항만을 규정하는 독립법의 제정이 바람직하다고 판단된다.

(2) 난민에 대하여 출입국관리법과 별도의 법률을 갖는다는 것은 난민을 단순히 출입국 관리의 차원이 아닌 인권보호라는 관점에서 난민문제에 접근할 수 있다는 점, 법률 체계상 출입국관

리법에서 다룰 수 없는 난민의 기본적 지위 및 난민에 대한 사회적 처우에 대한 적절한 규정을 둘 수 있다는 점, 난민인정절차와 난민에 대한 사회적 처우 문제가 분리되지 않도록 할 수 있다는 점 등의 이점이 있으며, 이와 같은 이유로 유럽연합에서는 가입국이 반드시 출입국관리에 관한 법과 별도로 규정된 난민법을 제정하도록 권고하고 있다.

(3) 또한 현재 국내 난민정책의 경우 난민인정절차는 법무부 소관의 출입국관리법에 따르고, 각종 사회적 처우에 대한 문제는 노동부, 보건복지부 등의 소관사항으로 구분되어 있어 일관적이고 통합적인 난민에 대한 정책추진이 어려운 실정이다. 따라서 중장기적으로는 가칭 '난민인정및처우에관한법률'과 같은 법률을 제정하여 난민보호를 강화하는 것이 타당하다.

4. 결 론

한국은 난민협약 및 그 의정서의 체약국으로서, 특히 2000년부터는 유엔난민고등판무관실 집행이사회 이사국으로 선출되어 활동하고 있으므로 난민에 대한 국제적 보호의무는 부인할 수 없음에도 불구하고, 현재 국내의 난민에 관한 법령 및 정책 그리고 현실은 국제적 기준에 부합한다고 보기 어렵다. 따라서 난민정책전반에 대한 개선이 필요하다고 판단하여, 국가인권위원회는 국가인권위원회법 제19조 제1호 및 제7호, 제25조 제1항에 따라 주문과 같이 권고하기로 결정한다.

2006.6.12.
국가인권위원회 전원위원회

● 인도주의적 사유에 따른 체류허가자의 인권보호를 위한 권고 [2008.1.28.]

인도주의적 사유에 따른 체류허가자의 체류자격을 법률로 명시하고 일상적 의료보호와 기본적 사회보장을 받을 수 있도록 정책을 수립할 것을 권고한 사례

【주 문】

국가인권위원회는 인도주의적 사유에 따른 체류허가자의 인권보호에 대하여,

1. 법무부장관에게 관련 제도를 법률로 규정하고 별도의 체류자격을 부여하며 취업을 허용하고 최소한의 안정적 체류기간을 부여할 것과

2. 보건복지부장관에게 이들이 긴급 혹은 일상적 의료보호와 기본적 사회보장을 받을 수 있도록 정책을 수립하고

3. 제도가 정비되는 기간까지 상호 협의하여 임시 지원 대책을 수립할 것을 권고한다.

【이 유】

1. 개 요

1) 권고배경

국가인권위원회는 2007.6.13. 내전을 피해 한국에 입국한 콩고인이 인도주의적 지위를 인정받아 기타(G-1) 체류자격으로 생활하고 있으나 해당 체류자격으로는 취업이 불가하고 사회복지, 의료를 포함한 어떠한 지원이 없어 생존권의 침해를 받고 있으며, 체류자격의 연장 기간이 짧아 출국여부를 예측할 수 없으므로 안정적 생활이 보장되지 않는다는 주장의 진정을 접수하고 기존 국가인권위원회의 결정 및 국제기준에 비추어 제도의 개선이 필요한지의 여부에 대하여 「국가인권위원회법」 제25조 제1항에 근거하여 검토에 착수하였다.

2) 논의과정

우리 위원회는 2006.6.12. '난민의 인권보호를 위한 정책개선에 대한 권고'를 통하여 인도주의적

사유에 따른 체류자에 대한 제도를 개선할 것을 법무부 등에 권고한 바 있다.

이후 2007.6.13. 인도주의적 지위를 인정받아 기타(G-1) 체류자격을 부여받았으나 취업이 불가한 등 생존권의 침해를 받고 있다는 진정을 접수하고 이를 검토한 바, 법률을 개정하는 등의 제도의 개선에 관한 사항으로 판단하고 정책 검토를 함과 동시에 진정은 2008.1.28. 차별시정위원회에서 심의하여 각하하였다.

3) 권고대상

가. 「출입국관리법」

제2조(정의) 이 법에서 사용하는 용어의 정의는 다음과 같다.

2의2. "난민"이라 함은 난민의지위에관한협약 제1조 또는 난민의지위에관한의정서 제1조의 규정에 의
하여 난민협약의 적용을 받는 자를 말한다.

제10조(체류자격)

① 외국인으로서 입국하고자 하는 자는 대통령령이 정하는 체류자격을 가져야 한다.

제18조(외국인고용의 제한)

① 외국인이 대한민국에서 취업하고자 할 때에는 대통령령이 정하는 바에 따라 취업활동을 할 수
있는 체류자격을 받아야 한다.

③ 누구든지 제1항의 규정에 의한 체류자격을 가지지 아니한 자를 고용하여서는 아니된다.

나. 「출입국관리법 시행령」

제12조(체류자격의 구분) 법 제10조제1항의 규정에 의한 외국인의 체류자격은 별표1과 같다.

[별표 1] 외국인의 체류자격(제12조관련)

29. 기타 (G-1)	외교(A-1) 내지 영주(F-5) 및 관광취업(H-1)자격에 해당하지 아니하는 자로서 법무부장관 이 인정하는 자

제23조(외국인의 취업과 체류자격) ①법 제18조제1항에서 "취업활동을 할 수 있는 체류자격"이라 함은
별표 1중 체류자격 9. 단기취업(c-4), 19. 교수(E-1) 내지 25. 특정활동(E-7), 25의2, 연수취업
(E-8), 25의3. 비전문취업(E-9), 25의4. 내항선원(E-10) 및 31. 방문취업(H-2)의 체류자격을
말한다.

2. 판단기준 및 참고기준

1) 판단기준

가. 「모든 형태의 인종차별 철폐에 관한 국제협약」

제2조 2. 체약국은 상황이 적절한 경우 사회적, 경제적, 문화적 그리고 기타 분야에 있어서 특정 인종
집단 또는 개인의 적절한 발전과 보호를 보증하는 특수하고 구체적인 조치를 취하여 이들에게

완전하고 평등한 인권과 기본적 자유의 향유를 보장토록 한다.
제5조 제2조에 규정된 기본적 의무에 따라 체약국은 특히 아래의 제 권리를 향유함에 있어서 인종, 피부색 또는 민족이나 종족의 기원에 구별 없이 만인의 권리를 법 앞에 평등하게 보장하고 모든 형태의 인종차별을 금지하고 폐지할 의무를 진다.

(e) 경제적, 사회적 및 문화적 권리 특히

(i) 근로, 직업 선택의 자유, 공정하고 알맞은 근로조건, 실업에 대한 보호, 동일노동, 동일 임금, 정당하고 알맞은 보수 등에 대한 권리

나. 「난민의 지위에 관한 협약」
제1조("난민"이라는 용어의 정의)
A. 이 협약의 적용상, "난민"이라는 용어는 다음과 같은 자에게 적용된다.

(2) 1951년 1월 1일 이전에 발생한 사건의 결과로서, 또한 인종, 종교, 국적 또는 특정 사회 집단의 구성원 신분 또는 정치적 의견을 이유로 박해를 받을 우려가 있다는 충분한 이유가 있는 공포로 인하여 국적국 밖에 있는 자로서 그 국적국의 보호를 받을 수 없거나 또는 그러한 공포로 인하여 그 국적국의 보호를 받는 것을 원하지 아니하는 자 및 이들 사건의 결과로서 상주국가 밖에 있는 무국적자로서 종전의 상주국가로 돌아갈 수 없거나 또는 그러한 공포로 인하여 종전의 상주국가로 돌아가는 것을 원하지 아니하는 자. 둘 이상의 국적을 가진 자의 경우에, "국적국"이라 함은 그가 국적을 가지고 있는 국가 각각을 말하며, 충분한 이유가 있는 공포에 기초한 정당한 이유 없이 어느 하나의 국적국의 보호를 받지 않았다면 당해자에게 국적국의 보호가 없는 것으로 인정되지 아니한다.

2) 참고기준
국가인권위원회는 2006.6.12. '난민의 인권보호를 위한 정책개선에 대한 권고'를 통하여 인도적 사유에 따른 체류허가를 법률로 규정할 것과, 이들에게 취업을 허용하고 기본적 사회보장을 받을 수 있도록 별도의 체류자격을 신설, 부여할 것을 권고하였다.

유엔 인종차별철폐위원회는 2007.8.17. 「모든 형태의 인종차별 철폐에 관한 국제협약」에 의거 한국의 정부보고서를 심의한 후 최종의견서를 통하여 '난민지위인정절차를 공정하고 신속하게 할 것과, 난민신청자들과 인도주의적 보호를 받고 있는 자들이 취업할 수 있도록 해줄 것, 난민이 한국 사회에 쉽게 통합될 수 있도록 하는 포괄적 조치를 채택할 것을 한국 정부에 권고'한 바 있다.

3. 판 단
1) 관계기관 의견
가. 법무부
법무부는 난민으로 인정되지 않은 자 혹은 인도주의적 고려가 필요한 자에 대해서는 그 사유가

종료될 때까지 국내 체류를 허가하고 있으며, 기타(G-1) 체류자격을 부여하고 있다. 현재 기타 체류 자격으로는 취업활동은 할 수 없다. 다만 인도주의적 지원이 필요한 자들에 대하여 생계유지를 위하여 일정한 기준 하에 선별적으로 취업을 허용하는 등의 지원정책을 포함하는 내용으로 「출입국관리법」 개정을 추진하고 있다.

나. 보건복지부

기타 체류자격 소지자는 「국민건강보험법」상 보험 가입대상, 「국민기초생활 보장법」상 기초생활 수급자, 「의료급여법」상 수급권자, 「긴급복지지원법」상 지원대상자 어디에도 해당되지 않는다.

기타 체류자격의 경우 외국자본의 국내투자촉진, 우수한 외국인력 유치 및 재외동포의 법적지위 보장 이라는 장기체류 외국인에 대한 건강보험 적용목적에 부합하지 않는 체류자격이다. 기타 체류 자격은 취업이 가능한 자격이 아니므로 건강보험 직장가입자로 인정될 수 없고, 지역가입자로 가입될 수 있는 체류자격에서도 제외되어 있다. 따라서 건강보험 가입대상으로 관리될 수 없다. 다만 본 체류자격 소지자에게 취업자격이 부여되면 건강보험 적용 여부를 검토할 예정이다.

「국민기초생활보장법」상 기초생활수급자의 외국인 적용범위는 외국인등록을 한 자로서 대한민국 국민과 혼인 중인 자 중 대한민국 국적의 미성년 자녀를 양육하고 있는 자, 대한민국 국민인 배우자 와 이혼하거나 그 배우자가 사망한 자로서 대한민국 국적의 미성년 자녀를 양육하고 있는 자이다. 의료급여제도는 「국민기초생활 보장법」에 의한 수급자를 의료급여의 수급권자로 하고 있다. 긴급복지지원제도에서 외국인은 그 적용대상이 아니나, 결혼이민자의 경우 예외적으로 지원대상자 범위에 포함하고 있다.

2) 인정사실

가. 인도주의 사유로 체류허가를 득한 경우 부여하는 별도의 체류자격은 없으며 기타 체류자격을 부여받고 있다. 기타 체류자격 소지자들은 「출입국관리법」 및 동법 시행령에서 정하는 취업 활동을 할 수 있는 체류자격에서 제외되어 있다. 또한 기타 체류자격 소지자는 보건복지부에서 관할하는 「국민기초생활 보장법」에 따른 수급대상, 「의료급여법」에 따른 수급대상, 「긴급복지지원법」에 따른 복지지원대상, 「건강보험법」에 따른 건강보험 가입대상에서 모두 제외되어 있다.

나. 「난민의 지위에 관한 협약」에서 규정하는 난민인정요건에는 해당하지 않으나 자국의 상황 등을 고려, 인도적 견지에서 상황이 호전될 때까지 법무부가 체류를 허가한 인도적 사유에 의한 체류자는 2007.3.21. 현재 총 44명이다.

계	2007. 3.	2006	2005	2004	2003	2002	1994-2001
44	-	16	14	1	5	8	-

3) 판 단

인도주의적 사유에 의한 체류허가자는 사유가 종료될 때까지 국내 체류를 정식으로 허가받은 경우로, 국내 체류기간 동안 「헌법」 및 세계인권선언 등 국제인권법에서 보호하고 있는 인간의 존엄성 등 기본적 인권을 보장받는 것이 마땅하며, 국가는 이를 위하여 노력을 기울여야 할 의무가 있다 할 것이다.

또한 유엔 인종차별철폐위원회는 「모든 형태의 인종차별 철폐에 관한 국제협약」에 의거 한국 정부에 인도주의적 보호를 받고 있는 자들이 취업할 수 있도록 조치할 것을 권고한 바 있으며, 우리 위원회도 인도적 사유에 따른 체류허가에 관한 사항을 법률로 규정하고, 난민에 준하는 보호를 필요로 하는 사람 등에게 취업을 허용하며 기본적 사회보장을 받을 수 있는 별도의 체류자격을 신설, 부여하도록 법무부장관에게 권고한 바 있다.(2006.6.12.)

그러나 인도주의적 지위로 국내에 체류하는 자들은 현재까지 임시적 성격의 '기타 체류자격'을 부여받아왔으며, 따라서 취업이 제한되어 왔을 뿐 아니라 국민건강보험, 긴급복지지원 등 어떠한 의료, 복지 제도의 대상도 되지 못해왔다.

정부가 인도주의적 지위로 국내에 체류하는 자들에 대하여 국내 체류를 정식으로 허가 하였음에도 불구하고 취업, 의료, 사회 복지 등 기본적 생활을 위한 지원 대상에서 모두 제외한 것은 엄연히 「헌법」에서 보장하고 있는 인간의 존엄성, 생존권과 기본적인 건강을 유지할 권리 보장에 어긋나는 것이다.

따라서 법무부는 인도주의적 사유로 체류하는 자들의 인권을 제도적으로 보장하기 위하여 인도적 사유에 따른 체류허가를 법률로 규정하고 별도의 체류자격을 부여하며 취업을 허용하여야 할 것이다. 특히 내전 등 심각한 인권침해의 문제로 황급히 출국하여 자국의 상황이 변화할 때까지 기약 없이 타국에 체류하여야 하는 이들의 상황을 인도적으로 고려하여, 이들의 기본적 생활을 보장하여야 할 것이다. 또한, 이러한 인도적 사유로 인한 체류자격 신설 시 안정적 생활을 유지하기 위한 최소한의 체류기간을 보장하여 설정하는 것이 마땅할 것이다.

나아가 보건복지부는 인도주의적 체류허가자들이 현행 국민건강보험제도 및 국민기초생활보장제도 등 어떠한 의료적, 사회복지적 보호도 받지 못하는 상황임을 감안하여, 정부는 긴급 혹은 일상적 의료보호 및 기본적 사회보장을 위한 대책을 수립하여야 할 것이다.

또한, 현재 인도주의적 사유를 인정받아 국내에 체류하고 있는 자들의 수가 증가하고 있는 상황과 이들의 국가적 보호가 절실한 상황 등을 감안하여 법무부 및 보건복지부는 제도가 정비되는 기간까지 임시 지원 대책을 수립하여야 할 것이다.

4. 결 론

따라서 인도주의적 사유에 따른 체류허가자를 취업, 의료, 사회복지제도의 대상에서 제외하고 있는 것은 「헌법」 제10조가 보장하고 있는 인권의 존엄과 가치 및 행복추구권을 침해하는 것으로 판단되므로, 인권의 보호와 향상을 위하여 「국가인권위원회법」 제25조 제1항에 따라 정책과 관행의 개선을 권고하기로 하여 주문과 같이 결정한다.

2008.1.28.
국가인권위원회 차별시정위원회

● 위장결혼으로 인한 무국적자 인권증진 방안 권고 [2011.9.1.]

출신국의 국적을 회복하기 어려운 위장결혼으로 인한 무국적자의 인권상황을 개선, 증진하기
위하여 다음과 같이 권고한 사례

【주 문】 국가인권위원회는 출신국의 국적을 회복하기 어려운 위장결혼으로 인한 무국적자의 인권
상황을 개선, 증진하기 위하여 다음과 같이 권고한다.

1. 법무부 장관에게

가. 「무국적자의 지위에 관한 협약」에 규정된 무국적자의 지위와 권리를 보장할 수 있도록 법과
제도를 정비할 것과,

나. 위장결혼으로 인한 무국적자에 대해서 국적 문제가 해소될 때까지 대한민국 내에서 안정적으
로 체류하면서 기본적 생활을 영위할 수 있는 방안을 마련할 것을 권고한다.

2. 외교통상부 장관에게

위장결혼으로 인한 무국적자라 할지라도 타국가에 거주하는 가족의 사망 등 인도적 사유가 있는
경우 타국가로의 출국 및 재입국이 가능하도록 여행증명서를 발급할 것을 권고한다.

3. 보건복지부 장관에게

위장결혼으로 인한 무국적자의 건강한 생활을 향유할 권리를 보장하기 위하여 이들도 정부의 의
료비지원사업 대상에 포함시킬 것을 권고한다.

【이 유】

1. 권고배경

우리나라가 1962년에 가입·비준한 「무국적자의 지위에 관한 협약」은 체약국이 신분증명, 취업,
공교육, 사회보장, 거주·이전 등과 관련하여 무국적자에게 적어도 외국인에게 보장하는 권리와 이
익을 부여하여야 한다고 명시하고 있다. 위 조약의 취지에 비추어 비록 합법적인 지위를 취득하지
못한 무국적자라도 국적을 회복하기까지 체류하고 있는 해당국에 안정적으로 체류할 권리, 가족을
구성할 권리, 적절한 의료서비스를 통해 건강하게 살 권리, 국내외를 출입할 수 있는 거주·이전의
자유 등을 보장받을 것이 요청된다고 할 것이다.

그런데 우리의 현실은 「무국적자의 지위에 관한 협약」에 규정된 무국적자의 지위와 권리를 보장

하기 위한 법·제도의 정비나 정책적 고려가 충분하다고 보기는 어려운 상황이다.

더구나, 위장결혼으로 인한 무국적자는 한국 국적을 취득할 목적으로 위장 결혼했다는 사법부의 판단에 따라 한국 국적이 취소된 후 출신국에 국적 회복을 요청하였음에도 출신국 정부의 소극적 대응 또는 해당인에 대한 자료가 충분하지 않다는 사유 등으로 향후 출신국 국적을 회복하는 것조차 어려운 무국적자들로서, 그들은 이와 같은 불안정한 법적 지위로 인해 사실상 국적취득이나 회복이 어려운 가운데 장기간 국내에서 불법 체류자 신분으로 거주하면서 사회·경제적으로 열악한 환경에 처해 있다.

이에, 국가인권위원회는 우리나라가 가입한 국제규약의 국내이행을 공고히 할 것과 위와 같은 위장결혼으로 인한 무국적자의 현실을 고려하여 그들의 인간다운 생활을 보장하기 위한 방안을 검토하게 되었다.

2. 판단기준

「헌법」제6조, 제10조, 제11조 제1항, 제36조, 「경제적, 사회적 및 문화적 권리에 관한 국제규약」 제10조, 제11조, 제12조, 제15조, 제25조, 「무국적자의 지위에 관한 협약」 제1조, 12조, 제17조, 제18조, 제19조, 제23조, 제24조, 제27조, 제28조 등을 기준으로 판단하였고, 세계인권선언 제15조, 제25조, 헌법재판소결정(2001.11.29. 선고 99헌마494 결정) 등을 참고하였다(별지 참조).

3. 판 단

가. 위장결혼으로 인한 무국적자의 안정적 생활보장에 대하여

「무국적자의 지위에 관한 협약」은 무국적자가 체류하고 있는 해당국은 신분증명, 일할 권리 등 무국적자의 기본권 보장을 위해서 노력해야 할 의무를 규정하고 있다. 그러나 우리나라의 경우 1962년에 이 협약에 가입하였음에도 불구하고, 협약에 규정된 무국적자에 대한 법적지위 부여, 사회보장, 행정적 지원 제공 등을 위한 법적·제도적 장치를 충분히 구축하고 있다고 보기는 어렵다.

특히, 위장결혼으로 인한 무국적자는 국적도, 신분증명서도 없어 일상생활의 모든 면에서 제약을 받을 수밖에 없고 결국 미등록자 신분으로 잠적하여 살거나, 사법부의 판결과 더불어 법무부로 신병이 인계된 자들은 긴급보호대상자로 보호되었다가 정부에 일정액의 보증금을 공탁하고 보호일시해제 조치를 받은 후 3개월마다 보호조치해제 연장을 받아가며 불안정한 상태로 생활한다. 이에 따라 위장결혼으로 인한 무국적자 대부분은 신분이 불확실하여 생업을 영위하거나 취업하는 것도 곤란하여 무엇보다도 경제적으로 어려움이 크다고 할 것이다.

게다가, 위장결혼으로 인한 무국적자는 국내에서 새롭게 법률상 혼인 관계를 형성하고자 하여도 혼인신고에 필요한 외국인등록증 등 신분증명 서류가 없어 혼인신고가 불가능하다. 최근 정부가 위장결혼으로 인한 무국적자 중 일부에게 체류자격을 동거방문(F-1)으로 하는 외국인등록증을 부여한 사례가 있지만, 그 대상범위가 제한적이고 취업활동을 할 수 없는 체류자격만을 부여한다는 점에서 이들의 안정적 체류 및 기본적 생활을 보장하기에는 한계가 있다고 평가된다.

그런데 현실적으로 위장결혼으로 인한 무국적자의 대부분이 출신국 국적을 회복하는 것이 어려운 가운데 10년 이상 국내에 체류하면서 그들의 생활기반이 형성되었고 따라서 이들은 사실상 우리 사회의 일원이라고 볼 수 있다. 이러한 상황을 종합적으로 고려해 보면, 이들이 무국적 문제가 해소될 때까지 국내에서 안정적으로 체류할 수 있도록 정책방안을 마련하는 것이 우리나라가 가입한 「무국적자의 지위에 관한 협약」의 규정 취지에 부합한다고 할 것이다.

이에, 위장결혼으로 인한 무국적자의 경우에는 무국적자임을 증명하는 신분증명서를 발급해 주고, 그 신분증명서를 통해 이들이 국내에 체류하는 동안 인간으로서의 기본적 생활을 영위할 수 있도록 하는 등 무국적자의 기본적 권리를 보장하기 위한 법과 제도를 마련할 필요가 있다.

나. 위장결혼으로 인한 무국적자의 거주·이전의 자유에 대하여

거주·이전의 자유는 국가권력의 간섭을 받지 않고 주소와 거주지를 정하거나 그곳으로부터 자유롭게 이전할 수 있는 자유로 국내에서의 거주·이전의 자유, 국외 이주의 자유, 해외여행의 자유, 입출국의 자유를 그 내용으로 하고 있다.

「무국적자의 지위에 관한 협약」 제28조는 그 영토 내에 합법적으로 체류하는 무국적자에게 국가의 안전과 공공질서의 상당한 이유로 인하여 별도의 조치가 요구되지 않는 한 체약국은 그 영토 외로의 여행목적을 위하여 여행증명서를 발급하며, 특히 그들의 합법적인 거주지 국가로부터 여행증명서를 받지 못하는 그 영토 내의 무국적자에 대한 이러한 여행증명서의 발급에 호의적인 고려를 해야 한다고 규정하고 있다.

현행 「여권법 시행령」 제16조 제1호는 출국하는 무국적자에게 여행증명서를 발급할 수 있다고 규정하고 있어 외관상 무국적자에게 입출국의 자유를 부여하고 있는 것처럼 보일 수 있으나 해당 조항은 출국을 위한 여행증명서 발급에 대해서만 규정하고 입국에 대해서는 규정하지 않음으로써 실제로는 무국적자의 입출국의 자유를 제한하는 결과를 초래하고 있다. 이 때문에 위장결혼으로 인한 무국적자는 타국가에 거주하고 있는 가족이 위독하거나 사망하는 등 긴급하고 인도적인 사안이 발생한 경우에도 재입국 문제가 해결되지 않아 가족들에게 가보지 못하는 상황이 발생하고 있다.

물론 「무국적자의 지위에 관한 협약」 제28조는 합법적으로 체류하는 무국적자를 대상으로 한 것이기는 하지만 위와 같은 경우의 무국적자에게 출국의 자유를 부여하면서 입국의 자유를 부여하지 않는 것은 위 조약 규정의 취지나 인도주의적 요청에도 부합하지 않는다고 볼 수 있다. 따라서 국가의 안전과 공공질서에 상당한 문제가 발생할 우려가 있어 특별한 조치가 요구되지 않는 한 무국적자에 대한 여행증명서 발급을 보다 완화하는 등 무국적자가 출신국을 비롯한 타국으로의 출국뿐만 아니라 한국으로의 재입국이 가능하도록 그 방안을 마련할 필요가 있다.

다. 위장결혼으로 인한 무국적자의 건강권에 대하여

외국인 중에서 건강보험적용 사업장에 고용된 사람과 사업주는 직장의료보험 가입자가 될 수 있고, 직장의료보험 가입대상 제외자 중 거주비자(F-2), 영주비자(F-5), 문화예술비자(D-1)~무역경영

비자(D-9), 교수비자(E-1)~전문직업비자(E-5), 특정활동비자(E-7), 연수취업비자(E-8), F-1비자(방문동거 자격 중 한국인의 배우자 및 자녀) 등의 체류자격 소지자와 그 배우자, 20세 미만 자녀는 지역의료보험 가입자가 될 수 있다. 그러나 외국인이 건강보험의 적용을 받으려면 외국인등록이 되어 있어야 하는데, 위장결혼으로 인한 무국적자는 신분증명 서류가 없어 직장의료보험이나 지역의료보험에 가입할 수 없고 이에 따라 정기적인 건강검진을 받지 못하는 것은 물론이고 건강에 문제가 생겨도 진료를 포기하는 경우도 있다.

또한 무국적자는 보건복지부가 2005년부터 의료사각지대에 있는 외국인근로자와 그 자녀, 국적취득 전 여성결혼이민자와 그 자녀를 대상으로 실시하고 있는 의료비지원사업에도 재원부족을 이유로 그 지원대상에 포함되지 않고 있다.

그러나 「무국적자의 지위에 관한 협약」 제23조는 체약국은 자국영토 내에 합법적으로 체재하는 무국적자에게 공공구호의 원조에 관하여 자국민에게 허여하는 것과 동등한 대우를 허여하도록 규정하고 있다. 위 조항 역시 합법적으로 체재하는 무국적자를 대상으로 하고 있지만, 그 규정의 취지는 국적에 상관없이 사회적 약자에게 최소한의 인간적인 삶을 영위할 수 있도록 의료서비스를 제공하라는 것으로 볼 수 있을 것이다.

실제로 위장결혼으로 인한 무국적자가 단기간 내에 출국할 수 없는 상황이고, 대부분 10년 이상 우리나라에 체류하며 지속적으로 의료사각지대에 놓여 있다는 점을 고려하면, 이를 그대로 방치하는 것은 건강한 사회구현에 저해될 뿐만 아니라 위 조약의 취지에도 부합하지 않는 것으로 볼 수 있다. 따라서 이들이 최소한 신체적·정신적으로 건강한 생활을 영위할 수 있도록 정부의 의료비지원사업 등을 확대하는 것이 필요할 것이다.

4. 결 론

이러한 이유로 국가인권위원회는 「국가인권위원회법」 제19조 제1호 및 제25조 제1항에 따라 주문과 같이 결정한다.

2011.9.1.

국가인권위원회 상임위원회

③ 이주노동자

● 노동조합설립신고서 반려처분 취소소송(2007두4995)에 관한
의견제출 [2008.5.26.]

> 외국인노동자가 출입국관리법에 따라 체류자격이 없다 하더라도, 노동조합을 결성할 적법한
> 권리가 있다고 판단된다는 이유로 대법원에 계류중인 노동조합설립신고서 반려처분 취소소송
> 에 대해서 의견을 제출한 사례

국가인권위원회(이하 '위원회'라 한다)는 『국가인권위원회법』 제28조 제1항에 근거하여 대법원에
계류 중인 노동조합설립신고서 반려처분 취소소송(대법원 2007두4995호, 원고 서울경기인천이주노
동자노동조합, 피고 서울지방노동청장)(이하 '이 사건 소송'이라 한다)에 대한 재판이 "인권의 보호와
향상에 중대한 영향을 미치는 재판"에 해당된다고 판단하여 다음과 같이 의견을 제출하고자 한다.

I. 검토배경

근로자는 사용자에게 근로를 제공하고 그 대가로 수령하는 임금 등으로 근로자 및 그 가족의 생계
를 유지한다. 생계유지를 위하여 근로를 제공하는 개별 근로자는 사용자와의 근로관계에서 경제적
약자로서 설사 불리한 근로계약이라 하더라도 이를 감수해야 하는 경우가 많다. 근로자들의 단결체
즉 노동조합은 사용자에 비하여 불리한 위치에 놓여있는 개별 근로자가 단결된 힘을 바탕으로 자신
의 요구를 관철하여 근로조건 형성에 영향을 미침으로써 비로소 노사관계에 있어 실질적 평등을
실현할 수 있는 방법이다. 이에 대해 대법원도 '근로자들이 단결권에 기하여 노동조합을 바탕으로
노사의 실질적인 평등을 향하여 나아감은 현대의 노동법이 구현하고자 하는 최고의 공익적 가치라
고 보아야 하고 그 자체가 공공의 복리에 합치되는 것이므로 일시적인 행정편의에 의하여 이를 희생
하거나 제한할 수 없다'고 판시한 바 있다(대법원 1992.12.22. 선고 91누6726).

이 같은 근로자의 단결권의 중요성은 외국인근로자의 경우에도 마찬가지이다. 90년대 후반 외환
위기를 극복하고 2007년 기준 국내총생산(GDP) 세계 13위의 위상을 갖기에 이르기까지 외국인근
로자들이 우리 사회에 기여해온 바는 상당하다. 하지만 그들의 생활은 저임금과 장시간근로, 산업재
해, 폭행, 임금체불 속에 항상 노출되어 있다. 비록 외국인근로자가 출입국관리법을 위반하여 체류

자격이 없다 할지라도 우리 사회에 편입되어 현실적으로 정당한 근로를 제공하는 이상 근로자로서의 신분을 가지며, 근로조건을 개선하고 최소한의 인간적 생존을 확보하기 위한 방법으로서 노동조합을 결성할 권리 역시 보장받아야 한다.

그간 위원회는 다문화 사회로의 변화 속에서 이주민의 인권보호를 우리 사회의 중요한 과제로 보고, 국내에 체류 중인 외국인근로자의 인권 향상을 위해 2002.8. '정부의 외국인력제도 개선방안 권고', 2003.2. '국내거주 외국인근로자 인권향상을 위한 정책권고', 2004.10. '외국인보호소에 수용된 외국인의 기본권 제한 최소화 권고', 2005.5. '강제출국과정에서의 신체의 자유 보장 권고', 2007. 1. '정부의 외국인력제도 일원화 관련 고용허가제 세부 업무추진방안에 대한 개선 권고', 2008.2. '외국인근로자의 사업장 변경 허용기준 등 개선 권고'를 한바 있다. 이 의견서도 이 같은 일련의 이주민 인권보호 및 향상을 위한 노력의 연장선상에 있다.

서울, 경기, 인천지역에 거주하는 외국인근로자 91명은 2005.4.24. 서울경기인천이주노동자노동조합을 설립하여 노동부장관의 권한을 위임받은 서울지방노동청장에 노동조합설립신고서를 제출하였으나, 위 노조가 '불법체류' 외국인을 구성원으로 하고 있다는 등의 이유로 노조설립신고서를 반려한바, 위 반려처분 취소를 구하는 이 사건 소송이 현재 대법원에 계류 중에 있다. 이에 관하여 결론을 달리하고 있는 1심 판결과 2심 판결은 모두 국내법을 기준으로 판단하고 있는데, 이 사건 소송에 관하여 국가인권위원회는 국제인권조약에 비추어서도 검토해 볼 필요가 있다고 판단하였다.

이른바 세계화의 진행과 함께 국제조약에 의한 규율은 확대되고 있으며, 인권의 다양한 분야에서도 국제인권조약의 중요성이 점차 커지고 있다. 이 같은 추세에 부응하여 우리 대법원과 헌법재판소도 헌법 제6조 제1항에 기초해 국내법과 동일한 효력을 갖는 국제인권조약을 직접 적용하고 있다 (GATT 협정에 관한 대법원 2005.9.9. 선고 2004추10 판결; WTO협정에 관한 헌법재판소 1998. 11.26. 선고 97헌바65 결정 등). 우리나라가 가입하여 1980.1.27.에 발효된『조약법에 관한 비엔나 협약(Vienna Convention on the law of Treaties)』에 따르면, "유효한 모든 조약은 그 당사국을 구속하며 또한 당사국에 의하여 성실하게(in good faith) 이행되어야 하며(제26조), 어느 당사국도 조약의 불이행에 대한 정당화의 방법으로 그 국내법 규정을 원용해서는 아니된다(제27조)"고 규정하고 있는바, 인류의 보편적인 규범에 따라 인권을 보호하고 향상시키고자 하는 국제인권조약의 존중과 이행은 국제사회에서의 한국의 위상을 고려했을 때 매우 중요한 것이다.

위와 같은 배경에서 위원회는 이 사건 소송에 대한 해당 재판부의 판단이 우리 사회의 대표적인 소수자에 속한다고 볼 수 있는 외국인근로자의 인권의 보호와 향상에 중대한 영향을 미친다고 판단하여『국가인권위원회법』제28조 제1항의 규정에 따라 의견을 제출하기에 이른 것이다.

II. 판단 및 참고기준

위원회는 이 사건 소송에 대한 판단에 있어『국가인권위원회법』제2조와『헌법』제6조에 따라 국내법과 동일한 효력을 가진『모든 형태의 인종차별 철폐에 관한 국제협약(1979.1.4. 발효)』제5조, 『경제적·사회적 및 문화적 권리에 관한 국제규약(1990.7.10. 발효)』제2조 2항 및 제8조 1항, 2항, 『시민적·정치적 권리에 관한 국제규약(1990.7.10. 발효)』제2조 1항 및 제26조를 기준으로 삼았다. 아울러 인종차별철폐위원회 일반권고(General Recommendation, No. 30, 2004) 및 최종견해(2007. 8.17.), 국제노동기구(ILO)의 외국인근로자에 관한 권고(Migrant Workers Recommendation, 1975, No. 151), 유럽평의회 의원총회의 결의(Council of Europe Parliamentary Assembly, Human rights of irregular migrants, Resolution 1509, 2006) 및 2008. 5. 유엔인권이사회의 한국에 대한 인권상황정기검토(Universal Periodic Review) 보고서 초안 등을 참고하였다.

III. 체류자격 없는 외국인근로자(irregular migrant worker)의 단결권

이 사건 소송에서의 중요한 쟁점인 체류자격 없는 외국인근로자도 노동조합을 설립할 수 있는 단결권이 인정되는지에 관해 국제인권규범에 의거하여 검토해 보고자 한다.

『세계인권선언』제2조 제1항은 "모든 사람은 인종, 피부색 등에 따른 어떠한 종류의 구별도 없이 이 선언에 제시된 모든 권리와 자유를 누릴 자격이 있다"라고 규정하고 있으며, 아울러 제23조 제4항은 "모든 사람은 자신의 이익을 보호하기 위하여 노동조합을 결성하고 가입할 권리를 가진다"라고 규정하고 있다. 마찬가지로『모든 형태의 인종차별 철폐에 관한 국제협약』제5조는 "노동조합을 결성 및 가입할 권리는 인종, 피부색등의 차별 없이 만인의 권리로서 평등하게 보장하고 체약국은 차별을 금지하고 폐지할 의무를 진다"라고 규정하고 있다.『시민적 및 정치적 권리에 관한 국제규약』제2조 및 제26조는 "모든 사람은 인종, 피부색등 어떠한 차별도 없이 법의 평등한 보호를 받을 권리를 가진다"고 규정하고 있으며,『경제적, 사회적 및 문화적 권리에 관한 국제규약』제2조는 "이 규약의 당사국은 이 규약에서 선언된 권리가 인종, 피부색 등에 의한 어떠한 종류의 차별도 없이 행사되도록 보장할 것을 약속한다"고 규정하고 아울러 제8조에서는 "이 규약의 당사국은 모든 사람이 그의 경제적, 사회적 이익을 증진하고 보호하기 위하여 노동조합을 결성하고 그가 선택한 노동조합에 가입하는 권리를 확보할 것을 약속한다"고 규정하고 있다. 또한 ILO 헌장 전문은 결사의 자유 원칙을 인정하고 있고 그 부속서인 필라델피아 선언은 표현 및 결사의 자유는 부단한 진보를 위하여 필수적이며 인간존엄성의 불가분 요소라고 선언하고 있다.

위 규정들이 체류자격 없는 외국인근로자에 대하여 구체적으로 예시하고 있는 것은 아니나, 위 규정 중 "모든 사람"에는 '체류자격 없는 외국인근로자'도 포함되어 있다고 보는 것이 타당할 것인바,

체류자격 없는 외국인근로자도 인종 등에 따른 어떠한 종류의 차별 없이 자신의 이익을 보호하기 위하여 노동조합을 결성하고 가입할 권리가 보장되고 있다고 봐야 한다.

이는 조약기구(조약 당사국의 이행상황을 감독하기 위하여 구성된 기구)가 발표한 국제인권조약의 해석과 적용에 관한 일반논평(general comments) 혹은 권고, 각 당사국이 제출한 국가보고서를 심사한 견해(views)에서도 확인되고 있다. 인종차별철폐위원회는 일반권고(General Recommendation, No. 30, 2004)에서 "세계인권선언, 시민적 및 정치적 권리에 관한 국제규약, 그리고 경제적·사회적 및 문화적 권리에 관한 국제규약에서 규정되고 인정된 권리와 자유를 어떠한 방식으로든 회피하는 방향으로 해석되어서는 안 되며(para. 2), 당사국은 인종차별을 금지하는 입법적 보장이 출입국자격과 무관하게 외국인(무국적자 포함)에게 적용되고, 법령의 적용이 외국인(무국적자 포함)에게 차별적 효과를 가지지 않도록 보장하여야 하고(para. 7),당사국은 비록 취업허가가 없는 외국인(무국적자 포함)에게 일자리 제공을 거부할 수는 있지만, 고용관계가 시작되면 그것이 종료될 때까지 집회와 결사의 자유를 포함한 근로와 고용과 관련된 권리를 부여받았음을 인정하여야 한다(para. 35)"라고 하였다. 또한 인종차별철폐위원회는 한국 정부가 제출한 제14차 정기보고서를 검토한 후 2007. 8.17. 최종견해를 발표하였는데, "위원회는 대한민국이 외국인근로자가 국적을 이유로 한 차별 없이 그들의 노동권을 효과적으로 향유할 수 있도록 고용계약의 연장 등을 포함한 적절한 조치를 취할 것을 권고한다. 또한 위원회는 체류자격과는 상관없이 모든 외국인근로자의 권리가 보장될 수 있도록 인권침해에 대한 효과적인 보호와 구제방법을 취할 것을 권고한다. 위원회는 대한민국이 이 조약의 제5조(노동조합의 결성 및 가입권)와 제6조에 따라 모든 외국인근로자의 동등하고 효과적인 권리 향유를 보장하기 위하여 채택된 조치에 대한 세부적인 정보를 차기 정기보고서에 포함시키도록 요청한다"라고 하였다.

국제노동기구(ILO)는 외국인근로자에 관한 권고(Migrant Workers Recommendation,1975, No. 151)를 통해 "지위가 공인되지 아니하였거나 공인될 수 없는 외국인근로자는, 자신과 그 가족에 관하여, 현재 및 과거의 고용으로부터 발생한바, 보수와 사회보장 및 기타 연금에 관하여서뿐만 아니라 노동조합원의 자격 및 노동조합권의 행사에 관하여서도 권리에서의 균등처우를 누려야 한다"고 하였다. 또한 이주민 인권에 관한 유엔 특별보고관(the UN Special Rapporteur on the human rights of migrants)은 2006년 유엔인권위원회에 제출한 보고서에서 '체류자격 없는 외국인근로자는 다양한 형태의 경제적, 사회적 및 문화적 권리의 침해, 예컨대 장시간 근로, 법에 의하여 보장되는 최저임금이하의 임금지급, 가혹하고 위험한 근로조건에 처할 수 있으며, 이에 대한 책임이 일차적으로는 고용주에게 있으나, 이들의 권리를 실현함에 있어 적절한 노력을 다하지 아니한 책임(입법과 법집행의 태만의 책임)이 국가에 있으며, 체류자격 없는 외국인근로자에 있어 노동조합 참여에 대한 법적 또는 사실상의 제한은 인권침해의 핵심주제로 당사국은 노동조합에 자유롭게 가입하고 참여할 수 있는 권리를 보장할 책임이 있음'을 강조하고 있다. 그리고 유럽 46개국을 회원국으로 하는 유럽 평의회 의원총회(Council of Europe Parliamentary Assembly, Human rights of irregular migrants, Resolution 1509(2006))도 '대체로 취약한 상황에 놓여 있는 체류자격 없는 외국인근로자들

(irregular migrants)의 기본적인 시민적, 정치적, 경제적 및 사회적 권리를 포함하는 인권의 보호가 특별히 요구되며, 작업장에서 정당한 급여·합당한 근로환경·사고에 대한 보상·그들의 권리를 수호하기 위해 재판을 받을 수 있고, 노동조합을 자유롭게 결성하고 가입할 수 있어야 함'을 결의한 바 있다.

한편 최근 2008.5.7. 제네바에서 열린 유엔 인권이사회(Human Rights Council) 산하 국가별 인권상황정기검토(Universal Periodic Review) 실무분과(Working Group)의 한국 인권 심의과정 에서도 "체류자격 없는 외국인근로자에 대한 자의적 구금 및 적법 절차 없는 추방 등과 같은 차별적 관행, 노조결성의 권리와 경제적·사회적 및 문화적 권리가 도전받고 있음에 주목하고 있다"고 우려 를 나타낸바, 한국에서의 이주노조 및 외국인근로자의 인권문제에 관하여 국제사회에서 많은 관심 을 갖고 주목하고 있는 상황이다.

이상을 종합하면, 외국인의 지위를 보장한 우리 헌법 제6조 및 『세계인권선언』 제2조 제1항 및 제23조 제4항, 『모든 형태의 인종차별 철폐에 관한 국제협약』 제5조, 『시민적 및 정치적 권리에 관한 국제규약』 제2조 및 제26조, 『경제적·사회적 및 문화적 권리에 관한 국제규약』 제2조 및 제8조 등에 의해 체류자격이 없는 외국인근로자도 노동조합을 결성할 권리가 차별 없이 보장된다고 해석하는 것이 타당하다.

IV. 결론

이 사건 소송에서 1심과 2심 재판부는 모두 국내법을 기준으로만 판단하고 있으나, 위에서 살펴본 바와 같이 국제인권조약에 비추어 보면, 외국인근로자가 비록 출입국관리법에 의할 때는 체류자격 이 없다 할지라도 이와 법적 규율의 대상을 달리하는 근로관계에 있어서는 노동조합을 결성할 적법 한 권리가 있다고 판단된다. 위와 같은 이유로 위원회는 『국가인권위원회법』 제28조 제1항에 의하 여 대법원해당 재판부에 위와 같이 의견을 제출한다.

• 외국인근로자에 대한 산업안전보건교육 개선방안 권고 [2010.12.23.]

외국인근로자의 사업장 내에서의 안전사고 등을 예방하기 위해 산업안전보건교육을 강화하도록 권고한 사례

【주 문】 국가인권위원회는 외국인근로자의 산업재해 예방 및 건강 보호를 위하여 고용노동부장관에게 다음과 같이 권고한다.

1. 외국인근로자에 대한 산업안전보건교육을 외국인근로자가 사업장에 배치되기 전뿐만 아니라 사업장에 배치된 후에도 추가적으로 실시하도록 하는 내용으로, 「외국인근로자의 고용 등에 관한 법률 시행규칙」 제10조 및 제11조를 개정할 것을 권고한다.

2. 외국인근로자를 고용한 사업자가 사업장 내의 산업재해 위험요소 등 산업안전보건 규정을 명확히 인식하고 준수토록 하기 위하여, 「외국인근로자 민간취업교육기관 운영에 관한 규정」 제13조 사용자교육 관련 조항에 산업안전보건에 관한 사항을 추가할 것을 권고한다.

【이 유】

1. 권고 배경

우리나라는 저출산 및 고령화로 인한 경제활동인구의 감소, 임금 수준의 상승 및 내국인의 3D 업종(Difficult, Dirty, Dangerous) 기피 현상으로 외국인근로자의 규모가 지속적인 증가추세에 있다. 2010년 9월 말 기준으로 외국인근로자 수는 54만 6천954명에 달하며, 이 가운데 91%인 50만 2천542명이 중소업체의 단순 기능인력으로 일하고 있다.

외국인근로자가 주로 취업하고 있는 사업장은 규모가 영세하고 작업환경이 열악한 소규모 사업장이며, 외국인근로자들은 의사소통의 어려움, 문화적 차이, 산업안전보건교육 미비 등으로 인해 내국인근로자보다 산업재해 위험에 더 많이 노출되어 있다고 볼 수 있다.

최근 5년간 외국인근로자의 산업재해 피해규모를 살펴보면, 매년 전체 산업재해자의 약 80%가 30인 미만 소규모 영세사업장에서 산업재해를 당하였고, 산업재해로 인한 사망의 경우도 전체 63%가 30인 미만 사업장에서 발생되었으며, 특히 5인 미만 사업장의 산업재해 발생비율은 전체 산업재해 발생의 32%를 차지하고 있다.

앞으로 3D 영세 사업장은 내국인의 취업기피로 인한 노동력 부족현상이 심화됨에 따라 외국인근로자의 고용은 점점 늘어날 것으로 전망되며, 이에 따라 외국인근로자가 산업재해를 입을 가능성도

점점 높아질 것으로 예측된다.

그 동안 외국인근로자는 우리 사회의 대표적 인권취약 집단으로서 존재해 왔음에도, 이들의 산업재해 예방 및 건강을 보호하기 위한 관련 제도의 정비상황은 여전히 미흡하다고 판단되어, 「국가인권위원회법」 제19조 제1호 및 제25조 제1항에 따라 외국인근로자에 대한 산업안전보건교육 개선방안에 대하여 검토하게 되었다.

2. 판단기준

「헌법」 제6조 및 제10조, 「경제적 사회적 및 문화적 권리에 관한 국제규약」 제2조 및 제12조, 「근로기준법」 제2조 및 제6조, 「외국인근로자의 고용 등에 관한 법률」 제22조 등을 기준으로 판단하였고, 「외국인근로자의 고용 등에 관한 법률」 제11조, 「외국인근로자의 고용 등에 관한 법률 시행령」 제18조, 「외국인근로자의 고용 등에 관한 법률 시행규칙」 제10조 및 제11조, 「외국인근로자 민간취업교육기관 운영에 관한 규정」(고용노동부고시 제2010-8호) 제13조 등을 참고하였다.

3. 판 단

우리나라가 1990년에 가입한 「경제적 사회적 및 문화적 권리에 관한 국제규약」 제2조는 "규약의 당사국은 이 규약에서 선언된 권리들이 인종, 피부색, 민족적 또는 사회적 출신, 또는 기타의 신분 등에 의한 어떠한 종류의 차별도 없이 행사되도록 보장할 것을 약속한다."고 하고 있고, 제12조는 "규약의 당사국은 모든 사람이 도달 가능한 최고 수준의 신체적 및 정신적 건강을 향유할 권리를 가지는 것을 인정한다."고 하면서 이 권리의 완전한 실현을 위하여 당사국이 산업위생의 모든 부문의 개선을 위하여 필요한 조치를 취할 것을 규정하고 있다.

또한 우리나라의 「근로기준법」 제2조 제1항 제1호는 "근로자"를 "직업의 종류와 관계없이 임금을 목적으로 사업이나 사업장에 근로를 제공하는 자"라고 정의하고 있고, 같은 법 제6조는 "사용자는 근로자에 대하여 국적·신앙 또는 사회적 신분을 이유로 근로조건에 대한 차별적 처우를 하지 못한다."고 정하고 있다. 아울러 2001년 헌법재판소(99헌마494)는, 외국인에게 모든 기본권이 무한정 인정될 수는 없다 하더라도 원칙적으로 국민의 권리가 아닌 인간의 권리 내에서 외국인도 권리의 주체가 될 수 있음을 확인한 바 있다.

이렇듯 국제인권규약, 우리 법률과 판례는 외국인근로자를 내국인근로자와 동등한 권리를 향유하는 주체로서 인정하고 있고, 이러한 권리에는 근로자가 작업현장에서 자신의 생명과 안전을 지킬 권리 또한 포함된다 할 것이다. 따라서 외국인근로자에게도 기계·기구 등의 설비, 인화성 물질, 유해화학물질 등 작업현장의 각종 위험으로부터 자신의 생명과 건강을 보호하고 이에 적절히 대응하기 위한 산업안전보건교육을 받을 권리가 있다.

2010년 산업안전보건연구원의 "외국인근로자의 안전보건 실태와 보호방안 연구" 보고서에 따르면, 외국인근로자가 국내에 취업한 후 산업안전보건교육에 참여한 횟수는 1회인 경우가 55.4%, 2~3회인 경우가 26.7%, 4~5회인 경우가 7.5%, 6회 이상인 경우가 10.0%를 차지하고 있는 것으로 파악되었다. 그리고 아산외국인노동자지원센터가 2010.7.31.부터 같은 해 8.2.까지의 기간 동안 아산지역의 외국인근로자 83명을 대상으로 한 실태조사에서는 산업안전보건교육을 받은 비율이 30%에 불과한 것으로 나타나는 등 외국인근로자들이 자신의 생명과 안전을 보호하기 위해 필요한 산업안전보건교육을 충분히 받고 있는지 의문스러운 것이 현실이다.

「외국인근로자의 고용 등에 관한 법률」 제11조 제1항, 같은 법 시행령 제18조 및 같은 법 시행규칙 제10조, 제11조에 의하면, 외국인근로자는 입국 후 15일 이내에 한국산업인력공단 등 외국인 취업교육기관에서 국내취업활동에 필요한 사항을 교육받도록 되어 있으며, 같은 법률 제11조 제2항은 "사용자는 외국인근로자가 취업교육을 받을 수 있도록 하여야 한다."라고 규정하고 있다. 취업교육의 주요 내용은 한국어교육, 출입국관리법, 고용허가제 관련법률 등 국내 취업 적응에 필요한 내용으로서 이 가운데 산업안전보건에 관한 교육은 4시간으로 한정되어 있다.

그러나 현재 외국인근로자가 사업장에 배치되기 전에 받는 4시간 교육에 포함되어 있는 내용은 안전표지, 안전일반, 작업안전, 해외 악성가축전염병 유입방지 대책 등 일반적 수준의 산업안전 관련 내용이어서, 산업재해 발생 빈도가 높은 소규모 영세사업장에 취업해 있는 다수의 외국인근로자들의 안전과 건강을 보호하기에는 부족해 보이며 한국의 언어와 문화에 익숙하지 못한 상태에서 받는 교육이란 점에서 그 효과성 또한 높지 않을 것으로 예상된다. 따라서 외국인근로자들이 사업장에 배치되어 어느 정도 작업환경에 익숙해진 후 산업별 재해 특성을 고려한 산업안전보건교육을 추가적으로 실시하는 것으로, 현행 「외국인근로자의 고용 등에 관한 법률 시행규칙」 제10조 및 제11조 규정을 개선할 필요가 있다.

이와 더불어 외국인근로자뿐 아니라, 외국인근로자를 고용하고 있는 사용자도 산업안전보건에 관한 인식 및 산업재해 예방에 관한 기본적인 지식이 부족하기 때문에 사용자를 대상으로 한 교육과 인식개선을 위한 조치도 필요하다. 그러나 현행 「외국인근로자의 고용 등에 관한 법률 시행규칙」은 외국인근로자를 고용하는 절차나 근로 도중에 발생하는 고용과 계약 관련 절차는 구체적으로 규정하면서도, 외국인근로자의 산업재해를 사전에 예방하고 그들의 건강을 보호하기 위한 사용자 대상 산업안전보건교육 규정은 전혀 마련되어 있지 않은 실정이다. 따라서 외국인근로자들이 산업재해로부터 안전하게 근무할 수 있는 작업환경을 조성하기 위해서, 「외국인근로자 민간취업교육기관 운영에 관한 규정」(고용노동부고시 제2010-8호) 제13조에 규정되어 있는 사용자교육 내용에 산업안전보건교육을 추가하는 것이 바람직하다고 판단된다.

4. 결 론

이상과 같은 이유로 「국가인권위원회법」 제25조 제1호에 따라 주문과 같이 권고하기로 결정한다.

2010.12.23.
국가인권위원회 상임위원회

● 원양어선 내 외국인 선원에 대한 성희롱 및 임금 차별 등 사건에 관한 의견 표명 [2012.5.10.]

원양어선 내 외국인 선원에 대한 성희롱 및 임금차별에 관하여 관계 기관 및 한국원양산업협회 장 및 해당 회사에게 피해자 구제대책 및 개선대책의 수립에 관한 의견을 표명한 사례

【주 문】 국가인권위원회는 원양어선 내 외국인 선원에 대한 성희롱 및 임금차별 등 사건과 관련하여 다음과 같이 의견을 표명한다.

1. 농림수산식품부장관, 국토해양부장관, 외교통상부장관, 해양경찰청장은 **75호 등 뉴질랜드 해역 내 한국국적 원양어선에서 제기된 외국인 선원에 대한 폭행, 폭언, 성희롱 및 임금문제 등을 조사하기 위한 정부합동조사단을 편성하여 공정하고 심도 있는 조사를 실시하고 원양어선 내 외국인 선원의 인권보호 및 피해자 구제 대책을 마련할 필요가 있다.

2. 한국원양산업협회장은 외국인 선원 인권보호를 위해 '외국인 어선원 단체협약' 체결 시 외국인 선원의 권리 규정과 함께 선상 인권침해 발생 시 사업주의 조치 의무와 절차 등을 명시하고, 임금 등 근로조건에 관하여 국내와 조업지 국가의 기준이 다른 경우 적용기준을 명확히 하는 등 외국인 선원의 인권보호와 근로조건을 개선하기 위해 노력할 필요가 있다.

3. 주식회사 00 대표이사는 소속 선박에서 제기되고 있는 외국인 선원들의 인권침해, 성희롱 및 임금차별 주장과 관련해 이를 원만하고 합리적으로 해결하기 위해 노력하고, 내·외국인 선원들에 대한 승선 전 교육 및 관리 강화 등 재발방지를 위해 노력할 필요가 있다.

【이 유】

I. 의견표명 배경

국제민주연대, 서울공익법센터 APIL, 좋은기업센터 등 3개 단체가 2011.10.7. 원양어선 내 외국인 선원에 대한 성희롱 및 임금차별 등과 관련된 진정(11-진정-0569300)을 국가인권위원회(이하 '위원회'라 한다)에 접수함에 따라 위원회는 이에 대한 조사를 실시하였다. 동 진정사건은 뉴질랜드 배타적 경제수역(EEZ)에서 조업 중이던 한국 국적 원양어선 **75호에서 일하고 있던 인도네시아 선원들이 한국인 관리자들로부터 폭행 및 폭언, 성희롱 및 임금차별을 당했다는 주장으로 위원회

조사결과, 폭행 및 폭언은 사인간의 인권침해 문제에 해당하고, 임금차별은 피해자들에게 적용되는 계약서의 종류를 특정할 수 없고 한국인 관리자와 피해자들은 임금차별 여부를 판단할 수 있는 정당한 비교대상이 아니므로 폭행 및 폭언, 임금차별을 주장하는 진정은 「국가인권위원회법」 제32조 제1항 제1호에 따라 각하하고, 성희롱에 관한 사항은 객관적 증거자료의 부족으로 동 법 제39조 제1항 제1호에 따라 기각하였다.

그러나 동 진정사건은 해외에서 발생한 한국 국적 선박의 외국인 선원에 대한 인권침해 및 차별에 관한 것으로 뉴질랜드 정부 차원의 조사가 이루어졌고, 뉴질랜드 오클랜드대학교 경영대학의 조사보고서가 발간되는 등 현지에서 주요 인권 문제로 부각되었습니다. 또한 위원회의 조사과정에서 원양어선 내 외국인 선원에 대한 인권보호 대책 마련이 시급하다고 판단되어 의견을 표명하기로 하였다.

II. 판단기준

「헌법」 제10조, 제11조, 제12조, 「유엔해양법협약」 제94조, 「선원법」 제3조, 제27조

III. 사건 발생 배경 및 조사 경과

1. 사건 발생 배경

주식회사 0000 소유의 **75호는 뉴질랜드 서던스톰 수산에 용선된 총 톤수 1,950톤, 승무정원 50명의 원양어선으로 2010.11.25. 스페인 비고항을 출발하여 2011.1.22. 뉴질랜드 크라이스트처치에 도착한 후 뉴질랜드 항구와 EEZ를 오가며 조업하고 있었다. 동 선박이 뉴질랜드 리틀턴항에 정박 중이던 2011.6.20. 인도네시아 선원 32명이 집단으로 선박을 이탈하여 선박 내에서 구타, 성희롱 및 임금체불 등을 당하였음을 주장하였다.

위 사건 이후 오클랜드대학교 경영대학은 앞서 2010.8.18. 새벽 뉴질랜드 남섬 더니든 남동쪽 800km 지점 공해상에서 침몰한 **70호 생존 인도네시아 선원 및 위 **75호 이탈 선원 등을 면담 조사하고 뉴질랜드 EEZ 내 한국원양어선에서 외국인 선원에 대한 폭행, 임금체불, 성희롱 등 광범위한 인권침해 및 노동착취가 일어나고 있음을 주장하는 조사보고서를 2011.9. 발표하였고 국제민주연대, 서울공익법센터 APIL, 좋은기업센터 등 3개 국내 단체는 동 보고서를 바탕으로 위원회에 진정을 제기하였다.

한편 뉴질랜드 정부는 2011.7. 합동조사위원회를 구성하여 뉴질랜드 EEZ 내 외국선박에 대한 조사를 실시하였고, 그 결과를 2012.3.1. 발표하였다. 이 보고서는 뉴질랜드 EEZ 내 일부 외국용선 (대부분 한국국적 용선)에서 인권침해 및 안전기준 미준수 등이 발견되었다고 지적하고 외국용선에

대한 감독 강화, 안전 및 선원 보건사항 개선을 위한 법률개정 및 국제협약 가입, 용선의 뉴질랜드 국적화 등 총 15개 권고사항을 뉴질랜드 정부에 제시하였다.

2. 위원회 조사경과

위원회는 진정 접수 후 성희롱 피해 주장을 중심으로 관계 기관 등에 대한 자료조사, 뉴질랜드 크라이스트처치에 체류하고 있는 **75 이탈 인도네시아 선원 면담조사를 실시하고 인도네시아로 귀국한 선원들에 대하여는 인도네시아 이주노동자단체[ATKI: Asosiasi Tenaga Kerja Indonesia (Association of Indonesian Migrant Workers)] 를 통해 서면조사를 실시하였다. 그러나 선원들이 인도네시아 각지에 흩어져 있고 일부는 다른 원양어선에 승선하고 있어 피해사실을 입증할 만한 구체적이고 충분한 진술을 확보하지 못하였고, 성희롱의 피진정인도 현재 원양어선 승선 중으로 대면조사를 실시하지 못하였다. 이와 같은 조사대상 범위의 제한과 조사의 현실적인 한계 등으로 인해 위 진정사건은 2012.4.12. 제4차 차별시정위원회에서 각하 및 기각하였다.

IV. 판단

위원회는 동 사건 조사과정에서 원양어선 내 외국인 선원이 지리적, 공간적 특성, 언어 및 통신수단의 제한, 복잡한 선원 공급 및 임금지급 절차 등으로 폭행 및 폭언, 성희롱, 저임금 및 임금체불 등에 노출될 개연성이 높은 반면, 이를 예방하고 구제할 수 있는 규정과 절차가 미비함을 확인하였다. 인도네시아 선원 32명이 2011.6.20. **75호에서 집단 이탈한 것도 이와 같은 문제점이 누적되어 있던 중 인도네시아 선원 한 명이 한국인 기관장으로부터 2011.6.17. 안면부위를 맞은 것이 직접적인 원인이 된 것으로 보인다.

공해상 또는 외국에서 제3국 근로자에 대한 인권 문제가 발생할 경우 신속한 조사 및 구제가 어렵고 국가 간 갈등 또는 국제사회에서 이슈화될 가능성이 크므로 관련 기관 및 사업주는 제3국 근로자의 인권을 보호하고 구제하기 위한 노력을 강화할 필요가 있다. 이와 관련하여, 현재 농림수산식품부 주관으로 **75호 등 뉴질랜드 해역 내 한국 국적 원양어선에서 제기된 외국인 선원에 대한 인권침해와 임금문제를 조사하기 위한 정부합동조사단 구성이 추진되고 있는 바 이는 긍정적으로 평가한다. 아울러 관련 부처는 외국인 선원

외국인 선원의 인권 보호를 위한 제도적 방안을 마련하고, 외국인 선원에 대한 인권침해 발생 시「선원법」등 관련 법령을 엄정하게 적용할 필요가 있다. 또한, 관련 업계도 선원과의 단체협약에 인권보호 및 구제절차에 관한 사항을 포함, 임금 등 근로조건에 관하여 국내와 조업지 국가의 기준이 다른 경우 적용기준의 명확화, 소속 선원들에 대한 교육과 인권보호를 위한 세부 관리규정의 마련 등이 필요하다고 판단된다.

V. 결론

이상과 같은 이유로 「국가인권위원회법」 제25조 제1항에 따라 주문과 같이 의견을 표명하기로 결정한다.

2012.5.10.

4 이주여성 및 이주아동

● 혼혈인 가족 지원에 관한 법률안 관련 의견표명 [2007.1.18.]

인종 혹은 민족을 이유로 한 차별을 금지하는 원칙을 법률안에 명시할 것 및 '혼혈인'이라는 용어의 사용에 대한 문제점을 지적하여 여성가족부에 의견표명한 사례

【주 문】

1. 검토의 배경

2006.11.17. 「혼혈인가족 지원에 관한 법률안」(이하 '법률안'이라 함)이 김충환 의원 등 의원 23인에 의하여 발의되어, 여성가족부는 2006.12.6. 법률안에 대한 의견을 우리 위원회에 요청하였다.

2. 법률안의 내용

가. 제안이유

최근 국내 거주 혼혈인이 크게 증가하고 있는 추세로 이들에 대한 차별 및 사회적 배제 · 편견 등에 대한 문제가 제기되고 있으나 정부차원의 복지 · 교육프로그램뿐만 아니라 현황 및 실태조사도 미흡한 실정인 바, 국가적 지원을 위한 법적 근거를 마련하고 혼혈인 가족의 권리 · 의무를 실질적으로 보장하여 시대적 요구에 맞는 국민적 통합을 도모하고자 함이다.

나. 주요내용

1) 국가 및 지방자치단체는 혼혈인가족에 대한 법적 · 제도적 차별 및 사회적 배제 · 편견의 시정과 지원을 위하여 관계 법령의 정비 및 각종 정책 수립 · 시정 (안 제4조)

2) 공공기관 및 각급학교는 소관 법령 · 제도 · 정책 및 관행 등을 조사 · 시정하고, 각급학교의 장은 신청이 있을 시 혼혈인인 학생을 대상으로 교육 프로그램을 실시 (안 제5조)

3) 여성가족부장관은 혼혈인가족의 현황 및 실태를 파악하고, 정책수립을 위하여 3년마다 실태조사 실시 (안 제6조)

4) 공공기관, 각급학교 및 그 밖의 공공단체 등 대통령령이 정하는 일정 규모 이상의 사업장의 사업주는 혼혈인가족에 대한 법적 · 제도적 차별 및 사회적 배제 · 편견의 예방과 그 시정을

위하여 예방교육 실시 (안 제7조)

5) 국외거주 혼혈인가족의 신청 시 명예국민증을 발급하여 가족찾기 등 필요한 지원을 함. (안 제8조)

6) 주한 외국군 및 외국인에 의한 성폭력 피해자 또는 성매매 종사자와 그 혼혈인 자녀가 사회적 명예회복과 건전한 사회생활을 영위할 수 있도록 필요한 지원 제공 (안 제9조)

7) 법적·제도적 차별 및 사회적 배제·편견의 시정과 지원을 위하여 국무총리 소속하에 혼혈인 가족지원위원회 설치 (안 제10조)

8) 여성가족부에 중앙혼혈인가족지원센터를 두도록 하고 필요한 지역에 지역혼혈인가족지원센터 설치 (안 제12조)

9) 혼혈인가족지원센터는 피해신고가 접수된 때에는 이를 지체 없이 국가인권위원회에 이첩 (안 제14조)

10) 여성가족부장관은 매년 관련 연차보고서를 정기국회 개회 전까지 국회에 제안 (안 제16조)

다. 법률안에서의 "혼혈인" 정의 (안 제2조 제1호)

"혼혈인"이라 함은 3촌 이내의 직계혈족 중 인종 또는 종족이 다른 자가 있는 자로서 그 부 또는 모가 대한민국 국적을 가진 자를 말한다.

3. 검토기준

가. 헌 법

제11조 ① 모든 국민은 법 앞에 평등하다. 누구든지 성별·종교 또는 사회적 신분에 의하여 정치적·경제적·사회적·문화적 생활의 모든 영역에 있어서 차별을 받지 아니한다.

제37조 ① 국민의 자유와 권리는 헌법에 열거되지 아니한 이유로 경시되지 아니한다.

나. 모든 형태의 인종차별 철폐에 관한 국제 협약 (1965.12.21. 유엔 채택, 1969.1.4. 발효)

제1조   1. 이 협약에서 "인종차별"이라 함은 인종, 피부색, 가문 또는 민족이나 종족의 기원에 근거를 둔 어떠한 구별, 배척, 제한 또는 우선권을 말하며 이는 정치, 경제, 사회, 문화 또는 기타 어떠한 공공생활의 분야에 있어서든 평등하게 인권과 기본적 자유의 인정, 향유 또는 행사를 무효화시키거나 침해하는 목적 또는 효과를 가지고 있는 경우이다.

2. 이 협약은 체약국이 자국의 시민과 비시민을 구별하여 어느 한쪽에의 배척, 제한 또는 우선권을 부여하는 행위에는 적용되지 아니한다.

3. 이 협약의 어느 규정도 국적, 시민권 또는 귀화에 관한 체약국의 법규정에 어떠한 영향도 주는 것으로 해석될 수 없다. 단, 이러한 규정은 어느 특정 국적에 대하여 차별을 하지 아니한다.

4. 어느 특정 인종 또는 종족의 집단이나 개인의 적절한 진보를 확보하기 위한 유일한 목적으로 취해진 특별한 조치는 그러한 집단이나 개인이 인권과 기본적 자유의 동등한 향유와

행사를 확보하는 데 필요한 보호를 요청할 때에는 인종차별로 간주되지 않는다. 단, 그러한 조치가 결과적으로 상이한 인종집단에게 별개의 권리를 존속시키는 결과를 초래하여서는 아니 되며 또한 이러한 조치는 소기의 목적이 달성된 후에는 계속되어서는 아니된다.

제2조　1. 체약국은 인종차별을 규탄하며 모든 형태의 인종차별 철폐와 인종간의 이해증진 정책을 적절한 방법으로 지체 없이 추구할 책임을 지며, 이 목적을 위하여

(a) 각 체약국은 인간이나 인간의 집단 또는 단체에 대한 인종차별 행위를 하지 않을 의무 또는 인종차별을 실시하지 않을 의무를 지며 또한 모든 국가 및 지방공공기관과 공공단체가 그러한 의무에 따라 행동하도록 보증할 의무를 지고

(b) 각 체약국은 인간이나 또는 조직에 의한 인종차별을 후원, 옹호 또는 지지하지 않을 의무를 지며

(c) 각 체약국은 어디에 존재하든 간에 인종차별을 야기 시키거나 또는 영구화시키는 효과를 가진 정부, 국가 및 지방정책을 면밀히 조사하고 또한 상기 효과를 가진 법규를 개정, 폐기 또는 무효화시키는 효율적 조치를 취하며

(d) 각 체약국은 어느 인간, 집단 또는 조직에 의한 인종차별을 해당 사정에 따라 입법을 포함한 모든 적절한 수단으로써 금지하고 종결시키며

(e) 각 체약국은 적절한 경우 다종족 통합주의자단체와 인종간의 장벽을 폐지하는 운동 및 기타 방법을 장려하고 또한 인종분열을 강화할 성향이 있는 어떠한 것도 막아야 한다.

2. 체약국은 상황이 적절한 경우 사회적, 경제적, 문화적 그리고 기타 분야에 있어서 특정 인종집단 또는 개인의 적절한 발전과 보호를 보증하는 특수하고 구체적인 조치를 취하여 이들에게 완전하고 평등한 인권과 기본적 자유의 향유를 보장토록 한다. 이와 같은 조치는 어떠한 경우에도 소기의 목적이 달성된 후 별개의 상이한 인종집단에 대한 불평등 또는 별개의 권리를 존속시키는 일을 초래하여서는 아니된다.

다. 인종 및 인종적 편견에 관한 선언 (1978.11.27. UNESCO 총회 채택)

제3조　인종, 피부색, 출신 민족을 이유로한 어떠한 구별, 배제, 제한, 선호 혹은 종교적 불관용은 국가 주권상의 평등과 국민의 자결권을 파괴하거나 손상시키는 역할을 하거나, 모든 인간과 집단이 최대한으로 발전할 권리를 자의적이고도 차별적인 방식으로 제한하는 것으로, 이는 정의로우면서도 권 존중을 보장하는 국제질서의 필요조건과 양립할 수 없다. 최대한의 발전의 권리란 국가적이고 범세계적인 문명과 문화의 가치들을 존중하는 추세 속에서 개인적, 집단적 발전과 성취를 이룩하기 위한 수단에 평등하게 접근할 수 있음을 의미한다.

제5조　1. 인류의 창작물이자 인류 공통의 유산인 문화, 그리고 넓은 의미에서의 교육은 모든 남성, 여성에게 극히 효과적으로 적응하도록 하는 수단을 제공해 주어, 그들로 하여금 자신들의 존엄성과 권리가 평등함을 확인하게 할 뿐만 아니라 국가적이고 국제적인 상황에서 모든 집단들이 자신의 문화적 정체성을 유지하고 자신의 특징적인 문화생활을 발전시킬 수 있는 권리를 가지고 있음을 마땅히 존중해야 한다는 것을 인식할 수 있게 해 준다. 그리하여 집단

의 정체성에 본질적인 것으로 여겨지는 가치들을 유지하고 또 그 가치들을 적절하게 조절하 거나 향상시키는 일을 완전히 자유롭게 결정하는 것은 각 집단에 달려 있다는 것이다.

제6조 1. 국가는 모든 개인과 집단의 존엄성과 권리를 기반으로 하여 인권과 기본적 자유가 완전히 평등할 수 있도록 보장하는 우선적인 책임을 가진다.

2. 국가의 권한이 미치는 한 그리고 입헌적 원칙과 절차에 부합하는 한 국가는 특히 교육, 문화, 의사소통의 영역에서 인종주의, 인종주의적 선전, 인종 분리, 인종차별정책을 예방, 금지, 철폐하기 위한 모든 적절한 조치와 자연과학 및 사회과학에서 인종적 편견과 인종주 의적 태도의 원인과 예방법에 관해 타당이 연구해 얻게 된 지식들과 발견들의 보급을 장려 하기 위한 모든 적절한 조치들, 무엇보다도 법률 제정에 의한 조치들을 취해야 한다. 이 조치들은 마땅히 세계 인권 선언 및 시민적, 정치적 권리에 관한 국제 협약에서 구현된 원칙과 관련된 것이어야 한다.

4. 검토 의견

가. 차별 금지의 원칙 부재

1) 우리사회에서 차별피해를 받는 소수자로서 혼혈인을 상정하고 인종적 민족적 접근을 통하여 혼혈인을 정의할 경우, 법률안의 제안이유에서 밝히는 바와 같이 이들에 대한 차별 및 사회적 배제·편견을 시정하고자 한다면 근본적으로 인종 혹은 종족을 이유로 한 차별 금지의 원칙이 전제되어야 할 것이다.

2) 국제사회는 지난 역사를 통하여 지속적으로 인종차별 문제를 제기하여 왔으며, 이러한 인종차 별을 해소하고자 하는 의지로 국제연합을 비롯한 많은 기관과 국가에서 「모든 형태의 인종차 별 철폐에 관한 국제 협약」을 비롯하여 인종차별 금지 원칙을 천명한 규범들을 채택하고 이행 하여 왔다. 한국도 「모든 형태의 인종차별 철폐에 관한 국제 협약」의 가입국으로 동 협약을 이행할 의무가 있다. 동 협약에 의하면 한국전쟁 혹은 그 이후에 주한 외국군 및 외국인과 한국인 간의 자녀, 국제결혼 가정, 이주가정, 외국인 등을 모두 포함하여 한국 한국사회구성원 들이 인종 등에 의하여 차별받지 않을 권리가 보호된다고 할 수 있다.

3) 이러한 차별금지의 원칙은 인종, 피부색, 혈통, 민족이나 종족을 근거로 하는 어떠한 차별도 금지하고 모두가 균등한 대우를 받아야 함을 천명하는 것이다.

4) 그런데 동 법안은 이러한 차별금지의 대원칙을 명시, 시행하고 있지 아니하며 아래 나. 항에서 보는 바와 같이 그 개념범주가 모호한 '혼혈인'이라는 용어를 사용하여, 인종, 피부색, 혈통, 민족이나 종족을 이유로 차별받는 집단 중 극히 제한적이며 확정하기 어려운 범위의 집단만을 보호하고자 하는 바, 그 접근 방식과 태도에 적절성이 있다고 하기 어렵다.

5) 특히 우리 위원회는 2006.7.24. 출신국가, 출신민족, 인종, 피부색 등을 이유로 한 차별의 금지 를 명시하는 차별금지법안의 제정을 이미 국무총리에게 권고한 바 있으므로, 이러한 법안을 통하여 차별금지 원칙을 천명하는 것도 적극적으로 고려해야 할 것이다.

나. '혼혈인' 용어 사용의 적절성 여부

1) 법률안 제2조(정의)의 제1호에서는 '혼혈인이라 함은 3촌 이내의 직계혈족 중 인종 또는 종족이 다른 자가 있는 자로 그 부 또는 모가 대한민국 국적을 가진 자를 말한다.'고 명시하고 있다.

2) '혼혈인'이란 우리사회에서 일반적으로 한국 민족과 다른 모든 민족간의 후손을 통칭하는 용어로 국민 일반에 의해 사용되어 온 언어이다. 따라서 혼혈인이라는 용어는 어떠한 특정 민족이나 인종의 집단을 칭하는 말이 아닌 순수한 혈통이 아닌 모든 자를 구분하여 칭하는 용어로, 이러한 용어자체가 순수한 혈통을 전제로 하고 있는 차별적 의미를 가지고 있어서 특히 동 법률안과 같이 차별을 시정하기 위한 목적으로 제안된 법률에서 사용하기에는 적절한 법률용어라고 보기 어렵다. 사회에서도 혼혈인이라는 용어는 그 대치되는 개념인 '순혈'을 전제로 한다는 의미에서 용어 자체의 부적절성이 이미 지적되어 온 바 있다.

3) 혼혈인과 비혼혈인을 구분하는 데 있어서도 우리사회에서 통용되는 일정한 기준이 있었다기보다는 용어를 사용하는 개인에 따라 인종, 민족 혹은 국적 등 여러 요소를 기준으로 하여 왔다. 특히 '인종'이란 인류를 지역과 신체적 특성에 따라 구분한 것이며, '종족'이란 조상이 같고 같은 계통의 언어·문화 따위를 가지고 있는 사회 집단을 일컫는 것으로, 이러한 '인종'과 '종족'의 개념 자체 역시 그 구분과 판단이 명확하지 않다. 이러한 주관적이고 불확정적 개념을 사용하여 법적 용어로 활용할 뿐만 아니라 법률안에서 지원코자 하는 대상을 결정하도록 하는 것은 자의적 판단이나 혼란을 야기할 우려가 있는 것으로 적절하다고 볼 수 없다.

4) 또한 법률안이 '혼혈인'을 정의함에 있어서 인종과 종족의 개념을 택하면서도 '3촌 이내의 직계혈족'으로 그 범위를 한정하고 있으나, 인종적 민족적 특성은 3촌 이내인지 그 이상인지의 여부와는 상관없이 드러나거나 혹은 드러나지 않을 수 있는 것이고, 더욱이 한국인에 대하여는 한국민족이 아닌 국적의 개념을 들어 '그 부 또는 모가 대한민국 국적을 가진 자'로 더불어 규정하고 있어 혼혈인에 대한 정의가 인종 혹은 민족적 접근과 별개의 다른 접근방식들을 혼합한 결과를 야기하여 결국 그 정의에 있어서 일관성과 합리성이 결여되어 있다.

다. 적극적 조치의 원칙 및 내용의 적절성 여부

1) 법률안은 국내에 거주하는 혼혈인에 대한 차별 및 사회적 배제·편견 등을 해소하고 이들의 권익보호를 보장하기 위하여 적극적 조치를 취하고자 하는 의지로 발의된 것이며, 유엔 인종차별철폐위원회가 1999년 한국 정부에 '한국에서 태어나고 정착한 외국태생의 사람들이 차별받지 않도록 보장할 수 있는 적극적 조치를 취하고 혼혈아동들(특히, 미국인-한국인 사이에서 태어난 혼혈아동)이 인종차별이나 인종적 편견을 받지 않도록 홍보활동을 포함한 모든 적절한 조치를 취할 것'을 권고한 바 있어, 이러한 법률안의 제안 취지는 환영할 만한 것이다.

2) 그러나 소위 혼혈인들이 한국인으로서 한국사회에서 살아가는데 가장 문제가 되는 점은 이들이 한국국적을 갖고 한국인의 정체성을 유지하며 생활하고 있음에도 불구하고 단순히 외모를

기준으로 한국인이 아닌 외국인으로 취급하여 한국인과 똑같이 자신의 역량을 발휘하지 못하게 하는 사회적 분위기이다. 이러한 문제점을 해소하기 위해서는 인종 혹은 민족을 이유로 한 차별을 금지하고, 피부색 등 유전적 요소가 아니라 국적 및 문화적 동질성 등 정체성의 개념에서 이들을 같은 한국인으로서 받아들이도록 하는 사회적 인식을 확산시키는 것이 시급한 것이다.

3) 따라서 혈통을 이유로 한 차별적 요소를 내재하고 있는 '혼혈인'이라는 용어를 사용하여 이들을 비혼혈인과 구분하는 것을 전제로 한 교육프로그램시행, 실태조사, 사업장에서의 차별 예방교육, 명예국민증 발급, 혼혈인가족지원위원회의 설치, 혼혈인가족지원센터의 설치 등 동 법률안에 포함된 내용들이, 속칭 혼혈인들에 대한 사회적 인식개선을 위한 적절한 조치를 실효적으로 담고 있는지 더욱 면밀히 검토할 필요성이 있다.

4) 인종 혹은 피부색에 의한 차별을 예방하고 철폐할 수 있도록 하는 교육이 시행되는 것은 사회적 인식 개선에 긍정적 역할을 할 것이나 교육의 영역에서 '혼혈인'이라는 용어를 사용하고 혼혈인과 비혼혈인을 구분하여 이들에 대하여 차별과 사회적 배제 및 편견을 시정하기 위한 교육(안 제7조)을 하고자 한다면 그것이 '혼혈인'을 '나와는 다른 특별한 집단'으로 인식시킬 우려가 있다. 따라서 차별예방교육을 시행한다면, 그것은 귀화한 한국인, 피부색이 다른 한국인들뿐만 아니라 인종에 상관없이 국내에 체류하는 외국인들까지 모두 차별을 받지 않게 할 수 있는 넓은 의미의 차별 예방 교육이 되는 것이 바람직 한 것이다. 또한 법률안 제5조에서 공공기관 뿐만 아니라 각급학교에까지 법에 저촉될 수 있는 법령, 제도, 정책 및 관행 등을 조사, 시정하는 책무를 부과하는 것은 학교의 본질적 업무와 부합하지 않는다고 판단되며, 혼혈인인 학생을 대상으로 한 교육프로그램의 내용 및 방법 등을 더욱 명확히 할 필요가 있다.

라. 업무 중복의 문제

1) 동 법률안은 국무총리 소속하에 혼혈인가족지원위원회를 두어 정책의 주요 사항을 심의·조정하는 역할을 하도록 규정하고 있으며(안 제10조), 여성가족부에 혼혈인가족지원센터(안 제12조)를 설치하여 현황·실태조사, 심리치료·상담, 피해신고의 접수 및 처리 등의 업무를 하도록 규정하고 있다(안 제13조, 제14조).

2) 그러나 국가인권위원회의 정책권고 및 차별시정의 기능, 건강가족지원법에 의한 건강가족지원센터의 상담, 교육 등의 업무 등과의 중복여부가 검토되어야 할 것이며, 가급적 기존의 조직의 전문성을 강화하고 적극적으로 활용하는 방안이 바람직할 것이다.

3) 더구나 여성가족부에서 동 법률안과 유사한 내용의 다문화가족지원법 마련을 위한 노력이 현재 진행되고 있는 바, 그 적용대상과 범위에 있어서 중복이 발생할 우려가 있으므로 업무의 중복을 최소화하는 방향으로 추진되어야 할 것이다.

5. 결 론

가. '혼혈인'에 대한 차별 및 사회적 배제·편견을 시정하고자 한다면 인종 혹은 민족을 이유로
한 차별을 금지하는 원칙을 법률안에 명시하고, 그 원칙에 포섭되는 사람들을 모두 포함한
차별예방이나 시정정책을 도입하는 것이 바람직할 것이다.

나. 법률안 제2조에서 규정하고 있는 '혼혈인'이라는 용어는 순수한 한국 혈통이 아닌 모든 자를
구분하여 칭하는 용어로 이러한 용어자체에 차별적 요소가 있는 바, 일반적인 법률용어로서,
특히 차별을 시정하기 위한 목적으로 제안된 법률에서 사용하기에는 적절하지 않은 용어로
판단되며, 또한 '혼혈인'에 대한 명백한 정의가 어려워 법률적으로는 사용하기 적절하지 않다.

다. '혼혈인'에 대한 차별 시정을 위하여 적극적 조치(안 제4조, 제5조, 제6조, 제7조, 제8조, 제9
조)를 취할 경우라도, 그 수혜의 대상을 '혼혈인'과 '비혼혈인'으로 구분함으로 인하여 차별이
조장되지 않도록 세심하고 면밀한 검토가 필요할 것이다.

라. 동 법률안 제10조 및 제12조에서 규정하고 있는 '혼혈인가족지원위원회'와 '혼혈인가족지원
센터'의 업무가 기존 조직의 업무와 유사 또는 중복되지 않도록 재검토가 필요하다.

2007. 1. 18.
국가인권위원회 상임위원회

●「결혼중개업의 관리에 관한 법률 시행령 및 시행규칙」 제정안에 대한 의견표명 [2008.4.10.]

국제결혼 중개 과정에서 상대방에게 신상정보를 제공하는 범우, 방법 등에 대해 보건복지가족부 장관에게 의견표명을 한 사례

【진 정 인】 국가인권위원회

【피진정인】 보건복지가족부장관

【주 문】 국가인권위원회는 보건복지가족부가 2008.4.3. 입법예고 한 「결혼중개업의 관리에 관한 법률 시행령 및 시행규칙 제정안」에 대하여 보건복지가족부장관에게 아래와 같이 의견을 표명한다.「결혼중개업의 관리에 관한 법률 시행령」 제정안 제6조는 아래와 같은 개선이 필요하다.

가. 결혼중개업자와 계약을 체결한 계약 당사자는 자신의 신상정보를 작성하고, 이를 중개하는 상대방에게 제공하되, 상대방의 신상정보도 제공받는 것이 바람직하다. 이는 중개하는 상대방이 국내결혼 중개업자와 계약을 체결하지 않은 경우에 그러하다.

나. 결혼이 중개되는 양 당사자에게 제공되는 신상정보는 상대방이 이해할 수 있는 언어로 작성돼 서면으로 제공되는 것이 바람직하다.

다. 결혼이 중개되는 양 당사자에게 제공되는 신상정보의 내용에는 일정 기간 이내의 가정폭력 등의 전과가 포함되는 것이 바람직하다.

라. 결혼이 중개되는 양 당사자에게 제공되는 신상정보가 결혼 중개과정 중 어느 시점에서 제공되어야 하는지를 명시하는 것이 바람직하다.

【이 유】

1. 의견표명의 배경

보건복지가족부는 2007.12. 국내결혼 중개업의 신고제와 국제결혼 중개업의 등록제 도입 등 결혼 중개업의 규율을 주요내용으로 하는 「결혼중개업의 관리에 관한 법률안」을 제정·공포하여 2008. 6.15. 시행할 예정이고, 「결혼중개업의 관리에 관한 법률 시행령·시행규칙(안)」을 마련하고, 2008.

4.3. 입법예고 했다. 국제결혼 중개과정에서 발생하는 인종차별적 광고, 배우자에 대한 허위정보 제공, 집단 맞선 등 인권침해적인 행위를 규제할 필요성이 지속적으로 제기됨에 따라 「결혼중개업의 관리에 관한 법률안」이 제정된 것이고, 이번 시행령 및 시행규칙에 국제결혼 중개과정에서의 배우자 신상정보 제공 등 국제결혼 부부의 인권과 관련된 중요한 내용이 포함되어 있어 「국가인권위원회법」 제19조 제1호 및 제20조 제1항에 따라 검토하였다.

2. 판단기준

법률안에 대한 판단은 「헌법」 제36조, 「시민적 · 정치적 권리에 관한 국제규약」 제17조 1항 · 2항, 제23조 3항, 「경제적 · 사회적 · 문화적 권리에 관한 국제규약」 제10조 1항, 「여성에 대한 모든 형태의 차별철폐에 관한 협약」 제16조 1항(b) 등을 기준으로 했다.

3. 판 단

2006년 한국여성인권센터가 발간한 「매매혼적 국제결혼 예방과 방지를 위한 아시아 이주여성 전략회의 자료집」에 의하면 국제결혼중개업체는 성혼율을 높여 이윤을 극대화하기 위해 결혼을 희망하는 여성들에게 상대 남성의 개인 신상에 관한 허위정보를 제공하는 경우가 많았으며, 이 점이 국제결혼의 인신매매성을 강화시키는 가장 큰 문제라고 지적하고 있다.

「헌법」과 「여성에 대한 모든 형태의 차별철폐에 관한 협약」 등 혼인에 관한 모든 국제기준은 자유롭게 배우자를 선택하고 상호간의 자유롭고 완전한 동의에 의해서만 혼인을 할 동일한 권리를 보장해야 함을 제시하고 있다. 중개업체가 중개하는 국제결혼에서 혼인 당사자가 자유롭게 선택하고 동의하기 위해서 상대방에 대한 거짓 없는 정보를 아는 것이 필수적이다. 따라서 시행령 제정안에 계약당사자가 작성한 신상정보를 서면으로 상대방에게 제공토록 하는 규정을 두는 것은 바람직한 것으로 판단된다.

그러나 이 안은 결혼 당사자들의 인권보호와 향상을 위해 신상정보 내용, 방법 등에 있어 아래와 같이 몇 가지 개선이 필요하다.

가. 쌍방향적 신상정보 제공의 필요성

제정안은 결혼중개업자와 계약을 체결한 계약 당사자가 신상정보를 작성하고, 이를 중개하는 상대방에게 제공하도록 하고 있다.

국제결혼의 경우 현실적으로 내국인 남성은 국내의 국제결혼 중개업체와 결혼중개 계약을 체결하고, 국제결혼을 희망하는 다른 나라의 여성은 현지 국가의 국제결혼 중개업체와만 계약할 가능성이 크다. 즉 이 규정에 따르면 국제결혼을 희망하는 내국인 남성의 신상정보를 국제결혼을 희망하는 상대국가 여성에게 제공하되, 내국인은 상대 여성에 대해 본인의 신상정보에 준하는 정보를 제공받지 못하는 결과를 초래할 수 있다.

결혼은 혼인의사를 지닌 양 당사자간의 자유의사에 따른 것이어야 하므로 결혼당사자에 대한 신상정보는 쌍방에게 동일하게 제공돼야 할 것이다. 따라서 본 규정은 특히 국제결혼 중개에 있어, 계약을 체결한 계약 당사자의 신상정보를 중개하는 상대방에게 서면으로 제공하되 계약당사자가 아닌 상대방 배우자에 대한 정보도 계약당사자가 서면으로 제공받아야 함을 명시해야 할 것이다.

나. 이해할 수 있는 언어로 신상정보가 제공되어야 할 필요성

국제결혼에 있어 결혼 당사자들의 상호간 정보부족 문제는 결혼 중개과정에서 충분한 통역서비스가 제공되지 않는다는 점에서 기인하는 바가 컸다. 즉 신상정보가 양 측에 서면으로 제공된다 하더라도 당사자들이 이해할 수 없는 언어일 경우 정보의 효용성과 혼인의사 성립의 자의성을 신뢰하기 어렵게 될 것이므로 이에 대한 대책이 필요하다. 따라서 결혼이 중개되는 양 당사자에 대한 신상정보는 상대방이 이해할 수 있는 언어로 작성 되도록 관련 규정을 보완할 필요가 있다.

다. 일정기간 이내 가정폭력 등의 전과관련 신상정보 제공 필요성

제정안이 제공하도록 규정하는 신상정보에는 일정 기간 이내의 가정폭력 혹은 성폭력에 관한 전과가 추가되어야 할 것이다. 가정폭력이나 성폭력 가해자는 상습적으로 폭력을 휘두르는 경우가 많아 정상적인 결혼생활을 깨뜨리는 주요 요인이 될 수 있기 때문이다.

2007년 여성가족부 조사에 따르면 결혼이민자의 16.9%가 폭력적 또는 모욕적인 행동을 경험했다. 9%는 경찰에 신고하고 싶을 정도로 심한 가정폭력을 당하고도 방법을 몰라 신고도 하지 못했다. 즉 결혼 이주여성들은 배우자로부터 상습적인 가정폭력을 당해도 소통의 어려움과 해결방법에 대한 정보 부족으로 스스로 문제 제기조차 하기 어려운 형편이다.

최근에는 결혼 이주여성이 배우자의 폭행으로 사망한 사건이 발생할 정도로 국제결혼 가정에서 가정폭력의 문제는 심각한 양상이다. 일정 기간 이내의 성폭력, 가정폭력 등의 전과에 대한 정보가 결혼당사자 상호간에 제공됨으로써 혼인의사를 결정할 때 참고할 수 있도록 해야 할 것이다. 다만, 일정 기간 이내의 범위를 어느 정도로 특정할 것인지에 대해서는 논의가 필요한 것으로 생각된다.

미국의 국제결혼중개업법(The International Marriage Broker Regulation Act of 2005)은 약혼자 비자를 접수시키는 미국인의 경우 국제결혼중개업자, 국토안보부(DHS), 이민행정국(Citizen and Immigration Service: CIS)에 가정폭력이나 다른 폭력적인 범죄 등에 관한 신상정보를 공개하도록 하고, 국토안보부는 이러한 정보를 미국인 배우자의 다른 신상 정보와 함께 외국인 약혼자 혹은 배우자에게 송부 하도록(Section 832조) 규정하고 있다. 또한 미국 대사관은 결혼 관련 인터뷰를 할 때 구두로 결혼 상대자의 범죄기록 등에 관하여 외국인 약혼자 혹은 배우자에게 통보하고 있다.

라. 신상정보 제공 시점

제정안은 계약에 따른 중개행위 때마다 그 신상정보를 서면으로 중개하는 상대방에게 제공하도록 규정하고 있는데, 이 규정으로는 신상정보를 중개행위의 어느 단계에서 제공하도록 하는지가 모호하다.

헌법과 국제기준이 정하고 있는 '자유로운 선택과 상호간의 완전한 동의'라는 원칙에서 볼 때 신상정보가 맞선 이전 단계, 맞선의 단계, 맞선 후 결혼을 결정하기 이전 단계 중 어느 시기에 제공되는 것이 이러한 원칙 실현에 적절할 것인지 여부가 면밀히 검토되어야 할 것이다.

이와 관련해 미국의 국제결혼중개업법(The International Marriage Broker Regulation Act of 2005)은 결혼 중개업자가 여성의 자국어로 작성된 남성의 신상 정보, 폭력에 관한 범죄기록, 성적 범죄 기록, 가정 폭력법과 그 밖의 관련법에 관한 정보를 여성에게 제공한 후 서면으로 작성된 동의서를 얻기 전까지는 여성과의 연락을 주선해서는 안 된다는 점을 규정하고 있다.

국제결혼 중개 과정은 대량 맞선과 남성에 의한 일방적인 선택, 결혼 여부에 대한 속성 결정을 특징으로 할 때가 많다. 따라서 결혼 당사자가 보다 신중하게 선택하도록 하기 위해서는 맞선 이전에 신상정보가 제공돼 이를 토대로 상대방과의 '맞선' 여부부터 자유롭게 결정하도록 하는 것이 합리적이다. 이러한 상황들을 고려해 신상정보가 중개행위 어느 과정에서 제공돼야 하는지를 명시하여야 한다.

4. 결 론

위와 같은 이유로 우리 위원회는 「국가인권위원회법」 제19조 제1호의 규정에 의하여 주문과 같이 의견을 표명하기로 결정한다.

2008. 4. 10.
국가인권위원회 상임위원회

●「결혼중개업의 관리에 관한 법률 시행령」개정안에 대한 의견표명 [2010.8.19.]

> 결혼중개 시 건강진단서에 포함될 정신질환의 범위를 명확히 규정, 범죄경력증명서에 성매매 알선·강요 범죄를 포함, 신상정보 제공시 증빙서류를 첨부하도록 하는 등 국제결혼 과정에서 인권침해 최소화 조치를 위한 권고 사례

【주 문】 국가인권위원회는 여성가족부장관에게 「결혼중개업의 관리에 관한 법률 시행령」개정안에 대하여 국제결혼 당사자의 권리를 보호·증진하기 위하여, 건강진단서에 포함될 정신질환의 범위를 명확히 규정하고, 범죄경력증명서에 성매매 알선·강요 범죄를 포함하며, 신상정보 제공 시 증빙서류를 첨부하도록 하고, 결혼을 위한 만남에 대한 상대방의 동의 절차를 강화하는 것이 바람직하다는 의견을 표명한다.

【이 유】

1. 의견표명 배경

2010.7.20. 여성가족부가 의견조회를 요청한 「결혼중개업의 관리에 관한 법률 시행령」일부개정안(이하 '개정안'이라 한다)은 신상정보의 제공 시기 및 절차, 입증방법 등에 관한 사항, 통역·번역 서비스의 제공 등에 필요한 사항, 외국 현지 형사법령 위반의 범위 등을 규정하고 있다.

국가인권위원회(이하 '위원회'라 함)는 개정안이 결혼 이주여성의 피해를 예방하고 권리보호를 진전시킬 것이라고 평가하면서도, 국제결혼 중개업체를 통한 국제결혼의 인신매매성과 결혼 이주여성에 대한 폭력의 심각성, 국제결혼중개업체의 규제강화를 요청한 국제인권조약기구의 최종견해 등을 반영하여 국제이주여성의 인권보호를 더욱 강화하기 위한 차원에서 의견 표명이 필요하다고 판단하여 「국가인권위원회법」제19조 제1호에 따라 의견을 표명하기로 하였다.

2. 판단기준

「헌법」제36조 제1항, 「시민적·정치적 권리에 관한 국제규약」제23조 제3항, 「경제적·사회적·문화적 권리에 관한 국제규약」제10조 제1항, 「여성에 대한 모든 형태의 차별철폐에 관한 협약」제16조 제1항(b), '제13, 14차 정부보고서에 대한 인종차별철폐위원회의 최종견해' '제5, 6차 정부보고서에 대한 여성차별철폐위원회의 최종견해'를 판단기준으로 한다. 그리고 '세계인권선언 제16조 제2항', '여성차별철폐협약 일반 권고 19: 여성에 대한 폭력', '여성차별철폐협약 일반권고 21: 혼인과 가족관계에서의 평등'을 참고하였다.(별지 참조)

3. 판 단

가. 건강진단서에 포함될 정신질환의 범위를 명확히 규정할 것

개정안 제3조의 2 제1항 제2호는 국제결혼중개업자가 신상정보를 제공하기 위하여 이용자와 상대방으로부터 후천성면역결핍증, 성병 감염 여부 및 정신질환 여부가 포함된 건강진단서를 제출받아야 한다고 규정하고 있다.

'정신보건법 제3조 제1호'는 정신질환자를 "정신병(기질적 정신병을 포함한다)·인격장애·알코올 및 약물중독 기타 비정신병적 정신장애를 가진 자를 말한다"고 규정하고 있으며, '정신보건법' 제2조 제3항은 "모든 정신질환자는 정신질환이 있다는 이유로 부당한 차별대우를 받지 아니한다"고 규정하고 있고, '장애인차별금지 및 권리구제 등에 관한 법률' 제37조 제1항은 "누구든지 정신적 장애를 가진 사람의 특정 정서나 인지적 장애 특성을 부당하게 이용하여 불이익을 주어서는 아니 된다"고 규정하고 있다.

따라서 모든 정신질환 여부를 확인하여 건강진단서에 포함시키는 것은 '정신보건법'과 '장애인차별금지법'과 충돌될 소지가 있으므로 정신질환자에 대한 차별적 소지도 완화시키고, 정신질환이 있는 한국인 배우자로부터 결혼 이주여성을 보호한다는 취지를 반영하는 차원에서 결혼생활 유지에 중대한 지장을 초래하는 정신질환 등으로 한정하는 것이 바람직하다.

나. 범죄경력증명서에 성매매 알선·강요 범죄를 포함할 것

개정안 제3조의 2 제1항 제4호는 국제결혼중개업자가 신상정보를 제공하기 위하여 이용자와 상대방으로부터 성폭력·가정폭력·아동학대 등으로 한정된 범죄경력증명서를 제출받아야 한다고 규정하고 있다.

우리 사회에서 간혹 배우자가 결혼 이주여성에게 성매매를 강요하는 사례가 있다. 그리고 국제결혼중개업체를 통한 결혼과정은 현지 결혼 중개업자의 조직적인 연결망에 의해 여성을 모집, 관리, 통제하고 이동시킨다는 점에서 국제법에서 정의하고 있는 '인신매매적' 속성을 보이고 있다고 지적되고 있다. 또한 국제결혼중개업이 이익추구를 위한 영리행위 중심으로 진행되면서 무엇보다 완전하고 자유롭게 본인에 의해 결정되어야 할 결혼이 여성의 상품화 차원으로 진행되고 있는 측면이 있다. 따라서 외국여성과 결혼한 이후 성매매에 종사하게 하는 등의 범죄행위를 차단하는 차원에서 범죄경력증명서에 성매매 알선 및 강요 범죄를 포함시키는 것이 바람직하다.

다. 신상정보 제공 시 증빙서류 첨부의 의무를 부과할 것

개정안 제3조의 2 제2항과 제3항은 국제결혼중개업자는 이용자와 상대방으로부터 제출받은 서류를 바탕으로 개인신상정보확인서를 작성한 후 각각 이해할 수 있는 언어로 번역하여 맞선 이전에 제공해야 한다고 규정하고 있다.

한국소비자원이 2009년 조사한 결과에 의하면 국제결혼중개업체 회원들이 필수적으로 제공해야 하는 사항으로는 혼인상태(96.9%), 재산소득(90%), 가족관계(88.5%)가 있고, 증빙서류로는 주민등록등본(87%), 호적등본(81.8%), 재직증명서(67.6%), 소득관련증명서(57.1%)이다. 그러나 제출서류의 검증방법은 구두로 재확인하는 경우가 66.5%이고, 아예 재확인을 하지 않는 경우가 19.7%나된다고 한다. 그리고 2007년 여성가족부가 실시한 결혼 이주여성실태조사에 의하면 결혼 이주여성의 40%가 자신이 결혼과정에서 들은 정보와 실상이 달랐다고 응답하였다고 한다.

결혼 당사자에게 서로에 대한 정보를 정확히 제공해야 하는 것은 결혼 생활을 유지하는 데 필수적요소라고 할 수 있다. 그럼에도 국제 결혼중개업체에 의하여 배우자의 직업이나 경제력, 재산상태등이 과장되거나 심한 경우 허위로 제공되기도 하고, 양자의 결혼생활에 직접 관계가 있는 건강,가족관계 등의 정보가 아예 제공되지 않는 경우도 있다고 지적되어 왔다. 이러한 국제결혼중개업체의 이용자와 상대방에 대한 정보제공이 미흡하여 결혼 이주여성뿐만 아니라 한국인 남성배우자가피해자가 되는 경우도 발생한다.

따라서 국제결혼중개업자가 개인신상정보확인서를 임의적으로 또는 부실하게 작성할 가능성을차단하고 상대방을 정확히 판단할 수 있는 자료를 제공받을 수 있도록 하여 결혼에 대한 당사자의자기결정권을 보장하기 위해서 국제결혼중개업체에서 작성한 개인신상정보확인서와 그 증빙서류를해당 국가의 언어로 번역하여 제공하도록 하는 것이 하는 것이 바람직하다.

라. 결혼을 위한 만남에 대한 상대방의 동의 절차를 강화할 것

개정안 제3조의 2 제3항은 국제결혼중개업자는 이용자와 상대방이 각각 이해할 수 있는 신상정보를 양자가 맞선 전에 제공하여야 한다고 규정하고 있다. 현재 국제결혼중개업체에 의한 결혼은 한국국제결혼중개업체 주도로 현지 지사 또는 중개업체 조직의 공조에 의해 통상 5~7일 과정으로 이루어지고 있다. 이 과정에서 결혼 당사자들은 적합한 배우자를 선택할 수 있는 적절한 정보나 기회를제공받지 못하고 있다. 위원회는 2008.4. '결혼중개업법' 시행령 제정안에 대해서 결혼 당사자가 보다 신중하게 배우자를 선택하도록 하기 위해서 국제결혼중개업체가 맞선 이전 단계에 상대방의 신상정보를 제공하여 상대방과의 맞선 여부부터 자유롭게 결정하도록 하는 것이 합리적이라고 의견을표명한 바 있다. 이러한 점을 감안해 보면 이번 시행령 개정안에서 신상정보 제공시점을 맞선 이전으로 규정한 것은 진일보한 것으로 평가할 수 있다. 그런데, 국제결혼중개업체를 통해서 결혼하고자하는 당사자에게, 특히 결혼을 하려는 상대방에게 신상정보를 제공하는 것은 결혼과정을 본격적으로 진행하기 이전에 결혼중개업체 이용자의 정보를 파악하고 완전하고 자유로운 결정을 할 수 있게하기 위한 것이라는 취지를 고려할 때 보다 더 적극적인 조치가 필요하다고 판단된다. 참고로 미국은 이미 2005년 제정된 '국제결혼중개업자규제법'을 통하여 결혼중개업자가 상대방 여성의 자국어로작성된 미국인 남성의 신상정보, 폭력에 관한 범죄기록, 성적 범죄 기록, 가정 폭력법과 그 밖의관련법에 관한 정보를 여성에게 제공한 후 서면으로 작성된 동의서를 얻기 전까지는 여성과의 연락을 주선해서는 안 된다고 규정하고 있다.

따라서 국제결혼중개업체를 통해 결혼을 하고자 하는 이용자의 정보를 상대방에 전달하고, 이를검토한 상대방이 서면으로 작성된 동의서를 제출해야만 이용자와 만남을 주선할 수 있도록 하든지,

국제결혼 중개업체를 통해 결혼을 하고자 하는 이용자의 정보를 맞선 몇 일전까지 상대방에 전달하라고 일자를 명시하는 것이 바람직하다.

4. 결 론

위와 같은 이유로 「국가인권위원회법」 제19조 제1호에 따라 주문과 같이 의견을 표명하기로 결정한다.

2010.8.19.
국가인권위원회 상임위원회

● 이주아동의 교육권 보장을 위한 개선방안 권고 [2011.2.16.]

이주아동의 교육권을 보장하기 위한 한국의 교육의 체계화, 전·입학 거부 사례 방지, 공무원 통보의무제도 유보 등 전반적 권고 사례

【주 문】 국가인권위원회는 이주아동의 교육권을 강화하고 안정적 교육환경을 조성하기 위하여 다음과 같이 권고한다.

1. 교육과학기술부 장관에게

  가. 이주아동에 대한 한국어 교육이 체계적으로 이루어질 수 있도록 공교육시스템을 강화할 것,

  나. 전·입학과정 및 학교생활에서 이주아동과 학부모가 충분한 정보를 제공받을 수 있도록 모국어 정보 제공시스템을 강화할 것,

  다. 학교장이 이주아동의 전·입학을 거부하지 못하도록 관련 법규를 정비하거나 행정지도, 관리감독을 강화할 것,

  라. 장기결석 요인에 대한 검토에 기초하여 이주아동의 공교육 이탈을 예방하기 위한 방안을 마련할 것,

  마. 이주아동에 대한 차별과 인권침해를 예방할 수 있도록 적합한 다문화 교육을 강화하고, 피해아동을 구제하고 지원하는 방안을 마련할 것,

  바. 이주아동의 나이, 학습능력, 본국학제 등을 고려한 적정한 학년 배정 기준을 마련할 것을 권고한다.

2. 법무부 장관에게

  가. 외국인에 대한 단속·보호·강제퇴거 시 아동의 처우에 대한 내용을 관련 법령에 별도로 규정하고, 이주아동의 부모에 대한 강제퇴거 조치를 일정 기간 동안 일시 유예하는 방안을 마련할 것,

  나. 이주민의 권리보호나 구제를 업무로 하는 공무원(교육공무원, 국가인권위원회 공무원, 교육공무원, 보건소 의사, 고용노동부 근로감독관 등)에 대한 공무원통보의무의 적용을 유보 혹은 면제 한다는 내용을 관련 법령에 규정할 것을 권고한다.

【이 유】

1. 권고배경

우리나라가 1991년 가입·비준한 유엔아동권리협약은 모든 아동이 자신과 그 부모의 인종, 피부색, 언어, 사회적 출신, 신분에 관계없이 어떠한 종류의 차별대우를 받지 않을 권리를 지니고 있다는 점을 규정하고 있다. 그리고 동 협약은 모든 가입국이 아동권리협약에 규정된 권리를 존중하고 보장해야할 의무를 지니고 있다는 점을 명확히 밝히고 있다. 이러한 점에서 우리사회 이주아동은 체류자격의 소유여부와 무관하게 교육받을 기회와 교육현장에서 차별과 침해를 받지 않을 권리를 보장받아야 할 것이다.

그동안 이주아동의 교육권 보장을 위해 지속적으로 노력해 왔음에도, 이주아동의 상당수가 경제적 형편, 한국어를 포함한 학습능력 부족, 학교 측의 전·입학 거부, 체류 자격의 불안정성 등 여러 가지 제약 요인으로 인해 공교육에 진입하지 못하고 있는 실정이다. 그리고 이주아동은 학교에 입학한 후에도 발음, 피부색, 문화 등의 차이로 인해 다양한 차별과 인권침해에 노출되고 있으며, 수업료 부담, 따라가기 어려운 학습진도, 불법체류 외국인 단속 등을 이유로 학교를 그만두는 경우도 다수 발생하고 있다.

국가인권위원회(이하 '위원회'라 한다)는 이주아동의 교육권 보장 실태를 파악하고 개선방안을 모색하기 위하여 2010년 외부 연구용역을 통해 「이주아동의 교육권 실태조사」를 시행하였고, 조사결과 국내외 인권규범에 기초하여 이주아동의 교육권을 보다 충실히 보장할 수 있는 방안을 마련할 필요가 있다고 판단하여 「국가인권위원회법」 제19조 제1호 및 제25조 제1항에 따라 관련부처의 장에게 주문과 같이 권고하기로 하였다.

2. 판단기준

「헌법」 제6조, 제10조, 제11조, 제31조, 「교육기본법」 제4조, 「재한외국인처우기본법」 제10조, 제11조, 제12조, 제18조, 「아동권리협약」 제2조, 제9조, 제28조 등을 기준으로 판단하였고, 세계인권선언 제26조, 아동권리협약 이행에 관한 제2차 정부보고서에 대한 아동권리위원회 최종견해, 인종차별철폐협약 이행에 관한 제13차, 제14차 정부보고서에 대한 인종차별철폐위원회의 최종견해, 아동권리협약 일반논평 4 등을 참고하였다.(별지 참조)

3. 판 단

가. 공공시스템에 의한 한국어 교육을 강화할 것

이주아동의 한국어 구사능력은 그들의 공교육 기관에의 입학뿐만 아니라 학교생활 적응에 매우 중요한 요소라고 할 수 있다. 공교육에 접하기 이전에 이주아동의 한국어를 교육하기 위한 공공시스템이 취약한 상황에서 한국어 구사능력이 부족한 이주아동의 상당수는 그들의 부모에 의하여 공교육 기관이 아닌 민간단체의 한국어 교실·유치원·대안교육기관 등에 보내지기도 하고, 공교육에 입학하더라도 학습능력의 부족으로 교과과정을 제대로 따라가지 못하는 등으로 학교생활에 적응하기 어려운 상황에 처하게 된다.

이와 같이 이주아동에게 한국어 구사능력이 중요한 의미를 지니고 있음에도 이주아동에 대한 한국어 교육은 전문성, 체계성, 장기성, 안정성 등에서 충분한 수준이라고 보기 어렵다. 현재 학교에서의 이주아동에 대한 한국어 교육은 각 급 학교의 역량에 따라 이루어지고 있고, 학교 밖에서도 이들을 위한 별도의 한국어 교육기관이 부재하고 한국어 교육과정, 교재, 교사의 양성이 부족한 상태이다. 특히 한국 공교육에 접하기 이전 아주아동의 한국어교육을 담당하는 공공시스템이 취약하여 대부분의 이주아동은 개인과 민간단체에 의한 한국어 교육에 의존하고 있는 실정이다.

따라서 이주아동의 공교육 진입을 충분히 보장하기 위해서 거점학교를 확보하고 이중언어를 사용하는 강사를 배치하는 등으로 이주아동에게 교과과정과 별도의 안정적이고 체계적인 한국어교육을 제공하고, 교육에 적합한 한국어 교육교재, 교수법, 교육 과정을 개발하고 적용하는 것을 강화할 필요가 있다.

나. 전·입학절차와 학교생활에 대한 모국어 정보 제공시스템을 강화할 것

이주아동의 전·입학 절차에 대한 정보를 모국어로 제공하는 것은 그들의 교육권을 보장하는데 중요한 의미를 지니고 있다. 이주아동의 부모 중에는 모국어 안내와 통역서비스 제공이 부족하여 자녀의 입학절차를 제대로 처리하지 못하거나 적지 않은 비용을 지출하면서 업무대행자에게 의뢰하여 처리하는 경우도 있다고 한다. 그리고 한국어 이해 능력이 부족한 이주아동의 부모는 자녀가 학교에 입학한 이후에 학교생활에 대한 안내, 학교공부 보충지도, 경제적 지원, 생활상담, 비상시 후견인 역할 등 자녀의 학교생활과 관련하여 한국어로 제공되는 정보를 제대로 이해하지 못하는 경우가 발생하고 있다.

현재, 정부는 다국어로 제작된 학교생활 안내책자 등은 제공하고 있으나 이주아동의 전·입학을 지원하기 위한 모국어 안내와 통역서비스, 그리고 가정통신문 등의 번역서비스는 충분히 제공하지 못하고 있다. 다만, 개별 교육청에서 지역의 이주민 관련 단체들이나 통번역기관들과 협력하여 통역과 번역 서비스를 일부 지원하는 수준이다.

따라서 현재 이주민에게 제공되고 있는 교육제도와 관련된 모국어 서비스의 내용과 전달체계를 구체적으로 검토하고 번역과 통역서비스를 강화하는 방안이 마련되어야 한다. 이를 위해서 정부는 각 지역 교육청과 민간단체 및 통번역기관과의 상시적 연계에 기반을 둔 통·번역서비스 안정화, 2~3월과 8~9월 등 입학 및 새 학기가 시작되는 시기에 이주아동 입학 및 학교생활 관련 상담인력 배치 지원프로그램 운영, 가정통신문 번역 프로그램의 개발·보급 등을 통하여 이주아동의 학부모가 모국어로 된 안내문을 전달받을 수 있도록 하는 조치를 취할 필요가 있다.

다. 학교의 이주아동 전·입학 거부행위를 근절하기 위한 조치를 취할 것

이주아동이 전·입학을 하고자 할 때 일선 학교가 이들을 교육시키기 위한 제반시설이나 프로그

램의 미비, 미등록 지위의 학생을 입학시키는 것에 대한 부담 등을 이유로 이들의 전·입학을 명시적으로 또는 암묵적으로 거부하는 상황이 지속적으로 발생하고 있다. 이처럼 이주아동의 전·입학에 대한 일선 학교의 소극적 또는 부정적 행위는 이주아동의 교육권 보장을 제한하는 주요한 요소로 작용하고 있다.

정부는 2008년 2월 유엔아동권리협약 등의 취지를 반영하여 미등록 이주아동을 포함한 모든 이주아동의 초등학교 입학을 보장하기 위해 「초·중등교육법 시행령」을 개정한 바 있다. 미등록 이주아동이 국내 학교에 입학 또는 전학하고자 할 때 본인이 희망할 경우에는 외국인 등록증 또는 이를 증명할 수 있는 서류 대신 임대차계약서, 인우보증서 등 거주사실을 확인할 수 있는 서류를 제출할 수 있도록 하였다.

그리고 정부는 이주아동의 교육권 보장을 강화하라는 국가인권위원회의 권고를 수용하여 2010년 12월 이주노동자 자녀 등이 기본적인 의무교육 단계의 교육을 받을 수 있도록 중학교 취학 절차시 초등학교 입학 등의 절차를 준용하도록 하는 내용으로 「초·중등교육법 시행령」을 개정하였다.

이처럼 정부는 이주아동이 공교육을 받고자 할 때 거주사실을 확인할 수 있는 서류 확인만으로도 입학에 장애를 받지 않도록 관련법을 개정하고 있지만, 일부 학교에서는 여전히 학교규정, 상부의 요청 등을 이유로 이주아동이 전·입학하는 과정에서 그들의 비자를 확인하고 있고, 심한 경우 학교 사정을 이유로 그들의 전·입학을 거부하는 관행이 여전히 발생하고 있는 것으로 조사되었다.

따라서 모든 사람에게 초등교육을 의무적으로 제공하고 차별 없는 교육의 기회를 부여한다는 차원에서, 이주아동이 전학 또는 입학을 하고자 할 때 학교장이 학교의 여건과 기자재 부족 등을 이유로 이들의 전·입학을 거부하거나 본인의 동의 없이 비자 등을 확인하는 관행을 없애기 위해서 관련 법적 조항 정비 또는 행정지도와 관리감독을 강화할 필요가 있다.

라. 이주아동의 공교육 이탈을 방지하는 조치를 강화할 것

이주아동의 상당수는 학교에 입학한 이후에도 다양한 이유로 학교생활을 지속하지 못하고 공교육을 이탈하는 사례가 발생하고 있다. 이들이 학교를 떠나는 이유는 따라가기 어려운 학교교육 수준, 비자 없는 외국인에 대한 단속, 학교문화의 차이, 낮은 학년배정, 한국학생들의 무시, 수업료 부담, 상급학교 진학의 어려움, 불투명한 미래, 경제적 이유로 인한 취업, 학교를 이탈한 모국친구와 어울리고 싶은 마음 등인 것으로 조사되었다.

정부는 이주아동의 장기결석 원인과 그로 인한 공교육 이탈의 원인을 대체로 파악하고 있지만 이주아동의 공교육 중도탈락을 방지할 수 있는 적절한 조치는 아직 충분히 마련되어 있지 못한 상태이다. 일부 학교에서는 평소 생활지도, 멘토링, 상담 등을 병행하면서 이주아동의 중도탈락을 예방하고자 노력하고 있지만, 대부분의 학교에서는 장기결석을 하는 이주아동이 중도탈락하지 않도록 하는 별도의 조치가 사실상 부재한 상태이다.

따라서 이주아동의 공교육 이탈을 예방하기 위하여 정부는 장기결석 요인에 대한 검토에 기초하여 이주아동이 학업에 흥미를 가질 수 있도록 하는 방안 마련, 이주아동의 학교생활에 대한 상담

강화, 학교생활을 위한 비용부담 최소화 등의 조치를 취할 필요가 있다.

마. 이주아동에 대한 차별과 인권침해의 예방 및 구제 조치를 강화할 것

적지 않은 이주아동이 재학하고 있는 학교 내에서 한국학생들로부터 무시와 소외·발음 놀림·피부색 놀림·모국 비하 등의 차별을 당하고, 협박·소지품 강탈·구타 등의 침해를 당하고 있는 것으로 조사되었다. 구체적인 예로 이주아동은 '너희 나라에는 이런 것 없지' 등의 모국 비하, 다른 아이들에게 잘못된 소문을 퍼뜨리거나 뒤에서 수군거리는 행위로 인한 무시와 소외, '너희 나라로 돌아가', '(불법체류 등을) 신고하겠다'는 등의 협박을 당하기도 하고, 일부는 '돈이나 소지품을 빼앗긴' 경험과 '손이나 주먹으로 발로 걷어차인' 직접적인 폭행을 경험하는 것으로 조사되었다.

학교에서 이주아동이 차별받는 직접적인 배경과 이유가 피부색과 언어의 차이에서 기인한다는 점을 감안하면 공교육에서 올바른 다문화 교육을 위한 지향점과 내용이 정립될 필요가 있다. 그런데 현재의 다문화 교육은 타국의 문화를 어떤 방식으로 인정하고 수용할 것인가라는 근본적인 내용보다는 얼마나 많은 타국의 문화를 이해하는가를 중심으로 이루어지고 있는 실정이다.

따라서 교육현장에서의 이주아동에 대한 차별과 인권침해 문제를 개선하기 위하여 정부는 다른 나라의 문화에 대한 이해와 더불어 이주아동을 비롯한 우리사회 소수자를 존중하는 인권의식을 제고할 수 있도록 다문화교육의 지향점과 방향을 정립하고, 이주아동에 대한 차별 및 인권침해 예방과 피해아동 지원 등에 관하여 지도교사들이 활용할 수 있는 지도 매뉴얼을 작성하여 제공하는 방안을 마련할 필요가 있다.

바. 이주아동의 적정한 학년배정을 위한 기준 및 원칙을 마련할 것

한국어가 미숙한 상태에서 학교에 입학한 이주아동들은 학습수행능력을 고려하는 학교 측에 의해서 대부분 자기 나이보다 낮은 학년에 배정되는 것으로 조사되었다. 그런데 이주아동이 학교를 그만두고 싶은 이유 중의 하나로 이 문제를 거론하고 있는 점에서 알 수 있듯이, 이러한 학년 배정 관행이 이주아동의 학교 부적응에 적지 않은 영향을 미치고 있다고 할 수 있다. 이와 더불어 낮은 학년으로 배정된 이주아동뿐만 아니라 그렇지 않은 이주아동의 상당수도 적정한 기준에 의해서 학년 배정이 이루어질 필요가 있다고 생각하고 있는 것으로 조사되었다.

그럼에도 현실적으로 한국어가 되지 않는 아동을 어느 학년에 넣어야 할지에 대해 판단기준이 구체적으로 정립되어 있지 못한 실정이다. 그러다보니 정부는 각 급 학교의 학력심의위원회를 중심으로 처리한다는 원칙을 세우고 있으나, 대부분의 초등·중등·고등학교는 이주아동의 학년배정 시 이주아동의 한국어 실력과 학습능력을 우선적으로 적용하고, 이주아동의 나이와 본국학제를 후순위로 고려하고 있다.

따라서 이주아동의 나이와 학년의 차이를 가능한 최소화한다는 원칙 하에서 이주아동의 나이, 학습능력, 본국학제 등을 고려한 적정한 학년배정 기준을 마련하여 시행할 필요가 있다.

사. 이주아동과 그 부모의 단속 및 강제퇴거 제도를 개선할 것

미등록 외국인에 대한 단속은, 부모와 이주아동 모두 비자가 없는 경우뿐 아니라 아동은 비자가 있지만 부모의 비자가 없는 경우에도 이주아동의 학교생활을 크게 위축시키고 결과적으로 그들의 교육권 보장에 커다란 영향을 미치고 있다고 할 수 있다. 이주아동의 부모들 중에는 외국인 단속이 있는 경우에 자녀를 학교에 보내지 않거나 외출을 금하기도 하는 것으로 조사되었다.

미등록 이주아동 대부분은 자신의 의지와 무관하게 부모 등 보호자의 결정에 의해 한국으로 이주해왔거나 이주한 부모들에 의해 한국에서 태어난 아동으로, 기본적인 생계보장, 학업, 의료 및 보건, 문화 및 여가, 사회관계 형성 등의 권리를 지니고 있음에도 이를 제대로 향유하지 못하고 있다. 미등록 외국인에 대한 단속 및 강제퇴거 과정에서 부모인 미등록 외국인이 자녀의 보호와 교육을 위한 적절한 조치를 취하지 못하게 될 가능성이 있으며, 이 때문에 이주아동이 심각한 정신적 충격을 받거나 아동의 교육과정이 중단되는 상황도 초래될 수 있다.

미등록 외국인에 대한 단속, 보호, 강제퇴거 관련 내용을 규율하고 있는 「출입국관리법」은 성인과 아동에 대한 동일한 법적용 원칙을 적용하고 있어 미등록 이주아동에 대한 별도의 처우규정이나 단속된 미등록 외국인에게 보호 중인 자녀가 있을 경우 인도주의적 차원에서 면접을 포함한 최소한의 보호조치를 취할 수 있도록 하는 등의 아동 특성을 고려한 별도의 규정을 포함하고 있지 않다. 그리고 정부는 「출입국관리법」에 의하여 강제퇴거명령을 받은 외국인이 인도주의에 비추어 대한민국에 체류하여야 할 특별한 사정이 있다고 인정되는 경우에 특별체류허가를 할 수 있으나, 단순히 재학 중이라는 이유만으로 특별체류를 허용하지 않고 있으며, 더욱이 아동의 부모에 대하여는 입국 경위, 불법체류 기간, 체류실태, 타 법령위반 여부 및 그 중대성, 아동 양육·보호의 정도 등을 종합적으로 고려하여 특별체류 허가 여부를 결정하고 있다.

따라서 국내 체류 외국인에 대한 단속·보호·강제퇴거 시 아동 처우에 대한 부분을 「출입국관리법」 등 관련 법령에 추가하고, 미등록 외국인이 단속되어 강제퇴거 대상자로 분류되었더라도 그 자녀가 초·중·고 재학 중인 경우 그들의 교육권을 보장하기 위한 차원에서 해당 학기 또는 해당 학년 수업을 완료하는 시점까지는 강제퇴거의 집행을 유예하는 방안 등이 마련될 필요가 있다.

아. 공무원통보의무제도를 개선할 것

「출입국관리법」 제84조에 의거하여 국가나 지방자치단체의 공무원이 그 직무를 수행할 때에 강제퇴거대상자이거나 「출입국관리법」에 위반된다고 인정되는 사람을 발견하면 그 사실을 지체 없이 출입국관리사무소장·출장소장 또는 외국인보호소장에게 알려야 하는 공무원통보의무제도가 시행되고 있다. 정부는 법질서 준수의식 확립, 정부의 불법에 대한 무관용 의지 표명, 불법체류로 인한 사회문제 방지 등의 입법 목적을 고려하여 공무원 통보의무 제도가 존치되어야 한다는 입장이다. 반면에 이주인권 관련 단체들은 그동안 합법적 체류자격을 지니고 있지 않은 외국인이 인권침해를 당하거나 인권보호를 받을 필요가 있을 경우에 공무원통보의 무제도로 인해서 공적 시스템 내에서 인권침해구제나 인권보호를 요청하지 못하고 있다고 지적하면서 공무원통보의무제도가 폐지되어야 한다고 주장한다.

이주아동의 교육권 보장과 관련해서, 공무원통보의무제도는 합법적 체류자격을 지니지 못한 부모가 자신의 자녀를 학교에 보내면 자신의 체류자격 미비 사실과 소재지 등이 노출되는 것을 염려하여 자신의 아동의 취학을 주저하거나 포기하는 상황을 초래하는 요인으로 작용하고 있다고 지적되어 왔다. 법무부는 교육공무원에 대한 공무원통보 의무제도 적용 유예를 결정하고 2010.9.3. 이러한 사실을 교육과학기술부에 통보한 바 있다. 이는 이주아동의 교육권을 보호하는 차원에서 진전된 조치로 보인다. 그러나 현실적으로 공무원통보의무 조항 자체로 이주아동의 공교육 기회에 대한 접근을 제한하는 부정적 효과가 적지 않은 만큼 관련 법령을 정비하는 방법을 통해서 근본적으로 이주아동의 교육을 개선할 필요가 있다. 나아가 교육공무원뿐만 아니라 이주민의 권리를 보호하거나 구제하는 업무를 담당하는 공무원의 통보의무를 유보 또는 면제하는 방안에 대한 검토가 필요하다. 따라서 이주아동의 교육권을 보장하기 위한 교육공무원뿐만 아니라 국가인권위원회 공무원, 보건소 의사, 고용노동부 근로감독관 등 이주민의 권리구제나 인권침해 구제를 업무로 하는 공무원에게는 외국인에 대한 공무원통보의무의 적용을 유보 혹은 면제한다는 내용으로 출입국관리법령을 정비할 필요가 있다.

4. 결 론

위와 같은 이유로「국가인권위원회법」제19조 제1호 및 제25조 제1항에 따라 주문과 같이 권고하기로 결정한다.

2010.12.30.
국가인권위원회 상임위원회

● 미등록 이주아동의 의료접근권 개선방안 권고 [2011.11.10.]

미등록 이주아동이 안정적으로 의료서비스를 제공받을 수 있도록 보건복지부 장관 및 법무부 장관에게 의료접근권 개선을 권고한 사례

【주 문】 국가인권위원회는 미등록 이주아동의 의료접근권을 개선하기 위하여 다음과 같이 권고한다.

1. 보건복지부 장관에게,

미등록 이주아동이 안정적으로 의료서비스를 제공받을 수 있도록 '외국인근로자 등 소외계층 의료비 지원사업'의 지원 절차를 개선하고 의료비 지원범위 및 진료기관 수 확대, 안정적 예산 확보 등의 조치를 할 것, 미등록 이주아동이 의료급여 수급권자에 포함되도록 「의료급여법」 등 관련 규정을 개정할 것을 권고한다.

2. 법무부 장관에게,

국가인권위원회의 2010.12.30.자 '이주아동의 교육권 보장을 위한 개선방안 권고'에 대한 법무부의 회신(외국인정책과-801, 2011.4.6. 시행) 내용 중 「출입국관리법」 제84조 제1항 공무원의 통보의무와 관련된 내용이 보건복지부 및 공공 의료기관의 보건의료인에게 널리 전파되도록 조치할 것을 권고한다.

【이 유】

I. 권고배경

국내 거주 미등록 이주아동은 국내에 미등록 체류 중인 외국인 부모 사이에서 출생하거나, 외국인 부모가 국내 입국 후 아동을 초청해 미등록이 되는 등의 경로로 발생하고 있는데, 국가인권위원회(이하 '위원회'라 한다)의 〈2010년 이주아동의 교육권 실태조사〉에 따르면 국내 거주 미등록 이주아동의 규모는 약 17,000명으로 추산된다.

「아동의 권리에 관한 협약」(이하 '아동권리협약'이라 한다) 제24조는 당사국이 도달 가능한 최상의 건강수준을 향유하고 질병의 치료와 건강의 회복을 위한 시설을 이용할 수 있는 아동의 권리를 인정하도록 하고 있으며, 이러한 권리의 완전한 이행을 위해 모든 아동에게 필요한 의료지원과 건강관리의 제공을 보장하는 조치를 취하여야 한다고 정하고 있다. 그러나 국내에 거주하는 미등록 이주아동은 「의료급여법」이나 「국민건강보험법」의 적용대상에 포함되지 않아 공공 및 일반 의료서비스

의 사각지대에 놓이는 문제가 발생하고 있다. 이와 같은 상황에서 미등록 이주아동은 의료서비스가 필요한 경우 사적공제회, 인권단체, 민간의료지원단체 등의 지원을 통할 수밖에 없는 것이 현실이며, 이러한 경우에도 재원이 충분하지 않아 사실상 미등록 이주아동에 대한 의료지원은 매우 미흡한 실정이다.

이에 위원회는 미등록 이주아동의 의료접근권 개선방안을 마련할 필요가 있다고 판단하여, 「국가 인권위원회법」 제25조 제1항에 따라 관련부처의 장에게 주문과 같이 권고하기로 하였다.

II. 판단기준

「헌법」 제6조 및 제10조, 「아동권리협약」 제24조, 「경제적, 사회적 및 문화적 권리에 관한 국제 규약」 제12조, 「모든 형태의 인종차별 철폐에 관한 국제협약」 제5조 등을 기준으로 판단하였고, 「세계인권선언」 제25조를 참고하였다(별지 참조).

III. 판단

1. 외국인근로자등 소외계층 의료비 지원사업의 절차 관련

보건복지부는 「재한외국인처우기본법」 제3조(국가 및 지방자치단체의 책무)에 의거하여 2005년 부터 미등록 이주민을 보건의료의 우선 제공대상자로 보고 일정범위 내에서 무료진료를 제공하는 '외국인근로자등 소외계층 의료비 지원사업'(이하 '지원사업'이라 한다)을 시행하고 있다. 지원사업은 건강보험, 의료급여 등 각종 의료보장제도에 의해서도 의료혜택을 받을 수 없는 사람들에게 의료서 비스를 제공함을 목적으로 하는 것으로, 동 부처의 '외국인근로자 등 소외계층 의료서비스 지원사업 시행지침'에 따라 국비 70%와 지방비 30%를 재원으로 하여 총 48억 원의 예산으로 시행되고 있다.

또한 그 지원 대상자는 ①노숙인, ②외국인근로자 및 그 자녀, ③국적취득 전 여성 결혼이민자 및 그 자녀, ④난민 및 그 자녀 등이고, 지원 범위는 입원 진료 및 당일 외래수술에 한하며, 전국 77개 병원이 사업수행 의료기관으로 참여하고 있다.

이주아동이 지원사업의 의료비 지원을 받기 위해서는 총 다섯 단계의 절차를 거치도록 되어 있는 데, ①외국인 부모와의 가족관계 확인, ②신원확인(여권, 외국인등록증, 여행자증), ③국내체류기간 90일 경과, 질병의 국내 발병여부 확인, ④부모의 전·현직 근로여부 확인, ⑤건강보험, 의료급여 적용여부 확인 등이 해당 절차이다.

이상의 절차에서 네 번째 단계인 '부모의 전·현직 근로여부 확인'은 사업장에서 발행한 근로확인 서 또는 미등록 이주아동 부모의 본인진술서로 절차가 진행된다. 하지만 미등록 이주아동의 부모가 근로를 한 사실이 없는 경우에는 지원대상에서 원천적으로 제외되고 있고, 또한 근로를 한 사실이 있는 경우에도 전·현직 고용주가 근로확인을 해주지 않거나 자신의 미등록 상태가 노출되어 단속될 수 있음을 우려하는 미등록 이주아동 부모의 진술서 미제출로 미등록 이주아동이 지원사업의 대상자가 되지 못하고 있는 실정이다. 이로 인해 2009년부터 지원사업의 예산집행률이 떨어지고 있고, 2009년에는 국비 예산 33억 6천만 원 중 21억 8천만 원만이 집행되었다.

소외계층의 의료비 지원사업의 취지 및 인도주의적인 측면을 고려할 때, 미등록 이주아동에 대한 의료비 지원 여부가 그 부모의 근로 여부와 반드시 연관되어야 할 필요는 없다고 판단된다. 따라서 지원사업에서 절차적 문제로 인해 미등록 이주아동이 의료비 지원 대상에서 제외되는 일이 없도록 부모의 전·현직 근로여부를 확인하는 절차를 면제 또는 간소화하고, 그 부모가 근로하지 않은 경우에도 지원받을 수 있는 방안을 마련하는 것이 필요하다. 또한 미등록 이주아동의 경우 의료비 지원사업의 지원 범위를 일반 진료, 예방접종, 건강검진, 의료정보 제공 등으로 확대하는 방안 및 의료접근성을 강화하기 위하여 진료기관의 수를 늘리고 의료비 지원사업을 위한 안정적 예산 확보 방안을 강구하는 것이 필요하다고 판단된다.

2. 미등록 이주아동에 대한 의료급여 실시 관련

「의료급여법」은 생활이 어려운 자에게 국가재정으로 의료급여를 실시함으로써 국민보건의 향상과 사회복지의 증진에 이바지함을 목적으로 하는 공적부조제도이며, 동 법은 의료급여를 받을 수 있는 수급권자를 「국민기초생활보장법」상 수급권자로 제한하고 있다.

이와 관련하여 「국민기초생활보장법」은 제5조의2 외국인에 대한 특례에서 "국내에 체류하고 있는 외국인 중 대한민국 국민과 혼인하여 본인 또는 배우자가 임신 중이거나 대한민국 국적의 미성년 자녀를 양육하고 있거나 배우자의 대한민국 국적인 직계존속과 생계나 주거를 같이하고 있는 사람으로서 대통령령이 정하는 사람이 제5조에 해당하는 경우에는 수급권자가 된다."라고 규정하고 있고, 「국민기초생활보장법 시행령」은 제5조의2에서 수급권자에 해당하는 외국인의 범위를, 「출입국관리법」 제31조에 따라 외국인 등록을 한 자로서 ①대한민국 국민과 결혼 중인 외국인으로서 대한민국 국적의 미성년 자녀를 양육하고 있는 경우나, ②대한민국 국민인 배우자와 이혼하거나 그 배우자가 사망한 외국인으로서 대한민국 국적의 미성년 자녀를 양육하고 있는 경우로 제한하고 있다. 따라서 미등록 이주아동은 「국민기초생활보장법」상의 수급권자가 될 수 없어 「의료급여법」상의 수급권자에도 포함되지 못하고 있다.

국내 거주 미등록 이주아동은 대개의 경우 그 부모의 경제적·사회적 지위가 취약하여 국가가 이들을 공적 의료서비스의 대상으로 포함시키지 않을 경우 질병 및 상해 등으로 인해 의료서비스가 필요한 경우에도 서비스를 제공받지 못하는 상황에 처할 가능성이 있으며, 이는 체류자격의 적법성 여부와 관계없이 모든 아동에게 필요한 의료지원과 건강관리의 제공을 보장하여야 한다는 「아동권리협약」 제24조의 규정에도 부합하지 않는 것으로 판단된다. 따라서 「의료급여법」상 수급권자 관련 규정을 개정하여 미등록 이주아동이 의료급여 혜택을 받을 수 있도록 함으로써 이들의 기초건강을 보호하고 사회복지를 증진시키는 것이 필요하다.

3. 출입국관리법 상 공무원의 통보의무 관련

「출입국관리법」제84조 제1항은 공무원이 그 직무를 수행함에 있어 출입국사범을 발견한 경우 지체 없이 출입국관리사무소에 통보하도록 하고 있다. 이에 따라 공공 의료기관의 보건의료인도 진료를 담당한 이주아동의 불법체류 사실을 인지하게 되면 그 사실을 관계기관에 통보하여야 하는 의무가 있으며, 이 조항으로 인해 미등록 이주아동의 부모는 자녀가 아프거나 다친 경우에도 미등록 신분의 노출 및 단속을 우려하여 보건소 등 공공의료기관을 적극적으로 이용하지 못하고 있다.

법무부는 2010.12.30. 위원회의 '이주아동의 교육권 보장을 위한 개선방안 권고'에 대한 회신(이주아동의 교육권 보장을 위한 국가인권위원회 권고 결정에 대한 의견, 외국인정책과-801, 2011.4.6. 시행)에서, 교육공무원 외에 국가인권위원회 공무원, 보건소 의사, 고용노동부 근로감독관 등에 대해서도 「출입국관리법」제84조 제1항의 통보의무 적용을 유보 혹은 면제하도록 조치한다는 통보를 한 바 있으나, 해당 공문의 내용은 보건복지부, 고용노동부 등 관련 부처에는 아직 공유되지 못하고 있는 것으로 보인다.

「아동권리협약」이 보장하고 있는 아동의 건강에 대한 권리의 측면에서 볼 때, 미등록 이주아동이 체류자격의 합법 여부와 무관하게, 그리고 미등록 신분의 노출 및 단속에 대한 우려 없이 필요한 경우 실질적으로 공공 의료서비스에 접근할 수 있도록 공공 의료기관의 보건의료인 및 그 관련자에게 「출입국관리법」상 공무원의 통보의무를 면제하도록 조치한다는 법무부의 입장은 그 실효적 집행을 위해 관계자들에게 널리 공지되어야 할 필요가 있으므로, 법무부는 2011.4.6.자 회신에 따른 공무원의 통보의무 면제 내용이 보건복지부 및 공공 의료기관의 보건의료인에게 널리 전파되도록 조치할 필요가 있다.

IV. 결론

이상과 같은 이유로 「국가인권위원회법」제25조 제1항에 따라 주문과 같이 권고하기로 결정한다.

2011.11.10.

위원장   현병철
위 원   장향숙
위 원   김영혜
위 원   홍진표

[별지]

【판단기준】

1. 헌 법

제6조(조약과 국제법규의 효력, 외국인의 법적 지위) ① 헌법에 의하여 체결·공포된 조약과 일반적으로 승인된 국제법규는 국내법과 같은 효력을 가진다.

② 외국인은 국제법과 조약이 정하는 바에 의하여 그 지위가 보장된다. 제10조(인간의 존엄성과 기본적 인권의 보장) 모든 국민은 인간으로서의 존엄과 가치를 가지며, 행복을 추구할 권리를 가진다. 국가는 개인이 가지는 불가침의 기본적 인권을 확인하고 이를 보장할 의무를 진다.

2. 아동의 권리에 관한 협약

제24조 1. 당사국은 도달 가능한 최상의 건강수준을 향유하고, 질병의 치료와 건강의 회복을 위한 시설을 사용할 수 있는 아동의 권리를 인정한다. 당사국은 건강관리지원의 이용에 관한 아동의 권리가 박탈되지 아니하도록 노력하여야 한다.

2. 당사국은 이 권리의 완전한 이행을 추구하여야 하며, 특히 다음과 같은 적절한 조치를 취하여야 한다.

   가. 유아와 아동의 사망률을 감소시키기 위한 조치

   나. 기초건강관리의 발전에 중점을 두면서 모든 아동에게 필요한 의료 지원과 건강관리의 제공을 보장하는 조치

   다. 환경오염의 위험과 손해를 감안하면서, 기초건강관리 체계 안에서 무엇보다도 쉽게 이용가능한 기술의 적용과 충분한 영양식 및 깨끗한 음료수의 제공 등을 통하여 질병과 영양실조를 퇴치하기 위한 조치

   라. 산모를 위하여 출산 전후의 적절한 건강관리를 보장하는 조치

   마. 모든 사회구성원 특히 부모와 아동은 아동의 건강과 영양, 모유, 수유의 이익, 위생 및 환경정화 그리고 사고예방에 관한 기초 지식의 활용에 있어서 정보를 제공받고 교육을 받으며 지원을 받을 것을 확보하는 조치

   바. 예방적 건강관리, 부모를 위한 지도 및 가족계획에 관한 교육과 편의를 발전시키는 조치

3. 경제적, 사회적 및 문화적 권리에 관한 국제규약

제12조 1. 이 규약의 당사국은 모든 사람이 도달 가능한 최고 수준의 신체적·정신적 건강을 향유할 권리를 가지는 것을 인정한다.

2. 이 규약당사국이 동 권리의 완전한 실현을 달성하기 위하여 취할 조치에는 다음 사항을 위하여 필요한 조치가 포함된다.

    (a) 사산율과 유아사망률의 감소 및 어린이의 건강한 발육

    (b) 환경 및 산업위생의 모든 부문의 개선

    (c) 전염병, 풍토병, 직업병 및 기타 질병의 예방, 치료 및 통제

    (d) 질병 발생시 모든 사람에게 의료와 간호를 확보할 여건의 조성

4. 모든 형태의 인종차별 철폐에 관한 국제협약

제5조 제2조에 규정된 기본적 의무에 따라 체약국은 특히 아래의 제 권리를 향유함에 있어서 인종, 피부색, 또는 민족이나 종족의 기원에 구별없이 만인의 권리를 법 앞에 평등하게 보장하고 모든 형태의 인종차별을 금지하고 폐지할 의무를 진다.

    (e) 경제적, 사회적 및 문화적 권리 특히

       (iv) 공중보건, 의료, 사회보장 및 사회봉사에 대한 권리

5. 세계인권선언

제25조 모든 사람은 식량, 의복, 주택, 의료, 필수적인 사회역무를 포함하여 자신과 가족의 건강과 안녕에 적합한 생활수준을 누릴 권리를 가지며, 실업, 질병, 장애여부, 배우자와의 사별, 노령, 그 밖의 자신이 통제할 수 없는 상황에서의 다른 생계 결핍의 경우 사회보장을 누릴 권리를 가진다.

위 정본입니다.

2011.12.12.

국가인권위원회

의사담당 임경숙 (인)

5 방문조사에 따른 정책권고

• 외국인 보호 및 교정시설 방문조사에 따른 권고 [2007.12.17.]

외국인보호시설 및 외국인 교정시설에 방문조사를 실시한 후 시설 및 처우에 대하여 개선을 권고한 사례

【주 문】 국가인권위원회는 법무부장관에게 외국인 보호 및 교정제도와 관련하여 아래와 같이 권고한다.

1. **외국인 보호절차의 개선과 보호외국인의 인권보호와 향상을 위하여**

   가. 출국권고나 출국명령 등 강제퇴거의 대안적 절차를 적극 활용하여 신체의 자유를 제한하는 보호조치를 최소화해야 할 것이다.

   나. 보호조치에 대해 형사사법 절차에 준하는 수준의 실질적 감독 체계가 마련되어야 할 것이다.

   다. 법률에 의해서만 보호외국인에 대한 기본권 제한이 이루어질 수 있도록 하기위해서 출입국관리법에 운동이나 급양, 집필, 보호거실이 갖추어야 할 최소한의 조건 등 기본권과 관련된 중요한 사항들을 규정해야 할 것이다.

   라. 보호의 적정화를 위해 보호기간이 연장되는 매 3개월마다의 승인, 승인과정에서 해당 외국인의 보호에 대한 이의신청권이나 의견진술기회 보장, 보호기간의 상한 규정 등이 마련되어야 하며, 이러한 내용들이「출입국관리법」에 반영되어야 한다. 또한 보호외국인들의 체불임금 등 금품문제를 해결하고 보호기간이 단축될 수 있도록 보호일시해제 조건을 완화하는 등의 다양한 지원시스템을 강구해야 할 것이다.

   마. 보호시설 내에서 외국인이 일과 시간 중에 운동장, 도서 등에 대한 접근이 원활하게 이루어질 수 있도록 거실 밖의 자유로운 이동을 최대한 보장해야 한다.

   바. 보호시설 내에서 의복 등의 반입과 집필권이 최대한 보장될 수 있도록「외국인보호규칙」제10조를 개정하여 보호외국인이 보호시설 안에서 생활하는 동안 필요한 물품인 의류, 필기구와 종이, 도서, 가족사진, 화장품 등을 소지하고 사용하는 것을 소장의 허가사항이 아닌 기본적 허용사항으로 하고, 보호외국인의 사복착용 허용, 여벌의 보호복 지급, 보호복의 정기적 교환 및 세탁을 위한 최소한의 기준 마련 등 보호복의 청결과 위생 상태를 유지하기 위한 대안을 모색해야 할 것이다.

사. UN「피구금자 처우에 관한 최저기준규칙」에서 정하는 구금거실의 기준에 충족하도록 보호거실 내 자연채광, 환기, 환풍 등의 현황을 점검하고 보호시설의 화장실 및 목욕실 차폐시설 실태를 파악하여 개선해야 할 것이다.

아. UN「피구금자 처우에 관한 최저기준규칙」에서 정하는 구금거실의 기준에 충족하지 못하는 외국인보호실내 보호기간을 엄격히 제한하고 보호인원 적정규모 준수지침을 마련해야 할 것이다.

자. 보호시설 내 징벌적 독거수용은 원칙적으로 지양하고 독거수용 통제방안과 절차적 정당성을 확보하기 위해 현행「출입국관리법」제56조의4와「외국인보호규칙」제40조를 개정하여 격리보호 요건을 최소화하고, 격리보호의 당부에 대하여 심사할 수 있는 행형제도 상의 징벌위원회와 같은 절차적 통제장치를 마련하여야야 하며 이 과정 중 해당외국인에게 항변의 기회를 반드시 보장하도록 해야 할 것이다.

차. 감시장비로 인한 피보호자의 사생활침해를 최소화하기 위해 과도한 감시장비 설치를 개선해 나가도록 하고 여성보호거실의 감시카메라 모니터링은 여성직원에 의해서 이루어지도록 해야 할 것이다.

카. 보호시설 내에서 실효성 있는 생활규칙 및 권리구제 안내를 위하여 보호의 통지에 관한 사항 및 변호인 선임에 관한 사항, 접견, 서신수수 및 전화통화 등 보호외국인에게 보장되는 권리와 보호시설 내의 처우에 관한 중요사항, 국가인권위원회 진정권 등을 기본적 고지사항으로 정하여 이의 게시뿐만 아니라 고용허가제 양해각서(MOU) 체결국가 이상의 다양한 언어의 안내문을 제작하여 보호거실 내에 반드시 비치하도록 하는 등의 내용을「출입국관리법」에 포함시켜야 할 것이다.

타. 공휴일이나 일과 후 저녁 시간에 접견기회를 보장하고 면회방식을 개선해야 할 것이다.

파. 운동기회가「피구금자 처우에 관한 최저기준규칙」에 부합하게 허용되도록 개선방안을 마련하고 보호외국인을 위한 다양한 활동프로그램을 마련하여 자유로운 이용이 가능하도록 해야 할 것이다.

하. 보호외국인에 대한 안전교육을 실시하고 소방시설 현황을 점검해야 할 것이다.

거. 보호업무 수행자에 대한 인권교육을 강화해야 할 것이다.

2. 외국인 수용자의 인권보호와 향상을 위하여

가.「행형법 시행령」제60조를 개정하여 외국인의 경우 한국어 사용 능력에 상관없이 자국어로 면회할 수 있는 것을 원칙으로 하고 특별히 증거인멸이나 도주의 기도 등이 우려되는 경우에만 통역자 등을 대동하고 면회할 수 있도록 해야 할 것이다.

나.「수형자분류처우규칙」제51조와「수용자전화사용지침」제7조를 개정하여 외국인 수용자의 전화사용에 대한 예외규정을 마련해야 할 것이다.

다. 수용자의 출신국적을 고려하여 다양한 언어의 도서를 구비해야 할 것이다.

라. 수용자가 이해할 수 있는 언어로 생활안내와 고충상담이 이루어지도록 해야 할 것이다.

마. 외국인 수용자 출신국의 식생활 특성을 고려한 식단을 공급해야 할 것이다.

【이 유】

1. 방문조사 실시 및 권고배경

1) 2007.2. ○○외국인보호소의 화재사건 이후 보호시설 내에서의 과도한 기본권 제한 및 보호기간의 장기화 등 미등록 외국인 보호정책에 대한 재검토가 사회적으로 요청되었다. 또한 2007년 ○○소년교도소 ○○지소가 남성외국인 전담교도소의 역할을 담당하게 됨에 따라 여성외국인 전담교도소인 ○○여자교도소와 더불어 외국인에 대한 교도소 내 처우 실태를 파악할 필요가 제기되었다.

2) 이에 국가인권위원회(이하 '위원회')는 지난 2007.6.부터 11.까지 이주관련 단체 활동가, 변호사, 의사, 건축사 등 30여 명의 외부 전문가를 참여시켜 외국인보호 및 교정시설에 대한 방문조사를 실시하였다. 방문조사의 구체적 일정은 붙임과 같다.

3) 방문조사 결과, 우리 위원회는 외국인 보호정책, 보호 및 교정 시설 내 처우개선을 위한 정책방안이 마련될 필요가 있다고 판단하여 「국가인권위원회법」 제19조 제1호 및 제25조 제1항에 따라 권고하게 되었다.

2. 판단기준

1) 「국가인권위원회법」 제1조 및 제2조에 의하면, 위원회는 모든 개인이 가지는 불가침의 기본적 인권을 보호하고 그 수준을 향상시킴으로써 인간으로서 존엄과 가치를 구현하고 민주적 기본 질서의 확립에 이바지함을 설립목적으로 하며, 이 때 인권이라 함은 헌법 및 법률에서 보장하거나 대한민국이 가입·비준한 국제인권조약 및 국제관습법에서 인정하는 인간으로서의 존엄과 가치 및 자유와 권리를 말한다.

2) 따라서 보호 및 교정시설 수용외국인의 인권보호와 향상 방안을 「헌법」 제10조 인간의 존엄과 가치 및 행복추구권, 제12조 신체의 자유, 제17조 사생활의 비밀과 자유, 제37조제2항 기본권 제한의 원칙, 「행형법」, 「피구금자 처우에 관한 최저기준규칙」 등 국내법과 국제인권기준에 의거하여 판단하였다.

3. 판 단

1) 미등록 외국인 보호시설 내 보호외국인에 대한 처우

가. 보호의 법적 의미 및 문제점

「출입국관리법」 제51조 제1항은 "출입국관리공무원은 외국인이 제46조 제1항 각호의 1에 해당된다고 의심할만한 상당한 이유가 있고 도주하거나 도주할 염려가 있는 경우 사무소장, 출장소장 또는

외국인보호소장으로부터 보호명령서를 발부 받아 그 외국인을 보호할 수 있다"고 규정하고 있고, 제63조 제1항은 "사무소장, 출장소장 또는 외국인보호소장은 강제퇴거명령을 받은 자를 즉시 대한민국 밖으로 송환할 수 없는 때에는 송환이 가능할 때까지 그를 외국인보호실, 외국인보호소, 기타 법무부장관이 지정하는 장소에 보호할 수 있다"고 규정하고 있다. 즉 외국인 보호는 외국인이 강제 퇴거대상자에 해당된다고 의심되는 상당한 이유가 있고 도주의 우려가 있는 경우 강제퇴거대상자에 해당하는지를 조사하기 위한 신체의 자유에 대한 제한, 또는 강제퇴거명령을 받은 외국인에 대한 강제퇴거의 집행이 불가능한 경우 그것이 가능할 때까지 행하여지는 신체의 자유에 대한 제한으로 정의될 수 있다. 그러므로 현행의 보호는 대부분 「출입국관리법」 위반사실이 확정되지 않았거나 행정처분인 강제퇴거의 대상에 대해 출입국관리사무소장 등이 발부한 보호명령서에 의해 특정한 장소에 인치하여 신체의 자유를 제한하는 것으로 형벌적 요소가 배제된 행정작용이다.

그러나 실제적으로 「출입국관리법」상 행해지는 보호행위는 사법절차상의 구인·구금 또는 수용과 유사한 것으로 보호외국인의 기본권을 폭넓게 제한하고 있어, 위원회는 이미 법률상 보호행위에 대한 정의 규정을 분명히 할 것을 법무부에 권고한 바 있다. 이러한 권고는 한편으로 보호가 실질적으로 신체의 자유를 비롯한 포괄적인 기본권 제한을 초래하고 있으므로 인신의 보호는 필요 최소한도로 이루어져야 하되 그 과정은 형사사법 절차에 준하는 권리보장 체계를 갖추어야 한다는 의미이며, 다른 한편으로 그럼에도 불구하고 보호조치가 이루어져야 할 경우 보호외국인에 대한 기본권 제한이 필수적인 경우에만 한정되어야 한다는 의미라고 할 수 있다.

그럼에도 현재 개정절차 과정에 있는 「출입국관리법」 개정안(개정되는 법률 제명은 「출입국관리 및 난민인정에 관한 법률」, 이하 "입법예고안") 제2조 10의 2는 '보호'를 강제퇴거 대상에 해당된다고 의심할 만한 상당한 이유가 있고 도주하거나 도주할 염려가 있는 자 또는 강제퇴거명령을 받은 자를 외국인보호실·외국인보호소, 그 밖의 법무부장관이 지정하는 장소에 인치하고 수용하는 집행 활동으로 규정함으로써 보호에 대한 개념만을 규정할 뿐 보호 일변도의 강제퇴거 정책에 대한 성찰과 보호에 따른 절차적 인권과 처우에 대한 개선에 대한 내용은 담지 않고 있다.

위원회가 2007.5.부터 11. 사이에 실시한 방문조사 결과를 보면, 조사 대상 보호시설에 보호된 외국인들은 대부분 출입국관리공무원에 의해 단속된 자, 형의 집행을 마친 자, 다른 국가기관의 통보에 의해 신병이 확보된 자들로서 도주의 우려가 있는지 여부에 관계없이 강제퇴거대상자이거나 강제퇴거에 해당된다고 의심되는 상당한 이유가 있는 경우에는 모두 보호조치 되고 있었다. 또한 보호된 외국인에 대해서는 신체의 자유가 제한되고 있을 뿐만 아니라 보호시설 관리 및 처우에 있어서 기본적 권리가 충분히 보장되고 있지 못한 형편이었다.

따라서 단순한 신병확보를 목적으로 하는 행정적 작용으로서의 '보호' 개념에도 불구하고 보호과정에서 해당 외국인에 대하여 광범위한 기본적 권리의 제한이 이루어지고 있는 현실에 비추어, 현행의 보호조치를 우선으로 하는 미등록 강제퇴거 정책에 대한 대안과 보호과정에서 처우의 개선방안에 대한 검토가 요청된다.

나. 보호조치의 최소화를 위한 개선 방안 모색

「출입국관리법」제46조에 의하면, 유효여권을 소지하지 않았거나 입국금지 사유가 입국 후 발견되거나 발생되는 등 하자 있는 입국을 했던 경우, 허가받은 체류기간을 도과하였거나 체류자격을 위반하여 활동하는 등으로 입국 후 체류자격에 하자가 발생한 경우 등의 사유로 「출입국관리법」을 위반한 자나 금고 이상의 형을 선고받고 석방된 자 등은 강제퇴거의 대상자이다.

위에서 살펴본 것처럼 현행 「출입국관리법」하에서 법무부는 강제퇴거 대상자인지 여부를 조사하는 과정은 물론 강제퇴거 대상자로 결정된 이후 강제출국 시까지 해당 외국인을 보호조치 하고 있다. 보호기간은 원칙적으로는 10일 이내이나, 다만 강제퇴거 집행을 위한 보호기간에는 제한이 없다.

한편, 「출입국관리법」제67조와 제68조는 출국권고와 출국명령에 대해서도 규정하고 있다. 먼저 체류기간을 도과하였거나 체류자격 외 활동을 하여 「출입국관리법」을 위반한 자로서 그 위반정도가 가벼운 경우 등 법무부 장관이 필요하다고 인정하는 경우에 대해서는 출국 권고를 하여 보호조치 없이 출국권고서가 발급된 날부터 5일 안에 출국기한을 정하도록 하여 외국인의 자진출국을 권고할 수 있다.

또한 「출입국관리법」제46조에 해당하는 강제퇴거의 대상자이지만 자기비용으로 자진하여 출국하려는 자나 출국권고를 이행하지 않은 자 등에 대해서는 출국명령을 내릴 수 있다. 출국명령서를 발급할 때에는 출국기한을 정하고 주거의 제한이나 그 밖에 필요한 조건을 붙일 수 있다. 출국명령을 받고도 지정한 기한까지 출국하지 않을 경우에는 강제퇴거명령서를 발급하여야 한다. 즉 현행의 「출입국관리법」은 보호를 수반하는 강제퇴거 전에 출국권고, 출국명령을 할 수 있도록 규정하여 강제퇴거 대상자의 자진출국을 유도할 수 있도록 규정하고 있다.

그러나 법무부의 2006년 '출입국관리 통계연보' 중 「출입국관리법」위반자 통계를 보면, 강제퇴거된 경우는 18,574명인데 비해 출국명령으로 자진 출국한 경우는 901명, 출국권고를 통해 출국한 경우는 2,509명에 불과해 법무부가 출국권고나 출국명령보다는 주로 강제퇴거 조치를 통하여 「출입국관리법」위반자들을 출국시키고 있음을 알 수 있다.

이에 비해 캐나다 및 영국 등의 외국사례를 보면, 이주관련법의 위반자나 범죄자 등을 퇴거대상자로 정하고 퇴거의 집행 절차를 엄정히 수행하고 있지만 구금에 따른 비용과 미등록 이주자에 대한 인권을 고려하여 구금을 통한 강제출국보다 자진출국을 유도하는 절차를 활용하고 있다.

따라서 도주의 우려가 있는 지, 혹은 공공에 위협이 될 것으로 판단되는지의 여부에 관계없이 강제퇴거 대상자에 해당되는지 여부를 조사하는 과정이나 강제퇴거 집행을 위한 대기 기간 동안 신체의 자유를 제한하는 보호조치를 원칙으로 하고 있는 우리의 출입국 정책은 재고되어야 하며 현행과 같은 보호조치를 대체할 수 있는 다양한 방법들이 모색될 필요가 있다.

특히 현행법 체계 내에서도 출국권고나 출국명령의 방안을 활용한다면 외국인의 기본권 제한을 최소화 할 수 있으므로 보호조치의 대안적 절차로서 이러한 방법을 적극 활용함으로써 이 절차를 통하여 출국한 자에 대해서 입국금지 기간을 줄여주는 등의 인센티브를 제공하여 출국권고나 출국명령의 준수를 유도하는 등의 노력을 기울여야 할 것이다.

다. 보호절차의 개선 방안

「출입국관리법」상 보호는 실질적으로 인신의 자유를 제약하는 체포나 구속과 동일한 효과를 초래하는 것이므로 그 집행에 있어 형사사법 절차에 준하는 권리보장 체계를 갖추어야 한다.

이와 관련하여 위원회는 이미 2005.5. '출입국공무원의 권한행사, 특히 단속, 연행, 보호, 긴급보호 등 사실상 체포와 구금의 작용을 내포하고 신체의 자유를 심각하게 제약하는 조치에 대하여는 영장주의 원칙을 적용하는 것이 타당하다'고 판단하여 '출입국관리공무원에 의한 외국인 단속과 연행, 보호, 긴급보호 등에 대하여 형사사법 절차에 준하는 수준의 실질적 감독 체계를 마련하도록 권고'한 바 있다.(04진인139, 04진기131 병합, 2005.5.23. 전원위원회 결정)

그러나 법무부는 '불법체류 외국인의 단속은 실체적 진실이 엄격히 규명되어야 하는 형사피의자의 수사와 달리 불법상태의 판별이 매우 용이한 외국인을 신속히 국외로 퇴거시키는 것을 목적으로 하므로 복잡한 형사절차에 의하기보다는 행정절차로 신속히 이루어지는 것이 타당하며, 불법체류 외국인의 출국이라는 행정목적을 담보할 대체수단이 없는 상태에서 출국 시까지 최단기간의 수용을 의미하므로 신체의 자유 제한 자체를 목적으로 하는 형사범의 구금과는 그 목적이나 성질을 달리하는 것이고, 불법체류 외국인의 단속 즉 보호와 강제퇴거는 국가주권적 행위'라고 주장하면서 영장주의가 배제되어야 함을 강조하고 있다.

이러한 결과, 법무부의 입법예고안에는 보호기간이 6개월을 초과하는 자에 대한 법무부 장관의 승인을 받도록 하는 규정을 신설하여 장기보호에 대한 절차적 통제를 꾀하고 현행의 보호조치에 대한 이의신청 절차 안내 등을 적극적으로 알리는 것 외에 이의신청절차가 지극히 형식적으로 운용되는 것에 대한 개선책이나 보호, 긴급보호 등에 대한 실질적 감독 체계를 마련하지 않았다.

그러나 법무부의 위와 같은 주장에도 불구하고 보호외국인에게는 보호조치로 인하여 신체적 자유를 포함한 기본적 권리의 제한이 이루어지고 있어서 보호조치가 형사범에 대한 체포나 구속과 거의 유사한 결과를 초래하고 있으므로 형사사법 절차에 준하는 수준의 감독 체계를 마련하고 보호에 대한 이의신청절차 등이 실질적인 구제절차로 운영될 수 있도록 할 필요가 있다.

따라서 법무부는 위원회의 2005.5. 권고를 수용하여 이번 입법 예고안에 출입국관리공무원에 의한 외국인 보호 및 긴급보호 등에 대한 구체적이고 실질적인 감독 체계를 사법절차에 준하는 내용으로 마련되도록 보완해야 할 것이다.

라. 보호시설 내 처우개선 방안

(1) 법률에 의한 보호외국인에 대한 기본권 제한 및 보장이 이루어져야 한다.

보호조치가 보호외국인에 대한 인신의 자유와 같은 근본적인 기본권 제한을 가져옴에도 불구하고, 현행의 「출입국관리법」에는 기본권의 보장 및 제한에 관한 실질적 내용이 규정되어 있지 않고 그 상당 부분이 외국인보호규칙과 동 규칙 시행세칙에 규정되고 있다는 점이 계속해서 문제로 지적되어 왔다. 이에 위원회는 2007.4.9. ○○외국인보호소 화재로 인한 사망사건에 대한 직권조사 결과, 법무부장관 및 국회의장에게 '기본권 제한이 필요하다고 인정되는 최소한의 범위 내에서만 보호조치가 가능하다는 것을 천명하고, 보호에 의하여 제한될 수 있는 기본권의 종류와 그 내용, 보호절차상에 있어서 보호외국인이 누려야 할 일반적인 권리, 면회와 통신권, 청원권, 보호 중 물리력 사용에 대한 제한, 건강, 급식 및 진료와 관련된 권리 등이 구체적으로 규정되도록 「출입국관리법」을 개정할 것'을 권고한 바 있다. 이에 따라 법무부의 입법예고안 제56조의6이 기존에 사무소장 등의 허가사항으로 규정해왔던 접견·서신수수·전화통화 등을 허가 사항이 아닌 기본적 권리로 인정하고, 제56조의7이 보호시설에서의 처우에 대한 불복이 있는 경우 청원을 할 수 있다는 것을 법률에 명시하게 된 것은 바람직한 것이다. 그러나 운동이나 급양, 집필, 보호거실이 갖추어야 할 최소한의 조건 등 기본권과 관련된 중요한 사항들은 여전히 법무부령에 위임하고 있어 법무부의 입법예고안은 수정이 필요하다.

(2) 보호기간을 최소화해야 한다.

가) 이번 조사 대상 보호시설 중 ○○외국인보호소의 경우 1년 이상 보호된 외국인 3명을 포함하여 3개월 이상 보호된 외국인이 19명이었다.

나) 강제퇴거명령 집행을 위한 보호는 「출입국관리법」상 그 기간의 제한이 없고 외국인을 '송환할 수 있을 때'까지 보호할 수 있다고 규정하고 있어 무기한으로 보호조치 하는 것이 가능하다. 이는 법원의 영장 없이 행해지는 외국인의 신체에 대한 심각한 제약임에도 불구하고, 법원의 사전사후 통제절차 등 장기보호에 대한 실질적 통제절차나 권리구제절차가 없다.

법무부가 이번 입법예고안에 보호기간이 6개월을 초과하는 자에 대한 법무부장관의 승인을 받도록 하는 규정을 신설하여, 장기보호에 대한 내부적 통제절차를 마련한 것은 긍정적으로 평가된다. 그러나 내부통제절차를 거치는 최저기간인 6개월까지 최초 보호명령에 대한 이의신청 외에 실질적 통제나 권리구제절차가 없고, 6개월 이상 보호 승인 절차 과정에서 보호외국인의 이의신청권이나 의견진술기회 등이 마련되어 있지 않은 점에서 여전히 미흡하다. 법무부장관의 승인 이후 보호기간 연장 시 재승인 받아야 하는 기간도 2006.7.에 마련되었던 법무부의 「출입국관리법」 개정안 '3개월'보다 이번 입법예고안에는 '6개월'로 연장된 것으로 「출입국관리법」 개정안의 수준으로 수정되는 것이 바람직하다.

다) 또한 법무부는 보호기간의 상한을 법률에 명시적으로 규정하여야 한다. 현행 「출입국관리법」상 강제퇴거 집행을 위한 보호가 법원의 영장 없이 이루어지고 있는바, 이러한 조치가 영장주의의 예외로서 인정받기 위해서는 보호기간은 최대한 단기간이어야 한다.

라) 한편 법무부는 1개월 이상 장기보호자에 대하여 '송환이 가능할 때까지' 보호해제하는 방안, 장기보호에 대한 승인절차 과정에서 장기 보호외국인의 이의신청권이나 불복 방법을 부여하는 방안, 실질적 통제절차를 거치는 방안 등을 마련하여 장기보호의 가능성을 최소화해야 한다.

마) 위원회의 방문 조사 시 심층 인터뷰에 응답한 많은 보호외국인들이 임금체불, 전세금 반환 등 금품문제 해결의 어려움을 호소하면서 이러한 문제가 해결되면 곧바로 출국하고 싶다는 의견을 밝히고 있어 금품문제의 미해결이 장기 보호로 이어지고 있는 것으로 나타났다.

그러나 이동의 자유가 제한된 상황에서 보호외국인 스스로 체불임금 등의 금품 문제를 해결하기란 매우 어려운 일이다. 일부 외국인보호소가 체불임금 및 금품 관련 해결을 위해 지방노동(지)청과 협력하여 근로감독관이 보호소를 방문하여 체불임금 상담을 지원하고 있지만, 근로감독관이 속한 지방노동(지)청 관할지역과 보호외국인이 임금체불을 당한 사업장의 소재지역이 다르고, 임금체불이 발생한 시점이 오래되었거나 공장 주소지가 분명하지 않은 등의 이유로 인해 이러한 방문 상담이 실효를 거두기 어려운 형편이다. 고액 피해자를 구제하기 위하여 법무부는 출입국 내부 지침으로 천만 원 이상의 임금체불, 전세금 등의 금품 관련 피해자들에게는 일시적으로 보호를 해제하는 정책을 실시하고 있으나, 보호일시해제의 조건으로 천만 원 이하의 보증금 납부, 한국인 신원 보증인, 소송 및 진정 진행의 근거자료 제출을 정하고 있어 보호외국인들 스스로 보호일시해제의 권리를 제대로 행사하기 어렵다. 따라서 보호외국인들의 금품문제를 해결하고 단기간 내에 출국할 수 있도록 좀 더 다양한 지원시스템이 강구되어야 한다.

(3) 보호시설 내 보호외국인의 이동의 자유가 최대한 보장되어야 한다.

보호로 인한 외국인에 대한 기본권 제한은 강제퇴거의 심사나 강제퇴거의 집행을 위한 신병확보의 목적을 달성하기 위한 최소한의 주거 혹은 신체의 자유에 대한 제한에 그쳐야 하며, 형사처벌이 아니므로 징벌이나 교정교화의 목적을 위한 기본권의 제한은 허용될 수 없다. 이는 보호외국인에 대한 기본권 제한이 필수적인 경우에만 한정되어야 한다는 의미이다.

그러나 이번 방문조사 결과에 따르면, 각 보호시설의 시설 현황과 보호외국인에 대한 처우 면에서 UN「피구금자 처우에 관한 최저기준규칙」은 물론 현행의 「외국인보호규칙」에도 부합하지 못하는 몇 가지 문제점들이 발견되었다. 이러한 문제점 중 각 보호시설의 보호집행 과정의 문제라기보다는 법무부 차원에서 보호외국인의 인권을 향상하기 위해 예산을 집행하거나 관련 규정을 개정하는 등의 노력을 통해 해결될 수 있는 사항만 지적해보면 아래와 같다. 먼저 보호시설 내에서 보호외국인의 이동이 지나치게 엄격하게 통제되고 있다. 보호실 밖의 출입문이 엄격하게 통제되어 있고 외벽으로 향한 복도의 경우 창문에 쇠창살이 설치되어 있는 등 탈출 등을 방지하기 위한 장치가 마련되어 있는데도, 보호외국인은 복도 밖으로조차 이동할 수 없으며, 이 때문에 공중전화가 복도에 설치되어 있는 경우 보호담당직원의 허락을 얻어서야 공중전화를 사용할 수 있고 복도에 비치된 도서를 읽기 위해 거실 밖으로 나가는 것조차 어렵다. 심지어 보호거실의 출입문에조차 한 사람 정도만 드나들 수 있는 걸음쇠 장치를 해놓은 보호시설도 많이 있었다. 이는 기본적으로 보호외국인이 보호시설이라고 하는 정해진 공간 내로 주거의 자유가 제한될 뿐 보호시설 내에서는 최대한 이동의 자유가 보장되고 정해진 규칙 안에서 보호시설을 자유롭게 이용할 수 있는 주체로 대우받아야 한다는 점을 인정하지 않은 채, 단순히 통제의 대상으로만 인식한 결과라고 할 수 있다.

영국의 강제퇴거 대상 가족 구금센터인 얄스우드 강제퇴거센터(Yarl's Wood Immigration Removal Center)는 보호시설 내에서 보호외국인들의 자유로운 이동이 허용되고 있었는데, 보호외국인은 운동장, 체력단련실, 도서관, TV시청실, 의료실 등 보호외국인을 위해 마련된 시설에 대해서는 해당 업무 담당자가 근무시간 내인 한 자유롭게 이용하고 있다. 더욱이 교도소에서 출소한 남성들만 구금되어 강제퇴거를 기다리고 있는 영국 도버강제퇴거센터(Dover Immigration Removal Center)에서 조차도 보호외국인들은 일몰 전까지 운동장에서 자유롭게 스포츠를 즐기고 있었으며, 특별한 계호 없이 체력단련실이나 도서관, 공예작업실 등을 자유롭게 드나들고 있다. 만약 보호시설 내에서라도 보호외국인들을 보호거실 밖으로 이동할 수 있도록 허용하고 운동장 등을 자유롭게 이용할 수 있도록 한다면, 보호시설 내에서 보호외국인이 느끼는 심리적 압박감과 인신의 자유가 제한됨에 따른 불안감 등이 상당 부분 완화될 수 있을 것으로 판단된다. 물론 이러한 조치는 보호외국인의 기본권 제한을 필요최소한도 내에서 제한해야 한다는 인식의 전환과 함께 보호시설에 대한 경비인력의 증가 등이 뒷받침되어야 할 것이다. 따라서 법무부는 현행 보호시설 내 보호외국인 처우를 근본적으로 점검하여 개선방안을 마련해야 할 것이다.

(4) 의복 등의 반입과 집필권은 보호외국인의 기본권 보장 관점에서 최대한 보장되어야 한다.
가) 「외국인보호규칙」 제10조는 보호외국인이 보호시설 안에서 생활하는 동안 필요한 물품인 의류, 필기구와 종이, 도서, 가족사진, 화장품 등을 소지하고 사용하는 것을 소장이 허가할 수 있다고 규정하고 있다.

「외국인보호규칙」에서 보호시설 내 보호외국인의 생활에 필요한 의류 등 물품소지 및 사용, 일용품의 지급여부 문제를 보호소장의 재량사항으로 규정하고 있는 결과, 많은 보호시설에서는 보호외국인의 생활필수품인 의류는 물론 여벌의 내의 반입조차 금지하고 있다. 보호외국인은 보호시설 내에서 사복이 아닌 보호복을 착용해야만 하는데, 방문조사 대상 대부분의 보호소에서 보호복을 여벌 없이 한 벌씩만 지급하고 있고 보호복의 교환도 비정기적으로 이루어지고 있는 결과, 하절기에는 보호외국인이 보호복을 직접 세탁하고 건조하는 동안 웃옷을 입지 않은 상태로 있는 상황이 빈번히 목격되었다. 또한 일부 보호시설에서는 여벌의 내의 반입을 허용하지 않아 보호외국인이 속옷을 밤에 빨아 널었다가 아침에 입는 일도 발생하고 있는 것으로 나타났다. UN 「피구금자 처우에 관한 최저기준규칙」에서 보호외국인의 의류 및 침구에 관련하여 제시하고 있는 최소한의 기준에 의하면, 본인의 의류를 입도록 허용되지 아니하는 수용자에 대하여는 기후에 알맞고 건강유지에 적합한 의류가 지급되어야 하고 이러한 의류는 결코 저급하거나 수치심을 주는 것이어서는 안 된다. 모든 의류는 청결하여야 하며 적합한 상태로 간수되어야 한다. 내의는 위생을 유지하기에 필요한 만큼 자주 교환되고 세탁되어야 한다. 법무부는 보호외국인의 보호복 착용과 관련하여 원칙적으로 보호외국인의 의류 반입을 허용하여 보호복이 아닌 사복을 착용할 수 있는 방안을 검토하거나, 보호외국인의 위

생 및 인격권 측면에서 여벌의 보호복을 지급하고 보호복의 정기적 교환 및 세탁을 위한 최소
한의 기준을 마련하여야 하며, 내의 등의 반입은 원칙적으로 허용해야 한다.

나) 또한 방문조사 결과, 대부분의 보호시설에서 보호외국인은 담당직원의 허가를 받아 필요시에
만 필기구 및 종이 등을 반입하거나 지급받아 사용 후 반납하고 있었다. 보호시설 안에서의
집필권은 수용 관리의 편의성, 통제의 편의성이라는 관점에서 제한할 수 있는 것이 아니므로
필기구와 종이, 도서 등의 반입 및 사용을 현행과 같이 허가사항으로 해서는 안 되며, 보호외
국인의 기본권으로서 원칙적으로 최대한 인정하되 예외적 사유에 한하여만 제한이 가능하도
록 하여야 한다. 이를 위해「외국인보호규칙」제10조를 개정하고 이러한 내용을 입법예고안
에도 반영해야 할 것이다.

(5) 보호거실 내 시설이 개선되어야 한다.

UN「피구금자 처우에 관한 최저기준규칙」에서 보호외국인이 생활하는 보호거실과 관련하여 제
시하고 있는 최소한의 기준을 보면, 수용자가 사용하도록 마련된 모든 설비, 특히 모든 수면 시설은
기후상태와 공기의 양, 최소 공간, 조명, 난방 및 환기의 조건을 고려함으로써 건강유지에 필요한
모든 조건을 충족하여야 한다. 또한 수용자가 기거하거나 작업을 하여야 하는 모든 장소의 창문은
수용자가 자연광선으로 독서하거나 작업을 할 수 있을 만큼 넓어야 하며, 인공적인 통풍설비의 유무
와 관계없이 신선한 공기가 들어올 수 있도록 설치되어야 한다. 인공조명은 수용자가 시력을 해치지
아니하고 독서하거나 작업하기에 충분하도록 제공되어야 한다.

그러나 청주외국인보호소를 제외한 대부분의 조사대상 보호시설은 창문을 통한 보호거실의 자연
채광과 환기가 어려운 형편이었다. 화장실이 아닌 보호거실 내 창문의 크기가 매우 작거나 창문이
없고 창문이 쇠창살과 아크릴판으로 밀폐되어서 한낮에조차 형광등을 켜야 하는 시설도 있었고,
환기시설 용량이 작거나 제대로 작동하지 않아 보호시설 내 공기상태가 좋지 않은 시설도 많았다.
몇몇 보호시설에서는 화장실과 보호거실 사이 설치된 차폐시설 높이가 보호외국인이 변기에 앉았을
때 상반신이 드러나는 정도로 낮은 경우가 있었고, 샤워시설 쪽 창문이 불투명 유리로 제작되어
있지 않은 경우도 있었다. 이로 인해 화장실이나 샤워시설을 이용하는 보호외국인의 모습이 같은
거실 내 다른 보호외국인들뿐만 아니라 거실 내 설치된 CCTV로 이를 모니터링하는 직원들에게 노
출되고 있는 형편이어서 보호외국인의 인격권을 침해할 우려가 매우 크다. 따라서 법무부는 이러한
시설 현황의 점검을 통해서 적절히 개선해야 할 것이다.

(6) 보호실의 보호기간을 엄격히 제한하고 보호 적정인원의 엄격한 준수방안을 마련해야 한다.

가) 이번 방문조사 결과, 보호소와는 달리 대부분의 보호실은 사무용 건물의 일부를 보호목적으로
사용하고 있는 것이어서 UN「피구금자의 처우에 관한 최저기준규칙」에서 보호거실이 충족하
도록 규정하고 있는 채광, 환기, 통풍, 위생 등의 최소조건을 충족하지 못하고 있는 것으로
드러났다.

따라서 현행의 보호거실의 시설을 개선하는 것 외에 보호실에서 외국인을 보호하는 기간을 최단기화하는 것이 필요하다. 실제적으로 출입국관리사무소도 이러한 문제를 이미 인식하고 있어서 특별한 사정이 없는 한 강제퇴거 전에 보호가 필요한 외국인을 보호소로 이송시키기 위해 노력하고 있다. 그렇지만 일부 보호실 내에서 평균 보호기간인 2, 3일을 넘어서 일주일 이상 보호되는 사례도 발생하고 있으므로 출입국관리사무소 보호실에서의 보호기간을 보호명령서를 발급받기 이전까지로 제한하고 그 이후는 보호소로 이송하는 방법 등을 제도화하는 것이 필요하다.

나) 현재 보호가능인원에 대하여 외국인 보호소는 보호거실 2평당 1명을 적정기준으로 정하고 있으며, 출입국관리사무소 보호실은 1.2평당 1명을 최대기준으로 정하고 있다. 외국인보호소의 경우 적정 보호 인원이 잘 준수되고 있으나 많은 보호실에서는 적정 보호인원을 초과하여 운영되어 온 것이 사실이다. 법무부가 6, 7월을 자진출국 계도기간으로 정하고 단속을 거의 실시하지 않았던 2007년은 예외적 경우이고, 적정 보호규모 13명인 수원출입국관리사무소 보호실은 2005년 일평균 34.8명, 2006년에는 21.3명을 수용하였으며, 적정 보호규모 45명인 서울출입국관리사무소 보호실은 2005년 일평균 122명을, 2006년에는 70명을 보호한 바 있다. 이러한 과밀 수용은 단속에 대한 정책과 연관되어 있어 단속이 강화될 경우 다시 과밀 수용현상이 벌어질 우려가 높다. 따라서 보호소, 보호실내 과밀 수용현상이 발생하지 않도록 보호인원의 적정규모를 산출하고, 이에 따른 대안 마련 및 엄격한 내부지침을 설정, 준수해야 할 것이다.

(7) 징벌적 독거수용은 지양하고 절차적 통제와 정당성이 확보되어야 한다.

가) 「출입국관리법」 제56조의4, 「외국인보호규칙」 제40조는 일정한 요건 하에서 강제력의 행사와 더불어 보호외국인을 격리 보호할 수 있도록 규정하고 있다. 출입국관리공무원은 위 규정에 근거해 보호외국인이 자살 또는 자해, 다른 사람에 대한 위해, 도주, 공무원의 정당한 직무집행에 대한 거부나 방해 등의 행위를 하거나 그러한 우려가 있다는 이유로 별다른 절차 없이 보호외국인을 독거실에 수용하고 있다.

보호외국인은 강제퇴거를 위한 신병확보 차원에서만 인신의 자유를 제한당하는 것으로 충분하기 때문에 그 보호생활 가운데에서는 생활이 일상적인 기본권을 최대한 보장받는 것이 원칙이다. 보호시설을 관리 운영하는 주체로서는 보호외국인에게 소내 질서를 유지하기 위한 최소한의 규칙과 규범을 준수할 것을 요구할 수 있겠으나 보호외국인이 그러한 규칙 등을 위반했을 경우 구두 경고, 시설이용에 대한 권리를 제한하는 등의 단계적 방법을 통하여 규칙의 준수를 유도하는 과정을 거쳐야 하며 최후의 방법으로만 격리수용하도록 검토되어야 한다. 현행처럼 보호외국인을 통제와 관리의 대상으로만 인식하여 다른 대안적 수단을 먼저 강구, 실시해 봄이 없이 보호질서를 위반할 우려가 있다는 이유만으로도 해당 외국인을 독거실에 격리 보호할 수 있도록 하고, 운동, 면회, 독서 등을 금지하는 것은 징벌적 수단으로서의 의미가 강하고 과도한 기본권 제한을 초래한다.

나) 현행 「외국인보호규칙」 제40조는 격리보호 시 소장에게 보고하고 특별계호지시서를 발부받도록 하는 내부적 절차만을 규정함으로써 격리보호 절차에 대한 통제장치가 미흡하다. 또한 격리보호 대상 외국인에 대한 의견진술의 기회부여도 소장의 재량사항으로 정해지는 것으로 되어 있어 절차적 정당성을 충족시키지 못하고 있다.

따라서 현행 「출입국관리법」 제56조의4와 「외국인보호규칙」 제40조를 개정하여 격리보호 요건을 최소화하고, 격리보호조치의 당부에 대하여 심사할 수 있는 행형제도 상의 징벌위원회와 같은 절차적 통제장치를 마련하여야 하며 이 과정에서 해당 외국인이 충분히 항변할 수 있는 기회를 반드시 보장하도록 해야 할 것이다.

(8) 감시카메라가 과도하게 설치되지 않도록 하고 여성거실의 감시카메라 모니터링은 여성 직원이 해야 한다.

가) 현행 「출입국관리법」 제56조의8은 사무소장 등이 보호시설의 안전과 질서를 유지하고 긴급사태에 효율적으로 대처하기 위하여 필요한 시설과 감시장비를 설치할 수 있음을 규정하면서, 그러한 시설과 감시장비는 피보호자의 사생활침해 등을 고려하여 필요한 최소한도의 범위에서 설치·운영되도록 그 한계를 정하고 있다.

그러나 이번 방문조사 결과, 대부분의 보호시설은 거실 내 1개의 감시카메라로 보호외국인 거동의 특이사항만을 파악하고 있는데 비해 일부 보호시설에서는 5, 6명 보호가 적정한 규모인 거실 하나에 두 개 이상의 감시카메라가 설치된 경우가 있었다. 보호인력이 적은 보호시설일수록 이러한 경향이 컸던 것으로 보이는바, 감시카메라를 통한 일상적 감시를 지양하고 보호시설 내 보호전담 인력을 충원, 배치하는 등의 노력을 통하여 과도한 감시장비 설치상황을 개선해나가도록 해야 할 것이다.

나) 보호전담 인력이 부족한 일부 보호시설에서는 여성보호거실의 감시카메라를 남성 직원이 관찰하고 있는데, 출입문 벽 위에 설치된 감시 카메라로 거실 내 움직임이 모두 파악될 뿐더러 위에서 지적된 것처럼 화장실 차폐시설이 낮은 경우에는 보호여성의 인격권침해가 우려되는 상황이었다. 여성보호거실의 관리를 위한 보호전담 여성 직원을 배치하는 등의 개선이 필요하다.

(9) 생활규칙 및 권리구제 안내와 고지가 고용허가제 MOU 체결국가 이상의 언어로 이루어지도록 해야 한다.

가) 이번 방문조사 결과, 대부분의 보호시설에서 설문에 응한 보호외국인 중 구두로 생활규칙 및 권리구제 절차에 대해 설명 받았다고 응답한 경우는 소수에 불과하고, 주로 보호거실 내 벽에 붙은 안내문이나 비치된 책자를 통해서 안내받았다고 응답하였다. 그나마 일부 보호시설에서 배포된 '보호외국인 준수사항' 및 대부분의 보호시설 내 보호거실 벽에 게시된 '생활규

칙', '이의신청', '인권위 진정 등 권리구제 방법'은 한국어, 중국어, 영어로 되어 있어 그 외 언어를 사용하는 국가출신인 보호외국인은 그 내용을 정확하게 이해하고 있지 못한 형편이다. 이 때문에 보호외국인 중 보호에 대한 이의신청 권리나, 보호소 내 처우와 관련한 청원권, 국가인권위원회 진정권 등에 대해 알고 있는 경우도 매우 적었다.

나) 법무부의 입법예고안 제57조는 제2항에 사무소장 등은 보호에 대한 이의신청, 보호의 일시해제의 청구, 청원, 접견 등에 관한 절차를 외국인보호실 및 외국인보호소 안의 잘 보이는 곳에 게시하여야 한다는 규정을 신설하여 보호외국인의 권리를 적극적으로 알림으로써 인권보호를 강화하고자 노력하고 있으나, 이는 보호의 통지에 관한 사항 및 변호인 선임에 관한 사항, 접견, 서신수수 및 전화통화에 관한 사항, 그 밖에 보호시설 내의 처우에 관한 중요사항의 서면 고지와 게시, 보호시설 내 보호에 관한 법령의 주요 내용 비치 등의 내용까지 담고 있던 2006.7. 법무부의 「출입국관리법」 개정안의 내용에 미치지 못하는 것이다.

따라서 법무부의 현 입법예고안을 2006.7.에 마련되었던 「출입국관리법」 개정안 수준으로 보완하되 고지 내용에 인권위 진정권도 포함될 수 있도록 하고 그 고지 및 게시언어도 고용허가제 양해각서(MOU) 체결국가 이상의 다양한 언어로 이루어지도록 할 필요가 있다.

(10) 공휴일이나 일과 후 저녁 시간에 접견기회를 보장하고 면회방식을 개선해야 한다.

가) 보호시설의 현행 면회시간은 오전 9시 30분부터 11시 30분까지, 오후 1시 30분부터 4시 30분까지 평일에만 가능하다. 그러나 보호외국인의 면회신청자는 평일 늦게이거나 일요일이 아니면 면회 오기가 어려운 형편인 사람이 대부분이다. 이러한 사정으로 인해 면회시간대와 요일의 제한으로 보호외국인들이 곤란을 겪는 경우가 많다.

이번 방문조사에서 심층면접에 응한 많은 보호외국인들은 현행 면회시간 규정에 대하여 어려움을 호소하였다. 보호외국인에게는 출국 준비를 위해 동료 등과의 면회가 필수적임에도 현행과 같은 점심시간을 제외한 평일 오전과 오후 시간대의 면회만 허용하고 있는 것은 사실상 보호외국인의 외부 교통권을 제한하는 결과를 가져온다. 따라서 공휴일이나 일과 후 저녁 시간에 접견기회를 보장하는 등의 대안 마련이 필요하다.

나) 이미 지적한 바와 같이 보호의 법적 성격이 강제출국을 위한 인신의 확보에 불과하므로, 면회 시 면회신청자와 보호외국인 간에 자유로운 대면을 통해서 면회가 이루어질 수 있어야 한다. 현행과 같이 면회신청자와 보호외국인이 아크릴 벽 등으로 분리된 상태에서 면회하도록 하는 것은 징벌적 구금자가 아닌 보호외국인에 대한 지나친 제한일 뿐만 아니라 보호조치가 아닌 구금조치를 당하였다는 느낌을 주는 면회방식이다. 이에 현행의 면회시설을 개선하여 자유로운 대면 하에 면회가 가능하도록 개선해야 한다.

(11) 운동기회를 최대한 보장하고 보호외국인을 위한 다양한 활동프로그램이 마련되어야 한다.

가) 방문조사 결과에 의하면, 모든 조사대상 보호시설에서 운동이 매일 허용되고 있는 경우는

한 곳도 없으며, 보호소를 제외하고는 모든 보호시설에 운동장이 마련되어 있지 않다. 실외운동은 모든 피구금자의 신체적·정신적 건강을 위해 필수적인 것이어서 UN「피구금자 처우에 관한 최저기준규칙」제21조 제1항은 운동과 관련하여 '실외작업을 하지 아니하는 모든 피구금자는 날씨가 허락하는 한 매일 적어도 1시간의 적당한 실외운동을 하도록 하여야 한다'고 규정하고 있다.「외국인보호규칙」제24조에서조차 보호외국인의 하루생활표에는 운동시간이 포함되어야 한다고 규정하고 있고, 제26조는 보호외국인에게 운동의 기회를 허용해야 하고 운동장 시설이 없는 시설의 경우 보호실 내에서 건강관리를 할 수 있도록 배려해야 함을 규정하고 있다. 또한 같은 조에 보호외국인은 운동시간 중에 보호시설에 비치된 운동기구를 이용하거나 다른 보호외국인과 단체운동을 할 수 있다는 점도 규정되어 있다. 그러나 각 보호시설 내에 실내운동을 위한 프로그램이나 운동기구가 마련되어 있지 않고 운동장이 있는 화성과 청주보호소는 구기종목을 위한 약간의 운동기구만을 비치하고 있을 뿐이다.

나) 방문조사대상 보호시설에는 보호외국인의 운동을 비롯한 여가활동 프로그램이 거의 마련되어 있지 않다. 대부분의 외국인은 하루 종일 TV를 보는 것 이외에 다른 소일거리가 없으며, 보호시설에 비치된 도서조차도 다양한 언어로 구비되어 있지 않고 도서대출시스템도 체계적이지 않아 자유롭게 이용하기 어려운 상황이다. 더구나 많은 외국인들이 장기 보호되고 있는 화성과 청주보호소는 보호외국인들에게 보호기간 동안 다양한 활동프로그램을 제공하여 보호외국인들이 심신의 건강을 유지하고, 심리적 안정을 꾀하도록 할 필요가 있다. 그러나 두 보호소에서조차 모든 보호외국인들이 자발적으로 선택할 수 있는 프로그램은 매우 제한적이다. 최근 화성외국인보호소는 보호 외국인에 대해 다양한 문화 서비스를 제공하기 위해 노력하면서, 한국어 교육, 한국 전통예절, 민속공연 등의 프로그램을 운영하고 있다. 그러나 이러한 문화서비스 제공여부는 보호외국인 숫자에 의해 좌우되기 때문에 대부분의 서비스가 비교적 보호인원이 적은 여성들을 중심으로 제공되고 있다. 따라서 각 보호시설이 보호외국인의 다양한 여가활동 프로그램을 제공할 수 있도록 법무부 차원에서 프로그램 개발을 위해 노력하고 보호외국인에게 운동기회가「피구금자 처우에 관한 최저기준규칙」에 부합하게 허용되도록 개선방안을 마련하며 운동장시설이 없는 보호시설을 위한 실내운동프로그램도 마련해야 할 것이다.

(12) 보호외국인에 대한 안전교육을 실시하고 소방시설 현황을 점검해야 한다.

2007.2.11. 여수출입국관리사무소 외국인보호실에서 발생한 화재사건으로 27명의 사상자가 발생하였다. 위원회는 직권조사를 통하여 보호시설 전반의 안전성을 증진시킬 것과 보호외국인들에 대한 안전교육을 실시하고 경비·계호인력에 대한 전문성 제고 방안을 마련할 것을 이미 법무부에 권고하였다.

방문조사 결과에 의하면, 각 보호시설이 화재 등 비상사고에 대비하여 활동계획을 수립하고 시설 내 직원들의 안전교육을 실시하고 있는 것으로 나타났지만, 보호외국인들에 대해 안전교육을 실시한 사례는 거의 없었다. 비상상황에 처했을 때 보호외국인이 대피요령이나 대처방안에 대하여 사전에 숙지하는 것이 큰 사고를 예방하는데 무엇보다 중요하다. 특히 화성이나 청주외국인보호소처럼 장기보호시설인 경우에는 경비·계호인력뿐만 아니라 보호외국인을 포함한 훈련방안이 마련되고 실시되어야 한다.

한편, 보호시설별로 비치하고 있는 소방설비도 효과적으로 화재에 대응하기 어려운 경우도 많아 법무부는 여수화재참사와 같은 비극이 되풀이 되지 않도록 소방설비 현황을 전반적으로 점검하고 개선해야 할 것이다.

(13) 보호업무 수행자에 대한 인권교육이 강화되어야 한다.

보호소의 경우 보호집행을 전담하는 직원과 계호와 경비를 담당하는 용역직원이 배치되어 있다. 보호실의 경우 보호를 전담하는 직원이 배치되어 있거나 전담 직원이 없는 경우 다른 업무 담당 직원이 외국인이 보호될 경우에만 돌아가면서 보호업무를 담당하기도 한다. 이때 공익근무요원들이 직원의 보호업무를 상당 부분 지원한다.

보호업무는 보호외국인과 직접 대면하여 보호외국인의 인권보호를 위해 외국인의 보호생활을 지원하고 생활상의 고충을 해결해주는 최일선의 업무라고 할 수 있다. 이러한 업무가 원활하게 수행되기 위해서는 담당자들이 보호외국인의 법률 상 지위와 권리를 정확하게 인식하고 있어야만 한다. 따라서 이들에 대한 인권교육이 정기적으로 내실 있게 이루어질 필요가 있다. UN「피구금자 처우에 관한 최저기준규칙」제47조 또한 시설직원은 임무를 부여받은 후 재직 중 적당한 기간마다 행하여지는 직무교육과정에 참가함으로써 자기의 지식 및 직무능력을 유지하고 향상시켜야 한다고 규정하고 있다. 각 보호시설에서 위원회에 제출한 자료를 보면, 직원이나 용역직원, 공익근무요원의 인권교육이 정기적으로 이루어지고 있는 것을 확인할 수 있다. 그러나 이런 교육이 대부분 자체 교육이고 월례조회 등과 같이 겸하여 실시되는 경우가 많아서 실제로 보호외국인들에 도움이 될 수 있는 내실 있는 교육이 이루어지고 있는지에 대해서 정확히 판단하기 어렵다. 그러므로 법무부는 보호업무를 담당하는 직원, 용역직원, 공익근무요원에 대한 인권교육 현황을 점검하는 한편 대상별로 적절한 교육프로그램을 마련하여 각 보호시설에서 시행될 수 있도록 노력함으로써 보호외국인의 인권보호와 담당직원의 직무에 대한 이해를 도모해야 할 것이다.

2) 교도소 내 외국인 수용자에 대한 처우
가. 총평

천안소년교도소 천안지소(이하 '천안지소') 및 청주여자교도소에 대한 방문조사는 외국인 수용자의 특수성을 반영한 처우가 이루어지고 있는지에 중점을 두고, 교도소 내에서의 의사소통의 정도, 입소 시 생활안내 여부, 법무부 청원 및 인권위 진정 제기 정도, 수용거실 형태 및 운동, 종교, 의료, 식단 등 일상생활에서의 처우가 적정한지를 조사하였다.

두 교도소는 수용자의 대부분이 장기거주를 하는 공간이고 행형법 등의 관련 법규에 부합하도록 시설이 운영되고 있어, 거실 내 창문의 크기와 자연채광, 환기 등 정도가 대체로 양호한 편이며, 운동의 횟수, 감시시설의 설치 등 몇 가지 처우에 관해서는 외국인 수형자들이 오히려 보호외국인보다 안정적이고 나은 서비스를 제공받고 있는 것으로 보인다.

다만, 천안지소와 청주여자교도소가 전문적인 외국인구금시설의 역할을 담당하기 위하여 외국인 수용자라는 특수성을 고려하여 적절한 서비스를 제공할 수 있도록 몇 가지 처우개선이 이루어질 필요가 있다.

나. 교도소 내 처우개선 방안

(1) 면회 시 자국어 사용이 허용되어야 한다.

수용자는 적절한 방식으로 외부의 사람과 접촉할 수 있는 기회를 가져야 하며, 접견권은 헌법상 인간의 존엄과 가치 및 행복추구권에 근거한 수용자의 권리로 보장되어야 한다. 이 때문에 UN「피구금자 처우에 관한 최저기준규칙」제37조는 피구금자가 필요한 감독 하에 일정 기간마다 가족 또는 신뢰할 만한 친구와의 통신 및 접견이 허용되어야 한다고 규정한다.

이러한 규정에 근거하여 수용자의 접견권이 최대한 보장되어야 함에도, 「행형법 시행령」제60조는 수용자를 접견하는 때에는 외국어를 사용하지 못하는 것을 원칙으로 하고 소장이 특히 허가한 경우에 한하여 예외로 허용하도록 규정하고 있다. 그러나 실제로 한국어를 제대로 하지 못하는 외국인 수용자나 접견상대방이 매번 접견 시마다 소장의 특별허가를 받아야만 한다는 것은 합리적이라고 볼 수 없고, 이들이 한국어로 의사소통하기 어려운 상태라고 한다면 접견권 보장은 의미가 없어지고 만다.

현재 천안지소는 재량에 의해 특별히 문제가 없는 수용자에 대해서는 대부분 접견 시 자유로운 언어사용을 보장하고 있는데 비해 청주여자교도소는 접견실 근무자에 따라 면회신청자와 외국인 피면회자 간에 외국어를 사용하는 것을 허용하기도 하고 제한하기도 한다. 따라서 외국인의 경우 한국어 사용 능력에 상관없이 자국어로 면회할 수 있는 것을 원칙으로 하고 특별히 증거인멸이나 도주의 기도 등이 우려되는 경우에만 통역자 등을 대동하고 면회할 수 있도록 「행형법 시행령」제60조가 개정되어야 할 것이다.

(2) 수용등급에 관계없이 정기적인 전화사용이 허용되어야 한다.

외국인수용자의 경우에는 가족이나 친척, 지인들이 한국에 체류하고 있지 않거나 있어도 체류자격이 등록외국인이 아니라면 수용생활 내내 외부와 접견할 기회를 갖지 못한다. 실질적으로 외부와 단절되어 생활하게 될 가능성이 높다. 이런 점에서 외국인 수용자에게는 접견보다는 전화통화가 외부와 연락할 수 있는 가장 중요한 외부교통 수단이다. 현재 천안지소와 청주여자교도소의 외국인 전화사용 규정은 내국인의 기준과 동일한데, 수용자의 누진계급별로 1급과 2급 수형자에게만 전화사용이 허용되고 3·4급에 대해서는 전화사용이 허용되지 않는다. 다만, 추석이나 명절 등에 외국인에게는 특별히 전화할 수 있는 기회를 제공한다.

「행형법」 제18조의3 제1항은 '소장은 수용목적의 달성에 지장을 주지 아니하는 범위 안에서 필요하다고 인정되는 경우에는 수용자에게 외부와의 전화통화를 허가할 수 있다'고 규정하고 있다. 「수형자분류처우규칙」 제51조와 「수용자전화사용지침」 제7조는 제1급의 수형자는 월 5회, 제2급은 월 3회의 범위에서 허가하며 미결수용자의 경우 월 5회의 범위에서 허가하도록 하고 있다. 제3급과 제4급에 대한 규정은 없다.

두 교도소의 외국인 전화사용 규정 또한 이런 규정에 맞추어 정해진 것이지만, 수용자가 외국인일 경우 접견이나 서신의 방법으로 외부교통을 하기 어렵다는 특수성을 고려하여 3급과 4급의 수용자에게도 통화 기회를 정기적으로 부여해야 할 것이다.

(3) 다양한 언어의 도서가 구비되어야 한다.

UN 「피구금자 처우에 관한 최저기준규칙」 제40조는 구금시설이 모든 범주의 피구금자가 이용할 수 있는 오락적, 교육적인 도서를 충분히 비치한 도서실을 갖추어야 하며 피구금자들이 이를 충분히 이용하도록 권장하여야 한다고 규정하고 있다. 청주여자교도소는 4,736권, 천안지소는 5,600여 권의 도서를 보유하고 있다. 두 교도소 모두 철학에서부터 역사에 이르기까지 다양한 분야의 책을 보유하고 있는데 청주여자교도소의 외국어서적은 러시아어 5권, 네덜란드어 13권에 불과하고 천안지소는 외국어사전을 제외하고는 모두 한국어 책이다. 따라서 두 교도소는 외국인 수용자 전담기관으로서 수용외국인의 출신국 언어를 고려하여 좀 더 다양한 도서를 비치해야만 할 것이다.

(4) 수용자가 이해할 수 있는 언어로 생활안내와 고충상담이 이루어져야 한다.

두 교도소 수용자에 대한 설문조사 결과를 보면, 입소 시 생활안내를 충분히 받았다고 응답한 수용자의 비율은 매우 낮았다. 설명을 들었지만 무슨 내용인지 이해할 수 없었다고 답변한 경우도 있었다. 수용생활을 함에 있어 반드시 수용자가 알아야 할 필수적 사항에 관한 안내가 제대로 이루어지지 않거나 적어도 수용자가 이해할 수 있는 방식과 언어로 이루어지지 않고 있는 것으로 보인다.

「행형법」 제8조의2는 소장이 신입자에게 수용생활에 필요한 기본적 사항을 고지하도록 규정하고 있으며 고지되어야 할 수용생활에 필요한 기본적 사항으로 형기의 기산일 및 종료일, 접견 및 서신에 관한 사항, 규율·징벌 및 청원에 관한 사항, 기타수용생활에 필요한 기본적 사항을 들고 있다. 이에 따라 법무부는 자체 제작한 수용생활 안내서를 각 사동 거실에 비치하도록 하고 있다. 그러나 수용생활에 대한 안내서는 외국인 수용자가 한국말로 의사소통이 가능한 경우라고 해도 일상용어를 벗어난 경우 그 의미를 해독하기 어려운 경우가 많아 다양한 언어로 번역된 안내서가 외국인 수용자에게 특히 필요하고 이는 개별시설에서보다는 법무부에서 마련하여 배포하는 것이 적절하다. 또한 교도소 내에서 생활함에 있어서 겪게 되는 의료문제를 비롯한 각종 고충을 해결하기 위해서는 수용자에게 자신의 의사를 충분히 표현할 기회가 반드시 제공되어야만 한다.

「외국인수용자처우지침」 제5조 제1항은 외국인수용자를 수용하는 교도소 등의 장은 외국어의 해독이 가능한 1명 이상의 교화직공무원 등을 교화전담요원으로 지정하여 일상적인 개별면담, 고충해소, 종교관계자와의 접촉주선, 통역, 번역, 영사 등 관계기관과의 연락 등의 업무를 수행하게 하여야 한다고 규정하고 있다. 이러한 지침내용만으로는 언어가 통하지 않는 다양한 국가출신인 수용자들에 대한 개별면담, 고충해소 등이 심도 깊게 이루어지기 어려우므로 외국인 전담교도소로서의 특성을 살려 다양한 언어 통역자가 배치되어야 할 것이다.

(5) 식생활의 특성을 고려한 식단이 공급되어야 한다.

「외국인수용자처우지침」제9조는 쌀을 주식으로 하는 국가의 출신자에게는 쌀이나 보리류를, 그 밖의 외국인에게는 빵 등을 지급하도록 하고 있고 이에 따라 두 교도소에서는 비 아시아권 출신들에게는 빵과 양식으로 구성된 외국인용 식단을 제공하고 있다. 서양식 식단은 비용이 한식보다 가격이 더 비싸기 때문에 원하는 모든 외국인수용자에게 제공되는 것이 아니다. 다만, 아시아권 출신의 수용자라고 해도 의무관 등의 판단에 의해 서양식 식단이 제공되기도 한다. 이 때문에 같은 아시아권 출신이라고 해도 맵거나 짠 한국음식에 익숙하지 않은 경우에는 교도소 식단을 견디기 힘들어 한다. 쌀이나 보리를 주로 한 한식을 제공할 때라도 반찬의 조리 방식을 달리한다면 이런 문제가 상당 부분 줄어들 것으로 보이지만 두 교도소에서는 내국인 식단과 동일한 음식으로 조리되고 공급되기 때문에 외국인 특성에 맞게 한식을 만들기가 어려운 실정이다. 따라서 같은 쌀을 주식으로 하는 아시아권이라고 하더라도 수용자의 개별적인 특성을 존중하여 식단을 구성하고 식사가 공급될 수 있도록 개선되어야 할 것이다.

4. 결 론

그러므로 위원회는 방문조사로 드러난 사항들과 관련하여 현행의 보호 및 교정 관련 제도와 시설은 외국인의 기본적 인권 존중과 보호 원칙에 부합하도록 개선되어야 할 필요가 있다고 판단하여 「국가인권위원회법」제19조 제1호 및 제25조 1항의 규정에 따라 주문과 같이 권고하기로 결정한다.

2007.12.17.

국가인권위원회 전원위원회

• 미등록이주자 단속 및 외국인보호시설 방문조사에 따른 권고 [2008.12.8.]

2007년 방문조사에서 제외되었던 외국인보호시설 2곳(여수, 대구)에 대한 시설조사를 통하여 실태를 파악하고 보호환경 개선 및 보호외국인 처우 대선 방안을 권고한 사례

【주 문】 국가인권위원회는 외국인 단속 및 보호와 관련한 방문조사의 결과를 종합하여 아래와 같이 권고한다.

1. 법무부장관에게

가. 「출입국관리법」은 행정상 인신구속에 해당하는 보호명령 및 보호조치를 취할 수 있다고 규정하고 있는데, 이는 행정처분 및 그 집행행위로서 권력적 행정작용이므로 법률유보의 원칙, 법률 우위의 원칙, 특히 비례의 원칙을 철저히 지킬 것.

나. 단속관련 「출입국관리법」 조항들은 임의조사를 위한 조항이므로 강제력을 수반한 권력적 행정작용인 단속 및 연행의 권한에 관한 법적근거로 보기 어렵다. 따라서 출입국 단속업무의 권한 및 절차를 형사사법절차에 준하는 실질적 감독 체계가 마련되도록 법률로 규정할 것.

다. 출입국관리공무원들이 노상에서 외국인을 대상으로 불심검문하는 경우에는 단속 대상 외국인에게 자신의 신분을 표시하는 증표를 제시하면서, 소속과 성명을 밝히고, 여권 등의 제시를 요구하는 목적과 이유를 설명하여야 하며, 긴급보호가 개시되기 전의 외국인에 대한 질문, 조사절차는 강제력을 수반할 수 없는 '임의조사'임을 명확히 인식하여 외국인에 대한 차별 및 인권침해의 소지가 없도록 할 것.

라. 출입국관리공무원이 미등록이주자 단속 업무를 위하여 제3자의 주거나 사업장 등에 들어가고자 하는 경우에는 원칙적으로 주거권자나 관리자에게 명시적인 사전 동의를 구하여야 하며, 주거권자나 관리자의 동의를 구할 수 없는 경우에는 법원으로부터 압수·수색영장을 발부받을 것과, 압수·수색의 경우 원칙적으로 일출 전·일몰 후에는 집행할 수 없도록 시각을 제한할 것.

마. 출입국관리공무원이 외국인에 대한 긴급보호집행 시 긴급보호의 취지를 강제력 행사가 개시되기 직전이나 직후에 고지하지 않는 것은 외국인의 신체의 자유를 침해하는 위법한 관행이므로 개선할 것.

바. 외국인에 대한 긴급보호 집행 시에도 보호대상 외국인에게 「헌법」 제12조 제5항 및 「형사소송법」의 조항을 준용하여 미란다 원칙을 고지할 것.

사. 경찰장구 및 무기의 사용은 보충성과 긴급성의 원칙에 따라 적법한 공무집행을 적극적으로

방해 또는 거부함으로써 그 집행의 목적달성을 불가능 또는 곤란하게 만들거나, 공무원이나 단속대상자의 생명, 신체를 보호하기 위한 상황에서 장구를 사용하지 않고서는 다른 수단이 없는 경우에만 최소한 사용할 수 있도록 개선책을 마련할 것.

아. 단속 차량 안에서 장시간 수갑 착용 등 반인권적 수갑 착용 방법은 단속당하는 외국인에게 신체적 상해를 입힐 위험이 높을 뿐만 아니라 정신적으로도 존엄성을 훼손할 우려가 있으므로 이에 대한 개선책을 마련할 것.

자. 여성외국인들이 단속을 당할 시에 단속반원들의 잘못된 언행으로 인해 성적 수치심을 느낄 수 있으므로, 단속 시에는 단속반원들에 대한 사전 성희롱 교육을 실시할 것.

차. 보호외국인들은 의사소통이 원활히 이루어지지 않아 발생하게 될 모든 불이익에 대하여 매우 취약한 상태에 있으므로 보호뿐 아니라 단속과 보호절차, 강제퇴거절차를 개선할 것.

카. 조사의 공정성 보장을 위하여 외국인 스스로 문서를 읽고 서명할 수 있도록 조사과정에서 출입국관리법령을 준수할 것.

타. 위원회가 기 권고한 것과 같이 '선 구제제도 후 통보 원칙'을 출입국관리 법률에 명시하여 미등록이주자의 피해 구제 업무를 담당하는 공무원이 그 절차가 종료될 때까지 통보의무가 정지되거나 면제될 수 있도록 하여 미등록이주자의 권리구제를 적극적으로 보장할 것을 권고한다.

2. 여수출입국관리사무소장에게

가. 보호거실 출입문의 개폐 정도를 통제하는 장치 제거 및 유사시 보호거실의 문을 일시에 개방할 수 있는 시스템을 마련할 것.

나. 독거실 및 특별계호실의 불편한 구조에 대한 개선과 면회실 면회방식을 자유로운 대면 하에 면회가 가능하도록 개선할 것.

다. 보호실 자연채광과 환기가 충분히 이루어질 수 있도록 시설 개선할 것.

라. 보호 외국인들이 적극적으로 여가 프로그램에 참여하고 선택할 수 있도록 여가활동을 위한 대책을 마련할 것.

마. 보호시설 내에서 외국인이 일과 시간 중에 운동장, 도서 등에 대한 접근이 원활하게 이루어질 수 있도록 도서비치 장소를 최대한 근거리로 하고, 운동을 위한 거실 밖의 자유로운 이동을 최대한 보장할 것.

바. 보호외국인들이 필요한 용품, 간식 등을 직접 구매할 수 있도록 보호소 내 매점을 운영하는 등 보호외국인의 편의를 고려할 것.

사. 외국인의 특성을 감안하여 개별 국가의 식생활 특성을 존중한 식단을 공급할 것을 권고한다.

3. 대구출입국관리사무소장에게

가. UN「피구금자처우에관한최저기준규칙」에서 정하는 구금거실의 기준에 충족하지 못하는 외

국인보호실내 보호기간을 엄격히 제한하고 보호인원 적정 규모 준수지침을 마련할 것.

나. UN「피구금자처우에관한최저기준규칙」에서 정하는 구금거실의 기준에 충족하도록 보호거실 내 자연채광, 환기, 환풍 등의 현황을 점검하여 개선방안을 마련하고, 여름철 냉방시설에 대한 적절한 조치를 취할 것과, 화장실 차폐시설 실태를 파악하여 개선할 것.

다. 보호거실 감시 장비로 인한 피보호자의 사생활침해를 최소화하기 위해 과도한 감시 장비 설치를 개선해 나가도록 하고 여성보호거실의 감시카메라 모니터링은 여성 직원에 의해서 이루어지도록 할 것.

라. 직원 및 보호외국인에 대한 화재발생 관련 안전교육 및 소방시설 현황을 점검할 것.

마. 보호거실 내 식탁 등 보호외국인이 식사를 할 수 있는 집기의 구비와 거실 밖 복도에 설치된 정수기와 전화기는 보호외국인의 인격권 존중과 편의를 고려하여 거실 내부에 설치할 것.

바. 보호외국인의 외부 교통권 보장을 위하여 공휴일이나 일과 후 저녁 시간에 접견기회를 보장하고 면회 방식을 개선할 것.

사. 보호시설 내에서 실효성 있는 생활규칙 및 권리구제 안내를 위하여 보호외국인이 이해할 수 있는 방식과 언어로 이루어지는 생활규칙 및 권리구제 안내, 적절한 고충상담을 위한 다국어 통역 시스템을 마련할 것.

아. 보호거실 내 긴급환자 발생시 신속히 대처할 수 있도록 긴급의료대책을 마련할 것.

자. 보호외국인에 대한 목욕용품 추가지급 및 보호복 지급과 세탁관행을 개선할 것.

차. 외국인의 특성을 감안하여 개별 국가의 식생활 특성을 존중한 식단을 공급할 것.

카. 보호시설 내에서 외국인이 일과 시간 중에 도서 등에 대한 접근이 원활하게 이루어질 수 있도록 도서비치 장소를 최대한 근거리로 하고, 여가 활동 시 보호외국인이 텔레비전을 적정 위치에서 볼 수 있도록 텔레비전 위치를 개선할 것을 권고한다.

【이 유】

1. 방문조사 실시 및 권고배경

우리 위원회는 미등록 이주자 단속과 관련한 인권침해가 사회적 문제로 부각되고 있고 관련 진정 사건이 지속적으로 제기됨에 따라 미등록 이주자 단속에 관한 설문조사, 심층면접 및 2007년 방문조사에서 제외되었던 외국인보호시설 2곳에 대한 시설조사를 통하여 실태를 파악하고 보호환경 개선 및 보호외국인 처우 개선 방안을 마련하고자 방문조사를 실시하였고 조사결과에 기초하여 개선방안을 권고하기에 이른 것이다.

2. 판단기준
가. 국내기준
〈별지 1〉 참조

나. 국제기준
〈별지 2〉 참조

3. 판 단

가. 단속의 적법절차

「출입국관리법」은 외국인이 허가된 체류기간 내에 출국하지 않고 그 기간을 도과하거나 체류자격 외 활동을 하는 경우 등을 위법행위로 구성하여, 출입국관리소장 등이 그 위반사실을 조사한 후 통고처분, 출국권고, 강제퇴거 등의 조치를 취할 수 있도록 규정하고 있다.

이 때 강제퇴거는 동법상의 해당 외국인에 대한 출입국관리사무소장등의 행정처분으로서 외국인의 국내체류를 불허함은 물론 체류외국인의 의사에 관계없이 대한민국의 영토 밖으로 퇴거 조치하는 처분을 말하고, 동법 상 가장 강력한 행정처분에 해당된다.

「출입국관리법」은 이러한 강제퇴거의 심사 및 집행절차에 부수하여 해당 외국인의 신병을 확보하기 위하여 일정한 요건을 갖춘 경우에는 출입국관리사무소장의 보호명령 등에 의하여 행정상 인신구속에 해당하는 보호명령 및 보호조치를 취할 수 있다고 규정하고 있는데, 이는 행정처분 및 그 집행행위로서 권력적 행정작용이므로 법률유보의 원칙과 법률우위의 원칙, 특히 비례의 원칙이 철저하게 지켜져야 한다.

나. 단속의 권한 및 절차

출입국관리공무원의 미등록이주자 등 출입국관리사범에 대한 단속행위는 단순한 행정처분이 아니라 인신의 구속과 직결되는 특별한 행정행위임에도 불구하고, 이와 관련한 법적 근거뿐만 아니라 단속 대상인 외국인의 권리보호 절차에 관한 규정이 부재함으로 인해, 이들에 대한 인권침해 논란이 지속되어 왔다.

이에 대하여 법무부는 「출입국관리법」 제46조(강제퇴거의 대상자), 제47조(조사), 제48조(용의자의출석요구 및 신문), 제51조(보호)와 제102조(통고처분) 및 「사법경찰관리의 직무를 행할 자와 그 직무범위에 관한 법률」 제3조 제5항에 의하여 출입국관리공무원이 출입국관리사범에 대한 단속권한을 갖고 있다는 의견을 제시하며, 특히 「출입국관리법」 제51조 제3항에서 규정하고 있는 긴급보호 조항을 출입국관리공무원의 단속 및 연행의 법적 근거로 제시하고 있다.

그러나 「출입국관리법」 제47조(조사), 제48조(용의자의출석요구 및 신문), 제50조(검사 및 서류 등의 제출요구) 등의 규정은 법률규정의 형식, 사용된 문언의 객관적 의미, 현행 「출입국관리법」상 영장주의가 적용되지 않는 점, 「출입국관리법」 제50조가 용의자의 주거를 검사하는 경우 용의자의 동의를 얻도록 규정하고 있는 점까지 고려하면, 원칙적으로 비권력적 행정작용, 즉 임의조사를 규정한 조항이므로 강제력을 수반한 권력적 행정작용인 단속 및 연행의 권한에 관한 법적 근거로 보기 어렵다. 또한 「출입국관리법」 제102조(통고처분)와 「사법경찰관리의직무를행할자와그직무범위에관한법률」 제3조 제5항은 행정범죄에 대한 수사 및 처분을 규정한 것일 뿐 강제퇴거를 목적으로 하는 행정조사·행정처분의 절차 및 내용을 규정한 것으로 보기 어렵다. 그리고 「출입국관리법」 제51조 제3항의 긴급보호조항은 보호명령서에 의한 보호의 유일한 예외 조항으로서 특정한 요건 하에서 특정한 절차에 따라 긴급보호할 수 있는 예외적 근거조항일 뿐 강제력을 수반하는 단속 및 연행의 일반적 근거 조항으로 보기 어렵다. 보호명령서 발부에 의한 보호 또는 긴급보호명령서의 발부에 의한 긴급보호가 단속 및 연행의 권한까지 포함하는 것이라고 해석하는 것은 국가와 그 집행 공무원에게 지나치게 포괄적이고 일방적인 재량권 행사를 가능하게 함으로써 국내 체류 중인 외국 인에 대한 인권침해 가능성을 높이고, 나아가 외국인에 대한 차별적 법 적용을 조장할 가능성이 크다고 할 수 있다.

현재 출입국관리공무원들은 관행적으로 여권 등을 소지하고 있지 않거나 여권 등의 제시 요구에 즉시 응하지 않는 외국인에 대하여 미등록여부를 확인한다는 명목으로 단속차량으로 연행하여, 단 속차량 안에서 신원확인을 하고 있는데, 출입국관리공무원들은 신원확인을 위해 외국인을 단속차량 까지 연행하여 단속차량에 탑승시키는 것을 '임의동행'이라고 주장하고 있으나 이는 법적 근거가 전혀 없는 '강제연행'에 해당한다고 할 수 있다.

이와 관련하여 국가인권위원회(이하 '위원회'라 함)는 이미 '외국인 단속과정에서 최소한의 인권이 보장되도록 내국인에게 적용되는 불심검문 관련 규정을 준수할 것(2003.2.10.결정)'과 '미등록이주 자 등에 대한 강제단속 및 연행의 권한과 요건, 절차를 명확하고 엄격하게 규정하며, 단속과 연행 과정에서 대상 외국인의 절차적 권리를 실질적으로 보장하고, 출입국관리공무원의 권한 행사, 특히 단속, 연행, 보호, 긴급보호 등 신체의 자유를 심각하게 제약하는 조치에 대하여는 형사사법절차에 준하는 수준의 실질적 감독 체계를 마련할 것(2005.5.23. 결정)을 권고'한 바 있다.

또한 법원도 "출입국관리공무원들이 외국인들의 신원 확인을 위해 단속승합차량으로 연행하는 과정에서 보호명령서, 긴급보호서 제시도 없이 '임의동행'을 요구한 것일 뿐이라고 하는데, 긴급보호 등의 「출입국관리법」상의 절차나 현행범체포와 관련된 「형사소송법」 제200조의 5의 절차를 밟은 바도 없이 단속공무원들이 임의동행을 거부하는 외국인의 허리춤을 붙잡고 강제로 단속승합차량으 로 데리고 가려했던 것은 임의동행을 요구받은 외국인이 동행을 거부할 수 있으며, 임의동행에 거부 하는 자에게 그와 같은 물리력을 행사할 근거나 권한은 없다고 보이므로 이러한 단속공무원들의 불법체류 단속 업무는 적법한 공무집행이라고 볼 수 없다"고 판결(수원지방법원 안산지원 2008. 7.25. 선고 2008고단574 판결)한 바 있다.

출입국관리 단속공무원들의 위법한 단속관행은 외국인의 신체의 자유에 대한 침해이자, 「형법」 제124조의 불법체포로 직결된다는 점에서 매우 우려된다. 이러한 인권침해적 단속 사례들은 단속과 정의 실무운영 과정에서의 잘못이 아니라, 단속의 근거와 절차, 통제 방법을 전혀 규정하고 있지 않은 「출입국관리법」 자체의 문제점으로부터 파생되는 것이다. 따라서 출입국 단속업무의 권한 및 절차 규정을 형사사법절차에 준하는 실질적 감독 체계를 법률로 마련하는 것이 바람직하다.

다. 단속반원 복장 및 신분증 제시

출입국사범의 단속을 위한 불심검문 절차 시 출입국관리공무원은 불심검문을 하기 전에 외국인에게 신분증을 제시하고 신분과 소속, 성명 등을 고지해야 한다. 위원회도 '미등록이주자노동자라 할지라도 단속과정에서도 최소한의 인권을 보장하여야 하며, 향후 단속과정에서 내국인에게 적용하여야 하는 원칙을 준수하여 검문 시에는 반드시 신분과 목적을 밝히고, 다른 곳으로 연행할 때 연행지를 밝히고 가족 또는 친지 등에게 알릴 기회를 부여하여야 하는 등 최소한 내국인에게 적용되는 불심검문 관련 규정을 준수할 것(2003.2.10. 결정)'을 권고한 바 있다.

이번 조사에 의하면 외국인들의 47.9%가 사복차림의 단속반원들에 단속을 당하였고, 37.4%가 단속시 단속반원들에게 신분증도 제시받지 않고 무작정 끌려 간 것으로 나타났다. 현행 「출입국관리법」은 출입국관리공무원이 출입국관리사범에 대한 단속 과정에서 외국인에게 질문하거나 여권 등의 제시를 요구하는 절차와 관련하여 「경찰관직무집행법」 상의 불심검문과 같이 출입국관리공무원이 엄격하게 지켜야 할 절차를 규정하고 있지 않은 반면, 「출입국관리법」 제27조 제2항에서 외국인은 출입국관리공무원이 그 직무를 수행함에 있어 여권 등의 제시를 요구한 때에는 이에 응하여야 한다는 규정과 이를 위반한 경우에는 제98조 제2호에 따라 100만 원 이하의 벌금에 처한다는 취지의 외국인에 대한 의무 및 처벌 조항만 규정하고 있다.

불심검문의 대상인 외국인에게 여권 등의 제시를 의무적으로 부과하고 이에 응하지 않을 경우 형사 처벌하도록 규정한 취지가 합헌적으로 해석될 수 있으려면 최소한 외국인을 대상으로 한 출입국관리공무원들의 불심검문도 「경찰관직무집행법」상 불심검문에 준하는 절차에 의하여 적법하게 이루어져야 한다. 따라서 출입국관리공무원들이 길거리에서 외국인을 대상으로 불심검문하는 경우에는 원칙적으로 단속대상 외국인에게 자신의 신분을 표시하는 증표를 제시하면서, 소속과 성명을 밝히고, 여권 등의 제시를 요구하는 목적과 이유를 설명하여야 하며, 긴급보호가 개시되기 전의 외국인에 대한 질문, 조사절차는 강제력을 수반할 수 없는 '임의조사'임을 명확히 인식하여 외국인에 대한 차별 및 인권침해의 소지가 없도록 하여야 한다.

라. 단속 시 주거·사업장 진입

위원회는 '단속을 위해 주거, 사업장 등을 방문시 주거권자의 동의를 받지 않고 무단으로 진입할 수 있는 권한은 「출입국관리법」에 존재하지 않으므로, 외국인의 주거, 사업장 출입 조사 등에 있어 영장주의 원칙준수 등 형사사법절차에 준하는 통제장치를 마련할 것(2005.11.21., 2007.12.18.)'을 2차에 걸쳐 권고 한 바 있고 최근 법원도 '주거나 사업장에 들어가 조사 시 주거권자나 관리자의 사전 동의가 반드시 필요하다는 판결(2008.4.23. 선고 2008고단291 판결)' 한 바 있다.

이번 조사결과 외국인들의 43.0%가 근무지에서, 그리고 17.9%가 자신의 거주지에서 연행된 것으로 나타났다. 근무지에서 단속당한 외국인 71.5%는 단속반원들이 고용주의 동의 없이 무단으로 진입하여 단속하였다고 응답하였고, 가정에서 단속당한 외국인은 32.3%가 단속반원들이 신분을 밝히지 않고 문을 열어 달라고 해서 문을 열어주니 갑자기 단속 당하였다고 응답하였다. 따라서 출입국관리공무원이 미등록이주자 단속 업무를 위하여 제3자의 주거나 사업장 등을 검사하고자 하는 경우에는 원칙적으로 주거권자나 관리자에게 명시적인 사전 동의를 구하여야 하며, 주거권자나 관리자의 동의를 구할 수 없는 경우에는 법원으로부터 압수·수색영장을 발부받아야 한다. 한편, 「형사소송법」 제125조, 「민사집행법」 제8조 및 「관세법」 제306조 등에서는 야간집행을 제한하고 있으며, 일본 「출입국관리및난민인정법」 제35조도 집행시각을 제한하고 있는 것에 비추어 압수, 수색의 경우 원칙적으로 일출 전, 일몰 후에는 집행할 수 없도록 시각을 제한할 필요가 있다.

마. 단속과 긴급보호

「출입국관리법」 제51조 제3항은 "출입국관리공무원은 외국인이 강제퇴거대상자에 해당된다고 의심할 만한 상당한 이유가 있고 도주하거나 도주할 염려가 있는 경우 긴급을 요하여 사무소장·출장소장 또는 외국인보호소장으로부터 보호명령서를 발부받을 여유가 없는 때에는 그 취지를 알리고 출입국관리공무원의 명의로 긴급보호서를 발부하여 그 외국인을 보호할 수 있다."고 규정하고 있고, 「출입국관리법」 시행령 제64조 제3항은 "출입국관리공무원은 법 제51조 제3항의 규정에 의하여 용의자를 긴급 보호하고자 하는 때에는 긴급보호의 사유, 보호 장소 및 보호시간 등을 기재한 긴급보호서를 발부하여 이를 용의자에게 내보여야 한다."고 규정하고 있다.

긴급보호는 "긴급을 요하는" 경우에만 적용될 수 있는 예외규정으로서 엄격한 요건 하에서만 이루어져야 하지만, 이번 조사 결과 단속반원들의 63.4%가 외국인 단속현장에서 긴급보호서를 제시하지 않고, 단속이 완료된 후 출입국관리사무소로 이동 중 혹은 심지어 출입국관리사무소에 도착해서 긴급보호서를 제시한다고 나타났다. 이러한 사실은 연행과정을 통해서도 확인되었다. 조사대상 외국인 중 절반이 넘는 63.4%가 아무런 문서를 제시받지 못하였을 뿐만 아니라, 아무런 설명도 듣지 못한 채 무작정 강제연행 되어 왔다고 나타났다.

외국인·출입국정책본부 내부지침인 '불법체류외국인 단속 지침'은 단속된 외국인을 단속차량에 탑승시킨 후 차량 안에서 긴급보호서를 발부·제시하도록 하고 있고, 긴급보호서상의 긴급보호기간의 시기도 단속차량탑승시각으로 기재하도록 하고 있다. 이러한 지침에 따라 현재 출입국관리공무원들은 단속된 외국인에게 단속된 현장이나 연행되는 현장에서 긴급보호의 취지를 알리거나 긴급보호서를 제시하는 대신, 외국인을 단속차량에 탑승시킨 후 미등록으로 신원확인이 되면 단속 차량 안이나 차량으로 이동 중에 긴급보호서를 발부하여·제시하거나, 심지어 출입국관리사무소에 도착해서 긴급보호서를 발부하고 있다.

긴급보호제도는 보호외국인의 신체에 대한 중대한 제한이자, 국가기관에 의한 강제력 행사이므로 긴급보호의 시기는 단속차량 탑승시가 아니라 외국인을 단속차량으로 연행하기 위하여 강제적으로 물리력을 행사하는 시점부터라고 해석해야 한다. 따라서 출입국관리공무원은 긴급보호를 위한 강제력 행사에 들어가기에 앞서 긴급보호 대상 외국인에게 긴급보호의 취지를 알리고 긴급보호서를 제시하는 것이 원칙이라고 할 것이다. 다만, 긴급보호 외국인이 도주하거나 폭력으로 대항하는 등 그 외국인을 실력으로 제압할 필요가 있는 경우에는 긴급보호의 사유 및 취지에 대한 고지를 그 외국인을 붙들거나 제압하는 과정 또는 붙들거나 제압한 이후에는 지체 없이 행하여야 한다.

따라서, 출입국관리공무원이 외국인에 대한 긴급보호를 집행하면서 보호외국인의 도주 및 저항여부를 불문하고 긴급보호의 취지 및 미란다원칙의 고지를 강제력 행사가 개시되기 직전이나 직후에 이행하지 않고 단속차량에 탑승한 후 하는 것은 사유를 명확하게 고지하지 않은 채 인신을 구속하는 행위인 바, 이는「헌법」제12조 제5항, 세계인권선언 제9조, 「시민적 및 정치적 권리에 관한 국제규약」제9조 제2항, 「UN 피구금자 보호원칙」10 등에 위반하여 외국인의 신체의 자유를 침해하는 것일 뿐만 아니라「형법」제124조의 불법체포와 직결될 수 있는 명백하게 위법한 관행이므로 개선이 필요하다.

바. 미란다 원칙 등 권리고지

「헌법」과「형사소송법」은 누구든지 변호인의 조력을 받을 권리가 있다는 고지를 받지 않고서는 체포나 구금되지 않는다고 규정하고 있고, 미란다원칙으로 알려진 이 원칙은「UN 피구금자 보호원칙」에서도 규정하고 있다.

「출입국관리법」은 보호외국인의 권리고지에 대하여 명확히 규정하고 있지 않지만, "「헌법」제12조에 규정된 '신체의 자유'는 수사기관뿐만 아니라 일반 행정기관을 비롯한 다른 국가기관 등에 의하여도 직접 제한 될 수 있으므로,「헌법」제12조 소정의 '체포·구속' 역시 포괄적인 개념으로 해석해야 한다. 따라서 최소한 모든 형태의 공권력 행사기관이 '체포' 또는 '구속'의 방법으로 '신체의 자유'를 제한하는 사안에 대해서는「헌법」제12조 제6항이 적용된다고 보아야 한다."는 헌법재판소 결정(헌법재판소 2004.3.25. 선고 2002헌바104 결정)의 취지에 의하면,「출입국관리법」상 외국인에 대한 (긴급)보호는 국가기관에 의한 인신구속에 해당 한다. 따라서 외국인에 대한 (긴급)보호집행 시에도 보호외국인에게「헌법」제12조 제5항 및「형사소송법」의 조항을 준용하여 미란다 원칙을 고지해야 한다.

사. 단속 장비 사용

「출입국관리법」제77조는 출입국관리공무원이 그 직무를 집행하기 위하여 무기 등의 휴대를 할 수 있고,「경찰직무집행법」제10조 내지 제10조의4의 규정에 준하여 이를 사용할 수 있다고 규정하고 있다. 또한 경찰관직무집행법 상 수갑 등 경찰장구는 "현행범인 경우와 사형무기 또는 장기 3년 이상의 징역이나 금고에 해당하는 죄를 범한 범인의 체포도주의 방지, 자기 또는 타인의 생명신체에 대한 방호, 공무집행에 대한 항거의 억제를 위하여 필요하다고 인정되는 상당한 이유가 있을 때" 등으로 제한되어 있다. 출입국관리공무원이 사법경찰관리의 직무를 수행할 수 있는 경우는 보호나 강제퇴거 등과 같은 행정작용과는 무관한 형사처벌을 목적으로 하는「출입국관리법」위반 범죄에 대한 수사 등에 국한된다고 할 수 있으므로, 범죄자가 아닌 외국인들에 대한 물리력 사용은 제한적으로 이루어져야 할 필요성이 있다.

따라서, 경찰장구 및 무기의 사용은 보충성과 긴급성의 원칙에 따라 적법한 공무집행을 적극적으로 방해 또는 거부함으로써 그 집행의 목적달성을 불가능 또는 곤란하게 만들거나, 공무원이나 단속 대상자의 생명, 신체를 보호하기 위한 상황에서 장구를 사용하지 않고서는 다른 수단이 없는 경우에 만 사용하도록 제한하는 개선책의 마련이 필요하다.

아. 호송차량 안에서 장시간 인치

「출입국관리법」에서 규정하는 '무기 등'에는 경찰관직무집행법상 무기와 분사기만 포함하는 것이 아니라 "경찰장구"도 포함되는데, 「경찰관직무집행법」상 수갑 등 경찰장구의 사용은 "현행범인인 경우와 사형무기 또는 장기 3년 이상의 징역이나 금고에 해당하는 죄를 범한 범인의 체포도주의 방지, 자기 또는 타인의 생명신체에 대한 방호, 공무집행에 대한 항거의 억제를 위하여 필요하다고 인정되는 상당한 이유가 있을 때" 등으로 제한되어 있다.

이번 방문조사 결과에서 보듯이 출입국관리공무원들은 이미 단속된 외국인을 과도하게 장시간 비좁은 단속차량에 인치한 상태로 둔 채 또 다른 출입국관리사범에 대한 단속행위를 계속한 사례들 이 있었다. 또한 이와 관련하여 법원은 "불법체류자 등을 단속하여 보호하는 국가권력의 행사에는 그 직무의 성질상 어느 정도의 강제력 행사를 수반할 수밖에 없으나, 이러한 강제력의 행사는 필요 한 최소한도에 그쳐야 하고, 상대방이 저항하지 아니하거나 도주할 우려가 없는 경우에는 그 강제력 의 행사를 종료하여야 할 것이다. 그런데 단속공무원들은 원고가 이미 수갑에 채워져 단속차량에 태워진 이후 저항을 더 이상 하지 아니할 뿐만 아니라 수갑을 벗겨 줄 것을 요청하였음에도 불구하 고 수갑을 계속하여 뒤로 채운 상태로 원고를 서울에서 청주까지 호송하여 원고로 하여금 손가락 감각이상 및 손목 찰과상 등의 증세가 남게 한 사실은 앞서 인정한 바와 같은바, 이는 단속공무원들 이 직무집행에 있어 관계법령을 적절히 해석·적용하지 못한 과실로 「출입국관리법」이 정하고 있는 계구사용의 한계를 넘어 위법하게 원고에게 상해를 가한 것이라고 봄이 상당하다."고 판시(2006. 11.15. 선고 2006나5238 판결)한바 있다.

따라서 단속차량에 장시간 인치하는 행위 및 긴급보호서 발부를 단속차량 안에서 기재하는 행위 는 외국인의 보호 장소를 엄격히 제한하고 있는 출입국관리 법령에 위반될 뿐만 아니라 인권침해 소지가 있으므로 이에 대한 개선 방안을 마련하여야 한다.

자. 성적 수치심

「국가인권위원회법」제2조 제5호에 성희롱이라 함은 업무, 고용 그 밖의 관계에서 공공기관의 종사자, 사용자 또는 근로자가 그 직위를 이용하거나 업무 등과 관련하여 성적언동 등으로 성적 굴욕감 또는 혐오감을 느끼게 하거나 성적 언동 그 밖의 요구 등에 대한 불응을 이유로 고용상의 불이익을 주는 것이라 규정하고 있다.

이번 조사결과 4명의 여성외국인이 단속 호송차량에 장시간 대기하면서 화장실에 가고 싶다는 요구를 하였으나 이를 묵살당하면서 성적수치심을 느꼈다고 응답하였다. 심층조사에서는 호송과정 에서 단속반원들이 여성외국인에게 성적농담을 하였다는 진술도 하였다. 따라서 여성외국인 단속

시 단속반원들에 대해 사전 성희롱 교육을 철저히 하는 것이 필요하다.

차. 조사과정 상 통역지원

「출입국관리법」을 위반한 것으로 의심되는 미등록이주자들이 출입국관리공무원에 의해 일단 단속 및 보호되어 출입국관리사무소로 옮겨지게 되면, 출입국관리공무원은 그 "용의자"의 법 위반사실 여부를 조사하게 되고, 출입국관리사무소장 혹은 출장소장은 그 여부를 심사하여 강제퇴거명령을 결정하고 있다.

이번 조사결과 보호 외국인 중 37.4%가 조사 과정에 통역인이 없어서 의사소통이 불가능하였던 것으로 나타났다. 전체 보호 외국인 중 조사과정에서 한국어로 의사소통하는 데 문제가 없었다는 응답이 35.1%에 불과한 것으로 드러났다.

국내 법제에 익숙하지 않아 법률적으로 자신을 변호하거나 방어할 능력이 상대적으로 부족할 수 있는 외국인에 대하여 조사할 경우에는 언어상의 의사소통 문제가 매우 중요하다. 「출입국관리법」 제48조 제6항에도 "국어에 능통하지 못하는 자[……]의 진술에는 통역인으로 하여금 통역하게 하여야 한다."고 규정하고 있으며, 이는 외국인에 대한 공정한 조사가 이루어지게 하기 위한 가장 기본적인 장치라고 할 수 있다. 또한 한국인들이 감시, 감독하는 외국인들의 고립된 생활시설인 외국인보호시설은 그 자체로 언어상의 의사소통 문제가 매우 중요함에도 「출입국관리법」에는 이에 대한 어떠한 규정도 마련되어 있지 않다. 따라서 보호외국인들은 의사소통이 원활히 이루어지지 않아 발생하게 될 모든 불이익에 대하여 무방비 상태로 노출되어 있는데, 이는 보호뿐 아니라 단속과 보호절차, 강제퇴거절차에서도 드러나고 있으므로 이에 대한 개선이 필요하다.

카. 조사과정 상 공정성 보장 문제

「출입국관리법」 제48조 4항, 5항은 "공정한 조사를 보장하기 위하여 조사를 통해 작성된 조서는 이를 용의자에게 읽어 주거나 열람하게 한 후 오기가 있고 없음을 물어 용의자가 그 내용에 대한 증감 또는 변경의 청구를 한 때에는 그 진술을 조서에 기재하여야" 하고, "조서에는 용의자로 하여금 간인한 후 서명 또는 기명날인하게 하고, 용의자가 서명 또는 기명날인할 수 없거나 이를 거부한 때에는 그 뜻을 조서에 기재하여야 한다."라고 규정하고 있다.

하지만 이번 조사결과 출입국관리공무원으로부터 무슨 내용인지 이해도 할 수 없는 문서에 서명할 것을 요구받은 경우가 27.8%나 되었다. 조사의 공정성 보장을 위하여 외국인 스스로 문서를 읽고 서명할 수 있도록 조사과정에서 「출입국관리법」을 준수함이 필요하다.

타. 공무원 통보의무 제도

「출입국관리법」 제84조 제1항은 "국가 또는 지방자치단체의 공무원이 그 직무를 수행함에 있어 제46조 제1항 각호의 1에 해당하는 자(강제퇴거사유에 해당한다고 의심되는 자) 또는 이 법에 위반된다고 인정되는 자를 발견한 때에는 그 사실을 지체 없이 사무소장, 출장소장 또는 외국인보호소장에게 통보하여야 한다."고 하여 공무원의 통보의무를 규정하고 있다.

위와 같은 통보의무 규정은 '인권보장'이라는 보편적인 법 원리보다는 '출입국관리'라는 행정목적의 달성을 우선시하는 규정으로, 위와 같은 공무원의 통보의무 규정으로 인하여 현재 미등록이주자는 임금체불, 사기사건, 폭행사건 등과 관련하여 노동부나 경찰 공무원에게 구제신청 등을 하기 위해서는 강제출국을 각오해야 하는 상황이다. 위원회는 '외국인노동자 권리구제 담당공무원의 통보의무를 완화하여 미등록이주자에게도 최소한의 권리구제 절차를 합법적으로 제공할 것을 권고(2003. 2.10.결정)'한 바 있으며, 나아가 "미등록이주자의 권리구제의 실효성을 제고하기 위해 이른바 '선(先)구제제도 후(後)통보원칙' 제도를 「출입국관리법 일부 개정 법률안」 제84조에 명시적으로 규정하는 것이 바람직하다."고 권고(2007.12.3.결정)한 바 있다.

따라서 '선 구제제도 후 통보 원칙'을 법률에 명시하여 미등록이주자의 피해 구제 업무를 담당하는 공무원이 피해 구제 업무가 종료될 때까지 통보의무가 정지되거나 면제될 수 있도록 하여 미등록이주자의 권리가 적극적으로 구제될 수 있도록 보장하는 것이 필요하다.

파. 여수출입국관리사무소
(1) 시설 및 환경

여수출입국관리사무소의 보호실 복도 입구 출입문은 시건장치가 되어있고, 각 거실마다 출입문 밖에서 겨우 한 사람 정도만 들어갈 수 있도록 개폐정도를 통제하는 장치를 설치하고 있는데, 이 장치로 인해 긴급대피가 필요한 상황이 발생할 경우 보호외국인이 위험에 처할 가능성이 있다. 또한 무엇보다도 거실 밖 출입을 통제하는 시스템이 엄격함에도 불구하고 거실의 출입문까지 이러한 장치를 마련해 놓는 것은 보호외국인에게 구금되어 있다는 심리적 압박감을 더할 뿐만 아니라, '보호대상자'라는 법적 지위에 부합하지 않고 보호외국인의 존엄성을 침해할 소지가 있다. 또한 2007년 발생한 화재사건과 유사한 긴급한 상황이 발생했을 경우 마스터키를 이용해 문을 개방하더라도 보호외국인들이 빠져 나오는데 다소 시간이 소요될 가능성이 있다.

방문조사 당시에는 운영하지 않고 있던 독거실 및 특별계호실은 화장실이 지나치게 비좁고 좌변기 및 화장지 걸이 바로 위쪽에 샤워기가 설치되어 있어 샤워를 하면 좌변기에 물이 묻을 수밖에 없는 불편한 구조로 되어 있어 시설 개선이 필요하다. 또한 보호 외국인이 면회실의 투명 아크릴판을 사이에 두고 면회를 하도록 되어 있으나 보호의 법적 성격이 강제출국으로 인한 인신 확보에 불과하므로 아크릴판을 사이에 둔 현행의 면회 방식은 지나친 제한이라고 보여 진다. 따라서 면회방식을 개선하여 자유로운 대면 하에 면회가 가능하도록 개선할 필요성이 있다.

또한 보호실은 중앙에 복도를 두고 양측에 보호거실이 있으며 거실 뒤쪽에 거실별로 화장실과 세면실이 있고 그 뒤쪽에 순찰통로가 설치되어 있다. 따라서 보호실은 외부로 나있는 창문이 없어 자연채광이 전혀 없으며 환기 시설이 부족하다. 보호실에 자연채광과 환기가 충분히 이루어질 수 있도록 시설 개선이 필요하다.

(2) 처우문제

보호 외국인들을 위한 여가 프로그램이 다양하지 못해 대부분 거실 내 TV만 시청하다가 출국하고 있는 상황이다. 현재 여수출입국관리사무소는 3층 다목적실에서 우리가락 배우기, 종교행사, 금연교육, 영화상영 프로그램 등을 진행하고 있으나 심층조사결과 보호실에 수용된 보호 외국인들의 자발적 참여가 적은 것으로 나타났다. 따라서 보호 외국인들을 위한 다양한 프로그램 개설 등 보호 외국인들이 자발적으로 각종 프로그램에 참여할 수 있는 방안을 마련할 필요가 있다. 아울러 현재 보호 외국인들을 위한 도서를 3층 다목적실에 비치하고 있으나 보호 외국인들이 TV를 시청하기를 원하지 않을 경우 거실에서 독서를 할 수 있도록 거실 내에 도서목록을 비치할 필요가 있다.

자연채광이 부족한 보호실에서 생활하는 외국인들을 위한 야외 운동장에서의 운동은 반드시 필요함에도 불구하고 보호 외국인의 생활일과표에는 주2회 30분 정도 3층 옥상에서 운동을 실시한다고 되어있다. 따라서 보호 외국인들이 야외 운동장에서의 운동이 가능하도록 조치하여야 할 것이다. 또한 주2회 일부 정해진 물품을 직원들에게 신청하는 방식으로 구매하여 보호 외국인들에게 지급하고 있으나, 보호 외국인들이 물품을 직접 보고 구매할 수 있도록 보호소 내 매점을 운영할 필요가 있다. 더불어 보호 외국인들에게 제공되는 식사는 아침은 빵, 달걀, 우유가 제공되고 중식 및 석식은 한식으로 제공되고 있으나 각 나라별 특성에 맞는 음식을 제공할 수 있도록 할 필요가 있다.

하. 대구출입국관리사무소

(1) 시설 및 환경

대구출입국관리사무소 외국인보호실 면적은 총 19.2평으로 적정보호 인원은 9명이며, 최대보호인원은 15명이다. 하지만 대구출입국관리사무소가 제출한 자료에 의하면 2008.7.1.~16. 동안 15명~18명까지 수용한 사례가 7차례나 된다. 적정보호인원을 넘어서 최대보호인원 이상으로 과밀수용을 하지 않도록 개선책이 마련되어야 한다.

보호실은 자연 채광과 환기가 제대로 이루어지지 않고 있으므로 창문의 크기를 개선하고, 환풍기의 추가 설치 및 거실내부에서 환풍기를 조작할 수 있도록 장치를 설치하는 등 공기 청정상태에 대한 세심한 점검이 필요하다. 또한 「출입국관리법」 제56조의 7, 「외국인보호규칙」 제37조는 보호시설 안전과 질서 유지를 위한 시설 및 폐쇄회로영상장치 등 감시 장비는 보호외국인의 사생활, 초상권 등의 침해가 없는 필요최소한의 범위 내에서 설치, 운영 또는 시행되어야 한다고 규정하고 있다. 다른 보호소의 경우 각 보호거실 출입문 안 위쪽에 1개가 설치되어 있는 것에 비해 대구출입국관리사무소 보호거실은 4개 또는 2개의 감시카메라가 설치되어 있어 과도하게 보호외국인의 사생활이 노출될 우려가 있으므로 이의 개선이 필요하다.

화장실 차폐시설의 경우, 출입문을 달고, 투명유리의 높이를 높이고, 투명도를 낮추는 등 보호외국인이 샤워 시 신체가 노출되지 않도록 개선되어야 할 것이다. 또한 화재발생을 대비한 스프링클러 설치와 화재발생시 보호외국인의 안전한 대피 및 보호대책을 마련하여야 한다.

식탁 등 보호외국인이 식사를 할 수 있는 집기를 구비하고, 거실 밖 복도에 설치된 정수기와 전화기는 보호외국인의 인격권 존중과 편의를 고려하여 거실 내부에 설치할 필요가 있다.

(2) 처우문제

면회시간과 관련하여 보호외국인에게 출국 준비를 위해 동료 등과의 면회가 필수적임에도, 현행과 같은 점심시간을 제외한 평일 오전과 오후 시간대의 면회만 허용하고 있는 것은 보호외국인의 외부 교통권을 제한하는 것이므로 공휴일이나 일과 후 저녁 시간에 접견기회를 보장하는 등의 대안마련이 필요하다.

또한 조사 결과 출입국 보호 외국인 중 생활규칙 및 권리구제 안내에 대하여 구두로 설명이 이루어지지 않고 있었으며, 보호외국인은 그 내용에 대해서 제대로 이해하고 있지 못한 것으로 나타났으므로 이에 대한 자세한 안내가 이루어질 수 있도록 외국어 안내문 추가작성 및 비치, 진정함 보호거실 내부 비치 등을 포함한 적절한 방식과 대안을 마련할 필요가 있다.

의료와 관련하여, 상주 의료인이나 시설이 없으므로 긴급환자 발생시 최대한 안전하게 보호외국인을 진료 및 치료 할 수 있는 긴급의료 대책을 마련할 필요가 있다. 여성보호거실의 CCTV 모니터링은 여성 직원만이 할 수 있도록 하고, 여성용품 지급 등을 위해 보호담당 여성 직원을 배치하여야 한다. 대구출입국관리사무소는 여성이 보호될 경우, 다른 부서의 여직원이 신체검사 등을 담당한다고 하지만 보호여성을 지원하는 데는 한계가 있어 개선이 필요하다.

지급되는 의복의 경우 일괄적으로 일주일마다 수거하여 세탁하기 보다는, 계절에 따라 달리 정하여 개별 보호외국인의 입소일을 기준으로 그 교환 시기를 여름에는 3일정도로 단축하여 위생상태를 개선할 필요가 있으며, 거실과 화장실의 상시적인 청소상태와 위생 점검을 하여 그 상태를 개선할 필요가 있다. 식사와 관련하여, 종교를 이유로 육식이 불가하거나 채식만을 하는 보호외국인들과 한국음식에 익숙하지 않은 외국인 등에 대하여 입소 시 이를 확인하여 대체식사를 마련하고, 식사를 제공하는 업체에 대한 위생 및 메뉴 등에 대한 상시적인 점검을 하여야 한다.

4. 결 론

위원회는 방문조사로 드러난 문제점들과 관련하여 현행 단속 및 보호관련 제도가 외국인의 기본적 인권 존중과 보호 원칙에 부합하도록 개선되어야 할 필요가 있다고 판단하여 「국가인권위원회법」 제19조 제1호 및 제25조 1항의 규정에 따라 주문과 같이 권고하기로 결정한다.

2008.12.8.
국가인권위원회 차별시정소위원회

• 2009년 미등록이주자 단속관련 방문조사에 따른 권고 [2009.12.8.]

2009.7.14.부터 7.23까지 2007년 위원회의 방문조사에서 제외되었던 외국인보호시설 4곳(화성외국인보호소, 청주외국인보호소, 인천공항출입국관리사무소, 서울출입국관리사무소)을 대상으로 방문조사를 실시하여 보호소의 보호환경 개선 및 보호외국인 처우 개선방안을 권고한 사례

【주 문】 법무부장관에게 아래와 같이 권고한다.

1. 기본권의 법률유보 원칙 및 법치주의 관점에서 출입국 단속의 요건 및 절차, 대상 외국인의 절차적 권리보장 규정을 법률로 규정할 것

2. 출입국관리공무원들이 외국인을 대상으로 불심검문하는 경우, 반드시 단속 대상 외국인에게 사전에 자신의 신분을 표시하는 증표를 제시하면서, 소속과 성명을 밝히도록 할 것, 또한 여권 등의 제시를 요구하는 목적과 이유를 설명하도록 할 것, 긴급보호가 개시되기 전에 실시되는 외국인에 대한 질문 및 조사절차는 강제력을 수반할 수 없는 '임의조사'임을 명확히 인식하고 단속과정에서 최소한 내국인에게 적용되는 불심검문 관련 규정을 준수할 수 있도록 할 것

3. 출입국관리공무원이 미등록이주자 단속 업무를 위하여 제3자의 주거나 사업장 등을 검사하고자 하는 경우, 원칙적으로 주거권자나 관리자에게 명시적인 사전 동의를 구하고, 주거권자나 관리자의 동의를 구할 수 없는 경우에는 법원으로부터 압수·수색영장을 발부받아 단속업무를 처리할 수 있도록 할 것

4. 미등록이주자를 단속할 경우, 일출 전 및 일몰 후에는 강제단속을 할 수 없도록 시간을 제한할 것

5. 출입국관리공무원이 외국인에 대한 긴급보호를 집행하면서 보호외국인의 도주 및 저항여부를 불문하고 긴급보호의 취지 및 미란다 원칙의 고지를 강제력 행사가 개시되기 직전이나 직후에 이행하지 않고 단속차량에 탑승한 후에 이행하는 관행을 개선할 것

6. 미등록이주자 단속과정에서 출입국관리공무원에 의해 발생하는 과도한 폭력행위 및 인권침해를 근절할 수 있는 재발방지대책을 수립할 것

7. 미등록이주자 단속 과정에서 미등록이주자가 부상을 당할 경우 즉시 응급조치 등의 의료조치를 취할 수 있도록 할 것

8. 미등록 이주자 단속과정에서 단속된 외국인에게 수갑을 장시간 채우고, 비좁은 단속차량에 장시간 인치한 채 다른 미등록이주자에 대한 단속행위를 계속하는 일이 없도록 재발방지 대책을 수립할 것

9. 미등록이주자 단속 시 경찰장구 및 무기의 사용은 보충성과 긴급성의 원칙에 따라 적법한
   공무집행을 적극적으로 방해 또는 거부함으로써 그 집행의 목적달성을 불가능 또는 곤란하게
   만들거나, 공무원이나 단속대상자의 생명, 신체를 보호하기 위한 상황에서 장구를 사용하지
   않고서는 다른 수단이 없는 경우에만 사용할 수 있도록 개선책을 마련할 것

10. 호송과정에서 보호외국인들이 일반 공중의 면전에 드러나 모멸감을 느끼지 않도록 적절한
    방어조치를 취하도록 하고, 화장실을 가지 못하게 하거나 화장실이 아닌 노상에서 용변을
    보게 하는 행위가 발생하지 않도록 재발방지 대책 수립하고 직원들에게 성희롱 예방교육을
    실시할 것.

11. 보호외국인들이 의사소통이 원활하지 못하여 보호 · 단속 · 강제퇴거 과정 등에서 불이익을
    당하지 않도록 개선책을 마련할 것과, 보호외국인이 권리구제 관련 자료 등에 손쉽게 접근할
    수 있도록 다양한 방안을 강구할 것, 외국인에 대한 조사 과정에서 의사소통이 원활히 이루어
    질 수 있도록 통역지원 등에 대한 개선방안을 마련할 것

12. '선 구제제도 후 통보 원칙'을 「출입국관리법」에 명시하여 미등록이주자의 피해구제 업무를
    담당하는 공무원이 피해 구제업무가 종료될 때까지 통보의무가 정지되거나 면제될 수 있도록
    함으로써 미등록이주자의 권리구제를 적극적으로 보장할 것을 권고한다.

【이 유】

1. 방문조사 실시 및 권고 배경

국가인권위원회(이하 '위원회'라 한다)는 2007년 및 2008년 2회에 걸쳐 외국인보호소에 대한 방문
조사를 실시하여 보호실 처우문제 및 「출입국관리법」 위반자 단속 관련 문제에 대하여 관련 기관에
권고한 바 있다. 그러나 우리 위원회에 미등록이주자 단속과 관련된 진정사건이 지속적으로 접수되
고 있으며, 최근에는 「출입국관리법」 위반자 단속과정에서 부상, 강제연행 등 과잉단속으로 인한
인권침해 논란이 사회적 이슈가 되고 있다. 특히, 법무부가 2009.4.1. 입법예고한 출입국관리법개정
안에 단속부분과 관련한 위원회의 권고내용이 제대로 반영되지 않음에 따라 아래와 같이 방문조사
를 실시하게 되었다.

방문조사는 2009.7.14.부터 7.23.까지 2007년 위원회의 방문조사에서 제외되었던 외국인보호시
설 4곳(화성외국인보호소, 청주외국인보호소, 인천공항출입국관리사무소, 서울출입국관리사무소)을
대상으로 실시되었으며, 특히 이번 방문조사에서는 「출입국관리법」 위반자 단속과정에서의 인권침
해 실태를 중심으로 조사하게 되었다. 위 방문조사과정에서 방문조사 보호시설 4곳에 수용되어 있는
외국인 436명을 대상으로 설문조사(이하 '2009년 보호외국인 대상 설문조사'라고 한다)를 실시하였
고, 동시에 보호외국인 30여 명을 대상으로는 심층면접을 실시하였다. 또한 2009.8.24.부터 2009.
9.31.까지는 전국출입국관리사무소의 단속 또는 강제퇴거 담당 공무원들에 대하여 서면으로 설문조
사를 실시하였다. 위 방문조사 결과 및 '2009년 보호외국인 대상 설문조사' 결과 등을 기초로 보호환

경 개선 및 보호외국인 처우 개선방안을 권고하게 되었다.

2. 관련규정

별지 기재 목록과 같다.

3. 인정사실 및 판단

가. 단속의 권한 및 절차

우리 위원회는 2005.5.23. 법무부장관에게 "출입국관리법에 규정된 '보호'의 개념을 분명히 정의하고, 불법체류 외국인 등에 대한 단속 및 연행 권한과 그 요건, 절차를 명확하고 엄격하게 규정하며, 단속과 연행 과정에서 대상 외국인의 절차적 권리를 실질적으로 보장하고, 출입국관리공무원의 권한 행사, 특히 단속, 연행, 보호, 긴급보호 등 사실상 체포와 구금으로 작용해 신체의 자유를 심각하게 제약하는 조치에 대하여는 형사사법절차에 준하는 수준의 실질적 감독 체계를 마련하는 등의 방향으로 「출입국관리법」을 개선할 것"을 권고한 바 있다.

그러나 법무부가 2009.6.15. 제정한 '출입국사범 단속과정의 적법절차 및 인권보호 준칙'에는 여전히 출입국관리공무원의 질문 등 권한규정만을 두고 있고, 대상 외국인의 권리보장절차를 규정하고 있지 않다. 또한 2009.4.1. 입법예고한 '출입국관리법 일부개정법률안'에도 '보호'에 대한 정의규정을 신설한 것 외에 미등록이주자 등에 대한 단속 및 연행 권한과 그 요건, 절차 그리고 대상 외국인의 절차적 권리에 대한 규정이 마련되어 있지 않다. 법무부가 개정 법률안에 형식적으로 '보호'의 법률적 정의규정을 신설하는 것 외에는 여전히 단속 대상인 외국인에 대한 최소한의 적법절차를 보장하는 절차에 대하여 규정하고 있지 않은 것은 강제력을 수반하지 않는 임의수사인 경찰관직무집행법상 '불심검문 조항'과 비교해 보아도 적법절차를 보장하지 않은 채 단속 대상 외국인에게 질문에 대한 답변 및 신원확인 의무만을 강요하도록 하는 것으로 이는 적법절차의 원칙에 위배될 소지가 크다고 판단된다.

즉, 출입국관리공무원의 미등록이주자 등 출입국관리사범에 대한 단속 행위는 단순한 행정처분이 아니라 인신의 구속과 직결되는 특별한 행정행위임에도 불구하고, 이와 관련한 법적 근거뿐만 아니라 단속 대상인 외국인의 권리보호 절차에 관한 규정이 없음으로 인해 이들에 대한 인권침해 논란이 지속되고 있는 것이다. 그러나 이와 같은 인권침해적 단속은 단속과정의 실무 운영 과정에서의 잘못이라기보다는 단속의 근거와 절차, 통제 방법을 규정하고 있지 않은 「출입국관리법」의 미비함에서 파생되는 것이라고 판단된다. 따라서 이러한 문제를 개선하기 위하여 기본권의 법률유보 원칙 및 법치주의 관점에서 출입국 단속의 요건 및 절차, 대상 외국인의 절차적 권리보장 규정을 법률로 명확하게 규정하는 것이 필요하다고 판단된다.

나. 단속반원 복장 및 신분증 제시

'2009년 보호외국인 대상 설문조사' 결과에 따르면, 응답자의 47.4%가 사복차림의 단속 반원들에게 단속을 당하였으며, 단속반원들이 신분증을 제시하지 않는 경우가 62.2%인 것으로 나타났다. 신분증을 제시한 경우에도 단속 전과 단속과 동시에 제시한 경우가 각각 38.2%, 26.2%였고, 단속 후에 제시한 경우가 35.6%였다. 또한 단속 당시 단속반원들의 행동에 관한 질문에 응답자 중 38.2% 가 단속반원들이 보자마자 물리력으로 제압을 하면서 비자 제시를 요구하였다고 답변하였다. 위원 회의 2008년 조사결과에서도 응답자 중 47.9%가 사복차림의 단속반원들에 의해 단속을 당하였고, 37.4%가 단속반원들이 신분증을 보여주지 않고 무작정 외국인을 끌고 갔다고 답변한 것으로 보아, 단속반원의 복장 및 신분증 제시와 관련하여 인권침해적인 상황이 전혀 개선되지 않은 것으로 나타 났다.

위원회는 2003.2.10. "미등록이주자노동자라 할지라도 단속과정에서 최소한의 인권을 보장하여 야 하며, 향후 단속과정에서 내국인에게 적용하여야 하는 원칙을 준수하여 검문 시에는 반드시 신분 과 목적을 밝히고, 다른 곳으로 연행할 때 연행지를 밝히고 가족 또는 친지 등에게 알릴 기회를 부여하여야 하는 등 최소한 내국인에게 적용되는 불심검문 관련 규정을 준수할 것"을 권고한 바 있다. 또한 2009.11.19. 출입국관리법개정안에 대한 의견표명을 하면서 "미등록외국인에 대해 정 지·질문 및 단속 과정에서 대상 외국인에게 최소한의 인권 및 절차적 권리 보장을 위해서는 출입국 관리공무원의 권한 행사에 경찰관직무집행법상의 불심검문 관련 규정을 참고하여 통제장치를 마련 할 것"을 권고하였다.

그러나 현행「출입국관리법」은 단속과정에서 단속반원이 외국인에게 질문하거나 여권 등의 제시 를 요구하는 절차와 관련하여 경찰관직무집행법상의 불심검문과 같이 출입국관리공무원이 엄격하게 지켜야 하는 절차는 규정하고 있지 않고 있다. 반면,「출입국관리법」제27조 제2항에서 외국인이 출입국관리공무원이 그 직무를 수행함에 있어 여권 등의 제시를 요구한 때에는 이에 응하여야 한다 는 규정과 이를 위반한 경우에는 같은 법 제98조 제2호에 따라 100만 원 이하의 벌금에 처한다는 취지의 외국인에 대한 의무 및 처벌 조항만 규정하고 있다.

즉, 경찰관직무집행법상의 불심검문과 같이 출입국관리공무원이 엄격하게 지켜야할 절차 등이 규정되어 있지 않기 때문에 아직까지도 출입국관리공무원들이 출입국사범 단속을 위한 불심검문 시 원칙적으로 외관상 신분이 나타날 수 있도록 제복을 착용하고, 불심검문의 대상 외국인에게 신분 증을 제시하고 신분과 소속, 성명 등을 고지하고, 불심검문의 목적을 설명해야 하는 절차를 제대로 지키지 않는 것으로 판단된다.

따라서 이와 같은 잘못된 단속관행을 개선하기 위해서는 출입국관리공무원들은 외국인을 대상으 로 불심검문하는 경우에는 반드시 단속대상 외국인에게 사전에 자신의 신분을 표시하는 증표를 제 시하면서, 소속과 성명을 밝히고, 여권 등의 제시를 요구하는 목적과 이유를 설명하여야 하며, 긴급 보호가 개시되기 전의 외국인에 대한 질문 및 조사절차는 강제력을 수반할 수 없는 '임의조사'임을 명확히 인식하여 외국인에 대한 차별 및 인권침해의 소지가 없도록 단속과정에서 최소한 내국인에 게 적용되는 불심검문 관련 규정을 준수할 수 있도록 하는 것이 필요하다고 판단된다.

다. 단속 시 주거 · 사업장 진입

'2009년 보호외국인 대상 설문조사' 결과에 따르면, 미등록이주자들의 32.8%가 근무지에서, 21.8%가 자신의 거주지에서 연행된 것으로 나타났다. 한편 출입국관리사무소, 고용지원센터, 경찰서 등과 같은 관공서를 찾았다가 단속된 경우는 남성은 5.1%, 여성은 3.4%나 되었다.

거주지에서 단속된 경우 34.0%가 단속반원들이 신분을 밝히지 않고 문을 열어달라고 해서 문을 열어주니 갑자기 집안까지 진입하여 단속하였다고 답변하였고, 근무지에서 단속된 경우 63.7%가 단속반원이 고용주(사장)의 동의 없이 사업장에 무단으로 진입하여 단속되었다고 응답하였다. 또한 식당, 상점 등에서 단속된 경우 주인이 단속반원의 출입을 허락하였는지에 대한 물음에 잘 모르겠다는 응답이 49.0%로 제일 높게 나타났다.

위원회는 2005.11.21. "단속을 위해 주거, 사업장 등을 방문할 경우, 주거권자의 동의를 받지 않고 무단으로 진입할 수 있는 권한은 「출입국관리법」에 존재하지 않으므로 외국인의 주거, 사업장 출입 조사 등에 있어 영장주의 원칙 준수 등 형사사법절차에 준하는 통제장치를 마련할 것"을 권고한 바 있다. 또한 2009.10.12.에는 "미등록이주자 단속 시 주거무단진입 등의 부적절한 단속관행을 시정하고 재발방지 대책을 수립할 것"을 권고하였다. 최근 법원도 주거나 사업장에 들어가 조사할 경우 주거권자나 관리자의 사전 동의가 반드시 필요하다는 판결(대법원 2009.3.12. 선고 2008도7156)을 한 바 있다.

법무부는 2009.5.23. 「출입국사범 단속과정의 적법절차 및 인권보호준칙」을 훈령으로 제정하면서 종래 있던 「불법체류 외국인 단속지침」을 폐지하였는데, '단속지침' 상에 있던 '가택 및 영업소 단속 시에는 원칙적으로 소유자 또는 관리자의 명시적 묵시적 동의를 얻고 단속에 임하고, 만약 소유자 또는 관리자의 거부의사가 있는 경우에는 압수수색영장을 발부받아 단속에 임하도록 한 규정'을 삭제하였다. 반면, 새로 제정한 훈령 제10조에서는 출입국관리공무원이 외국인을 고용한 사업장 등에 방문하여 질문을 하거나 기타 필요한 자료의 제출을 요구할 수 있다는 권한 규정만 두고 소유자 또는 관리자의 명시적 동의 및 압수수색영장 발부에 대한 것은 전혀 규정하고 있지 않아 오히려 종래의 「불법체류 외국인 단속지침」보다 인권적인 측면에서는 더 후퇴하였다고 판단된다. 따라서 출입국관리공무원이 미등록이주자 단속 업무를 위하여 제3자의 주거나 사업장 등을 검사하고자 하는 경우에는 원칙적으로 주거권자나 관리자에게 명시적인 사전 동의를 구하여야 하며, 주거권자나 관리자의 동의를 구할 수 없는 경우에는 법원으로부터 압수 · 수색영장을 발부 받아 단속업무를 처리할 수 있도록 해야 할 것으로 판단된다.

라. 야간단속

'2009년 보호외국인 대상 설문조사' 결과에 따르면, 단속된 시간은 오전 9시에서 오후 10시 사이가 64.9%로 가장 많았고, 오후 6시에서 자정 사이에 단속된 경우는 24.5%로 그 다음으로 많았다. 한편 자정에서 오전 6시 사이에 단속된 경우도 5.6%였고, 새벽에 집에서 단속된 경우의 사례도 심층조사를 통해 나타났다.

「형사소송법」제125조 및 일본 「출입국관리및난민인정법」제35조에서는 '타인의 주거 기타 건물 내에 들어가는 경우에는 압수수색 영장의 야간집행을 제한'하고 있으며, 단속으로 인한 사망, 부상사고가 발생하고 있는 현실에서 사고발생 위험성이 더 높은 일출 전, 일몰 후의 단속은 지양되어야 할 것으로 판단된다. 따라서 원칙적으로 미등록 이주자 단속할 경우, 일출 전, 일몰 후에는 강제단속을 할 수 없도록 시간을 제한할 필요가 있다고 판단된다.

마. 긴급보호 개시 시점 및 긴급보호사유 설명여부

'2009년 보호외국인 대상 설문조사' 결과에 따르면, 단속할 당시 단속반원들이 긴급보호서 등 서류를 보여주었는지에 대해서 77.5%가 보여주지 않았다고 응답하였고, 단속반원들이 구체적으로 설명하였는지에 대한 물음에는 76.5%는 설명하지 않았다고 응답하였다. 또한 서류를 제시한 시기가 언제인지에 대한 질문에서는 전혀 보여 주지 않은 경우가 52.6%로 가장 높게 나왔으며, 보여준 경우에는 단속을 당한 후 차량에서 보여준 경우가 16.7%, 단속과 동시에 보여준 경우가 12.4%, 보호소에서 보여준 경우가 9.6%, 단속 전에 보여준 경우는 8.6%였다.

법무부는 2009.11.11. 국회에 제출한 '출입국관리법 일부개정법률안' 제51조 제3항에서 '출입국관리공무원은 외국인이 제46조 제1항 각 호의 어느 하나에 해당된다고 의심할 만한 상당한 이유가 있고 도주하거나 도주할 염려가 있는 긴급한 경우, 사무소장·출장소장 또는 외국인보호소장으로부터 보호명령서를 발급받을 여유가 없을 때에는 그 사유를 알리고 긴급히 보호할 수 있다'고 규정하고 있는데 이는 '긴급보호서'를 발부하여 긴급보호할 수 있도록 한 현행법의 규정을 완화한 것이다.

또한 긴급보호서 제시 시점과 관련하여서도 개정안 동조 제4항에서 '출입국관리공무원은 제3항에 따라 외국인을 긴급히 보호하면 즉시 긴급 보호서를 작성하여 그 외국인에게 내보여야 한다'고 규정하여 사실상 긴급보호 후에 긴급보호서를 제시하도록 하는 개정안을 발의하였다.

그러나 '긴급보호제도'는 보호외국인의 신체에 대한 중대한 제한이자 국가기관에 의한 강제력 행사이므로 긴급보호의 시기는 단속차량 탑승 시가 아니라 외국인을 단속차량으로 연행하기 위하여 강제적으로 물리력을 행사하는 시점부터라고 해석해야 한다. 따라서 출입국관리공무원이 외국인에 대한 긴급보호를 집행하면서 보호외국인의 도주 및 저항여부를 불문하고 긴급보호의 취지 및 미란다원칙의 고지를 강제력 행사가 개시되기 직전이나 직후에 이행하지 않고 단속차량에 탑승한 후에 하는 것은 사유를 명확하게 고지하지 않은 채 인신을 구속하는 행위이다. 이는 「헌법」제12조 제5항, 「세계인권선언」제9조, 「시민적 및 정치적 권리에 관한 국제규약」제9조 제2항, 「UN 피구금자 보호원칙」10조 등에 위반하여 외국인의 신체의 자유를 침해하는 것일 뿐만 아니라 「형법」제124조의 불법체포의 시비가 일어나기에 충분한 관행이다. 따라서 출입국관리공무원이 외국인에 대한 긴급보호를 집행하면서 보호외국인의 도주 및 저항여부를 불문하고 긴급보호의 취지 및 미란다원칙의 고지를 강제력 행사가 개시되기 직전이나 직후에 이행하지 않고 단속차량에 탑승한 후에 이행하는 관행을 개선하는 것이 필요하다고 판단된다.

바. 폭행이나 폭언

'2009년 보호외국인 대상 설문조사' 결과에 따르면, 단속반원에게 붙잡혔을 때 구타를 당했느냐는 질문에 구타를 당하였다는 응답은 남자의 경우는 21.%였으나 여자의 경우는 거의 없는 것으로 나타났다. 구타를 어떤 방법으로 당하였는가에 대한 질문에는 남자 응답자의 66.7%가 손과 발로 맞았다고 응답하였으며, 41.7%는 여러 명에 둘러싸여 맞았다고 응답하였으며, 25.0%는 장비로 맞았다고 하였다. 한편 여자의 경우는 1명이 손과 발로 맞았다고 응답을 하였다. 또한 붙잡혔을 때 단속반원이 폭언이나 욕설, 인종차별적인 발언을 하였는지에 대한 질문에서는 남자는 43.8%, 여자는 32.8%가 그렇다고 응답하였다.

이미 단속이 되어 미등록이주자의 신병이 확보된 상태에서 발생하는 단속반원의 구타 및 폭언은 「형법」제125조의 폭행, 가혹행위죄에 해당될 소지가 있다. 위 설문조사 결과에 의하면 여전히 단속반원에 의한 구타 및 폭언이 근절되지 않고 있음을 알 수 있다. 따라서 미등록 이주자 단속과정에서 출입국관리공무원에 의해 발생하는 과도한 폭력행위 및 인권침해를 근절할 수 있는 재발방지대책을 수립하도록 하는 것이 필요하다고 판단된다.

사. 단속과정에서의 부상 및 조치

'2009년 보호외국인 대상 설문조사' 결과에 따르면, 단속과정에서 부상을 입은 적이 있는지에 대한 물음에 응답자 중 22.2%가 부상을 입었다고 응답하였다. 부상 시 어떤 조치를 받았는지에 대한 질문에서는 남자 응답자의 31.9%가 치료를 받지 못했다고 응답했고, 여자 응답자의 경우에는 치료를 받지 못한 사람이 없는 것으로 나타났다. 출입국 사무소나 보호소에 와서 치료를 받았다고 응답한 사람은 남자는 12명(응답자의 17.4%)이었고, 여자는 3명(응답자의 50.0%)이었다. 한편 단속 당시 즉시 응급처치를 받았다고 응답한 사람은 16.7%로 나타났다.

위원회는 2008.12.29. "경기도 마석가구단지에서 단속을 당한 외국인이 무릎과 인대수술이 필요할 정도로 중상이었고, 호송과정에서 단속반원들에게 고통을 호소하였지만 이를 묵살하였던 점과, 단속반원들이 추격하는 과정에서 피해자가 부상을 입었지만 이에 대한 의료조치 등 별도조치를 취하지 않은 행위에 대하여 재발방지 대책을 수립할 것"을 권고한 바 있다.

따라서 출입국관리공무원들이 단속과정에서 미등록이주자가 부상을 입었음에도 불구하고 별도의 의료조치를 하지 않은 채 장기간 방치하는 것은 「헌법」제10조에서 보장하는 인간의 존엄과 가치 및 행복추구권을 침해한 행위이며, 공무원으로서 성실의 의무 위반은 물론이고 최소한의 인도주의적 의무조차 방기한 행위이므로 단속 과정에서 미등록이주자가 부상을 당할 경우에는 즉시 응급조치 등의 의료조치를 취할 수 있도록 해야 할 것으로 판단된다.

아. 단속차량에서의 장시간 인치 및 수갑착용

「출입국관리법」에서 규정하는 '무기 등'에는 경찰관직무집행법상 무기와 분사기만 포함하는 것이 아니라 '경찰장구'도 포함되는데, 「경찰관직무집행법」제10조의2는 경찰장구의 사용은 '현행범인인 경우와 사형·무기 또는 장기 3년 이상의 징역이나 금고에 해당하는 죄를 범한 범인의 체포·도주의 방지, 자기 또는 타인의 생명신체에 대한 방호, 공무집행에 대한 항거의 억제를 위하여 필요하다고 인정되는 상당한 이유가 있을 때' 등으로 제한하고 있다. 그리고 법원은 계구사용과 관련하여 '단속공무원들은 단속된 외국인인 원고가 이미 수갑에 채워져 단속차량에 태워진 이후 저항을 더 이상 하지 아니할 뿐만 아니라 수갑을 벗겨 줄 것을 요청하였음에도 불구하고 수갑을 계속하여 뒤로 채운 상태로 원고를 서울에서 청주까지 호송하여 원고에게 손가락 감각이상 및 손목 찰과상 등의 증세가 남게 한 행위는 단속공무원들이 직무집행에 있어 관계법령을 적절히 해석·적용하지 못한 과실로 「출입국관리법」이 정하고 있는 계구사용의 한계를 넘어 위법하게 원고에게 상해를 가한 것이라고 봄이 상당하다'고 판시(서울중앙지방법원 2006.11.15. 선고 2006나5238 판결)한 바 있다.

'2009년 보호외국인 대상 설문조사' 결과에 따르면, 보호외국인이 단속될 때 단속차량에 있었던 시간은 1시간 이내가 23.8%이었고, 5시간 이상도 10.5%로 나타났다. 단속차량에 갇혀 있으면서 힘들었던 점은 수갑을 차고 있어서 힘들었다는 응답이 72. 1%로 가장 높게 나타났다.

그 다음으로 휴대폰사용이 어려웠다가 49.2%로 나왔고, 특히 화장실에 가지 못해 힘들었다는 응답은 여자는 37.1%였으며 남자는 22.5%였다. 단속차량에 갇혔을 때 단속된 다른 외국인은 몇 명이 더 탑승하고 있었는지에 대한 질문에는 10명 이상이라는 응답이 29.3%였으며 1명에서 5명 사이는 28.4%로 나왔고, 단속된 이후의 상황에 대한 질문에서는 승합차, 버스에 사람들이 다 채워질 때까지 계속 돌아다니며 단속해서 계속 차안에 갇혀있었다는 응답이 59.2%로 제일 높게 나왔다.

그 다음은 단속된 후 바로 출입국관리소로 왔다는 응답으로 남자는 39.0%였다. 한편 다른 미등록 외국인이 있는 곳을 알려달라는 요구를 받아 다른 공장으로 함께 동행 했다는 응답은 남자는 8.9%, 여자는 1.9%로 남자에게 이러한 요구를 훨씬 많이 한 것으로 나타났다. 단속차량 안에서의 수갑착용 여부를 묻는 질문에서는 84.5%가 처음부터 끝까지 계속 착용하고 있었다고 응답하였고, 처음에는 착용을 하였다가 도중에 풀어주었다고 응답한 남자는 6.9%였다.

출입국관리 사무소에서 보호소로 이송하는 과정 중 수갑착용과 관련하여 해당되는 사항에 모두 표시해 달라는 질문에 손 양쪽으로 서로 다른 사람과 수갑을 함께 차고 늘어서서 이동했다는 응답이 남자는 53.7%였으며, 하나의 수갑으로 두 명이 착용했다고 응답한 사람은 38.2%였다. 보호소, 병원, 법원 등 외부 장소로 이송되는 동안 수갑을 착용한 모습이 여러 사람들 앞에 노출된 적이 있는지에 대한 질문에서는 전체 응답의 57.3%가 그렇다고 응답했는데 이 중 남자는 56.8%, 여자는 59.5%가 노출된 적이 있다고 응답하였다.

위 설문조사 결과에서와 같이 출입국관리공무원들이 이미 단속된 외국인을 과도하게 장시간 비좁은 단속차량에 인치한 상태로 둔 채 또 다른 출입국관리사범에 대한 단속행위를 계속한 사례들이 있는 것으로 파악된다. 그러나 단속차량에 장시간 인치하고 수갑을 장시간 채우는 행위는 '강제력의 행사는 필요한 최소한도에 그쳐야 한다는 최소 침해의 원칙 및 비례의 원칙'에 위배되는 것이며, 또한 이미 단속된 외국인을 과도하게 장시간 비좁은 단속차량에 인치한 상태로 둔 채 또 다른 미등록이주자에 대한 단속행위를 계속하는 것은 외국인의 보호 장소를 엄격하게 제한하고 있는 출입국관리법령에 위배될 뿐만 아니라 인권침해 소지가 크다고 판단된다.

따라서 미등록이주자 단속과정에서 단속된 외국인에게 수갑을 장시간 채우고, 비좁은 단속차량에 장시간 인치한 채 다른 미등록이주자에 대한 단속행위를 계속하는 일이 없도록 재발방지 대책을 수립할 것이 필요하다고 판단된다.

자. 장비사용

'2009년 보호외국인 대상 설문조사' 결과에 따르면, 단속반원이 단속할 때 사용했던 장비를 모두 고르라는 질문에 대한 응답에서는 수갑이 89.1%로 압도적으로 높게 나타났다. 그 다음으로는 경찰봉 사용이 9.3%였고, 전자충격기를 사용한 경우도 2.2%로 나타났는데, 전자충격기를 과도하게 사용한 사례도 심층조사에 있었다. 또한 단속반원이 사용한 계구, 수갑채용 등으로 인해 상처를 입거나 부상을 당했는지에 대한 질문에서는 남자의 31.5%, 여자의 17.0%가 그렇다고 응답하였다.

「출입국관리법」 제77조는 '출입국관리공무원이 그 직무를 집행하기 위하여 무기 등의 휴대를 할 수 있고「경찰직무집행법」 제10조 내지 제10조의4의 규정에 준하여 이를 사용할 수 있다'고 규정하고 있다.

또한 경찰관직무집행법상 수갑 등 경찰장구 사용은 '현행범인인 경우와 사형·무기 또는 장기 3년 이상의 징역이나 금고에 해당하는 죄를 범한 범인의 체포·도주의 방지, 자기 또는 타인의 생명 신체에 대한 방호, 공무집행에 대한 항거의 억제를 위하여 필요하다고 인정되는 상당한 이유가 있을 때'등으로 제한되어 있다. 출입국관리공무원이 사법경찰관리의 직무를 수행할 수 있는 경우는 보호나 강제퇴거 등과 같은 행정작용과는 무관한 형사처벌을 목적으로 하는「출입국관리법」위반 범죄에 대한 수사 등에 국한된다고 할 수 있으므로, 범죄자가 아닌 외국인들에 대한 물리력 사용은 제한적으로 이루어져야 할 것이다.

따라서 미등록이주자 단속 시 경찰장구 및 무기의 사용은 보충성과 긴급성의 원칙에 따라 적법한 공무집행을 적극적으로 방해 또는 거부함으로써 그 집행의 목적달성을 불가능 또는 곤란하게 만들거나, 공무원이나 단속대상자의 생명, 신체를 보호하기 위한 상황에서 장구를 사용하지 않고서는 다른 수단이 없는 경우에만 사용할 수 있도록 개선책을 마련하도록 하는 것이 필요하다고 판단된다.

차. 성적 수치심

'2009년 보호외국인 대상 설문조사' 결과에 따르면, 단속반원의 성별에서는 남자 응답자의 경우 남자단속반원이 단속한 경우는 76.4%, 남성단속반원과 여성단속반원이 같이 단속한 경우는 21.8%였다. 여자응답자의 경우는 남성단속반원이 단속한 경우는 59.0%, 남성단속반원과 여성단속반원이 같이 단속한 경우는 34.4%, 여성 단속반원이 단속한 경우는 6.6%였다. 단속과정이나 단속 승합차 안에서 성적 수치심을 느낀 적이 있었는지에 대한 질문에서는 남자는 16.9%, 여자는 18.8%가 그렇다고 응답하였고, 성적 수치심을 느낀 이유를 모두 고르라는 질문에 대해 차에서 내린 후 남들이 보는 앞에서 묶여 끌려가서라는 응답이 제일 높게 나타났는데 남자는 54.7%, 여자는 50.0%로 나타났다. 그 다음으로 높게 나온 응답은 장시간 갇혀서 화장실에 갈 수 없어서라는 응답으로 남자는 32.6%, 여자는 30.8%로 나왔다. 한편 성별로 차이가 나는 응답은 성이 다른 단속반원들에 의해 연행되었다는 응답이었는데 이 질문에 응답한 사람은 남자는 4.2%인 반면 여자는 26.9%였다. 단속호송차량에 장시간 대기하던 여성보호외국인이 화장실에 가고 싶다고 요청하였음에도 불구하고 이를 묵살하다가 화장실이 아닌 노상에서 용변을 보게 한 사례도 있었다.

「국가인권위원회법」 제2조 제5호에 성희롱이라 함은 '업무, 고용 그 밖의 관계에서 공공기관의 종사자, 사용자 또는 근로자가 그 직위를 이용하거나 업무 등과 관련하여 성적언동 등으로 성적 굴욕감 또는 혐오감을 느끼게 하거나 성적 언동 그 밖의 요구 등에 대한 불응을 이유로 고용상의 불이익을 주는 것'이라 규정하고 있다. 또한 「피구금자처우에관한최저기준규칙」 제45조는 피구금자인 수용자를 이동시키는 경우에 가능한 한 일반 공중의 면전에 수용자의 몸이 드러나지 않도록 하고 모욕·호기심·공포의 대상이 되지 않도록 보호하기 위한 적절한 방어 조치를 취해야 한다고 규정하고 있다.

따라서 호송과정에서 보호외국인들이 일반 공중의 면전에 드러나 모멸감을 느끼지 않도록 적절한 방어조치를 취하여야 하고, 화장실을 가지 못하게 하거나 화장실이 아닌 노상에서 용변을 보게 하는 행위는 여성보호외국인의 존엄성과 인격권을 심각하게 침해하여 성적수치심을 느끼게 하는 행위이므로 재발방지 대책을 마련하도록 하고, 직원들에 대한 사전 성희롱 예방 교육을 철저히 실시하는 것이 필요하다고 판단된다.

카. 단속 후 권리고지

'2009년 보호외국인 대상 설문조사' 결과에 따르면, 변호사 등 다른 사람의 도움을 받거나 스스로를 변호할 권리가 있다는 사실을 알려주었느냐는 질문에 응답자의 70.8%가 이러한 고지를 받지 못하였다고 응답하였다. 또한 보호시설에 들어올 때 본인이 받을 수 있는 권리에 대한 설명을 들은 것이 있으면 모두 고르라는 질문에서 친지나 가족과 면회할 권리라고 응답한 사람은 56.5%였다. 한편 구금된 사실에 대해 이의를 신청할 권리에 대해 설명을 들은 사람은 25.2%였다. 구금이나 강제퇴거에 대해서 이의 신청할 권리가 있다는 것을 인지하고 있는지에 대한 질문에서 74.8%가 모른다고 응답하였다. 또한 국가인권위원회에 진정할 권리가 있다는 것을 알고 있는지에 대한 질문에서는 69.9%가 모른다고 응답하였다.

「헌법」 및 「형사소송법」은 '누구든지 변호인의 조력을 받을 권리가 있다는 고지를 받지 않고서는 체포나 구금되지 않는다'고 규정하고 있으며, 이와 같은 원칙은 「UN 피구금자 보호원칙」에도 규정되어 있다.

또한 헌법재판소는 "비록 「출입국관리법」은 보호외국인의 권리고지에 대하여 명확히 규정하고 있지는 않지만, 「헌법」 제12조에 규정된 '신체의 자유'는 수사기관뿐만 아니라 일반 행정기관을 비롯한 다른 국가기관 등에 의하여도 직접 제한 될 수 있으므로, 「헌법」 제12조 소정의 '체포·구속' 역시 포괄적인 개념으로 해석해야 한다. 따라서 최소한 모든 형태의 공권력 행사기관이 '체포' 또는

'구속'의 방법으로 '신체의 자유'를 제한하는 사안에 대해서는 헌법 제12조 제6항이 적용된다고 보아야 한다."고 결정하였다(헌법재판소 2004.3.25. 선고 2002헌바104 결정).

따라서 출입국관리법상 외국인에 대한 (긴급)보호는 국가기관에 의한 인신구속에 해당하므로 외국인에 대한 (긴급)보호 집행 시에도 보호외국인에게 「헌법」 제12조 제5항 및 「형사소송법」의 조항을 준용하여 미란다 원칙을 고지하도록 하는 것이 필요하다고 판단된다.

타. 조사과정 통역지원

'2009년 보호외국인 대상 설문조사' 결과에 따르면, 단속 직후 보호실 조사 과정에서 의사소통은 얼마나 잘 되었느냐는 질문에 대해 한국말로 의사소통하는 데 문제가 없었다는 응답이 47.6%로 제일 높게 나왔다. 한편 통역인이 없어서 의사소통이 거의 불가능했다고 응답한 비율도 32.2%로 역시 높게 나왔다. 그리고 의사소통에 문제가 있는 것으로 응답한 전체 비율은 42.7%로 거의 반에 가까운 사람들이 의사소통에서 문제를 느끼고 있었는데 성별로는 남자의 경우 43.9%, 여자의 경우 37.1%가 문제가 있는 것으로 응답을 하였다. 조사과정에서 사용한 언어는 한국어가 83.1%로 압도적으로 높게 나온 반면, 출신국 언어로 조사를 받은 경우는 4.1%였다. 그런데 한국어로 의사소통하는 데 문제가 없었다고 응답한 비율이 47.6%를 나타내고 있는데 이는 상당수의 보호 외국인들이 자신의 한국어 능력이 충분하게 자신의 의견을 표현할 만큼 되지 않음에도 한국어를 사용하여 조사를 받았다는 것을 알 수 있다. 조사과정에서의 통역인이 있었는지에 대한 질문에 남자의 75.6%, 여자의 78.6%가 통역인이 없었다고 응답하였다. 또한 통역인의 신분은 보호소 내 외국인이 34.8%, 외부에서 온 통역인과 출입국 관리소 직원이 각각 32.6%였다.

위원회는 2002년 '국내거주 외국인노동자 인권향상을 위한 정책권고'에서 "외국인노동자 인권보호를 위한 기본 자료로서 출입국 관련서류의 번역본을 송출국별로 10개 이상의 언어로 번역하여 비치하도록 하고, 외국인노동자들이 필요로 하는 「UN인종차별철폐협약」, 국내사증의 설명, 국내 「근로기준법」 중 외국인노동자 관련 조항, 부당한 인권침해나 노동행위 발생 시 구제방안, 외국인노동자와 관련된 사회보장, 수사과정시 인권보호방안 등의 내용이 포함된 책자(외국인노동자 인권보호지침)를 제작·배포할 것"을 권고한 바 있다.

「출입국관리법」을 위반한 것으로 의심되는 미등록이주자들이 출입국관리공무원에 의해 일단 단속 및 보호되어 출입국관리사무소로 옮겨지게 되면, 출입국관리공무원은 그 '용의자'의 법 위반사실 여부를 조사하게 되고, 출입국관리사무소장 혹은 출장소장은 그 여부를 심사하여 강제퇴거명령 여부를 결정하고 있다. 국내 법제에 익숙하지 않아 법률적으로 자신을 변호하거나 방어할 능력이 상대적으로 부족할 수 있는 외국인에 대하여 조사할 경우에는 언어상의 의사소통 문제가 매우 중요하다고 판단된다. 「출입국관리법」 제48조 제6항에도 '국어에 통하지 못하는 자[……]의 진술에는 통역인으로 하여금 통역하게 하여야 한다'고 규정하고 있으며, 이는 외국인에 대한 공정한 조사가 이루어지게 하기 위한 가장 기본적인 장치라고 할 수 있다. 즉, 보호외국인들은 의사소통이 원활히 이루어지지 않아 발생하게 될 모든 불이익에 대하여 무방비 상태로 노출되어 있는데, 이는 보호뿐 아니라 단속과 보호절차, 강제퇴거절차에서도 드러나고 있으므로 이에 대한 개선이 필요하다고 판단된다. 또한 방문조사결과 외국인보호시설에서 위원회의 권고내용을 제대로 이행하고 있지 않은 것으로 나타났으므로 보호외국인이 권리구제 관련 자료 등에 손쉽게 접근할 수 있도록 다양한 방안을 강구할 것과, 외국인에 대한 조사 과정에서 의사소통이 원활이 되어 질 수 있도록 통역지원 등에 대하여 개선방안을 마련하는 것이 필요하다고 판단된다.

파. 공무원의 통보의무

'2009년 보호외국인 대상 설문조사' 결과에 따르면, 관공서에서 단속을 당한 경우에 누군가에게 신고 되어 연행된 경우가 36.3%로 제일 높게 나왔으며 그 다음이 경찰이나 관공서에 피해신고를 하러 갔다가 단속된 경우와 증언을 하거나 목격자로 진술하다가 미등록 사실이 밝혀져 단속된 경우가 각각 15.3%, 14.5%로 비슷하게 나타났다.

위원회는 2003.2.10. 외국인노동자 권리구제 담당공무원의 통보의무를 완화하여 미등록이주자에게도 최소한의 권리구제 절차를 합법적으로 제공할 것을 권고한 바 있으며, 2007.12.3.에는 미등록이주자의 권리구제의 실효성을 제고하기 위해 이른바 '선(先)구제제도 후(後)통보원칙' 제도를 '출입국관리법 일부개정법률안' 제84조에 명시적으로 규정하는 것이 바람직하다고 권고한 바 있다. 노동부는 '불법체류' 외국인일지라도 임금체불 등 노동관계법 위반 사항과 관련한 구제절차가 완료된 뒤에야 '불법체류' 사실을 통보하도록 하는 내부지침을 마련하여 관련 민원을 처리하는 등 '선 구제제도 후 통보원칙'을 지침으로 시행하였으나, 최근 상위법인 「출입국관리법」과 충돌된다는 이유로 '선 구제제도 후 통보원칙'을 폐지하였다.

「출입국관리법」 제84조 제1항은 '국가 또는 지방자치단체의 공무원이 그 직무를 수행함에 있어 제46조 제1항 각호의 1에 해당하는 자(강제퇴거사유에 해당한다고 의심되는 자) 또는 이 법에 위반된다고 인정되는 자를 발견한 때에는 그 사실을 지체 없이 사무소장, 출장소장 또는 외국인보호소장에게 통보하여야 한다'고 하여 공무원의 통보의무를 규정하고 있다. 이와 같은 통보의무 규정은 '인권보장'이라는 보편적인 법 원리보다는 '출입국관리'라는 행정목적의 달성을 우선시하는 규정으로, 위와 같은 공무원의 통보의무 규정으로 인하여 현재 미등록이주자은 임금체불, 사기사건, 폭행사건 등과 관련하여 노동부나 경찰 공무원에게 구제신청 등을 하기 위해 강제출국을 각오해야 하는 상황이다.

따라서 위원회가 권고한 것과 같이 '선 구제제도 후 통보 원칙'을 법률에 명시하여 미등록이주자의 피해 구제 업무를 담당하는 공무원이 피해 구제 업무가 종료될 때까지 통보의무가 정지되거나 면제될 수 있도록 하여 미등록이주자의 권리구제를 적극적으로 보장하는 것이 필요하다고 판단된다.

4. 결 론

위원회는 방문조사로 드러난 문제점들과 관련하여 현행 단속 및 보호 관련 제도가 외국인의 기본적 인권 존중과 보호 원칙에 부합하도록 개선되어야 할 필요가 있다고 판단하여 「국가인권위원회법」

제19조 제1호 및 제25조 1항의 규정에 따라 주문과 같이 권고하기로 결정한다.

2009. 12. 28.
국가인권위원회 차별시정소위원회

2. 국가인권위원회 침해사건 권고 결정

1 단속과정에서의 인권침해 사례
- 이주노동자 과잉단속 등에 의한 인권침해
- 부당한 신체검사 등에 의한 인권침해
- 출입국관리공무원의 폭행에 의한 인권침해
- 단속과정에서의 인권침해
- 체포과정에서의 인권침해

2 보호조치 및 보호소 내 구금 중 인권침해 사례
- 법적 근거 없는 이송처분으로 인한 인권침해
- 일시보호해제 거부에 의한 인권침해여부
- 과도한 강제퇴거 집행으로 인한 인권침해
- 외국인들의 강제퇴거에 의한 인권침해
- 외국인보호소 내 아동구금에 의한 인권침해

3 기타 이주민 인권침해 사례
- 탈북자 지위 불인정 등에 의한 인권침해
- 이중국적자 외국인학교 복학불허로 인한 인권침해
- 재일조선인 국적취득 강요에 의한 인권침해
- 베트남출신 여성에 대한 결혼 현수막 게시 인권침해
- 난민신청 중의 경제활동 불가 결정은 생존권침해

① 단속과정에서의 인권침해 사례

• 이주노동자 과잉단속 등에 의한 인권침해
[08진인4364, 08진인4440(병합), 2008.12.29.]

외국인을 단속하는 과정에서 과잉진압, 환자를 방치한 점, 사업장에 무단 진입하여 단속한 점, 단속반원들이 여성외국인들에게 대로변에서 용변을 보게 한 행위, 단속 호송 시 머리카락을 잡고 호송차량까지 간 행위 등이 피해자들의 인권을 침해한 것이므로 인정하여 시정권고한 사례

【진 정 인】 1. ○○○(○○주 ○○○○ 대표)
         2. ○○○(○○○○○ 노동자)
【피 해 자】 별지 기재 목록과 같음.
【피진정인】 1. 법무부장관
         2. ○○출입국관리사무소장
         3. ○○출입국관리사무소장
         4. ○○○○출입국관리사무소장
         5. ○○○출입국관리사무소장
         6. ○○출입국관리사무소장

【주 문】

1. 법무부장관에게 진정요지 '가', '나'항과 관련하여 과잉진압 등 단속관행을 시정하고, 재발방지 대책을 수립할 것을 권고한다.

2. 피진정인 2 내지 6에게 진정요지 '다'항과 관련하여 각 출입국사무소 조사과 직원들에 대해 성희롱 교육을 시킬 것을 권고한다.

【이 유】

1. 진정의 요지

가. 2008.○○.○○. 9시30분경 100여 명이 넘는 출입국관리사무소 조사과 직원(이하 '단속반원'이라 함)들이 버스 1대, 25인승 버스, 승합차 7대 등의 차량을 동원하여 대규모 단속을 실시하였다. 단속 결과 150여 명의 미등록외국인근로자가 붙잡혔고, 단속반원들은 잠겨진 외국인근로자 숙소를 물리력을 동원하여 부수는 등 불법적 단속을 하였으며, 이를 말리는 시민들에게도 폭행을 하였다.

나. 단속 과정에서 도주하는 외국인근로자들 중 부상자들이 일부 확인되었고, 이 중 2명은 수술을 요하는 큰 부상을 입었다. 또한 단속과정에서 긴급보호서를 제시하지 않고, 사업주 동의 없이 무단으로 진입하여 단속하는 등 적법절차가 지켜지지 않았다.

다. 단속반원들이 호송차량에 있는 여성외국인을 길거리에서 용변을 보게 하는 등 단속을 당한 여성외국인들이 성적 수치심을 느끼도록 하였다.

2. 당사자 주장

가. 진정인

진정요지와 같다.

나. 피해자

(1) 피해자 1(○○○, 국적: 방글라데시)

2008.○○.○○. 10:00경 공장에서 작업 중 검정 조끼를 입은 단속반원 1명이 무작정 쫓아와 후문으로 도망갔고, 후문과 연결되어 있던 2m 50cm 정도 높이 축대에서 단속반원이 왼쪽 어깨를 밀쳐 떨어졌으며, 이후 바닥에 무릎이 먼저 닿아 부상을 입었다. 당시 단속반원 4명이 축대 아래에 미리 대기하고 있었고, 쫓아오던 단속반원 1명은 축대를 돌아 내려왔다. 단속을 당한 이후 계속 수갑이 채워져 있었고, 단속 반원에게 호송과정에서 통증을 호소하였으나 묵살당하였다. 이후 인천공항출입국에 보호된 지 2시간 후 병원에 갈 수 있었고, 진료결과 오른쪽 무릎의 신경과 인대까지 파열되어 수술이 필요하다는 진단을 받았고, 3일 후에 ○○의료원에 입원하여 수술을 받았다.

(2) 피해자 2(○○○, 국적: 방글라데시)

2008.○○.○○. 10:30경 단속반원이 왔다는 소리를 듣고 근처 산으로 동료직원 7명과 함께 도주하였다. 산으로 피신하였지만 이미 산에는 검정색 상의를 입고 있는 단속반원 여러 명이 있었으며, 그중 한 명이 "이리 오라"고 하여 도망을 가기 위해 급하게 몸을 움직이다가 다리가 접히면서 비탈쪽으로 떨어졌고, 이후 단속반원이 떨어져서 다친 본인을 보고 그냥 떠났다. 현재 병원에 입원중이며, 우측 요골 골두 분쇄골절 및 탈구가 되었고, 외측부 인대가 파열되어 약 8주간의 의료적 조치가

필요하다는 의사의 진단을 받았다.

(3) 피해자 3(○○○, 국적: 방글라데시)

2008.○○.○○. 10:30경 회사에서 작업을 하고 있던 중 필리핀 출신의 직장동료 3명이 단속되는 것을 목격하고 뒷문 쪽으로 뛰어 내리다가 발을 다쳐 심한 통증을 느끼면서 산으로 피신하였고, 당일 12:30분까지 산에 있다가 나뭇가지를 목발로 이용해서 회사로 돌아왔다. 현재 ○○○○병원에 입원중이며, 4번째 발가락 골절로 스프린트를 고정한 상태이며, 약 8주간의 계속적 관찰과 의료적 조치가 필요하다는 의사의 소견이 있었다.

다. 참고인

(1) ○○○(주식회사 ○○ 작업부장, 피해자 1이 근무한 작업장)

2008.○○.○○. 오전 10시경 단속반원들이 왔으며, 경찰 옷을 입고 있는 사람도 있었다. 단속반원들이 공장으로 들어오려고 하자 참고인이 입구를 막으며, "왜 그러냐"고 묻고 "들어오지 말라"고 하자, 단속 반원 한 명이 허리를 잡고 밀어 뿌리쳤고, 이후 경찰 한명이 움직이지 못하게 막아섰다. 이후 공장으로 다시 들어가 보니 필리핀 여성 한명이 잡힌 상태였고, 피해자 1(○○○○)이 도망가다가 1층 후문 축대 위에서 밑으로 떨어지는 것을 보았다. 높이는 2.42m 정도 되었고, 떨어진 곳의 바닥이 경사가 있어 피해자 1의 무릎이 먼저 땅에 닿았다. 그 뒤에 단속반원 2명이 동시에 같이 뛰어 피해자1을 덮쳤으며, 피해자 1은 다리가 아프다고 계속 단속반원들에게 호소하였지만, 단속반원들은 이를 묵살하면서 피해자 1의 팔을 잡고 단속차량으로 데려갔다. 또한 단속당한 필리핀 사람은 단속반원들이 목을 조르며 개구리 자세로 엎드리게 한 다음 수갑을 채웠다.

단속 당시 단속반원들은 외국인들의 신분증 확인을 하지 않았고, 단속에 대한 아무런 설명도 하지 않았다. 또한 단속 직후 긴급보호서 등 기타 서류를 외국인들에게 제시하지 않았으며, 본인이 단속반원들에게 "외국인들에 대한 신분증 확인이라도 해야 된다."고 하자, 단속반원들은 "일단 데리고 가서 불법이 아니면 풀어주겠다."고 이야기하였다.

(2) ○○○(○○○○ 사장)

단속당일 10시경 단속반원 10여 명이 기숙사 담을 넘어왔으며 군화발로 기숙사(4호실) 문을 부셨고, 남자 단속반원들은 보호외국인 여성 2명(○○, ○○○○)의 머리채를 잡아 공장 밑까지 끌고 가 수갑을 채웠다. 당시 기숙사 뒤편에는 단속반원들이 도망갈 것을 대비하여 경찰장구를 들고 지키고 있었고, 내가 "왜 뒤지느냐 가택수색 영장 가지고 왔느냐?, 공장 현장도 아니고 기숙사 아니냐?"라고 항의 했지만 단속반원들은 아무런 대꾸도 하지 않고 단속만 하였다. 당시 기숙사에 자고 있던 사람들은 7명이었고, 이 중 5명이 단속되었다. 현재 우리공장은 ○○가공공장으로 수출 협력업체이지만, 직원들 모두 단속이 되어서 공장 가동을 중단한 상태이다.

라. 피진정인

(1) ○○출입국관리사무소

수도권 5개 출입국관리사무소, 경찰 등 3개 기관이 1개 반으로 편성되어 경기도 ○○○시 ○○읍 ○○리 ○○○○공단 소재 "한국○○" 중심 반경 250m 이내 지역을 주로 단속하였다. ○○○○공 단에서 단속직원이 숙소 출입문을 부수고 단속을 실시하여 5명의 부상자가 발생하였다고 진정인이 주장하고 있으나, 단속 후 우리 소 직원들로부터 이와 같은 불상사가 발생하였다는 보고를 받은 사실이 없었다. 또한 우리 소는 합동단속 전날 저녁 단속직원에게 합동단속에 대비하여 불법체류외 국인 추락방지, 인권보호 등에 대해 특별교육을 실시하였으며, 합동단속 직전 현장에서도 단속 시 적법절차를 지키도록 교육하는 등 불법체류외국인의 인권보호에 최선을 다하였다.

(2) ○○출입국관리사무소

우리 소 단속반원들은 수도권 5개 출입국관리사무소 및 경찰 등 총 250여 명이 합동으로 실시한 경기 북부 불법체류외국인 밀집지역 단속에 참여하였다. 위 일시 단속과 관련하여 우리 소 직원 15명이 단속에 참여하여 불법체류자 11명을 단속하였으며, 단속은 합법적인 절차에 따라 적법하게 진행 되었고, 우리 소 단속반원들의 불법적 행위는 없었다.

(3) ○○○출입국관리사무소

우리 소에서는 단속시행 이전에 외국인불법고용방지 안내문 배포 등 계도활동을 전개하였고, 2008.○○.○○. 남양주 ○○공단 등 외국인 밀집지역 단속 시 공단협회에 단속개시 통보 및 피 단속 외국인에게 미란다 고지 등 적법절차를 준수였으며, 단속과정에서 부상한 외국인이 없었고, 외국인 숙소에 물리적인 행사를 가하여 무단출입한 사실도 전혀 없었음이 자체 조사결과 밝혀졌다. 진정사건 내용 중 부상당한 외국인들은 자신들이 스스로 단속을 피하다가 다친 경우로 파악되고 있으며, 단속반원이 외국인의 부상 등 피해사실을 인지하지 못하고 있을 뿐만 아니라, 평소 단속과 정에서도 직원들과 물리적인 충돌에 의해 피해를 입고 구호조치 없이 방치되는 사례가 없었던 점을 감안, 동 진정 건은 국법 질서 확립을 위한 정부의 정당한 공무수행에 해당되고 외국인들의 인권을 침해한 사례도 발견되지 아니하였다.

(4) ○○출입국관리사무소

우리 소는 2008.○○.○○. 경기도 ○○○시 소재 ○○공단과 경기도 ○○군 소재 ○○농장에 대한 불법체류외국인 합동단속 활동에 참여한 바 있다. 단속 당시 우리 소 직원들은 업체에 직접 진입하지 않고 외곽에서 빠져나와 외국인들을 상대로 추락 등, 안전사고 예방에 최선을 다하면서 단속활동을 하였으며, 단속과정에서 가혹행위 등 인권침해는 전혀 없었다.

마. 참고인(ㅇㅇ지방경찰청)

경찰청 외사수사과 - 5664(08.11.10) "불법체류외국인 수도권 밀집지역 특별단속관련 업무지시"
에 의거 경찰관 115명 현장 배치되어 남양주경찰서 정보보안과장 경정 ㅇㅇㅇ 지휘(ㅇㅇ청 1기동대
90명, ㅇㅇㅇ서 25명)로 단속현장 인근에 대기 하면서 법무부 출입국관리사무소에서 불법체류자
단속 시 고용주 등과의 마찰 및 공무집행방해 등 돌발변수 발생방지를 위한 사전 대기조 역할을
하였다. 불법체류자 단속은 출입국 고유의 업무로 당일 배치된 경찰관은 단속 중에 생길 수 있는
미연의 사태에 대비하기 위해 현장 인근에 배치되었을 뿐 단속업무에는 직접 가담하지 않았다.

3. 관련규정

별지와 같다.

4. 인정사실

진정인 진술 청취, 피진정인 진술서, 피진정기관 제출자료, 진단서, 참고인 등의 진술, 현장 조사
결과 등을 종합하면 아래와 같은 사실이 인정된다.

가. 이 사건 합동 단속의 경과

법무부는 2008.ㅇㅇ.ㅇㅇ. 9시 30분부터 13시경까지 경기도 남양주시 마석 ㅇㅇ ㅇㅇ공단 내에
서 출입국 직원 93명과 경찰 115명을 지원받아 200여 명이 동원되어 합동단속을 하였다. 당일 마석
에서 단속된 보호외국인 총인원은 126명이었으며, 단속과정에서 중상자가 4명 발생하였고, 경상자
도 다수 발생하였다. 단속의 방법은 각 공단의 입구를 버스와 경찰병력으로 에워싸고 도망치는 외국
인근로자를 잡는 방식으로 하였으며, 단속당시 보호된 외국인들은 직접 단속한 단속반원들이 소속
된 출입국관리사무소 보호실에 수용되어 있었다.

나. 진정요지 '가'항과 관련하여

단속반원들은 ㅇㅇㅇㅇ 기숙사 담을 넘어와 사업주에게 신분도 밝히지 않은 채 잠겨진 기숙사
문을 부수고, 잠을 자고 있는 여성외국인들을 단속하였고, 여성외국인 2명(ㅇㅇ, ㅇㅇㅇㅇ)의 머리
카락을 잡고 공장 앞에 있는 호송차량까지 연행하였다.

다. 진정요지 '나'항과 관련하여

단속반원들은 단속 시 추격과정에서 피해자 1(ㅇㅇㅇ)이 무릎 신경인대 수술이 필요할 정도로
심한 부상을 입었고, 체포당한 후 단속반원들에게 고통을 호소하였는데도 불구하고 별다른 조치
없이 인천공항 출입국 보호실에 이송 조치하였고, 이후 보호실내에서 계속적으로 고통을 호소하자,
이틀 후인 2008.ㅇㅇ.ㅇㅇ. 저녁에 인근병원으로 후송조치하였다. 또한 다른 피해자 2(ㅇㅇ)가 단
속을 피하여 인근 야산으로 동료 외국인 4명과 함께 도주하는 과정에서 산 아래로 굴러 떨어져 다리

를 다쳤음에도 이들을 추격한 단속반원들은 다른 동료외국인들만 단속하였고, 다친 외국인을 현장에 그대로 둔 채 다른 장소로 이동하였다고 피해자는 진술하였다.

또한 단속반원들은 단속 시 외국인들에게 신분증을 제시하지 않고 무작정 단속하였고, 단속을 위한 사업장 진입 시 고용주 동의 없이 무단으로 진입하였다고 피해자·참고인들이 진술하고 있고, 긴급보호서 제시 시점과 관련해서도 단속반원들은 피해자들에게 단속 장소가 아닌 단속 후 단속차량 안에서 제시하였다고 피해자들은 진술하였다.

라. 진정요지 '다'항과 관련하여

단속반원들이 단속당한 여성외국인 2명에 대하여 수갑을 채운 채 단속버스차량 옆에서 용변을 보게 했다고 공단 내 주민은 진술하였다.

5. 판단

가. 진정요지 '가'항과 관련하여

기숙사 문을 부수고 잠을 자고 있는 여성외국인들을 단속차량까지 호송하는 과정에서 머리채를 부여잡는 등 위압적인 방법을 사용하여 여성외국인등을 강제로 연행한 것은 「헌법」 제12조가 보장하는 신체의 자유를 침해한 것으로 판단된다. 하지만 단속반원들이 시민을 폭행하였다는 주장에 대하여는 진정인의 주장 외 달리 사실을 인정할 만한 객관적 증거가 없는 경우에 해당하는 것으로 판단된다.

나. 진정요지 '나'항과 관련하여

피해자 1이 무릎과 인대수술이 필요할 정도로 중상이었고, 호송과정에서 단속반원들에게 고통을 호소하였지만 이를 묵살하였던 점과, 단속반원들이 추격하는 과정에서 피해자 2가 부상을 입었지만 이에 대한 의료조치 등 별도 조치를 취하지 않은 행위는 「헌법」 제10조가 보장하는 인간의 존엄과 가치 및 행복추구권을 침해한 행위이며, 공무원으로서 성실의 의무 위반은 물론이고 최소한의 인도주의적 의무조차 방기한 인권침해 행위로 판단된다.

「출입국관리법」은 단속 시 긴급보호 사유, 보호 장소 및 보호시간 등을 기재한 긴급보호서를 발부하여 이를 용의자에게 보여야 한다고 규정하고 있다. 긴급보호제도는 단속을 당한 외국인의 신체에 대한 중대한 제한이자, 국가기관에 의한 강제력 행사이므로 긴급보호서 제시 시기는 단속당시로 해석되어야 한다. 따라서, 단속반원들이 피해자들에 대한 긴급보호를 집행하면서 이들의 도주 및 저항여부를 불문하고 긴급보호의 취지를 강제력 행사가 개시되기 직전이나 직후에 이행하지 않고 단속차량에 탑승한 후 하는 것은 사유를 명확하게 고지하지 않은 채 인신을 구속하는 행위인바, 이는 「헌법」 제12조 제5항, 「세계인권선언」 제9조, 「자유권규약」 제9조 제2항, 「UN 피구금자 보호원칙」 제10조 등을 위반하여 외국인의 신체의 자유를 침해하는 것일 뿐만 아니라 「형법」 제124조의 불법체포와 직결될 수 있는 명백하게 위법한 관행이므로 개선이 필요하다고 판단된다.

또한 「출입국관리법」 제81조 제1항은 '출입국관리공무원 및 대통령령이 정하는 관계기관 소속공무원은 외국인이 이 법 또는 이 법에 의한 명령에 따라 적법하게 체류하고 있는지 여부를 조사하기 위하여 외국인, 그 외국인을 고용한 자, 그 외국인의 소속단체 또는 그 외국인이 근무하는 업소의 대표자와 그 외국인을 숙박시킨 자를 방문하여 질문을 하거나 기타 필요한 자료의 제출을 요구할 수 있다.'라고 규정하고 있는바, 위와 같은 법의 취지에 비추어 피진정인들이 피해자들이 고용되어 있는 사업장에 무단 진입하여 외국인을 단속, 연행한 행위는 「출입국관리법」 제81조에서 규정하고 있는 방문조사 및 자료제출요구 등의 한계를 넘는 것으로 이와 같이 직접적 강제를 수반하는 조사 (진입, 수사 및 단속)까지 포함하는 것은 「헌법」 제12조에서 규정하고 있는 적법절차 위반에 해당하고, 「헌법」 제17조의 사생활보호침해 및 「헌법」 제10조의 인간의 존엄과 가치에 대한 침해로 판단된다. 따라서 단속반원들이 피해자들에 대한 강제단속시 주거, 관리하는 건조물, 점유하는 방실에 관리자 또는 주권권자의 동의를 받지 않고 무단으로 진입하는 것은 위법한 행위로 출입국공무원이 단속 시 외국인을 고용한 업소 및 주거를 무단 진입하여 조사하는 관행을 개선하여야 된다고 판단된다.

다. 진정요지 '다'항과 관련하여

「국가인권위원회법」 제2조 제5호에 성희롱이라 함은 업무, 고용 그 밖의 관계에서 공공기관의 종사자, 사용자 또는 근로자가 그 직위를 이용하거나 업무 등과 관련하여 성적언동 등으로 성적 굴욕감 또는 혐오감을 느끼게 하거나 성적 언동 그 밖의 요구 등에 대한 불응을 이유로 고용상의 불이익을 주는 것이라 규정하고 있다. 여성외국인들이 단속을 당한 후 호송차량에 장시간 대기하면서 화장실에 가고 싶다는 요구에 대하여 단속반원들이 이를 화장실이 아닌 대로변에서 용변을 보게 한 행위와, 단속 과정에서 남성 단속반원이 피해여성 외국인의 머리카락을 잡고 호송 차량에 탑승시키는 행위는 단속을 당한 여성외국인들로 하여금 성적 수치심을 느끼게 하기에 충분하므로 이에 대한 개선책이 필요하다. 따라서 여성외국인 단속 시에는 단속반원들에 대한 사전 성희롱 교육을 철저히 하여야 된다고 판단된다.

6. 결 론

가. 진정요지 '가'항, '나'항에 대하여

피진정인 소속 단속반원들이 긴급보호서를 호송 차량 안에서 제시한 점과, 피해자들을 단속하는 과정에서 과잉진압, 환자를 방치한 점, 사업장에 무단 진입하여 단속한 것은 피해자들의 인권을 침해한 것이므로 「국가인권위원회법」 제44조 제1항 제2호 규정에 따라 주문과 같이 결정한다.

나. 진정요지 '다'항에 대하여

피진정인 소속 단속반원들이 여성외국인들에게 대로변에서 용변을 보게 한 행위, 단속 호송 시 머리카락을 잡고 호송차량까지 간 행위는 피해자들의 인권을 침해한 것이므로 피진정인 각 출입국사무소장에게 「국가인권위원회법」 제44조 제1항 제1호 규정에 따라 주문과 같이 결정한다.

2008.12.29.
국가인권위원회 차별시정소위원회

● 부당한 신체검사 등에 의한 인권침해
[09진인3635, 09진인4896병합, 2009.12.28.]

단속 외국인의 신체검사 과정에서 과도한 신체검사는 인권침해가 된다고 인정하여 권고한 사례

【진 정 인】 ○○○○ ○○○ ○○○
【피진정인】 ○○○출입국관리사무소장 외 3인

【주 문】

1. ○○○출입국관리사무소장에게 피진정인 2, 3, 4에 대해 경고조치하고, 동일 또는 유사한 인권
   침해 행위가 발생하지 않도록 전 직원에게 인권교육을 실시할 것을 권고한다.

2. 진정요지 '나'항에 대하여는 이를 각하한다.

【이 유】

1. 진정요지

가. 진정인은 2009.9.5. 경기도 ○○시에서 단속되어 ○○○출입국관리사무소로 옮겨져 조사를
   받던 중 ○○○출입국관리사무소 소속인 피진정인 2, 3, 4가 진정인의 옷을 벗겨 알몸으로
   만드는 등 진정인을 범죄자 취급하였다.

나. 진정인은 기업투자(D-8) 사증을 소지하고 적법하게 한국에 체류하였으며, 친구를 만나러 갔
   다가 우연히 단속된 것이므로 진정인에 대한 단속 및 구금은 부당하다.

2. 당사자의 주장 요지

가. 진정인의 주장요지
위 진정요지와 같다.

나. 피진정인 3의 주장요지(○○○출입국관리사무소 조사과 이○○)
2009.9.4. ○○○출입국관리사무소 단속반이 경기도 ○○시에서 진정인 등 외국인 10여 명을
단속하여 같은 날 19:00경 ○○○출입국관리사무소 보호실에 도착하였다. ○○○출입국사무소측에
서 진정인에게 불법취업 사실을 확인하고 이에 대한 진술서 작성을 요구하자 진정인은 본인의 인적

사항 등을 작성한 뒤 더 이상의 작성을 거부하고 진술서를 몸속에 은닉하였다. 진정인에게 은닉한 진술서를 제출할 것을 요구하자, 진정인이 진술서를 화장실에 버렸다고 진술하여 CCTV를 확인한 결과 진정인은 화장실 방향으로 이동한 사실이 없었음이 확인되었다. 이에 진술서를 찾기 위해 피진정인 2인 단속팀장 한○○의 감독 하에 피진정인 3과 피진정인 4는 진정인을 다른 보호외국인들이 없는 별도의 장소로 이동시킨 후 진정인의 팬티를 잡아내려 내부를 들여다보았으나 진술서를 발견하지 못하였다.

3. 관련법령

가. 「출입국관리법」

제56조의 5(신체 등의 검사) ① 출입국관리공무원은 보호시설의 안전과 질서유지를 위하여 필요한 경우 피보호자의 신체·의류 및 휴대품을 검사할 수 있다.

4. 인정사실 및 판단

진정인의 진정서, 피진정인의 진술서에 따르면, ○○○출입국관리사무소측은 2009.9.4. 진정인을 단속하고 같은 날 저녁 19:00 진정인에 대한 조사를 실시하였는데, 조사도중 진정인이 작성한 진술서가 사라지자 피진정인인 2, 3, 4는 진술서를 찾기 위해 진정인을 별도의 장소로 데려간 후 진정인의 팬티를 끌어내려 내부를 확인한 사실이 인정된다.

가. 진정요지 '가'항 관련

「출입국관리법」 제56조의 5는 '출입국관리공무원은 보호시설의 안전과 질서유지를 위하여 필요한 경우 피보호자의 신체·의류 및 휴대품을 검사할 수 있다'고 규정하고 있다. 따라서 피보호자의 신체를 검사할 경우에는 위 규정에 따라 보호시설의 안전과 질서유지를 위한 경우에만 실시해야 한다. 그러나 위 인정사실에서와 같이 피진정인 2, 3, 4는 진정인이 작성하던 진술서가 없어졌다는 이유가 신체검사 요건에 해당하지 않음에도 불구하고 진정인에 대한 신체검사를 실시하였다.

또한 신체검사과정에서 진정인의 팬티를 끌어내려 가장 은밀한 신체 부위인 팬티 내부를 육안으로 확인함으로써 진정인으로 하여금 수치심을 느끼도록 하였다.

즉, 피진정인 2, 3, 4는 진정인이 작성한 진술서가 없어졌다면 진정인으로 하여금 진술서를 재작성하도록 하는 등 별도의 방법을 취할 수 있었음에도 불구하고 신체검사를 실시할 법적 근거도 없는 상태에서 진정인에 대하여 과도하게 신체검사를 실시하였다. 이와 같은 피진정인들의 행위는 직무 권한 행사에 대한 목적의 정당성, 방법의 적정성, 피해의 최소성, 법익의 균형성 등 과잉금지의 원칙을 위배한 것으로 이는 「헌법」 제10조가 보장하는 진정인의 인격권을 침해한 것으로 판단된다.

위와 같은 인권침해에 대한 구제조치로는 피진정인 2, 3, 4에 대해 경고조치하고 동일 또는 유사한 인권침해 행위가 발생하지 않도록 전 직원에게 인권교육을 실시하는 것이 필요하다고 판단된다.

나. 진정요지 '나'항 관련

진정인이 진정요지 '나'항에 대한 진정을 취하였으므로 「국가인권위원회법」 제32조 제1항 제8호에 따라 각하하는 것이 적절하다고 판단된다.

5. 결 론

이상과 같은 이유로 진정요지 '가'항은 「국가인권위원회법」 제44조 제1항 제1호의 규정에 따라, 진정요지 '나'항은 동법 제32조 제1항 제8호의 규정에 따라 주문과 같이 결정한다.

2009. 12. 28.

국가인권위원회 침해구제제2소위원회

• 출입국관리공무원의 폭행에 의한 인권침해
[10진정3929, 2010.7.26.]

조사과정에서 출입국관리공무원이 보호외국인인 피해자의 머리를 손으로 1회 때리고 오른쪽 주먹으로 복부를 1회 가격하여 피해자가 늑골이 골절되는 등 신체의 상해 및 고통·정신적 불안감 및 수치심을 주었다고 인정하여 권고한 사례

【진 정 인】 이 ○

【피진정인】 윤○○

【주 문】

1. 피해자를 폭행하여 좌측 늑골 한 개를 골절시킨 혐의로 피진정인을 검찰총장에게 고발한다.

2. ○○출입국관리사무소장에게 ○○출입국관리사무소 조사과장 김○○과 진정 사건발생 당시 단속팀장이었던 ○○출입국관리사무소 소속 장○○에 대하여 경고조치하고, 유사한 인권침해 사례가 발생하지 않도록 ○○출입국관리사무소 모든 조사과 직원들에게 외부 인권전문가를 초빙하여 인권교육을 실시할 것을 권고한다.

【이 유】

1. 진정요지

피진정인은 2010.6.9. 미등록 이주노동자인 피해자가 단속과정에서 저항한 것에 대한 보복으로 ○○출입국관리사무소 조사실에서 수갑으로 피해자의 얼굴과 등을 때렸다.

2. 당사자 및 참고인의 주장요지

가. 진정인의 주장 요지

위 진정요지와 같다.

나. 피진정인의 주장 요지(윤○○, ○○출입국관리사무소 운전원)

피진정인은 2010.6.9. 저녁 식사 도중 ○○출입국관리사무소 조사과 단속팀장인 진정 외 장○○으로부터 보호외국인의 계호업무를 지원해 달라는 전화를 받았다. 피진정인은 보호과에 소속되어

운전과 계호 등의 업무를 하고 있으며 바쁠 때는 가끔 조사과 업무를 도와주곤 하였다. 사건발생 당시에는 통상적으로 하는 것처럼 출입국관리사무소 1층으로 가서 보호외국인의 수갑을 풀어주고 이들을 2층에 있는 조사과로 데리고 와서 서류작성 등의 조사업무를 도와주고 있었다.

당시 단속에 참여했던 출입국관리사무소 직원으로부터 피해자가 병으로 단속직원을 쳤다는 말을 들었다. 이에 병으로 머리를 맞으면 죽을 수도 있을 것 같다는 생각이 들었고 격분해서 앉아 있는 피해자의 머리를 왼손바닥으로 한 번 때리고 오른쪽 주먹으로 피해자의 복부를 때렸다. 이후 피해자의 입안에 피가 있는 것을 보고 피를 닦게 하려고 피해자를 화장실로 데리고 갔다. 화장실 안에서 피해자는 또 맞을 것 같아서인지 겁에 질린 것 같았고 무릎을 꿇고 손으로 빌기에 피해자에게 씻으라고 말하였다. 화장실에서 피해자를 때리지 않았다.

피진정인이 피해자를 폭행을 할 때 함께 사무실에 있던 직원들은 별다른 반응을 보이지 않았으며, 피진정인이 피해자를 화장실로 데리고 가려고 하자 또 때릴 것 같아서인지 다른 직원이 따라오려고 하였으나 피진정인이 "씻기려고 한다."며 따라오지 못하게 하자 따라오지 않았다.

○○출입국관리사무소 보호실장이 2010.6.10. 엑스레이는 이상이 없는데 피해자의 입에서 피가 나온다고 하여 피해자와 피진정인 그리고 출입국관리사무소 직원인 진정 외 송○○, 진정 외 남○○이 함께 '○○○병원' 정형외과에 가서 피해자에 대한 MRI 촬영을 하도록 하였으나 이상이 없다는 진단을 받았다. 피해자의 갈비뼈가 골절되었다는 사실은 2010.6.11. 진정 외 보호실장과 진정 외 송○○에게 들었다.

다. 피진정기관의 주장요지(○○출입국관리사무소)

2010.6.9. 19:30경 피해자 등 불법체류 중국인 4~5명이 수원역 인근 식당에서 고정적으로 저녁 식사를 한다는 제보가 있어 단속에 임하였다. 단속 당시 피해자 등 중국인 8명이 단속을 피하기 위해 식탁 위의 술병으로 단속직원을 때리고 도주하는 등 격렬하게 저항하였다.

같은 날 20:00경 단속팀장인 진정 외 장○○이 피진정인에게 검거된 중국인 8명의 계호보조업무를 할 것을 연락하였고, 이에 피진정인은 단속직원과 함께 출입국관리사무소 지하주차장에서 피해자 등 중국인 8명을 호송하여 2층 위반조사실로 계호하였다.

위반조사실에서 피진정인은 단속직원들로부터 피해자 등이 단속과정에서 격렬하게 저항하면서 식탁에 있는 술병으로 단속직원의 머리를 때리고 병을 휘두르며 얼굴에 침을 뱉는 등의 행위를 했다는 말을 들었다. 이에 피진정인이 피해자에게 "위험한 병 등을 휘두르면 어떻게 하느냐?"며 나무라자 피해자가 바닥에 침을 뱉었다. 이에 피진정인은 의자에 앉아 있던 피해자의 머리를 왼손바닥으로 치면서 오른손 주먹을 사용하여 피해자의 복부를 한 차례 때렸다고 한다. 계호보조요원인 피진정인이 수갑을 사용하여 피해자의 얼굴을 때렸거나 단순히 단속과정에서의 저항에 대한 보복으로 때린 것으로 보기는 곤란하다.

이번 사건은 기간제근로자인 피진정인이 계호보조업무를 지원하는 과정에서 피해자 등 중국인들이 단속과정에서 격렬하게 저항하였다는 말을 듣고 이들을 나무라는 과정에서 우발적으로 발생한 것이다. 피진정인은 스스로 책임을 느껴 사표를 제출하였고 ○○출입국관리사무소는 2010.7.14. 자체 보통징계위원회 회의를 개최하여 피진정인이 업무 수행 중 중대한 과오를 범한 사실이 인정되어 피진정인에 대한 근로계약관계를 해지하는 조치를 하였다.

라. 피해자의 주장 요지(윤○○, 중국 국적 남성이며 진정사건 발생

당시 이름은 윤○○(Yin ○○○○○○○○) 2010. 6. 9. 20:30경 ○○출입국관리사무소 조사과 위반조사실에서 조사를 받던 중 ○○출입국관리사무소 직원인 피진정인이 갑자기 오른쪽 주먹으로 피해자의 머리를 한 대 치고, 피해자가 머리를 숙이자 다시 오른쪽 주먹으로 피해자의 복부를 두 번 가격하였다. 피해자 본인은 무척 아파서 목을 굽혀서 기침을 하고 두 번 피를 토했다. 당시 피진정인은 무척 화가 난 상태였다. 피가 나자 피진정인은 위반조사실과 붙어있는 화장실로 피해자 본인을 데리고 갔다. 피해자 본인은 피진정인이 피를 닦아 주려고 하는 줄 알았으나 피진정인은 다시 피해자의 복부를 한 번 가격하였고 피해자는 다시 바닥에 피를 토하였다.

피해자 본인은 두려워서 피진정인에게 무릎을 꿇고 두 손을 모으고 머리를 조아리며 때리지 말라고 하였다. 그 후 피해자 본인은 세수를 하고 바닥에 흘린 피를 닦고 위반조사실로 돌아왔다. 사무실과 화장실에서 폭행을 당했을 때 누구도 이를 말리지 않았다.

다음날인 2010.6.10. ○○출입국관리사무소의 성명불상의 직원이 피해자 본인을 데리고 병원에 가서 엑스레이를 찍었는데, 당시 그 직원이 피해자에게 어혈이며 근육에 피가 났고 손상되었다는 이야기를 하였다. 2010.6.11. 다시 병원에 가서 CT를 찍었고 나중에 중국인 교회 사람이 피해자 본인에게 늑골이 부러졌다는 이야기를 해주었다.

마. 참고인의 주장 요지

(1) 참고인 1의 주장요지(김○○, ○○출입국관리사무소 조사과장)

2010.6.9. 피해자가 단속된 식당에서 본인과 진정 외 장○○ 단속 팀장 등 9명이 단속과정에 참여하였다. 본인은 식당 주인의 단속에 대한 항의 건을 처리하기 위해 현장에 남아 있고 단속팀장 등 일행은 출입국사무소로 먼저 들어왔다. 폭행사건 발생 시 본인은 사건현장에 없었으며 폭행사건에 대해서는 전혀 알지 못하였다. 폭행사건에 대해 보고받고 알게 된 것은 사건이 발생한지 1~2일이 지난 후였다. 단속 전에는 항상 사고에 주의하고 신분증을 패용하고 보조요원은 보조 역할에만 충실히 하라는 주의사항을 전달하고 반말을 하지 말고 적법절차를 준수하고 미란다 원칙을 고지하라는 등의 인권교육을 실시하고 있다.

(2) 참고인 2의 주장요지(장○○, ○○출입국관리사무소 조사과 단속팀장)

2010.6.9. 폭행사건 발생 당시 본인은 조사과 위반조사실에서 보호 조치된 외국인의 인적사항을 뽑고 있었으며, 위반조사실은 안산광역외 사수사대 직원들도 와 있어 매우 소란스러웠다. 당일 사건 발생에 관하여는 보거나 듣지도 못하였고, 사건에 관하여는 다음날 알게 되었다. 단속할 때는 9명의

직원이 참가하였으나 본인을 포함한 3명의 직원은 피해자 등 8명의 보호외국인과 함께 들어오고 나머지 직원들은 나중에 들어오게 되었다. 본인은 피진정인에게 전화를 하여 보호외국인이 8명인데 직원 3명으로는 힘드니 주차장에서 위반조사실로 올라가는 동안 계호를 도와달라고 하였다. 폭행사건은 먼저 들어온 3~4명의 직원만 있고 소란스러운 상황에서 발생한 것으로 알고 있다. 단속에 나가기 전 미팅에서 직원들에게 신분증을 패용하고 보여주어야 하며, 폭력을 행사하지 말고, 항상 주의하라고 이야기한다.

(3) 참고인 3의 주장요지(송○○, ○○출입국관리사무소 조사과 직원)

2010.6.9. 폭행사건 발생 당시 본인은 위반조사실에서 피진정인이 화장실 문 근처에서 피해자의 복부를 한 대 때리는 것을 목격하였으며 밖에서 단속팀장 장○○이 "때리지 말라."고 말하는 것을 들었다. 화장실에서 구타가 있었는지는 모르며, 피해자의 입에서 난 피는 단속 과정에서 난 상처로 인한 것으로 생각한다. 2010.6.10. 본인은 피해자가 ○○○병원에서 엑스레이를 촬영할 때 동행하였으며, 당시 의사는 엑스레이로는 정확한 판독이 힘들지만 갈비의 물렁뼈에 이상이 있다고 이야기하였다. 본인은 동년 6.11. CT 촬영 때도 동행하였으나 촬영 결과가 나오기 전 복귀하였기 때문에 당시 그 결과를 알지 못하고 나중에 골절이라는 결과를 들어서 알게 되었으며 다른 직원들은 당시 바로 결과를 알았을 것이다. 동년 6.17. 피해자의 다음날 예정된 내시경 검사 예약을 위해 병원에 갔을 때 의사를 만나 직접 골절 이야기를 들었으며 "이 정도면 약 2주면 붙고 깁스는 필요 없다."는 말을 들었다.

3. 관련규정

별지 기재 목록과 같다.

4. 인정사실

피해자 및 피진정인의 진술, 피진정기관에서 제출한 자료, 참고인 진술조사, 피해자에 대한 의사 진단서 등의 자료를 종합하면, 아래와 같은 사실이 인정된다.

가. 진정 외 김○○ 조사과장을 단속 책임자로 한 ○○출입국관리사무소 소속직원 9명은 2010. 6.9. 19:30경 수원역 인근 식당에서 미등록외국인 단속을 실시하여 피해자를 포함한 8명을 ○○출입국관리사무소 위반조사실로 이송하였다.

나. 같은 날 20:00경 ○○출입국관리사무소 소속 진정 외 장○○ 단속 팀장은 ○○출입국관리사무소 운전원인 피진정인에게 전화를 하여 호송 차량 도착 시 보호외국인의 이송 및 계호보조 업무 수행을 부탁하였다.

다. 피진정인은 2010.6.9. 20:30경 조사과의 위반조사실에서 보호외국인의 서류작성 등의 조사과 업무를 도와주고 있던 중 피해자의 머리를 한 대 때리고 복부를 1회 이상 가격하였고, 폭행으로 인해 피해자는 당시 심한 고통을 느꼈고 피가 섞인 침을 바닥에 뱉었다.

위 폭행이 발생한 당시 가까운 거리에 출입국관리공무원 3명 정도가 있어 폭행을 목격하였으나 피진정인에 대해 별다른 제지를 하지 않았고 피진정인이 피해자를 화장실로 데리고 갈 때에도 따라가려는 시도 외에는 피진정인에 대한 별다른 제지를 하지 않았다.

라. 피진정인은 입에 피가 나는 피해자를 위반조사실과 붙어 있는 화장실로 데리고 갔다. 화장실에서 피해자는 또 맞을지도 모른다는 공포심에 휩싸여 무릎을 꿇고 두 손을 모으고 머리를 조아리며 피진정인에게 사정을 했으며, 조사를 마친 피해자는 ○○출입국관리사무소 4층에 있는 보호실로 이송되었다.

마. 위 폭행사건 발생 당일 단속 책임자인 진정 외 김○○ 조사과장은 사건발생장소인 위반조사실에 있지 않았으며 진정 외 장○○ 단속 팀장은 위반조사실에 있었다.

바. 피해자는 피진정인으로부터 폭행을 당한 후 옆구리에 고통을 느꼈으나 별다른 이야기를 하지 않았으며, 다음날 피해자가 고통을 호소하자 ○○출입국사무소측이 이를 인지하여 2010. 6.10. 피해자를 '○○○병원'으로 데리고 가서 엑스레이 촬영을 하게 하였고 2010.6.11. 동 병원에서 피해자에 대한 CT를 촬영하게 한 결과 피해자는 좌측 8번 늑골이 골절되었다는 진단을 받았다.

사. 피진정인은 ○○출입국관리사무소장과 근로계약 중인 기간제근로자이며, 2009.5.11. 체결한 근로계약서 및 내부결재 문서(○○출입국관리사무소 관리과-4984)에 따르면 피진정인의 업무는 '보호외국인 호송차량 운전 및 보호업무'이며, 근무부서는 '○○출입국관리사무소 사범과'이다.

아. 국가인권위원회는 피진정인이 2009.7.10. 당시 일용직 신분으로서 미등록외국인 단속 권한이 있는 특별사법경찰관리가 아님에도 불구하고, 보호외국인에게 수갑을 시건하는 등의 단속업무를 실질적으로 수행한 행위에 대해 인권침해행위로 판단하고, ○○출입국관리사무소장에게 피진정인에 대한 자체 인권교육을 실시할 것을 권고(09진인2516)하였고, 출입국관리사무소는 국가인권위원회의 권고를 수용한 바 있다.

자. 진정 외 김○○은 2009.1.1.부터 2010.7.1.까지 ○○출입국관리사무소장으로 근무하다가 명예퇴직을 하였고, 진정 외 김○○은 2009.5.25.부터 2010년 현재까지 ○○출입국관리사무소 조사과장으로 근무하고 있다.

5. 판 단

가. 피진정인의 피해자에 대한 폭행행위에 대하여

위 인정사실에 의하면, 피진정인이 2010.6.9. 20:30경 ○○출입국관리사무소 조사과 위반조사실에서 의자에 조용히 앉아 있던 보호외국인인 피해자의 머리를 손으로 1회 때리고 오른쪽 주먹으로 복부를 1회 가격하였으며, 이 폭행으로 인해 피해자는 8번 늑골이 골절되었다. 또한 피진정인이 피해자를 폭행한 후 화장실로 데리고 갔을 때 두려움을 느낀 피해자가 무릎을 꿇고 머리를 조아리며 피진정인에게 사정을 한 점으로 보아 피진정인의 위와 같은 폭행행위는 피해자에게 신체의 상해 및 고통·정신적 불안감 및 수치심을 주었다고 판단된다. 피진정인의 위와 같은 행위는 「형법」 제257조 제1항의 상해죄에 해당하는 것으로 이는 「헌법」 제10조에 규정된 인간의 존엄과 가치로부터 유래되는 인격권과, 「헌법」 제12조에 규정된 신체의 자유로부터 유래된 신체의 안전을 보호받을 권리를 침해한 것이라고 판단된다.

위와 같은 인권침해에 대한 구제조치로는, 피해자를 폭행하여 좌측 늑골 한 개를 골절시킨 혐의로 피진정인을 검찰총장에게 고발하는 것이 적절하다고 판단된다.

나. 피진정인의 상급자에 대한 지휘·감독 책임에 대하여

(1) 진정 외 장○○ 단속팀장의 경우

진정 외 장○○ 단속팀장은 직속상관인 진정 외 김○○ 조사과장이 없을 경우 직접 단속반원들을 지휘·감독해야 하는 위치에 있으며, 단속반원에 의해 보호외국인의 인권이 침해당한 경우에는 적절한 조치를 취하여 2차적인 인권침해행위가 발생하지 않도록 할 책임이 있다.

그러나 위 인정사실에서 보는 바와 같이 단속반원인 피진정인이 피해자를 폭행할 당시에 폭행현장에 있었던 위 장○○ 단속팀장은 피해자를 폭행한 피진정인을 피해자와 즉시 격리시키는 등의 적절한 조치를 취하지 아니하였다. 이로 인해 피해자는 폭행을 당한 직후 다시 피진정인에 의해 화장실로 가게 되어 2차 폭행에 대한 공포심에 휩싸여 무릎을 꿇고 두 손을 모아 피진정인에게 빌도록 하는 결과를 가져왔다. 즉 진정 외 장○○ 단속팀장은 단속반원에 대한 지휘·감독의 책임이 있음에도 불구하고 이를 소홀히 함으로써 「헌법」 제10조에서 보장하고 있는 피해자의 인격권을 침해하는 결과를 가져오게 하였다.

(2) 진정 외 김○○ 조사과장의 경우

단속반을 지휘·감독하는 진정 외 김○○ 조사과장은 단속반원 중에 인권침해 행위 전력이 있는 자가 있을 경우에는 당해 단속반원에 의한 인권침해행위가 재발되지 아니하도록 세심한 지휘·감독을 해야할 책임이 있다. 따라서 보호외국인에게 수갑을 채우는 등의 특별사법 경찰관리의 단속업무를 수행하여 국가인권위원회로부터 인권교육 이수 권고를 받은 적이 있는 피진정인이 단속 및 이와 관련된 업무를 수행할 경우 진정 외 김○○ 조사과장은 피진정인의 행위에 대해 특별한 감시를 했어야 했음에도 불구하고 지휘·감독자로서의 책임을 다하지 못함으로써 위 진정사건과 같은 폭행사건이 발생하도록 하였다고 판단된다.

(3) 진정 외 전 김○○ ○○출입국관리사무소장의 경우

본 진정사건 발생일에 근무했던 전 김○○ ○○출입국사무소장은 2010.7.1.자로 명예퇴직을 했으므로 본 진정 사건에 대한 책임을 물을 실익이 없다고 판단된다.

이와 같은 인권침해에 대한 구제조치로는, ○○출입국관리사무소장에게 ○○출입국관리사무소

조사과장 김○○과 진정 사건발생 당시 단속팀장이었던 ○○출입국관리사무소 소속 장○○에 대하여 관리·감독의 책임을 물어 경고조치하고, 유사한 인권침해사례가 발생하지 않도록 ○○출입국관리사무소 모든 조사과 직원들에게 외부 인권전문가를 초빙하여 인권교육을 실시하도록 하는 것이 적절하다고 판단된다.

6. 결 론

이상과 같은 이유로 「국가인권위원회법」 제44조 제1항 및 제45조 제1항 및 제2항 규정에 따라 주문과 같이 결정한다.

2010.7.26.

국가인권위원회 침해구제제2소위원회

● 단속과정에서의 인권침해 [10진정99400, 2011.2.17.]

단속된 외국인을 보호장소로 이송하는 과정에서 장시간 단속차량에 인치하는 행위, 차량정원을 초과하여 이송하는 행위가 재발되지 않도록 대책을 마련할 것을 권고한 사례

【진 정 인】 Z○○○○ 등
【피진정인】 법무부장관, ○○출입국관리사무소장

【주 문】

1. 진정요지 '가'항 및 '다'항은 기각한다.

2. 진정요지 '나'항과 관련하여,

가. 법무부장관에게, 단속된 외국인을 보호장소로 이송하는 과정에서 장시간 단속차량에 인치하는 행위, 차량정원을 초과하여 이송하는 행위가 재발되지 않도록 대책을 마련할 것을 권고한다.

나. ○○출입국관리사무소장에게, 단속된 외국인을 보호장소로 이송하는 과정에서 장시간 단속차량에 인치하는 행위, 차량정원을 초과하여 이송하는 행위가 재발되지 않도록 대책을 마련할 것과, 외국인 단속업무를 수행하는 소속 직원들에게 관련 인권교육을 실시할 것을 권고한다.

【이 유】

1. 진정요지

가. 진정인은 파키스탄인으로 2010.3.6. 관광사증을 소지하고 인천공항을 통해 입국하였다. 진정인은 같은 해 3.8. 파키스탄인 친구가 일하고 있는 충남 ○○시 소재 (주)○○○○○○○ 공장의 숙소에서 취침하게 되었고, 이튿날인 3.9. 공장에서 친구의 일을 도와주다가 불법취업 외국인 단속을 나온 ○○출입국관리사무소 소속 직원들에 의해 불법취업자로 보호조치되었다. 정당한 체류자격을 갖고 있는 진정인을 보호조치한 것은 인권침해이다.

나. 피진정기관 소속 직원들은 불법취업 외국인을 추가로 단속한다는 이유로, 진정인을 비롯한 외국인 14명 정도를 수갑을 채운 상태로 10시간 정도 9~12용 승합차에 인치하였다가 ○○출입국관리사무소로 이송하였다.

다. ○○출입국관리사무소에 도착한 후 피진정기관 소속 직원은 진정인에게 강제로 서명, 사진

촬영, 지문날인 등을 하게하고, 이를 거부하려고 하면 때리려 하는 등 위협하고 욕설하였다.

2. 당사자 및 관계인의 주장요지

가. 진정인

진정요지와 같다.

나. 피진정인

(1) 진정인은 2010.3.6. 관광목적으로 C-3 사증을 소지하고 인천공항을 통하여 입국한 자로, 같은 달 9. 10:40경 충남 ○○시 소재 (주)○○○○○○○ 상호의 ○○가공공장에 대한 우리 소의 단속과정에서, 취업활동을 할 수 있는 적법한 체류자격을 소지하지 않고 동 사업장에서 작업을 하던 다른 불법취업 외국인들과 함께 적발되었다. 진정인은 자신이 체류기간이 만료되지 않은 관광비자를 소지하였고, 단지 친구의 공장을 방문하여 작업을 구경하던 중에 우리 소직원들에 의해 단속되었다고 주장하고 있으나, 우리 소 직원들이 사업장에 들어갔을 당시 진정인은 다른 외국인근로자들과 함께 작업용 점퍼 및 청바지, 붉은색으로 코팅된 작업용 면장갑을 착용하고 ○○가공 작업을 하고 있었다. 또한 공장책임자인 천○○로부터 2010.3.9.부터 진정인에게 일당 35,000원을 주기로 하고 작업을 시켰다는 내용의 근로계약 성립사실을 확인받았다.

(2) 우리 소 단속팀 직원들은 2010.3.9. 오전 충남 ○○시 ○○면에 소재한 ○○○○○○과 (주) ○○○○○○○에 대한 단속과정에서 총 9명의 불법취업 외국인을 적발한 뒤, 이 중 5명의 불법취업자에 대해 같은 날 11:00경 48시간 기한의 긴급보호서를 발부하여 단속차량인 15인승 승합차에 긴급보호조치하였다. 이후 단속팀은 충남 ○○시로 이동하여 같은 날 16:00경 ○○○산업 상호의 업체에서 불법취업 중이던 몽골인 2명을 적발하여 같은 차량에 탑승시켰으며, 이후 충남 ○○군 소재 ○○산업이라는 업체에서 2명의 불법취업 태국인을 적발하여 같은 날 17:40분경 같은 차량에 긴급보호조치하였다. 이후 충남 ○○군 소재 ○○초등학교 주변을 배회하던 우즈베키스탄 국적의 불법체류자 9명을 적발하여 같은 날 18:30경 같은 차량에 긴급보호한 뒤 같은 날 20:00경 ○○시 ○구 ○동에 소재한 우리 소 보호실에 보호조치하였다. 우리 소에서 운행하는 단속용 차량은 운전석 등 앞쪽에 3개 좌석, 뒤쪽에 12개의 좌석이 설치된 기아 프레지오 그랜드라는 15인승 코치 차량이고, 또한 같은 날 18:30경 이전에는 단속용 차량에 진정인을 포함하여 총 9명의 외국인이 탑승하고 있었으므로, 9인용 승합차에 14명이 10시간 동안 구금되었다는 진정인의 주장은 사실과 다르다.

진정인이 차량이라는 좁은 공간에 약 9시간 동안 보호되었고, 또한 우리 소로 귀소하기 위해 이동하는 과정에서 다수의 불법체류자가 일시에 적발됨에 따라 18:30경 이후 약 1시간 30분 가량 심리적, 육체적 불편함을 겪었을 것으로 생각된다. 그러나 이는 단속계호 인원과 차량 등의 인프라 부족, 단속업무의 특성상 불가피하게 발생한 예외적인 상황이었다.

(3) 우리 소는 같은 날 20:00경 진정인을 우리 소 보호실로 이송하여 보호실 입소절차에 따라 지문날인 및 사진촬영을 하고자 하였으나, 진정인은 자신이 관광비자를 가지고 있으며 친구의 작업과정을 구경만 하였다는 주장을 계속하면서 입소절차 진행에 비협조적인 태도로 일관하였다. 이에 우리 소 직원이 진정인에게 언성을 높여 보호실 입소와 관련된 필수절차 진행에 협조하도록 요구한 적은 있지만 진정인을 때리려고 하거나 욕설을 한 사실은 없다. 진정인은 같은 해 3.10. 「출입국관리법」 제18조 제1항 위반을 사유로 강제퇴거 결정되었으며, 같은 날 12:00경 ○○외국인보호소로 이송·보호조치되었다.

다. 참고인

(1) K○○○ A○○○○○ S○○○○○((주)○○○○○○○ 근무 외국인근로자)

본인은 2010.3.8. 저녁 식사 중 진정인의 친구인 S○○○○○의 소개로 진정인을 처음 만났으며, 그 날 밤 진정인과 같은 방에서 잠을 잤다. 잠자기 전 진정인은 자신이 두바이에서 사업을 한다고 했으며 1~2일 머문 후 인천으로 갈 것이라고 말하였다.

다음 날인 2010.3.9. 09:00경 진정인은 작업화를 신고 공장으로 와서 다른 사람들이 어떻게 일하는지 보고 있었고, 잠시 후 혼자 일하고 있던 그의 친구 S○○○○○이 도와달라고 하여 플라스틱 바구니를 운반해주었다. 그 후 모두 잠시 휴게실에서 휴식을 취한 후 다시 돌아와 일을 했으며, 진정인은 그의 친구 S○○○○○ 근처에서 그가 일하고 있는 것을 보고 있었다. 그로부터 약 5분 후 출입국관리직원이 단속하러 들어왔다.

(2) 천○○((주)○○○○○○○ 공장책임자)

본인은 공장에서 일하는 직원을 실제로 고용할 수 있는 권한을 가지고 있다. 2010.3.8. 18:00경 진정인의 친구 S○○○○○의 소개로 진정인을 처음 보았다. S○○○○○은 진정인을 자신의 친구라고 소개하며 곧 다른 곳으로 가는데 그때까지만 일당 35,000원을 받고 일하게 해달라고 해서 그렇게 하라고 말했다. 또한 S○○○○○은 진정인이 3.8.에도 실제로 일을 했으며 3.9.부터 일하게 해달라고 이야기했다. 진정인이 일한 일당은 보호조치되지 않은 진정인의 동료가 대신 수령하였다.

(3) 노동부 근로기준과

근로계약은 특별한 형식을 요구하지 않으므로 일반적으로 사용종속관계 아래서 근로가 개시되면 서면계약이 체결되어 있지 않더라도 구두계약이나 관행·관습에 의하여 근로관계가 성립하는 것으로 보고 있다.(대판 2006.12.7., 2006도300 참조)

외국인이 단순히 친구의 업무를 도운 것에 불과하다면 근로관계가 성립되었다고 볼 수 없으나, 이와 달리 근로가 사용자의 지휘·명령 등 사용종속 관계 아래서 이루어진 경우라면 근로관계가 성립된 것으로 볼 수 있다.

3. 관련규정

별지 기재와 같다.

4. 인정사실

진정인의 진술, 피진정인의 진술 및 제출자료, 참고인 진술 등을 종합하면 아래와 같은 사실이 인정된다.

가. 진정인은 2010.3.6. C-3 사증을 소지하고 인천국제공항을 통하여 우리나라에 입국하였다. C-3 사증은 관광 등을 목적으로 하여 발급되는 사증으로서 「출입국관리법」 제18조 및 같은 법 시행령 제23조 제1항에 의하면 취업활동이 허용되지 않는 사증이다.

나. 진정인은 같은 해 3.8. 파키스탄인 M ○○ W ○○○○○ S ○○○○○을 통해 충남 ○○시 ○○면 소재 (주)○○○○○○ 공장책임자인 천○○에게 익일인 3.9.부터 일당 35,000원을 받고 같은 공장에서 일하게 해달라고 부탁하였고 상기 공장책임자는 이를 승낙하였다.

다. 진정인은 같은 해 3.9. 오전 작업복과 작업화를 신고 (주)○○○○○○ 사업장에서 고추가 공작업을 하고 있던 중 불법취업 외국인 단속을 나온 피진정기관 소속 직원들에 의해 적발되었고 단속된 다른 불법체류 외국인들과 함께 단속차량에 긴급보호조치되었다.

라. 피진정기관 소속 단속팀 직원들은 같은 날 11:00경 충남 ○○시 소재 ○○○○○○과 (주)○ ○○○○○○ 사업장에 대한 단속을 통해 외국인 5명을 2인 1조로 수갑을 채운 상태에서 피진정기관 단속차량인 15인승 승합차에 탑승시켰다. 이후 단속팀 직원들은 충남 ○○시로 이동하여 16:00경 ○○○산업 상호의 사업장에 불법취업 중이던 몽골인 2명을 적발하여 같은 차량에 탑승시켰고, 17:40경에는 충남 ○○군 소재 ○○산업 상호의 사업장에 불법취업 중이던 태국인 2명을 적발하여 같은 차량에 탑승시켰다. 18:30경에는 충남 ○○군 소재 ○○초등학교 주변에서 우즈베키스탄 국적의 불법체류자 9명을 적발하여 같은 차량에 탑승시켰다.

마. 진정인은 같은 날 20:00경 ○○시 ○구 ○동에 소재한 ○○출입국 관리사무소에 도착하기까지 9시간여 동안 피진정기관 단속차량에 수갑이 채워진 상태로 인치되어 있었으며, 18:30경부터 20:00까지 약 1시간 반 동안 진정인을 포함하여 총 18명의 외국인들이 15인승 승합차에 탑승한 상태로 피진정기관으로 이송되었다.

바. 피진정기관은 「출입국관리법」 제38조의 규정에 따라 진정인에 대해 지문날인, 사진촬영 등의 절차를 진행하였고, 이에 협조하지 않는 진정인과 피진정기관 소속 직원 사이에 고성이 오고 갔다.

5. 판 단

가. 진정요지 '가'항에 대하여

「출입국관리법」 제18조(외국인고용의 제한) 제1항은 "외국인이 대한민국에서 취업하고자 할 때에는 대통령령이 정하는 바에 따라 취업활동을 할 수 있는 체류자격을 받아야 한다."고 규정하고 있으며, 같은 법 시행령 제23조(외국인의 취업과 체류자격) 제1항은 "법 제18조 제1항에서 '취업활동을 할 수 있는 체류자격'이라 함은 단기취업(C-4), 교수(E-1), 특정활동(E-7), 비전문취업(E-9), 선원취업(E-10) 및 방문취업(H-2)의 체류자격을 말한다."고 하여 국내에서 취업활동이 가능한 사증의 종류를 명시하고 있다.

인정사실에 의하면, 진정인은 취업활동을 할 수 없는 C-3 사증을 가지고 입국하였음에도 불구하고, 충남 ○○시 소재 (주)○○○○○○○ 공장책임자와 일당 35,000원을 받기로 합의한 후 2010.3.9. 실질적으로 근로행위를 하였다. 진정인의 이와 같은 행위는 「출입국관리법」 제18조 제1항 및 같은 법 시행령 제23조 제1항을 위반하는 취업활동에 해당하며, 진정인은 같은 법 제46조 제1항 제8호에 의거하여 강제퇴거의 대상이 된다. 따라서 피진정인이 진정인을 보호조치한 것은 정당한 공권력의 행사로 인권침해에 해당하지 않으므로, 「국가인권위원회법」 제39조 제1항 제2호에 따라 기각함이 타당하다고 판단된다.

나. 진정요지 '나'항에 대하여
「헌법」 제37조 제2항에서 유래하는 기본권 제한의 과잉금지원칙은 국가권력의 행사가 필요한 정도에 그쳐야 할 것과 수단의 적정성 등을 요구하고 있다. 이에 따라 「출입국관리법」 제56조의3은 피보호자의 인권을 최대한 존중할 것을, 그리고 같은 법 제56조의4는 피보호자에 대한 강제력 행사는 필요한 최소한도에 그쳐야 할 것을 규정하고 있다. 또한 「외국인 보호규칙」 제43조 제3항은 계구를 채워 둔 보호외국인에 대하여는 2시간마다 한 번씩 움직임을 살피도록 규정하고 있다.

그러나 피진정기관 소속 단속팀 직원들은 진정인을 수갑을 채운 상태로 단속차량에 탑승시킨 후, 추가 단속을 위해 약 9시간 동안 충남 ○○시, ○○시, ○○시 등에 차례로 이동하였다가 20:00경이 되어서야 ○○출입국관리사무소에 보호조치하였다. 이에 대해 피진정인은 단속과정의 불가피성, 단속 인력 및 차량 부족 등을 이유로 설명하고 있으나, 이는 단속대상이 되는 외국인들의 인권을 고려하지 않은 실적 위주의 법집행에서 비롯된 것으로 볼 수 있다. 또한 단속팀이 단속을 마친 후 ○○출입국관리사무소로 이동한 1시간 30분 동안은 15명 정원의 차량에 20명 이상의 사람을 탑승시켜 이동하였던바, 피진정인의 이러한 행위는 그 정도가 과도하여 「헌법」 제10조에 규정된 인간의 존엄과 가치, 「헌법」 제12조에 규정된 신체의 자유를 침해하는 행위로 판단된다.

다. 진정요지 '다'항에 대하여
「출입국관리법」 제38조는 출입국관리법을 위반하여 조사를 받는 사람은 지문 및 얼굴에 관한 정보를 제공하도록 하고 있다. 따라서 진정인에 대한 사진촬영 및 지문날인은 적법한 법집행으로서 인권침해에 해당하지 않으므로, 「국가인권위원회법」 제39조 제1항 제2호에 따라 기각함이 타당하다고 판단된다.

또한 피진정기관 소속 직원이 진정인을 때리려 하고 욕설하였다는 부분은, 진정인의 주장 외에 달리 사실이라고 인정할 만한 객관적 증거가 없는 경우에 해당하는 것으로 「국가인권위원회법」 제39조 제1항 제1호에 따라 기각함이 타당하다고 판단된다.

6. 결 론

이상과 같은 이유로 「국가인권위원회법」 제39조 제1항 제1호 및 제2호, 제44조 제1항 제1호에 따라 주문과 같이 결정한다.

2011.2.17.
국가인권위원회 침해구제제2위원회

• 체포과정에서의 인권침해
[진정0559200, 10진정0581300병합, 2011.3.14.]

단속과정에서 단속된 외국인의 수치심을 유발할 수 있는 행위가 재발되지 않도록 대책을 마련할 것과 단속업무를 수행하는 소속 직원들에게 관련 인권교육을 실시할 것을 권고한 사례

【진 정 인】 J○○○○○ 등
【피진정인】 ○○출입국관리사무소장

【주 문】

1. ○○출입국관리사무소장에게, 향후 단속과정에서 단속된 외국인의 수치심을 유발할 수 있는 행위가 재발되지 않도록 대책을 마련할 것과 단속업무를 수행하는 소속 직원들에게 관련 인권교육을 실시할 것을 권고한다.

2. 진정요지 '나'항 및 '다'항은 기각한다.

【이 유】

1. 진정요지

가. 진정인은 케냐 국적의 외국인 남성으로, 2010.8.20. 06:00경 경기도 ○○시 소재 공장에서 취침하던 중 11명의 동료와 함께 ○○출입국관리사무소 직원에 의해 승합차에 인치되었다. 당시 진정인은 반나체 상태에 있었기 때문에 피진정기관 직원에게 셔츠를 입을 수 있게 해달라고 요청하였으나 묵살 당하였고, 그 상태로 00출입국관리사무소로 이송되었다. 낯선 사람들 앞에서 벗은 모습을 보이는 것은 진정인의 나라의 전통에도 위배되는 것일 뿐 아니라 인격권침해이다.

나. 같은 날 승합차에 함께 탔던 ○○출입국관리사무소 여성 직원은 진정인에게 "아프리카에서 왔기 때문에 불평을 해서는 안 된다."라고 이야기하였다.

다. 진정인은 소지품 택배비로 10,000원을 지불하였는데 다른 동료들은 택배비로 5,000원을 지불한바, 이는 피부색을 이유로 한 차별이다.

2. 당사자 및 관계인의 주장요지

가. 진정인

진정요지와 같다.

나. 피진정인

(1) 2010. 8. 20. 06:25경 ○○출입국관리사무소 소속 7명의 단속공무원이 경기도 ○○시 ○면에 소재한 ○○○○에 도착하여 신분증 제시와 함께 불법체류 외국인의 단속을 고지하고 진정인을 포함한 11명을 단속한 사실이 있다. 당시 진정인은 공장 오른쪽 콘테이너 숙소에 있었고, 단속공무원 한 명이 불법체류자인 우즈베키스탄인 한 명을 적발하여 긴급보호 하던 상황에서 진정인이 숙소 방문을 밀치고 도주를 기도하였으며, 단속공무원들이 5백여 미터를 뒤쫓아 진정인을 검거하였다. 보호 당시 진정인은 바지를 입고 있었고 상의는 탈의한 상태였다.

진정인은 출입국관리공무원 2~3명 및 단속된 다른 외국인들과 함께 10~20분간 상의가 탈의된 채로 승합차에 인치되어 있었다. 당시 승합차에는 출입국관리공무원인 여성 직원도 함께 승차하고 있었는데, 여성 직원은 승합차의 세 번째 줄, 진정인은 네 번째 줄에 앉아서 서로 마주보고 있지는 않았다. 우리 소는 통상 불법체류 외국인 단속을 하는 경우, 단속된 외국인에게 여권과 귀중품을 가급적 챙겨오도록 하고 있고 진정인도 자신의 소지품을 챙겨야 한다고 이야기하였다. 그러나 이 진정사건 관련 단속 시에는 ○○○○의 직원들이 단속공무원들을 밀치며 온갖 욕설을 퍼부으며 공장에서 나갈 것을 요구하는 등 험악한 상황이었기 때문에 단속공무원들은 신속히 사업장 밖으로 이동하여 복귀할 수밖에 없었고, 이 상황에서는 진정인을 상의가 탈의된 채로 출입국관리사무소까지 이동시킬 수밖에 없었다. 진정인이 단속된 사업장에서 ○○출입국관리사무소까지는 승합차로 약 20~25분 소요되었으며, 당시 차량에 있던 직원들은 경황이 없고 이동거리가 짧아 차량에 있는 의복류 등을 입힐 생각을 하지 못하였다.

(2) 단속공무원 가운데 누구도 진정인에게 "아프리카에서 왔기 때문에 불평해서는 안 된다."는 이야기를 한 적이 없다.

(3) 진정인이 지불한 비용은 진정인이 근무하던 사업장인 ○○○에서 보내온 소지품의 택배비용이다. 경위를 파악해본 바, 택배비는 가방 한 개당 5천 원이었고, 진정인의 경우는 가방이 한 개였던 다른 외국인과 달리 소지품 가방이 두 개였기 때문에 10,000원을 지불하였던 것으로 확인되었다.

다. 참고인: 채○○(○○○○ 대표)

단속 당시 출입국관리공무원이 자고 있는 사람을 깨우고 도망치지도 않는데 심하게 단속하였다며 공장 책임자가 항의했다는 이야기를 공장 직원으로부터 보고받은 적이 있다.

단속 다음날 진정인의 방에 있던 진정인의 소지품 모두를 가방에 챙겨 ○○외국인보호소로 보냈으며, 택배비는 가방 수에 따라 지불되었고 가방이 두 개인 경우는 택배수령인이 가방 두 개의 택배비를 지불했다.

3. 관련규정

별지 기재와 같다.

4. 인정사실

진정인의 진술, 피진정인의 진술 및 제출자료, 참고인 진술 등을 종합하면 아래와 같은 사실이 인정된다.

가. 2010.8.20. 06:25경 피진정기관 소속 7명의 단속공무원은 진정인이 일하던 사업장인 경기도 ○○시 ○면 소재 ○○○○에서 진정인을 포함한 11명의 불법체류 외국인을 단속하였다.

나. 진정인은 상의를 탈의한 상태로 피진정기관 단속공무원에 의해 단속되어 옷을 입게 해 달라고 요청하였으나, 피진정기관 단속공무원들은 단속현장 상황의 긴박성, 짧은 이동거리 등을 이유로 진정인의 요구를 들어주지 않았고 탈의한 상체를 가릴 수 있는 어떤 상의도 제공하지 않았다. 이 때문에 진정인은 상의가 탈의된 채로 단속된 다른 외국인들과 함께 승합차에 인치되었다가 피진정기관으로 이송되었다. 당시 진정인이 타게 된 승합차에는 출입국관리공무원인 여성 직원이 한 명 포함되어 있었고, 승합차에 인치되어 있던 시간은 10~20분 정도, 차로 이동한 시간은 20~25분 정도였다.

다. 진정인과 같은 승합차에 탔던 피진정기관 소속 여성 출입국관리공무원이 진정인에게 "아프리카에서 왔기 때문에 불평해서는 안 된다."라고 말한 사실은 확인할 수 없다.

라. 단속 다음 날인 같은 달 21. 진정인이 근무하던 ○○○○ 측은 진정인의 소지품을 정리하여 진정인 앞으로 보냈다. 택배비는 한 개당 5천 원으로, 진정인이 택배비로 10,000원을 지불하게 된 것은 진정인의 소지품 가방이 두 개였기 때문이다.

5. 판 단

가. 진정요지 '가'항에 대하여

「헌법」 제10조는 인간으로서의 존엄과 가치를 보장하고 있고, 「헌법」 제37조 제2항에서 유래하는 기본권 제한의 과잉금지원칙은 국가권력의 행사가 필요한 정도에 그쳐야 할 것과 수단의 적정성 등을 요구하고 있다. 이에 따라 「출입국관리법」 제56조의 3은 피보호자의 인권을 최대한 존중할 것을 규정하고 있다.

그러나 피진정기관 소속 단속공무원들은 단속 당시 상의를 입고 있지 않았던 진정인을 그 상태로 10~20분 정도 차량에 인치하였고, 다시 차량으로 20~25분 정도 거리에 있는 피진정기관으로 이송하였다. 이 과정에서 피진정기관 소속 공무원들은 상의를 입게 해 달라는 진정인의 요구를 짧은 이동거리와 단속 현장 상황의 긴박성 등의 이유로 들어주지 않았고 탈의된 상태를 가릴 수 있는 어떤

상의도 제공하지 않았다. 당시 진정인은 승합차 안에 있던 사람들 중 혼자만 상의를 입지 않고 있었고 진정인이 탄 승합차에는 피진정기관 소속 여성 공무원이 동승하고 있던 상황이어서, 진정인이 단속차량에 인치되거나 피진정기관으로 이송되는 동안 수치심과 모욕감을 느꼈을 개연성은 충분히 인정된다고 할 것이다.

따라서 피진정인의 행위는 공무수행상 불가피성이 인정되지도 않을 뿐 아니라 그 수단의 면에서도 적정하지 않아 「헌법」 제10조로 보장된 인간으로서의 존엄과 가치로부터 유래하는 인격권을 침해하는 행위로 판단된다.

나. 진정요지 '나'항에 대하여

진정인에 대한 출입국관리공무원의 인종차별적 발언은 진정인의 주장 외에 달리 사실을 인정할 만한 객관적인 증거가 없으므로, 「국가인권위원회법」 제39조 제1항 제1호에 따라 기각하는 것이 타당하다고 판단된다.

다. 진정요지 '다'항에 대하여

진정인이 다른 외국인에 비해 더 많은 택배비용을 지불한 것은 진정인의 소지품 가방 개수가 다른 이들에 비해 많았기 때문이고, 이는 인권침해나 차별행위에 해당하지 아니하므로 「국가인권위원회법」 제39조 제1항 제2호에 따라 기각하는 것이 타당하다고 판단된다.

6. 결 론

이상과 같은 이유로 「국가인권위원회법」 제39조 제1항 제1호 및 제2호, 제44조 제1항 제1호에 따라 주문과 같이 결정한다.

2011.3.14.
국가인권위원회 침해구제제2위원회

② 보호조치 및 보호소 내 구금 중 인권침해 사례

● 법적 근거 없는 이송처분으로 인한 인권침해
[07진인121결정, 2008.1.28.]

법적 근거 없는 이송처분은 「헌법」 제12조에 보장된 신체의 자유 등의 기본권을 침해하는 행위
이므로 보호외국인의 이송절차에 대해서 「출입국관리법」에 이송절차, 이송사유 등을 적시하여
엄격하게 통제하여야 하며 청원 등 행정처분에 대한 불복절차를 같은 법률을 법무부장관에게
마련할 것을 권고한 사례

【진 정 인】 ○○○○○○이주노동자노동조합 외 10개 단체
【피 해 자】 ○○○○ 샤히드 외 11명
【피진정인】 ○○외국인보호소장, 법무부장관
【주 문】

　　1. ○○외국인보호소장에게 피보호자를 법률적인 근거 없이 자의적으로 이송하는 행위가 발생하
　　　지 않도록 이에 대 한 재발방지 대책을 수립할 것을 권고한다.

　　2. 법무부장관에게 피보호자 이송과 관련하여 직권이송 사유 및 절차와 직권이송에 대한 불복절
　　　차 규정을 법률에 마련할 것을 권고한다.

【이 유】

1. 진정요지

　　피진정인은 이송사유 및 이송사실에 대한 적법한 통지 없이 피해자들을 다른 기관으로 이송하였
다. 이는 피진정인이 피해자들의 난민지위 인정절차 진행 및 관련 청원 등을 방해하고, 그동안 해온
부당한 처우 사실을 은폐하기 위한 것으로 이러한 자의적 이송처분은 인권침해에 해당한다.

2. 당사자 및 참고인 주장요지

가. 진정인
진정요지와 같다.

나. 피진정인 ○○외국인보호소장
피해자들을 이송할 당시 일부 피해자가 자해기도와 단식을 하고 있었고, 타 피해자들도 집단적으로 참여하려는 움직임이 나타나 그러한 상황을 방치할 경우 보호시설의 안정과 질서를 유지하기가 어렵다고 판단되어 「출입국관리법 시행령」 제64조 제2항에 따라 부득이하게 보호 장소를 변경하였다.

3. 관련 규정

1) 헌법
제12조 ① 모든 국민은 신체의 자유를 가진다. 누구든지 법률에 의하지 아니하고는 체포·구속·압수·수색 또는 심문을 받지 아니하며, 법률과 적법한 절차에 의하지 아니하고는 처벌·보안처분 또는 강제노역을 받지 아니한다.

제37조 ① 생략
　　　② 국민의 모든 자유와 권리는 국가안전보장·질서유지 또는 공공복리를 위하여 필요한 경우에 한하여 법률로써 제한할 수 있으며, 제한하는 경우에도 자유와 권리의 본질적인 내용을 침해할 수 없다.

2) 행형법
제6조(청원) ① 수용자는 그 처우에 대하여 불복이 있을 때에는 법무부장관 또는 순회점검공무원에게 청원할 수 있다.
　　　② 법무부장관에게 청원하고자 하는 수용자는 청원서를 작성하여 봉한 후 당해 소장에게 제출하여야 한다.
　　　③ 소장은 청원서를 개봉하여서는 아니되며 지체없이 이를 법무부장관에게 송부하여야 한다.
　　　④ 순회점검공무원에 대한 청원은 서면 또는 구술로써 할 수 있다. 순회점검공무원이 구술에 의한 청원을 청취하는 때에는 교도관을 참여시키지 못한다.
　　　⑤ 소장은 수용자의 청원을 저지하거나 청원을 하였다는 이유로 불이익한 처우를 하여서는 아니된다.
　　　⑥ 청원에 대한 결정은 문서로서 하여야 하며 그 결정서는 당해 소장이 지체없이 이를 청원인에게 전달하여야 한다.
제12조(수용자의 이송〈개정 1995.1.5〉) 수용자의 수용, 작업, 교화 기타 처우상 특히 필요하다고 인정할 때에는 당해 소장은 법무부장관의 승인을 얻어 수용자를 다른 교도소등에 이송할 수 있다.

3) 출입국관리법 시행령

제64조(보호의 의뢰 등〈개정 2002.4.18〉) ①출입국관리공무원은 법 제51조제1항 및 법 제63조제1항의 규정에 의하여 용의자 또는 강제퇴거명령을 받은 자를 외국인보호소·외국인보호실 또는 법무부장관이 지정하는 장소(이하 "외국인보호소등"이라 한다)에 보호하고자 하는 때에는 소속 사무소장·출장소장 또는 보호소장으로부터 보호의뢰의 사유 및 근거를 기재한 보호의뢰서를 발부받아 이를 보호의뢰를 받는 외국인보호소등의 장에게 송부하여야 한다.

② 출입국관리공무원은 제1항의 규정에 의하여 보호의뢰한 외국인의 조사 및 출국집행에 필요한 대기 등을 위하여 외국인보호소등을 변경하고자 하는 때에는 소속 사무소장·출장소장 또는 보호소장으로부터 보호장소의 변경사유 등을 기재한 보호장소변경의뢰서를 발부받아 이를 외국인을 보호중인 외국인보호소등의 장과 변경되는 외국인보호소등의 장에게 각각 송부하여야 한다.

③ 출입국관리공무원은 법 제51조제3항의 규정에 의하여 용의자를 긴급보호하고자 하는 때에는 긴급보호의 사유, 보호장소 및 보호시간 등을 기재한 긴급보호서를 발부하여 이를 용의자에게 내보여야 한다.

4) 「외국인보호규칙」

제29조(청원) ① 보호외국인은 보호시설에서 받는 처우와 관련하여 법무부장관 또는 소장에게 청원할 수 있다. 다만, 보호시설의 질서유지를 위하여 공동청원은 인정되지 아니한다.

② 청원은 법무부장관이 정하는 청원서에 의하여야 한다. 다만, 소장에게 청원하는 때에는 구두로 할 수 있다.

③ 청원서의 기재는 보호외국인이 자필로 하여야 한다. 다만, 문맹·신체적 결함 등 부득이한 사유로 인하여 보호외국인이 자필로 작성하기 어려운 경우에는 담당공무원의 허가를 받아 다른 보호외국인이 대서하되, 그 사실을 청원서에 기재하여야 한다.

④ 소장은 법무부장관에 대한 청원서는 개봉하여서는 아니되며, 이를 지체없이 법무부장관에게 송부하여야 한다.

⑤ 소장은 필요한 경우 청원자를 직접 면담할 수 있다.

⑥ 청원에 대한 처리결과는 법무부장관이 정하는 청원처리부에 기록하고, 그 내용을 지체없이 청원인에게 알려주어야 한다.

⑦ 보호외국인이 청원을 하였다는 이유로 어떠한 불이익한 처우를 하여서는 아니된다.

4. 인정사실

가. 00외국인보호소에 보호 중이던 이란인 ○○○ 등 2명은 2006.3.17. 난민인정신청 불허에 대하여 이의신청을 하였으나 같은 해 6.21. 기각된 바가 있고, 스리랑카인 ○○○ 등 10명은 같은 해 11.20. 난민인정신청을 하였으나 불허된 바가 있다. 피진정인은 피해자들이 위 결정에 단식 등으로 항의하자 같은 해 12.14. 피해자들을 아래 〈표 1〉과 같이 여수출입국관리사

무소 보호실과 청주외국인보호소에 분산 이송하였다.

〈표 1〉 이송된 보호외국인의 명단

연번	국적	성명	이송후 보호소	참고사항
1	이란	○○○	여수 보호실	이의신청 / 이유없음
2	파키스탄	○○○	〃	〃
3	스리랑카	○○○	〃	난민인정 불허 / 이의신청
4	나이지리아	○○○	〃	〃
5	이란	○○○	〃	〃
6	나이지리아	○○○	〃	〃
7	나이지리아	○○○	〃	〃
8	우즈베키스탄	○○○	청주 보호소	〃
9	아이보리 코스트	○○○	〃	〃
10	파키스탄	○○○	〃	〃
11	나이지리아	○○○	〃	〃
12	나이지리아	○○○	〃	〃

「행형법」 제12조에는 수용, 작업, 교화 기타 처우상 특히 필요하다고 인정할 때에 당해 소장은 법무부장관의 승인을 얻어 다른 교도소 등에 이송할 수 있다고 직권이송의 사유 및 절차가 정해져 있고, 같은 법 제6조에는 처우에 대하여 불복이 있을 때 청원을 할 수 있다는 불복절차가 정해져 있으나 「출입국관리법」에는 직권 이송과 관련한 사유, 절차, 불복절차 등이 규정되어 있지 않다.

5. 판 단

법률에 근거가 없는 보호외국인의 이송은 「헌법」 제37조 제2항의 기본권 제한에 대한 법률유보 원칙을 위배하는 것이며, 이러한 자의적인 이송처분으로 인해 피해자들은 보호결정, 강제퇴거결정, 보호시설 내의 처우 등에 대한 이의제기 등을 함에 있어서 심리적으로 위축될 수 있고 변호인 접견권, 가족과의 접견권을 실질적으로 제한받을 가능성이 크며, 난민신청 등 권리구제 절차를 진행하는 것도 어렵게 된다. 따라서 법적 근거없는 이송처분은 「헌법」 제12조에 보장된 피해자들의 신체의 자유 등의 기본권을 침해하는 것이다.

「수용자규율및징벌에관한규칙(1995.8.11 법무부령 제411호)」은 '정당한 이유 없는 단식'에 대하여 금치 2월에 해당하는 징벌을 부과할 수 있는 것으로 규정하였으나, 동 규칙이 2004.6.29. 법무부령 제555호로 전부 개정된 이후에는 '단식'은 징벌 부과 사유에서 삭제되었다. 대법원 1998.1.20. 선고 96다18922 판결은 "수감자가 소란행위를 종료하고 독거실에 수용된 이후 별다른 소란행위 없이 단식하고 있는 상태에서 수감자에 대하여 계속하여 계구를 사용한 것은 위법한 행위"이므로, '단식' 자체만으로는 계구 사용의 정당한 사유가 될 수 없다고 판시한 바 있다.

법률의 근거 없는 직권이송이 피해자들의 기본권을 침해하고 나아가 징벌의 수단으로 악용될 가능성이 상존하는 한, 법률에 근거해야할 직권이송의 사유는 신체의 자유를 제한당한 수용자에게 적용되는 징벌사유의 범위 이상으로 적용되어서는 안 될 것이다. 위에서 살펴본 바와 같이 「수용자규율및징벌에관한규칙」 징벌 부과 사유에 단식이 포함되어 있지 않고 대법원의 판결에서도 같은 취지를 확인 할 수 있으므로 피해자들이 단식한다는 이유만으로 직권이송을 하는 것 또한 부당한 처분이다.

한편 피진정인은 보호시설의 안정과 질서를 유지하기 위하여 「출입국관리법 시행령」 제64조 제2항에 따라 보호장소를 변경하였다고 주장하고 있으나, 위 조항에는 보호장소 변경의 사유를 보호외국인의 조사 및 출국집행에 필요한 대기 등을 위한 경우로 정하고 있어 본 건 직권이송에 대한 사유로 설명하기에 무리가 있다. 이는 피해자들에게 행해진 직권이송이 청원이 있는 직후에 이루어졌다는 점을 고려할 때 피해자들의 청원에 대한 징벌이나 보복의 수단으로 악용될 가능성이 있음을 반증하는바, 「출입국관리법」에 청원권에 대한 보장을 적시하고 엄정히 집행하여야 직권이송의 악용을 예방하고 보호외국인의 청원권을 보호할 수 있다.

따라서 피진정인의 피해자들에 대한 직권이송처분은 법률에 근거하지 않은 자의적인 처분으로 「헌법」 제12조에서 정한 신체의 자유를 침해한 것이며 「헌법」 제37조 제2항의 법률유보 원칙을 위반한 것으로 판단되므로, 피진정인은 보호외국인의 이송절차에 대해서 「출입국관리법」에 이송절차, 이송사유 등을 적시하여 엄격하게 통제하여야 하며 청원 등 행정처분에 대한 불복절차를 같은 법률에 마련하여 보호외국인의 청원권을 보장하여야 한다.

6. 결 론

이상과 같은 이유로 피진정인 화성외국인보호소장에 대하여는 「국가인권위원회법」 제44조 제1항 제1호에 따라, 피진정인 법무부장관에 대하여는 「국가인권위원회법」 제25조 제1항에 따라 주문과 같이 결정한다.

2008.1.28.
국가인권위원회 차별시정위원회

• 일시보호해제 거부에 의한 인권침해여부
[08진인244결정, 2008.1.28.]

외국인 보호소에서 생활하고 있는 피해자에게 초기검진의 기회를 제공하지 않는 등 「외국인보호규칙」에 구체적인 건강검진 항목을 규정하지 않은 것은 인권침해에 해당하므로 이에 대한 시정을 법무부장관에게 권고한 사례

【진 정 인】 ○ ○ ○
【피 해 자】 ○ ○ ○
【피진정인】 법무부장관
【주 문】

1. 진정요지 나항은 각하한다.

2. 피진정인에게 외국인 보호과정에서 보호외국인들의 건강권이 침해되지 않도록 「외국인보호규칙」에 장기보호외국인에 대한 구체적 건강검진 항목을 명시적으로 규정할 것을 권고한다.

【이 유】

1. 진정요지

가. 진정인은 2007.7.3. 부터 7개월간 ○○외국인보호소(이하 "보호소"라 한다.)에서 생활하고 있는데, 2008.1.4. 동 보호소 내 의무과 검진결과 식후 혈당이 487mg/dL로 나타나 당뇨판정을 받았다. 이후 2008.1.8. 동 보호소에서 실시한 당화혈색소 검사에서는 14.3%가 나왔다. 피해자의 당뇨병은 입소 시 건강검진이 제대로 시행되었더라면 충분히 확인이 되었을 것이고, 결과적으로 초기 검진을 놓침으로써 적절한 치료가 지연된 것이고 감금생활과 비슷한 조건은 과다한 스트레스를 제공함으로써 피해자의 당뇨병을 더욱 악화시켰다. 보호외국인에게 제대로 된 건강검진을 실시하지 않은 것은 인권침해이다.

나. 피해자에게는 합병증 여부를 확인하기 위한 안과 검사, 정밀 소변검사, 혈액검사 등이 필요하며, 그에 따른 관리가 요구되므로 피진정인은 진정인의 보호일시해제를 허가하여 진정인이 조속한 시일 내에 외부병원에서 정밀 검사를 받을 수 있도록 조치해주기 바란다.

2. 당사자 주장

가. 진정인
위 진정요지와 같다.

나. 피진정인

1) 현재 보호소측에서는 약물치료와 식사조절 · 운동실시 등을 통해 피해자를 별도 관리하면서 당뇨 진행상황을 매일 체크하고 있으며, 필요할 경우 외부진료를 병행하고 있고, 피해자의 혈당은 낮아지고 있는 추세이다.

2) 2008.1.8. ○○시 보건소에서 실시한 소변 검사에서 피해자는 포도당만 검출되었고 단백질은 검출되지 않아 특이사항이 발견되지 않았으며, 2008.1.23. 실시한 외래진료에서도 안과에 대한 특이소견이 발견되지 않았다. 향후 ○○외국인보호소에서 피해자에 대해 주의 깊게 관찰할 예정이며, 경과에 따라 외부진료나 입원조치 또는 보호일시해제 등 필요한 조치를 검토하겠다.

3. 관계법령

1) 헌법 제10조(인간의 존엄성과 기본적 인권의 보장)

모든 국민은 인간으로서의 존엄과 가치를 가지며, 행복을 추구할 권리를 가진다. 국가는 개인이 가지는 불가침의 기본적 인권을 확인하고 이를 보장할 의무를 진다.

2) 외국인보호규칙 제20조(건강진단)

① 소장은 1월 이상 보호하는 보호외국인에게는 2월마다 1회 이상 담당의사 또는 외부의사의 건강진단을 받게 하여야 한다.

3) 행형법시행령 제97조(수용자의 건강진단)

① 소장은 독거수용자 및 20세 미만의 수용자에 대하여는 3월에 1회 이상, 기타의 수용자에게는 6월에 1회 이상의 건강진단을 시행하여야 한다.

4) 수용자 건강진단규칙(법무부 훈령, 별지 참조)

제1조(목적) 이 규칙은 교도소 · 소년교도소 · 감호소 · 구치소 및 그 지소에 수용된 수용자의 건강진단에 관하여 필요한 사항을 규정함을 목적으로 한다.

제2조(건강진단의 범위) 건강진단은 신체 및 정신에 대하여 실시한다.

제3조(신체건강진단) ①신체건강진단은 키, 몸무게, 사슴둘레, 영양상태, 팔 · 다리, 시력, 청력, 치아, 언어, 혈압, 질병 기타 신체상의 이상 유무에 대하여 실시한다.

② 제1항에 기재한 항목 이외에 소장이 특히 필요하다고 인정하는 사항에 대하여는 따로 항목을 정하여 검사할 수 있다.

③ 제1항의 진단은 다음 각 호에 의하여 실시한다.

1. 키는 두 발꿈치를 붙이고 몸을 자의 기둥에 바로 서게 하여 측정하고, 단위는 ㎝로 한다.
2. 몸무게는 저울의 중앙에 서게 하여 측정하고 단위는 ㎏으로 한다.
3. 가슴둘레는 바로 선 자세로 줄자를 젖꼭지 바로 위에 두르고 두 팔을 자연스럽게 내리게 하여 측정하고 단위는 ㎝로 한다.
4. 영양상태는 피부의 탄력 및 색채, 피하지방의 충실, 근육의 발달정도를 검사하고 이상이 없을 때에는 양호, 보건위생상 주의 또는 가료를 요할 때는 불량으로 표시하고 그 내용을 기재한다.
5. 팔·다리는 구부리고 펴는 등의 관절운동을 행하게 하여 그 완전여부 및 발육상황을 검사하고 이상이 없을 때에는 정상, 이상이 있을 때에는 그 부위 및 정도를 표시한다.
6. 시력은 정규의 시력표를 실내의 밝은 벽에 눈과 같은 높이의 위치에 걸고 전방 5미터의 거리에서 두 눈을 각각 측정(안경을 사용 중인 자는 맨 눈 시력과 교정시력을 각각 측정)하고 실명, 굴절이상 및 색신 등의 유무를 검사한다.
7. 청력은 청력측정계나 시계를 사용하여 두 귀를 각각 측정하고 이상이 없을 때에는 양호, 이상이 있을 때에는 그 부위 및 정도를 표시한다.
8. 치아는 삭은니, 빠진 이, 치료한 이의 수를 검사한다.
9. 언어는 발음결함 기타 장애유무를 검사한다.
10. 혈압은 혈압기로 수축기 및 이완기 혈압을 측정한다.
11. 질병 기타 신체상의 이상 유무는 검사 시 발견된 것을 기재하되 특히 급성전염병, 결핵성 질환, 한센병, 성병, 심장 질환, 뇌·신경계 질환, 고혈압, 당뇨병, 전염성 피부병, 눈병, 귓병, 구강내의 질환 등을 발견하는데 주의하여야 한다.

제4조(정신건강진단) ① 정신건강진단은 신체건강진단을 마친 후 지능감정, 의지 기타 정신상의 이상 유무에 대하여 실시한다.

② 제1항의 진단을 질문에 대한 응답, 정서반응의 변화 및 태도관찰 등 일반적인 방법으로 검사하고 정신과정 관찰이 특히 필요하다고 인정되는 때에는 정신의학 분야의 전문의 또는 관계전문가로 하여금 정신감정을 실시하게 한다.

③ 형사피고인과 피의자에 대한 정신건강진단은 특히 필요한 경우를 제외하고는 이를 실시하지 아니한다.

제5조(건강진단부) 건강진단을 실시한 때에는 그 결과를 건강진단부에 기재한다.

제6조(계속검사) 건강진단결과 신체 또는 정신에 관하여 보건위생상 특히 계속하여 검사를 할 필요가 있다고 인정되는 때에는 건강진단부에 계속 검사라고 표시한다.

제7조(신체 등위의 판정) 신체건강진단의 성적은 다음의 기준에 의한 신체의 결함 정도와 작업능력의 정도에 따라 다음 각 호와 같이 판정한다.

1. 신체 각부를 종합하여 큰 결함이 없고 최중노동에 종사할 수 있는 자를 "갑"으로 한다.
2. 갑에 비하여 신체 각부에 부족한 점이 있으나 중노동에 종사할 수 있는 자를 "을"로 한다.
3. 갑, 을에 비하여 신체의 결함이 있으나 경노동에 종사할 수 있는 자를 "병"으로 한다.

4. 허약자 또는 신체결함의 정도가 심하여 작업에 종사할 수 없는 자를 "정"으로 한다.

5. 질병자로서 계속 휴양을 요하는 자를 "무"로 한다.

제8조(정신상태의 판정) ① 정신건강진단은 일반검사 소견에 따라 다음 각 호와 같이 판정한다.

1. 특별한 이상이 없을 때에는 정상

2. 정신상태가 불완전하거나 장애 또는 결함이 나타나는 때에는 미약

3. 정신장애의 정도가 심하거나 현저한 정신병적 증상이 있을 때에는 이상

② 정신감정을 실시한 때에는 진단결과 나타난 병명 또는 증상을 기재한다.

제9조(진단 후 조치) 건강진단 결과 보건위생상 필요하다고 인정되는 때에는 특히 본인에게 주의를 시키고 치료·보호·교정 등 적당한 조치를 하여야 한다.

제10조(정기진단) 행형법 시행령 제97조(건강진단) 규정에 의한 다음 각 호의 구분에 의하여 실시한다.

1. 혼거구금한 20세 이상의 자에 대하여는 4월과 10월

2. 혼거구금한 20세 미만 자 및 독거구금한 20세 이상 자에 대하여는 1월, 4월, 7월 및 10월

3. 독거구금한 20세 미만 자에 대하여는 매월

제11조(석방시의 진단) 석방자에 대하여는 석방시에 건강진단을 실시하여야 한다. 다만, 특별한 사정으로 인하여 건강진단 실시가 어려운 경우에는 이를 생략할 수 있다.

4. 인정사실

진정서, 피해자 진술서, 서울출입국사무소 답변자료, ○○보호소 의무과장의 진술 및 진정인에 대한 진료기록부에 의하면 다음과 같은 사실이 인정된다.

1) 피해자는 2007.7.3. 보호소에 입소하여 동년 7.23. 의무과에서 진료를 처음 받았고 진단결과 근육통으로 밝혀졌다. 이후 동년 8월부터 12월까지 위장질환 진료 10회, 호흡기 질환 2회, 근골격 질환 1회로 의무과 진료를 받은 바 있다.

2) 보호소는 「외국인보호규칙」 제20조에 의거 1개월 이상 보호 중인 외국인에 대해 2개월에 1회씩 건강검진을 실시하였고, 피해자도 1개월 이상이 되는 해부터 지금까지 3회 건강검진을 받았으나 동 검진에서는 키, 몸무게, 혈압만 체크하고 있어 피해자의 당뇨를 발견하지 못하였다. 또한 피해자 본인도 당뇨 사실을 알지 못하였다고 진술하고 있다.

3) 보호소 의무과장은 2008.1.4. 건강 검진 시 피해자의 체중이 2007.12. 건강검진에 비해 5kg 정도 감소되어 있자, 이를 의심하여 혈당 체크를 한 결과 혈당이 487~465mg/dL로 정상보다 높은 수치임을 발견하였다. 이후 보호소는 피해자를 당뇨치료를 위한 거실로 옮겼고, 식사관리, 운동 등의 치료를 통해 2008.1.22. 혈당수치 공복 104mg/dL, 식후 246mg/dL, 저녁 식사 전 186mg/dL, 취침전 80mg/dL로 조절되었다.

4) 보호소는 피해자의 합병증을 우려하여 2008.1.8. ○○시 보건소, 동년 1.23. ○○미래병원(화성시 남양동 소재)에 진료를 의뢰하였으나 특이한 소견이 없다는 검사결과가 나왔다.

5) 피해자는 본인의 당뇨증세를 2008.1.4. 건강검진 이전까지는 모르고 있었고, ○○보호소에서도 피해자에 대해 3회의 건강검진을 실시하였지만 혈당을 체크하지 않아 피해자의 당뇨 사실을 알지 못하였다.

6) 현재 보호소 내 당뇨환자는 5명이 수용되어 있고, 별도로 처방된 당뇨음식과 체조, 약물 등으로 혈당을 조절하고 있다. 보호소는 현재까지 보호소 내 당뇨환자가 발생할 경우 식사조절, 운동 등으로 혈당을 조절하고 있고 별도 보호일시해제 등의 조치 없이 출국시기에 맞춰 출국을 시키고 있다.

5. 판 단

보호소에 수용되어 있는 외국인이라도 생명과 신체의 안전을 보호받을 권리를 누리는 것은 인간으로서의 기본적 권리에 해당한다. 그와 같은 취지에서 외국인보호규칙은 1개월 이상 수용되어 있는 보호외국인에 대하여 2월마다 1회 이상 담당의사 또는 외부의사의 건강진단을 받도록 명시하고 있다. 이 사건에 있어서 피진정기관은 위 규정에 의하여 피해자에게 건강검진을 3회 실시하였던 점이 인정된다. 그러나 동 규정에 구체적 검진 항목이 적시되지 아니한 관계로 피진정기관은 피해자에 대한 단순한 신체검사만 실시하였는바, 당뇨와 같이 내과적 질환으로서 적절한 치료가 시행되지 않는 경우 그 예후가 좋지 않은 질병의 발견과 대처에 미흡하였던 것으로 판단된다. 따라서 신체검사만 하는 것이 아니라 보호 외국인의 건강상태를 정확히 진단, 대처하기에 필요한 건강검진 항목을 규정하는 등 좀 더 세밀한 배려가 따라야 실제적으로 보호외국인의 건강권이 보장될 수 있을 것이다. 참고로 범죄를 저지른 수형자와 미결수에 관한 처우를 정하고 있는「행형법」역시 동 시행령과 규칙을 통하여 구체적 건강검진 항목 등에 대해 규정하고 있다.

다만, 진정인은 피해자의 정밀건강검진 및 치료를 위하여 피해자에 대한 보호일시해제를 요구하고 있으나 이는 현재 보호소가 피해자를 정밀 관찰 중이고, 피해자의 혈당수치가 낮게 조절되고 있는 상황에서 피진정인이 의료전문가의 의견을 포함하여 종합적으로 결정할 사안으로 우리 위원회가 조사하기에 적절하지 않은 것으로 판단된다.

6. 결 론

따라서 진정요지 나항은 진정이 위원회가 조사하는 것이 적절하지 아니하므로「국가인권위원회법」제32조 제1항 제7호에 따라 각하하고, 진정요지 가항과 관련하여 피진정인이「외국인보호규칙」에 구체적인 건강검진 항목을 규정하지 않은 것은 인권침해에 해당하므로「국가인권위원회법」제44조제1항제2호에 따라 주문과 같이 결정한다.

2008. 1. 28.
국가인권위원회 차별시정위원회

● 과도한 강제퇴거 집행으로 인한 인권침해
[07진인4510, 2008.1.28.]

○○외국인보호소에서 강제퇴거를 집행하는 과정에서 강제력을 과도하게 행사하여 인권을 침해하였으므로 향후 유사사례의 재발 방지를 위한 대책을 수립할 것을 권고한 사례

【진 정 인】 ○○○
【피진정인】 1. ○○외국인보호소장
             2. ○○○

【주 문】

1. 진정요지 '나'항과 관련하여, 피진정인에게 향후 유사사례의 재발 방지를 위한 대책을 수립할 것을 권고한다.

2. 진정요지 '가'항은 기각한다.

【이 유】

1. 진정요지

가. 진정인은 ○○외국인보호소에 미등록 체류를 이유로 보호되어있는 자로서, 개인소지품이 든 가방을 회수하지 못하여 본국으로 돌아갈 수 없는 상황이었다. 그럼에도 불구하고 피진정인은 2007.11.13. 9:30경 진정인을 강제적으로 퇴거시키려 하였고 퇴거를 집행하는 과정에서 ○○외국인보호소 직원 십여 명은 진정인을 바닥에 넘어뜨리고 억지로 수갑을 채웠으며 강제로 바지를 갈아입히는 등 강제력을 과도하게 행사하여 진정인의 인권을 침해하였다.

나. 진정인은 국가인권위원회에 진정하기 위하여 2007.11.5.과 7. ○○외국인보호소 소속 직원인 ○○○에게 작성한 진정서를 주고 팩스로 위원회에 발송해 줄 것을 요청하였으나 위 ○○○는 이를 발송하지 않음으로써 인권위 진정접수를 방해하였다.

2. 당사자 및 관계인의 주장

가. 진정요지 가항 관련

(1) 진정인

가) 본인의 가방은 집주인이 가지고 있으며 방세가 밀려 돌려받지 못하고 있는 상황이다. 본인이 보호소에 수용되어 있기 때문에 ○○○대사관 직원이 가방을 찾기 위하여 집에 방문하였으나 집주인은 여권만 돌려주고 가방은 돌려주지 않았다.

나) 2007.11.13. 오전 9:30경 ○○○ 등 십여 명의 직원이 본인의 방으로 와서 오늘 본국으로 돌아가야 한다며 본인을 1층 검신실로 데려갔다. 검신실에 이르러 본인은 가방이 없으므로 집에 갈 수 없다고 하였으나 직원들은 수갑을 채우고 옷을 갈아입히는 등 강제적으로 본인을 퇴거시키려 하였다. 한 직원이 뒤쪽에서 본인을 바닥에 눕힌 후 신발을 신은 발로 본인의 목과 허리를 누르면서 여러 명이 뒤쪽으로 수갑을 채웠다. 그 후 사람들이 보는 가운데 본인을 눕힌 상태에서 보호복 바지를 벗기고 본인의 사복바지를 억지로 대충 입혔다.

(2) 피진정인 ○○외국인보호소장

가) 2007.8.21. 진정인이 입소하였을 당시 진정인에게 여권소지 여부와 출국비용을 부담할 수 있는지를 물었고, 진정인은 ○○○대사관 직원이 여권, 가방, 출국비용을 가져오기로 했으니 기다려 달라고 답하였다. 그러나, ○○○대사관에서는 3개월 이후인 같은 해 11.9. 진정인의 여권만을 찾아 송부하여 주었다. 그 기간 동안 보호소측에서는 진정인의 여권과 가방을 직접 찾아 주고자 그 소재지만 알려달라고 하였으나 진정인은 대사관 직원이 가져오기로 하였다며 답변을 거부하는 등 고의로 강제퇴거 집행을 지연시켰다.

나) 또한 2007.11.12. 진정인의 경제적 어려움을 감안하여 출국 경비 소요액인 102만 원 전액을 국비로 지원해 주기로 결정하고 진정인에게 이 사실을 안내, 설득하였으나 진정인은 계속 출국할 수 없다고만 답하였다.

다) 2007.11.13.자로 결국 진정인에 대한 강제퇴거 집행을 하게 되었고 사전에 직원이 강제퇴거의 당위성을 설명하고 집행에 협조할 것을 고지하였다. 직원 중 ○○○가 수갑을 채우기 이전에 3회 사전경고를 하였는데도 응하지 않아 체포술을 이용하여 직원 4명가량이 최소한의 물리력을 사용하여 수갑을 채웠으며 보호복 바지를 사복 바지로 갈아입혔다. 당시 수갑을 찬 상태로 진정인이 반항하며 난동을 지속하는 과정에서 진정인의 손목에 피부가 약간 벗겨진 것은 인정하나 그 밖의 폭행 등의 인권침해적인 행위는 없었다.

라) 진정인의 요청으로 2007.11.22. 경기도 ○○시 ○○○병원에서 외부진료를 실시하였으나 담당의사의 특이소견은 없었다.

(3) 참고인 ○○○(○○○대사관 직원)

참고인은 진정인의 집주인이 진정인의 여권을 보관하고 있다는 이야기를 듣고 여권은 ○○○ 정부 소유의 재산이기 때문에 2007.10.경 집주인을 만나 여권을 돌려받은 바 있다.

나. 진정요지 나항 관련
(1) 진정인
진정 요지와 같다.

(2) 피진정인 ○○○

진정인이 제출한 2007.11.5. 및 같은 달 7.일자 진정서를 국가인권위원회에 송부하지 않고 보류한 것은 진정서 내용에 인권침해의 내용이 없고 난민신청관련 내용이 있어 난민 담당자인 피진정인이 난민접수 여부를 판단하여야 할 것으로 생각한 것일 뿐 인권침해 진정 자체를 방해할 목적은 없었으며, 이 사실을 진정인에게 오해 없도록 설명하였으나 언어 소통이 완벽하지 않아 오해가 생겼던 것으로 보인다.

3. 관련규정

1) 출입국관리법

제56조의4(강제력의 행사) ① 출입국관리공무원은 피보호자가 다음 각 호의 어느 하나에 해당하는 때에는 그 피보호자에게 강제력을 행사할 수 있고, 다른 피보호자와 격리하여 보호할 수 있다.

　　　　1. 자살 또는 자해행위를 하고자 하는 때
　　　　2. 다른 사람에게 위해를 가하거나 가하고자 하는 때
　　　　3. 도주하거나 도주하고자 하는 때
　　　　4. 출입국관리공무원의 직무집행을 정당한 사유 없이 거부 또는 기피하거나 방해하는 때
　　　　5. 그 밖에 보호시설 및 피보호자의 안전과 질서를 현저히 해치는 행위를 하거나 하고자 하는 때

　　② 제1항의 규정에 의한 강제력 행사는 필요한 최소한도에 그쳐야 하며, 피보호자를 제압하기 위하여 신체적인 유형력(有形力)을 행사하거나 경찰봉·가스분사용총·전자충격기 그 밖의 보안장구로서 법무부장관이 지정한 보호장구를 사용하는 것에 한한다.

　　③ 제1항의 규정에 의한 강제력을 행사하고자 하는 때에는 사전에 해당 피보호자에게 이를 경고하여야 한다. 다만, 긴급한 상황으로 사전에 경고할 만한 시간적 여유가 없는 때에는 그러하지 아니하다.

　　④ 출입국관리공무원은 제1항 각호의 어느 하나에 해당하거나 보호시설의 질서유지 또는 강제퇴거를 위한 호송 등을 위하여 필요한 때에는 다음 각 호의 계구(戒具)를 사용할 수 있다.

　　　　1. 수갑
　　　　2. 포승
　　　　3. 안면보호구
　　　　4. 그 밖에 보호외국인의 계호(戒護)에 특별히 필요하다고 인정되는 계구로서 법무부령이

정하는 것

⑤ 제4항의 규정에 의한 계구의 사용 및 사용절차에 관한 사항은 법무부령으로 정한다.[본조신설 2005.3.24]

제62조(강제퇴거명령서의 집행) ① 강제퇴거명령서는 출입국관리공무원이 이를 집행한다.

② 사무소장·출장소장 또는 외국인보호소장은 사법경찰관리에게 강제퇴거명령서의 집행을 의뢰할 수 있다.

③ 강제퇴거명령서를 집행할 때에는 그 명령을 받은 자에게 강제퇴거명령서를 내보이고 지체없이 그를 제64조의 규정에 의한 송환국에 송환하여야 한다. 다만, 제76조의 규정에 의하여 선박 등의 장 또는 운수업자가 송환하게 되는 경우에는 출입국관리공무원은 그 선박 등의 장 또는 운수업자에게 그를 인도할 수 있다.

2) 외국인보호규칙 (2005.9.23. 법무부령 580호)

제42조 (강제력의 행사) 법 제56조의4제1항의 규정에 의한 강제력은 소장의 명령 없이는 이를 행사하지 못한다. 다만, 긴급을 요하는 때에는 이를 행사한 후 지체없이 소장에게 보고하여야 한다.

제43조 (계구의 사용) ① 법 제56조의4제4항에 규정된 계구는 소장의 명령 없이는 이를 사용하지 못한다. 다만, 긴급을 요하는 때에는 이를 사용한 후 지체없이 소장에게 보고하여야 한다.

② 계구는 징계목적으로 사용할 수 없으며, 포승과 수갑은 자살·자해·도주 또는 폭행의 염려가 있는 보호외국인에게, 안면보호구는 제지에 불응하여 고성을 발하거나 자해의 우려가 있는 보호외국인에게 각각 사용한다.

③ 계구를 채워 둔 보호외국인에 대하여는 2시간마다 한 번씩 움직임을 살피고, 안면보호고를 채운 보호외국인은 줄곧 살펴보아야 한다.

④ 소장은 제2항에 따라 계구를 사용한 후 그 요건이 종료된 때에는 담당공무원으로 하여금 계구를 즉시 해제하도록 명하여야 한다.

3) 국가인권위원회법

제31조(시설수용자의 진정권 보장)

③ 소속 공무원 등은 제1항에 따라 시설수용자가 작성한 진정서를 즉시 위원회에 송부하고 위원회로부터 접수증명원을 발급받아 이를 진정인에게 교부하여야 한다. 제2항의 통보에 대한 위원회의 확인서 및 면담일정서는 발급 받는 즉시 진정을 원하는 시설수용자에게 교부하여야 한다.

4. 인정사실

가. 진정요지 가항 관련

1) 진정인은 2001.2.27. 단기상용 사증을 받고 입국하였으며 2003.1.1.부터는 체류기간을 도과하여 체류하였다. 2007.8.17. 진정인은 재물손괴 현행범으로 양주경찰서에 체포되었으며 체류기

간 도과 사실이 확인되어 ○○○출입국관리사무소에 신병 인도되었고, 2007.8.21. ○○외국인보호소에 입소하였다.

2) 피진정인은 여권과 가방의 회수를 위하여 진정인에게 거주하는 집의 소재지를 알려달라고 하였으나 진정인은 대사관 직원이 여권과 가방을 가져오기로 했다고 하였고 대사관 직원은 여권만을 회수하여 2007.11.9. ○○외국인보호소에 전달하였다. 피진정인은 진정인의 집주인에게 전화하여 진정인의 가방을 돌려줄 것을 설득하기도 하였으나 진정인이 입소한 이후부터 3개월 이상의 기간 동안 집주인은 가방을 돌려주지 않았다. 피진정인은 같은달 12. 출국 경비를 국비로 지원하여 강제퇴거를 집행할 것임을 진정인에게 통보하였다.

3) 2007.11.13. 오전 9시경 ○○외국인보호소 직원 ○○○, ○○○ 등은 진정인에게 당일 강제퇴거 집행 예정임을 알리고 1층 검신실로 진정인을 데려와 입고 있던 보호복을 사복으로 갈아입을 것을 요구하였으나 진정인은 강제퇴거 집행을 거부하고 현재 집주인이 돌려주지 않고 있는 가방이 없으면 출국할 수 없다고 계속 주장하였다. 진정인이 거부함에도 불구하고 강제퇴거를 집행하기 위하여 직원 ○○○ 등은 진정인을 넘어뜨려 수갑을 채우고 진정인이 입고 있던 보호복 바지를 사복 바지로 갈아 입혔다. 이에 진정인은 신발을 벗어 던지는 등 계속 저항하였고 이러한 강제력 행사와 저항 과정에서 채워진 수갑으로 인해 진정인은 손목에 부상을 입었다. 소란이 계속되자 ○○외국인보호소 측은 진정인의 강제퇴거 집행을 연기하기로 결정하였다.

나. 진정요지 나항 관련

진정인은 2007.11.5.과 같은 달 7.에 국가인권위원회에 진정하는 내용의 서신을 ○○외국인보호소 ○○○에게 제출하였으며, 같은 달 5.자 서신 하단에 '한국 정부의 국가인권위원회에 탄원한다'고 명시하였으며, 같은 달 7.자 서신에는 상단 수신을 한국 국가인권위원회로 지정하였고 국가인권위원회 팩스번호를 적시하였다.

진정인의 같은 달 5.자 및 같은 달 7.자 서신은 '진정인은 본국에 적들이 많아 돌아갈 경우 위험에 빠지며 한국에서 나쁜 사람들에 의해 돈을 잃게 되었으므로 본국으로 돌아가지 않고 한국에 머무를 수 있도록 국가인권위원회가 선처해 달라'는 내용으로 작성되었다.

5. 판 단

가. 진정요지 가항 관련

「출입국관리법」 등 관련 법규에 의하면 출입국관리공무원은 강제퇴거명령서가 발부된 자에 대하여 강제퇴거명령을 집행할 수 있으며 피보호자가 출입국관리공무원의 직무집행을 정당한 사유 없이 거부 또는 기피할 때에는 출입국관리공무원은 피보호자에 대하여 강제력을 행사할 수 있다. 다만 출입국관리공무원이 피보호자에게 강제퇴거명령의 집행을 통지하였을 때 이를 거부할 경우 그 사유를 청취하여야 할 것이며, 거부 사유의 타당성 여부에 따라 해당 사유가 해소될 때까지 강제퇴거 집행을 연기할 지 여부를 결정하여야 할 것이다. 또한 거부 사유가 타당하지 않다고 판단될 경우라

하더라도 물리력을 사용할 때에는 필요 최소한도의 범위 내에서 사용하여야 할 것이다.

진정인은 개인소지품이 든 가방을 집주인에게 돌려받지 못한 상황에서 피진정인이 강제퇴거를 집행하는 것은 부당하다고 주장하고 있으나, 피진정인이 가방의 회수를 위하여 진정이 거주하던 집의 소재지를 물어보았으나 진정인이 알려주지 않는 등 고의로 강제퇴거의 집행을 연기하려고 하는 혐의가 있었던 점, 피진정인이 집주인에게 전화를 하여 가방을 돌려줄 것을 설득하였던 점, 집주인으로부터 개인소지품이 든 가방을 돌려받지 못하고 있는 사유가 밀린 집세 때문이라 한다면 이는 근본적으로는 진정인과 집주인 간에 해결되어야 할 사인간 문제로 피진정인이 이에 간여하기 어려운 점, 집주인이 가방을 진정인에게 3개월 이상의 기간 동안 돌려주지 않아 가방 회수 가능성이 불투명 하였던 점 등을 고려하면 피진정인이 상당한 유예 기간을 둔 후에 최종적으로 진정인에 대하여 강제퇴거명령을 집행할 것을 결정한 것은 그 정당성이 인정된다.

강제퇴거 집행과정에서 ○○외국인보호소 측의 진정인에 대한 강력력 행사가 필요 최소한도의 범위 내에 있었는지의 여부와 관련하여, 피진정인은 2007.11.13. 9:00경 진정인에게 강제퇴거를 집행하겠다고 하였고, 진정인이 강제퇴거 집행을 거부하며 신발을 벗어 던지는 등 반항하자 집행을 위하여 진정인을 넘어뜨려 수갑을 채우고 보호복 바지를 사복바지로 갈아입혔다는 점, 진정인의 손목에 상처가 난 것은 진정인이 수갑을 찬 상태에서 반항하여 발생한 것이었다는 점, 강제퇴거 집행을 위하여 수갑을 사용하였으나 이후 보호실에 다시 들어갈 때에는 수갑을 해제하였던 점, 진정인이 통증을 호소하자 외부 병원에서 진료를 받도록 한 점, 외부병원에서의 진료 결과 담당 의사의 특이소견이 없었던 점 등이 인정된다.

따라서 피진정인의 진정인에 대한 강제퇴거명령 집행 결정은 정당한 사유에 의한 것이며 강제퇴거 집행 시에 행한 강제력 행사는 진정인이 반항하고 있었던 당시의 상황에서 직무 수행상 불가피했던 것으로 판단되므로 피진정인의 행위는 인권침해에 해당하는 것으로 보기 어렵다.

나. 진정요지 나항 관련

진정인이 ○○외국인보호소에 전달한 서신의 내용에는 국가인권위원회에 발송하고자 하는 진정인의 의지가 명확히 드러나며 특히 2007.11.7.자 서신에서는 국가인권위원회의 팩스번호까지 명시되어 있어 위 서신들은 국가인권위원회에 제출하고자 하는 의도로 작성된 것이 명백하다.

설령 피진정인이 진정인의 서신 내용을 난민신청과 관련한 사안으로 판단하여 진정인에게 이를 설명하였다 하더라도, 진정인이 수긍하지 않았다면 피진정인은 마땅히 위 서신들을 국가인권위원회에 접수시켜 위원회의 판단을 받을 수 있도록 조치하였어야 할 것이다. 따라서 진정서를 송부하지 않은 것은 「헌법」 제10조 및 제18조에서 명시하고 있는 행복추구권과 통신의 자유를 침해한 것이며 시설 소속 공무원 등에게 진정서 송부의무를 부과하고 있는 「국가인권위원회법」 제31조 제3항도 위반한 행위라 할 것이다.

6. 결 론

가. 진정요지 가항 부분은 「국가인권위원회법」에서 정한 인권침해에 해당하는 것으로 보기 어려우므로, 동법 제39조 제1항 제2호의 규정에 따라 주문과 같이 결정한다.

나. 진정요지 나항 부분은 피진정인이 진정인의 진정서를 국가인권위원회에 접수하지 않은 것은 진정인의 인권을 침해한 것이므로, 「국가인권위원회법」 제44조 제1항 제1호의 규정에 따라 주문과 같이 결정한다.

2008. 1. 28.

국가인권위원회 차별시정위원회

• 외국인들의 강제퇴거에 의한 인권침해
[08진인28결정, 2008.4.28.]

국가인권위원회 조사 중인 진정사건에 대해서는 위원회 조사 종료 시까지 또는 위원회가 출국을 승인한 경우까지 강제출국을 유예할 수 있도록 조치할 것을 법무부장관에 권고한 사례

【진 정 인】 1. ○○○
          2. ○○○
          3. ○○○
【피진정인】 1. 법무부장관
          2. ○○출입국관리사무소장

【주 문】

1. 진정요지 '가'항 부분은 각하한다.

2. 진정요지 '나'항 부분과 관련하여 피진정인 법무부장관 에게 외국인보호소에 수감 중인 미등록 외국인에 대하여 접견교통권을 포함한 변호인의 조력을 받을 권리를 보장하는 구체적인 대책을 마련할 것을 권고한다.

3. 진정요지 '다'항 부분과 관련하여 피진정인 법무부장관 에게 외국인의 보호 및 강제퇴거집행절차와 관련된 법령을 형사사법절차에 준하여 개정할 것을 권고한다.

4. 진정요지 '라'항 부분과 관련하여 피진정인 법무부장관 에게 향후 우리위원회가 조사 중인 진정사건의 진정인 또는 피해자들에 대해서는 위원회의 조사가 종료될 때까지 또는 위원회가 강제출국을 승인할 때까지 강제 출국 집행을 유예할 것을 의견표명한다.

【이 유】

1. 진정요지

○○출입국관리사무소 조사과 단속반원들은 2007.11.27. 08:00부터 09:30 사이에 각기 다른 장소에서 ○○○○이주노동자조합(이하 '이주노조'라 한다)의 2대 위원장과 부위원장, 사무국장으로

활동 중인 진정인들을 불법체류자란 이유로 강제 연행하여 ○○외국인보호소에 보호 조치하였고 강제퇴거명령서를 발부하였다. 이에 진정인들은 같은 달 29. ○○출입국관리사무소의 보호명령 및 강제퇴거명령에 대하여 법무부장관에게 이의신청을 제기 하였다. 이에 법무부장관은 진정인들의 각 이의신청에 대하여 '기각'결정을 한 후 같은 해 12.12. 18:00경 진정인들의 대리인인 변호사에게 결정서를 송부하였다.

이후 2007.12.13. 03:00경부터 ○○출입국관리사무소는 진정인들에 대한 강제퇴거명령의 집행을 시작하였다. 같은 날 05:00경 진정인들의 대리인이 수차례에 걸쳐 ○○외국인보호소 직원에게 전화하여 퇴거명령서 집행 여부를 문의하였으나 "오늘 중으로는 집행 계획이 없다."라고 답변하였으며, 같은 날 06:20경 진정인들의 또 다른 대리인인 변호사가 진정인들과의 변호인 접견을 요구하면서 퇴거명령서 집행 여부를 묻자 역시 "오늘 중으로는 집행 계획이 없다."는 동일한 답변을 하였다.

그러나 ○○출입국관리사무소는 2007.12.13. 03:00경부터 진정인들에 대한 강제퇴거명령 집행을 시작하여 같은 날 07:30경 인천공항에 도착, 대기 후 각각 같은 날 08:30경, 09:30경 대한항공 비행기편을 이용하여 강제출국시킴으로써 강제퇴거명령의 집행을 종료하였으며 이 과정에서 다음과 같은 인권침해를 당하였다.

가. ○○출입국관리사무소는 진정인들의 보호명령 및 강제퇴거명령 이의신청에 대해 각 심사결정서를 2007.12.12. 18:00경 진정인의 대리인에게 전송하고, 그 다음날 새벽 진정인들을 강제출국조치 함으로써 이의신청에 대한 심사결정서의 송달 이후 진정인이 대리인과 상의하여 보호명령과 강제퇴거명령에 대한 취소소송 및 집행정지신청 등 사법적 권리구제를 거칠 수 있는 시간적 여유와 기회를 박탈하였다. 이로 인해 진정인들은 재판청구권을 침해당하였다.

나. 피진정인은 2007.12.13. 03:00경부터 진정인들에 대한 강제퇴거명령의 집행을 시작하였음에도 불구하고, 그 전날인 같은 달 12. 18:00경부터 13. 06:20경까지 진정인들의 대리인인 변호인의 사후 절차에 대한 수차례 질문에 "내부에서 상의해야 한다"고 답변할 뿐 강제퇴거명령의 집행 계획에 대해 아무런 언급을 하지 아니하고, 심지어 "오늘 중으로 퇴거명령 집행 계획이 없다."라고 말한 후 진정인들을 강제출국시킴으로써 진정인의 사법적 구제절차 등에 관하여 변호인의 조력을 받을 권리를 침해하였다.

다. 이 사건 보호명령 및 강제퇴거명령, 이의신청에 대한 결정, 그리고 강제퇴거명령에 대한 집행은 신체에 대한 강제력 행사시 법관이 발부한 영장에 의하도록 하는 「헌법」 제12조 제3항에 위반된다.

라. 진정인들은 ○○출입국관리사무소가 진정인들을 표적단속 하였다는 이유로 2007.11.27. 국가인권위원회(이하 '위원회'라 한다)에 진정을 하였고, ○○출입국관리사무소는 위원회의 조사가 진행되는 중에 진정인들을 강제 추방함으로 인해 진정인들의 국가인권위원회 진정권을 침해하였다.

2. 당사자 주장

가. 진정인

위 진정요지와 같다.

나. 피진정인

(1) 재판청구권침해 주장 관련

가) 진정인들은 모두 단기사증으로 입국하여 10년이 넘도록 장기간 국내에 불법으로 체류하였으므로 「출입국관리법」 제46조 제1항에 의하여 강제퇴거 대상자에 해당함이 명백하고, 이들에 대하여 「출입국관리법」 제63조 제1항에 의하여 발하여진 보호명령도 적법하다.

나) 「출입국관리법」 제63조의 보호명령은 강제퇴거명령을 받은 자를 즉시 송환할 수 없는 때에 송환에 필요한 준비와 절차를 신속히 마쳐 송환이 가능할 때까지 잠정적으로만 가능하다는 시간적 한계를 갖는 것이므로, 진정인들에 대한 출국준비가 마쳐졌다면 신속한 퇴거를 집행하는 것이 타당하다.

(2) 예고 없는 강제출국으로 인해 변호인의 조력을 받을 권리를 침해당했다는 주장 관련

가) 진정인들에 대한 강제퇴거명령이 내려진 후 약 보름간의 시일이 있었으므로, 변호인과 사건에 관하여 충분한 협의·검토할 시간이 있었다. 또한 진정인들의 법위반 사실이 명백하고, 진정인들에게 내려진 강제퇴거명령이 공정력과 집행력을 가지고 있는 이상 송환에 필요한 준비가 끝나는 대로 집행될 것은 충분히 예상할 수 있었다.

나) 진정인들은 입국 이후 국내에 장기간 불법체류하면서 대한민국의 법률을 위반하여 왔고 이들과 관련된 사람들이 퇴거집행에 저항을 시도할 것이 충분히 예상되는 상황에서, 그 변호인에게 퇴거집행계획을 미리 고지할 의무가 없었다. 또한 변호인의 조력을 받을 권리가, 자신이 원하는 만큼 변호인과 상의하기 위해 정당한 법집행을 저지할 수 있다는 내용을 포함한다고 볼 수 없을 것이다.

(3) 국가인권위원회 진정권 방해 관련

피해자들의 「출입국관리법」 위반 사실이 명백하고, 피해자들의 여권, 항공권 비용 등이 마련되어 「출입국관리법」 제46조에 의거 출국요건이 충족되어서 조속히 강제퇴거를 시켰다.

3. 관계법령

가. 헌법 제10조(인간의 존엄성과 기본적 인권의 보장)

모든 국민은 인간으로서의 존엄과 가치를 가지며, 행복을 추구할 권리를 가진다. 국가는 개인이 가지는 불가침의 기본적 인권을 확인하고 이를 보장할 의무를 진다.

나. 헌법 제12조(신체의 자유, 자백의 증거능력)

① 모든 국민은 신체의 자유를 가진다. 누구든지 법률에 의하지 아니하고는 체포·구속·압수·수색 또는 심문을 받지 아니하며, 법률과 적법한 절차에 의하지 아니하고는 처벌·보안처분 또는 강제노역을 받지 아니한다.

③ 체포·구속·압수 또는 수색을 할 때에는 적법한 절차에 따라 검사의 신청에 의하여 법관이 발부한 영장을 제시하여야 한다. 다만, 현행범인인 경우와 장기 3년 이상의 형에 해당하는 죄를 범하고 도피 또는 증거인멸의 염려가 있을 때에는 사후에 영장을 청구할 수 있다.

④ 누구든지 체포 또는 구속을 당한 때에는 즉시 변호인의 조력을 받을 권리를 가진다. 다만, 형사피고인이 스스로 변호인을 구할 수 없을 때에는 법률이 정하는 바에 의하여 국가가 변호인을 붙인다.

다. 출입국관리법

제51조(보호)

① 출입국관리공무원은 외국인이 제46조 제1항 각호의 1에 해당된다고 의심할 만한 상당한 이유가 있고 도주하거나 도주할 염려가 있는 경우 사무소장·출장소장 또는 외국인보호소장으로부터 보호명령서를 발부받아 그 외국인을 보호할 수 있다.

제55조(보호에 대한 이의신청)

① 보호명령서에 의하여 보호된 자 또는 그의 법정대리인 등은 사무소장·출장소장 또는 외국인보호소장을 거쳐 법무부장관에게 보호에 대한 이의신청을 할 수 있다.

제59조(심사후의 절차)

② 사무소장·출장소장 또는 외국인보호소장은 심사의 결과 용의자가 제46조제1항 각호의 1에 해당 한다고 인정될 때에는 강제퇴거명령서를 발부할 수 있다.

제60조(이의신청)

① 용의자가 강제퇴거명령에 대하여 이의신청을 하고자 할 때에는 강제퇴거명령서를 받은 날부터 7일 이내에 사무소장·출장소장 또는 외국인보호소장을 거쳐 법무부장관에게 이의신청서를 제출하여야 한다.

⑤ 사무소장·출장소장 또는 외국인보호소장은 법무부장관으로부터 이의신청이 이유 없다는 결정의 통지를 받은 때에는 지체 없이 용의자에게 그 뜻을 알려야 한다.

4. 인정사실

진정서 및 진정인이 작성한 진술서, 피진정인 답변자료 및 위원회의 조사결과에 따르면 다음과 같은 사실이 인정된다.

가. ㅇㅇ출입국관리사무소는 진정인들이 신청한 보호명령 및 강제퇴거명령에 대한 이의신청 기각 결정서를 진정인들의 대리인에게 2007.12.12. 18:00경 전송하고 그 다음날인 같은 달 13.

03:00경 진정인들을 강제출국조치 하였다.

나. 변호인의 조력을 받을 권리에 대한 침해 관련

○○출입국관리사무소는 2007.12.13. 03:00경부터 진정인들에 대한 강제퇴거명령의 집행을 시작하였고, 그 전날인 같은 달 12. 18:00경 진정인들의 대리인 및 위원회 조사관이 사후 절차에 대해서 물었으나, 내부에서 상의해야 한다고 답변할 뿐 강제퇴거명령의 집행 계획에 대해 아무런 언급을 하지 아니하였다. 또한 ○○출입국관리사무소는 진정인 측에서 강제퇴거가 집행 된 이후인 같은 달 13. 05:00경 및 06:20경에 ○○외국인보호소 당직실로 전화를 하여 강제퇴거 집행여부를 문의하였음에도 '오늘 중으로 퇴거명령 집행계획이 없다'라고 답변한 사실이 있다.

다. 위원회 조사 방해 관련

위원회가 위 사건의 조사를 진행 중이던 2007.12.13. ○○출입국관리사무소는 우리위원회에 아무런 통보 없이 피해자들을 강제출국 시켰다. 우리 위원회가 피해자들에 대해 1차 접견 조사는 마친 상태였으나 ○○출입국관리사무소는 피해자들을 강제 출국시킨 이후인 2007.12.18. 에서야 우리위원회에 진정사건에 대한 답변서를 제출하여 단속과정에서의 적법절차 위반여부, 진정인과 피진정인의 진술대조, 교차신문, 대질신문 등 기본적인 조사절차의 진행을 불가능하게 하였다.

5. 판 단

가. '재판받을 권리'를 침해하였는지 여부

「국가인권위원회법」 제30조 제1항 제1호는 국가기관, 지방자치단체 또는 구금·보호시설의 업무수행과 관련하여 「헌법」 제10조 내지 제22조에 보장된 인권을 침해당하거나 차별행위를 당한 경우 위원회에 그 내용을 진정할 수 있다고 규정하고 있다. 진정인들은 이의신청 기각결정서의 송달 이후 대리인과 상의하여 보호명령과 강제퇴거명령에 대한 취소소송 및 집행정지신청 등 사법적 구제절차를 거칠 기회를 박탈당하였으므로 재판을 받을 권리를 침해당했다고 주장하고 있다. 그러나 재판을 받을 권리는 「헌법」 제27조에 규정된 권리이므로 위원회의 조사대상에 포함되지 않아 각하한다.

나. 변호인의 조력을 받을 권리를 침해하였는지 여부

1) ○○출입국관리사무소는 진정인들의 보호명령 및 강제퇴거명령에 대한 이의신청을 기각하는 결정서를 팩스로 송달하고 곧바로 진정인들에 대해 강제출국 조치함으로써 진정인들의 이의신청기각결정에 대한 행정소송을 제기할 수 있는 권리를 실질적으로 박탈하였다. 「출입국관리법」 위반으로 단속한 후 보호 처분하는 일련의 행위는 「헌법」 제12조 제3항의 "체포 또는 구속"에 준하는 행정상의 강제처분이기 때문에 진정인들은 '신체의 구속을 당한 피의자'와 유사한 지위에 놓이게 된다. 따라서 이 사건의 진정인들과 변호사는 변호인의 접견 교통권을 주장할 수 있다.

2) 또한 「헌법」 제12조 4항은 '누구든지' 체포 또는 구속을 당한 때에는 즉시 변호인의 조력을 받을 권리가 있음을 천명하고 있는데, 여기서 '누구든지'는 대한민국 국민 누구든지를 의미하는 것은 아니고 '인신이 구속된 사람이라면 누구든지'로 보아 외국인도 포함된다고 볼 것이며, 외국인이 실질적으로 신체의 자유를 제한 당하는 보호 내지 수용시설에 구금되었다면 접견교통권을 포함한 변호인의 조력을 받을 권리가 보장되어야 한다고 할 것이다. 그럼에도 불구하고 ○○출입국관리사무소는 진정인들 및 그들의 변호인에게 집행절차에 대해 전혀 알려주지 않았을 뿐만 아니라 집행 이후에도 집행할 계획이 없다는 등 잘못된 정보를 알려주어 변호인의 조력을 받을 권리를 침해하였다.

다. 「출입국관리법」 상의 규정과 그에 따른 집행이 「헌법」 제12조 제3항이 규정한 영장주의 원칙에 위배되는지 여부

1) 위원회는 2005.5.23. 04진인139, 04진기131 병합사건에 대한 결정 및 2007.12.17. 외국인 보호 및 교정시설 방문조사에 따른 권고 결정을 통해 '출입국관리공무원에 의한 외국인 단속과 연행, 보호, 긴급보호 등에 대하여 형사사법 절차에 준하는 수준의 실질적 감독 체계를 마련하도록 권고'한 사실이 있으나 개정이 이루어지지 않고 있다.

2) 「출입국관리법」 위반자를 단속하고 보호조치를 취하는 것은 합법적 권력행정작용이지만 보호가 단기간이 아니라 10일이라는 비교적 장기간이며((「경찰관직무집행법」 제4조의 보호조치는 24시간임) 더 나아가 1회에 한하여 연장할 수 있다는 점, 그리고 보호시설이 수용시설과 다를 바 없다는 점, 보호시설 내에서 피보호자의 자유와 권리가 제약되고 있다는 점 등에 비추어 실질적으로는 인신의 자유를 제약하는 「형사소송법」 상의 체포나 구속 등과 동일하다고 판단된다. 따라서 외국인 '보호' 업무는 신체의 자유를 제한할 수 있기 때문에 외국인을 단속하거나 연행, 인치, 수용하는 등의 행정 작용은 형사사법 절차에 준하는 권리보장체계를 갖추어야 한다.

3) 또한 강제추방 절차는 인신의 자유를 본질적으로 침해하기 때문에 형사사법 절차에 있어 근접한 절차로 운영할 필요가 있어 우리나라가 가입하고 있는 「자유권 규약」 제9조 제4항에서와 같이 구금의 적합성 여부에 대해서 판사로부터 심사를 받도록 기회를 주어야 한다. 따라서 외국인의 보호 및 강제퇴거집행절차를 형사사법절차에 준하도록 「출입국관리법」상 관련 규정을 개정하여야 할 필요가 있다.

라. 국가인권위원회 진정권침해 관련

1) 위원회는 「국가인권위원회법」 제19조 제2항에 의거 인권침해행위에 대한 조사와 구제 업무를 하고 있으며, 동법 제30조 제1항 제1호에 의거 국가기관의 업무수행과 관련하여 「헌법」 제10조 내지 제22조에 보장된 인권을 침해당한 경우 조사를 할 수 있다. 동법의 근거에 의거 2007.11.27. "07-진인-4691 표적단속에 의한 인권침해" 진정이 접수되어 위원회가 조사 중에 있었고

피해자들에 대해 한차례 진술을 받은 바 있다. 하지만 이들 피해자 3명에 대하여 ○○출입국관리사무소가 2007.12.13. 강제출국시킨 이후 2007.12.18.에서야 우리위원회에 답변서를 제출하여 단속과정에서의 적법절차 위반 여부, 진정인과 피진정인의 진술대조, 교차신문, 대질신문 등 기본적인 조사절차의 진행이 불가하게 되어 조사에 차질을 빚은 바 있다.

2) 법무부는 피해자들의 「출입국관리법」 위반 사실이 명백하고, 피해자들의 여권, 항공권 비용 등이 마련되어 「출입국관리법」 제46조에 의거 출국요건이 충족되어 합법적인 절차에 의하여 조속히 강제퇴거를 집행하였다고 주장하고 있으나, 위원회는 「국가인권위원회법」 제36조 의거 피해자, 피진정인들의 조사를 진행하고 있었는바, 법무부의 행위가 법적 절차에 의하여 행한 조치임에도 결과적으로 「국가인권위원회법」에서 정한 위원회의 공정한 조사에 차질을 빚게 하였으므로 향후 위원회 조사 중인 진정사건에 대해서는 위원회 조사 종료 시까지 또는 위원회가 출국을 승인한 경우까지 강제출국을 유예할 수 있도록 조치할 것을 의견 표명한다.

6. 결 론

따라서 진정요지 '가'항은 진정이 위원회의 조사대상에 해당하지 아니하므로 「국가인권위원회법」 제32조 제1항 제1호에 따라 각하하고, 진정요지 '나'항 및 '다'항과 관련하여 피진정인 법무부장관에게 「국가인권위원회법」 제44조 제1항 제2호에 의거하여 권고할 필요가 있고, 진정요지 '라'항 부분에 대하여는 「국가인권위원회법」 제19조 제1항 제1호에 의거 의견 표명할 필요가 있어 주문과 같이 결정한다.

2008.4.28.

국가인권위원회 차별시정위원회

• 외국인보호소 내 아동구금에 의한 인권침해
[09진인2790, 2009.12.28.]

부모가 미등록 체류 상태에서 단속된 경우 미등록 체류 아동에 대한 보호방안에 대하여 권고한 사례

【진 정 인】 도○○○○○○○
【피 해 자】 오○○○○○○○
【피진정인】 1. 법무부장관
　　　　　　 2. ○○출입국관리사무소장

【주 문】

1. 법무부 장관에게 외국인 아동이나 아동의 부모가 「출입국관리법」 위반으로 미등록체류 상태에서 단속 된 경우, 아동 구금은 최후의 조치로써 필요 최소기간에 국한될 수 있도록 법적 기준을 신설하고, 보호의 대안적 절차로 출국권고나 출국명령을 적극 활용할 수 있도록 하며, 아동의 구금이 불가피한 경우에는 가족보호에 적합한 별도시설을 마련할 것을 권고한다.

2. 진정요지 '나'항에 대하여는 이를 기각한다.

【이 유】

1. 진정의 요지

가. 2009.6.28. ○○국적의 진정인을 포함한 가족 모두가 단속을 당하여 인천출입국관리사무소에 보호조치 되었다. 가족 중에는 3개월밖에 되지 않은 어린 자녀가 있었지만, 피진정인 2는 위생시설이 불량하고 사람들이 많은 외국인보호실에 진정인과 진정인의 처 및 진정인의 자녀인 피해자를 함께 보호조치시켰다.

나. 진정인의 자녀인 피해자가 아파서 피진정인 2에게 의료제공과 영사와의 면담을 요청하였지만 거절당하였다.

2. 당사자 주장요지

가. 진정인의 주장요지

위 진정요지와 같다.

나. 피진정인 2의 주장요지

(1) 진정인은 2009.6.28. 23:30경 인천 연수구 노상에서 무면허 운전 중 경찰에 적발된 후 불법체류자인 것이 확인되어 같은 해 6.29. 00:40경 진정인의 처와 진정인의 자녀인 피해자와 함께 우리 소에 인계되었다. 피해자의 건강과 정서적 안정을 위하여 피해자와 피해자의 어머니를 일반보호실에 함께 별도 보호조치하였고, 피해자의 아버지인 진정인도 취침시간 이외에는 같은 호실에서 가족과 함께 지내도록 하였다. 보호실은 2006.12.에 신축된 관계로 청결한 상태였다. 아동의 보호와 관련하여서는 「출입국관리법」에 예외적 조항이 명시적으로 없는바 피해자가 아동일지라도 성인 미등록외국인과 같이 보호할 수밖에 없다.

(2) 진정인의 처가 입소 시 소지하고 있던 유모차를 포함, 분유, 젖병 등 수유기구, 기저귀, 담요 등 유아 관련 모든 물품의 반입을 허용하였으며, 위 물품들은 진정인의 처가 보호실에서 자녀인 피해자에게 실제 사용한 바 있었다. 진정인과 진정인의 처는 본인들이 반입한 물품 외에는 다른 물품을 우리 소에 요청한 적이 없고, 의료제공 요청도 한 바 없었다. 또한 자녀인 피해자가 아프다고 이야기를 한 적이 없고, 영사 면담을 요청한 사실도 없었다. 우리 소는 보호실에 주한몽골대사관 등 주요 주한공관의 연락처를 게재하고 있고, 평상시 보호외국인들이 영사 면담 요청을 하지 않아도 직접 자국 영사와 연락을 취할 수 있도록 하고 있다.

3. 관련규정

별지 기재 목록과 같다.

4. 인정사실

가. 진정인은 2009.6.28.~2009.7.3.까지 인천출입국관리사무소 보호실에 보호조치 되었으며, 진정인의 처와 자녀인 피해자는 2009.6.28.~2009.6.30까지 보호실에 보호조치 되었다. 위 보호조치 기간 동안 진정인의 처와 피해자는 일반보호실에 별도로 보호조치 되었고 진정인은 취침시간을 제외하고는 가족과 함께 일반보호실에 보호조치 되었다.

나. 피진정인 2는 진정인의 처가 가져온 유아 물품을 보호실내로 반입할 수 있도록 하였다.

다. 인천출입국관리사무소는 2006.12. 개소하였고, 가족 및 아동 보호시설이 별도로 갖추어져 있지 않으며, 2009.12.까지 만 18세 이하 아동을 18명 보호한 바 있다.

라. 전국 외국인보호소의 만 18세 이하 아동 보호현황에 대해 조사한 결과 2007년부터 2009.12.까지 청주외국인보호소 및 화성외국인보호소에서는 총 48명의 아동을 보호한 것으로 나타났으며, 이들 시설도 아동을 위한 별도의 보호거실이 없었다.

5. 판 단

가. 진정요지 '가'항 관련

위 인정사실에 의하면, 피진정인 2는 생후 3개월 밖에 되지 않은 피해자를 진정인과 함께 인천출입국관리사무소에 보호조치하였고, 아동보호를 위한 별도의 시설도 제공하지 않았다. 이에 대하여 피진정인 2는「출입국관리법」에 보호와 관련하여 아동에 대하여 예외적 조치를 명시한 규정이 없어서 아동도 성인 미등록외국인과 같이 보호조치할 수밖에 없다고 주장하고 있으므로 이에 관하여 살펴본다.

유엔「아동의 권리에 관한 협약」제2조 및 제3조는 아동에 관한 모든 공공 또는 민간 활동에 있어서 '아동 최선의 이익'이 최우선적으로 고려되어야 함을 원칙(이하 "아동이익 최우선의 원칙")으로 제시하고 있으며, 동 협약의 당사국은 아동이 그의 부모나 후견인 또는 가족구성원의 신분 등을 이유로 하는 모든 형태의 차별이나 처벌로부터 보호되도록 보장하는 적절한 조치를 취하도록 하고 있다. 또한 아동이익의 최우선 원칙에 따라 당사국은 아동에게 복지에 필요한 보호와 배려를 보장하며 이를 위하여 모든 적절한 입법적 행정적 조치를 취하여야 한다고 규정하고 있다. 그리고 유엔「청소년 사법 행정관련 최저기준규칙」및 유엔「자유를 박탈당한 청소년의 보호를 위한 최저기준규칙」은 구금환경이 육체적, 심리적, 정신적 발달과정상에 있는 아동에게 미치는 영향에 대한 우려를 제기하고 있으며, '아동의 자유 박탈 등 구금은 오직 최후의 수단으로 최단기간 동안 사용되어야 한다'는 원칙을 제시하고 있다. 이러한 협약과 규칙에 비추어 보면, 피진정인 2의 위와 같은 조치는 '아동이익 최우선의 원칙' 및 '필요 최소한의 구금원칙'을 고려하지 않은 것으로 결국 보호 조치된 아동에 관한 한「헌법」제10조에서 보장하고 있는 인간의 존엄성 및 행복추구권을 침해한 행위라고 판단될 소지가 많다.

한편 피진정인 2의 주장과 같이 우리나라의 외국인보호소는 육체적, 심리적, 정신적 발달과정에 있는 유아 및 아동에 대하여 보호 외의 별도의 대안적 조치를 강구하지 않고 있는 것이 현실이며, 아동에 대한 단속, 구금, 강제퇴거, 보호일시해제 등의 일련의 과정과 계구사용을 포함한 보호기간 중 처우에 대하여서도 아동의 최선의 이익을 최우선적으로 고려할 명시적인 규정이 없는 상황이다. 따라서 위와 같은 침해행위를 방지하고 아동이익 최우선의 원칙을 실현하기 위해서는 우선 외국인 아동이나 아동의 부모가 미등록체류로 단속이 된 경우, 이들을 구금하는 것이 필요한 최소기간에 국한되는 최후의 조치가 될 수 있도록 법적 기준을 신설하는 것이 필요하다. 아울러 이들이 체류기간을 도과하였거나 체류자격 외 활동을 하여「출입국관리법」을 위반하였으나 그 위반정도가 가볍거나 필요하다고 인정하는 경우에는 이들에 대하여 보호조치의 대안적 절차로 출국권고나 출국명령을 적극 활용하여야 한다. 그리고 최후의 조치로서 아동을 구금해야 할 불가피한 경우에는 가족보호에 적합한 별도시설을 마련하도록 하는 것이 필요하다. 따라서 출입국관리 업무를 총괄하고 있는 법무부장관이 이러한 조치를 취하는 것이「UN 아동의 권리에 관한 협약」이 명시하고 있는 아동이익 최우선의 원칙에 부합한다고 판단된다.

나. 진정요지 '나'항 관련

진정인은 피진정인 2에게 의료제공을 요청하였고, 영사와의 면담도 요청하였다고 주장하고 있지만 피진정인 2는 의료제공과 영사와의 면담 요청 받은 사실이 없다고 주장하고 있고 진정인의 주장을 입증할 객관적인 증거가 없는 경우에 해당하므로 「국가인권위원회법」 제39조 제1항 제1호에 따라 기각하는 것이 적절할 것으로 판단된다.

6. 결 론

이상과 같은 이유로 진정요지 '가'항에 대해서는 「국가인권위원회법」 제19조 제1호 및 같은 법 제44조 제1항 제1호 규정에 따라 주문과 같이 권고하고, 진정요지 '나'항에 대하여는 「국가인권위원회법」 제39조 제1항 제1호에 따라 기각하기로 하여 주문과 같이 결정한다.

2009.12.28.
국가인권위원회 침해구제제2소위원회

③ 기타 이주민 인권침해 사례

● 탈북자 지위 불인정 등에 의한 인권침해
[07진인3089, 2008.6.25.]

보호외국인의 국적이 판정되기 전까지 보호일시해제 관련 서류에 국적 기재를 강요하지 않도록
○○출입국관리사무소장에게 재발방지대책 수립을 권고한 사례

【피 해 자】 김○○
【피진정인】 1. 국가정보원장
        2. 법무부장관
        3. ○○출입국관리사무소장
        4. ○○외국인보호소장

【주 문】

1. 피진정인 ○○출입국관리사무소장에게 보호외국인의 국적이 판정되기 전까지 보호일시해제
   관련 서류에 국적 기재를 공란으로 처리하는 등의 재발방지대책을 수립하여 시행할 것을 권고
   한다.

2. 진정요지 중 '가'항은 각하하고, '나', '라'항은 기각한다.

【이 유】

1. 진정요지

피진정인들은 피해자 김○○이 북한이탈주민인지 여부에 대한 심사를 함에 있어서 다음과 같이
인권을 침해하였다.

가. 피진정인 국가정보원은 진정인의 국적 판정에 관여하였고, 2004.10.15.부터 2005.3.2.까지
   피해자를 조사하면서 "북한에 있는 어머니를 데리고 오면 탈북자로 인정을 받게 해 주겠다"고
   한 바 있다. 이것은 불가능한 조건을 내걸어서 탈북자로 인정받지 못하게 하려는 의도에서

요구한 것이고, 피해자가 북한탈북자임을 스스로 입증하기 위해 사진을 준비하는 등 노력을 했음에도 불구하고 이를 인정하지 않았다.

나. 피진정인 법무부는 피해자의 국적확인을 위해 총3회에 걸쳐 국적확인을 요청했다고 주장하지만 공식적으로 국적확인을 한 적이 있는지 의문이다.

다. 피진정인 ○○출입국관리사무소는 진정인의 보호일시해제 연장신청 서류에 국적을 중국이라고 쓰도록 강요하였다.

라. 피진정인 ○○외국인보호소는 피해자를 300만 원에 보호일시해제하기로 하였으나, 사실은 100만 원에 보호일시해제를 하면서, 피해자에게 300만 원이라고 거짓으로 고지하고 이를 갚겠다는 각서를 쓰라고 하였다.

2. 당사자 주장

가. 진정인

위 진정요지와 같다.

나. 피진정인

(1) 국가정보원장

가) 국가정보원의 탈북자 신문 관련 법적 근거는 「북한이탈주민의 보호 및 정착지원에 관한 법률」 제7조 3항과 「동법 시행령」 제12조 2항에 근거하고 있다. 국가정보원이 피해자를 중국인으로 판단하게 된 이유는 다음과 같다.

피해자는 1945년경 북한으로 이주한 한족출신 김○○과 북한인 어머니 이○○ 사이에서 출생하였으며, 1975.9. 함경북도 경성군 외사과에서 외국인 등록증을 발급받아 생활하였다. 1992.5.월경 중국에 거주하는 누나 김○○(1961년 생, 중국 국적) 초청으로 중국여권을 발급받아 합법적으로 방중하여 1998.8. 길림성 안도현 화교사무판공실에서 화교 신분증을 교부받아 이후 2004.6.까지 중국에서 취업 등 정상적인 생활을 영위했다고 피해자가 스스로 진술하였다. 또한 피해자는 관계기관 합동신문 이전인 2004.10.31. 저녁 합동신문소 같은 방 수용 탈북자들에게도 자신이 재북화교 신분이라고 말한 적도 있다.

나) 본원은 유관기관 합동신문 시 피해자에게 북한에 있는 어머니를 대동하고 국내 입국시 탈북자 인정가능 등의 내용을 언급한 사실이 없다. 합동신문 종료 후인 2004.11.30. 피해자는 자진 출국할 수 있도록 도와 달라고 자필 진술서를 작성하였으며, 그가 화교신분으로 강제출국 대상임을 스스로 시인하였다.

(2) 법무부장관

법무부는 2005.2.16. 외교통상부에 주중 한국대사관에서 중국 정부와 협의하여 피해자의 국적이 확인될 수 있도록 신원확인 요청 공문을 발송하였는데, 2005.5.16. 외교통상부를 통하여 '피해자가 중국을 합법적으로 출국한 것이 아니므로 신원확인이 곤란하다'는 중국 정부의 입장을 전달받았다. 또한 2005.7.5. 주한 중국대사관에 피해자의 신원확인 및 여권발급 요청을 하였으나 답변을 받지 못하였으며, 2007.2.12. 주한 중국대사관에 재차 신원확인을 요청했으나 아직도 답변을 받지 못하고 있다.

  (3) ○○출입국관리사무소장
  피해자는 2004.10.15. 김○○ 명의의 여행증명서를 행사하여 몽골을 경유, 인천공항으로 입국하였으며, 입국 당시 관계기관 합동신문 결과 북한거주 중국인 김○○로 판명되었다. 2005.3.16. 및 2005.3.29. 두 차례에 걸쳐 주한 중국대사관 2명의 영사가 피해자와 면담을 실시하였으나, 피해자는 국적과 관련하여 특별한 답변을 하지 않았다. 국적기재 강요와 관련하여 담당 직원이 보호일시해제 연장신청시 관련 서류에 중국 국적을 기재하라고 피해자에게 강요할 수 없다.

  (4) ○○외국인보호소장
  진정인이 문제삼고 있는 각서는 피해자에 대한 보호일시해제의 요건으로 필요했던 보증금을 보증인이 피해자에게 대여해 주면서 요구했던 문서로서, 보증인이 처음에 300만 원인 줄 알고 잘못 기재했는데, 실제 대여해 주었던 100만 원으로 문구를 수정했어야 옳았으나 보증인의 진술에 따르면 피해자의 처지가 딱해 어차피 돌려받을 생각 없이 지원했던 돈이라서 문구를 수정하지 않고 그냥 두었다는 것이다.

3. 관련 규정
가. 헌법
제10조 모든 국민은 인간으로서의 존엄과 가치를 가지며, 행복을 추구할 권리를 가진다. 국가는 개인
    이 가지는 불가침의 기본적 인권을 확인하고 이를 보장할 의무를 진다.

나. 헌법
제19조 모든 국민은 양심의 자유를 가진다.

다. 국가인권위원회법
제32조(진정의 각하등) 제1항 제4호
    진정원인이 된 사실이 발생한 날부터 1년 이상 경과하여 진정한 경우. 다만, 진정원인이 된
    사실에 관하여 공소시효 또는 민사상 시효가 완성되지 아니한 사건으로서 위원회가 조사하기
    로 결정한 경우에는 그러하지 아니한다.

라. 국가인권위원회법
제39조(진정의 기각) 제1항 제1호

① 위원회는 진정을 조사한 결과 진정의 내용이 다음 각 호의 1에 해당하는 경우에는 그 진정을 기각한다.

1. 진정내용이 사실이 아님이 명백하거나 사실이라고 인정할 만한 객관적인 증거가 없는 경우

마. 국가인권위원회법
제44조(구제조치 등의 권고) 제1항 제2호

① 위원회가 진정을 조사한 결과 인권침해나 차별행위가 일어났다고 판단하는 때에는 피진정인, 그 소속기관·단체 또는 감독기관(이하 "소속기관 등"이라 한다)의 장에게 다음 각 호의 사항을 권고할 수 있다.

2. 법령·제도·정책·관행의 시정 또는 개선

4. 인정사실

진정서, 진정인과 피해자가 작성한 진술서, 피진정인 답변자료 등 위원회의 조사결과에 따르면 다음과 같은 사실이 인정된다.

가. 피해자는 2004.10.15. 본인이 아닌 김○○ 명의의 여행증명서를 자신의 것처럼 행사하여 몽골을 경유, 인천공항으로 입국하였으며 입국 당시 관계기관 합동신문 결과 북한거주 중국인 "김○○"로 판명되어 2005.3.4. 국가정보원에서 ○○출입국관리사무소로 신병 인계된 자이다.

나. 법무부는 2005.2.16. 피해자의 국적이 확인될 수 있도록 신원확인 요청공문을 외교통상부에 발송하였다. ○○출입국관리사무소는 2005.3.7. 피해자에 대해 중국 단동행 동방명주호 편으로 국비 강제퇴거를 집행하였으나, 중국 단동항변방검사소는 피해자를 신원불명이라는 이유로 한국으로 다시 돌려보냈다. 이에 2005.3.16. 및 3.29. 주한 중국대사관은 피해자의 국적 확인을 위한 두 차례 면담을 실시하였고, 외교통상부는 2005.5.16. 피해자의 신원에 대한 공식 확인이 어렵다는 중국 정부의 답변을 법무부에 통보하였다. 2005.7.5. 법무부는 주한 중국대사관에 피해자의 신원확인 및 여권발급 요청을 하였으며, 2007.2.12. 주한 중국대사관에 재차 신원확인을 요청하였다.

다. 피해자는 2007.2.15. 보호일시해제 되었는데, 그 요건인 보증금을 보증인이 피해자를 위하여 납부하였다. 피해자가 보증금 300만 원에 대한 각서를 쓸 당시 ○○외국인보호소 직원, 보증인, 보증인과 함께 동행한 사람들이 있었다. 보증인은 처음에는 300만 원의 보증금을 내야하는 것으로 생각하고 각서를 쓰라고 요청하는 과정에서 "앞으로 나가서 생활을 단정히 잘하고 열심히 돈을 벌어 꼭 300만 원을 갚을 것이다"라고 피해자가 자필로 기재하였다.

그러나 피해자는 ○○외국인보호소 직원으로부터 300만 원의 보증금으로 보호일시해제가 된다는 설명을 들은 바 없으며, 보증인이 100만 원을 납부하고도 300만 원으로 기재된 각서를

수정하지 않은 경위는 다만 보증인이 피해자로부터 보증금을 되돌려 받을 의사가 전혀 없었으며, 피해자가 보호일시해제를 쉽게 생각하지 않고 성실히 생활하도록 하기 위한 차원에서 수정하지 않은 것이라고 진술하였다.

라. 진정인과 피해자는 피해자의 보호일시해제기간을 연장하기 위해 2007.5.14. ㅇㅇ출입국관리사무소 심사과를 방문하였다. 당시 연장결정서류 양식 상단에 들어갈 내용은 사무소에서 전산으로 미리 해 놓고, 하단 부분은 신청인이 사무소 측에서 작성한 내용의 사실관계를 인정한다는 것을 확인서명하도록 되어 있었는데, 보호소 측에서 작성한 피해자의 국적이 중국으로 기재되어 있는 것을 발견한 직후 진정인은 "피해자가 탈북자라고 생각하고 보호받기를 희망하는데 어떻게 중국 국적이라고 자필로 쓰고 지문날인을 강요하느냐"고 담당직원에게 항의하였다.

5. 판 단

「국가인권위원회법」 제32조 제1항 제4호는 진정원인이 된 사실이 발생한 날부터 1년 이상 경과하여 진정한 경우는 그 진정을 각하한다고 규정하고 있다. 이에 진정요지 '가'항인 피진정인 국가정보원이 법적 근거 없이 피해자의 국적을 판단하였다는 주장, 2004.11.20.경 불가능한 조건을 내걸어서 탈북자로 인정받지 못하게 하려는 의도가 있었다는 주장 및 2006.4.경 피해자가 북한탈북자임을 입증할 사진을 구하기 위해 노력했음에도 불구하고 국가정보원이 탈북자로 인정하지 않았다는 주장과 관련하여서는 각하한다.

피진정인 법무부가 피해자의 국적확인을 안 한 것으로 의심된다는 진정요지 '나'항 관련해서는 위 인정사실에서 살펴본 바와 같이 법무부가 그 권한의 범위 안에서 피해자의 국적확인을 위한 다각도의 노력을 기울인 것으로 확인 되었는바 진정내용이 사실이 아니라 할 것이다.

피진정인 ㅇㅇ외국인보호소가 피해자에게 보증금이 300만 원이라고 거짓으로 고지하고 이를 갚겠다는 각서를 쓰라고 했다는 진정요지 '라'항에 대해서는, 당시 각서 쓰는 현장에 ㅇㅇ외국인보호소 직원이 있기는 하였으나 면담을 안내하였을 뿐이고, 피해자에게 300만 원을 적으라고 한 바가 없으며, 피해자 또한 보증금이 300만 원이라는 말을 직원으로부터 들은 적이 없다고 진술하였는바, 피해자가 자발적으로 작성한 각서는 사인간에 주고받은 것이므로, 설사 그 내용이 보증인의 기망에 의해 허위로 작성된 것이라 할지라도 이를 국가기관에 의한 인권침해라 보기 어렵다.

보호일시해제 연장신청 시, 서류에 국적을 중국이라고 쓰도록 강요하였다는 진정요지 '다'항에 관해 살펴보면, 피해자로 하여금 중국 국적이라고 기재되어 있는 문서에 확인서명하도록 한 사실이 인정된다. 당시 피해자는 출입국관리법에 의하여 다시 보호수용 조치될 수 있는 상황이었기 때문에 보호일시해제 연장신청시 중국 국적이라고 기재된 문서에 서명하지 않으면 보호일시해제 여부 결정에 불리한 상황이 초래될 수 있다는 강한 심리적 압박감을 느꼈을 것으로 판단된다.

비록 보호일시해제라는 행정절차 상 형식적으로나마 국적 기재가 필요하였다고 하더라도, 중국 정부로부터 공식적 신원 확인이 안 된 잠재적 무국적 상태이며, 본인 스스로가 중국 국적이 아니라 탈북자임을 강력히 주장하고 있는 피해자에게 본인의 국적을 중국으로 인정하도록 하는 것은 양심의 자유와 충분한 자기 방어권을 침해할 여지가 있다고 판단된다.

6. 결 론

따라서 진정요지 '가'항은 진정원인이 된 사실이 발생한 날부터 1년 이상 경과하여 진정한 경우이므로 「국가인권위원회법」 제32조 제1항 제4호에 따라 각하하고, 진정요지 '나'항, '라'항 부분은 진정내용이 사실이라고 인정할 만한 객관적인 증거가 없으므로 「국가인권위원회법」 제39조 제1항 제1호에 의거 기각한다. 진정요지 '다'항과 관련하여서는 피진정인 ○○출입국관리사무소장에게 「국가인권위원회법」 제44조 제1항 제2호에 의거하여 주문과 같이 결정한다.

2008.6.25.
국가인권위원회 차별시정위원회

● 이중국적자 외국인학교 복학불허로 인한 인권침해
[09진인1539, 2009.8.24.]

해당학교 「규정」이 새롭게 시행된 시점에 휴학 중이었다는 이유로 피해자를 "재학생"이 아닌 것으로 보아 피해자의 복학을 거부하는 행위는 「헌법」 제10조에서 보장하고 있는 행복추구권을 침해하였다고 인정한 사례

【진 정 인】 황○○
【피 해 자】 채○○
【피진정인】 교육과학기술부장관

【주 문】 교육과학기술부장관에게 피해자가 복학될 수 있도록 필요한 조치를 취할 것을 권고한다.

【이 유】

1. 진정요지

휴학 중인 피해자의 국제학교 복학을 거부하는 피진정인의 행위는 피해자의 교육권 및 행복추구권을 침해한 행위이다.

2. 당사자 및 관계인의 주장 요지

가. 진정인의 주장요지

이중국적자인 피해자는 서울아카데미 국제학교(이하 '해당 국제학교'라고 한다)에서 교육을 받다가 2008년부터 미국에서 교육을 받기 위해 1년간 휴학을 하였다. 미국에서 돌아온 피해자는 2009년 5월경 복학을 하기 위해 해당 국제학교 및 피진정인에게 복학에 대해 문의하였으나 해당 학교 및 피진정인은 「외국인학교 및 외국인유치원의 설립·운영에 관한 규정」(이하 '외국인학교 규정'이라 한다)이 개정되어 피해자의 복학이 불가하다는 답변을 하였다. 피해자는 위 규정의 개정 이전에 퇴학이 아닌 휴학을 한 경우이므로 피해자에 대한 복학거부는 부당하다.

나. 피진정인의 주장요지

「초·중등교육법」 제60조의 2에 따라 2009.2.6. 외국인학교 등의 설립·운영에 관한 사항을 정한 「외국인학교 규정」이 제정되었다. 「외국인학교 규정」 제10조 제1항에 따르면 내국인이 외국인학교에 입학할 경우 외국에서 거주한 기간이 총 3년 이상이어야 입학자격이 주어지며, 동 규정 부칙

제4조에서는 이 영 시행 당시 설립인가를 받은 외국인학교에 재학 중인 내국인 학생은 제10조 제1항에 따른 입학자격을 갖춘 것이라고 명시하고 있다. 다만, 「국적법」 제12조 및 「출입국관리법」 제2조에 따라 이중국적자를 내국인으로 보고 있는 상황에서, 휴학이란 질병 등 사유에 의해 학교장의 허가 하에 일정기간 동안 재학생 신분을 버리는 경우이므로 「외국인학교 규정」이 제정된 2009.2.6. 당시 피해자를 재학생으로 볼 수 없다면 「외국인학교 규정」 부칙 제4조에 해당한다고 볼 수 없다.

　다. 참고인의 주장요지(서울○○○○ 국제학교 사무국장 최○○)
　피해자는 2008.6.부터 1년간 서울아카데미 국제학교에서 휴학 중인 자이며, 진정인이 2009.5. 피해자의 복학문의를 하였으나 이미 「외국인학교 규정」이 시행된 이후였다.

3. 관련법령
　별지 기재 목록과 같다.

4. 인정사실
　진정인과 피진정인 및 참고인의 각 진술, 피해자 등이 제출한 2008년 6월 2일자의 휴학요청서 등의 관련 자료에 따르면 다음과 같은 사실을 인정할 수 있다.

　가. 피해자는 한국과 미국의 국적을 가지고 있는 이중국적자로서 초·중등학교 교육과정을 담당하는 해당 국제학교에 2007년 입학하였다. 그 후 피해자가 6학년에 재학 중인 2008년 6월 2일 개인 사정을 이유로 하여 1년간 휴학을 하겠다는 신청서를 해당 국제학교에 제출하여 해당 국제학교의 허락에 따라 1년간 학교를 쉬었다.
　나. 피해자가 위와 같이 휴학기간을 마치고 2009년 5월경 복학을 하기 위하여 해당 국제학교 및 피진정인에게 복학가능성 여부를 문의를 하였다. 이에 대하여 피진정인과 해당 국제학교는 피해자가 휴학 중인 시점에 「외국인학교 규정」이 새로 제정되었고 이러한 새로운 규정에 따라 피해자가 외국에서 거주한 기간이 총 3년을 넘지 않으므로 복학이 불가능하다고 답변하였다. 그 결과 피해자는 현재까지 해당 국제학교에 복학하지 못하고 있다.

5. 판 단
　위 인정사실에 의하면, 피해자는 해당 국제학교의 허락을 받고 1년 동안 학교를 쉬었으며 이 기간을 마친 이후 해당 국제학교에 복학을 신청하였으나 이 기간 도중에 새로이 제정된 「외국인학교 규정」 및 이에 대한 피진정인의 해석으로 인하여 피해자가 복학을 할 수 없게 되었음이 인정된다. 이에 대하여 피진정인은 피해자가 위와 같은 「외국인학교 규정」 시행 당시 재학생이 아니었으므로 「외국인학교 규정」 부칙 제4조의 기존의 재학생에 대한 경과조치의 적용을 받지 않는다고 주장하고 있으므로 피진정인의 이러한 주장을 살펴본다.

일반적으로 "휴학"이란 질병이나 기타 사정으로 학교에 적을 둔 채 일정기간 동안 학교를 쉬는 것을 의미하며, "복학"이란 정학이나 휴학을 하고 있던 학생이 다시 학교로 복귀함을 의미하므로 휴학생은 학생신분을 유지하고 있는 재학생으로 보아야 할 것이다. 이러한 취지에서 볼 때, 이중국적자인 피해자를 내국인으로 보고 위와 같은 「외국인학교규정」을 적용한다고 하더라고 위에서 본 바와 같이 피해자가 이미 해당 국제학교에 입학하여 적을 둔 채 일정기간 동안 이 학교의 허락을 얻어 학교를 쉰 것으로 인정되므로 피해자는 위와 같은 「외국인학교규정」 부칙 제4조에서 언급하고 있는 "외국인 학교에 재학 중인 내국인학생"에 해당된다고 해석된다. 따라서 피해자가 위와 같은 「외국인학교 규정」이 시행된 시점에 휴학 중이었다는 이유로 피해자를 이 규정 부칙 제4조에서 정한 "재학생"이 아닌 것으로 보아 피해자의 복학을 거부하는 행위는 「헌법」 제10조에서 보장하고 있는 행복추구권 및 「헌법」 제31조의 교육을 받을 권리를 침해한 행위로 판단된다. 이와 같은 인권 침해에 대한 구제조치로는 관련 기관이 피해자가 해당 학교에 복학할 수 있도록 필요한 조치를 취할 것이 필요하다고 판단된다.

6. 결 론

이상과 같은 이유로 「국가인권위원회법」 제44조 제1항 제2호의 규정에 따라 주문과 같이 결정한다.

2009.8.24.

국가인권위원회 침해구제제2소위원회

● 재일조선인 국적취득 강요에 의한 인권침해
[09진인2583, 2009.12.1.]

재일조선인에 대하여 국적전환 등을 강요하며 여행증명서를 발급하지 않는 것은 인권침해라고 인정한 사례

【진 정 인】 배○○

【피 해 자】 오○○

【피진정인】 1. 외교통상부장관

　　　　　　　2. 이○○

【주 문】

1. 외교통상부장관에게 재외공관에서 조선국적의 재일조선인에 대한 여행증명서를 발급할 때 국적전환을 강요, 종용하거나 이를 조건으로 하는 관행을 시정하고 이에 부합하도록 재발방지대책을 수립할 것을 권고한다.

2. ○○○○○한국영사관 총영사에게 향후 유사한 인권침해사례가 발생하지 않도록 피진정인에 대한 자체교육을 실시할 것을 권고한다.

【이 유】

1. 진정의 요지

　피진정인은 재일조선인인 피해자에게 여행증명서를 발급해 주는 과정에서 국적전환을 강요하였다.

2. 당사자 및 참고인의 주장요지

가. 진정인 주장요지

　2009.4.23. 조선국적의 재일조선인인 피해자가 한국으로 유학을 가기 위해 ○○○○○한국영사관에 여행증명서를 신청하려 하자 피진정인이 '이유서' 서류에 한국으로의 도항 목적뿐 아니라 국적을 변경할 의사가 있는지도 함께 적으라고 하였다. 같은 해 5.11. 피진정인은 피해자에 대한 인터뷰를 하면서 국적을 변경할 의사가 있으면 다시 전화를 하라고 하였고, 같은 해 5.20.에는 국적을

변경하지 않으면 여행증명서를 허가해 주지 않겠다고 하였다. 이에 2009.5.21. 향후 한국 국적취득을 조건으로 여행증명서를 발급받아 같은 해 5.23. 성균관대학 입학시험에 응시하여 합격하였다. 이후 피해자는 같은 해 7.13. 한국 국적취득을 하지 않은 상태에서 대학 입학을 위해 주한 히로시마 영사관에 여행증명서 발급을 신청하였으나, 같은 해 7.16. 발급 불허 결정이 났고, 같은 해 11.9. 재차 여행증명서 발급을 신청하였으나 같은 해 11.11. 불허결정통지를 받았다.

나. 피진정인의 주장요지(○○○○○한국영사관 이○○ 영사)

피해자가 2009.5. 중순경 한국유학 입학시험이 예정되어 있었기 때문에 공관은 인도적 차원에서 여행증명서 발급을 결정하였다. 이 과정에서 유학을 위해서는 정식 여권이 필요하다는 점과, 여권 취득을 위한 국적변경 절차에 대해 안내한 적이 있다. 피해자는 히로시마 지역으로 주소만 옮긴 후 히로시마 공관에 1년 유효 여행증명서 발급을 요구하다가 불허되자 내용증명서신을 우리 공관에 우송하는 등 납득할 수 없는 행태를 보인 바 있다. 본인이 미국, 중국 국적 변경문제 등까지 고려하겠다고 말했다는 피해자의 주장은 '한국국적이든 미국국적이든 선택은 강요사항이 아니라 본인이 알아서 결정해야 할 사안'이라는 설명을 왜곡한 것이다.

다. 참고인의 주장요지(○○○○○한국영사관)

「남북교류 협력에 관한 법률」(이하 '남북교류협력법'이라 한다) 제30조에서는 '북한의 노선에 따라 활동하는 국외단체의 구성원은 이를 북한주민으로 본다'고 규정하고 있어, 일부의 주장처럼 재일본조선인총연합회(이하 '조총련'이라 한다) 조직원을 무국적자로 볼 수 없다. 또한 동법 제10조는 '대한민국 여권을 소지하지 않은 외국 거주 동포가 남한을 왕래할 때에는 여행증명서를 소지하도록' 규정하고 있으며, 「여권법」 시행령 제16조는 '외교통상부 장관이 특히 필요하다고 인정하는 사람'에 대해서는 여행증명서를 발급할 수 있다고 규정하고 있다. 따라서 조총련 조직원에 대해서는 국내 종북 세력과의 연계 등 국가안보를 위해 다른 목적으로 입국하는지 여부에 대해 검토하고, 여행증명서 발급을 제한 할 수 있으며, 동 차원에서 공관원이 국적변경 의사여부를 확인하는 것은 기본업무이다.

3. 관련규정

별지 기재 목록과 같다.

4. 인정사실

진정인의 진정서, 피진정인 및 참고인의 진술서, 진정인이 제출한 피해자와 피진정인과의 전화 녹취록 등의 자료를 종합하면 다음과 같은 사실이 인정된다.

가. 피진정인은 피해자의 조총련 활동여부에 대해서는 확인할 수 없다고 답변하였으며, 진정인이

제출한 전화 녹취록에도 피해자가 조총련 활동을 하였다는 내용은 포함되어 있지 않다.

나. 피진정인은 2009.5.17., 같은 달 18., 같은 달 20. 피해자와의 전화통화에서 "그럼 (국적) 바꿔 버리지.", "국적 변경을 안 하면 여행증명서 발급이 힘들어.", "입학조건으로 국적을 바꿔 입학을 하는 것으로 수속을 할래요? 그러면 임시여권을 발급해 주고…"라는 말을 하는 등 피해자에게 국적변경을 직·간접적으로 종용하였고, 국적변경을 전제조건으로 임시여행증명 서를 발급하였다.

다. 피해자는 2009.5.21. 향후 한국 국적취득을 조건으로 여행증명서를 발급받아 같은 해 5.23. 성균관대학 입학시험에 응시하여 합격하였다.

라. 피해자는 2009.7.13. 한국의 국적을 취득하지 않은 상태에서 대학 입학을 위해 주한 히로시마 영사관에 여행증명서 발급 신청을 하였으나, 같은 해 7.16. 발급 불허결정이 났고, 같은 해 11.9. 재차 여행증명서 발급 신청을 하였으나 같은 해 11.11. 불허결정 통지를 받았다.

5. 판 단

위 인정사실에 의하면, 일본 오사카 등지에 있는 우리나라 영사관에서 조선국적의 재일조선인인 피해자에게 여행증명서를 발급하는 것과 관련하여 영사관 담당직원들이 피해자에게 한국 국적으로 전환할 것을 종용하거나 이를 조건으로 하여 여행증명서를 발급하거나 이러한 조건이 이행되지 아 니한 때에는 여행증명서의 발급을 거부하였음이 인정된다.

위 참고인은 이와 같은 여행증명서를 발급함에 있어서 피해자와 같은 조선국적의 재일조선인을 무국적자와 같이 취급할 수 없다고 주장하고 있으므로 이에 관하여 살펴본다. 조선국적의 재일조선 인의 '조선'이란 단어는 '국적'을 의미하는 것이 아니라 한반도 출신을 의미하는 용어이다. 이러한 조선국적의 재일조선인은 우리나라의 각종 법률에서도 한국의 국적을 보유한 자로 취급되지 않고 있다. 한 예로 「재외동포의 출입국과 법적 지위에 관한 법률」 제2조 제2호는 '외국국적동포'를 '외국 국적을 취득한 자'로 제한함으로써 무국적 고려인과 피해자와 같은 조선국적의 재일조선인을 재외동 포법의 적용대상에서 배제하고 있다. 이와 유사하게 「남북교류협력법」(2009.1.30. 법률 제9357호 로 개정된 것, 이하 같음)은 '재외국민'(동법 제9조제8항)과 '외국국적을 보유하지 아니하고 대한민국 의 여권을 소지하지 아니한 외국 거주 동포'(동법 제10조)를 명확히 규정하여, 재일조선인을 '국민'이 아닌 '동포'로 규정하고 있다. 나아가 위 인정사실에 본 바와 같이 피해자가 「남북교류협력법」 제30 조가 정하고 있는 "북한의 노선에 따라 활동하는 국외단체의 구성원"이라는 점이 확인되지 않는 이 상, 피해자를 동법 제30조에 따라 "북한의 주민"으로 볼 여지도 없다. 이러한 점에 비추어 볼 때, 피해자와 같은 조선국적의 재일조선인은 「무국적자의 지위에 관한 협약」 제1조가 규정하고 있는 무국적자로 보는 것이 우리사회의 현실에 부합된다.

그러므로 이와 같이 조선국적의 재일조선인이 무국적자로 취급되고 있는 이상 외교통상부장관이 이들에 대하여 여행증명서를 발급할 때 주로 한국 국민 또는 예외적인 사정에 의하여 한국 여권을 소지하지 아니한 한국 국민에게 적용되는 「여권법」(2008.3.28. 법률 제8990호로 개정된 것, 이하 같음)과 동법의 시행령(2008.6.25. 대통령령 제20587호로 개정된 것, 이하 같음)이 그대로 직접 적용될 수는 없다.

이러한 특수한 사정 아래에서 「남북교류협력법」은 조선국적의 재일조선인과 같이 "외국국적을 보유하지 아니하고 대한민국의 여권을 소지하지 아니한 외국거주 동포"가 남한을 출입할 수는 방법을 마련하고 있다. 이러한 방안의 하나로서 「남북교류협력법」 제10조는 이와 같은 외국거주동포가 한국의 국적을 보유하지 않았거나 그에 따라 한국의 여권이 없다고 하더라도 남한에 왕래하고자 할 때에는 「여권법」에 의한 여행증명서를 발급받도록 규정하고 있다. 이에 따라 외교통상부장관은 「여권법」과 「여권법시행령」의 관련규정에 근거하여 필요하다고 인정하는 자에 대해서는 여행증명서를 발급할 수 있고, 이러한 여행증명서를 발급받은 위와 같은 외국거주동포는 한국 및 그 밖의 국가의 여권이 없다고 하더라도 남한을 방문할 수 있다. 이러한 방안은 위와 같은 외국거주동포가 한국의 국적을 보유하고 있지 않다거나 그에 따라 한국의 여권을 보유하고 있지 않음을 전제로 하고 있으며 이들로 하여금 한국의 국적을 취득하거나 그에 따라 한국의 여권을 소지할 것을 조건으로 하고 있지도 않다. 즉 이러한 방안은 위와 같은 외국거주동포가 직면하고 있는 현실인 외국국적을 취득하지 아니하면서도 한국의 여권도 소지하지 아니한 현재의 상태를 그대로 받아들여 존중하고 있다.

따라서 외교통상부장관이 「여권법」과 「여권법시행령」의 규정에 따라 위와 같은 외국거주동포에 대하여 여행증명서를 발급하는 행위가 재량행위라고 하더라도 여행증명서를 발급하는 것을 거부하기 위하여는 해당 외국거주동포가 한국의 국적을 취득하지 않았다거나 그에 따라 한국의 여권을 보유하지 않고 있다는 사실 이외에 다른 합리적인 사유에 근거하여야 한다. 이러한 제반 법규정을 종합해보면, 「남북교류협력법」 제10조는 위와 같은 외국거주동포가 한국의 국적이 없다거나 그에 따라 한국의 여권을 소지하지 않는 것을 전제로 하여 남한에 왕래할 수 있도록 허용하고 있으므로 외교통상부장관이 이러한 외국거주동포에 대하여 한국의 국적이 없다거나 그에 따라 한국의 여권을 소지하지 않는 것을 이유로 여행증명서의 발급을 거부하거나 한국의 국적 또는 여권을 취득할 것을 조건으로 여행증명서를 발급하는 행위는 「남북교류협력법」 제10조의 문언과 취지에 부합되지 않는다고 볼 수 있다.

위에서 본 바와 같이 피해자는 위와 같은 외국거주동포에 해당하므로 「남북교류협력법」 제10조 및 「여권법」과 「여권법시행령」이 정한 범위 내에서 남한을 방문할 권리를 향유한다. 이러한 권리는 외교통상부장관의 재량에 의하여 제한을 받을 수는 있지만 한국의 국민이 아닌 자에게도 법률에 따라 보장될 수 있으며 종국적으로는 헌법 제17조의 거주이전의 자유로 귀속된다고 볼 수 있다. 또한 피해자는 재일조선인의 특수한 역사적 사정에 입각하여 한국과 북한의 국적을 선택하지 않고 있다. 이러한 사정에 비추어 볼 때, 피진정인이 위에서 인정한 바와 같이 조선국적의 재일조선인인 피해자에게 남한에 입국하는 과정에서 국적선택을 조건으로 하거나 이를 직·간접적으로 종용하는 행위는 피해자의 정치적 신념이나 세계관에 반하는 행동을 강요하는 결과를 낳게 된다. 이러한 조치는 한국의 국민이 아닌 자에게도 인정될 수 있는 「헌법」 제10조에서 보장하고 있는 행복추구권 및 국적선택에 대한 자기결정권과 「헌법」 제19조의 양심의 자유를 침해한 행위라고 판단된다.

따라서 위 인정사실에서 본 바와 같이 피진정인이 피해자가 한국국적을 취득하지 않는다는 사유로 조선국적의 재일조선인(무국적자)인 피해자에게 여행증명서의 발급을 거부하거나 한국의 국적을 취득할 것을 조건으로 여행증명서를 발급하는 행위는 「남북교류협력법」 및 「여권법」 등의 문언과 취지에 부합되지 않는 처분으로서 「헌법」 제10조, 제14조, 제19조에서 보장하고 있는 기본적 인권을 침해했다고 판단된다. 위와 같은 인권침해에 대한 구제조치로는 재외공관에서 조선국적의 재일조선인에 대한 여행증명서를 발급할 때 국적전환을 강요·종용하거나 이를 조건으로 하는 관행을 시정하고 이에 부합하도록 재발방지 대책을 수립하는 것이 필요하며, 피진정인에 대해서는 향후 유사한 사례가 발생하지 않도록 자체교육을 실시하는 것이 필요하다고 판단된다.

6. 결 론

이상과 같은 이유로 「국가인권위원회법」 제44조 제1항 제2호에 따라 주문과 같이 권고하기로 결정 한다.

2009. 12. 1.
국가인권위원회 침해구제제2소위원회

● 베트남출신 여성에 대한 결혼 현수막 게시 인권침해
[10진정0450400, 2010.11.29.]

지방자치단체 현수막 지정 게시대에 "월드컵 16강 기념 ○○인 베트남 결혼 980만 원 파격할인 행사"라는 베트남 출신의 여성을 비하하는 내용의 현수막이 게시는 인권침해이므로 시정권고한 사례

【진 정 인】 장○○ 외 50명
【피진정인】 ○○시장

【주 문】 피진정인에게, 「옥외 광고물 등 관리법」등에서 금지하고 있는 인종차별적인 내용이 포함된 옥외 광고물이 ○○시가 관리하는 지정 게시대에 부착되는 일이 재발되지 않도록 적절한 대책을 마련할 것과, 소속 직원들에 대하여 인종차별금지에 관한 인권교육을 실시할 것을 권고한다.

【이 유】

1. 진정 요지

경기도 ○○시에서 관리하고 있는 현수막 지정 게시대에 "월드컵 16강 기념 ○○인 베트남 결혼 980만 원 파격할인행사"라는 베트남 출신의 여성을 비하하는 내용의 현수막이 게시되었는바, 이는 베트남 여성의 인권을 침해하는 것이므로 시정해주기 바란다.

2. 당사자의 주장 요지

가. 진정인

진정요지와 같다

나. 피진정인

(1) ○○시는 「옥외 광고물 등 관리법」 제3조(광고물 등의 허가 또는 신고), 같은 법 시행령 제5조(신고대상 광고물 등) 그리고 「○○시 조례」 제15조(현수막 표시방법)에 의거하여 현수막 등을 포함한 옥외 광고물의 게시 신고를 수리 및 관리하고 있다.

(2) 본 진정사건 관련 현수막은 결혼정보업체인 '○○맞춤'의 광고 현수막이다. 동 업체의 대표자가 2010.7.9.부터 같은 달 15.까지 ○○시 지정 게시대에 광고 현수막을 설치하겠다는 요지의

신고를 하였고, ○○시청 소속 담당직원이 해당 신고를 수리함에 따라 당해 현수막이 지정
게시대에 부착되었다. 그런데 현수막 내용에 대한 주민들의 민원도 있고, 현수막에 인종차별
적 내용이 있어 인권침해의 우려도 있었기에 ○○시는 같은 달 12. 당해 현수막을 조기 철거
하였다.

3. 관련 규정

별지 기재와 같다.

4. 인정사실

진정인의 진정서, 피진정인 진술서, 그리고 진정사건 관련 광고 현수막을 촬영한 사진 등에 의하
면 아래와 같은 사실이 인정된다.

가. ○○시청 소속 옥외 광고물 게시 신고 수리 업무를 담당하는 직원이 2010.7.9. 진정 외 결혼
   정보회사인 ○○맞춤 대표자로부터 광고 현수막 게시 신고를 접수 받아 수리함에 따라, 당해
   광고 현수막이 ○○시 지정 게시판에 부착되었다.

나. 당해 광고 현수막에는 "월드컵 16강 기념 ○○인 베트남 결혼 980만 원 파격할인행사"라는
   문구가 포함되어 있다.

다. 피진정인은 당해 광고 현수막 내용에 문제가 있다는 주민들의 민원이 제기되자, 2010.7.23.
   진정 외 ○○맞춤 대표자가 ○○시 서운면과 미양면 지방도로변에 게시한 광고 현수막을 철
   거하였다.

라. 피진정인은 2010.10.6. 당해 광고 현수막의 내용에는 「옥외 광고물 등 관리법」 제5조에서
   금지하고 있는 인종차별적 표현이 포함되어 있어 인권침해의 우려가 있다는 요지의 공문을
   위원회에 제출하였다.

5. 판 단

2010년 현재 국제결혼을 통해 우리나라에 체류 중인 결혼이민자는 134,841명으로 이는 2009년도
기준 전체 혼인건수의 11%에 이르는 규모이다. 이처럼 우리 사회에서 다양한 문화적 배경을 가진
외국인과의 결혼은 증가 추세에 있고, 결혼이민자들이 인종적 편견과 선입견 없이 안정적으로 정착
할 수 있도록 지원하는 것은 우리 사회의 의무라고 볼 수 있다.

정부는 이러한 사회적 변화에 따라 2007.5.17. 「재한외국인처우기본법」 및 2008.3.21. 「다문화
가족지원법」을 제정하여 우리나라에 체류하고 있는 이주여성들이 안정적으로 정착할 수 있도록 국
가 및 지방자치단체의 역할과 의무를 법률로써 규정하였다. 또한 「옥외 광고물 등 관리법」 제5조에
서는 광고에 의한 인종적 선입견을 예방하기 위하여 인종차별적인 내용은 광고물에 표시할 수 없도
록 규정하고 있다.

그러나 이러한 법적 장치에도 불구하고 우리 사회에는 상업적 목적과 연계된 국제결혼중개업이 성행하면서 본 진정사건에서 문제가 된 광고 현수막과 같은 특정 국가 출신 여성을 상품화하는 현수막이 다수 게시되고 있는 것 또한 사실이다.

본 진정사건에서 문제가 된 광고 현수막은 "월드컵 16강 기념 ㅇㅇ인 베트남 결혼 980만 원 파격할인행사"라는 표현을 사용함으로써 돈만 있으면 베트남 여성과 결혼할 수 있다는 매매혼적 표현을 담고 있을 뿐 아니라, 베트남 출신 여성을 가격할인의 대상이 되는 상품으로서 이미지화함으로써 우리 사회에 베트남 출신 여성에 대한 인종적 편견을 퍼뜨리는 효과를 가지고 있다고 보여진다.

이러한 인종차별적 표현을 담은 현수막을 게시하는 행위는, 「모든 형태의 인종차별 철폐에 관한 국제협약」 제1조와 제4조가 민족적 근거에 의하여 인권을 침해하는 효과를 촉진하거나 고무하는 것을 허용하지 않는다고 규정하고 있는 것에 반하는 것이다.

따라서 피진정인인 경기도 ㅇㅇ시가 「옥외 광고물 등 관리법」 제5조 등 법률에서 금지하고 있는 인종차별적인 내용이 포함된 광고 현수막의 게시 신고를 수리하여 시가 관리하는 지정 게시대에 부착되도록 한 행위는, 「헌법」 제10조에서 보장하고 있는 인간의 존엄성을 침해한 행위에 해당한다고 판단된다.

6. 결 론

이상과 같은 이유로, 「국가인권위원회법」 제44조 제1항 제1호의 규정에 따라 주문과 같이 결정한다.

2010. 11. 29.
국가인권위원회 침해구제제2위원회

● 난민신청 중의 경제활동 불가 결정은 생존권침해
[10진정032300, 2011.5.23.]

진정인의 난민인정불허처분취소 소송이 최종적으로 마무리될 때까지 진정인과 그 가족이 인간으로서의 존엄성을 유지할 수 있도록 취업활동을 허가하는 등 관련 대책을 마련하여 시행할 것을 권고한 사례

【진 정 인】 ○○ ○○○
【피진정인】 법무부장관

【주 문】 피진정인에게, 진정인의 난민인정불허처분취소 소송이 최종적으로 마무리될 때까지 진정인과 그 가족이 인간으로서의 존엄성을 유지할 수 있도록 취업활동을 허가하는 등 관련 대책을 마련하여 시행할 것을 권고한다.

【이 유】

1. 진정요지

진정인은 2003년 법무부에 난민인정 신청을 하였으나 불허되어 법원에 불허처분취소 소송을 진행 중에 있고, 진정인의 처와 두 명의 자녀도 난민인정 신청을 하여 법무부로부터 결정을 기다리고 있다. 그런데 법무부가 진정인과 같이 난민인정 신청이 불허되어 소송을 진행 중에 있는 자에 대해 취업활동을 금지하고 있어 진정인의 생존권이 침해되고 있으므로 이의 시정을 원한다.

2. 당사자의 주장 요지

가. 진정인
진정요지와 같다

나. 피진정인
(1) 「출입국관리법」 제76조의 9 제1항에서 '난민의 인정을 신청한 자'라 함은 같은 법 제76조의 2에 따라 법무부장관(2010.11.15. 이후에는 서울출입국관리사무소장)에게 난민인정을 신청하여 난민인정 여부를 기다리고 있는 사람을 말한다.
(2) 원칙적으로 난민인정 신청자는 그 심사기간 중 취업활동을 할 수 없다. 다만 난민인정 신청자가 출입국관리법 제76조의 8 제3항 제2호(난민인정의 신청을 한 후 대통령령으로 정하는 기

간이 지날 때까지 난민인정 여부가 결정되지 아니한 사람) 또는 3호(그 밖에 난민인정의 신청을 한 사람 중 법무부장관이 필요하다고 인정한 사람)에 해당하는 경우 취업활동이 가능하다.

(3) 그러나 진정인은 법무부장관으로부터 난민의 인정을 받지 못한 것에 대한 이의신청 기각 결정에 불복하여 법원에 난민인정불허처분취소 소송을 제기한 자로서 '난민의 인정을 신청한 자'에 해당되지 아니한다.

3. 관련 규정

별지 기재와 같다.

4. 인정사실

진정서, 피진정인 진술서 및 위원회 실지조사 결과 등을 종합하면 아래와 같은 사실이 인정된다.

가. 진정인은 방글라데시아인으로 1997.9.23. 우리나라에 입국하여 2003.11.21. 종교적 · 정치적인 사유로 난민인정 신청을 하였으나 2006.3.8. 법무부로부터 난민인정 불허결정을 받고, 같은 해 9.29. 이의신청에 대한 기각결정을 받았다. 이에 진정인은 같은 해 10.31. 법원에 난민인정불허처분취소 소송을 제기하였다.

나. 진정인은 2006.9.29. 난민인정신청 불허에 따른 이의신청이 법무부로부터 기각된 이후 같은 해 10.19. 출국명령을 받아 우리나라에 체류할 수 있는 자격을 상실하였으나, 난민인정불허처분취소 소송을 제기하여 진행 중인 관계로 출국이 유예되어 있는 상태이다.

다. 진정인은 2007.8.18. 파키스탄 출신의 아윱 파라하트(AYUB FARHAT)와 혼인하여, 자녀로 아이작 모하잔(ISAAC MOHAJAN, 2008.5.2.생)과 조슈아 모하잔(JOSHUA MOHAJAN, 2009.7.12.생)을 두고 있다. 진정인의 처와 두 자녀도 2010.2.1. 종교적인 사유를 들어 법무부에 난민인정 신청을 하였다.

라. 진정인은 2003.11.21. 난민인정 신청을 한 이후부터 취업활동을 할 수 없어 고정수입이 없는 상태이며, 가족의 생계 문제를 해결하기 위하여 임시적으로 일을 하다가 2010.10.11.경 인천 출입국관리사무소에 의해 단속되어 3일 동안 보호되어 있다가 50만 원의 범칙금을 납부한 적이 있다.

마. 진정인의 처는 현재 난민인정 신청 중일 뿐 아니라 임신 중으로 취업활동을 할 수 없어 진정인을 대신하여 가정의 생계를 책임질 수 없는 상황이다. 진정인은 임신 중인 처와 자녀들이 충분한 영양이 갖춰진 식사를 제 때에 할 수 없는 등 빈곤한 상태에 처해 있어, 2010.11.26. 법무부장관에게 현재의 특별한 사정을 참작하여 취업활동 허가를 요청하였지만 허락되지 않았다.

5. 판 단

가. 협약기구의 권고 및 외국의 사례

유엔 인종차별철폐위원회는 2007.8.17. 우리나라 정부보고서에 대한 최종 견해에서 난민신청에 대한 의사결정 과정의 복잡성과 절차의 장기화로 인하여 제한된 수의 난민신청자들만이 난민으로 인정받고 있다며 우려를 표명하였고, 난민과 난민신청자에 대한 국내법이 「난민의 지위에 관한 협약」 및 기타 국제적으로 승인된 기준들에 따라 검토되어야 한다고 밝히면서, 특히 난민신청자와 인도적 지위를 부여받은 사람들이 취업할 수 있어야 한다고 권고한 바 있다.

유럽연합 이사회지침에 의하면, '난민신청자'란 사법절차를 포함하여 그 신청에 대한 최종적인 결정이 내려지기 전까지의 상태에 있는 모든 사람을 지칭하는 개념이다. 따라서 유럽연합의 경우 난민인정 신청자는 난민인정 신청에 대한 사법부의 최종적인 결정을 받기 전까지 생계를 유지하고 인간다운 생활을 영위할 수 있는 조건을 법적인 차원에서 보장받고 있다. 그리고 호주에서는 취업을 하지 않으면 안 될 이유를 제시하는 경우 사법심사 중일 지라도 취업허가의 대상이 될 수 있으며, 뉴질랜드는 이민국의 결정부터 대법원의 최종결정이 나기 전까지 생계를 스스로 유지할 수 없음을 제시하는 난민신청자에 대해서는 특별취업비자를 신청할 수 있도록 하고 있다. 캐나다에서도 이민국의 결정 뿐 만 아니라 대법원의 최종 결정이 나기 전까지 공공지원 없이는 생활이 어렵다는 것을 증명할 수 있는 경우 취업허가를 신청할 수 있다. 이렇듯 외국의 경우 난민지위가 사법적 판단에 의하여 확정적으로 부정되기 까지 소송절차를 포함한 전 단계에서 형태와 범위는 상이하지만 적어도 합법적으로 생계를 유지할 수 있는 방안이 마련되어 있다.

나. 판단

진정인은 2003년부터 본국의 박해와 위험으로부터 보호받기 위하여 우리나라 법률이 보장하고 있는 난민인정 권리구제 절차를 진행해 온 자로서, 2007.8.18. 결혼하여 현재 임신 중인 처와 어린 자녀 2명의 가장으로서 가족의 생계를 책임져야 하는 특별한 상황에 처해 있다.

하지만 진정인의 경우에는 2006.9.29. 난민인정신청 불허에 따른 이의신청이 법무부로부터 기각된 이후 같은 해 10.19. 출국명령을 받아 체류자격이 없기 때문에, 현행 「출입국관리법」 제76조의8(난민 등의 처우)에서 규정하고 있는 '체류자격 외 활동허가'로 취업을 할 수 없는 상태이고, 어떠한 형태로든 가족의 생계를 위한 경제활동을 하게 되면 강제퇴거의 가능성에 노출되어 있다.

헌법재판소의 결정(99헌마494, 2001.11.29.)에 따르면, 외국인에게 모든 기본권이 무한정 인정될 수 없다 하더라도 원칙적으로 국민의 권리가 아닌 인간의 권리 내에서 외국인도 권리의 주체가 될 수 있음을 확인한 바 있으며, 이러한 권리에는 진정인이 요구하고 있는 인간으로서의 존엄성과 생존을 유지하기 위하여 노동에 의하여 생계를 영위할 권리가 포함되어 있다고 볼 수 있다. 따라서 법무부가 현행 법제 하에서 진정인과 그 가족이 생계를 유지할 수 있도록 조치할 수 있는 권한이나 방안이 전혀 없는 것이 아님에도 불구하고, 난민인정 여부에 대한 사법부의 최종적 판단을 기다릴 수밖에 없는 진정인에 대하여 지난 6년여의 기간 동안 아무런 고려 없이 경제활동을 제한하고 진정인과 그 가족이 생존에 필요한 충분한 영양이 갖춰진 식사도 제대로 할 수 없을 정도의 빈곤한 상태에 놓일 때까지 아무런 조치를 취하지 않은 것은, 우리 헌법의 정신에 부합되지 않으며 결과적으로 진정인과 그 가족의 생존권을 침해한 측면이 있다고 판단된다.

따라서 법무부는 단순히 출입국 관리의 차원이 아닌 인권보호라는 관점에서, 진정인의 난민인정 지위가 법원에서 최종적으로 확정되기 전까지는 진정인과 그 가족이 인간으로서의 최소한의 존엄성을 유지할 수 있도록 취업활동을 허가하는 등 관련 대책을 마련할 필요가 있다고 판단된다.

6. 결 론

이상과 같은 이유로,「국가인권위원회법」제44조 제1항 제1호의 규정에 따라 주문과 같이 결정한다.

2011.5.23.
국가인권위원회 침해구제제2위원회

3. 국가인권위원회 차별사건 권고 결정

- 화교학교 학력 불인정 차별
- 인종을 이유로 한 레스토랑 출입거부
- 출신국가를 이유로 한 용역의 공급이용 차별
- 장애인 등록증신청에 있어 외국인에 대한 차별
- 아프리카인에 대한 상업시설이용 차별
- 외국인을 이유로 한 인터넷전화이용 차별
- 외국인에 대한 모기지 신용보험가입 제한
- 국내체류기간을 이유로 한 결혼 이주여성에 대한 보험가입 제한
- 인종을 이유로 한 목욕장시설이용 차별

• 화교학교 학력 불인정 차별 [04진차386, 2006.8.29.]

화교학교 출신학생이 한국학교로의 전·입학이나 상급학교로의 진학시 학력을 인정받지 못하고 있는 것은 차별에 해당하므로 학력 인정 방안 마련을 교육인적자원부장관에게 권고한 사례

【진 정 인】 담○○
【피진정인】 교육인적자원부장관

【주 문】 피진정인에게 화교학교의 학력을 인정하지 않는 것은 화교들의 자기 언어로 교육받을 권리 및 행복추구권을 침해하는 것으로서 화교학교 출신학생이 한국학교로의 전·입학이 나 상급학교로의 진학 시 학력을 인정받는 방안을 마련할 것을 권고한다.

【이 유】

1. 진정요지

대한민국(이하 "한국"이라 한다) 내에 있는 화교학교가 학력을 인정받지 못하고 있어 화교학교를 다니다가 한국학교로 전·입학을 하려면 반드시 검정고시를 거쳐야 하는 바, 화교학교의 학력을 중국 및 다른 나라에서 인정하고 있음에도 오로지 한국만 학력을 인정하지 않고 있는 것은 출신국가를 이유로 한 차별이다.

2. 피진정인 주장요지

가. 외국인학교는 그 특수성을 존중하여 우리나라 법상 각종학교로 교원자격, 교육과정 등 많은 부분에 있어 우리법의 적용을 배제하고 있으며, 외국인학교는 교육과정을 학교 스스로가 선택하는 것이고 학생 역시 우리나라 학교에 입학할 수 있음에도 외국인학교를 선택한 것이다.

나. 외국인학교의 학력인정 문제는 3회에 걸친 외국인학교설립·운영규정의 입법 추진 실패에서 보듯 우리나라의 교육적 특수성에 따라 외국인학교에 재학하는 내국인에 대한 문제로 인해 국민적 합의가 형성되기 어려운 매우 민감한 문제이며 외국인학교에 대한 학력인정 문제는 전체 외국인학교에 대하여 외국인학교설립운영규정의 제정을 통해 풀어야 한다.

다. 또한, 외국인학교 재학생(내국인)에 대하여 학력을 인정할 경우 각급학교에 제시하고 있는 교육과정 운용의 근저를 훼손할 우려가 있고 이는 화교학교에 대한 차별이 아닌 외국인학교 제도 자체의 문제인데 학력인정은 각국이 자국의 현실에 따라 각기 달리 적용하는 제도적 문제이다.

라. 외국인학교 재학생은 학력이 인정되지 않음을 알면서도 입학하였고, 외국인학교는 학력인정 학교로 지정받을 수 있음에도 자신들의 선택에 의해 학력인정 학교로의 지정을 신청하지 않은 것이다.

3. 관련 규정

가. 초·중등교육법

제2조(학교의 종류) 유아교육 및 초·중등교육을 실시하기 위하여 다음 각 호의 학교를 둔다.

  1. 유치원, 2. 초등학교·공민학교 3. 중학교·고등공민학교

  4. 고등학교·고등기술학교 5. 특수학교 6. 각종학교

제60조(각종학교) ① 각종학교라 함은 제2조 제1호 내지 제5호의 1의 학교와 유사한 교육기관을 말한다. ② 각종학교는 제2조 제1호 내지 제5호의 학교와 유사한 명칭을 사용할 수 없다. ③ 각종학교의 수업년한·입학자격·학력인정 기타 그 운영에 관하여 필요한 사항은 교육인적자원부령으로 정한다

제60조의 2(외국인학교) ① 국내에 체류 중인 외국인의 자녀와 외국에서 일정기간 거주하고 귀국한 내국인 중 대통령령이 정하는 자에 대한 교육을 위하여 설립된 학교로서 제60조 제1항에 해당하는 학교(이하 "외국인학교"라 한다)에 대하여는 제7조·제9조·제11조 내지 제16조·제21조·제23조 내지 제26조·제28조 제29조·제30조의 2·제30조이 3·제31조 내지 제34의 규정을 적용하지 하지 아니한다.

  ② 외국인학교는 유치원·초등학교·중학교·고등학교의 과정을 통합하여 운영할 수 있다.

  ③ 외국인학교의 설립기준·교육과정·수업연한·학력인정 그 밖에 설립·운영에 관하여 필요한 사항은 대통령령으로 정한다.

[본조신설 2001.4.7.]

나. 초·중등 교육법 시행령 [일부개정 2004.3.17. 대통령령 제18312호]

제96조(초등학교 졸업자와 동등의 학력인정) ① 다음 각 호의 1에 해당하는 자는 상급학교의 입학에 있어 초등학교를 졸업한 자와 동등의 학력이 있다고 본다.

  1. 중학교입학자격검정고시에 합격한 자

  2. 외국 또는 군사분계선이북지역에서 6년 이상 학교교육과정을 수료한 자

  3. 소년원법 제29조 제4항의 규정에 의하여 초등학교에 상응하는 교육과정을 이수한 자

제97조(중학교 졸업자와 동등의 학력인정) ① 다음 각 호의 1에 해당하는 자는 상급학교의 입학에 있어 중학교를 졸업한 자와 동등의 학력이 있다고 본다. 〈개정 2001.1.29. 2004.2.17.〉

  1. 고등학교입학자격검정고시에 합격한 자

  2. 중학교에 준하여 교육과정을 운영하는 학교로서 설립자, 학생정원, 수업일수, 학교시설·설비 및 수익용 기본재산을 고려하여 당해 교육과정을 충실히 운영할 수 있다고 인정되는 학교 중 교육감이 지정·고시한 학교를 졸업한 자

3. 외국 또는 군사분계선이북지역에서 9년 이상 학교교육과정을 수료한 자

4. 소년원법 제29조 제4항의 규정에 의하여 중학교에 상응하는 교육과정을 이수한 자

제98조(고등학교 졸업자와 동등의 학력인정) ① 다음 각 호의 1에 해당하는 자는 상급학교의 입학에 있어 고등학교를 졸업한 자와 동등의 학력이 있다고 본다. 〈개정 2001.1.29, 2004.2.17.〉

1. 고등학교졸업자격검정고시에 합격한 자

2. 고등학교에 준하여 교육과정을 운영하는 학교로서 설립자, 학생정원, 수업일수, 학교시설·설비 및 수익용 기본재산을 고려하여 당해 교육과정을 충실히 운영할 수 있다고 인정되는 학교 중 교육감이 지정·고시한 학교를 졸업한 자

3. 외국 또는 군사분계선이북지역에서 12년 이상 학교교육과정을 수료한 자

4. 한국과학기술원학사규정 제16조 제1항 제3호에 해당하는 자로서 과학기술대학의 입학 전형에 합격하여 등록한 자

5. 교육인적자원부장관이 지정한 사회교육시설에서 고등학교 교육과정에 상응한 교육과정을 이수한 자

6. 소년원법 제29조 제4항의 규정에 의하여 고등학교에 상응하는 교육과정을 이수한 자

7. 종전의 교육법에 의한 실업고등전문학교에서 3학년 이상을 이수한 자

다. 각종학교에 관한 규칙

제1조(목적) 이 규칙은 초·중등교육법 제60조 제3항 및 고등교육법 제59조 제5항의 규정에 의하여 각종학교에 관한 사항을 규정함을 목적으로 한다.

제2조(적용) 각종학교의 설치·경영에 관하여 다른 법령에 특별한 규정이 있는 경우를 제외하고는 이 규칙에 의한다.

제12조(외국인학교) 외국인이 자국민의 교육을 위하여 학교를 설치·경영하고자 할 때에는 이 규칙의 규정에도 불구하고 감독청은 이를 각종학교로 보아 설립 인가 할 수 있다. 〈개정 1999.3.8.〉

라. 학력인정학교 지정규칙 [일부개정 2001.1.31. 교육인적자원부령 제779호]

제1조(목적) 이 규칙은 초·중등교육법 시행령 제97조 제1항 제2호 및 제98조 제1항 제2호와 고등교육법시행령 제69조의 규정에 의하여 상급학교 입학 및 편입학 학력이 인정되는 학교의 지정에 관하여 필요한 사항을 규정함을 목적으로 한다.

제2조(지정 및 변경) ① 상급학교 입학 및 편입학 학력이 인정되는 학교의 지정(이하 "지정"이라 한다.)을 받고자 하는 학교의 장은 다음 각 호의 구분에 따라 학년도 개시 6월 이전까지 신청하여야 한다. 〈개정 2001.1.31.〉

1. 초·중등교육법 제2조 각호의 1에 해당하는 학교: 초·중등교육법시행령 제3조 각호의 서류를 갖추어 교육감에게 신청

2. 고등교육법 제2조 각호의 1에 해당하는 학교: 고등교육법 시행령 제2조 제2항 각호의 서류를 갖추어 교육인적자원부 장관에게 신청

제3조(지정기준) 기정기준은 다음 각 호와 같다.

    1. 사립학교의 경우에는 설립자가 법인일 것.

    2. 학생정원, 수업일수, 기타 교육과정의 운영은 다음 각 목의 기준에 적합할 것.

        가. 제2조제1항제1호의 학교: 초등학교·중학교 또는 고등학교에 준하는 기준

        나. 제2조제1항제2호의 학교: 전문대학 또는 대학에 준하는 기준

    3. 학교시설·설비 및 수익용 기본재산은 다음 각목의 기준에 적합할 것.

        가. 제2조제1항제1호의 학교: 고등학교이하 각급학교설립·운영규정에 의한 기준

        나. 제2조제1항제2호의 학교: 대학설립·운영규정에 의한 기준

4. 인정사실

가. 교육인적자원부 등에서 한국교육 과정 최소기준에 관하여 2003년에 추진한 내용을 보면 한국어, 한국문화·역사를 구분하여 주당 각 1시간 이상, 또는 통합하여 주당 2시간 이상의 교육 과정을 운영하면 학력인정을 하는 것으로 되어 있다.

나. 한국 내 모든 화교학교가 소학교 5학년부터 한국어를 주당 2시간씩 강의하고 있고, 최근에는 다수 화교 학생들이 한국의 대학으로 진학하고 있어 한국교육 과정의 수업이 늘어나는 추세에

〈표 1〉 화교학교 현황

학 교 명	주 소	국적	설치과정	학생수	
				재학생	내국인
1. 한국한성화교중고등학교	서울 서대문구 연희3동	대만	중, 고	629	11
2. 한국영등포화교소학교	서울 영등포구 문래동 1가	대만	초	62	0
3. 한국한성화교소학교	서울 중구 명동2가	대만	유, 초	537	35
4. 부산화교소학교	부산 동구 초량동	중화민국	유, 초	197	1
5. 부산화교학교	부산 동구 초량동	중화민국	중, 고	145	0
6. 한국대구화교초등학교	대구 중구 종로2가	대만	초	64	13
7. 한국대구화교중·고등학교	대구 남구 봉덕동	대만	중, 고	50	0
8. 인천화교소, 중산중·고등학교	인천 중구 선린동	대만	유, 초, 중, 고	329	158
9. 의정부화교소학교	경기도 의정부시 가능1동	대만	유, 초	97	60
10. 원주화교소학교	강원도 원주시 원동	대만	유, 초	71	0
11. 춘천화교소학교	강원도 춘천시 옥천동	대만	초	3	0
12. 청주화교소학교	충북 청주시 흥덕구 사직2동	대만	초	18	0
13. 충주화교소학교	충북 충주시 교현 1동	대만	초	5	0
14. 제천화교소학교	충북 제천시 중앙로 2가	대만	초	2	0
15. 천안화교소학교	충남 천안시 봉명동	대만	초	6	1
16. 온양화교소학교	충남 아산시 모종동	대만	초	12	6
17. 군산화교소학교	전북 군산시 명산동	대만	초	18	0
계(17교)				2,245	285

<표 2> 대만에 있는 한국인학교 현황

학교명	Taipei Korean Primary School	Kaohsiung Korean School
국적 및 언어	한국	한국
개설 과정	유 · 초	유 · 초
학급 및 학생수	유 2학급(17명) 초 6학급(36명)	초 4학급(28명)
주소 · 연락처	NO.1, Lane68, Chingnian Road, Wanhuachiu, Taipei, Taiwan, ROC Tel: 02-2303-9126 Fax: 02-2309-7780	NO.43-2, 81Nong, 37Xiang, Gushan2Road, 804 Kaohsiung, Roc Tel: 07-551-3918
설립일	1962.2.1.	1961.1.25.
한국 정부 인가	1961.10.1.	1965.1.25.
대만 정부 인가	1961.12.18.	1961.2.12.

따라 화교 중학교에서는 주당 2시간 이상 고등학교에서는 3~10시간 한국역사, 한국지리, 한국사회 과목을 강의하고 있다.

다. 한국 내에서는 <표 1>과 같이 초 · 중 · 고등학교까지 설치되어 있으나 학력을 인정하지 않고 있고, 대만에 있는 한국인 학교는 <표 2>와 같이 유치원과 초등학교만 설치되어 있으나 학력을 인정하고 있으며 기본적으로 외국인학교를 설립할 수 있는 「외국교민학교설치법」이 관련 내용을 규정하고 있다.

라. 일본의 경우 영 · 미계 외국인학교는 학력을 인정하고, 한국계 민족학교와 대만계 중화(화교)학교를 포함하는 다른 외국인학교들도 대사관 또는 다른 기관을 통해서 학력을 인정하고 있고, 일본 내 외국인학교의 대다수를 차지하는 조총련계 민족학교는 정치적인 문제 등으로 인하여 학력이 인정되지 않고 있으며 외국인 학교에 일본인이 얼마나 다니고 있는지는 파악하기 어렵지만 졸업생들은 보통의 일본 학교를 졸업한 학생들과 같이 학력을 인정하고 있다.

마. 국가인권위원회는 2006년 1월 국가인권정책기본계획(NAP)에서 "화교학교가 한국의 교육원칙에 따르지 않더라도 화교학생은 한국사회의 한 구성원으로 일할 것이고 화교는 교육세를 포함해서 각종 세금을 납부 하고 있으므로 다른 외국인 학교와는 달리 해야 한다"는 화교의 교육권 증진에 관한 필요성을 권고한 바 있다.

5. 판 단

국제인권조약의 「시민적 및 정치적 권리에 관한 국제규약」 제27조에 따르면 "민족적 · 종교적 · 언어적 소수민족이 존재하는 나라에서 해당 소수민족에 속하는 자는 그 집단의 다른 구성원과 함께 자기의 문화를 향유하고, 자기의 종교를 믿으며, 실천하고, 자기 언어를 사용할 권리가 부정되어서는 안 된다'라고 규정하고 있고, 「아동의 권리에 관한 국제협약」 제29조 다항에는 아동교육이 "자신의 부모, 문화적 주체성, 언어 및 가치 그리고 현거주국과 출신국의 국가적 가치 및 이질문명에 대한 존중의 개발"의 목표를 지향하여야 한다고 규정하고 있으며, 동협약 제30조에는 "인종적·종교적 또는 언어적 소수자 원주민이 존재하는 국가에서 이러한 소수자에 속하거나 원주민인 아동은 자기 집단의 다른 구성원과 함께 고유문화를 향유하고, 고유의 종교를 신앙하고 실천하며 고유의 언어를 사용할 권리를 부인당하지 아니 한다"라고 규정하고 있고, 우리 「헌법」 제6조 제2항은 '외국인은 국제법과 조약이 정하는 바에 의하여 그 지위가 보장된다'고 규정하고 있으며, 「국가인권위원회법」 제2조 제1호는 대한민국이 가입 비준한 국제인권조약에서 인정하는 자유와 권리를 보장하고 있다.

한국사회에서 화교들이 정착하여 거주한 역사는 이미 100년을 넘고 있는 바, 화교는 한국에서 살고 있는 다른 외국인과는 달리 대대수 영주권을 가지고 한국에 뿌리를 내리며 하나의 민족집단을 이루고 살아가는 사람들로서 한국 정부에 교육세를 포함해서 각종 세금을 납부하고, 2006.5.31. 지방선거에서 자신들이 살고 있는 지역의 대표를 선출할 수 있는 투표에도 참여하는 등 한국사회의 구성원으로 역할을 하여 오고 있다. 특히 화교들의 교육기관인 화교학교는 대부분 본국이나 제3국으로 진학하는 외교관이나 임시거주하고 있는 외국인자녀들을 위한 외국인 학교와는 달리 한국사회에 정착하여 그 구성원으로서 완전히 뿌리내리고 살고 있으며 앞으로도 살아가고자 하는 화교들을 위한 교육기관으로서 기본적인 성격을 갖고 있다.

어느 특정의 사회를 이루고 있는 구성원들 중에서 소수의 다른 구성원들이 그 다른 나머지 구성원들과 구분되는 문화, 언어와 종교를 향유하고 누릴 권리, 특히 그들이 공유하고 있는 문화적 자산을 후세에게 교육시킬 권리는 위 국제조약들과 헌법의 정신에서 보여지듯이 하나의 인권으로 존중받아야 할 소중한 권리이다. 이러한 권리는 비단 우리 사회의 화교에서뿐만 아니라 일본의 재일교포나 다른 나라에서 거주하고 있는 소수 민족 공동체들에서도 동일하게 존중되어야 하는 권리임은 두말할 필요가 없을 것이다.

이러한 관점에서 화교들이 자신들의 언어로 교육하고 자신들의 문화적 전통을 이어가고자 설립한 화교학교에 관하여서 피진정인이 그 학력을 인정하지 않아 학업을 마치고도 상급학교로 진학하지 못하게 하는 것은 그 출신국가임을 이유로 한 차별행위에 해당한다고 할 것이다.

이에 대하여 피진정인은 화교학교가 학력인정 학교로 지정 받으려면 그에 필요한 기준을 갖추면 되는 것이라고 반박하나, 그러한 기준을 갖추기 위해서는 「초·중등 교육법 시행령」 제97조와 제98조에 따르면 각각 한국의 중·고등학교와 준하여 교육과정을 운영하여야 하는데 이것은 한국의 일반 중·고등학교와 동일한 내용을 가르쳐야 한다는 것이며 결과적으로는 화교학교로 하여금 자기의 언어로 교육할 권리를 누릴 수 없게 됨을 의미한다 할 것이다.

또한, 피진정인은 학생 각자가 학력인정이 되지 않음을 알고서도 자발적으로 입학했기 때문에 그 피해를 개인이 감수해야 한다고 주장하고 있으나, 특정상황에 놓인 개인의 선택의 문제와 그 상황의 인권침해여부를 논하는 것은 별개의 문제로서, 화교학생들이 개별적으로 자신들의 정체성을 지키기 위해 피해를 감수하고서도 화교학교에 입학하는 것을 들어 화교학교학력 불인정의 근거로 삼을 수는 없다 할 것이다.

결론적으로 피진정인은 화교학교 출신 학생들에 대한 차별을 시정하기 위하여 화교학교에서 한국학교로의 전·입학하거나 상급학교로의 진학 시 그 학력을 인정받도록 하는 방안을 마련하여야 할 것이다.

6. 결 론

따라서, 화교학교 학력을 인정하지 않는 것은 국제인권조약의 「시민적 및 정치적 권리에 관한 국제규약」 제27조, 「아동의 권리에 관한 국제협약」 제29조 및 제30조에 따라 화교들의 자기 언어로 교육받을 권리 및 행복추구권을 침해하는 것으로서 출신국가를 이유로 한 차별행위로 인정되므로 「국가인권위원회법」 제44조 제1항 제2호에 의거 주문과 같이 권고한다.

2006. 8. 29.
국가인권위원회 차별시정위원회

• 인종을 이유로 한 레스토랑 출입거부 [07진차525, 2007.9.11.]

인종 또는 국적을 이유로 레스토랑 이용을 거부한 차별 사건에 대하여 재발방지를 권고한 사례

【진 정 인】 ○○○
【피 해 자】 ○○○, ○○○
【피진정인】 ○○ 레스토랑 사장

【주 문】 피진정인에게 향후 인종 또는 국적을 이유로 레스토랑 이용을 거부하는 행위가 재발하지
않도록 할 것을 권고한다.

【이 유】

1. 진정요지

나이지리아인인 피해자들은 2007.5. 오후 5시경 이태원동 소재 ○○ 레스토랑에 들어가 음식주문
을 하였는데 레스토랑 직원이 신분증을 보여달라고 요구하였다. 피해자들이 신분증을 보여주자 그
직원은 아프리카인은 받지 않는다고 말하였으며 피해자들이 흑인이여서 그러는 것이냐고 묻자 그렇
다고 답하였다. 흑인이라는 이유로 레스토랑 이용을 막는 것은 인종차별이다.

2. 당사자의 주장요지

가. 진정인

진정요지와 같다.

나. 피진정인

1) 최근 ○○ 레스토랑에서 나이지리아인들과 직원과의 마찰이 있어 모든 외국인에 대하여 신분
증 검사를 실시하고 있으며, 영업상 손해를 준 일부의 사람들과 관련된 사람들에 대하여 출입
을 제한하고 있을 뿐 국적 혹은 인종을 이유로 출입제한을 하고 있는 것은 아니다.

2) 2007.5. 피해자들이 들어왔을 때에도 이러한 식당의 입장을 설명하고 신분증을 제시할 것을
요구하였으나, 진정인들이 이러한 요구를 거부하고 먼저 화를 내기 시작하면서 다툼이 시작되
었다. 정당한 신분증 제시 요구에 피해자들이 흑인이라는 이유 때문에 자격지심으로 먼저 화를
내면서 생긴 사건이라고 생각한다.

3) 지금 현재는 신분증만 제시한다면 어떤 누구도 특별히 출입을 제한하고 있지 않다.

다. 참고인

(1) ○○○ (국내체류 나이지리아인)

본인은 ○○ 레스토랑을 자주 이용하였으며, 4월에서 5월 사이 자신이 서너 차례 위 레스토랑을 이용하려고 하였으나 피진정인 직원으로부터 신분증을 요구받아 신분증을 보여주면, 흑인은 이용할 수 없다거나 나이지리아인은 이용할 수 없다는 말을 듣고 레스토랑을 나와야 했다. 그 이후로는 위 레스토랑을 출입하지 않고 있다.

(2) ○○○ (국내체류 나이지리아인)

위 레스토랑 직원으로부터 "나이지리아인은 출입할 수 없다."는 말을 들은 적이 있다. 그러나 최근에는 신분증을 보여 달라고 요구는 하고 있으나 나이지리아인이라 하여 이용 거부를 하고 있지는 않는 것으로 안다.

(3) ○○○ (국내체류 나이지리아인)

본인은 2007.4. 경 저녁식사를 하기 위해 ○○ 레스토랑에 들어가려 하였으나 입구에 서 있던 직원이 신분증 검사를 한 후에 미국국적의 부인의 경우 입장이 가능하다고 하면서도, 본인에게는 '우리는 당신 국가 출신자의 출입을 허가할 수 없다'고 말하면서 출입을 막았다. 직원은 최근 영업장 내에서 나이지리아인이 문제를 일으킨 사건이 있어 제한하고 있다고 설명을 하였으나, 그 사람과 직접적인 관련이 없는 본인의 레스토랑 출입까지 제한한 것은 부당하다고 생각하여 그 이후로 다시는 ○○ 레스토랑을 이용하지 않고 있다.

3. 관련규정

가. 대한민국헌법

제11조 ① 모든 국민은 법 앞에 평등하다. 누구든지 성별·종교 또는 사회적 신분에 의하여 정치적·경제적·사회적·문화적 생활의 모든 영역에 있어서 차별을 받지 아니한다.

제37조 ① 국민의 자유와 권리는 헌법에 열거되지 아니한 이유로 경시되지 아니한다.

나. 모든 형태의 인종차별 철폐에 관한 국제협약

제1조　1. 이 협약에서 "인종차별"이라 함은 인종, 피부색, 가문 또는 민족이나 종족의 기원에 근거를 둔 어떠한 구별, 배척, 제한 또는 우선권을 말하며 이는 정치, 경제, 사회, 문화 또는 기타 어떠한 공공생활의 분야에 있어서든 평등하게 인권과 기본적 자유의 인정, 향유 또는 행사를 무효화시키거나 침해하는 목적 또는 효과를 가지고 있는 경우이다.

제5조　제2조에 규정된 기본적 의무에 따라 체약국은 특히 아래의 제 권리를 향유함에 있어서 인종, 피부색 또는 민족이나 종족의 기원에 구별 없이 만인의 권리를 법 앞에 평등하게 보장하고 모든 형태의 인종차별을 금지하고 폐지할 의무를 진다.

(f) 운송, 호텔, 음식점, 카페, 극장 및 공원과 같은 공중이 사용하는 모든 장소 또는 시설에

접근하는 권리

다. 국가인권위원회법

제2조(정의) 이 법에서 사용하는 용어의 정의는 다음과 같다.

      4. "평등권침해의 차별행위"라 함은 합리적인 이유 없이 성별, 종교, 장애, 나이, 사회적 신분, 출신지역(출생지, 등록기준지, 성년이 되기 전의 주된 거주지역 등을 말한다), 출신국가, 출신민족, 용모 등 신체조건, 기혼·미혼·별거·이혼·사별·재혼·사실혼 등 혼인여부, 임신 또는 출산, 가족형태 또는 가족상황, 인종, 피부색, 사상 또는 정치적 의견, 형의 효력이 실효된 전과, 성적(性的) 지향, 학력, 병력(病歷) 등을 이유로 한 다음 각목의 어느 하나에 해당하는 행위를 말한다. 다만, 현존하는 차별을 해소하기 위하여 특정한 사람(특정한 사람들의 집단을 포함한다. 이하 같다)을 잠정적으로 우대하는 행위와 이를 내용으로 하는 법령의 제·개정 및 정책의 수립·집행은 평등권침해의 차별행위(이하 "차별행위"라 한다)로 보지 아니한다.

        가. 고용(모집, 채용, 교육, 배치, 승진, 임금 및 임금외의 금품 지급, 자금의 융자, 정년, 퇴직, 해고 등을 포함한다)과 관련하여 특정한 사람을 우대·배제·구별하거나 불리하게 대우하는 행위

        나. 재화·용역·교통수단·상업시설·토지·주거시설의 공급이나 이용과 관련하여 특정한 사람을 우대·배제·구별하거나 불리하게 대우하는 행위

        다. 교육시설이나 직업훈련기관에서의 교육·훈련이나 그 이용과 관련하여 특정한 사람을 우대·배제·구별하거나 불리하게 대우하는 행위

        라. 성희롱 행위

4. 인정사실 및 판단

    가. 피해자들은 2007.5. ○○ 레스토랑 직원이 피해자들이 아프리카인이라는 이유로 레스토랑 이용을 거부하였다고 주장하고 있으나, 피진정인은 피해자들에게 신분증 제시를 요구하였을 뿐인데 먼저 화를 내기 시작하였다고 주장하고 있고, 당시 당사자 외에 그 상황을 목격한 증인이나 증거를 찾기 어렵다.

    나. 그러나 피해자들이 ○○ 레스토랑 출입거부를 당하였다고 주장하는 시기와 유사한 시기에 흑인이라는 이유로 혹은 나이지리아인이라는 이유로 레스토랑의 출입을 거부당하였다고 다수의 참고인들이 진술하고 있는 것을 볼 때 피해자들이 ○○ 레스토랑으로부터 국적 등을 이유로 출입을 거부당하였을 개연성이 큰 것으로 판단된다.

    다. 피진정인은 일전에 레스토랑 내에서 나이지리아인에 의해 불미스러운 사고가 있었다고 주장하고 있어 이러한 사고를 계기로 나이지리아인에 대한 출입을 제한하였다 하더라도, 단순히 이러한 이유만으로 사고를 일으킨 당사자가 아닌 다른 모든 나이지리아인의 출입을 제한하는 것은 나이지리아인 모두를 잠재적으로 사고를 일으킬 수 있는 자들로 보는 편견에 의한 것으

로서 나이지리아인들의 레스토랑 출입 제한에 대한 합리적인 사유가 될 수 없다.

라. 결국 피진정인이 피해자들에게 아프리카인 또는 나이지리아인이라는 이유로 ○○ 레스토랑 출입을 거부한 것은 인종 또는 국적을 이유로 한 차별행위로 판단된다.

5. 결 론

따라서, 이 사건 진정의 내용은 평등권침해의 차별행위에 해당하므로, 「국가인권위원회법」 제44조 제1항 제1호의 규정에 따라 주문과 같이 결정한다.

2007.9.11.
국가인권위원회 차별시정위원회

• 출신국가를 이유로 한 용역의 공급이용 차별
[07진차116, 2008.1.14.]

산업연수생을 포함한 외국인 산재근로자를 직업재활훈련 신청 대상자에서 배제하는 일이 없도록 관련 제도를 개선할 것을 근로복지공단이사장에게 권고한 사례

【진 정 인】 유○○

【피 해 자】 실○

【피진정인】 근로복지공단이사장

【주 문】 피진정인에게 산업연수생을 포함한 외국인 산재근로자를 직업재활훈련 신청 대상자에서 배제하는 일이 없도록 직업재활훈련 대상자 선정 제도를 개선할 것을 권고한다.

【이 유】

1. 진정요지

피해자는 2002.11.8. 산업연수생으로 입국하여 일하던 중 산업재해를 입고 2007.1.22. 근로복지공단에 직업재활훈련을 신청하였으나 담당 직원은 산재근로자라 하더라도 외국인은 직업재활훈련을 받을 수 없다며 반려하였다. 이는 불합리한 차별행위이다.

2. 당사자 및 참고인 주장

가. 진정인

진정요지와 같다.

나. 피진정인

직업재활훈련 지원은 예산의 범위 내에서 훈련 규모가 정해지는 바, 정부로부터 위탁받은 직업훈련 사업의 특성과 외국인 산업연수생의 체류목적 등을 종합하여 볼 때, 외국인 산업연수생의 경우는 국내 체류 목적이 기술 연수이고, 당사자는 다시 본국으로 귀국하여야 하기 때문에 직업훈련 대상에 포함시키지 않는 것이 적절하다. 또한 노동부에서는 불법체류자와 산업연수생에 대하여 직업재활훈련을 실시하는 것은 불법체류자의 국내고용을 촉진하는 활동을 하는 결과와 같게 되므로 외국인 산재근로자에 대한 직업재활훈련은 합법취업자에 한하여 지원 가능하다고 유권 해석한 바가 있어 불법취업자 및 외국인 산업연수생에 대하여는 직업훈련을 지원하지 않고 있다.

3. 관련 규정

1) 근로기준법

제2조(정의) ① 이 법에서 사용하는 용어의 뜻은 다음과 같다.

1. "근로자"란 직업의 종류와 관계없이 임금을 목적으로 사업이나 사업장에 근로를 제공하는 자를 말한다.
2. "사용자"란 사업주 또는 사업 경영 담당자, 그 밖에 근로자에 관한 사항에 대하여 사업주를 위하여 행위하는 자를 말한다.
3. "근로"란 정신노동과 육체노동을 말한다.
4. "근로계약"이란 근로자가 사용자에게 근로를 제공하고 사용자는 이에 대하여 임금을 지급하는 것을 목적으로 체결된 계약을 말한다.
5. "임금"이란 사용자가 근로의 대가로 근로자에게 임금, 봉급, 그 밖에 어떠한 명칭으로든지 지급하는 일체의 금품을 말한다.
6. "평균임금"이란 이를 산정하여야 할 사유가 발생한 날 이전 3개월 동안 에 그 근로자에게 지급된 임금의 총액을 그 기간의 총일 수로 나눈 금액을 말한다. 근로자가 취업한 후 3개월 미만인 경우도 이에 준한다.
7. "소정(所定)근로시간"이란 제50조, 제69조 본문 또는 「산업안전보건법」 제46조에 따른 근로시간의 범위에서 근로자와 사용자 사이에 정한 근로시간을 말한다.
8. "단시간근로자"란 1주 동안의 소정근로시간이 그 사업장에서 같은 종류의 업무에 종사하는 통상 근로자의 1주 동안의 소정근로시간에 비하여 짧은 근로자를 말한다.

② 제1항제6호에 따라 산출된 금액이 그 근로자의 통상임금보다 적으면 그 통상임금액을 평균임금으로 한다.

제6조(균등한 처우) 사용자는 근로자에 대하여 남녀의 성(性)을 이유로 차별적 대우를 하지 못하고, 국적·신앙 또는 사회적 신분을 이유로 근로조건에 대한 차별적 처우를 하지 못한다.

2) 산업재해보상보험법

제1조(목적) 이 법은 산업재해보상보험 사업을 시행하여 근로자의 업무상의 재해를 신속하고 공정하게 보상하며, 재해근로자의 재활 및 사회 복귀를 촉진하기 위하여 이에 필요한 보험시설을 설치·운영하고, 재해 예방과 그 밖에 근로자의 복지 증진을 위한 사업을 시행하여 근로자 보호에 이바지하는 것을 목적으로 한다.

제5조(정의) 이 법에서 사용하는 용어의 뜻은 다음과 같다.

1. "업무상의 재해"란 업무상의 사유에 따른 근로자의 부상·질병·신체장해 또는 사망을 말한다. 이 경우 업무상의 재해의 인정 기준에 관하여는 노동부령으로 정한다.
2. "근로자"·"임금"·"평균임금"·"통상임금"이란 각각 「근로기준법」에 따른 "근로자"·"임금"·"평균임금"·"통상임금"을 말한다. 다만, 「근로기준법」에 따라 "임금" 또는 "평균임금"을 결정하기 어렵다고 인정되면 노동부장관이 정하여 고시하는 금액을 해당 "임금" 또는 "평균임금"으로 한다.

3. "유족"이란 사망한 자의 배우자(사실상 혼인 관계에 있는 자를 포함한다) · 자녀 · 부모 · 손자녀 · 조부모 또는 형제자매를 말한다.

제62조(근로복지 사업) ① 노동부장관은 근로자의 복지 증진을 위한 다음 각 호의 사업을 한다.

1. 업무상의 재해를 입은 근로자의 원활한 사회복귀를 촉진하기 위한 다음 각 목의 보험시설의 설치 · 운영

   가. 요양이나 외과 후 처치에 관한 시설

   나. 의료재활이나 직업재활에 관한 시설

2. 장학사업 등 재해근로자와 그 유족의 복지 증진을 위한 사업

3. 그 밖에 근로자의 복지 증진을 위한 시설의 설치 · 운영 사업

② 노동부장관은 공단 또는 재해근로자의 복지 증진을 위해 설립된 법인 중 노동부장관의 지정을 받은 법인(이하 "지정법인"이라 한다)에 제1항에 따른 사업을 하게 하거나 같은 항 제1호에 따른 보험시설의 운영을 위탁할 수 있다.

③ 제2항에 따른 지정법인의 지정 기준에 필요한 사항은 노동부령으로 정한다.

④ 노동부장관은 예산의 범위에서 지정법인의 사업에 필요한 비용의 일부를 보조할 수 있다.

제63조(장해급여자의 고용 촉진) 노동부장관은 보험가입자에 대하여 장해급여를 받은 자를 그 적성에 맞는 업무에 고용하도록 권고하거나 대통령령으로 정하는 바에 따라 필요한 지원을 할 수 있다.

3) 산재근로자 직업복귀촉진을 위한 지원규정

제2조(정의) 이 규정에서 사용하는 용어의 정의는 다음과 같다.

1. "산재장해자"라 함은 법 제42조 제1항의 규정에 의하여 장해급여 지급 결정을 받은 자를 말한다.

2. "직업훈련" 또는 "훈련"이라 함은 재활훈련원 및 직업훈련비용 지원 사업에 의거 훈련생에게 취업 및 자영업에 필요한 직업능력을 개발하거나 향상시키기 위하여 실시하는 훈련을 말한다.

제3조(적용범위) 직업훈련비용 지원사업, 재활훈련원의 직업재활훈련 운영사업, 자립점포임대지원사업 및 직장복귀지원금 사업에 관하여 관계 법령이나 다른 규정에서 특별히 정한 것을 제외하고는 이 규정이 정하는 바에 의한다.

제36조(입교대상) ① 훈련원의 훈련대상은 산재장해자로 한다. 다만 합법 체류자 중 산업재해를 당하여 법 제42조의 규정에 의한 장해급여를 받은 외국인산재장해자의 경우에는 훈련신청 시 만 50세미만이고 출입국관리법 제24조(체류자격변경) 제1항의 규정에 의하여 잔여 체류기간이 1년 이상인 자로서 한국어 언어구사능력이 있는 자로 한다.

4. 인정사실

1) 2006.5. 발행한 근로복지공단 재활사업 업무편람에 외국인은 체류자격의 합법 · 불법여부를 떠나 직업훈련 비용 지원 대상근로자가 아니고, 직업재활훈련 대상자 선발 기준은 사업예산

범위 내에서 접수된 순서에 따라 선착순으로 선발하여 직업재활훈련 서비스를 제공하도록 되어 있다. 직업훈련 비용 지원사업의 연도별 예산집행 실적은 아래 〈표 1〉과 같다.

〈표 1〉 직업훈련비용지원사업 연도별 예산집행 실적

(단위: 백만 원, %)

구 분	예 산 (a)	집 행 액 (b)	집 행 율 (b/a)
계	36,117	39,720	110
2000년	330	958	290.3
2001년	663	2,186	329.7
2002년	3,220	4,988	154.9
2003년	4,855	5,788	119.2
2004년	7,896	4,878	61.8
2005년	8,726	9,444	108.2
2006년	10,427	11,478	110.1

※ 예산은 노동부 출연금 추가출연 및 예산전용을 제외한 금액임.

2) 직업재활훈련은 「산재근로자 직업복귀촉진을 위한 지원규정」 제36조 제1항에 의거 외국인 산재근로자의 경우에는 훈련신청 시 만 50세 미만이며 「출입국관리법」 제24조 제1항의 규정에 의하여 잔여 체류기간이 1년 이상인 자로서 한국어 언어구사능력이 있는 자를 대상으로 하고 있다.

3) 규정상으로는 위 2)항의 규정에 부합되는 합법체류자인 경우에는 근로복지공단에서 운영하는 광주 및 안산 직업재활훈련원에서 재활훈련이 가능하였으나 그동안 훈련실적이 전무하였고, 2007.7.1. 폐원되어 현재 외국인 산재근로자는 합법·불법 관계없이 직업재활훈련에서 제외되고 있다.

5. 판 단

피진정인은 이 사건 진정과 관련하여 외국인 산재근로자의 경우 합법체류자에게 직업재활훈련이 가능하도록 하라는 위원회의 권고(2003.3.10. 결정 02진차30, 02진차31 병합)를 수용하였고, 그에 따라 시행하고 있다고 주장하나, 실제로는 그간 외국인 산재근로자에 대한 재활훈련 실적이 전무할 뿐만 아니라, 2007.7.1. 광주 및 안산 직업재활훈련원이 폐원되어 현재는 외국인 산재근로자에게 직업재활훈련서비스를 제공할 수 없는 상황이다. 또한 피진정인은 우리 위원회의 위 권고를 수용하였다고 주장하면서도 산업연수생은 여전히 훈련대상에서 제외시키고 있다.

피진정인은 2006.5. 발행한 업무편람에서도 외국인은 체류자격의 합법·불법여부와 상관없이 직업훈련사업의 대상 근로자에서 제외하고 있고, 외국인 산재근로자의 신청을 반려하고 있는 실정이어서, 현재로서는 피진정인이 외국인 산재근로자에게 직업재활훈련을 제공할 의사나 계획이 있다는 것을 확인할 어떤 증거도 찾기 어렵다.

직업재활훈련 사업은 「산업재해보상보험법」의 입법취지인 재해근로자의 재활 및 사회복귀를 촉진하기 위하여 근로자의 복지증진을 위한 사업을 행함으로써 근로자 보호에 이바지함을 그 목적으로 한다고 규정하고 있고, 산업연수생을 포함한 외국인근로자도 「근로기준법」 제6조 규정에 의거 산업재해보상보험 급여수급 대상자이므로 「산업재해보상보험법」에 근거하여 시행 되고 있는 직업재활훈련 또한 당연히 그 대상자에 포함되어야 한다.

피진정인의 주장대로 직업재활훈련이 한정된 예산에 따라 그 수혜대상을 선별하여 지원해야 한다면 합리적인 우선지원 대상자 선별 원칙을 수립하여 그에 따른 대상자를 선별해야 할 것이지, 「산재근로자 직업복귀촉진을 위한 지원규정」에 의하여 선발제외 대상자에 외국인노동자가 포함되어 있지 않음에도 불구하고 산재외국인노동자의 직업훈련비용 신청 자체를 불가능하게 하는 것은 기회균등의 원칙에 어긋나는 것이다.

직업재활훈련은 「산업재해보상보험법」 제1조에서 명시하고 있는 바와 같이 산업재해로 인해 노동력을 상실한 근로자가 직업재활훈련을 통해 노동력을 회복하여 재취업, 자영업 등으로 사회복귀를 목표로 하고 있는 바, 피해자는 직업재활훈련을 통해 국내에서 재취업을 원하고 있으므로 산업연수생을 포함한 외국인근로자들에게 직업재활훈련을 받을 수 있게 하는 것이 부합하는 것으로 판단된다.

6. 결 론

그러므로, 피진정인이 산업연수생들을 포함한 외국인근로자에 대하여 직업재활훈련 신청 대상자에서 배제하는 것은 합리적 이유 없는 차별행위이므로 「국가인권위원회법」 제44조 제1항 제2호에 따라 주문과 같이 결정한다.

2008. 1. 14.
국가인권위원회 차별시정위원회

• 장애인 등록증신청에 있어 외국인에 대한 차별
[07진차359·07진차546·07진차919(병합), 2008.7.15.]

외국 국적의 장애인에 대하여 외국인이라는 이유로 장애인등록증발급 신청이 불허되는 것은 차별이므로 이에 대한 시정을 보건복지가족부장관에게 권고한 사례

【진 정 인】 1. 왕○○
              2. 이○○
              3. 이○○
【피진정인】 보건복지가족부장관

【주 문】 피진정인에게 국내 거주 외국인들도 장애인등록 신청을 할 수 있도록 장애인등록제도를 개선할 것을 권고한다.

【이 유】

1. 진정요지

한국 국적의 장애인은 「장애인복지법」에 의하여 장애인 등록증을 발급 받아 장애인 복지 혜택을 받을 수 있다. 그렇지만 외국 국적의 장애인은 외국인이라는 이유로 장애인등록증발급 신청이 아예 불허되고 있는바, 이에 대한 시정을 원한다.

2. 당사자 주장

가. 진정인
위 진정요지와 같다.

나. 피진정인
1) 정부의 각종 복지시책은 자국민을 대상으로 하는 것이 보편적이다. 현행법상 재외국민 또는 외국인에 대한 장애인등록 허용문제는 법으로 보장되지 아니하고 정책적으로 그 적용여부를 판단, 결정하여야 할 사안인데 공공부조의 성격이 강한 각종 장애인복지시책을 외국인에게 적용하는 것은 곤란하며, 외국인은 국내 거주지가 불명확하고 장애인 등록 후 효율적 사후관리를 하기가 곤란하여 장애인 등록을 불허하고 있다.
2) 현재로서는 관리체계 및 행정적 관리기술상의 문제를 안고 있으며, 자국민에 대한 서비스 수준

또한 미흡한 실정이다. 따라서 전반적인 장애인등록의 허용보다는 장애인 자동차 표지제도와 같이 사안별·선별적으로 차별을 개선해 나가고 있는 실정이다. 예를 들어, 「장애인복지법시행규칙」 개정을 통해 재외동포 및 외국인에 대하여도 장애인자동차표지를 발급토록 개선하여 장애인 자동차표지 발급은 2000.1.부터 허용하고 있다.

3. 관련 규정

가. 헌법

제11조 ① 모든 국민은 법 앞에 평등하다. 누구든지 성별·종교 또는 사회적 신분에 의하여 정치적·경제적·사회적·문화적 생활의 모든 영역에 있어서 차별을 받지 아니한다.

나. 「장애인권리협약」

제5조(평등과 차별금지)

1. 당사국은 모든 사람은 법 앞에서 그리고 법 아래에서 평등하며 어떠한 차별 없이 법의 동등한 보호와 혜택을 받을 자격이 있음을 인정한다.

2. 당사국은 장애로 인한 모든 차별을 금지하고, 모든 유형의 차별에 대하여 동등하고 효과적인 법적보호를 장애인들에게 보장 한다.

3. 당사국은 차별을 철폐하고 평등을 증진하기 위하여 합리적 편의가 제공되도록 보장하는 모든 적절한 조치를 취한다.

4. 장애인의 사실상의 평등을 촉진시키거나 성취하기 위해 필요한 구체적인 조치들은 이 협약의 조항 하에서 차별로 간주되지 않는다.

다. 국가인권위원회법

제2조(정의) 4. 평등권침해의 차별행위라 함은 합리적인 이유 없이 성별, 종교, 장애, 나이, 사회적 신분, 출신지역(출생지, 등록기준지, 성년이 되기 전의 주된 거주지역 등을 말한다), 출신국가, 출신민족, 용모 등 신체조건, 기혼·미혼·별거·이혼·사별·재혼·사실혼 등 혼인여부, 임신 또는 출산, 가족형태 또는 가족상황, 인종, 피부색, 사상 또는 정치적 의견, 형의 효력이 실효된 전과, 성적 지향, 학력, 병력 등을 이유로 한 다음 각 목의 하나에 해당하는 행위를 말한다. 다만, 현존하는 차별을 해소하기 위하여 특정한 사람(특정한 사람들의 집단을 포함한다. 이하 같다)을 잠정적으로 우대하는 행위와 이를 내용으로 하는 법령의 제·개정 및 정책의 수립·집행은 평등권침해의 차별행위(이하 "차별행위"라 한다)로 보지 아니한다.

　　가. 고용(모집, 채용, 교육, 배치, 승진, 임금 및 임금 외의 금품 지급, 자금의 융자, 정년, 퇴직, 해고 등을 포함한다)과 관련하여 특정한 사람을 우대·배제·구별하거나 불리하게 대우하는 행위

　　나. 재화·용역·교통수단·상업시설·토지·주거시설의 공급이나 이용과 관련하여 특정한 사람을 우대·배제·구별하거나 불리하게 대우하는 행위

　　다. 교육시설이나 직업훈련기관에서의 교육·훈련이나 그 이용과 관련하여 특정한 사람을

우대 · 배제 · 구별하거나 불리하게 대우하는 행위

라. 성희롱 행위

라. 「장애인복지법」

제2조(장애인의 정의 등)

① "장애인"이란 신체적 · 정신적 장애로 오랫동안 일상생활이나 사회생활에서 상당한 제약을 받는 자를 말한다.

② 이 법을 적용받는 장애인은 제1항에 따른 장애인 중 다음 각 호의 어느 하나에 해당하는 장애가 있는 자로서 대통령령으로 정하는 장애의 종류 및 기준에 해당하는 자를 말한다.

1. "신체적 장애"란 주요 외부 신체 기능의 장애, 내부기관의 장애 등을 말한다.

2. "정신적 장애"란 발달장애 또는 정신 질환으로 발생하는 장애를 말한다.

제32조(장애인 등록)

① 장애인, 그 법정대리인 또는 대통령령이 정하는 보호자는 장애 상태와 그 밖에 보건복지가족부령이 정하는 사항을 시장 · 군수 또는 구청장(자치구의 구청장을 말한다. 이하 같다)에게 등록하여야 하며, 시장 · 군수 · 구청장은 등록을 신청한 장애인이 제2조에 따른 기준에 맞으면 장애인등록증(이하 "등록증"이라 한다)을 내주어야 한다.

4. 인정사실

1) 장애인복지시책은 보건복지부가족부에서 시행하는 사업, 기타 중앙행정기관에서 시행하는 사업, 지방자치단체에서 조례에 의거 시행하는 사업 및 민간기관에서 자체운영규정에 의하여 실시하는 사업으로 구분된다. 각각의 복지시책은 세부적으로 지원 대상을 정하고 있는데 기본적으로 등록장애인일 것을 요구하고 있다.

2) 2007.12. 말 기준 우리나라 등록장애인은 2,104,889명이며, 국내 거주 외국 국적의 장애인은 장애인등록을 할 수 없으므로, 애초부터 장애인복지시책 대상자가 될 수 없는 실정이다. 다만 국내거소신고를 한 재외동포 및 외국인등록을 한 외국인으로서 보행 장애가 있는 사람의 경우는 자동차 1대에 한하여 장애인 자동차 표지를 발급해 주고 있다.

5. 판 단

장애인에 대한 사회복지서비스는 사회적 취약 집단의 사회통합 증진이라는 목적을 가지고 있으며, 이러한 서비스의 제공은 그 사회에서 장애인과 비장애인이 동등한 사회구성원으로서 참여하는지 여부에 영향을 미치는 중요한 요소이다. 따라서 이러한 사회복지서비스는 국적에 따라 그 대상이 확정되기 보다는 사회통합 차원에서 상시 거주지 중심으로 적용되는 것이 더욱 타당하다. 왜냐하면 사회복지서비스는 장애로 인한 개인의 일상생활과 사회생활 곤란에 대응하는 기능적 특징 때문에 공공부조와 같은 현금 급여적 성격과는 달리 거주하는 지역에서의 이용가능성 여부가 해당 장애인에게는 기초적인 일상생활에 큰 영향을 미치기 때문이다.

국가는 외국 국적의 장애인에 대하여 국내 장애인보다 우월하게 배려할 필요는 없으나 적어도 막대한 예산이 필요하거나 절차적으로 과도한 행정력 필요하지 않는 한, 일정한 기간 이상 체류하는 외국국적 장애인에게도 사회복지서비스를 제공받을 수 있는 자격을 주는 것이 장애인의 사회참여 및 인권증진 측면에서 더욱 타당하며 바람직하다 할 것이다.

피진정인은 외국인에게 장애인 등록을 불허하는 사유로 공공부조의 부담과 관리상의 곤란함을 이유로 하고 있다. 그러나 외국인이 장애인등록을 하더라도 이것이 바로 공공부조 성격의 급여대상자가 되는 것을 의미하지는 않는다. 예를 들어, 장애수당의 자격 조건은 장애인 등록이 되었다고 해서 받게 되는 것이 아니라 별도의 세부 자격기준에 해당하는지를 심사받게 되어 있으므로 외국인에게 장애인등록을 허용한다고 해서 그것이 바로 공공부조의 부담이 된다는 피진정인의 주장은 설득력이 약하다.

장애인에 대한 사회복지시책의 적용대상을 개별 사업마다 달리 정하고 있는 여러 나라들과 달리 우리나라는 장애인등록제도를 통하여 사회복지서비스의 대상자 및 급여적 성격의 수급권 적격자를 1차적으로 선정하면서 동시에 공공부조 서비스의 지급 판단시 별도의 심사를 따로하고 있는 상황이다. 즉 장애인등록조차 불허되는 외국인의 경우에는 민간기관에서 제공하는 가장 기초적인 장애인 복지서비스 조차 이용할 수 없는 현실이다.

따라서 장애를 가진 외국인의 일상생활 불편 해소와 장애인 관련 복지서비스 이용의 기초 자격증명 요건인 장애인등록 신청은 국적과 관계없이 장애인이라면 누구나 신청할 수 있도록 하는 것이 「헌법」이나 각종 장애인 관련 국제 기준, 그리고 최근 시행된 「장애인차별금지 및 권리구제에 관한 법률」의 입법 취지에 부합한다고 할 것이다.

6. 결 론

이상과 같은 이유로 「국가인권위원회법」 제44조 제1항 제2호에 의거하여 주문과 같이 결정한다.

2008.7.15.

국가인권위원회 차별시정위원회

• 아프리카인에 대한 상업시설이용 차별 [08진차121, 2008.8.25.]

아프리카인이라는 이유로 상업시설 출입을 제한하는 것은 차별이므로 해당 사업장에 재발방지
및 직원교육을 권고한 사례

【진 정 인】 ○○○○○
【피진정인】 1. 김○○
             2. 서울○○경찰서 ○○○지구대장

【주 문】

1. 피진정인1에게 향후 아프리카인이라는 이유로 사업장 출입을 제한하는 일이 재발하지 않도록
   직원교육을 실시하는 등 대책을 수립하고 국가인권위원회에서 제공하는 인권교육을 수강할
   것을 권고한다.

2. 진정요지 나항은 기각한다.

【이 유】

1. 진정요지

가. 2008.2.7. 밤 11시 ○○○소재 ○○○○○ 앤 그릴(이하 '○○○○펍'이라 한다.)에 입장하려
   하자 입구에서 ○○○○펍 대표이사 김○○(이하 '김○○'이라 한다.)이 진정인에게 신분증
   을 요구하였으며, 신분증을 보여주자 아프리카인은 출입할 수 없다고 말하며 입장을 거부하
   였다. 아프리카인이라는 이유로 출입을 제한하는 것은 차별이다.

나. 진정인은 ○○○○펍에서 출입제한을 당하여 이에 항의하던 중 ○○○○펍 직원 4명에게
   폭행을 당하였으며, 이러한 폭행사건과 관련하여 같은 날 밤 11:25 서울○○경찰서 ○○○지
   구대에서 경찰조사를 받았다. 그러나 자신을 폭행한 ○○○○펍 직원은 4명이었음에도 불구
   하고 경찰은 2명만을 조사하였으며, 조사를 받던 김○○이 조사 중 밖으로 나가 피 묻은 옷을
   갈아입고 오게 하는 등 경찰조사가 충분치 않아 진정인의 인권이 침해당하였다.

2. 당사자의 주장

가. 진정인

진정 요지와 같다.

나. 피진정인

(1) 김○○

○○○○펍은 전 세계 모든 사람들이 자유롭게 출입하고 어울리는 공간으로 아프리카인이라는 이유로 당 사업장 출입을 제한하지 않고 있다. 다만 많은 사람이 모이는 장소이기 때문에 폭력, 성추행, 절도 등 불미스러운 문제를 일으킨 사람과 관련자들에 대해서는 다수의 고객의 안전과 권익을 보호하기 위해서 엄격하게 입장을 제한하고 있다.

진정인은 2008.1.경부터 ○○○○펍에 자주 드나들던 자로 다른 여성 고객들에게 매너 없이 행동하고 성추행까지 하였으며, 물적인 증거는 없지만 진정인과 어울린 후 지갑을 도난당하였다는 민원이 제기된 바 있었다. 따라서 당일 입장하려는 진정인에게 신분증을 요구하여 이름을 확인하였다. 신분증 확인 후 진정인에게 위의 민원 제기 사실을 설명하고 진정인에게 출입할 수 없다고 하며 입장을 제한하였다. 그러나 진정인에게 "아프리카인은 출입할 수 없다."고 말한 적은 없다.

(2) 서울○○경찰서 ○○○지구대

2008.2.7. 23:26경 진정인과 ○○○○펍 측 김○○ 및 이○○이 서울○○경찰서 ○○○지구대에 찾아와 서로에게 폭행을 당하였다고 주장하였다. 이에 조사에 착수하여 양측의 진술을 들었으며, 김○○이 삼단봉을 휘둘렀다는 진정인의 진술을 토대로 김○○을 추궁하자 김○○은 범죄혐의를 인정하였다. 김○○은 익일 00:01경 지구대 내에서 현행범인으로 체포되어 서울○○경찰서 형사계로 신병이 인계되었다.

진정인을 포함한 관련자 모두의 진술을 청취하여 조사한 결과, ○○○○펍에 입장하기 위하여 대기 중인 손님과 계단을 내려오던 진정인이 서로 몸을 부딪쳤고 진정인은 이들도 직원인 것으로 오인한 것으로 판단하였고 이와 같은 내용으로 진정인이 주장하는바 나머지 2명에 대한 수사보고서를 작성하여 서울○○경찰서 형사계에 인계시 첨부하였다.

3. 관련법령

1) 「국가인권위원회법」

제2조(정의) 이 법에서 사용하는 용어의 정의는 다음과 같다.

> 4. "평등권침해의 차별행위"라 함은 합리적인 이유 없이 성별, 종교, 장애, 나이, 사회적 신분, 출신지역(출생지, 등록기준지, 성년이 되기 전의 주된 거주지역 등을 말한다), 출신국가, 출신민족, 용모 등 신체조건, 기혼·미혼·별거·이혼·사별·재혼·사실혼 등 혼인 여부, 임신 또는 출산, 가족형태 또는 가족상황, 인종, 피부색, 사상 또는 정치적

의견, 형의 효력이 실효된 전과, 성적(性的) 지향, 학력, 병력(病歷) 등을 이유로 한 다음 각 목의 어느 하나에 해당하는 행위를 말한다. 다만, 현존하는 차별을 해소하기 위하여 특정한 사람(특정한 사람들의 집단을 포함한다. 이하 같다)을 잠정적으로 우대하는 행위와 이를 내용으로 하는 법령의 제·개정 및 정책의 수립·집행은 평등권침해의 차별행위(이하 "차별행위"라 한다)로 보지 아니한다.

　나. 재화·용역·교통수단·상업시설·토지·주거시설의 공급이나 이용과 관련하여 특정한 사람을 우대·배제·구별하거나 불리하게 대우하는 행위

제30조(위원회의 조사대상) ① 다음 각 호의 어느 하나에 해당하는 경우에 인권침해나 차별행위를 당한 사람(이하 "피해자"라 한다) 또는 그 사실을 알고 있는 사람이나 단체는 위원회에 그 내용을 진정할 수 있다. 〈개정 2005.7.29〉

　1. 국가기관, 지방자치단체 또는 구금·보호시설의 업무수행(국회의 입법 및 법원·헌법재판소의 재판을 제외한다)과 관련하여 「헌법」 제10조 내지 제22조에 보장된 인권을 침해당하거나 차별행위를 당한 경우

　2. 법인, 단체 또는 사인(私人)에 의하여 차별행위를 당한 경우

2) 「모든 형태의 인종차별 철폐에 관한 국제협약」

제1조　1. 이 협약에서 "인종차별"이라 함은 인종, 피부색, 가문 또는 민족이나 종족의 기원에 근거를 둔 어떠한 구별, 배척, 제한 또는 우선권을 말하며 이는 정치, 경제, 사회, 문화 또는 기타 어떠한 공공생활의 분야에 있어서든 평등하게 인권과 기본적 자유의 인정, 향유 또는 행사를 무효화시키거나 침해하는 목적 또는 효과를 가지고 있는 경우이다.

제5조　제2조에 규정된 기본적 의무에 따라 체약국은 특히 아래의 제 권리를 향유함에 있어서 인종, 피부색 또는 민족이나 종족의 기원에 구별 없이 만인의 권리를 법 앞에 평등하게 보장하고 모든 형태의 인종차별을 금지하고 폐지할 의무를 진다.

　(f) 운송, 호텔, 음식점, 카페, 극장 및 공원과 같은 공중이 사용하는 모든 장소 또는 시설에 접근하는 권리

4. 인정사실

가. 진정요지 가항 관련

1) 2008.2.7. 11:00경 진정인이 ○○○○펍에 입장하려고 하자 ○○○펍 대표이사인 김○○은 진정인의 신분증을 확인하였으며, 신분증 확인 후 진정인의 입장을 거부하였다.

2) 진정인과 ○○○○펍 측 김○○ 및 이○○은 2008.2.7. 23:25 서울○○경찰서 ○○○지구대에 들어와 폭행에 대한 조사를 요구하였다. CCTV 판독 결과 같은 날 23:25에서 익일 00:15 사이에 진정인은 김○○이 에티오피아인 혹은 아프리카인이기 때문에 ○○○○펍 입장을 막았다면서 경찰 등에게 격앙된 모습으로 3차례 반복적으로 주장하고 있는 모습이 확인되나 김○○과 이○○이 진정인의 이러한 주장에 반박하는 모습은 확인할 수 없다.

3) 2008.2.8. 서울○○경찰서 형사과의 수사보고서에 의하면 김○○이 진정인에게 신분증 제시를 요구하는 과정에서 '아프리카 사람은 출입할 수 없다'고 하면서 출입을 제지하였고 진정인이 '나는 왜 들어갈 수 없냐'며 시비가 있었던 것으로 기록되어 있다.

나. 진정요지 나항 관련

1) 진정인은 서울○○경찰서 ○○○지구대의 조사과정에서 지속적으로 자신을 폭행한 ○○○○펍의 직원이 4명이며 이들을 모두 조사해줄 것을 경찰에게 요구하였다. 그러나 경찰 조사과정에서 김○○ 및 이○○이 ○○○○펍 측 관련자는 2명이라고 주장하여 경찰 초동 수사시 본 사건의 연루자의 인원이 명확히 밝혀지지 않은 상황이었다. 이에 서울○○경찰서 ○○○지구대는 사건 관련자들의 진술 및 정황을 참작하여 진정인이 당시 ○○○○펍에 있던 손님을 직원으로 오인하였다고 판단하였다.

2) 2008.2.7. 23:25 김○○은 진정인 및 이○○과 함께 서울○○경찰서 ○○○지구대로 최초로 들어올 당시 흰색 와이셔츠를 착용하고 있었다. 김○○은 진정인이 돌로 이준웅을 가격하였다고 주장하였는바 경찰은 김○○에게 사건 현장에 돌이 있었는지 물었으며 김○○은 사용하였다는 돌을 찾기 위하여 곧 지구대 밖으로 나갔다. 김○○은 23:30 다시 지구대로 돌아왔으며 검은색 계통 점퍼를 입고 있었다. 이후 ○○○지구대 조사과정에서 김○○은 3차례 더 지구대에서 나갔다 들어왔으며 계속적으로 검은색 계통 점퍼를 착용한 상태였다.

5. 판 단

가. 진정요지 가항 관련

진정인이 2008.2.7. ○○○○펍에 입장하려 하였으나 피진정인1은 진정인이 아프리카인이라는 이유로 입장을 거부하였으며, 이는 차별이라고 주장하고 있다. 따라서 피진정인 1이 '아프리카인'임을 이유로 입장을 제한한 것인지의 사실관계를 확인하여야 할 것이다.

살펴보건대, 진정인이 ○○○○펍에 입장을 한 것이 처음이 아니었고 피진정인 1도 일반적으로 아프리카인이라는 이유로 사업장 출입을 제한하지 않는다고 주장하는바, 피진정인 1이 국적 혹은 인종을 이유로 사업장 입장을 관행적으로 제한하지는 않는 것으로 판단된다.

그러나 2008.2.7. 서울○○경찰서 ○○○지구대 조사과정에서 진정인은 피진정인1로부터 자신이 아프리카인이기 때문에 입장할 수 없다는 이야기를 들었다고 여러 차례 일관성 있게 주장하였으며 피진정인1은 전혀 이에 대한 반박을 하지 않았을 뿐 아니라, 서울○○경찰서도 피진정인 1이 신분증 확인 후 아프리카 사람은 출입할 수 없다고 말하며 출입을 제지하여 시비가 있었던 것으로 판단한 바 있다. 더욱이 피진정인1은 진정인을 이미 알고 있었고, 이름을 확인하기 위해 신분증을 요구하였다고 주장하고 있으나, 이미 알고 있는 고객이라면 식별이 가능하였을 것임에도 불구하고 군이 이름을 확인하기 위하여 신분증을 요구하였다는 주장은 이해하기 어렵다.

따라서 위의 정황을 종합하여 볼 때 진정인이 2008.2.7. 밤 11시경 ○○○○펍에 입장하려 할 때 피진정인 1이 진정인의 신분증을 확인 후 아프리카인은 출입할 수 없다고 말하였던 것으로 판단된다.

이러한 출입제한이 인종이나 국적을 이유로 사업장에서 상시적으로 행하여지는 관행적인 것이 아니고 다수의 고객의 안전과 권익을 보호하기 위해 특정 고객에게 불가피하게 취해진 조치라고 하더라도, 피진정인 1이 아프리카인이라는 이유로 사업장 출입을 제한한 것은 「국가인권위원회법」 제2조 제4항에서 정한 인종을 이유로 상업시설의 이용과 관련하여 특별한 사람을 배제하는 평등권 침해의 차별행위이며 대한민국이 당사국인 「모든 형태의 인종차별 철폐에 관한 국제협약」의 제5조의 상업시설 이용 시 모든 형태의 인종차별을 금지하는 조항의 위반이다.

나. 진정요지 나항 관련

진정인은 자신을 폭행한 ○○○○펍 직원이 모두 4명이었음에도 경찰이 2명만을 조사하고, 조사 중 피진정인 2가 김○○이 피 묻은 옷을 갈아입게 하여 증거를 인멸하는 등의 인권침해가 있다고 주장하고 있다.

그러나 서울○○경찰서 ○○○지구대는 피진정인 1이 진정인이 ○○○○펍 입장을 위하여 대기 중인 손님들과 몸을 부딪치면서 소란이 있었으며 이들도 ○○○○펍 직원인 것으로 오인한 것 같다고 진술하여 이러한 진술을 받아들여 사건 관련 관계자는 2명인 것으로 판단하였다. 따라서 서울○○경찰서 ○○○지구대의 행위는 수사기관의 재량권 범위 내에서 이루어진 것으로 판단되는바 「헌법」 제10조를 포함한 인권침해에 이르렀다고 보기 어렵다.

또한 진정인은 피진정인 2가 김○○의 피 묻은 옷을 갈아입게 용인하여 증거인멸을 도움으로써 진정인의 인권을 침해하였다고 주장하고 있으나 피진정인 2는 김○○이 경찰 조사 중 점퍼를 추가로 걸친 상태로 입장하기는 하였으나 옷을 갈아입은 것이 아니라고 주장하고 있고, 위원회의 CCTV 판독 결과 김○○이 경찰 조사 중 점퍼를 걸친 상태로 입장하기는 하였으나 피 묻은 옷을 갈아입었는지의 여부는 확인하기 어렵다. 따라서 진정인과 피진정인 2 양측의 주장이 대립하고 있고 더 이상 진정인의 주장을 입증할 객관적 증거가 없는 상황이다.

6. 결론

이상과 같은 이유로 진정요지 가항의 주장은 「국가인권위원회법」 제44조 제1항 제1호의 규정에 따라, 진정요지 나항의 주장은 「국가인권위원회법」 제39조 제1항 제1호 및 제2호의 규정에 따라 주문과 같이 결정한다.

2008.8.25.
국가인권위원회 차별시정위원회

• 외국인을 이유로 한 인터넷전화이용 차별
[09진차369, 2009.12.21.]

외국인이라는 이유로 인터넷전화 이용에 있어 일률적으로 요금납부 방식을 신용카드 결제 방식으로 제한하는 등 국적을 이유로 한 차별행위라고 보고 시정 권고한 사례

【진 정 인】 박○○
【피 해 자】 알○○○
【피진정인】 ○○○○○ 대표이사

【주 문】 피진정인에게, 요금수납 시 외국인에 대하여 은행자동이체 납부를 거부하는 관행을 시정할 것을 권고한다.

【이 유】

1. 진정요지

피해자는 2009.4.6. ○○○○○의 인터넷 전화 서비스에 가입하고 은행통장 자동이체로 요금을 납부하고자 하였으나, 피진정인은 외국인의 경우 신용카드 결제를 통한 요금 납부만 허용하고 은행자동이체는 할 수 없도록 제한하였다. 외국인이어도 한국에 장기간 거주하여 주거지가 일정하고 직업이 있어 수입도 일정하며 은행에 별도 계좌가 있음에도 은행자동이체 요금납부를 제한한 것은 외국인이라는 이유로 불합리하게 차별하는 것이므로 시정을 원한다.

2. 당사자 주장

가. 진정인

진정요지와 같다.

나. 피진정인

외국인의 경우 요금 미납 시 연락을 취하기 어렵고, 거주지 또한 불분명하여 미납 안내에 어려움이 있기 때문에 외국인 가입자의 경우 부득이 요금납부 방식을 신용카드 결제로 제한하고 있다. 2009.3월 현재 인터넷전화, 국제전화 및 e-Biz 등을 이용하는 외국인 고객의 수납률은 46%에 불과하여, 동 기간 내국인 고객의 수납률 87%와 비교하면 매우 낮은 실정이다.

동종업계인 케이티 인터넷 전화나 에스케이텔레콤 인터넷 전화 등의 경우 외국인에게도 은행자동

이체를 허용하고 있는데, 이러한 조치는 외국인 가입자의 미납 발생 시 별다른 대책이 없다는 사정은 같으나 케이티는 시내전화 기간 사업자이고 에스케이텔레콤은 이동통신 분야 정부 지정 기간 사업자이기 때문에 업체의 특성 상 손해를 일부 감수하는 것으로서 사업 규모가 다른 피진정인과 단순 비교하기에는 무리가 있다.

3. 인정사실 및 판단

가. 인정사실

당사자의 주장 및 피진정인 제출자료, 기타 관련 기록을 종합해 보면 다음과 같은 사실이 인정된다.

(1) 피진정인의 인터넷 전화 서비스는 고객센터에 방문하거나 자동응답전화 또는 인터넷 홈페이지를 통해 가입할 수 있으며, 외국인의 경우 잔여 체류기간 확인에 어려움이 있어 전화상담 또는 구비서류 상으로 체류기간을 확인한 후 체류기간이 6개월 이상인 경우에는 내국인과 동일하게 처리하고, 체류기간이 6개월 미만인 경우 고객센터 가입담당 관리자 및 인터넷 전화 서비스팀 담당자의 검토 후 가입여부를 결정하고 있다.

(2) 피진정인은 내국인의 경우 요금납부 방식에 제한을 두지 않고 있으며 외국인도 과거에는 내국인과 동일하게 처리하였으나, 수납률이 내국인은 87%인데 반해 외국인은 46%에 그치고 미수납 시 거주지 및 연락처가 불분명한 탓에 미납 안내에 어려움이 많아, 2009.3.26. 이후부터는 외국인 가입자의 은행자동이체를 제한하고 신용카드 결제만 허용하고 있다.

(3) 피진정인과 같이 인터넷 전화 서비스를 제공하고 있는 케이티나 에스케이텔레콤의 경우는 외국인에게도 내국인과 같이 요금납부 방식에 별다른 제한을 두고 있지 않은데, 외국인 고객의 경우 수납률과 미수금 회수율이 저조하여 경영상 손해를 끼치는 것은 사실이나 고객 가치 제고와 불편 최소화 및 편익 증진을 위하여 요금납부 방식에 제한을 두지 않고 있다.

나. 판단

「국가인권위원회법」 제2조 제4호는 합리적인 이유 없이 외국인이라는 이유로 재화나 용역의 공급이나 이용과 관련하여 특정한 사람을 배제·구별하거나 불리하게 대우하는 행위는 "평등권침해의 차별행위"로 규정하고 있다. 또한 대한민국 국적을 가지지 않은 외국인이 헌법상 기본권을 향유할 수 있는지 여부에 대하여 헌법재판소에서는 1994.12.29. 93헌마120 판결을 통해 국민과 유사한 지위에 있는 외국인은 기본권의 주체가 될 수 있다고 확인하였고, 2001.11.29. 99헌마494 판결에서는 인간의 존엄과 가치, 행복추구권은 대체로 '인간의 권리'로서 외국인도 주체가 될 수 있다고 보아야 할 것이며, 평등권도 인간의 권리로서 참정권 등에 대한 성질상의 제한 및 상호주의에 따른 제한이 있을 수 있을 뿐이라고 하였다.

이 사건 진정의 쟁점은 피진정인이 인터넷 전화 가입 시 이용요금의 결제 방식을 외국인이라는 이유로 은행자동이체 납부를 허용하지 않으며 신용카드 결제만을 요구하는 것이 평등권침해의 차별행위인지 여부이므로 그 합리성을 살펴본다. 피진정인은 외국인의 미수납률이 높고 미수납 시 주거지와 연락처가 명확하지 않아 미납 안내를 하기 곤란하기 때문에 기업의 경영 부담을 최소화해야 한다는 이유에서 내국인과는 달리 외국인에게는 요금납부 방식을 신용카드 결제 방식만 허용하고 은행자동이체는 제한하고 있다고 주장한다. 그러나, 외국인이라 하더라도 상당기간 국내에서 거주하여 주거가 일정하고 체류기간도 많이 남아 있고 안정된 직업이 있어 소득도 일정한 경우에는 수납률이 내국인과 별반 다르지 않을 수 있음에도, 사안별로 검토하여 처리하지 않고 외국인이라는 이유로 일률적으로 요금납부 방식을 제한하는 것은 합리적이라고 보기 어렵고 이는 국적을 이유로 한 차별행위에 해당한다고 판단된다.

4. 결 론

이상과 같은 이유로 「국가인권위원회법」 제44조 제1항 제2호의 규정에 따라 주문과 같이 결정한다.

2009.12.21.
국가인권위원회 차별시정소위원회

● 외국인에 대한 모기지 신용보험가입 제한
[10진정268700, 2010.11.29.]

외국인이라서 신용정보가 부족하다는 이유로 일률적으로 모기지 보험가입 대상에서 제외하는 것은 합리적 이유 없는 차별이라고 보고 시정권고한 사례

【진 정 인】 ○○○ ○○
【피진정인】 ○○보증보험 사장

【주 문】 피진정인에게 외국인이라는 이유로 모기지 신용보험 가입 대상에서 제외하지 않도록 관련 업무협약을 개정할 것을 권고한다.

【이 유】

1. 진정요지

진정인은 ○○○○ 출신으로 한국인과 결혼하여 8년간 한국에서 거주하고 있다. 2010.5.15. 농협에서 대출을 받고자 하였는데 피진정인 신용보증보험에서 외국인은 모기지신용보험(Mortgage Credit Insurance, MCI. 이하 '모기지 보험'이라 함.) 가입대상이 아니라며 보증보험 가입을 거부하였다. 이는 외국인에 대한 합리적인 이유 없는 차별행위이다.

2. 당사자 주장

가. 진정인
진정요지와 같다.

나. 피진정인
(1) 모기지 보험은 보험가입대상 채무자의 신용등급 등을 기준으로 인수대상을 정하고 있으나 외국인은 신용등급 산정에 필요한 기초자료가 불충분하여 신용평가기관에서 객관적인 신용평가가 이루어지지 못하므로 모기지 보험 가입 대상 채무자에서 제외하고 있다.
(2) 모기지 보험 가입은 내국인의 경우에도 신용평가를 하기 어려운 경우 가입대상에서 제외하고 있는 등 여러 가입제외 요건이 있는바 외국인이라는 이유로 차별을 두는 것이 아니다. 다만, 최근 일부 신용평가기관에서 외국인에 대한 신용평점 산출이 이루어지기 시작했으므로 향후 관련 기준 변경을 검토할 예정이다.

3. 관련규정

별지 기재와 같다.

4. 인정사실 및 판단

가. 인정사실

(1) 모기지 보험이란 시중 은행이 고객에게 대출을 실행할 경우 은행 자체적으로 제공할 수 있는 대출한도를 초과하는 부분에 대해 보증보험사로부터 지급보증을 받을 수 있는 보험을 말하는데, 시중 은행이 모기지 보험을 보장 받기 위해서는 보증보험사와 체결한 업무협약서상 보험 가입대상 채무자 요건에 맞는 고객이어야 한다.

(2) 피진정인은 시중 은행 등 금융기관과 업무협약을 체결하여 은행에 모기지 보험을 제공하고 있으며 피진정인의 모기지 보험 업무협약서 제4조에 따르면 외국인(재외국민 포함), 법인, 미성년자, 연체대출금 보유자 등을 모기지 보험 가입 대상에서 제외하고 있다.

(3) 피진정인은 모기지 보험에 필요한 신용정보를 한국신용정보주식회사로부터 제공받아 활용하고 있는데, 2010.6. 현재 한국신용정보주식회사가 신용정보를 보유하고 있는 외국인 수는 210,589명이다.

(4) 신용정보사들은 「신용정보의 이용 및 보호에 관한 법률」에 따라 신용정보를 조사·관리·제공하고 있는데, 동법 시행령 제2조 제1항에 따르면 신용정보는 성명, 주소, 주민등록번호, 외국인등록번호, 국내거소신고번호, 여권번호, 성별, 국적 및 직업 등 개인 식별정보와 대출, 보증, 납세 등 금융정보 등으로 정하고 있어 외국인에 대한 신용정보의 수집·제공 및 활용이 가능하다.

나. 판단

(1) 「국가인권위원회법」 제2조 제4호는 합리적인 이유 없이 외국인이라는 이유로 재화·용역의 공급이나 이용과 관련하여 특정한 사람을 우대·배제·구별하거나 불리하게 대우하는 것을 평등권침해의 차별행위로 규정하고 있다.

(2) 피진정인이 모기지 보험 가입 대상에 있어 내국인과 외국인을 달리 적용하는 것이 차별이 아닌 것으로 인정되려면 외국인에 대한 신용정보가 획득 불가능하거나 가능하더라도 개별적인 신용평가가 어려울 정도로 자료의 질과 양에 있어 현저한 차이가 있는 등 합리적인 이유가 있어야 할 것이다. 그러나 신용정보는 개인 식별정보 및 금융 거래 과정에서 발생하는 객관적 사실에 관한 자료이므로 외국인이라 하여 특별히 달리 취급할 이유가 없고, 위 인정사실에서 보는 바와 같이 외국인에 대한 신용정보의 수집·제공 및 활용이 제도적·현실적으로 가능하여 외국인도 개인별 신용도에 따른 모기지 보험 적용 여부에 대한 심사 및 판단이 가능함에도 일률적으로 모기지 보험 가입 대상에서 제외하는 것은 합리적인 이유가 없다.

(3) 따라서 피진정인이 외국인에 대해 일률적으로 모기지 보험 가입 대상에서 제외하는 것은 합리

적 이유 없는 차별에 해당하는 것으로 판단된다.

5. 결 론

이상과 같은 이유로「국가인권위원회법」제44조 제1항 제2호의 규정에 따라 주문과 같이 결정한다.

2010.7.29.
국가인권위원회 차별시정소위원회

• 국내체류기간을 이유로 한 결혼 이주여성에 대한 보험가입 제한
[11진정0173200, 2011.8.26.]

결혼 이주여성이 국내 체류한 지 5년이 되지 않았다는 이유로 보험가입을 거부하는 것은 합리적 이유 없는 차별이라는 사례

【진 정 인】 함○○

【피 해 자】 ○○○(○○○ ○○○○○)

【피진정인】 ○○○○○○○화재해상보험 사장

【주 문】 피진정인에게 결혼 이주여성의 치아보험 가입 시 국내체류기간을 요건으로 하지 않도록 계약인수지침을 개선할 것을 권고한다.

【이 유】

1. 진정요지

진정인은 캄보디아 국적인 피해자와 2007.10. 결혼을 하였고, 이후 아내인 피해자 이름으로 치아 관련 보험에 가입하려고 하였으나 피진정인은 피해자의 국내체류기간이 5년 미만이라는 이유로 보험가입을 거부하였다. 한국인 남성과 결혼하여 자녀를 두었고, 3년 이상을 한국에 거주하고 있는 결혼 이주여성인 피해자에 대하여 국내체류기간이 5년 미만이라는 이유로 보험가입을 거부하는 것은 부당한 차별이므로 시정하여 주기 바란다.

2. 피진정인의 주장요지

표준청약서의 건강고지 문항을 보면 최근 5년 이내의 질병여부를 확인하는 질문사항이 있는데, 이는 최근 5년 이내에 발병한 병명이나 진단의 고지내용을 확인한 후 보험심사기준에 적합한 지 여부를 가려 보험 승인여부를 결정하기 때문이다. 그러나 외국인은 국내체류 이전의 건강상태를 확인할 수 있는 증빙을 파악하기 어렵기 때문에 당사는 외국인이 보험청약을 원할 경우, 국내 병의원을 통해 외국인의 건강상태를 확인할 수 있도록 국내체류기간 5년 이상 시에 한해 보험승인 처리를 하고 있다. 진정인에게 보험상담 시 국내체류기간 5년 이상의 조건에 대하여 설명을 드렸고 2012.10.에 가입이 가능하다는 사실까지 설명하였다.

이와 같은 기준은 모든 외국인에게 동일하게 적용되는 기준으로서 진정인의 배우자에게만 차별적으로 적용되는 것이 아니다.

3. 인정사실

진정인의 진정서, 피진정인의 진술서 및 피진정인이 제출한 자료, 21개 생명보험사를 대상으로 실시한 서면조사 결과 등의 자료를 종합하면 아래와 같은 사실이 인정된다.

가. 진정인은 2007.9. 피해자와 혼인신고를 하고 같은 해 10. 피해자와 결혼하였다. 피해자는 2007.10. 한국에 입국한 후 2010.9. 귀화시험을 보고 2011.4. 한국국적을 취득하였으며, 현재 이중국적인 상태이다.

나. 진정인은 ○○○ 홈쇼핑의 치아보험 방송을 보고 상담예약을 한 후 피해자의 치아보험 가입과 관련하여 2011.1.11. 상담을 했는데, 상담원이 외국인의 경우 국적취득에 상관없이 국내체류기간이 5년이 지나야 청약이 가능하다고 안내하였다. 진정인이 상담을 받은 보험은 검진, 발치, 치근절단술 등 치아 관련 치료항목에 따라 일정 금액을 지급받을 수 있는 치아안심보험이다.

다. 피진정인의 계약인수지침(가입자격)에 따르면, 외국인은 국내체류 5년 이상 거주자로 외국인등록증, 국내거소신고사실 확인서를 제출한 후 보험에 가입할 수 있다. 그러나 외국에 장기 체류한 후 입국한 내국인이 보험에 가입하고자 할 경우 국내체류기간 5년 이상의 요건을 적용하지 않고 있다.

라. 「보험업감독업무 시행규칙」의 표준사업방법서에 따르면, 보험계약 청약서에 계약 전 알릴의무 사항이 기재되어야 하는데, 기재 항목에 현재 및 과거의 질병과 관련하여 최근 3개월 이내의 의료행위 및 약물복용 여부, 1년 이내의 추가검사(재검사) 여부 및 5년 이내의 의료행위 등에 대한 사항이 포함되어 있다.

마. 국내 22개 생명보험사 중 피진정인을 포함하여 ○○○생명보험, ○○○생명보험에서 치아보험을 판매하고 있는데, 외국인에 대한 계약인수기준과 관련하여 피진정인을 제외한 21개 생명보험사를 대상으로 서면조사를 실시한 결과에 따르면 답변자료를 제출한 16개 생명보험사의 계약인수기준은 대부분 기본적으로 청약서와 보험약관 등을 이해할 수 있는 정도의 한국어 능력이 있어야 하고, 적법하게 국내에 체류해야 하며, 상품에 따라서 체류목적이나 체류자격코드별로 일부 제한을 두고 있으나, 5년의 국내체류기간을 요구하지는 않고 있다.

4. 판 단

「국가인권위원회법」 제2조 제3호는 합리적인 이유 없이 결혼이주여 성이라는 이유로 재화·용역 등의 공급·이용과 관련하여 특정한 사람을 우대·배제·구별하거나 불리하게 대우하는 것을 평등권침해의 차별행위로 규정하고 있다. 이 사건은 피진정인이 피해자의 국내 체류 기간이 5년이 경과되지 않았다는 이유로 치아보험 가입을 거절한 것이 불합리한 차별인지 여부가 쟁점이므로, 이하에서는 이러한 제한에 합리적인 이유가 있는지 여부를 살펴본다.

피진정인이 보험 승인여부를 결정하기 위하여 보험 가입자의 최근 5년 이내의 질병여부를 확인하는 것은 필요한 절차라고 할 수 있다.

그러나 외국인의 경우 국내체류 이전의 건강상태를 확인할 수 없다는 이유만으로 국내체류기간 5년 이상을 보험가입요건으로 하는 것이 외국인의 건강상태를 확인하기 위한 유일한 방법이라고는 보이지 않는다. 즉, 국내체류기간 5년 미만인 외국인 보험 가입자의 건강상태를 확인하기 위해서 보험에 가입하기 전 구강검진 자료를 제출하도록 하여 치아 건강상태를 확인할 수 있을 것이다. 또한 피진정인 외 치아보험을 판매하는 2개의 보험사와 대부분의 생명보험사가 외국인의 경우 국내 거주를 목적으로 체류하고 있고 한국어로 된 청약서와 약관을 이해할 수 있어야 한다는 사항 이외에 별도의 국내체류기간을 요건으로 하고 있지 않은 점에 비추어 볼 때 위와 같은 보험가입요건은 적절치 않다고 판단된다.

또한 피진정인은 외국에 장기 체류한 후 입국한 내국인의 경우 국내체류기간 5년 이상의 요건을 적용하지 않고 있으며, 특히 피해자는 결혼 이주여성으로서 내국인과 결혼하여 한국 국적을 취득하는 과정에 있었던 점 등을 감안할 때, 피진정인이 5년의 국내체류기간 요건이 충족되지 않는다는 이유로 결혼 이주여성인 피해자의 보험가입을 거부하는 것에는 합리적인 이유가 없으며, 이는 「국가인권위원회법」 제2조 제3호에서 규정하고 있는 차별행위라고 판단된다.

5. 결 론

이상과 같은 이유로 「국가인권위원회법」 제44조 제1항 제2호의 규정에 따라 주문과 같이 결정한다.

2011.8.26.
국가인권위원회 차별시정소위원회

• 인종을 이유로 한 목욕장시설이용 차별
[11진정0575700, 2011.11.25.]

인종을 이유로 한 목욕장 시설 이용을 차별하는 것은 합리적 이유가 없으므로 이에 대한 시정을 권고한 사례

【진 정 인】 이○○

【피 해 자】 쿠○○○○ ○○○○○

【피진정인】 1. 정○○

  2. 정○○

【주 문】

1. 피진정인들에게, 향후 인종을 이유로 목욕장 시설 이용을 거부하지 말 것을 권고한다.

2. 관할 지방자치단체인 ○○○○시장, ○○○○시 ○○청장에게 외국인 및 귀화외국인이 목욕장 시설을 이용함에 있어 출입제한 등 불합리한 차별이 발생하지 않도록 관리 감독을 강화할 것을 권고한다.

【이 유】

1. 진정요지

피해자는 ○○○○○○ 출신의 귀화 여성으로 2009.10. 한국국적을 취득하였다. 2011.9.25. ○○○○시 ○○ 소재 ○○○○○○ 사우나를 이용하고자 했으나 '외모가 외국인이고 에이즈(AIDS)를 옮길지 모른다'는 이유로 피진정인에 의해 출입을 금지 당하였다. 이는 합리적 이유 없이 인종을 이유로 상업시설 이용을 배제한 차별행위이므로 시정을 바란다.

2. 당사자 주장 및 참고인 진술

가. 피진정인의 주장요지

1) 피진정인 1 (정○○, ○○○○○○ 공동대표)

○○○○○○를 개업할 때부터 동네 주민들이 외국인을 받는 것에 반대를 하여 외국인은 출입시키지 않고 있다. 실제 외국인이 들어와 목욕하는 중에 항의가 들어온 사실도 있다.

2) 피진정인 2 (정○○, ○○○○○○ 공동대표)

2011.9.25. 피해자가 외국인이라는 이유로 출입을 금한 사실은 있으나 에이즈 문제를 언급한 사실은 없다. 영업장 바로 앞쪽이 성매매 집결지로 러시아 여성들이 한국 사람들을 상대로 성매매를 하여 외국인에 대한 동네 주민들의 인식이 좋지 않다. 외국인을 바라보는 부정적인 시선이 바뀌지 않는 한 그들의 출입을 허용하면 오히려 내국인들이 기피하여 영업에 큰 지장이 발생할 것이며 영업 손실을 보상해 주지 않는 한 향후에도 외국인을 받기 어렵다.

나. 참고인 진술 (○○지구대 ○○)

2011.9.25. 112 신고를 받고 ○○○○○○○에 출동해보니 피해자는 사우나 출입제한에 화가 많이 난 상태였고 피진정인 2가 "성매매를 하는 텍사스촌에 에이즈 문제도 있고 내국인 여성이 외국인과 같이 목욕을 하는 것을 싫어해서 피해자를 출입시키지 않았다"고 하였다.

3. 관련규정

별지 기재와 같다.

4. 인정사실

진정인의 진정서, 피해자 면담조사 결과, 피진정인 면담조사 결과 및 참고인 진술 등 관련 자료를 종합하면 아래와 같은 사실이 인정된다.

가. 피진정인들이 공동대표로 운영하는 ○○○○○○○는 7층 규모로 2005.12. 개업하여 ○○역 맞은편에 위치(○○○○시 ○○ 소재)해 있는 목욕 및 사우나 시설이다.

나. 피진정인들은 개업 시 '외국인은 손님으로 받지 않길 바라는 동네주민들의 의견'에 따라 외국인을 받지 않기로 영업방침을 정하였고, 실제 외국인이 출입하여 목욕장을 이용하는 중에 내국인 이용자들의 항의가 들어오자 외국인에게 이용료를 환불 해주고 돌려보낸 사실이 있다.

다. 피해자는 2004.8. 한국인 남편과 결혼을 하고 2009.10. 한국국적을 취득하여 '○○○'이라는 이름을 쓰고 있으며 2011.9.25. 15:00경 사우나를 이용하기 위해 ○○○○○○○를 찾았으나 외국인은 이용할 수 없다는 이유로 출입을 금지 당하자 경찰에 신고하여 참고인이 현장에 출동하였다.

라. 피진정인 2는 출동한 참고인에게 "성매매 집결지가 가깝고 특히 외국인 성매매도 많은 지역 특성상 에이즈 문제도 있고 내국인 이용자들이 외국인에 대한 부정적 인식이 많아 피해자를 사우나에 출입시킬 수 없다"고 하였으며 이에 진정인은 주민등록증을 제시하며 귀화한 한국 사람임을 밝히며 출입을 요청했으나 끝내 허용하지 않았다.

5. 판 단

「국가인권위원회법」 제2조 제3호는 합리적인 이유 없이 상업시설 이용과 관련하여 특정한 사람을 배제하는 것을 평등권침해의 차별행위로 규정하고 있고 「인종차별철폐협약」 제5조 (f)는 인종, 피부색의 구별 없이 공중이 이용하는 모든 장소 또는 시설에 접근할 권리를 규정하고 있다. 따라서 이하에서는 피진정인들이 피해자의 사우나 출입을 금지한 것이 인종 등을 이유로 한 불합리한 차별인지 여부를 살펴보기로 한다.

가. 피진정인들은 개업 당시부터 외국인을 손님으로 받으면 사우나를 이용하지 않겠다는 동네주민의 의견이 많아 외국인은 받지 않는 것을 영업방침으로 정했다고 주장하고 있다. 영업이익을 추구하는 목욕장 시설 운영자로서 고객의 선호를 고려하지 않을 수 없겠으나 고객의 선호가 합리적 이유 없는 인종차별을 정당화할 수는 없을 것이다.

나. 에이즈는 혈액, 성적접촉, 모유 등 체액을 통해서 감염되는 것으로 목욕장 시설을 함께 이용한다고 하여 감염되는 것이 아님에도 우리 사회에서는 아직도 에이즈가 외국인에 대한 혐오의 이유가 되고 이로 인하여 공중서비스 시설 이용을 제한한다는 것은 그 합리성이 인정되지 않는다.

다. 따라서 피진정인들이 피해자가 외국인의 용모이고 이에 따라 에이즈 감염 염려나 내국인 이용자들의 불만 등을 이유로 목욕장 시설의 출입을 금지한 것은 「국가인권위원회법」 제2조 제3호에서 규정하고 있는 평등권침해의 차별행위라고 판단된다.

라. 2011년 현재 대한민국은 외국인 인구가 130만여 명으로 다문화 사회를 맞이하고 있으며 '인종차별금지법' 제정 요구가 있는 상황임을 감안할 때, 각 지방자치단체도 외국인에 대한 차별을 없애고 내·외국인이 서로를 이해하고 존중하는 사회 환경을 조성하기 위하여 노력하여야 할 것이며, 「재한외국인 처우기본법」 제10조에 국가 및 지방자치단체가 재한외국인 또는 그 자녀에 대한 불합리한 차별 방지 및 인권옹호를 위한 교육·홍보 및 그 밖에 필요한 조치를 요구하고 있는바 관할인 ㅇㅇㅇㅇ시장은 현재 진행되고 있는 인권조례 제정 논의에 맞추어 지역 내 외국인 및 귀화외국인이 인종, 피부색 등을 이유로 목욕장 시설 이용에 있어 차별을 받지 않도록 관련 규정을 마련하고 ㅇㅇ 시내 목욕장 시설에 대한 행정지도 등을 통해 외국인에 대한 차별행위를 예방하는 노력이 필요하다. 또한, ㅇㅇㅇㅇ시 ㅇㅇ청장은 관내 공중위생 시설 점검 시 외국인 및 귀화외국인이 목욕장 시설을 이용할 때 불합리한 차별을 받지 않도록 사업장에 대한 행정지도 등 관리 감독을 강화할 필요가 있는 것으로 판단된다.

6. 결 론

이상과 같은 이유로 「국가인권위원회법」 제44조 제1항 제1호 및 제2호의 규정에 따라 주문과 같이 결정한다.

2011.11.25.

위원장 김영혜
위 원 양현아
위 원 김성영

[별지]

【관련규정】

1. 헌 법

제11조 ① 모든 국민은 법 앞에 평등하다. 누구든지 성별·종교 또는 사회적 신분에 의하여 정치적·경
제적·사회적·문화적 생활의 모든 영역에 있어서 차별을 받지 아니한다.

제37조 ① 국민의 자유와 권리는 헌법에 열거되지 아니한 이유로 경시되지 아니한다.

2. 모든 형태의 인종차별 철폐에 관한 국제협약

제1조 1. 이 협약에서 "인종차별"이라 함은 인종, 피부색, 가문 또는 민족이나 종족의 기원에 근거를
둔 어떠한 구별, 배척, 제한 또는 우선권을 말하며 이는 정치, 경제, 사회, 문화 또는 기타 어떠
한 공공생활의 분야에 있어서든 평등하게 인권과 기본적 자유의 인정, 향유 또는 행사를 무효화
시키거나 침해하는 목적 또는 효과를 가지고 있는 경우이다.

제5조 제2조에 규정된 기본적 의무에 따라 체약국은 특히 아래의 제 권리를 향유함에 있어서 인종,
피부색 또는 민족이나 종족의 기원에 구별 없이 만인의 권리를 법 앞에 평등하게 보장하고 모든
형태의 인종차별을 금지하고 폐지할 의무를 진다.

(f) 운송, 호텔, 음식점, 카페, 극장 및 공원과 같은 공중이 사용하는 모든 장소 또는 시설에
접근하는 권리

3. 국가인권위원회법

제2조(정의) 이 법에서 사용하는 용어의 뜻은 다음과 같다.

3. "평등권침해의 차별행위"라 함은 합리적인 이유 없이 성별, 종교, 장애, 나이, 사회적 신분,
출신지역(출생지, 등록기준지, 성년이 되기 전의 주된 거주지역 등을 말한다), 출신국가,
출신민족, 용모 등 신체조건, 기혼·미혼·별거·이혼·사별·재혼·사실혼 등 혼인 여부,
임신 또는 출산, 가족형태 또는 가족상황, 인종, 피부색, 사상 또는 정치적 의견, 형의 효력
이 실효된 전과(前科), 성적(性的) 지향, 학력, 병력(病歷) 등을 이유로 한 다음 각 목의
어느 하나에 해당하는 행위를 말한다. 다만, 현존하는 차별을 해소하기 위하여 특정한 사람

(특정한 사람들의 집단을 포함한다. 이하 이 조에서 같다)을 잠정적으로 우대하는 행위와 이를 내용으로 하는 법령의 제정·개정 및 정책의 수립·집행은 평등권침해의 차별행위(이하 "차별행위"라 한다)로 보지 아니한다.

나. 재화 용역 교통수단 상업시설 토지 주거시설의 공급이나 이용과 관련하여 특정한 사람을 우대 배제 구별하거나 불리하게 대우하는 행위

4. 공중위생관리법

제2조(정의) ① 이 법에서 사용하는 용어의 정의는 다음과 같다.

1. "공중위생영업"이라 함은 다수인을 대상으로 위생관리서비스를 제공하는 영업으로서 숙박업·목욕장업·이용업·미용업·세탁업·위생관리용역업을 말한다.

2. "숙박업"이라 함은 손님이 잠을 자고 머물 수 있도록 시설 및 설비 등의 서비스를 제공하는 영업을 말한다. 다만, 농어촌에 소재하는 민박 등 대통령령이 정하는 경우를 제외한다.

3. "목욕장업"이라 함은 다음 각목의 어느 하나에 해당하는 서비스를 손님에게 제공하는 영업을 말한다. 다만, 숙박업 영업소에 부설된 욕실 등 대통령령이 정하는 경우를 제외한다.

가. 물로 목욕을 할 수 있는 시설 및 설비 등의 서비스

나. 맥반석·황토·옥 등을 직접 또는 간접 가열하여 발생되는 열기 또는 원적외선 등을 이용하여 땀을 낼 수 있는 시설 및 설비 등의 서비스

제9조(보고 및 출입·검사) ① 특별시장·광역시장·도지사(이하 "시·도지사"라 한다) 또는 시장·군수·구청장은 공중위생관리상 필요하다고 인정하는 때에는 공중위생영업자 및 공중이용시설의 소유자등에 대하여 필요한 보고를 하게 하거나 소속공무원으로 하여금 영업소·사무소·공중이용시설 등에 출입하여 공중위생영업자의 위생관리의무이행 및 공중이용시설의 위생관리실태 등에 대하여 검사하게 하거나 필요에 따라 공중위생영업장부나 서류를 열람하게 할 수 있다.

② 제1항의 경우에 관계공무원은 그 권한을 표시하는 증표를 지녀야 하며, 관계인에게 이를 내보여야 한다.

③ 제1항의 규정을 적용함에 있어서 관광진흥법 제4조제2항의 규정에 의하여 등록한 관광숙박업(이하 "관광숙박업"이라 한다)의 경우에는 당해 관광숙박업의 관할행정기관의 장과 사전에 협의하여야 한다. 다만, 보건위생관리상 위해요인을 방지하기 위하여 긴급한 사유가 있는 경우에는 그러하지 아니하다.

③ 제1항의 규정을 적용함에 있어서 관광진흥법 제4조제2항의 규정에 의하여 등록한 관광숙박업(이하 "관광숙박업"이라 한다)의 경우에는 당해 관광숙박업의 관할행정기관의 장과 사전에 협의하여야 한다. 다만, 보건위생관리상 위해요인을 방지하기 위하여 긴급한 사유가 있는 경우에는 그러하지 아니하다.

5. 재한외국인 처우기본법

제1조(목적) 이 법은 재한외국인에 대한 처우 등에 관한 기본적인 사항을 정함으로써 재한외국인이

대한민국 사회에 적응하여 개인의 능력을 충분히 발휘할 수 있도록 하고, 대한민국 국민과 재한외국인이 서로를 이해하고 존중하는 사회 환경을 만들어 대한민국의 발전과 사회통합에 이바지함을 목적으로 한다.

제2조(정의) 이 법에서 사용하는 용어의 정의는 다음과 같다.

1. "재한외국인"이란 대한민국의 국적을 가지지 아니한 자로서 대한민국에 거주할 목적을 가지고 합법적으로 체류하고 있는 자를 말한다.

2. "재한외국인에 대한 처우"란 국가 및 지방자치단체가 재한외국인을 그 법적 지위에 따라 적정하게 대우하는 것을 말한다.

3. "결혼이민자"란 대한민국 국민과 혼인한 적이 있거나 혼인관계에 있는 재한외국인을 말한다.

제3조(국가 및 지방자치단체의 책무) 국가 및 지방자치단체는 제1조의 목적을 달성하기 위하여 재한외국인에 대한 처우 등에 관한 정책의 수립·시행에 노력하여야 한다.

제10조(재한외국인 등의 인권옹호) 국가 및 지방자치단체는 재한외국인 또는 그 자녀에 대한 불합리한 차별 방지 및 인권옹호를 위한 교육·홍보, 그 밖에 필요한 조치를 하기 위하여 노력하여야 한다.

6. 부산광역시 자치구 인권조례

1) 부산광역시 해운대구 인권증진 조례

제4조(구민의 권리) 구민은 합리적인 이유 없이 성별, 종교, 장애, 나이, 사회적 신분, 출신지역, 출신국가, 출신민족, 용모 등 신체조건, 병력(病歷), 혼인 여부, 정치적 의견 및 성적(性的) 지향 등을 이유로 차별받지 않는다.

제5조(사업장 등의 책무) 사업장과 각종 단체(이하 "사업장 등"이라 한다)는 구민의 인권보호와 증진에 적극 참여하여야 하며, 사업장등의 대표자 또는 관리자는 사업자등에서 인권침해를 방지하기 위하여 노력하여야 한다.

제6조(기본계획의 수립) ① 부산광역시 해운대구청장(이하 "구청장"이라 한다)는 구민의 인권 보호와 증진을 위한 시책의 체계적인 추진을 위하여 5년마다 부산광역시 해운대구인권증진기본계획(이하 "기본계획"이라 한다)를 수립하여야 한다.

② 기본계획에는 다음 각 호의 사항이 모두 포함되어야 한다.

1. 인권보호 및 증진의 기본방향에 관한 사항
2. 인권 관련 사항의 현황과 인권침해요소의 현황 및 개선방안
3. 인권 보호와 증진을 위한 목표와 이를 달성하기 위한 단계별 시책 및 사업계획
4. 인권약자에 대한 특별한 인권 보호와 증진계획
5. 사업 시행에 필요한 비용의 산정 및 재원 조달방법
6. 그 밖에 인권 보호와 증진에 관한 사항

2) 부산광역시 수영구 인권증진 조례

제5조(구민의 권리) ① 구민은 인간의 존엄을 누리고 평등하게 대우받으며 인간다운 삶을 누릴 권리를

가진다.

② 구민은 합리적인 이유 없이 성별, 종교, 장애, 나이, 사회적 신분, 출신지역, 출신국가, 출신 민족, 용모 등 신체조건, 병력(病歷), 혼인 여부, 정치적 의견 및 성적(性的) 지향 등을 이유로 차별받지 않는다.

제7조(기본계획의 수립) ① 구청장은 구민의 인권 보호와 증진을 위한 인권증진기본계획(이하 "기본계획"이라 한다)을 수립하여야 한다.

② 기본계획에는 다음 각 호의 사항이 모두 포함되어야 한다.

1. 인권보호와 증진의 기본방향

2. 인권보호와 증진을 위한 목표와 이를 달성하기 위한 단계별 시책 및 사업 계획

3. 인권약자에 대한 인권 보호와 증진계획

4. 그 밖에 인권 보호와 증진에 관한 사항

3) 부산광역시 남구 인권증진 조례

제5조(구민의 권리 등) ① 구민은 인간의 존엄을 누리고 평등하게 대우받으며 인간다운 삶을 누릴 권리를 가진다.

② 구민은 합리적인 이유 없이 성별, 종교, 장애, 나이, 사회적 신분, 출신지역, 출신국가, 출신 민족, 용모 등 신체조건, 병력(病歷), 혼인 여부, 정치적 의견 및 성적(性的) 지향 등을 이유로 차별받지 않는다.

제7조(기본계획의 수립) ① 구청장은 구민의 인권 보호와 증진을 위한 시책의 체계적인 추진을 위하여 4년마다 부산광역시 남구 인권증진기본계획(이하 "기본계획"이라 한다)를 수립하여야 한다.

② 기본계획에는 다음 각 호의 사항이 모두 포함되어야 한다.

1. 인권보호 및 증진의 기본방향에 관한 사항

2. 인권 관련 사항의 현황과 인권침해요소의 현황 및 개선방안

3. 인권 보호와 증진을 위한 목표와 이를 달성하기 위한 단계별 시책 및 사업계획

4. 인권약자에 대한 특별한 인권 보호와 증진계획

5. 사업 시행에 필요한 비용의 산정 및 재원 조달방법

6. 그 밖에 인권 보호와 증진에 관한 사항

제4부	이주민 관련 법령

1. 출입국관리법
   - 3단비교표(법률-시행령-시행규칙)

2. 외국인근로자의 고용 등에 관한 법률
   - 3단비교표(법률-시행령-시행규칙)

3. 결혼중개업의 관리에 관한 법률
   - 3단비교표(법률-시행령-시행규칙)

4. 난민법
   - 3단비교표(법률-시행령-시행규칙)

1. 출입국관리법

3단비교표(법률-시행령-시행규칙)

출입국관리법 [법률 제11298호, 2012.2.10, 타법개정]	출입국관리법 시행령 [대통령령 제24551호, 2013.5.31, 일부개정]	출입국관리법 시행규칙 [법무부령 제793호, 2013.5.31, 일부개정]
제1장 총칙 〈개정 2010.5.14〉		
제1조(목적) 이 법은 대한민국에 입국하거나 대한민국에서 출국하는 모든 국민 및 외국인의 출입국관리를 통한 안전한 국경관리와 대한민국에 체류하는 외국인의 체류관리 및 난민(難民)의 인정절차 등에 관한 사항을 규정함을 목적으로 한다. 〈개정 2012.1.26〉 [전문개정 2010.5.14]		「외국인보호규칙」 제1조(목적) 이 규칙은 「출입국관리법」 제51조부터 제56조까지, 제56조의2부터 제56조의9까지 및 제57조에 따른 외국인 보호에 필요한 사항을 규정함을 목적으로 한다. [전문개정 2012.6.13]
제2조(정의) 이 법에서 사용하는 용어의 뜻은 다음과 같다. 1. "국민"이란 대한민국의 국민을 말한다. 2. "외국인"이란 대한민국의 국적을 가지지 아니한 사람을 말한다. 3. "난민"이란 「난민의 지위에 관한 협약」(이하 "난민협약"이라 한다) 제1조나 「난민의 지위에 관한 의정서」 제1조에 따라 난민협약의 적용을 받는 사람을 말한다. 4. "여권"이란 대한민국정부·외국 정부 또는 권한 있는 국제기구에서 발급한 여권 또는 난민여행증명서나 그 밖에 여권을 갈음하는 증명서로서 대한민국정부가 유효하다고 인정하는 것을 말한다. 5. "선원신분증명서"란 대한민국정부나 외국정부가 발급한 문서로서 선원임을 증명하는 것을 말한다. 6. "출입국항"이란 출국하거나 입국할 수 있는 대한민국의 항구·공항과 그 밖의 장소로서 대통령령으로 정하는 곳을 말한다.	제98조(출입국항) ① 법 제2조제6호에 따라 출입국항을 다음과 같이 지정한다. 1. 「항공법」 제2조제7호에 따라 국토해양부장관이 지정한 국제공항 2. 「남북교류협력에 관한 법률 시행령」 제2조제1항제1호부터 제3호까지와 제6호에 따른 출입장소 3. 「개항질서법 시행령」 제2조에 따른 개항 4. 오산군용비행장, 대구군용비행장, 광주군용비행장, 군산군용비행장 및 서울공항 ② 도심공항터미널은 「항공법」 제2조제8호에 따라 이를 출입국항시설의 일부로 본다. [전문개정 2011.11.1]	제6조의2(출국금지 대상자) ① 법 제4조제1항제5호에서 "법무부령으로 정하는 사람"이란 다음 각 호의 어느 하나에 해당하는 사람을 말한다. 1. 「병역법」 제65조제5항에 따라 보충역 편입처분이나 공익근무요원 소집의 해제처분이 취소된 사람 2. 거짓이나 그 밖의 부정한 방법으로 병역면제·제2국민역·보충역의 처분을 받고 그 처분이 취소된 사람 3. 「병역법 시행령」 제128조제4항에 따라 징병검사·입영 등의 연기처분이 취소된 사람 4. 종전 「병역법」(2004.12.31. 법률 제7272호로 개정되기 전의 것을 말한다) 제65조제4항에 따라 병역면제 처분이 취소된 사람. 다만, 영주귀국의 신고를 한 사람은 제외한다. 5. 「병역법」 제76조제1항 각 호 또는 제3항에 해당하는 병역의무불이행자 6. 「병역법」 제86조를 위반하여 병

7. "재외공관의 장"이란 외국에 주재하는 대한민국의 대사(大使), 공사(公使), 총영사(總領事), 영사(領事) 또는 영사업무를 수행하는 기관의 장을 말한다. 8. "선박 등"이란 대한민국과 대한민국 밖의 지역 사이에서 사람이나 물건을 수송하는 선박, 항공기, 기차, 자동차, 그 밖의 교통기관을 말한다. 9. "승무원"이란 선박 등에서 그 업무를 수행하는 사람을 말한다. 10. "운수업자"란 선박 등을 이용하여 사업을 운영하는 자와 그를 위하여 통상 그 사업에 속하는 거래를 대리하는 자를 말한다. 11. "보호"란 출입국관리공무원이 제46조제1항 각 호에 따른 강제퇴거 대상에 해당된다고 의심할 만한 상당한 이유가 있는 사람을 출국시키기 위하여 외국인보호실, 외국인보호소 또는 그 밖에 법무부장관이 지정하는 장소에 인치(引致)하고 수용하는 집행활동을 말한다. 12. "외국인보호실"이란 이 법에 따라 외국인을 보호할 목적으로 출입국관리사무소나 그 출장소에 설치한 장소를 말한다. 13. "외국인보호소"란 이 법에 따라 외국인을 보호할 목적으로 설치한 시설로서 대통령령으로 정하는 곳을 말한다. 14. "출입국사범"이란 제93조의2, 제93조의3, 제94조부터 제99조까지, 제99조의2, 제99조의3 및 제100조에 규정된 죄를 범하였다고 인정되는 자를 말한다. [전문개정 2010.5.14]		역의무 기피·감면 목적으로 도망가거나 행방을 감춘 사람 7. 2억 원 이상의 국세를 포탈한 혐의로 세무조사를 받고 있는 사람 8. 20억 원 이상의 허위 세금계산서 또는 계산서를 발행한 혐의로 세무조사를 받고 있는 사람 9. 영 제98조에 따른 출입국항에서 타인 명의의 여권 또는 위조·변조여권 등으로 출입국하려고 한 사람 10. 3천만 원 이상의 공금횡령(橫領) 또는 금품수수(收受) 등의 혐의로 감사원의 감사를 받고 있는 사람 11. 그 밖에 출국 시 국가안보 또는 외교관계를 현저하게 해칠 염려가 있다고 법무부장관이 인정하는 사람 ② 법 제4조제2항제1호에서 도주 등 특별한 사유가 있어 수사 진행이 어려운 사람은 도주 등으로 체포영장 또는 구속영장이 발부되거나 지명수배된 사람으로 한다. [본조신설 2012.1.19] 「외국인보호규칙」 제2조(정의) 이 규칙에서 사용하는 용어의 뜻은 다음과 같다. 1. "보호시설"이란 「출입국관리법」(이하 "법"이라 한다) 제52조제2항에 규정된 외국인보호소·외국인보호실 또는 그 밖에 법무부장관이 지정하는 장소를 말한다. 2. "보호외국인"이란 보호시설에 보호되어 있는 외국인을 말한다. 3. "소장"이란 출입국관리사무소장·출장소장 또는 외국인보호소장을 말한다. [전문개정 2012.6.13]
제2장 국민의 출입국 〈개정 2010.5.14〉		
제3조(국민의 출국) ① 대한민국에서 대한민국 밖의 지역으로 출국(이하 "출국"이라 한다)하려는 국민은 유효한	제1조(출입국심사) ① 대한민국의 국민이 「출입국관리법」(이하 "법"이라 한다) 제3조에 따른 출국심사 또는 법	제1조(출입국심사) 출입국관리공무원은 「출입국관리법」(이하 "법"이라 한다), 「출입국관리법 시행령」(이하 "영"이

여권을 가지고 출국하는 출입국항에서 출입국관리공무원의 출국심사를 받아야 한다. 다만, 부득이한 사유로 출입국항으로 출국할 수 없을 때에는 관할 출입국관리사무소장(이하 "사무소장"이라 한다)이나 관할 출입국관리사무소 출장소장(이하 "출장소장"이라 한다)의 허가를 받아 출입국항이 아닌 장소에서 출입국관리공무원의 출국심사를 받은 후 출국할 수 있다.

② 제1항에 따른 출국심사는 대통령령으로 정하는 바에 따라 정보화기기에 의한 출국심사로 갈음할 수 있다.

[전문개정 2010.5.14]

제6조에 따른 입국심사를 받을 때에는 여권과 출입국신고서를 출입국관리공무원에게 제출하고 질문에 답하여야 한다. 〈개정 2011.11.1〉

② 출입국관리공무원은 제1항에 따른 출국심사 또는 입국심사를 할 때에는 출입국의 적격 여부와 그 밖에 필요한 사항을 확인하여야 한다. 〈개정 2011.11.1〉

③ 출입국관리공무원은 제1항 및 제2항에 따른 출국심사 또는 입국심사를 마친 때에는 여권과 출입국신고서에 출국심사인 또는 입국심사인을 찍어야 한다. 〈개정 2011.11.1〉

④ 출입국관리공무원은 선박 등의 승무원인 국민이 출입국하는 경우에는 제1항 및 제3항에도 불구하고 승무원등록증 또는 선원신분증명서의 확인으로 출입국신고서의 제출과 출국심사인 또는 입국심사인의 날인을 갈음할 수 있다. 다만, 선박 등의 승무원이 최초로 출국하거나 최종적으로 입국하는 경우에는 그러하지 아니하다. 〈개정 2011.11.1〉

⑤ 선박 등의 승무원인 국민이 최초로 출국하는 경우에는 승무원등록을 하여야 한다. 다만, 부정기적으로 운항하는 선박 등의 승무원인 경우에는 그러하지 아니하다. 〈개정 2011.11.1〉

⑥ 병역의무자인 국민이 출국심사를 받을 때에는 「병역법」 제70조에 따른 국외여행허가(기간연장허가를 포함한다)를 받았다는 확인서를 제출하여야 한다. 다만, 출입국관리공무원은 병무청장으로부터 정보통신망 등을 통하여 병역의무자인 국민이 국외여행허가를 받았음을 통보받은 경우에는 확인서 제출을 생략하게 할 수 있다. 〈개정 2011.11.1〉

⑦ 삭제 〈2005.7.5〉

라 한다) 및 이 규칙이 정하는 바에 따라 영 제1조의 규정에 의한 대한민국의 국민(이하 "국민"이라 한다)에 대한 출입국심사를 하는 때에는 여권명의인의 본인 여부 및 여권의 위·변조여부, 출입국규제여부 기타 법무부장관이 따로 정한 사항 등을 확인하여야 한다. 〈개정 2005.7.8〉

제2조(출입국신고서의 작성 등) ①영 제1조제1항의 규정에 의한 출입국신고서는 공용란을 제외하고는 출입국자 본인이 작성하여야 한다. 다만, 부득이한 사유로 출입국자 본인이 직접 작성할 수 없는 경우에는 그러하지 아니하다. 〈개정 1994.7.20〉

② 출입국자는 제1항의 규정에 의하여 출입국신고서를 작성하는 때에는 사항별로 이를 정확하게 기재하여야 한다.

③ 출입국관리공무원은 제1항의 규정에 의하여 작성·제출한 출입국신고서에 잘못 기재된 것이나 기타 미비한 사항이 있는지 여부를 확인하여 이를 보완하게 하고, 공용란은 자신이 직접 기재하여야 한다. 〈개정 1994.7.20〉

④ 출입국관리공무원은 영 제1조제10항의 규정에 의하여 출입국신고서의 제출을 생략하게 하는 경우에는 해당 출입국자의 출입국기록에 관한 사항을 즉시 정보화처리하여 저장하여야 한다. 〈신설 2005.7.8〉

제4조(승무원의 등록 등) ①영 제1조제5항의 규정에 의하여 승무원(부정기적으로 운항하는 선박 등의 승무원을 제외한다)이 승무원등록을 하고자 하는 때에는 여권 및 승무원등록신고서에 사진 1매와 재직증명서를 첨부하여 출입국관리공무원에게 제출하여야 한다. 〈개정 1994.7.20, 1997.7.1, 2005.7.8〉

② 출입국관리공무원이 제1항의 규정에 의한 승무원등록신고서를

⑧ 출입국관리공무원은 법 제6조제2항에 따라 유효한 여권을 가지지 아니하고 입국하려는 국민에 대해서는 국민임을 증명할 수 있는 서류를 제출하게 하여 심사하고 그의 출국사실 등을 확인하여야 한다. 〈개정 2011.11.1〉

⑨ 출입국관리공무원은 제8항에 따른 심사 결과 국민임이 확인된 때에는 출입국신고서에 입국심사인을 찍어야 한다. 〈개정 2011.11.1〉

⑩ 출입국관리공무원은 여권자동판독기 등 정보화기기를 이용하여 개인별 출입국기록을 확보할 수 있는 경우 또는 법무부장관이 정하는 경우에는 제1항·제3항·제4항 및 제9항에도 불구하고 출입국신고서의 제출을 생략하게 하거나 출국심사인 또는 입국심사인의 날인을 생략할 수 있다. 〈개정 2011.11.1〉

[제목개정 2011.11.1]

제1조의2(정보화기기를 이용한 출입국심사) ① 다음 각 호의 요건을 모두 갖춘 국민은 법 제3조제2항 및 제6조제3항에 따라 정보화기기에 의한 출입국심사를 받을 수 있다. 〈개정 2012.1.13, 2012.2.28, 2013.5.31〉

1. 유효한 복수여권을 가지고 있을 것
2. 법무부령으로 정하는 바에 따라 스스로 지문과 얼굴에 관한 정보를 등록하였을 것
3. 법 제4조제1항·제2항에 따른 출국금지 또는 법 제4조의6제1항에 따른 긴급출국금지 대상이 아닌 사람으로서 다음 각 목의 어느 하나에 해당할 것
   가. 17세 이상의 사람으로서 주민등록증(「재외동포의 출입국과 법적 지위에 관한 법률」 제2조제1호에 따른 재외국민의 경우에는 같은 법 제7조제1항제1호에 따른 재외국민 국내거소신고증을 말

제출받은 때에는 승무원의 자격심사를 한 후 등록번호를 부여하여 승무원등록대장에 기재하고 승무원등록증을 그 승무원에게 교부하여야 한다. 〈개정 1994.7.20〉

③ 제2항의 규정에 의하여 등록을 한 승무원이 등록사항에 변동이 있는 때에는 관계 증명서류를 출입국관리공무원에게 제출하여야 한다.

제1조의2(정보화기기를 이용한 출입국심사) ① 영 제1조의2에 따라 정보화기기에 의한 출입국심사(이하 "자동출입국심사"라 한다)를 받기 위하여 지문과 얼굴에 관한 정보를 등록하려는 국민은 출입국관리사무소의 장(이하 "사무소장"이라 한다) 또는 출입국관리사무소출장소의 장(이하 "출장소장"이라 한다)에게 자동출입국심사 등록신청서를 제출하여야 한다. 다만, 법무부장관은 필요하다고 인정하는 사람의 경우에는 정보화기기를 통하여 자동출입국심사 등록을 신청하게 할 수 있다. 〈개정 2010.11.16, 2013.5.31〉

② 사무소장 또는 출장소장은 제1항에 따른 신청을 받으면 영 제1조의2제1항 각 호의 요건을 확인하고 신청자의 여권에 자동출입국심사 등록 확인인을 날인하거나 자동출입국심사 등록 스티커를 붙여야 한다. 〈개정 2013.5.31〉

③ 영 제1조의2에 따라 등록을 한 사람은 등록을 해지하거나 등록정보를 정정하려면 사무소장 또는 출장소장에게 다음 각 호의 구분에 따른 서류를 제출하여야 한다. 다만, 법무부장관은 필요하다고 인정하는 사람의 경우에는 정보화기기를 통하여 등록 해지 또는 등록정보 정정을 신청하게 할 수 있다. 〈개정 2011.12.23, 2013.5.31〉

1. 등록을 해지하려는 경우: 자동출입국심사 등록 해지신청서

	한다)을 발급받았을 것 나. 14세 이상 17세 미만의 사람으로서 주민등록(「재외동포의 출입국과 법적 지위에 관한 법률」 제2조제1호에 따른 재외국민의 경우에는 같은 법 제6조제1항에 따른 국내거소신고를 말한다)이 되어 있고, 부모의 동의를 받아 제2호의 지문과 얼굴에 관한 정보를 등록하였을 것 4. 그 밖에 「여권법」에 따라 사용이 제한되거나 반납명령을 받은 여권을 가지고 있는 등 출입국관리공무원의 심사가 필요한 경우에 해당하지 아니할 것 ② 제1항에 따라 출입국심사를 마친 사람에 대해서는 제1조제3항에 따른 출국심사인이나 입국심사인의 날인을 생략한다. ③ 제1항제2호에 따른 등록 절차와 방법 등에 관한 사항은 법무부령으로 정한다. [전문개정 2011.11.1]	2. 등록정보를 정정하려는 경우: 자동출입국심사 등록정보 정정신청서 ④ 사무소장 또는 출장소장은 제3항에 따른 해지 또는 정정 신청을 접수하면 지체 없이 그 등록의 해지 또는 등록정보의 정정을 하여야 한다. ⑤ 제1항 및 제2항에 따른 절차를 마친 국민은 제4항에 따라 등록을 해지하지 아니하는 한 그 등록을 마친 때부터 계속하여 영 제1조의2에 따른 출입국심사를 받을 수 있다. [본조신설 2009.4.3]
	제3조의2(출국금지 요청대장의 작성 및 관리) 출국금지 요청기관의 장은 출국금지 요청, 출국금지기간 연장요청, 출국금지 해제요청 및 그 해제 등의 변동사항을 적은 출국금지 요청대장을 갖추어 두어야 한다. [전문개정 2011.11.1]	
		제3조(출입국신고서의 관리) ① 사무소장 또는 출장소장은 제2조에 따른 출입국신고서를 법무부장관이 따로 지정한 정보화망을 관리하는 사무소장(이하 "정보화망관리소장"이라 한다)에게 지체없이 송부하여야 한다.〈개정 2005.7.8, 2009.4.3〉 ② 정보화망관리소장은 제1항의 규정에 의한 출입국신고서를 정보화처리하고 이를 정보기록보존매체등에 수록하여 관리하여야 한다.〈개정 1997.7.1, 2005.7.8〉

		③ 정보화망관리소장은 제2조제4항 및 이 조 제2항의 규정에 의하여 정보화처리된 결과를 출입국자명부로 작성·관리하여야 한다. 〈개정 2005.7.8〉
제4조(출국의 금지) ① 법무부장관은 다음 각 호의 어느 하나에 해당하는 국민에 대하여는 6개월 이내의 기간을 정하여 출국을 금지할 수 있다. 〈개정 2011.7.18〉 1. 형사재판에 계속(係屬) 중인 사람 2. 징역형이나 금고형의 집행이 끝나지 아니한 사람 3. 대통령령으로 정하는 금액 이상의 벌금이나 추징금을 내지 아니한 사람 4. 대통령령으로 정하는 금액 이상의 국세·관세 또는 지방세를 정당한 사유 없이 그 납부기한까지 내지 아니한 사람 5. 그 밖에 제1호부터 제4호까지의 규정에 준하는 사람으로서 대한민국의 이익이나 공공의 안전 또는 경제질서를 해칠 우려가 있어 그 출국이 적당하지 아니하다고 법무부령으로 정하는 사람 ② 법무부장관은 범죄 수사를 위하여 출국이 적당하지 아니하다고 인정되는 사람에 대하여는 1개월 이내의 기간을 정하여 출국을 금지할 수 있다. 다만, 다음 각 호에 해당하는 사람은 그 호에서 정한 기간으로 한다. 〈신설 2011.7.18〉 1. 소재를 알 수 없어 기소중지결정이 된 사람 또는 도주 등 특별한 사유가 있어 수사진행이 어려운 사람: 3개월 이내 2. 기소중지결정이 된 경우로서 체포영장 또는 구속영장이 발부된 사람: 영장 유효기간 이내 ③ 중앙행정기관의 장 및 법무부장관이 정하는 관계 기관의 장은 소관 업무와 관련하여 제1항 또는 제2	제2조(출국금지 절차) ① 법무부장관은 법 제4조제1항 또는 제2항에 따라 출국을 금지하려는 경우에는 관계 기관의 장에게 의견을 묻거나 관련 자료를 제출하도록 요청할 수 있다. 〈개정 2012.1.13〉 ② 중앙행정기관의 장 및 법무부장관이 정하는 관계 기관의 장은 법 제4조제3항에 따라 출국금지를 요청하는 경우에는 출국금지 요청 사유와 출국금지 예정기간 등을 적은 출국금지 요청서에 법무부령으로 정하는 서류를 첨부하여 법무부장관에게 보내야 한다. 다만, 시장·군수 또는 구청장(「제주특별자치도 설치 및 국제자유도시 조성을 위한 특별법」 제17조에 따른 행정시장을 포함하며, 구청장은 자치구의 구청장을 말한다. 이하 같다)의 소관 업무에 관한 출국금지 요청은 특별시장·광역시장 또는 도지사(특별자치도지사를 포함한다. 이하 같다)가 한다. 〈개정 2012.1.13〉 ③ 제2항 본문에 따른 출국금지 예정기간은 법 제4조제1항 또는 제2항에 따른 출국금지기간을 초과할 수 없다. 〈개정 2012.1.13〉 [전문개정 2011.11.1] 제2조의2(출국금지기간 연장 절차) ① 법무부장관은 법 제4조의2제1항에 따라 출국금지기간을 연장하려면 법 제4조제1항 또는 제2항에 따른 출국금지기간 내에서 그 기간을 정하여 연장하여야 한다. 이 경우 법무부장관은 관계 기관의 장에게 의견을 묻거나 관련 자료를 제출하도록 요청할 수 있다. 〈개정 2012.1.13〉 ② 제2조제2항에 따라 출국금지를	제6조의4(출국금지 등의 요청 시 첨부서류) ① 영 제2조제2항 본문에서 "법무부령으로 정하는 서류"란 다음 각 호의 서류를 말한다. 1. 다음 각 목의 사항에 대한 소명자료 　가. 당사자가 법 제4조제1항 또는 제2항에 따른 출국금지 대상자에 해당하는 사실 　나. 출국금지가 필요한 사유 2. 검사의 수사지휘서(법 제4조제2항에 따른 범죄 수사 목적인 경우에만 해당한다) ② 영 제2조의2제2항에서 "법무부령으로 정하는 서류"란 다음 각 호의 서류를 말한다. 1. 다음 각 목의 사항에 대한 소명자료 　가. 당사자가 법 제4조제1항 또는 제2항에 따른 출국금지 대상자에 해당하는 사실 　나. 출국금지기간 연장이 필요한 사유 2. 검사의 수사지휘서(법 제4조제2항에 따른 범죄 수사 목적인 경우에만 해당한다) ③ 영 제5조의2제1항에서 "법무부령으로 정하는 서류"란 다음 각 호의 서류를 말한다. 1. 당사자가 법 제4조의6제1항에 따른 출국금지(이하 "긴급출국금지"라 한다) 대상자에 해당하는 사실 2. 법 제4조의6제1항에 따른 긴급한 필요 등 긴급출국금지가 필요한 사유 ④ 영 제5조의3제1항에서 "법무부령으로 정하는 서류"란 다음 각 호의 서류를 말한다. 1. 검사의 수사지휘서

항 각 호의 어느 하나에 해당하는 사람이 있다고 인정할 때에는 법무부장관에게 출국금지를 요청할 수 있다. 〈개정 2011.7.18〉

④ 출입국관리공무원은 출국심사를 할 때에 제1항 또는 제2항에 따라 출국이 금지된 사람을 출국시켜서는 아니 된다. 〈개정 2011.7.18〉

⑤ 제1항부터 제4항까지에서 규정한 사항 외에 출국금지기간과 출국금지절차에 관하여 필요한 사항은 대통령령으로 정한다. 〈개정 2011.7.18〉

[전문개정 2010.5.14]

요청한 중앙행정기관의 장 및 법무부장관이 정하는 관계 기관의 장(이하 "출국금지 요청기관의 장"이라 한다)은 법 제4조의2제2항에 따라 출국금지기간 연장을 요청하는 경우에는 출국금지기간 연장요청 사유와 출국금지기간 연장예정기간 등을 적은 출국금지기간 연장요청서에 법무부령으로 정하는 서류를 첨부하여 법무부장관에게 보내야 한다. 〈개정 2012.1.13〉

③ 제2항에 따른 출국금지기간 연장예정기간은 법 제4조제1항 또는 제2항에 따른 출국금지기간을 초과할 수 없다. 〈개정 2012.1.13〉

[전문개정 2011.11.1]

제3조의3(출국금지결정 등 통지의 제외)

① 출국금지 요청기관의 장은 법 제4조제3항에 따라 출국금지를 요청하거나 법 제4조의2제2항에 따라 출국금지기간 연장을 요청하는 경우 당사자가 법 제4조의4제3항 각 호에 해당된다고 인정하면 법무부장관에게 법 제4조의4제1항에 따른 통지를 하지 아니할 것을 요청할 수 있다. 〈개정 2012.1.13〉

② 법무부장관은 출국금지나 출국금지기간 연장 요청에 관하여 심사·결정할 때에는 제1항에 따른 통지 제외에 관한 요청을 함께 심사·결정하여야 한다.

③ 제1항 및 제2항에서 규정한 사항 외에 출국금지결정 등의 통지 제외 방법 및 절차에 관하여 필요한 세부 사항은 법무부령으로 정한다. 〈신설 2012.1.13〉

[전문개정 2011.11.1]

제3조의2(외국인의 출국정지 절차 등) 외국인에 대한 출국정지 및 출국정지기간 연장 절차 등에 관하여는 제2조, 제2조의2, 제2조의3, 제3조, 제3조의2부터 제3조의4까지 및 제5조를 준용한다. 이 경우 "출국금지"는 "출

2. 긴급출국금지보고서

3. 다음 각 목의 사항에 대한 소명자료

   가. 당사자가 법 제4조의6제1항에 따른 긴급출국금지 대상자에 해당하는 사실

   나. 긴급출국금지 승인이 필요한 사유

4. 긴급출국금지 요청 시 제출하였던 긴급출국금지 요청서와 첨부서류

[본조신설 2012.1.19]

제6조의8(출국금지결정 등 통지의 예외)

① 법 제4조의4제3항제1호에 따라 대한민국의 안전 또는 공공의 이익에 중대한 위해를 미칠 우려가 있어 출국금지나 출국금지기간 연장의 통지를 하지 아니할 수 있는 경우는 출국이 금지된 사람이 다음 각 호의 어느 하나에 해당하는 죄와 관련된 혐의자인 경우로 한정한다.

1. 「형법」 중 내란·외환의 죄

2. 「국가보안법」 위반의 죄

3. 「군형법」 중 반란·이적의 죄

4. 「군형법」 중 군사기밀 누설죄와 암호부정 사용죄

② 영 제2조의2제2항에 따른 출국금지 요청기관의 장은 영 제3조의3제1항에 따라 당사자에게 통지하지 아니할 것을 요청하는 경우에는 출국금지 요청서의 출국금지 사유란 또는 출국금지기간 연장요청서의 연장요청 사유란에 그 이유를 기재하여야 한다.

③ 법무부장관은 영 제3조의3제2항에 따라 출국금지 또는 출국금지기간 연장을 결정한 사실을 통지하지 아니하기로 한 경우에는 출국금지 등의 심사결정서에 그 이유를 기재하여야 한다.

[본조신설 2012.1.19]

제39조의5(외국인의 출국정지 절차 등) 외국인의 출국정지 및 출국정지기간 연장 절차 등에 관하여는 제6조의2

국정지"로 보고, "법 제4조제1항 또는 제2항에 따른 출국금지기간"은 "제36조제1항 각 호에 따른 출국정지기간"으로 본다. 〈개정 2012.1.13〉

[전문개정 2011.11.1]

제1조의3(벌금 등의 미납에 따른 출국금지 기준) ① 법 제4조제1항제3호에서 "대통령령으로 정하는 금액"이란 다음 각 호의 금액을 말한다. 〈개정 2012.1.13〉

1. 벌금: 1천만 원
2. 추징금: 2천만 원

② 법 제4조제1항제4호에서 "대통령령으로 정하는 금액"이란 5천만 원을 말한다. 〈개정 2012.1.13〉

[전문개정 2011.11.1]

제1조의4(출국금지기간) 법 제4조제1항 또는 제2항에 따른 출국금지기간을 계산할 때에는 그 기간이 일(日) 단위이면 첫날은 시간을 계산하지 않고 1일로 산정하고, 월(月) 단위이면 역서(曆書)에 따라 계산한다. 이 경우 기간의 마지막 날이 공휴일 또는 토요일이더라도 그 기간에 산입(算入)한다.

[전문개정 2012.1.13]

제5조(출국금지자의 자료관리) 법무부장관은 법 제4조에 따라 출국을 금지하기로 결정한 사람과 법 제4조의6에 따라 긴급출국금지를 하거나 긴급출국금지 승인을 한 사람에 대해서는 지체 없이 정보화업무처리 절차에 따라 그 자료를 관리하여야 한다. 출국금지나 긴급출국금지를 해제한 때에도 또한 같다. 〈개정 2012.1.13〉

[전문개정 2011.11.1]

제2항, 제6조의3, 제6조의4제1항·제2항, 제6조의5, 제6조의6제3항 및 제6조의7부터 제6조의12까지를 준용한다. 이 경우 "출국금지"는 "출국정지"로 본다.

[본조신설 2012.1.19]

제6조(출국금지의 기본원칙) ① 법 제4조에 따른 출국금지는 필요 최소한의 범위에서 하여야 한다.

② 출국금지는 단순히 공무수행의 편의를 위하여 하거나 형벌 또는 행정벌을 받은 사람에게 행정제재를 가할 목적으로 해서는 아니 된다.

③ 출국금지는 법 제4조제1항 또는 제2항에 따른 출국금지 대상자가 유효한 여권을 가지고 있다고 인정되는 경우에만 한다. 다만, 다음 각 호의 어느 하나에 해당하는 사람에 대해서는 유효한 여권을 가지지 아니한 경우에도 출국금지를 할 수 있다.

1. 범죄 수사와 관련된 사람. 다만, 기소중지자로 결정된 사람은 제외한다.
2. 「여권법 시행령」 제6조의2에 따라 거주여권을 발급받을 수 있는 사람

④ 법무부장관은 출국금지 중인 사람에 대하여 동일한 사유로 출국금지의 요청을 받은 경우 거듭 출국금지하지 아니한다. 이 경우 출국금지를 요청한 기관의 장에게 그 사실을 통보하여야 한다.

[본조신설 2012.1.19]

제6조의2(출국금지 대상자) ① 법 제4조제1항제5호에서 "법무부령으로 정하는 사람"이란 다음 각 호의 어느 하나에 해당하는 사람을 말한다.

1. 「병역법」 제65조제5항에 따라 보충역 편입처분이나 공익근무요원 소집의 해제처분이 취소된 사람
2. 거짓이나 그 밖의 부정한 방법으로 병역면제·제2국민역·보충

		역의 처분을 받고 그 처분이 취소된 사람

3. 「병역법 시행령」 제128조제4항에 따라 징병검사·입영 등의 연기처분이 취소된 사람

4. 종전 「병역법」(2004.12.31. 법률 제7272호로 개정되기 전의 것을 말한다) 제65조제4항에 따라 병역면제 처분이 취소된 사람. 다만, 영주귀국의 신고를 한 사람은 제외한다.

5. 「병역법」 제76조제1항 각 호 또는 제3항에 해당하는 병역의무불이행자

6. 「병역법」 제86조를 위반하여 병역의무 기피·감면 목적으로 도망가거나 행방을 감춘 사람

7. 2억 원 이상의 국세를 포탈한 혐의로 세무조사를 받고 있는 사람

8. 20억 원 이상의 허위 세금계산서 또는 계산서를 발행한 혐의로 세무조사를 받고 있는 사람

9. 영 제98조에 따른 출입국항에서 타인 명의의 여권 또는 위조·변조여권 등으로 출입국하려고 한 사람

10. 3천만 원 이상의 공금횡령(橫領) 또는 금품수수(收受) 등의 혐의로 감사원의 감사를 받고 있는 사람

11. 그 밖에 출국 시 국가안보 또는 외교관계를 현저하게 해칠 염려가 있다고 법무부장관이 인정하는 사람

② 법 제4조제2항제1호에서 도주 등 특별한 사유가 있어 수사 진행이 어려운 사람은 도주 등으로 체포영장 또는 구속영장이 발부되거나 지명수배된 사람으로 한다.

[본조신설 2012.1.19]

제6조의3(출국금지의 세부기준) ① 법무부장관은 필요하다고 인정하는 경우에는 법 제4조제1항 또는 제2항에 따른 출국금지 대상자에 대한 세부

기준을 정할 수 있다.

② 제1항에 따른 세부기준은 중앙행정기관 및 법무부장관이 정하는 관계 기관과의 협의를 거쳐 정하여야 한다.

[본조신설 2012.1.19]

제6조의5(출국금지 등의 심사·결정 시 고려사항) ① 법무부장관은 법 제4조에 따른 출국금지나 법 제4조의2에 따른 출국금지기간 연장 여부를 결정할 때에는 다음 각 호의 사항을 고려하여야 한다.

1. 제6조에 따른 출국금지의 기본원칙
2. 출국금지 대상자의 범죄사실
3. 출국금지 대상자의 연령 및 가족관계
4. 출국금지 대상자의 해외도피 가능성

② 법무부장관은 영 제2조의3에 따라 출국금지 요청이나 출국금지기간 연장요청에 관하여 심사·결정하면 심사결정서를 작성하여야 한다.

[본조신설 2012.1.19]

제39조의3(출국정지 대상자) ① 법 제4조제1항제5호 및 제29조제1항에 따라 출국을 정지할 수 있는 대상자는 다음 각 호의 어느 하나에 해당하는 외국인으로 한다.

1. 2억 원 이상의 국세를 포탈한 혐의로 세무조사를 받고 있는 사람
2. 20억 원 이상의 허위 세금계산서 또는 계산서를 발행한 혐의로 세무조사를 받고 있는 사람
3. 그 밖에 출국 시 국가안보 또는 외교관계를 현저하게 해칠 우려가 있다고 법무부장관이 인정하는 사람

② 법 제4조제2항 및 제29조제1항에 따라 출국을 정지할 수 있는 대상자는 사형, 무기, 장기 3년 이상의 징역 또는 금고에 해당하는 범죄 혐의로 수사를 받고 있거나

		그 소재를 알 수 없어서 기소중지결정이 된 외국인으로 한다. [본조신설 2012.1.19] [종전 제39조의3은 제39조의7로 이동 〈2012.1.19〉]
	제4조 삭제 〈2008.10.20〉	
제4조의2(출국금지기간의 연장) ① 법무부장관은 출국금지기간을 초과하여 계속 출국을 금지할 필요가 있다고 인정하는 경우에는 그 기간을 연장할 수 있다. ② 제4조제3항에 따라 출국금지를 요청한 기관의 장은 출국금지기간을 초과하여 계속 출국을 금지할 필요가 있을 때에는 출국금지기간이 끝나기 3일 전까지 법무부장관에게 출국금지기간을 연장하여 줄 것을 요청하여야 한다. 〈개정 2011.7.18〉 ③ 제1항 및 제2항에서 규정한 사항 외에 출국금지기간의 연장절차에 관하여 필요한 사항은 대통령령으로 정한다. [전문개정 2010.5.14]	제2조의2(출국금지기간 연장 절차) ① 법무부장관은 법 제4조의2제1항에 따라 출국금지기간을 연장하려면 법 제4조제1항 또는 제2항에 따른 출국금지기간 내에서 그 기간을 정하여 연장하여야 한다. 이 경우 법무부장관은 관계 기관의 장에게 의견을 묻거나 관련 자료를 제출하도록 요청할 수 있다. 〈개정 2012.1.13〉 ② 제2조제2항에 따라 출국금지를 요청한 중앙행정기관의 장 및 법무부장관이 정하는 관계 기관의 장(이하 "출국금지 요청기관의 장"이라 한다)은 법 제4조의2제2항에 따라 출국금지기간 연장을 요청하는 경우에는 출국금지기간 연장요청 사유와 출국금지기간 연장예정기간 등을 적은 출국금지기간 연장요청서에 법무부령으로 정하는 서류를 첨부하여 법무부장관에게 보내야 한다. 〈개정 2012.1.13〉 ③ 제2항에 따른 출국금지기간 연장예정기간은 법 제4조제1항 또는 제2항에 따른 출국금지기간을 초과할 수 없다. 〈개정 2012.1.13〉 [전문개정 2011.11.1] 제3조의3(출국금지결정 등 통지의 제외) ① 출국금지 요청기관의 장은 법 제4조제3항에 따라 출국금지를 요청하거나 법 제4조의2제2항에 따라 출국금지기간 연장을 요청하는 경우 당사자가 법 제4조의4제3항 각 호에 해당된다고 인정하면 법무부장관에게 법 제4조의4제1항에 따른 통지를 하지 아니할 것을 요청할 수 있다. 〈개정 2012.1.13〉	제6조의4(출국금지 등의 요청 시 첨부서류) ① 영 제2조제2항 본문에서 "법무부령으로 정하는 서류"란 다음 각 호의 서류를 말한다. 1. 다음 각 목의 사항에 대한 소명자료 　가. 당사자가 법 제4조제1항 또는 제2항에 따른 출국금지 대상자에 해당하는 사실 　나. 출국금지가 필요한 사유 2. 검사의 수사지휘서(법 제4조제2항에 따른 범죄 수사 목적인 경우에만 해당한다) ② 영 제2조의2제2항에서 "법무부령으로 정하는 서류"란 다음 각 호의 서류를 말한다. 1. 다음 각 목의 사항에 대한 소명자료 　가. 당사자가 법 제4조제1항 또는 제2항에 따른 출국금지 대상자에 해당하는 사실 　나. 출국금지기간 연장이 필요한 사유 2. 검사의 수사지휘서(법 제4조제2항에 따른 범죄 수사 목적인 경우에만 해당한다) ③ 영 제5조의2제1항에서 "법무부령으로 정하는 서류"란 다음 각 호의 서류를 말한다. 1. 당사자가 법 제4조의6제1항에 따른 출국금지(이하 "긴급출국금지"라 한다) 대상자에 해당하는 사실 2. 법 제4조의6제1항에 따른 긴급한 필요 등 긴급출국금지가 필요한 사유 ④ 영 제5조의3제1항에서 "법무부령으로 정하는 서류"란 다음 각 호

② 법무부장관은 출국금지나 출국금
지기간 연장 요청에 관하여 심
사·결정할 때에는 제1항에 따른
통지 제외에 관한 요청을 함께
심사·결정하여야 한다.

③ 제1항 및 제2항에서 규정한 사항
외에 출국금지결정 등의 통지 제
외 방법 및 절차에 관하여 필요
한 세부 사항은 법무부령으로 정
한다. 〈신설 2012.1.13〉

[전문개정 2011.11.1]

의 서류를 말한다.

1. 검사의 수사지휘서
2. 긴급출국금지보고서
3. 다음 각 목의 사항에 대한 소명
   자료
   가. 당사자가 법 제4조의6제1항
       에 따른 긴급출국금지 대상
       자에 해당하는 사실
   나. 긴급출국금지 승인이 필요한
       사유
4. 긴급출국금지 요청 시 제출하였
   던 긴급출국금지 요청서와 첨부
   서류

[본조신설 2012.1.19]

제6조의8(출국금지결정 등 통지의 예외)

① 법 제4조의4제3항제1호에 따라
대한민국의 안전 또는 공공의 이익
에 중대한 위해를 미칠 우려가 있어
출국금지나 출국금지기간 연장의 통
지를 하지 아니할 수 있는 경우는 출
국이 금지된 사람이 다음 각 호의 어
느 하나에 해당하는 죄와 관련된 혐
의자인 경우로 한정한다.

1. 「형법」 중 내란·외환의 죄
2. 「국가보안법」 위반의 죄
3. 「군형법」 중 반란·이적의 죄
4. 「군형법」 중 군사기밀 누설죄와
   암호부정 사용죄

② 영 제2조의2제2항에 따른 출국
금지 요청기관의 장은 영 제3조
의3제1항에 따라 당사자에게 통
지하지 아니할 것을 요청하는 경
우에는 출국금지 요청서의 출국
금지 사유란 또는 출국금지기간
연장요청서의 연장요청 사유란
에 그 이유를 기재하여야 한다.

③ 법무부장관은 영 제3조의3제2항
에 따라 출국금지 또는 출국금지
기간 연장을 결정한 사실을 통지
하지 아니하기로 한 경우에는 출
국금지 등의 심사결정서에 그 이
유를 기재하여야 한다.

[본조신설 2012.1.19]

제6조의5(출국금지 등의 심사·결정 시

		고려사항) ① 법무부장관은 법 제4조에 따른 출국금지나 법 제4조의2에 따른 출국금지기간 연장 여부를 결정할 때에는 다음 각 호의 사항을 고려하여야 한다. 1. 제6조에 따른 출국금지의 기본원칙 2. 출국금지 대상자의 범죄사실 3. 출국금지 대상자의 연령 및 가족관계 4. 출국금지 대상자의 해외도피 가능성 ② 법무부장관은 영 제2조의3에 따라 출국금지 요청이나 출국금지기간 연장요청에 관하여 심사·결정하면 심사결정서를 작성하여야 한다. [본조신설 2012.1.19]
제4조의3(출국금지의 해제) ① 법무부장관은 출국금지 사유가 없어졌거나 출국을 금지할 필요가 없다고 인정할 때에는 즉시 출국금지를 해제하여야 한다. ② 제4조제3항에 따라 출국금지를 요청한 기관의 장은 출국금지 사유가 없어졌을 때에는 즉시 법무부장관에게 출국금지의 해제를 요청하여야 한다. 〈개정 2011.7.18〉 ③ 제1항 및 제2항에서 규정한 사항 외에 출국금지의 해제절차에 관하여 필요한 사항은 대통령령으로 정한다. [전문개정 2010.5.14]	제3조(출국금지의 해제 절차) ① 법무부장관은 법 제4조의3제1항에 따라 출국금지를 해제하려는 경우에는 출국금지 사유의 소멸 또는 출국금지의 필요 여부를 판단하기 위하여 관계기관 또는 출국금지 요청기관의 장에게 의견을 묻거나 관련 자료를 제출하도록 요청할 수 있다. 다만, 출국금지 사유가 소멸되거나 출국금지를 할 필요가 없음이 명백한 경우에는 즉시 출국금지를 해제하여야 한다. ② 법무부장관은 제1항에 따라 출국금지를 해제하면 그 이유를 분명히 밝혀 지체 없이 출국금지 요청기관의 장에게 통보하여야 한다. 다만, 출국이 금지된 사람의 여권이 반납되었거나 몰취(沒取)된 것이 확인된 경우에는 통보하지 아니할 수 있다. ③ 출국금지 요청기관의 장은 법 제4조의3제2항에 따라 출국금지 해제를 요청하려면 출국금지 해제요청서를 작성하여 법무부장관에게 보내야 한다. ④ 법무부장관은 제3항에 따라 출국금지 해제요청서를 받으면 지체	제6조의6(출국금지의 해제) ① 법무부장관은 출국금지된 사람이 다음 각 호의 어느 하나에 해당하면 영 제3조제1항 단서에 따라 즉시 출국금지를 해제하여야 한다. 1. 출국이 금지된 사람의 여권이 「여권법」에 따라 반납되었거나 몰취(沒取)된 것이 확인된 경우 2. 유효한 여권을 소지하지 아니한 사람으로서 여권발급이 제한되어 있어 해외도피의 우려가 없다고 확인된 경우 3. 그 밖에 출국금지 사유가 소멸되었음이 확인된 경우 ② 법무부장관은 출국이 금지된 사람이 다음 각 호의 어느 하나에 해당되면 출국금지를 해제할 수 있다. 1. 출국금지로 인하여 생업을 유지하기 어렵다고 인정되는 경우 2. 출국금지로 인하여 회복하기 어려운 중대한 손해를 입을 우려가 있다고 인정되는 경우 3. 그 밖에 인도적인 사유 등으로 출국금지를 해제할 필요가 있다고 인정되는 경우

	없이 해제 여부를 심사하여 결정하여야 한다. ⑤ 법무부장관은 제4항에 따른 심사결과 출국금지를 해제하지 아니하기로 결정하면 지체 없이 그 이유를 분명히 밝혀 출국금지 요청기관의 장에게 통보하여야 한다. [전문개정 2011.11.1]	③ 법무부장관은 영 제3조제4항에 따라 출국금지 해제요청에 관하여 심사·결정하면 심사결정서를 작성하여야 한다. [본조신설 2012.1.19] 제39조의4(출국정지의 해제) ① 법무부장관은 출국이 정지된 외국인의 출국정지 사유가 소멸되었다고 확인되면 영 제3조제1항 단서 및 제36조의2에 따라 즉시 출국정지를 해제하여야 한다. ② 법무부장관은 출국이 정지된 외국인이 다음 각 호의 어느 하나에 해당하면 출국정지를 해제할 수 있다. 1. 출국정지로 인하여 외국과의 우호관계를 현저히 해칠 우려가 있는 경우 2. 출국정지로 인하여 회복하기 어려운 중대한 손해를 입을 우려가 있다고 인정되는 경우 3. 그 밖에 인도적 사유 등으로 출국정지를 해제할 필요가 있다고 인정되는 경우 [본조신설 2012.1.19]
제4조의4(출국금지결정 등의 통지) ① 법무부장관은 제4조제1항 또는 제2항에 따라 출국을 금지하거나 제4조의2제1항에 따라 출국금지기간을 연장하였을 때에는 즉시 당사자에게 그 사유와 기간 등을 밝혀 서면으로 통지하여야 한다. 〈개정 2011.7.18〉 ② 법무부장관은 제4조의3제1항에 따라 출국금지를 해제하였을 때에는 이를 즉시 당사자에게 통지하여야 한다. ③ 법무부장관은 제1항에도 불구하고 다음 각 호의 어느 하나에 해당하는 경우에는 제1항의 통지를 하지 아니할 수 있다. 〈개정 2011.7.18〉 1. 대한민국의 안전 또는 공공의 이익에 중대한 위해(危害)를 끼칠 우려가 있다고 인정되는 경우	제3조의3(출국금지결정 등 통지의 제외) ① 출국금지 요청기관의 장은 법 제4조제3항에 따라 출국금지를 요청하거나 법 제4조의2제2항에 따라 출국금지기간 연장을 요청하는 경우 당사자가 법 제4조의4제3항 각 호에 해당된다고 인정하면 법무부장관에게 법 제4조의4제1항에 따른 통지를 하지 아니할 것을 요청할 수 있다. 〈개정 2012.1.13〉 ② 법무부장관은 출국금지나 출국금지기간 연장 요청에 관하여 심사·결정할 때에는 제1항에 따른 통지 제외에 관한 요청을 함께 심사·결정하여야 한다. ③ 제1항 및 제2항에서 규정한 사항 외에 출국금지결정 등의 통지 제외 방법 및 절차에 관하여 필요한 세부 사항은 법무부령으로 정한	제6조의8(출국금지결정 등 통지의 예외) ① 법 제4조의4제3항제1호에 따라 대한민국의 안전 또는 공공의 이익에 중대한 위해를 미칠 우려가 있어 출국금지나 출국금지기간 연장의 통지를 하지 아니할 수 있는 경우는 출국이 금지된 사람이 다음 각 호의 어느 하나에 해당하는 죄와 관련된 혐의자인 경우로 한정한다. 1. 「형법」 중 내란·외환의 죄 2. 「국가보안법」 위반의 죄 3. 「군형법」 중 반란·이적의 죄 4. 「군형법」 중 군사기밀 누설죄와 암호부정 사용죄 ② 영 제2조의2제2항에 따른 출국금지 요청기관의 장은 영 제3조의3제1항에 따라 당사자에게 통지하지 아니할 것을 요청하는 경우에는 출국금지 요청서의 출국

2. 범죄수사에 중대한 장애가 생길 우려가 있다고 인정되는 경우. 다만, 연장기간을 포함한 총 출국금지기간이 3개월을 넘는 때에는 당사자에게 통지하여야 한다. 3. 출국이 금지된 사람이 있는 곳을 알 수 없는 경우 [전문개정 2010.5.14]	다. 〈신설 2012.1.13〉 [전문개정 2011.11.1]	금지 사유란 또는 출국금지기간 연장요청서의 연장요청 사유란에 그 이유를 기재하여야 한다. ③ 법무부장관은 영 제3조의3제2항에 따라 출국금지 또는 출국금지기간 연장을 결정한 사실을 통지하지 아니하기로 한 경우에는 출국금지 등의 심사결정서에 그 이유를 기재하여야 한다. [본조신설 2012.1.19] 제6조의7(출국금지결정 등의 통지서) ① 법 제4조의4제1항 또는 제2항에 따른 통지는 다음 각 호의 구분에 따른 서면으로 한다. 1. 법 제4조제1항 또는 제2항에 따라 출국금지한 경우: 출국금지 통지서 2. 법 제4조의2제1항에 따라 출국금지기간을 연장한 경우: 출국금지기간 연장통지서 3. 법 제4조의3에 따라 출국금지를 해제한 경우: 출국금지 해제통지서 ② 제1항 각 호에 따른 통지서는 본인에게 직접 교부하거나 우편 등의 방법으로 보내야 한다. [본조신설 2012.1.19]
제4조의5(출국금지결정 등에 대한 이의신청) ① 제4조제1항 또는 제2항에 따라 출국이 금지되거나 제4조의2제1항에 따라 출국금지기간이 연장된 사람은 출국금지결정이나 출국금지기간 연장의 통지를 받은 날 또는 그 사실을 안 날부터 10일 이내에 법무부장관에게 출국금지결정이나 출국금지기간 연장결정에 대한 이의를 신청할 수 있다. 〈개정 2011.7.18〉 ② 법무부장관은 제1항에 따른 이의신청을 받으면 그날부터 15일 이내에 이의신청의 타당성 여부를 결정하여야 한다. 다만, 부득이한 사유가 있으면 15일의 범위에서 한 차례만 그 기간을 연장할 수 있다. ③ 법무부장관은 제1항에 따른 이의	제3조의4(이의신청에 대한 심사ㆍ결정) ① 법무부장관은 법 제4조의5제2항에 따른 이의신청에 대한 심사ㆍ결정에 필요하다고 인정하면 이의신청인이나 출국금지 요청기관의 장에게 필요한 서류를 제출하거나 의견을 진술할 것을 요구할 수 있다. ② 법무부장관은 법 제4조의5제2항에 따라 이의신청에 대하여 심사ㆍ결정을 하면 그 결과를 이의신청인과 출국금지 요청기관의 장에게 통보하여야 한다. [전문개정 2011.11.1]	제6조의10(출국금지결정 등에 대한 이의신청서) ① 법 제4조의5제1항에 따라 출국금지결정이나 출국금지기간 연장결정에 대하여 이의신청을 하려는 사람은 같은 항에서 정한 기간 내에 법무부장관에게 이의신청서를 제출하여야 한다. ② 법무부장관은 영 제3조의4에 따라 심사ㆍ결정을 하면 이의신청에 대한 심사결정서를 작성하고, 그 사본을 이의신청인과 출국금지 또는 출국금지기간 연장을 요청한 기관의 장에게 보내야 한다. [본조신설 2012.1.19]

신청이 이유 있다고 판단하면 즉시 출국금지를 해제하거나 출국금지기간의 연장을 철회하여야 하고, 그 이의신청이 이유 없다고 판단하면 이를 기각하고 당사자에게 그 사유를 서면에 적어 통보하여야 한다. [전문개정 2010.5.14]		
제4조의6(긴급출국금지) ① 수사기관은 범죄 피의자로서 사형·무기 또는 장기 3년 이상의 징역이나 금고에 해당하는 죄를 범하였다고 의심할 만한 상당한 이유가 있고, 다음 각 호의 어느 하나에 해당하는 사유가 있으며, 긴급한 필요가 있는 때에는 제4조제3항에도 불구하고 출국심사를 하는 출입국관리공무원에게 출국금지를 요청할 수 있다. 1. 피의자가 증거를 인멸할 염려가 있는 때 2. 피의자가 도망하거나 도망할 우려가 있는 때 ② 제1항에 따른 요청을 받은 출입국관리공무원은 출국심사를 할 때에 출국금지가 요청된 사람을 출국시켜서는 아니 된다. ③ 수사기관은 제1항에 따라 긴급출국금지를 요청한 때로부터 6시간 이내에 법무부장관에게 긴급출국금지 승인을 요청하여야 한다. 이 경우 검사의 수사지휘서 및 범죄사실의 요지, 긴급출국금지의 사유 등을 기재한 긴급출국금지보고서를 첨부하여야 한다. ④ 법무부장관은 수사기관이 제3항에 따른 긴급출국금지 승인 요청을 하지 아니한 때에는 제1항의 수사기관 요청에 따른 출국금지를 해제하여야 한다. 수사기관이 긴급출국금지 승인을 요청한 때로부터 12시간 이내에 법무부장관으로부터 긴급출국금지 승인을 받지 못한 경우에도 또한 같다. ⑤ 제4항에 따라 출국금지가 해제된	제5조의2(긴급출국금지 절차) ① 법 제4조의6제1항에 따른 출국금지(이하 "긴급출국금지"라 한다)를 요청하려는 수사기관의 장은 긴급출국금지 요청 사유와 출국금지 예정기간 등을 적은 긴급출국금지 요청서에 법무부령으로 정하는 서류를 첨부하여 출입국관리공무원에게 보내야 한다. ② 출입국관리공무원은 긴급출국금지 업무를 처리할 때 필요하면 긴급출국금지를 요청한 수사기관의 장에게 의견을 묻거나 관련 자료를 제출하도록 요청할 수 있다. ③ 법무부장관은 출입국관리공무원 중에서 긴급출국금지 업무를 전담하는 공무원을 지정할 수 있다. [본조신설 2012.1.13] 제5조의3(긴급출국금지 승인 절차) ① 긴급출국금지를 요청한 수사기관의 장은 법 제4조의6제3항에 따라 긴급출국금지 승인을 요청할 때에는 긴급출국금지 승인 요청서에 수사지휘서 및 긴급출국금지보고서 등 법무부령으로 정하는 서류를 첨부하여 법무부장관에게 보내야 한다. ② 법무부장관은 제1항에 따라 긴급출국금지 승인 요청을 받으면 긴급출국금지 승인 여부와 출국금지기간을 심사하여 결정하여야 한다. ③ 법무부장관은 제2항에 따른 심사·결정을 할 때에 필요하면 승인을 요청한 수사기관의 장에게 의견을 묻거나 관련 자료를 제출하도록 요청할 수 있다. ④ 법무부장관은 긴급출국금지 승	제6조의4(출국금지 등의 요청 시 첨부서류) ① 영 제2조제2항 본문에서 "법무부령으로 정하는 서류"란 다음 각 호의 서류를 말한다. 1. 다음 각 목의 사항에 대한 소명자료 　가. 당사자가 법 제4조제1항 또는 제2항에 따른 출국금지 대상자에 해당하는 사실 　나. 출국금지가 필요한 사유 2. 검사의 수사지휘서(법 제4조제2항에 따른 범죄 수사 목적인 경우에만 해당한다) ② 영 제2조의2제2항에서 "법무부령으로 정하는 서류"란 다음 각 호의 서류를 말한다. 1. 다음 각 목의 사항에 대한 소명자료 　가. 당사자가 법 제4조제1항 또는 제2항에 따른 출국금지 대상자에 해당하는 사실 　나. 출국금지기간 연장이 필요한 사유 2. 검사의 수사지휘서(법 제4조제2항에 따른 범죄 수사 목적인 경우에만 해당한다) ③ 영 제5조의2제1항에서 "법무부령으로 정하는 서류"란 다음 각 호의 서류를 말한다. 1. 당사자가 법 제4조의6제1항에 따른 출국금지(이하 "긴급출국금지"라 한다) 대상자에 해당하는 사실 2. 법 제4조의6제1항에 따른 긴급한 필요 등 긴급출국금지가 필요한 사유 ④ 영 제5조의3제1항에서 "법무부령

경우에 수사기관은 동일한 범죄 사실에 관하여 다시 긴급출국금지 요청을 할 수 없다.

⑥ 그 밖에 긴급출국금지의 절차 및 긴급출국금지보고서 작성 등에 필요한 사항은 대통령령으로 정한다.

[본조신설 2011.7.18]

인하지 아니하기로 결정한 때에는 그 이유를 분명히 밝혀 긴급출국금지 승인을 요청한 수사기관의 장에게 통보하여야 한다.

⑤ 법무부장관이 긴급출국금지를 승인한 경우에 출국금지기간의 연장 요청 및 심사·결정, 출국금지의 해제 절차, 출국금지결정 등 통지의 제외, 이의신청에 대한 심사·결정에 관하여는 제2조의2, 제2조의3제2항부터 제4항까지, 제3조, 제3조의3 및 제3조의4를 준용한다. 이 경우 출국금지기간은 긴급출국금지된 때부터 계산한다.

[본조신설 2012.1.13]

제5조(출국금지자의 자료관리) 법무부장관은 법 제4조에 따라 출국을 금지하기로 결정한 사람과 법 제4조의6에 따라 긴급출국금지를 하거나 긴급출국금지 승인을 한 사람에 대해서는 지체 없이 정보화업무처리 절차에 따라 그 자료를 관리하여야 한다. 출국금지나 긴급출국금지를 해제한 때에도 또한 같다. 〈개정 2012.1.13〉

[전문개정 2011.11.1]

으로 정하는 서류"란 다음 각 호의 서류를 말한다.

1. 검사의 수사지휘서
2. 긴급출국금지보고서
3. 다음 각 목의 사항에 대한 소명자료
   가. 당사자가 법 제4조의6제1항에 따른 긴급출국금지 대상자에 해당하는 사실
   나. 긴급출국금지 승인이 필요한 사유
4. 긴급출국금지 요청 시 제출하였던 긴급출국금지 요청서와 첨부서류

[본조신설 2012.1.19]

제5조(국민의 여권 등의 보관) ① 출입국관리공무원은 제4조제1항 또는 제2항에 따라 출국이 금지된 사람의 여권을 회수하여 보관할 수 있다. 〈개정 2011.7.18〉

② 출입국관리공무원은 위조되거나 변조된 국민의 여권 또는 선원신분증명서를 발견하였을 때에는 회수하여 보관할 수 있다.

[전문개정 2010.5.14]

제6조(여권 등의 보관·통지) ① 출입국관리공무원은 법 제5조제1항에 따라 출국이 금지된 사람의 여권을 보관할 때에는 여권의 명의인에게 보관증을 발급하여야 한다.

② 출입국관리공무원은 다음 각 호의 어느 하나에 해당하는 사유가 있는 경우에는 직권으로 또는 신청에 따라 보관하고 있는 여권을 반환할 수 있다.

1. 법 제4조의3에 따라 출국금지가 해제된 경우
2. 그 밖에 여권을 계속 보관할 필요가 없다고 인정하는 경우

③ 출입국관리공무원은 법 제5조제2항에 따라 여권을 보관할 때에는 여권의 소지인에게 그 사유를 알리고, 그 사실을 발급기관의 장

제7조(여권의 보관 및 반환) ① 출입국관리공무원은 법 제5조의 규정에 의하여 여권을 보관할 때에는 보관일자·보관사유 등을 보관물대장에 정확하게 기재하여야 한다. 〈개정 2005.7.8〉

② 출입국관리공무원은 영 제6조제2항 또는 동조제4항의 규정에 의하여 여권을 반환 또는 송부하는 때에는 그 뜻을 보관물대장에 기재하고 수령인의 서명 또는 날인을 받거나 송부사실을 증명할 수 있는 영수증 등을 첨부하여야 한다. 〈개정 1997.7.1, 2005.7.8〉

③ 출입국관리공무원은 영 제6조제2항의 규정에 의하여 여권을 반환하는 때에는 영 제6조제1항의 규정에 의한 보관증을 회수하여야

	에게 알릴 수 있다. ④ 출입국관리사무소의 장(이하 "사무소장"이라 한다) 또는 출입국관리사무소 출장소의 장(이하 "출장소장"이라 한다)은 다음 각 호의 어느 하나에 해당할 때에는 법 제5조제1항 및 제2항에 따라 보관 중인 여권을 요청기관 또는 발급기관의 장에게 보낼 수 있다. 이 경우 법 제5조제1항에 따라 보관한 여권을 보냈을 때에는 사무소장 또는 출장소장은 그 명의인에게 지체 없이 그 사실을 알려야 한다. 1. 수사기관의 장이 수사상 필요하여 송부를 요청한 경우 2. 보관 중인 여권이 보관하는 동안 효력을 상실한 경우 3. 발급기관의 장이 요청한 경우 [전문개정 2011.11.1]	한다. 〈개정 2005.7.8〉 [제목개정 2005.7.8]
	제5조의4(긴급출국금지 요청대장의 작성 및 관리) 긴급출국금지를 요청한 수사기관의 장은 긴급출국금지 요청과 그 승인 또는 해제 요청, 기간 연장 또는 해제 등의 변동 사항을 적은 긴급출국금지 요청대장을 갖추어 두어야 한다. [본조신설 2012.1.13]	
제6조(국민의 입국) ① 대한민국 밖의 지역에서 대한민국으로 입국(이하 "입국"이라 한다)하려는 국민은 유효한 여권을 가지고 입국하는 출입국항에서 출입국관리공무원의 입국심사를 받아야 한다. 다만, 부득이한 사유로 출입국항으로 입국할 수 없을 때에는 사무소장이나 출장소장의 허가를 받아 출입국항이 아닌 장소에서 출입국관리공무원의 입국심사를 받은 후 입국할 수 있다. ② 출입국관리공무원은 국민이 유효한 여권을 잃어버리거나 그 밖의 사유로 이를 가지고 아니하고 입국하려고 할 때에는 확인절차를	제1조(출입국심사) ① 대한민국의 국민이 「출입국관리법」(이하 "법"이라 한다) 제3조에 따른 출국심사 또는 법 제6조에 따른 입국심사를 받을 때에는 여권과 출입국신고서를 출입국관리공무원에게 제출하고 질문에 답하여야 한다. 〈개정 2011.11.1〉 ② 출입국관리공무원은 제1항에 따른 출국심사 또는 입국심사를 할 때에는 출입국의 적격 여부와 그 밖에 필요한 사항을 확인하여야 한다. 〈개정 2011.11.1〉 ③ 출입국관리공무원은 제1항 및 제2항에 따른 출국심사 또는 입국심사를 마친 때에는 여권과 출입	제1조(출입국심사) 출입국관리공무원은 「출입국관리법」(이하 "법"이라 한다), 「출입국관리법 시행령」(이하 "영"이라 한다) 및 이 규칙이 정하는 바에 따라 영 제1조의 규정에 의한 대한민국의 국민(이하 "국민"이라 한다)에 대한 출입국심사를 하는 때에는 여권명의인의 본인 여부 및 여권의 위·변조여부, 출입국규제여부 기타 법무부장관이 따로 정한 사항등을 확인하여야 한다. 〈개정 2005.7.8〉 제2조(출입국신고서의 작성 등) ① 영 제1조제1항의 규정에 의한 출입국신고서는 공용란을 제외하고는 출입국자 본인이 작성하여야 한다. 다만,

거쳐 입국하게 할 수 있다.

③ 제1항에 따른 입국심사는 대통령령으로 정하는 바에 따라 정보화기기에 의한 입국심사로 갈음할 수 있다.

[전문개정 2010.5.14]

국신고서에 출국심사인 또는 입국심사인을 찍어야 한다. 〈개정 2011.11.1〉

④ 출입국관리공무원은 선박 등의 승무원인 국민이 출입국하는 경우에는 제1항 및 제3항에도 불구하고 승무원등록증 또는 선원신분증명서의 확인으로 출입국신고서의 제출과 출국심사인 또는 입국심사인의 날인을 갈음할 수 있다. 다만, 선박 등의 승무원이 최초로 출국하거나 최종적으로 입국하는 경우에는 그러하지 아니하다. 〈개정 2011.11.1〉

⑤ 선박 등의 승무원인 국민이 최초로 출국하는 경우에는 승무원등록을 하여야 한다. 다만, 부정기적으로 운항하는 선박 등의 승무원인 경우에는 그러하지 아니하다. 〈개정 2011.11.1〉

⑥ 병역의무자인 국민이 출국심사를 받을 때에는 「병역법」 제70조에 따른 국외여행허가(기간연장허가를 포함한다)를 받았다는 확인서를 제출하여야 한다. 다만, 출입국관리공무원은 병무청장으로부터 정보통신망 등을 통하여 병역의무자인 국민이 국외여행허가를 받았음을 통보받은 경우에는 확인서 제출을 생략하게 할 수 있다. 〈개정 2011.11.1〉

⑦ 삭제 〈2005.7.5〉

⑧ 출입국관리공무원은 법 제6조제2항에 따라 유효한 여권을 가지지 아니하고 입국하려는 국민에 대해서는 국민임을 증명할 수 있는 서류를 제출하게 하여 심사하고 그의 출국사실 등을 확인하여야 한다. 〈개정 2011.11.1〉

⑨ 출입국관리공무원은 제8항에 따른 심사 결과 국민임이 확인된 때에는 출입국신고서에 입국심사인을 찍어야 한다. 〈개정 2011.11.1〉

부득이한 사유로 출입국자 본인이 직접 작성할 수 없는 경우에는 그러하지 아니하다. 〈개정 1994.7.20〉

② 출입국자는 제1항의 규정에 의하여 출입국신고서를 작성하는 때에는 사항별로 이를 정확하게 기재하여야 한다.

③ 출입국관리공무원은 제1항의 규정에 의하여 작성·제출한 출입국신고서에 잘못 기재된 것이나 기타 미비한 사항이 있는지 여부를 확인하여 이를 보완하게 하고, 공용란은 자신이 직접 기재하여야 한다. 〈개정 1994.7.20〉

④ 출입국관리공무원은 영 제1조제10항의 규정에 의하여 출입국신고서의 제출을 생략하게 하는 경우에는 해당 출입국자의 출입국기록에 관한 사항을 즉시 정보화처리하여 저장하여야 한다. 〈신설 2005.7.8〉

제4조(승무원의 등록 등) ①영 제1조제5항의 규정에 의하여 승무원(부정기적으로 운항하는 선박등의 승무원을 제외한다)이 승무원등록을 하고자 하는 때에는 여권 및 승무원등록신고서에 사진 1매와 재직증명서를 첨부하여 출입국관리공무원에게 제출하여야 한다. 〈개정 1994.7.20, 1997.7.1, 2005.7.8〉

② 출입국관리공무원이 제1항의 규정에 의한 승무원등록신고서를 제출받은 때에는 승무원의 자격심사를 한 후 등록번호를 부여하여 승무원등록대장에 기재하고 승무원등록증을 그 승무원에게 교부하여야 한다. 〈개정 1994.7.20〉

③ 제2항의 규정에 의하여 등록을 한 승무원이 등록사항에 변동이 있는 때에는 관계 증명서류를 출입국관리공무원에게 제출하여야 한다.

	⑩ 출입국관리공무원은 여권자동판독기 등 정보화기기를 이용하여 개인별 출입국기록을 확보할 수 있는 경우 또는 법무부장관이 정하는 경우에는 제1항·제3항·제4항 및 제9항에도 불구하고 출입국신고서의 제출을 생략하게 하거나 출국심사인 또는 입국심사인의 날인을 생략할 수 있다. 〈개정 2011.11.1〉 [제목개정 2011.11.1]	
제3장 외국인의 입국 및 상륙 〈개정 2010.5.14〉		
제1절 외국인의 입국 〈개정 2010.5.14〉		
제7조(외국인의 입국) ① 외국인이 입국할 때에는 유효한 여권과 법무부장관이 발급한 사증(査證)을 가지고 있어야 한다. ② 다음 각 호의 어느 하나에 해당하는 외국인은 제1항에도 불구하고 사증 없이 입국할 수 있다. 1. 재입국허가를 받은 사람 또는 재입국허가가 면제된 사람으로서 그 허가 또는 면제받은 기간이 끝나기 전에 입국하는 사람 2. 대한민국과 사증면제협정을 체결한 국가의 국민으로서 그 협정에 따라 면제대상이 되는 사람 3. 국제친선, 관광 또는 대한민국의 이익 등을 위하여 입국하는 사람으로서 대통령령으로 정하는 바에 따라 따로 입국허가를 받은 사람 4. 난민여행증명서를 발급받고 출국한 후 그 유효기간이 끝나기 전에 입국하는 사람 ③ 법무부장관은 공공질서의 유지나 국가이익에 필요하다고 인정하면 제2항제2호에 해당하는 사람에 대하여 사증면제협정의 적용을 일시 정지할 수 있다. ④ 대한민국과 수교(修交)하지 아니한 국가나 법무부장관이 외교부	제7조(사증발급) ① 법 제7조제1항에 따라 사증(査證)을 발급받으려는 외국인은 사증발급 신청서에 법무부령으로 정하는 서류를 첨부하여 재외공관의 장에게 제출하여야 한다. ② 재외공관의 장은 외국인이 제1항에 따라 사증발급 신청을 하면 법무부령으로 정하는 바에 따라 사증을 발급한다. 이 경우 그 사증에는 제12조에 따른 체류자격과 체류기간 등 필요한 사항을 적어야 한다. ③ 법무부장관은 사증 발급에 필요하다고 인정하는 때에는 사증을 발급받으려는 외국인에게 관계 중앙행정기관의 장으로부터 추천서를 발급받아 제출하게 하거나 관계 중앙행정기관의 장에게 의견을 물을 수 있다. ④ 제3항에 따른 추천서 발급기준은 관계 중앙행정기관의 장이 법무부장관과 협의하여 따로 정한다. ⑤ 법무부장관은 취업활동을 할 수 있는 체류자격에 해당하는 사증을 발급하는 경우에는 국내 고용사정을 고려하여야 한다. [전문개정 2011.11.1] 제7조의2(온라인에 의한 사증발급 신청 등) ① 법무부장관은 법 제7조제1항	제76조(사증발급 등 신청시의 첨부서류) ① 다음 각 호에 해당하는 때의 체류자격별 첨부서류는 별표 5와 같다. 1. 영 제7조제1항 및 제10조제2항에 따라 사증 또는 외국인입국허가서의 발급을 신청하는 때 2. 영 제8조제1항제1호 및 제3호에 해당하는 자가 이 규칙 제14조에 따라 입국허가를 신청하는 때 3. 제17조제2항에 따라 사증발급인정서의 발급을 신청하는 때 ② 다음 각 호에 해당하는 때의 체류자격별 첨부서류는 별표 5의2와 같다. 〈개정 2010.11.16〉 1. 영 제25조에 따라 체류자격외활동허가를 신청하는 때 2. 영 제26조에 따라 근무처의 변경·추가허가를 신청하는 때 3. 영 제26조의2에 따라 근무처의 변경·추가 신고를 하는 때 4. 영 제29조에 따라 체류자격부여를 신청하는 때 5. 영 제30조에 따라 체류자격변경허가를 신청하는 때 6. 영 제31조에 따라 체류기간연장허가를 신청하는 때 7. 영 제40조에 따라 외국인등록을 신청하는 때 ③ 제1항 및 제2항에 따른 첨부서류

장관과 협의하여 지정한 국가의 국민은 제1항에도 불구하고 대통령령으로 정하는 바에 따라 재외공관의 장이나 사무소장 또는 출장소장이 발급한 외국인입국허가서를 가지고 입국할 수 있다. 〈개정 2013.3.23〉

[전문개정 2010.5.14]

에 따른 사증 또는 법 제9조제1항에 따른 사증발급인정서(이하 "사증 등"이라 한다)의 온라인 발급 신청 등을 위하여 정보통신망을 설치·운영할 수 있다.

② 제1항에 따른 정보통신망을 통하여 사증 등의 발급을 신청하려는 사람은 신청서와 법무부령으로 정하는 서류를 온라인으로 제출할 수 있다.

③ 제2항에 따라 정보통신망을 통하여 사증 등의 발급을 신청하려는 사람은 미리 사용자 등록을 하여야 한다.

④ 제1항에 따른 정보통신망 설치·운영과 온라인에 의한 사증 등 발급 신청서의 서식 등에 관하여 필요한 사항은 법무부장관이 정한다.

[전문개정 2011.11.1]

제8조(국제친선 등을 위한 입국허가) ① 법 제7조제2항제3호에 따라 사증 없이 입국할 수 있는 외국인은 다음 각 호의 어느 하나에 해당하는 사람으로 한다.

1. 외국정부 또는 국제기구의 업무를 수행하는 사람으로서 부득이한 사유로 사증을 가지지 아니하고 입국하려는 사람

2. 법무부령으로 정하는 기간 내에 대한민국을 관광하거나 통과할 목적으로 입국하려는 사람

3. 그 밖에 법무부장관이 대한민국의 이익 등을 위하여 입국이 필요하다고 인정하는 사람

② 법 제7조제2항제3호에 따라 사증 없이 입국할 수 있는 외국인의 입국허가 절차는 법무부령으로 정한다.

③ 법 제7조제2항제3호에 따라 사증 없이 입국할 수 있는 외국인의 구체적인 범위는 법무부장관이 국가와 사회의 안전 또는 외국인의 체류질서를 고려하여 따로 정한다.

중 「전자정부법」 제36조제1항에 따라 행정정보의 공동이용을 통하여 첨부서류에 대한 정보를 확인할 수 있는 경우에는 그 확인으로 제출에 갈음한다. 〈개정 2007.12.31, 2010.6.10〉

[전문개정 2007.6.1]

제9조의3(사증추천인) ① 법무부장관은 다음 각 호의 어느 하나에 해당하는 자를 사증추천인으로 지정할 수 있다.

1. 과학, 기술, 사회, 경제, 교육, 문화 등 전문분야에서 뛰어난 능력이 있는 자

2. 대한민국의 이익에 특별히 기여한 공로가 있는 자

3. 제1호 및 제2호에서 규정한 자 외에 학력이나 경력·경험 등을 고려하여 사증발급 추천을 하기에 적합한 능력이 있다고 법무부장관이 인정하는 자

② 법무부장관은 제1항에 따른 사증추천인의 지정에 필요한 경우 전문적인 지식이나 경험이 있는 관계 전문가의 의견을 들을 수 있다.

③ 제1항에 따라 사증추천인으로 지정된 자는 외국인재의 능력 및 자격을 평가한 후 영 제7조의2제1항에 따른 정보통신망을 통하여 해당 외국인에 대한 사증발급을 추천할 수 있다.

④ 제1항에 따른 사증추천인의 지정 및 제3항에 따른 사증발급 추천의 기준과 절차 등에 관한 세부사항은 법무부장관이 정한다.

[본조신설 2010.1.12]

제14조(공무수행 등을 위한 입국허가) ① 영 제8조제1항제1호의 규정에 해당하는 자에 대하여는 사무소장 또는 출장소장이 그 입국을 허가할 수 있다.

② 사무소장 또는 출장소장이 제1항의 규정에 의하여 입국을 허가하는 때에는 여권 등에 입국심사인

[전문개정 2011.11.1]

제10조(외국인입국허가서의 발급 등) ① 법무부장관은 법 제7조제4항에 따라 외교부장관과 협의하여 국가를 지정하면 지체 없이 그 사실을 재외공관의 장, 사무소장 및 출장소장에게 통보하여야 한다. 〈개정 2013.3.23〉

② 법 제7조제4항에 따라 외국인입국허가서를 발급받으려는 사람은 사증발급 신청서에 법무부령으로 정하는 서류를 첨부하여 재외공관의 장, 사무소장 또는 출장소장에게 제출하여야 한다.

③ 재외공관의 장, 사무소장 또는 출장소장은 제2항에 따른 외국인입국허가 신청을 한 사람에게 법무부령으로 정하는 바에 따라 외국인입국허가서를 발급하여야 한다. 이 경우 그 외국인입국허가서에는 체류자격, 체류기간 및 근무처 등을 적어야 한다.

④ 외국인입국허가서의 유효기간은 3개월로 하며, 1회 입국에만 효력을 가진다. 다만, 별표 1 중1. 외교(A-1)부터3. 협정(A-3)까지의 체류자격에 해당하는 사람으로서 대한민국에 주재하기 위하여 입국하려는 사람에 대한 외국인입국허가서의 유효기간은 3년으로 하며, 2회 이상 입국할 수 있는 효력을 가진다.

⑤ 출입국관리공무원은 제3항에 따라 외국인입국허가서를 발급받아 입국한 외국인이 출국할 때에는 외국인입국허가서를 회수하여야 한다. 다만, 제4항 단서에 해당하는 외국인입국허가서를 발급받아 입국한 외국인에 대해서는 최종적으로 출국할 때에 회수하여야 한다.

[전문개정 2011.11.1]

제15조(입국심사) ① 법 제12조제1항에 따른 외국인의 입국심사에 관하여는 제1조제1항부터 제3항까지 및 제10

을 찍고, 영 별표 1중 체류자격1. 외교(A-1) 내지3. 협정(A-3)의 자격에 해당하는 자격과 그 체류기간을 기재하여야 한다. 〈개정 1994.7.20〉

③ 영 제8조제1항제3호에 해당하는 사람에 대해서는 사무소장 또는 출장소장이 법무부장관의 승인을 받아 입국을 허가할 수 있다. 다만, 다음 각 호의 어느 하나에 해당하는 사람에 대해서는 사무소장 또는 출장소장은 체류기간 90일의 범위에서 법무부장관의 승인없이 그 입국을 허가할 수 있다. 〈개정 1994.7.20, 1995.12.1, 2011.12.23〉

1. 영 별표 1중8. 단기방문(C-3)의 체류자격에 해당하는 자

2. 영 별표 1중 26. 방문동거(F-1)의 체류자격에 해당하는 자로서 그 연령이 17세 미만이거나 61세 이상인 자

3. 영 별표 1중 28. 동반(F-3)의 체류자격에 해당하는 자로서 그 연령이 17세 미만인 자

④ 사무소장 또는 출장소장은 제3항에 따라 입국허가를 하려면 다음 각 호의 서류를 받아 신청인의 진술내용이나 제출서류의 진위 등을 확인하여야 한다. 〈개정 2011.12.23〉

1. 입국허가 신청서

2. 유효한 사증을 가지지 못한 부득이한 사유를 증명하는 서류 또는 사유서

3. 제76조에 따른 체류자격별 첨부서류

⑤ 사무소장 또는 출장소장이 제3항의 규정에 의한 입국허가를 하는 때에는 이를 외국인 입국허가대장에 기재하여야 하며, 여권에 입국심사인을 찍고 허가된 체류자격과 체류기간을 기재하여야 한다. 〈개정 1994.7.20, 2005.7.8〉

항을 준용한다. 이 경우 여권의 입국심사인영에는 허가된 체류자격과 체류기간을 적어야 한다.

② 다음 각 호의 요건을 모두 갖춘 외국인은 법 제12조제2항에 따라 정보화기기에 의한 입국심사를 받을 수 있다. 〈개정 2012.2.28, 2013.5.31〉

1. 17세 이상으로서 다음 각 목의 어느 하나에 해당하는 사람일 것
   가. 법 제31조에 따라 외국인등록을 한 외국인
   나. 대한민국과 상호 간에 정보화기기를 이용한 출입국심사를 할 수 있도록 양해각서·협정 등을 체결하거나 그 밖의 방법으로 합의한 국가의 국민으로서 법무부장관이 정하는 사람
   다. 그 밖에 법무부장관이 정보화기기에 의한 입국심사를 받을 필요가 있다고 인정하는 사람

2. 법무부령으로 정하는 바에 따라 스스로 지문과 얼굴에 관한 정보를 등록하였을 것

3. 그 밖에 법무부장관이 정하여 고시하는 요건을 갖추고 있을 것

③ 제2항에 따라 입국심사를 마친 외국인에 대해서는 제5항에 따른 입국심사인의 날인을 생략한다.

④ 출입국관리공무원은 법 제12조제4항 및 제12조의2제2항에 따라 외국인의 입국을 허가하지 아니하기로 결정한 경우 그 사안이 중요하다고 인정되면 지체 없이 법무부장관에게 보고하여야 한다.

⑤ 출입국관리공무원은 법 제7조제2항제2호에 해당하는 외국인의 입국을 허가할 때에는 여권에 제1항에 따른 입국심사인을 찍고 별표 1 중4. 사증면제(B-1) 체류자격과 체류기간을 적어야 한다. 다만, 외교·관용 사증면제협정

⑥ 영 제8조제1항제3호의 규정에 해당하는 자로서 법무부장관이 정하는 증명서를 소지한 자에 대하여는 제3항의 규정에 불구하고 출입국관리공무원이 체류기간 90일의 범위 내에서 그 입국을 허가할 수 있다. 〈신설 1997.7.1〉

⑦ 제5항의 규정은 제6항의 경우에 관하여 이를 준용한다. 다만, 외국인입국허가대장의 기재에 관한 사항은 그러하지 아니하다. 〈신설 1997.7.1〉

제15조(관광 등을 위한 입국허가) ①법무부장관이 정하는 국가의 국민으로서 영 제8조제1항제2호의 규정에 해당하는 자에 대하여는 출입국관리공무원이 그 입국을 허가할 수 있다. 〈개정 1995.12.1〉

② 출입국관리공무원은 제1항의 규정에 의한 입국허가를 하는 때에는 여권에 입국심사인을 찍고 영 별표 1중 체류자격5. 관광통과(B-2)의 자격과 30일의 범위 내에서의 체류기간을 부여하여야 한다. 다만, 법무부장관이 국제관례, 상호주의 또는 대한민국의 이익 등을 고려하여 체류기간 등을 따로 정하는 때에는 그에 따라야 한다. 〈개정 1994.7.20, 1995.12.1, 1999.2.27, 2005.7.8〉

③ 제2항의 규정에 의하여 입국허가를 받은 자에 대하여는 체류자격변경 또는 체류기간연장을 허가하지 아니한다. 다만, 부득이한 사유가 있다고 인정되는 때에는 사무소장 또는 출장소장이 제78조제2항의 규정에 의하여 권한이 위임된 범위내에서 이를 허가할 수 있다. 〈개정 1999.2.27〉

④ 사무소장 또는 출장소장은 제3항 단서의 규정에 의하여 체류기간을 연장하는 때에는 입국일부터 90일을 초과하여 연장할 수 없다. 〈신설 1999.2.27〉

적용대상으로서 대한민국에 주재하려는 외국인의 입국을 허가할 때에는 별표 1 중1. 외교(A-1) 또는2. 공무(A-2) 체류자격과 체류기간을 적어야 한다.

⑥ 출입국관리공무원은 입국심사를 받는 외국인이 다음 각 호의 어느 하나에 해당하는 경우에는 법무부령으로 정하는 바에 따라 그가 가지고 있는 사증의 내용을 정정하여 입국을 허가할 수 있다.

1. 재외공관의 장이 발급한 사증의 구분, 체류자격 및 체류기간 등이 잘못된 것이 명백한 경우

2. 별표 1 중 31. 방문취업(H-2) 체류자격의 복수사증에 기재된 체류기간의 만료일이 그 사증의 유효기간 만료일을 초과하게 되는 경우

⑦ 법 제12조의4제1항에 따른 위조 또는 변조된 여권의 보관과 그 통지절차에 관하여는 제6조제3항 및 제4항을 준용한다. 다만, 제6조제3항을 준용하는 경우 발급기관의 장에게 통지하는 사항은 그러하지 아니하다.

⑧ 대한민국의 선박등에 고용된 외국인승무원의 입국절차에 관하여는 제1조제4항을 준용한다.

[전문개정 2011.11.1]

제9조(사증면제협정 적용의 일시 정지)

① 법무부장관은 법 제7조제3항에 따라 사증면제협정의 적용을 일시 정지하려면 외교부장관과 미리 협의하여야 한다. 〈개정 2013.3.23〉

② 법무부장관은 제1항에 따라 사증면제협정의 적용을 일시 정지하기로 결정한 때에는 지체 없이 그 사실을 외교부장관을 거쳐 당사국에 통고하여야 한다. 〈개정 2013.3.23〉

[전문개정 2011.11.1]

제72조(각종 허가 등에 관한 수수료) 외국인의 입국 및 체류와 관련된 허가 및 출입국사실증명 발급 등에 관한 수수료는 다음 각 호와 같다.

1. 사무소장 또는 출장소장이 하는 입국허가 또는 외국인 입국허가서 발급: 4만 원. 다만, 영 제10조제4항 단서에 해당하는 경우에는 8만 원으로 한다.

2. 체류자격 외 활동허가: 6만 원. 다만, 영 별표 1 중 11. 유학(D-2) 또는 13. 일반연수(D-4) 체류자격을 가지고 있는 사람에 대한 시간제 취업 허용 등 법무부장관이 인정하는 경우에는 1만 원으로 하고, 같은 표 중 27. 거주(F-2) 체류자격을 가지고 있는 경우에는 3만 원으로 한다.

3. 근무처의 변경·추가 허가: 6만 원

4. 체류자격부여: 4만 원. 다만, 영 별표 1 중 27. 거주(F-2), 28의3. 영주(F-5) 또는 28의4. 결혼이민(F-6) 체류자격에 해당하는 경우에는 2만 원으로 한다.

5. 체류자격 변경 허가: 5만 원

6. 체류기간 연장 허가: 3만 원. 다만, 영 별표 1 중 27. 거주(F-2) 또는 28의4. 결혼이민(F-6) 체류자격을 가지고 있는 경우에는 2만 원으로 한다.

7. 단수재입국허가: 3만 원

8. 복수재입국허가: 5만 원

9. 재입국허가기간 연장허가: 미화 20달러에 상당하는 금액

10. 외국인등록증 발급 및 재발급: 1만 원

11. 출입국에 관한 사실증명: 1천 원(1통당)

12. 외국인등록 사실증명: 1천 원(1통당)

13. 난민여행증명서 발급 및 재발급: 1만 원

14. 난민여행증명서 유효기간 연장 허가: 미화 5달러에 상당하는

금액

15. 영 제15조제2항제1호나목에 해
당하는 외국인의 자동출입국심
사 등록: 법무부장관이 정하는
금액

[전문개정 2012.2.29]

제19조(외국인의 입국심사 등) ①출입
국관리공무원이 영 제15조제1항의
규정에 의하여 입국심사를 하는 경
우 심사확인에 관한 사항에 대하여
는 제1조의 규정을 준용한다.

② 삭제 〈2012.2.29〉

③ 삭제 〈2012.2.29〉

④ 삭제 〈2012.2.29〉

⑤ 삭제 〈2012.2.29〉

⑥ 외국인승무원이 대한민국안에 정
박 중인 선박 등에서 하선하여
승객으로 출국하려는 경우나 법
제14조의2에 따라 관광상륙허가
를 받은 외국인승객이 하선하여
다른 선박 등으로 출국하려는 경
우에는 영 제15조제1항에 따른
입국심사를 받아야 한다. 〈개정
2010.11.16, 2012.5.25〉

⑦ 외국인출입국신고서의 작성 및
관리에 관하여는 제2조 및 제3조
의 규정을 준용한다. 다만, 관광
선박 등의 단체승객에 대하여는
승객명부로서 출입국신고서에 갈
음하게 할 수 있다.

〈개정 1994.7.20, 2010.11.16〉

제19조의2(외국인의 정보화기기에 의한
입국심사) ① 영 제15조제2항에 따라
정보화기기에 의한 입국심사(이하
"자동입국심사"라 한다)를 받기 위하
여 지문과 얼굴에 관한 정보를 등록
하려는 외국인은 사무소장 또는 출
장소장에게 자동입국심사 등록신청
서를 제출하여야 한다. 다만, 법무부
장관은 필요하다고 인정하는 외국인
의 경우에는 정보화기기를 통하여
자동입국심사 등록을 신청하게 할
수 있다. 〈개정 2013.5.31〉

② 사무소장 또는 출장소장은 제1항

		에 따른 신청을 받으면 영 15조 제2항 각 호의 요건을 갖추었는 지 확인하고, 신청자의 여권에 자동입국심사 등록 확인인을 날 인하거나 자동입국심사 등록 스 티커를 붙여야 한다. 〈개정 2013.5.31〉

③ 영 제15조제2항에 따라 등록을 한 외국인이 등록을 해지하거나 등록정보를 정정하려면 사무소 장 또는 출장소장에게 다음 각 호의 구분에 따른 서류를 제출하 여야 한다. 다만, 법무부장관은 필요하다고 인정하는 외국인의 경우에는 정보화기기를 통하여 등록 해지 또는 등록정보 정정을 신청하게 할 수 있다. 〈개정 2013.5.31〉

1. 등록을 해지하려는 경우: 자동입 국심사 등록 해지신청서

2. 등록정보를 정정하려는 경우: 자 동입국심사 등록정보 정정신청서

④ 사무소장 또는 출장소장은 제3항 에 따른 해지 또는 정정 신청을 접수하면 지체 없이 그 등록을 해지하거나 등록정보를 정정하 여야 한다.

⑤ 사무소장 또는 출장소장은 제1 항에 따라 자동입국심사 등록을 한 외국인이 사정변경으로 영 제 15조제2항 각 호의 요건을 갖추 지 못하게 되면 그 등록을 해지 할 수 있다.

⑥ 제1항부터 제5항까지의 규정에도 불구하고 법무부장관은 영 제15 조제2항제1호나목에 해당하는 사 람의 자동입국심사 등록 절차에 관하여는 해당 국가와의 양해각 서ㆍ협정 등을 고려하여 달리 정 할 수 있다.

[본조신설 2012.2.29]

[종전 제19조의2는 제19조의3으로 이 동 〈2012.2.29〉]

제20조(사증내용의 정정 등) ① 출입국

관리공무원이 영 제15조제6항제1호에 따라 사증내용을 정정하는 때에는 삭제된 문자를 알아볼 수 있도록 남겨두고, 사증 아랫부분에 정정사실을 기재한 후 서명 또는 날인하여야 한다. 〈개정 2007.3.5〉

② 출입국관리공무원이 영 제15조제6항제2호에 따라 체류기간을 정정하는 때에는 그 사증이 발급된 날부터 4년 이상 경과된 경우에 한한다. 이 경우 체류기간의 상한은 그 사증의 유효기간 만료일까지로 하되, 구체적인 표기방법에 관하여는 법무부장관이 따로 정한다. 〈신설 2007.3.5〉

③ 출입국관리공무원은 대한민국에 체류하는 외국인에 대하여 여권이 재발급된 경우에는 종전의 여권으로 출국한 사실이 있는지 여부를 확인한 후 새로운 여권에 입국사실확인인을 찍고 기명날인하여야 한다. 〈개정 2007.3.5〉

제21조(주한미군지위협정 해당자의 입국) 출입국관리공무원이 「대한민국과 아메리카합중국간의 상호방위조약 제4조에 의한 시설과 구역 및 대한민국에서의 합중국군대의 지위에 관한 협정」의 적용을 받는 자에 대하여 영 제15조제1항의 규정에 의한 입국심사를 하는 때에는 신분증명서 등에 의하여 그의 신분을 확인하고 여권에 주한미군지위협정해당자인을 찍어야 한다. 영 제29조제3항의 규정에 의한 체류자격부여인을 찍을 때 또는 영 제30조제3항의 규정에 의한 체류자격변경허가인을 찍을 때에도 또한 같다.
〈개정 2005.7.8〉

제73조(수수료의 납부방법) 수수료의 납부방법은 다음 각 호와 같다. 〈개정 2004.8.23, 2010.11.16, 2012.2.29, 2012.5.25〉

1. 출입국관리사무소·출장소에 납부하는 경우: 해당 수수료 금액

에 상당하는 수입인지 또는 정보통신망을 이용한 전자화폐·전자결제. 다만, 다음 각 목의 수수료는 그 목에서 정한 방법으로 납부하여야 한다.

　가. 외국인등록증 발급 및 재발급 수수료: 현금 또는 현금 납입을 증명하는 증표

　나. 영 제15조제2항제1호나목에 해당하는 외국인의 자동출입국심사 등록 수수료: 현금, 신용카드·직불카드 또는 정보통신망을 이용한 전자화폐·전자결제 중에서 법무부장관이 정하는 방법

2. 시·군·구 또는 읍·면·동에 납부하는 경우: 해당 수수료 금액에 상당하는 수입증지 또는 정보통신망을 이용한 전자화폐·전자결제

3. 재외공관에 납부하는 경우: 해당 수수료 금액에 상당하는 수입인지·현금 또는 현금의 납입을 증명하는 증표

[전문개정 2003.9.24]

제8조(사증등 발급의 승인) ① 재외공관의 장은 법 제7조제4항의 규정에 의하여 대한민국과 수교하지 아니한 국가(이하 "미수교국가"라 한다)나 법무부장관이 외교부장관과 협의하여 지정한 국가(이하 "특정국가"라 한다)의 국민 및 미수교국가 또는 특정국가에 거주하는 무국적자에 대하여 외국인입국허가서를 발급하거나, 제9조의 규정에 의하여 그 발급권한이 위임되지 아니한 사증을 발급하고자 하는 때에는 법무부장관의 승인을 얻어야 한다. 다만, 국제연합기구 또는 각국 정부간의 국제기구가 주관하는 행사에 참석하는 자와 법무부장관이 따로 정하는 자에 대하여 체류기간 90일 이하의 외국인입국허가서 또는 사증을 발급하는 경우에는 그러하지 아니하다. 〈개정

2002.4.27, 2013.3.23〉

② 재외공관의 장은 제1항의 규정에 의한 승인을 얻고자 하는 때에는 사증발급승인신청서에 입국의 적부에 관한 의견을 붙여 외교부장관을 거쳐 법무부장관에게 승인요청을 하여야 한다. 다만, 긴급을 요하는 때에는 사증발급승인요청서에 의하여 전문으로 승인을 요청할 수 있으며, 이 경우 재외공관의 장은 그 신청인으로부터 실비상당의 전신료를 징수할 수 있다. 〈개정 2002.4.27, 2013.3.23〉

③ 법무부장관은 사증발급에 관하여 제2항의 규정에 의한 승인요청이 있는 때에는 입국의 적부를 심사한 후에 그 승인여부와 승인하는 경우 그 사증의 단수 또는 복수의 구분, 체류자격 및 체류기간을 각각 명시하여 이를 외교부장관을 거쳐 해당재외공관의 장에게 통지한다. 이 경우 체류자격은 문자와 기호를 병기하고, 근무처, 연수장소, 학교명 등이 있는 때에는 이를 명시하여야 한다. 〈개정 1994.7.20, 2002.4.27, 2013.3.23〉

④ 재외공관의 장은 제2항의 규정에 의하여 법무부장관에게 사증발급승인을 요청한 때에는 그 승인통지를 받기 전에 제9조의 규정에 의한 사증을 발급하여서는 아니된다.

제8조의2(전자사증 발급 대상자) 영 제7조의2제4항에서 "법무부령으로 정한 외국인"이란 다음 각 호의 어느 하나에 해당하는 외국인을 말한다.

1. 영 별표 1 중 교수(E-1), 연구(E-3), 기술지도(E-4) 및 전문직업(E-5) 체류자격에 해당하는 외국인

2. 그 밖에 상호주의 또는 대한민국의 이익 등을 위하여 재외공관의 장의 심사가 필요하지 아니하다고

법무부장관이 인정하는 외국인
[본조신설 2013.1.1]
제16조(사무소장 등의 외국인입국허가서 발급) ① 미수교국가 또는 특정국가의 국민은 법 제7조제4항의 규정에 의하여 긴급한 사유 기타 부득이한 사유로 인하여 재외공관의 장으로부터 외국인입국허가서를 발급받지 아니하고 입국하고자 하는 때에는 사무소장 또는 출장소장에게 외국인입국허가서 발급신청을 하여야 한다.

② 제1항의 규정에 의하여 외국인입국허가서발급신청을 하고자 하는 자는 사증발급신청서에 제76조의 규정에 의한 서류를 첨부하여 이를 사무소장 또는 출장소장에게 제출하여야 한다.

③ 사무소장 또는 출장소장은 제1항 및 제2항의 규정에 의한 신청에 대하여 이를 허가하거나 거부하고자 하는 때에는 법무부장관의 승인을 얻어야 한다. 이 경우 필요하다고 인정하는 때에는 당해 출입국항에 주재하는 관계기관의 공무원에게 의견을 물을 수 있다.

④ 사무소장 또는 출장소장은 제3항의 규정에 의한 허가의 승인이 있는 때에는 외국인입국허가서에 허가된 체류자격과 체류기간을 기재한 후 발급기관란에 출입국관리사무소인 또는 출입국관리사무소출장소장인을 찍고 서명하여야 한다. 이 경우 체류자격 및 근무처의 기재방법에 관하여는 제8조제3항 후단의 규정을 준용한다.

제39조의6(재입국허가) ① 법 제30조제1항의 규정에 의한 재입국허가를 받고자 하는 자는 재입국허가신청서에 그 사유를 소명하는 서류를 첨부하여 사무소장 또는 출장소장에게 제출하여야 한다.

② 사무소장 또는 출장소장은 제1항

		의 규정에 의한 재입국허가신청서를 받은 때에는 의견을 붙여 지체없이 이를 법무부장관에게 송부하여야 한다. ③ 재입국허가기간은 허가받은 체류기간을 초과하지 아니하는 범위 내에서 이를 정한다. ④ 사무소장 또는 출장소장은 제1항의 규정에 의한 재입국허가신청에 대하여 법무부장관의 허가가 있는 때에는 여권에 재입국허가인을 찍고 재입국허가기간을 기재하거나 재입국허가 스티커를 부착하되, 무국적자 또는 법 제7조제4항의 규정에 의한 국가의 국민에 대하여는 재입국허가서를 발급한다. 〈개정 2005.7.8〉 [본조신설 2003.9.24] [제39조의2에서 이동 〈2012.1.19〉]
제7조의2(허위초청 등의 금지) 누구든지 외국인을 입국시키기 위한 다음 각 호의 어느 하나의 행위를 하여서는 아니 된다. 1. 거짓된 사실의 기재나 거짓된 신원보증 등 부정한 방법으로 외국인을 초청하거나 그러한 초청을 알선하는 행위 2. 거짓으로 사증 또는 사증발급인정서를 신청하거나 그러한 신청을 알선하는 행위 [전문개정 2010.5.14]		
제8조(사증) ① 제7조에 따른 사증은 1회만 입국할 수 있는 단수사증(單數査證)과 2회 이상 입국할 수 있는 복수사증(複數査證)으로 구분한다. ② 법무부장관은 사증발급에 관한 권한을 대통령령으로 정하는 바에 따라 재외공관의 장에게 위임할 수 있다. ③ 사증발급에 관한 기준과 절차는 법무부령으로 정한다. [전문개정 2010.5.14]	제11조(사증발급 권한의 위임) ① 법무부장관은 법 제8조제2항에 따라 별표 1 중1. 외교(A-1)부터3. 협정(A-3)까지의 체류자격에 해당하는 사람에 대한 사증발급 권한을 재외공관의 장에게 위임한다. ② 법무부장관은 법 제8조제2항에 따라 별표 1 중6. 일시취재(C-1)부터 31. 방문취업(H-2)까지의 체류자격에 해당하는 사람에 대한 사증발급 권한을 법무부령으로 그 범위를 정하여 재외공관의	제9조(사증발급권한의 위임) ① 영 제11조제2항에 따라 법무부장관이 재외공관의 장에게 위임하는 사증발급 권한은 다음 각 호와 같다. 〈개정 2009.4.3, 2011.12.23〉 1. 다음 각 목에 해당하는 사증 발급(이 경우에는 입국 후에 체류자격 변경을 허가하지 아니한다는 뜻을 신청인에게 알려야 한다) 가. 영 별표 1 중 체류자격6. 일시취재(C-1)·9. 단기취업(C-4)의 자격에 해당하는 자에 대

	장에게 위임한다. [전문개정 2011.11.1]	한 체류기간 90일 이하의 단 수사증 나. 복수사증발급협정 등이 체결 된 국가의 경우 영 별표 1 중 체류자격6. 일시취재(C-1)의 자격에 해당하는 자에 대한 체류기간 90일 이하의 사증 다. 영 별표 1 중 체류자격 단기 방문(C-3)의 자격에 해당하 는 자에 대한 체류기간 90일 이하의 사증 2. 영 별표 1 중 체류자격 11. 유학 (D-2)의 자격에 해당하는 자에 대한 체류기간 2년 이하의 단수 사증 발급 및 18의2. 구직(D-10) 의 자격에 해당하는 자에 대한 체류기간 6개월 이하의 단수사증 발급 3. 영 별표 1 중 체류자격 17. 기업 투자(D-8)의 자격에 해당하는 자 와 그 동반가족[체류자격 28. 동 반(F-3)]에 대한 체류기간 1년 이 하의 단수사증 발급 4. 「경제자유구역의 지정 및 운영에 관한 법률」 제4조에 따라 지정된 경제자유구역에 투자한 자로서 영 별표 1 중 체류자격 17. 기업 투자(D-8) 가목의 자격에 해당하 는 자와 그 동반가족[체류자격 28. 동반(F-3)]에 대한 체류기간 2년 이하의 사증 발급 5. 영 별표 1 중 체류자격 28의2. 재 외동포(F-4)의 자격에 해당하는 자에 대한 체류기간 2년 이하의 사증 발급 6. 영 별표 1 중 체류자격 28의3. 영주(F-5)의 자격에 해당하는 자에 대한 단수사증 발급 7. 영 별표 1 중 체류자격 30. 관광 취업(H-1)의 자격에 해당하는 자 에 대한 체류기간 1년 이하의 사 증 발급 8. 영 별표 1 중 체류자격 31. 방문 취업(H-2)의 자격에 해당하는 자

에 대한 체류기간 1년 이하의 사
중 발급

9. 그 밖에 영 별표 1 중 체류자격
10. 문화예술(D-1), 12. 산업연
수(D-3)부터 16. 주재(D-7)까지,
18. 무역경영(D-9), 19. 교수
(E-1)부터 28. 동반(F-3)까지, 28
의4. 결혼이민(F-6) 및 29. 기타
(G-1)의 자격에 해당하는 자 중
상호주의 또는 대한민국의 이익
등을 위하여 법무부장관이 특히
필요하다고 인정하는 자에 대한
체류기간 1년 이하의 사중 발급

② 법무부장관은 제1항 각 호에 따
른 사중의 종류, 체류자격, 체류
기간 또는 사중발급 대상 등에
관한 세부기준을 정할 수 있다.

[전문개정 2008.7.3]

제9조(사증발급인정서) ① 법무부장관
은 제7조제1항에 따른 사중을 발급
하기 전에 특히 필요하다고 인정할
때에는 입국하려는 외국인의 신청을
받아 사증발급인정서를 발급할 수
있다.

② 제1항에 따른 사증발급인정서 발
급신청은 그 외국인을 초청하려
는 자가 대리할 수 있다.

③ 제1항에 따른 사증발급인정서의
발급대상·발급기준 및 발급절
차는 법무부령으로 정한다.

[전문개정 2010.5.14]

**제7조의2(온라인에 의한 사증발급 신청
등)** ① 법무부장관은 법 제7조제1항
에 따른 사중 또는 법 제9조제1항에
따른 사증발급인정서(이하 "사중 등"
이라 한다)의 온라인 발급 신청 등을
위하여 정보통신망을 설치·운영할
수 있다.

② 제1항에 따른 정보통신망을 통하
여 사증 등의 발급을 신청하려는
사람은 신청서와 법무부령으로
정하는 서류를 온라인으로 제출
할 수 있다.

③ 제2항에 따라 정보통신망을 통하
여 사증 등의 발급을 신청하려는
사람은 미리 사용자 등록을 하여
야 한다.

④ 제1항에 따른 정보통신망 설치·
운영과 온라인에 의한 사중 등 발
급신청서의 서식 등에 관하여 필요
한 사항은 법무부장관이 정한다.

[전문개정 2011.11.1]

제96조(권한의 위임) ① 법무부장관은
법 제92조제1항에 따라 법 제9조,
제20조, 제21조, 제23조부터 제25조
까지, 제30조제1항, 제76조의2, 제
76조의3, 제76조의8제2항·제3항,

제9조의3(사증추천인) ① 법무부장관은
다음 각 호의 어느 하나에 해당하
는 자를 사증추천인으로 지정할 수
있다.

1. 과학, 기술, 사회, 경제, 교육, 문
화 등 전문분야에서 뛰어난 능력
이 있는 자

2. 대한민국의 이익에 특별히 기여
한 공로가 있는 자

3. 제1호 및 제2호에서 규정한 자 외
에 학력이나 경력·경험 등을 고
려하여 사증발급 추천을 하기에
적합한 능력이 있다고 법무부장
관이 인정하는 자

② 법무부장관은 제1항에 따른 사중
추천인의 지정에 필요한 경우 전
문적인 지식이나 경험이 있는 관
계 전문가의 의견을 들을 수 있다.

③ 제1항에 따라 사증추천인으로 지
정된 자는 외국인재의 능력 및
자격을 평가한 후 영 제7조의2제
1항에 따른 정보통신망을 통하여
해당 외국인에 대한 사증발급을
추천할 수 있다.

④ 제1항에 따른 사증추천인의 지정
및 제3항에 따른 사증발급 추천

제89조, 제90조 및 제90조의2에 따른 그의 권한을 법무부령으로 정하는 바에 따라 사무소장·출장소장 또는 보호소장에게 위임한다.

② 시장(특별시장 및 광역시장은 제외한다)은 법 제92조제2항에 따라 법 제34조제2항, 제36조 및 제88조제2항에 따른 그의 권한을 구청장(자치구의 구청장은 제외한다)에게 위임한다.

[전문개정 2011.11.1]

제94조(각종 허가 등의 취소·변경) ① 법무부장관은 법 제89조제1항에 따라 체류기간 연장허가 등을 취소 또는 변경한 때에는 해당 외국인에게 취소나 변경된 사실을 알리고 그 뜻을 여권에 적어야 한다.

② 출입국관리공무원은 법 제9조에 따른 사증발급인정서, 법 제13조에 따른 조건부 입국허가서, 법 제14조에 따른 승무원 상륙허가서, 법 제14조의2에 따른 관광상륙허가서 및 법 제20조에 따라 발급된 체류자격 외 활동허가서를 가진 외국인이 제1항에 따라 그 허가 등이 취소된 때에는 그 허가서 등을 회수하여야 한다. 〈개정 2012.5.25〉

[전문개정 2011.11.1]

의 기준과 절차 등에 관한 세부 사항은 법무부장관이 정한다.

[본조신설 2010.1.12]

제17조(사증발급인정서의 발급절차 등) ①법 제9조제3항에 따라 사증발급인정서를 발급할 수 있는 대상은 다음 각 호와 같다. 〈개정 1994.7.20, 1995.12.1, 1998.4.1, 2002.4.27., 2003.9.24, 2004.8.23, 2007.3.5., 2007.6.1, 2008.7.3, 2011.12.23〉

1. 미수교국가 또는 특정국가의 국민

2. 영 별표 1중 체류자격 10. 문화예술(D-1)부터 25. 특정활동(E-7)까지·25의3. 비전문취업(E-9)·25의4. 선원취업(E-10)·26. 방문동거(F-1)·27. 거주(F-2)·28. 동반(F-3)·28의2. 재외동포(F-4)·제28의3. 영주(F-5)·28의4. 결혼이민(F-6)·29. 기타(G-1) 및 31. 방문취업(H-2)의 자격에 해당하는 자

3. 기타 법무부장관이 특히 필요하다고 인정하는 자

② 법 제9조의 규정에 의하여 사증발급인정서를 발급받고자 하는 자는 사증발급인정신청서에 제76조의 규정에 의한 서류를 첨부하여 그 외국인을 초청하려는 자의 주소지를 관할하는 주소지 관할 사무소장 또는 출장소장에게 제출하여야 한다. 〈개정 2003.9.24, 2005.7.8, 2011.12.23〉

③ 영 별표 1 중 체류자격 27. 거주(F-2) 가목 또는 28의4. 결혼이민(F-6) 가목에 해당하는 결혼동거 목적의 사증발급인정서 발급 신청에 관하여는 제9조의4를 준용한다. 〈신설 2011.3.7, 2011.12.23〉

④ 주소지관할 사무소장 또는 출장소장은 제2항 및 제3항에 따른 신청서를 제출받은 때에는 제17조의3의 규정에 의한 발급기준을 확인하고 의견을 붙여 이를 법무부장관에게 송부하여야 한다.

〈개정 2005.7.8, 2011.3.7〉

1. 삭제 〈2005.7.8〉

2. 삭제 〈2005.7.8〉

3. 삭제 〈2005.7.8〉

⑤ 법무부장관은 제4항에 따른 신청서류를 심사한 결과 사증발급이 타당하다고 인정하는 때에는 「전자정부법」의 규정에 의한 전자문서로 사증발급인정서를 발급하여 이를 재외공관의 장에게 송신하고, 초청자에게는 사증발급인정번호를 포함한 사증발급인정내용을 지체없이 통지하여야 한다. 〈개정 2005.7.8, 2007.12.31, 2011.3.7〉

⑥ 법무부장관은 재외공관에 출입국관리정보시스템이 개설되어 있지 아니하는 등 전자문서에 의한 사증발급인정서를 송신할 수 없는 부득이 한 사유가 있는 경우에는 제5항의 규정에 불구하고 초청자에게 직접 사증발급인정서를 교부할 수 있다. 〈신설 2005.7.8, 2011.3.7〉

⑦ 법무부장관은 초청인이 동시에 신청한 사증발급인정서 발급대상자가 2인 이상일 경우에는 그 대표자의 사증발급인정서에 사증발급대상자 명단을 첨부하여 사증발급인정서를 발급할 수 있다. 〈신설 1995.12.1, 2005.7.8, 2006.8.2, 2011.3.7〉

[제목개정 2008.7.3]

제17조의3(사증발급인정서 발급의 기준) ① 법 제9조제1항의 규정에 의한 사증발급인정서 발급의 기준에 관하여는 제9조의2의 규정을 준용한다.

② 법무부장관은 법 제9조제2항에 따라 외국인을 초청하는 사람이 다음 각 호의 어느 하나에 해당하는 경우에는 피초청 외국인에 대한 사증발급인정서를 발급하지 아니할 수 있다. 〈개정 2010.

11.16〉

1. 법 제7조의2, 법 제12조의3, 법 제18조제3항부터 제5항까지, 법 제21조제2항 또는 법 제33조의2 제1호의 규정을 위반하여 금고 이상의 형의 선고를 받고 그 형의 집행이 종료되거나 집행을 받지 아니하기로 한 날 또는 500만 원 이상의 벌금형의 선고를 받거나 500만 원 이상의 범칙금의 통고처분을 받고 벌금 또는 범칙금을 납부한 날부터 3년이 경과되지 아니한 사람

2. 법 제7조의2, 법 제12조의3, 법 제18조제3항부터 제5항까지, 법 제21조제2항 또는 법 제33조의2 제1호의 규정을 위반하여 500만 원 미만의 벌금형의 선고를 받거나 500만 원 미만의 범칙금의 통고처분을 받고 벌금 또는 범칙금을 납부한 날부터 1년이 경과되지 아니한 사람

3. 외국인에게 윤락행위·사행행위·마약류 판매 및 공급행위 강요 등으로 「성매매알선 등 행위의 처벌에 관한 법률」, 「사행행위 등 규제 및 처벌특례법」 및 「마약류 관리에 관한 법률」 등을 위반하여 금고 이상의 형의 선고를 받고 그 형의 집행이 종료되거나 집행을 받지 아니하기로 한 날부터 3년이 경과되지 아니한 사람

4. 외국인근로자 또는 산업연수생에게 임금 또는 수당을 체불하거나 강제근로시키는 등 「근로기준법」을 위반하여 금고 이상의 형의 선고를 받고 그 형의 집행이 종료되거나 집행을 받지 아니하기로 한 날부터 3년이 경과되지 아니한 사람

5. 신청일부터 최근 1년간 법 제9조제2항에 따라 10인 이상의 외국인을 초청한 자로서 피초청 외국인의 과반수 이상이 불법체류 중

		인 사람 6. 신청일부터 최근 1개월간 법 제19조 또는 법 제19조의4의 규정에 의한 신고의무를 2회 이상 게을리 한 사람 7. 그 밖에 제1호 내지 제6호에 준하는 사유에 해당하는 자로서 법무부장관이 따로 정하는 사람 ③ 영 별표 1 중 체류자격 27. 거주 (F-2) 가목 또는 28의4. 결혼이민 (F-6) 가목에 해당하는 결혼동거 목적의 사증발급인정서 발급 기준 등에 관하여는 제9조의5를 준용한다. 〈신설 2011.3.7, 2011.12.23〉 [본조신설 2005.7.8]
제10조(체류자격) ① 입국하려는 외국인은 대통령령으로 정하는 체류자격을 가져야 한다. ② 1회에 부여할 수 있는 체류자격별 체류기간의 상한은 법무부령으로 정한다. [전문개정 2010.5.14]	제12조(체류자격의 구분) 법 제10조제1항에 따른 외국인의 체류자격은 별표 1과 같다. [전문개정 2011.11.1]	제18조의2(1회에 부여하는 체류자격별 체류기간의 상한) 법 제10조제2항의 규정에 의하여 1회에 부여할 수 있는 체류자격별 체류기간의 상한은 별표 1과 같다. 다만, 법무부장관은 국제관례나 상호주의 원칙 또는 국가이익에 비추어 필요하다고 인정하는 때에는 그 상한을 달리 정할 수 있다. [본조신설 1997.7.1]
제11조(입국의 금지 등) ① 법무부장관은 다음 각 호의 어느 하나에 해당하는 외국인에 대하여는 입국을 금지할 수 있다. 1. 감염병환자, 마약류중독자, 그 밖에 공중위생상 위해를 끼칠 염려가 있다고 인정되는 사람 2. 「총포·도검·화약류 등 단속법」에서 정하는 총포·도검·화약류 등을 위법하게 가지고 입국하려는 사람 3. 대한민국의 이익이나 공공의 안전을 해치는 행동을 할 염려가 있다고 인정할 만한 상당한 이유가 있는 사람 4. 경제질서 또는 사회질서를 해치거나 선량한 풍속을 해치는 행동을 할 염려가 있다고 인정할 만	제13조(입국금지자의 자료관리) 법무부장관은 법 제11조에 따라 입국을 금지하기로 결정한 사람에 대해서는 지체 없이 정보화업무처리 절차에 따라 그 자료를 관리하여야 한다. 입국금지를 해제한 때에도 또한 같다. [전문개정 2011.11.1] 제14조(입국금지 요청 및 해제) ① 중앙행정기관의 장 및 법무부장관이 정하는 관계 기관의 장은 소관 업무와 관련하여 법 제11조제1항의 입국금지 또는 같은 조 제2항의 입국거부 사유에 해당한다고 인정하는 외국인에 대해서는 법무부장관에게 입국금지 또는 입국거부를 요청할 수 있다. 다만, 시장·군수 또는 구청장의 소관 업무에 관한 입국금지의 요청은 특별시장·광역시장 또는 도지사가	제9조의2(사증 등 발급의 기준) 제8조 및 제10조에 따라 법무부장관이 사증 등의 발급을 승인하거나 제9조의 위임에 따라 재외공관의 장이 사증을 발급하는 경우 사증발급을 신청한 외국인이 다음 각 호의 요건을 갖추었는지의 여부를 심사·확인하여야 한다. 〈개정 2008.7.3〉 1. 유효한 여권을 소지하고 있는지 여부 2. 법 제11조의 규정에 의한 입국의 금지 또는 거부의 대상이 아닌지 여부 3. 영 별표 1에서 정하는 체류자격에 해당하는지 여부 4. 영 별표 1에서 정하는 체류자격에 부합한 입국목적을 소명하는지 여부

한 상당한 이유가 있는 사람

5. 사리 분별력이 없고 국내에서 체류활동을 보조할 사람이 없는 정신장애인, 국내체류비용을 부담할 능력이 없는 사람, 그 밖에 구호(救護)가 필요한 사람

6. 강제퇴거명령을 받고 출국한 후 5년이 지나지 아니한 사람

7. 1910년 8월 29일부터 1945년 8월 15일까지 사이에 다음 각 목의 어느 하나에 해당하는 정부의 지시를 받거나 그 정부와 연계하여 인종, 민족, 종교, 국적, 정치적 견해 등을 이유로 사람을 학살·학대하는 일에 관여한 사람

　가. 일본 정부

　나. 일본 정부와 동맹 관계에 있던 정부

　다. 일본 정부의 우월한 힘이 미치던 정부

8. 제1호부터 제7호까지의 규정에 준하는 사람으로서 법무부장관이 그 입국이 적당하지 아니하다고 인정하는 사람

② 법무부장관은 입국하려는 외국인의 본국(本國)이 제1항 각 호 외의 사유로 국민의 입국을 거부할 때에는 그와 동일한 사유로 그 외국인의 입국을 거부할 수 있다.

[전문개정 2010.5.14]

한다.

② 제1항의 입국금지 또는 입국거부의 요청 절차에 관하여는 제2조제2항, 제2조의2제2항 및 제2조의3제3항·제4항을 준용한다. 다만, 입국금지 또는 입국거부의 예정기간에 관한 사항은 그러하지 아니하다.

③ 입국금지 또는 입국거부를 요청한 기관의 장은 그 사유가 소멸한 때에는 지체 없이 법무부장관에게 입국금지 또는 입국거부의 해제를 요청하여야 한다.

[전문개정 2011.11.1]

제24조의4(산업연수생의 모집 및 관리) ① 제24조의2 각 호의 산업체는 다음 각 호의 구분에 따라 외국인을 산업연수생으로 모집하여야 한다. 〈개정 2011.11.1〉

1. 제24조의2제1호의 산업체: 그 합작투자법인 또는 현지법인에서 생산직으로 종사하는 직원

2. 제24조의2제2호의 산업체: 그 기술도입 또는 기술제휴 계약금액이 미화 10만 달러 이상인 외국기업에서 생산직으로 종사하는 직원

3. 제24조의2제3호의 산업체: 그 플랜트를 수입하는 외국기업에서 생산직으로 종사하는 직원

② 삭제 〈2007.6.1〉

③ 제1항에 따른 산업체의 장은 다음 각 호의 어느 하나에 해당하는 외국인을 산업연수생으로 모집해서는 아니 된다. 〈개정 2011.11.1〉

1. 대한민국에서 금고 이상의 형을 선고받은 사실이 있거나 외국에서 이에 준하는 형을 선고받은 사실이 있는 사람

2. 대한민국에서 출국명령 또는 강제퇴거명령을 받고 출국한 사람

3. 대한민국에서 6개월 이상 불법으로 체류한 사실이 있는 사람

4. 불법취업할 목적으로 입국할 염

5. 해당 체류자격별로 허가된 체류기간 내에 본국으로 귀국할 것이 인정되는지 여부

6. 그 밖에 영 별표 1의 체류자격별로 법무부장관이 따로 정하는 기준에 해당하는지 여부

[본조신설 2005.7.8]

[제목개정 2008.7.3]

제26조(활동중지대상자 등 보고) ① 사무소장 또는 출장소장은 법 제11조제1항제3호의 규정에 의한 사유가 발생된 자와 법 제17조제2항의 규정에 의한 정치활동을 하고 있는 것으로 인정되는 자를 발견한 때에는 지체없이 그 사실을 법무부장관에게 보고하여야 한다.

② 출장소장이 제1항의 규정에 의한 보고를 하는 때에는 관할사무소장을 거쳐야 한다. 다만, 긴급을 요하는 때에는 법무부장관에게 직접 보고하고 사후에 사무소장에게 그 결과를 보고하여야 한다.

제44조의2(재입국허가 면제기준 등) ① 법 제30조제1항에서 "법무부령으로 정하는 사람"이란 다음 각 호와 같다. 다만, 법 제11조에 따라 입국이 금지되는 외국인과 제10조 각 호의 어느 하나에 해당하는 사람은 제외한다. 〈개정 2010.11.16, 2011.12.23〉

1. 영 별표 1 중 체류자격 28의3. 영주(F-5)의 자격을 가진 사람으로서 출국한 날부터 2년 이내에 재입국하려는 사람

2. 영 별표 1 중 체류자격1. 외교(A-1)부터3. 협정(A-3)까지, 10. 문화예술(D-1)부터 28. 동반(F-3)까지, 28의4. 결혼이민(F-6)부터 31. 방문취업(H-2)까지의 자격을 가진 사람으로서 출국한 날부터 1년(남아 있는 체류기간이 1년보다 짧을 경우에는 남아있는 체류기간으로 한다) 이내에 재입국하려는 사람

② 삭제 〈2010.11.16〉

	려가 있다고 인정되는 사람 5. 법 제11조제1항 각 호의 어느 하나에 해당하는 사람 ④ 사무소장 또는 출장소장은 관할 지방고용노동관서의 장의 요청이 있으면 산업연수생의 출입국 기록을 제공할 수 있다. 〈개정 2011.11.1〉 ⑤ 삭제 〈2002.4.18〉 ⑥ 삭제 〈2007.6.1〉 ⑦ 제1항·제3항 및 제4항에서 규정한 사항 외에 산업연수생의 모집 및 관리에 필요한 사항은 법무부장관이 따로 정한다. 〈개정 2011.11.1〉 [본조신설 1998.4.1] [제목개정 2011.11.1]	③ 제39조의7의 규정은 제1항의 규정에 해당하는 자에 대한 재입국 허가면제기간 연장에 관하여 준용한다. 〈개정 2012.1.19〉 [본조신설 2003.9.24] [제목개정 2010.11.16]
	제11조의2(사증발급 신청서류의 보존기간) ① 재외공관의 장은 사증발급 심사를 위하여 신청인으로부터 접수한 사증발급 신청서류를 3년간 보존하여야 한다. ② 제1항에 따른 서류의 보존기간은 그 서류의 처리가 완결된 날이 속하는 해의 다음 해 1월 1일부터 기산(起算)한다. [본조신설 2013.5.31]	
제12조(입국심사) ① 외국인이 입국하려는 경우에는 입국하는 출입국항에서 출입국관리공무원의 입국심사를 받아야 한다. ② 제1항에 관하여는 제6조제1항 단서 및 같은 조 제3항을 준용한다. ③ 출입국관리공무원은 입국심사를 할 때에 다음 각 호의 요건을 갖추었는지를 심사하여 입국을 허가한다. 1. 여권과 사증이 유효할 것. 다만, 사증은 이 법에서 요구하는 경우만을 말한다. 2. 입국목적이 체류자격에 맞을 것 3. 체류기간이 법무부령으로 정하는 바에 따라 정하여졌을 것	제15조(입국심사) ① 법 제12조제1항에 따른 외국인의 입국심사에 관하여는 제1조제1항부터 제3항까지 및 제10항을 준용한다. 이 경우 여권의 입국심사인영에는 허가된 체류자격과 체류기간을 적어야 한다. ② 다음 각 호의 요건을 모두 갖춘 외국인은 법 제12조제2항에 따라 정보화기기에 의한 입국심사를 받을 수 있다. 〈개정 2012.2.28, 2013.5.31〉 1. 17세 이상으로서 다음 각 목의 어느 하나에 해당하는 사람일 것 　가. 법 제31조에 따라 외국인등록을 한 외국인 　나. 대한민국과 상호 간에 정보	제19조(외국인의 입국심사 등) ① 출입국관리공무원이 영 제15조제1항의 규정에 의하여 입국심사를 하는 경우 심사확인에 관한 사항에 대하여는 제1조의 규정을 준용한다. ② 삭제 〈2012.2.29〉 ③ 삭제 〈2012.2.29〉 ④ 삭제 〈2012.2.29〉 ⑤ 삭제 〈2012.2.29〉 ⑥ 외국인승무원이 대한민국안에 정박 중인 선박 등에서 하선하여 승객으로 출국하려는 경우나 법 제14조의2에 따라 관광상륙허가를 받은 외국인승객이 하선하여 다른 선박 등으로 출국하려는 경우에는 영 제15조제1항에 따른

4. 제11조에 따른 입국의 금지 또는 거부의 대상이 아닐 것

④ 출입국관리공무원은 외국인이 제3항 각 호의 요건을 갖추었음을 증명하지 못하면 입국을 허가하지 아니할 수 있다.

⑤ 출입국관리공무원은 제7조제2항 제2호 또는 제3호에 해당하는 사람에게 입국을 허가할 때에는 대통령령으로 정하는 바에 따라 체류자격을 부여하고 체류기간을 정하여야 한다.

⑥ 출입국관리공무원은 제1항이나 제2항에 따른 심사를 하기 위하여 선박 등에 출입할 수 있다.

[전문개정 2010.5.14]

화기기를 이용한 출입국심사를 할 수 있도록 양해각서·협정 등을 체결하거나 그 밖의 방법으로 합의한 국가의 국민으로서 법무부장관이 정하는 사람

다. 그 밖에 법무부장관이 정보화기기에 의한 입국심사를 받을 필요가 있다고 인정하는 사람

2. 법무부령으로 정하는 바에 따라 스스로 지문과 얼굴에 관한 정보를 등록하였을 것

3. 그 밖에 법무부장관이 정하여 고시하는 요건을 갖추고 있을 것

③ 제2항에 따라 입국심사를 마친 외국인에 대해서는 제5항에 따른 입국심사인의 날인을 생략한다.

④ 출입국관리공무원은 법 제12조제4항 및 제12조의2제2항에 따라 외국인의 입국을 허가하지 아니하기로 결정한 경우 그 사안이 중요하다고 인정되면 지체 없이 법무부장관에게 보고하여야 한다.

⑤ 출입국관리공무원은 법 제7조제2항제2호에 해당하는 외국인의 입국을 허가할 때에는 여권에 제1항에 따른 입국심사인을 찍고 별표 1 중4. 사증면제(B-1) 체류자격과 체류기간을 적어야 한다. 다만, 외교·관용 사증면제협정 적용대상으로서 대한민국에 주재하려는 외국인의 입국을 허가할 때에는 별표 1 중1. 외교(A-1) 또는2. 공무(A-2) 체류자격과 체류기간을 적어야 한다.

⑥ 출입국관리공무원은 입국심사를 받는 외국인이 다음 각 호의 어느 하나에 해당하는 경우에는 법무부령으로 정하는 바에 따라 그가 가지고 있는 사증의 내용을 정정하여 입국을 허가할 수 있다.

1. 재외공관의 장이 발급한 사증의 구분, 체류자격 및 체류기간 등

입국심사를 받아야 한다. 〈개정 2010.11.16, 2012.5.25〉

⑦ 외국인출입국신고서의 작성 및 관리에 관하여는 제2조 및 제3조의 규정을 준용한다. 다만, 관광선박 등의 단체승객에 대하여는 승객명부로서 출입국신고서에 갈음하게 할 수 있다. 〈개정 1994.7.20, 2010.11.16〉

제19조의2(외국인의 정보화기기에 의한 입국심사) ① 영 제15조제2항에 따라 정보화기기에 의한 입국심사(이하 "자동입국심사"라 한다)를 받기 위하여 지문과 얼굴에 관한 정보를 등록하려는 외국인은 사무소장 또는 출장소장에게 자동입국심사 등록신청서를 제출하여야 한다. 다만, 법무부장관은 필요하다고 인정하는 외국인의 경우에는 정보화기기를 통하여 자동입국심사 등록을 신청하게 할 수 있다. 〈개정 2013.5.31〉

② 사무소장 또는 출장소장은 제1항에 따른 신청을 받으면 영 15조제2항 각 호의 요건을 갖추었는지 확인하고, 신청자의 여권에 자동입국심사 등록 확인인을 날인하거나 자동입국심사 등록 스티커를 붙여야 한다. 〈개정 2013.5.31〉

③ 영 제15조제2항에 따라 등록을 한 외국인이 등록을 해지하거나 등록정보를 정정하려면 사무소장 또는 출장소장에게 다음 각 호의 구분에 따른 서류를 제출하여야 한다. 다만, 법무부장관은 필요하다고 인정하는 외국인의 경우에는 정보화기기를 통하여 등록 해지 또는 등록정보 정정을 신청하게 할 수 있다. 〈개정 2013.5.31〉

1. 등록을 해지하려는 경우: 자동입국심사 등록 해지신청서

2. 등록정보를 정정하려는 경우: 자동입국심사 등록정보 정정신청서

이 잘못된 것이 명백한 경우

2. 별표 1 중 31. 방문취업(H-2) 체류자격의 복수사증에 기재된 체류기간의 만료일이 그 사증의 유효기간 만료일을 초과하게 되는 경우

⑦ 법 제12조의4제1항에 따른 위조 또는 변조된 여권의 보관과 그 통지절차에 관하여는 제6조제3항 및 제4항을 준용한다. 다만, 제6조제3항을 준용하는 경우 발급기관의 장에게 통지하는 사항은 그러하지 아니하다.

⑧ 대한민국의 선박 등에 고용된 외국인승무원의 입국절차에 관하여는 제1조제4항을 준용한다.

[전문개정 2011.11.1]

제16조(조건부 입국허가) ① 사무소장 또는 출장소장은 법 제13조제1항에 따라 조건부 입국을 허가할 때에는 72시간의 범위에서 허가기간을 정할 수 있다.

② 사무소장 또는 출장소장은 조건부 입국허가를 받은 외국인이 부득이한 사유로 그 허가기간 내에 조건을 갖추지 못하였거나 조건을 갖추지 못할 것으로 인정될 때에는 제1항의 허가기간을 초과하지 아니하는 범위에서 조건부 입국허가기간을 연장할 수 있다.

③ 출입국관리공무원은 조건부 입국허가를 받은 외국인이 그 허가기간 내에 법 제12조제3항 각 호의 요건을 갖추었다고 인정되면 제15조제1항에 따라 입국심사를 하여야 한다. 이 경우 입국일은 조건부 입국허가일로 한다.

④ 출입국관리공무원은 제3항에 따라 입국심사를 할 때에는 그 외국인의 조건부 입국허가서를 회수하여야 한다.

⑤ 출입국관리공무원은 조건부 입국허가를 받은 외국인이 제3항에 따른 입국심사를 받지 아니하고

④ 사무소장 또는 출장소장은 제3항에 따른 해지 또는 정정 신청을 접수하면 지체 없이 그 등록을 해지하거나 등록정보를 정정하여야 한다.

⑤ 사무소장 또는 출장소장은 제1항에 따라 자동입국심사 등록을 한 외국인이 사정변경으로 영 제15조제2항 각 호의 요건을 갖추지 못하게 되면 그 등록을 해지할 수 있다.

⑥ 제1항부터 제5항까지의 규정에도 불구하고 법무부장관은 영 제15조제2항제1호나목에 해당하는 사람의 자동입국심사 등록 절차에 관하여는 해당 국가와의 양해각서·협정 등을 고려하여 달리 정할 수 있다.

[본조신설 2012.2.29]

[종전 제19조의2는 제19조의3으로 이동 〈2012.2.29〉]

제20조(사증내용의 정정 등) ①출입국관리공무원이 영 제15조제6항제1호에 따라 사증내용을 정정하는 때에는 삭제된 문자를 알아볼 수 있도록 남겨두고, 사증 아랫부분에 정정사실을 기재한 후 서명 또는 날인하여야 한다. 〈개정 2007.3.5〉

② 출입국관리공무원이 영 제15조제6항제2호에 따라 체류기간을 정정하는 때에는 그 사증이 발급된 날부터 4년 이상 경과된 경우에 한한다. 이 경우 체류기간의 상한은 그 사증의 유효기간 만료일까지로 하되, 구체적인 표기방법에 관하여는 법무부장관이 따로 정한다. 〈신설 2007.3.5〉

③ 출입국관리공무원은 대한민국에 체류하는 외국인에 대하여 여권이 재발급된 경우에는 종전의 여권으로 출국한 사실이 있는지 여부를 확인한 후 새로운 여권에 입국사실확인인을 찍고 기명날인하여야 한다. 〈개정 2007.3.5〉

출국할 때에는 조건부 입국허가
서를 회수하여야 한다.

[전문개정 2011.11.1]

제17조(보증금의 예치 및 반환과 국고귀
속 절차) ① 사무소장 또는 출장소장
은 법 제13조제2항에 따라 외국인에
게 보증금을 예치하게 할 때에는 그
외국인의 소지금·입국목적·체류
비용과 그 밖의 사정을 고려하여 보
증금액을 정하여야 한다.

② 사무소장 또는 출장소장은 제1항
에 따라 보증금을 예치받은 때에
는 법 제13조제2항에 따라 붙인
조건을 위반하는 경우 그 보증금
을 국고에 귀속시킬 수 있다는
뜻을 그 외국인에게 알려야 하며,
보증금의 예치 및 납부 등에 관
한 절차는 정부가 보관하는 보관
금 취급에 관한 절차에 따른다.

③ 제1항에 따라 예치된 보증금은
그 외국인이 제16조제3항에 따
라 입국심사를 받은 때 또는 허
가기간 내에 법 제12조제3항 각
호의 요건을 갖추지 못하여 출국
할 때 돌려주어야 한다.

④ 사무소장 또는 출장소장은 조건
부 입국허가를 받은 사람이 도주
하거나 정당한 사유 없이 2회 이
상 출석요구에 따르지 아니한 때
에는 보증금 전부를, 그 밖의 이
유로 허가조건을 위반한 때에는
그 일부를 국고에 귀속시킬 수
있다.

⑤ 사무소장 또는 출장소장은 제4항
에 따라 보증금을 국고에 귀속시
키려면 국고귀속 결정 사유 및
국고귀속 금액 등을 적은 보증금
국고귀속 통지서를 그 외국인에
게 발급하여야 한다.

[전문개정 2011.11.1]

제21조(주한미군지위협정 해당자의 입
국) 출입국관리공무원이 「대한민국
과 아메리카합중국간의 상호방위조
약 제4조에 의한 시설과 구역 및 대
한민국에서의 합중국군대의 지위에
관한 협정」의 적용을 받는 자에 대
하여 영 제15조제1항의 규정에 의한
입국심사를 하는 때에는 신분증명서
등에 의하여 그의 신분을 확인하고
여권에 주한미군지위협정해당자인
을 찍어야 한다. 영 제29조제3항의
규정에 의한 체류자격부여인을 찍을
때 또는 영 제30조제3항의 규정에
의한 체류자격변경허가인을 찍을 때
에도 또한 같다. 〈개정 2005.7.8〉

제73조(수수료의 납부방법) 수수료의
납부방법은 다음 각 호와 같다. 〈개
정 2004.8.23, 2010.11.16, 2012.
2.29, 2012.5.25〉

1. 출입국관리사무소·출장소에 납
부하는 경우: 해당 수수료 금액
에 상당하는 수입인지 또는 정보
통신망을 이용한 전자화폐·전
자결제. 다만, 다음 각 목의 수수
료는 그 목에서 정한 방법으로
납부하여야 한다.

가. 외국인등록증 발급 및 재발
급 수수료: 현금 또는 현금
납입을 증명하는 증표

나. 영 제15조제2항제1호나목에
해당하는 외국인의 자동출
입국심사 등록 수수료: 현금,
신용카드·직불카드 또는 정
보통신망을 이용한 전자화
폐·전자결제 중에서 법무
부장관이 정하는 방법

2. 시·군·구 또는 읍·면·동에
납부하는 경우: 해당 수수료 금
액에 상당하는 수입증지 또는 정
보통신망을 이용한 전자화폐·
전자결제

3. 재외공관에 납부하는 경우: 해당
수수료 금액에 상당하는 수입인
지·현금 또는 현금의 납입을 증

명하는 증표

[전문개정 2003.9.24]

제22조(조건부입국허가) ①사무소장 또는 출장소장은 법 제13조제1항제1호의 규정에 의하여 조건부 입국을 허가하고자 할 때에는 그 외국인으로부터 법 제12조제3항제1호의 요건을 갖추지 못한 부득이한 사유를 입증하는 서류 또는 사유서를 받아야 한다. 〈신설 1994.7.20〉

② 사무소장 또는 출장소장은 법 제13조제2항의 규정에 의하여 조건부입국허가서를 발급하는 때에는 이를 조건부입국허가서발급대장에 기재하여야 한다. 〈개정 1994.7.20〉

③ 영 제16조제3항의 규정에 의한 출입국관리공무원의 입국심사에 관하여는 제19조제1항의 규정을 준용한다. 〈개정 1994.7.20〉

제12조의2(입국 시 지문 및 얼굴에 관한 정보의 제공 등) ① 입국하려는 외국인은 제12조에 따라 입국심사를 받을 때 법무부령으로 정하는 방법으로 지문 및 얼굴에 관한 정보를 제공하고 본인임을 확인하는 절차에 응하여야 한다. 다만, 다음 각 호의 어느 하나에 해당하는 사람은 그러하지 아니하다.

1. 17세 미만인 사람
2. 외국정부 또는 국제기구의 업무를 수행하기 위하여 입국하는 사람과 그 동반 가족
3. 외국과의 우호 및 문화교류 증진, 경제활동 촉진 또는 대한민국의 이익 등을 고려하여 지문 및 얼굴에 관한 정보의 제공을 면제하는 것이 필요하다고 대통령령으로 정하는 사람

② 출입국관리공무원은 외국인이 제1항 본문에 따라 지문 및 얼굴에 관한 정보를 제공하지 아니하는 경우에는 그의 입국을 허가하지 아니할 수 있다.

제15조의2(지문 및 얼굴에 관한 정보 제공 의무의 면제) ① 법 제12조의2제1항제3호에서 "대통령령으로 정하는 사람"이란 다음 각 호의 어느 하나에 해당하는 사람을 말한다.

1. 다음 각 목의 어느 하나에 해당하는 외국인 중 중앙행정기관의 장의 요청에 따라 지문 및 얼굴에 관한 정보 제공 의무를 면제할 필요가 있다고 법무부장관이 인정한 사람
 가. 전·현직 국가 원수, 장관 또는 그에 준하는 고위 공직자로서 국제 우호 증진을 위하여 입국하려는 사람
 나. 교육·과학·문화·예술·체육 등의 분야에서 저명한 사람
 다. 투자사절단 등 경제 활동 촉진을 위하여 입국이 필요하다고 인정되는 사람
2. 별표 1 중3. 협정(A-3) 체류자격에 해당하는 사람
3. 그 밖에 대한민국의 이익 등을 고려하여 지문 및 얼굴에 관한 정

제19조의3(지문 및 얼굴에 관한 정보의 제공 방법) 법 제12조의2제1항에 따라 외국인이 입국심사를 받을 때에는 출입국관리공무원이 지정하는 정보화기기를 통하여 양쪽 집게손가락의 지문과 얼굴에 관한 정보를 제공하여야 한다. 다만, 훼손되거나 그 밖의 사유로 집게손가락의 지문을 제공할 수 없는 경우에는 엄지손가락, 가운데손가락, 약손가락, 새끼손가락의 순서에 따라 지문을 제공하여야 한다.

[본조신설 2010.8.13]

[제19조의2에서 이동 〈2012.2.29〉]

③ 법무부장관은 입국심사에 필요한 경우에는 관계 행정기관이 보유하고 있는 외국인의 지문 및 얼굴에 관한 자료의 제출을 요청할 수 있다.

④ 제3항에 따라 협조를 요청받은 관계 행정기관은 정당한 이유 없이 그 요청을 거부하여서는 아니 된다.

⑤ 출입국관리공무원은 제1항에 따라 제공받은 지문 및 얼굴에 관한 정보와 제3항에 따라 제출받은 자료를 입국심사에 활용할 수 있다.

⑥ 법무부장관은 제1항에 따라 제공받은 지문 및 얼굴에 관한 정보와 제3항에 따라 제출받은 자료를 「개인정보 보호법」에 따라 보유하고 관리한다. 〈개정 2011.3.29〉

[본조신설 2010.5.14]

[종전 제12조의2는 제12조의3으로 이동 〈2010.5.14〉]

보 제공 의무를 면제할 필요가 있다고 법무부장관이 인정하는 사람

② 중앙행정기관의 장은 제1항제1호에 따라 외국인이 지문 및 얼굴에 관한 정보 제공 의무를 면제받을 수 있도록 요청하려면 외국인의 신원을 확인하고, 입국 24시간 전까지 요청 사유와 입국·출국 예정일 등을 법무부장관에게 제출하여야 한다.

③ 법무부장관은 제2항에 따른 요청을 받은 경우에는 해당 외국인의 지문 및 얼굴에 관한 정보 제공 의무를 면제할 것인지를 지체 없이 심사하여 결정하여야 한다.

④ 법무부장관은 제3항에 따른 심사 결과 해당 외국인의 지문 및 얼굴에 관한 정보 제공 의무를 면제하지 않기로 결정한 때에는 그 이유를 분명히 밝혀 요청한 기관의 장에게 알려야 한다.

[전문개정 2011.11.1]

제12조의3(선박 등의 제공금지) ① 누구든지 외국인을 불법으로 입국 또는 출국하게 하거나 대한민국을 거쳐 다른 국가에 불법으로 입국하게 할 목적으로 다음 각 호의 행위를 하여서는 아니 된다.

1. 선박 등이나 여권 또는 사증, 탑승권이나 그 밖에 출입국에 사용될 수 있는 서류 및 물품을 제공하는 행위

2. 제1호의 행위를 알선하는 행위

② 누구든지 불법으로 입국한 외국인에 대하여 다음 각 호의 행위를 하여서는 아니 된다.

1. 해당 외국인을 대한민국에서 은닉 또는 도피하게 하거나 그러한 목적으로 교통수단을 제공하는 행위

2. 제1호의 행위를 알선하는 행위

[전문개정 2010.5.14]

[제12조의2에서 이동, 종전 제12조의3

은 제12조의4로 이동 〈2010.5.14〉]		

제12조의4(외국인의 여권 등의 보관) ① 위조되거나 변조된 외국인의 여권·선원신분증명서에 관하여는 제5조제2항을 준용한다.

② 출입국관리공무원은 이 법을 위반하여 조사를 받고 있는 사람으로서 제46조에 따른 강제퇴거 대상자에 해당하는 출입국사범의 여권·선원신분증명서를 발견하면 회수하여 보관할 수 있다.

[전문개정 2010.5.14]
[제12조의3에서 이동 〈2010.5.14〉]

제15조(입국심사) ① 법 제12조제1항에 따른 외국인의 입국심사에 관하여는 제1조제1항부터 제3항까지 및 제10항을 준용한다. 이 경우 여권의 입국심사인영에는 허가된 체류자격과 체류기간을 적어야 한다.

② 다음 각 호의 요건을 모두 갖춘 외국인은 법 제12조제2항에 따라 정보화기기에 의한 입국심사를 받을 수 있다. 〈개정 2012.2.28, 2013.5.31〉

1. 17세 이상으로서 다음 각 목의 어느 하나에 해당하는 사람일 것
   가. 법 제31조에 따라 외국인등록을 한 외국인
   나. 대한민국과 상호 간에 정보화기기를 이용한 출입국심사를 할 수 있도록 양해각서·협정 등을 체결하거나 그 밖의 방법으로 합의한 국가의 국민으로서 법무부장관이 정하는 사람
   다. 그 밖에 법무부장관이 정보화기기에 의한 입국심사를 받을 필요가 있다고 인정하는 사람

2. 법무부령으로 정하는 바에 따라 스스로 지문과 얼굴에 관한 정보를 등록하였을 것

3. 그 밖에 법무부장관이 정하여 고시하는 요건을 갖추고 있을 것

③ 제2항에 따라 입국심사를 마친 외국인에 대해서는 제5항에 따른 입국심사인의 날인을 생략한다.

④ 출입국관리공무원은 법 제12조제4항 및 제12조의2제2항에 따라 외국인의 입국을 허가하지 아니하기로 결정한 경우 그 사안이 중요하다고 인정되면 지체 없이 법무부장관에게 보고하여야 한다.

⑤ 출입국관리공무원은 법 제7조제2항제2호에 해당하는 외국인의 입국을 허가할 때에는 여권에 제1

제19조(외국인의 입국심사 등) ①출입국관리공무원이 영 제15조제1항의 규정에 의하여 입국심사를 하는 경우 심사확인에 관한 사항에 대하여는 제1조의 규정을 준용한다.

② 삭제 〈2012.2.29〉
③ 삭제 〈2012.2.29〉
④ 삭제 〈2012.2.29〉
⑤ 삭제 〈2012.2.29〉

⑥ 외국인승무원이 대한민국 안에 정박 중인 선박 등에서 하선하여 승객으로 출국하려는 경우나 법 제14조의2에 따라 관광상륙허가를 받은 외국인승객이 하선하여 다른 선박 등으로 출국하려는 경우에는 영 제15조제1항에 따른 입국심사를 받아야 한다. 〈개정 2010.11.16, 2012.5.25〉

⑦ 외국인출입국신고서의 작성 및 관리에 관하여는 제2조 및 제3조의 규정을 준용한다. 다만, 관광선박 등의 단체승객에 대하여는 승객명부로서 출입국신고서에 갈음하게 할 수 있다. 〈개정 1994.7.20, 2010.11.16〉

제19조의2(외국인의 정보화기기에 의한 입국심사) ① 영 제15조제2항에 따라 정보화기기에 의한 입국심사(이하 "자동입국심사"라 한다)를 받기 위하여 지문과 얼굴에 관한 정보를 등록하려는 외국인은 사무소장 또는 출장소장에게 자동입국심사 등록신청서를 제출하여야 한다. 다만, 법무부장관은 필요하다고 인정하는 외국인의 경우에는 정보화기기를 통하여 자동입국심사 등록을 신청하게 할 수 있다. 〈개정 2013.5.31〉

② 사무소장 또는 출장소장은 제1항에 따른 신청을 받으면 영 15조제2항 각 호의 요건을 갖추었는지 확인하고, 신청자의 여권에 자동입국심사 등록 확인인을 날인하거나 자동입국심사 등록 스

항에 따른 입국심사인을 찍고 별표 1 중4. 사증면제(B-1) 체류자격과 체류기간을 적어야 한다. 다만, 외교·관용 사증면제협정 적용대상으로서 대한민국에 주재하려는 외국인의 입국을 허가할 때에는 별표 1 중1. 외교(A-1) 또는2. 공무(A-2) 체류자격과 체류기간을 적어야 한다.

⑥ 출입국관리공무원은 입국심사를 받는 외국인이 다음 각 호의 어느 하나에 해당하는 경우에는 법무부령으로 정하는 바에 따라 그가 가지고 있는 사증의 내용을 정정하여 입국을 허가할 수 있다.

1. 재외공관의 장이 발급한 사증의 구분, 체류자격 및 체류기간 등이 잘못된 것이 명백한 경우

2. 별표 1 중 31. 방문취업(H-2) 체류자격의 복수사증에 기재된 체류기간의 만료일이 그 사증의 유효기간 만료일을 초과하게 되는 경우

⑦ 법 제12조의4제1항에 따른 위조 또는 변조된 여권의 보관과 그 통지절차에 관하여는 제6조제3항 및 제4항을 준용한다. 다만, 제6조제3항을 준용하는 경우 발급기관의 장에게 통지하는 사항은 그러하지 아니하다.

⑧ 대한민국의 선박등에 고용된 외국인승무원의 입국절차에 관하여는 제1조제4항을 준용한다.

[전문개정 2011.11.1]

티켓를 붙여야 한다. 〈개정 2013. 5.31〉

③ 영 제15조제2항에 따라 등록을 한 외국인이 등록을 해지하거나 등록정보를 정정하려면 사무소장 또는 출장소장에게 다음 각 호의 구분에 따른 서류를 제출하여야 한다. 다만, 법무부장관은 필요하다고 인정하는 외국인의 경우에는 정보화기기를 통하여 등록 해지 또는 등록정보 정정을 신청하게 할 수 있다. 〈개정 2013.5.31〉

1. 등록을 해지하려는 경우: 자동입국심사 등록 해지신청서

2. 등록정보를 정정하려는 경우: 자동입국심사 등록정보 정정신청서

④ 사무소장 또는 출장소장은 제3항에 따른 해지 또는 정정 신청을 접수하면 지체 없이 그 등록을 해지하거나 등록정보를 정정하여야 한다.

⑤ 사무소장 또는 출장소장은 제1항에 따라 자동입국심사 등록을 한 외국인이 사정변경으로 영 제15조제2항 각 호의 요건을 갖추지 못하게 되면 그 등록을 해지할 수 있다.

⑥ 제1항부터 제5항까지의 규정에도 불구하고 법무부장관은 영 제15조제2항제1호나목에 해당하는 사람의 자동입국심사 등록 절차에 관하여는 해당 국가와의 양해각서·협정 등을 고려하여 달리 정할 수 있다.

[본조신설 2012.2.29]

[종전 제19조의2는 제19조의3으로 이동 〈2012.2.29〉]

제20조(사증내용의 정정 등) ①출입국관리공무원이 영 제15조제6항제1호에 따라 사증내용을 정정하는 때에는 삭제된 문자를 알아볼 수 있도록 남겨두고, 사증 아랫부분에 정정사실을 기재한 후 서명 또는 날인하여

야 한다. 〈개정 2007.3.5〉

② 출입국관리공무원이 영 제15조제
6항제2호에 따라 체류기간을 정
정하는 때에는 그 사증이 발급된
날부터 4년 이상 경과된 경우에
한한다. 이 경우 체류기간의 상한
은 그 사증의 유효기간 만료일까
지로 하되, 구체적인 표기방법에
관하여는 법무부장관이 따로 정
한다. 〈신설 2007.3.5〉

③ 출입국관리공무원은 대한민국에
체류하는 외국인에 대하여 여권
이 재발급된 경우에는 종전의 여
권으로 출국한 사실이 있는지 여
부를 확인한 후 새로운 여권에 입
국사실확인인을 찍고 기명날인하
여야 한다. 〈개정 2007.3.5〉

제21조(주한미군지위협정 해당자의 입
국) 출입국관리공무원이 「대한민국
과 아메리카합중국간의 상호방위조
약 제4조에 의한 시설과 구역 및 대
한민국에서의 합중국군대의 지위에
관한 협정」의 적용을 받는 자에 대하
여 영 제15조제1항의 규정에 의한
입국심사를 하는 때에는 신분증명서
등에 의하여 그의 신분을 확인하고
여권에 주한미군지위협정해당자인
을 찍어야 한다. 영 제29조제3항의
규정에 의한 체류자격부여인을 찍을
때 또는 영 제30조제3항의 규정에
의한 체류자격변경허가인을 찍을 때
에도 또한 같다. 〈개정 2005.7.8〉

제73조(수수료의 납부방법) 수수료의 납
부방법은 다음 각 호와 같다. 〈개정
2004.8.23, 2010.11.16, 2012.2.29,
2012.5.25〉

1. 출입국관리사무소·출장소에 납
부하는 경우: 해당 수수료 금액에
상당하는 수입인지 또는 정보통
신망을 이용한 전자화폐·전자
결제. 다만, 다음 각 목의 수수료
는 그 목에서 정한 방법으로 납부
하여야 한다.

가. 외국인등록증 발급 및 재발

		급 수수료: 현금 또는 현금 납입을 증명하는 증표 나. 영 제15조제2항제1호나목에 해당하는 외국인의 자동출입국심사 등록 수수료: 현금, 신용카드 · 직불카드 또는 정보통신망을 이용한 전자화폐 · 전자결제 중에서 법무부장관이 정하는 방법 2. 시 · 군 · 구 또는 읍 · 면 · 동에 납부하는 경우: 해당 수수료 금액에 상당하는 수입증지 또는 정보통신망을 이용한 전자화폐 · 전자결제 3. 재외공관에 납부하는 경우: 해당 수수료 금액에 상당하는 수입인지 · 현금 또는 현금의 납입을 증명하는 증표 [전문개정 2003.9.24]
제13조(조건부 입국허가) ① 사무소장이나 출장소장은 다음 각 호의 어느 하나에 해당하는 외국인에 대하여는 대통령령으로 정하는 바에 따라 조건부 입국을 허가할 수 있다. 1. 부득이한 사유로 제12조제3항제1호의 요건을 갖추지 못하였으나 일정 기간 내에 그 요건을 갖출 수 있다고 인정되는 사람 2. 제11조제1항 각 호의 어느 하나에 해당된다고 의심되거나 제12조제3항제2호의 요건을 갖추지 못하였다고 의심되어 특별히 심사할 필요가 있다고 인정되는 사람 3. 제1호 및 제2호에서 규정한 사람 외에 사무소장이나 출장소장이 조건부 입국을 허가할 필요가 있다고 인정되는 사람 ② 사무소장이나 출장소장은 제1항에 따른 조건부 입국을 허가할 때에는 조건부입국허가서를 발급하여야 한다. 이 경우 그 허가서에는 주거의 제한, 출석요구에 따를 의무 및 그 밖에 필요한 조건을 붙여야 하며, 필요하다고	제16조(조건부 입국허가) ① 사무소장 또는 출장소장은 법 제13조제1항에 따라 조건부 입국을 허가할 때에는 72시간의 범위에서 허가기간을 정할 수 있다. ② 사무소장 또는 출장소장은 조건부 입국허가를 받은 외국인이 부득이한 사유로 그 허가기간 내에 조건을 갖추지 못하였거나 조건을 갖추지 못할 것으로 인정될 때에는 제1항의 허가기간을 초과하지 아니하는 범위에서 조건부 입국허가기간을 연장할 수 있다. ③ 출입국관리공무원은 조건부 입국허가를 받은 외국인이 그 허가기간 내에 법 제12조제3항 각 호의 요건을 갖추었다고 인정되면 제15조제1항에 따라 입국심사를 하여야 한다. 이 경우 입국일은 조건부 입국허가일로 한다. ④ 출입국관리공무원은 제3항에 따라 입국심사를 할 때에는 그 외국인의 조건부 입국허가서를 회수하여야 한다. ⑤ 출입국관리공무원은 조건부 입국	제22조(조건부입국허가) ① 사무소장 또는 출장소장은 법 제13조제1항제1호의 규정에 의하여 조건부 입국을 허가하고자 할 때에는 그 외국인으로부터 법 제12조제3항제1호의 요건을 갖추지 못한 부득이한 사유를 입증하는 서류 또는 사유서를 받아야 한다. 〈신설 1994.7.20〉 ② 사무소장 또는 출장소장은 법 제13조제2항의 규정에 의하여 조건부입국허가서를 발급하는 때에는 이를 조건부입국허가서발급대장에 기재하여야 한다. 〈개정 1994.7.20〉 ③ 영 제16조제3항의 규정에 의한 출입국관리공무원의 입국심사에 관하여는 제19조제1항의 규정을 준용한다. 〈개정 1994.7.20〉 제68조(보증금의 국고귀속보고) 사무소장 · 출장소장 또는 보호소장은 법 제13조제3항 또는 법 제66조제2항의 규정에 의하여 보증금의 국고귀속을 결정한 때에는 그 사실을 법무부장관에게 보고하여야 한다.

인정할 때에는 1천만 원 이하의 보증금을 예치(預置)하게 할 수 있다.

③ 사무소장이나 출장소장은 제1항에 따른 조건부 입국허가를 받은 외국인이 그 조건을 위반하였을 때에는 그 예치된 보증금의 전부 또는 일부를 국고(國庫)에 귀속시킬 수 있다.

④ 제2항과 제3항에 따른 보증금의 예치 및 반환과 국고귀속 절차는 대통령령으로 정한다.

[전문개정 2010.5.14]

허가를 받은 외국인이 제3항에 따른 입국심사를 받지 아니하고 출국할 때에는 조건부 입국허가서를 회수하여야 한다.

[전문개정 2011.11.1]

제17조(보증금의 예치 및 반환과 국고귀속 절차) ① 사무소장 또는 출장소장은 법 제13조제2항에 따라 외국인에게 보증금을 예치하게 할 때에는 그 외국인의 소지금·입국목적·체류비용과 그 밖의 사정을 고려하여 보증금액을 정하여야 한다.

② 사무소장 또는 출장소장은 제1항에 따라 보증금을 예치받은 때에는 법 제13조제2항에 따라 붙인 조건을 위반하는 경우 그 보증금을 국고에 귀속시킬 수 있다는 뜻을 그 외국인에게 알려야 하며, 보증금의 예치 및 납부 등에 관한 절차는 정부가 보관하는 보관금 취급에 관한 절차에 따른다.

③ 제1항에 따라 예치된 보증금은 그 외국인이 제16조제3항에 따라 입국심사를 받은 때 또는 허가기간 내에 법 제12조제3항 각 호의 요건을 갖추지 못하여 출국할 때 돌려주어야 한다.

④ 사무소장 또는 출장소장은 조건부 입국허가를 받은 사람이 도주하거나 정당한 사유 없이 2회 이상 출석요구에 따르지 아니한 때에는 보증금 전부를, 그 밖의 이유로 허가조건을 위반한 때에는 그 일부를 국고에 귀속시킬 수 있다.

⑤ 사무소장 또는 출장소장은 제4항에 따라 보증금을 국고에 귀속시키려면 국고귀속 결정 사유 및 국고귀속 금액 등을 적은 보증금 국고귀속 통지서를 그 외국인에게 발급하여야 한다.

[전문개정 2011.11.1]

제94조(각종 허가 등의 취소·변경) ① 법무부장관은 법 제89조제1항에 따

	라 체류기간 연장허가 등을 취소 또는 변경한 때에는 해당 외국인에게 취소나 변경된 사실을 알리고 그 뜻을 여권에 적어야 한다. ② 출입국관리공무원은 법 제9조에 따른 사증발급인정서, 법 제13조에 따른 조건부 입국허가서, 법 제14조에 따른 승무원 상륙허가서, 법 제14조의2에 따른 관광상륙허가서 및 법 제20조에 따라 발급된 체류자격 외 활동허가서를 가진 외국인이 제1항에 따라 그 허가 등이 취소된 때에는 그 허가서 등을 회수하여야 한다. 〈개정 2012.5.25〉 [전문개정 2011.11.1]	
제2절 외국인의 상륙 〈개정 2010.5.14〉		
제14조(승무원의 상륙허가) ① 출입국관리공무원은 다음 각 호의 어느 하나에 해당하는 외국인승무원에 대하여 선박 등의 장 또는 운수업자나 본인이 신청하면 15일의 범위에서 승무원의 상륙을 허가할 수 있다. 다만, 제11조제1항 각 호의 어느 하나에 해당하는 외국인승무원에 대하여는 그러하지 아니하다. 1. 승선 중인 선박 등이 대한민국의 출입국항에 정박하고 있는 동안 휴양 등의 목적으로 상륙하려는 외국인승무원 2. 대한민국의 출입국항에 입항할 예정이거나 정박 중인 선박 등으로 옮겨 타려는 외국인승무원 ② 출입국관리공무원은 제1항에 따른 신청을 받으면 다음 각 호의 서류를 확인하여야 한다. 다만, 외국과의 협정 등에서 선원신분증명서로 여권을 대신할 수 있도록 하는 경우에는 선원신분증명서의 확인으로 여권의 확인을 대신할 수 있다. 1. 제1항제1호에 해당하는 외국인승무원이 선원인 경우에는 선원신	제18조의2(승무원의 복수상륙허가) ① 출입국관리공무원은 대한민국에 정기적으로 운항하거나 자주 출·입항하는 선박 등의 외국인승무원에 대하여 법 제14조제1항에 따라 승무원 상륙을 허가할 때에는 유효기간 범위에서 승무원이 2회 이상 상륙할 수 있는 복수상륙허가를 할 수 있다. ② 출입국관리공무원은 제1항에 따른 허가를 할 때에는 유효기간이 1년이고 상륙허가기간이 15일 이내인 승무원 복수상륙허가서를 발급하여야 한다. ③ 제1항에 따른 승무원 복수상륙허가에 관한 구체적인 기준은 법무부장관이 따로 정한다. ④ 제1항의 경우에는 제18조제1항을 준용한다. [전문개정 2011.11.1] 제18조(승무원의 상륙허가) ① 법 제14조제1항에 따라 외국인승무원의 상륙허가를 신청할 때에는 상륙허가 신청서를 출입국관리공무원에게 제출(「물류정책기본법」 제29조제1항에 따른 종합물류정보망에 의한 제출을 포함한다)하여야 한다.	제24조의5(각종 상륙허가서 회수 등) ① 출입국관리공무원은 법 제14조, 제14조의2, 제15조, 제16조 및 제16조의2에 따라 상륙허가서를 발급받은 외국인이 출국하거나 제19조제6항에 따라 입국심사를 할 때에는 상륙허가서를 회수하여야 한다. 다만, 법 제14조제4항에 따른 승무원상륙허가서는 발급받은 외국인이 최종 출입국항에서 출국할 때에 회수하고, 영 제18조의2제2항에 따른 승무원 복수상륙허가서는 발급받은 외국인이 최종 출국할 때에 회수하여야 한다. 〈개정 1997.7.1, 2011.12.23, 2012.5.25〉 ② 출입국관리공무원은 제1항에 따라 상륙허가서를 회수한 때에는 상륙허가서를 발급한 사무소장 또는 출장소장에게 그 사실을 통보하여야 한다. 〈개정 1999.2.27, 2012.5.25〉 [본조신설 1994.7.20] [제24조의3에서 이동 〈2012.5.25〉] 제23조(미수교국가국민에 대한 상륙허가) ①출입국관리공무원은 미수교국가의 국민에 대하여 법 제14조, 제14

분증명서

2. 제1항제2호에 해당하는 외국인승무원이 선원인 경우에는 여권 및 대통령령으로 정하는 서류. 다만, 제7조제2항제3호에 해당하는 사람인 경우에는 여권

3. 그 밖의 외국인승무원의 경우에는 여권

③ 출입국관리공무원은 제1항에 따른 허가를 할 때에는 승무원 상륙허가서를 발급하여야 한다. 이 경우 승무원 상륙허가서에는 상륙허가의 기간, 행동지역의 제한 등 필요한 조건을 붙일 수 있다.

④ 제3항 후단에도 불구하고 제1항제2호에 해당하는 승무원 상륙허가에 관하여는 제12조를 준용한다.

⑤ 사무소장이나 출장소장은 승무원 상륙허가를 받은 외국인승무원에 대하여 필요하다고 인정하면 그 상륙허가의 기간을 연장할 수 있다.

⑥ 제3항에 따라 발급받은 승무원 상륙허가서는 그 선박 등이 최종 출항할 때까지 국내의 다른 출입국항에서도 계속 사용할 수 있다.

⑦ 외국인승무원의 지문 및 얼굴에 관한 정보의 제공 등에 관하여는 제12조의2를 준용한다. 다만, 승무원이 선원이고 상륙허가 절차상 지문 및 얼굴에 관한 정보를 제공하는 것이 곤란한 경우에는 그러하지 아니하다.

[전문개정 2010.5.14]

② 법 제14조제2항제2호 본문에서 "대통령령으로 정하는 서류"란 승선예정 확인서 또는 외국인선원 입국예정사실이 적힌 전자문서를 말한다.

③ 다른 선박 등에 옮겨 타거나 법 제14조제6항에 따라 국내의 다른 출입국항에 상륙하기 위하여 제1항의 상륙허가 신청을 하는 경우에는 그 이유를 소명하는 자료를 첨부하여야 한다.

[전문개정 2011.11.1]

제21조(상륙허가기간의 연장) ① 법 제14조제1항, 제14조의2제1항, 제15조제1항, 제16조제1항 또는 제16조의2제1항에 따른 상륙허가를 받은 사람이 그 허가기간 내에 출국할 수 없을 때에는 상륙허가 신청을 한 자가 그 연장 사유를 적은 상륙허가기간 연장신청서를 사무소장 또는 출장소장에게 제출하여야 한다. 〈개정 2012.5.25〉

② 제1항에 따른 연장신청이 있는 경우 1회에 연장할 수 있는 기간은 법 제14조제1항, 제14조의2제1항, 제15조제1항, 제16조제1항 또는 제16조의2제1항에서 정한 허가기간을 초과할 수 없다. 〈개정 2012.5.25〉

[전문개정 2011.11.1]

제94조(각종 허가 등의 취소·변경) ① 법무부장관은 법 제89조제1항에 따라 체류기간 연장허가 등을 취소 또는 변경한 때에는 해당 외국인에게 취소나 변경된 사실을 알리고 그 뜻을 여권에 적어야 한다.

② 출입국관리공무원은 법 제9조에 따른 사증발급인정서, 법 제13조에 따른 조건부 입국허가서, 법 제14조에 따른 승무원 상륙허가서, 법 제14조의2에 따른 관광상륙허가서 및 법 제20조에 따라 발급된 체류자격 외 활동허가서를 가진 외국인이 제1항에 따라

조의2, 제15조 및 제16조에 따른 상륙허가를 하려는 경우에 필요하면 해당 출입국항에 주재하는 관계기관의 공무원에게 의견을 물을 수 있다. 다만, 다음 각 호의 1에 해당하는 경우의 상륙허가에 있어서는 사무소장 또는 출장소장이 법무부장관의 승인을 얻어야 한다. 〈개정 2012.5.25〉

1. 해당 출입국항에 주재하는 관계기관 공무원과의 의견이 일치하지 아니하는 경우

2. 삭제 〈1994.7.20〉

3. 기타 사무소장 또는 출장소장이 결정하기 곤란하다고 인정하는 경우

② 출입국관리공무원은 미수교국가의 국민에 대하여 상륙허가를 한 때에는 그 사실을 출입국항에 주재하는 관계기관의 공무원에게 통보하는 외에 수시로 상륙자의 동향을 파악하여 이를 외국인동향조사부에 기재하여야 한다.

제24조(상륙허가대상자의 행동지역) 출입국관리공무원은 법 제14조, 제14조의2, 제15조 및 제16조에 따라 상륙을 허가할 때에는 관할구역(출장소장의 경우는 소속 출입국관리사무소의 관할구역을 말한다)을 행동지역으로 정한다. 다만, 다음 각 호의 어느 하나에 해당하는 경우에는 관할구역 외의 지역을 행동지역으로 정할 수 있다.

1. 법 제14조제6항에 따라 승무원이 승무원상륙허가서를 국내의 다른 출입국항에서 계속 사용하려는 경우

2. 법 제14조의2제1항에 따라 관광상륙허가를 받은 외국인승객이 같은 조 제3항에 따른 관광상륙허가서를 관광목적으로 관할지역 밖에서 계속 사용하려는 경우

3. 그 밖에 출입국관리공무원이 행동지역을 확대할 필요가 있다고 인정하는 경우

	그 허가 등이 취소된 때에는 그 허가서 등을 회수하여야 한다. 〈개정 2012.5.25〉 [전문개정 2011.11.1]	[전문개정 2012.5.25] 제25조(상륙허가자의 출국 등 통보) ① 사무소장 또는 출장소장은 상륙허가를 받은 자가 다른 출입국항으로 출국할 수 있도록 허가하거나 법 제14조제4항의 규정에 의하여 상륙을 허가한 경우에는 지체없이 출국예정항 또는 상륙예정항을 관할하는 사무소장 또는 출장소장에게 그 명단을 통보하여야 한다. 〈개정 1997.7.1〉 ② 제1항의 규정에 의한 통보를 받은 사무소장 또는 출장소장은 상륙허가를 받은 자가 상륙허가기간 만료일까지 출국하지 아니한 때에는 그 사실을 상륙을 허가한 사무소장 또는 출장소장에게 통보하여야 한다. 〈개정 1997.7.1〉
제14조의2(관광상륙허가) ① 출입국관리공무원은 관광을 목적으로 대한민국과 외국 해상을 국제적으로 순회(巡廻)하여 운항하는 여객운송선박 중 법무부령으로 정하는 선박에 승선한 외국인승객에 대하여 그 선박의 장 또는 운수업자가 상륙허가를 신청하면 3일의 범위에서 승객의 관광상륙을 허가할 수 있다. 다만, 제11조제1항 각 호의 어느 하나에 해당하는 외국인승객에 대하여는 그러하지 아니하다. ② 출입국관리공무원은 제1항에 따른 상륙허가 신청을 받으면 다음 각 호의 서류를 확인하여야 한다. 1. 외국인승객의 여권 2. 외국인승객의 명부 3. 그 밖에 법무부령으로 정하는 서류 ③ 제1항에 따른 관광상륙허가의 허가서 및 상륙허가기간의 연장에 관하여는 제14조제3항 및 제5항을 준용한다. 이 경우 "승무원 상륙허가서"는 "관광상륙허가서"로, "승무원 상륙허가"는 "관광상륙허가"로, "외국인승무원"은 "외국인승객"으로 본다. ④ 제1항에 따른 관광상륙허가를 받	제18조의3(관광상륙허가의 기준) ① 법 제14조의2제1항에 따라 관광을 목적으로 대한민국과 외국 해상을 국제적으로 순회(巡廻)하여 운항하는 여객운송선박의 외국인승객에 대하여 그 선박의 장 또는 운수업자가 관광상륙허가를 신청할 때에는 외국인승객이 제2항의 기준에 해당하는지를 검토한 후 신청하여야 한다. ② 출입국관리공무원은 관광상륙허가를 할 때에는 다음 각 호의 사항을 고려하여야 한다. 1. 본인의 유효한 여권을 소지하고 있는지 여부 2. 대한민국에 관광목적으로 하선(下船)하여 자신이 하선한 기항지에서 자신이 하선한 선박으로 돌아와 출국할 예정인지 여부 3. 다음 각 목의 어느 하나에 해당하는 사람으로서 법무부장관이 정하는 사람에 해당하는지 여부 　가. 사증면제협정 등에 따라 대한민국에 사증 없이 입국할 수 있는 사람 　나. 「제주특별자치도 설치 및 국제자유도시 조성을 위한 특별법」 제156조에 따라 제주	제24조의3(관광상륙허가 신청 시 제출서류) ① 법 제14조의2제2항제3호에서 "법무부령으로 정하는 서류"란 다음 각 호의 서류를 말한다. 1. 국제톤수증서나 운항선박 명세서 등 제24조의2에서 정한 선박에 해당함을 증명하는 서류 2. 출국보증 각서 3. 여행계획서 4. 영 제18조의3제2항제3호다목에 따른 협정 및 합의 등에 관한 이행사항 확인을 위하여 법무부장관이 필요하다고 인정하는 서류 5. 그 밖에 외국인승객의 관광상륙허가를 위하여 필요한 서류로서 법무부장관이 정하는 서류 ② 출입국관리공무원은 제1항 각 호의 서류 중 제출할 필요가 없다고 인정하거나 선박의 장 또는 운수업자가 이미 제출하여 보관 중인 서류에 대해서는 해당 서류를 제출하지 아니하도록 할 수 있다. [본조신설 2012.5.25] [종전 제24조의3은 제24조의5로 이동 〈2012.5.25〉] 제19조(외국인의 입국심사등) ① 출입

으려는 외국인승객의 지문 및 얼굴에 관한 정보 제공 등에 관하여는 제12조의2를 준용한다. 다만, 외국인승객의 관광상륙허가가 절차상 지문 및 얼굴에 관한 정보의 제공이 곤란한 경우에는 그러하지 아니하다.

⑤ 제1항부터 제4항까지에서 규정한 사항 외에 관광상륙허가의 기준과 절차에 관하여 필요한 사항은 대통령령으로 정한다.

[본조신설 2012.1.26]

특별자치도에 사증 없이 입국하여 제주특별자치도에 체류하려는 사람

다. 대한민국과 상호 단체여행객 유치에 관한 협정 등을 체결하거나 그 밖의 방법으로 합의한 국가의 국민

라. 가목부터 다목까지의 규정에 준하여 관광상륙허가를 할 필요가 있는 사람

4. 그 밖에 국제친선 및 관광산업 진흥 등 국익을 고려하여 법무부장관이 정하는 요건을 갖추었는지 여부

③ 출입국관리공무원은 다음 각 호의 어느 하나에 해당하는 경우에는 관광상륙허가를 하여서는 아니 된다.

1. 외국인승객이 법 제11조에 따른 입국의 금지 또는 거부 대상인 경우

2. 관광상륙허가를 신청한 선박의 장 또는 운수업자가 과거에 관광상륙허가를 받았던 외국인승객이 선박으로 돌아오지 아니한 비율이 법무부장관이 정하는 기준을 초과하는 등 외국인승객을 성실히 관리하지 아니하였다고 인정되는 경우

3. 그 밖에 대한민국의 안전을 위한 국경관리 및 체류관리 필요성 등을 고려하여 법무부장관이 관광상륙허가를 하지 아니할 필요가 있다고 인정하는 경우

④ 관광상륙허가는 외국인승객이 하선하였던 선박이 출항하는 즉시 효력을 상실한다. 상륙허가기간이 연장된 경우에도 또한 같다.

⑤ 법 제14조의2제3항에 따라 상륙허가기간을 연장하는 경우에 그 기준에 대해서는 제2항 및 제3항을 준용한다.

[본조신설 2012.5.25]

제18조의4(관광상륙허가의 절차) ① 선박의 장 또는 운수업자는 법 제14조

국관리공무원이 영 제15조제1항의 규정에 의하여 입국심사를 하는 경우 심사확인에 관한 사항에 대하여는 제1조의 규정을 준용한다.

② 삭제 〈2012.2.29〉

③ 삭제 〈2012.2.29〉

④ 삭제 〈2012.2.29〉

⑤ 삭제 〈2012.2.29〉

⑥ 외국인승무원이 대한민국 안에 정박 중인 선박 등에서 하선하여 승객으로 출국하려는 경우나 법 제14조의2에 따라 관광상륙허가를 받은 외국인승객이 하선하여 다른 선박 등으로 출국하려는 경우에는 영 제15조제1항에 따른 입국심사를 받아야 한다. 〈개정 2010.11.16, 2012.5.25〉

⑦ 외국인출입국신고서의 작성 및 관리에 관하여는 제2조 및 제3조의 규정을 준용한다. 다만, 관광선박 등의 단체승객에 대하여는 승객명부로서 출입국신고서에 갈음하게 할 수 있다. 〈개정 1994.7.20, 2010.11.16〉

제24조의2(관광상륙허가 대상 선박) ① 법 제14조의2제1항 본문에서 "법무부령으로 정하는 선박"이란 다음 각 호의 요건을 모두 갖춘 선박을 말한다.

1. 국제총톤수 2만 톤 이상일 것

2. 대한민국을 포함하여 3개국 이상의 국가를 기항할 것

3. 「해운법」 제4조에 따라 순항여객운송사업 또는 복합해상여객운송사업 면허를 받은 선박(같은 법 제6조에 따라 해상여객운송사업의 승인을 받았거나 「개항질서법」 제5조에 따라 입항신고를 하거나 입항허가를 받은 선박을 포함한다)일 것

4. 「관광진흥법」 제4조에 따라 같은 법 시행령 제2조제1항제3호라목2)에 따른 크루즈업을 등록한 선박(법무부장관이 정하는 숙박시

| | 의2제1항에 따라 관광상륙허가를 신청할 때에는 관광상륙허가 신청서와 법 제14조의2제2항 각 호의 서류를 출입국관리공무원에게 제출하여야 한다.
② 출입국관리공무원은 법 제14조의2제3항에 따라 관광상륙허가서를 발급하는 경우 외국인승객의 국내 여행일정의 동일성 등을 고려하여 단체 관광상륙허가서로 발급할 수 있다.
③ 제1항 및 제2항에서 규정한 사항 외에 관광상륙허가의 절차에 관하여 필요한 세부사항은 법무부장관이 정한다.
[본조신설 2012.5.25]
제94조(각종 허가 등의 취소·변경) ① 법무부장관은 법 제89조제1항에 따라 체류기간 연장허가 등을 취소 또는 변경한 때에는 해당 외국인에게 취소나 변경된 사실을 알리고 그 뜻을 여권에 적어야 한다.
② 출입국관리공무원은 법 제9조에 따른 사증발급인정서, 법 제13조에 따른 조건부 입국허가서, 법 제14조에 따른 승무원 상륙허가서, 법 제14조의2에 따른 관광상륙허가서 및 법 제20조에 따라 발급된 체류자격 외 활동허가서를 가진 외국인이 제1항에 따라 그 허가 등이 취소된 때에는 그 허가서 등을 회수하여야 한다. 〈개정 2012.5.25〉
[전문개정 2011.11.1] | 설, 식음료시설 및 위락시설 등을 갖춘 선박을 포함한다)일 것
5. 그 밖에 국경관리의 필요성 등을 고려하여 법무부장관이 정하는 요건을 갖추었을 것
② 제1항에도 불구하고 대규모 국제행사나 국제교류·협력 등 국가이익을 위하여 외국인승객의 출입국을 지원할 필요가 있는 경우 법무부장관은 제1항제1호 및 제2호의 요건을 완화하여 적용하거나 적용하지 아니할 수 있다.
[본조신설 2012.5.25]
[종전 제24조의2는 제24조의4로 이동 〈2012.5.25〉] |
| 제15조(긴급상륙허가) ① 출입국관리공무원은 선박 등에 타고 있는 외국인(승무원을 포함한다)이 질병이나 그 밖의 사고로 긴급히 상륙할 필요가 있다고 인정되면 그 선박 등의 장이나 운수업자의 신청을 받아 30일의 범위에서 긴급상륙을 허가할 수 있다.
② 제1항의 경우에는 제14조제3항 및 제5항을 준용한다. 이 경우 "승무원 상륙허가서"는 "긴급상 | 제19조(긴급상륙허가) 법 제15조제1항에 따라 선박등에 타고 있는 외국인의 긴급상륙허가를 신청할 때에는 상륙허가 신청서에 그 이유를 소명하는 서류를 첨부하여 출입국관리공무원에게 제출하여야 한다.
[전문개정 2011.11.1] | |

류허가서"로, "승무원 상륙허가"는 "긴급상륙허가"로 본다. ③ 선박 등의 장이나 운수업자는 긴급상륙한 사람의 생활비·치료비·장례비와 그 밖에 상륙 중에 발생한 모든 비용을 부담하여야 한다. [전문개정 2010.5.14]		
제16조(재난상륙허가) ① 사무소장이나 출장소장은 조난을 당한 선박 등에 타고 있는 외국인(승무원을 포함한다)을 긴급히 구조할 필요가 있다고 인정하면 그 선박 등의 장, 운수업자, 「수난구호법」에 따른 구호업무 집행자 또는 그 외국인을 구조한 선박 등의 장의 신청에 의하여 30일의 범위에서 재난상륙허가를 할 수 있다. ② 제1항의 경우에는 제14조제3항 및 제5항을 준용한다. 이 경우 "승무원 상륙허가서"는 "재난상륙허가서"로, "승무원 상륙허가"는 "재난상륙허가"로 본다. ③ 재난상륙허가를 받은 사람의 상륙 중 생활비 등에 관하여는 제15조제3항을 준용한다. 이 경우 "긴급상륙"은 "재난상륙"으로 본다. [전문개정 2010.5.14]	제20조(재난상륙허가) 법 제16조제1항에 따라 재난상륙허가를 신청할 때에는 상륙허가 신청서에 재난선박 등의 명칭, 재난장소 및 일시와 그 사유 등을 적은 재난보고서를 첨부하여 사무소장 또는 출장소장에게 제출하여야 한다. [전문개정 2011.11.1]	
제16조의2(난민 임시상륙허가) ① 사무소장이나 출장소장은 선박 등에 타고 있는 외국인이 「난민법」 제2조제1호에 규정된 이유나 그 밖에 이에 준하는 이유로 그 생명·신체 또는 신체의 자유를 침해받을 공포가 있는 영역에서 도피하여 곧바로 대한민국에 비호(庇護)를 신청하는 경우 그 외국인을 상륙시킬 만한 상당한 이유가 있다고 인정되면 법무부장관의 승인을 받아 90일의 범위에서 난민 임시상륙허가를 할 수 있다. 이 경우 법무부장관은 외교부장관과 협의하여야 한다. 〈개정 2012.2.10, 2013.3.23〉 ② 제1항의 경우에는 제14조제3항	제20조의2(난민 임시상륙허가) ① 법 제16조의2제1항에 따라 난민 임시상륙허가를 신청할 때에는 난민 임시상륙허가 신청서에 그 이유를 소명하는 서류를 첨부하여 사무소장 또는 출장소장에게 제출하여야 한다. ② 사무소장 또는 출장소장은 제1항에 따라 신청서를 받으면 의견을 붙여 이를 법무부장관에게 보내야 한다. ③ 사무소장 또는 출장소장은 법무부장관이 제1항에 따른 신청에 대하여 승인한 때에는 그 외국인에게 난민 임시상륙허가서를 발급하고, 법무부장관이 정한 시설 등에 그 거소를 지정하여야 한다.	제24조의4(난민임시상륙허가서 발급대장 등) ① 사무소장 또는 출장소장은 법 제16조의2제2항의 규정에 의하여 난민임시상륙허가서를 발급하는 때에는 이를 난민임시상륙허가서 발급대장에 기재하여야 한다. ② 영 제20조의2제3항에서 "법무부장관이 정한시설 등"이라 함은 난민보호소 기타 법무부장관이 따로 지정하는 장소를 말한다. [본조신설 1994.7.20] [제24조의2에서 이동 〈2012.5.25〉]

및 제5항을 준용한다. 이 경우 "승무원 상륙허가서"는 "난민 임시상륙허가서"로, "승무원 상륙허가"는 "난민 임시상륙허가"로 본다. ③ 제1항에 따라 비호를 신청한 외국인의 지문 및 얼굴에 관한 정보의 제공 등에 관하여는 제12조의2를 준용한다. [전문개정 2010.5.14]	[전문개정 2011.11.1]	
제4장 외국인의 체류와 출국 〈개정 2010.5.14〉		
제1절 외국인의 체류 〈개정 2010.5.14〉		
제17조(외국인의 체류 및 활동범위) ① 외국인은 그 체류자격과 체류기간의 범위에서 대한민국에 체류할 수 있다. ② 대한민국에 체류하는 외국인은 이 법 또는 다른 법률에서 정하는 경우를 제외하고는 정치활동을 하여서는 아니 된다. ③ 법무부장관은 대한민국에 체류하는 외국인이 정치활동을 하였을 때에는 그 외국인에게 서면으로 그 활동의 중지명령이나 그 밖에 필요한 명령을 할 수 있다. [전문개정 2010.5.14]	제22조(중지명령) 법무부장관은 법 제17조제3항에 따라 활동중지를 명하려는 경우에는 활동중지 명령서에 다음 각 호의 사항을 적어 직접 발급하거나 사무소장 또는 출장소장을 거쳐 해당 외국인에게 발급하여야 한다. 1. 그 활동을 즉시 중지할 것 2. 명령을 이행하지 아니할 때에는 강제퇴거 등의 조치를 할 것이라는 것 3. 그 밖에 필요한 것 [전문개정 2011.11.1] 제81조(출국권고) 법 제67조제1항제1호에 따른 그 위반정도가 가벼운 경우는 법 제17조 또는 제20조를 처음 위반한 사람으로서 그 위반기간이 10일 이내인 경우로 한다. [전문개정 2011.11.1]	제27조(중지명령서의 교부) ① 사무소장 또는 출장소장이 영 제22조의 규정에 의한 활동중지명령서를 교부하는 때에는 수령증을 받아야 한다. ② 사무소장 또는 출장소장이 제1항에 따른 활동중지 명령서를 발급하는 경우 필요하다고 인정하면 해당 소속 단체의 장 또는 신원보증인을 입회하게 하여 중지명령을 지키도록 할 수 있다. [전문개정 2013.5.31] 제31조(중지명령을 받은 자 등에 관한 보고) ① 사무소장 또는 출장소장은 영 제22조의 규정에 의한 활동중지명령서 또는 영 제27조의 규정에 의한 활동범위등제한통지서를 교부받은 자에 대하여는 그 동향을 조사하고 결과를 지체없이 법무부장관에게 보고하여야 한다. ② 사무소장 또는 출장소장은 제1항의 경우에 그 명령 또는 제한조치를 한 사유가 소멸되었다고 인정하는 때에는 그 해제를 법무부장관에게 건의하여야 한다. 제26조(활동중지대상자 등 보고) ① 사무소장 또는 출장소장은 법 제11조제1항제3호의 규정에 의한 사유가 발생된 자와 법 제17조제2항의 규정에 의한 정치활동을 하고 있는 것으로 인정되는 자를 발견한 때에는 지체없이 그 사실을 법무부장관에게

보고하여야 한다.

② 출장소장이 제1항의 규정에 의한 보고를 하는 때에는 관할사무소장을 거쳐야 한다. 다만, 긴급을 요하는 때에는 법무부장관에게 직접 보고하고 사후에 사무소장에게 그 결과를 보고하여야 한다.

제18조(외국인 고용의 제한) ① 외국인이 대한민국에서 취업하려면 대통령령으로 정하는 바에 따라 취업활동을 할 수 있는 체류자격을 받아야 한다.

② 제1항에 따른 체류자격을 가진 외국인은 지정된 근무처가 아닌 곳에서 근무하여서는 아니 된다.

③ 누구든지 제1항에 따른 체류자격을 가지지 아니한 사람을 고용하여서는 아니 된다.

④ 누구든지 제1항에 따른 체류자격을 가지지 아니한 사람의 고용을 알선하거나 권유하여서는 아니 된다.

⑤ 누구든지 제1항에 따른 체류자격을 가지지 아니한 사람의 고용을 알선할 목적으로 그를 자기 지배 하에 두는 행위를 하여서는 아니 된다.

[전문개정 2010.5.14]

제23조(외국인의 취업과 체류자격) ① 법 제18조제1항에 따른 취업활동을 할 수 있는 체류자격은 별표 1 중 9. 단기취업(C-4), 19. 교수(E-1)부터 25. 특정활동(E-7)까지, 25의3. 비전문취업(E-9), 25의4. 선원취업(E-10) 및 31. 방문취업(H-2) 체류자격으로 한다. 이 경우 "취업활동"은 해당 체류자격의 범위에 속하는 활동으로 한다.

② 다음 각 호의 어느 하나에 해당하는 사람은 제1항에도 불구하고 별표 1의 체류자격 구분에 따른 취업활동의 제한을 받지 아니한다.

1. 별표 1 중 27. 거주(F-2)의 가목부터 다목까지 및 자목부터 카목까지의 어느 하나에 해당하는 체류자격을 가지고 있는 사람

2. 별표 1 중 27. 거주(F-2)의 라목·바목 또는 사목의 체류자격을 가지고 있는 사람으로서 그의 종전 체류자격에 해당하는 분야에서 활동을 계속하고 있는 사람

3. 별표 1 중 28의4. 결혼이민(F-6)의 체류자격을 가지고 있는 사람

③ 별표 1 중 28의2. 재외동포(F-4) 체류자격을 가지고 있는 사람은 제1항에도 불구하고 다음 각 호의 어느 하나에 해당하는 경우를 제외하고는 별표 1의 체류자격 구분에 따른 활동의 제한을 받지 아니한다. 다만, 허용되는 취업활동이라도 국내 법령에 따라 일정한 자격이 필요할 때에는 그 자격을 갖추어야 한다.

1. 단순노무행위를 하는 경우

2. 선량한 풍속이나 그 밖의 사회질

제27조의2(재외동포의 취업활동 제한) ① 영 제23조제3항제1호의 "단순노무행위"라 함은 단순하고 일상적인 육체노동을 요하는 업무로서 한국표준직업분류(통계청고시)에 의한 단순노무직 근로자의 취업분야를 말한다.

② 영 제23조제3항제2호의 "선량한 풍속이나 그 밖의 사회질서에 반하는 행위"라 함은 다음 각 호의 어느 하나에 해당하는 행위를 말한다. 〈개정 2002.4.27, 2005.7.8, 2010.11.16, 2013.5.31〉

1. 「사행행위 등 규제 및 처벌특례법」 제2조제1항제1호 및 동법 시행령 제1조의2등에서 규정하고 있는 사행행위 영업장소등에 취업하는 행위

2. 「식품위생법」 제36조제2항 및 동법 시행령 제21조제8호 등에서 규정하고 있는 유흥주점 등에서 유흥종사자로 근무하는 행위

3. 「풍속영업의 규제에 관한 법률」 제2조 및 동법 시행령 제2조등에서 규정하고 있는 풍속영업 중 선량한 풍속에 반하는 영업장소 등에 취업하는 행위

③ 법무부장관은 제1항 및 제2항과 영 제23조제3항제3호에 따른 재외동포의 취업활동 제한에 관한 구체적 범위를 지정하여 고시한다. 〈개정 2009.4.3〉

[본조신설 1999.12.2]

서에 반하는 행위를 하는 경우
3. 그 밖에 공공의 이익이나 국내 취
   업질서 등을 유지하기 위하여 그
   취업을 제한할 필요가 있다고 인
   정되는 경우
④ 별표 1 중 28의3. 영주(F-5)의 체
   류자격을 가지고 있는 사람은 제
   1항에도 불구하고 별표 1의 체류
   자격 구분에 따른 활동의 제한을
   받지 아니한다.
⑤ 별표 1 중 30. 관광취업(H-1) 체
   류자격을 가지고 있는 사람이 취
   업활동을 하는 경우에는 제1항에
   따른 취업활동을 할 수 있는 체
   류자격에 해당하는 것으로 본다.
⑥ 제3항 각 호의 구체적인 범위는
   법무부령으로 정한다.
⑦ 다음 각 호의 사항에 대하여 「외
   국인근로자의 고용 등에 관한 법
   률」 제4조제2항에 따라 외국인
   력정책위원회 심의를 거칠 경우
   에는 법무부차관과 고용노동부
   차관은 그 심의 안건을 미리 협
   의하여 공동으로 상정하고, 심
   의ㆍ의결된 사항을 법무부장관
   과 고용노동부장관이 공동으로
   고시한다.
1. 별표 1 중 31. 방문취업(H-2) 체
   류자격의 가목 7)에 해당하는 사
   람에 대한 연간 허용인원
2. 별표 1 중 31. 방문취업(H-2) 체
   류자격에 해당하는 사람에 대한
   사업장별 고용인원의 상한
⑧ 법무부장관은 다음 각 호의 사항
   을 결정하는 경우에는 이를 고시
   할 수 있다.
1. 별표 1 중 31. 방문취업(H-2) 체
   류자격의 가목 7)에 해당하는 사
   람의 사증발급에 관한 중요 사항
2. 제7항제1호에 따라 결정된 연간
   허용인원의 국적별 세부 할당에
   관한 사항(이 경우 거주국별 동
   포의 수, 경제적 수준 및 대한민
   국과의 외교관계 등을 고려한다)

	3. 그 밖에 별표 1 중 31. 방문취업 (H-2) 체류자격에 해당하는 사람의 입국 및 체류활동 범위 등에 관한 중요 사항 [전문개정 2011.11.1]	
제19조(외국인을 고용한 자 등의 신고의무) ① 제18조제1항에 따라 취업활동을 할 수 있는 체류자격을 가지고 있는 외국인을 고용한 자는 다음 각 호의 어느 하나에 해당하는 사유가 발생하면 그 사실을 안 날부터 15일 이내에 사무소장이나 출장소장에게 신고하여야 한다. 1. 외국인을 해고하거나 외국인이 퇴직 또는 사망한 경우 2. 고용된 외국인의 소재를 알 수 없게 된 경우 3. 고용계약의 중요한 내용을 변경한 경우 ② 제19조의2에 따라 외국인에게 산업기술을 연수시키는 업체의 장에 대하여는 제1항을 준용한다. [전문개정 2010.5.14]	제24조(외국인을 고용한 자 등의 신고) ① 외국인을 고용한 자 또는 외국인에게 산업기술을 연수시키는 업체의 장은 법 제19조에 따라 신고를 하려는 경우에는 고용·연수 외국인 변동사유 발생신고서를 사무소장 또는 출장소장에게 제출하여야 한다. ② 법 제19조제1항제3호에 따른 고용계약의 중요한 내용을 변경한 경우는 다음 각 호의 어느 하나에 해당하는 경우로 한다. 1. 고용계약기간을 변경한 경우 2. 고용주나 대표자가 변경되거나 근무처 명칭이 변경된 경우 또는 근무처의 이전으로 그 소재지가 변경된 경우. 다만, 다음 각 목의 경우는 제외한다. 가. 국가기관이나 지방자치단체에서 외국인을 고용한 경우 나. 「초·중등교육법」 제2조 또는 「고등교육법」 제2조에 따른 학교 및 특별법에 따른 고등교육기관에서 외국인을 고용한 경우 다. 법인의 대표자가 변경된 경우 라. 법 제21조제1항에 따라 외국인이 근무처를 변경한 경우 3. 「파견근로자 보호 등에 관한 법률」 등 다른 법률에 따라 근로자를 파견한 경우(파견사업장이 변경된 경우를 포함한다) [전문개정 2011.11.1]	제28조(외국인을 고용한 자등의 신고사실조사 등) ① 사무소장 또는 출장소장은 영 제24조제1항의 규정에 의한 고용·연수외국인변동사유발생신고서를 제출받은 경우에는 지체없이 그 사실에 대하여 조사하고 필요한 조치를 취하여야 한다. 〈개정 1997.7.1〉 ② 사무소장 또는 출장소장은 제1항의 규정에 의한 처리결과를 고용·연수외국인신고처리대장에 정리하여야 한다. 〈개정 1997.7.1〉 [제목개정 1997.7.1] 제34조(각종 허가 등의 신청 및 수령) ① 다음 각 호에 해당하는 신고, 허가 등의 신청이나 수령은 본인이 직접 하거나 법무부장관이 정하는 사람이 대리하게 할 수 있다. 〈개정 2010.11.16., 2011.12.23., 2012.1.19〉 1. 영 제24조, 영 제26조의2, 영 제44조 또는 영 제45조에 따른 신고 2. 영 제25조, 영 제26조, 영 제29조부터 제31조까지 또는 이 규칙 제39조의6에 따른 각종 허가 3. 영 제40조제1항에 따른 등록 4. 제17조에 따른 사증발급인정서 발급의 신청과 수령 ② 제1항에 따른 대리신청 및 수령에 관하여 필요한 사항은 법무부장관이 따로 정한다. 〈개정 2010.11.16〉 [전문개정 1997.7.1]
제19조의2(외국인의 기술연수활동) ① 법무부장관은 외국에 직접투자한 산업체, 외국에 기술·산업설비를 수출하는 산업체 등 지정된 산업체의 모집에 따라 국내에서 기술연수활동을 하는 외국인(이하 "기술연수생"이	제24조의2(산업연수업체 등) 법 제19조의2에 따라 외국인이 산업연수활동을 할 수 있는 산업체는 다음 각 호와 같다. 1. 「외국환거래법」 제3조제1항제18호에 따라 외국에 직접 투자한	

라 한다)의 적정한 연수활동을 지원하기 위하여 필요한 조치를 하여야 한다. 〈개정 2012.1.26〉 ② 제1항에 따른 산업체의 지정, 기술연수생의 모집·입국 등에 필요한 사항은 대통령령으로 정한다. 〈개정 2012.1.26〉 ③ 기술연수생의 연수장소 이탈 여부, 연수 목적 외의 활동 여부, 그 밖에 허가조건의 위반 여부 등에 관한 조사 및 출국조치 등 기술연수생의 관리에 필요한 사항은 법무부장관이 따로 정한다. 〈개정 2012.1.26〉 [전문개정 2010.5.14] [제목개정 2012.1.26]	산업체 2. 외국에 기술을 수출하는 산업체로서 법무부장관이 산업연수가 필요하다고 인정하는 산업체 3. 「대외무역법」 제32조제1항에 따라 외국에 플랜트를 수출하는 산업체 [전문개정 2011.11.1]	
제19조의3 삭제 〈2010.5.14〉		
제19조의4(외국인유학생의 관리 등) ① 제10조에 따라 유학이나 연수활동을 할 수 있는 체류자격을 가지고 있는 외국인(이하 "외국인유학생"이라 한다)이 재학 중이거나 연수 중인 학교(「고등교육법」 제2조 각 호에 따른 학교를 말한다. 이하 같다)의 장은 그 외국인유학생의 관리를 담당하는 직원을 지정하고 이를 사무소장이나 출장소장에게 알려야 한다. ② 제1항에 따른 학교의 장은 다음 각 호의 어느 하나에 해당하는 사유가 발생하면 그 사실을 안 날부터 15일 이내에 사무소장이나 출장소장에게 신고(정보통신망에 의한 신고를 포함한다)하여야 한다. 1. 입학하거나 연수허가를 받은 외국인유학생이 매 학기 등록기한까지 등록을 하지 아니하거나 휴학을 한 경우 2. 제적·연수중단 또는 행방불명 등의 사유로 외국인유학생의 유학이나 연수가 끝난 경우 ③ 외국인유학생의 관리에 필요한 사항은 대통령령으로 정한다.	제24조의8(외국인유학생의 관리 등) ① 법 제19조의4제1항의 학교의 장은 다음 각 호의 업무를 수행하여야 한다. 1. 법 제19조의4제1항에 따른 외국인유학생(이하 "외국인유학생"이라 한다)의 출결사항(出缺事項) 및 학점 이수(履修) 등 관리 2. 외국인유학생 이탈 방지를 위하여 필요한 상담 3. 사무소장·출장소장에 대한 제1호 및 제2호에 따른 관리 및 상담 현황 통보(정보통신망에 의한 통보를 포함한다) ② 제1항 각 호의 업무는 법 제19조의4제1항에 따라 지정된 담당 직원이 수행할 수 있다. ③ 법무부장관은 제1항 각 호의 업무수행 절차에 관하여 필요한 세부 사항을 정할 수 있다. [전문개정 2011.11.1]	

[전문개정 2010.5.14]		
제20조(체류자격 외 활동) 대한민국에 체류하는 외국인이 그 체류자격에 해당하는 활동과 함께 다른 체류자격에 해당하는 활동을 하려면 미리 법무부장관의 체류자격 외 활동허가를 받아야 한다. [전문개정 2010.5.14]	제25조(체류자격 외 활동허가) ① 법 제20조에 따라 그 체류자격에 해당하는 활동과 함께 다른 체류자격에 해당하는 활동을 허가받으려는 외국인은 체류자격 외 활동허가 신청서에 법무부령으로 정하는 서류를 첨부하여 사무소장 또는 출장소장에게 제출하여야 한다. ② 사무소장 또는 출장소장은 제1항에 따라 신청서를 제출받은 때에는 의견을 붙여 지체 없이 법무부장관에게 보내야 한다. ③ 사무소장 또는 출장소장은 법무부장관이 제1항에 따른 신청에 대하여 허가한 때에는 여권에 체류자격 외 활동허가인을 찍거나 체류자격 외 활동허가 스티커를 붙여야 한다. 다만, 여권이 없거나 그 밖에 필요하다고 인정할 때에는 체류자격 외 활동허가인을 찍는 것과 체류자격 외 활동허가 스티커를 붙이는 것을 갈음하여 체류자격 외 활동허가서를 발급할 수 있다. [전문개정 2011.11.1] 제94조(각종 허가 등의 취소·변경) ① 법무부장관은 법 제89조제1항에 따라 체류기간 연장허가 등을 취소 또는 변경한 때에는 해당 외국인에게 취소나 변경된 사실을 알리고 그 뜻을 여권에 적어야 한다. ② 출입국관리공무원은 법 제9조에 따른 사증발급인정서, 법 제13조에 따른 조건부 입국허가서, 법 제14조에 따른 승무원 상륙허가서, 법 제14조의2에 따른 관광상륙허가서 및 법 제20조에 따라 발급된 체류자격 외 활동허가서를 가진 외국인이 제1항에 따라 그 허가 등이 취소된 때에는 그 허가서 등을 회수하여야 한다. 〈개정 2012.5.25〉 [전문개정 2011.11.1]	제29조(체류자격외활동허가의 한계 등) 사무소장 또는 출장소장은 영 제25조의 규정에 의한 체류자격외활동허가신청을 받은 때에는 이를 심사하고, 심사결과 새로이 종사하고자 하는 활동이 주된 활동인 것으로 인정되는 때에는 영 제30조의 규정에 의한 체류자격변경허가를 받도록 하여야 한다. 제35조(각종 허가 등의 대장) 사무소장 또는 출장소장은 영 제25조, 영 제26조, 영 제29조 내지 제31조 및 영 제38조의 규정에 의한 허가를 하는 때에는 이를 허가대장에 기재하여야 한다. 〈개정 1997.7.1〉

제21조(근무처의 변경·추가) ① 대한민국에 체류하는 외국인이 그 체류자격의 범위에서 그의 근무처를 변경하거나 추가하려면 미리 법무부장관의 허가를 받아야 한다. 다만, 전문적인 지식·기술 또는 기능을 가진 사람으로서 대통령령으로 정하는 사람은 근무처를 변경하거나 추가한 날부터 15일 이내에 법무부장관에게 신고하여야 한다.

② 누구든지 제1항 본문에 따른 근무처의 변경허가·추가허가를 받지 아니한 외국인을 고용하거나 고용을 알선하여서는 아니 된다. 다만, 다른 법률에 따라 고용을 알선하는 경우에는 그러하지 아니하다.

③ 제1항 단서에 해당하는 사람에 대하여는 제18조제2항을 적용하지 아니한다.

[전문개정 2010.5.14]

제26조(근무처의 변경·추가 허가) ① 법 제21조제1항 본문에 따라 근무처의 변경 또는 추가에 관한 허가를 받으려는 사람은 근무처 변경·추가 허가 신청서에 법무부령으로 정하는 서류를 첨부하여 사무소장 또는 출장소장에게 제출하여야 한다.

② 사무소장 또는 출장소장은 제1항에 따른 신청서를 제출받은 때에는 의견을 붙여 지체 없이 법무부장관에게 보내야 한다.

③ 사무소장 또는 출장소장은 법무부장관이 제1항에 따른 근무처 변경허가 신청에 대하여 허가한 때에는 여권에 근무처 변경허가인을 찍고 변경된 근무처와 체류기간을 적거나 근무처 변경허가 스티커를 붙여야 한다.

④ 사무소장 또는 출장소장은 법무부장관이 제1항에 따른 근무처 추가허가 신청에 대하여 허가한 때에는 여권에 근무처 추가허가인을 찍고 추가된 근무처와 유효기간을 적거나 근무처 추가허가 스티커를 붙여야 한다.

[전문개정 2011.11.1]

제26조의2(근무처의 변경·추가 신고) ① 법 제21조제1항 단서에서 "대통령령으로 정하는 사람"이란 별표 1 중 19. 교수(E-1)부터 25. 특정활동(E-7)까지의 체류자격 중 어느 하나의 체류자격을 가진 외국인으로서 법무부장관이 고시하는 요건을 갖춘 사람을 말한다.

② 법 제21조제1항 단서에 따라 근무처의 변경·추가 신고를 하려는 사람은 근무처 변경·추가 신고서에 법무부령으로 정하는 서류를 첨부하여 사무소장 또는 출장소장에게 제출하여야 한다.

③ 사무소장 또는 출장소장은 제출받은 신고서와 첨부서류를 확인한 후 신고인의 여권에 근무처

제35조(각종 허가 등의 대장) 사무소장 또는 출장소장은 영 제25조, 영 제26조, 영 제29조 내지 제31조 및 영 제38조의 규정에 의한 허가를 하는 때에는 이를 허가대장에 기재하여야 한다. 〈개정 1997.7.1〉

제34조(각종 허가등의 신청 및 수령) ① 다음 각 호에 해당하는 신고, 허가 등의 신청이나 수령은 본인이 직접 하거나 법무부장관이 정하는 사람이 대리하게 할 수 있다. 〈개정 2010.11.16, 2011.12.23, 2012.1.19〉

1. 영 제24조, 영 제26조의2, 영 제44조 또는 영 제45조에 따른 신고
2. 영 제25조, 영 제26조, 영 제29조부터 제31조까지 또는 이 규칙 제39조의6에 따른 각종 허가
3. 영 제40조제1항에 따른 등록
4. 제17조에 따른 사증발급인정서 발급의 신청과 수령

② 제1항에 따른 대리신청 및 수령에 관하여 필요한 사항은 법무부장관이 따로 정한다. 〈개정 2010.11.16〉

[전문개정 1997.7.1]

	변경·추가 신고인을 찍고, 변경되거나 추가된 근무처와 체류기간 또는 유효기간을 적거나 근무처 변경·추가 신고 스티커를 붙여야 한다. ④ 사무소장 또는 출장소장은 제출받은 신고서와 첨부서류를 지체 없이 법무부장관에게 보내야 한다. [전문개정 2011.11.1]	
제22조(활동범위의 제한) 법무부장관은 공공의 안녕질서나 대한민국의 중요한 이익을 위하여 필요하다고 인정하면 대한민국에 체류하는 외국인에 대하여 거소(居所) 또는 활동의 범위를 제한하거나 그 밖에 필요한 준수사항을 정할 수 있다. [전문개정 2010.5.14]	제27조(활동범위의 제한) 법무부장관은 법 제22조에 따라 외국인의 거소 또는 활동범위를 제한하거나 준수사항을 정한 때에는 그 제한사항 또는 준수사항과 그 이유를 적은 활동범위 등 제한통지서를 해당 외국인에게 직접 발급하거나 사무소장 또는 출장소장을 거쳐 해당 외국인에게 발급하여야 한다. [전문개정 2011.11.1]	제30조(활동범위 등 제한통지서의 발급) 영 제27조에 따른 활동범위 등 제한통지서의 발급에 관하여는 제27조를 준용한다. [전문개정 2013.5.31] 제31조(중지명령을 받은 자 등에 관한 보고) ① 사무소장 또는 출장소장은 영 제22조의 규정에 의한 활동중지명령서 또는 영 제27조의 규정에 의한 활동범위등제한통지서를 교부받은 자에 대하여는 그 동향을 조사하고 결과를 지체없이 법무부장관에게 보고하여야 한다. ② 사무소장 또는 출장소장은 제1항의 경우에 그 명령 또는 제한조치를 한 사유가 소멸되었다고 인정하는 때에는 그 해제를 법무부장관에게 건의하여야 한다.
제23조(체류자격 부여) 대한민국에서 출생하여 제10조에 따른 체류자격을 가지지 못하고 체류하게 되는 외국인은 그가 출생한 날부터 90일 이내에, 대한민국에서 체류 중 대한민국의 국적을 상실하거나 이탈하는 등 그 밖의 사유로 제10조에 따른 체류자격을 가지지 못하고 체류하게 되는 외국인은 그 사유가 발생한 날부터 30일 이내에 대통령령으로 정하는 바에 따라 체류자격을 받아야 한다. [전문개정 2010.5.14]	제29조(체류자격 부여) ① 법 제23조에 따라 체류자격을 받으려는 사람은 체류자격 부여 신청서에 법무부령으로 정하는 서류를 첨부하여 사무소장 또는 출장소장에게 제출하여야 하고, 사무소장 또는 출장소장은 지체 없이 법무부장관에게 보내야 한다. ② 법무부장관은 제1항의 신청에 따라 체류자격을 부여할 때에는 체류기간을 정하여 사무소장 또는 출장소장에게 통보하여야 한다. ③ 사무소장 또는 출장소장은 제2항에 따른 통보를 받은 때에는 신청인의 여권에 체류자격 부여인을 찍고 체류자격과 체류기간 등을 적거나 체류자격 부여 스티커	제21조(주한미군지위협정 해당자의 입국) 출입국관리공무원이 「대한민국과 아메리카합중국간의 상호방위조약 제4조에 의한 시설과 구역 및 대한민국에서의 합중국군대의 지위에 관한 협정」의 적용을 받는 자에 대하여 영 제15조제1항의 규정에 의한 입국심사를 하는 때에는 신분증명서 등에 의하여 그의 신분을 확인하고 여권에 주한미군지위협정해당자인을 찍어야 한다. 영 제29조제3항의 규정에 의한 체류자격부여인을 찍을 때 또는 영 제30조제3항의 규정에 의한 체류자격변경허가인을 찍을 때에도 또한 같다. 〈개정 2005.7.8〉 제35조(각종 허가 등의 대장) 사무소장

	를 붙여야 한다. [전문개정 2011.11.1] 제34조(체류자격 부여 등에 따른 출국예고) 법 제23조부터 제25조까지의 규정에 따라 법무부장관이 체류자격을 부여하거나 체류자격 변경 등의 허가를 하는 경우 그 이후의 체류기간 연장을 허가하지 아니하기로 결정한 때에는 사무소장 또는 출장소장은 허가된 체류기간 내에 출국하여야 한다는 뜻을 여권에 적어야 한다. [전문개정 2011.11.1]	또는 출장소장은 영 제25조, 영 제26조,영 제29조 내지 제31조 및 영 제38조의 규정에 의한 허가를 하는 때에는 이를 허가대장에 기재하여야 한다. 〈개정 1997.7.1〉 제37조(체류기간연장 등의 허가기간) ① 제18조의2의 규정은 영 제29조 내지 제31조의 규정에 의한 체류자격부여 또는 체류자격변경등 허가를 하는 경우 1회에 부여할 수 있는 체류기간의 상한에 관하여 이를 준용한다. 〈개정 1994.7.20, 1997.7.1, 2007.3.5〉 ② 영 별표 1중 체류자격 31. 방문취업(H-2)의 자격을 가진 사람에 대하여 체류기간연장을 허가하는 경우 그의 체류기간이 계속하여 3년을 초과하지 아니하도록 하여야 한다. 다만, 고용주의 추천 등 법무부장관이 정하는 요건에 해당하는 사람에 대해서는 5년 미만의 범위에서 체류기간의 연장을 허가할 수 있다. 〈신설 2007.3.5, 2010.11.16〉 ③ 제2항에도 불구하고 영 별표 1 중 체류자격 11. 유학(D-2)의 자격에 해당하는 사람의 부·모 또는 배우자로서 체류자격 31. 방문취업(H-2)의 자격으로 체류하고 있는 사람에 대해서는 그 유학자격으로 체류 중인 사람의 체류기간을 초과하지 아니하도록 하여야 한다. 〈신설 2010.11.16〉 제38조(체류자격부여 등에 따른 출국예고) 사무소장 또는 출장소장은 영 제34조의 규정에 의하여 허가된 체류기간 내에 출국하여야 한다는 뜻을 기재하고자 하는 때에는 여권에 출국예고인을 찍음으로써 이에 갈음할 수 있다. 〈개정 1995.12.1, 2005.7.8〉
제24조(체류자격 변경허가) ① 대한민국에 체류하는 외국인이 그 체류자격과 다른 체류자격에 해당하는 활동을 하려면 미리 법무부장관의 체류자격 변경허가를 받아야 한다.	제30조(체류자격 변경허가) ① 법 제24조제1항에 따라 체류자격 변경허가를 받으려는 사람은 체류자격 변경허가 신청서에 법무부령으로 정하는 서류를 첨부하여 사무소장 또는 출	제21조(주한미군지위협정 해당자의 입국) 출입국관리공무원이 「대한민국과 아메리카합중국간의 상호방위조약 제4조에 의한 시설과 구역 및 대한민국에서의 합중국군대의 지위에

② 제31조제1항 각 호의 어느 하나에 해당하는 사람으로서 그 신분이 변경되어 체류자격을 변경하려는 사람은 신분이 변경된 날부터 30일 이내에 법무부장관의 체류자격 변경허가를 받아야 한다.
[전문개정 2010.5.14]

장소장에게 제출하여야 한다.
② 사무소장 또는 출장소장은 제1항에 따른 신청서를 제출받은 때에는 의견을 붙여 지체 없이 법무부장관에게 보내야 한다.
③ 사무소장 또는 출장소장은 법무부장관이 제1항에 따른 신청에 대하여 허가한 때에는 여권에 체류자격 변경허가인을 찍고 체류자격, 체류기간 및 근무처 등을 적거나 체류자격 변경허가 스티커를 붙여야 한다. 다만, 외국인등록증을 발급 또는 재발급할 때에는 외국인등록증의 발급 또는 재발급으로 이를 갈음한다.
[전문개정 2011.11.1]
제42조(외국인등록증의 재발급) ① 체류지 관할 사무소장 또는 출장소장은 외국인등록증을 발급받은 사람에게 다음 각 호의 어느 하나에 해당하는 사유가 있으면 외국인등록증을 재발급할 수 있다.
1. 외국인등록증을 분실한 경우
2. 외국인등록증이 헐어서 못 쓰게 된 경우
3. 외국인등록증의 적는 난이 부족한 경우
4. 법 제24조에 따라 체류자격 변경허가를 받은 경우
5. 법 제35조제1호의 사항에 대한 외국인등록사항 변경신고를 받은 경우
6. 위조방지 등을 위하여 외국인등록증을 한꺼번에 갱신할 필요가 있는 경우
② 제1항에 따라 외국인등록증을 재발급받으려는 사람은 외국인등록증 재발급 신청서에 사진 1장을 첨부하여 그 사유가 발생한 날부터 14일 이내에 체류지 관할 사무소장 또는 출장소장에게 제출하여야 한다. 이 경우 제1항제2호부터 제6호까지 규정된 사유로 외국인등록증의 재발급 신청을

관한 협정」의 적용을 받는 자에 대하여 영 제15조제1항의 규정에 의한 입국심사를 하는 때에는 신분증명서 등에 의하여 그의 신분을 확인하고 여권에 주한미군지위협정해당자인을 적어야 한다. 영 제29조제3항의 규정에 의한 체류자격부여인을 찍을 때 또는 영 제30조제3항의 규정에 의한 체류자격변경허가인을 찍을 때에도 또한 같다. 〈개정 2005.7.8〉
제29조(체류자격외활동허가의 한계 등) 사무소장 또는 출장소장은 영 제25조의 규정에 의한 체류자격외활동허가신청을 받은 때에는 이를 심사하고, 심사결과 새로이 종사하고자 하는 활동이 주된 활동인 것으로 인정되는 때에는 영 제30조의 규정에 의한 체류자격변경허가를 받도록 하여야 한다.
제48조(외국인등록증의 재발급) ① 삭제 〈2011.12.23〉
② 체류지 관할 사무소장 또는 출장소장은 영 제42조의 규정에 의하여 외국인등록증을 재발급하는 때에는 종전의 외국인등록번호를 사용하고 외국인등록증발급대장의 비고란에 재발급 사유를 기재하여야 한다. 〈개정 1995.12.1〉

	할 때에는 그 신청서에 원래의 외국인등록증을 첨부하여야 한다. ③ 체류지 관할 사무소장 또는 출장소장은 외국인등록증을 재발급할 때에는 그 사유를 외국인등록증 발급대장에 적고, 제2항 후단에 따라 받은 외국인등록증은 파기한다. [전문개정 2011.11.1]	
	제24조의3 삭제 〈2007.6.1〉	
제25조(체류기간 연장허가) 외국인이 체류기간을 초과하여 계속 체류하려면 대통령령으로 정하는 바에 따라 체류기간이 끝나기 전에 법무부장관의 체류기간 연장허가를 받아야 한다. [전문개정 2010.5.14]	제31조(체류기간 연장허가) ① 법 제25조에 따른 체류기간 연장허가를 받으려는 사람은 체류기간이 끝나기 전에 체류기간 연장허가 신청서에 법무부령으로 정하는 서류를 첨부하여 사무소장 또는 출장소장에게 제출하여야 한다. ② 사무소장 또는 출장소장은 제1항에 따른 신청서를 제출받은 때에는 의견을 붙여 지체 없이 법무부장관에게 보내야 한다. ③ 사무소장 또는 출장소장은 법무부장관이 제1항에 따른 신청에 대하여 허가한 때에는 여권에 체류기간 연장허가인을 찍고 체류기간을 적거나 체류기간 연장허가 스티커를 붙여야 한다. 다만, 외국인등록을 마친 사람에 대하여 체류기간 연장을 허가한 때에는 외국인등록증에 허가기간을 적음으로써 이를 갈음한다. [전문개정 2011.11.1]	
제25조의2(결혼이민자에 대한 특칙) ① 법무부장관은 「가정폭력범죄의 처벌 등에 관한 특례법」 제2조제1호의 가정폭력을 이유로 법원의 재판, 수사기관의 수사 또는 그 밖의 법률에 따른 권리구제 절차가 진행 중인 대한민국 국민의 배우자인 외국인이 체류기간 연장허가를 신청한 경우에는 그 권리구제 절차가 종료할 때까지 체류기간 연장을 허가할 수 있다. ② 법무부장관은 제1항에 따른 체		

류 연장기간 만료 이후에도 피해 회복 등을 위하여 필요하다고 인정하는 경우 체류기간 연장허가를 할 수 있다. [본조신설 2011.4.5]		
제26조 삭제 〈1996.12.12〉		
제27조(여권 등의 휴대 및 제시) ① 대한민국에 체류하는 외국인은 항상 여권·선원신분증명서·외국인입국허가서·외국인등록증 또는 상륙허가서(이하 "여권 등"이라 한다)를 지니고 있어야 한다. 다만, 17세 미만인 외국인의 경우에는 그러하지 아니하다. ② 제1항 본문의 외국인은 출입국관리공무원이나 권한 있는 공무원이 그 직무수행과 관련하여 여권 등의 제시를 요구하면 여권 등을 제시하여야 한다. [전문개정 2010.5.14]		
제2절 외국인의 출국 〈개정 2010.5.14〉		
제28조(출국심사) ① 외국인이 출국할 때에는 유효한 여권을 가지고 출국하는 출입국항에서 출입국관리공무원의 출국심사를 받아야 한다. ② 제1항의 경우에 출입국항이 아닌 장소에서의 출국심사에 관하여는 제3조제1항 단서를 준용한다. ③ 제1항과 제2항의 경우에 위조되거나 변조된 외국인의 여권·선원신분증명서에 관하여는 제5조제2항을 준용한다. ④ 제1항과 제2항의 경우에 선박 등의 출입에 관하여는 제12조제6항을 준용한다. ⑤ 외국인의 출국심사에 관하여는 제3조제2항을 준용한다. [전문개정 2010.5.14]	제35조(출국심사) ① 법 제28조제1항에 따른 외국인 출국심사에 관하여는 제1조제1항부터 제3항까지 및 제10항에 따른 국민의 출국심사 절차를 준용한다. ② 대한민국의 선박 등에 고용된 외국인승무원이 출국하는 경우 그 출국절차에 관하여는 제1조제4항 및 제5항을 준용한다. ③ 법 제28조제3항에 따른 위조 또는 변조된 여권의 보관과 그 통지절차에 관하여는 제15조제7항을 준용한다. ④ 정보화기기를 이용한 외국인의 출국심사에 관하여는 제15조제2항 및 제3항을 준용한다. 이 경우 "입국심사"는 "출국심사"로 본다. [전문개정 2011.11.1]	제39조(외국인의 출국심사) ① 영 제35조제1항부터 제3항까지의 규정에 따른 외국인의 출국심사에 관하여는 제1조를 준용한다. 〈개정 2010.11.16〉 ② 영 제35조제4항에 따른 정보화기기에 의한 외국인의 출국심사(이하 "자동출국심사"라 한다)에 관하여는 제19조의2를 준용한다. 이 경우 "입국심사"는 "출국심사"로, "자동입국심사"는 "자동출국심사"로 본다. 〈신설 2010.11.16, 2012.2.29〉 ③ 외국인이 입국하여 대한민국 안에 정박 중인 선박 등의 승무원으로 승선하는 때에는 영 제35조의 규정에 의한 출국심사를 받아야 한다. 〈개정 2010.11.16〉 ④ 외국인출입국신고서의 작성 및 관리에 관하여는 제2조 및 제3조의 규정을 준용한다. 다만, 관광선박 등의 단체승객에 대하여는 승객명부로서 출입국신고서에 갈음하게

		할 수 있다. 〈개정 1994.7.20, 2010.11.16〉
		⑤ 영 제35조제2항의 규정에 의하여 외국인승무원이 출국하는 경우 승무원등록에 관하여는 제4조의 규정을 준용한다. 〈개정 2010. 11.16〉
		⑥ 출입국관리공무원은 법 제67조의 규정에 의한 출국권고서 또는 법 제68조의 규정에 의한 출국명령 서를 교부받은 자와 영 제33조의 규정에 의한 체류기간연장등불 허결정통지서를 교부받은 자에 대하여 제1항의 규정에 의한 출 국심사를 하는 때에는 출국권고 서·출국명령서 또는 체류기간 연장등불허결정통지서를 회수하 여 이를 발급한 사무소장·출장 소장 또는 보호소장에게 송부하 여야 한다. 〈개정 2010.11.16〉
제29조(외국인 출국의 정지) ① 법무부 장관은 제4조제1항 또는 제2항 각 호 의 어느 하나에 해당하는 외국인에 대하여는 출국을 정지할 수 있다. 〈개정 2011.7.18〉 ② 제1항의 경우에 제4조제3항부터 제5항까지와 제4조의2부터 제4 조의5까지의 규정을 준용한다. 〈개정 2011.7.18〉 [전문개정 2010.5.14]	제36조(외국인의 출국정지기간) ① 법 제29조에 따른 출국정지기간은 다음 각 호와 같다. 〈개정 2012.1.13〉 1. 법 제4조제1항 각 호의 어느 하나 에 해당하는 외국인: 3개월 이내 2. 법 제4조제2항에 해당하는 외국 인: 10일 이내. 다만, 다음 각 목 에 해당하는 외국인은 그 목에서 정한 기간으로 한다. 가. 도주 등 특별한 사유가 있어 수사진행이 어려운 외국인: 1개월 이내 나. 소재를 알 수 없어 기소중지결 정이 된 외국인: 3개월 이내 다. 기소중지결정이 된 경우로서 체포영장 또는 구속영장이 발부된 외국인: 영장 유효기 간 이내 ② 제1항제2호에 해당하는 사람 중 기소중지 결정된 사람의 소재가 발견된 경우에는 출국정지 예정 기간을 발견된 날부터 10일 이내 로 한다. 〈신설 2012.1.13〉 ③ 제1항에 따른 외국인의 출국정지	제39조의2(외국인 출국정지의 원칙 및 세부기준) ① 법 제29조에 따른 출국 정지는 필요 최소한의 범위에서 하 여야 한다. ② 법무부장관은 출국정지 중인 외 국인에 대하여 동일한 사유로 출 국정지의 요청을 받은 경우 거듭 출국정지 하지 아니한다. 이 경우 출국정지를 요청한 기관의 장에 게 그 사실을 통보하여야 한다. [본조신설 2012.1.19] [종전 제39조의2는 제39조의6으로 이 동 〈2012.1.19〉]

	기간의 계산에 관하여는 제1조의 4를 준용한다. 이 경우 "출국금지기간"은 "출국정지기간"으로 본다. 〈개정 2012.1.13〉 [전문개정 2011.11.1]	
제30조(재입국허가) ① 법무부장관은 제31조에 따라 외국인등록을 하거나 그 등록이 면제된 외국인이 체류기간 내에 출국하였다가 재입국하려는 경우 그의 신청을 받아 재입국을 허가할 수 있다. 다만, 제10조제1항에 따른 외국인의 체류자격 중 대한민국에 영주(永住)할 수 있는 체류자격을 가진 사람과 재입국허가를 면제하여야 할 상당한 이유가 있는 사람으로서 법무부령으로 정하는 사람에 대하여는 재입국허가를 면제할 수 있다. ② 제1항에 따른 재입국허가는 한 차례만 재입국할 수 있는 단수재입국허가와 2회 이상 재입국할 수 있는 복수재입국허가로 구분한다. ③ 외국인이 질병이나 그 밖의 부득이한 사유로 제1항에 따라 허가받은 기간 내에 재입국할 수 없는 경우에는 그 기간이 끝나기 전에 법무부장관의 재입국허가기간 연장허가를 받아야 한다. ④ 법무부장관은 재입국허가기간 연장허가에 관한 권한을 대통령령으로 정하는 바에 따라 재외공관의 장에게 위임할 수 있다. ⑤ 재입국허가 및 그 기간의 연장허가와 재입국허가의 면제에 관한 기준과 절차는 법무부령으로 정한다. [전문개정 2010.5.14]	제38조(재입국허가기간 연장허가 권한의 위임) 법 제30조제1항에 따라 재입국허가를 받은 사람(재입국허가가 면제된 사람을 포함한다)이 출국 후 선박 등이 없거나 질병 또는 그 밖의 부득이한 사유로 그 허가기간 또는 면제기간 내에 재입국할 수 없는 경우에 받아야 하는 재입국허가기간 연장허가에 관한 법무부장관의 권한은 법 제30조제4항에 따라 재외공관의 장에게 위임한다. [전문개정 2011.11.1]	제35조(각종 허가 등의 대장) 사무소장 또는 출장소장은 영 제25조, 영 제26조, 영 제29조 내지 제31조 및 영 제38조의 규정에 의한 허가를 하는 때에는 이를 허가대장에 기재하여야 한다. 〈개정 1997.7.1〉 제39조의6(재입국허가) ① 법 제30조제1항의 규정에 의한 재입국허가를 받고자 하는 자는 재입국허가신청서에 그 사유를 소명하는 서류를 첨부하여 사무소장 또는 출장소장에게 제출하여야 한다. ② 사무소장 또는 출장소장은 제1항의 규정에 의한 재입국허가신청서를 받은 때에는 의견을 붙여 지체없이 이를 법무부장관에게 송부하여야 한다. ③ 재입국허가기간은 허가받은 체류기간을 초과하지 아니하는 범위 내에서 이를 정한다. ④ 사무소장 또는 출장소장은 제1항의 규정에 의한 재입국허가신청에 대하여 법무부장관의 허가가 있는 때에는 여권에 재입국허가인을 찍고 재입국허가기간을 기재하거나 재입국허가 스티커를 부착하되, 무국적자 또는 법 제7조제4항의 규정에 의한 국가의 국민에 대하여는 재입국허가서를 발급한다. 〈개정 2005.7.8〉 [본조신설 2003.9.24] [제39조의2에서 이동 〈2012.1.19〉] 제39조의7(재입국허가기간연장허가) ① 법 제30조제3항의 규정에 의한 재입국허가기간연장허가를 받고자 하는 자는 재입국허가기간연장허가신청서에 그 사유를 소명하는 서류를 첨부하여 재외공관의 장에게 제출하여야 한다.

| | | ② 재입국허가기간 연장허가기간은
재입국허가기간의 만료일부터 3
월 이내에서 이를 정할 수 있다.
이 경우 그 연장허가기간은 허가
받은 체류기간을 초과할 수 없다.
③ 제1항의 규정에 의한 재입국허가
기간연장허가를 받은 자의 여권
또는 재입국허가서에는 재입국허
가기간연장허가인을 찍고 연장허
가기간을 기재하여야 한다. 〈개
정 2005.7.8〉
[본조신설 2003.9.24]
[제39조의3에서 이동 〈2012.1.19〉]
제40조(복수재입국허가의 기준) 법 제
30조제2항의 규정에 의한 복수재입
국 허가의 기준은 상호주의원칙 등
을 고려하여 법무부장관이 따로 정
한다.
제44조의2(재입국허가 면제기준 등) ①
법 제30조제1항에서 "법무부령으로
정하는 사람"이란 다음 각 호와 같다.
다만, 법 제11조에 따라 입국이 금지
되는 외국인과 제10조 각 호의 어느
하나에 해당하는 사람은 제외한다.
〈개정 2010.11.16, 2011.12.23〉
1. 영 별표 1 중 체류자격 28의3.
영주(F-5)의 자격을 가진 사람
으로서 출국한 날부터 2년 이내
에 재입국하려는 사람
2. 영 별표 1 중 체류자격1. 외교(A-
1)부터3. 협정(A-3)까지, 10. 문
화예술(D-1)부터 28. 동반(F-3)
까지, 28의4. 결혼이민(F-6)부터
31. 방문취업(H-2)까지의 자격
을 가진 사람으로서 출국한 날부
터 1년(남아 있는 체류기간이 1
년보다 짧을 경우에는 남아있는
체류기간으로 한다) 이내에 재입
국하려는 사람
② 삭제 〈2010.11.16〉
③ 제39조의7의 규정은 제1항의 규
정에 해당하는 자에 대한 재입국
허가면제기간 연장에 관하여 준
용한다. 〈개정 2012.1.19〉 |

		[본조신설 2003.9.24] [제목개정 2010.11.16]
제5장 외국인의 등록 및 사회통합 프로 그램 〈개정 2010.5.14, 2012.1.26〉		
제1절 외국인의 등록 〈신설 2012.1.26〉		
제31조(외국인등록) ① 외국인이 입국한 날부터 90일을 초과하여 대한민국에 체류하려면 대통령령으로 정하는 바에 따라 입국한 날부터 90일 이내에 그의 체류지를 관할하는 사무소장이나 출장소장에게 외국인등록을 하여야 한다. 다만, 다음 각 호의 어느 하나에 해당하는 외국인의 경우에는 그러하지 아니하다. 　1. 주한외국공관(대사관과 영사관을 포함한다)과 국제기구의 직원 및 그의 가족 　2. 대한민국정부와의 협정에 따라 외교관 또는 영사와 유사한 특권 및 면제를 누리는 사람과 그의 가족 　3. 대한민국정부가 초청한 사람 등으로서 법무부령으로 정하는 사람 ② 제23조에 따라 체류자격을 받는 사람으로서 그 날부터 90일을 초과하여 체류하게 되는 사람은 제1항에도 불구하고 체류자격을 받는 때에 외국인등록을 하여야 한다. ③ 제24조에 따라 체류자격 변경허가를 받는 사람으로서 입국한 날부터 90일을 초과하여 체류하게 되는 사람은 제1항에도 불구하고 체류자격 변경허가를 받는 때에 외국인등록을 하여야 한다. ④ 사무소장이나 출장소장은 제1항부터 제3항까지의 규정에 따라 외국인등록을 한 사람에게는 대통령령으로 정하는 방법에 따라 개인별로 고유한 등록번호(이하 "외국인등록번호"라 한다)를 부여하여야 한다. [전문개정 2010.5.14]	제40조의2(외국인등록의무가 면제된 사람에 대한 외국인등록번호 부여 등) ① 법 제31조제1항 각 호의 어느 하나에 해당하는 사람이 전자상거래, 인터넷 회원가입 등을 위하여 외국인등록번호를 부여받으려는 때에는 외국인등록번호 부여신청서에 여권과 그 밖에 법무부령으로 정하는 서류를 첨부하여 체류지 관할 사무소장 또는 출장소장에게 제출하여야 한다. ② 체류지 관할 사무소장 또는 출장소장은 제1항에 따라 외국인등록번호 부여 신청을 받은 때에는 외국인등록번호를 부여하고, 외국인등록번호 부여대장에 적은 후 여권에 외국인등록번호 스티커를 붙여야 한다. [본조신설 2011.11.1] [종전 제40조의2는 제40조의3으로 이동 〈2011.11.1〉] 제40조(외국인등록 등) ① 법 제31조에 따라 외국인등록을 하려는 사람은 외국인등록 신청서에 여권과 그 밖에 법무부령으로 정하는 서류를 첨부하여 체류지 관할 사무소장 또는 출장소장에게 제출하여야 한다. ② 체류지 관할 사무소장 또는 출장소장은 제1항에 따라 외국인등록을 마친 사람에게 외국인등록번호를 부여하고 등록외국인대장에 적어야 한다. [전문개정 2011.11.1] 제41조(외국인등록증의 발급) ① 법 제31조에 따라 등록을 한 외국인(이하 "등록외국인"이라 한다)의 체류지 관할 사무소장 또는 출장소장은 법 제33조에 따라 외국인등록증을 발급하	제46조(외국인등록번호 부여 신청 시 첨부서류) 영 제40조의2제1항에서 "그 밖에 법무부령으로 정하는 서류"란 다음 각 호의 서류를 말한다. 　1. 재직증명서 또는 신분증 사본 　2. 사진 2장 [본조신설 2011.12.23] 제45조(외국인등록의 예외) ① 법 제31조제1항제3호에 해당하는 자는 외교·산업·국방상 중요한 업무에 종사하는 자 및 그의 가족 기타 법무부장관이 특별히 외국인등록을 면제할 필요가 있다고 인정하는 자로 한다. ② 법무부장관이 제1항의 규정에 의하여 외국인등록을 면제하기로 결정한 때에는 이를 체류지를 관할하는 사무소장 또는 출장소장(이하 "체류지관할사무소장 또는 출장소장"이라 한다)에게 통보한다.

	는 때에는 그 사실을 외국인등록증 발급대장에 적어야 한다. ② 체류지 관할 사무소장 또는 출장소장은 법 제33조제1항 단서에 따라 외국인등록증을 발급하지 아니한 17세 미만의 외국인에 대해서는. 여권에 외국인등록번호 스티커를 붙여야 한다. ③ 법 제33조제2항에 따라 외국인 등록증 발급을 신청하려면 외국 인등록증 발급신청서에 여권과 사진 2장을 첨부하여 체류지 관할 사무소장 또는 출장소장에게 제출하여야 한다. ④ 외국인등록증의 재질 및 규격, 외국인등록증에 기재할 사항과 사용할 직인 등 필요한 사항은 법무부장관이 정한다. [전문개정 2011.11.1]	
제32조(외국인등록사항) 제31조에 따른 외국인등록사항은 다음과 같다. 1. 성명, 성별, 생년월일 및 국적 2. 여권의 번호·발급일자 및 유효 기간 3. 근무처와 직위 또는 담당업무 4. 본국의 주소와 국내 체류지 5. 체류자격과 체류기간 6. 제1호부터 제5호까지에서 규정한 사항 외에 법무부령으로 정하는 사항 [전문개정 2010.5.14]		제47조(외국인등록사항) 법 제32조제6호의 규정에 의한 외국인등록사항은 다음과 같다. 〈개정 1994.7.20〉 1. 입국일자 및 입국항 2. 사증에 관한 사항 3. 동반자에 관한 사항 4. 세대주 및 세대주와의 관계 5. 사업자 등록번호
제33조(외국인등록증의 발급) ① 제31조에 따라 외국인등록을 받은 사무소장이나 출장소장은 대통령령으로 정하는 바에 따라 그 외국인에게 외국인등록증을 발급하여야 한다. 다만, 그 외국인이 17세 미만인 경우에는 발급하지 아니할 수 있다. ② 제1항 단서에 따라 외국인등록증을 발급받지 아니한 외국인이 17세가 된 때에는 90일 이내에 체류지 관할 사무소장이나 출장소장에게 외국인등록증 발급신청을	제41조(외국인등록증의 발급) ① 법 제31조에 따라 등록을 한 외국인(이하 "등록외국인"이라 한다)의 체류지 관할 사무소장 또는 출장소장은 법 제33조에 따라 외국인등록증을 발급하는 때에는 그 사실을 외국인등록증 발급대장에 적어야 한다. ② 체류지 관할 사무소장 또는 출장소장은 법 제33조제1항 단서에 따라 외국인등록증을 발급하지 아니한 17세 미만의 외국인에 대해서는 여권에 외국인등록번호	제77조(신원보증) ① 법 제90조제1항의 규정에 의하여 신원보증을 하는 자는 신원보증인 및 피보증외국인의 인적사항·보증기간·보증내용 등을 기재한 신원보증서를 사무소장·출장소장 또는 보호소장에게 제출하여야 한다. 〈개정 1997.7.1〉 ② 제1항의 규정에 의한 신원보증인은 대한민국 안에 주소를 둔자로서 보증능력이 있는 자임을 소명하여야 한다. 〈개정 1997.7.1〉 ③ 피보증외국인이 소속하는 기관

하여야 한다.
[전문개정 2010.5.14]

스티커를 붙여야 한다.
③ 법 제33조제2항에 따라 외국인 등록증 발급을 신청하려면 외국 인등록증 발급신청서에 여권과 사진 2장을 첨부하여 체류지 관할 사무소장 또는 출장소장에게 제출하여야 한다.
④ 외국인등록증의 재질 및 규격, 외국인등록증에 기재할 사항과 사용할 직인 등 필요한 사항은 법무부장관이 정한다.
[전문개정 2011.11.1]

또는 단체가 있는 때의 신원보증 인은 특별한 사유가 없는 한 그 기관 또는 단체의 장으로 하며, 이 경우에는 제2항의 규정에 의한 보증능력의 소명을 요하지 아니한다. 〈개정 1997.7.1〉
④ 외국인이 제2항의 규정에 의한 신원보증인이 되는 때에는 법 제33조의 규정에 의한 외국인등록증을 가지고 있어야 하며, 그 보증기간은 신원보증인의 체류기간을 초과할 수 없다. 〈개정 1997.7.1〉
⑤ 신원보증인인 국민이 외국에서 영주할 목적으로 출국하고자 하는 때에는 피보증외국인은 새로이 신원보증인을 설정하여야 한다. 신원보증인인 외국인이 출국하는 때에도 또한 같다. 〈개정 1997.7.1〉
⑥ 삭제 〈2005.7.8〉
⑦ 보증기간의 최장기간은 4년으로 한다. 〈개정 1994.7.20, 1997.7.1〉
⑧ 사무소장·출장소장 또는 보호소장은 대한민국 또는 외국의 정부기관이 신원보증인이 되거나 법무부장관이 따로 정하는 자에 대하여는 신원보증서의 제출을 생략할 수 있다. 〈개정 1994.7.20, 1997.7.1〉
⑨ 제1항의 규정에 의한 신원보증서를 제출한 자가 그 신원보증서의 보증기간의 범위 내에서 체류기간을 연장하는 경우에는 신원보증서의 추가제출을 요하지 아니한다.
⑩ 사무소장·출장소장 또는 보호소장은 제1항에 따른 신원보증인이 다음 각 호의 어느 하나에 해당하는 경우에는 신원보증인의 자격을 1년의 범위에서 제한할 수 있다. 〈신설 2011.12.23〉
1. 신원보증 신청일을 기준으로 최

		근 1년 이내에 신원보증 책임을 이행하지 않은 사실이 있는 경우 2. 피보증외국인의 소속 기관·단체 또는 업체의 장이 신원보증인인 경우 신원보증 신청일부터 최근 1년 이내에 3회 이상 신원보증 책임을 이행하지 않은 사실이 있는 경우
제33조의2(외국인등록증 등의 채무이행 확보수단 제공 등의 금지) 누구든지 다음 각 호의 어느 하나에 해당하는 행위를 하여서는 아니 된다. 1. 외국인의 여권이나 외국인등록증을 취업에 따른 계약 또는 채무이행의 확보수단으로 제공받거나 그 제공을 강요하는 행위 2. 제31조제4항에 따른 외국인등록번호를 거짓으로 생성하여 자기 또는 다른 사람의 재물이나 재산상의 이익을 위하여 사용하는 행위 3. 외국인등록번호를 거짓으로 생성하는 프로그램을 다른 사람에게 전달하거나 유포하는 행위 4. 다른 사람의 외국인등록증을 부정하게 사용하는 행위 5. 다른 사람의 외국인등록번호를 자기 또는 다른 사람의 재물이나 재산상의 이익을 위하여 부정하게 사용하는 행위 [전문개정 2010.5.14]		
제34조(외국인등록표 등의 작성 및 관리) ① 제31조에 따라 외국인등록을 받은 사무소장이나 출장소장은 등록외국인기록표를 작성·비치하고, 외국인등록표를 작성하여 그 외국인이 체류하는 시(「제주특별자치도 설치 및 국제자유도시 조성을 위한 특별법」 제15조에 따른 행정시를 포함하며, 특별시와 광역시는 제외한다. 이하 같다)·군 또는 구(자치구를 말한다. 이하 같다)의 장에게 보내야 한다. 〈개정 2012.1.26〉 ② 시·군 또는 구의 장은 제1항에	제43조(등록외국인기록표 등의 작성 및 관리) ① 체류지 관할 사무소장 또는 출장소장은 법 제34조제1항에 따른 등록외국인기록표를 개인별로 작성하여 갖추어 두어야 한다. ② 체류지 관할 사무소장 또는 출장소장은 등록외국인에 대하여 각종 허가 또는 통고처분을 하거나 신고 등을 받은 때에는 그 내용을 등록외국인기록표에 적어 관리하여야 한다. ③ 시장·군수 또는 구청장은 법 제34조제2항에 따라 외국인등록대	

따라 외국인등록표를 받았을 때에는 그 등록사항을 외국인등록 대장에 적어 관리하여야 한다.

③ 등록외국인기록표, 외국인등록표 및 외국인등록대장의 작성과 관리에 필요한 사항은 대통령령으로 정한다.

[전문개정 2010.5.14]

장을 갖추어 두어야 하며, 외국인이 최초로 외국인등록을 하거나 관할 구역으로 전입하여 외국인등록표를 받은 때에는 그 내용을 외국인등록대장에 적어 관리하고, 다른 관할 구역으로 체류지를 옮기거나 체류지 관할 사무소장 또는 출장소장으로부터 외국인등록 말소통보를 받은 때에는 외국인등록대장의 해당 사항에 붉은 줄을 그어 삭제하고 그 사유와 연월일을 적어야 한다.

④ 시장·군수 또는 구청장은 외국인등록 말소통보를 받은 외국인의 외국인등록표를 말소된 날부터 1년간 보존하여야 한다.

[전문개정 2011.11.1]

제35조(외국인등록사항의 변경신고) 제31조에 따라 등록을 한 외국인은 다음 각 호의 어느 하나에 해당하는 사항이 변경되었을 때에는 대통령령으로 정하는 바에 따라 14일 이내에 체류지 관할 사무소장이나 출장소장에게 외국인등록사항 변경신고를 하여야 한다.

1. 성명, 성별, 생년월일 및 국적
2. 여권의 번호, 발급일자 및 유효기간
3. 제1호 및 제2호에서 규정한 사항 외에 법무부령으로 정하는 사항

[전문개정 2010.5.14]

제44조(외국인등록사항 변경의 신고) ① 법 제35조에 따른 외국인등록사항의 변경신고를 하려는 사람은 외국인등록사항 변경신고서에 외국인등록증과 여권을 첨부하여 체류지 관할 사무소장 또는 출장소장에게 제출하여야 한다.

② 체류지 관할 사무소장 또는 출장소장은 제1항에 따른 변경신고를 받은 때에는 등록외국인기록표를 정리하여야 하며, 법 제35조제1호의 변경사항에 대해서는 외국인등록증을 재발급하고 외국인등록사항 변경신고서 사본을 그 외국인이 체류하는 시장·군수 또는 구청장에게 보내야 한다.

③ 시장·군수 또는 구청장은 제2항에 따라 외국인등록사항 변경신고서 사본을 받으면 지체 없이 외국인등록표를 정리하여야 한다.

[전문개정 2011.11.1]

제34조(각종 허가 등의 신청 및 수령) ① 다음 각 호에 해당하는 신고, 허가 등의 신청이나 수령은 본인이 직접 하거나 법무부장관이 정하는 사람이 대리하게 할 수 있다. 〈개정 2010.11.16, 2011.12.23, 2012.1.19〉

1. 영 제24조, 영 제26조의2, 영 제44조 또는 영 제45조에 따른 신고
2. 영 제25조, 영 제26조, 영 제29조부터 제31조까지 또는 이 규칙 제39조의6에 따른 각종 허가
3. 영 제40조제1항에 따른 등록
4. 제17조에 따른 사증발급인정서 발급의 신청과 수령

② 제1항에 따른 대리신청 및 수령에 관하여 필요한 사항은 법무부장관이 따로 정한다. 〈개정 2010.11.16〉

[전문개정 1997.7.1]

제49조의2(외국인등록사항변경의 신고) 법 제35조제3호에서 "법무부령으로 정하는 사항"이라 함은 다음 각 호의 어느 하나에 해당하는 사항을 말한다. 〈개정 2007.3.5, 2008.7.3, 2009.4.3, 2010.11.16〉

1. 영 별표 1 중 10. 문화예술(D-

		1) · 11. 유학(D-2) 및 13. 일반 연수(D-4)부터 18. 무역경영(D-9)까지 중 어느 하나에 해당하는 자격을 가지고 있는 사람의 경우에는 소속기관 또는 단체의 변경(명칭변경을 포함한다)이나 추가 2. 삭제 〈2009.4.3〉 3. 영 별표 1 중 체류자격 18의2. 구직(D-10)의 자격에 해당하는 자의 경우에는 연수개시 사실 또는 연수기관의 변경(명칭변경을 포함한다) 4. 영 별표 1중 31. 방문취업(H-2)의 자격에 해당하는 자로서 개인·기관·단체 또는 업체에 최초로 고용된 경우에는 그 취업개시 사실 5. 영 별표 1중 31. 방문취업(H-2)의 자격에 해당하는 자로서 개인·기관·단체 또는 업체에 이미 고용되어 있는 경우에는 그 개인·기관·단체 또는 업체의 변경(명칭변경을 포함한다) [본조신설 2002.4.27]
제36조(체류지 변경의 신고) ① 제31조에 따라 등록을 한 외국인이 체류지를 변경하였을 때에는 대통령령으로 정하는 바에 따라 전입한 날부터 14일 이내에 새로운 체류지의 시·군·구의 장이나 그 체류지를 관할하는 사무소장·출장소장에게 전입신고를 하여야 한다. ② 외국인이 제1항에 따른 신고를 할 때에는 외국인등록증을 제출하여야 한다. 이 경우 시·군·구의 장이나 사무소장·출장소장은 그 외국인등록증에 체류지 변경사항을 적은 후 돌려주어야 한다. ③ 제1항에 따라 전입신고를 받은 사무소장이나 출장소장은 지체없이 새로운 체류지의 시·군·구의 장에게 체류지 변경 사실을 통보하여야 한다.	제45조(체류지 변경의 신고) ① 법 제36조제1항에 따라 전입신고를 하려는 등록외국인은 체류지 변경신고서를 새로운 체류지의 시장·군수 또는 구청장이나 새로운 체류지 관할 사무소장 또는 출장소장에게 제출하여야 한다. ② 제1항에 따라 전입신고를 받은 시장·군수 또는 구청장이나 사무소장 또는 출장소장은 외국인등록증에 변경사항을 적은 후 체류지 변경신고 필인을 찍어 신고인에게 내주고, 법 제36조제7항에 따라 체류지 변경통보서를 종전 체류지 관할 사무소장 또는 출장소장에게 보내야 한다. ③ 제2항에 따라 변경사항을 통보받은 종전 체류지 관할 사무소장 또는 출장소장은 새로운 체류지 관할 사무소장 또는 출장소장에	제34조(각종 허가 등의 신청 및 수령) ① 다음 각 호에 해당하는 신고, 허가 등의 신청이나 수령은 본인이 직접 하거나 법무부장관이 정하는 사람이 대리하게 할 수 있다. 〈개정 2010.11.16., 2011.12.23, 2012.1.19〉 1. 영 제24조, 영 제26조의2, 영 제44조 또는 영 제45조에 따른 신고 2. 영 제25조, 영 제26조, 영 제29조부터 제31조까지 또는 이 규칙 제39조의6에 따른 각종 허가 3. 영 제40조제1항에 따른 등록 4. 제17조에 따른 사증발급인정서 발급의 신청과 수령 ② 제1항에 따른 대리신청 및 수령에 관하여 필요한 사항은 법무부장관이 따로 정한다. 〈개정 2010.11.16〉 [전문개정 1997.7.1]

④ 제1항에 따라 직접 전입신고를 받거나 제3항에 따라 사무소장이나 출장소장으로부터 체류지 변경통보를 받은 시·군·구의 장은 지체 없이 종전 체류지의 시·군 또는 구의 장에게 체류지 변경신고서 사본을 첨부하여 외국인등록표의 이송을 요청하여야 한다.

⑤ 제4항에 따라 외국인등록표 이송을 요청받은 종전 체류지의 시·군 또는 구의 장은 이송을 요청받은 날부터 3일 이내에 새로운 체류지의 시·군 또는 구의 장에게 외국인등록표를 이송하여야 한다.

⑥ 제5항에 따라 외국인등록표를 이송받은 시·군·구의 장은 신고인의 외국인등록표를 정리하고 제34조제2항에 따라 관리하여야 한다.

⑦ 제1항에 따라 전입신고를 받은 시·군·구의 장이나 사무소장·출장소장은 대통령령으로 정하는 바에 따라 그 사실을 지체 없이 종전 체류지를 관할하는 사무소장이나 출장소장에게 통보하여야 한다.

[전문개정 2010.5.14]

게 등록외국인기록표를 보내야 하며, 새로운 체류지 관할 사무소장 또는 출장소장은 지체 없이 이를 정리하여야 한다.

[전문개정 2011.11.1]

제37조(외국인등록증의 반납 등) ① 제31조에 따라 등록을 한 외국인이 출국할 때에는 출입국관리공무원에게 외국인등록증을 반납하여야 한다. 다만, 다음 각 호의 어느 하나에 해당하는 경우에는 그러하지 아니하다.

1. 재입국허가를 받고 일시 출국하였다가 그 허가기간 내에 다시 입국하려는 경우
2. 복수사증 소지자나 재입국허가 면제대상 국가의 국민으로서 일시 출국하였다가 허가된 체류기간 내에 다시 입국하려는 경우
3. 난민여행증명서를 발급받고 일시 출국하였다가 그 유효기간 내에 다시 입국하려는 경우

제46조(외국인등록증의 반납 등) ① 출입국관리공무원은 법 제37조제1항 및 제5항에 따라 외국인등록증을 반납받은 때에는 그 외국인의 출국사실을 지체 없이 체류지 관할 사무소장 또는 출장소장에게 통보하여야 한다.

② 등록외국인이 법 제37조제2항에 따라 외국인등록증을 반납하는 시기와 방법은 다음 각 호의 구분에 따른다.

1. 등록외국인이 국민이 된 경우에는 주민등록을 마친 날부터 30일 이내에 본인·배우자·부모 또는 제89조제1항에 규정된 사람이 외국인등록증에 대한민국국적 취득

② 제31조에 따라 등록을 한 외국인이 국민이 되거나 사망한 경우 또는 제31조제1항 각 호의 어느 하나에 해당하게 된 경우에는 대통령령으로 정하는 바에 따라 외국인등록증을 반납하여야 한다.

③ 사무소장이나 출장소장은 제1항이나 제2항에 따라 외국인등록증을 반납받으면 대통령령으로 정하는 바에 따라 그 사실을 지체 없이 체류지의 시·군 또는 구의 장에게 통보하여야 한다.

④ 사무소장이나 출장소장은 대한민국의 이익을 위하여 필요하다고 인정하면 제1항 각 호의 어느 하나에 해당하는 외국인의 외국인등록증을 일시 보관할 수 있다.

⑤ 제4항의 경우 그 외국인이 허가된 기간 내에 다시 입국하였을 때에는 14일 이내에 사무소장이나 출장소장으로부터 외국인등록증을 돌려받아야 하고, 그 허가받은 기간 내에 다시 입국하지 아니하였을 때에는 제1항에 따라 외국인등록증을 반납한 것으로 본다.

[전문개정 2010.5.14]

을 증명하는 서류를 첨부하여 체류지 관할 사무소장 또는 출장소장에게 제출하여야 한다.

2. 등록외국인이 사망한 경우에는 그 배우자·부모, 제89조제1항에 규정된 사람, 사망 장소의 건물 또는 토지의 소유자나 관리자가 그 사망을 안 날부터 30일 이내에 외국인등록증에 진단서 또는 검안서나 그 밖에 사망 사실을 증명하는 서류를 첨부하여 체류지 관할 사무소장 또는 출장소장에게 제출하여야 한다.

3. 등록외국인이 법 제31조제1항 각 호의 어느 하나에 해당하게 된 경우에는 체류자격 변경허가를 받을 때에 외국인등록증에 해당 신분을 증명하는 서류를 첨부하여 체류지 관할 사무소장 또는 출장소장에게 제출하여야 한다.

③ 체류지 관할 사무소장 또는 출장소장은 제1항 및 제2항에 따라 외국인의 출국사실을 통보받거나 외국인등록증을 반납받은 때에는 그 체류지의 시장·군수 또는 구청장에게 외국인등록 말소 통보를 하여야 한다.

④ 제3항에 따른 통보를 받은 시장·군수 또는 구청장은 지체 없이 외국인등록표를 정리하여야 한다.

⑤ 사무소장 또는 출장소장은 법 제37조제4항에 따라 외국인등록증을 일시 보관하는 경우에는 보관물 대장에 그 사실을 적은 후 보관증을 발급하고, 이를 보관한 후 같은 조 제5항에 따른 반환요청이 있을 때에는 보관하고 있는 외국인등록증을 즉시 돌려주어야 한다.

[전문개정 2011.11.1]

제38조(지문 및 얼굴에 관한 정보의 제공 등) ① 다음 각 호의 어느 하나에 해당하는 외국인은 법무부령으로 정

제50조(지문 및 얼굴에 관한 정보의 제공 방법과 시기) 법 제38조제1항 각 호의 어느 하나에 해당하는 외국인은 다음

하는 바에 따라 지문 및 얼굴에 관한 정보를 제공하여야 한다.

1. 제31조에 따라 외국인등록을 하여야 하는 사람으로서 17세 이상인 사람
2. 이 법을 위반하여 조사를 받거나 그 밖에 다른 법률을 위반하여 수사를 받고 있는 사람
3. 신원이 확실하지 아니한 사람
4. 제1호부터 제3호까지에서 규정한 사람 외에 법무부장관이 대한민국의 안전이나 이익 또는 해당 외국인의 안전이나 이익을 위하여 특히 필요하다고 인정하는 사람

② 사무소장이나 출장소장은 제1항에 따른 지문 및 얼굴에 관한 정보의 제공을 거부하는 외국인에게는 체류기간 연장허가 등 이 법에 따른 허가를 하지 아니할 수 있다.

③ 법무부장관은 제1항에 따라 제공받은 정보를 「개인정보 보호법」에 따라 보유하고 관리한다. 〈개정 2011.3.29〉

[전문개정 2010.5.14]

각 호에서 정한 때에 출입국관리공무원이 지정하는 정보화기기를 통하여 양쪽 모든 손가락의 지문 및 얼굴에 관한 정보를 제공하여야 한다.

1. 법 제38조제1항제1호에 해당하는 사람: 외국인등록을 하는 때. 다만, 17세가 되기 전에 외국인등록을 한 사람은 17세가 된 날부터 90일 이내로 한다.
2. 법 제38조제1항제2호에 해당하는 사람
   가. 법 제51조제1항 및 제3항에 따라 보호되거나 법 제59조제2항 및 법 제68조제4항에 따라 강제퇴거명령서를 발급받은 때
   나. 법 제102조제1항에 따라 100만 원 이상의 통고처분을 받거나 법 제102조제3항 또는 법 제105조제2항에 따라 고발당한 때
3. 법 제38조제1항제3호에 해당하는 사람: 법 제47조에 따라 조사를 받는 때
4. 법 제38조제1항제4호에 해당하는 사람: 법무부장관이 해당 외국인의 지문 및 얼굴에 관한 정보를 제공받을 필요가 있다고 인정하는 때

[전문개정 2010.8.13]

「외국인보호규칙」

제5조(지문과 얼굴에 관한 정보의 제공) 담당공무원은 법 제38조와 「출입국관리법 시행규칙」 제50조에 따라 보호할 외국인으로 하여금 그의 지문과 얼굴에 관한 정보를 제공하게 하며, 법무부장관이 정하는 보호외국인기록표를 작성하여야 한다.

[전문개정 2012.6.13]

제2절 사회통합 프로그램 〈신설 2012.1.26〉

제39조(사회통합 프로그램) ① 법무부장관은 대한민국 국적, 대한민국에

영주할 수 있는 체류자격 등을 취득하려는 외국인의 사회적응을 지원하기 위하여 교육, 정보 제공, 상담 등의 사회통합 프로그램(이하 "사회통합 프로그램"이라 한다)을 시행할 수 있다. ② 법무부장관은 사회통합 프로그램을 효과적으로 시행하기 위하여 필요한 전문인력 및 시설 등을 갖춘 기관, 법인 또는 단체를 사회통합 프로그램 운영기관으로 지정할 수 있다. ③ 법무부장관은 대통령령으로 정하는 바에 따라 사회통합 프로그램의 시행에 필요한 전문인력을 양성할 수 있다. ④ 국가와 지방자치단체는 다음 각 호의 경비의 전부 또는 일부를 예산의 범위에서 지원할 수 있다. 1. 제2항에 따라 지정된 운영기관의 업무 수행에 필요한 경비 2. 제3항에 따른 전문인력 양성에 필요한 경비 ⑤ 사회통합 프로그램의 내용 및 개발, 운영기관의 지정·관리 및 지정 취소, 그 밖에 사회통합 프로그램의 운영에 필요한 사항은 대통령령으로 정한다. [본조신설 2012.1.26]		
제40조(사회통합 프로그램 이수자에 대한 우대) 법무부장관은 사증 발급, 체류 관련 각종 허가 등을 할 때에 이 법 또는 관계 법령에서 정하는 바에 따라 사회통합 프로그램 이수자를 우대할 수 있다. [본조신설 2012.1.26]		
제41조 삭제 〈1999.2.5〉		
제42조 삭제 〈1999.2.5〉		
제43조 삭제 〈1999.2.5〉		
제44조 삭제 〈1999.2.5〉		
제45조 삭제 〈1999.2.5〉		
제6장 강제퇴거 등 〈개정 2010.5.14〉		

제1절 강제퇴거의 대상자 〈개정 2010. 5.14〉		
제46조(강제퇴거의 대상자) ① 사무소장·출장소장 또는 외국인보호소장은 이 장에 규정된 절차에 따라 다음 각 호의 어느 하나에 해당하는 외국인을 대한민국 밖으로 강제퇴거시킬 수 있다. 〈개정 2012.1.26〉 1. 제7조를 위반한 사람 2. 제7조의2를 위반한 외국인 또는 같은 조에 규정된 허위초청 등의 행위로 입국한 외국인 3. 제11조제1항 각 호의 어느 하나에 해당하는 입국금지 사유가 입국 후에 발견되거나 발생한 사람 4. 제12조제1항·제2항 또는 제12조의3을 위반한 사람 5. 제13조제2항에 따라 사무소장이나 출장소장이 붙인 허가조건을 위반한 사람 6. 제14조제1항, 제14조의2제1항, 제15조제1항, 제16조제1항 또는 제16조의2제1항에 따른 허가를 받지 아니하고 상륙한 사람 7. 제14조제3항(제14조의2제3항에 따라 준용되는 경우를 포함한다), 제15조제2항, 제16조제2항 또는 제16조의2제2항에 따라 사무소장·출장소장 또는 출입국관리공무원이 붙인 허가조건을 위반한 사람 8. 제17조제1항·제2항, 제18조, 제20조, 제23조, 제24조 또는 제25조를 위반한 사람 9. 제21조제1항 본문을 위반하여 허가를 받지 아니하고 근무처를 변경·추가하거나 같은 조 제2항을 위반하여 외국인을 고용·알선한 사람 10. 제22조에 따라 법무부장관이 정한 거소 또는 활동범위의 제한이나 그 밖의 준수사항을 위반한 사람 11. 제28조제1항 및 제2항을 위반하		제54조(영주자격을 가진 자의 강제퇴거) 법 제46조제2항제2호에서 "법무부령이 정하는 자"라 함은 다음 각 호의 1에 해당하는 자로서 법무부장관이 강제퇴거함이 상당하다고 인정하는 자를 말한다. 〈개정 2005.7.8〉 1. 「형법」 제2편제24장 살인의 죄, 제32장 강간과 추행의 죄 또는 제38장 절도와 강도의 죄중 강도의 죄를 범한 자 2. 「성폭력범죄의 처벌 및 피해자보호 등에 관한 법률」 위반의 죄를 범한 자 3. 「마약류관리에 관한 법률」 위반의 죄를 범한 자 4. 「특정범죄 가중처벌 등에 관한 법률」 제5조의2·제5조의4·제5조의5·제5조의9 또는 제11조 위반의 죄를 범한 자 5. 「국가보안법」 위반의 죄를 범한 자 6. 「폭력행위 등 처벌에 관한 법률」 제4조 위반의 죄를 범한 자 7. 「보건범죄단속에 관한 특별조치법」 위반의 죄를 범한 자 [본조신설 2003.9.24] 제54조의2(강제퇴거의 대상자) 법 제46조제1항제14호에서 "법무부령으로 정하는 사람"이란 다음 각 호의 어느 하나에 해당하는 사람으로서 사무소장·출장소장 또는 외국인보호소장이 강제퇴거함이 상당하다고 인정하는 사람을 말한다. 〈개정 2010.11.16〉 1. 제54조 각 호의 어느 하나에 해당하는 죄를 범한 사람 2. 「배타적 경제수역에서의 외국인어업 등에 대한 주권적 권리의 행사에 관한 법률」을 위반한 사람 3. 「영해 및 접속수역법」을 위반한 사람 [본조신설 2005.7.8] [종전 제54조의2는 제54조3의3으로 이동 〈2005.7.8〉]

여 출국하려고 한 사람 12. 제31조에 따른 외국인등록 의무를 위반한 사람 13. 금고 이상의 형을 선고받고 석방된 사람 14. 그 밖에 제1호부터 제13호까지의 규정에 준하는 사람으로서 법무부령으로 정하는 사람 ② 제10조제1항에 따른 체류자격 중 대한민국에 영주할 수 있는 체류자격을 가진 사람은 제1항에도 불구하고 대한민국 밖으로 강제퇴거되지 아니한다. 다만, 다음 각 호의 어느 하나에 해당하는 사람은 그러하지 아니하다. 1. 「형법」 제2편제1장 내란의 죄 또는 제2장 외환의 죄를 범한 사람 2. 5년 이상의 징역 또는 금고의 형을 선고받고 석방된 사람 중 법무부령으로 정하는 사람 3. 제12조의3제1항 또는 제2항을 위반하거나 이를 교사(敎唆) 또는 방조(幫助)한 사람 [전문개정 2010.5.14]		
제2절 조사 〈개정 2010.5.14〉		
제47조(조사) 출입국관리공무원은 제46조제1항 각 호의 어느 하나에 해당된다고 의심되는 외국인(이하 "용의자"라 한다)에 대하여는 그 사실을 조사할 수 있다. [전문개정 2010.5.14]	제57조(인지보고) 출입국관리공무원은 법 제47조에 따른 조사에 착수할 때에는 용의사실 인지보고서를 작성하여 사무소장·출장소장 또는 외국인보호소의 장(이하 "보호소장"이라 한다)에게 제출하여야 한다. [전문개정 2011.11.1] 제61조(검사 및 서류 등의 제출요구) 출입국관리공무원은 법 제47조에 따라 용의자를 조사할 때 용의자가 용의사실을 부인하거나 용의자가 제출한 서류만으로는 용의사실을 증명하기에 충분하지 아니하다고 인정되는 경우에는 그 용의자와 관련 있는 제3자의 주거 또는 물건을 검사하거나 서류 또는 물건을 제출하게 할 수 있다. 이 경우 미리 그 제3자의 동의를 받아야 한다.	제54조의3(사건부의 등재 등) ① 출입국관리공무원은 영 제57조의 규정에 의한 용의사실인지보고서 또는 영 제104조제3항의 규정에 의한 출입국사범심사결정통고서를 작성하는 때에는 사건부에 소정의 사항을 기재하고 용의사실인지보고서 또는 출입국사범심사결정통고서에 사건번호를 기재하여야 한다. ② 사건번호는 사건마다 접수연도와 접수순서에 따라 연도표시 일련번호로 표시한다. [본조신설 1995.12.1] [제54조의2에서 이동 〈2005.7.8〉] 제57조(제출물의 보관 및 반환절차) ① 출입국관리공무원은 법 제50조 및 영 제61조의 규정에 의하여 서류 또는 물건을 제출받은 때에는 이를 제

		출물보관대장에 기재하여야 한다.
	[전문개정 2011.11.1]	② 출입국관리공무원은 제1항의 제출물을 보관할 필요가 없다고 인정하는 때에는 지체없이 이를 제출인에게 반환하여야 한다.
		③ 출입국관리공무원은 제2항의 규정에 의하여 제출물을 반환하는 때에는 그 반환사실을 제출물보관대장에 기재하고 수령인의 서명을 받아야 한다. 이 경우 제56조의 규정에 의하여 제출물목록 부본을 교부한 사실이 있는 때에는 이를 회수하여 그 정본과 함께 보관하여야 한다.
제48조(용의자에 대한 출석요구 및 신문) ① 출입국관리공무원은 제47조에 따른 조사에 필요하면 용의자의 출석을 요구하여 신문(訊問)할 수 있다. ② 출입국관리공무원이 제1항에 따라 신문을 할 때에는 다른 출입국관리공무원을 참여하게 하여야 한다. ③ 제1항에 따른 신문을 할 때에는 용의자가 한 진술은 조서(調書)에 적어야 한다. ④ 출입국관리공무원은 제3항에 따른 조서를 용의자에게 읽어 주거나 열람하게 한 후 오기(誤記)가 있고 없음을 물어야 하고, 용의자가 그 내용에 대한 추가·삭제 또는 변경을 청구하면 그 진술을 조서에 적어야 한다. ⑤ 조서에는 용의자로 하여금 간인(間印)한 후 서명 또는 기명날인(記名捺印)하게 하고, 용의자가 서명 또는 기명날인할 수 없거나 이를 거부할 때에는 그 사실을 조서에 적어야 한다. ⑥ 국어가 통하지 아니하는 사람이나 청각장애인 또는 언어장애인의 진술은 통역인에게 통역하게 하여야 한다. 다만, 청각장애인이나 언어장애인에게는 문자로 묻거나 진술하게 할 수 있다.	제58조(출석요구) ① 출입국관리공무원은 법 제48조제1항 또는 제49조제1항에 따라 용의자 또는 참고인의 출석을 요구할 때에는 출석요구의 취지, 출석일시 및 장소 등을 적은 출석요구서를 발급하고 그 발급사실을 출석요구서 발급대장에 적어야 한다. ② 출입국관리공무원은 긴급한 경우에는 제1항에 따른 출석요구를 구두로 할 수 있다. [전문개정 2011.11.1] 제59조(신문조서) ① 법 제48조제3항에 따른 용의자신문조서에는 다음 각 호의 사항을 적어야 한다. 1. 국적·성명·성별·생년월일·주소 및 직업 2. 출입국 및 체류에 관한 사항 3. 용의사실의 내용 4. 그 밖에 범죄경력 등 필요한 사항 ② 출입국관리공무원은 법 제48조제6항 또는 제7항에 따라 통역이나 번역을 하게 한 때에는 통역하거나 번역한 사람으로 하여금 조서에 간인(間印)한 후 서명 또는 기명날인하게 하여야 한다. [전문개정 2011.11.1]	제55조(출석요구의 승인) 출입국관리공무원은 영 제58조의 규정에 의하여 용의자 또는 참고인의 출석을 요구하고자 할 때에는 미리 사무소장·출장소장 또는 보호소장의 승인을 얻어야 한다. 다만, 긴급한 사유로 인하여 승인을 얻지 아니하고 출석을 요구할 때에는 사후에 지체없이 이를 보고하여 승인을 얻어야 한다.

⑦ 용의자의 진술 중 국어가 아닌 문자나 부호가 있으면 이를 번역하게 하여야 한다. [전문개정 2010.5.14]		
제49조(참고인에 대한 출석요구 및 진술) ① 출입국관리공무원은 제47조에 따른 조사에 필요하면 참고인에게 출석을 요구하여 그의 진술을 들을 수 있다. ② 참고인의 진술에 관하여는 제48조제2항부터 제7항까지의 규정을 준용한다. [전문개정 2010.5.14]	제60조(참고인 진술조서) ① 법 제49조에 따른 참고인 진술조서의 통역 또는 번역에 관하여는 제59조제2항을 준용한다. ② 출입국관리공무원은 진술내용이 복잡하거나 참고인이 원하는 경우에는 서면으로 진술하게 할 수 있다. [전문개정 2011.11.1]	
제50조(검사 및 서류 등의 제출요구) 출입국관리공무원은 제47조에 따른 조사에 필요하면 용의자의 동의를 받아 그의 주거 또는 물건을 검사하거나 서류 또는 물건을 제출하도록 요구할 수 있다. [전문개정 2010.5.14]	제61조(검사 및 서류 등의 제출요구) 출입국관리공무원은 법 제47조에 따라 용의자를 조사할 때 용의자가 용의사실을 부인하거나 용의자가 제출한 서류만으로는 용의사실을 증명하기에 충분하지 아니하다고 인정되는 경우에는 그 용의자와 관련 있는 제3자의 주거 또는 물건을 검사하거나 서류 또는 물건을 제출하게 할 수 있다. 이 경우 미리 그 제3자의 동의를 받아야 한다. [전문개정 2011.11.1] 제62조(제출물조서 등) ① 출입국관리공무원은 법 제50조 및 이 영 제61조에 따라 서류 또는 물건을 제출받은 때에는 제출경위 등을 적은 제출물조서와 제출한 물건 등의 특징과 수량을 적은 제출물목록을 작성하여야 한다. ② 제1항에 따른 제출물조서 및 제출물목록의 작성은 제59조제1항에 따른 신문조서 또는 제60조에 따른 진술조서에 제출물에 관한 사항을 적는 것으로 갈음할 수 있다. [전문개정 2011.11.1]	제57조(제출물의 보관 및 반환절차) ① 출입국관리공무원은 법 제50조 및 영 제61조의 규정에 의하여 서류 또는 물건을 제출받은 때에는 이를 제출물보관대장에 기재하여야 한다. ② 출입국관리공무원은 제1항의 제출물을 보관할 필요가 없다고 인정하는 때에는 지체없이 이를 제출인에게 반환하여야 한다. ③ 출입국관리공무원은 제2항의 규정에 의하여 제출물을 반환하는 때에는 그 반환사실을 제출물보관대장에 기재하고 수령인의 서명을 받아야 한다. 이 경우 제56조의 규정에 의하여 제출물목록 부본을 교부한 사실이 있는 때에는 이를 회수하여 그 정본과 함께 보관하여야 한다. 제56조(제출물목록의 교부) 출입국관리공무원은 영 제62조제1항의 규정에 의하여 제출물목록을 작성한 때에는 제출물목록 부본 1부를 제출인에게 교부하여야 한다.
제3절 심사결정을 위한 보호 〈개정 2010.5.14〉		
제51조(보호) ① 출입국관리공무원은 외국인이 제46조제1항 각 호의 어느	제63조(보호명령서) ① 출입국관리공무원은 법 제51조제2항에 따라 보호명	제58조(보호명령서 등 발부대장) ① 사무소장·출장소장 또는 보호소장은

하나에 해당된다고 의심할 만한 상당한 이유가 있고 도주하거나 도주할 염려가 있으면 사무소장·출장소장 또는 외국인보호소장으로부터 보호명령서를 발급받아 그 외국인을 보호할 수 있다.

② 제1항에 따른 보호명령서의 발급을 신청할 때에는 보호의 필요성을 인정할 수 있는 자료를 첨부하여 제출하여야 한다.

③ 출입국관리공무원은 외국인이 제46조제1항 각 호의 어느 하나에 해당된다고 의심할 만한 상당한 이유가 있고 도주하거나 도주할 염려가 있는 긴급한 경우에 사무소장·출장소장 또는 외국인보호소장으로부터 보호명령서를 발급받을 여유가 없을 때에는 그 사유를 알리고 긴급히 보호할 수 있다.

④ 출입국관리공무원은 제3항에 따라 외국인을 긴급히 보호하면 즉시 긴급보호서를 작성하여 그 외국인에게 내보여야 한다.

⑤ 출입국관리공무원은 제3항에 따라 외국인을 보호한 경우에는 48시간 이내에 보호명령서를 발급받아 외국인에게 내보여야 하며, 보호명령서를 발급받지 못한 경우에는 즉시 보호를 해제하여야 한다.
[전문개정 2010.5.14]

령서의 발급을 신청할 때에는 보호의 사유를 적은 보호명령서 발급신청서에 조사자료 등을 첨부하여 사무소장·출장소장 또는 보호소장에게 제출하여야 한다.

② 출입국관리공무원은 사무소장·출장소장 또는 보호소장이 제1항에 따른 신청에 대하여 보호명령 결정을 한 때에는 사무소장·출장소장 또는 보호소장으로부터 보호의 사유, 보호장소 및 보호기간 등을 적은 보호명령서를 발급받아 용의자에게 보여 주어야 한다.
[전문개정 2011.11.1]

제64조(보호의 의뢰 등) ① 출입국관리공무원은 법 제51조제1항에 따라 보호명령서가 발급된 외국인이나 법 제63조제1항에 따라 강제퇴거명령서가 발급된 외국인을 외국인보호실, 외국인보호소 또는 그 밖에 법무부장관이 지정하는 장소(이하 "보호시설"이라 한다)에 보호하려면 소속 사무소장·출장소장 또는 보호소장으로부터 보호의뢰의 사유 및 근거를 적은 보호의뢰서를 발급받아 이를 보호의뢰를 받는 보호시설의 장에게 보내야 한다.

② 출입국관리공무원은 제1항에 따라 보호의뢰한 외국인이 다음 각 호의 어느 하나에 해당하는 사유가 있으면 다른 보호시설로 보호장소를 변경할 수 있다.
1. 법에 따른 외국인에 대한 조사
2. 출국집행
3. 보호시설 내 안전 및 질서유지
4. 외국인에 대한 의료제공 등 필요한 처우

③ 출입국관리공무원은 제2항에 따라 보호장소를 변경하려면 소속 사무소장·출장소장 또는 보호소장으로부터 보호장소의 변경 사유 등을 적은 보호장소 변경 의뢰서를 발급받아 그 외국인을

법 제51조제1항의 규정에 의하여 보호명령서를 발부하는 때에는 보호명령서 발부대장에 이를 기재하여야 한다.

② 출입국관리공무원은 다음 각 호의 1에 해당하는 조치를 한 때에는 보호명령서발부대장에 그 사실을 기재하여야 한다. 〈개정 1997.7.1, 2002.4.27〉
1. 영 제65조의 규정에 의하여 보호기간을 연장한 때
2. 영 제68조의 규정에 의하여 보호통지서를 송부한 때
2의2. 법 제54조 단서의 규정에 의하여 보호통지서를 송부하지 아니한 때
3. 제60조의 규정에 의하여 보호사항변경통지서를 송부한 때
4. 보호를 해제(보호의 일시해제의 경우를 포함한다)한 때

③ 출입국관리공무원은 법 제51조제4항에 따라 긴급보호서를 발부하는 때에는 긴급보호서발부대장에 이를 기재하여야 한다. 〈개정 2010.11.16〉

「외국인보호규칙」

제1조(목적) 이 규칙은 「출입국관리법」 제51조부터 제56조까지, 제56조의2부터 제56조의9까지 및 제57조에 따른 외국인 보호에 필요한 사항을 규정함을 목적으로 한다.
[전문개정 2012.6.13]

	보호하고 있는 보호시설의 장과 변경되는 보호시설의 장에게 각각 보내야 한다. ④ 출입국관리공무원은 법 제51조제4항에 따라 긴급보호서를 작성할 때에는 긴급보호의 사유, 보호장소 및 보호시간 등을 적어야 한다. [전문개정 2011.11.1]	
제52조(보호기간 및 보호장소) ① 제51조에 따라 보호된 외국인의 강제퇴거 대상자 여부를 심사·결정하기 위한 보호기간은 10일 이내로 한다. 다만, 부득이한 사유가 있으면 사무소장·출장소장 또는 외국인보호소장의 허가를 받아 10일을 초과하지 아니하는 범위에서 한 차례만 연장할 수 있다. ② 보호할 수 있는 장소는 외국인보호실, 외국인보호소 또는 그 밖에 법무부장관이 지정하는 장소(이하 "보호시설"이라 한다)로 한다. [전문개정 2010.5.14]	제65조(보호기간의 연장) ① 출입국관리공무원은 법 제52조제1항 단서에 따라 보호기간을 연장하려면 사무소장·출장소장 또는 보호소장으로부터 연장기간, 연장 사유 및 적용 법조문 등을 적은 보호기간 연장허가서를 발급받아야 한다. ② 출입국관리공무원은 제1항의 보호기간 연장허가서가 발급된 용의자가 보호시설에 보호되어 있는 때에는 사무소장·출장소장 또는 보호소장으로부터 연장기간 및 연장 사유 등을 적은 보호기간 연장허가서 부본(副本)을 발급받아 그 외국인을 보호하고 있는 보호시설의 장에게 보내야 한다. ③ 출입국관리공무원은 사무소장·출장소장 또는 보호소장이 제1항에 따른 보호기간 연장을 허가하지 아니한 때에는 지체 없이 보호를 해제하여야 한다. 이 경우 용의자가 보호시설에 보호되어 있을 때에는 사무소장·출장소장 또는 보호소장으로부터 보호해제 사유 등을 적은 보호해제 의뢰서를 발급받아 그 외국인을 보호하고 있는 보호시설의 장에게 보내야 한다. [전문개정 2011.11.1]	제58조(보호명령서 등 발부대장) ① 사무소장·출장소장 또는 보호소장은 법 제51조제1항의 규정에 의하여 보호명령서를 발부하는 때에는 보호명령서 발부대장에 이를 기재하여야 한다. ② 출입국관리공무원은 다음 각 호의 1에 해당하는 조치를 한 때에는 보호명령서발부대장에 그 사실을 기재하여야 한다. 〈개정 1997.7.1, 2002.4.27〉 1. 영 제65조의 규정에 의하여 보호기간을 연장한 때 2. 영 제68조의 규정에 의하여 보호통지서를 송부한 때 2의2. 법 제54조 단서의 규정에 의하여 보호통지서를 송부하지 아니한 때 3. 제60조의 규정에 의하여 보호사항변경통지서를 송부한 때 4. 보호를 해제(보호의 일시해제의 경우를 포함한다)한 때 ③ 출입국관리공무원은 법 제51조제4항에 따라 긴급보호서를 발부하는 때에는 긴급보호서발부대장에 이를 기재하여야 한다. 〈개정 2010.11.16〉 제60조(보호사항변경통지서의 송부) 출입국관리공무원은 법 제54조의 규정에 의하여 보호통지를 한 후 보호장소를 변경하거나 영 제65조제1항의 규정에 의하여 보호기간을 연장한 때에는 법 제54조에 규정된 자에게 보호사항 변경통지서를 송부하여야 한다. 제59조(보호장소의 지정) 법 제52조제2

		항에서 "그 밖에 법무부장관이 지정하는 장소"란 구치소·교도소 그밖에 법무부장관이 따로 지정하는 장소를 말한다. 〈개정 2010.11.16〉 「외국인보호규칙」 제2조(정의) 이 규칙에서 사용하는 용어의 뜻은 다음과 같다. 1. "보호시설"이란 「출입국관리법」(이하 "법"이라 한다) 제52조제2항에 규정된 외국인보호소·외국인보호실 또는 그 밖에 법무부장관이 지정하는 장소를 말한다. 2. "보호외국인"이란 보호시설에 보호되어 있는 외국인을 말한다. 3. "소장"이란 출입국관리사무소장·출장소장 또는 외국인보호소장을 말한다. [전문개정 2012.6.13]
제53조(보호명령서의 집행) 출입국관리공무원이 보호명령서를 집행할 때에는 용의자에게 보호명령서를 내보여야 한다. [전문개정 2010.5.14]		
제54조(보호의 통지) ① 출입국관리공무원은 용의자를 보호한 때에는 국내에 있는 그의 법정대리인·배우자·직계친족·형제자매·가족·변호인 또는 용의자가 지정하는 사람(이하 "법정대리인등"이라 한다)에게 3일 이내에 보호의 일시·장소 및 이유를 서면으로 통지하여야 한다. 다만, 법정대리인등이 없는 때에는 그 사유를 서면에 적고 통지하지 아니할 수 있다. ② 출입국관리공무원은 제1항에 따른 통지 외에 보호된 사람이 원하는 경우에는 긴급한 사정이나 그 밖의 부득이한 사유가 없으면 국내에 주재하는 그의 국적이나 시민권이 속하는 국가의 영사에게 보호의 일시·장소 및 이유를 통지하여야 한다. [전문개정 2010.5.14]	제68조(보호의 통지) 법 제54조에 따른 보호의 통지는 보호의 사유·일시 및 장소와 이의신청을 할 수 있다는 뜻을 적은 보호통지서로 하여야 한다. [전문개정 2011.11.1]	제60조(보호사항변경통지서의 송부) 출입국관리공무원은 법 제54조의 규정에 의하여 보호통지를 한 후 보호장소를 변경하거나 영 제65조제1항의 규정에 의하여 보호기간을 연장한 때에는 법 제54조에 규정된 자에게 보호사항 변경통지서를 송부하여야 한다.

제55조(보호에 대한 이의신청) ① 보호 명령서에 따라 보호된 사람이나 그의 법정대리인등은 사무소장·출장소장 또는 외국인보호소장을 거쳐 법무부장관에게 보호에 대한 이의신청을 할 수 있다. ② 법무부장관은 제1항에 따른 이의신청을 받은 경우 지체 없이 관계 서류를 심사하여 그 신청이 이유 없다고 인정되면 결정으로 기각하고, 이유 있다고 인정되면 결정으로 보호된 사람의 보호해제를 명하여야 한다. ③ 법무부장관은 제2항에 따른 결정에 앞서 필요하면 관계인의 진술을 들을 수 있다. [전문개정 2010.5.14]	제69조(보호에 대한 이의신청) ① 법 제55조제1항에 따라 이의신청을 하려는 사람은 이의신청서에 이의의 사유를 소명하는 자료를 첨부하여 사무소장·출장소장 또는 보호소장에게 제출하여야 한다. ② 사무소장·출장소장 또는 보호소장은 제1항에 따라 이의신청서를 제출받은 때에는 의견을 붙여 지체 없이 법무부장관에게 보내야 한다. [전문개정 2011.11.1] 제70조(이의신청에 대한 결정) ① 법무부장관은 법 제55조제2항에 따라 이의신청에 대한 결정을 한 때에는 주문(主文)·이유 및 적용 법조문 등을 적은 이의신청에 대한 결정서를 작성하여 사무소장·출장소장 또는 보호소장을 거쳐 신청인에게 보내야 한다. ② 사무소장·출장소장 또는 보호소장은 제1항의 경우에 법무부장관의 보호해제 결정이 있으면 지체 없이 보호를 해제하여야 한다. 이 경우 용의자가 보호시설에 보호되어 있을 때에는 보호해제 의뢰서를 보호시설의 장에게 보내야 한다. [전문개정 2011.11.1]	
제56조(외국인의 일시보호) ① 출입국관리공무원은 다음 각 호의 어느 하나에 해당하는 외국인을 48시간을 초과하지 아니하는 범위에서 외국인보호실에 일시보호할 수 있다. 1. 제12조제4항에 따라 입국이 허가되지 아니한 사람 2. 제13조제1항에 따라 조건부 입국허가를 받은 사람으로서 도주하거나 도주할 염려가 있다고 인정할 만한 상당한 이유가 있는 사람 3. 제68조제1항에 따라 출국명령을 받은 사람으로서 도주하거나 도주할 염려가 있다고 인정할 만한 상당한 이유가 있는 사람	제71조(외국인의 일시보호) ① 출입국관리공무원은 법 제56조제1항에 따라 외국인을 일시보호할 때에는 사무소장 또는 출장소장으로부터 일시보호명령서를 발급받아 그 외국인에게 보여 주어야 한다. ② 제1항에 따른 일시보호명령서에는 일시보호의 사유, 보호장소 및 보호시간 등을 적어야 한다. ③ 출입국관리공무원은 법 제56조제2항에 따라 일시보호기간을 연장할 때에는 사무소장 또는 출장소장으로부터 연장기간, 연장 사유 및 적용 법조문 등을 적은 일시보호기간 연장허가서를 발급받아	제61조(일시보호명령서발부대장) 사무소장 또는 출장소장은 영 제71조제1항의 규정에 의하여 일시보호명령서를 발부하거나 영 제71조제3항의 규정에 의하여 일시보호기간 연장허가서를 발부하는 때에는 이를 일시보호명령서발부대장에 기재하여야 한다. 〈개정 1997.7.1〉

② 출입국관리공무원은 제1항에 따라 일시보호한 외국인을 출국교통편의 미확보, 질병, 그 밖의 부득이한 사유로 48시간 내에 송환할 수 없는 경우에는 사무소장이나 출장소장의 허가를 받아 48시간을 초과하지 아니하는 범위에서 한 차례만 보호기간을 연장할 수 있다. [전문개정 2010.5.14]	그 외국인에게 보여 주어야 한다. [전문개정 2011.11.1]	
제56조의2(피보호자의 긴급이송 등) ① 사무소장·출장소장 또는 외국인보호소장은 천재지변이나 화재, 그 밖의 사변으로 인하여 보호시설에서는 피난할 방법이 없다고 인정되면 보호시설에 보호되어 있는 사람(이하 "피보호자"라 한다)을 다른 장소로 이송할 수 있다. ② 사무소장·출장소장 또는 외국인보호소장은 제1항에 따른 이송이 불가능하다고 판단되면 외국인의 보호조치를 해제할 수 있다. [전문개정 2010.5.14]		「외국인보호규칙」 제32조(생활규칙) ① 소장은 법 제56조의2부터 제56조의9까지와 제57조의 범위에서 보호시설의 안전과 질서유지, 그 밖에 보호외국인의 공동생활에 필요한 생활규칙을 정할 수 있다. ② 보호외국인은 제1항의 생활규칙에 따라 생활하여야 하고, 다른 보호외국인의 생활이나 공동생활의 질서를 침해하여서는 아니 된다. ③ 보호외국인은 보호시설 안의 지정된 장소를 허가 없이 벗어나서는 아니 된다. ④ 보호외국인은 자신 또는 다른 보호외국인의 생명이나 건강에 위험한 사태가 발생하였을 때에는 지체 없이 담당공무원에게 알려야 한다. ⑤ 보호외국인은 자신이 사용하고 있는 방이나 휴게실 등을 청소·정돈하여 청결한 환경을 유지하여야 한다. [전문개정 2012.6.13]
제56조의3(피보호자 인권의 존중 등) 피보호자의 인권은 최대한 존중하여야 하며, 국적, 성별, 종교, 사회적 신분 등을 이유로 피보호자를 차별하여서는 아니 된다. [전문개정 2010.5.14]		
제56조의4(강제력의 행사) ① 출입국관리공무원은 피보호자가 다음 각 호의 어느 하나에 해당하면 그 피보		「외국인보호규칙」 제41조(응급환자에 대한 조치) ① 의약품의 투약은 보호외국인의 동의를

자에게 강제력을 행사할 수 있고, 다른 피보호자와 격리하여 보호할 수 있다. 이 경우 피보호자의 생명과 신체의 안전, 도주의 방지, 시설의 보안 및 질서유지를 위하여 필요한 최소한도에 그쳐야 한다.

1. 자살 또는 자해행위를 하려는 경우
2. 다른 사람에게 위해를 끼치거나 끼치려는 경우
3. 도주하거나 도주하려는 경우
4. 출입국관리공무원의 직무집행을 정당한 사유 없이 거부 또는 기피하거나 방해하는 경우
5. 제1호부터 제4호까지에서 규정한 경우 외에 보호시설 및 피보호자의 안전과 질서를 현저히 해치는 행위를 하거나 하려는 경우

② 제1항에 따라 강제력을 행사할 때에는 신체적인 유형력(有形力)을 행사하거나 경찰봉, 가스분사용총, 전자충격기 등 법무부장관이 지정하는 보안장비만을 사용할 수 있다.

③ 제1항에 따른 강제력을 행사하려면 사전에 해당 피보호자에게 경고하여야 한다. 다만, 긴급한 상황으로 사전에 경고할 만한 시간적 여유가 없을 때에는 그러하지 아니하다.

④ 출입국관리공무원은 제1항 각 호의 어느 하나에 해당하거나 보호시설의 질서유지 또는 강제퇴거를 위한 호송 등을 위하여 필요한 경우에는 다음 각 호의 보호장비를 사용할 수 있다.

1. 수갑
2. 포승
3. 머리보호장비
4. 제1호부터 제3호까지에서 규정한 사항 외에 보호시설의 질서유지 또는 강제퇴거를 위한 호송 등을 위하여 특별히 필요하다고 인정되는 보호장비로서 법무부령으로 정하는 것

받아야 할 수 있다. 다만, 소장은 의사가 「응급의료에 관한 법률」에 따라 보호외국인이 의사결정능력이 없거나 보호외국인의 생명이 위험하거나 심신에 중대한 장애를 줄 수 있다고 진단하였을 때에는 의사나 간호사로 하여금 보호외국인의 동의 없이 의약품을 투약하도록 할 수 있다.

② 소장은 자살, 자해, 장기간 단식 등으로 인하여 보호외국인의 생명이 위험하거나 심신에 중대한 장애를 줄 우려가 있어 치료가 불가피하다는 의사의 진단에도 불구하고 보호외국인이 치료를 거부할 때에는 보호외국인 스스로 치료에 협조하도록 설득하여야 한다.

③ 소장은 제2항에도 불구하고 보호외국인이 치료를 계속 거부할 때에는 법 제56조의4제1항에 따라 담당공무원으로 하여금 강제력을 행사하여 의사나 간호사의 투약을 지원하게 하고, 부득이한 경우 법 제56조의4제4항에 따라 보호장비를 사용하게 할 수 있다.

[전문개정 2012.6.13]
「외국인보호규칙」
제42조(강제력의 행사) 법 제56조의4제1항에 따른 강제력은 소장의 명령 없이는 행사하지 못한다. 다만, 긴급할 때에는 이를 행사한 후 지체 없이 소장에게 보고하여야 한다.

[전문개정 2012.6.13]
「외국인보호규칙」
제43조(보호장비의 사용) ① 법 제56조의4제4항에 규정된 보호장비는 소장의 명령 없이는 사용하지 못한다. 다만, 긴급할 때에는 이를 사용한 후 지체 없이 소장에게 보고하여야 한다.

② 보호장비는 징계목적으로 사용할 수 없으며, 포승(捕繩)과 수갑은 자살·자해·도주 또는 폭행의 우려가 있는 보호외국인에게 사

⑤ 제4항에 따른 보호장비의 사용 요건 및 절차 등에 관하여 필요한 사항은 법무부령으로 정한다.
[전문개정 2010.5.14]

용하고, 머리보호장비는 제지에 불응하여 고성을 지르거나 자해의 우려가 있는 보호외국인에게 사용한다.

③ 보호장비를 채워 둔 보호외국인에 대해서는 2시간마다 한 번씩 움직임을 살피고, 머리보호장비를 채운 보호외국인은 줄곧 살펴보아야 한다.

④ 소장은 제2항에 따라 보호장비를 사용한 후 그 요건이 종료되었을 때에는 담당공무원으로 하여금 보호장비를 즉시 해제하도록 지시하여야 한다.
[전문개정 2012.6.13]

제56조의5(신체 등의 검사) ① 출입국관리공무원은 보호시설의 안전과 질서유지를 위하여 필요하면 피보호자의 신체·의류 및 휴대품을 검사할 수 있다.

② 피보호자가 여성이면 제1항에 따른 검사는 여성 출입국관리공무원이 하여야 한다. 다만, 여성 출입국관리공무원이 없는 경우에는 사무소장·출장소장 또는 외국인보호소장이 지명하는 여성이 할 수 있다.
[전문개정 2010.5.14]

「외국인보호규칙」
제6조(신체와 소지품 검사) ① 담당공무원은 법 제56조의5제1항에 따라 보호외국인에 대하여 신체검사를 하는 경우 다음 각 호의 사항을 관찰하거나 질문을 통하여 검사한 후 그 검사결과를 보호외국인기록표에 기록하여야 한다.
1. 키와 몸무게
2. 신체의 특징
3. 상처와 그 흔적
4. 질병 유무
5. 그 밖의 신체 이상 유무

② 담당공무원은 제1항에 따라 검사를 마친 보호외국인에게 보호외국인용 제복을 입게 하고, 그의 의류와 소지품을 검사하여 보호시설의 안전이나 질서유지를 해치거나 보호외국인의 안전과 건강 또는 위생을 해칠 수 있는 물건이 있는지 확인하여야 한다. 다만, 소장은 임신하거나 부상을 입은 경우 등 부득이하다고 인정하는 경우에는 소지품검사를 마친 후 보호외국인 본인의 옷을 입게 할 수 있다.
[전문개정 2012.6.13]

제56조의6(면회 등) ① 피보호자는 다

른 사람과 면회, 서신수수 및 전화통화(이하 "면회 등"이라 한다)를 할 수 있다. ② 사무소장·출장소장 또는 외국인보호소장은 보호시설의 안전이나 질서, 피보호자의 안전·건강·위생을 위하여 부득이하다고 인정되는 경우에는 면회 등을 제한할 수 있다. ③ 면회 등의 절차 및 그 제한 등에 관한 구체적인 사항은 법무부령으로 정한다. [전문개정 2010.5.14]		
제56조의7(영상정보 처리기기 등을 통한 안전대책) ① 사무소장·출장소장 또는 외국인보호소장은 피보호자의 자살·자해·도주·폭행·손괴나 그 밖에 다른 피보호자의 생명·신체를 해치거나 보호시설의 안전 또는 질서를 해치는 행위를 방지하기 위하여 필요한 범위에서 영상정보 처리기기 등 필요한 시설을 설치할 수 있다. ② 제1항에 따라 설치된 영상정보 처리기기는 피보호자의 인권 등을 고려하여 필요한 최소한의 범위에서 설치·운영되어야 한다. ③ 영상정보 처리기기 등의 설치·운영 및 녹화기록물의 관리 등에 필요한 사항은 법무부령으로 정한다. [전문개정 2010.5.14]		
제56조의8(청원) ① 피보호자는 보호시설에서의 처우에 대하여 불복하는 경우에는 법무부장관이나 사무소장·출장소장 또는 외국인보호소장에게 청원(請願)할 수 있다. ② 청원은 서면으로 작성하여 봉(封)한 후 제출하여야 한다. 다만, 사무소장·출장소장 또는 외국인보호소장에게 청원하는 경우에는 말로 할 수 있다. ③ 피보호자는 청원을 하였다는 이유로 불리한 처우를 받지 아니한다.		「외국인보호규칙」 제29조(청원) ① 보호외국인이 법 제56조의8제2항에 따라 법무부장관에게 청원을 할 때에는 법무부장관이 정하는 청원서에 따른다. ② 소장은 보호외국인이 법 제56조의8제2항에 따라 청원하는 때에는 그 요지를 법무부장관이 정하는 청원처리부에 기록하여야 한다. ③ 청원서는 보호외국인이 스스로 작성하여야 한다. 다만, 문맹이나 신체적 결함 등 부득이한 사

④ 청원의 절차 등에 관하여 필요한 사항은 법무부령으로 정한다. [본조신설 2010.5.14]		유로 보호외국인이 스스로 작성하기 어려운 경우에는 담당공무원의 허가를 받아 다른 보호외국인이 대신 작성하되, 그 사실을 청원서에 기록하여야 한다. ④ 소장은 법무부장관에 대한 청원서는 열람하지 말고, 지체 없이 법무부장관에게 보내야 한다. ⑤ 소장은 필요한 경우 청원인을 직접 면담할 수 있다. ⑥ 청원에 대한 처리결과는 청원처리부에 기록하고, 그 내용을 지체 없이 청원인에게 알려주어야 한다. [전문개정 2012.6.13] 「외국인보호규칙」 제30조(고충상담) ① 소장은 법 제56조의8제1항에서 규정하고 있는 청원사유가 아닌 보호외국인의 고충사항에 대해서는 법무부장관이 정하는 외국인 고충상담에 관한 구체적 사항과 절차에 따라 처리할 수 있다. ② 소장은 제1항에 따른 업무를 수행하기 위하여 소속 공무원 중에서 고충상담관을 지정하여야 한다. [전문개정 2012.6.13]
제56조의9(이의신청 절차 등의 게시) 사무소장·출장소장 또는 외국인보호소장은 제55조에 따른 보호에 대한 이의신청, 제56조의6에 따른 면회 등 및 제56조의8에 따른 청원에 관한 절차를 보호시설 안의 잘 보이는 곳에 게시하여야 한다. [본조신설 2010.5.14]		
제57조(피보호자의 급양 및 관리 등) 제56조의2부터 제56조의9까지에서 규정한 사항 외에 보호시설에서의 피보호자에 대한 급양(給養)이나 관리 및 처우, 보호시설의 경비(警備)에 관한 사항과 그 밖에 필요한 사항은 법무부령으로 정한다. [전문개정 2010.5.14]		
제4절 심사 및 이의신청 〈개정 2010.		

5.14〉		
제58조(심사결정) 사무소장·출장소장 또는 외국인보호소장은 출입국관리공무원이 용의자에 대한 조사를 마치면 지체 없이 용의자가 제46조제1항 각 호의 어느 하나에 해당하는지를 심사하여 결정하여야 한다. [전문개정 2010.5.14]	제72조(심사결정서) 사무소장·출장소장 또는 보호소장은 법 제58조에 따라 심사결정을 한 때에는 주문·이유 및 적용 법조문 등을 분명히 밝힌 심사결정서를 작성하여야 한다. [전문개정 2011.11.1]	
제59조(심사 후의 절차) ① 사무소장·출장소장 또는 외국인보호소장은 심사 결과 용의자가 제46조제1항 각 호의 어느 하나에 해당하지 아니한다고 인정하면 지체 없이 용의자에게 그 뜻을 알려야 하고, 용의자가 보호되어 있으면 즉시 보호를 해제하여야 한다. ② 사무소장·출장소장 또는 외국인보호소장은 심사 결과 용의자가 제46조제1항 각 호의 어느 하나에 해당한다고 인정되면 강제퇴거명령을 할 수 있다. ③ 사무소장·출장소장 또는 외국인보호소장은 제2항에 따라 강제퇴거명령을 하는 때에는 강제퇴거명령서를 용의자에게 발급하여야 한다. ④ 사무소장·출장소장 또는 외국인보호소장은 강제퇴거명령서를 발급하는 경우 법무부장관에게 이의신청을 할 수 있다는 사실을 용의자에게 알려야 한다. [전문개정 2010.5.14]	제73조(심사 후의 절차) 사무소장·출장소장 또는 보호소장은 법 제59조제1항에 따라 보호를 해제하는 경우 용의자가 보호시설에 보호되어 있을 때에는 보호해제 사유 등을 적은 보호해제 의뢰서를 보호시설의 장에게 보내야 한다. [전문개정 2011.11.1] 제74조(강제퇴거명령서) 사무소장·출장소장 또는 보호소장은 법 제59조제2항에 따라 강제퇴거명령을 결정한 때에는 명령의 취지 및 이유와 이의신청을 할 수 있다는 뜻을 적은 강제퇴거명령서를 발급하여 그 부본을 용의자에게 교부하여야 한다. [전문개정 2011.11.1]	제63조(강제퇴거명령서의 기재요령) 법 제59조제3항에 따른 강제퇴거명령서에는 적용법조·퇴거이유·송환국 등을 명시하여야 한다. 〈개정 2010.11.16〉
제60조(이의신청) ① 용의자는 강제퇴거명령에 대하여 이의신청을 하려면 강제퇴거명령서를 받은 날부터 7일 이내에 사무소장·출장소장 또는 외국인보호소장을 거쳐 법무부장관에게 이의신청서를 제출하여야 한다. ② 사무소장·출장소장 또는 외국인보호소장은 제1항에 따른 이의신청서를 접수하면 심사결정서와 조사기록을 첨부하여 법무부장관	제75조(이의신청 및 결정) ① 사무소장·출장소장 또는 보호소장은 법 제60조제1항에 따라 이의신청서를 받은 때에는 의견을 붙여 지체 없이 법무부장관에게 보내야 한다. ② 법무부장관은 법 제60조제3항에 따른 결정을 하는 때에는 주문·이유 및 적용 법조문 등을 분명히 밝힌 이의신청에 대한 결정서를 작성하여 사무소장·출장소장 또는 보호소장을 거쳐 용의자	

에게 제출하여야 한다.

③ 법무부장관은 제1항과 제2항에 따른 이의신청서 등을 접수하면 이의신청이 이유 있는지를 심사 결정하여 그 결과를 사무소장·출장소장 또는 외국인보호소장에게 알려야 한다.

④ 사무소장·출장소장 또는 외국인보호소장은 법무부장관으로부터 이의신청이 이유 있다는 결정을 통지받으면 지체 없이 용의자에게 그 사실을 알리고, 용의자가 보호되어 있으면 즉시 그 보호를 해제하여야 한다.

⑤ 사무소장·출장소장 또는 외국인보호소장은 법무부장관으로부터 이의신청이 이유 없다는 결정을 통지받으면 지체없이 용의자에게 그 사실을 알려야 한다.

[전문개정 2010.5.14]

에게 발급하여야 한다. 다만, 긴급한 경우에는 구두로 통지한 후 결정서를 발급할 수 있다.

③ 사무소장·출장소장 또는 보호소장은 법 제60조제4항에 따라 보호를 해제하는 경우에 용의자가 보호시설에 보호되어 있을 때에는 보호해제 사유 등을 적은 보호해제 의뢰서를 보호시설의 장에게 보내야 한다.

[전문개정 2011.11.1]

제88조의4(이의신청) ① 법 제76조의4에 따라 이의신청을 하려는 외국인은 이의신청서에 그 사유를 소명하는 자료를 첨부하여 사무소장·출장소장 또는 보호소장에게 제출하여야 한다.

② 사무소장·출장소장 또는 보호소장은 제1항에 따라 이의신청서를 제출받은 때에는 의견을 붙여 지체 없이 법무부장관에게 보내야 한다.

③ 법무부장관은 제2항에 따른 이의신청서를 접수한 때에는 이의신청이 이유 있는지를 심사하여 결정한다.

④ 법무부장관은 제3항에 따라 이의신청이 이유 있다고 결정한 때에는 난민인정증명서를 사무소장·출장소장 또는 보호소장을 거쳐 신청인에게 발급하고, 이의신청이 이유 없다고 결정한 때에는 이의신청에 대한 결정통지서를 사무소장·출장소장 또는 보호소장을 거쳐 신청인에게 발급하여야 한다.

[전문개정 2011.11.1]

제61조(체류허가의 특례) ① 법무부장관은 제60조제3항에 따른 결정을 할 때 이의신청이 이유 없다고 인정되는 경우라도 용의자가 대한민국 국적을 가졌던 사실이 있거나 그 밖에 대한민국에 체류하여야 할 특별한 사정이 있다고 인정되면 그의 체류

제76조(체류허가의 특례) ① 법 제61조제1항에 따른 그 밖에 대한민국에 체류하여야 할 특별한 사정은 다음 각 호의 어느 하나에 해당하는 경우로 한다.

1. 용의자가 별표 1 중 28의3. 영주(F-5) 체류자격을 가지고 있는 경우

를 허가할 수 있다. ② 법무부장관은 제1항에 따른 허가를 할 때 체류기간 등 필요한 조건을 붙일 수 있다. [전문개정 2010.5.14]	2. 용의자가 대한민국정부로부터 훈장 또는 표창을 받은 사실이 있거나 대한민국에 특별한 공헌을 한 사실이 있는 경우 3. 그 밖에 국가이익이나 인도주의(人道主義)에 비추어 체류하여야 할 특별한 사정이 있다고 인정되는 경우 ② 법무부장관은 법 제61조제1항에 따라 체류허가를 한 때에는 체류자격, 체류기간과 그 밖에 필요한 준수사항을 적은 특별체류허가서를 발급하여 사무소장 · 출장소장 또는 보호소장을 거쳐 그 용의자에게 교부하여야 한다. ③ 법무부장관은 제2항에 따른 허가를 한 때에는 제75조제2항에 따른 결정서에 그 뜻을 적어야 한다. [전문개정 2011.11.1]	
제5절 강제퇴거명령서의 집행 〈개정 2010.5.14〉		
제62조(강제퇴거명령서의 집행) ① 강제퇴거명령서는 출입국관리공무원이 집행한다. ② 사무소장 · 출장소장 또는 외국인보호소장은 사법경찰관리에게 강제퇴거명령서의 집행을 의뢰할 수 있다. ③ 강제퇴거명령서를 집행할 때에는 그 명령을 받은 사람에게 강제퇴거명령서를 내보이고 지체 없이 그를 제64조에 따른 송환국으로 송환하여야 한다. 다만, 제76조에 따라 선박 등의 장이나 운수업자가 송환하게 되는 경우에는 출입국관리공무원은 그 선박 등의 장이나 운수업자에게 그를 인도할 수 있다. ④ 제3항에도 불구하고 강제퇴거명령을 받은 사람이 다음 각 호의 어느 하나에 해당하는 경우에는 송환하여서는 아니 된다. 다만, 난민의 인정을 신청한 사람이 대	제77조(강제퇴거명령서의 집행) ① 출입국관리공무원은 법 제62조제1항에 따라 강제퇴거명령서를 집행할 때에는 해당 외국인의 보관금이나 영치품(領置品) 등의 반환 여부를 확인하여야 한다. ② 사무소장 · 출장소장 또는 보호소장은 법 제62조제2항에 따라 사법경찰관리에게 강제퇴거명령서의 집행을 의뢰할 때에는 집행의뢰서를 발급하여 강제퇴거명령서와 함께 이를 교부하여야 한다. 다만, 긴급한 경우에는 강제퇴거명령서만을 교부하고 구두로 의뢰할 수 있다. ③ 출입국관리공무원 또는 사법경찰관리는 법 제62조에 따라 강제퇴거명령서에 의한 송환을 마치거나 그 집행이 불가능하여 집행하지 못한 때에는 강제퇴거명령서에 그 사유를 적어 지체 없이 사무소장 · 출장소장 또는 보호소	

한민국의 공공의 안전을 해쳤거나 해칠 우려가 있다고 인정되면 그러하지 아니하다.

1. 제76조의2에 따라 난민의 인정에 관한 신청을 하였으나 난민의 인정 여부가 결정되지 아니한 경우
2. 제76조의4에 따라 이의신청을 하였으나 이에 대한 심사가 끝나지 아니한 경우

[전문개정 2010.5.14]

장에게 제출하여야 한다.

④ 출입국관리공무원은 법 제62조제3항 단서에 따라 선박 등의 장 또는 운수업자에게 강제퇴거명령을 받은 사람을 인도할 때에는 그의 인적사항 및 강제퇴거 사유와 법 제76조에 따른 송환의무가 있음을 적은 송환지시서를 발급하고, 그 의무를 이행할 것과 강제퇴거명령을 받은 사람을 인도받은 뜻을 적은 인수증을 받아야 한다.

[전문개정 2011.11.1]

제63조(강제퇴거명령을 받은 사람의 보호 및 보호해제) ① 사무소장·출장소장 또는 외국인보호소장은 강제퇴거명령을 받은 사람을 여권 미소지 또는 교통편 미확보 등의 사유로 즉시 대한민국 밖으로 송환할 수 없으면 송환할 수 있을 때까지 그를 보호시설에 보호할 수 있다.

② 사무소장·출장소장 또는 외국인보호소장은 제1항에 따라 보호할 때 그 기간이 3개월을 넘는 경우에는 3개월마다 미리 법무부장관의 승인을 받아야 한다.

③ 사무소장·출장소장 또는 외국인보호소장은 제2항의 승인을 받지 못하면 지체 없이 보호를 해제하여야 한다.

④ 사무소장·출장소장 또는 외국인보호소장은 강제퇴거명령을 받은 사람이 다른 국가로부터 입국이 거부되는 등의 사유로 송환될 수 없음이 명백하게 된 경우에는 그의 보호를 해제할 수 있다.

⑤ 사무소장·출장소장 또는 외국인보호소장은 제3항 또는 제4항에 따라 보호를 해제하는 경우에는 주거의 제한이나 그 밖에 필요한 조건을 붙일 수 있다.

⑥ 제1항에 따라 보호하는 경우에는 제53조부터 제55조까지, 제56조의2부터 제56조의9까지 및

제64조(보호의 의뢰 등) ① 출입국관리공무원은 법 제51조제1항에 따라 보호명령서가 발급된 외국인이나 법 제63조제1항에 따라 강제퇴거명령서가 발급된 외국인을 외국인보호실, 외국인보호소 또는 그 밖에 법무부장관이 지정하는 장소(이하 "보호시설"이라 한다)에 보호하려면 소속 사무소장·출장소장 또는 보호소장으로부터 보호의뢰의 사유 및 근거를 적은 보호의뢰서를 발급받아 이를 보호의뢰를 받는 보호시설의 장에게 보내야 한다.

② 출입국관리공무원은 제1항에 따라 보호의뢰한 외국인이 다음 각 호의 어느 하나에 해당하는 사유가 있으면 다른 보호시설로 보호장소를 변경할 수 있다.

1. 법에 따른 외국인에 대한 조사
2. 출국집행
3. 보호시설 내 안전 및 질서유지
4. 외국인에 대한 의료제공 등 필요한 처우

③ 출입국관리공무원은 제2항에 따라 보호장소를 변경하려면 소속 사무소장·출장소장 또는 보호소장으로부터 보호장소의 변경 사유 등을 적은 보호장소 변경 의뢰서를 발급받아 그 외국인을 보호하고 있는 보호시설의 장과 변경되는 보호시설의 장에게 각

제57조를 준용한다. [전문개정 2010.5.14]	각 보내야 한다. ④ 출입국관리공무원은 법 제51조제4항에 따라 긴급보호서를 작성할 때에는 긴급보호의 사유, 보호장소 및 보호시간 등을 적어야 한다. [전문개정 2011.11.1] 제78조(강제퇴거명령을 받은 사람의 보호 및 보호해제) ① 사무소장·출장소장 또는 보호소장은 법 제63조제1항에 따라 강제퇴거명령을 받은 사람을 송환할 수 있을 때까지 보호하려는 때에는 강제퇴거를 위한 보호명령서를 발급하여 이를 강제퇴거명령을 받은 사람에게 보여 주어야 한다. ② 사무소장·출장소장 또는 보호소장은 법 제63조제2항에 따라 법무부장관의 승인을 받으려면 보호기간 연장의 필요성을 소명하여야 한다. ③ 사무소장·출장소장 또는 보호소장은 법 제63조제3항 또는 제4항에 따라 보호를 해제할 때에는 해제사유, 주거의 제한과 그 밖에 필요한 조건을 적은 보호해제 통보서를 강제퇴거명령을 받은 사람에게 발급하여야 한다. 이 경우 사무소장·출장소장 또는 보호소장은 강제퇴거명령을 받은 사람이 보호시설에 보호되어 있을 때에는 보호해제 사유 등을 적은 보호해제 의뢰서를 보호시설의 장에게 보내야 한다. ④ 사무소장·출장소장 또는 보호소장은 제3항에 따라 보호를 해제한 사람에 대해서는 주거의 제한, 그 밖의 조건 이행 여부 등 동향을 파악하여야 한다. [전문개정 2011.11.1]	
제64조(송환국) ① 강제퇴거명령을 받은 사람은 국적이나 시민권을 가진 국가로 송환된다. ② 제1항에 따른 국가로 송환할 수 없는 경우에는 다음 각 호의 어		

느 하나에 해당하는 국가로 송환
할 수 있다.
1. 대한민국에 입국하기 전에 거주
  한 국가
2. 출생지가 있는 국가
3. 대한민국에 입국하기 위하여 선박
  등에 탔던 항(港)이 속하는 국가
4. 제1호부터 제3호까지에서 규정한
  국가 외에 본인이 송환되기를 희
  망하는 국가
③ 난민은 제1항이나 제2항에도 불
  구하고 난민협약 제33조제1항에
  따라 추방 또는 송환이 금지되는
  영역이 속하는 국가로 송환하지
  아니한다. 다만, 법무부장관이
  대한민국의 안전을 해친다고 인
  정하는 경우에는 그러하지 아니
  하다.
[전문개정 2010.5.14]		

제6절 보호의 일시해제 〈개정 2010. 5.14〉		

제65조(보호의 일시해제) ① 보호명령
서나 강제퇴거명령서를 발급받고 보
호되어 있는 사람, 그의 보증인 또는
법정대리인등은 대통령령으로 정하
는 바에 따라 사무소장·출장소장
또는 외국인보호소장에게 보호의 일
시해제를 청구할 수 있다.
② 사무소장·출장소장 또는 외국인
  보호소장은 제1항에 따른 청구를
  받으면 피보호자의 정상(情狀),
  해제요청사유, 자산, 그 밖의 사
  항을 고려하여 2천만 원 이하의
  보증금을 예치시키고 주거의 제
  한이나 그 밖에 필요한 조건을 붙
  여 보호를 일시해제할 수 있다.
③ 제2항에 따른 보증금의 예치 및
  반환의 절차는 대통령령으로 정
  한다.
[전문개정 2010.5.14]
	제79조(보호의 일시해제) ① 법 제65조
	제1항에 따라 보호의 일시해제를 청
	구하려는 사람은 보호 일시해제 청
	구서에 청구의 사유 및 보증금 납부
	능력을 소명하는 자료를 첨부하여
	사무소장·출장소장 또는 보호소장
	에게 제출하여야 한다.
	② 사무소장·출장소장 또는 보호소
	  장은 제1항에 따른 청구를 받은
	  경우 특별한 사정이 없으면 지체
	  없이 관계 서류를 심사하여 주
	  문·이유 및 적용 법조문 등을
	  적은 보호 일시해제 청구에 대한
	  결정서를 청구인에게 발급하여야
	  한다. 〈개정 2012.1.13〉
	③ 제2항의 경우에 보호를 일시해제
	  하기로 결정한 때에는 그 결정서
	  에 보호해제기간, 보증금의 액
	  수·납부일시 및 장소, 주거의
	  제한, 그 밖에 필요한 조건 외에
	  보증금을 내면 보호를 일시해제
	  하며, 조건을 위반하면 보호의	

일시해제를 취소하고 보증금을 국고에 귀속시킬 수 있다는 뜻을 적어야 한다.

④ 사무소장 · 출장소장 또는 보호소장은 보호를 일시해제하기로 결정한 경우에 용의자가 보호시설에 보호되어 있을 때에는 보호해제기간을 분명히 밝힌 보호해제 의뢰서를 보호시설의 장에게 보내야 한다.

⑤ 법 제65조제2항에 따른 보증금 예치 절차에 관하여는 제17조제2항을 준용한다.

⑥ 제5항에 따라 예치된 보증금은 법 제66조제2항에 따른 국고 귀속의 경우를 제외하고는 그 외국인이 출국하거나 보호 일시해제를 취소하는 때에 보증금을 낸 사람에게 반환하여야 한다.

[전문개정 2011.11.1]

제79조의2(보호 일시해제 심사기준) ① 법 제65조제1항에 따라 보호 일시해제 청구를 받은 사무소장 · 출장소장 또는 보호소장은 다음 각 호의 사항을 심사하여야 한다.

1. 보호명령서 또는 강제퇴거명령서의 집행으로 보호시설에 보호되어 있는 사람(이하 "피보호자"라 한다)의 생명 · 신체에 중대한 위협이나 회복할 수 없는 재산상 손해가 발생할 우려가 있는지 여부

2. 국가안전보장 · 사회질서 · 공중보건 등의 국익을 해칠 우려가 있는지 여부

3. 피보호자의 범법사실 · 연령 · 품성, 조사과정 및 보호시설에서의 생활태도

4. 도주할 우려가 있는지 여부

5. 그 밖에 중대한 인도적 사유가 있는지 여부

② 제1항에 따른 보호 일시해제의 세부 기준과 방법에 관하여 필요한 사항은 법무부장관이 정한다.

[본조신설 2012.1.13]

제66조(보호 일시해제의 취소) ① 사무소장·출장소장 또는 외국인보호소장은 보호로부터 일시해제된 사람이 다음 각 호의 어느 하나에 해당하면 보호의 일시해제를 취소하고 다시 보호의 조치를 할 수 있다.

1. 도주하거나 도주할 염려가 있다고 인정되는 경우
2. 정당한 사유 없이 출석명령에 따르지 아니한 경우
3. 제1호 및 제2호에서 규정한 사항 외에 일시해제에 붙인 조건을 위반한 경우

② 사무소장·출장소장 또는 외국인보호소장은 제1항에 따라 보호의 일시해제를 취소하는 경우 보호 일시해제 취소서를 발급하고 보증금의 전부 또는 일부를 국고에 귀속시킬 수 있다.

③ 제2항에 따른 보증금의 국고 귀속절차는 대통령령으로 정한다.

[전문개정 2010.5.14]

제79조(보호의 일시해제) ① 법 제65조제1항에 따라 보호의 일시해제를 청구하려는 사람은 보호 일시해제 청구서에 청구의 사유 및 보증금 납부능력을 소명하는 자료를 첨부하여 사무소장·출장소장 또는 보호소장에게 제출하여야 한다.

② 사무소장·출장소장 또는 보호소장은 제1항에 따른 청구를 받은 경우 특별한 사정이 없으면 지체 없이 관계 서류를 심사하여 주문·이유 및 적용 법조문 등을 적은 보호 일시해제 청구에 대한 결정서를 청구인에게 발급하여야 한다. 〈개정 2012.1.13〉

③ 제2항의 경우에 보호를 일시해제하기로 결정한 때에는 그 결정서에 보호해제기간, 보증금의 액수·납부일시 및 장소, 주거의 제한, 그 밖에 필요한 조건 외에 보증금을 내면 보호를 일시해제하며, 조건을 위반하면 보호의 일시해제를 취소하고 보증금을 국고에 귀속시킬 수 있다는 뜻을 적어야 한다.

④ 사무소장·출장소장 또는 보호소장은 보호를 일시해제하기로 결정한 경우에 용의자가 보호시설에 보호되어 있을 때에는 보호해제기간을 분명히 밝힌 보호해제의뢰서를 보호시설의 장에게 보내야 한다.

⑤ 법 제65조제2항에 따른 보증금 예치 절차에 관하여는 제17조제2항을 준용한다.

⑥ 제5항에 따라 예치된 보증금은 법 제66조제2항에 따른 국고 귀속의 경우를 제외하고는 그 외국인이 출국하거나 보호 일시해제를 취소하는 때에 보증금을 낸 사람에게 반환하여야 한다.

[전문개정 2011.11.1]

제80조(보호 일시해제의 취소) ① 사무소장·출장소장 또는 보호소장은 법

제68조(보증금의 국고귀속보고) 사무소장·출장소장 또는 보호소장은 법 제13조제3항 또는 법 제66조제2항의 규정에 의하여 보증금의 국고귀속을 결정한 때에는 그 사실을 법무부장관에게 보고하여야 한다.

	제66조제2항에 따라 보호 일시해제 취소서를 발급할 때에는 그 취소서에 취소 사유, 보호할 장소 등을 적어 보호 일시해제 청구인에게 교부하고, 지체 없이 그 용의자를 다시 보호하여야 한다. ② 법 제66조제2항에 따른 보증금의 국고귀속 절차에 관하여는 제17조제4항 및 제5항을 준용한다. [전문개정 2011.11.1]	
제7절 출국권고 등 〈개정 2010.5.14〉		
제67조(출국권고) ① 사무소장이나 출장소장은 대한민국에 체류하는 외국인이 다음 각 호의 어느 하나에 해당하면 그 외국인에게 자진하여 출국할 것을 권고할 수 있다. 1. 제17조와 제20조를 위반한 사람으로서 그 위반 정도가 가벼운 경우 2. 제1호에서 규정한 경우 외에 이 법 또는 이 법에 따른 명령을 위반한 사람으로서 법무부장관이 그 출국을 권고할 필요가 있다고 인정하는 경우 ② 사무소장이나 출장소장은 제1항에 따라 출국권고를 할 때에는 출국권고서를 발급하여야 한다. ③ 제2항에 따른 출국권고서를 발급하는 경우 발급한 날부터 5일의 범위에서 출국기한을 정할 수 있다. [전문개정 2010.5.14]	제81조(출국권고) 법 제67조제1항제1호에 따른 그 위반정도가 가벼운 경우는 법 제17조 또는 제20조를 처음 위반한 사람으로서 그 위반기간이 10일 이내인 경우로 한다. [전문개정 2011.11.1]	제39조(외국인의 출국심사) ① 영 제35조제1항부터 제3항까지의 규정에 따른 외국인의 출국심사에 관하여는 제1조를 준용한다. 〈개정 2010.11.16〉 ② 영 제35조제4항에 따른 정보화기기에 의한 외국인의 출국심사(이하 "자동출국심사"라 한다)에 관하여는 제19조의2를 준용한다. 이 경우 "입국심사"는 "출국심사"로, "자동입국심사"는 "자동출국심사"로 본다. 〈신설 2010.11.16, 2012.2.29〉 ③ 외국인이 입국하여 대한민국 안에 정박 중인 선박 등의 승무원으로 승선하는 때에는 영 제35조의 규정에 의한 출국심사를 받아야 한다. 〈개정 2010.11.16〉 ④ 외국인출입국신고서의 작성 및 관리에 관하여는 제2조 및 제3조의 규정을 준용한다. 다만, 관광선박 등의 단체승객에 대하여는 승객명부로서 출입국신고서에 갈음하게 할 수 있다. 〈개정 1994. 7.20, 2010.11.16〉 ⑤ 영 제35조제2항의 규정에 의하여 외국인승무원이 출국하는 경우 승무원등록에 관하여는 제4조의 규정을 준용한다. 〈개정 2010. 11.16〉 ⑥ 출입국관리공무원은 법 제67조의 규정에 의한 출국권고서 또는 법 제68조의 규정에 의한 출국명령

		서를 교부받은 자와 영 제33조의 규정에 의한 체류기간연장 등 불허결정통지서를 교부받은 자에 대하여 제1항의 규정에 의한 출국심사를 하는 때에는 출국권고서·출국명령서 또는 체류기간 연장 등 불허결정통지서를 회수하여 이를 발급한 사무소장·출장소장 또는 보호소장에게 송부하여야 한다. 〈개정 2010.11.16〉 **제64조(출국권고서의 발부)** 사무소장 또는 출장소장은 법 제67조제2항의 규정에 의하여 출국권고서를 발부하는 때에는 이를 사건부에 기재하여야 한다. 〈개정 1997.7.1〉 [제목개정 1997.7.1]
제68조(출국명령) ① 사무소장·출장소장 또는 외국인보호소장은 다음 각 호의 어느 하나에 해당하는 외국인에게는 출국명령을 할 수 있다. 1. 제46조제1항 각 호의 어느 하나에 해당한다고 인정되나 자기비용으로 자진하여 출국하려는 사람 2. 제67조에 따른 출국권고를 받고도 이행하지 아니한 사람 3. 제89조에 따라 각종 허가 등이 취소된 사람 4. 제100조제1항부터 제3항까지의 규정에 따른 과태료 처분 후 출국조치하는 것이 타당하다고 인정되는 사람 5. 제102조제1항에 따른 통고처분(通告處分) 후 출국조치하는 것이 타당하다고 인정되는 사람 ② 사무소장·출장소장 또는 외국인보호소장은 제1항에 따라 출국명령을 할 때에는 출국명령서를 발급하여야 한다. ③ 제2항에 따른 출국명령서를 발급할 때에는 법무부령으로 정하는 바에 따라 출국기한을 정하고 주거의 제한이나 그 밖에 필요한 조건을 붙일 수 있다. ④ 사무소장·출장소장 또는 외국인		**제39조(외국인의 출국심사)** ① 영 제35조제1항부터 제3항까지의 규정에 따른 외국인의 출국심사에 관하여는 제1조를 준용한다. 〈개정 2010.11.16〉 ② 영 제35조제4항에 따른 정보화기기에 의한 외국인의 출국심사(이하 "자동출국심사"라 한다)에 관하여는 제19조의2를 준용한다. 이 경우 "입국심사"는 "출국심사"로, "자동입국심사"는 "자동출국심사"로 본다. 〈신설 2010.11.16, 2012.2.29〉 ③ 외국인이 입국하여 대한민국 안에 정박 중인 선박 등의 승무원으로 승선하는 때에는 영 제35조의 규정에 의한 출국심사를 받아야 한다. 〈개정 2010.11.16〉 ④ 외국인출입국신고서의 작성 및 관리에 관하여는 제2조 및 제3조의 규정을 준용한다. 다만, 관광선박 등의 단체승객에 대하여는 승객명부로서 출입국신고서에 갈음하게 할 수 있다. 〈개정 1994.7.20, 2010.11.16〉 ⑤ 영 제35조제2항의 규정에 의하여 외국인승무원이 출국하는 경우 승무원등록에 관하여는 제4조의 규정을 준용한다. 〈개정 2010.11.16〉

보호소장은 출국명령을 받고도 지정한 기한까지 출국하지 아니하거나 제3항에 따라 붙인 조건을 위반한 사람에게는 지체 없이 강제퇴거명령서를 발급하여야 한다. [전문개정 2010.5.14]		⑥ 출입국관리공무원은 법 제67조의 규정에 의한 출국권고서 또는 법 제68조의 규정에 의한 출국명령서를 교부받은 자와 영 제33조의 규정에 의한 체류기간연장 등 불허결정통지서를 교부받은 자에 대하여 제1항의 규정에 의한 출국심사를 하는 때에는 출국권고서·출국명령서 또는 체류기간연장 등 불허결정통지서를 회수하여 이를 발급한 사무소장·출장소장 또는 보호소장에게 송부하여야 한다. 〈개정 2010.11.16〉 제65조(출국명령기한 등) ① 법 제68조제2항의 규정에 의한 출국명령서를 발부하는 때에는 그 발부일로부터 30일의 범위 내에서 출국기한을 정하여야 한다. 〈개정 2007.6.1〉 ② 사무소장·출장소장 또는 보호소장은 법 제68조제2항의 규정에 의하여 출국명령서를 발부하는 때에는 이를 사건부에 기재하여야 한다. 〈개정 1997.7.1〉
제7장 선박등의 검색 〈개정 2010.5.14〉		
제69조(선박등의 검색 및 심사) ① 선박 등이 출입국항에 출·입항할 때에는 출입국관리공무원의 검색을 받아야 한다. ② 선박 등의 장이나 운수업자는 선박 등이 부득이하게 출입국항이 아닌 장소에 출·입항하여야 할 사유가 발생하면 제74조에 따른 출·입항 예정통보서에 그 사유를 소명하는 자료를 첨부하여 미리 사무소장이나 출장소장에게 제출하고 제1항에 따른 검색을 받아야 한다. 다만, 항공기의 불시착, 선박의 조난 등 불의의 사고가 발생하면 지체 없이 그 사실을 사무소장이나 출장소장에게 보고하여 검색을 받아야 한다. ③ 출입국관리공무원은 제1항이나 제2항에 따라 검색을 할 때에는	제82조(선박등의 검색 및 심사) ① 출입국관리공무원이 선박 등에 승선하여 법 제69조 및 제70조에 따른 검색 및 심사를 할 때에는 다음 각 호의 사항을 확인하여야 한다. 1. 여권 또는 선원신분증명서가 유효한지 여부 2. 승무원 또는 승객이 정당한 절차에 따라 승선하였는지 여부 3. 승선 중인 승무원 또는 승객과 법 제75조제1항에 따라 제출된 승무원명부 및 승객명부의 명단이 일치하는지 여부 4. 승무원 또는 승객 중에 출입국이 금지된 사람이 있는지 여부 5. 입항선박의 경우 검색 전에 승무원 또는 승객이 하선한 사실이 있는지 여부 6. 출항선박의 경우 검색 시까지 선	제65조의2(선박등의 검색과 서류심사) ① 법 제69조제6항의 규정에 의하여 선박 등의 검색을 서류심사로 갈음하게 할 수 있는 경우는 다음 각 호와 같다. 1. 폭풍 등으로 인하여 승선에 위험이 따르는 경우 2. 선박 등이 국내항에 기항한 후 다른 국내항간을 출입항하는 경우 3. 기타 선박 등에 승선하여 검색할 필요가 없다고 인정하는 경우 ② 삭제 〈1999.2.27〉 [본조신설 1994.7.20]

다음 각 호의 사항을 심사하여야 한다.

1. 승무원과 승객의 출입국 적격 여부 또는 이선(離船) 여부
2. 법령을 위반하여 입국이나 출국을 하려는 사람이 선박 등에 타고 있는지 여부
3. 제72조에 따른 승선허가를 받지 아니한 사람이 있는지 여부

④ 출입국관리공무원은 제1항부터 제3항까지의 규정에 따른 검색과 심사를 할 때에는 선박 등의 장에게 항해일지나 그 밖에 필요한 서류의 제출 또는 열람을 요구할 수 있다.

⑤ 출입국관리공무원은 선박 등에 승선 중인 승무원·승객, 그 밖의 출입자의 신원을 확인하기 위하여 이들에게 질문을 하거나 그 신분을 증명할 수 있는 서류 등을 제시할 것을 요구할 수 있다.

⑥ 사무소장이나 출장소장은 선박 등의 검색을 법무부령으로 정하는 바에 따라 서류심사로 갈음하게 할 수 있다.

⑦ 선박 등의 장은 출항검색이 끝난 후 3시간 이내에 출항할 수 없는 부득이한 사유가 생겼을 때에는 사무소장이나 출장소장에게 그 사유를 보고하고 출항 직전에 다시 검색을 받아야 한다.

[전문개정 2010.5.14]

박으로 돌아오지 아니한 승무원 또는 승객이 있는지 여부

7. 승무원 또는 승객 외에 승선허가를 받지 아니하고 선박 등에 무단출입한 사람이 있는지 여부
8. 정당한 절차를 거치지 아니하고 출입국하려는 사람이 선박 등에 숨어 있는지 여부

② 사무소장 또는 출장소장은 제1항에 따른 출입국관리공무원의 승선검색으로 인하여 선박 등의 출항이 지연될 우려가 있거나 그 밖에 필요하다고 인정할 때에는 선박 등의 출항에 앞서 여권 또는 선원신분증명서 등 필요한 서류를 제출하게 하여 미리 승무원 및 승객의 자격을 심사하게 할 수 있다.

[전문개정 2011.11.1]

제82조의2(검색 및 심사 선박 등의 범위) 법 제69조에 따라 출입국관리공무원의 검색 및 심사를 받아야 할 선박 등의 범위는 다음 각 호와 같다.

1. 국내항과 외국항 간을 운항하는 대한민국 또는 외국의 선박 등
2. 국내항과 원양구역 간을 운항하는 대한민국 또는 외국선박(외국인 선원이 승선하지 아니한 조업선은 제외한다)
3. 제1호 또는 제2호에 해당하는 선박 등으로서 국내항에 기항한 후 국내항 간을 운항하는 선박 등

[전문개정 2011.11.1]

제83조(출입국항 외의 장소에서의 검색 및 출입국심사) ① 선박 등의 장 또는 운수업자가 법 제69조제2항에 따라 사무소장 또는 출장소장에게 출·입항예정통보서를 제출한 때에는 다음 각 호의 어느 하나에 해당하는 허가를 신청한 것으로 본다.

1. 법 제3조제1항 단서 및 제6조제1항 단서에 따른 허가
2. 법 제12조제2항 및 제28조제2항에 따른 허가

② 사무소장 또는 출장소장은 선박 등의 주무관청이 해당 선박 등의 출·입항을 허가한 때에는 특별한 사유가 없으면 법 제69조제2항에 따른 검색을 하여야 한다.

③ 출입국관리공무원이 법 제69조에 따른 검색 및 심사를 시작한 때에는 사무소장 또는 출장소장이 제1항 각 호의 신청을 허가한 것으로 본다. 다만, 출입국관리공무원은 사무소장 또는 출장소장이 제1항 각 호의 허가를 할 수 없는 특별한 사유가 있을 때에는 지체 없이 선박 등의 장 또는 운수업자에게 그 뜻을 통보하여야 한다.

[전문개정 2011.11.1]

제87조(보고의 의무) ① 선박 등의 장 또는 운수업자는 법 제69조에 따른 검색을 받을 때에 법 제75조제1항에 따른 출·입항보고서를 제출하여야 한다. 다만, 법 제69조제6항에 따라 서류심사를 받을 때에는 그 때 제출한다.

② 법 제75조제1항의 출·입항보고서 중 출입국항에 출·입항하는 선박 등의 장 또는 선박 등에 관한 사업을 하는 운수업자가 제출하여야 하는 승무원명부와 승객명부에는 승무원 및 승객 각자에 대하여 다음 각 호의 사항을 적어야 한다. 〈개정 2012.5.25〉

1. 국적
2. 여권에 적힌 성명
3. 생년월일
4. 성별
5. 여행문서의 종류 및 번호
6. 환승객인지 여부(승객만 해당한다)
7. 승객의 얼굴에 관한 정보(법 제14조의2에 따라 관광상륙허가를 신청하려는 경우만 해당한다)

③ 법 제75조제1항의 출·입항보고서 중 출입국항에 출·입항하는 선박 등의 장 또는 선박 등에 관

한 사업을 하는 운수업자가 제출하여야 하는 선박 등에 관한 정보에는 다음 각 호의 사항을 적어야 한다. 〈개정 2012.5.25〉

1. 선박등의 종류
2. 등록기호 및 명칭
3. 국적
4. 출항지 및 출항시간
5. 경유지 및 경유시간
6. 입항지 및 입항시간
7. 승무원·승객·환승객의 수

④ 사무소장 또는 출장소장은 법 제75조제1항 및 제2항에 따라 표준전자문서로 제출된 출·입항보고서에 승무원명부 또는 승객명부 중 빠진 사람이 있는 등 보완할 사항이 있는 경우에는 지체 없이 선박 등의 장 또는 운수업자에게 보완하여 제출하도록 할 수 있다. 〈개정 2012.5.25〉

⑤ 법 제75조제1항에 따른 출·입항보고서의 제출시기는 다음 각 호의 구분에 따른다. 〈개정 2012.5.25〉

1. 입항의 경우: 출발국에서 출항 후 20분 이내 또는 국내 입항 2시간 이전(법 제14조의2에 따라 관광상륙허가를 신청하려는 경우에는 선박이 출발국에서 출항 후 20분 이내 또는 국내 입항 24시간 이전)
2. 출항의 경우: 출항 준비가 끝나는 즉시

[전문개정 2011.11.1]

제70조(내항자격선박 등의 검색 및 심사) 대한민국 영역에서 사람이나 물건을 수송하는 선박, 항공기, 그 밖의 교통기관(이하 "내항자격선박등"(內航資格船舶等)이라 한다)이 불의의 사고나 항해상의 문제 등 특별한 사정으로 외국에 기항(寄港)한 경우에는 그 후 입항할 때에 제7장과 제8장에 따라 출입국관리공무원의 입항검색을 받아야 한다.

[전문개정 2010.5.14]

제71조(출입국의 정지 등) ① 사무소장이나 출장소장은 제69조제3항에 따른 심사 결과 위법한 사실을 발견하였을 때에는 관계 승무원 또는 승객의 출국이나 입국을 정지시킬 수 있다. ② 제1항에 따른 출입국의 정지는 위법한 사실의 조사에 필요한 기간에만 할 수 있다. ③ 제2항에 따른 조사를 마친 뒤에도 계속하여 출입국을 금지하거나 정지시킬 필요가 있을 때에는 제4조·제11조 또는 제29조에 따른 법무부장관의 결정을 받아야 한다. ④ 사무소장이나 출장소장은 제1항, 제4조 또는 제29조에 따라 승객이나 승무원의 출국을 금지하거나 정지시키기 위하여 필요하다고 인정하면 선박 등에 대하여 출항의 일시정지 또는 회항(回航)을 명하거나 선박 등에 출입하는 것을 제한할 수 있다. ⑤ 사무소장이나 출장소장은 제4항에 따라 선박 등에 대하여 출항의 일시정지 또는 회항을 명하거나 출입을 제한하는 경우에는 지체 없이 그 사실을 선박 등의 장이나 운수업자에게 통보하여야 한다. 출항의 일시정지·회항명령 또는 출입제한을 해제한 경우에도 또한 같다. ⑥ 제4항에 따른 선박 등의 출항의 일시정지 등은 직무수행에 필요한 최소한의 범위에서 하여야 한다. [전문개정 2010.5.14]		
제72조(승선허가) ① 출입국항 또는 출입국항이 아닌 장소에 정박하는 선박 등에 출입하려는 사람은 사무소장이나 출장소장의 승선허가를 받아야 한다. 다만, 그 선박 등의 승무원과 승객 또는 다른 법령에 따라 출입할 수 있는 사람은 그러하지 아니하다.	제84조(승선허가) ① 법 제72조제1항에 따라 승선허가를 받으려는 사람은 승선허가 신청서에 승선사유를 소명하는 자료를 첨부하여 사무소장 또는 출장소장에게 제출하여야 한다. 다만, 부득이한 사유가 있을 때에는 선박 등의 장 또는 운수업자가 대리하여 신청서를 제출할 수 있다.	제66조(승선허가서등) ① 사무소장 또는 출장소장은 영 제84조의 규정에 의하여 승선허가 또는 출입국심사장출입허가를 하고자 하는 때에는 승선·출입국심사장출입허가서를 발급하여야 한다. ② 사무소장 또는 출장소장은 제1항의 규정에 의하여 승선·출입국

② 출입국관리공무원 외의 사람이 출입국심사장에 출입하려는 경우에도 제1항과 같다. [전문개정 2010.5.14]	② 선박 등이 대한민국안의 출입국항 또는 출입국항 외의 장소 간을 항해하는 동안 그 선박등 의 수리·청소·작업, 그 밖에 필요한 목적으로 그 선박 등에 출입하려는 사람이 법 제72조제1항에 따른 승선허가를 받으려는 때에는 그 선박 등의 장 또는 운수업자가 승선허가신청서에 승선사유를 소명하는 자료를 첨부하여 사무소장 또는 출장소장에게 제출하여야 한다. ③ 법 제72조제2항에 따른 출입국심사장은 출국 또는 입국심사를 위하여 출입국항에 설치된 장소로 한다. ④ 출입국항을 관할하는 사무소장 또는 출장소장은 제3항에 따른 출입국심사장에서의 불법출입국을 방지하기 위하여 필요한 조치를 할 수 있다. ⑤ 법 제72조제2항에 따라 출입국심사장 출입허가를 받으려는 사람은 출입국심사장 출입허가 신청서에 출입사유를 소명하는 자료를 첨부하여 사무소장 또는 출장소장에게 제출하여야 한다. [전문개정 2011.11.1]	심사장 출입허가서를 발급하는 때에는 이를 승선·출입국심사장출입허가서발급대장에 기재하여야 한다. 〈신설 1994.7.20〉
제8장 선박등의 장 및 운수업자의 책임 〈개정 2010.5.14〉		
제73조(운수업자 등의 일반적 의무 등) 선박 등의 장이나 운수업자는 다음 각 호의 사항을 지켜야 한다. 1. 입국이나 상륙을 허가받지 아니한 사람의 입국·상륙 방지 2. 유효한 여권(선원의 경우에는 여권 또는 선원신분증명서를 말한다)과 필요한 사증을 지니지 아니한 사람의 탑승방지 3. 승선허가나 출국심사를 받지 아니한 사람의 탑승방지 4. 출입국관리공무원이 제1호부터 제3호까지에 규정된 입국·상		

<table>
<tr><td>

류·탑승의 방지를 위하여 요청하는 감시원의 배치

5. 이 법을 위반하여 출입국을 하려는 사람이 숨어 있는지를 확인하기 위한 선박 등의 검색

6. 선박 등의 검색과 출입국심사가 끝날 때까지 선박 등에 무단출입하는 행위의 금지

7. 선박 등의 검색과 출국심사가 끝난 후 출항하기 전까지 승무원이나 승객의 승선·하선 방지

8. 출입국관리공무원이 선박 등의 검색과 출입국심사를 위한 직무수행에 특히 필요하다고 인정하여 명하는 사항

[전문개정 2010.5.14]

</td><td></td><td></td></tr>
<tr><td>

제73조의2(승객예약정보의 열람 및 제공) ① 운수업자는 출입국관리공무원이 다음 각 호의 어느 하나에 해당하는 업무를 수행하기 위하여 예약정보의 확인을 요청하는 경우에는 지체 없이 예약정보시스템을 열람하게 하거나 표준화된 전자문서로 제출하여야 한다. 다만, 법무부령으로 정하는 부득이한 사유로 표준화된 전자문서로 제출할 수 없을 때에는 지체 없이 그 사유를 밝히고 서류로 제출할 수 있다.

1. 제7조제1항·제7조의2 또는 제12조의3제1항을 위반하였거나 위반하였다고 의심할 만한 상당한 이유가 있는 사람에 대한 조사

2. 제11조제1항 각 호의 어느 하나에 해당하거나 해당한다고 의심할 만한 상당한 이유가 있는 사람에 대한 조사

② 제1항에 따라 열람하거나 문서로 제출받을 수 있는 자료의 범위는 다음 각 호로 한정한다.

1. 성명, 국적, 주소 및 전화번호
2. 여권번호, 여권의 유효기간 및 발급국가
3. 예약 및 탑승수속 시점
4. 여행경로와 여행사

</td><td>

제85조(승객예약정보의 열람 및 제출기 등) ① 출입국관리공무원은 조사업무를 수행하는 데 필요한 경우에는 법 제73조의2제2항 및 제3항의 자료를 조사보고서 등에 적거나 정보화출력물을 첨부하는 방식으로 보존할 수 있다.

② 사무소장 또는 출장소장은 법 제73조의2제4항에 따라 지정된 출입국관리공무원에게 개인식별 고유번호를 부여하여야 한다.

③ 법 제73조의2제6항에 따라 운수업자가 출입국관리공무원에게 자료를 열람하게 하거나 제출하는 시기는 다음 각 호와 같다.

1. 법 제73조의2제1항 각 호의 조사를 위한 승객예약정보의 열람을 허용하는 경우: 출입국관리공무원이 요청한 즉시

2. 제1호의 승객예약정보를 전자문서로 제출하는 경우: 제출을 요청한 때부터 30분 이내

3. 법 제73조의2제3항에 따라 출입국관리공무원이 요청한 승객에 대한 자료를 전자문서로 제출하는 경우: 해당 선박등의 출항 30분 전까지

[전문개정 2011.11.1]

</td><td>

제66조의2(승객예약정보의 열람 및 제공) 법 제73조의2제1항 단서 및 제3항 단서에서 "법무부령으로 정하는 부득이한 사유로 표준화된 전자문서로 제출할 수 없을 때"란 제67조제3항 각 호의 어느 하나에 해당하는 때를 말한다.

[본조신설 2010.11.16]

</td></tr>
</table>

5. 동반 탑승자와 좌석번호

6. 수하물(手荷物)

7. 항공권의 구입대금 결제방법

8. 여행출발지와 최종목적지

9. 예약번호

③ 운수업자는 출입국관리공무원이 정확하고 신속한 출국심사를 위하여 승객에 대한 다음 각 호의 자료를 요청하는 경우에는 지체 없이 표준화된 전자문서로 제출하여야 한다. 다만, 법무부령으로 정하는 부득이한 사유로 표준화된 전자문서로 제출할 수 없을 때에는 지체 없이 그 사유를 밝히고 서류로 제출할 수 있다.

1. 성명, 성별, 생년월일 및 국적

2. 여권번호와 예약번호

3. 출항편, 출항지 및 출항시간

4. 입항지와 입항시간

④ 제1항과 제3항에 따라 자료를 열람하거나 문서로 제출하여 줄 것을 요청할 수 있는 출입국관리공무원은 사무소장이나 출장소장이 지정하는 사람으로 한정한다.

⑤ 제4항에 따라 지정된 출입국관리공무원은 직무상 알게 된 예약정보시스템의 자료를 누설하거나 권한 없이 처리하거나 다른 사람의 이용에 제공하는 등 부당한 목적을 위하여 사용하여서는 아니 된다.

⑥ 제1항과 제3항에 따른 자료의 열람과 제출 시기 등에 관한 구체적인 사항은 대통령령으로 정한다.

[본조신설 2010.5.14]

제74조(사전통보의 의무) 선박 등이 출입국항에 출·입항하는 경우에 그 선박 등의 장이나 운수업자는 사무소장이나 출장소장에게 출·입항 예정일시와 그 밖에 필요한 사항을 적은 출·입항 예정통보서를 미리 제출하여야 한다. 다만, 항공기의 불시착이나 선박의 조난 등 불의의 사고가 발생한 경우에는 지체 없이 그 사

제86조(출·입항 예정통보) 선박 등의 장 또는 운수업자는 법 제74조에 따른 선박 등의 출·입항 예정통보를 늦어도 해당 선박 등의 출·입항 24시간 전에 하여야 한다. 다만, 정규편 선박 등이 출·입항하는 경우이거나 그 밖에 특별한 사유가 있으면 그러하지 아니하다.

[전문개정 2011.11.1]

제67조(출입항통보 및 보고) ① 선박 등의 장 또는 운수업자는 선박 등이 자연의 재해·기기의 고장·피난 기타 부득이한 사유로 영 제86조의 규정에 의한 출입항예정통보를 하지 아니하고 출입국항 또는 출입국항외의 장소에 입항한 때에는 그 선박 등이 입항한 즉시 사무소장 또는 출장소장에게 입항통보를 하여야 한다.

실을 알려야 한다. [전문개정 2010.5.14]		〈개정 1999.2.27〉 ② 선박 등의 장 또는 운수업자는 법 제74조의 규정에 의한 출입항예정통보서와 법 제75조의 규정에 의한 출입항보고서를 정보화망을 이용하여 제출하는 때에는 표준전자문서를 사용하여 사무소장 또는 출장소장에게 전송하여야 한다. 〈신설 1999.2.27, 2005.7.8〉 ③ 법 제75조제2항 단서에서 "부득이한 사유로 인하여 표준화된 전자문서로 제출할 수 없는 때"라 함은 다음 각 호의 어느 하나에 해당하는 때를 말한다. 〈신설 2005.7.8〉 1. 천재지변·정전 또는 이에 준하는 사유로 정보시스템 또는 통신장애가 발생한 때 2. 사무소장 또는 출장소장과 출입국항에 출입항하는 항공기의 장 또는 항공기에 관한 사업을 영위하는 운수업자간에 표준전자문서를 송·수신할 수 있는 시스템이 구축되지 아니한 경우로서 사무소장 또는 출장소장이 정당한 사유가 있다고 인정하는 때
제75조(보고의 의무) ① 출입국항이나 출입국항이 아닌 장소에 출·입항하는 선박 등의 장이나 운수업자는 대통령령으로 정하는 사항을 적은 승무원명부와 승객명부를 첨부한 출·입항보고서를 사무소장이나 출장소장에게 제출하여야 한다. ② 제1항에 따른 출·입항보고서는 표준화된 전자문서로 제출하여야 한다. 다만, 법무부령으로 정하는 부득이한 사유로 표준화된 전자문서로 제출할 수 없을 때에는 지체 없이 그 사유를 밝히고 서류로 제출할 수 있다. ③ 제1항에 따른 출·입항보고서의 제출시기 등 그 절차에 관한 구체적인 사항은 대통령령으로 정한다.	제87조(보고의 의무) ① 선박 등의 장 또는 운수업자는 법 제69조에 따른 검색을 받을 때에 법 제75조제1항에 따른 출·입항보고서를 제출하여야 한다. 다만, 법 제69조제6항에 따라 서류심사를 받을 때에는 그 때 제출한다. ② 법 제75조제1항의 출·입항보고서 중 출입국항에 출·입항하는 선박 등의 장 또는 선박 등에 관한 사업을 하는 운수업자가 제출하여야 하는 승무원명부와 승객명부에는 승무원 및 승객 각자에 대하여 다음 각 호의 사항을 적어야 한다. 〈개정 2012.5.25〉 1. 국적 2. 여권에 적힌 성명 3. 생년월일	제67조(출입항통보 및 보고) ① 선박 등의 장 또는 운수업자는 선박 등이 자연의 재해·기기의 고장·피난 기타 부득이한 사유로 영 제86조의 규정에 의한 출입항예정통보를 하지 아니하고 출입국항 또는 출입국항외의 장소에 입항한 때에는 그 선박 등이 입항한 즉시 사무소장 또는 출장소장에게 입항통보를 하여야 한다. 〈개정 1999.2.27〉 ② 선박 등의 장 또는 운수업자는 법 제74조의 규정에 의한 출입항예정통보서와 법 제75조의 규정에 의한 출입항보고서를 정보화망을 이용하여 제출하는 때에는 표준전자문서를 사용하여 사무소장 또는 출장소장에게 전송하여야 한다. 〈신설 1999.2.27, 2005.7.8〉

④ 출입국항이나 출입국항이 아닌 장소에 입항하는 선박 등의 장이나 운수업자는 여권(선원의 경우에는 여권 또는 선원신분증명서를 말한다)을 가지고 있지 아니한 사람이 그 선박등에 타고 있는 것을 알았을 때에는 지체 없이 사무소장이나 출장소장에게 보고하고 그의 상륙을 방지하여야 한다.

⑤ 출입국항이나 출입국항이 아닌 장소에서 출항하는 선박 등의 장이나 운수업자는 다음 각 호의 사항을 사무소장 또는 출장소장에게 보고하여야 한다. 〈개정 2012.1.26〉

1. 승무원 상륙허가를 받은 승무원 또는 관광상륙허가를 받은 승객이 선박 등으로 돌아왔는지 여부
2. 정당한 출국절차를 마치지 아니하고 출국하려는 사람이 있는지 여부

[전문개정 2010.5.14]

---

4. 성별
5. 여행문서의 종류 및 번호
6. 환승객인지 여부(승객만 해당한다)
7. 승객의 얼굴에 관한 정보(법 제14조의2에 따라 관광상륙허가를 신청하려는 경우만 해당한다)

③ 법 제75조제1항의 출·입항보고서 중 출입국항에 출·입항하는 선박 등의 장 또는 선박 등에 관한 사업을 하는 운수업자가 제출하여야 하는 선박 등에 관한 정보에는 다음 각 호의 사항을 적어야 한다. 〈개정 2012.5.25〉

1. 선박 등의 종류
2. 등록기호 및 명칭
3. 국적
4. 출항지 및 출항시간
5. 경유지 및 경유시간
6. 입항지 및 입항시간
7. 승무원·승객·환승객의 수

④ 사무소장 또는 출장소장은 법 제75조제1항 및 제2항에 따라 표준전자문서로 제출된 출·입항보고서에 승무원명부 또는 승객명부 중 빠진 사람이 있는 등 보완할 사항이 있는 경우에는 지체 없이 선박 등의 장 또는 운수업자에게 보완하여 제출하도록 할 수 있다. 〈개정 2012.5.25〉

⑤ 법 제75조제1항에 따른 출·입항보고서의 제출시기는 다음 각 호의 구분에 따른다. 〈개정 2012. 5.25〉

1. 입항의 경우: 출발국에서 출항 후 20분 이내 또는 국내 입항 2시간 이전(법 제14조의2에 따라 관광상륙허가를 신청하려는 경우에는 선박이 출발국에서 출항 후 20분 이내 또는 국내 입항 24시간 이전)
2. 출항의 경우: 출항 준비가 끝나는 즉시

[전문개정 2011.11.1]

---

③ 법 제75조제2항 단서에서 "부득이한 사유로 인하여 표준화된 전자문서로 제출할 수 없는 때"라 함은 다음 각 호의 어느 하나에 해당하는 때를 말한다. 〈신설 2005.7.8〉

1. 천재지변·정전 또는 이에 준하는 사유로 정보시스템 또는 통신장애가 발생한 때
2. 사무소장 또는 출장소장과 출입국항에 출입하는 항공기의 장 또는 항공기에 관한 사업을 영위하는 운수업자간에 표준전자문서를 송·수신할 수 있는 시스템이 구축되지 아니한 경우로서 사무소장 또는 출장소장이 정당한 사유가 있다고 인정하는 때

제76조(송환의 의무) 다음 각 호의 어느 | **제77조(강제퇴거명령서의 집행)** ① 출

하나에 해당하는 외국인이 탔던 선박 등의 장이나 운수업자는 그의 비용과 책임으로 그 외국인을 지체 없이 대한민국 밖으로 송환하여야 한다. 〈개정 2012.1.26〉

1. 제7조 또는 제10조제1항에 따른 요건을 갖추지 아니한 사람
2. 제11조에 따라 입국이 금지되거나 거부된 사람
3. 제12조제4항에 따라 선박 등의 장이나 운수업자의 귀책사유로 입국이 허가되지 아니한 사람
4. 제14조에 따라 상륙한 승무원 또는 제14조의2에 따라 관광상륙한 승객으로서 그가 타고 있던 선박등이 출항할 때까지 선박등으로 돌아오지 아니한 사람
5. 제46조제1항제6호 또는 제7호에 해당하는 사람으로서 강제퇴거명령을 받은 사람

[전문개정 2010.5.14]

입국관리공무원은 법 제62조제1항에 따라 강제퇴거명령서를 집행할 때에는 해당 외국인의 보관금이나 영치품(領置品) 등의 반환 여부를 확인하여야 한다.

② 사무소장·출장소장 또는 보호소장은 법 제62조제2항에 따라 사법경찰관리에게 강제퇴거명령서의 집행을 의뢰할 때에는 집행의뢰서를 발급하여 강제퇴거명령서와 함께 이를 교부하여야 한다. 다만, 긴급한 경우에는 강제퇴거명령서만을 교부하고 구두로 의뢰할 수 있다.

③ 출입국관리공무원 또는 사법경찰관리는 법 제62조에 따라 강제퇴거명령서에 의한 송환을 마치거나 그 집행이 불가능하여 집행하지 못한 때에는 강제퇴거명령서에 그 사유를 적어 지체 없이 사무소장·출장소장 또는 보호소장에게 제출하여야 한다.

④ 출입국관리공무원은 법 제62조제3항 단서에 따라 선박 등의 장 또는 운수업자에게 강제퇴거명령을 받은 사람을 인도할 때에는 그의 인적사항 및 강제퇴거 사유와 법 제76조에 따른 송환의무가 있음을 적은 송환지시서를 발급하고, 그 의무를 이행할 것과 강제퇴거명령을 받은 사람을 인도받은 뜻을 적은 인수증을 받아야 한다.

[전문개정 2011.11.1]

제88조(송환의 의무) ① 사무소장 또는 출장소장은 선박 등의 장 또는 운수업자에게 법 제76조 각 호의 어느 하나에 해당하는 외국인을 송환할 것을 요구할 때에는 송환지시서를 발급하여야 한다. 다만, 긴급할 때에는 구두로 요구할 수 있으며, 이 경우에는 지체 없이 송환지시서를 발급하여야 한다.

② 선박 등의 장 또는 운수업자는

	제1항에 따른 송환을 마친 때에는 그 결과를 서면으로 사무소장 또는 출장소장에게 보고하여야 한다. ③ 선박 등의 장 또는 운수업자는 제1항에 따라 송환을 요구받은 외국인을 송환할 때까지 그의 교통비·숙식비 등 비용을 부담하고 그를 보호하여야 한다. [전문개정 2011.11.1]	
제8장의2 난민의 인정 등 〈개정 2010.5.14〉		
제76조의2(난민의 인정) ① 법무부장관은 대한민국에 있는 외국인이 대통령령으로 정하는 바에 따라 난민의 인정에 관한 신청을 하면 심사절차를 거쳐 그 외국인을 난민으로 인정할 수 있다. ② 제1항에 따른 신청은 그 외국인이 대한민국에 상륙하거나 입국한 날(대한민국에 있는 동안에 난민의 사유가 발생한 경우에는 그 사실을 안 날)부터 1년 이내에 하여야 한다. 다만, 질병이나 그 밖의 부득이한 사유가 있는 경우에는 그러하지 아니하다. ③ 법무부장관은 제1항에 따라 난민의 인정을 한 경우에는 그 외국인에게 난민인정증명서를 발급하고, 난민의 인정을 하지 아니한 경우에는 서면으로 그 사유를 통지하여야 한다. ④ 제1항에 따른 난민의 인정에 관한 심사절차와 그 밖에 필요한 사항은 대통령령으로 정한다. [전문개정 2010.5.14]	제88조의2(난민의 인정) ① 법 제76조의2에 따라 난민인정을 신청하려는 외국인은 난민인정 신청서에 난민임을 증명하는 서류와 사진 2장을 첨부하여 사무소장·출장소장 또는 보호소장에게 제출하여야 한다. ② 제1항에 따른 신청을 할 때에는 다음 각 호의 서류를 제시하여야 한다. 이 경우 제1호의 서류를 제시할 수 없는 사람은 그 사유서를 제출하여야 한다. 1. 여권 2. 난민 임시상륙허가를 받은 사람: 난민 임시상륙허가서 3. 대한민국에 입국하여 체류 중인 외국인으로서 외국인등록을 한 사람: 외국인등록증 ③ 사무소장·출장소장 또는 보호소장은 제1항에 따른 신청서를 제출받은 때에는 난민신청자에 대하여 면접을 하고 신청내용이 사실인지 조사한 후 그 결과를 첨부하여 법무부장관에게 보내야 한다. ④ 법무부장관은 제3항에 따른 신청서 등을 받으면 난민인정 여부를 심사하여 결정한다. ⑤ 법무부장관은 난민인정 여부를 심사할 때 필요하다고 인정하면 관계 기관의 공무원 및 관계 전문가로 구성된 난민인정 심사기	제67조의9(난민인정증명서발급대장) 출입국관리공무원은 법 제76조의2제3항의 규정에 의하여 난민인정증명서를 교부하는 때에는 이를 난민인정증명서발급대장에 기재하여야 한다. [본조신설 1994.7.20] 제78조(권한의 위임) ① 법무부장관은 영 제96조제1항에 따라 법 제9조에 따른 권한중 다음 각 호의 어느 하나에 해당하는 사람에 대한 사증발급인정서의 발급권한을 사무소장 또는 출장소장에게 위임한다. 〈개정 1995.12.1, 1997.7.1, 1998.4.1, 2002.4.27, 2003.9.24, 2004.8.23, 2007.6.1, 2011.12.23〉 1. 제17조제1항제1호 및 제3호에 해당하는 자로서 체류기간 90일 이하의 영 별표 1중 체류자격6. 일시취재(C-1) 내지 9. 단기취업(C-4)·26. 방문동거(F-1)의 자격에 해당하거나 체류기간 2년 이하의 영 별표 1중 체류자격 12. 산업연수(D-3)의 자격에 해당하는 자 2. 제17조제1항제2호에 해당하는 자로서 별표 1의 1회에 부여하는 체류자격별 체류기간의 상한이내의 영 별표 1중 체류자격 10. 문화예술(D-1)부터 25. 특정활동(E-7)까지·25의3. 비전문취업(E-9)·25의4. 선원취업(E-10)·26. 방문

구를 설치하여 운영할 수 있다.

⑥ 법무부장관은 제4항에 따라 난민임을 인정하기로 결정한 때에는 난민인정증명서를 사무소장·출장소장 또는 보호소장을 거쳐 신청인에게 발급하여야 한다.

⑦ 법무부장관은 법 제76조의2제3항에 따라 난민인정을 하지 아니하기로 결정한 때에는 난민불인정 통지서에 그 사유와 이의신청을 할 수 있다는 뜻을 적어 통지하여야 한다.

[전문개정 2011.11.1]

동거(F-1)·27. 거주(F-2)·28. 동반(F-3)·28의2. 재외동포(F-4)·28의4. 결혼이민(F-6)·29. 기타(G-1) 또는 31. 방문취업(H-2)의 자격에 해당하는 자

② 법무부장관이 영 제96조제1항의 규정에 의하여 법 제20조, 법 제21조, 법 제23조 내지 제25조의 규정에 의한 그의 권한을 사무소장 또는 출장소장에게 위임하는 범위는 별표 6과 같다. 〈개정 1997.7.1〉

③ 법무부장관은 영 제96조제1항에 따라 법 제30조제1항, 제76조의8제3항, 제89조에 따른 권한을 사무소장 또는 출장소장에게, 법 제90조 및 제90조의2에 따른 권한을 사무소장·출장소장 또는 보호소장에게 위임한다. 〈개정 1997.7.1, 2011.12.23〉

④ 법무부장관은 영 제96조제1항에 따라 법 제76조의2, 제76조의3, 제76조의8제2항에 따른 권한을 국적·난민과가 설치되어 있는 사무소의 장에게 위임한다. 〈신설 2010.11.6, 2011.12.23〉

⑤ 사무소장 또는 출장소장은 입국금지자, 제10조제3호에 따른 사증발급 규제자, 그 밖에 법무부장관이 따로 정하는 사람에 대하여 법 제9조, 제20조, 제21조, 제23조부터 제25조까지, 제30조, 제76조의2, 제76조의3 및 제76조의8제2항·제3항에 따른 허가 등을 하려는 경우에는 제1항부터 제4항까지의 규정에도 불구하고 법무부장관의 승인을 받아야 한다. 〈개정 1994.7.20, 1997.7.1, 2010.11.16, 2011.12.23〉

제76조의3(난민인정의 취소) ① 법무부장관은 난민으로 인정한 사람이 다음 각 호의 어느 하나에 해당하면 난민의 인정을 취소할 수 있다. 1. 난민협약 제1조C(1)부터 (6)까지	제88조의3(난민인정의 취소) 법무부장관은 법 제76조의3제2항에 따라 난민의 인정을 취소한 때에는 난민인정 취소 통지서에 그 사유와 이의신청을 할 수 있다는 뜻을 적어 통지하	제67조의10(난민여행증명서의 발급) 체류지관할사무소장 또는 출장소장은 영 제88조의5제1항의 규정에 의하여 난민여행증명서 발급신청을 받은 때에는 그 외국인이 법 제76조의3제1

의 규정에 해당하는 경우 2. 난민협약 제1조D · E 또는 F(a) · (b) · (c)에 해당하는 사실이 밝혀진 경우 3. 난민의 인정을 하게 된 중요한 요소가 거짓된 서류제출 및 진술, 사실의 은폐 등에 의한 것으로 밝혀진 경우 ② 법무부장관은 제1항에 따라 난민의 인정을 취소한 경우에는 그 사실을 외국인에게 서면으로 통지하여야 한다. [전문개정 2010.5.14]	여야 한다. [전문개정 2011.11.1]	항 또는 법 제76조의5제1항 단서에 해당하는지의 여부를 조사하여 이를 법무부장관에게 보고하여야 한다. [본조신설 1994.7.20]
제76조의4(이의신청) ① 제76조의2제1항에 따라 난민의 인정을 신청하였으나 난민의 인정을 받지 못한 사람 또는 제76조의3제1항에 따라 난민의 인정이 취소된 사람은 그 통지를 받은 날부터 14일 이내에 대통령령으로 정하는 바에 따라 법무부장관에게 이의신청을 할 수 있다 ② 제1항에 따라 이의신청을 한 경우에는 「행정심판법」에 따른 행정심판을 청구할 수 없다. [전문개정 2010.5.14]	제88조의4(이의신청) ① 법 제76조의4에 따라 이의신청을 하려는 외국인은 이의신청서에 그 사유를 소명하는 자료를 첨부하여 사무소장 · 출장소장 또는 보호소장에게 제출하여야 한다. ② 사무소장 · 출장소장 또는 보호소장은 제1항에 따라 이의신청서를 제출받은 때에는 의견을 붙여 지체 없이 법무부장관에게 보내야 한다. ③ 법무부장관은 제2항에 따른 이의신청서를 접수한 때에는 이의신청이 이유 있는지를 심사하여 결정한다. ④ 법무부장관은 제3항에 따라 이의신청이 이유 있다고 결정한 때에는 난민인정증명서를 사무소장 · 출장소장 또는 보호소장을 거쳐 신청인에게 발급하고, 이의신청이 이유 없다고 결정한 때에는 이의신청에 대한 결정통지서를 사무소장 · 출장소장 또는 보호소장을 거쳐 신청인에게 발급하여야 한다. [전문개정 2011.11.1]	
제76조의5(난민여행증명서) ① 법무부장관은 제76조의2제1항에 따라 난민의 인정을 받은 사람이 출국하려고 할 때에는 그의 신청에 의하여 대	제88조의5(난민여행증명서의 발급) ① 법 제76조의5제1항에 따라 난민여행증명서의 발급을 신청하려는 외국인은 난민여행증명서 발급신청서에	제67조의10(난민여행증명서의 발급) 체류지관할사무소장 또는 출장소장은 영 제88조의5제1항의 규정에 의하여 난민여행증명서 발급신청을 받은 때

통령령으로 정하는 바에 따라 난민여행증명서를 발급하여야 한다. 다만, 그의 출국이 대한민국의 안전을 해칠 우려가 있다고 인정될 때에는 그러하지 아니하다.

② 제1항에 따른 난민여행증명서의 유효기간은 2년으로 하되, 난민여행증명서를 발급받은 사람이 신청하면 1년의 범위에서 그 기간을 연장할 수 있다.

③ 제1항에 따라 난민여행증명서를 발급받은 사람은 그 증명서의 유효기간 내에 대한민국으로 입국하거나 대한민국에서 출국할 수 있다. 이 경우 입국할 때에는 제30조에 따른 재입국허가를 받지 아니하여도 된다.

④ 법무부장관은 제3항의 경우 특히 필요하다고 인정되면 3개월 이상 1년 미만의 범위에서 입국할 수 있는 기간을 제한할 수 있다.

⑤ 법무부장관은 제1항에 따라 난민여행증명서를 발급받고 출국한 사람이 질병이나 그 밖의 부득이한 사유로 그 증명서의 유효기간 내에 재입국할 수 없는 경우에는 그의 신청을 받아 6개월을 초과하지 아니하는 범위에서 그 유효기간의 연장을 허가할 수 있다.

⑥ 법무부장관은 제5항에 따른 유효기간 연장허가에 관한 권한을 대통령령으로 정하는 바에 따라 재외공관의 장에게 위임할 수 있다.

[전문개정 2010.5.14]

제76조의6(난민인정증명서 등의 반납) ① 제76조의2제1항에 따라 난민의 인정을 받은 사람은 다음 각 호의 어느 하나에 해당하면 그가 지니고 있는 난민인정증명서나 난민여행증명서를 지체 없이 사무소장이나 출장소장에게 반납하여야 한다.

난민인정증명서, 외국인등록증(외국인등록을 한 경우에만 해당한다) 및 사진 2장을 첨부하여 체류지 관할 사무소장 또는 출장소장을 거쳐 법무부장관에게 제출하여야 한다.

② 법무부장관은 제1항에 따른 신청에 대하여 난민여행증명서를 발급할 때에는 그 사실을 난민여행증명서 발급대장에 적고 난민여행증명서를 체류지 관할 사무소장 또는 출장소장을 거쳐 신청인에게 교부하여야 한다.

[전문개정 2011.11.1]

제88조의7(난민여행증명서의 유효기간 연장) ① 법무부장관은 법 제76조의5제6항에 따라 난민여행증명서 유효기간 연장허가에 관한 권한을 재외공관의 장에게 위임한다.

② 법 제76조의5제5항에 따라 난민여행증명서 유효기간 연장허가를 신청하려는 외국인은 난민여행증명서 유효기간 연장허가 신청서에 그 사유를 소명하는 서류를 첨부하여 재외공관의 장에게 제출하여야 한다.

③ 재외공관의 장은 제2항에 따라 유효기간 연장허가 신청을 한 외국인에 대하여 유효기간의 연장을 허가할 때에는 난민여행증명서에 유효기간 연장허가기간 등을 적어야 한다.

④ 재외공관의 장은 제3항에 따라 난민여행증명서 유효기간 연장허가를 한 때에는 지체 없이 그 사실을 법무부장관에게 보고하여야 한다.

[전문개정 2011.11.1]

제88조의8(난민여행증명서의 반납) 법무부장관은 법 제76조의6제2항에 따라 난민여행증명서의 반납을 명하려면 난민여행증명서 반납명령서를 사무소장 또는 출장소장을 거쳐 그 외국인에게 교부하여야 한다.

[전문개정 2011.11.1]

에는 그 외국인이 법 제76조의3제1항 또는 법 제76조의5제1항 단서에 해당하는지의 여부를 조사하여 이를 법무부장관에게 보고하여야 한다.

[본조신설 1994.7.20]

제67조의12(난민여행증명서의 유효기간연장) 법무부장관은 영 제88조의7제4항의 규정에 의하여 재외공관의 장으로부터 난민여행증명서 유효기간연장허가보고서를 받은 때에는 이를 체류지관할 사무소장 또는 출장소장에게 통보한다.

[본조신설 1994.7.20]

1. 제59조제3항, 제68조제4항 또는 제85조제1항에 따라 강제퇴거명령서를 발급받은 경우 2. 제60조제5항에 따라 강제퇴거명령에 대한 이의신청이 이유 없다는 통지를 받은 경우 3. 제76조의3제2항에 따라 난민의 인정을 취소한다는 통지를 받은 경우 ② 법무부장관은 제76조의5제1항에 따라 난민여행증명서를 발급받은 사람이 대한민국의 안전을 해치는 행위를 할 우려가 있다고 인정되면 그 외국인에게 14일 이내의 기간을 정하여 난민여행증명서의 반납을 명할 수 있다. ③ 제2항에 따라 난민여행증명서를 반납하였을 때에는 그 때에, 지정된 기한까지 반납하지 아니하였을 때에는 그 기한이 지난 때에 그 난민여행증명서는 각각 효력을 잃는다. [전문개정 2010.5.14]		
제76조의7(난민에 대한 체류허가의 특례) 법무부장관은 난민의 인정을 받은 사람이 제60조제1항에 따른 이의신청을 한 경우 제61조제1항에 규정된 사유에 해당되지 아니하고 이의신청이 이유 없다고 인정되는 경우에도 그의 체류를 허가할 수 있다. 이 경우 제61조제2항을 준용한다. [전문개정 2010.5.14]		
제76조의8(난민 등의 처우) ① 정부는 대한민국에서 난민의 인정을 받고 체류하는 외국인에 대하여 난민협약에서 규정하는 지위와 처우가 보장되도록 노력하여야 한다. ② 법무부장관은 난민의 인정을 받지 못한 사람에 대하여 특히 인도적인 고려가 필요하다고 인정되는 경우에는 대통령령으로 정하는 바에 따라 그의 체류를 허가할 수 있다.	제88조의9(난민 등의 처우) ① 법무부장관은 법 제76조의8제2항에 따라 체류를 허가하기로 한 경우에는 그 외국인에게 서면으로 통지하여야 한다. 이 경우 제88조의2제7항의 난민불인정 통지서에 체류를 허가하기로 한 뜻을 적어서 통지할 수 있다. ② 법무부장관은 법 제76조의8제2항에 따라 체류를 허가하기로 한 때에는 체류자격과 체류기간 등 필요한 사항을 정하여 사무소장	

③ 법무부장관은 다음 각 호의 어느 하나에 해당하는 사람에 대하여 제20조에 따른 체류자격 외 활동 허가로서 취업활동을 허가할 수 있다.

1. 제2항에 따라 체류를 허가받은 사람
2. 난민인정의 신청을 한 후 대통령령으로 정하는 기간이 지날 때까지 난민인정 여부가 결정되지 아니한 사람
3. 제1호 및 제2호에서 규정한 사람 외에 난민인정의 신청을 한 사람 중 법무부장관이 필요하다고 인정한 사람

[전문개정 2010.5.14]

또는 출장소장에게 통보하여야 한다.

③ 사무소장 또는 출장소장은 제2항에 따른 통보를 받은 때에는 제1항에 따라 체류가 허가된 외국인의 여권에 체류자격 부여인, 체류자격 변경허가인 또는 체류기간 연장허가인을 찍고 체류자격과 체류기간 등을 적거나 체류자격 부여, 체류자격 변경허가 또는 체류기간 연장허가 스티커를 붙여야 한다. 다만, 외국인등록을 마친 사람에게는 외국인등록증에 그 사실을 적는 것으로써 이를 갈음한다.

④ 법 제76조의8제3항제2호에서 "대통령령으로 정하는 기간"이란 난민인정 신청을 한 날부터 1년을 말한다.

[전문개정 2011.11.1]

제76조의9(난민 등의 지원) ① 난민의 인정을 신청한 사람, 난민의 인정을 받은 사람, 제76조의8제2항에 따라 체류허가를 받은 사람 중 법무부장관이 지정하는 사람에 대한 지원업무를 효율적으로 수행하기 위하여 법무부에 난민지원시설을 둘 수 있다.

② 난민지원시설에서는 다음 각 호의 업무를 할 수 있다.

1. 한국어 교육 및 직업 상담
2. 사회적응훈련 및 정착지원
3. 의료지원
4. 제1호부터 제3호까지에서 규정한 사항 외에 지원을 위하여 필요한 사항

③ 법무부장관은 필요하다고 인정하면 제2항의 업무 중 일부를 민간에 위탁할 수 있다.

④ 난민지원시설의 운영 및 관리, 업무의 민간위탁 등에 필요한 사항은 대통령령으로 정한다.

[전문개정 2010.5.14]

제76조의10(난민에 대한 상호주의 적용

의 배제) 난민의 인정을 받은 사람에 대하여는 다른 법률에도 불구하고 상호주의를 적용하지 아니한다. [전문개정 2010.5.14]		
제9장 보칙 〈개정 2010.5.14〉		
제77조(무기 등의 휴대 및 사용) ① 출입국관리공무원은 그 직무를 집행하기 위하여 필요하면 무기 등(「경찰관직무집행법」 제10조 및 제10조의2부터 제10조의4까지의 규정에서 정한 장비, 장구, 분사기 및 무기를 말하며, 이하 "무기 등"이라 한다)을 지닐 수 있다. ② 출입국관리공무원은 「경찰관직무집행법」 제10조 및 제10조의2부터 제10조의4까지의 규정에 준하여 무기 등을 사용할 수 있다. [전문개정 2010.5.14]		「외국인보호규칙」 제44조(무기의 사용) ① 담당공무원은 법 제77조에 따라 다음 각 호의 어느 하나에 해당할 때에는 그 사태를 합리적으로 판단하여 필요한 최소한의 범위에서 무기를 사용할 수 있다. 1. 보호외국인·담당공무원 또는 그 밖에 다른 사람의 생명이나 신체에 중대한 위해를 가하거나 가하려고 할 때 2. 사람의 생명이나 신체에 중대한 위해를 가할 수 있는 흉기나 위험물을 소지하여 담당공무원이 버릴 것을 지시하였음에도 불구하고 이에 따르지 아니할 때 3. 집단난동을 일으키거나 일으키려고 할 때 4. 도주하는 보호외국인이 담당공무원의 제지에 따르지 아니하고 계속하여 도주할 때 5. 인화·발화 물질, 폭발성 물건 등 위험물질을 이용하여 건물·시설이나 인명에 중대한 위험을 가하거나 가하려고 할 때 ② 소장은 무기조작 훈련을 받지 아니한 직원, 조작이 미숙한 직원, 그 밖에 무기휴대가 부적당하다고 인정되는 직원에게 무기를 휴대하거나 사용하게 하여서는 아니 된다. [전문개정 2012.6.13]
제78조(관계 기관의 협조) ① 출입국관리공무원은 다음 각 호의 조사에 필요하면 관계 기관이나 단체에 자료의 제출이나 사실의 조사 등에 대한 협조를 요청할 수 있다. 1. 제47조에 따른 조사 2. 제80조에 따른 난민의 인정 등에	제88조의10(범죄경력 등 개인정보자료의 이용 등) ① 사무소장 또는 출장소장은 법 제78조제2항에 따라 범죄경력자료 또는 수사경력자료를 조회하려는 출입국관리공무원에게 개인식별 고유번호를 부여하는 등의 조치를 하여 권한 없는 사람이 범죄경력자료	

관한 조사 3. 출입국사범에 대한 조사 ② 출입국관리공무원은 제9조제1항에 따른 사증발급인정서 발급의 타당성을 심사하거나 출입국사범을 조사하기 위하여 관계 기관에 범죄경력자료와 수사경력자료에 대한 조회를 요청할 수 있다. ③ 제1항에 따른 협조요청과 제2항에 따른 조회요청을 받은 관계 기관이나 단체는 정당한 이유 없이 요청을 거부하여서는 아니 된다. [전문개정 2010.5.14]	또는 수사경력자료를 조회하는 것을 방지하여야 한다. 〈개정 2011.11.1〉 ② 삭제 〈2010.11.15〉 ③ 출입국관리공무원은 법 제78조제2항에 따라 조회하거나 제출받은 자료를 저장하거나 보존할 수 없다. 〈개정 2011.11.1〉 [본조신설 2005.7.5] [제88조의9에서 이동 〈2009.6.16〉] [제목개정 2011.11.1]	
제79조(허가신청 등의 의무자) 다음 각 호의 어느 하나에 해당하는 사람이 17세 미만인 경우 본인이 그 허가 등의 신청을 하지 아니하면 그의 부모나 그 밖에 대통령령으로 정하는 사람이 그 신청을 하여야 한다. 1. 제20조에 따라 체류자격 외 활동허가를 받아야 할 사람 2. 제23조에 따라 체류자격을 받아야 할 사람 3. 제24조에 따라 체류자격 변경허가를 받아야 할 사람 4. 제25조에 따라 체류기간 연장허가를 받아야 할 사람 5. 제31조에 따라 외국인등록을 하여야 할 사람 6. 제35조에 따라 외국인등록사항 변경신고를 하여야 할 사람 7. 제36조에 따라 체류지 변경신고를 하여야 할 사람 [전문개정 2010.5.14]	제89조(허가신청 등의 의무자) ① 법 제79조 각 호 외의 부분에서 "그 밖에 대통령령으로 정하는 사람"이란 다음 각 호의 사람을 말한다. 1. 사실상의 부양자 2. 형제자매 3. 신원보증인 4. 그 밖의 동거인 ② 부 또는 모가 법 제79조에 따른 신청 등을 할 수 없는 경우에는 제1항에 규정된 사람 순으로 신청 등의 의무자가 된다. [전문개정 2011.11.1]	
제80조(사실조사) ① 출입국관리공무원이나 권한 있는 공무원은 이 법에 따른 신고 또는 등록의 정확성을 유지하기 위하여 제19조·제31조·제35조 및 제36조에 따른 신고 또는 등록의 내용이 사실과 다르다고 의심할 만한 상당한 이유가 있으면 그 사실을 조사할 수 있다. ② 법무부장관은 다음 각 호에 따른	제90조(사실조사) 권한 있는 공무원이 법 제80조제1항에 따라 사실조사를 한 결과 신고 또는 등록의 내용이 사실과 다른 것을 발견한 때에는 지체 없이 그 내용을 사무소장 또는 출장소장에게 통보하여야 한다. [전문개정 2011.11.1]	제67조의13(난민의 인정 등에 관한 사실조사) 사무소장·출장소장 또는 보호소장은 출입국관리공무원이 법 제80조제2항의 규정에 의하여 난민의 인정 또는 난민인정의 취소 등에 관한 사실조사를 마친 때에는 지체 없이 그 내용을 법무부장관에게 보고하여야 한다. [본조신설 1994.7.20]

업무의 수행에 필요하다고 인정하면 출입국관리공무원에게 그 사실을 조사하게 할 수 있다. 1. 제9조에 따른 사증발급인정서의 발급 2. 제20조, 제21조, 제24조 및 제25조에 따른 허가나 제23조에 따른 체류자격 부여 3. 제76조의2에 따른 난민의 인정, 제76조의3에 따른 난민인정의 취소 또는 제76조의4에 따른 이의신청에 대한 심사 ③ 제1항이나 제2항에 따른 조사를 하기 위하여 필요하면 제1항이나 제2항에 따른 신고·등록 또는 신청을 한 자나 그 밖의 관계인을 출석하게 하여 질문을 하거나 문서 및 그 밖의 자료를 제출할 것을 요구할 수 있다. [전문개정 2010.5.14]		
제81조(출입국관리공무원 등의 외국인 동향조사) ① 출입국관리공무원과 대통령령으로 정하는 관계 기관 소속 공무원은 외국인이 이 법 또는 이 법에 따른 명령에 따라 적법하게 체류하고 있는지를 조사하기 위하여 다음 각 호의 어느 하나에 해당하는 자를 방문하여 질문하거나 그 밖에 필요한 자료를 제출할 것을 요구할 수 있다. 1. 외국인 2. 외국인을 고용한 자 3. 외국인의 소속 단체 또는 외국인이 근무하는 업소의 대표자 4. 외국인을 숙박시킨 자 ② 출입국관리공무원은 허위초청 등에 의한 외국인의 불법입국을 방지하기 위하여 필요하면 외국인의 초청이나 국제결혼 등을 알선·중개하는 자 또는 그 업소를 방문하여 질문하거나 자료를 제출할 것을 요구할 수 있다. ③ 출입국관리공무원은 거동이나 주위의 사정을 합리적으로 판단하	제91조(외국인 동향조사) ① 출입국관리공무원은 법 제81조제1항 및 제2항에 따라 외국인 등의 동향을 조사한 때에는 그 기록을 유지하여야 한다. ② 출입국관리공무원은 제22조에 따른 활동중지 명령서 또는 제27조에 따른 활동범위 등 제한통지서를 받은 사람이 그 명령 또는 제한 내용을 준수하고 있는지를 계속 확인하여 그 기록을 유지하여야 한다. ③ 외국인 동향조사의 보고 및 기록유지 등에 필요한 사항은 법무부령으로 정한다. [전문개정 2011.11.1] 제91조의2(관계 기관 소속 공무원) ① 법 제81조제1항 각 호 외의 부분에서 "대통령령으로 정하는 관계 기관 소속 공무원"이란 다음 각 호의 어느 하나에 해당하는 사람을 말한다. 1. 고용노동부 소속 공무원 중에서 고용노동부장관이 지정하는 사람 2. 중소기업청 소속 공무원 중에서	제69조(동향조사 보고 등) ① 출입국관리공무원은 영 제91조의 규정에 의한 동향조사의 결과를 외국인동향조사부에 기재하여야 한다. ② 사무소장·출장소장 또는 보호소장은 다음 각 호의 1에 해당하는 사항에 관하여는 이를 지체없이 법무부장관에게 보고하여야 한다. 1. 외국인과 관련된 사안으로서 외교관계에 중대한 영향을 미칠 우려가 있는 사항 2. 외국인과 관련된 공안사범에 관한 사항 3. 신문, 통신, 방송등 대중전달매개체에 의한 외국인 및 외국단체와 관련된 주요 정보사항 4. 출입국관리의 기본정책 수립 및 운영에 필요한 사항 5. 외국인의 체류관리에 필요한 주요 국내·외 정보사항 6. 특히 사회의 이목을 끌만한 외국인의 범법사실에 관한 사항 7. 체류외국인의 특이활동 사항 및 기타 중요하다고 판단되는 사항

여 이 법을 위반하였다고 의심할 만한 상당한 이유가 있는 외국인에게 정지를 요청하고 질문할 수 있다. ④ 제1항이나 제2항에 따라 질문을 받거나 자료 제출을 요구받은 자는 정당한 이유 없이 거부하여서는 아니 된다. [전문개정 2010.5.14]	중소기업청장이 지정하는 사람 3. 경찰공무원 중에서 경찰청장이 지정하는 사람 4. 그 밖에 산업연수생의 보호·관리와 관련하여 법무부장관이 필요하다고 인정하는 관계 중앙행정기관 소속 공무원 ② 제1항 각 호의 공무원이 법 제81조제1항에 따라 외국인의 동향을 조사한 때에는 그 내용을 사무소장 또는 출장소장에게 통보하여야 한다. [전문개정 2011.11.1]	③ 사무소장·출장소장 또는 보호소장은 제1항의 규정에 의한 동향조사의 결과를 분기별로 종합하여 분기 종료 후 15일 이내에 법무부장관에게 보고하여야 한다. ④ 사무소장·출장소장 또는 보호소장은 외국인동향조사와 관련하여 외국인이 근무하고 있는 기관 또는 단체에 관한 기록을 기재한 외국인관련단체 동향기록표를 비치하여야 한다.
제81조의2(출입국관리공무원의 주재) 법무부장관은 다음 각 호의 업무에 종사하게 하기 위하여 출입국관리공무원을 재외공관 등에 주재하게 할 수 있다. 1. 제7조제1항에 따른 사증 발급사무 2. 제7조제4항에 따른 외국인입국허가서 발급사무 3. 외국인의 입국과 관련된 필요한 정보수집 및 연락 업무 [전문개정 2010.5.14]		
제82조(증표의 휴대 및 제시) 출입국관리공무원이나 권한 있는 공무원은 다음 각 호의 어느 하나에 해당하는 직무를 집행할 때에는 그 권한을 표시하는 증표를 지니고 이를 관계인에게 내보여야 한다. 1. 제50조에 따른 주거 또는 물건의 검사 및 서류나 그 밖의 물건의 제출요구 2. 제69조와 제70조에 따른 검색 및 심사 3. 제80조와 제81조에 따른 질문이나 그 밖에 필요한 자료의 제출요구 4. 제1호부터 제3호까지의 규정에 준하는 직무수행 [전문개정 2010.5.14]		
제83조(출입국사범의 신고) 누구든지 이 법을 위반하였다고 의심되는 사		제70조(출입국사범의 신고사실확인) 출입국관리공무원이 법 제83조의 규정

람을 발견하면 출입국관리공무원에게 신고할 수 있다. [전문개정 2010.5.14]		에 의한 신고를 받은 때에는 그 사실 여부를 확인한 후 필요한 조치를 취하여야 한다.
제84조(통보의무) ① 국가나 지방자치단체의 공무원이 그 직무를 수행할 때에 제46조제1항 각 호의 어느 하나에 해당하는 사람이나 이 법에 위반된다고 인정되는 사람을 발견하면 그 사실을 지체 없이 사무소장·출장소장 또는 외국인보호소장에게 알려야 한다. 다만, 공무원이 통보로 인하여 그 직무수행 본연의 목적을 달성할 수 없다고 인정되는 경우로서 대통령령으로 정하는 사유에 해당하는 때에는 그러하지 아니하다. 〈개정 2012.1.26〉 ② 교도소·소년교도소·구치소 및 그 지소·보호감호소·치료감호시설 또는 소년원의 장은 제1항에 따른 통보대상 외국인이 다음 각 호의 어느 하나에 해당하면 그 사실을 지체 없이 사무소장·출장소장 또는 외국인보호소장에게 알려야 한다. 1. 형의 집행을 받고 형기의 만료, 형의 집행정지 또는 그 밖의 사유로 석방이 결정된 경우 2. 보호감호 또는 치료감호 처분을 받고 수용된 후 출소가 결정된 경우 3. 「소년법」에 따라 소년원에 수용된 후 퇴원이 결정된 경우 [전문개정 2010.5.14]	제92조의2(통보의무의 면제) 법 제84조 제1항 단서에서 "대통령령으로 정하는 사유"란 다음 각 호의 어느 하나에 해당하는 사유를 말한다. 〈개정 2013.1.28〉 1. 「초·중등교육법」 제2조에 따른 학교에서 외국인 학생의 학교생활과 관련하여 신상정보를 알게 된 경우 2. 「공공보건의료에 관한 법률」 제2조제3호에 따른 공공보건의료기관에서 담당 공무원이 보건의료 활동과 관련하여 환자의 신상정보를 알게 된 경우 3. 그 밖에 공무원이 범죄피해자 구조, 인권침해 구제 등 법무부장관이 정하는 업무를 수행하는 과정에서 해당 외국인의 피해구제가 우선적으로 필요하다고 법무부장관이 인정하는 경우 [본조신설 2012.10.15]	
제85조(형사절차와의 관계) ① 사무소장·출장소장 또는 외국인보호소장은 제46조제1항 각 호의 어느 하나에 해당하는 사람이 형의 집행을 받고 있는 중에도 강제퇴거의 절차를 밟을 수 있다. ② 제1항의 경우 강제퇴거명령서가 발급되면 그 외국인에 대한 형의 집행이 끝난 후에 강제퇴거명령서를 집행한다. 다만, 그 외국인의 형 집행장소를 관할하는 지방	제93조(형사절차와의 관계) ① 사무소장·출장소장 또는 보호소장은 검사가 약식명령을 청구한 사람에 대하여 강제퇴거명령서 또는 출국명령서를 발급한 경우 그가 출국하여도 재판에 지장이 없다는 관할 지방검찰청 검사장의 의견이 있고, 벌금 상당액을 냈을 때에는 지방법원의 약식명령에 앞서 강제퇴거명령서를 집행할 수 있고, 출국명령서를 발급받은 사람을 출국하게 할 수 있다.	

검찰청 검사장(檢事長)의 허가를 받은 경우에는 형의 집행이 끝나기 전이라도 강제퇴거명령서를 집행할 수 있다. [전문개정 2010.5.14]	② 사무소장·출장소장 또는 보호소장은 벌금이나 추징금을 다 내지 아니한 사람에 대하여 강제퇴거명령서 또는 출국명령서를 발급한 경우 그가 벌금이나 추징금을 낼 능력이 없다는 관할 지방검찰청 검사장의 의견이 있으면 이를 다 내지 아니하여도 강제퇴거명령서를 집행할 수 있고, 출국명령서를 발급받은 사람을 출국하게 할 수 있다. [전문개정 2011.11.1]	
제86조(신병의 인도) ① 검사는 강제퇴거명령서가 발급된 구속피의자에게 불기소처분을 한 경우에는 석방과 동시에 출입국관리공무원에게 그를 인도하여야 한다. ② 교도소·소년교도소·구치소 및 그 지소·보호감호소·치료감호시설 또는 소년원의 장은 제84조제2항에 따라 사무소장·출장소장 또는 외국인보호소장에게 통보한 외국인에 대하여 강제퇴거명령서가 발급되면 석방·출소 또는 퇴원과 동시에 출입국관리공무원에게 그를 인도하여야 한다. [전문개정 2010.5.14]		
제87조(출입국관리 수수료) ① 이 법에 따라 허가 등을 받는 사람은 법무부령으로 정하는 수수료를 내야 한다. ② 법무부장관은 국제관례 또는 상호주의원칙이나 그 밖에 법무부령으로 정하는 사유로 필요하다고 인정하면 제1항에 따른 수수료를 감면할 수 있고, 협정 등에 수수료에 관한 규정이 따로 있으면 그 규정에서 정하는 바에 따른다. [전문개정 2010.5.14]		제74조(수수료의 면제) 법 제87조제2항에서 "그 밖에 법무부령이 정하는 사유"라 함은 다음 각 호의 어느 하나에 해당하는 경우를 말한다. 〈개정 2007.6.1, 2008.7.3, 2009.4.3〉 1. 국제협력사업 등을 수행하는 대한민국의 기관 또는 단체중 법무부장관이 지정하는 기관 또는 단체가 항공료 및 국내체재비를 부담하기로 하거나 인도주의적 차원에서 초청한 외국인으로서 그의 입국허가 또는 사증발급에 관한 수수료의 면제가 특히 필요하다고 인정되는 경우 2. 대한민국정부,「정부출연연구기관 등의 설립·운영 및 육성에

<table>
<tr><td></td><td></td><td>

관한 법률」에 따라 설립된 정부
출연연구기관, 「과학기술분야 정
부출연연구기관 등의 설립·운
영 및 육성에 관한 법률」에 따라
설립된 과학기술분야 정부출연
연구기관 또는 「특정연구기관육
성법」에 따라 설립된 특정연구기
관 등이 학비 등 국내체재비를
부담하기로 하고 초청한 외국인
이 영 별표 1 중 10. 문화예술
(D-1), 11. 유학(D-2) 또는 13.
일반연수(D-4)에 해당하는 체류
활동을 하기 위하여 체류자격변
경허가·체류기간연장허가 또는
재입국허가를 신청하는 경우

3. 영 별표 1중 체류자격1. 외교
(A-1) 내지3. 협정(A-3) 또는 체
류자격 17. 기업투자(D-8)의 자
격에 해당하는 자

4. 전자문서로 제72조제11호·제12
호의 증명을 열람하게 하거나 교
부하는 경우

5. 국가이익이나 인도적 사유 등을 고
려하여 수수료 면제가 필요하다
고 법무부장관이 인정하는 경우

[전문개정 2006.8.2]

</td></tr>
<tr><td>

제88조(사실증명의 발급) ① 사무소
장·출장소장, 시·군·구 또는 읍·
면·동의 장은 이 법의 절차에 따라
출국 또는 입국한 사실 유무에 대하
여 법무부령으로 정하는 바에 따라
출입국에 관한 사실증명을 발급할
수 있다. 다만, 출국 또는 입국한 사
실이 없는 사람에 대하여는 특히 필
요하다고 인정되는 경우에만 이 법
의 절차에 따른 출국 또는 입국 사실
이 없다는 증명을 발급할 수 있다.
〈개정 2012.1.26〉

② 사무소장·출장소장 또는 시·
군·구의 장은 이 법의 절차에 따
라 외국인등록을 한 외국인에게
법무부령으로 정하는 바에 따라
외국인등록 사실증명을 발급할
수 있다.

</td><td></td><td>

제75조(사실증명의 발급) ① 법 제88조
제1항에 따른 출입국에 관한 사실증
명은 본인이나 그의 법정대리인 또
는 그로부터 위임을 받은 사람이 다
음 각 호의 어느 하나에 해당하는 자
에게 신청하여야 한다. 〈개정 2012.
5.25〉

1. 사무소장 또는 출장소장

2. 시장(「제주특별자치도 설치 및
국제자유도시 조성을 위한 특별
법」 제15조에 따른 행정시장을
포함하며, 특별시장과 광역시장
은 제외한다. 이하 같다)·군수
또는 구청장(자치구의 구청장을
말한다. 이하 같다)

3. 읍·면 또는 동의 장

② 법 제88조제2항에 따른 외국인등
록 사실증명은 본인이나 그 법정

</td></tr>
</table>

[전문개정 2010.5.14]		대리인 또는 그로부터 위임을 받은 자가 사무소장 또는 출장소장이나 시장·군수 또는 구청장에게 신청하여야 한다. 〈개정 2012. 5.25〉 ③ 다음 각 호의 어느 하나에 해당하는 자는 제1항 또는 제2항에도 불구하고 출입국에 관한 사실증명이나 외국인등록 사실증명을 신청할 수 있다. 〈개정 2010.11. 16, 2012.1.19〉 1. 행방불명, 사망 등으로 본인이 의사표시를 할 수 없는 상태에 있거나 명백하게 본인의 이익을 위해 사용될 것으로 인정되는 경우: 다음 각 목의 어느 하나에 해당하는 사람 　가. 본인의 배우자 　나. 본인의 직계 존·비속 또는 형제·자매 　다. 본인의 배우자의 직계 존·비속 또는 형제·자매(본인의 배우자가 사망한 경우에만 해당하며, 나목에 해당하는 경우는 제외한다) 2. 본인인 외국인이 완전 출국한 경우: 본인인 외국인을 고용하였던 자 또는 그 대리인 3. 다음 각 목에 해당하는 경우로서 외국인등록 사실증명을 발급받으려는 경우: 채권자 　가. 채권·채무 관계에 관한 재판에서 승소판결이 확정된 경우 　나. 「주민등록법 시행령」 별표 2 제3호 각 목의 어느 하나에 해당하는 금융회사 등이 연체채권 회수를 위하여 필요로 하는 경우 　다. 해당 외국인과 채권·채무 관계에 있는 경우(기한 경과나 기한의 이익 상실 등으로 변제기가 도래한 경우에 한정하며, 채무금액이 100만

		원 이하인 경우는 제외한다) 4. 그 밖에 법무부장관이 공익상 필요하다고 인정하는 자 ④ 제3항의 규정에 의한 신청에 필요한 입증서류 등에 관하여 필요한 사항은 법무부장관이 정한다. [전문개정 2004.8.23]
제88조의2(외국인등록증 등과 주민등록증 등의 관계) ① 법령에 규정된 각종 절차와 거래관계 등에서 주민등록증이나 주민등록등본 또는 초본이 필요하면 외국인등록증이나 외국인등록 사실증명으로 이를 갈음한다. ② 이 법에 따른 외국인등록과 체류지 변경신고는 주민등록과 전입신고를 갈음한다. [전문개정 2010.5.14]		
제89조(각종 허가 등의 취소·변경) ① 법무부장관은 외국인이 다음 각 호의 어느 하나에 해당하면 제8조에 따른 사증발급, 제9조에 따른 사증발급인정서의 발급, 제12조제3항에 따른 입국허가, 제13조에 따른 조건부 입국허가, 제14조에 따른 승무원 상륙허가, 제14조의2에 따른 관광상륙허가 또는 제20조·제21조 및 제23조부터 제25조까지의 규정에 따른 체류허가 등을 취소하거나 변경할 수 있다. 〈개정 2012.1.26〉 1. 신원보증인이 보증을 철회하거나 신원보증인이 없게 된 경우 2. 거짓이나 그 밖의 부정한 방법으로 허가 등을 받은 것이 밝혀진 경우 3. 허가조건을 위반한 경우 4. 사정 변경으로 허가상태를 더 이상 유지시킬 수 없는 중대한 사유가 발생한 경우 5. 제1호부터 제4호까지에서 규정한 경우 외에 이 법 또는 다른 법을 위반한 정도가 중대하거나 출입국관리공무원의 정당한 직무명령	제94조(각종 허가 등의 취소·변경) ① 법무부장관은 법 제89조제1항에 따라 체류기간 연장허가 등을 취소 또는 변경한 때에는 해당 외국인에게 취소나 변경된 사실을 알리고 그 뜻을 여권에 적어야 한다. ② 출입국관리공무원은 법 제9조에 따른 사증발급인정서, 법 제13조에 따른 조건부 입국허가서, 법 제14조에 따른 승무원 상륙허가서, 법 제14조의2에 따른 관광상륙허가서 및 법 제20조에 따라 발급된 체류자격 외 활동허가서를 가진 외국인이 제1항에 따라 그 허가 등이 취소된 때에는 그 허가서 등을 회수하여야 한다. 〈개정 2012.5.25〉 [전문개정 2011.11.1] 제94조의2(의견진술 절차) ① 법 제89조제3항에 따른 통지는 서면으로 하여야 한다. 다만, 그 외국인 또는 신청인의 소재를 알 수 없는 등의 이유로 통지할 수 없는 경우에는 그러하지 아니하다. ② 제1항에 따라 통지를 받은 외국	

을 위반한 경우 ② 법무부장관은 제1항에 따른 각종 허가 등의 취소나 변경에 필요하다고 인정하면 해당 외국인이나 제79조에 따른 신청인을 출석하게 하여 의견을 들을 수 있다. ③ 제2항의 경우에 법무부장관은 취소하거나 변경하려는 사유, 출석 일시와 장소를 출석일 7일 전까지 해당 외국인이나 신청인에게 통지하여야 한다. [전문개정 2010.5.14]	인 또는 신청인은 지정된 일시 및 장소에 출석하여 의견을 진술하거나 서면(전자문서를 포함한다)으로 법무부장관에게 의견을 제출할 수 있다. 이 경우 의견진술을 하지 아니하거나 지정된 날까지 서면(전자문서를 포함한다)으로 의견을 제출하지 아니한 때에는 의견이 없는 것으로 본다. ③ 제2항에 따라 외국인 또는 신청인이 출석하여 의견을 진술한 때에는 관계 공무원은 그 요지를 서면(전자문서를 포함한다)으로 작성하여 진술한 사람으로 하여금 이를 확인한 후 서명날인(전자서명을 포함한다)하게 하여야 한다. [전문개정 2011.11.1]	
제90조(신원보증) ① 법무부장관은 사증발급, 사증발급인정서발급, 입국허가, 조건부 입국허가, 각종 체류허가, 외국인의 보호 또는 출입국사범의 신병인도(身柄引渡) 등과 관련하여 필요하다고 인정하면 초청자나 그 밖의 관계인에게 그 외국인(이하 "피보증외국인"이라 한다)의 신원을 보증하게 할 수 있다. ② 법무부장관은 제1항에 따라 신원보증을 한 사람(이하 "신원보증인"이라 한다)에게 피보증외국인의 체류, 보호 및 출국에 드는 비용의 전부 또는 일부를 부담하게 할 수 있다. ③ 신원보증인이 제2항에 따른 보증책임을 이행하지 아니하여 국고에 부담이 되게 한 경우에는 법무부장관은 신원보증인에게 구상권(求償權)을 행사할 수 있다. ④ 신원보증인이 제2항에 따른 비용을 부담하지 아니할 염려가 있거나 그 보증만으로는 보증목적을 달성할 수 없다고 인정될 때에는 신원보증인에게 피보증외국인 1인당 300만 원 이하의 보증금을	제95조(신원보증) ① 법 제90조제4항에 따른 보증금 예치 절차에 관하여는 제17조제2항을 준용한다. ② 법 제90조제1항에 따른 신원보증인이 보증책임을 이행하지 아니한 때에는 같은 조 제4항에 따라 예치된 보증금을 같은 조 제2항에 따라 피보증외국인의 체류·보호 및 출국에 드는 비용으로 충당한다. ③ 법 제90조제4항에 따라 예치된 보증금은 신원보증인이 보증책임을 이행하거나 보증목적이 달성되었다고 인정될 때에는 신원보증인에게 반환하여야 한다. [전문개정 2011.11.1] 제95조의2(구상권 행사 절차) ① 법무부장관은 법 제90조제3항 또는 제90조의2제2항에 따라 구상권을 행사하려면 구상금액 산출근거 등을 명확히 밝혀 구상금을 낼 것을 서면으로 신원보증인이나 불법고용주에게 통지하여야 한다. ② 제1항에 따른 구상금 납부통지를 받은 신원보증인 또는 불법고용주는 그 통지를 받은 날부터 15	제77조(신원보증) ① 법 제90조제1항의 규정에 의하여 신원보증을 하는 자는 신원보증인 및 피보증외국인의 인적사항·보증기간·보증내용 등을 기재한 신원보증서를 사무소장·출장소장 또는 보호소장에게 제출하여야 한다. 〈개정 1997.7.1〉 ② 제1항의 규정에 의한 신원보증인은 대한민국 안에 주소를 둔자로서 보증능력이 있는 자임을 소명하여야 한다. 〈개정 1997.7.1〉 ③ 피보증외국인이 소속하는 기관 또는 단체가 있는 때의 신원보증인은 특별한 사유가 없는 한 그 기관 또는 단체의 장으로 하며, 이 경우에는 제2항의 규정에 의한 보증능력의 소명을 요하지 아니한다. 〈개정 1997.7.1〉 ④ 외국인이 제2항의 규정에 의한 신원보증인이 되는 때에는 법 제33조의 규정에 의한 외국인등록증을 가지고 있어야 하며, 그 보증기간은 신원보증인의 체류기간을 초과할 수 없다. 〈개정 1997.7.1〉 ⑤ 신원보증인인 국민이 외국에서

예치하게 할 수 있다.

⑤ 신원보증인의 자격, 보증기간, 그 밖에 신원보증에 필요한 사항은 법무부령으로 정한다.

[전문개정 2010.5.14]

일 이내에 구상금을 내야 한다.

[전문개정 2011.11.1]

영주할 목적으로 출국하고자 하는 때에는 피보증외국인은 새로이 신원보증인을 설정하여야 한다. 신원보증인인 외국인이 출국하는 때에도 또한 같다. 〈개정 1997.7.1〉

⑥ 삭제 〈2005.7.8〉

⑦ 보증기간의 최장기간은 4년으로 한다. 〈개정 1994.7.20, 1997.7.1〉

⑧ 사무소장·출장소장 또는 보호소장은 대한민국 또는 외국의 정부기관이 신원보증인이 되거나 법무부장관이 따로 정하는 자에 대하여는 신원보증서의 제출을 생략할 수 있다. 〈개정 1994.7.20, 1997.7.1〉

⑨ 제1항의 규정에 의한 신원보증서를 제출한 자가 그 신원보증서의 보증기간의 범위 내에서 체류기간을 연장하는 경우에는 신원보증서의 추가제출을 요하지 아니한다.

⑩ 사무소장·출장소장 또는 보호소장은 제1항에 따른 신원보증인이 다음 각 호의 어느 하나에 해당하는 경우에는 신원보증인의 자격을 1년의 범위에서 제한할 수 있다. 〈신설 2011.12.23〉

1. 신원보증 신청일을 기준으로 최근 1년 이내에 신원보증 책임을 이행하지 않은 사실이 있는 경우

2. 피보증외국인의 소속 기관·단체 또는 업체의 장이 신원보증인인 경우 신원보증 신청일부터 최근 1년 이내에 3회 이상 신원보증 책임을 이행하지 않은 사실이 있는 경우

제77조의2(구상권행사절차) ① 영 제95조의2제1항의 규정에 의하여 통지를 하는 때에는 구상금납부통지서에 납입고지서를 첨부하여야 한다.

② 구상권행사담당공무원은 구상권행사 및 수납사항을 구상권행사 사건처리부에 기재하여야 한다.

		[본조신설 1997.7.1] 제9조의4(결혼동거 목적의 외국인 초청 절차 등) ① 외국인이 영 별표 1 중 27. 거주(F-2) 가목 또는 28의4. 결 혼이민(F-6) 가목에 해당하는 결혼 동거 목적의 사증을 발급받기 위해 서는 배우자의 초청이 있어야 한다. 이 경우 초청인은 법 제90조제1항에 따라 피초청인의 신원보증인이 된 다. 〈개정 2011.12.23〉 ② 제1항에 따른 사증을 발급받으려 는 외국인 중 법무부장관이 고시 하는 요건에 해당하는 사람은 그 의 배우자인 초청인이 법무부장 관이 시행하는 국제결혼에 관한 안내프로그램(이하 "국제결혼 안 내프로그램"이라 한다)을 이수하 였다는 증명서를 첨부하거나 초 청장에 국제결혼 안내프로그램 이수번호를 기재하여 사증 발급 을 신청하여야 한다. ③ 제2항에 따른 국제결혼 안내프로 그램의 시행기관, 비용 지원 등 그 운영에 필요한 사항은 법무부 장관이 정하여 고시한다. [본조신설 2011.3.7]
제90조의2(불법취업외국인의 출국비용 부담책임) ① 법무부장관은 취업활 동을 할 수 있는 체류자격을 가지지 아니한 외국인을 고용한 자(이하 "불 법고용주"라 한다)에게 그 외국인의 출국에 드는 비용의 전부 또는 일부 를 부담하게 할 수 있다. ② 불법고용주가 제1항에 따른 비용 부담책임을 이행하지 아니하여 국고에 부담이 되게 한 경우에 법무부장관은 그 불법고용주에 게 구상권을 행사할 수 있다. [전문개정 2010.5.14]		
제91조(문서 등의 송부) ① 문서 등의 송부는 이 법에 특별한 규정이 있는 경우를 제외하고는 본인, 가족, 신원 보증인, 소속 단체의 장의 순으로 직	제106조(통고서의 송달) 법 제104조에 따른 통고서는 법 제91조에 따른 방 법으로 송달한다. [전문개정 2011.11.1]	제88조(범칙금납부고지서) 영 제106조 의 규정에 의하여 통고서를 송달하 는 때에는 범칙금납부고지서를 첨부 하여야 한다.

접 내주거나 우편으로 보내는 방법에 따른다. ② 사무소장·출장소장 또는 외국인 보호소장은 제1항에 따른 문서 등의 송부가 불가능하다고 인정되면 송부할 문서 등을 보관하고, 그 사유를 청사(廳舍)의 게시판에 게시하여 공시송달(公示送達) 한다. ③ 제2항에 따른 공시송달은 게시한 날부터 14일이 지난 날에 그 효력이 생긴다. [전문개정 2010.5.14]		
제92조(권한의 위임) ① 법무부장관은 이 법에 따른 권한의 일부를 대통령령으로 정하는 바에 따라 사무소 장·출장소장 또는 외국인보호소장에게 위임할 수 있다. ② 시장(특별시장과 광역시장은 제외한다)은 이 법에 따른 권한의 일부를 대통령령으로 정하는 바에 따라 구청장(자치구가 아닌 구의 구청장을 말한다)에게 위임할 수 있다. 〈개정 2012.1.26〉 [전문개정 2010.5.14]	제96조(권한의 위임) ① 법무부장관은 법 제92조제1항에 따라 법 제9조, 제11조, 제20조, 제21조, 제23조부터 제25조까지, 제30조제1항, 제89조, 제90조 및 제90조의2에 따른 그의 권한을 법무부령으로 정하는 바에 따라 사무소장·출장소장 또는 보호소장에게 위임한다. 〈개정 2013.5.31, 2013.6.21〉 ② 시장(특별시장 및 광역시장은 제외한다)은 법 제92조제2항에 따라 법 제34조제2항, 제36조 및 제88조제2항에 따른 그의 권한을 구청장(자치구의 구청장은 제외한다)에게 위임한다. [전문개정 2011.11.1]	제78조(권한의 위임) ① 법무부장관은 영 제96조제1항에 따라 법 제9조에 따른 권한 중 다음 각 호의 어느 하나에 해당하는 사람에 대한 사증발 급인정서의 발급권한을 사무소장 또는 출장소장에게 위임한다. 〈개정 1995.12.1, 1997.7.1, 1998.4.1, 2002.4.27, 2003.9.24, 2004.8.23, 2007.6.1, 2011.12.23, 2013.1.1〉 1. 제17조제1항제1호 및 제3호에 해당하는 자로서 체류기간 90일이하의 영 별표 1중 체류자격 6. 일시취재(C-1) 내지 9. 단기취업(C-4)·26. 방문동거(F-1)의 자격에 해당하거나 체류기간 2년이하의 영 별표 1중 체류자격 12. 기술연수(D-3)의 자격에 해당하는 자 2. 제17조제1항제2호에 해당하는 자로서 별표 1의 1회에 부여하는 체류자격별 체류기간의 상한이내의 영 별표 1중 체류자격 10. 문화예술(D-1)부터 25. 특정활동(E-7)까지·25의3. 비전문취업(E-9)·25의4. 선원취업(E-10)·26. 방문동거(F-1)·27. 거주(F-2)·28. 동반(F-3)·28의2. 재외동포(F-4)·28의4. 결혼이민(F-6)·29. 기타(G-1) 또는 31. 방문취업(H-2)의 자격에 해당하는 자 ② 법무부장관은 영 제96조제1항에

		따라 법 제11조에 따른 입국금지에 관한 권한 중 법 제58조에 따른 심사결정에 의한 입국금지 권한을 사무소장·출장소장 또는 보호소장에게 위임한다. 다만, 중앙행정기관의 장 및 법무부장관이 정하는 관계 기관의 장이 소관 업무와 관련하여 요청하는 입국금지에 대해서는 그러하지 아니한다. 〈신설 2013.5.31〉
		③ 법무부장관이 영 제96조제1항의 규정에 의하여 법 제20조, 법 제21조, 법 제23조 내지 제25조의 규정에 의한 그의 권한을 사무소장 또는 출장소장에게 위임하는 범위는 별표 6과 같다. 〈개정 1997.7.1, 2013.5.31, 2013.6.28〉
		④ 법무부장관은 영 제96조제1항에 따라 법 제30조제1항 및 제89조에 따른 권한을 사무소장 또는 출장소장에게, 법 제90조 및 제90조의2에 따른 권한을 사무소장·출장소장 또는 보호소장에게 위임한다. 〈개정 1997.7.1, 2011.12.23, 2013.5.31, 2013.6.28〉
		⑤ 삭제 〈2013.6.28〉
		⑥ 사무소장 또는 출장소장은 입국금지자, 제10조제3호에 따른 사증발급 규제자, 그 밖에 법무부장관이 따로 정하는 사람에 대하여 법 제9조, 제20조, 제21조, 제23조부터 제25조까지 및 제30조에 따른 허가 등을 하려는 경우에는 제1항부터 제5항까지의 규정에도 불구하고 법무부장관의 승인을 받아야 한다. 〈개정 1994.7.20, 1997.7.1, 2010.11.16, 2011.12.23, 2013.5.31, 2013.6.28〉
제93조(남북한 왕래 등의 절차) ① 군사분계선 이남지역(이하 "남한"이라 한다)이나 해외에 거주하는 국민이 군사분계선 이북지역(이하 "북한"이라	제97조(남북한 왕래 등의 출입국심사절차) ① 법 제93조제1항에 따른 국민의 출입국심사에 관하여는 제1조를 준용한다. 이 경우 출입국관리공무	

한다)을 거쳐 출입국하는 경우에는 남한에서 북한으로 가기 전 또는 북한에서 남한으로 온 후에 출입국심사를 한다.

② 외국인의 남북한 왕래절차에 관하여는 법무부장관이 따로 정하는 경우를 제외하고는 이 법의 출입국절차에 관한 규정을 준용한다.

③ 외국인이 북한을 거쳐 출입국하는 경우에는 이 법의 출입국절차에 관한 규정에 따른다.

④ 제1항부터 제3항까지의 규정의 시행에 필요한 사항은 대통령령으로 정한다.

[전문개정 2010.5.14]

원은 「남북교류협력에 관한 법률 시행령」 제22조제1항제1호·제4호 및 제5호의 사항을 확인하여야 한다.

② 법 제93조제2항·제3항에 따른 외국인의 심사에 관하여는 제15조 및 제35조를 준용한다.

③ 법무부장관은 제1항 및 제2항에 따른 출입국심사를 할 때에 대한민국의 안전 또는 공공질서를 해치거나 남북관계에 중대한 영향을 미칠 우려가 있다고 인정하면 통일부장관 등 관계 기관의 장과 협의하여야 한다.

[전문개정 2011.11.1]

제10장 벌칙 〈개정 2010.5.14〉

제93조의2(벌칙) ① 다음 각 호의 어느 하나에 해당하는 사람은 7년 이하의 징역이나 금고에 처한다.

1. 이 법에 따라 보호되거나 일시보호된 사람으로서 다음 각 목의 어느 하나에 해당하는 사람

    가. 도주할 목적으로 보호시설 또는 기구를 손괴하거나 다른 사람을 폭행 또는 협박한 사람

    나. 2명 이상이 합동하여 도주한 사람

2. 이 법에 따른 보호나 강제퇴거를 위한 호송 중에 있는 사람으로서 다른 사람을 폭행 또는 협박하거나 2명 이상이 합동하여 도주한 사람

3. 이 법에 따라 보호·일시보호된 사람이나 보호 또는 강제퇴거를 위한 호송 중에 있는 사람을 탈취하거나 도주하게 한 사람

② 다음 각 호의 어느 하나에 해당하는 사람으로서 영리를 목적으로 한 사람은 7년 이하의 징역이나 금고 또는 5천만 원 이하의 벌금에 처한다. 〈개정 2012.1.26〉

1. 제12조제1항 또는 제2항에 따라 입국심사를 받아야 하는 외국인을 집단으로 불법입국하게 하거나 이를 알선한 사람 2. 제12조의3제1항을 위반하여 외국인을 집단으로 불법입국 또는 불법출국하게 하거나 대한민국을 거쳐 다른 국가로 불법입국하게 할 목적으로 선박 등이나 여권·사증, 탑승권, 그 밖에 출입국에 사용될 수 있는 서류 및 물품을 제공하거나 알선한 사람 3. 제12조의3제2항을 위반하여 불법으로 입국한 외국인을 집단으로 대한민국에서 은닉 또는 도피하게 하거나 은닉 또는 도피하게 할 목적으로 교통수단을 제공하거나 이를 알선한 사람 [전문개정 2010.5.14]		
제93조의3(벌칙) 다음 각 호의 어느 하나에 해당하는 사람은 5년 이하의 징역이나 금고 또는 3천만 원 이하의 벌금에 처한다. 1. 제12조제1항 또는 제2항을 위반하여 입국심사를 받지 아니하고 입국한 사람 2. 제93조의2제2항 각 호의 어느 하나에 해당하는 죄를 범한 사람(영리를 목적으로 한 사람은 제외한다) [전문개정 2010.5.14]		
제94조(벌칙) 다음 각 호의 어느 하나에 해당하는 사람은 3년 이하의 징역이나 금고 또는 2천만 원 이하의 벌금에 처한다. 〈개정 2012.1.26〉 1. 제3조제1항을 위반하여 출국심사를 받지 아니하고 출국한 사람 2. 제7조제1항 또는 제4항을 위반하여 입국한 사람 3. 제7조의2를 위반한 사람 4. 제12조의3을 위반한 사람으로서 제93조의2제2항 또는 제93조의3에 해당하지 아니하는 사람 5. 제14조제1항에 따른 승무원 상륙		

허가 또는 제14조의2제1항에 따른 관광상륙허가를 받지 아니하고 상륙한 사람		
6. 제14조제3항에 따른 승무원 상륙허가 또는 제14조의2제3항에 따른 관광상륙허가의 조건을 위반한 사람		
7. 제17조제1항을 위반하여 체류자격이나 체류기간의 범위를 벗어나서 체류한 사람		
8. 제18조제1항을 위반하여 취업활동을 할 수 있는 체류자격을 받지 아니하고 취업활동을 한 사람		
9. 제18조제3항을 위반하여 취업활동을 할 수 있는 체류자격을 가지지 아니한 사람을 고용한 사람		
10. 제18조제4항을 위반하여 취업활동을 할 수 있는 체류자격을 가지지 아니한 외국인의 고용을 업으로 알선·권유한 사람		
11. 제18조제5항을 위반하여 체류자격을 가지지 아니한 외국인을 자기 지배하에 두는 행위를 한 사람		
12. 제20조를 위반하여 체류자격 외 활동허가를 받지 아니하고 다른 체류자격에 해당하는 활동을 한 사람		
13. 제21조제2항을 위반하여 근무처의 변경허가 또는 추가허가를 받지 아니한 외국인의 고용을 업으로 알선한 사람		
14. 제22조에 따른 제한 등을 위반한 사람		
15. 제23조를 위반하여 체류자격을 받지 아니하고 체류한 사람		
16. 제24조를 위반하여 체류자격 변경허가를 받지 아니하고 다른 체류자격에 해당하는 활동을 한 사람		
17. 제25조를 위반하여 체류기간 연장허가를 받지 아니하고 체류기간을 초과하여 계속 체류한 사람		
18. 제28조제1항이나 제2항을 위반		

하여 출국심사를 받지 아니하고 출국한 사람 19. 제33조의2를 위반한 사람 20. 제69조나 제70조를 위반한 사람 [전문개정 2010.5.14]		
제95조(벌칙) 다음 각 호의 어느 하나에 해당하는 사람은 1년 이하의 징역이나 금고 또는 1천만 원 이하의 벌금에 처한다. 1. 제6조제1항을 위반하여 입국심사를 받지 아니하고 입국한 사람 2. 제13조제2항에 따른 조건부 입국허가의 조건을 위반한 사람 3. 제15조제1항에 따른 긴급상륙허가, 제16조제1항에 따른 재난상륙허가 또는 제16조의2제1항에 따른 난민 임시상륙허가를 받지 아니하고 상륙한 사람 4. 제15조제2항, 제16조제2항 또는 제16조의2제2항에 따른 허가조건을 위반한 사람 5. 제18조제2항을 위반하여 지정된 근무처가 아닌 곳에서 근무한 사람 6. 제21조제1항 본문을 위반하여 허가를 받지 아니하고 근무처를 변경하거나 추가한 사람 또는 제21조제2항을 위반하여 근무처의 변경허가 또는 추가허가를 받지 아니한 외국인을 고용한 사람 7. 제31조의 등록의무를 위반한 사람 8. 제51조제1항·제3항, 제56조 또는 제63조제1항에 따라 보호 또는 일시보호된 사람으로서 도주하거나 보호 또는 강제퇴거 등을 위한 호송 중에 도주한 사람(제93조의2제1항제1호 또는 제2호에 해당하는 사람은 제외한다) 9. 제63조제5항에 따른 주거의 제한이나 그 밖의 조건을 위반한 사람 10. 거짓이나 그 밖의 부정한 방법으로 제76조의2제1항에 따른 난민의 인정을 받은 사람 [전문개정 2010.5.14]		

제96조(벌칙) 다음 각 호의 어느 하나에 해당하는 사람은 1천만원 이하의 벌금에 처한다.

1. 제71조제4항에 따른 출항의 일시정지 또는 회항 명령이나 선박 등의 출입 제한을 위반한 사람
2. 정당한 사유 없이 제73조에 따른 준수사항을 지키지 아니하였거나 제73조의2제1항 또는 제3항을 위반하여 열람 또는 문서제출 요청에 따르지 아니한 사람
3. 정당한 사유 없이 제75조제1항 또는 제2항에 따른 보고서를 제출하지 아니하거나 거짓으로 제출한 사람

[전문개정 2010.5.14]

제97조(벌칙) 다음 각 호의 어느 하나에 해당하는 사람은 500만 원 이하의 벌금에 처한다.

1. 제18조제4항을 위반하여 취업활동을 할 수 있는 체류자격을 가지지 아니한 외국인의 고용을 알선·권유한 사람(업으로 하는 사람은 제외한다)
2. 제21조제2항을 위반하여 근무처의 변경허가 또는 추가허가를 받지 아니한 외국인의 고용을 알선한 사람(업으로 하는 사람은 제외한다)
3. 제72조를 위반하여 허가를 받지 아니하고 선박등이나 출입국심사장에 출입한 사람
4. 제74조에 따른 제출 또는 통보 의무를 위반한 사람
5. 제75조제4항 및 제5항에 따른 보고 또는 방지 의무를 위반한 사람
6. 제76조에 따른 송환의무를 위반한 사람
7. 제76조의6제1항을 위반하여 난민인정증명서 또는 난민여행증명서를 반납하지 아니하거나 같은 조 제2항에 따른 난민여행증명서 반납명령을 위반한 사람

[전문개정 2010.5.14]

제98조(벌칙) 다음 각 호의 어느 하나에 해당하는 사람은 100만 원 이하의 벌금에 처한다. 　1. 제27조에 따른 여권 등의 휴대 또는 제시 의무를 위반한 사람 　2. 제36조제1항에 따른 체류지 변경신고 의무를 위반한 사람 [전문개정 2010.5.14]		
제99조(미수범 등) ① 제93조의2, 제93조의3, 제94조제1호부터 제4호까지 또는 제18호 및 제95조제1호의 죄를 범할 목적으로 예비하거나 또는 음모한 사람과 미수범은 각각 해당하는 본죄에 준하여 처벌한다. 　② 제1항에 따른 행위를 교사하거나 방조한 사람은 정범(正犯)에 준하여 처벌한다. [전문개정 2010.5.14]		
제99조의2(난민에 대한 형의 면제) 제93조의3제1호, 제94조제2호·제5호·제6호 및 제15호부터 제17호까지 또는 제95조제3호·제4호에 해당하는 사람이 그 위반행위를 한 후 지체 없이 사무소장이나 출장소장에게 다음 각 호의 모두에 해당하는 사실을 직접 신고하는 경우에 그 사실이 증명되면 그 형을 면제한다. 　1. 난민협약 제1조A(2)에 규정된 이유로 그 생명·신체 또는 신체의 자유를 침해받을 공포가 있는 영역으로부터 직접 입국하거나 상륙한 난민이라는 사실 　2. 제1호의 공포로 인하여 해당 위반행위를 한 사실 [전문개정 2010.5.14]		
제99조의3(양벌규정) 법인의 대표자나 법인 또는 개인의 대리인, 사용인, 그 밖의 종업원이 그 법인 또는 개인의 업무에 관하여 다음 각 호의 어느 하나에 해당하는 위반행위를 하면 그 행위자를 벌하는 외에 그 법인 또는 개인에게도 해당 조문의 벌금형을 과(科)한다. 다만, 법인 또는 개		

인이 그 위반행위를 방지하기 위하여 해당 업무에 관하여 상당한 주의와 감독을 게을리하지 아니한 경우에는 그러하지 아니하다. 1. 제94조제3호의 위반행위 2. 제94조제9호의 위반행위 3. 제94조제19호의 위반행위 중 제33조의2제1호를 위반한 행위 4. 제94조제20호의 위반행위 5. 제95조제6호의 위반행위 6. 제96조제1호부터 제3호까지의 규정에 따른 위반행위 7. 제97조제4호부터 제6호까지의 규정에 따른 위반행위 [전문개정 2010.5.14]		
제100조(과태료) ① 다음 각 호의 어느 하나에 해당하는 자에게는 200만 원 이하의 과태료를 부과한다. 1. 제19조의 신고의무를 위반한 자 2. 제19조의4제1항 또는 제2항 각 호의 어느 하나에 해당하는 규정을 위반한 사람 3. 제21조제1항 단서의 신고의무를 위반한 사람 4. 과실로 인하여 제75조제1항 또는 제2항에 따른 출·입항보고를 하지 아니한 자 ② 다음 각 호의 어느 하나에 해당하는 자에게는 100만 원 이하의 과태료를 부과한다. 1. 제35조나 제37조를 위반한 사람 2. 제79조를 위반한 사람 3. 제81조제4항에 따른 출입국관리공무원의 장부 또는 자료 제출 요구를 거부하거나 기피한 자 ③ 다음 각 호의 어느 하나에 해당하는 자에게는 50만 원 이하의 과태료를 부과한다. 1. 제33조제2항을 위반하여 외국인등록증 발급신청을 하지 아니한 사람 2. 이 법에 따른 각종 신청이나 신고에서 거짓 사실을 적거나 보고한 자 ④ 제1항부터 제3항까지의 규정에	제102조(과태료의 부과기준) ① 법 제100조제4항에 따른 과태료의 부과기준은 별표 2와 같다. ② 삭제 〈2012.1.13〉 [전문개정 2011.11.1]	

따른 과태료는 대통령령으로 정하는 바에 따라 사무소장이나 출장소장이 부과·징수한다. [전문개정 2010.5.14]		
제11장 고발과 통고처분 〈개정 2010.5.14〉		
제1절 고발 〈개정 2010.5.14〉		
제101조(고발) ① 출입국사범에 관한 사건은 사무소장·출장소장 또는 외국인보호소장의 고발이 없으면 공소(公訴)를 제기할 수 없다. ② 출입국관리공무원 외의 수사기관이 제1항에 해당하는 사건을 입건(立件)하였을 때에는 지체 없이 관할 사무소장·출장소장 또는 외국인보호소장에게 인계하여야 한다. [전문개정 2010.5.14]	제103조(사건의 처분 결과 통보) 사무소장·출장소장 또는 보호소장은 법 제101조제2항에 따라 인계받은 사건의 처분 결과를 인계기관의 장에게 서면으로 통보한다. [전문개정 2011.11.1]	
제2절 통고처분 〈개정 2010.5.14〉		
제102조(통고처분) ① 사무소장·출장소장 또는 외국인보호소장은 출입국사범에 대한 조사 결과 범죄의 확증을 얻었을 때에는 그 이유를 명확하게 적어 서면으로 벌금에 상당하는 금액(이하 "범칙금"이라 한다)을 지정한 곳에 낼 것을 통고할 수 있다. ② 사무소장·출장소장 또는 외국인보호소장은 제1항에 따른 통고처분을 받은 자가 범칙금(犯則金)을 임시납부하려는 경우에는 임시납부하게 할 수 있다. ③ 사무소장·출장소장 또는 외국인보호소장은 조사 결과 범죄의 정상이 금고 이상의 형에 해당할 것으로 인정되면 즉시 고발하여야 한다. ④ 출입국사범에 대한 조사에 관하여는 제47조부터 제50조까지의 규정을 준용한다. 이 경우 용의자신문조서는 「형사소송법」 제244조에 따른 피의자신문조서로 본다.	제104조(통고처분의 절차) ① 사무소장·출장소장 또는 보호소장은 법 제102조제1항에 따라 통고처분을 하는 때에는 제72조에 따른 심사결정서와 통고서를 작성하여야 한다. ② 제1항에 따른 통고서에는 다음 각 호의 사항을 적고 사무소장·출장소장 또는 보호소장이 서명날인하여야 한다. 1. 통고처분을 받은 사람의 성명·성별·생년월일 및 주소 2. 범칙금액 3. 위반사실 4. 적용 법조문 5. 납부장소 및 납부기간 6. 통고처분 연월일 ③ 사무소장·출장소장 또는 보호소장은 조사 결과 위반사실이 여권 또는 서류 등에 의하여 명백히 인정되고 처분에 다툼이 없는 출입국사범에 대해서는 제57조에 따른 용의사실 인지보고서, 제59조제1항에 따른 용의자신문조서,	제54조의3(사건부의 등재등) ① 출입국관리공무원은 영 제57조의 규정에 의한 용의사실인지보고서 또는 영 제104조제3항의 규정에 의한 출입국사범심사결정통고서를 작성하는 때에는 사건부에 소정의 사항을 기재하고 용의사실인지보고서 또는 출입국사범심사결정통고서에 사건번호를 기재하여야 한다. ② 사건번호는 사건마다 접수연도와 접수순서에 따라 연도표시 일련번호로 표시한다. [본조신설 1995.12.1] [제54조의2에서 이동 〈2005.7.8〉] 제87조(범칙금의 수납기관) 영 제105조제1항의 규정에 의한 수납기관은 한국은행 본·지점과 한국은행이 지정한 국고대리점 및 국고수납대리점 또는 우체국으로 한다.

[전문개정 2010.5.14]	제1항에 따른 심사결정서 및 통고서를 따로 작성하지 아니하고 출입국사범 심사결정 통고서를 작성하는 것으로 갈음할 수 있다. [전문개정 2011.11.1] **제105조(범칙금의 납부절차 등)** ① 법 제102조제1항에 따라 통고처분을 받은 사람은 그 범칙금을 법 제105조에 따른 납부기간 내에 사무소장·출장소장 또는 보호소장이 지정하는 국고은행, 그 지점 또는 대리점이나 우체국(이하 "수납기관"이라 한다)에 내야 한다. ② 제1항에 따라 범칙금을 받은 수납기관은 범칙금을 낸 사람에게 영수증서를 발급하여야 한다. ③ 수납기관은 제2항에 따른 영수증서를 발급한 때에는 지체 없이 그 통고서를 발행한 사무소장·출장소장 또는 보호소장에게 영수확인 통지서를 보내야 한다. ④ 범칙금은 나누어 낼 수 없다. [전문개정 2011.11.1] **제107조(범칙금의 임시납부)** ① 법 제102조제2항에 따라 범칙금을 임시납부하려는 사람은 사무소장·출장소장 또는 보호소장에게 임시납부신청서를 제출하고 해당 범칙금을 내야 한다. ② 사무소장·출장소장 또는 보호소장은 제1항에 따라 임시납부된 범칙금을 받은 때에는 지체 없이 범칙금 임시보관대장에 적고 임시납부금 수령증을 그 납부자에게 발급하여야 한다. ③ 사무소장·출장소장 또는 보호소장은 제2항에 따라 임시납부받은 범칙금을 수납기관에 내야 한다. [전문개정 2011.11.1]	
제103조(범칙금의 양정기준 등) ① 범칙금의 양정기준(量定基準)은 법무부령으로 정한다. ② 법무부장관은 출입국사범의 나이와 환경, 법 위반의 동기와 결과,		**제86조(범칙금의 양정기준)** ① 법 제103조제1항에 따른 범칙금의 양정기준은 별표 7 및 별표 8과 같다. 〈개정 2007.6.1, 2011.12.23〉 ② 범칙금은 사무소장·출장소장 또

범칙금 부담능력, 그 밖의 정상을 고려하여 제102조제1항에 따른 통고처분을 면제할 수 있다. [전문개정 2010.5.14]		는 보호소장이 당해출입국사범의 나이와 환경, 법위반의 동기와 결과, 범칙금부담능력, 위반횟수 등을 참작하여 제1항의 규정에 의한 기준액의 2분의 1의 범위 안에서 이를 경감하거나 가중 할 수 있다. 〈개정 2013.5.31〉 ③ 사무소장·출장소장 또는 보호소장은 부득이하다고 인정하는 경우 법무부장관의 승인을 얻어 제1항 및 제2항의 규정에 의한 기준과 달리 범칙금을 정할 수 있다. 법 제103조제2항의 규정에 의하여 범칙금을 면제하는 경우에도 또한 같다.
제104조(통고처분의 고지방법) 통고처분의 고지는 통고서 송달의 방법으로 한다. [전문개정 2010.5.14]	제106조(통고서의 송달) 법 제104조에 따른 통고서는 법 제91조에 따른 방법으로 송달한다. [전문개정 2011.11.1]	제88조(범칙금납부고지서) 영 제106조의 규정에 의하여 통고서를 송달하는 때에는 범칙금납부고지서를 첨부하여야 한다.
제105조(통고처분의 불이행과 고발) ① 출입국사범은 통고서를 송달받으면 10일 이내에 범칙금을 내야 한다. ② 사무소장·출장소장 또는 외국인 보호소장은 출입국사범이 제1항에 따른 기간에 범칙금을 내지 아니하면 고발하여야 한다. 다만, 고발하기 전에 범칙금을 낸 경우에는 그러하지 아니하다. ③ 출입국사범에 대하여 강제퇴거명령서를 발급한 경우에는 제2항 본문에도 불구하고 고발하지 아니한다. [전문개정 2010.5.14]	제105조(범칙금의 납부절차 등) ① 법 제102조제1항에 따라 통고처분을 받은 사람은 그 범칙금을 법 제105조에 따른 납부기간 내에 사무소장·출장소장 또는 보호소장이 지정하는 국고은행, 그 지점 또는 대리점이나 우체국(이하 "수납기관"이라 한다)에 내야 한다. ② 제1항에 따라 범칙금을 받은 수납기관은 범칙금을 낸 사람에게 영수증서를 발급하여야 한다. ③ 수납기관은 제2항에 따른 영수증서를 발급한 때에는 지체 없이 그 통고서를 발행한 사무소장·출장소장 또는 보호소장에게 영수확인 통지서를 보내야 한다. ④ 범칙금은 나누어 낼 수 없다. [전문개정 2011.11.1]	제87조(범칙금의 수납기관) 영 제105조제1항의 규정에 의한 수납기관은 한국은행 본·지점과 한국은행이 지정한 국고대리점 및 국고수납대리점 또는 우체국으로 한다.
제106조(일사부재리) 출입국사범이 통고한 대로 범칙금을 내면 동일한 사건에 대하여 다시 처벌받지 아니한다. [전문개정 2010.5.14]		

2. 외국인근로자의 고용 등에 관한 법률

3단비교표(법률-시행령-시행규칙)

외국인근로자의 고용 등에 관한 법률 [법률 제11690호, 2013.3.23, 타법개정]	외국인근로자의 고용 등에 관한 법률 시행령 [대통령령 제24447호, 2013.3.23, 타법개정]	외국인근로자의 고용 등에 관한 법률 시행규칙 [고용노동부령 제53호, 2012.5.14, 일부개정]
제1장 총칙 〈개정 2009.10.9〉		
제1조(목적) 이 법은 외국인근로자를 체계적으로 도입·관리함으로써 원활한 인력수급 및 국민경제의 균형 있는 발전을 도모함을 목적으로 한다. [전문개정 2009.10.9]	제1조(목적) 이 영은 「외국인근로자의 고용 등에 관한 법률」에서 위임된 사항과 그 시행에 필요한 사항을 정함을 목적으로 한다. [전문개정 2010.4.7]	제1조(목적) 이 규칙은 「외국인근로자의 고용 등에 관한 법률」 및 같은 법 시행령에서 위임된 사항과 그 시행에 필요한 사항을 규정함을 목적으로 한다. [전문개정 2010.4.12]
제2조(외국인근로자의 정의) 이 법에서 "외국인근로자"란 대한민국의 국적을 가지지 아니한 사람으로서 국내에 소재하고 있는 사업 또는 사업장에서 임금을 목적으로 근로를 제공하고 있거나 제공하려는 사람을 말한다. 다만, 「출입국관리법」 제18조제1항에 따라 취업활동을 할 수 있는 체류자격을 받은 외국인 중 취업분야 또는 체류기간 등을 고려하여 대통령령으로 정하는 사람은 제외한다. [전문개정 2009.10.9]	제2조(적용 제외 외국인근로자) 「외국인근로자의 고용 등에 관한 법률」(이하 "법"이라 한다) 제2조 단서에서 "대통령령으로 정하는 사람"이란 다음 각 호의 어느 하나에 해당하는 사람을 말한다. 1. 「출입국관리법 시행령」 제23조제1항에 따라 취업활동을 할 수 있는 체류자격 중 9. 단기취업(C-4), 19. 교수(E-1)부터 25. 특정활동(E-7)까지의 체류자격에 해당하는 사람 2. 「출입국관리법 시행령」 제23조제2항부터 제4항까지의 규정에 따라 체류자격의 구분에 따른 활동의 제한을 받지 아니하는 사람 3. 「출입국관리법 시행령」 제23조제5항에 따라 체류자격 30. 관광취업(H-1)의 자격에 해당하는 사람으로서 취업활동을 하는 사람 [전문개정 2010.4.7]	
제3조(적용 범위 등) ① 이 법은 외국인근로자 및 외국인근로자를 고용하고 있거나 고용하려는 사업 또는 사업장에 적용한다. 다만, 「선원법」의 적용을 받는 선박에 승무(乘務)하는		

선원 중 대한민국 국적을 가지지 아니한 선원 및 그 선원을 고용하고 있거나 고용하려는 선박의 소유자에 대하여는 적용하지 아니한다. ② 외국인근로자의 입국·체류 및 출국 등에 관하여 이 법에서 규정하지 아니한 사항은 「출입국관리법」에서 정하는 바에 따른다. [전문개정 2009.10.9]		
		제3조 삭제 〈2006.6.30〉
제4조(외국인력정책위원회) ① 외국인근로자의 고용관리 및 보호에 관한 주요 사항을 심의·의결하기 위하여 국무총리 소속으로 외국인력정책위원회(이하 "정책위원회"라 한다)를 둔다. ② 정책위원회는 다음 각 호의 사항을 심의·의결한다. 1. 외국인근로자 관련 기본계획의 수립에 관한 사항 2. 외국인근로자 도입 업종 및 규모 등에 관한 사항 3. 외국인근로자를 송출할 수 있는 국가(이하 "송출국가"라 한다)의 지정 및 지정취소에 관한 사항 4. 그 밖에 대통령령으로 정하는 사항 ③ 정책위원회는 위원장 1명을 포함한 20명 이내의 위원으로 구성한다. ④ 정책위원회의 위원장은 국무조정실장이 되고, 위원은 기획재정부·외교부·법무부·산업통상자원부·고용노동부의 차관, 중소기업청장 및 대통령령으로 정하는 관계 중앙행정기관의 차관이 된다. 〈개정 2010.6.4, 2013.3.23〉 ⑤ 외국인근로자 고용제도의 운영 및 외국인근로자의 권익보호 등에 관한 사항을 사전에 심의하게 하기 위하여 정책위원회에 외국인력정책실무위원회(이하 "실무위원회"라 한다)를 둔다. ⑥ 정책위원회와 실무위원회의 구성·기능 및 운영 등에 필요한	제3조(외국인력정책위원회의 심의·의결 사항) 법 제4조제2항제4호에서 "대통령령으로 정하는 사항"이란 다음 각 호의 사항을 말한다. 1. 외국인근로자를 고용할 수 있는 사업 또는 사업장에 관한 사항 2. 사업 또는 사업장에서 고용할 수 있는 외국인근로자의 규모에 관한 사항 3. 외국인근로자를 송출할 수 있는 국가(이하 "송출국가"라 한다)별 외국인력 도입 업종 및 규모에 관한 사항 4. 외국인근로자의 권익보호에 관한 사항 5. 그 밖에 외국인근로자의 고용 등에 관하여 법 제4조에 따른 외국인력정책위원회(이하 "정책위원회"라 한다)의 위원장이 필요하다고 인정하는 사항 [전문개정 2010.4.7] 제4조(정책위원회의 구성) 법 제4조제4항에서 "대통령령으로 정하는 관계 중앙행정기관"이란 안전행정부, 문화체육관광부, 농림수산식품부, 보건복지부, 국토교통부 및 해양수산부를 말한다. 〈개정 2013.3.23〉 [전문개정 2010.4.7] 제7조(외국인력정책실무위원회의 구성·운영 등) ① 법 제4조제5항에 따른 외국인력정책실무위원회(이하 "실무위원회"라 한다)는 위원장 1명을 포함한 25명 이내의 위원으로 구성한다.	

사항은 대통령령으로 정한다.
[전문개정 2009.10.9]

② 실무위원회의 위원은 근로자를 대표하는 위원(이하 "근로자위원"이라 한다), 사용자를 대표하는 위원(이하 "사용자위원"이라 한다), 공익을 대표하는 위원(이하 "공익위원"이라 한다) 및 정부를 대표하는 위원(이하 "정부위원"이라 한다)으로 구성하되, 근로자위원과 사용자위원은 같은 수로 한다.

③ 실무위원회의 위원장은 고용노동부차관이 되고, 실무위원회의 위원은 다음 각 호의 구분에 따른 사람 중에서 실무위원회의 위원장이 위촉하거나 임명한다. 〈개정 2010.7.12〉

1. 근로자위원: 총연합단체인 노동조합에서 추천한 사람

2. 사용자위원: 전국적 규모를 갖춘 사용자단체에서 추천한 사람

3. 공익위원: 외국인근로자의 고용 및 권익보호 등에 관한 학식과 경험이 풍부한 사람

4. 정부위원: 관계 중앙행정기관의 3급 공무원 또는 고위공무원단에 속하는 일반직공무원중 외국인근로자 관련 업무를 수행하는 사람

④ 제2항에 따른 실무위원회의 위원의 임기는 2년(정부위원의 경우는 재임기간)으로 한다.

⑤ 실무위원회는 정책위원회에서 심의·의결할 사항 중 필요한 사항에 관하여 사전에 심의하고 그 결과를 정책위원회에 보고하여야 한다.

⑥ 실무위원회의 위원에게는 예산의 범위에서 수당과 여비를 지급할 수 있다. 다만, 공무원인 위원이 그 소관업무와 직접적으로 관련되어 위원회에 출석하는 경우에는 그러하지 아니하다.

⑦ 실무위원회에 관하여는 제5조와 제6조제1항 및 제6항을 준용한

	다. 이 경우 "정책위원회"는 "실무위원회"로 본다. [전문개정 2010.4.7]	
		제4조 삭제 〈2006.6.30〉
제5조(외국인근로자 도입계획의 공표 등) ① 고용노동부장관은 제4조제2항 각 호의 사항이 포함된 외국인근로자 도입계획을 정책위원회의 심의·의결을 거쳐 수립하여 매년 3월 31일까지 대통령령으로 정하는 방법으로 공표하여야 한다. 〈개정 2010.6.4〉 ② 고용노동부장관은 제1항에도 불구하고 국내의 실업증가 등 고용사정의 급격한 변동으로 인하여 제1항에 따른 외국인근로자 도입계획을 변경할 필요가 있을 때에는 정책위원회의 심의·의결을 거쳐 변경할 수 있다. 이 경우 공표의 방법에 관하여는 제1항을 준용한다. 〈개정 2010.6.4〉 ③ 고용노동부장관은 필요한 경우 외국인근로자 관련 업무를 지원하기 위하여 조사·연구사업을 할 수 있으며, 이에 관하여 필요한 사항은 대통령령으로 정한다. 〈개정 2010.6.4〉 [전문개정 2009.10.9]	제8조(외국인근로자 도입계획의 공표) 법 제5조제1항에서 "대통령령으로 정하는 방법"이란 다음 각 호의 매체를 통하여 공고하는 것을 말한다. 1. 관보 2. 「신문 등의 진흥에 관한 법률」 제9조제1항에 따라 그 보급지역을 전국으로 하여 등록한 일간신문 3. 인터넷 [전문개정 2010.4.7] 제9조(조사·연구사업) 고용노동부장관은 법 제5조제3항에 따라 외국인근로자 관련 업무를 지원하기 위하여 다음 각 호의 사항에 관한 조사·연구사업을 할 수 있다. 〈개정 2010.7.12〉 1. 국내 산업별·직종별 인력부족 동향에 관한 사항 2. 외국인근로자의 임금 등 근로조건 및 취업실태에 관한 사항 3. 사용자의 외국인근로자 고용만족도에 관한 사항 4. 제12조제1항에 따른 협의사항의 이행에 관한 사항 5. 외국인근로자의 국내 생활 적응 및 대한민국에 대한 이해 증진과 관련된 사항 6. 그 밖에 외국인근로자의 도입·관리를 위하여 필요하다고 고용노동부장관이 인정하는 사항 [전문개정 2010.4.7] 제31조의2(고유식별정보의 처리) 고용노동부장관(제31조에 따라 고용노동부장관의 권한을 위임·위탁받은 자를 포함한다), 직업안정기관의 장 또는 한국산업인력공단은 다음 각 호의 사무를 수행하기 위하여 불가피한 경우 「개인정보 보호법 시행령」 제19조제1호 또는 제4호에 따른 주민	

	등록번호 또는 외국인등록번호가 포함된 자료를 처리할 수 있다. 〈개정 2012.5.14〉 1. 법 제5조에 따라 수립된 외국인근로자 도입계획의 시행에 관한 사무 2. 법 제7조에 따른 외국인구직자 명부의 작성에 관한 사무 3. 법 제8조에 따른 외국인근로자 고용허가에 관한 사무 4. 법 제9조에 따른 외국인근로자 근로계약 체결에 관한 사무 5. 법 제12조에 따른 외국인근로자 고용의 특례에 관한 사무 6. 법 제13조에 따른 출국만기보험·신탁에 관한 사무 7. 법 제15조에 따른 귀국비용보험·신탁에 관한 사무 8. 법 제17조에 따른 외국인근로자의 고용관리에 관한 사무 9. 법 제18조의2에 따른 취업활동기간의 연장에 관한 사무 10. 법 제18조의4에 따른 재입국 후의 고용허가에 관한 사무 11. 법 제23조에 따른 보증보험 및 상해보험의 가입 등에 관한 사무 12. 법 제25조에 따른 외국인근로자의 사업 또는 사업장 변경에 관한 사무 13. 법 제26조에 따른 보고 및 조사 등에 관한 사무 [본조신설 2012.1.6]	
	제5조(정책위원회 위원장의 직무) ① 정책위원회의 위원장은 정책위원회를 대표하며, 그 업무를 총괄한다. ② 정책위원회의 위원장이 부득이한 사유로 직무를 수행할 수 없을 때에는 위원장이 지명하는 위원이 그 직무를 대행한다. [전문개정 2010.4.7]	
제2장 외국인근로자 고용절차 〈개정 2009.10.9〉		
제6조(내국인 구인 노력) ① 외국인근로		제2조(직업소개) 「직업안정법」 제2조

자를 고용하려는 자는「직업안정법」
제2조의2제1호에 따른 직업안정기
관(이하 "직업안정기관"이라 한다)
에 우선 내국인 구인 신청을 하여야
한다.
② 직업안정기관의 장은 제1항에 따
른 내국인 구인 신청을 받은 경
우에는 사용자가 적절한 구인 조
건을 제시할 수 있도록 상담·지
원하여야 하며, 구인 조건을 갖
춘 내국인이 우선적으로 채용될
수 있도록 직업소개를 적극적으
로 하여야 한다.
[전문개정 2009.10.9]

제6조(정책위원회의 운영) ① 정책위원
회의 위원장은 정책위원회의 회의를
소집하고, 그 의장이 된다.
② 정책위원회의 회의는 재적위원
과반수의 출석으로 개의(開議)하
고, 출석위원 과반수의 찬성으로
의결한다.
③ 정책위원회에 그 사무를 처리할
간사 1명을 두되, 간사는 국무총
리실의 3급 공무원 또는 고위공무
원단에 속하는 일반직공무원 중
에서 국무조정실장이 임명한다.
④ 정책위원회는 안건의 심의·의결
을 위하여 필요하다고 인정할 때
에는 관계 행정기관 또는 단체
등에 자료의 제출을 요청하거나
관계 공무원 또는 전문가 등을
출석시켜 의견을 들을 수 있다.
⑤ 제4항에 따라 출석한 관계 공무
원 또는 전문가 등에게는 예산의
범위에서 수당과 여비를 지급할
수 있다. 다만, 공무원이 그 소관
업무와 직접적으로 관련되어 출
석하는 경우에는 그러하지 아니
하다.
⑥ 이 영에서 규정한 사항 외에 정책
위원회의 운영 등에 필요한 사항
은 정책위원회의 의결을 거쳐 정
책위원회의 위원장이 정한다.
[전문개정 2010.4.7]

의2제1호에 따른 직업안정기관(이
하 "직업안정기관"이라 한다)의 장
은「외국인근로자의 고용 등에 관한
법률」(이하 "법"이라 한다) 제6조제
2항에 따라 사용자에게 직업소개를
할 때 지방자치단체 등 공공기관과
「직업안정법」 제18조에 따른 국내
무료직업소개사업자가 하는 직업소
개사업을 적극 활용하여야 한다.
[전문개정 2010.4.12]

제7조(외국인구직자 명부의 작성) ① 고용노동부장관은 제4조제2항제3호에 따라 지정된 송출국가의 노동행정을 관장하는 정부기관의 장과 협의하여 대통령령으로 정하는 바에 따라 외국인구직자 명부를 작성하여야 한다. 다만, 송출국가에 노동행정을 관장하는 독립된 정부기관이 없을 경우 가장 가까운 기능을 가진 부서를 정하여 정책위원회의 심의를 받아 그 부서의 장과 협의한다. 〈개정 2010.6.4〉

② 고용노동부장관은 제1항에 따른 외국인구직자 명부를 작성할 때에는 외국인구직자 선발기준 등으로 활용할 수 있도록 한국어 구사능력을 평가하는 시험(이하 "한국어능력시험"이라 한다)을 실시하여야 하며, 한국어능력시험의 실시기관 선정 및 선정취소, 평가의 방법, 그 밖에 필요한 사항은 대통령령으로 정한다. 〈개정 2010.6.4〉

③ 고용노동부장관은 제1항에 따른 외국인구직자 선발기준 등으로 활용하기 위하여 필요한 경우 기능 수준 등 인력 수요에 부합되는 자격요건을 평가할 수 있다. 〈개정 2010.6.4〉

④ 제3항에 따른 자격요건 평가기관은 「한국산업인력공단법」에 따른 한국산업인력공단으로 하며, 자격요건 평가의 방법 등 필요한 사항은 대통령령으로 정한다.

[전문개정 2009.10.9]

제12조(외국인구직자 명부의 작성) ① 고용노동부장관은 법 제7조제1항에 따라 외국인구직자 명부를 작성하는 경우에는 다음 각 호의 사항을 송출국가와 협의하여야 한다. 〈개정 2010.7.12〉

1. 인력의 송출·도입과 관련된 준수사항
2. 인력 송출의 업종 및 규모에 관한 사항
3. 송출대상 인력을 선발하는 기관·기준 및 방법에 관한 사항
4. 법 제7조제2항에 따른 한국어 구사능력을 평가하는 시험(이하 "한국어능력시험"이라 한다)의 실시에 관한 사항
5. 그 밖에 외국인근로자를 원활하게 송출·도입하기 위하여 고용노동부장관이 필요하다고 인정하는 사항

② 고용노동부장관은 송출국가가 송부한 송출대상 인력을 기초로 외국인구직자 명부를 작성하고, 관리하여야 한다. 〈개정 2010.7.12〉

[전문개정 2010.4.7]

제13조(한국어능력시험) ① 고용노동부장관은 법 제7조제2항에 따라 다음 각 호의 사항을 고려하여 한국어능력시험 실시기관을 선정하여야 한다. 〈개정 2010.7.12〉

1. 한국어능력시험 실시를 위한 행정적·재정적 능력
2. 한국어능력시험을 객관적이고 공정하게 실시할 수 있는지 여부
3. 한국어능력시험 내용의 적정성
4. 그 밖에 한국어능력시험의 원활한 시행을 위하여 고용노동부장관이 필요하다고 인정하는 사항

② 고용노동부장관은 제1항에 따라 선정된 한국어능력시험 실시기관이 다음 각 호의 어느 하나에 해당하는 경우에는 그 선정을 취소할 수 있다. 〈개정 2010.7.12〉

1. 거짓이나 그 밖의 부정한 방법으

로 선정된 경우

2. 한국어능력시험 응시생의 모집, 한국어능력시험 시행 또는 합격자 처리과정에서 부정이 있는 경우

3. 그 밖에 제1항에 따른 한국어능력시험 실시기관 선정기준에 미달하는 등 한국어능력시험 실시기관으로서 업무를 수행하는 것이 어렵다고 인정되는 경우

③ 한국어능력시험은 매년 1회 이상 실시하며, 객관식 필기시험을 원칙으로 하되, 주관식 필기시험을 일부 추가할 수 있다.

④ 한국어능력시험의 내용에는 대한민국의 문화에 대한 이해와 산업안전 등 근무에 필요한 기본사항이 포함되어야 한다.

⑤ 제1항에 따라 선정된 한국어능력시험 실시기관은 매년 4월 30일까지 다음 각 호의 사항을 고용노동부장관에게 보고하여야 한다. 〈개정 2010.7.12〉

1. 전년도 한국어능력시험의 실시 결과와 해당 연도 한국어능력시험의 실시계획

2. 한국어능력시험에서의 부정 방지 대책의 수립 및 그 이행에 관한 사항

3. 한국어능력시험의 응시수수료

4. 그 밖에 한국어능력시험의 실시와 관련하여 고용노동부장관이 정하는 사항

[전문개정 2010.4.7]

제13조의2(기능 수준 등의 자격요건 평가) ① 법 제7조제3항에 따른 자격요건 평가의 방법 및 내용은 다음 각 호와 같다.

1. 평가방법

가. 필기시험

나. 실기시험

다. 면접시험

2. 평가내용

가. 취업하려는 업종에 근무하기

	위하여 필요한 기능 수준 나. 외국인구직자의 체력 다. 근무 경력 라. 그 밖에 인력 수요에 부합되는지를 평가하기 위하여 필요하다고 인정되는 사항 ② 고용노동부장관은 제1항에 따른 평가의 방법 및 내용을 정하여 「한국산업인력공단법」에 따른 한국산업인력공단(이하 "한국산업인력공단"이라 한다)에 통보하고, 고용노동부 게시판 및 인터넷 홈페이지 등에 공고하여야 한다. 〈개정 2010.7.12〉 ③ 한국산업인력공단은 매년 4월 30일까지 다음 각 호의 사항을 고용노동부장관에게 보고하여야 한다. 〈개정 2010.7.12〉 1. 전년도 자격요건의 평가 결과와 해당 연도 자격요건의 평가계획 2. 그 밖에 자격요건의 평가와 관련하여 고용노동부장관이 정하는 사항 [본조신설 2010.4.7] [종전 제13조의2는 제13조의3으로 이동 〈2010.4.7〉]	
		제7조 삭제 〈2006.6.30〉
제8조(외국인근로자 고용허가) ① 제6조제1항에 따라 내국인 구인 신청을 한 사용자는 같은 조 제2항에 따른 직업소개를 받고도 인력을 채용하지 못한 경우에는 고용노동부령으로 정하는 바에 따라 직업안정기관의 장에게 외국인근로자 고용허가를 신청하여야 한다. 〈개정 2010.6.4〉 ② 제1항에 따른 고용허가 신청의 유효기간은 3개월로 하되, 일시적인 경영악화 등으로 신규 근로자를 채용할 수 없는 경우 등에는 대통령령으로 정하는 바에 따라 1회에 한정하여 고용허가 신청의 효력을 연장할 수 있다. ③ 직업안정기관의 장은 제1항에 따	제13조의4(고용허가서의 발급요건) 법 제8조제3항에서 "외국인근로자 도입 업종 및 규모 등 대통령령으로 정하는 요건"이란 다음 각 호의 요건 모두에 해당하는 것을 말한다. 〈개정 2010.7.12〉 1. 정책위원회에서 정한 외국인근로자의 도입 업종, 외국인근로자를 고용할 수 있는 사업 또는 사업장에 해당할 것 2. 고용노동부령으로 정하는 기간 이상 내국인을 구인하기 위하여 노력하였는데도 직업안정기관에 구인 신청한 내국인근로자의 전부 또는 일부를 채용하지 못하였을 것. 다만, 법 제6조제2항에 따	제5조(고용허가서의 발급) ① 법 제8조제1항에 따라 사용자가 외국인근로자 고용허가를 신청할 때에는 별지 제4호서식의 외국인근로자 고용허가서 발급신청서에 「외국인근로자의 고용 등에 관한 법률 시행령」(이하 "영"이라 한다) 제13조의4제1호에 해당함을 증명할 수 있는 서류를 첨부하여 제5조의2에 따른 내국인 구인노력 기간이 지난 후 3개월 이내에 사업 또는 사업장의 소재지를 관할하는 직업안정기관의 장(이하 "소재지관할 직업안정기관의 장"이라 한다)에게 제출하여야 한다. ② 법 제8조제3항에 따라 소재지관할 직업안정기관의 장이 사용자

른 신청을 받으면 외국인근로자 도입 업종 및 규모 등 대통령령으로 정하는 요건을 갖춘 사용자에게 제7조제1항에 따른 외국인구직자 명부에 등록된 사람 중에서 적격자를 추천하여야 한다.

④ 직업안정기관의 장은 제3항에 따라 추천된 적격자를 선정한 사용자에게는 지체 없이 고용허가를 하고, 선정된 외국인근로자의 성명 등을 적은 외국인근로자 고용허가서를 발급하여야 한다.

⑤ 제4항에 따른 외국인근로자 고용허가서의 발급 및 관리 등에 필요한 사항은 대통령령으로 정한다.

⑥ 직업안정기관이 아닌 자는 외국인근로자의 선발, 알선, 그 밖의 채용에 개입하여서는 아니 된다.

[전문개정 2009.10.9]

른 직업안정기관의 장의 직업소개에도 불구하고 정당한 이유 없이 2회 이상 채용을 거부한 경우는 제외한다.

3. 법 제6조제1항에 따라 내국인 구인 신청을 한 날의 2개월 전부터 법 제8조제4항에 따른 외국인근로자 고용허가서(이하 "고용허가서"라 한다) 발급일까지 고용조정으로 내국인근로자를 이직시키지 아니하였을 것

4. 법 제6조제1항에 따라 내국인 구인 신청을 한 날의 5개월 전부터 고용허가서 발급일까지 임금을 체불(滯拂)하지 아니하였을 것

5. 「고용보험법」에 따른 고용보험 및 「산업재해보상보험법」에 따른 산업재해보상보험에 가입하고 있을 것. 다만, 「고용보험법」 및 「산업재해보상보험법」을 적용받지 아니하는 사업 또는 사업장의 경우는 제외한다.

6. 외국인근로자를 고용하고 있는 사업 또는 사업장의 사용인인 경우에는 그 외국인근로자를 대상으로 법 제13조에 따른 보험 또는 신탁과 법 제23조제1항에 따른 보증보험에 가입하고 있을 것 (가입대상 사용자의 경우만 해당한다)

[전문개정 2010.4.7]

[제13조의3에서 이동 〈2010.4.7〉]

제14조(고용허가서의 발급 등) ① 법 제8조제4항에 따라 고용허가서를 발급받은 사용자는 고용허가서 발급일부터 3개월 이내에 외국인근로자와 근로계약을 체결하여야 한다.

② 사용자가 법 제8조제4항에 따라 고용허가서를 발급받은 후 외국인근로자의 사망 등 불가피한 사유로 그 외국인근로자와 근로계약을 체결하지 못한 경우에는 직업안정기관의 장은 다른 외국인근로자를 추천하여 고용허가서

에게 외국인구직자를 추천하는 경우에는 사용자가 신청한 구인조건을 갖춘 사람을 3배수 이상 추천하여야 한다. 다만, 적격자가 3배수가 되지 아니하는 경우에는 해당하는 적격자 수만큼 추천한다.

③ 사용자는 제1항에 따라 외국인근로자 고용허가서 발급을 신청한 후 3개월 이내에 제2항에 따라 추천받은 적격자를 선정하여야 하며, 그 기간 동안 추천받은 적격자를 선정하지 아니한 사용자가 외국인근로자를 고용하려면 외국인근로자 고용허가를 재신청하여야 한다.

④ 법 제8조제4항에 따른 고용허가서는 별지 제5호서식에 따른다.

[전문개정 2010.4.12]

제5조의2(내국인 구인노력 기간) 영 제13조의4제2호에서 "고용노동부령으로 정하는 기간"이란 14일을 말한다. 다만, 다음 각 호의 어느 하나에 해당하는 경우에는 그 기간을 7일로 단축할 수 있다. 〈개정 2010.7.12〉

1. 소재지관할 직업안정기관의 장이 사용자가 제출한 별지 제5호의2 서식의 내국인 구인노력 증명서를 검토한 결과 사용자의 적극적인 내국인 채용노력 사실을 인정하는 경우

2. 사용자가 소재지관할 직업안정기관을 통한 구인노력을 하면서 다음 각 목의 어느 하나에 해당하는 매체를 통하여 3일 이상 내국인 구인 사실을 알리는 구인노력을 한 경우

가. 「신문 등의 진흥에 관한 법률」 제2조제1호가목에 따른 일반일간신문 또는 같은 호 나목에 따른 특수일간신문(경제 및 산업 분야에 한정한다)

나. 「잡지 등 정기간행물의 진흥에 관한 법률」 제2조제1호

를 재발급하여야 한다.

③ 법 제8조제4항 또는 이 조 제2항에 따라 직업안정기관의 장이 사용자에게 고용허가서를 발급하거나 재발급하는 경우에는 법 제9조제3항 또는 제4항에 따른 근로계약 기간의 범위에서 고용허가 기간을 부여하여야 한다.

④ 고용허가서의 발급 및 재발급에 필요한 사항은 고용노동부령으로 정한다. 〈개정 2010.7.12〉

[전문개정 2010.4.7]

제13조의3(고용허가 신청 유효기간의 연장) 「직업안정법」 제2조의2제1호에 따른 직업안정기관(이하 "직업안정기관"이라 한다)의 장은 법 제8조제2항에 따라 사용자가 다음 각 호의 어느 하나에 해당하는 사유가 발생하여 고용허가 신청 유효기간의 만료일 이전에 그 연장을 신청하는 경우에는 3개월의 범위에서 그 유효기간을 연장할 수 있다.

1. 일시적인 경영악화 또는 예상할 수 없었던 조업단축 등이 발생하여 신규 근로자를 채용할 수 없는 경우
2. 천재지변이나 그 밖의 부득이한 사유로 사업을 계속하기가 불가능한 경우

[전문개정 2010.4.7]

[제13조의2에서 이동, 종전 제13조의3은 제13조의4로 이동 〈2010.4.7〉]

나목에 따른 정보간행물, 같은 호 다목에 따른 전자간행물 또는 같은 호 라목에 따른 기타간행물

다. 「방송법」 제2조제1호에 따른 방송

[전문개정 2010.4.12]

제12조의2(특례고용가능확인서의 발급) ① 법 제12조제3항 전단에 따라 특례고용가능확인을 신청하려는 사용자는 별지 제10호서식의 특례고용가능확인서 발급신청서에 영 제20조제1항에 따라 준용되는 영 제13조의4에 따른 고용허가서의 발급요건에 해당함을 증명할 수 있는 서류를 첨부하여 소재지관할 직업안정기관의 장에게 제출하여야 한다.

② 제1항에 따라 신청을 받은 소재지관할 직업안정기관의 장은 특례고용가능확인서 발급신청서를 검토한 결과 해당 요건을 충족하는 경우에는 신청일부터 7일 이내에 별지 제10호의2서식의 특례고용가능확인서를 발급하여야 한다.

[전문개정 2010.4.12]

[제12조의3에서 이동, 종전 제12조의2는 제12조의3으로 이동 〈2010.4.12〉]

제6조(고용허가서의 재발급) 영 제14조제2항에 따라 사용자가 외국인근로자 고용허가서를 재발급받으려면 재발급 사유가 발생한 사실을 안 날부터 7일 이내에 별지 제4호서식의 외국인근로자 고용허가서 재발급신청서에 다음 각 호의 서류를 첨부하여 소재지관할 직업안정기관의 장에게 제출하여야 한다.

1. 외국인근로자 고용허가서 원본
2. 영 제13조의4제1호에 해당함을 증명하는 서류(고용허가서 발급 시와 사업 또는 사업장의 업종 및 규모가 다른 경우만 해당한다)

[전문개정 2010.4.12]

제18조의2(대행기관의 지정 및 운영) ① 법 제27조의2제1항에 따른 대행기

		관은 다음 각 호의 요건을 모두 충족하는 기관 중에서 고용노동부장관이 지정한다. 〈개정 2010.7.12〉
		1. 사업수행을 위한 행정능력과 경험이 있을 것
		2. 사용자 및 외국인근로자 지원사업의 실적이 있을 것
		3. 업무수행 시 공공성을 확보할 수 있을 것
		② 법 제27조의2제1항제5호에서 "고용노동부령으로 정하는 외국인근로자 고용 등에 관한 업무"란 다음 각 호의 업무를 말한다. 〈개정 2010.7.12, 2011.7.5, 2012.5.14〉
		1. 법 제8조제4항 및 영 제14조제2항에 따른 고용허가서 발급 및 재발급의 신청
		2. 법 제12조제3항에 따른 특례고용가능확인의 신청
		3. 법 제12조제4항에 따른 근로개시의 신고
		4. 법 제17조제1항에 따른 고용변동신고
		5. 영 제20조의2제1항에 따른 특례고용가능확인서의 변경 확인 신청
		6. 그 밖에 고용노동부장관이 지정하는 업무
		③ 고용노동부장관은 제1항에 따라 지정한 대행기관에 대해서는 업무 범위를 명시한 대행기관 지정서를 발급한다. 〈개정 2010.7.12〉
		④ 제1항부터 제3항까지에서 규정한 사항 외에 대행기관의 지정요건 및 지정절차 등에 관하여 필요한 세부적인 사항은 고용노동부장관이 정하여 고시한다. 〈개정 2010.7.12〉
		[본조신설 2010.4.12]
제9조(근로계약) ① 사용자가 제8조제4항에 따라 선정한 외국인근로자를 고용하려면 고용노동부령으로 정하는 표준근로계약서를 사용하여 근로계약을 체결하여야 한다. 〈개정 2010.6.4〉	제14조(고용허가서의 발급 등) ① 법 제8조제4항에 따라 고용허가서를 발급받은 사용자는 고용허가서 발급일부터 3개월 이내에 외국인근로자와 근로계약을 체결하여야 한다. ② 사용자가 법 제8조제4항에 따라	제6조(고용허가서의 재발급) 영 제14조제2항에 따라 사용자가 외국인근로자 고용허가서를 재발급받으려면 재발급 사유가 발생한 사실을 안 날부터 7일 이내에 별지 제4호서식의 외국인근로자 고용허가서 재발급신청

② 사용자는 제1항에 따른 근로계약을 체결하려는 경우 이를 「한국산업인력공단법」에 따른 한국산업인력공단에 대행하게 할 수 있다.
③ 제8조에 따라 고용허가를 받은 사용자와 외국인근로자는 제18조에 따른 기간 내에서 당사자 간의 합의에 따라 근로계약을 체결하거나 갱신할 수 있다. 〈개정 2012.2.1〉
④ 제18조의2에 따라 취업활동 기간이 연장되는 외국인근로자와 사용자는 연장된 취업활동 기간의 범위에서 근로계약을 체결할 수 있다.
⑤ 제1항에 따른 근로계약을 체결하는 절차 및 효력발생 시기 등에 관하여 필요한 사항은 대통령령으로 정한다.
[전문개정 2009.10.9]

고용허가서를 발급받은 후 외국인근로자의 사망 등 불가피한 사유로 그 외국인근로자와 근로계약을 체결하지 못한 경우에는 직업안정기관의 장은 다른 외국인근로자를 추천하여 고용허가서를 재발급하여야 한다.
③ 법 제8조제4항 또는 이 조 제2항에 따라 직업안정기관의 장이 사용자에게 고용허가서를 발급하거나 재발급하는 경우에는 법 제9조제3항 또는 제4항에 따른 근로계약 기간의 범위에서 고용허가 기간을 부여하여야 한다.
④ 고용허가서의 발급 및 재발급에 필요한 사항은 고용노동부령으로 정한다. 〈개정 2010.7.12〉
[전문개정 2010.4.7]
제17조(근로계약의 효력발생 시기 등) ① 법 제9조제1항에 따른 근로계약의 효력발생 시기는 외국인근로자가 입국한 날로 한다.
② 법 제9조제3항에 따라 근로계약을 갱신한 사용자는 직업안정기관의 장에게 외국인근로자 고용허가기간 연장허가를 받아야 한다.
[전문개정 2010.4.7]
제16조(근로계약 체결의 대행 등) 사용자 또는 한국산업인력공단이 법 제9조에 따라 근로계약을 체결하거나 이를 대행하는 경우에는 근로계약서 2부를 작성하고 그 중 1부를 외국인근로자에게 내주어야 한다.
[전문개정 2010.4.7]

서에 다음 각 호의 서류를 첨부하여 소재지관할 직업안정기관의 장에게 제출하여야 한다.
1. 외국인근로자 고용허가서 원본
2. 영 제13조의4제1호에 해당함을 증명하는 서류(고용허가서 발급 시와 사업 또는 사업장의 업종 및 규모가 다른 경우만 해당한다)
[전문개정 2010.4.12]
제18조의2(대행기관의 지정 및 운영) ① 법 제27조의2제1항에 따른 대행기관은 다음 각 호의 요건을 모두 충족하는 기관 중에서 고용노동부장관이 지정한다. 〈개정 2010.7.12〉
1. 사업수행을 위한 행정능력과 경험이 있을 것
2. 사용자 및 외국인근로자 지원사업의 실적이 있을 것
3. 업무수행 시 공공성을 확보할 수 있을 것
② 법 제27조의2제1항제5호에서 "고용노동부령으로 정하는 외국인근로자 고용 등에 관한 업무"란 다음 각 호의 업무를 말한다. 〈개정 2010.7.12, 2011.7.5, 2012.5.14〉
1. 법 제8조제4항 및 영 제14조제2항에 따른 고용허가서 발급 및 재발급의 신청
2. 법 제12조제3항에 따른 특례고용가능확인의 신청
3. 법 제12조제4항에 따른 근로개시의 신고
4. 법 제17조제1항에 따른 고용변동 신고
5. 영 제20조의2제1항에 따른 특례고용가능확인서의 변경 확인 신청
6. 그 밖에 고용노동부장관이 지정하는 업무
③ 고용노동부장관은 제1항에 따라 지정한 대행기관에 대해서는 업무범위를 명시한 대행기관 지정서를 발급한다. 〈개정 2010.7.12〉
④ 제1항부터 제3항까지에서 규정한

		사항 외에 대행기관의 지정요건 및 지정절차 등에 관하여 필요한 세부적인 사항은 고용노동부장관이 정하여 고시한다. 〈개정 2010.7.12〉 [본조신설 2010.4.12] 제9조(고용허가기간 연장허가) ① 사용자는 영 제17조제2항에 따라 고용허가기간 연장허가를 받으려면 별지 제7호서식의 외국인근로자 고용허가기간 연장신청서에 다음 각 호의 서류를 첨부하여 소재지관할 직업안정기관의 장에게 제출하여야 한다. 〈개정 2012.5.14〉 1. 갱신된 근로계약서 사본 2. 사업자등록증 사본 3. 「출입국관리법」 제33조에 따른 외국인등록증(이하 "외국인등록증"이라 한다) 사본 4. 여권 사본 ② 제1항에 따른 고용허가기간 연장허가의 신청을 받은 소재지관할 직업안정기관의 장은 신청일부터 7일 이내에 별지 제5호서식의 외국인근로자 고용허가서에 고용허가기간 연장일을 적어 발급하여야 한다. [전문개정 2010.4.12] 제8조(표준근로계약서) 법 제9조제1항에 따른 표준근로계약서는 별지 제6호서식에 따른다. [전문개정 2010.4.12]
제10조(사증발급인정서) 제9조제1항에 따라 외국인근로자와 근로계약을 체결한 사용자는 「출입국관리법」 제9조제2항에 따라 그 외국인근로자를 대리하여 법무부장관에게 사증발급인정서를 신청할 수 있다. [전문개정 2009.10.9]		
	제10조 삭제 〈2006.6.30〉	
제11조(외국인 취업교육) ① 외국인근로자는 입국한 후에 고용노동부령으로 정하는 기간 이내에 대통령령으	제18조(외국인 취업교육기관) 법 제11조제1항에서 "대통령령으로 정하는 기관"이란 다음 각 호의 어느 하나에	제11조(외국인 취업교육의 시간·내용 등) ① 영 제18조에 따른 외국인 취업교육기관은 매년 4월 30일까지 해당

로 정하는 기관에서 국내 취업활동에 필요한 사항을 주지(周知)시키기 위하여 실시하는 교육(이하 "외국인 취업교육"이라 한다)을 받아야 한다. 〈개정 2010.6.4〉

② 사용자는 외국인근로자가 외국인 취업교육을 받을 수 있도록 하여야 한다.

③ 외국인 취업교육의 시간과 내용, 그 밖에 외국인 취업교육에 필요한 사항은 고용노동부령으로 정한다. 〈개정 2010.6.4〉

[전문개정 2009.10.9]

해당하는 기관을 말한다. 〈개정 2010.7.12〉

1. 한국산업인력공단
2. 산업별 특성 등을 고려하여 고용노동부장관이 지정·고시하는 비영리법인 또는 비영리단체. 이 경우 구체적인 지정 기준 및 절차 등에 관하여는 고용노동부장관이 따로 정한다.

[전문개정 2010.4.7]

연도 외국인 취업교육의 실시계획, 외국인 취업교육비 등 고용노동부장관이 정하는 사항을 고용노동부장관에게 보고하여야 하며, 이를 변경하는 경우에는 그 변경사항을 지체 없이 고용노동부장관에게 보고하여야 한다. 〈개정 2010.7.12〉

② 외국인 취업교육의 시간은 16시간 이상으로 한다. 다만, 법 제18조 및 제18조의2의 취업활동 기간이 만료된 외국인근로자가 법에 따른 절차를 거쳐 다시 입국한 경우에는 그 외국인근로자의 취업교육 시간을 16시간 미만으로 단축할 수 있다. 〈개정 2011.7.5〉

③ 외국인 취업교육의 내용에는 다음 각 호의 사항이 포함되어야 한다. 〈개정 2010.7.12〉

1. 취업활동에 필요한 업종별 기초적 기능에 관한 사항
2. 외국인근로자 고용허가제도에 관한 사항
3. 산업안전보건에 관한 사항
4. 「근로기준법」, 「출입국관리법」 등 관련 법령에 관한 사항
5. 한국의 문화와 생활에 관한 사항
6. 그 밖에 취업활동을 위하여 고용노동부장관이 필요하다고 인정하는 사항

④ 외국인 취업교육에 드는 비용은 사용자가 부담하여야 한다. 다만, 영 제19조에 해당하는 사람에 대한 취업교육에 드는 비용은 그러하지 아니하다.

⑤ 외국인 취업교육기관의 장은 외국인근로자가 외국인 취업교육을 이수하였을 때에는 별지 제8호서식의 외국인 취업교육 수료증을 발급하여야 한다.

⑥ 외국인 취업교육기관의 장은 외국인 취업교육을 실시하였을 때에는 그 결과를 지체 없이 고용노동부장관에게 보고하여야 한다. 〈개정

		2010.7.12〉 [전문개정 2010.4.12] 제10조(외국인 취업교육 이수기한) 법 제11조제1항에서 "고용노동부령으 로 정하는 기간"이란 15일을 말한다. 〈개정 2010.7.12〉 [전문개정 2010.4.12]
	제11조 삭제 〈2006.6.30〉	
제12조(외국인근로자 고용의 특례) ① 다음 각 호의 어느 하나에 해당하는 사업 또는 사업장의 사용자는 제3항 에 따른 특례고용가능확인을 받은 후 대통령령으로 정하는 사증을 발 급받고 입국한 외국인으로서 국내에 서 취업하려는 사람을 고용할 수 있 다. 이 경우 근로계약의 체결에 관하 여는 제9조를 준용한다. 1. 건설업으로서 정책위원회가 일용 근로자 노동시장의 현황, 내국인 근로자 고용기회의 침해 여부 및 사업장 규모 등을 고려하여 정하 는 사업 또는 사업장 2. 서비스업, 제조업, 농업 또는 어 업으로서 정책위원회가 산업별 특성을 고려하여 정하는 사업 또 는 사업장 ② 제1항에 따른 외국인으로서 제1 항 각 호의 어느 하나에 해당하 는 사업 또는 사업장에 취업하려 는 사람은 외국인 취업교육을 받 은 후에 직업안정기관의 장에게 구직 신청을 하여야 하고, 고용 노동부장관은 이에 대하여 외국 인구직자 명부를 작성·관리하 여야 한다. 〈개정 2010.6.4〉 ③ 제6조제1항에 따라 내국인 구인 신청을 한 사용자는 같은 조 제2 항에 따라 직업안정기관의 장의 직업소개를 받고도 인력을 채용 하지 못한 경우에는 고용노동부 령으로 정하는 바에 따라 직업안 정기관의 장에게 특례고용가능 확인을 신청할 수 있다. 이 경우	제19조(외국인근로자 고용 특례의 대상 자) 법 제12조제1항 각 호 외의 부분 전단에서 "대통령령으로 정하는 사 증을 발급받고 입국한 외국인"이란 「출입국관리법 시행령」 별표 1 중 체류자격 31. 방문취업(H-2)의 자격 에 해당하는 사람을 말한다. [전문개정 2010.4.7] 제20조(특례고용가능확인서의 발급요건 등) ① 법 제12조제3항 후단 및 제6 항에 따른 특례고용가능확인서(이하 "특례고용가능확인서"라 한다)의 발 급요건에 관하여는 제13조의4에 따 른 고용허가서의 발급 요건을 준용 한다. 이 경우 "고용허가서"는 "특례 고용가능확인서"로 본다. ② 직업안정기관의 장은 법 제12조 제3항 전단에 따른 사용자의 신 청이 있을 때에는 제1항에 따라 준용되는 제13조의4에 따른 고 용허가서의 발급요건이 충족되 는 경우 특례고용가능확인서를 발급하여야 한다. [전문개정 2010.4.7] 제20조의2(특례고용가능확인서의 변경 확인) ① 사용자는 법 제12조제6항 에 따라 특례고용가능확인서를 발급 받은 후 해당 사업이나 사업장의 업 종 또는 규모 등의 변화로 특례고용 가능확인서의 내용 중 그 사업 또는 사업장에서 고용할 수 있는 외국인 근로자의 수 등 고용노동부령으로 정하는 중요 사항을 변경하여야 할 필요가 있는 경우에는 직업안정기관 의 장에게 특례고용가능확인서의 변 경 확인을 받아야 한다. 〈개정 2010.	제11조(외국인 취업교육의 시간·내용 등) ① 영 제18조에 따른 외국인 취업 교육기관은 매년 4월 30일까지 해당 연도 외국인 취업교육의 실시계획, 외국인 취업교육비 등 고용노동부장 관이 정하는 사항을 고용노동부장관 에게 보고하여야 하며, 이를 변경하 는 경우에는 그 변경사항을 지체 없 이 고용노동부장관에게 보고하여야 한다. 〈개정 2010.7.12〉 ② 외국인 취업교육의 시간은 16시 간 이상으로 한다. 다만, 법 제18 조 및 제18조의2의 취업활동 기 간이 만료된 외국인근로자가 법 에 따른 절차를 거쳐 다시 입국 한 경우에는 그 외국인근로자의 취업교육 시간을 16시간 미만으 로 단축할 수 있다. 〈개정 2011. 7.5〉 ③ 외국인 취업교육의 내용에는 다음 각 호의 사항이 포함되어야 한다. 〈개정 2010.7.12〉 1. 취업활동에 필요한 업종별 기초 적 기능에 관한 사항 2. 외국인근로자 고용허가제도에 관 한 사항 3. 산업안전보건에 관한 사항 4. 「근로기준법」, 「출입국관리법」 등 관련 법령에 관한 사항 5. 한국의 문화와 생활에 관한 사항 6. 그 밖에 취업활동을 위하여 고용 노동부장관이 필요하다고 인정 하는 사항 ④ 외국인 취업교육에 드는 비용은 사용자가 부담하여야 한다. 다

직업안정기관의 장은 외국인근로자의 도입 업종 및 규모 등 대통령령으로 정하는 요건을 갖춘 사용자에게 특례고용가능확인을 하여야 한다. 〈개정 2010.6.4〉

④ 제3항에 따라 특례고용가능확인을 받은 사용자는 제2항에 따른 외국인구직자 명부에 등록된 사람 중에서 채용하여야 하고, 외국인근로자가 근로를 시작하면 고용노동부령으로 정하는 바에 따라 직업안정기관의 장에게 신고하여야 한다. 〈개정 2010.6.4〉

⑤ 특례고용가능확인의 유효기간은 3년으로 한다. 다만, 제1항제1호에 해당하는 사업 또는 사업장으로서 공사기간이 3년보다 짧은 경우에는 그 기간으로 한다.

⑥ 직업안정기관의 장이 제3항에 따라 특례고용가능확인을 한 경우에는 대통령령으로 정하는 바에 따라 해당 사용자에게 특례고용가능확인서를 발급하여야 한다.

⑦ 제1항에 따른 외국인근로자에 대하여는 「출입국관리법」 제21조를 적용하지 아니한다.

⑧ 고용노동부장관은 제1항에 따른 외국인이 취업을 희망하는 경우에는 입국 전에 고용정보를 제공할 수 있다. 〈개정 2010.6.4〉

[전문개정 2009.10.9]

7.12〉

② 특례고용가능확인서의 변경 확인 절차에 관하여 필요한 사항은 고용노동부령으로 정한다. 〈개정 2010.7.12〉

[전문개정 2010.4.7]

제21조(출국만기보험 · 신탁) ① 법 제13조에 따른 보험 또는 신탁(이하 "출국만기보험등"이라 한다)의 가입 대상 사용자는 다음 각 호 모두에 해당하는 자로 한다. 다만, 법 제12조제1항제1호에 따른 사업 또는 사업장의 사용자는 제외한다. 〈개정 2011.7.5, 2012.5.14〉

1. 「근로자퇴직급여 보장법」 제3조에 따른 적용범위에 해당하는 사업 또는 사업장의 사용자

2. 법 제18조 또는 제18조의2제1항에 따른 취업활동 기간이 1년 이상 남은 외국인근로자를 고용한 사용자

② 제1항에 따른 출국만기보험 등의 가입대상 사용자는 근로계약의 효력발생일부터 15일 이내에 다음 각 호의 요건을 모두 갖춘 출국만기보험 등에 가입하여야 한다. 〈개정 2010.7.12, 2011.7.5, 2012.5.14〉

1. 법 제13조에 따른 피보험자 또는 수익자(이하 "피보험자등"이라 한다)에 대하여 고용노동부장관이 정하여 고시하는 금액을 「근로기준법」 제2조제1항제5호에 따른 임금과는 별도로 매월 적립하는 것일 것

2. 사업 또는 사업장을 이탈하지 아니하고 1년 이상 근무한 피보험자등이 법 제18조 또는 제18조의2제1항에 따른 기간의 만료로 출국하거나 법 제25조에 따라 사업 또는 사업장을 변경하는 경우 해당 출국만기보험 등을 취급하는 금융기관(이하 이 조에서 "보험사업자"라 한다)에 대하여 직접

만, 영 제19조에 해당하는 사람에 대한 취업교육에 드는 비용은 그러하지 아니하다.

⑤ 외국인 취업교육기관의 장은 외국인근로자가 외국인 취업교육을 이수하였을 때에는 별지 제8호서식의 외국인 취업교육 수료증을 발급하여야 한다.

⑥ 외국인 취업교육기관의 장은 외국인 취업교육을 실시하였을 때에는 그 결과를 지체 없이 고용노동부장관에게 보고하여야 한다. 〈개정 2010.7.12〉

[전문개정 2010.4.12]

제12조의2(특례고용가능확인서의 발급) ① 법 제12조제3항 전단에 따라 특례고용가능확인을 신청하려는 사용자는 별지 제10호서식의 특례고용가능확인서 발급신청서에 영 제20조제1항에 따라 준용되는 영 제13조의4에 따른 고용허가서의 발급요건에 해당함을 증명할 수 있는 서류를 첨부하여 소재지관할 직업안정기관의 장에게 제출하여야 한다.

② 제1항에 따라 신청을 받은 소재지관할 직업안정기관의 장은 특례고용가능확인서 발급신청서를 검토한 결과 해당 요건을 충족하는 경우에는 신청일부터 7일 이내에 별지 제10호의2서식의 특례고용가능확인서를 발급하여야 한다.

[전문개정 2010.4.12]

[제12조의3에서 이동, 종전 제12조의2는 제12조의3으로 이동 〈2010.4.12〉]

제13조(특례고용가능확인서의 변경 확인) ① 영 제20조의2제1항에서 "고용노동부령으로 정하는 중요 사항"이란 다음 각 호의 어느 하나의 사항을 말한다. 〈개정 2010.7.12〉

1. 사업 또는 사업장에서 고용할 수 있는 외국인근로자의 수

2. 사업 또는 사업장의 업종 · 규모

② 영 제20조의2제1항에 따라 특례고용가능확인서의 변경 확인을

적립된 금액을 일시금으로 청구할 수 있을 것. 다만, 피보험자등이 사업 또는 사업장을 이탈하는 경우나 근무기간이 1년 미만인 피보험자등이 법 제25조에 따른 사업 또는 사업장을 변경하거나 출국(일시적 출국은 제외한다)하는 경우에는 그 일시금은 사용자에게 귀속되는 것이어야 한다.

3. 출국만기보험 등에 의한 일시금을 받을 피보험자등의 권리는 양도하거나 담보로 제공할 수 없는 것일 것

4. 보험사업자가 출국만기보험 등의 계약 전에 계약 내용을 피보험자등에게 확인시키고 계약 체결 후에는 그 사실을 통지하는 것일 것

5. 보험사업자가 매년 보험료 또는 신탁금 납부 상황과 일시금의 수급 예상액을 피보험자등에게 통지하는 것일 것

③ 사용자는 제2항에 따른 출국만기보험 등의 일시금의 금액이 「근로자퇴직급여 보장법」 제8조제1항(상시 4명 이하의 근로자를 사용하는 사업 또는 사업장의 경우에는 같은 법 시행령 제8조의2를 말한다)에 따른 퇴직금의 금액보다 적을 경우에는 그 차액을 외국인근로자에게 지급하여야 한다. 〈개정 2011.7.5〉

[전문개정 2010.4.7]

제27조(보증보험의 가입) ① 법 제23조제1항에서 "대통령령으로 정하는 사업 또는 사업장"이란 다음 각 호의 어느 하나에 해당하는 사업 또는 사업장을 말한다. 다만, 법 제12조제1항제1호에 따른 사업 또는 사업장은 제외한다.

1. 「임금채권보장법」이 적용되지 아니하는 사업 또는 사업장

2. 상시 300명 미만의 근로자를 사용하는 사업 또는 사업장

받아야 하는 사용자는 별지 제10호서식의 특례고용가능확인서 변경신청서에 다음 각 호의 서류를 첨부하여 소재지관할 직업안정기관의 장에게 제출하여야 한다.

1. 외국인근로자 특례고용가능확인서 원본

2. 제1항 각 호의 어느 하나의 사항을 변경할 필요가 있음을 증명하는 서류

③ 제2항에 따라 신청을 받은 소재지관할 직업안정기관의 장은 특례고용가능확인서 변경신청서를 검토한 결과 제1항 각 호의 어느 하나의 사항을 변경하여야 할 필요가 있다고 인정되는 경우에는 변경 신청일부터 7일 이내에 별지 제10호의2서식의 특례고용가능변경확인서를 발급하여야 한다.

[전문개정 2010.4.12]

제12조(구직신청) 법 제12조제2항에 따라 구직신청을 하려는 외국인근로자는 별지 제9호서식의 특례외국인근로자 구직신청서에 다음 각 호의 서류를 첨부하여 소재지관할 직업안정기관의 장에게 제출하여야 한다. 〈개정 2012.5.14〉

1. 외국인등록증 사본 또는 여권 사본

2. 「출입국관리법 시행령」에 따른 방문취업 체류자격(H-2)에 해당하는 사증 사본

[전문개정 2010.4.12]

제12조의3(근로개시 신고) 법 제12조제4항에 따라 외국인근로자의 근로개시를 신고하여야 하는 사용자는 외국인근로자가 근로를 시작한 날부터 10일 이내에 별지 제11호서식의 특례고용외국인근로자 근로개시 신고서에 다음 각 호의 서류를 첨부하여 소재지관할 직업안정기관의 장에게 제출하여야 한다. 〈개정 2012.5.14〉

1. 표준근로계약서 사본

2. 외국인등록증 사본

3. 여권 사본

	② 제1항에 따른 사업 또는 사업장의 사용자는 근로계약의 효력발생일부터 15일 이내에 다음 각 호의 요건을 모두 갖춘 보증보험에 가입하여야 한다. 〈개정 2010.7.12〉 1. 체불된 임금의 지급을 위하여 고용노동부장관이 정하여 고시하는 금액 이상을 보증하는 것일 것 2. 보증보험회사가 외국인근로자에게 해당 보증보험 가입 사실을 통지하는 것일 것 3. 사용자가 임금을 체불하는 경우 외국인근로자가 보증보험회사에 보증보험의 보험금을 청구할 수 있는 것일 것 [전문개정 2010.4.7]	[전문개정 2010.4.12] [제12조의2에서 이동, 종전 제12조의3은 제12조의2로 이동 〈2010.4.12〉]
제3장 외국인근로자의 고용관리 〈개정 2009.10.9〉		
제13조(출국만기보험·신탁) ① 외국인근로자를 고용한 사업 또는 사업장의 사용자(이하 "사용자"라 한다)는 외국인근로자의 출국 등에 따른 퇴직금 지급을 위하여 외국인근로자를 피보험자 또는 수익자로 하는 보험 또는 신탁(이하 "출국만기보험 등"이라 한다)에 가입하여야 한다. 이 경우 보험료 또는 신탁금은 매월 납부하거나 위탁하여야 한다. ② 사용자가 출국만기보험 등에 가입한 경우 「근로자퇴직급여 보장법」 제8조제1항에 따른 퇴직금제도를 설정한 것으로 본다. ③ 출국만기보험 등의 가입대상 사용자, 가입방법·내용·관리 및 지급 등에 필요한 사항은 대통령령으로 정한다. [전문개정 2009.10.9]	제21조(출국만기보험·신탁) ① 법 제13조에 따른 보험 또는 신탁(이하 "출국만기보험 등"이라 한다)의 가입대상 사용자는 다음 각 호 모두에 해당하는 자로 한다. 다만, 법 제12조제1항제1호에 따른 사업 또는 사업장의 사용자는 제외한다. 〈개정 2011.7.5, 2012.5.14〉 1. 「근로자퇴직급여 보장법」 제3조에 따른 적용범위에 해당하는 사업 또는 사업장의 사용자 2. 법 제18조 또는 제18조의2제1항에 따른 취업활동 기간이 1년 이상 남은 외국인근로자를 고용한 사용자 ② 제1항에 따른 출국만기보험 등의 가입대상 사용자는 근로계약의 효력발생일부터 15일 이내에 다음 각 호의 요건을 모두 갖춘 출국만기보험 등에 가입하여야 한다. 〈개정 2010.7.12, 2011.7.5, 2012.5.14〉 1. 법 제13조에 따른 피보험자 또는	

수익자(이하 "피보험자 등"이라
한다)에 대하여 고용노동부장관
이 정하여 고시하는 금액을 「근로
기준법」 제2조제1항제5호에 따른
임금과는 별도로 매월 적립하는
것일 것

2. 사업 또는 사업장을 이탈하지 아
   니하고 1년 이상 근무한 피보험
   자등이 법 제18조 또는 제18조의
   2제1항에 따른 기간의 만료로 출
   국하거나 법 제25조에 따라 사업
   또는 사업장을 변경하는 경우 해
   당 출국만기보험 등을 취급하는
   금융기관(이하 이 조에서 "보험사
   업자"라 한다)에 대하여 직접 적
   립된 금액을 일시금으로 청구할
   수 있을 것. 다만, 피보험자등이
   사업 또는 사업장을 이탈하는 경
   우나 근무기간이 1년 미만인 피
   보험자등이 법 제25조에 따른 사
   업 또는 사업장을 변경하거나 출
   국(일시적 출국은 제외한다)하는
   경우에는 그 일시금은 사용자에
   게 귀속되는 것이어야 한다.

3. 출국만기보험 등에 의한 일시금
   을 받을 피보험자등의 권리는 양
   도하거나 담보로 제공할 수 없는
   것일 것

4. 보험사업자가 출국만기보험 등
   의 계약 전에 계약 내용을 피보
   험자등에게 확인시키고 계약 체
   결 후에는 그 사실을 통지하는
   것일 것

5. 보험사업자가 매년 보험료 또는
   신탁금 납부 상황과 일시금의 수
   급 예상액을 피보험자등에게 통
   지하는 것일 것

③ 사용자는 제2항에 따른 출국만기
   보험 등의 일시금의 금액이 「근
   로자퇴직급여 보장법」 제8조제1
   항(상시 4명 이하의 근로자를 사
   용하는 사업 또는 사업장의 경우
   에는 같은 법 시행령 제8조의2를
   말한다)에 따른 퇴직금의 금액보

	다 적을 경우에는 그 차액을 외국인근로자에게 지급하여야 한다. 〈개정 2011.7.5〉 [전문개정 2010.4.7]	
제14조(건강보험) 사용자 및 사용자에게 고용된 외국인근로자에게 「국민건강보험법」을 적용하는 경우 사용자는 같은 법 제3조에 따른 사용자로, 사용자에게 고용된 외국인근로자는 같은 법 제6조제1항에 따른 직장가입자로 본다. [전문개정 2009.10.9]		
제15조(귀국비용보험·신탁) ① 외국인근로자는 귀국 시 필요한 비용에 충당하기 위하여 보험 또는 신탁에 가입하여야 한다. ② 제1항에 따른 보험 또는 신탁의 가입방법·내용·관리 및 지급 등에 필요한 사항은 대통령령으로 정한다. [전문개정 2009.10.9]	제22조(귀국비용보험·신탁) ① 외국인근로자는 법 제15조에 따라 근로계약의 효력발생일부터 80일 이내에 다음 각 호의 요건을 모두 갖춘 보험 또는 신탁(이하 "귀국비용보험 등"이라 한다)에 가입하여야 한다. 1. 외국인근로자가 제3항에 따른 금액을 일시금으로 내는 것일 것 2. 귀국비용보험 등을 취급하는 금융기관(이하 이 조에서 "보험사업자"라 한다)은 외국인근로자가 해당 귀국비용보험 등에 가입할 경우 그 사실을 사업 또는 사업장의 소재지를 관할하는 직업안정기관의 장에게 통보하는 것일 것 3. 보험사업자는 외국인근로자가 제2항에 따라 귀국비용보험 등의 일시금을 신청하는 경우 관할 출입국관리사무소의 장에게 그 출국 여부를 확인한 후 귀국비용보험 등의 일시금을 지급하는 것일 것 ② 외국인근로자는 다음 각 호의 어느 하나에 해당하는 사유가 발생한 경우 귀국비용보험 등의 일시금의 지급을 신청할 수 있다. 1. 체류기간이 만료되어 출국하려는 경우 2. 개인사정으로 체류기간의 만료 전에 출국(일시적 출국은 제외한다)하려는 경우 3. 사업 또는 사업장에서 이탈하였	

	던 외국인근로자가 자진하여 출국하려고 하거나 강제로 퇴거되는 경우 ③ 귀국비용보험 등의 납부금액은 귀국에 필요한 비용을 고려하여 국가별로 고용노동부장관이 정하여 고시한다. 〈개정 2010.7.12〉 [전문개정 2010.4.7]	
	제15조 삭제 〈2011.7.5〉	
제16조(귀국에 필요한 조치) 사용자는 외국인근로자가 근로관계의 종료, 체류기간의 만료 등으로 귀국하는 경우에는 귀국하기 전에 임금 등 금품관계를 청산하는 등 필요한 조치를 하여야 한다. [전문개정 2009.10.9]		
제17조(외국인근로자의 고용관리) ① 사용자는 외국인근로자와의 근로계약을 해지하거나 그 밖에 고용과 관련된 중요 사항을 변경하는 등 대통령령으로 정하는 사유가 발생하였을 때에는 고용노동부령으로 정하는 바에 따라 직업안정기관의 장에게 신고하여야 한다. 〈개정 2010.6.4〉 ② 외국인근로자의 적절한 고용관리 등에 필요한 사항은 대통령령으로 정한다. [전문개정 2009.10.9]	제23조(외국인근로자의 고용관리) ① 법 제17조제1항에서 "외국인근로자와의 근로계약을 해지하거나 그 밖에 고용과 관련된 중요 사항을 변경하는 등 대통령령으로 정하는 사유"란 다음 각 호의 어느 하나에 해당하는 경우를 말한다. 〈개정 2010.12.29〉 1. 외국인근로자가 사망한 경우 2. 외국인근로자가 부상 등으로 해당 사업에서 계속 근무하는 것이 부적합한 경우 3. 외국인근로자가 사용자의 승인을 받는 등 정당한 절차 없이 5일 이상 결근하거나 그 소재를 알 수 없는 경우 4. 외국인근로자가 「감염병의 예방 및 관리에 관한 법률」 제2조제2호부터 제5호까지의 규정에 따른 감염병의 환자가 되거나 마약중독 등으로 공중위생상 위해를 끼칠 염려가 있는 경우 5. 외국인근로자와의 근로계약을 해지하는 경우 6. 외국인근로자의 고용허가 기간이 만료되는 경우 7. 외국인근로자가 체류기간 만료 등으로 출국(일시적 출국은 제외한	제14조(고용변동 등의 신고) 사용자는 법 제17조제1항에 해당하는 사유가 발생하거나 발생한 사실을 안 날부터 15일 이내에 별지 제12호서식의 외국인근로자 고용변동 등 신고서 또는 별지 제12호의2서식의 외국인근로자 고용사업장 정보변동 신고서에 그 사실을 적어 소재지관할 직업안정기관의 장에게 제출하여야 한다. 다만, 영 제23조제1항제6호에 해당하는 사유가 발생한 경우에는 고용허가기간이 만료되기 3일 전까지 신고하여야 한다. [전문개정 2010.4.12] 제17조(자료 제출의 요구 등) ① 고용노동부장관 또는 지방고용노동관서의 장은 법 제26조제1항에 따라 명령을 하는 경우에는 7일 이상의 기간을 주되, 부득이한 사유가 있는 경우에는 그 기간을 한 차례 연장할 수 있다. 〈개정 2010.7.12〉 ② 고용노동부장관 또는 지방고용노동관서의 장이 법 제26조제1항 및 영 제23조제2항에 따라 외국인근로자를 고용하고 있는 사업 또는 사업장의 조사·검사 또는 지도·점검을 실시한 경우에는

| | 다)한 경우
8. 사용자 또는 근무처의 명칭이 변경된 경우
9. 사용자의 변경 없이 근무 장소를 변경한 경우
② 법 제17조제2항에 따라 고용노동부장관은 매년 1회 이상 외국인근로자를 고용하고 있는 사업 또는 사업장에 대한 지도·점검계획을 수립하고, 그 계획에 따라 선정된 사업 또는 사업장에 대하여 외국인근로자의 근로조건, 산업안전보건조치 등의 이행실태, 그 밖에 관계 법령의 준수 여부 등을 파악하기 위한 지도·점검을 하여야 한다. 〈개정 2010.7.12〉
③ 고용노동부장관은 제2항에 따른 지도·점검을 실시한 결과 「근로기준법」·「출입국관리법」 등 관계 법령을 위반한 사실을 발견한 경우에는 관계 법령에 따라 필요한 조치를 하여야 한다. 다만, 소관 사항이 아닌 경우에는 소관 행정기관에 통지하여야 한다. 〈개정 2010.7.12〉
④ 출입국관리사무소장 또는 출장소장은 그 직무와 관련하여 직업안정기관의 장에 대하여 외국인근로자의 고용관리에 관한 자료를 요청할 수 있다. 이 경우 직업안정기관의 장은 특별한 사유가 없으면 그 요청을 거부해서는 아니 된다.
[전문개정 2010.4.7] | 그 결과를 별지 제14호서식의 지도·점검 등 기록부에 기록·관리하여야 한다. 〈개정 2010.7.12〉
[전문개정 2010.4.12] |
| 제18조(취업활동 기간의 제한) 외국인근로자는 입국한 날부터 3년의 범위에서 취업활동을 할 수 있다.
[전문개정 2012.2.1] | | 제11조(외국인 취업교육의 시간·내용 등) ① 영 제18조에 따른 외국인 취업교육기관은 매년 4월 30일까지 해당 연도 외국인 취업교육의 실시계획, 외국인 취업교육비 등 고용노동부장관이 정하는 사항을 고용노동부장관에게 보고하여야 하며, 이를 변경하는 경우에는 그 변경사항을 지체 없이 고용노동부장관에게 보고하여야 |

		한다. 〈개정 2010.7.12〉 ② 외국인 취업교육의 시간은 16시간 이상으로 한다. 다만, 법 제18조 및 제18조의2의 취업활동 기간이 만료된 외국인근로자가 법에 따른 절차를 거쳐 다시 입국한 경우에는 그 외국인근로자의 취업교육 시간을 16시간 미만으로 단축할 수 있다. 〈개정 2011.7.5〉 ③ 외국인 취업교육의 내용에는 다음 각 호의 사항이 포함되어야 한다. 〈개정 2010.7.12〉 1. 취업활동에 필요한 업종별 기초적 기능에 관한 사항 2. 외국인근로자 고용허가제도에 관한 사항 3. 산업안전보건에 관한 사항 4. 「근로기준법」, 「출입국관리법」 등 관련 법령에 관한 사항 5. 한국의 문화와 생활에 관한 사항 6. 그 밖에 취업활동을 위하여 고용노동부장관이 필요하다고 인정하는 사항 ④ 외국인 취업교육에 드는 비용은 사용자가 부담하여야 한다. 다만, 영 제19조에 해당하는 사람에 대한 취업교육에 드는 비용은 그러하지 아니하다. ⑤ 외국인 취업교육기관의 장은 외국인근로자가 외국인 취업교육을 이수하였을 때에는 별지 제8호서식의 외국인 취업교육 수료증을 발급하여야 한다. ⑥ 외국인 취업교육기관의 장은 외국인 취업교육을 실시하였을 때에는 그 결과를 지체 없이 고용노동부장관에게 보고하여야 한다. 〈개정 2010.7.12〉 [전문개정 2010.4.12]
제18조의2(취업활동 기간 제한에 관한 특례) ① 다음 각 호의 외국인근로자는 제18조에도 불구하고 1회에 한하여 2년 미만의 범위에서 취업활동		제14조의2(취업활동 기간 제한에 관한 특례 절차) ① 사용자가 법 제18조의2에 따른 재고용 허가를 받으려면 취업활동 기간 만료일까지의 근로계약

기간을 연장받을 수 있다. 〈개정 2010.6.4, 2012.2.1〉

1. 제8조제4항에 따른 고용허가를 받은 사용자에게 고용된 외국인근로자로서 제18조에 따른 취업활동 기간 3년이 만료되어 출국하기 전에 사용자가 고용노동부장관에게 재고용 허가를 요청한 근로자

2. 제12조제3항에 따른 특례고용가능확인을 받은 사용자에게 고용된 외국인근로자로서 제18조에 따른 취업활동 기간 3년이 만료되어 출국하기 전에 사용자가 고용노동부장관에게 재고용 허가를 요청한 근로자

② 제1항에 따른 사용자의 재고용 허가 요청 절차 및 그 밖에 필요한 사항은 고용노동부령으로 정한다. 〈개정 2010.6.4, 2012.2.1〉

[전문개정 2009.10.9]

기간이 1개월 이상인 외국인근로자를 대상으로 해당 근로자의 취업활동 기간 만료일의 7일 전까지 별지 제12호의3서식의 취업기간 만료자 취업활동 기간 연장신청서에 다음 각 호의 서류를 붙여 소재지 관할 직업안정기관의 장에게 제출하여야 한다. 〈개정 2011.7.5〉

1. 사업자등록증 사본
2. 외국인등록증 사본
3. 여권 사본
4. 표준근로계약서 사본

② 제1항에 따라 신청을 받은 소재지관할 직업안정기관의 장은 연장신청서를 검토한 결과 해당 요건을 충족하는 경우에는 신청서를 접수한 날부터 7일 이내에 별지 제12호의4서식의 취업기간 만료자 취업활동 기간 연장 확인서를 발급하여야 한다.

③ 소재지관할 직업안정기관의 장은 제2항에 따른 취업기간 만료자 취업활동 기간 연장확인서를 법무부장관과 「한국산업인력공단법」에 따른 한국산업인력공단(이하 "한국산업인력공단"이라 한다)에 통보하고, 한국산업인력공단은 취업활동 기간 연장자 명부를 따로 작성하여 관리한다.

[전문개정 2010.4.12]

제14조의3(재입국 취업 제한의 특례에 관한 절차) ① 사용자는 법 제18조의4제1항에 따른 재입국 후의 고용허가를 신청하려면 법 제18조의2에 따라 연장된 취업활동 기간의 만료일 7일 전까지 별지 제12호의5서식의 재고용 만료자 재입국 고용허가 신청서에 다음 각 호의 서류를 붙여 소재지관할 직업안정기관의 장에게 제출하여야 한다.

1. 외국인등록증 사본
2. 여권 사본
3. 표준근로계약서 사본

② 제1항에 따라 신청을 받은 소재

		지관할 직업안정기관의 장은 「전자정부법」 제36조제1항에 따른 행정정보의 공동이용을 통하여 신청인의 사업자등록증을 확인하여야 한다. 다만, 신청인이 확인에 동의하지 아니하는 경우에는 그 서류를 첨부하도록 하여야 한다. ③ 제1항에 따라 신청을 받은 소재지관할 직업안정기관의 장은 신청서를 검토한 결과 해당 요건을 충족하는 경우에는 신청서를 접수한 날부터 7일 이내에 별지 제5호서식의 외국인근로자 고용허가서를 발급하여야 한다. ④ 소재지관할 직업안정기관의 장은 제3항에 따른 외국인근로자 고용허가서 발급 내용을 법무부장관과 한국산업인력공단에 통보하고, 한국산업인력공단은 재입국 취업활동을 하는 외국인근로자의 명부를 따로 작성하여 관리한다. [본조신설 2012.5.14]
제18조의3(재입국 취업의 제한) 국내에서 취업한 후 출국한 외국인근로자(제12조제1항에 따른 외국인근로자는 제외한다)는 출국한 날부터 6개월이 지나지 아니하면 이 법에 따라 다시 취업할 수 없다. [본조신설 2012.2.1]		
제18조의4(재입국 취업 제한의 특례) ① 제18조의3에도 불구하고 다음 각 호의 요건을 모두 갖춘 외국인근로자로서 제18조의2에 따라 연장된 취업활동 기간이 만료되어 출국하기 전에 사용자가 재입국 후의 고용허가를 신청하면 고용노동부장관은 그 외국인근로자에 대하여 출국한 날부터 3개월이 지나면 이 법에 따라 다시 취업하도록 할 수 있다. 1. 제18조 및 제18조의2에 따른 취업활동 기간 중에 사업 또는 사업장 변경을 하지 아니하였을 것		제14조의3(재입국 취업 제한의 특례에 관한 절차) ① 사용자는 법 제18조의4제1항에 따른 재입국 후의 고용허가를 신청하려면 법 제18조의2에 따라 연장된 취업활동 기간의 만료일 7일 전까지 별지 제12호의5서식의 재고용 만료자 재입국 고용허가 신청서에 다음 각 호의 서류를 붙여 소재지관할 직업안정기관의 장에게 제출하여야 한다. 1. 외국인등록증 사본 2. 여권 사본 3. 표준근로계약서 사본

(제25조제1항제2호에 따라 사업 또는 사업장을 변경한 경우에는 재입국 후의 고용허가를 신청하는 사용자와 취업활동 기간 만료일까지의 근로계약 기간이 1년 이상일 것) 2. 정책위원회가 도입 업종이나 규모 등을 고려하여 내국인을 고용하기 어렵다고 정하는 사업 또는 사업장에서 근로하고 있을 것 3. 재입국하여 근로를 시작하는 날부터 효력이 발생하는 1년 이상의 근로계약을 해당 사용자와 체결하고 있을 것 ② 제1항에 따른 재입국 후의 고용허가 신청과 재입국 취업활동에 대하여는 제6조, 제7조제2항, 제11조를 적용하지 아니한다. ③ 제1항에 따른 재입국 취업은 1회에 한하여 허용되고, 재입국 취업을 위한 근로계약의 체결에 관하여는 제9조를 준용하며, 재입국한 외국인근로자의 취업활동에 대하여는 제18조, 제18조의2 및 제25조를 준용한다. ④ 제1항에 따른 사용자의 고용허가 신청 절차 및 그 밖에 필요한 사항은 고용노동부령으로 정한다. [본조신설 2012.2.1]		② 제1항에 따라 신청을 받은 소재지관할 직업안정기관의 장은「전자정부법」제36조제1항에 따른 행정정보의 공동이용을 통하여 신청인의 사업자등록증을 확인하여야 한다. 다만, 신청인이 확인에 동의하지 아니하는 경우에는 그 서류를 첨부하도록 하여야 한다. ③ 제1항에 따라 신청을 받은 소재지관할 직업안정기관의 장은 신청서를 검토한 결과 해당 요건을 충족하는 경우에는 신청서를 접수한 날부터 7일 이내에 별지 제5호서식의 외국인근로자 고용허가서를 발급하여야 한다. ④ 소재지관할 직업안정기관의 장은 제3항에 따른 외국인근로자 고용허가서 발급 내용을 법무부장관과 한국산업인력공단에 통보하고, 한국산업인력공단은 재입국 취업활동을 하는 외국인근로자의 명부를 따로 작성하여 관리한다. [본조신설 2012.5.14]
제19조(외국인근로자 고용허가 또는 특례고용가능확인의 취소) ① 직업안정기관의 장은 다음 각 호의 어느 하나에 해당하는 사용자에 대하여 대통령령으로 정하는 바에 따라 제8조제4항에 따른 고용허가나 제12조제3항에 따른 특례고용가능확인을 취소할 수 있다. 1. 거짓이나 그 밖의 부정한 방법으로 고용허가나 특례고용가능확인을 받은 경우 2. 사용자가 입국 전에 계약한 임금 또는 그 밖의 근로조건을 위반하는 경우 3. 사용자의 임금체불 또는 그 밖의	제24조(외국인근로자 고용허가 또는 특례고용가능확인의 취소) 고용노동부장관이 법 제19조제1항에 따라 사용자에 대하여 고용허가나 특례고용가능확인을 취소할 때에는 다음 각 호의 사항이 포함된 문서로 하여야 한다. 〈개정 2010.7.12〉 1. 취소의 사유 2. 해당 외국인근로자와의 근로계약 종료기한 3. 법 제20조에 따른 외국인근로자 고용의 제한 여부 [전문개정 2010.4.7]	

노동관계법 위반 등으로 근로계약을 유지하기 어렵다고 인정되는 경우 ② 제1항에 따라 외국인근로자 고용허가나 특례고용가능확인이 취소된 사용자는 취소된 날부터 15일 이내에 그 외국인근로자와의 근로계약을 종료하여야 한다. [전문개정 2009.10.9]		
제20조(외국인근로자 고용의 제한) ① 직업안정기관의 장은 다음 각 호의 어느 하나에 해당하는 사용자에 대하여 그 사실이 발생한 날부터 3년간 외국인근로자의 고용을 제한할 수 있다. 1. 제8조제4항 및 제12조제6항에 따른 고용허가서나 특례고용가능확인서를 발급받지 아니하고 외국인근로자를 고용한 자 2. 제19조제1항에 따라 외국인근로자의 고용허가나 특례고용가능확인이 취소된 자 3. 이 법 또는 「출입국관리법」을 위반하여 처벌을 받은 자 4. 그 밖에 대통령령으로 정하는 사유에 해당하는 자 ② 고용노동부장관은 제1항에 따라 외국인근로자의 고용을 제한하는 경우에는 그 사용자에게 고용노동부령으로 정하는 바에 따라 알려야 한다. 〈개정 2010.6.4〉 [전문개정 2009.10.9]	제25조(외국인근로자 고용의 제한) 법 제20조제1항제4호에서 "대통령령으로 정하는 사유에 해당하는 자"란 다음 각 호의 어느 하나에 해당하는 자를 말한다. 1. 법 제8조에 따라 고용허가서를 발급받은 날 또는 법 제12조에 따라 외국인근로자의 근로가 시작된 날부터 6개월 이내에 내국인근로자를 고용조정으로 이직시킨 자 2. 외국인근로자로 하여금 근로계약에 명시된 사업 또는 사업장 외에서 근로를 제공하게 한 자 3. 법 제9조제1항에 따른 근로계약이 체결된 이후부터 법 제11조에 따른 외국인 취업교육을 마칠 때까지의 기간 동안 경기의 변동, 산업구조의 변화 등에 따른 사업규모의 축소, 사업의 폐업 또는 전환과 같은 불가피한 사유가 없음에도 불구하고 근로계약을 해지한 자 [전문개정 2010.4.7]	제15조(고용 제한의 통지) 법 제20조제2항에 따른 통지는 외국인근로자 고용 제한의 사유를 명시하여 문서로 하여야 한다. [전문개정 2010.4.12]
		제20조 삭제 〈2009.7.8〉
제21조(외국인근로자 관련 사업) 고용노동부장관은 외국인근로자의 원활한 국내 취업활동 및 효율적인 고용관리를 위하여 다음 각 호의 사업을 한다. 〈개정 2010.6.4〉 1. 외국인근로자의 출입국 지원사업 2. 외국인근로자 및 그 사용자에 대한 교육사업 3. 송출국가의 공공기관 및 외국인근로자 관련 민간단체와의 협력	제26조(외국인근로자 관련 사업) 법 제21조제6호에서 "대통령령으로 정하는 사업"이란 다음 각 호의 사업을 말한다. 1. 외국인근로자의 취업알선, 고용관리 등에 필요한 외국인근로자 고용관리 전산시스템의 개발·운영사업 2. 외국인근로자의 국내 생활 적응 및 대한민국 문화에 대한 이해	제18조(수수료 등의 징수) ① 법 제27조제1항에 따라 근로계약의 체결을 대행하는 자와 같은 조 제3항에 따라 외국인근로자의 고용에 관한 업무를 대행하는 자가 사용자로부터 수수료와 필요한 비용을 받으려면 다음 각 호의 사항에 대하여 고용노동부장관의 승인을 받은 후에 이를 징수할 수 있다. 〈개정 2010.7.12〉 1. 수수료 등의 금액 및 그 산정기준

사업 4. 외국인근로자 및 그 사용자에 대한 상담 등 편의 제공 사업 5. 외국인근로자 고용제도 등에 대한 홍보사업 6. 그 밖에 외국인근로자의 고용관리에 관한 사업으로서 대통령령으로 정하는 사업 [전문개정 2009.10.9]	증진과 관련된 사업 3. 출국만기보험 등, 귀국비용보험 등 및 법 제23조에 따른 보증보험·상해보험 운영의 지원사업 4. 그 밖에 정책위원회가 외국인근로자의 고용관리를 위하여 필요하다고 인정하는 사업 [전문개정 2010.4.7]	2. 수수료 등의 징수 방법 및 절차 3. 수수료 등의 징수 명세 4. 그 밖에 수수료 등의 징수에 필요한 사항 ② 법 제28조 및 영 제31조제2항 및 제3항에 따라 법 제21조제1호부터 제4호까지의 사업을 위탁받아 수행하는 자가 사용자로부터 수수료와 필요한 비용을 받으려는 경우에는 제1항을 준용한다. 〈개정 2012.5.14〉 [전문개정 2010.4.12]
제4장 외국인근로자의 보호		
제22조(차별 금지) 사용자는 외국인근로자라는 이유로 부당하게 차별하여 처우하여서는 아니 된다. [전문개정 2009.10.9]		
제23조(보증보험 등의 가입) ① 사업의 규모 및 산업별 특성 등을 고려하여 대통령령으로 정하는 사업 또는 사업장의 사용자는 임금체불에 대비하여 그가 고용하는 외국인근로자를 위한 보증보험에 가입하여야 한다. ② 산업별 특성 등을 고려하여 대통령령으로 정하는 사업 또는 사업장에서 취업하는 외국인근로자는 질병·사망 등에 대비한 상해보험에 가입하여야 한다. ③ 제1항 및 제2항에 따른 보증보험, 상해보험의 가입방법·내용·관리 및 지급 등에 필요한 사항은 대통령령으로 정한다. [전문개정 2009.10.9]	제27조(보증보험의 가입) ① 법 제23조제1항에서 "대통령령으로 정하는 사업 또는 사업장"이란 다음 각 호의 어느 하나에 해당하는 사업 또는 사업장을 말한다. 다만, 법 제12조제1항제1호에 따른 사업 또는 사업장은 제외한다. 1. 「임금채권보장법」이 적용되지 아니하는 사업 또는 사업장 2. 상시 300명 미만의 근로자를 사용하는 사업 또는 사업장 ② 제1항에 따른 사업 또는 사업장의 사용자는 근로계약의 효력발생일부터 15일 이내에 다음 각 호의 요건을 모두 갖춘 보증보험에 가입하여야 한다. 〈개정 2010.7.12〉 1. 체불된 임금의 지급을 위하여 고용노동부장관이 정하여 고시하는 금액 이상을 보증하는 것일 것 2. 보증보험회사가 외국인근로자에게 해당 보증보험 가입 사실을 통지하는 것일 것 3. 사용자가 임금을 체불하는 경우 외국인근로자가 보증보험회사에 보증보험의 보험금을 청구할 수	

	있는 것일 것 [전문개정 2010.4.7] 제28조(상해보험의 가입) ① 법 제23조 제2항에서 "대통령령으로 정하는 사업 또는 사업장"이란 외국인근로자를 고용한 사업 또는 사업장을 말한다. ② 제1항에 따른 사업 또는 사업장의 외국인근로자는 근로계약의 효력발생일부터 15일 이내에 다음 각 호의 요건을 모두 갖춘 상해보험에 가입하여야 한다. 〈개정 2010.7.12〉 1. 외국인근로자가 사망하거나 질병 등이 발생한 경우 고용노동부장관이 정하여 고시하는 보험금액을 지급하는 것일 것 2. 외국인근로자가 사망하거나 질병 등이 발생한 경우 본인 또는 유족이 보험회사에 상해보험의 보험금액을 청구할 수 있는 것일 것 [전문개정 2010.4.7]	
	제23조의2 삭제 〈2010.4.7〉	
제24조(외국인근로자 관련 단체 등에 대한 지원) ① 국가는 외국인근로자에 대한 상담과 교육, 그 밖에 대통령령으로 정하는 사업을 하는 기관 또는 단체에 대하여 사업에 필요한 비용의 일부를 예산의 범위에서 지원할 수 있다. ② 제1항에 따른 지원요건·기준 및 절차 등에 관하여 필요한 사항은 대통령령으로 정한다. [전문개정 2009.10.9]	제29조(외국인근로자 관련 단체 등에 대한 지원) ① 법 제24조제1항에서 "대통령령으로 정하는 사업"이란 다음 각 호의 어느 하나에 해당하는 사업을 말한다. 1. 외국인근로자에 대한 무상의료 지원사업 2. 외국인근로자에 대한 문화행사 관련 사업 3. 외국인근로자에 대한 장제(葬祭) 지원사업 4. 외국인근로자에 대한 국내 구직활동 지원사업 및 국내 생활 지원사업 5. 그 밖에 외국인근로자의 권익보호 등을 위하여 정책위원회가 필요하다고 인정하는 사업 ② 국가가 법 제24조제1항에 따른 사업에 필요한 비용을 지원할 수 있는 기관 또는 단체는 다음 각	

	호의 요건을 모두 갖추어야 한다. 〈개정 2010.7.12〉 1. 비영리법인 또는 비영리단체일 것 2. 사업수행을 위하여 고용노동부장관이 정하여 고시하는 시설 또는 장비를 갖추고 있을 것 3. 사업수행을 위하여 필요한 국가자격 또는 국가의 공인을 받은 민간자격을 소지한 사람이나 해당 분야에서 1년 이상의 경력을 가진 사람이 2명 이상 종사하고 있을 것 ③ 고용노동부장관은 제2항의 요건을 모두 갖춘 기관 또는 단체에 사업에 필요한 비용을 지원하려면 매년 사업계획과 운영 실적 등을 평가하여 지원 여부를 결정하여야 한다. 〈개정 2010.7.12〉 ④ 법 제24조제1항에 따른 사업에 필요한 비용의 지원 수준은 고용노동부장관이 정하는 금액으로 한다. 이 경우 운영 실적 등의 평가 결과에 따라 지원 수준을 달리 정할 수 있다. 〈개정 2010.7.12〉 ⑤ 제1항부터 제4항까지에서 규정한 사항 외에 고용노동부장관이 비용을 지원할 수 있는 기관 또는 단체의 선정절차, 운영 등에 필요한 사항은 고용노동부장관이 정한다. 〈개정 2010.7.12〉 [전문개정 2010.4.7]	
제24조의2(외국인근로자 권익보호협의회) ① 외국인근로자의 권익보호에 관한 사항을 협의하기 위하여 직업안정기관에 관할 구역의 노동자단체와 사용자단체 등이 참여하는 외국인근로자 권익보호협의회를 둘 수 있다. ② 외국인근로자 권익보호협의회의 구성·운영 등에 필요한 사항은 고용노동부령으로 정한다. 〈개정 2010.6.4〉 [본조신설 2009.10.9]		제15조의2(외국인근로자 권익보호협의회의 구성 및 운영) ① 법 제24조의2에 따른 외국인근로자 권익보호협의회는 직업안정기관의 장이 추천한 다음 각 호의 단체로 구성한다. 　가. 노동자 단체 　나. 사용자 단체 　다. 외국인근로자 단체 　라. 그 밖에 외국인근로자 지원과 관련하여 필요하다고 인정되는 단체 ② 외국인근로자 권익보호협의회는

다음 각 호의 사항을 협의할 수 있다.

1. 외국인근로자의 사업장 변경에 관한 사항
2. 외국인근로자와 사용자 간 갈등 사항의 해소 방안
3. 외국인근로자의 국내 구직활동 및 생활에 대한 지원 방안
4. 그 밖에 외국인근로자의 권익보호와 관련하여 필요하다고 인정되는 사항

③ 직업안정기관의 장은 외국인근로자 관련 업무 수행 시에 외국인근로자 권익보호협의회에서 협의된 내용이 반영되도록 노력하여야 한다.
[본조신설 2010.4.12]

제25조(사업 또는 사업장 변경의 허용) ① 외국인근로자(제12조제1항에 따른 외국인근로자는 제외한다)는 다음 각 호의 어느 하나에 해당하는 사유가 발생한 경우에는 고용노동부령으로 정하는 바에 따라 직업안정기관의 장에게 다른 사업 또는 사업장으로의 변경을 신청할 수 있다. 〈개정 2010.6.4, 2012.2.1〉 1. 사용자가 정당한 사유로 근로계약기간 중 근로계약을 해지하려고 하거나 근로계약이 만료된 후 갱신을 거절하려는 경우 2. 휴업, 폐업, 제19조제1항에 따른 고용허가의 취소, 제20조제1항에 따른 고용의 제한, 사용자의 근로조건 위반 또는 부당한 처우 등 외국인근로자의 책임이 아닌 사유로 인하여 사회통념상 그 사업 또는 사업장에서 근로를 계속할 수 없게 되었다고 인정하여 고용노동부장관이 고시한 경우 3. 그 밖에 대통령령으로 정하는 사유가 발생한 경우 ② 사용자가 제1항에 따라 사업 또는 사업장 변경 신청을 한 후 재취업하려는 외국인근로자를 고	제30조(사업 또는 사업장의 변경) ① 법 제25조제1항제3호에서 "대통령령으로 정하는 사유"란 상해 등으로 외국인근로자가 해당 사업 또는 사업장에서 계속 근무하기는 부적합하나 다른 사업 또는 사업장에서 근무하는 것은 가능하다고 인정되는 경우를 말한다. 〈개정 2012.5.14〉 ② 삭제 〈2012.5.14〉 ③ 직업안정기관의 장은 법 제25조제3항에 해당하는 출국대상자의 명단을 관할 출입국관리사무소장 또는 출장소장에게 통보하여야 한다. [전문개정 2010.4.7]	제16조(사업 또는 사업장의 변경) ① 법 제25조제1항에 따라 외국인근로자가 사업 또는 사업장을 변경하려면 별지 제13호서식 또는 별지 제13호의2서식의 사업장 변경신청서에 여권 사본(제3항에 따른 외국인등록 사실증명을 확인할 수 없는 경우만 해당한다)을 첨부하여 소재지관할 직업안정기관의 장에게 제출하여야 하며, 소재지관할 직업안정기관의 장은 법 제25조제1항 각 호의 어느 하나의 사유를 확인하기 위하여 필요한 경우에는 관련 자료를 제출하게 할 수 있다. ② 외국인근로자가 법 제25조제3항 단서에 해당하는 경우에는 별지 제13호의3서식의 사업장 변경 신청기간 연장신청서에 여권 사본(제3항에 따른 외국인등록 사실증명을 확인할 수 없는 경우만 해당한다)과 업무상 재해, 질병, 임신, 출산 등의 사유를 증명할 수 있는 서류를 첨부하여 소재지관할 직업안정기관의 장에게 제출하여야 한다. ③ 제1항 및 제2항에 따른 신청서를 제출받은 소재지관할 직업안정

용할 경우 그 절차 및 방법에 관하여는 제6조·제8조 및 제9조를 준용한다.

③ 제1항에 따른 다른 사업 또는 사업장으로의 변경을 신청한 날부터 3개월 이내에 「출입국관리법」 제21조에 따른 근무처 변경허가를 받지 못하거나 사용자와 근로계약이 종료된 날부터 1개월 이내에 다른 사업 또는 사업장으로의 변경을 신청하지 아니한 외국인근로자는 출국하여야 한다. 다만, 업무상 재해, 질병, 임신, 출산 등의 사유로 근무처 변경허가를 받을 수 없거나 근무처 변경 신청을 할 수 없는 경우에는 그 사유가 없어진 날부터 각각 그 기간을 계산한다.

④ 제1항에 따른 외국인근로자의 사업 또는 사업장 변경은 제18조에 따른 기간 중에는 원칙적으로 3회를 초과할 수 없으며, 제18조의2제1항에 따라 연장된 기간 중에는 2회를 초과할 수 없다(제25조제1항제2호의 사유로 사업 또는 사업장을 변경한 경우는 포함하지 아니한다). 다만, 대통령령으로 정하는 부득이한 사유가 있는 경우에는 그러하지 아니하다. 〈개정 2012.2.1〉

[전문개정 2009.10.9]

제5장 보칙 〈개정 2009.10.9〉

제26조(보고 및 조사 등) ① 고용노동부장관은 필요하다고 인정하면 사용자나 외국인근로자 또는 제24조제1항에 따라 지원을 받는 외국인근로자 관련 단체에 대하여 보고, 관련 서류의 제출이나 그 밖에 필요한 명령을 할 수 있으며, 소속 공무원으로 하여금 관계인에게 질문하거나 관련 장부·서류 등을 조사하거나 검사하게 할 수 있다. 〈개정 2010.6.4〉

② 제1항에 따라 조사 또는 검사를

기관의 장은 「전자정부법」 제36조제1항에 따른 행정정보의 공동이용을 통하여 「출입국관리법」 제88조에 따른 외국인등록 사실 증명을 확인하여야 한다. 다만, 신청인이 확인에 동의하지 아니하는 경우에는 그 서류를 첨부하도록 하여야 한다. 〈개정 2012.5.14〉

[전문개정 2010.4.12]

제17조(자료 제출의 요구 등) ① 고용노동부장관 또는 지방고용노동관서의 장은 법 제26조제1항에 따라 명령을 하는 경우에는 7일 이상의 기간을 주되, 부득이한 사유가 있는 경우에는 그 기간을 한 차례 연장할 수 있다. 〈개정 2010.7.12〉

② 고용노동부장관 또는 지방고용노동관서의 장이 법 제26조제1항 및 영 제23조제2항에 따라 외국인근로자를 고용하고 있는 사업

하는 공무원은 그 신분을 표시하는 증명서를 지니고 이를 관계인에게 내보여야 한다. [전문개정 2009.10.9]		또는 사업장의 조사ㆍ검사 또는 지도ㆍ점검을 실시한 경우에는 그 결과를 별지 제14호서식의 지도ㆍ점검 등 기록부에 기록ㆍ관리하여야 한다. 〈개정 2010.7.12〉 [전문개정 2010.4.12]
제27조(수수료의 징수 등) ① 제9조제2항에 따라 사용자와 외국인근로자의 근로계약 체결(제12조제1항 각 호 외의 부분 후단, 제18조의4제3항 및 제25조제2항에 따라 근로계약 체결을 준용하는 경우를 포함한다. 이하 이 조에서 같다)을 대행하는 자는 고용노동부령으로 정하는 바에 따라 사용자로부터 수수료와 필요한 비용을 받을 수 있다. 〈개정 2010.6.4, 2012.2.1〉 ② 고용노동부장관은 제21조에 따른 외국인근로자 관련 사업을 하기 위하여 필요하면 고용노동부령으로 정하는 바에 따라 사용자로부터 수수료와 필요한 비용을 받을 수 있다. 〈개정 2010.6.4〉 ③ 제27조의2제1항에 따라 외국인근로자의 고용에 관한 업무를 대행하는 자는 고용노동부령으로 정하는 바에 따라 사용자로부터 수수료와 필요한 비용을 받을 수 있다. 〈개정 2010.6.4〉 ④ 다음 각 호의 어느 하나에 해당하는 자가 아닌 자는 근로계약 체결의 대행이나 외국인근로자 고용에 관한 업무의 대행 또는 외국인근로자 관련 사업을 하는 대가로 일체의 금품을 받아서는 아니 된다. 〈개정 2010.6.4〉 1. 제9조제2항에 따라 사용자와 외국인근로자의 근로계약 체결을 대행하는 자 2. 제27조의2제1항에 따라 외국인근로자의 고용에 관한 업무를 대행하는 자 3. 제21조에 따른 고용노동부장관의 권한을 제28조에 따라 위임ㆍ위		제18조(수수료 등의 징수) ① 법 제27조제1항에 따라 근로계약의 체결을 대행하는 자와 같은 조 제3항에 따라 외국인근로자의 고용에 관한 업무를 대행하는 자가 사용자로부터 수수료와 필요한 비용을 받으려면 다음 각 호의 사항에 대하여 고용노동부장관의 승인을 받은 후에 이를 징수할 수 있다. 〈개정 2010.7.12〉 1. 수수료 등의 금액 및 그 산정기준 2. 수수료 등의 징수 방법 및 절차 3. 수수료 등의 징수 명세 4. 그 밖에 수수료 등의 징수에 필요한 사항 ② 법 제28조 및 영 제31조제2항 및 제3항에 따라 법 제21조제1호부터 제4호까지의 사업을 위탁받아 수행하는 자가 사용자로부터 수수료와 필요한 비용을 받으려는 경우에는 제1항을 준용한다. 〈개정 2012.5.14〉 [전문개정 2010.4.12]

탁받아 하는 자 [전문개정 2009.10.9]		
제27조의2(각종 신청 등의 대행) ① 사용자 또는 외국인근로자는 다음 각 호에 따른 신청이나 서류의 수령 등 외국인근로자의 고용에 관한 업무를 고용노동부장관이 지정하는 자(이하 "대행기관"이라 한다)에게 대행하게 할 수 있다. 〈개정 2010.6.4, 2012.2.1〉 1. 제6조제1항에 따른 내국인 구인 신청(제25조제2항에 따라 준용하는 경우를 포함한다) 2. 제18조의2에 따른 사용자의 재고용 허가 요청 3. 제18조의4제1항에 따른 재입국 후의 고용허가 신청 4. 제25조제1항에 따른 사업 또는 사업장 변경 신청 5. 그 밖에 고용노동부령으로 정하는 외국인근로자 고용 등에 관한 업무 ② 제1항에 따른 대행기관의 지정요건, 업무범위, 지정절차 및 대행에 필요한 사항은 고용노동부령으로 정한다. 〈개정 2010.6.4〉 [본조신설 2009.10.9]		제18조의2(대행기관의 지정 및 운영) ① 법 제27조의2제1항에 따른 대행기관은 다음 각 호의 요건을 모두 충족하는 기관 중에서 고용노동부장관이 지정한다. 〈개정 2010.7.12〉 1. 사업수행을 위한 행정능력과 경험이 있을 것 2. 사용자 및 외국인근로자 지원사업의 실적이 있을 것 3. 업무수행 시 공공성을 확보할 수 있을 것 ② 법 제27조의2제1항제5호에서 "고용노동부령으로 정하는 외국인근로자 고용 등에 관한 업무"란 다음 각 호의 업무를 말한다. 〈개정 2010.7.12, 2011.7.5, 2012.5.14〉 1. 법 제8조제4항 및 영 제14조제2항에 따른 고용허가서 발급 및 재발급의 신청 2. 법 제12조제3항에 따른 특례고용가능확인의 신청 3. 법 제12조제4항에 따른 근로개시의 신고 4. 법 제17조제1항에 따른 고용변동 신고 5. 영 제20조의2제1항에 따른 특례고용가능확인서의 변경 확인 신청 6. 그 밖에 고용노동부장관이 지정하는 업무 ③ 고용노동부장관은 제1항에 따라 지정한 대행기관에 대해서는 업무범위를 명시한 대행기관 지정서를 발급한다. 〈개정 2010.7.12〉 ④ 제1항부터 제3항까지에서 규정한 사항 외에 대행기관의 지정요건 및 지정절차 등에 관하여 필요한 세부적인 사항은 고용노동부장관이 정하여 고시한다. 〈개정 2010.7.12〉 [본조신설 2010.4.12]
제27조의3(대행기관의 지정취소 등) ①		제18조의3(대행기관의 지정취소) 고용

고용노동부장관은 대행기관이 다음 각 호의 어느 하나에 해당하는 경우에는 고용노동부령으로 정하는 바에 따라 지정취소, 6개월 이내의 업무정지 또는 시정명령을 할 수 있다. 〈개정 2010.6.4〉 1. 거짓이나 그 밖의 부정한 방법으로 지정을 받은 경우 2. 지정요건에 미달하게 된 경우 3. 지정받은 업무범위를 벗어나 업무를 한 경우 4. 그 밖에 선량한 관리자의 주의를 다하지 아니하거나 업무처리 절차를 위배한 경우 ② 고용노동부장관은 제1항에 따라 대행기관을 지정취소할 경우에는 청문을 실시하여야 한다. 〈개정 2010.6.4〉 [본조신설 2009.10.9]		노동부장관은 대행기관이 법 제27조의3제1항제1호 또는 제2호에 해당하는 경우에는 지정취소를, 같은 항 제3호 또는 제4호에 해당하는 경우에는 6개월 이내의 업무정지 또는 시정명령을 할 수 있다. 〈개정 2010.7.12〉 [본조신설 2010.4.12]
제28조(권한의 위임·위탁) 고용노동부장관은 이 법에 따른 권한의 일부를 대통령령으로 정하는 바에 따라 지방고용노동관서의 장에게 위임하거나 「한국산업인력공단법」에 따른 한국산업인력공단 또는 대통령령으로 정하는 자에게 위탁할 수 있다. 다만, 제21조제1호의 사업은 「한국산업인력공단법」에 따른 한국산업인력공단에 위탁한다. 〈개정 2010.6.4〉 [전문개정 2009.10.9]	제31조(권한의 위임·위탁) ① 고용노동부장관은 법 제28조에 따라 다음 각 호의 권한을 지방고용노동관서의 장에게 위임한다. 〈개정 2010.7.12, 2011.7.5, 2012.5.14〉 1. 법 제18조의2에 따른 사용자의 재고용 허가 요청의 접수 및 처리 2. 법 제18조의4에 따른 재입국 후의 고용허가 신청의 접수 및 처리 3. 법 제26조제1항에 따른 명령·조사 및 검사 등(사용자와 외국인근로자에 대한 명령·조사 및 검사 등으로 한정한다) 4. 법 제32조에 따른 과태료의 부과·징수 5. 제23조제2항에 따른 지도·점검 ② 고용노동부장관은 법 제28조에 따라 다음 각 호의 권한을 한국산업인력공단에 위탁한다. 〈개정 2010.7.12〉 1. 제12조제2항에 따른 외국인구직자 명부의 작성·관리 2. 법 제21조제1호에 따른 외국인근로자의 출입국 지원사업 3. 법 제21조제3호에 따른 송출국	제18조(수수료 등의 징수) ① 법 제27조제1항에 따라 근로계약의 체결을 대행하는 자와 같은 조 제3항에 따라 외국인근로자의 고용에 관한 업무를 대행하는 자가 사용자로부터 수수료와 필요한 비용을 받으려면 다음 각 호의 사항에 대하여 고용노동부장관의 승인을 받은 후에 이를 징수할 수 있다. 〈개정 2010.7.12〉 1. 수수료 등의 금액 및 그 산정기준 2. 수수료 등의 징수 방법 및 절차 3. 수수료 등의 징수 명세 4. 그 밖에 수수료 등의 징수에 필요한 사항 ② 법 제28조 및 영 제31조제2항 및 제3항에 따라 법 제21조제1호부터 제4호까지의 사업을 위탁받아 수행하는 자가 사용자로부터 수수료와 필요한 비용을 받으려는 경우에는 제1항을 준용한다. 〈개정 2012.5.14〉 [전문개정 2010.4.12] 제19조(업무처리규정) 한국산업인력공단은 영 제31조제2항 및 제3항에 따라 고용노동부장관으로부터 위탁받

	가의 공공기관과의 협력사업 4. 법 제27조제2항에 따른 수수료 등의 징수(제2호 및 제3호에 따라 위탁받은 사업과 관련된 것으로 한정한다) ③ 고용노동부장관은 법 제28조에 따라 다음 각 호의 권한을 한국산업인력공단과 업무수행을 위한 인적·물적 능력 등을 고려하여 고용노동부장관이 정하여 고시하는 비영리법인 또는 비영리단체에 위탁한다. 〈개정 2010. 7.12〉 1. 법 제21조제2호에 따른 외국인근로자 및 그 사용자에 대한 교육사업 2. 법 제21조제3호에 따른 외국인근로자 관련 민간단체와의 협력사업 3. 법 제21조제4호에 따른 외국인근로자 및 그 사용자에 대한 상담 등 편의 제공 사업 4. 법 제27조제2항에 따른 수수료 등의 징수(제1호부터 제3호까지의 규정에 따라 위탁받은 사업과 관련된 것으로 한정한다) 5. 제26조제2호에 따른 외국인근로자의 국내 생활 적응 및 대한민국 문화에 대한 이해 증진과 관련된 사업 6. 제26조제3호에 따른 지원 사업 ④ 고용노동부장관은 법 제28조에 따라 제26조제1호에 따른 외국인근로자 고용관리 전산시스템의 개발·운영사업을 「고용정책기본법」 제18조에 따른 한국고용정보원에 위탁한다. 〈개정 2010.7.12〉 [전문개정 2010.4.7]	은 업무에 대해서는 고용노동부장관의 승인을 받아 해당 업무처리에 필요한 규정을 정할 수 있다. 〈개정 2010.7.12〉 [전문개정 2010.4.12]
제6장 벌칙 〈개정 2009.10.9〉		
제29조(벌칙) 다음 각 호의 어느 하나에 해당하는 자는 1년 이하의 징역이나 금고 또는 1천만 원 이하의 벌금에 처한다. 1. 제8조제6항을 위반하여 외국인근로자의 선발, 알선, 그 밖의 채용		

에 개입한 자 2. 제16조를 위반하여 귀국에 필요한 조치를 하지 아니한 사용자 3. 제19조제2항을 위반하여 근로계약을 종료하지 아니한 사용자 4. 제25조에 따른 외국인근로자의 사업 또는 사업장 변경을 방해한 자 5. 제27조제4항을 위반하여 금품을 받은 자 [전문개정 2009.10.9]		
제30조(벌칙) 다음 각 호의 어느 하나에 해당하는 자는 500만 원 이하의 벌금에 처한다. 1. 제13조제1항 전단을 위반하여 출국만기보험 등에 가입하지 아니한 사용자 2. 제23조에 따른 보증보험 또는 상해보험에 가입하지 아니한 자 [전문개정 2009.10.9]		
제31조(양벌규정) 법인의 대표자나 법인 또는 개인의 대리인, 사용인, 그 밖의 종업원이 그 법인 또는 개인의 업무에 관하여 제29조 또는 제30조의 위반행위를 하면 그 행위자를 벌하는 외에 그 법인 또는 개인에게도 해당 조문의 벌금형을 과(科)한다. 다만, 법인 또는 개인이 그 위반행위를 방지하기 위하여 해당 업무에 관하여 상당한 주의와 감독을 게을리하지 아니한 경우에는 그러하지 아니하다. [전문개정 2009.10.9]		
제32조(과태료) ① 다음 각 호의 어느 하나에 해당하는 자에게는 500만 원 이하의 과태료를 부과한다. 1. 제9조제1항을 위반하여 근로계약을 체결할 때 표준근로계약서를 사용하지 아니한 자 2. 제11조제2항을 위반하여 외국인근로자에게 취업교육을 받게 하지 아니한 사용자 3. 제12조제3항에 따른 특례고용가능확인을 받지 아니하고 같은 조	제32조(과태료의 부과기준) 법 제32조제1항에 따른 과태료의 부과기준은 별표와 같다. [전문개정 2011.7.5]	

제1항에 따른 사증을 발급받은
외국인근로자를 고용한 사용자

4. 제12조제4항을 위반하여 외국인
   구직자 명부에 등록된 사람 중에
   서 채용하지 아니한 사용자 또는
   외국인근로자가 근로를 시작한
   후 직업안정기관의 장에게 신고
   를 하지 아니하거나 거짓으로 신
   고한 사용자

5. 제13조제1항 후단을 위반하여 출
   국만기보험 등의 매월 보험료 또
   는 신탁금을 3회 이상 연체한 사
   용자

6. 제15조제1항을 위반하여 보험 또
   는 신탁에 가입하지 아니한 외국
   인근로자

7. 제17조제1항을 위반하여 신고를
   하지 아니하거나 거짓으로 신고
   한 사용자

8. 제20조제1항에 따라 외국인근로
   자의 고용이 제한된 사용자로서
   제12조제1항에 따른 사증을 발급
   받은 외국인근로자를 고용한 사
   용자

9. 제26조제1항에 따른 명령을 따르
   지 아니하여 보고를 하지 아니하
   거나 거짓으로 보고한 자, 관련
   서류를 제출하지 아니하거나 거
   짓으로 제출한 자, 같은 항에 따
   른 질문 또는 조사·검사를 거
   부·방해하거나 기피한 자

10. 제27조제1항·제2항 또는 제3항
    에 따른 수수료 및 필요한 비용
    외의 금품을 받은 자

② 제1항에 따른 과태료는 대통령령
   으로 정하는 바에 따라 고용노동
   부장관이 부과·징수한다. 〈개
   정 2010.6.4〉

[전문개정 2009.10.9]

3. 결혼중개업의 관리에 관한 법률

3단비교표(법률-시행령-시행규칙)

결혼중개업의 관리에 관한 법률 [법률 제11672호, 2013.3.22, 일부개정]	결혼중개업의 관리에 관한 법률 시행령 [대통령령 제24755호, 2013.9.17, 일부개정]	결혼중개업의 관리에 관한 법률 시행규칙 [여성가족부령 제40호, 2013.9.16, 일부개정]
제1조(목적) 이 법은 결혼중개업을 건전하게 지도·육성하고 이용자를 보호함으로써 건전한 결혼문화 형성에 이바지함을 목적으로 한다.	제1조(목적) 이 영은 「결혼중개업의 관리에 관한 법률」에서 위임된 사항과 그 시행에 필요한 사항을 규정함을 목적으로 한다.	제1조(목적) 이 규칙은 「결혼중개업의 관리에 관한 법률」 및 같은 법 시행령에서 위임된 사항과 그 시행에 필요한 사항을 규정함을 목적으로 한다.
제2조(정의) 이 법에서 사용하는 용어의 정의는 다음과 같다. 1. "결혼중개"란 결혼을 위한 상담 및 알선 등의 행위를 말한다. 2. "결혼중개업"이란 수수료·회비, 그 밖의 금품을 받고 결혼중개를 업으로 행하는 것을 말한다. 3. "국내결혼중개업"이란 대한민국의 국적을 가진 사람을 대상으로 하는 결혼중개업을 말한다. 4. "국제결혼중개업"이란 대한민국의 국적을 가진 사람과 외국인을 대상으로 하는 결혼중개업을 말한다. 5. "결혼중개업자"란 제3조제1항에 따라 결혼중개업의 신고를 하거나 제4조제1항에 따라 결혼중개업의 등록을 한 자를 말한다.		
제3조(국내결혼중개업의 신고) ① 국내결혼중개업을 하고자 하는 자는 보증보험금 및 중개사무소 등 대통령령으로 정하는 기준을 갖추어 시장(「제주특별자치도 설치 및 국제자유도시 조성을 위한 특별법」에 따른 행정시장을 포함한다. 이하 같다)·군수·구청장(자치구의 구청장을 말한다. 이하 같다)에게 신고하여야 한다. 신고한 사항 중 여성가족부령으로 정하는 중요사항을 변경하고자 할 때에도 또한 같다. 〈개정 2010.	제1조의2(국내결혼중개업 신고기준) 「결혼중개업의 관리에 관한 법률」(이하 "법"이라 한다) 제3조제1항 전단에서 "보증보험금 및 중개사무소 등 대통령령으로 정하는 기준"이란 다음 각 호와 같다. 1. 법 제25조에 따라 보증보험에 가입할 것 2. 건축물대장에 「건축법 시행령」 별표 1 제4호에 따른 제2종 근린생활시설 또는 같은 표 제14호나목에 따른 일반업무시설로 기재	제2조(국내결혼중개업의 신고) ① 「결혼중개업의 관리에 관한 법률」(이하 "법"이라 한다) 제3조제1항에 따라 국내결혼중개업의 신고를 하려는 자는 별지 제1호서식의 신고서(전자문서로 된 신고서를 포함한다)에 다음 각 호의 서류를 첨부하여 주된 중개사무소의 소재지를 관할하는 시장(「제주특별자치도 설치 및 국제자유도시 조성을 위한 특별법」에 따른 행정시장을 포함한다. 이하 같다)·군수·구청장(자치구의 구청장을 말한다.

1.18, 2010.5.17〉

② 시장·군수·구청장은 제1항에 따른 국내결혼중개업의 신고를 한 자에 대하여 신고필증을 내주어야 한다.

③ 제1항에 따른 신고사항·신고절차, 제2항에 따른 신고필증의 교부 등 신고에 관하여 필요한 사항은 여성가족부령으로 정한다. 〈개정 2010.1.18〉

된 건물에 중개사무소를 확보할 것. 이 경우 소유·전세·임대차 또는 사용대차 등의 방법으로 사용권을 확보하여야 한다.

[본조신설 2010.11.16]

제6조(보증보험의 가입) ① 결혼중개업자는 법 제3조 또는 법 제4조에 따라 신고 또는 등록을 하려면 법 제25조 제2항에 따라 다음 각 호에 해당하는 금액을 보장하는 보증보험에 가입하여야 한다. 〈개정 2010.11.16〉

1. 국내결혼중개업자: 2천만 원 이상. 다만, 분사무소(分事務所)를 두는 경우에는 분사무소마다 1천만 원을 추가한다.

2. 국제결혼중개업자: 5천만 원 이상. 다만, 분사무소를 두는 경우에는 분사무소마다 2천만 원을 추가한다.

② 결혼중개업자는 제1항에 따른 보증보험의 보증기간이 끝날 때에는 그 기간의 만료일까지 제1항에 따른 금액을 보장하는 보증보험에 다시 가입하고 그 증명서류를 갖추어 시장·군수·구청장에게 제출하여야 한다. 〈개정 2010.11.16〉

③ 제1항 및 제2항에 따라 결혼중개업자가 보증보험에 가입하는 경우에는 시장·군수·구청장을 피보험자로 하여야 한다. 〈개정 2010.11.16〉

[제목개정 2010.11.16]

제7조의2(고유식별정보의 처리) 시장·군수·구청장(해당 권한이 위임·위탁된 경우에는 그 권한을 위임·위탁받은 자를 포함한다)은 다음 각 호의 사무를 수행하기 위하여 불가피한 경우 「개인정보 보호법 시행령」 제19조제1호 또는 제4호에 따른 주민등록번호 또는 외국인등록번호가 포함된 자료를 처리할 수 있다.

1. 법 제3조에 따른 국내결혼중개업의 신고 및 변경신고, 신고필증

이하 같다)에게 제출하여야 한다. 이 경우 중개사무소가 2 이상인 때에는 중개사무소별로 신고서를 제출하여야 한다. 〈개정 2010.11.17., 2012.8.2〉

1. 정관(법인인 경우에만 해당한다)

2. 신고인(법인인 경우에는 그 임원을 말한다)이 외국인인 경우에는 법 제6조 각 호에 해당하지 아니함을 증명하는 해당 국가의 정부 또는 그 밖에 권한이 있는 기관이 발행한 서류나 공증인이 공증한 신고인의 진술서로서 「재외공관공증법」에 따라 해당 국가에 주재하는 같은 법 제2조에 따른 영사관(이하 "영사관"이라 한다)이 확인한 서류. 다만, 「외국공문서에 대한 인증의 요구를 폐지하는 협약」을 체결한 국가의 경우에는 아포스티유(Apostille) 확인서로 영사관의 확인을 갈음할 수 있다.

3. 종사자 명단

4. 법 제25조에 따라 보증보험에 가입한 사실을 증명하는 서류. 다만, 보증보험회사가 보증 사실을 직접 시장·군수·구청장에게 통보한 경우에는 제출을 생략할 수 있다.

5. 건축물대장에 「건축법 시행령」 별표 1 제4호에 따른 제2종 근린생활시설 또는 같은 표 제14호나목에 따른 일반업무시설로 기재된 건물에 중개사무소를 확보하였음을 증명하는 서류

② 제1항에 따른 신고서를 받은 시장·군수·구청장은 지체 없이 별지 제2호서식의 신고필증을 발급한 후 별지 제3호서식의 신고·등록관리대장(전자문서를 포함한다)에 그 사실을 적고 관리하여야 한다. 〈개정 2010.11.17〉

③ 2이상의 시(「제주특별자치도 설치 및 국제자유도시 조성을 위한

발급 및 재발급에 관한 사무
2. 법 제4조에 따른 국제결혼중개업의 등록 및 변경등록, 등록증 발급 및 재발급에 관한 사무
3. 법 제5조에 따른 결혼중개업의 휴업·폐업 및 영업 재개의 신고에 관한 사무
[본조신설 2012.1.6]

특별법」에 따른 행정시를 포함한다. 이하 같다)·군·구(자치구를 말한다. 이하 같다)에 중개사무소가 있는 경우 제1항의 신고를 받은 시장·군수·구청장은 10일 이내에 분사무소(分事務所)의 소재지를 관할하는 시장·군수·구청장에게 신고 사실을 통보하여야 하며, 각 중개사무소의 소재지를 관할하는 시장·군수·구청장은 해당 영업의 지도·감독 등에 관하여 서로 협조를 요청할 수 있다. 〈개정 2010.11.17〉
④ 제3항에 따른 협조를 요청받은 시장·군수·구청장은 특별한 사유가 없는 한 이에 응하여야 한다. 〈개정 2010.11.17〉

제3조(변경신고) ① 법 제3조제1항 후단에서 "여성가족부령으로 정하는 중요사항"이란 다음 각 호의 사항을 말한다. 〈개정 2010.3.19, 2010.11.17〉
1. 중개사무소의 상호
2. 중개사무소의 수
3. 중개사무소의 소재지
4. 중개사무소 대표자 및 종사자
5. 법인의 대표자 및 임원(법인인 경우에만 해당한다)
6. 법 제25조에 따른 보증보험에 관한 사항
② 법 제3조제1항 후단에 따라 변경신고를 하려는 자는 별지 제4호서식의 변경신고서(전자문서로 된 변경신고서를 포함한다)에 다음 각 호의 서류를 첨부하여 시장·군수·구청장에게 제출하여야 한다.
1. 신고필증
2. 변경사항을 증명하는 서류
③ 제2항에 따른 변경신고를 받은 시장·군수·구청장은 신고필증을 고쳐 쓴 후 발급하거나 재발급하여야 한다. 이 경우 제1항제3호에 따라 시·군·구를 달리

		하는 중개사무소의 소재지 변경을 이유로 변경신고를 받았을 때에는 종전의 중개사무소를 관할하는 시장·군수·구청장으로부터 제2조제1항 및 제2항에 따른 신고서류 전부를 송부받아 기록·관리하여야 한다. 〈개정 2010.11.17〉
제4조(국제결혼중개업의 등록) ① 국제결혼중개업을 하고자 하는 자는 제24조에 따른 교육을 받고 제24조의3에 따른 자본금 요건 및 보증보험금, 중개사무소 등 대통령령으로 정하는 기준을 갖추어 중개사무소를 두고자 하는 지역을 관할하는 시장·군수·구청장에게 등록하여야 한다. 등록한 사항 중 여성가족부령으로 정하는 중요사항을 변경하고자 할 때에도 또한 같다. 〈개정 2010.1.18, 2010.5.17, 2012.2.1〉 ② 시장·군수·구청장은 제1항에 따른 국제결혼중개업을 등록한 자에 대하여 등록증을 내주어야 한다. 〈개정 2010.5.17〉 ③ 제1항에 따른 등록사항·등록절차, 제2항에 따른 등록증의 교부 등 등록에 관하여 필요한 사항은 여성가족부령으로 정한다. 〈개정 2010.1.18〉	제2조(국제결혼중개업 등록기준) 법 제4조제1항 전단에서 "보증보험금, 중개사무소 등 대통령령으로 정하는 기준"이란 다음 각 호와 같다. 〈개정 2012.7.23〉 1. 법 제24조에 따른 교육을 받을 것 1의2. 법 제24조의3에 따른 자본금 요건을 갖출 것 2. 법 제25조에 따라 보증보험에 가입할 것 3. 건축물대장에 「건축법 시행령」 별표 1 제4호에 따른 제2종 근린생활시설 또는 같은 표 제14호나목에 따른 일반업무시설로 기재된 건물에 중개사무소를 확보할 것. 이 경우 소유·전세·임대차 또는 사용대차 등의 방법으로 사용권을 확보하여야 한다. [전문개정 2010.11.16] 제6조(보증보험의 가입) ① 결혼중개업자는 법 제3조 또는 법 제4조에 따라 신고 또는 등록을 하려면 법 제25조제2항에 따라 다음 각 호에 해당하는 금액을 보장하는 보증보험에 가입하여야 한다. 〈개정 2010.11.16〉 1. 국내결혼중개업자: 2천만 원 이상. 다만, 분사무소(分事務所)를 두는 경우에는 분사무소마다 1천만원을 추가한다. 2. 국제결혼중개업자: 5천만 원 이상. 다만, 분사무소를 두는 경우에는 분사무소마다 2천만 원을 추가한다. ② 결혼중개업자는 제1항에 따른 보증보험의 보증기간이 끝날 때에는 그 기간의 만료일까지 제1항	제4조(국제결혼중개업의 등록) ① 법 제4조제1항에 따라 국제결혼중개업을 등록하려는 자는 별지 제5호서식의 등록신청서(전자문서로 된 등록신청서를 포함한다)에 다음 각 호의 서류를 첨부하여 주된 중개사무소의 소재지를 관할하는 시장·군수·구청장에게 제출하여야 한다. 이 경우 중개사무소가 2 이상인 때에는 중개사무소별로 신청서를 제출하여야 한다. 〈개정 2010.11.17, 2012.8.2〉 1. 정관(법인인 경우에만 해당한다) 2. 신청인(법인인 경우에는 그 임원을 말한다)이 외국인인 경우에는 법 제6조 각 호에 해당하지 아니함을 증명하는 해당 국가의 정부 또는 그 밖에 권한이 있는 기관이 발행한 서류나 공증인이 공증한 신청인의 진술서로서 「재외공관공증법」에 따라 해당 국가에 주재하는 영사관이 확인한 서류. 다만, 「외국공문서에 대한 인증의 요구를 폐지하는 협약」을 체결한 국가의 경우에는 아포스티유(Apostille) 확인서로 영사관의 확인을 갈음할 수 있다. 3. 종사자 명단 4. 건축물대장에 「건축법 시행령」 별표 1 제4호에 따른 제2종 근린생활시설 또는 같은 표 제14호나목에 따른 일반업무시설로 기재된 건물에 중개사무소를 확보하였음을 증명하는 서류 5. 법 제24조에 따른 교육수료증 사본 6. 법 제24조의3에 따라 자본금(법인이 아닌 경우에는 자산평가액

에 따른 금액을 보장하는 보증보험에 다시 가입하고 그 증명서류를 갖추어 시장·군수·구청장에게 제출하여야 한다. 〈개정 2010.11.16〉

③ 제1항 및 제2항에 따라 결혼중개업자가 보증보험에 가입하는 경우에는 시장·군수·구청장을 피보험자로 하여야 한다. 〈개정 2010.11.16〉

[제목개정 2010.11.16]

을 말한다)을 1억 원 이상 보유하고 있음을 확인할 수 있는 별지 제5호의2서식에 따른 재산목록

7. 법 제25조에 따라 보증보험에 가입한 사실을 증명하는 서류. 다만, 보증보험회사가 보증 사실을 직접 시장·군수·구청장에게 통보한 경우에는 제출을 생략할 수 있다.

② 제1항에 따른 등록신청서를 받은 시장·군수·구청장은 지체 없이 별지 제6호서식의 등록증을 발급한 후 별지 제3호서식의 신고·등록관리대장(전자문서를 포함한다)에 그 사실을 적고 관리하여야 한다. 〈개정 2010.11.17〉

③ 2이상의 시·군·구에 중개사무소가 있는 경우 시장·군수·구청장 간의 등록사실 통보 등에 관하여는 제2조제3항 및 제4항을 준용한다. 〈개정 2010.11.17〉

제5조(변경등록) ① 법 제4조제1항 후단에서 "여성가족부령으로 정하는 중요사항"이란 제3조제1항 각 호의 사항과 제4조제1항제6호의 사항을 말한다. 〈개정 2010.3.19, 2012.8.2〉

② 법 제4조제1항 후단에 따라 변경등록을 하려는 자는 별지 제4호서식의 변경신청서(전자문서로 된 변경신청서를 포함한다)에 다음 각 호의 서류를 첨부하여 시장·군수·구청장에게 제출하여야 한다. 〈개정 2010.11.17〉

1. 등록증
2. 변경사항을 증명하는 서류

③ 제2항에 따라 변경신청을 받은 시장·군수·구청장은 등록증을 고쳐 쓴 후 발급하거나 재발급하여야 한다. 이 경우 시·군·구를 달리하는 중개사무소의 소재지 변경을 이유로 변경신청을 받았을 때에는 종전의 중개사무소를 관리하는 시장·군수·구청

		장으로부터 제4조제1항 및 제3항에 따른 등록서류 전부를 송부받아 기록·관리하여야 한다. 〈개정 2010.11.17〉
제4조의2(국제결혼중개업체의 공시) ① 시장·군수·구청장은 등록된 국제결혼중개업체의 현황 등을 홈페이지를 통하여 정기적으로 공시하여야 한다. ② 제1항에 따라 공시하여야 할 사항, 방법, 시기 등에 필요한 사항은 여성가족부령으로 정한다. [본조신설 2012.2.1]		제6조의2(국제결혼중개업체의 공시) 법 제4조의2제1항에 따라 시장·군수·구청장은 매월 15일까지 전월 말을 기준으로 별지 제7호의2서식의 국제결혼중개업체 공시에 다음 각 호의 사항을 해당 시·군·구의 인터넷 홈페이지에 공시하여야 한다. 1. 국제결혼중개업체 등록 현황: 업체명, 대표자 성명, 소재지 (읍·면·동까지로 한다) 2. 최근 3년 이내의 영업정지 이상의 행정처분 현황: 처분일자 및 처분내용 [본조신설 2012.8.2]
제4조의3(지도점검) ① 제4조에 따라 등록된 국제결혼중개업의 경우 시장·군수·구청장은 등록사항과 업무에 관한 사항에 대하여 지도점검을 실시하여야 한다. ② 제1항의 지도점검과 관련된 절차와 방법에 관한 사항은 여성가족부령으로 정한다. [본조신설 2012.2.1]		제6조의3(지도점검) 법 제4조의3제2항에 따라 시장·군수·구청장은 국제결혼중개업에 대한 연간 지도점검 계획을 수립·시행하여야 한다. [본조신설 2012.8.2]
제5조(휴업·폐업 및 재개의 신고) 결혼중개업자가 휴업 또는 폐업하거나 휴업 후 영업을 재개하고자 할 때에는 여성가족부령으로 정하는 바에 따라 시장·군수·구청장에게 이를 신고하여야 한다. 폐업을 신고한 경우 제3조제1항에 따른 신고 또는 제4조제1항에 따른 등록은 그 효력을 잃는다. 다만, 제18조에 따른 영업정지 등의 사유에 해당하게 된 경우에는 신고·등록의 효력을 잃지 아니한다. 〈개정 2010.1.18, 2010.5.17, 2012.2.1〉		제7조(휴업·폐업 및 재개업의 신고) ① 결혼중개업자는 법 제5조에 따라 휴업(결혼중개업의 신고 또는 등록 후 영업을 시작하지 아니하는 경우를 포함한다. 이하 같다) 또는 폐업하거나 휴업 후 영업을 재개하려는 때에는 미리 별지 제8호서식의 휴업·폐업·재개업 신고서에 다음 각 호의 서류를 첨부하여 시장·군수·구청장에게 제출하여야 한다. 〈개정 2010.11.17〉 1. 신고필증 또는 등록증 1부 2. 이용자에 대한 조치계획서 1부(영업의 재개인 경우는 제외한다) 3. 제11조 각 호에 따른 종사자 명부 및 회원 명부 1부(폐업인 경우에

		만 해당한다) ② 제1항에 따라 결혼중개업의 재개 신고를 받은 시장·군수·구청 장은 신고필증 또는 등록증을 해 당 결혼중개업자에게 즉시 반환 하여야 한다. 〈개정 2010.11.17〉 [제목개정 2010.11.17]
제6조(결격사유) 다음 각 호의 어느 하나에 해당하는 자는 결혼중개업을 운영하거나 그 업무에 종사할 수 없다. 〈개정 2009.6.9., 2013.3.22〉 1. 미성년자·금치산자·한정치산자 또는 파산선고를 받고 복권되지 아니한 자 2. 금고 이상의 실형을 선고받고 그 집행이 종료(집행이 종료된 것으로 보는 경우를 포함한다)되거나 집행이 면제된 날부터 2년이 경과되지 아니한 자 3. 금고 이상의 형의 집행유예를 선고받고 그 유예기간 중에 있는 자 4. 제2호 및 제3호에도 불구하고 이 법,「형법」제228조 및 제287조부터 제294조까지의 규정,「특정범죄가중처벌 등에 관한 법률」제5조의2,「성매매알선 등 행위의 처벌에 관한 법률」,「풍속영업의 규제에 관한 법률」,「아동·청소년의 성보호에 관한 법률」또는「출입국관리법」제7조의2 및 제18조제4항을 위반하여 벌금 이상의 형의 선고(범칙금 통고처분을 포함한다)를 받고 그 집행이 종료되거나 집행을 받지 아니하기로 확정된 후 3년이 경과되지 아니한 자 5. 국제결혼 중개행위 관련 외국의 현지 형사법령 또는 행정법령을 위반하여 형 또는 행정처분이 확정(형사법령을 위반한 경우에는 형을 집행하지 아니하기로 확정된 경우를 포함한다)되어 그 집행이 종료된 후 3년이 경과되지 아니한 자 6. 제18조에 따라 등록이 취소된 후		

3년이 경과되지 아니한 자 7. 임원 중에 제1호부터 제6호까지의 규정의 어느 하나에 해당하는 자가 있는 법인		
		제6조(신고필증 또는 등록증의 재발급) 결혼중개업자는 신고필증 또는 등록증을 잃어버렸거나 헐어 못쓰게 되어 재발급을 받으려는 경우에는 별지 제7호서식의 신고필증 또는 등록증 재발급신청서(전자문서로 된 신청서를 포함한다)에 다음 각 호의 서류를 첨부하여 시장·군수·구청장에게 신청하여야 한다. 〈개정 2010.11.17〉 1. 신고필증 또는 등록증을 잃어버린 경우에는 그 사유서 2. 신고필증 또는 등록증이 헐어 못쓰게 된 경우에는 그 신고필증 또는 등록증
제7조(겸업금지) 「직업안정법」제18조 및 제19조에 따른 직업소개사업을 하는 자 또는 「파견근로자보호 등에 관한 법률」제7조에 따른 파견사업주 또는 「해외이주법」제10조에 따른 해외이주알선업자는 결혼중개업을 수행할 수 없다.		
제8조(신고필증 등의 게시) ① 결혼중개업자는 결혼중개업 수수료·회비 등을 기재한 표, 신고필증 또는 등록증, 그 밖에 여성가족부령으로 정하는 사항을 당해 중개사무소 안의 보기 쉬운 곳에 게시하여야 한다. 〈개정 2010.1.18〉 ② 결혼중개업자가 인터넷 홈페이지를 운영하는 경우 결혼중개업 수수료·회비 등을 기재한 표, 신고번호 또는 등록번호 등 여성가족부령으로 정하는 사항을 이용자가 쉽게 확인할 수 있도록 인터넷 홈페이지에 게시하여야 한다. 〈개정 2010.1.18〉		제8조(신고필증 등의 게시) ① 법 제8조제1항에서 "여성가족부령으로 정하는 사항"이란 보증보험 증권을 말한다. 〈개정 2010.3.19, 2010.11.17〉 ② 결혼중개업자는 법 제8조제1항에 따른 게시사항을 중개사무소의 규모 및 특성에 따라 부착하는 등의 방법으로 이용자가 쉽게 확인할 수 있도록 하여야 한다. ③ 법 제8조제2항에서 "여성가족부령으로 정하는 사항"이란 다음 각 호의 사항을 말한다. 〈개정 2010.3.19, 2010.11.17〉 1. 상호와 대표자의 성명 2. 신고번호 또는 등록번호 3. 사업자등록번호 4. 중개사무소 소재지의 주소 및 전

		화번호 5. 결혼중개업 수수료·회비 등을 기재한 표 6. 이용약관 7. 보증보험에 의한 손해배상 청구 절차 ④ 인터넷 홈페이지를 운영하는 결혼중개업자는 법 제8조제2항에 따라 제3항 각 호의 사항을 이용자가 알아보기 쉽도록 인터넷 홈페이지 초기 화면에 표시하여야 한다. 다만, 제3항제5호부터 제7호까지의 사항은 소비자가 연결 화면을 통하여 볼 수 있도록 할 수 있다.
제9조(명의 대여의 금지) 결혼중개업자는 다른 사람에게 자기의 명의 또는 상호를 사용하여 결혼중개업을 하게 하거나 신고필증 또는 등록증을 빌려주어서는 아니 된다.		
	제9조(규제의 재검토) 여성가족부장관은 제3조의2에 따른 신상정보 제공 등의 기준이 적절한지를 2018년 12월 31일까지 검토하여 개선 등의 조치를 하여야 한다. 〈개정 2013.9.17〉 [본조신설 2010.11.16]	
제10조(결혼중개계약서의 작성 등) ① 결혼중개업자는 결혼중개를 목적으로 수수료·회비, 그 밖의 금품을 이용자에게 받고자 할 때에는 다음 각 호의 방법으로 계약을 체결하여야 한다. 이 경우 이용자가 계약서 내용을 이해할 수 있도록 충분하게 설명하여야 한다. 〈개정 2010.5.17〉 1. 국내결혼중개업자: 서면 또는 「전자거래기본법」 제2조제1호에 따른 전자문서 2. 국제결혼중개업자: 서면 ② 제1항에 따라 계약을 체결하는 때에는 다음 각 호의 사항을 기재한 계약서(약관을 정하여 사용하는 경우로서 약관의 내용이 계약서에 기재되어 있지 아니한 경	제3조의2(신상정보 제공) ① 법 제10조의2에 따라 국제결혼중개업자가 법 제10조제1항에 따라 계약을 체결한 이용자(이하 "이용자"라 한다)와 결혼중개의 상대방(이하 "상대방"이라 한다)으로부터 받는 신상정보는 다음 각 호의 서류를 말한다. 다만, 제1호, 제2호 및 제4호의 서류는 상대국에서 통용되는 유사한 입증자료로 갈음할 수 있다. 〈개정 2012.7.23〉 1. 혼인경력: 「가족관계의 등록 등에 관한 법률」 제15조제1항제1호에 따른 가족관계증명서 또는 같은 항 제3호에 따른 혼인관계증명서 2. 건강상태: 법 제10조의2제2항에 따른 건강진단서	제9조의2(신상정보의 제공) ① 「결혼중개업의 관리에 관한 법률 시행령」(이하 "영"이라 한다) 제3조의2제1항제4호에 따른 범죄경력조회 신청서 및 범죄경력조회 회신서는 각각 별지 제8호의2서식 및 별지 제8호의3서식과 같다. ② 영 제3조의2제2항에 따른 국제결혼 개인신상정보 확인서는 별지 제8호의4서식과 같다. ③ 영 제3조의2제3항에 따른 이용자와 상대방이 만남에 동의하는 서면동의서는 별지 제8호의5서식과 같다. [전문개정 2012.8.2] 제9조(결혼중개계약서 등의 기록보존) 결혼중개업자는 법 제10조제3항 및

우 그 약관을 기재한 서면을 포함한다)를 이용자에게 내주어야 한다.
1. 수수료·회비 등에 관한 사항
2. 해약 또는 해지할 경우 수수료·회비 등의 반환에 관한 사항
3. 결혼중개업자의 배상책임에 관한 사항
4. 결혼중개업자가 제공하는 서비스의 내용, 제공방법, 기간 및 시기 등에 관한 사항
5. 그 밖에 결혼중개업자가 준수하여야 할 사항
③ 결혼중개업자는 제1항에 따라 작성된 계약서를 여성가족부령으로 정하는 기간 동안 보존하여야 한다. 〈개정 2010.1.18〉
④ 결혼중개업자는 제1항에 따라 계약서를 작성하는 때에는 제2항의 기재사항을 거짓으로 기재하거나 서로 다른 2 이상의 계약서를 작성하여서는 아니 된다.

3. 직업: 재직증명서, 사업자등록증 사본, 영농사실확인서 또는 그 밖에 직업이나 소득을 확인할 수 있는 서류
4. 범죄경력: 범죄경력조회 회신서 (성폭력, 가정폭력, 아동학대, 성매매 알선·강요 관련 범죄경력 및 범죄경력조회일 기준 최근 10년 이내의 금고 이상의 형에 해당하는 범죄경력으로 한정한다)
5. 그 밖에 상대국의 법령에서 정하고 있는 사항에 관한 서류
② 국제결혼중개업자는 법 제10조의2제1항에 따라 공증인의 인증을 받은 신상정보를 바탕으로 국제결혼 개인신상정보 확인서를 작성한 후 이용자와 상대방으로부터 그 작성 내용에 대한 사실 확인 및 신상정보 제공에 대한 서면 동의를 받아야 한다. 〈개정 2012.7.23〉
③ 국제결혼중개업자는 제2항에 따른 국제결혼 개인신상정보 확인서와 제1항 각 호에 따른 서류를 이용자와 상대방이 각각 이해할 수 있는 언어로 번역·제공한 후 이용자와 상대방이 모두 만남에 서면 동의한 경우에 만남을 주선하여야 한다. 〈개정 2012.7.23〉
④ 국제결혼중개업자는 이용자가 제1항 각 호의 서류 제출 또는 제2항에 따른 신상정보 제공에 대한 서면 동의를 거부하거나 거짓 정보를 제출한 사실이 확인되는 경우에는 결혼중개를 거부하여야 한다.
[본조신설 2010.11.16]
제3조(결혼중개계약서 번역본 제공) ① 결혼중개업자는 법 제10조제1항에 따라 서면으로 계약을 체결하는 경우 이용자가 이해할 수 있는 언어로 된 번역본을 제공하여야 한다.
② 삭제 〈2010.11.16〉
[제목개정 2010.11.16]

제10조의4제1항에 따라 작성한 서류를 5년 동안 보존하여야 한다.
[전문개정 2012.8.2]

제10조의2(신상정보 제공) ① 국제결혼 중개업자는 제10조제1항에 따라 계약을 체결한 이용자와 결혼중개의 상대방(이하 "상대방"이라 한다)으로부터 다음 각 호의 신상정보를 받아 각각 해당 국가 공증인의 인증을 받은 다음 각 호의 신상정보(증빙서류를 포함한다)를 상대방과 이용자에게 서면으로 제공하여야 한다. 다만, 이용자 또는 상대방이 외국에서 공증인의 인증을 받은 경우 「재외공관 공증법」 제30조제1항에 따라 영사관으로부터 확인을 받거나 「외국공문서에 대한 인증의 요구를 폐지하는 협약」에서 정하는 바에 따른 확인을 받아야 한다.

1. 혼인경력
2. 건강상태(후천성면역결핍증, 성병 감염 및 정신질환 여부를 포함한다)
3. 직업
4. 성폭력, 가정폭력, 아동학대, 성매매 알선 및 강요 관련 범죄경력과 최근 10년 이내의 금고 이상의 형에 해당하는 범죄경력
5. 그 밖에 상대국의 법령에서 정하고 있는 사항

② 제1항제2호의 건강상태에 관한 서류는 「건강검진기본법」 제14조에 따라 검진기관으로 지정된 병원급 의료기관이 발행한 건강진단서(정신건강의학과가 설치되지 아니한 의료기관의 경우 정신계통의 검사는 정신건강의학과 의사의 협조를 얻어 실시하여야 한다)를 말한다.

③ 제1항에 따른 신상정보는 그 정보를 제공받는 이용자와 상대방이 이해할 수 있는 언어로 작성하여야 한다.

④ 제1항에 따른 신상정보의 제공 시기 및 절차, 입증방법 등에 필요한 사항은 대통령령으로 정한다.

[전문개정 2012.2.1]

제3조의2(신상정보 제공) ① 법 제10조의2에 따라 국제결혼중개업자가 법 제10조제1항에 따라 계약을 체결한 이용자(이하 "이용자"라 한다)와 결혼중개의 상대방(이하 "상대방"이라 한다)으로부터 받는 신상정보는 다음 각 호의 서류를 말한다. 다만, 제1호, 제2호 및 제4호의 서류는 상대국에서 통용되는 유사한 입증자료로 갈음할 수 있다. 〈개정 2012.7.23〉

1. 혼인경력: 「가족관계의 등록 등에 관한 법률」 제15조제1항제1호에 따른 가족관계증명서 또는 같은 항 제3호에 따른 혼인관계증명서
2. 건강상태: 법 제10조의2제2항에 따른 건강진단서
3. 직업: 재직증명서, 사업자등록증 사본, 영농사실확인서 또는 그 밖에 직업이나 소득을 확인할 수 있는 서류
4. 범죄경력: 범죄경력조회 회신서(성폭력, 가정폭력, 아동학대, 성매매 알선·강요 관련 범죄경력 및 범죄경력조회일 기준 최근 10년 이내의 금고 이상의 형에 해당하는 범죄경력으로 한정한다)
5. 그 밖에 상대국의 법령에서 정하고 있는 사항에 관한 서류

② 국제결혼중개업자는 법 제10조의2제1항에 따라 공증인의 인증을 받은 신상정보를 바탕으로 국제결혼 개인신상정보 확인서를 작성한 후 이용자와 상대방으로부터 그 작성 내용에 대한 사실 확인 및 신상정보 제공에 대한 서면 동의를 받아야 한다. 〈개정 2012.7.23〉

③ 국제결혼중개업자는 제2항에 따른 국제결혼 개인신상정보 확인서와 제1항 각 호에 따른 서류를 이용자와 상대방이 각각 이해할 수 있는 언어로 번역·제공한 후 이용자와 상대방이 모두 만남에

제9조의2(신상정보의 제공) ① 「결혼중개업의 관리에 관한 법률 시행령」(이하 "영"이라 한다) 제3조의2제1항제4호에 따른 범죄경력조회 신청서 및 범죄경력조회 회신서는 각각 별지 제8호의2서식 및 별지 제8호의3서식과 같다.

② 영 제3조의2제2항에 따른 국제결혼 개인신상정보 확인서는 별지 제8호의4서식과 같다.

③ 영 제3조의2제3항에 따른 이용자와 상대방이 만남에 동의하는 서면동의서는 별지 제8호의5서식과 같다.

[전문개정 2012.8.2]

	서면 동의한 경우에 만남을 주선하여야 한다. 〈개정 2012.7.23〉 ④ 국제결혼중개업자는 이용자가 제1항 각 호의 서류 제출 또는 제2항에 따른 신상정보 제공에 대한 서면 동의를 거부하거나 거짓 정보를 제출한 사실이 확인되는 경우에는 결혼중개를 거부하여야 한다. [본조신설 2010.11.16]	
제10조의3(통역·번역서비스의 제공) ① 국제결혼중개업자는 이용자와 상대방 간의 원활한 의사소통을 지원하기 위하여 통역·번역서비스를 제공하여야 한다. ② 제1항에 따른 통역·번역서비스의 제공 등 필요한 사항은 여성가족부령으로 정한다. [본조신설 2010.5.17]		제9조의3(통역·번역서비스의 제공) ① 국제결혼중개업자는 법 제10조의3에 따라 통역·번역서비스를 제공하는 때에는 직접 또는 통역·번역 전문업체를 이용하여 통역·번역서비스를 제공할 수 있다. ② 국제결혼중개업자가 이용자에게 통역·번역서비스를 제공하는 때에는 국어로 제공함을 원칙으로 하고, 이용자가 지정한 언어가 따로 있는 경우에는 그 언어로 제공할 수 있다. ③ 국제결혼중개업자가 결혼중개의 상대방에게 통역·번역서비스를 제공하는 때에는 상대방 국가의 언어로 제공함을 원칙으로 하고, 상대방이 지정한 언어가 따로 있는 경우에는 그 언어로 제공할 수 있다. [본조신설 2010.11.17]
제10조의4(기록보존) ① 결혼중개업자는 다음 각 호의 사항에 관한 기록을 여성가족부령으로 정하는 바에 따라 작성·보존하여야 한다. 1. 제10조제1항에 따라 작성된 결혼중개계약서 2. 제10조의2에 따라 작성된 국제결혼 개인신상정보 확인서(상대방 언어 번역본 포함) 및 관련 증빙서류 3. 그 밖의 혼인 관련 서류 ② 결혼중개업자는 이용자나 상대방이 제1항에 따른 기록의 열람·		

사본교부 등 그 내용확인을 요구한 때에는 이에 응하여야 한다. [본조신설 2012.2.1]		
제10조의5(부정한 방법의 모집·알선 등의 금지) 국제결혼중개업자는 다음 각 호의 어느 하나에 해당하는 행위를 하여서는 아니 된다. 1. 속임수나 부정한 방법으로 국제결혼 대상자를 모집하거나 알선하는 행위 2. 부당한 수수료·회비, 그 밖의 금품을 징수하는 행위 [본조신설 2012.2.1]		
제11조(외국 현지법령 준수 등) ① 국제결혼중개업자는 외국 현지에서 국제결혼중개를 하는 경우 이 법, 외국 현지 형사법령 및 행정법령을 준수하여야 한다. 〈개정 2013.3.22〉 ② 외교부장관은 외국 현지에서 국제결혼중개업자가 이 법, 외국 현지 형사법령 또는 행정법령을 위반한 경우 관련 내용을 여성가족부장관에게 통보하여야 하고, 여성가족부장관은 이를 시·도지사에게 통보하여야 한다. 이 경우 통보절차에 관하여 필요한 사항은 대통령령으로 정한다. 〈개정 2010.1.18, 2010.5.17, 2013.3.22, 2013.3.23〉	제4조(외국 현지 형사법령 또는 행정법령 위반의 범위 등) ① 법 제11조제2항 전단에서 국제결혼중개업자가 외국 현지 형사법령 또는 행정법령을 위반한 경우는 국제결혼중개업자가 결혼중개를 함에 있어서 현지의 형사법령을 위반하였음을 이유로 형이 확정된 경우(형을 집행하지 아니하기로 확정된 경우를 포함한다) 또는 현지의 행정법령을 위반하였음을 이유로 행정처분이 확정된 경우로 한다. 〈개정 2010.11.16〉 ② 외교부장관은 법 제11조제2항에 따라 외국 현지 형사법령 또는 행정법령을 위반한 국제결혼중개업자의 성명·주민등록번호 등 개인정보와 상호·등록번호 등 영업정보를 지체 없이 여성가족부장관에게 통보하여야 한다. 확정판결 또는 행정처분이 취소된 국제결혼중개업자의 경우도 또한 같다. 〈개정 2010.3.15, 2010.11.16, 2013.3.23, 2013.9.17〉 ③ 여성가족부장관은 제2항에 따라 외교부장관으로부터 통보받은 내용을 특별시장·광역시장·도지사·특별자치도지사를 거쳐 해당 국제결혼중개업자가 등록된 관할 시장(「제주특별자치도 설치 및 국제자유도시 조성을 위한 특별법」	

	에 따른 행정시장을 포함한다. 이하 같다)·군수·구청장(자치구의 구청장을 말한다. 이하 같다)에게 지체 없이 통보하여야 한다. 〈개정 2010.11.16, 2013.3.23〉 [제목개정 2010.11.16]	
제12조(거짓·과장된 표시·광고의 금지 등) ① 결혼중개업자는 거짓·과장되거나 국가·인종·성별·연령·직업 등을 이유로 차별하거나 편견을 조장할 우려가 있는 내용 또는 인신매매나 인권침해의 우려가 있는 내용의 표시·광고를 하여서는 아니 된다. 〈개정 2012.2.1〉 ② 결혼중개업자는 결혼중개를 함에 있어서 이용자에게 거짓된 정보를 제공하여서는 아니 된다. ③ 결혼중개업자가 표시·광고를 하는 경우 국내결혼중개업자는 국내결혼중개업의 신고번호를, 국제결혼중개업자는 국제결혼중개업의 등록번호를 포함하여야 한다. 〈신설 2010.5.17〉 ④ 결혼중개업자가 아니면 결혼중개에 관한 광고를 하여서는 아니 된다. 〈신설 2012.2.1〉 ⑤ 제1항에 따른 거짓·과장된 표시·광고의 범위 등에 관하여 필요한 사항은 여성가족부령으로 정한다. 〈개정 2010.1.18, 2010.5.17, 2012.2.1〉		제10조(거짓·과장된 표시·광고의 범위 등) 법 제12조제5항에 따른 거짓·과장된 표시·광고의 범위는 별표 1과 같다. 이 경우 표시란 결혼중개서비스에 관하여 이용자에게 알리기 위하여 중개사무소 등의 게시물 또는 회원권 등에 쓰거나 붙인 것을 말하며, 광고란 결혼중개서비스에 관한 사항을 정기간행물, 인터넷신문, 방송, 전기통신이나 그 밖의 수단을 통하여 일반인에게 알리거나 제시하는 것을 말한다. 〈개정 2010.11.17, 2012.8.2〉
제12조의2(미성년자 소개 금지 등) 국제결혼중개업자는 결혼중개를 하는 경우에 다음 각 호의 어느 하나에 해당하는 행위를 하여서는 아니 된다. 1. 18세 미만인 사람을 소개하는 행위 2. 이용자에게 같은 시간에 2명 이상의 상대방을 소개하는 행위 3. 같은 날, 같은 장소에서 2명 이상의 이용자에게 2명 이상의 상대방을 동시 또는 순차적으로 소개하는 행위		

4. 결혼중개를 목적으로 2명 이상의 외국인을 같은 장소에 기숙(寄宿)시키는 행위 [본조신설 2012.2.1]		
제13조(개인정보의 보호) 결혼중개업에 종사하거나 종사하였던 자는 그 업무를 통하여 알게 된 개인정보를 이용자의 의사에 반하여 다른 사람에게 제공 또는 누설하거나 결혼중개 외의 용도로 사용하여서는 아니 된다.		
제14조(장부 등의 비치) 결혼중개업자는 여성가족부령으로 정하는 바에 따라 장부·대장, 그 밖에 필요한 자료를 비치하여야 한다. 이 경우 여성가족부령으로 정하는 장부·대장, 그 밖에 필요한 자료는 「전자거래기본법」 제2조제1호에 따른 전자문서로 작성·보존할 수 있다. 〈개정 2010.1.18, 2012.2.1〉		제11조(장부 등의 비치) 결혼중개업자는 법 제14조에 따라 다음 각 호의 장부·대장(전자문서로 된 장부·대장으로 갈음할 수 있다)을 작성하여 5년 동안 동안 갖추어 두어야 한다. 다만, 장부·대장의 서식이 해당 사업에 적합하지 아니한 경우에는 시장·군수·구청장의 승인을 받아 변경하여 사용할 수 있다. 〈개정 2010.11.17, 2012.8.2〉 1. 별지 제9호서식에 따른 종사자 명부 2. 별지 제10호서식에 따른 회원 명부
제14조의2(국제결혼중개업자의 업무제휴) ① 국제결혼중개업자가 결혼중개를 하면서 결혼당사자의 모집 등과 관련하여 외국 현지에서 활동하는 업체 등과 업무제휴를 할 때에는 서면으로 계약을 체결하여야 한다. ② 국제결혼중개업자가 제1항에 따라 업무제휴 계약을 체결하는 때에는 업무제휴를 하는 업체 등이 다음 각 호의 사항을 준수하도록 하는 내용을 포함하여야 한다. 1. 제10조에 따른 결혼중개계약서의 작성 등 2. 제11조제1항에 따른 외국 현지 법령의 준수 3. 제12조제1항에 따른 거짓·과장된 표시·광고의 금지 4. 제13조에 따른 개인정보의 보호 ③ 국제결혼중개업자는 제1항에 따		

른 업무제휴를 제6조 및 제7조에 해당하는 자와 할 수 없다. [본조신설 2010.5.17]		
제15조(보고 및 검사 등) ① 시장·군수·구청장은 결혼중개업자로 하여금 이 법의 시행에 관하여 필요한 자료제출과 보고를 하게 할 수 있으며, 소속 공무원으로 하여금 해당 중개사무소에 출입하여 운영상황을 조사하게 하거나 장부·대장, 그 밖의 서류를 검사하게 할 수 있다. 〈개정 2010.5.17〉 ② 국제결혼중개업자는 여성가족부령으로 정하는 바에 따라 매년 정기적으로 시장·군수·구청장에게 결혼중개 실적 등을 보고하여야 한다. 〈신설 2012.2.1〉 ③ 제1항에 따라 소속 공무원이 그 직무를 수행하는 때에는 그 권한을 표시하는 증표를 지니고 이를 관계인에게 내보여야 한다. 〈개정 2012.2.1〉		제11조의2(결혼중개실적 등의 보고) 국제결혼중개업자는 매년 전년도의 법 제15조제2항에 따른 결혼중개 실적 등을 별지 제11호서식에 따라 다음 연도 1월 31일까지 시장·군수·구청장에게 보고하여야 한다. [본조신설 2012.8.2]
제16조(관계 기관의 협조) ① 여성가족부장관은 결혼중개업의 관리를 위하여 관계 중앙행정기관의 장, 지방자치단체의 장 또는 관계 공공기관의 장에게 필요한 협조를 요청할 수 있다. 〈개정 2010.1.18〉 ② 제1항에 따라 협조요청을 받은 자는 특별한 사유가 없는 한 이에 응하여야 한다.		
제17조(시정 명령) 시장·군수·구청장은 결혼중개업자가 다음 각 호의 어느 하나에 해당하는 경우에는 3개월의 범위에서 기간을 정하여 그 시정 또는 변경을 명할 수 있다. 〈개정 2010.5.17, 2012.2.1〉 1. 제3조제1항을 위반하여 변경사항을 신고하지 아니한 경우 2. 제4조제1항을 위반하여 변경사항을 등록하지 아니한 경우 3. 제5조를 위반하여 결혼중개업을 휴업 또는 폐업하거나 그 영업을		

재개한 사실을 신고하지 아니한 경우 4. 제8조를 위반하여 신고필증 또는 등록증 등을 게시하지 아니하거나 신고번호 또는 등록번호 등을 게시하지 아니한 경우 5. 제12조제3항을 위반하여 표시·광고를 할 때 신고번호나 등록번호를 포함하지 아니한 경우 6. 제14조를 위반하여 장부 등의 자료를 비치하지 아니한 경우 7. 그 밖에 이 법 또는 이 법에 따른 명령을 위반한 경우		
제18조(영업정지 등) ① 시장·군수·구청장은 결혼중개업자가 다음 각 호의 어느 하나에 해당하는 경우 등록을 취소하거나 1년 이내의 기간을 정하여 영업의 정지를 명할 수 있다. 다만, 국제결혼중개업자가 제1호·제2호·제23호 또는 제24호에 해당하는 경우 등록을 취소하여야 한다. 〈개정 2013.3.22〉 1. 거짓이나 그 밖의 부정한 방법으로 결혼중개업을 신고하거나 등록한 경우 2. 제6조에 따른 결격사유에 해당하게 된 경우. 다만, 법인의 경우 1개월 이내에 결격사유가 있는 임원을 개임한 때는 그러하지 아니하다. 3. 제7조를 위반하여 직업소개사업, 근로자파견사업 또는 해외이주 알선업을 겸업한 경우 4. 제9조를 위반하여 다른 사람에게 자기 명의 또는 상호를 사용하여 결혼중개업을 하게 하거나 신고필증 또는 등록증을 빌려준 경우 5. 제10조제1항을 위반하여 서면 또는 전자문서의 방법으로 계약을 체결하지 아니한 경우 6. 제10조제2항을 위반하여 계약서의 기재사항을 누락하거나 계약서를 내주지 아니한 경우 7. 제10조제3항을 위반하여 계약서	제5조(신고필증 등의 반납) ① 법 제18조에 따라 영업이 정지되거나 등록이 취소된 자는 여성가족부령으로 정하는 바에 따라 시장·군수·구청장에게 신고필증 또는 등록증을 반납하여야 한다. 〈개정 2010.3.15, 2010.11.16〉 ② 시장·군수·구청장은 영업정지 처분을 받은 자의 영업정지기간이 경과한 때에는 반납된 신고필증 또는 등록증을 해당 결혼중개업자에게 지체 없이 내주어야 한다. 〈개정 2010.11.16〉	제13조(신고필증 등의 반납) ① 영 제5조에 따라 신고필증 또는 등록증을 반납하려는 자는 영업정지 또는 등록취소 처분을 받은 날부터 7일 이내에 신고필증 또는 등록증을 반납하여야 한다. 〈개정 2010.11.17〉 ② 법 제18조제1항에 따라 영업정지 또는 등록취소 처분을 받은 경우로서 결혼중개업을 수행해 온 법인이 해산한 경우에는 그 법인의 대표자였던 자가 영업정지 또는 등록취소 처분을 받은 날부터 7일 이내에 신고필증 또는 등록증을 반납하여야 한다. 제12조(행정처분 기준) 법 제18조제2항에 따른 행정처분의 세부기준은 별표 2와 같다. 제14조(행정처분 및 청문대장) 시장·군수·구청장은 법 제18조 및 법 제19조에 따라 행정처분을 한 경우와 법 제20조에 따라 청문을 한 경우에는 별지 제11호서식의 행정처분 및 청문대장에 그 내용을 기록·관리하여야 한다. 〈개정 2010.11.17〉

를 보존하지 아니한 경우		
8. 제10조제4항을 위반하여 계약서를 거짓으로 기재하거나 서로 다른 둘 이상의 계약서를 작성한 경우		
9. 제10조의2제1항을 위반하여 신상정보(증빙서류를 포함한다)를 이용자와 상대방에게 제공하지 아니한 경우		
10. 제10조의2제1항을 위반하여 신상정보가 거짓임을 알면서도 이를 제공하여 중개한 경우		
11. 제10조의2제1항을 위반하여 과장된 개인신상정보를 제공하거나 중요 사항을 누락한 경우		
12. 국제결혼중개업자가 제10조의3제1항을 위반하여 통역·번역 서비스를 제공하지 아니한 경우		
13. 제10조의4제1항을 위반하여 기록물을 보존하지 아니한 경우		
14. 제10조의5를 위반하여 부정한 방법의 모집·알선 행위나 부당한 금품 징수행위를 한 경우		
15. 제11조제2항에 따라 외국 현지 형사법령 또는 행정법령을 위반하여 여성가족부장관에게 통보된 경우(제2호에 해당하여 등록을 취소하는 경우는 제외한다)		
16. 제12조제1항을 위반하여 거짓 또는 과장되거나 국가·인종·성별·연령·직업 등을 이유로 차별하거나 편견을 조장할 우려가 있는 내용 또는 인신매매나 인권침해의 우려가 있는 내용을 표시·광고한 경우		
17. 제12조제2항을 위반하여 이용자에게 거짓된 정보를 제공한 경우		
18. 제12조의2를 위반하여 결혼중개 행위를 한 경우		
19. 제13조를 위반하여 개인정보를 다른 사람에게 제공 또는 누설하거나 결혼중개 외의 용도로 사용한 경우		
20. 제15조제1항에 따른 자료제출·보고를 하지 아니하거나 거짓으		

로 보고한 경우 21. 제15조제1항에 따른 소속 공무원의 조사나 검사를 기피하거나 방해한 경우 22. 제17조에 따른 시정 명령을 위반한 경우 23. 제24조의3에 따른 등록기준에 못 미치게 된 경우 24. 제25조를 위반하여 보증보험에 가입하지 아니한 경우 ② 제1항에 따른 행정처분의 세부기준은 여성가족부령으로 정한다. [전문개정 2012.2.1]		
제19조(폐쇄조치 등) ① 시장·군수·구청장은 제3조제1항에 따른 신고 또는 제4조제1항에 따른 등록을 하지 아니하고 결혼중개업을 하거나 제18조제1항에 따른 등록취소 또는 영업정지명령을 받고 계속하여 영업을 하는 자에 대하여 관계 공무원으로 하여금 해당 영업소를 폐쇄하기 위한 다음 각 호의 조치를 하게 할 수 있다. 〈개정 2010.5.17〉 1. 해당 영업소의 간판이나 그 밖의 영업표시물의 제거·삭제 2. 해당 영업소가 위법한 것임을 알리는 게시물 등의 부착 3. 영업을 위하여 꼭 필요한 시설물 또는 기구 등을 사용할 수 없게 하는 봉인 ② 제1항제3호에 따른 봉인을 한 후 봉인을 계속할 필요가 없다고 인정하거나 결혼중개업자 또는 그 대리인이 정당한 사유로 봉인의 해제를 요청하는 때에는 그 봉인을 해제할 수 있다. 제1항제2호에 따른 게시물 등의 부착을 제거하는 경우에도 또한 같다. ③ 제1항에 따른 조치를 함에 있어서는 미리 해당 결혼중개업자나 그 대리인에게 서면으로 이를 알려주어야 한다. 다만, 공공의 안전 또는 복리를 위하여 긴급히 폐쇄하여야 할 필요가 있는 경우		제14조(행정처분 및 청문대장) 시장·군수·구청장은 법 제18조 및 법 제19조에 따라 행정처분을 한 경우와 법 제20조에 따라 청문을 한 경우에는 별지 제11호서식의 행정처분 및 청문대장에 그 내용을 기록·관리하여야 한다. 〈개정 2010.11.17〉

등 급박한 사유가 있는 경우에는 그러하지 아니하다. ④ 제1항에 따른 조치는 영업을 할 수 없게 함에 필요한 최소한의 범위에 그쳐야 한다. ⑤ 제1항의 경우에 관계 공무원은 그 권한을 표시하는 증표를 지니고 이를 관계인에게 내보여야 한다.		
제20조(청문) 시장·군수·구청장은 제18조제1항에 따른 행정처분을 하고자 하는 경우에는 청문을 실시하여야 한다. 〈개정 2010.5.17〉		제14조(행정처분 및 청문대장) 시장·군수·구청장은 법 제18조 및 법 제19조에 따라 행정처분을 한 경우와 법 제20조에 따라 청문을 한 경우에는 별지 제11호서식의 행정처분 및 청문대장에 그 내용을 기록·관리하여야 한다. 〈개정 2010.11.17〉
제21조(행정처분의 승계 등) ① 다음 각 호의 어느 하나에 해당하는 결혼중개업자는 종전의 결혼중개업자에 대하여 행한 제18조제1항에 따른 행정처분의 효과를 승계한다. 1. 결혼중개업을 양수한 자 2. 결혼중개업을 운영하는 법인이 합병이 있는 때에는 합병 후 존속하거나 설립되는 법인 3. 제5조에 따른 폐업신고 후 1년 이내에 다시 결혼중개업을 신고 또는 등록한 자 ② 제1항 각 호의 어느 하나에 해당하는 자에 대하여는 제18조제1항에 따라 진행 중인 행정처분의 절차를 속행할 수 있다. ③ 제1항 및 제2항에도 불구하고 제1항 각 호의 어느 하나에 해당하는 자가 종전의 결혼중개업자에 대한 처분명령 또는 종전의 결혼중개업자의 위반사실을 알지 못하였음을 증명하는 때에는 그러하지 아니하다.		
제22조(수수료) 제3조제1항에 따른 신고 또는 제4조제1항에 따른 등록을 하고자 하는 자는 시장·군수·구청장에게 여성가족부령으로 정하는 바에 따라 수수료를 납부하여야 한다.		제15조(수수료) 법 제22조에 따른 수수료 금액은 다음 각 호와 같다. 이 경우 수수료는 해당 지방자치단체의 수입증지로 납부하여야 한다. 1. 국내결혼중개업의 신고 또는 변

신고 또는 등록사항을 변경하는 경우에도 또한 같다. 〈개정 2010.1.18, 2010.5.17〉		경신고 가. 영업신고(신규) : 3만 원 나. 변경신고 : 2만 원 다. 신고필증 재발급 : 5천 원 2. 국제결혼중개업의 등록 또는 변경등록 가. 영업등록(신규) : 3만 원 나. 변경등록 : 2만 원 다. 등록증 재발급 : 5천 원
제23조 삭제 〈2010.5.17〉		
제24조(교육) ① 여성가족부장관 또는 시장·군수·구청장은 국제결혼중개업자 및 종사자의 전문지식, 윤리의식 및 자질을 향상시키기 위하여 교육을 실시하거나 법인 또는 단체에 위탁하여 실시할 수 있다. 〈개정 2010.1.18, 2010.5.17, 2012.2.1〉 ② 제4조제1항에 따라 국제결혼중개업의 등록을 하고자 하는 자는 미리 제1항에 따른 교육을 받아야 한다. ③ 제2항에 따라 교육을 받아야 하는 자 중 2 이상의 장소에서 국제결혼중개업을 하고자 하는 자 또는 여성가족부령으로 정하는 사유로 교육을 받을 수 없는 자에 대하여는 그 종사자 중 책임자를 지정하여 교육을 받게 하여야 한다. 〈개정 2010.1.18〉 ④ 제1항부터 제3항까지의 규정에 따른 교육내용·교육방법 등 교육에 관하여 필요한 사항은 여성가족부령으로 정한다. 〈개정 2010.1.18〉		제16조(국제결혼중개업자 교육 등) ① 여성가족부장관 또는 시장·군수·구청장은 법 제24조제1항에 따른 교육에 대한 연간 교육계획을 수립·시행하여야 한다. ② 법 제24조제1항에 따른 교육내용·교육방법 등은 별표 3과 같다. ③ 여성가족부장관 또는 시장·군수·구청장은 법 제24조제1항에 따른 교육을 법인 또는 단체에 위탁한 경우에는 위탁받은 기관, 위탁한 교육 내용 등을 고시하여야 한다. ④ 법 제24조제3항에서 "여성가족부령으로 정하는 사유"란 천재지변, 본인의 질병·사고 등의 사유로 교육을 받을 수 없는 경우를 말한다. ⑤ 그 밖에 교육에 관하여 필요한 세부사항은 여성가족부장관이 정한다. [전문개정 2012.8.2]
제24조의2(결혼중개업 이용자의 피해예방을 위한 교육) ① 여성가족부장관 또는 시장·군수·구청장은 국제결혼중개업 이용자의 피해를 예방하기 위하여 교육을 실시하거나 법인 또는 단체에 위탁하여 실시할 수 있다. ② 제1항에 따른 교육 내용·방법 및 신청절차 등에 필요한 사항은 여성가족부령으로 정한다.		제16조의2(이용자 피해예방을 위한 교육 등) ① 여성가족부장관, 또는 시장·군수·구청장은 법 제24조의2제1항에 따른 교육계획을 수립·시행하여야 한다. ② 법 제24조의2제1항에 따른 국제결혼중개업 이용자의 피해를 예방하기 위한 교육의 내용·방법 및 시간은 별표 4와 같다.

[본조신설 2012.2.1]		③ 그 밖에 교육에 관하여 필요한 세부사항은 여성가족부장관이 정한다. [본조신설 2012.8.2]
제24조의3(자본금) 제4조에 따라 국제결혼중개업을 등록하려는 자는 1억 원 이상의 자본금(법인이 아닌 경우에는 자산평가액을 말한다)을 보유하여야 한다. [본조신설 2012.2.1]		
제25조(손해배상책임의 보장) ① 결혼중개업자는 결혼중개를 함에 있어서 고의 또는 과실로 인하여 이용자에게 손해를 발생하게 한 때에는 그 손해를 배상할 책임이 있다. ② 결혼중개업자는 제1항에 따른 손해배상책임을 보장하기 위하여 대통령령으로 정하는 바에 따라 보증보험에 가입하여야 한다. 〈개정 2010.5.17〉 ③ 제2항에 따른 보증보험금의 청구절차 등에 관하여 필요한 사항은 대통령령으로 정한다. 〈개정 2010.5.17〉	제6조(보증보험의 가입) ① 결혼중개업자는 법 제3조 또는 법 제4조에 따라 신고 또는 등록을 하려면 법 제25조제2항에 따라 다음 각 호에 해당하는 금액을 보장하는 보증보험에 가입하여야 한다. 〈개정 2010.11.16〉 1. 국내결혼중개업자: 2천만 원 이상. 다만, 분사무소(分事務所)를 두는 경우에는 분사무소마다 1천만 원을 추가한다. 2. 국제결혼중개업자: 5천만 원 이상. 다만, 분사무소를 두는 경우에는 분사무소마다 2천만 원을 추가한다. ② 결혼중개업자는 제1항에 따른 보증보험의 보증기간이 끝날 때에는 그 기간의 만료일까지 제1항에 따른 금액을 보장하는 보증보험에 다시 가입하고 그 증명서류를 갖추어 시장·군수·구청장에게 제출하여야 한다. 〈개정 2010.11.16〉 ③ 제1항 및 제2항에 따라 결혼중개업자가 보증보험에 가입하는 경우에는 시장·군수·구청장을 피보험자로 하여야 한다. 〈개정 2010.11.16〉 [제목개정 2010.11.16] 제7조(보증보험금 지급) ① 법 제25조제3항에 따라 결혼중개와 관련하여 손해를 입은 이용자는 결혼중개업자가 손해배상을 하지 아니한 경우에는 보증보험금의 지급을 청구할 수 있	

	다. 〈개정 2010.11.16〉 ② 이용자는 제1항에 따라 지급을 청구하려면 이용자와 결혼중개업자 간의 손해배상합의서(공정증서이어야 한다), 화해조서 또는 확정된 법원의 판결문 정본, 그 밖에 이에 준하는 효력이 있는 서류를 시장·군수·구청장에게 제출하여야 한다. 〈개정 2010.11.16〉 ③ 결혼중개업자는 보증보험금으로 해당 결혼중개와 관련된 손해를 배상한 경우에는 제6조제1항에 따른 금액을 보장할 수 있도록 15일 이내에 보증보험에 다시 가입하고, 그 증명서류를 시장·군수·구청장에게 제출하여야 한다. 〈개정 2010.11.16〉	
제26조(벌칙) ① 다음 각 호의 어느 하나에 해당하는 자는 5년 이하의 징역 또는 5천만 원 이하의 벌금에 처한다. 〈개정 2012.2.1〉 1. 거짓이나 그 밖의 부정한 방법으로 제4조제1항에 따른 등록을 한 자 2. 제4조제1항에 따른 등록을 하지 아니하고 국제결혼중개업을 수행한 자 3. 제19조제1항에 따른 폐쇄조치에도 불구하고 영업을 계속한 자 ② 다음 각 호의 어느 하나에 해당하는 자는 3년 이하의 징역 또는 2천만 원 이하의 벌금에 처한다. 〈개정 2012.2.1〉 1. 거짓이나 그 밖의 부정한 방법으로 제3조제1항에 따른 신고를 한 자 2. 제3조제1항에 따른 신고를 하지 아니하고 국내결혼중개업을 수행한 자 3. 제9조를 위반하여 다른 사람에게 자기 명의 또는 상호를 사용하여 결혼중개업을 하게 하거나 신고필증 또는 등록증을 빌려준 자		

4. 제10조의2제1항을 위반하여 신상정보를 제공하지 아니하거나 중요사항을 누락한 자 및 고의로 거짓된 신상정보를 제공한 자 5. 제10조의5의 금지행위를 위반하여 국제결혼중개업을 한 자 6. 제12조제1항을 위반하여 거짓·과장되거나 국가·인종·성별·연령·직업 등을 이유로 차별하거나 편견을 조장할 우려가 있는 내용 또는 인신매매나 인권침해의 우려가 있는 내용을 표시·광고한 자 7. 제12조제2항을 위반하여 이용자에게 거짓된 정보를 제공한 자 8. 제12조제4항을 위반하여 결혼중개업의 신고 또는 등록을 하지 아니하고 결혼중개에 관한 광고를 한 자 9. 제12조의2를 위반하여 결혼중개를 한 자 10. 제13조를 위반하여 다른 사람에게 개인정보를 제공 또는 누설하거나 결혼중개 외의 용도로 사용한 자		
제27조(양벌규정) 법인의 대표자나 법인 또는 개인의 대리인, 사용인, 그 밖의 종업원이 그 법인 또는 개인의 업무에 관하여 제26조의 위반행위를 하면 그 행위자를 벌하는 외에 그 법인 또는 개인에게도 해당 조문의 벌금형을 과(科)한다. 다만, 법인 또는 개인이 그 위반행위를 방지하기 위하여 해당 업무에 관하여 상당한 주의와 감독을 게을리하지 아니한 경우에는 그러하지 아니하다. [전문개정 2010.5.17]		
제28조(과태료) ① 다음 각 호의 어느 하나에 해당하는 자에게는 300만 원 이하의 과태료를 부과한다. 〈개정 2012.2.1〉 1. 제3조제1항을 위반하여 변경사항을 신고하지 아니한 자	제8조(과태료의 부과기준) 법 제28조제1항 및 제2항에 따른 과태료의 부과기준은 별표와 같다. [전문개정 2012.7.23]	

2. 제4조제1항을 위반하여 변경사항을 등록하지 아니한 자 3. 삭제 〈2013.3.22〉 3의2. 삭제 〈2013.3.22〉 4. 삭제 〈2013.3.22〉 5. 삭제 〈2013.3.22〉 ② 다음 각 호의 어느 하나에 해당하는 자에게는 100만 원 이하의 과태료를 부과한다. 1. 제5조를 위반하여 신고를 하지 아니하고 휴업 또는 폐업하거나 휴업 후 영업을 재개한 자 2. 제8조를 위반하여 신고필증 또는 등록증 등을 게시하지 아니하거나 신고번호 또는 등록번호 등을 게시하지 아니한 자 3. 제14조를 위반하여 장부 등의 자료를 비치하지 아니한 자 ③ 제1항 및 제2항에 따른 과태료는 대통령령으로 정하는 바에 따라 시장·군수·구청장(이하 "부과권자"라 한다)이 부과·징수한다. 〈개정 2010.5.17〉 ④ 삭제 〈2012.2.1〉 ⑤ 삭제 〈2012.2.1〉 ⑥ 삭제 〈2012.2.1〉		

4. 난민법

3단비교표(법률-시행령-시행규칙)

난민법 [법률 제11298호, 2012.2.10, 제정]	난민법 시행령 [대통령령 제24628호, 2013.6.21, 제정]	난민법 시행규칙 [법무부령 제795호, 2013.6.28, 제정]
제1장 총칙		
제1조(목적) 이 법은 「난민의 지위에 관한 1951년 협약」(이하 "난민협약"이라 한다) 및 「난민의 지위에 관한 1967년 의정서」(이하 "난민의정서"라 한다) 등에 따라 난민의 지위와 처우 등에 관한 사항을 정함을 목적으로 한다.	제1조(목적) 이 영은 「난민법」에서 위임된 사항과 그 시행에 필요한 사항을 규정함을 목적으로 한다.	제1조(목적) 이 규칙은 「난민법」 및 같은 법 시행령에서 위임된 사항과 그 시행에 필요한 사항을 규정함을 목적으로 한다.
제2조(정의) 이 법에서 사용하는 용어의 뜻은 다음과 같다. 1. "난민"이란 인종, 종교, 국적, 특정 사회집단의 구성원인 신분 또는 정치적 견해를 이유로 박해를 받을 수 있다고 인정할 충분한 근거가 있는 공포로 인하여 국적국의 보호를 받을 수 없거나 보호받기를 원하지 아니하는 외국인 또는 그러한 공포로 인하여 대한민국에 입국하기 전에 거주한 국가(이하 "상주국"이라 한다)로 돌아갈 수 없거나 돌아가기를 원하지 아니하는 무국적자인 외국인을 말한다. 2. "난민으로 인정된 사람"(이하 "난민인정자"라 한다)이란 이 법에 따라 난민으로 인정을 받은 외국인을 말한다. 3. "인도적 체류 허가를 받은 사람"(이하 "인도적체류자"라 한다)이란 제1호에는 해당하지 아니하지만 고문 등의 비인도적인 처우나 처벌 또는 그 밖의 상황으로 인하여 생명이나 신체의 자유 등을 현저히 침해당할 수 있다고 인정할 만한 합리적인 근거가 있는	제2조(인도적 체류 허가) ① 법무부장관은 난민인정을 신청한 사람(이하 "난민신청자"라 한다)이 다음 각 호의 어느 하나에 해당하는 경우에는 「난민법」(이하 "법"이라 한다) 제2조제3호에 따라 인도적 체류 허가를 할 수 있다. 1. 법 제18조제2항에 따라 난민에 해당하지 아니한다고 결정하는 경우 2. 법 제21조제1항에 따른 이의신청에 대하여 이 영 제11조제1항에 따라 기각결정을 하는 경우 ② 법무부장관은 법 제2조제3호 및 제1항에 따라 인도적 체류 허가를 한 경우 그 내용을 난민신청자에게 서면으로 통지한다. 이 경우 법 제18조제2항에 따른 난민불인정결정통지서 또는 이 영 제11조제1항에 따른 이의신청 기각결정통지서에 인도적 체류를 허가하기로 한 뜻을 적어 통지할 수 있다. ③ 인도적 체류 허가를 받은 사람(이하 "인도적체류자"라 한다)은 「출입국관리법」 제23조부터 제25조까지의 규정에 따라 체류자격을	

사람으로서 대통령령으로 정하는 바에 따라 법무부장관으로부터 체류허가를 받은 외국인을 말한다. 4. "난민인정을 신청한 사람"(이하 "난민신청자"라 한다)이란 대한민국에 난민인정을 신청한 외국인으로서 다음 각 목의 어느 하나에 해당하는 사람을 말한다. 　가. 난민인정 신청에 대한 심사가 진행 중인 사람 　나. 난민불인정결정이나 난민불인정결정에 대한 이의신청의 기각결정을 받고 이의신청의 제기기간이나 행정심판 또는 행정소송의 제기기간이 지나지 아니한 사람 　다. 난민불인정결정에 대한 행정심판 또는 행정소송이 진행 중인 사람 5. "재정착희망난민"이란 대한민국 밖에 있는 난민 중 대한민국에서 정착을 희망하는 외국인을 말한다. 6. "외국인"이란 대한민국의 국적을 가지지 아니한 사람을 말한다.	받거나 체류자격에 대한 변경허가 또는 체류기간의 연장허가를 받아야 한다. 제21조(특정 난민신청자의 처우 제한) 법무부장관은 법 제44조에 따라 법 제2조제4호다목 또는 제8조제5항제2호·제3호에 해당하는 난민신청자에게는 다음 각 호의 지원을 하지 아니한다. 다만, 긴급하거나 인도적인 차원에서 특별히 지원이 필요하다고 인정하는 경우에는 그러하지 아니하다. 1. 법 제40조제1항에 따른 생계비 등 지원 2. 법 제41조에 따른 주거시설의 지원 3. 제20조제1항에 따른 의료지원	
제3조(강제송환의 금지) 난민인정자와 인도적체류자 및 난민신청자는 난민협약 제33조 및 「고문 및 그 밖의 잔혹하거나 비인도적 또는 굴욕적인 대우나 처벌의 방지에 관한 협약」 제3조에 따라 본인의 의사에 반하여 강제로 송환되지 아니한다.		
제4조(다른 법률의 적용) 난민인정자와 인도적체류자 및 난민신청자의 지위와 처우에 관하여 이 법에서 정하지 아니한 사항은 「출입국관리법」을 적용한다.		
제2장 난민인정 신청과 심사 등		
제5조(난민인정 신청) ① 대한민국 안에 있는 외국인으로서 난민인정을 받으려는 사람은 법무부장관에게 난민인정 신청을 할 수 있다. 이 경우 외국	제3조(출입국항에서의 난민신청) ① 법 제6조제1항에 따라 입국심사를 받을 때에 난민인정 신청을 하려는 사람(이하 "출입국항에서의 난민신청자"	제2조(난민인정 신청의 방법과 절차 등) 「난민법」(이하 "법"이라 한다) 제5조제1항 또는 제6조제1항에 따라 난민인정을 신청하려는 사람은 별지

인은 난민인정신청서를 출입국관리사무소장(이하 "사무소장"이라 한다), 출입국관리사무소 출장소장(이하 "출장소장"이라 한다) 또는 외국인보호소장(이하 "보호소장"이라 한다)에게 제출하여야 한다.

② 제1항에 따른 신청을 하는 때에는 다음 각 호에 해당하는 서류를 제시하여야 한다.

1. 여권 또는 외국인등록증. 다만, 이를 제시할 수 없는 경우에는 그 사유서

2. 난민인정 심사에 참고할 문서 등 자료가 있는 경우 그 자료

③ 난민인정 신청은 서면으로 하여야 한다. 다만, 신청자가 글을 쓸 줄 모르거나 장애 등의 사유로 인하여 신청서를 작성할 수 없는 경우에는 접수하는 공무원이 신청서를 작성하고 신청자와 함께 서명 또는 기명날인하여야 한다.

④ 출입국관리공무원은 난민인정 신청에 관하여 문의하거나 신청 의사를 밝히는 외국인이 있으면 적극적으로 도와야 한다.

⑤ 법무부장관은 난민인정 신청을 받은 때에는 즉시 신청자에게 접수증을 교부하여야 한다.

⑥ 난민신청자는 난민인정 여부에 관한 결정이 확정될 때까지(난민불인정결정에 대한 행정심판이나 행정소송이 진행 중인 경우에는 그 절차가 종결될 때까지) 대한민국에 체류할 수 있다.

⑦ 제1항부터 제6항까지 정한 사항 외에 난민인정 신청의 구체적인 방법과 절차 등 필요한 사항은 법무부령으로 정한다.

제6조(출입국항에서 하는 신청) ① 외국인이 입국심사를 받는 때에 난민인정 신청을 하려면 「출입국관리법」에 따른 출입국항을 관할하는 사무소장 또는 출장소장에게 난민인정신청서를 제출하여야 한다.

라 한다)은 법무부령으로 정하는 난민인정신청서에 법 제5조제2항 각 호의 서류를 첨부하여 「출입국관리법」에 따른 출입국항을 관할하는 출입국관리사무소장(이하 "사무소장"이라 한다) 또는 출입국관리사무소 출장소장(이하 "출장소장"이라 한다)에게 제출하여야 한다.

② 제1항에 따라 난민인정신청서를 받은 사무소장 또는 출장소장은 출입국항에서의 난민신청자에 대하여 지체 없이 면담 등을 통하여 조사를 한 후 그 결과를 첨부하여 법무부장관에게 보내야 한다.

③ 사무소장 또는 출장소장은 제2항에 따른 조사를 하는 과정에서 필요하면 출입국항에서의 난민신청자에게 탑승 항공기명 또는 선박명, 인적사항, 입국경위, 신청이유 등 난민인정 심사 회부 여부 결정에 필요한 사항을 질문하고 관련 자료를 제출할 것을 요구할 수 있다.

④ 출입국항에서의 난민신청자의 난민인정 신청서 작성 등에 관하여는 법 제5조제3항 및 제4항을 준용한다.

제3조(출입국항에서의 난민신청) ① 법 제6조제1항에 따라 입국심사를 받을 때에 난민인정 신청을 하려는 사람(이하 "출입국항에서의 난민신청자"라 한다)은 법무부령으로 정하는 난민인정신청서에 법 제5조제2항 각

제1호서식 또는 별지 제2호서식의 난민인정신청서(이하 "난민인정신청서"라 한다)에 다음 각 호의 서류를 첨부하여 출입국관리사무소장(이하 "사무소장"이라 한다), 출입국관리사무소 출장소장(이하 "출장소장"이라 한다) 또는 외국인보호소장(법 제6조제1항에 따라 난민인정을 신청하려는 경우는 제외한다. 이하 같다)에게 제출하여야 한다.

1. 여권 또는 외국인등록증. 다만, 이를 제시할 수 없는 경우에는 그 사유서

2. 난민인정 심사에 참고할 만한 문서 등 자료가 있는 경우 그 자료

3. 최근 6개월 이내에 찍은 사진(3.5센티미터×4.5센티미터) 1장

제3조(난민인정 신청 접수증) 출입국관리사무소장, 출입국관리사무소 출장소장 또는 외국인보호소장(이하 "사무소장등"이라 한다)이 법 제5조제5항 및 「난민법 시행령」(이하 "영"이라 한다) 제5조제6항에 따라 교부하는 난민인정신청 접수증은 별지 제3호서식에 따른다.

제2조(난민인정 신청의 방법과 절차 등) 「난민법」(이하 "법"이라 한다) 제5조제1항 또는 제6조제1항에 따라 난민인정을 신청하려는 사람은 별지 제1호서식 또는 별지 제2호서식의 난민인정신청서(이하 "난민인정신청

② 사무소장 또는 출장소장은 제1항에 따라 출입국항에서 난민인정 신청서를 제출한 사람에 대하여 7일의 범위에서 출입국항에 있는 일정한 장소에 머무르게 할 수 있다.

③ 법무부장관은 제1항에 따라 난민인정신청서를 제출한 사람에 대하여는 그 신청서가 제출된 날부터 7일 이내에 난민인정 심사에 회부할 것인지를 결정하여야 하며, 그 기간 안에 결정하지 못하면 그 신청자의 입국을 허가하여야 한다.

④ 출입국항에서의 난민신청자에 대하여는 대통령령으로 정하는 바에 따라 제2항의 기간 동안 기본적인 의식주를 제공하여야 한다.

⑤ 제1항부터 제4항까지 정한 사항 외에 출입국항에서 하는 난민인정 신청의 절차 등 필요한 사항은 대통령령으로 정한다.

호의 서류를 첨부하여 「출입국관리법」에 따른 출입국항을 관할하는 출입국관리사무소장(이하 "사무소장"이라 한다) 또는 출입국관리사무소 출장소장(이하 "출장소장"이라 한다)에게 제출하여야 한다.

② 제1항에 따라 난민인정신청서를 받은 사무소장 또는 출장소장은 출입국항에서의 난민신청자에 대하여 지체 없이 면담 등을 통하여 조사를 한 후 그 결과를 첨부하여 법무부장관에게 보내야 한다.

③ 사무소장 또는 출장소장은 제2항에 따른 조사를 하는 과정에서 필요하면 출입국항에서의 난민신청자에게 탑승 항공기명 또는 선박명, 인적사항, 입국경위, 신청이유 등 난민인정 심사 회부 여부 결정에 필요한 사항을 질문하고 관련 자료를 제출할 것을 요구할 수 있다.

④ 출입국항에서의 난민신청자의 난민인정 신청서 작성 등에 관하여는 법 제5조제3항 및 제4항을 준용한다.

제4조(출입국항 대기실 설치 등) ① 「출입국관리법」에 따른 출입국항을 관할하는 사무소장 또는 출장소장은 출입국항에서의 난민신청자가 법 제6조제2항에서 정한 기간 동안 머무를 수 있도록 출입국항에 대기실을 둘 수 있다.

② 법 제6조제4항에 따라 출입국항에서의 난민신청자에게 제공되는 의식주는 개인의 안전과 위생, 국적국의 관습과 생활문화 등을 고려하여 제공되어야 한다.

제5조(출입국항에서의 난민신청자에 대한 난민인정 심사 회부) ① 법무부장관은 출입국항에서의 난민신청자가 다음 각 호의 어느 하나에 해당하는 경우에는 그 사람을 난민인정 심사에 회부하지 아니할 수 있다.

1. 대한민국의 안전 또는 사회질서

서"라 한다)에 다음 각 호의 서류를 첨부하여 출입국관리사무소장(이하 "사무소장"이라 한다), 출입국관리사무소 출장소장(이하 "출장소장"이라 한다) 또는 외국인보호소장(법 제6조제1항에 따라 난민인정을 신청하려는 경우는 제외한다. 이하 같다)에게 제출하여야 한다.

1. 여권 또는 외국인등록증. 다만, 이를 제시할 수 없는 경우에는 그 사유서
2. 난민인정 심사에 참고할 만한 문서 등 자료가 있는 경우 그 자료
3. 최근 6개월 이내에 찍은 사진(3.5센티미터×4.5센티미터) 1장

제3조(난민인정 신청 접수증) 출입국관리사무소장, 출입국관리사무소 출장소장 또는 외국인보호소장(이하 "사무소장등"이라 한다)이 법 제5조제5항 및 「난민법 시행령」(이하 "영"이라 한다) 제5조제6항에 따라 교부하는 난민인정신청 접수증은 별지 제3호서식에 따른다.

를 해칠 우려가 있다고 인정할 만한 상당한 이유가 있는 경우

2. 인적사항 관련 질문 등에 응하지 아니하여 신원을 확인할 수 없는 경우

3. 거짓 서류를 제출하는 등 사실을 은폐하여 난민인정을 받으려는 경우. 다만, 본인이 지체 없이 자진하여 그 사실을 신고한 경우는 제외한다.

4. 박해의 가능성이 없는 안전한 국가 출신이거나 안전한 국가로부터 온 경우

5. 난민인정을 받지 못한 사람 또는 난민인정이 취소된 사람이 중대한 사정의 변경 없이 다시 난민인정을 받으려는 경우

6. 법 제19조 각 호의 어느 하나에 해당된다고 인정할만한 상당한 이유가 있는 경우

7. 그 밖에 오로지 경제적인 이유로 난민인정을 받으려는 등 난민인정 신청이 명백히 이유 없는 경우

② 법무부장관은 법 제6조제3항에 따라 난민인정 심사 회부 여부를 결정한 때에는 지체 없이 그 결과를 출입국항에서의 난민신청자에게 알려야 한다.

③ 사무소장 또는 출장소장은 제2항에 따라 난민인정 심사에의 회부여부가 결정된 사람에게 지체 없이 「출입국관리법」에 따른 입국심사를 받을 수 있도록 하여야 한다.

④ 난민인정 심사에 회부하기로 결정된 사람에 대해서는 「출입국관리법」 제12조에 따른 입국허가 또는 제13조에 따른 조건부 입국허가를 하되, 조건부 입국허가를 하는 경우에는 「출입국관리법 시행령」 제16조제1항에도 불구하고 90일의 범위에서 허가기간을 정할 수 있다.

⑤ 사무소장 또는 출장소장은 제4항

	에 따라 조건부 입국허가를 받은 사람이 부득이한 사유로 그 허가 기간 내에 조건을 갖추지 못하였 거나 조건을 갖추지 못할 것으로 인정될 때에는 허가기간을 연장 할 수 있다. ⑥ 법무부장관은 난민인정 심사에 회부하기로 결정된 사람에게 그 결정일에 난민인정 신청을 한 것 으로 보아 난민인정 신청 접수증 을 교부하고, 난민인정 심사 절 차를 진행한다.	
제7조(난민인정 신청에 필요한 사항의 게시) ① 사무소장·출장소장 또는 보호소장(이하 "사무소장등"이라 한 다)은 출입국관리사무소(이하 "사무 소"라 한다), 출입국관리사무소 출장 소(이하 "출장소"라 한다), 외국인보 호소(이하 "보호소"라 한다) 및 관할 출입국항에 난민인정 신청에 필요한 서류를 비치하고 이 법에 따른 접수 방법 및 난민신청자의 권리 등 필요 한 사항을 게시(인터넷 등 전자적 방 법을 통한 게시를 포함한다)하여 누 구나 열람할 수 있도록 하여야 한다. ② 제1항에 따른 서류의 비치 및 게 시의 구체적인 방법은 법무부령 으로 정한다.		제4조(난민인정 신청에 필요한 사항의 게시 방법 등) ① 사무소장등은 법 제 7조제1항에 따라 난민인정신청에 필 요한 서류를 한국어 및 영어를 포함 한 2개 이상의 언어로 작성하여 출 입국관리사무소, 출입국관리사무소 출장소 또는 외국인보호소(이하 "사 무소등"이라 한다)의 사람들이 잘 볼 수 있는 곳에 비치하여야 한다. ② 사무소장등은 법 제7조제1항에 따라 다음 각 호의 사항을 사무 소등과 해당 기관의 인터넷 홈페 이지 등에 한국어 및 영어를 포 함한 2개 이상의 언어로 게시하 여야 한다. 1. 난민인정신청서를 작성하여 제출 하는 방법 2. 법 제8조제6항에 따라 출석요구 에도 불구하고 3회 이상 연속하 여 출석하지 아니하는 경우에는 난민인정 심사를 종료할 수 있다 는 사실 3. 법 제40조부터 제43조까지의 규 정에 따른 난민인정을 신청한 사 람(이하 "난민신청자"라 한다)에 대한 처우에 관한 사항 4. 법 제44조에 따른 난민신청자에 대한 처우의 일부 제한에 관한 사항 5. 그 밖에 난민인정 신청 및 접수방 법 등과 관련하여 법무부장관이 정하는 사항

제8조(난민인정 심사) ① 제5조에 따른 난민인정신청서를 제출받은 사무소장등은 지체 없이 난민신청자에 대하여 면접을 실시하고 사실조사를 한 다음 그 결과를 난민인정신청서에 첨부하여 법무부장관에게 보고하여야 한다.

② 난민신청자의 요청이 있는 경우 같은 성(性)의 공무원이 면접을 하여야 한다.

③ 사무소장등은 필요하다고 인정하는 경우 면접과정을 녹음 또는 녹화할 수 있다. 다만, 난민신청자의 요청이 있는 경우에는 녹음 또는 녹화를 거부하여서는 아니된다.

④ 법무부장관은 사무소, 출장소 또는 보호소에 면접과 사실조사 등을 전담하는 난민심사관을 둔다. 난민심사관의 자격과 업무수행에 관한 사항은 대통령령으로 정한다.

⑤ 법무부장관은 다음 각 호의 어느 하나에 해당하는 난민신청자에 대하여는 제1항에 따른 심사절차의 일부를 생략할 수 있다.

1. 거짓 서류의 제출이나 거짓 진술을 하는 등 사실을 은폐하여 난민인정 신청을 한 경우

2. 난민인정을 받지 못한 사람 또는 제22조에 따라 난민인정이 취소된 사람이 중대한 사정의 변경 없이 다시 난민인정을 신청한 경우

3. 대한민국에서 1년 이상 체류하고 있는 외국인이 체류기간 만료일에 임박하여 난민인정 신청을 하거나 강제퇴거 대상 외국인이 그 집행을 지연시킬 목적으로 난민인정 신청을 한 경우

⑥ 난민신청자는 난민심사에 성실하게 응하여야 한다. 법무부장관은 난민신청자가 면접 등을 위한 출석요구에도 불구하고 3회 이상

제6조(난민심사관의 자격) 법 제8조제4항에 따른 난민심사관(이하 "난민심사관"이라 한다)은 출입국관리 업무에 종사하는 5급 이상의 공무원으로서 다음 각 호의 어느 하나에 해당하는 자격을 갖추어야 한다.

1. 난민 관련 업무에 2년 이상 종사하였을 것

2. 법무부장관이 정하는 난민심사관 교육과정을 마쳤을 것

연속하여 출석하지 아니하는 경우에는 난민인정 심사를 종료할 수 있다.		
제9조(난민신청자에게 유리한 자료의 수집) 법무부장관은 난민신청자에게 유리한 자료도 적극적으로 수집하여 심사 자료로 활용하여야 한다.		
제10조(사실조사) ① 법무부장관은 난민의 인정 또는 제22조에 따른 난민인정의 취소·철회 여부를 결정하기 위하여 필요하면 법무부 내 난민전담공무원 또는 사무소·출장소·보호소의 난민심사관으로 하여금 그 사실을 조사하게 할 수 있다. ② 제1항에 따른 조사를 하기 위하여 필요한 경우 난민신청자, 그 밖에 관계인을 출석하게 하여 질문을 하거나 문서 등 자료의 제출을 요구할 수 있다. ③ 법무부 내 난민전담부서의 장 또는 사무소장등은 난민전담공무원 또는 난민심사관이 제1항에 따라 난민의 인정 또는 난민인정의 취소나 철회 등에 관한 사실조사를 마친 때에는 지체 없이 그 내용을 법무부장관에게 보고하여야 한다.	제7조(난민심사관 등의 업무 수행) ① 난민심사관 및 법무부 내 난민전담공무원(이하 "난민심사관등"이라 한다)이 법 제10조제2항에 따라 난민신청자, 그 밖에 관계인의 출석을 요구할 때에는 법무부령으로 정하는 바에 따라 출석요구의 취지, 출석 일시 및 장소 등을 적은 출석요구서를 발급하고 출석요구 사실을 출석요구 대장에 기록하여야 한다. 다만, 긴급한 경우에는 구두로 출석요구를 할 수 있다. ② 난민심사관은 난민신청자에 대하여 면접을 실시한 경우에는 그 내용을 법무부령으로 정하는 난민면접조서에 기록하여야 한다. ③ 난민심사관은 제2항에 따라 기록한 난민면접조서를 난민신청자에게 읽어주거나 열람하게 한 후 잘못 기록된 부분이 없는지 물어야 한다. 이 경우 난민신청자가 난민면접조서의 기록 사항에 대하여 추가·삭제 또는 변경을 요청하면 그 요청한 내용을 난민면접조서에 추가로 기록하여야 한다. ④ 난민심사관은 다음 각 호의 사람으로 하여금 제2항에 따라 기록된 난민면접조서에 서명하거나 기명날인(記名捺印)하게 하여야 한다. 다만, 난민신청자가 서명 또는 기명날인을 할 수 없거나 이를 거부할 때에는 그 사실을 난민면접조서에 기록하여야 한다. 1. 난민신청자 2. 법 제14조 및 제15조에 따라 난민 면접 과정 또는 난민 면접 종료	제5조(출석요구서 및 출석요구 대장) ① 난민전담공무원 및 사무소등의 난민심사관은 법 제10조제2항에 따라 난민신청자, 그 밖에 관계인(이하 "난민신청자등"이라 한다)의 출석을 요구할 때에는 별지 제4호서식의 출석요구서를 난민신청자등에게 보내고, 그 내용을 별지 제5호서식의 출석요구 대장에 기록하여야 한다. ② 제1항에 따른 출석요구 대장은 전자적 처리가 불가능한 특별한 사유가 없으면 전자적 방법에 따라 작성하고 관리하여야 한다. 제6조(난민면접조서) 영 제7조제2항에 따른 난민면접조서는 별지 제6호서식에 따른다.

	후 통역이나 번역을 한 사람이 있는 경우에는 그 통역이나 번역을 한 사람	
제11조(관계 행정기관 등의 협조) ① 법무부장관은 난민인정 심사에 필요한 경우 관계 행정기관의 장이나 지방자치단체의 장(이하 "관계 기관의 장"이라 한다) 또는 관련 단체의 장에게 자료제출 또는 사실조사 등의 협조를 요청할 수 있다. ② 제1항에 따라 협조를 요청받은 관계 기관의 장이나 관련 단체의 장은 정당한 사유 없이 이를 거부하여서는 아니 된다.		
제12조(변호사의 조력을 받을 권리) 난민신청자는 변호사의 조력을 받을 권리를 가진다.		
제13조(신뢰관계 있는 사람의 동석) 난민심사관은 난민신청자의 신청이 있는 때에는 면접의 공정성에 지장을 초래하지 아니하는 범위에서 신뢰관계 있는 사람의 동석을 허용할 수 있다.		
제14조(통역) 법무부장관은 난민신청자가 한국어로 충분한 의사표현을 할 수 없는 경우에는 면접 과정에서 대통령령으로 정하는 일정한 자격을 갖춘 통역인으로 하여금 통역하게 하여야 한다.	제8조(통역) ① 법무부장관은 법 제14조에 따라 외국어에 능통하고 난민통역 업무 수행에 적합하다고 인정되는 사람으로서 법무부장관이 정하는 교육과정을 마친 사람(이하 "난민전문통역인"이라 한다)으로 하여금 난민신청자 면접 과정에서 통역하게 하여야 한다. ② 법무부장관은 난민신청자가 요청하는 경우에는 같은 성(性)의 난민전문통역인으로 하여금 통역하게 하여야 한다. ③ 제1항 및 제2항에도 불구하고 난민신청자가 사용하는 언어에 능통한 난민전문통역인이 없거나 긴박한 경우에는 다음 각 호의 방법으로 통역하게 할 수 있다. 1. 난민신청자가 사용하는 언어를 다른 외국 언어로 1차 통역하게 한 다음 그 외국 언어를 난민전	

	문통역인으로 하여금 한국어로 2차 통역하게 하는 방법 2. 난민신청자가 사용하는 언어에 능통한 사람에게 통역에 대한 사전 교육을 실시한 후 통역하게 하는 방법 ④ 법무부장관은 난민신청자에 대한 통역을 담당한 사람에게 법무부장관이 정하는 바에 따라 수당을 지급할 수 있다.	
제15조(난민면접조서의 확인) 난민심사관은 난민신청자가 난민면접조서에 기재된 내용을 이해하지 못하는 경우 난민면접을 종료한 후 난민신청자가 이해할 수 있는 언어로 통역 또는 번역을 하여 그 내용을 확인할 수 있도록 하여야 한다.		
제16조(자료 등의 열람·복사) ① 난민신청자는 본인이 제출한 자료, 난민면접조서의 열람이나 복사를 요청할 수 있다. ② 출입국관리공무원은 제1항에 따른 열람이나 복사의 요청이 있는 경우 지체 없이 이에 응하여야 한다. 다만, 심사의 공정성에 현저한 지장을 초래한다고 인정할 만한 명백한 이유가 있는 경우에는 열람이나 복사를 제한할 수 있다. ③ 제1항에 따른 열람과 복사의 구체적인 방법과 절차는 대통령령으로 정한다.	제9조(열람 및 복사의 방법과 절차) ① 난민신청자는 법 제16조제1항에 따라 본인이 제출한 자료나 난민면접조서(이하 "면접조서 등"이라 한다)의 열람이나 복사를 요청하려는 경우에는 열람이나 복사 부분을 특정하여 법무부령으로 정하는 열람신청서 또는 복사물 교부신청서를 출입국관리공무원에게 제출하여야 한다. ② 제1항에 따라 열람신청서를 받은 출입국관리공무원은 열람 일시 및 장소를 정하여 열람신청서를 제출한 난민신청자에게 통보하여야 한다. ③ 제1항에 따라 복사물 교부신청서를 받은 출입국관리공무원은 신청된 면접조서 등을 복사하여 복사물 교부신청서를 제출한 난민신청자에게 내주어야 한다. ④ 출입국관리공무원은 면접조서 등을 열람하는 과정에서 면접조서 등이 훼손되지 아니하도록 열람과정에 참여하는 등 필요한 조치를 하여야 한다. ⑤ 면접조서 등의 열람이나 복사를 요청하려는 난민신청자는 법무	제7조(열람·복사 신청) ① 영 제9조제1항에 따라 본인이 제출한 자료나 난민면접조서(이하 "면접조서 등"이라 한다)의 열람이나 복사를 요청하려는 난민신청자는 별지 제7호서식의 열람·복사 신청서를 출입국관리공무원에게 제출하여야 한다. ② 영 제9조제5항에 따라 면접조서 등의 열람이나 복사를 요청하려는 난민신청자는 다음 각 호의 구분에 따른 수수료를 내야 한다. 1. 열람: 1회당 500원 2. 복사: 1매당 50원 ③ 제2항에도 불구하고 사무소장등은 인도적인 사유 등을 고려하여 필요하다고 인정하는 경우 수수료의 납부를 면제할 수 있다. ④ 제2항에 따른 수수료는 수입인지로 납부한다.

	부령으로 정하는 수수료를 내야 한다.	
	제16조(학력인정의 기준 등) 난민인정자가 외국에서 이수한 학력은 교육 관계 법령에서 정하는 기준에 따라 인정한다.	
제17조(인적사항 등의 공개 금지) ① 누구든지 난민신청자와 제13조에 따라 면접에 동석하는 사람의 주소·성명·연령·직업·용모, 그 밖에 그 난민신청자 등을 특정하여 파악할 수 있게 하는 인적사항과 사진 등을 공개하거나 타인에게 누설하여서는 아니 된다. 다만, 본인의 동의가 있는 경우는 예외로 한다. ② 누구든지 제1항에 따른 난민신청자 등의 인적사항과 사진 등을 난민신청자 등의 동의를 받지 아니하고 출판물에 게재하거나 방송매체 또는 정보통신망을 이용하여 공개하여서는 아니 된다. ③ 난민인정 신청에 대한 어떠한 정보도 출신국에 제공되어서는 아니 된다.		
제18조(난민의 인정 등) ① 법무부장관은 난민인정 신청이 이유 있다고 인정할 때에는 난민임을 인정하는 결정을 하고 난민인정증명서를 난민신청자에게 교부한다. ② 법무부장관은 난민인정 신청에 대하여 난민에 해당하지 아니한다고 결정하는 경우에는 난민신청자에게 그 사유와 30일 이내에 이의신청을 제기할 수 있다는 뜻을 적은 난민불인정결정통지서를 교부한다. ③ 제2항에 따른 난민불인정결정통지서에는 결정의 이유(난민신청자의 사실 주장 및 법적 주장에 대한 판단을 포함한다)와 이의신청의 기한 및 방법 등을 명시하여야 한다. ④ 제1항 또는 제2항에 따른 난민인	제2조(인도적 체류 허가) ① 법무부장관은 난민인정을 신청한 사람(이하 "난민신청자"라 한다)이 다음 각 호의 어느 하나에 해당하는 경우에는 「난민법」(이하 "법"이라 한다) 제2조제3호에 따라 인도적 체류 허가를 할 수 있다. 1. 법 제18조제2항에 따라 난민에 해당하지 아니한다고 결정하는 경우 2. 법 제21조제1항에 따른 이의신청에 대하여 이 영 제11조제1항에 따라 기각결정을 하는 경우 ② 법무부장관은 법 제2조제3호 및 제1항에 따라 인도적 체류 허가를 한 경우 그 내용을 난민신청자에게 서면으로 통지한다. 이 경우 법 제18조제2항에 따른 난민불인정결정통지서 또는 이 영	제8조(난민인정증명서 등) ① 사무소장 등은 법 제18조제1항에 따라 난민으로 인정된 사람(이하 "난민인정자"라 한다)에게 별지 제8호서식의 난민인정증명서를 교부하고, 그 내용을 별지 제9호서식의 난민인정증명서 발급대장에 기록하여야 한다. ② 사무소장등은 법 제18조제2항에 따라 난민에 해당하지 아니한다고 결정된 난민신청자에게 별지 제10호서식의 난민불인정결정통지서를 교부하여야 한다. ③ 제1항에 따라 난민인정증명서를 교부받은 난민인정자가 난민인정증명서를 분실하거나 훼손한 경우에는 별지 제11호서식의 난민인정증명서 재발급 신청서에 다음 각 호의 서류를 첨부하여 사무소장등에게 난민인정증명서

정 등의 결정은 난민인정신청서를 접수한 날부터 6개월 안에 하여야 한다. 다만, 부득이한 경우에는 6개월의 범위에서 기간을 정하여 연장할 수 있다.

⑤ 제4항 단서에 따라 기간을 연장한 때에는 종전의 기간이 만료되기 7일 전까지 난민신청자에게 통지하여야 한다.

⑥ 제1항에 따른 난민인정증명서 및 제2항에 따른 난민불인정결정통지서는 사무소장등을 거쳐 난민신청자나 그 대리인에게 교부하거나 「행정절차법」 제14조에 따라 송달한다.

제11조제1항에 따른 이의신청 기각결정통지서에 인도적 체류를 허가하기로 한 뜻을 적어 통지할 수 있다.

③ 인도적 체류 허가를 받은 사람(이하 "인도적체류자"라 한다)은 「출입국관리법」 제23조부터 제25조까지의 규정에 따라 체류자격을 받거나 체류자격에 대한 변경허가 또는 체류기간의 연장허가를 받아야 한다.

의 재발급을 신청하여야 한다.
1. 재발급 신청 사유를 소명하는 자료
2. 난민인정증명서(훼손한 경우만 해당한다)
3. 최근 6개월 이내에 찍은 사진(3.5센티미터×4.5센티미터) 1장

④ 제3항에 따라 난민인정증명서 재발급 신청을 받은 사무소장등은 난민인정자에게 난민인정증명서를 재발급하고, 그 내용을 별지 제12호서식의 난민인정증명서 재발급대장에 기록하여야 한다.

⑤ 제1항에 따른 난민인정증명서 발급대장과 제3항에 따른 난민인정증명서 재발급대장은 전자적 처리가 불가능한 특별한 사유가 없으면 전자적 방법에 따라 작성하고 관리하여야 한다.

제9조(난민인정 심사기간 연장 통지서) 사무소장등이 법 제18조제4항 단서에 따라 난민인정 심사기간을 연장한 때에는 같은 조 제5항에 따라 별지 제13호서식의 난민인정 심사기간 연장 통지서를 난민신청자에게 통지하여야 한다.

제19조(난민인정의 제한) 법무부장관은 난민신청자가 난민에 해당한다고 인정하는 경우에도 다음 각 호의 어느 하나에 해당된다고 인정할만한 상당한 이유가 있는 경우에는 제18조제1항에도 불구하고 난민불인정결정을 할 수 있다.
1. 유엔난민기구 외에 유엔의 다른 기구 또는 기관으로부터 보호 또는 원조를 현재 받고 있는 경우. 다만, 그러한 보호 또는 원조를 현재 받고 있는 사람의 지위가 국제연합총회에 의하여 채택된 관련 결의문에 따라 최종적으로 해결됨이 없이 그러한 보호 또는 원조의 부여가 어떠한 이유로 중지되는 경우는 제외한다.
2. 국제조약 또는 일반적으로 승인

제5조(출입국항에서의 난민신청자에 대한 난민인정 심사 회부) ① 법무부장관은 출입국항에서의 난민신청자가 다음 각 호의 어느 하나에 해당하는 경우에는 그 사람을 난민인정 심사에 회부하지 아니할 수 있다.
1. 대한민국의 안전 또는 사회질서를 해칠 우려가 있다고 인정할 만한 상당한 이유가 있는 경우
2. 인적사항 관련 질문 등에 응하지 아니하여 신원을 확인할 수 없는 경우
3. 거짓 서류를 제출하는 등 사실을 은폐하여 난민인정을 받으려는 경우. 다만, 본인이 지체 없이 자진하여 그 사실을 신고한 경우는 제외한다.
4. 박해의 가능성이 없는 안전한 국

제3조(난민인정 신청 접수증) 출입국관리사무소장, 출입국관리사무소 출장소장 또는 외국인보호소장(이하 "사무소장등"이라 한다)이 법 제5조제5항 및 「난민법 시행령」(이하 "영"이라 한다) 제5조제6항에 따라 교부하는 난민인정신청 접수증은 별지 제3호서식에 따른다.

된 국제법규에서 정하는 세계평화에 반하는 범죄, 전쟁범죄 또는 인도주의에 반하는 범죄를 저지른 경우
3. 대한민국에 입국하기 전에 대한민국 밖에서 중대한 비정치적 범죄를 저지른 경우
4. 국제연합의 목적과 원칙에 반하는 행위를 한 경우

가 출신이거나 안전한 국가로부터 온 경우
5. 난민인정을 받지 못한 사람 또는 난민인정이 취소된 사람이 중대한 사정의 변경 없이 다시 난민인정을 받으려는 경우
6. 법 제19조 각 호의 어느 하나에 해당된다고 인정할만한 상당한 이유가 있는 경우
7. 그 밖에 오로지 경제적인 이유로 난민인정을 받으려는 등 난민인정 신청이 명백히 이유 없는 경우
② 법무부장관은 법 제6조제3항에 따라 난민인정 심사 회부 여부를 결정한 때에는 지체 없이 그 결과를 출입국항에서의 난민신청자에게 알려야 한다.
③ 사무소장 또는 출장소장은 제2항에 따라 난민인정 심사에의 회부 여부가 결정된 사람에게 지체 없이 「출입국관리법」에 따른 입국심사를 받을 수 있도록 하여야 한다.
④ 난민인정 심사에 회부하기로 결정된 사람에 대해서는 「출입국관리법」 제12조에 따른 입국허가 또는 제13조에 따른 조건부 입국허가를 하되, 조건부 입국허가를 하는 경우에는 「출입국관리법 시행령」 제16조제1항에도 불구하고 90일의 범위에서 허가기간을 정할 수 있다.
⑤ 사무소장 또는 출장소장은 제4항에 따라 조건부 입국허가를 받은 사람이 부득이한 사유로 그 허가기간 내에 조건을 갖추지 못하였거나 조건을 갖추지 못할 것으로 인정될 때에는 허가기간을 연장할 수 있다.
⑥ 법무부장관은 난민인정 심사에 회부하기로 결정된 사람에게 그 결정일에 난민인정 신청을 한 것으로 보아 난민인정 신청 접수증을 교부하고, 난민인정 심사 절

	차를 진행한다.	
제20조(신원확인을 위한 보호) ① 출입국관리공무원은 난민신청자가 자신의 신원을 은폐하여 난민의 인정을 받을 목적으로 여권 등 신분증을 고의로 파기하였거나 거짓의 신분증을 행사하였음이 명백한 경우 그 신원을 확인하기 위하여 「출입국관리법」 제51조에 따라 사무소장등으로부터 보호명령서를 발급받아 보호할 수 있다. ② 제1항에 따라 보호된 사람에 대하여는 그 신원이 확인되거나 10일 이내에 신원을 확인할 수 없는 경우 즉시 보호를 해제하여야 한다. 다만, 부득이한 사정으로 신원 확인이 지체되는 경우 사무소장등은 10일의 범위에서 보호를 연장할 수 있다.		
제21조(이의신청) ① 제18조제2항 또는 제19조에 따라 난민불인정결정을 받은 사람 또는 제22조에 따라 난민인정이 취소 또는 철회된 사람은 그 통지를 받은 날부터 30일 이내에 법무부장관에게 이의신청을 할 수 있다. 이 경우 이의신청서에 이의의 사유를 소명하는 자료를 첨부하여 사무소장등에게 제출하여야 한다. ② 제1항에 따른 이의신청을 한 경우에는 「행정심판법」에 따른 행정심판을 청구할 수 없다. ③ 법무부장관은 제1항에 따라 이의신청서를 접수하면 지체 없이 제25조에 따른 난민위원회에 회부하여야 한다. ④ 제25조에 따른 난민위원회는 직접 또는 제27조에 따른 난민조사관을 통하여 사실조사를 할 수 있다. ⑤ 그 밖에 난민위원회의 심의절차에 대한 구체적인 사항은 대통령령으로 정한다. ⑥ 법무부장관은 난민위원회의 심의		제10조(이의신청 절차 등) ① 법 제21조제1항에 따라 난민불인정결정이나 난민인정 취소 또는 철회에 대하여 이의를 신청하려는 사람은 별지 제14호서식의 이의신청서(이하 "이의신청서"라 한다)에 이의신청 사유를 소명하는 자료를 첨부하여 사무소장등에게 제출하여야 한다. ② 제1항에 따라 이의신청서를 받은 사무소장등은 그 이의신청서를 지체 없이 법무부장관에게 보내야 한다. ③ 영 제11조제1항의 이의신청 기각 결정통지서는 별지 제15호서식에 따른다. ④ 법무부장관이 법 제21조제7항 단서에 따라 이의신청 심사기간을 연장하였을 때에는 같은 조 제8항에 따라 별지 제16호서식의 이의신청 심사기간 연장 통지서를 이의신청을 한 사람에게 통지하여야 한다.

를 거쳐 제18조에 따라 난민인정 여부를 결정한다. ⑦ 법무부장관은 이의신청서를 접수한 날부터 6개월 이내에 이의신청에 대한 결정을 하여야 한다. 다만, 부득이한 사정으로 그 기간 안에 이의신청에 대한 결정을 할 수 없는 경우에는 6개월의 범위에서 기간을 정하여 연장할 수 있다. ⑧ 제7항 단서에 따라 이의신청의 심사기간을 연장한 때에는 그 기간이 만료되기 7일 전까지 난민신청자에게 이를 통지하여야 한다.		
제22조(난민인정결정의 취소 등) ① 법무부장관은 난민인정결정이 거짓 서류의 제출이나 거짓 진술 또는 사실의 은폐에 따른 것으로 밝혀진 경우에는 난민인정을 취소할 수 있다. ② 법무부장관은 난민인정자가 다음 각 호의 어느 하나에 해당하는 경우에는 난민인정결정을 철회할 수 있다. 1. 자발적으로 국적국의 보호를 다시 받고 있는 경우 2. 국적을 상실한 후 자발적으로 국적을 회복한 경우 3. 새로운 국적을 취득하여 그 국적국의 보호를 받고 있는 경우 4. 박해를 받을 것이라는 우려 때문에 거주하고 있는 국가를 떠나거나 또는 그 국가 밖에서 체류하고 있다가 자유로운 의사로 그 국가에 재정착한 경우 5. 난민인정결정의 주된 근거가 된 사유가 소멸하여 더 이상 국적국의 보호를 받는 것을 거부할 수 없게 된 경우 6. 무국적자로서 난민으로 인정된 사유가 소멸되어 종전의 상주국으로 돌아갈 수 있는 경우 ③ 법무부장관은 제1항 또는 제2항에 따라 난민인정결정을 취소 또		제11조(난민인정취소·철회 통지서) 법 제22조제3항의 난민인정취소·철회 통지서는 별지 제17호서식에 따른다.

는 철회한 때에는 그 사유와 30일 이내에 이의신청을 할 수 있다는 뜻을 기재한 난민인정취소통지서 또는 난민인정철회통지서로 그 사실을 통지하여야 한다. 이 경우 통지의 방법은 제18조제6항을 준용한다.		
	제22조(난민인정자 등의 처우를 위한 협의회 운영) 법무부장관은 난민인정자나 난민신청자 등의 처우를 위하여 필요한 경우에는 관계 기관의 공무원이나 전문가 등으로 협의회를 구성하여 운영할 수 있다.	
제23조(심리의 비공개) 난민위원회나 법원은 난민신청자나 그 가족 등의 안전을 위하여 필요하다고 인정하면 난민신청자의 신청에 따라 또는 직권으로 심의 또는 심리를 공개하지 아니하는 결정을 할 수 있다.		
제24조(재정착희망난민의 수용) ① 법무부장관은 재정착희망난민의 수용 여부와 규모 및 출신지역 등 주요 사항에 관하여 「재한외국인 처우 기본법」 제8조에 따른 외국인정책위원회의 심의를 거쳐 재정착희망난민의 국내 정착을 허가할 수 있다. 이 경우 정착허가는 제18조제1항에 따른 난민인정으로 본다. ② 제1항에 따른 국내정착 허가의 요건과 절차 등 구체적인 사항은 대통령령으로 정한다.	제12조(재정착희망난민 국내 정착 허가) ① 법 제24조제2항에 따른 재정착희망난민의 국내정착 허가 요건은 다음 각 호와 같다. 1. 법 제19조에 따른 난민인정 제한 사유에 해당하지 아니할 것 2. 대한민국의 안전, 사회질서 또는 공중보건을 해칠 우려가 없을 것 ② 법무부장관은 재정착희망난민의 국내 정착 허가를 위하여 필요하면 유엔난민기구로부터 재정착희망난민을 추천받을 수 있다. ③ 법무부장관은 난민심사관등을 현지에 파견하여 재정착희망난민이 제1항에 따른 국내 정착 허가 요건을 갖추었는지를 조사하게 할 수 있다. ④ 법무부장관은 재정착희망난민의 국내 정착을 허가하려는 경우에는 국내 정착 허가 전에 건강검진 및 기초적응교육을 실시할 수 있다. ⑤ 법무부장관은 「출입국관리법」에 따른 입국허가 절차를 거쳐 재정	

	착회망난민의 국내 정착을 허가한다. ⑥ 제1항부터 제5항까지에서 규정한 사항 외에 재정착회망난민의 국내 정착 허가에 필요한 사항은 법무부장관이 정한다.	
제3장 난민위원회 등		
제25조(난민위원회의 설치 및 구성) ① 제21조에 따른 이의신청에 대한 심의를 하기 위하여 법무부에 난민위원회(이하 "위원회"라 한다)를 둔다. ② 위원회는 위원장 1명을 포함한 15명 이하의 위원으로 구성한다. ③ 위원회에 분과위원회를 둘 수 있다.	제10조(이의신청에 대한 난민위원회의 심의) ① 법 제25조에 따른 난민위원회(이하 "난민위원회"라 한다)는 재적위원 과반수의 출석과 출석위원 과반수의 찬성으로 이의신청 안건을 의결한다. ② 난민위원회는 필요한 경우에는 난민신청자 또는 그 밖에 관계인을 회의에 출석시켜 진술하게 할 수 있으며, 심의사항에 대한 경험이나 지식이 풍부한 사람으로부터 심의사항에 대한 의견을 들을 수 있다.	제12조(난민위원회의 구성 및 운영 등) ① 법 제25조에 따른 난민위원회(이하 "위원회"라 한다)의 위원장(이하 "위원장"이라 한다)은 위원회를 대표하고 위원회의 업무를 총괄한다. ② 위원장이 부득이한 사유로 직무를 수행할 수 없을 때에는 법무부장관이 지명하는 위원이 그 직무를 대행한다. ③ 법무부장관은 위원회의 위원이 다음 각 호의 어느 하나에 해당하는 경우에는 해임하거나 위촉을 해제할 수 있다. 1. 심신장애로 직무수행이 불가능하거나 현저히 곤란하다고 인정되는 경우 2. 직무 태만, 품위 손상, 그 밖의 사유로 인하여 위원으로서 직무를 수행하기에 적합하지 아니하다고 인정되는 경우 3. 법 제17조의 금지사항을 위반한 경우 ④ 제3항의 해임 또는 위촉 해제로 인하여 새로 임명되거나 위촉된 위원의 임기는 전임 위원의 남은 임기로 한다. ⑤ 법 제25조제3항에 따라 분과위원회를 두는 경우 분과위원회 위원장은 법무부장관이 각 분과위원회의 위원 중에서 지명하고, 위원장의 직무에 관하여는 제1항을 준용한다. ⑥ 제1항부터 제5항까지에서 규정한 사항 외에 위원회의 운영 및 분과위원회 구성·운영 등에 필요한 사항은 법무부장관이 정한다.

제25조(민감정보 및 고유식별정보의 처리) 법무부장관, 사무소장등 또는 난민심사관등은 다음 각 호의 업무를 수행하기 위하여 불가피한 경우 「개인정보 보호법」 제23조에 따른 사상·신념, 건강에 관한 정보, 같은 법 시행령 제18조제1호 또는 제2호에 따른 유전정보 또는 범죄경력자료에 해당하는 정보 및 같은 영 제19조제2호 또는 제4호에 따른 여권번호 또는 외국인등록번호가 포함된 자료를 처리할 수 있다.

1. 법 제8조에 따른 난민인정 심사에 관한 사무
2. 법 제10조에 따른 사실조사에 관한 사무
3. 법 제11조에 따른 협조에 관한 사무
4. 법 제16조에 따른 자료 등의 열람 및 복사에 관한 사무
5. 법 제18조에 따른 난민의 인정 등에 관한 사무
6. 법 제20조에 따른 신원확인을 위한 보호에 관한 사무
7. 법 제21조에 따른 이의신청에 관한 사무
8. 법 제22조에 따른 난민인정결정의 취소에 관한 사무
9. 법 제24조에 따른 재정착희망난민의 수용에 관한 사무
10. 법 제33조에 따른 교육의 보장에 관한 사무
11. 법 제34조에 따른 사회적응교육 등에 관한 사무
12. 법 제37조에 따른 배우자 등의 입국허가에 관한 사무
13. 법 제39조에 따른 취업활동 허가에 관한 사무
14. 법 제40조에 따른 생계비 등 지원에 관한 사무
15. 법 제41조에 따른 주거시설 지원에 관한 사무
16. 법 제42조에 따른 의료지원에 관한 사무

	17. 법 제45조에 따른 난민지원시설의 운영에 관한 사무	
제26조(위원의 임명) ① 위원은 다음 각 호의 어느 하나에 해당하는 사람 중에서 법무부장관이 임명 또는 위촉한다. 1. 변호사의 자격이 있는 사람 2. 「고등교육법」 제2조제1호 또는 제3호에 따른 학교에서 법률학 등을 가르치는 부교수 이상의 직에 있거나 있었던 사람 3. 난민 관련 업무를 담당하는 4급 이상 공무원이거나 이었던 사람 4. 그 밖에 난민에 관하여 전문적인 지식과 경험이 있는 사람 ② 위원장은 위원 중에서 법무부장관이 임명한다. ③ 위원의 임기는 3년으로 하고, 연임할 수 있다.		
제27조(난민조사관) ① 위원회에 난민조사관을 둔다. ② 난민조사관은 위원장의 명을 받아 이의신청에 대한 조사 및 그 밖에 위원회의 사무를 처리한다.		
제28조(난민위원회의 운영) 제25조부터 제27조까지에서 규정한 사항 외에 위원회의 운영 등에 필요한 사항은 법무부령으로 정한다.		
제29조(유엔난민기구와의 교류·협력) ① 법무부장관은 유엔난민기구가 다음 각 호의 사항에 대하여 통계 등의 자료를 요청하는 경우 협력하여야 한다. 1. 난민인정자 및 난민신청자의 상황 2. 난민협약 및 난민의정서의 이행 상황 3. 난민 관계 법령(입법예고를 한 경우를 포함한다) ② 법무부장관은 유엔난민기구나 난민신청자의 요청이 있는 경우 유엔난민기구가 다음 각 호의 행위를 할 수 있도록 협력하여야 한다.		

1. 난민신청자 면담 2. 난민신청자에 대한 면접 참여 3. 난민인정 신청 또는 이의신청에 대한 심사에 관한 의견 제시 ③ 법무부장관 및 난민위원회는 유엔난민기구가 난민협약 및 난민의정서의 이행상황을 점검하는 임무를 원활하게 수행할 수 있도록 편의를 제공하여야 한다.		
제4장 난민인정자 등의 처우		
제1절 난민인정자의 처우		
제30조(난민인정자의 처우) ① 대한민국에 체류하는 난민인정자는 다른 법률에도 불구하고 난민협약에 따른 처우를 받는다. ② 국가와 지방자치단체는 난민의 처우에 관한 정책의 수립·시행, 관계 법령의 정비, 관계 부처 등에 대한 지원, 그 밖에 필요한 조치를 하여야 한다.		
제31조(사회보장) 난민으로 인정되어 국내에 체류하는 외국인은 「사회보장기본법」 제8조 등에도 불구하고 대한민국 국민과 같은 수준의 사회보장을 받는다.		
제32조(기초생활보장) 난민으로 인정되어 국내에 체류하는 외국인은 「국민기초생활 보장법」 제5조의2에도 불구하고 본인의 신청에 따라 같은 법 제7조부터 제15조까지에 따른 보호를 받는다.		
제33조(교육의 보장) ① 난민인정자나 그 자녀가 「민법」에 따라 미성년자인 경우에는 국민과 동일하게 초등교육과 중등교육을 받는다. ② 법무부장관은 난민인정자에 대하여 대통령령으로 정하는 바에 따라 그의 연령과 수학능력 및 교육여건 등을 고려하여 필요한 교육을 받을 수 있도록 지원할 수 있다.	제13조(교육 관련 지원) ① 난민인정자나 그 자녀는 교육 관계 법령에서 정하는 기준과 절차에 따라 「초·중등교육법」 제2조에 따른 학교에 입학하거나 편입학할 수 있다. ② 법무부장관은 법 제33조제2항에 따라 난민인정자 및 그 자녀 가운데 「초·중등교육법」 제60조의4에 따른 교육비 지원이 필요하다고 인정되는 사람을 법무부령으로 정하는 바에 따라 교육부	제13조(교육비 지원 추천 절차) ① 영 제13조제2항에 따른 교육비 지원 추천을 받으려는 난민인정자나 그 자녀는 별지 제18호서식의 교육비 지원 추천 신청서에 다음 각 호의 서류를 첨부하여 사무소장이나 출장소장에게 제출하여야 한다. 1. 입학(재학) 증명서 1부 2. 가족관계를 증명할 수 있는 서류 1부(추천을 받으려는 사람이 난민인정자의 자녀인 경우만 해당

	장관에게 추천할 수 있다.	한다) ② 제1항에 따라 신청서를 받은 사무소장 또는 출장소장은 지원 필요 여부에 대한 의견을 붙여 해당 서류를 지체 없이 법무부장관에게 보내야 한다. ③ 제2항에 따라 교육비 지원 추천 신청을 받은 법무부장관은 「초·중등교육법」 제60조의4에 따른 교육비 지원이 필요하다고 인정되면 신청인에게 별지 제19호서식의 교육비 지원 추천서를 발급하고, 그 결과를 교육부장관에게 통보하여야 한다.
제34조(사회적응교육 등) ① 법무부장관은 난민인정자에 대하여 대통령령으로 정하는 바에 따라 한국어 교육 등 사회적응교육을 실시할 수 있다. ② 법무부장관은 난민인정자가 원하는 경우 대통령령으로 정하는 바에 따라 직업훈련을 받을 수 있도록 지원할 수 있다.	제14조(사회적응교육) 법무부장관은 법 제34조제1항에 따라 난민인정자에 대한 사회적응교육으로 「출입국관리법」 제39조에 따른 사회통합 프로그램을 시행할 수 있다.	
제35조(학력인정) 난민인정자는 대통령령으로 정하는 바에 따라 외국에서 이수한 학교교육의 정도에 상응하는 학력을 인정받을 수 있다.		
제36조(자격인정) 난민인정자는 관계 법령에서 정하는 바에 따라 외국에서 취득한 자격에 상응하는 자격 또는 그 자격의 일부를 인정받을 수 있다.		
제37조(배우자 등의 입국허가) ① 법무부장관은 난민인정자의 배우자 또는 미성년자인 자녀가 입국을 신청하는 경우 「출입국관리법」 제11조에 해당하는 경우가 아니면 입국을 허가하여야 한다. ② 제1항에 따른 배우자 및 미성년자의 범위는 「민법」에 따른다.		
제38조(난민인정자에 대한 상호주의 적용의 배제) 난민인정자에 대하여는 다른 법률에도 불구하고 상호주의를		

적용하지 아니한다.		
제2절 인도적체류자의 처우		
제39조(인도적체류자의 처우) 법무부장관은 인도적체류자에 대하여 취업활동 허가를 할 수 있다.		
제3절 난민신청자의 처우		
제40조(생계비 등 지원) ① 법무부장관은 대통령령으로 정하는 바에 따라 난민신청자에게 생계비 등을 지원할 수 있다. ② 법무부장관은 난민인정 신청일부터 6개월이 지난 경우에는 대통령령으로 정하는 바에 따라 난민신청자에게 취업을 허가할 수 있다.	**제17조(생계비 등 지원)** ① 법무부장관은 법 제40조제1항에 따라 난민신청자에게 난민인정 신청서를 제출한 날부터 6개월을 넘지 아니하는 범위에서 생계비 등을 지원할 수 있다. 다만, 중대한 질병 또는 신체장애 등으로 생계비 등의 지원이 계속 필요한 부득이한 경우에는 6개월을 넘지 아니하는 범위에서 생계비 등의 지원기간을 연장할 수 있다. ② 제1항에 따른 생계비 등의 지원 여부 및 지원 금액은 난민신청자의 국내 체류기간, 취업활동 여부, 난민지원시설 이용 여부, 부양가족 유무, 생활여건 등을 고려하여 법무부장관이 정한다. ③ 제1항에 따른 생계비 등의 지원신청 등에 필요한 사항은 법무부령으로 정한다. **제18조(취업허가)** 법 제40조제2항에 따른 취업허가는 「출입국관리법」 제20조에 따른 체류자격 외 활동에 대한 허가의 방법으로 한다.	**제15조(생계비 지원 절차 등)** ① 법 제40조제1항에 따른 생계비 등을 지원받으려는 난민신청자는 별지 제22호서식의 생계비 등 지원신청서를 사무소장이나 출장소장에게 제출하여야 한다. ② 제1항에 따라 신청서를 받은 사무소장 또는 출장소장은 지원 필요 여부에 대한 의견을 붙여 해당 서류를 지체 없이 법무부장관에게 보내야 한다. ③ 제2항에 따라 생계비 등의 지원 신청을 받은 법무부장관은 지체 없이 생계비 등의 지원 여부를 심사하고, 그 결과를 난민신청자에게 알려 주어야 한다.
제41조(주거시설의 지원) ① 법무부장관은 대통령령으로 정하는 바에 따라 난민신청자가 거주할 주거시설을 설치하여 운영할 수 있다. ② 제1항에 따른 주거시설의 운영 등에 필요한 사항은 대통령령으로 정한다.	**제19조(주거시설의 설치 및 운영)** ① 법무부장관은 법 제41조제1항에 따라 법 제45조제1항에 따른 난민지원시설(이하 "난민지원시설"이라 한다) 등에 난민신청자 등이 거주할 수 있는 주거시설을 설치·운영할 수 있다. ② 법무부장관은 법 제41조제2항에 따라 출입국항에서의 난민신청자와 재정착희망난민을 주거시설 우선 이용 대상자로 할 수 있다. ③ 법무부장관은 6개월을 넘지 아니	**제16조(주거시설 이용 절차)** ① 영 제19조에 따라 주거시설을 이용하려는 사람은 별지 제23호서식의 주거시설 이용신청서에 가족관계를 입증할 수 있는 서류(신청인의 배우자나 미성년 자녀가 함께 이용하고자 하는 경우만 해당한다)를 첨부하여 사무소장, 출장소장 또는 주거시설의 장에게 제출하여야 한다. 다만, 난민지원시설에 설치된 주거시설을 이용하려는 경우에는 제17조에 따른다. ② 제1항에 따라 신청서를 받은 사무소장, 출장소장 또는 주거시

	하는 범위에서 주거시설 이용자의 이용기간을 정할 수 있다. 다만, 주거시설 이용자의 건강상태, 부양가족 등을 고려할 때 부득이하게 난민지원시설을 계속 이용할 필요가 있다고 인정하는 경우에는 주거시설 이용기간을 연장할 수 있다. ④ 법무부장관은 주거시설의 안전과 질서를 해치거나 해칠 우려가 있는 사람에 대하여 주거시설의 이용을 제한할 수 있다.	설의 장은 주거시설 이용 필요 여부에 대한 의견을 붙여 해당 서류를 법무부장관에게 보내야 한다. ③ 제2항에 따라 주거시설의 이용 신청을 받은 법무부장관은 지체 없이 주거시설 이용 여부 및 이용기간을 결정하고, 그 결과를 신청인에게 알려 주어야 한다.
제42조(의료지원) 법무부장관은 대통령령으로 정하는 바에 따라 난민신청자에게 의료지원을 할 수 있다.	제20조(의료지원) ① 법무부장관은 법 제42조에 따라 난민신청자의 건강을 보호하기 위하여 필요하다고 인정되면 난민신청자에게 건강검진을 받게 하거나 예산의 범위에서 난민신청자가 받은 건강검진 등의 비용을 지원할 수 있다. ② 법무부장관은 난민신청자에게 「응급의료에 관한 법률」에 따른 응급의료에 관한 정보와 그 밖에 난민신청자가 이용할 수 있는 의료서비스에 관한 정보를 제공하도록 노력하여야 한다. ③ 난민신청자에게 의료서비스를 제공하려는 관계 부처 또는 기관의 장은 사무소장이나 출장소장에게 난민신청자에 대한 확인을 요청할 수 있다. 이 경우 사무소장 또는 출장소장은 그 사람이 난민신청자에 해당하는지를 확인하여 지체 없이 확인을 요청한 부처나 기관에 그 결과를 알려야 한다.	
제43조(교육의 보장) 난민신청자 및 그 가족 중 미성년자인 외국인은 국민과 같은 수준의 초등교육 및 중등교육을 받을 수 있다.		
제44조(특정 난민신청자의 처우 제한) 제2조제4호다목이나 제8조제5항제2호 또는 제3호에 해당하는 난민신청자의 경우에는 대통령령으로 정하는	제21조(특정 난민신청자의 처우 제한) 법무부장관은 법 제44조에 따라 법 제2조제4호다목 또는 제8조제5항제2호·제3호에 해당하는 난민신청자	

바에 따라 제40조제1항 및 제41조부터 제43조까지에서 정한 처우를 일부 제한할 수 있다.	에게는 다음 각 호의 지원을 하지 아니한다. 다만, 긴급하거나 인도적인 차원에서 특별히 지원이 필요하다고 인정하는 경우에는 그러하지 아니하다. 1. 법 제40조제1항에 따른 생계비 등 지원 2. 법 제41조에 따른 주거시설의 지원 3. 제20조제1항에 따른 의료지원	
제5장 보칙		
제45조(난민지원시설의 운영 등) ① 법무부장관은 제34조, 제41조 및 제42조에서 정하는 업무 등을 효율적으로 수행하기 위하여 난민지원시설을 설치하여 운영할 수 있다. ② 법무부장관은 필요하다고 인정하면 제1항에 따른 업무의 일부를 민간에게 위탁할 수 있다. ③ 난민지원시설의 이용대상, 운영 및 관리, 민간위탁 등에 필요한 사항은 대통령령으로 정한다.	제19조(주거시설의 설치 및 운영) ① 법무부장관은 법 제41조제1항에 따라 법 제45조제1항에 따른 난민지원시설(이하 "난민지원시설"이라 한다) 등에 난민신청자 등이 거주할 수 있는 주거시설을 설치·운영할 수 있다. ② 법무부장관은 법 제41조제2항에 따라 출입국항에서의 난민신청자와 재정착희망난민을 주거시설 우선 이용 대상자로 할 수 있다. ③ 법무부장관은 6개월을 넘지 아니하는 범위에서 주거시설 이용자의 이용기간을 정할 수 있다. 다만, 주거시설 이용자의 건강상태, 부양가족 등을 고려할 때 부득이하게 난민지원시설을 계속 이용할 필요가 있다고 인정하는 경우에는 주거시설 이용기간을 연장할 수 있다. ④ 법무부장관은 주거시설의 안전과 질서를 해치거나 해칠 우려가 있는 사람에 대하여 주거시설의 이용을 제한할 수 있다. 제23조(난민지원시설) ① 법무부장관은 난민인정자나 난민신청자 등에 대한 지원 업무가 효율적으로 수행될 수 있도록 난민지원시설에 주거시설, 급식시설, 교육시설, 의료시설, 운동시설, 상담실 등 지원 시설을 둘 수 있다. ② 법무부장관은 다음 각 호의 어느	제16조(주거시설 이용 절차) ① 영 제19조에 따라 주거시설을 이용하려는 사람은 별지 제23호서식의 주거시설 이용신청서에 가족관계를 입증할 수 있는 서류(신청인의 배우자나 미성년 자녀가 함께 이용하고자 하는 경우만 해당한다)를 첨부하여 사무소장, 출장소장 또는 주거시설의 장에게 제출하여야 한다. 다만, 난민지원시설에 설치된 주거시설을 이용하려는 경우에는 제17조에 따른다. ② 제1항에 따라 신청서를 받은 사무소장, 출장소장 또는 주거시설의 장은 주거시설 이용 필요 여부에 대한 의견을 붙여 해당 서류를 법무부장관에게 보내야 한다. ③ 제2항에 따라 주거시설의 이용 신청을 받은 법무부장관은 지체 없이 주거시설 이용 여부 및 이용기간을 결정하고, 그 결과를 신청인에게 알려 주어야 한다. 제17조(난민지원시설 이용 절차) ① 영 제23조에 따라 난민지원시설을 이용하려는 사람은 별지 제24호의 난민지원시설 이용신청서에 가족관계를 입증할 수 있는 서류(신청인의 배우자나 미성년 자녀가 함께 이용하고자 하는 경우만 해당한다)를 첨부하여 사무소장, 출장소장 또는 난민지원시설의 장에게 제출하여야 한다. ② 제1항에 따라 신청서를 제출받은

	하나에 해당하는 사람으로 하여금 난민지원시설을 이용하게 할 수 있다. 다만, 법무부장관은 난민지원시설의 종류 및 수용규모 등을 고려하여 이용 대상자를 제한하거나 우선 이용 대상자를 결정할 수 있다. 1. 난민인정자 2. 난민신청자 3. 인도적체류자 4. 제1호부터 제3호까지의 규정에 해당하는 사람의 배우자와 미성년 자녀 ③ 법무부장관은 난민지원시설의 안전과 질서를 해치거나 해칠 우려가 있는 사람을 난민지원시설의 이용 대상에서 제외하거나 이용을 제한할 수 있다. ④ 법무부장관은 법 제45조제2항에 따라 난민지원시설에서 수행하는 급식, 교육 및 의료 등에 관한 업무의 일부를 해당 업무를 전문적으로 수행하는 법인이나 단체에 위탁할 수 있다.	사무소장, 출장소장 또는 난민지원시설의 장은 난민지원시설 이용 필요 여부에 대한 의견을 붙여 해당 서류를 법무부장관에게 보내야 한다. ③ 제2항에 따라 난민지원시설의 이용 신청을 받은 법무부장관은 지체 없이 난민지원시설의 이용 여부 및 이용기간을 결정하고, 그 결과를 신청인에게 알려 주어야 한다.
제46조(권한의 위임) 법무부장관은 이 법에 따른 권한의 일부를 대통령령으로 정하는 바에 따라 사무소장등에게 위임할 수 있다.	제24조(권한의 위임) 법무부장관은 법 제46조에 따라 다음 각 호의 권한을 관할 사무소장등(외국인보호소장의 경우는 제3호·제8호 및 제9호는 제외한다)에게 위임한다. 1. 법 제2조제3호에 따른 인도적 체류허가 2. 법 제5조제5항 및 이 영 제5조제6항에 따른 접수증의 교부 3. 법 제6조제3항에 따른 난민인정 심사 회부 결정 및 입국허가 4. 법 제8조에 따른 난민인정 심사 5. 법 제11조제1항에 따른 협조 요청(법 제21조에 따른 이의신청과 관련한 협조 요청은 제외한다) 6. 법 제18조에 따른 난민인정 결정에 관한 사항 7. 법 제22조에 따른 난민인정결정의 취소 및 철회에 관한 사항 8. 법 제37조에 따른 난민인정자의	

	배우자 등의 입국허가 9. 법 제39조에 따른 취업활동허가 및 제40조제2항에 따른 취업허가 10. 법 제42조에 따른 의료지원	
제6장 벌칙		
제47조(벌칙) 다음 각 호의 어느 하나에 해당하는 자는 1년 이하의 징역 또는 1천만원 이하의 벌금에 처한다. 1. 제17조를 위반한 자 2. 거짓 서류의 제출이나 거짓 진술 또는 사실의 은폐로 난민으로 인정되거나 인도적 체류 허가를 받은 사람		